20 25

ALEXANDRE SANTOS DE ARAGÃO • ALLAN FUEZI DE MOURA BARBOSA • ANDRÉ CASTRO CARVALHO • ANDRÉ ROSILHO • ARTUR AMBRÓSIO • AUGUSTO NEVES DAL POZZO • BÁRBARA TEIXEIRA • BRUNO JOSÉ QUEIROZ CERETTA • CAIO DO ROSARIO NICOLINO • CAIO FELIPE CAMINHA DE ALBUQUERQUE • CARLOS ARI SUNDFELD • CAROLINA BARBOSA RIOS • CINTHIA RHEMANN DIAS FERREIRA • DANIEL FRANCISCO QUINITO • DEBORAH PRISCILLA SANTOS DE NOVAES • EDILSON GONÇALES LIBERAL • EDNALDO SILVA FERREIRA JÚNIOR • EGON BOCKMANN MOREIRA • ELINTON WIERMANN • ENRICO CESARI COSTA • ENZO FRANCO POLIZEL • ESTEVAN PIETRO • ESTEVÃO HORVATH • FÁBIO VICENTE VETRITTI FILHO • FERNANDA TERCETTI NUNES PEREIRA • FERNANDO BERNARDI GALLACCI • FLÁVIO GARCIA CABRAL • FORMOSA FRANCISCO QUINITO • GUILHERME CORONA RODRIGUES LIMA • GUILHERME FONSECA NOGUEIRÃO • GUSTAVO GIL GASIOLA • HECTOR AUGUSTO BERTI CORRÊA • HELOÍSA HELENA ANTONACIO M. GODINHO • HENDRICK PINHEIRO • HENRIQUE OLIVALVES FIORE • IRENE PATRÍCIA NOHARA • ISABELLA ROSSITO • JACINTHO ARRUDA CÂMARA • JOÃO DOMINGOS LIANDRO • JOÃO ROBERTO DE OLIVEIRA MORO • JOSÉ MAURICIO CONTI • JUAN RODRIGUES DE PAULA • KARINE TOMAZ VEIGA • KLEBER LUIZ ZANCHIM • LUCAS MENDONÇA GIUSEPPIN • LUCAS RAMOS GUIMARÃES • LUCCA LOPES MONTEIRO DA FONSECA • LUIZA LEITE • MARCO ANTÔNIO MORAES ALBERTO • MARIA BEATRIZ PICARELLI GONÇALVES JOHONSOM DI SALVO • MÁRIO SAADI • NATÁLIA RESENDE ANDRADE ÁVILA • NORIKO OKUBO • OSCAR DE MORAES CORDEIRO NETTO • RAFAEL GALVÃO • SABRINA NUNES IOCKEN • TATIANE PRAXEDES LECH • THAÍS PEREIRA DOS SANTOS LUCON • THIAGO MARRARA • TIAGO TRENTINELLA • VINICIUS MENDONÇA CASTRO ALVES SIQUEIRA • VITOR SOLIANO

JOSÉ MAURICIO **CONTI** • THIAGO **MARRARA**
SABRINA NUNES **IOCKEN** • AUGUSTO NEVES **DAL POZZO**
COORDENADORES

DIREITO DA INFRAESTRUTURA

ASPECTOS FINANCEIROS E ADMINISTRATIVOS

CB037407

Dados Internacionais de Catalogação na Publicação (CIP) de acordo com ISBD

D598   Direito da infraestrutura: aspectos financeiros e administrativos / organizado por José Mauricio Conti, Thiago Marrara, Sabrina Nunes Iocken, Augusto Neves Dal Pozzo. - Indaiatuba, SP : Editora Foco, 2025.
864 p. ; 17cm x 24cm.
Inclui bibliografia e índice.
ISBN: 978-65-6120-391-3

1. Direito financeiro. I. Conti, José Mauricio. II. Marrara, Thiago. III. Iocken, Sabrina Nunes. IV. Pozzo, Augusto Neves Dal. V. Título.

2025-1240   CDD 343.8103   CDU 351.72

Elaborado por Vagner Rodolfo da Silva - CRB-8/9410
Índices para Catálogo Sistemático:
1. Direito financeiro 343.8103
2. Direito financeiro 351.72

ALEXANDRE SANTOS DE ARAGÃO • **ALLAN** FUEZI DE MOURA BARBOSA • **ANDRÉ** CASTRO CARVALHO • **ANDRÉ** ROSILHO • **ARTUR** AMBRÓSIO • **AUGUSTO** NEVES DAL POZZO • **BÁRBARA** TEIXEIRA • **BRUNO JOSÉ** QUEIROZ CERETTA • **CAIO** DO ROSARIO NICOLINO • **CAIO FELIPE** CAMINHA DE ALBUQUERQUE • **CARLOS ARI** SUNDFELD • **CAROLINA** BARBOSA RIOS • **CINTHIA** RHEMANN DIAS FERREIRA • **DANIEL FRANCISCO** QUINITO • **DEBORAH PRISCILLA** SANTOS DE NOVAES • **EDILSON** GONÇALES LIBERAL • **EDNALDO** SILVA FERREIRA JÚNIOR • **EGON** BOCKMANN MOREIRA • **ELINTON** WIERMANN • **ENRICO CESARI** COSTA • **ENZO** FRANCO POLIZEL • **ESTEVAN** PIETRO • **ESTEVÃO** HORVATH • **FÁBIO VICENTE** VETRITTI FILHO • **FERNANDA** TERCETTI NUNES PEREIRA • **FERNANDO** BERNARDI GALLACCI • **FLÁVIO** GARCIA CABRAL • **FORMOSA FRANCISCO** QUINITO • **GUILHERME** CORONA RODRIGUES LIMA • **GUILHERME** FONSECA NOGUEIRÃO • **GUSTAVO GIL** GASIOLA • **HECTOR AUGUSTO** BERTI CORRÊA • **HELOÍSA HELENA** ANTONACIO M. GODINHO • **HENDRICK** PINHEIRO • **HENRIQUE** OLIVALVES FIORE • **IRENE PATRÍCIA** NOHARA • **ISABELLA** ROSSITO • **JACINTHO** ARRUDA CÂMARA • **JOÃO DOMINGOS** LIANDRO • **JOÃO ROBERTO** DE OLIVEIRA MORO • **JOSÉ MAURICIO** CONTI • **JUAN** RODRIGUES DE PAULA • **KARINE** TOMAZ VEIGA • **KLEBER LUIZ** ZANCHIM • **LUCAS** MENDONÇA GIUSEPPIN • **LUCAS** RAMOS GUIMARÃES • **LUCCA** LOPES MONTEIRO DA FONSECA • **LUIZA** LEITE • **MARCO ANTÔNIO** MORAES ALBERTO • **MARIA BEATRIZ** PICARELLI GONÇALVES JOHONSOM DI SALVO • **MÁRIO** SAADI • **NATÁLIA** RESENDE ANDRADE ÁVILA • **NORIKO** OKUBO • **OSCAR** DE MORAES CORDEIRO NETTO • **RAFAEL** GALVÃO • **SABRINA** NUNES IOCKEN • **TATIANE** PRAXEDES LECH • **THAÍS** PEREIRA DOS SANTOS LUCON • **THIAGO** MARRARA • **TIAGO** TRENTINELLA • **VINICIUS** MENDONÇA CASTRO ALVES SIQUEIRA • **VITOR** SOLIANO

JOSÉ MAURICIO **CONTI** • THIAGO **MARRARA**
SABRINA NUNES **IOCKEN** • AUGUSTO NEVES **DAL POZZO**

COORDENADORES

DIREITO DA INFRAESTRUTURA

ASPECTOS FINANCEIROS
E ADMINISTRATIVOS

2025 © Editora Foco

Coordenadores: José Mauricio Conti, Thiago Marrara, Sabrina Nunes Iocken e Augusto Neves Dal Pozzo
Autores: Alexandre Santos de Aragão, Allan Fuezi de Moura Barbosa, André Castro Carvalho, André Rosilho, Artur Ambrósio, Augusto Neves Dal Pozzo, Bárbara Teixeira, Bruno José Queiroz Ceretta, Caio do Rosario Nicolino, Caio Felipe Caminha de Albuquerque, Carlos Ari Sundfeld, Carolina Barbosa Rios, Cinthia Rhemann Dias Ferreira, Daniel Francisco Quinito, Deborah Priscilla Santos de Novaes, Edilson Gonçales Liberal, Ednaldo Silva Ferreira Júnior, Egon Bockmann Moreira, Elinton Wiermann, Enrico Cesari Costa, Enzo Franco Polizel, Estevan Pietro, Estevão Horvath, Fábio Vicente Vetritti Filho, Fernanda Terceti Nunes Pereira, Fernando Bernardi Gallacci, Flávio Garcia Cabral, Formosa Francisco Quinito, Guilherme Corona Rodrigues Lima, Guilherme Fonseca Nogueirão, Gustavo Gil Gasiola, Hector Augusto Berti Corrêa, Heloísa Helena Antonacio M. Godinho, Hendrick Pinheiro, Henrique Olivalves Fiore, Irene Patrícia Nohara, Isabella Rossito, Jacintho Arruda Câmara, João Domingos Liandro, João Roberto de Oliveira Moro, José Mauricio Conti, Juan Rodrigues de Paula, Karine Tomaz Veiga, Kleber Luiz Zanchim, Lucas Mendonça Giuseppin, Lucas Ramos Guimarães, Lucca Lopes Monteiro da Fonseca, Luiza Leite, Marco Antônio Moraes Alberto, Maria Beatriz Picarelli Gonçalves Johonsom di Salvo, Mário Saadi, Natália Resende Andrade Ávila, Noriko Okubo, Oscar de Moraes Cordeiro Netto, Rafael Galvão, Sabrina Nunes Iocken, Tatiane Praxedes Lech, Thaís Pereira dos Santos Lucon, Thiago Marrara, Tiago Trentinella, Vinicius Mendonça Castro Alves Siqueira e Vitor Soliano
Diretor Acadêmico: Leonardo Pereira
Editor: Roberta Densa
Coordenadora Editorial: Paula Morishita
Revisora Sênior: Georgia Renata Dias
Revisora Júnior: Adriana Souza Lima
Capa Criação: Leonardo Hermano
Diagramação: Ladislau Lima e Aparecida Lima
Impressão miolo e capa: META BRASIL

DIREITOS AUTORAIS: É proibida a reprodução parcial ou total desta publicação, por qualquer forma ou meio, sem a prévia autorização da Editora FOCO, com exceção do teor das questões de concursos públicos que, por serem atos oficiais, não são protegidas como Direitos Autorais, na forma do Artigo 8º, IV, da Lei 9.610/1998. Referida vedação se estende às características gráficas da obra e sua editoração. A punição para a violação dos Direitos Autorais é crime previsto no Artigo 184 do Código Penal e as sanções civis às violações dos Direitos Autorais estão previstas nos Artigos 101 a 110 da Lei 9.610/1998. Os comentários das questões são de responsabilidade dos autores.

NOTAS DA EDITORA:

Atualizações e erratas: A presente obra é vendida como está, atualizada até a data do seu fechamento, informação que consta na página II do livro. Havendo a publicação de legislação de suma relevância, a editora, de forma discricionária, se empenhará em disponibilizar atualização futura.

Erratas: A Editora se compromete a disponibilizar no site www.editorafoco.com.br, na seção Atualizações, eventuais erratas por razões de erros técnicos ou de conteúdo. Solicitamos, outrossim, que o leitor faça a gentileza de colaborar com a perfeição da obra, comunicando eventual erro encontrado por meio de mensagem para contato@editorafoco.com.br. O acesso será disponibilizado durante a vigência da edição da obra.

Impresso no Brasil (4.2025) – Data de Fechamento (4.2025)

2025
Todos os direitos reservados à
Editora Foco Jurídico Ltda.
Rua Antonio Brunetti, 593 – Jd. Morada do Sol
CEP 13348-533 – Indaiatuba – SP

E-mail: contato@editorafoco.com.br
www.editorafoco.com.br

APRESENTAÇÃO

A Infraestrutura não constitui um fim em si mesma. Exerce função essencialmente instrumental. Ela representa o meio necessário a fim de que a sociedade, o Estado e o mercado desenvolvam diversas atividades sociais, culturais e econômicas. Infraestrutura é, portanto, elemento indispensável a uma comunidade política que interage de forma cada vez mais frequente, a um Estado que assume tarefas complexas e essenciais à dignidade humana, bem como a um mercado que busca romper barreiras e expandir suas fronteiras, ante um imperativo global de circulação de bens, serviços e a necessidade de se atender a uma postura desenvolvimentista.

A sua instrumentalidade destinada aos fluxos sociais, às tarefas estatais e à circulação econômica revela imediatamente as razões pelas quais a Ciência Jurídica e a legislação passaram a incorporá-la gradualmente como objeto de debates, teorias e normas.

Em primeiro lugar, a infraestrutura é utilizada cotidianamente pelos cidadãos como condição para o exercício de direitos fundamentais, abrangendo todas as gerações, desde o tradicional direito à locomoção, passando pelo da mobilidade, da saúde, do lazer, do trabalho, entre outros, que vem se consolidando nesta era de transformações singulares, até abranger direitos relativos à ordem urbanística e ao ambiente equilibrado. Sem infraestrutura bem-organizada e eficiente, muitos desses direitos se tornam inacessíveis ou inviáveis.

Em segundo lugar, a infraestrutura condiciona o exercício eficiente de funções estatais. Isso se evidencia na operação de serviços públicos, sujeitos a mandamentos de generalidade, atualidade tecnológica, segurança e eficiência. Em centros urbanos, por exemplo, é praticamente inimaginável a prestação adequada de saneamento sem redes de abastecimento de água e coleta de esgoto, sem estações elevatórias, de captação e de tratamento. Tampouco se poderia cogitar em serviços adequados de transporte público coletivo urbano sem frotas modernas, estações, faixas e trilhos em certos casos. Essa dependência estatal se eleva ainda mais em cenário de consolidação do governo eletrônico e de sistemas de autosserviço. Avanços tecnológicos tornam o Estado fortemente dependente de redes e plataformas eletrônicas, capazes de tratar e proteger grandes quantidades de dados e atender a milhões de cidadãos simultaneamente, de maneira célere e efetiva.

Em terceiro lugar, a infraestrutura condiciona a livre-iniciativa e a livre-concorrência. Sem dispor ou ter acesso a ela, agentes econômicos ficam impossibilitados de exercer sua liberdade de ingressar em determinados segmentos de mercado ou mesmo de concorrer adequadamente. Perante esses desafios, o Estado atua em duas frentes principais. De um lado, age para corrigir assimetrias na competição mediante a oferta de infraestrutura com qualidade e quantidade suficientes para estimular a entrada e a sobrevivência de agentes no mercado. De outro, regula a infraestrutura condicionando como particulares a utilizam de modo a promover isonomia, garantir acessibilidade, evitar abusos e coibir excessos. É nesse contexto que se debatem temas como compartilhamento de infraestrutura, deveres de contratação compulsória, autorizações para utilização e limitações, dentre outros.

Atentos a esses vários fenômenos e conscientes do papel do Direito em disciplinar a edificação, o financiamento, a contratação e a regulação da infraestrutura nos mais diversos setores, os coordenadores desta obra uniram esforços para construir um espaço de reflexão acadêmica em torno do tema. Foi assim que surgiu a disciplina "Direito da Infraestrutura: aspectos financeiros e administrativos", destinada a pesquisadores de mestrado e doutorado. Estruturada com conteúdo interdisciplinar e desenvolvida por meio de profícua cooperação interinstitucional, durante as duas primeiras edições deste curso de Pós-graduação (2022 e 2023), ela albergou incontáveis debates e seminários de pesquisa, além de eventos nacionais e internacionais com renomados especialistas em direito da infraestrutura. Como resultado, fomentou a elaboração de excelentes pesquisas e textos acadêmicos sobre esse tema fundamental.

Diante da multiplicidade de discussões jurídicas que se estabeleceram e da enorme quantidade de textos que os coordenadores, palestrantes convidados, doutorandos e mestrandos produziram ao longo das duas primeiras edições da disciplina, decidiu-se estruturar esta robusta coletânea, com o objetivo maior de compartilhar com a comunidade jurídica os frutos das pesquisas.

Parte-se, inicialmente, de discussões sobre planejamento e políticas públicas de infraestruturas. Em seguida, examinam-se problemas relacionados a investimentos, financiamentos e aspectos fiscais. Diante da crescente formalização de contratos públicos com o objetivo de ampliar ou renovar a infraestrutura nacional, dedicam-se dois blocos adicionais de reflexões a temas de natureza contratual. O primeiro destaca os problemas relativos ao reequilíbrio econômico-financeiro de contratos de infraestrutura, sobretudo nas concessões, enquanto o segundo aborda a consensualização, o controle e a inovação nesse campo.

Em complemento a textos enfocando problemas jurídicos gerais, a coletânea contém uma segunda parte com blocos dedicados a infraestrutura setorial. O primeiro deles reúne inúmeros artigos sobre saneamento básico, objeto de acirradas discussões desde a ampla e polêmica reforma do setor em 2020. O segundo apresenta pesquisas acerca de temas contemporâneos relacionados ao importante setor de energia e logística. Já o terceiro trata das infraestruturas verdes e sociais – tema fundamental em um momento histórico de grandes desigualdades sociais e enormes preocupações com desastres e desequilíbrios ambientais.

Conquanto abrangente, esta coletânea não busca esgotar o assunto. Muito pelo contrário: além de contribuir com a solução de questões e problemas pontuais, as reflexões e pesquisas aqui compartilhadas com a comunidade jurídica, graças ao apoio inestimável da Editora Foco, destacam que o tema é atual e urgente, demandando mais pesquisas interdisciplinares e constante aprofundamento. Que venham novos volumes e edições.

Aos palestrantes e estudantes, todos dotados de extraordinária envergadura intelectual e movidos por uma dedicação apaixonada ao tema, manifestamos nossos mais cordiais agradecimentos pela inestimável contribuição ao êxito desta grandiosa iniciativa.

A todos os leitores, nossos votos de uma excelente e proveitosa leitura!

Março de 2025

José Maurício Conti
Thiago Marrara
Sabrina Nunes Iocken
Augusto Neves Dal Pozzo

SUMÁRIO

APRESENTAÇÃO

José Mauricio Conti, Thiago Marrara, Sabrina Nunes Iocken e Augusto Neves Dal Pozzo V

PLANEJAMENTO E POLÍTICAS PÚBLICAS EM INFRAESTRUTURA

PLANEJAMENTO GOVERNAMENTAL EM INFRAESTRUTURA E ORÇAMENTO: UMA ANÁLISE COMPARATIVA E PROPOSITIVA

José Mauricio Conti e André Castro Carvalho 3

PLANEJAMENTO COMO PRESSUPOSTO DA INFRAESTRUTURA, DO DESENVOLVIMENTO E DA EFETIVAÇÃO DA CIDADANIA – REFLEXÕES JURÍDICO-ECONÔMICAS, FINANCEIRAS E ADMINISTRATIVAS SOBRE O PLANO PLURIANUAL 2020/2023 DO GOVERNO FEDERAL

Juan Rodrigues de Paula 29

UMA ANÁLISE DO PROGRAMA DE ACELERAÇÃO DO CRESCIMENTO (PAC) SOB A ÓTICA DO PLANEJAMENTO GOVERNAMENTAL E ORÇAMENTÁRIO

Fernanda Tercetti Nunes Pereira 47

INVESTIMENTOS, FINANCIAMENTOS E BENEFÍCIOS FISCAIS EM INFRAESTRUTURA

DA IMPORTÂNCIA DOS BENEFÍCIOS FISCAIS PARA INVESTIMENTOS EM OBRAS FERROVIÁRIAS: ANÁLISE DO CONVÊNIO CONFAZ ICMS 120/2023

Caio do Rosario Nicolino 63

O FINANCIAMENTO DAS OBRAS DE INFRAESTRUTURA EM NÚCLEOS URBANOS INFORMAIS: UMA ANÁLISE DO MODELO DE INVESTIMENTO PÚBLICO À LUZ DOS MECANISMOS DE PARTICIPAÇÃO DA INICIATIVA PRIVADA

Elinton Wiermann 75

A UTILIZAÇÃO DOS RECURSOS DA OUTORGA ONEROSA DO DIREITO DE CONSTRUIR NO FINANCIAMENTO DA INFRAESTRUTURA URBANA NA CIDADE DE SÃO PAULO

Fábio Vicente Vetritti Filho 101

NOVO MERCADO DE TRANSIÇÃO ENERGÉTICA E DESAFIOS DO FINANCIAMENTO DA INFRAESTRUTURA EM PARQUES DE GERAÇÃO DE ENERGIA LIMPA
Irene Patrícia Nohara, Lucas Ramos Guimarães e Artur Ambrósio............................ 119

O LIMITE PERCENTUAL DA RECEITA CORRENTE LÍQUIDA DA LEI DE PPP PARA OS ENTES SUBNACIONAIS: UM ESTUDO EMPÍRICO SOBRE O COMPORTAMENTO DESTE INDICADOR NOS MUNICÍPIOS DO PARANÁ
Edilson Gonçales Liberal 131

REVERSÃO E REEQUILÍBRIO ECONÔMICO-FINANCEIRO EM CONTRATOS DE LONGO PRAZO

INFRAESTRUTURAS COMO BENS REVERSÍVEIS NAS CONCESSÕES: ASPECTOS POLÊMICOS DA REVERSÃO E SUA INDENIZAÇÃO
Thiago Marrara 157

PARA QUE SERVE A REVERSÃO DE BENS NAS CONCESSÕES DE INFRAESTRUTURA?
Jacintho Arruda Câmara e Fernando Bernardi Gallacci 177

A TAXA INTERNA DE RETORNO (TIR) COMO MECANISMO DE REEQUILÍBRIO ECONÔMICO-FINANCEIRO EM CONTRATOS DE LONGO PRAZO E CENÁRIOS DE INCERTEZA
Thaís Pereira dos Santos Lucon 195

CONCESSÃO DE INFRAESTRUTURA E O CUSTO DE CAPITAL
Vitor Soliano 213

A REFORMA TRIBUTÁRIA E O PLP 68/2024: A REGULAMENTAÇÃO DO REEQUILÍBRIO ECONÔMICO FINANCEIRO NOS CONTRATOS DE CONCESSÃO
Flávio Garcia Cabral 237

CONCESSÕES COMO APLICAÇÕES FINANCEIRAS: COMPARANDO OS MÉTODOS DE REEQUILÍBRIO ECONÔMICO-FINANCEIRO DOS CONTRATOS DE CONCESSÃO DE SERVIÇOS PÚBLICOS
Marco Antônio Moraes Alberto, Guilherme Fonseca Nogueirão e Enzo Franco Polizel 251

CONTROLE DO TCU SOBRE RECEITAS TARIFÁRIAS EM PROJETOS DE INFRAESTRUTURA

Estevão Horvath, Hendrick Pinheiro e Tatiane Praxedes Lech 267

CONTRATAÇÃO EM INFRAESTRUTURA: CONSENSO, CONTROLE, INTEGRIDADE E INOVAÇÃO

CONSENSUALIDADE: MODELOS E DESAFIOS DOS TRIBUNAIS DE CONTAS NO CONTROLE DAS ATIVIDADES DE INFRAESTRUTURA

Heloísa Helena Antonacio M. Godinho, Rafael Galvão e Sabrina Nunes Iocken 281

ACORDO DE SOLUÇÃO CONSENSUAL EM CONTRATOS DE INFRAESTRUTURA: LIÇÕES E PERSPECTIVAS A PARTIR DO TRIBUNAL DE CONTAS DA UNIÃO

Karine Tomaz Veiga 305

FUNDAMENTOS PARA UMA DISCRICIONARIEDADE CONSENSUALIZADA EM CONTRATOS DE PARCERIA

Caio Felipe Caminha de Albuquerque 341

ASPECTOS DO COMPLIANCE NA LEI FEDERAL 14.133/2021 E SUA IMPORTÂNCIA NOS CONTRATOS DE INFRAESTRUTURA

Guilherme Corona Rodrigues Lima 355

REGULAÇÃO DA INFRAESTRUTURA: O USO DE *SANDBOX* PARA MODERNIZAÇÃO DOS CONTRATOS DE CONCESSÃO

Luiza Leite 371

CONTROLE SOCIAL NAS INFRAESTRUTURAS: VISÃO A PARTIR DAS LEIS DE CONCESSÕES

Carolina Barbosa Rios 385

BREVE EXCURSO SOBRE O PROCEDIMENTO DE CONCURSO PÚBLICO PARA CELEBRAÇÃO DE CONTRATOS DE OBRAS PÚBLICAS EM ANGOLA

Daniel Francisco Quinito e Formosa Francisco Quinito 409

AGENTES DE TRATAMENTO DE DADOS PESSOAIS NAS CONCESSÕES DE SERVIÇO PÚBLICO

Gustavo Gil Gasiola 431

OBJETOS DE CONTRATOS DE CONCESSÃO NO SETOR DA SAÚDE: ANÁLISE DE PROJETOS JÁ VEICULADOS E AS ATIVIDADES DE BATA CINZA E BATA BRANCA

Mário Saadi 457

REMUNERAÇÃO POR DESEMPENHO EM PARCERIAS PÚBLICO-PRIVADAS (PPP): DESAFIOS E APRENDIZADOS

Kleber Luiz Zanchim e Bárbara Teixeira 473

INFRAESTRUTURA DE SANEAMENTO

A DESESTATIZAÇÃO DA SABESP, O PROTOCOLO DE TRANSIÇÃO E SEUS IMPACTOS CONTRATUAIS

Augusto Neves Dal Pozzo, Bruno José Queiroz Ceretta, Henrique Olivalves Fiore e Vinicius Mendonça Castro Alves Siqueira 489

PLANO MUNICIPAL DE DESESTATIZAÇÃO DO MUNICÍPIO DE SÃO PAULO: ORIGENS, TRANSFORMAÇÕES E SEU IMPACTO PARA A INFRAESTRUTURA DA CIDADE

Deborah Priscilla Santos de Novaes 497

PRESTAÇÃO DIRETA REGIONALIZADA DOS SERVIÇOS PÚBLICOS DE SANEAMENTO BÁSICO

Lucca Lopes Monteiro da Fonseca 525

FUNDO PÚBLICO REGIONAL DE SANEAMENTO BÁSICO: UMA ALTERNATIVA PARA A VIABILIZAÇÃO DE INVESTIMENTOS EM INFRAESTRUTURA

Lucas Mendonça Giuseppin 551

OS DESAFIOS DA REGIONALIZAÇÃO NO SETOR DE SANEAMENTO: UM ESTUDO DE CASO SOB A PERSPECTIVA DO IAD *FRAMEWORK*

Natália Resende Andrade Ávila, Egon Bockmann Moreira e Oscar de Moraes Cordeiro Netto 571

O PROCESSO DE NORMATIZAÇÃO DO SANEAMENTO BÁSICO NO BRASIL E OS FIÉIS DA BALANÇA: A (DES)NECESSIDADE DE CAUTELA PELO *OVERRRULING* DO CASO CHEVRON

Estevan Pietro 603

SITUAÇÕES JURÍDICAS DE FATO SUBSISTENTES AO NOVO MARCO LEGAL DO SANEAMENTO

Alexandre Santos de Aragão 627

LICITAÇÃO UNIFICADA DE CONCESSÕES AUTÔNOMAS DE SANEAMENTO MUNICIPAL
Carlos Ari Sundfeld, André Rosilho e João Domingos Liandro 675

INFRAESTRUTURA DE ENERGIA E TRANSPORTE

ASPECTOS CONSTITUCIONAIS E LEGAIS PARA PRORROGAÇÃO ANTECIPADA DE CONCESSÕES DE DISTRIBUIÇÃO DE ENERGIA ELÉTRICA: ANALISE DO DECRETO 12.068, DE 20 DE JULHO 2024 À LUZ DA JURISPRUDÊNCIA DO SUPREMO TRIBUNAL FEDERAL E DA LEI 9.074, DE 7 DE JULHO DE 1995
Enrico Cesari Costa.. 697

EÓLICAS *OFFSHORE*: NOVA TECNOLOGIA DE ENERGIA
Maria Beatriz Picarelli Gonçalves Johonsom di Salvo 715

O MERCADO SECUNDÁRIO DE *SLOTS*: A ANAC ENTRE A IATA E A UNIÃO EUROPEIA
Hector Augusto Berti Corrêa 731

ASSIMETRIA ENTRE OS REGIMES JURÍDICOS PARA EXPLORAÇÃO INDIRETA DE INFRAESTRUTURA FERROVIÁRIA
Isabella Rossito.. 753

INFRAESTRUTURA VERDE E SOCIAL

O DESENVOLVIMENTO DA INFRAESTRUTURA VERDE NO JAPÃO COM FOCO NA POLÍTICA PÚBLICA DE BACIAS HIDROGRÁFICAS RESILIENTES
Noriko Okubo e Tiago Trentinella (Tradutor) 771

APROXIMAÇÕES ENTRE INFRAESTRUTURA VERDE, SOLUÇÕES BASEADAS NA NATUREZA E DIREITO DA INFRAESTRUTURA
Cinthia Rhemann Dias Ferreira 791

IMPLANTAÇÃO, MANUTENÇÃO E VIABILIZAÇÃO DE INFRAESTRUTURA DE EQUIPAMENTOS CULTURAIS NO DISTRITO FEDERAL
João Roberto de Oliveira Moro... 813

CONCESSÕES DE PARQUES URBANOS E NATURAIS: DESAFIOS E OPORTUNIDADES
Allan Fuezi de Moura Barbosa e Ednaldo Silva Ferreira Júnior 827

PLANEJAMENTO E POLÍTICAS PÚBLICAS EM INFRAESTRUTURA

PLANEJAMENTO GOVERNAMENTAL EM INFRAESTRUTURA E ORÇAMENTO: UMA ANÁLISE COMPARATIVA E PROPOSITIVA[1]

José Mauricio Conti

Mestre, Doutor e Livre-docente em Direito Financeiro pela USP. Bacharel em Direito e em Economia pela USP. Professor da Faculdade de Direito da USP. Advogado, Economista e Consultor na área de Direito Financeiro e Finanças Públicas. E-mail: jmconti@usp.br.

André Castro Carvalho

Pós-doutorado pelo MIT (*Massachussets Institute of Technology*) e pela USP. Doutor, Mestre e Bacharel pela USP. Recebeu o Prêmio CAPES em 2014 pela melhor tese de doutorado em Direito no Brasil. E-mail: andre.carvalho@ccc-consult.com.br.

Sumário: Introdução – 1. O planejamento do setor público – 2. Fundamentos e desafios do planejamento orçamentário; 2.1 Planejamento e federalismo; 2.2 Planejamento, relações intragovernamentais, setorialização e transversalidade; 2.3 Planejamento, orçamento e plurianualidade – 3. O planejamento governamental orçamentário em infraestrutura pública; 3.1 Infraestrutura e a plurianualidade no planejamento e no orçamento público; 3.2 O planejamento da ação governamental em países selecionados; 3.3 O planejamento governamental em infraestrutura no Brasil; 3.3.1 O planejamento por planos; 3.3.2 A função do plano plurianual – PPA no Brasil – 3.3.3 O continuísmo e o lapso temporal do PPA; 3.4 Infraestrutura e planejamento intergovernamental; 3.4.1 Competição intergovernamental por infraestrutura; 3.4.2 Transferências intergovernamentais; 3.4.3 Os convênios e consórcios na administração pública; 3.4.4 Hierarquia entre planos plurianuais?; 3.4.4.1 O uso das glosas orçamentárias – Conclusões – Referências.

INTRODUÇÃO

O papel do planejamento governamental em infraestrutura é fundamental para o crescimento econômico e o bem-estar social. Nos últimos anos, o Brasil tem enfrentado desafios significativos no que diz respeito à implementação de políticas de infraestrutura eficazes, devido a problemas estruturais e políticos. Este artigo visa analisar as práticas de planejamento em uma perspectiva comparada, propiciando uma visão abrangente e integrada que permita uma análise prospectiva do tema.

Este estudo tem como objetivo explorar as diferentes abordagens de planejamento governamental em infraestrutura, comparando modelos de sucesso em países desenvolvidos e em desenvolvimento, e avaliando sua aplicabilidade ao contexto brasileiro. Além disso, o artigo busca identificar os principais obstáculos enfrentados pelo Brasil no planejamento de infraestrutura e propor estratégias para superá-los.

---

1. Texto baseado em boa parte em escritos anteriores dos autores, conforme consta das referências bibliográficas, sem necessariamente inserção de aspas em face de alterações na redação, atualizações e ajustes.

A infraestrutura é a espinha dorsal de qualquer economia. Investimentos eficazes em infraestrutura podem impulsionar o crescimento econômico, melhorar a qualidade de vida e promover a inclusão social. Este estudo é relevante para formuladores de políticas, gestores públicos e pesquisadores interessados em entender como o planejamento governamental pode ser otimizado para gerar melhores resultados no Brasil.

1. O PLANEJAMENTO DO SETOR PÚBLICO

Nenhum conceito é simples nem pode ser definido com precisão absoluta. Contudo, podemos entender o planejamento como um instrumento estatal de previsão, formulação de objetivos e coordenação de meios para otimizar ações voltadas ao desenvolvimento social e econômico. O planejamento não se confunde com plano, sendo este último uma expressão documental do primeiro. O planejamento é visto como um "modo de ação racional" que pode interferir na liberdade econômica, mas não suprimi-la, e sim complementá-la, garantindo maior eficiência na ordem social.[2]

No âmbito do setor público, o planejamento abrange vários setores e tem múltiplos vieses. O planejamento abordado aqui limita-se ao âmbito do setor público, sendo comandado por este, ainda que, como se verá, com a função de intervir na atuação do setor privado.

Mesmo assim, restringe-se a abordagem ao planejamento no âmbito do direito econômico e financeiro, analisando as formas pelas quais a ação do Estado conduz a economia, tanto no que se refere às suas próprias finanças (onde se observa um planejamento sob o ponto de vista do direito financeiro) quanto às finanças do setor privado (quando se trata do direito econômico). Não será abordado, ainda que tenha relevância para a infraestrutura, o planejamento no âmbito urbanístico, que se concentra na organização do espaço público em termos territoriais, lidando com aspectos do direito administrativo.

Em sua clássica obra sobre o tema, encaixam-se perfeitamente a este contexto as palavras do Professor Eros Grau, quando diz "que a atividade do planejamento compreende um método de ação dirigido a um fim determinado", que, quando desenvolvida pelo Estado, tem por objetivo atender fins sociais e econômicos.[3]

O planejamento do setor público, como prática formal, tem como um de seus marcos iniciais a Rússia soviética, com a criação do *GOSPLAN* em 1921, responsável pelos planos quinquenais que guiariam a economia soviética. Nos países capitalistas, a prática ganhou força nos anos 1930, durante a crise econômica global, com iniciativas como o Plano Tardieu (França, 1928), o Plano Marquel (França, 1933) e o Tennesse Valley Authority (EUA, 1933). Após a Segunda Guerra Mundial, o planejamento tornou-se generalizado nos países capitalistas, sendo considerado essencial para o desenvolvimento socioeconômico.

---

2. GRAU, Eros R. *Planejamento econômico e regra jurídica*. São Paulo: RT, 1978, p. 38.
3. GRAU, Eros R. *Planejamento econômico e regra jurídica*. São Paulo: RT, 1978, p. 12.

O planejamento no Brasil teve marcos relevantes ao longo de sua história o Decreto 524 de 1890, considerado o marco inicial, previa a criação de um plano geral de viação, consolidado décadas depois; a Constituição de 1934, que instituiu dispositivos para o planejamento de infraestrutura, como o plano nacional de viação férrea, o Plano SALTE (1950), primeira experiência com normas impositivas e indicativas, voltado à saúde, alimentação, transporte e energia; o Plano de Metas (1952), durante o governo Juscelino Kubitschek, que promoveu o desenvolvimento em áreas como energia, transporte e indústria, culminando na construção de Brasília, e a criação do Ministério do Planejamento em 1961, no governo João Goulart, e comandado por Celso Furtado, reforçando a institucionalização do planejamento.

Os principais marcos normativos a Lei 4320/1964, que estruturou o planejamento orçamentário, criando mecanismos de longo prazo, como o embrião dos planos plurianuais, o Decreto-lei 200/1967, que regulamentou aspectos do planejamento na administração pública, os Planos Nacionais de Desenvolvimento (1972-1979), que marcaram os governos militares, com foco em integração nacional, energia e indústrias de base.

A Constituição Federal de 1988 promoveu avanços significativos no planejamento governamental, instituindo um planejamento econômico governamental, fundado no art. 174 da Constituição, que é determinante para o setor público e indicativo para o setor privado, e um sistema de planejamento orçamentário, por meio de três leis que se interconectam e estruturam o planejamento no âmbito orçamentário da administração pública. O Plano Plurianual (PPA), estruturando ações no médio prazo com metas regionais e de programas contínuos; a Lei de Diretrizes Orçamentárias (LDO), estabelecendo diretrizes intermediárias entre o PPA e o orçamento anual; e a Lei Orçamentária Anual (LOA), vinculando os orçamentos às demais leis de planejamento e conferindo-lhe aspecto operacional.

Essas medidas foram fortalecidas pela Lei de Responsabilidade Fiscal (2000), que introduziu maior rigor no controle das despesas públicas e do endividamento, com equilíbrio orçamentário e transparência.

2. FUNDAMENTOS E DESAFIOS DO PLANEJAMENTO ORÇAMENTÁRIO

O planejamento do setor público é absolutamente imprescindível para a gestão de uma máquina pública de dimensões gigantescas, como é o Brasil, e fundamental para o desenvolvimento de áreas como a da infraestrutura. É inconcebível, no mundo moderno, com o aperfeiçoamento da gestão pública, organização federativa, multiplicidade de setores e órgãos com maior e menor autonomia, participação do setor privado e do terceiro setor, conduzir o país sem um sistema de planejamento bem estrutura, sólido, abrangente e eficiente.

A essencialidade do planejamento para a administração pública moderna fica clara pela necessidade de coordenação e eficiência, evitando a sobreposição de esforços entre órgãos públicos, promovendo ações coordenadas; para a formulação de políticas públicas, com a definição de metas e estratégias alinhadas aos objetivos nacionais de desenvolvimento econômico e social, e para a otimização de recursos, garantindo maior racionalidade na aplicação de recursos financeiros, especialmente em um cenário de limitações fiscais. E, em um cenário de elevada carga tributária e recursos escassos, o planejamento torna-se imprescindível para que o Estado cumpra suas funções sem comprometer a sustentabilidade fiscal.

O planejamento econômico governamental, tal como delineado no artigo 174 da Constituição, tem natureza mais ampla e estratégica, abrangendo os vários aspectos de coordenação da administração pública, e desta com o setor privado, para a consecução dos objetivos fundamentais do Estado brasileiro.

A concretização das ações governamentais, no entanto, exige uma dimensão operacional, que vai ocorrer por meio do planejamento orçamentário da administração pública, que culminarão na especificação detalhada de objetivos, resultados, metas, descrição dos projetos e atividades e alocação de recursos.

O planejamento econômico governa ações estratégicas de longo prazo, enquanto o planejamento orçamentário, mais técnico, traduz essas ações em leis orçamentárias. A execução do planejamento econômico depende da materialização em instrumentos orçamentários.

O planejamento orçamentário é essencial para garantir eficiência, viabilizando a execução coordenada das ações governamentais, promover transparência, ao permitir o acompanhamento e a fiscalização do uso dos recursos públicos, e por fim concretizar objetivos constitucionais, apoiando a realização de metas sociais e econômicas previstas no art. 3º da Constituição, como erradicação da pobreza e redução das desigualdades.

O planejamento orçamentário da administração pública brasileira consiste em um sistema de normas de planejamento estruturado a partir da tríade de leis com natureza orçamentária previstas no art. 165 da Constituição (Plano Plurianual, Lei de Diretrizes Orçamentárias e Lei Orçamentária Anual), responsáveis por materializar e coordenar financeiramente as ações governamentais de cada um dos entes federados no percurso que leva à consecução dos objetivos fundamentais do Estado brasileiro. E que se insere no contexto de um sistema mais amplo de planejamento do setor público que abrange o já mencionado planejamento econômico governamental, de âmbito nacional (art. 174), que atualmente restringe-se a apenas alguns setores da administração pública, como a área da Educação, com o Plano Nacional de Educação.

O Plano Plurianual (PPA) é lei própria de cada unidade da federação, de vigência quadrienal, cuja função é estabelecer, de forma regionalizada, as diretrizes, objetivos e metas da administração pública para as despesas de capital e outras delas decorrentes e para as relativas aos programas de duração continuada (Constituição, art. 165, § 1º).

A Lei de Diretrizes Orçamentárias (LDO) é lei anual, também própria de cada unidade federativa, competindo-lhe estabelecer as metas e prioridades da administração pública, as diretrizes de política fiscal e respectivas metas, em consonância com trajetória sustentável da dívida pública, orientar a elaboração da lei orçamentária anual, dispor sobre as alterações na legislação tributária e estabelecer a política de aplicação das agências financeiras oficiais de fomento (Constituição, art. 165, § 2º), bem como atender o disposto no art. 4º da Lei Complementar 101/2000 (Lei de Responsabilidade Fiscal).

A Lei Orçamentária Anual (LOA) é lei de vigência anual, em cada unidade da federação, que contém a discriminação da receita e despesa de forma a evidenciar a política econômica financeira e o programa de trabalho da administração pública (Lei 4320/1964, art. 2º). Divide-se em três partes, a saber (Constituição, art. 165, § 5º):

I – o orçamento fiscal referente aos Poderes, seus fundos, órgãos e entidades da administração direta e indireta, inclusive fundações instituídas e mantidas pelo Poder Público;

II – o orçamento de investimento das empresas em que o ente federado, direta ou indiretamente, detenha a maioria do capital social com direito a voto; e

III – o orçamento da seguridade social, abrangendo todas as entidades e órgãos a ela vinculados, da administração direta ou indireta, bem como os fundos e fundações instituídos e mantidos pelo Poder Público.

O funcionamento desse sistema oferece vários desafios a serem vencidos, desafios esses que afetam fortemente o campo da infraestrutura, e que podem ser identificados em três aspectos principais: as relações federativas intergovernamentais, as relações intragovernamentais entre órgãos, poderes e instituições, e a plurianualidade.

2.1   Planejamento e federalismo

A organização federativa, com entes federados dotados de autonomia e independência constitucionalmente asseguradas, com três esferas de governo e milhares de entes federados, é um dos maiores desafios para um planejamento do setor público seguro e eficiente.

Um dos aspectos mais desafiadores é a *complexidade estrutural*, pois o planejamento federativo exige a conciliação entre a autonomia dos entes federados e a necessidade de coordenação para alcançar objetivos comuns. Essa tarefa é difícil, dada a pluralidade de vontades e competências dos entes autônomos.

A falta de clareza na definição de atribuições entre os entes federados pode gerar *conflitos de competência* jurídicos e administrativos, prejudicando a implementação de políticas públicas.

A necessidade de o planejamento integrar diferentes níveis de governo (nacional, regional e local) e setores (educação, saúde, segurança, entre outros), é outro fator que aumenta a complexidade do processo, como se verá em itens seguintes.

Desenvolver e tornar eficientes os instrumentos de coordenação e cooperação torna-se fundamental. Cada ente federado mantém sua autonomia, mas deve adaptar suas ações a diretrizes comuns. No Brasil, predominam as competências concorrentes, conforme previsto no art. 24 da Constituição. A organização federativa envolve decisões conjuntas e responsabilidades compartilhadas, como ocorre nas competências comuns (art. 23 da Constituição), a exemplo das áreas de saúde e educação.

Boa parte do planejamento se instrumentaliza por meio pactos intergovernamentais, como transferências e convênios, que buscam viabilizar e sincronizar esforços entre os entes.

Grande parte das principais políticas públicas são de natureza multissetorial, o que exige coordenação entre diferentes esferas de governo devido à sua abrangência territorial e temática, como as agendas transversais, identificadas de forma mais clara, inicialmente, no PPA federal 2012-2015. Muitas delas viabilizadas por transferências intergovernamentais – obrigatórias ou voluntárias, e evidenciam que no federalismo fiscal brasileiro há uma forte dependência financeira que reflete a centralização de recursos na União.

As transferências intergovernamentais desempenham papel crucial no federalismo brasileiro. As transferências obrigatórias garantem a distribuição regular de recursos, como o Fundo de Participação dos Estados (FPE) e Municípios (FPM), e permitem implementar mecanismos de redução das desigualdades regionais e mitigação de desajustes financeiros federativos. As transferências voluntárias, em regra operacionalizadas por convênios, são essenciais para obras de infraestrutura e implementação de políticas públicas, mas estão sujeitas a incertezas políticas e orçamentárias.

O governo federal, com maior poder orçamentário, exerce influência sobre os entes subnacionais, evidenciando a tese do "poder de atração do maior orçamento".[4]

Alguns setores têm uma maior institucionalização do sistema de planejamento, como é o caso da Educação, em que o Plano Nacional de Educação (PNE) exige a integração de planos estaduais e municipais com o federal, promovendo um regime de colaboração para alcançar metas comuns. Na Saúde, o Sistema Único de Saúde (SUS) opera com planejamento ascendente e integração entre as esferas de governo, garantindo recursos por meio de pactos federativos.

Hoje os principais desafios e caminhos para o planejamento eficiente envolvem alguns aspectos que merecem maior atenção. A segurança jurídica é um deles, uma vez que a falta de previsibilidade nas transferências financeiras prejudica o planejamento orçamentário, especialmente nos municípios, que dependem de transferências para despesas de capital. Mecanismos de controle, envolvendo instrumentos como os Pactos de Concertação e os sistemas de monitoramento podem melhorar a eficiência e a transparência do planejamento federativo.

Contudo, reformas no federalismo fiscal são necessárias para ajustar o modelo de transferências e garantir a estabilidade e a previsibilidade dos recursos, alinhando os objetivos das políticas públicas às capacidades dos entes federados, o que não mostra

---

4. CONTI, José Mauricio *O planejamento orçamentário da administração pública no Brasil*. São Paulo: Blucher, 2020, p. 264-267.

estar avançando com as primeiras medidas decorrentes da reforma tributária instituída pela Emenda Constitucional 132, de 2023.

O que se pode constatar é haver ainda desafios importantes e longe de serem superados, a fim de que o planejamento do setor público possa superar as dificuldades impostas pela organização federativa. O *federalismo cooperativo* exige um equilíbrio entre a autonomia dos entes federados e a coordenação necessária para implementar políticas públicas eficazes.

No Brasil, as transferências intergovernamentais são fundamentais para operacionalizar o planejamento orçamentário, mas dependem de mecanismos que assegurem a transparência, previsibilidade e eficiência na execução das ações governamentais. A centralização de recursos no governo federal, embora necessária em alguns casos, deve ser acompanhada de esforços para promover maior cooperação e equidade entre as esferas de governo.

2.2 Planejamento, relações intragovernamentais, setorialização e transversalidade

O planejamento governamental é uma tarefa complexa, especialmente em Estados federativos com separação de poderes, como o Brasil. As normas jurídicas que sustentam esse planejamento abrangem diversas relações, cujas dificuldades aumentam em função da autonomia das unidades federativas, dos poderes e dos órgãos que os compõem e coordenam os vários setores.

No caso do planejamento orçamentário da administração pública, as normas estabelecidas em cada unidade federativa incluem o PPA, a LDO e a LOA. Organizar um sistema coeso nessa escala é desafiador, particularmente em estruturas administrativas grandes e compostas por múltiplos órgãos, como a administração pública federal e a de muitos Estados e Municípios.

A coordenação entre entes federativos e órgãos é dificultada pela autonomia dos poderes, assegurada pela Constituição no art. 2º, e instituições com elevado grau de independência. Cada poder elabora seu orçamento, como preveem os arts. 99 (Judiciário), 127 (§3º, Ministério Público) e 134 (§§ 2º e 3º, Defensoria Pública). Essa independência exige a criação de sistemas de planejamento capazes de harmonizar interesses e respeitar autonomias, ao mesmo tempo que alinham estratégias no âmbito da federação.

Além disso, o Estado brasileiro possui órgãos e poderes com abrangência nacional, como o Judiciário, estruturado em níveis nacional e subnacional. As estratégias nacionais devem ser seguidas pelas esferas locais, o que demanda coordenação entre sistemas de planejamento. No caso do Judiciário, isso inclui tanto as cortes superiores quanto tribunais estaduais, como os Tribunais de Justiça.

A análise do planejamento orçamentário intragovernamental é particularmente relevante no Judiciário, dada sua autonomia constitucional e sua abrangência como órgão da administração pública. Embora o Legislativo também seja autônomo, seus conflitos com o Executivo são geralmente solucionados politicamente. Já o Judiciário é frequentemente o foco dos maiores desafios, tanto em quantidade quanto em impacto.

O papel central do Judiciário na administração da Justiça torna essencial o planejamento transparente e previsível. Suas decisões afetam a instalação de fóruns, a condução de processos e a implantação de sistemas eletrônicos, impactando diretamente órgãos como o Ministério Público, a Defensoria e a Advocacia, além dos cidadãos. Por isso, o planejamento de suas ações deve considerar os interesses de todos que dependem de sua atuação.

A construção de um planejamento orçamentário integrado requer normas que harmonizem sistemas nacionais, federais e estaduais, evitando contradições e promovendo coerência entre estratégias e objetivos comuns. No Judiciário, em especial, o planejamento deve compatibilizar normas orçamentárias e instrumentos de gestão mais amplos, como as resoluções do Conselho Nacional de Justiça (CNJ), que incluem a Resolução 70/2009, 198/2014 e 325/2020.

No entanto, o Poder Judiciário como os demais poderes, instituições e órgãos que, formal ou informalmente, têm elevado grau de autonomia, integra o ente federado. Por isso, está inserido nos respectivos planos plurianuais e demais normas de planejamento que envolvem suas atividades, o que evidencia a dificuldade de compatibilizar esses múltiplos interesses de forma que haja coesão de todo o sistema de planejamento.

Além do relacionamento intragovernamental com os órgãos e poderes com independência e autonomia, a diversidade e multiplicidade de órgãos decorrentes da "setorialização" e a "departamentalização" da administração pública demandam uma coesão no planejamento governamental, indispensável para seu funcionamento eficiente.

A dimensão e a complexidade da máquina pública decorrente da fragmentação administrativa, tem gerado dificuldades para alcançar os resultados esperados.

Torna-se, assim, imprescindível a existência de instrumentos que viabilizem o planejamento setorial. Contudo, isso gera desafios, dado que é necessário compatibilizar diferentes políticas públicas, frequentemente multissetoriais, envolvendo mais de um setor da atuação governamental.

Além disso, é preciso alinhar essas políticas à organização federativa do país, coordenando as ações dos diferentes entes federados envolvidos, como já expusemos, coerente e associada à fragmentação setorial presente em cada ente federado. Isso demanda uma estrutura jurídica sofisticada, capaz de viabilizar essas ações enquanto respeita as respectivas autonomias.

Não é demais reiterar a relevância do planejamento como ferramenta para superar as inúmeras dificuldades identificadas e permitir que o Estado atenda às demandas públicas. Nesse sentido, vale a pena ressaltar as palavras de José Celso Cardoso:

> Um sistema de planejamento, em suma, é a única coisa capaz de superar a situação fragmentada e competitiva que hoje se observa dentro dos governos, permitindo uma convivência organicamente articulada e cooperativa, seja entre ministérios, órgãos e instâncias federativas, seja entre dirigentes

políticos, burocracia pública e a própria sociedade civil organizada. O planejamento, por fim, quando estruturado de modo sistêmico e estratégico, é a única função de Estado capaz de conferir dinamicidade a governos inertes ou paralisados, fazendo as economias converterem especulação financeira e rentismo em investimentos produtivos socialmente úteis, e permitindo às sociedades transitarem do passado e presente a futuros menos incertos e mais condizentes com as aspirações da civilização e da coletividade na contemporaneidade.[5]

Diversas questões e dificuldades relacionadas ao planejamento orçamentário no contexto das políticas públicas já foram mencionadas anteriormente. No entanto, será na análise específica de cada setor que muitas delas poderão ser identificadas com maior clareza, possibilitando a proposição de soluções quando cabíveis.

É o caso da infraestrutura, como se observará ao longo desse texto, já que a infraestrutura é uma dimensão presente em vários setores da administração. Áreas como educação, saúde, saneamento e transporte dependem da infraestrutura adequada para se viabilizarem.

A administração pública moderna convive com a transversalidade das políticas públicas, e a infraestrutura está presente, com maior ou menor intensidade, em praticamente todas elas. Isso desafia o Direito Financeiro, o Direito Administrativo e outras áreas do Direito e das ciências a construírem instrumentos capazes de viabilizar soluções que ofereçam maior eficiência e melhores resultados para a atuação do Estado.

2.3 Planejamento, orçamento e plurianualidade

A periodicidade é um elemento essencial do planejamento, especialmente em virtude das constantes mudanças sociais e econômicas. De acordo com José Afonso da Silva, o dinamismo da realidade social exige revisões periódicas na programação estatal para ajustar suas ações às novas circunstâncias e maximizar o bem-estar coletivo.[6]

As funções das leis orçamentário, de controle, gestão e planejamento exigem uma periodicidade, sem o que ficam inviabilizadas. A periodicidade permite organizar atos de arrecadação, gestão e aplicação de recursos, além de garantir o controle eficiente do uso dos recursos públicos. Planejar, nesse contexto, envolve prever cenários futuros, antecipar situações e propor estratégias para alcançar objetivos de forma coordenada e juridicamente segura.

O planejamento no setor público permite identificar os horizontes temporais de curto, médio e longo prazos. O curto prazo abrange períodos de até um ano, sendo as leis orçamentárias anuais o principal instrumento de planejamento para esse horizonte, daí falar-se no *princípio da anualidade orçamentária*. Esse princípio, no entanto, tem sido objeto de questionamento, pois limita a ação administrativa ao curto prazo e, em muitos casos, se mostra inadequado para atender às demandas de investimentos mais complexos.

---
5. CARDOSO JR., José Celso. *Princípios e propostas para o PPA 2016-2019*, p. 21.
6. SILVA, José Afonso da. *Orçamento-programa no Brasil*, p. 134.

O médio prazo geralmente compreende períodos entre três e cinco anos, e nesse caso o planejamento assume um caráter estratégico e busca dar maior estabilidade à gestão financeira pública. Exemplos incluem os planos plurianuais que estabelecem metas intermediárias e fornecem uma visão ampliada das necessidades governamentais.

O longo prazo abrange períodos superiores a cinco anos, frequentemente chegando a décadas. É utilizado para orientar diretrizes amplas e estratégicas, como os Planos Nacionais de Educação, Cultura e Juventude no Brasil. Planejamentos de longo prazo, no entanto, não são aplicáveis à modalidade orçamentária devido à dificuldade de prever cenários econômicos e sociais com a precisão necessária para a fixação de dotações orçamentárias.

A *plurianualidade* é um conceito fundamental para o planejamento público, especialmente para projetos de longo prazo, como obras de infraestrutura e contratos que ultrapassam o período de um exercício financeiro. Embora o princípio da anualidade continue sendo central para a organização financeira, é necessário compatibilizá-lo com a plurianualidade, garantindo que ambos os conceitos coexistam de forma harmoniosa.

Exemplos internacionais, como o sistema francês, demonstram como a integração desses princípios evoluiu. Após a Segunda Guerra Mundial, a ampliação do papel do Estado levou à adoção de planejamentos plurianuais, refletindo a necessidade de maior tempo para a execução de políticas públicas e obras.

A rigidez do princípio da anualidade muitas vezes resulta em distorções, como o aumento de gastos no final do exercício fiscal para evitar a perda de dotações orçamentárias. Para mitigar esses problemas, instrumentos como "restos a pagar" e "carry-over" permitem que despesas não realizadas em um ano sejam transferidas para o seguinte, oferecendo maior flexibilidade e eficiência à gestão pública.

Outro instrumento fundamental é o *planejamento deslizante*, que possibilita revisões periódicas nos planos plurianuais, garantindo uma adaptação gradual e contínua às mudanças do cenário econômico e político. Esse modelo, amplamente adotado em países membros da OCDE, proporciona maior credibilidade no planejamento e facilita a articulação entre diferentes níveis de detalhamento nos orçamentos anuais e plurianuais.[7]

A *Lei de Diretrizes Orçamentárias (LDO)*, criada pela Constituição de 1988, ocupa um papel de destaque no planejamento orçamentário brasileiro e tem funções importantes na adaptação da realidade plurianual à rigidez temporal das leis orçamentárias. Ela funciona como um elo entre o Plano Plurianual (PPA) e o orçamento anual, estabelecendo as prioridades governamentais para o exercício seguinte e permitindo maior controle legislativo.

A LDO ganhou ainda mais relevância com a Lei de Responsabilidade Fiscal (LRF), que introduziu instrumentos como os *Anexos de Metas Fiscais e de Riscos Fiscais*. Esses anexos asseguram o equilíbrio fiscal e ajudam na antecipação e mitigação de riscos finan-

---

7. CONTI, José Mauricio *O planejamento orçamentário da administração pública no Brasil*. São Paulo: Blucher, 2020, p. 158-162.

ceiros, promovendo maior previsibilidade e transparência nas decisões orçamentárias. Por serem trienais, renovados anualmente, a cada LDO publicada, materializam uma forma de planejamento deslizante.

A recente inclusão do § 14 no art. 165 da Constituição, por meio da Emenda Constitucional 102, de 2019, ao estabelecer que "A lei orçamentária anual poderá conter previsões de despesas para exercícios seguintes, com a especificação dos investimentos plurianuais e daqueles em andamento", trouxe mais um instrumento importante para consolidar um sistema de planejamento deslizante e dar maior estabilidade e segurança jurídica à plurianualidade orçamentária.

As dificuldades para compatibilizar uma realidade que não se ajusta ao período exíguo e rígido de um exercício financeiro ainda constituem um desafio no âmbito do Direito Financeiro. Alterações legislativas serão seguramente necessárias para aperfeiçoar o sistema vigente de planejamento orçamentário, tornando-o compatível com as demandas atuais, especialmente em áreas como a da infraestrutura, onde a anualidade é claramente inadequada.

A experiência de outros países, como França e membros da OCDE, reforça a importância da programação plurianual para a gestão eficiente das finanças públicas. No Brasil, a técnica de planejamento deslizante, combinada com instrumentos como os planos plurianuais e a LDO, oferece um modelo promissor para lidar com as complexidades de um sistema federativo e com a necessidade de adaptação constante, embora ainda seja insuficiente para lidar com as demandas da moderna gestão pública.

O planejamento do setor público, especialmente no aspecto orçamentário, deve atender às exigências de diferentes temporalidades, garantindo coerência e integração entre as normas. A adaptação contínua às mudanças sociais e econômicas é essencial para assegurar a eficácia e sustentabilidade do sistema de planejamento orçamentário, promovendo, assim, uma administração mais eficiente e transparente.

3. O PLANEJAMENTO GOVERNAMENTAL ORÇAMENTÁRIO EM INFRAESTRUTURA PÚBLICA

O planejamento governamental orçamentário em infraestrutura pública enfrenta vários desafios, além de todos aqueles mencionados nos itens anteriores, como esse pode constatar e serão retomados nesse item específico. Trata-se do desafio de equilibrar as necessidades de longo prazo do setor com as pressões políticas de curto prazo. A modernização e a crescente complexidade dos projetos de infraestrutura exigem um planejamento robusto e adaptável, capaz de incorporar novas tecnologias e demandas. No entanto, a prática orçamentária tradicional, voltada para o controle de gastos e ciclos anuais, muitas vezes se mostra inadequada para as características específicas da infraestrutura.

Um dos principais problemas reside na desconexão entre o planejamento e a execução orçamentária. A ênfase em projetos de curto prazo, que geram resultados visíveis e benefícios políticos imediatos, frequentemente se sobrepõe às necessidades de investimentos de longo prazo em infraestrutura. Essa dinâmica cria uma "brecha" entre o plano e o resultado, comprometendo a eficácia das políticas públicas e perpetuando o déficit de infraestrutura em muitos países.

A literatura aponta para diversos desafios no planejamento de infraestrutura, incluindo a dificuldade de prever os custos e benefícios de longo prazo, a limitada participação do setor privado, os efeitos transbordamento que impactam diferentes setores e regiões, a busca por equidade tarifária que pode comprometer a viabilidade financeira dos projetos, a necessidade de considerar os custos de manutenção e expansão para as futuras gerações, e a complexidade de integrar os investimentos em infraestrutura com outras áreas prioritárias.

Autores como René Frey destacam a inadequação do orçamento convencional como instrumento de planejamento de longo prazo. A sua natureza voltada para o controle de gastos dificulta a articulação de projetos complexos e de longo prazo, como os de infraestrutura. Essa limitação exige que o planejamento em infraestrutura transcenda a lógica orçamentária tradicional e incorpore elementos de gestão estratégica, considerando diferentes horizontes temporais e a participação de diversos atores.[8]

A visão de Juan Miguel de la Cuétara Martínez, de que setores de alta tecnologia e inovação demandariam menor planejamento estatal, é contrabalançada pela necessidade de um planejamento adaptativo, capaz de ajustar-se às rápidas mudanças tecnológicas. Mesmo em setores dinâmicos, o planejamento governamental desempenha um papel fundamental na definição de diretrizes, na regulação do mercado e na promoção da concorrência.[9]

O desafio, portanto, reside em construir um sistema de planejamento que integre as necessidades de longo prazo da infraestrutura com as demandas políticas e orçamentárias de curto prazo. Isso implica em superar a abordagem fragmentada de projetos individuais e adotar um planejamento estratégico de longo prazo, com metas claras, mecanismos de avaliação e a participação de diferentes níveis de governo, setor privado e sociedade civil. A coerência entre o planejamento e o ordenamento jurídico, garantindo a efetividade das políticas públicas para infraestrutura, é essencial para o desenvolvimento sustentável do país.

3.1 Infraestrutura e a plurianualidade no planejamento e no orçamento público

Já destacamos anteriormente as dificuldades relacionadas à plurianualidade no âmbito do planejamento orçamentário do setor público. E a plurianualidade é crucial para o planejamento e orçamento de investimentos em infraestrutura, que impactam

---

8. FREY, *Infrastruktur...*, p. 119, tradução nossa e grifos do autor: "Der Hauptmangel der herkömmlichen Budgets ist somit, daß es allenfalls ein Instrument zur *Kontrolle* der öffentlichen Ausgaben, nicht aber ein Instrument zur *Planung* der Staatsausgaben ist".
9. CUÉTARA MARTÍNEZ, *Sobre infraestructuras...*, p. 213 e nt. 28.

múltiplos exercícios financeiros. É importante distinguir entre planejamento plurianual, que define objetivos e estratégias de longo prazo, e orçamento plurianual, que aloca recursos para um período superior a um ano. No Brasil, o Plano Plurianual (PPA), associado ao recente dispositivo constitucional inserido no § 14 do art. 165 da Constituição, desempenha ambas as funções, conectando o planejamento econômico de longo prazo com a execução orçamentária de médio prazo.

O orçamento com previsões plurianuais oferece vantagens como: melhor previsibilidade dos gastos, maior controle fiscal, flexibilidade para reajustar alocações e redução da incerteza para o setor privado. Contudo, também apresenta desafios, como a complexidade administrativa e o risco de desatualização em cenários econômicos e políticos voláteis. Apesar dessas dificuldades, a experiência internacional demonstra a importância do orçamento plurianual para investimentos em infraestrutura, como nos EUA, onde auxilia na avaliação dos custos de longo prazo dos programas governamentais.

A doutrina reconhece o planejamento plurianual como essencial para prever o impacto dos investimentos e racionalizar as ações estatais, especialmente em infraestrutura, cujos projetos se estendem por muitos anos. Essa visão é particularmente relevante para países em desenvolvimento, onde a falta de infraestrutura adequada é um obstáculo ao crescimento econômico e social.

Em resumo, o planejamento plurianual, materializado no orçamento com previsões plurianuais, é uma ferramenta fundamental para a gestão de investimentos em infraestrutura. Ele permite uma visão de médio prazo, entre quatro e cinco anos, servindo como marco para a elaboração das leis orçamentárias anuais. A sua importância reside na capacidade de integrar o planejamento estratégico com a alocação de recursos, promovendo a eficiência e a transparência na gestão pública. A despeito dos desafios, a adoção do planejamento plurianual é crucial para garantir investimentos consistentes e sustentáveis em infraestrutura, impulsionando o desenvolvimento e gerando benefícios de longo prazo para a sociedade.

3.2 O planejamento da ação governamental em países selecionados

O planejamento governamental, especialmente o plurianual, tem sido utilizado com diversos propósitos, além do planejamento em si. Bela Balassa cita exemplos como a busca por independência nacional em países africanos e asiáticos, a pré-qualificação para empréstimos na América Latina e o foco na industrialização na Índia. O autor observa que economias sem planejamento de longo prazo ou com planejamento centralizado no setor público apresentaram maior crescimento nas décadas de 1960 e 1970. No entanto, a ausência de planejamento para infraestrutura pode levar à falta de critérios para priorizar projetos, prejudicando o crescimento econômico. O planejamento, com a evolução das democracias, tornou-se essencial para a boa gestão pública.[10]

---

10. BALASSA, Indicative planning in developing countries. *Journal of Comparative Economics*. v. 14. 1990, p. 561-564.

América Latina

A partir da década de 1950, o planejamento governamental na América Latina focou em setores como transporte e energia, impulsionado pela Aliança para o Progresso. A plurianualidade dos investimentos está presente nas constituições de diversos países, refletindo a responsabilidade estatal pelo crescimento e desenvolvimento. O principal desafio é estender o horizonte de planejamento para além de quatro ou cinco anos, considerando os compromissos de longo prazo, como as concessões de infraestrutura. O Chile, por exemplo, projeta compromissos de concessões por até 25 anos. O México, com seu Programa Nacional de Infraestrutura, visa elevar o investimento público em infraestrutura para mais de 5% do PIB até 2030, buscando uma posição de liderança na região. Outros países, como Peru e Colômbia, também adotam planejamentos plurianuais de longo prazo, com destaque para obras de saneamento e planos nacionais de desenvolvimento. A integração entre planejamento e orçamento é fundamental para a efetividade das políticas públicas.

Índia

A Índia, com seus "five-year plans", demonstra a importância do planejamento estratégico quinquenal de longo prazo. Influenciada pelo modelo soviético, a Índia concentra o planejamento no Estado, com forte papel do governo central e subnacionais. Os planos quinquenais evoluíram de listas de investimentos para conjuntos de medidas a serem implementadas, buscando crescimento econômico e inclusão social. O Eleventh Five-Year Plan, por exemplo, visava um crescimento anual de 9% do PIB e a redução das desigualdades. Apesar da rigidez orçamentária, a Índia prevê altos investimentos em infraestrutura, com participação público-privada. Um desafio particular é a necessidade de equilibrar o planejamento com a participação popular em projetos de infraestrutura, característica das democracias que pode impactar o ritmo dos investimentos.

Europa

Na Europa, diferentes modelos de planejamento são observados. O Reino Unido utiliza limites de gastos trienais para os departamentos governamentais (DEL), enquanto a Espanha foca em planos diretores de infraestrutura setoriais e plurianuais, com ênfase no setor rodoviário e ferroviário. A Áustria adota um sistema de três leis orçamentárias, incluindo uma plurianual de quatro anos. Os países bálticos, após o fim da União Soviética, transitaram do planejamento centralizado para modelos mais indicativos, buscando suprir a falta de infraestrutura e incentivar a iniciativa privada. A experiência desses países demonstra os desafios da transição para novas formas de planejamento e a importância da adaptação a diferentes contextos políticos e econômicos.

Em síntese, a experiência internacional revela a diversidade de abordagens e a importância de adaptar o planejamento governamental às características de cada país. A plurianualidade, embora fundamental para investimentos em infraestrutura, deve ser implementada de forma flexível, considerando os desafios da volatilidade econômica e política, a necessidade de participação privada e a busca por um equilíbrio entre planejamento centralizado e autonomia regional.

3.3 O planejamento governamental em infraestrutura no Brasil

3.3.1 O planejamento por planos

O planejamento governamental em infraestrutura no Brasil passou por diferentes fases, desde a ausência de planejamento na Primeira República até a era dos Planos Plurianuais (PPAs). Inicialmente, o planejamento era "não sistêmico", marcado por planos isolados como o Salte e o Plano Especial (1939-1944), considerado o marco inicial do planejamento no país. O Plano de Metas de Juscelino Kubitschek representou o "planejamento discricionário", com foco em infraestrutura e indústria. Durante o Regime Militar, o planejamento tornou-se "burocrático-autoritário", com os Planos Nacionais de Desenvolvimento (PNDs) e o Plano Decenal de 1967. A redemocratização trouxe os planos econômicos de curto prazo e, posteriormente, os PPAs de médio prazo.

A característica inicial do planejamento no Brasil foi a elaboração de planos setoriais, sem uma integração ou periodicidade consistente. O Plano Especial, focado em infraestrutura, marca o início desse processo. Posteriormente, a criação do GEIPOT (1965), transformado na Empresa Brasileira de Planejamento de Transportes (1973), fortaleceu o planejamento no setor de transportes. A tradição de planejamento viário no Brasil remonta ao período imperial, com diversos planos elaborados ao longo do século XIX. A criação do Sistema Nacional de Transporte Urbano (SNTU), da Empresa Brasileira de Transportes Urbanos (EBTU) e do Fundo de Desenvolvimento dos Transportes Urbanos (FDTU) (1975) demonstra a crescente importância do planejamento urbano. O Decreto-Lei 200/1967 estabeleceu o planejamento como princípio da administração pública, visando o desenvolvimento econômico-social e a segurança nacional.

O planejamento ganhou força no pós-Segunda Guerra Mundial, com maior centralização e gastos financiados por fundos específicos, pelo BNDE e por emissão de moeda. O Plano Salte e a criação do BNDE marcaram o período de "industrialização restringida". O Plano de Metas (1956-1960) buscou a "coordenação racional" da ação estatal, com foco em infraestrutura e integração nacional. O Regime Militar trouxe o planejamento contínuo e periódico, com o PAEG e os PNDs. O I PND focou em infraestrutura e integração nacional, enquanto o II PND priorizou as indústrias de base. A Resolução 63/1967 do Banco Central permitiu a captação de recursos externos para grandes projetos de infraestrutura. Os PNDs eram elaborados pelo Poder Executivo, com duração equivalente ao mandato presidencial. A Constituição de 1988 marcou a transição para os PPAs de médio prazo.

3.3.2 A função do Plano Plurianual – PPA no Brasil

A Constituição de 1988 trouxe uma mudança significativa para o planejamento governamental no Brasil, priorizando o planejamento orçamentário em detrimento do planejamento estratégico econômico. O Plano Plurianual (PPA), previsto constitucionalmente, emergiu como um instrumento de planejamento de médio prazo, buscando conciliar as características de planejamento econômico e orçamentário, com periodicidade e continuidade. A doutrina o define como um guia para as escolhas orçamentárias, com horizonte de longo prazo e renovação periódica de prioridades, inerente ao regime democrático. No âmbito da infraestrutura, o PPA desempenha a importante função de programar recursos para grandes obras.

O PPA possui status de lei e está previsto nos artigos 165, 166 e 167 da Constituição, em conjunto com a Lei de Diretrizes Orçamentárias (LDO) e a Lei Orçamentária Anual (LOA), como já nos referimos anteriormente. Diferentemente da LDO, que é mais operacional e define metas de curto prazo para a LOA, o PPA tem um caráter estratégico de médio prazo. Embora o PPA deva ser aprovado pelo Congresso Nacional, a tomada de decisão em infraestrutura ainda é centralizada, com limitado compartilhamento de poder.

A dinâmica política do orçamento, com a influência das emendas parlamentares, pode comprometer o planejamento plurianual. As emendas, que permitem remanejamento, apropriação ou cancelamento de recursos, e tem sido objeto de frequentes regulamentações constitucionais e infraconstitucionais recentes, muitas vezes respondem a interesses políticos de curto prazo, em detrimento do planejamento estratégico de longo prazo. Esse "jogo orçamentário" entre o Executivo e o Legislativo dificulta a implementação do PPA e a alocação eficiente de recursos para infraestrutura.

Críticas ao modelo atual do PPA apontam para a necessidade de um planejamento estratégico de longo prazo, superior a dez anos, como proposto por Fernando Rezende. Essa visão contrasta com a defesa de Michal Gartenkraut pelo modelo atual, que permite ao novo presidente elaborar seu próprio planejamento, mantendo a continuidade das políticas públicas. No entanto, o PPA, com seu foco orçamentário e horizonte de médio prazo, mostra-se insuficiente para o planejamento de investimentos em infraestrutura, que demandam uma visão de longo prazo e uma análise mais detalhada dos custos e benefícios dos projetos. Autores como Raul Velloso criticam a falta de justificativa de custos, a ausência de avaliação dos problemas a serem resolvidos e a falta de uma metodologia clara para a seleção de projetos prioritários, tornando o PPA um mero inventário de projetos, em vez de um instrumento estratégico de planejamento.[11]

3.3.3 O continuísmo e o lapso temporal do PPA

Nas repúblicas presidencialistas, a alternância de poder e a mudança frequente de equipes governamentais dificultam o continuísmo das políticas públicas, especialmente as de longo prazo. O PPA, no Brasil, busca mitigar essa descontinuidade ao abranger o primeiro ano do mandato subsequente. No entanto, essa característica, que visa integrar planejamento e orçamento, também é criticada por esvaziar o planejamento estratégico de longo prazo, relegando-o a uma função burocrática e operacional.

---

11. CARVALHO, André Castro. *Direito da Infraestrutura*: perspectiva pública. São Paulo: Quartier Latin, 2014, p. 364.

José Celso Cardoso Júnior propõe uma nova concepção de planejamento, com forte conteúdo estratégico voltado para o desenvolvimento nacional, superando a limitação do PPA como plano de médio prazo. O autor defende um planejamento mais flexível e adaptável, com maior participação da sociedade civil e do setor privado. O PPA, em seu formato atual, com ênfase na lógica orçamentária, mostra-se inadequado para o planejamento de longo prazo em infraestrutura. A rigidez normativa e o curto horizonte temporal dificultam a adaptação às mudanças no contexto econômico e político.[12]

A doutrina aponta para a necessidade de um planejamento estratégico de longo prazo, com horizonte mínimo de dez anos, desvinculado da rigidez da LOA. Esse planejamento deve definir objetivos claros ("aonde se quer chegar") e prever os meios necessários ("como chegar"), permitindo a adaptação dos meios aos objetivos ao longo do tempo. Juan de la Cruz Ferrer destaca que os projetos de infraestrutura exigem um longo período de maturação, justificando um planejamento decenal.[13]

Uma alternativa seria integrar o PPA a dois mandatos presidenciais, garantindo uma visão de longo prazo que transcenda os ciclos políticos. A inspiração nos planos quinquenais da Índia, que abrangem parte de dois mandatos, poderia ser uma solução. Essa abordagem forçaria os governantes a considerarem os impactos de suas decisões para além de seus próprios mandatos, promovendo uma visão mais estratégica e menos suscetível a rupturas com a alternância de poder. Contudo, a efetividade dessa proposta dependeria do compromisso político com o planejamento de longo prazo, superando as divergências partidárias e as pressões por resultados imediatos.

3.4 Infraestrutura e planejamento intergovernamental

A infraestrutura desempenha um papel crucial na planificação econômico-social e na redução das disparidades regionais. O planejamento intergovernamental é essencial para antecipar as "tendências logísticas" e direcionar os investimentos em infraestrutura de forma estratégica, considerando as necessidades de cada esfera federativa. Além da construção, o planejamento intergovernamental é fundamental para garantir a manutenção e a eficácia da infraestrutura.

A integração e a cooperação entre os diferentes níveis de governo são essenciais para o sucesso dos investimentos em infraestrutura. David Aschauer destaca a importância dos governos locais nesse processo, especialmente para estimular o crescimento econômico regional. No entanto, a falta de cooperação entre as esferas federativas é um obstáculo frequente, dificultando o planejamento integrado e a alocação eficiente de recursos. A natureza interfederativa dos gastos em infraestrutura exige uma abordagem colaborativa, que considere os interesses mútuos e as responsabilidades compartilhadas.

---
12. CARDOSO Jr., José Celso. *Planejamento governamental e gestão pública no Brasil*. p. 47-48.
13. CRUZ FERRER, Juan de la. *Nuevas perspectivas en la regulación de las infraestructuras*, p. 120.

Esse aspecto é frequentemente negligenciado nas reformas fiscais, que tendem a focar na arrecadação, em detrimento dos gastos.[14]

Paulo Otero descreve dois tipos de vinculação que facilitam a cooperação intergovernamental: a "vinculação contratual clássica", que permite à Administração Pública celebrar contratos com entidades privadas para a execução de obras e serviços públicos, e a "vinculação intra-administrativa", que envolve acordos, convênios e contratos-programa entre entidades públicas. Essa vinculação pode ser vertical (entre diferentes níveis de governo) ou horizontal (entre entidades do mesmo nível). A "vinculação intra-administrativa" possibilita a articulação de diferentes atores e a criação de novas engenharias financeiras para viabilizar os investimentos em infraestrutura. Além disso, destaca-se o planejamento intragovernamental, com a elaboração de PPAs pelos Poderes do ente subnacional, como forma de integrar as políticas públicas.[15]

A Alemanha, com o modelo dos "Kreise" (círculos), oferece um exemplo de planejamento intergovernamental regional. Essas unidades político-administrativas, que agrupam municípios, atuam como intermediárias entre os estados e os municípios, promovendo a coordenação das políticas públicas e a ordenação territorial. Esse modelo demonstra a importância da articulação regional para o planejamento e a gestão da infraestrutura, superando a fragmentação e promovendo a eficiência dos investimentos.

3.4.1 Competição intergovernamental por infraestrutura

A competição intergovernamental por infraestrutura, decorrente da disparidade na capacidade fiscal dos entes federativos, pode gerar situações predatórias e desequilíbrios regionais. A "competição fiscal", na qual entes subnacionais competem por investimentos oferecendo incentivos fiscais, pode se estender à infraestrutura, levando a uma "corrida ao fundo do poço", com desperdício de recursos e comprometimento da qualidade dos investimentos. Entretanto, a competição também pode estimular a eficiência e a inovação, levando a uma "corrida ao topo", na qual os entes buscam oferecer a melhor infraestrutura para atrair investimentos.

A competição por infraestrutura pode se manifestar tanto na atração de investimentos privados quanto na disputa por recursos federais. Edward Gramlich sugere um sistema de "leilões" para direcionar recursos federais aos entes que apresentarem os melhores projetos de infraestrutura. A "competição administrada", com foco na responsividade (accountability) da administração pública, também é proposta como forma de promover a eficiência. No entanto, a competição excessiva pode ser prejudicial, comprometendo a qualidade dos serviços públicos e gerando desigualdades regionais.

---

14. ASCHAUER, David, Highway capacity and economic growth. *Economic perspectives*. n. 1. Sept. 1990, especialmente p. 14-15 e 22.
15. OTERO, *Legalidade e administração pública*: o sentido da vinculação administrativa à juridicidade. Coimbra: Almedina, 2003, p. 522 e 526-528.

Scott Mainwaring destaca a necessidade de equilibrar *accountability* e eficácia governamental, evitando que a busca por responsividade paralise a ação do Estado.[16]

A cooperação intergovernamental, em contraponto à competição predatória, é fundamental para o desenvolvimento da infraestrutura. A competição por infraestrutura pode levar a investimentos desvinculados das reais necessidades da região, priorizando projetos que atraiam investimentos em detrimento de projetos que beneficiem a população local. A cooperação, por outro lado, permite a integração de diferentes níveis de governo e atores privados, otimizando a alocação de recursos e promovendo o desenvolvimento regional equilibrado. No Brasil, os consórcios intermunicipais são um exemplo de ferramenta para promover investimentos em infraestrutura de forma colaborativa, embora não representem uma solução definitiva para os desafios do planejamento intergovernamental.

3.4.2 Transferências intergovernamentais

As transferências de recursos federais para entes subnacionais são uma ferramenta importante para o planejamento intergovernamental em infraestrutura, visando compensar as disparidades fiscais e promover um nível mínimo aceitável de serviços em todo o país. Idealmente, essas transferências deveriam ser baseadas nas necessidades reais de cada ente, levando em conta padrões de prestação de serviços. No entanto, esse modelo enfrenta desafios como a limitação da autonomia dos entes subnacionais e o risco de o governo federal condicionar as transferências a projetos específicos, comprometendo a flexibilidade na alocação de recursos. A disparidade de necessidades entre diferentes regiões, especialmente em países em desenvolvimento, também dificulta o estabelecimento de padrões nacionais uniformes.

A pressão fiscal sobre os entes locais pode levar à redução dos investimentos em manutenção de infraestrutura, priorizando outras áreas e gerando um ciclo de deterioração da infraestrutura existente. A avaliação da infraestrutura não pode se restringir a critérios quantitativos, sendo fundamental considerar a qualidade dos serviços prestados e o impacto na população. As necessidades de infraestrutura variam entre localidades, devido a fatores geográficos e demográficos, o que deve ser considerado na definição dos valores *per capita* das transferências. A tendência do governo central é condicionar as transferências para garantir que sejam aplicadas em investimentos em infraestrutura, evitando desvios para outras áreas.

As transferências intergovernamentais podem ser benéficas para entes subnacionais com acesso limitado a crédito, fomentando a economia local e reduzindo a dependência de recursos federais no futuro. Em países em desenvolvimento, as disparidades regionais no estoque de infraestrutura, resultantes de diferentes níveis de desenvolvimento histórico, criam um "backlog" que precisa ser considerado nos processos de equalização.

---

16. CARVALHO, André Castro. *Direito da Infraestrutura*: perspectiva pública. São Paulo: Quartier Latin, 2014, p. 400-401.

As transferências especiais de alocação da Indonésia (*DAK grants*) são um exemplo de transferências condicionadas a projetos prioritários em regiões específicas.

A Espanha, como país unitário, discute a criação de um fundo nivelador para reduzir as desigualdades regionais, embora esse modelo seja mais comum em países com tradição em compensações financeiras. O *Fondo de Compensación Interterritorial* espanhol financia investimentos em comunidades autônomas menos desenvolvidas, mas seus critérios, que penalizam o esforço fiscal das regiões, geram críticas. Na Itália, a Constituição prevê a autonomia financeira de comunas, províncias e cidades, mas também estabelece o princípio da coordenação financeira, base do federalismo cooperativo.

No Brasil, o Programa de Aceleração do Crescimento (PAC), desde sua primeira versão, utiliza transferências condicionadas para projetos específicos. O condicionamento das transferências, ou a avaliação de resultados e metas, é crucial para o sucesso do mecanismo, exigindo coordenação entre os entes federativos. A Lei 12.587/2012 condiciona o recebimento de recursos federais para mobilidade urbana à elaboração de Planos de Mobilidade Urbana pelos municípios. No entanto, dados do IPEA mostram que a maioria dos municípios não recebe essas transferências, concentrando-se nos maiores centros urbanos, onde a elaboração do Plano Diretor de Transporte e Mobilidade Urbana já é obrigatória. Essa situação cria um descompasso entre as leis orçamentárias municipais e o plano diretor, que deveria nortear a alocação de recursos para mobilidade urbana. A questão da especificidade e condicionalidade das transferências é crucial para o planejamento intergovernamental em infraestrutura, demandando um equilíbrio entre a autonomia dos entes subnacionais e a necessidade de garantir a aplicação eficiente dos recursos federais.

3.4.3 *Os convênios e consórcios na Administração Pública*

Convênios e consórcios são ferramentas importantes para o planejamento intergovernamental no Brasil, com uma longa tradição no país. A Constituição de 1937 já previa o agrupamento de municípios para a prestação de serviços públicos, e a Constituição de 1967 permitia convênios entre estados. Atualmente, a cooperação intergovernamental é regulamentada pela Emenda Constitucional 19/1998, pela Lei 11.107/2005 e pelo Decreto 6.017/2007, permitindo a transferência de encargos entre entes federativos.

Convênios visam à cooperação intergovernamental, diferentemente dos contratos de gestão, que promovem a autonomia de órgãos dentro do mesmo ente. No Brasil, não há um regime único para convênios, existindo diversas regulamentações para diferentes tipos de parcerias, como: convênios entre entes públicos e privados para transferências financeiras ou cooperação em serviços; convênios com OSCIPs e OSs; e contratos de repasse, regulamentados pelas LDOs como transferências voluntárias. Os consórcios públicos, por sua vez, permitem que entes consorciados compartilhem recursos por meio de contratos de rateio.

A SABESP, empresa de saneamento de São Paulo, exemplifica a cooperação intergovernamental, atuando em parceria com municípios fora do estado e até mesmo em outros países. A questão do "free rider", na qual entes se beneficiam de infraestrutura sem contribuir para o seu custeio, pode ser mitigada pela cooperação intergovernamental, incentivando o investimento conjunto em infraestrutura intermunicipal.

O saneamento básico é um exemplo da necessidade de cooperação intermunicipal, especialmente em regiões metropolitanas. O Consórcio do Grande ABC, criado em 1990, é um exemplo bem-sucedido de cooperação intermunicipal, demonstrando o potencial dos consórcios para o desenvolvimento regional. Apesar de sua importância, a utilização de consórcios em políticas de infraestrutura ainda é limitada. A experiência do Consórcio do Grande ABC demonstra que os consórcios devem ser vistos como mecanismos de desenvolvimento regional, e não apenas como instrumentos para a transferência de recursos, promovendo o desenvolvimento econômico e a geração de empregos.

3.4.4   Hierarquia entre Planos Plurianuais?

A integração entre os PPAs da União, estados e municípios é um desafio para o planejamento de investimentos em infraestrutura no Brasil. A doutrina defende maior integração entre esses planos, visando a otimizar recursos e garantir a coerência das políticas públicas. No entanto, a autonomia dos entes federativos e as divergências políticas dificultam essa integração. A simples hierarquização dos PPAs, com o PPA federal prevalecendo sobre os demais, esbarra na autonomia dos entes subnacionais, garantida pela Constituição Federal.

A integração dos PPAs é um desafio político, mais do que jurídico. A divergência entre as prioridades de cada ente federativo e a dificuldade de conciliar diferentes visões políticas dificultam a construção de um planejamento unificado. Além disso, os diferentes períodos de vigência dos PPAs (federal e estadual coincidem, enquanto o municipal tem um ciclo diferente) criam dificuldades práticas para a integração.

A discussão sobre a hierarquia entre PPAs levanta questões jurídicas complexas. Se o PPA federal fosse considerado superior aos demais, a incompatibilidade entre eles poderia gerar questionamentos de legalidade e constitucionalidade. No entanto, a Constituição garante a autonomia dos entes federativos na elaboração de seus orçamentos, o que impede a imposição de um planejamento centralizado. A experiência da Alemanha, um país federativo, demonstra que a hierarquia entre planejamentos não é um princípio universal, sendo os entes federativos considerados iguais no âmbito do planejamento urbano.

Uma alternativa à hierarquia seria a centralização do planejamento em infraestrutura em um órgão específico, como o Ministério de Obras Públicas, a exemplo da Argentina. Essa centralização facilitaria a coordenação e a alocação de recursos, mas também poderia gerar conflitos com a autonomia dos entes subnacionais. A solução ideal para a integração dos PPAs passa por uma abordagem estratégica e multigovernamental, que respeite a autonomia dos entes federativos e promova a cooperação entre eles. No entanto, a falta de um instrumento jurídico que garanta a vinculação dos PPAs subnacionais ao PPA federal dificulta a implementação de um planejamento intergovernamental efetivo.

3.4.4.1 O uso das glosas orçamentárias

Para mitigar a falta de integração dos investimentos em infraestrutura, novos instrumentos orçamentários podem ser utilizados, buscando a conciliação entre os PPAs dos diferentes entes federativos e evitando conflitos jurídicos. Mecanismos mitigadores de conflitos, em vez da imposição de uma hierarquia, são mais adequados ao sistema federativo. As "glosas orçamentárias" utilizadas no Chile, que permitem ao ente central influenciar as decisões dos entes regionais sem retirar sua autonomia, podem servir de inspiração.

No Chile, as glosas orçamentárias do Ministério de Obras Públicas (MOP) exigem consulta aos governos regionais para novos projetos de investimento, exceto os de conservação, manutenção e reposição. Embora os governos regionais não possam vetar os projetos do MOP, a necessidade de consulta cria um mecanismo de diálogo e colaboração. No entanto, essa prática também é criticada por gerar atrasos na execução dos projetos.

A experiência chilena demonstra que as glosas orçamentárias, embora úteis para promover o diálogo, não são uma solução perfeita para a integração intergovernamental. Em um país unitário como o Chile, os conflitos entre o governo central e os governos regionais tendem a ser menores do que em uma federação. Richard Bird argumenta que a autonomia dos entes locais deve ser respeitada, mesmo que suas decisões sejam consideradas equivocadas pelo governo central. A descentralização implica em aceitar que os entes locais tomem decisões, arcando com as consequências.[17]

No contexto do federalismo fiscal brasileiro, a autonomia dos entes federativos na elaboração de seus orçamentos é um princípio constitucional. A integração dos planejamentos deve, portanto, respeitar essa autonomia, buscando mecanismos de cooperação e coordenação, em vez da imposição de uma hierarquia. Um planejamento estratégico de longo prazo, elaborado de forma participativa e com o compromisso político de todas as esferas de governo, é fundamental para o desenvolvimento da infraestrutura no país. O Poder Executivo Federal pode liderar esse processo, propondo um planejamento estratégico nacional de longo prazo, com horizonte de dez anos ou mais, que sirva de referência para os entes subnacionais.

Planos estratégicos, atualmente elaborados na esfera federal, poderiam ser expandidos para uma abordagem nacional, com a participação dos estados e municípios. A criação de instrumentos jurídicos que garantam a segurança jurídica e o cumprimento do planejamento estratégico nacional fortaleceria a cooperação intergovernamental e a alocação eficiente de recursos para infraestrutura. No entanto, a decisão política de

---

17. BIRD, Decentralizing infrastructure: for good or for ill?, p. 30.

priorizar o planejamento de longo prazo e o investimento em infraestrutura é fundamental para o sucesso de qualquer estratégia.

CONCLUSÕES

O planejamento orçamentário como ferramenta essencial para o funcionamento eficiente da administração pública e o alcance dos objetivos constitucionais do Estado brasileiro. O planejamento é instrumento de transformação social e gestão de futuro, que possibilita a criação de um sistema mais articulado, integrado e cooperativo.

As leis orçamentárias – PPA, LDO e LOA – são a base do planejamento orçamentário, mas sua evolução ainda não alcançou um modelo ideal devido a lacunas legislativas, falhas metodológicas e descontinuidade entre os instrumentos, ao que se acresce a falta de regulamentação e comprometimento com a aplicação das normas de planejamento.

No contexto federativo, a autonomia dos entes federados e a separação de poderes são desafios para a integração e coordenação das políticas públicas. Os instrumentos de planejamento já utilizados mostram avanços e fragilidades, especialmente na adequação jurídica e eficácia dos instrumentos de planejamento.

Embora o planejamento orçamentário seja crucial para o desenvolvimento social e econômico, sua efetividade é prejudicada pela desatenção às normas e pela falta de integração e técnica. Recomenda-se uma mudança de mentalidade e o fortalecimento institucional para garantir que o planejamento orçamentário cumpra plenamente seu papel estratégico.

A gestão governamental em infraestrutura enfrenta o desafio de conciliar as demandas de curto prazo com os objetivos de longo prazo, em um cenário de crescente complexidade e necessidades estratégicas. O planejamento plurianual emerge como um instrumento essencial para superar essas lacunas, permitindo a previsibilidade de gastos, maior controle fiscal e integração de recursos. Contudo, limitações como a volatilidade econômica, a rigidez normativa e a influência de interesses políticos imediatos comprometem sua eficácia.

Experiências internacionais, como os planos quinquenais da Índia e as glosas orçamentárias do Chile, evidenciam a diversidade de abordagens e reforçam a importância de adaptação às condições locais. No Brasil, o Plano Plurianual (PPA) representa um marco no planejamento de médio prazo, mas sua ênfase na lógica orçamentária o torna insuficiente para atender à complexidade dos projetos de infraestrutura de longo prazo. A ausência de integração entre os diferentes níveis de governo, bem como a dificuldade de coordenação entre planos federais, estaduais e municipais, agrava os desafios.

Para enfrentar esses obstáculos, é fundamental adotar uma visão estratégica de longo prazo, com horizonte superior a dez anos, integrando planejamento, orçamento e execução. A cooperação intergovernamental e a participação do setor privado devem ser fortalecidas, promovendo um desenvolvimento regional equilibrado e a eficiência na alocação de recursos. Mecanismos como consórcios intermunicipais e modelos de governança colaborativa podem contribuir para superar a fragmentação e potencializar os benefícios sociais e econômicos dos investimentos.

Conclui-se que o sucesso do planejamento em infraestrutura depende de um compromisso político contínuo e da adoção de instrumentos jurídicos e institucionais que assegurem a sustentabilidade e a coerência das políticas públicas. Apenas com uma abordagem integrada e estratégica será possível transformar a infraestrutura em um motor de desenvolvimento para o país, garantindo benefícios duradouros à sociedade e reduzindo desigualdades regionais.

REFERÊNCIAS

ASCHAUER, David Alan. Highway capacity and economic growth. *Economic perspectives*. n. 1. p. 14-24. Sept. 1990.

BALASSA, Bela. Indicative planning in developing countries. *Journal of Comparative Economics*. v. 14. p. 560-574. 1990.

BIRD, Richard. Decentralizing infrastructure: for good or for ill? *Policy Research Working Paper*. n. 1258. World Bank: Washington, 1994.

BRASIL. Ministério do Planejamento, Orçamento e Gestão. Secretaria de Planejamento e Investimentos Estratégicos. *O desafio do planejamento governamental*. Brasília: Ministério do Planejamento, Orçamento e Gestão, 2002.

CARDOSO Jr., José Celso. Princípios e propostas para o PPA 2016-2019. *Boletim de Análise Político-Institucional 6*. Brasília: IPEA, 2014.

CARDOSO JR., José Celso. Planejamento governamental e gestão pública no Brasil: elementos para ressignificar o debate e capacitar o Estado. *Texto para discussão*. n. 1584. Brasília: IPEA, 2011.

CARVALHO, André Castro. *Direito da Infraestrutura*: perspectiva pública. São Paulo: Quartier Latin, 2014.

CARVALHO, André Castro. *Vinculação de receitas públicas*. São Paulo: Quartier Latin, 2010.

CARVALHO, André Castro. Consideraciones presupuestarias en las financiaciones e inversiones en infraestructura. *Revista de Regulación Económica, Empresas & Finanzas de Perú*. a. 2. n. 2, p. 246-260. 2010.

CONTI, José Mauricio. *A luta pelo Direito Financeiro*. 2. ed. ampliada. São Paulo: Blucher, 2024.

CONTI, José Mauricio. Verbete "Planejamento governamental" da *Enciclopédia Jurídica da PUCSP*, Tomo Direito Econômico, Edição 1, março de 2024.

CONTI, José Mauricio. *O planejamento orçamentário da administração pública no Brasil*. São Paulo: Blucher, 2020.

CONTI, José Mauricio. Planejamento e plurianualidade orçamentária. In: FRANCISCO, José Carlos; JARDIM, Eduardo M. F.; PIERDONÁ, Zélia L. (Org.). *Finanças públicas, orçamento e tributação*: parâmetros normativos e concretização. São Paulo: Ezeni, 2020.

CONTI, José Mauricio. *Levando o Direito Financeiro a sério* – a luta continua. 3. ed. São Paulo: Blucher-Conjur, 2019.

CONTI, José Mauricio (Coord.). *Orçamentos públicos*. A Lei 4320/1964 comentada. 2. ed. São Paulo: RT, 2010.

CONTI, José Mauricio. Orçamento, planejamento e gestão: desafios e perspectivas. In: CAMPOS, Carlos A. A.; OLIVEIRA, Gustavo G. V.; MACEDO, Marco Antonio (Coord.). *Direitos Fundamentais e Estado Fiscal*. Estudos em homenagem ao Professor Ricardo Lobo Torres. Salvador: JusPodivm, 2019.

CONTI, José Mauricio. Aspectos jurídicos do planejamento pelo setor público. In: COSTA, José Augusto F.; ANDRADE, José Maria A.; MATSUO, Alexandra M. H. (Org.). *Direito*: Teoria e Experiência. Estudos em homenagem a Eros Roberto Grau. São Paulo: Malheiros, 2013.

CONTI, José Mauricio. O plano plurianual – PPA. In: MARTINS, Ives G.S.; MENDES, Gilmar F.; NASCIMENTO, Carlos V. (Coord.). *Tratado de Direito Financeiro*. São Paulo: Saraiva, 2013. v. 1.

CONTI, José Mauricio. *Federalismo fiscal e fundos de participação*. São Paulo: Juarez de Oliveira, 2001.

CRUZ FERRER, Juan de la. Nuevas perspectivas en la regulación de las infraestructuras. In: ARIÑO & ALMOGUERA, ABOGADOS (Ed.). *Nuevo derecho de las infraestructuras*. Madrid: Montecorvo, 2001.

CUÉTARA MARTÍNEZ, Juan Miguel de la. Sobre infraestructuras en red y competencia entre redes. In: ARIÑO & ALMOGUERA, ABOGADOS (Ed.). *Nuevo derecho de las infraestructuras*. Madrid: Montecorvo, 2001.

FREY, René L. *Infrastruktur*: Grundlagen der Planung öffentlicher Investitionen. 2. Aufl. Tübingen: Mohr; Zürich: Schulthess, 1972.

GRAU, Eros Roberto. *Planejamento econômico e regra jurídica*. São Paulo: RT, 1978.

NOGUEIRA, Jozélia; CONTI, José Mauricio. Planejamento de longo prazo e a justiça intergeracional. *Revista Consinter*, ano IV, n. VII, p. 217-.232, 2º semestre de 2018.

OTERO, Paulo. *Legalidade e administração pública*: o sentido da vinculação administrativa à juridicidade. Coimbra: Almedina, 2003.

SILVA, José Afonso da. *Orçamento-programa no Brasil*. São Paulo: RT, 1972.

PLANEJAMENTO COMO PRESSUPOSTO DA INFRAESTRUTURA, DO DESENVOLVIMENTO E DA EFETIVAÇÃO DA CIDADANIA – REFLEXÕES JURÍDICO-ECONÔMICAS, FINANCEIRAS E ADMINISTRATIVAS SOBRE O PLANO PLURIANUAL 2020/2023 DO GOVERNO FEDERAL

Juan Rodrigues de Paula

Mestre e Doutorando em direito do estado pela Faculdade de Direito da Universidade de São Paulo (FDUSP). Graduado em Direito (FDUSP) e Relações Internacionais (IRI/USP). Por fim, graduando em Ciências Econômicas (FEA/USP).

Sumário: Introdução – 1. Desenvolvimento e infraestrutura – A importância do planejamento governamental para o Brasil – 2. Planejamento governamental e infraestrutura – Estudo do plano plurianual da união; 2.1 O plano plurianual da união 2020-2023 – Da crítica à busca por alternativas – Considerações finais – Referências.

INTRODUÇÃO

O tema do artigo trata do planejamento governamental como pressuposto da infraestrutura e do desenvolvimento nacional do estado de direito, e busca compreender de que modo tal planificação se revela nas suas concepções do direito econômico, administrativo e financeiro, compreendendo ainda, no caso brasileiro, como ocorre esse planejamento.

Pois bem. Como sabido, a infraestrutura está intimamente relacionada ao estado moderno, tendo sido seu braço material na realização dos seus objetivos. Por essa razão, não à toa, há uma notória associação entre o desenvolvimento de uma sociedade e sua capacidade material. Define Marrara: "Infraestrutura representa o aparato físico, tecnológico e humano fundamental para que as funções estatais ou atividades econômicas socialmente relevantes sejam devidamente exercidas".[1]

Sendo tão relevante assim ao estado, a infraestrutura assume seu papel vital ao desenvolvimento do país. Nesse sentido, a motivação do artigo decorre da hipótese de que o Brasil carece de um robusto projeto nacional de desenvolvimento, consubstanciado em um planejamento governamental igualmente robusto, que norteie a infraestrutura nacional. Ora, a infraestrutura tem uma razão de ser e de existir

---

1. MARRARA, Thiago. Regulação sustentável de infraestruturas. *Revista Brasileira de Infraestrutura*, n. 1, 2012. p. 1.

e, ao longo da história do país, houve diversas etapas em que a infraestrutura foi financiada e idealizada por diversos atores. Nesse sentido, o artigo considera que o desenvolvimento deve ser norteado por um projeto macro que justifique e coordene sua realizabilidade, sem a qual perde sua finalidade e o aporte de infraestrutura não encontra um objetivo.

A partir do momento em que o país não possui um projeto de desenvolvimento, está a se lidar com um progresso caótico que não olha para o futuro e por isso está sempre colidindo com entraves, não lidando corretamente com seus gargalos.[2] Assim, um projeto de estado (projeto nacional) deverá nortear em âmbito federal, estadual e municipal todos os aperfeiçoamentos da máquina pública com o objetivo de dar coerência e coesão a esta atividade administrativa, proporcionando efeitos diretos e indiretos sobre todos os setores da economia e ao aperfeiçoamento dos direitos fundamentais do cidadão.[3]

Deste modo, a desconexão entre projeto nacional, desenvolvimento e infraestrutura é causa de um progresso manco, desigual e que por consequência traz em seu bojo problemas derivados, como a ineficiência da máquina pública e a manutenção do subdesenvolvimento nacional, com a ausência de efetivação de direitos do cidadão. É evidente que o estado brasileiro possui grande complexidade, território vasto e inúmeros entraves jurídico-econômico-institucionais que causam uma paralisia no progresso da infraestrutura e do desenvolvimento. Todavia, tais desculpas apenas camuflam esse grave problema. Se nós, juristas, não pensarmos a respeito dos entraves nacionais, estaremos a desistir de oferecer oportunidades ao nosso povo e de proporcionar chances reais de progresso. Assim, o presente artigo busca demonstrar a intrínseca relação entre infraestrutura, desenvolvimento e o planejamento, para fins de promover uma crítica a respeito da infraestrutura não planejada.

Lembrando que o presente artigo não busca resolver esse problema tão complexo dando uma resposta em algumas dezenas de linhas. O que ambiciona fazer, sim, é responder a algumas questões: (i) qual a relação entre desenvolvimento, infraestrutura e planejamento governamental? (ii) como é realizado o planejamento no país e (iii) quais são desafios e os possíveis caminhos a partir da análise do Plano Plurianual federal 2020-2023 (PPA 2020-2023) e do posicionamento do TCU no que tange ao último relatório de prestação de contas anual.

Para tanto, no que tange à forma, o artigo será elaborado conforme as normas ABNT e terá extensão entre 25 mil e 50 mil caracteres, atendendo à norma culta. Para averiguar as questões formuladas, o presente artigo se utilizará do método teórico trans-

---

2. O Banco Mundial recomenda que o Brasil dê prioridade a algumas áreas de infraestrutura como o saneamento básico e logística, além do foco nas mudanças climáticas e o aumento da demanda por infraestrutura urbana. (FAY, Marianne; ANDRES, Luis Alberto; FOX, Charles et al. *Repensando a infraestrutura na América Latina e Caribe*: melhorar o gasto para alcançar mais. Banco Mundial – BIRD, Sumário Executivo, América Latina e Caribe. [S. d.]. Disponível em: https://openknowledge.worldbank.org/bitstream/handle/10986/26390/114110ovPT.pdf?sequence=9&isAllowed=y. Acesso em: 05 maio 2024. p. 4-5.
3. MARRARA, Thiago. Op. cit., p. 7.

disciplinar, cuja premissa será compreender por meio dos doutrinadores selecionados a relação entre planejamento, desenvolvimento e infraestrutura,[4] sob a ótica do direito econômico, financeiro e administrativo.[5] Mapeadas as doutrinas a respeito do assunto, num segundo momento, o pesquisador buscará analisar o PPA 2020-2023, em busca de compreender quais são os problemas enfrentados para o implemento da infraestrutura e para o desenvolvimento nacional no presente caso.

1. DESENVOLVIMENTO E INFRAESTRUTURA – A IMPORTÂNCIA DO PLANEJAMENTO GOVERNAMENTAL PARA O BRASIL

Conceitua Silva ser uma garantia constitucional *o direito ao desenvolvimento*.[6] Sendo conhecido o problema de subdesenvolvimento do Brasil, característica inclusive de toda a América Latina, tanto os políticos quanto os acadêmicos moveram seus esforços na direção de solucionar o atraso nacional nas décadas passadas, buscando, aos seus modos, proporcionar à sociedade brasileira um padrão de vida adequado, tendo como referência os países desenvolvidos capitalistas.

Em 1948, é criada a Comissão Econômica para a América Latina e o Caribe (CEPAL), cujo objetivo era o de produzir cooperação e diálogo entre os países membros, permitindo estudos que compreendessem a realidade dos países envolvidos.[7] Sob essa perspectiva nasce a corrente de pensamento econômico chamada "desenvolvimentismo", que se referia a uma busca por industrialização e desenvolvimento da infraestrutura por meio de medidas intervencionistas, para fins de extinguir o subdesenvolvimento nacional.

Por conta dessa visão econômica,[8] a Constituição Federal de 1988 é um documento normativo que tratou de enfrentar questões econômicas por considerar que estas também são questões sociais e de urgência. Por essa razão, percebe que a Magna Carta não economizou ao enfrentar a temática, visto que por centenas de vezes se utilizou da palavra "desenvolvimento" em seu repertório, deixando a semântica de ser apenas um vocabulário vazio, para se transformar em um verdadeiro direito a ser perseguido, o direito nacional de se perseguir o desenvolvimento.[9]

Assim, passada a primeira onda neoliberal mundial da década de 1980,[10] a Constituição nasce, em 1988, e com ela renasce o desenvolvimento como sendo a capacidade do

---

4. SEVERINO, Antônio Joaquim. *Metodologia do trabalho científico*. São Paulo: Cortez, 2010. p. 117-124.
5. O trabalho será realizado sob uma tripla ótica do direito: econômico, financeiro e administrativo.
6. SILVA, Guilherme Amorim Campos da. *Direito ao desenvolvimento*. São Paulo: Método, 2004. p. 16.
7. MARQUES, Rosa Maria; REGO, José Márcio (Org.). *Economia brasileira*. 5. ed. São Paulo: Saraiva, 2013. p. 65.
8. ORTIZ, Gaspar Ariño. *Principios de derecho público económico*: Modelo de Estado, Gestión pública, Regulación Económica. Granada: Comares, S. L., 1999. p. 127.
9. DAL POZZO, Augusto Neves. *O Direito Administrativo da Infraestrutura*. São Paulo: Contracorrente, 2020. p. 53.
10. CARDOSO, José Celso Pereira Jr.; SALOMÃO, Inessa Laura; SANTOS, José Carlos dos. Desenvolvimento como eixo e os eixos para desenvolvimento. In FUNDAÇÃO OSWALDO CRUZ. *A saúde no Brasil em 2030 – prospecção estratégica do sistema de saúde brasileiro: desenvolvimento, Estado e políticas de saúde* [online]. Rio

Estado oferecer à população condições adequadas de vida, possibilitando a oferta de bens e serviços públicos, realizando, numa dupla face, os objetivos maiores de, por um lado, dar condições adequadas para a economia performar, por outro, contemplar os direitos sociais do cidadão.[11] Para tanto, o braço material do desenvolvimento é o erguimento de uma infraestrutura que esteja à altura. Os grandes países do mundo, que possuem as mesmas características que o Brasil, investem maciçamente em infraestrutura,[12] e por essa razão, estão colhendo bons frutos para a população.[13]

Assim, percebe-se que o aporte em infraestrutura é fundamental para que o país ofereça condições dignas a seu povo, consiga desenvolver seu território, permitindo maior entrosamento entre a área governada e as políticas públicas a serem adotadas, dentro de um contexto de globalização e da proeminência dos direitos fundamentais.[14] Como dito, a infraestrutura é ferramenta de desenvolvimento nacional, fundamental à competitividade, pois produz um efeito de otimização no mercado.[15] Outra razão para se preocupar com a infraestrutura decorre da importância estratégica da infraestrutura para se competir no mercado internacional, tornando o país mais atrativo a investimentos e permitindo, portanto, riqueza e progresso, é o que sinaliza o Acórdão 2579/2021 do TCU.

Todavia, consta que o Brasil é um dos países que menos investe em infraestrutura no mundo, sendo a América Latina um ambiente de baixo investimento, à frente somente da África Subsaariana.[16]

---

de Janeiro: Fiocruz/Ipea/Ministério da Saúde/Secretaria de Assuntos Estratégicos da Presidência da República, 2013. v. 1. p. 63-100. ISBN 978-85-8110-015-9. p. 63.

11. CURADO, Lúcio Mauro Carloni Fleury. *A efetivação não judicial de direitos sociais*. Rio de Janeiro: Lumen Juris, 2020. p. 19.
12. GULDI, Jo, *Roads to Power*: Britain Invents the Infrastructure State. Cambridge (Ms.)/London: Harvard University Press, 2012. p. 52.
13. FERRARI, Giuseppe Franco. Direito e infraestrutura no cenário europeu. *Revista Brasileira de Infraestrutura – RBINF*, Belo Horizonte, ano 3, n. 6, p. 13-36, jul./dez. 2014. p. 22.
14. CHEVALLIER, Jacques. *O Estado pós-moderno*. Trad. Malçal Justen Filho. Belo Horizonte: Editora Fórum, 2009.
15. MEDEIROS, Victor; TEIXEIRA, Evandro Camargos. Relações de longo prazo entre infraestrutura econômica, competitividade e investimentos no Brasil: uma análise do período 1970-2011. *Revista de economia*, n. 2, v. 43, maio/ago. 2016. p. 9-10.
16. FAY, Marianne; ANDRES, Luis Alberto; FOX, Charles et al. *Repensando a infraestrutura na América Latina e Caribe*: melhorar o gasto para alcançar mais. Banco Mundial – BIRD, Sumário Executivo, América Latina e Caribe. [S. d.]. Disponível em: https://openknowledge.worldbank.org/bitstream/handle/10986/26390/114110ovPT.pdf?sequence=9&isAllowed=y. Acesso em: 05 maio 2024.

QUADRO 1: Com a possível exceção da África, a América Latina é a região em desenvolvimento que menos investe em infraestrutura

(Investimentos públicos e privados em infraestrutura, último ano disponível)

Região	Percentagem do PIB
Leste Asiático e Pacífico	7,7
Ásia Central	4,0
América Latina e Caribe	2,8
Oriente Médio e Norte da África	6,9
Sul da Ásia	5,0
África Subsaariana	1,9

Fonte: ADB 2017; http://infralatam.info/; estimativas próprias.

(Tabela 1 – Investimentos públicos e privados em infraestrutura)

Dos grandes entraves, encontra-se o gasto inadequado e ineficiente dos recursos finitos, a incapacidade de atração do capital privado e a incapacidade de definir prioridades de investimento, por vezes estando entre a resolução de problemas de um país subdesenvolvido, como a questão do saneamento básico, por vezes, pautando projetos para o futuro, como a preservação do meio ambiente e a sustentabilidade.[17]

A tese de Bercovici é de que o Brasil, aos moldes de outros países subdesenvolvidos, sofre um desmonte de infraestrutura decorrente de uma política neoliberal de austeridade, que busca substituir os serviços públicos pelo privado, na busca de um estado minimalista:

> Neoliberalismo teria consagrado o desengajamento estatal da infra, "com privatização, abandono ou até mesmo destruição de ativos públicos, promovendo políticas ditas sustentáveis que favoreçam poucos em detrimento da maioria da população". De acordo com o autor, teria se incentivado a mercantilização e privatização dos serviços e bens públicos, e da própria infra. Haveria negligência em relação às áreas mais necessitadas e relutância ideológica em utilizar recursos públicos para recuperar ou investir em infra, num modelo de "desmonte" da infraestrutura que faria, dos economicamente mais vulneráveis, vítimas. "No modelo neoliberal, a segregação prevalece sobre a integração.[18]

Daí decorre a investigação desse artigo. O que justifica a infraestrutura ser tão secundarizada nacionalmente, andando desconectada de um projeto maior que norteie todo o resto? Seria um projeto neoliberal que busca transformar o país em um estado

---

17. FAY, Marianne; ANDRES, Luis Alberto; FOX, Charles et al. *Repensando a infraestrutura na América Latina e Caribe*: melhorar o gasto para alcançar mais. Banco Mundial – BIRD, Sumário Executivo, América Latina e Caribe. [S. d.] . Disponível em: https: //openknowledge. worldbank.org/ bitstream/handle/ 10986/26390/ 114110ovPT.pdf?sequence=9&isAllowed=y. Acesso em: 05 maio 2024.
18. BERCOVICI, Gilberto. Infraestrutura e desenvolvimento. In: BERCOVICI, Gilberto; VALIM, Rafael (Coord.). *Elementos de Direito da Infraestrutura*. São Paulo: Editora Contracorrente, 2015. p. 17-26.

mínimo? Por outra via, seria uma falta de planejamento decorrente dos problemas estruturais do país? Ou ainda, a infraestrutura no país careceria de investimento, planejamento ou interesse?

De fato, num país continental como o Brasil, obras diretamente implicam em projetos inter federativos, intersetoriais e que implicam diretamente numa atuação conjunta dos entes públicos, e em última medida, demanda um projeto maior, que seria um projeto nacional que capilarizasse, sistematizasse, integrasse e executasse de modo coordenado os objetivos do país e dos entes federados.[19] Assim, busca-se compreender a importância do projeto nacional para o implemento de modo organizado e planejado do desenvolvimento nacional por meio da atividade de infraestrutura e da prestação de serviços públicos essenciais, as quais não se confundem.[20]

O que nos leva por consequência ao caso concreto nacional. O planejamento governamental em essência é a ferramenta que permitiria que a infraestrutura pudesse ter guarida e previsibilidade, fazendo com que houvesse menor desperdício de recursos públicos e atraindo investidores, dado que o país se mostraria mais convidativo ao progresso e aos investimentos, decorrente da previsibilidade e da segurança jurídica.

Considerando que o desenvolvimento só se atingirá com o implemento de infraestrutura,[21] que por sua vez, esta deve ser planejada pelo estado, o próximo capítulo busca analisar como é feito o planejamento no país e refletir sobre os gargalos e problemas encontrados a partir do último PPA e, subsidiariamente, da última prestação de contas do Presidente da República ao TCU.

2. PLANEJAMENTO GOVERNAMENTAL E INFRAESTRUTURA – ESTUDO DO PLANO PLURIANUAL DA UNIÃO

A Constituição Federal de 1988 trouxe novos ferramentais, em seu art. 165, para auxiliar no *planejamento nacional, planejamento regional e no desenvolvimento nacional*, concomitantemente ao maior controle fiscal, impondo diretrizes orçamentárias para a administração pública por meio do plano plurianual (PPA), as diretrizes orçamentárias (LDO e os orçamentos anuais (LOA). Para Arantes,[22] o PPA seria:

> O Plano Plurianual é uma lei, de iniciativa do Poder Executivo, que deve estabelecer, de forma regionalizada, as diretrizes, objetivos e metas da administração pública federal para as despesas de capital e outras delas decorrentes e para as relativas aos programas de duração continuada (CF/88, art. 165, § 1º).

---

19. MARRARA, Thiago. Regulação sustentável de infraestruturas. *Revista Brasileira de Infraestrutura*, n. 1, 2012. p. 16.
20. DAL POZZO, Augusto Neves. *Aspectos fundamentais do serviço público no direito brasileiro*. São Paulo: Malheiros, 2012, p. 70-109. p. 77.
21. FRISCHTAK, Cláudio. Infraestrutura e desenvolvimento no Brasil. In: VELOSO, Fernando; FERREIRA, Pedro Cavalcanti; GIAMBIAGI, Fabio; PESSÔA, Samuel (Coord.). *Desenvolvimento econômico*: uma perspectiva brasileira. Rio de Janeiro: Elsevier, 2013, cap. 11.
22. ARANTES PAULO, Luiz Fernando. O PPA como instrumento de planejamento e gestão estratégica. *Revista do Serviço Público*, n. 2, v. 61, p. 171-187, abr./jun. 2010. p. 172.

Está previsto no Título VI (Da Tributação e do Orçamento), Capítulo II (Das Finanças Públicas), Seção II (Dos Orçamentos), junto com a Lei de Diretrizes Orçamentárias (LDO) e a Lei Orçamentária Anual (LOA).

Para o autor, o PPA dependeria de um compromisso político entre os atores envolvidos para que o cumpra com seriedade, é visto, o PPA, nesse prisma, como a parte estratégica do orçamento.[23] Para Conti[24] o PPA é o principal *instrumento de planejamento da administração pública, sendo que o Brasil não possui até o momento um planejamento nacional* que estabeleça um projeto nacional de longo prazo.

No início, como se verá, os primeiros PPAs possuíam um caráter demasiadamente genérico não havendo bem uma definição de suas finalidades ou metas. Mesmo assim, sempre foi uma ferramenta fundamental para se traçar a previsibilidade dos gastos públicos, informando quais as prioridades de investimento dentro do período de quatro anos.

Planejar é diferente de apenas realizar planos. O primeiro marco orçamentário é a Lei 4.320/64,[25] idealizada pelo Ministério do Planejamento do governo de João Goulart, de 1962, sendo seu ministro o professor Celso Furtado.[26]

Em 1988 – decorrente exatamente da promulgação da Constituição Federal –, inicia-se uma nova institucionalidade de governança, e os anos 90 dão nova faceta aos objetivos do Estado, sob uma ótica liberal, perdendo poder o planejamento setorial:

> Paralelamente a isso, havia um movimento crescente da perspectiva liberal sobre o Estado brasileiro, que se refletiu na desestatização e no desmonte institucional de áreas cujo *planejamento setorial haviam sido referência no período desenvolvimentista. Em particular, na infraestrutura, as aéreas de transporte e energia.* Isso reforça, de outro modo, a centralidade do PPA como instrumento de planejamento governamental, na medida em que os instrumentos setoriais perdem força.[27]

A década de 90, portanto, por conta das políticas neoliberais e privatizantes, sofre um aceleramento do processo institucional orçamentário,[28] ao mesmo tempo diversos conflitos apareceram, desde a incapacidade de conciliação entre o PPA e a LDO, por haver uma sobreposição frequente entre elas, até a continuidade da cultura de não se respeitar o planejamento.

---

23. Ibidem, p. 174.
24. CONTI, José Maurício. *Os planos do governo Bolsonaro e a necessidade de fortalecimento do planejamento*: Análise sobre o plano plurianual da União (PPA 2020-2023: planejar, priorizar, alcançar) recentemente aprovado. Jota (Coluna Fiscal), [on-line], jan. 2020b. Disponível em: https://www.jota.info/opiniao-e-analise/colunas/coluna-fiscal/os-planos-do-governo-bolsonaro-a-necessidade-de-fortalecimento-do-planejamento-16012020. Acesso em: 18 dez. 2020.
25. "O orçamento é a lei mais importante para a Administração Pública. Integra o sistema de planejamento e estabelece a forma de distribuição dos recursos públicos" (CONTI, José Maurício (Coord.). *Orçamentos públicos*: a Lei 4.320/1964 comentada. São Paulo: RT, 2008. p. 7).
26. Celso Furtado foi um dos grandes intelectuais da CEPAL.
27. COUTO, Leandro Freitas; CARDOSO JR., José Celso. A função dos planos plurianuais no direcionamento dos orçamentos anuais: avaliação da trajetória dos PPAs no cumprimento da sua missão constitucionais e o lugar do PPA 2020-2023. Instituto de Pesquisa Econômica Aplicada. *Texto para discussão*. Brasília: IPEA, 2020. p. 10.
28. Ibidem, p. 13.

O primeiro plano (1991-1995)[29] desloca a própria discussão em torno do papel do Estado para a condução de estratégia nacional de desenvolvimento, tanto a respeito de sua funcionalidade quanto das metodologias do instrumento. À época se vivia a instabilidade da moeda, o que impedia que o instrumento se executasse com a visão de longo prazo.[30] Já no PPA 1996-1999[31] é que surgiu um primeiro esboço do que seriam os Eixos Nacionais de Integração e Desenvolvimento, dentre suas ambições estava identificar os gargalos da infraestrutura e definir eixos para o desenvolvimento.[32]

Nessa década, em segundo lugar, o PPA torna-se o palco central de várias outras disputas em torno do direcionamento do Estado e de governos, em que se revelam outras tantas disjuntivas críticas do planejamento governamental brasileiro, tendo uma vazão política, sobretudo.[33] Fato é que de 2000 a 2019 houve a coordenação crescente entre PPA, a LDO e a LOA para evitar tais problemas.[34]

O PPA 2000-2003[35] teve um perfil ambicioso calcado nos estudos dos eixos nacionais de integração e desenvolvimento de outrora, ao mesmo tempo que buscou ter um perfil austero[36] decorrente do combate ao endividamento dos cofres públicos, com o fim de preservar as finanças do estado e sua capacidade de honrar com suas obrigações e desenvolver políticas sociais.[37] O PPA 2004-2007 foi basicamente um instrumento utilizado para o desenvolvimento econômico e social e a participação social, mais próximo da lógica de um estado intervencionista. A Lei do PPA (Lei Federal 10.933/2004) estabeleceu que o governo federal poderia celebrar "pactos de concertamento" com os entes, com o objetivo de executar o plano e programas em conjunto.[38]

Já em 2007, antes do PPA 2008-2011,[39] houve concomitantemente a criação do PAC (Programa de Aceleração do Crescimento) e de outros programas paralelos,[40] com isso, o PPA perde espaço pois passou a ser visto como algo muito burocrático que servia apenas para emperrar a máquina pública governamental de executar os programas almejados.[41] O PPA 2012/2015[42] sofre uma mudança de metodologia com a adoção de programas

---

29. Lei 8.173/1991.
30. FREITAS, Weder David de. O planejamento regional brasileiro no fim do século XX, os eixos nacionais de integração e desenvolvimento. *Revista Territorial*, Goiás, n. 1, p. 47-72, jul./dez. 2012. p. 50.
31. Lei 9.276/1996.
32. Ibidem, p. 51.
33. COUTO, Leandro Freitas; CARDOSO JR., José Celso. A função dos planos plurianuais no direcionamento dos orçamentos anuais: avaliação da trajetória dos PPAs no cumprimento da sua missão constitucionais e o lugar do PPA 2020-2023. In: Instituto de Pesquisa Econômica Aplicada. *Texto para discussão*. Brasília: IPEA, 2020. p. 11.
34. Ibidem, p. 18.
35. Lei 9.989/2000.
36. Ibidem, p. 19.
37. CONTI, José Maurício (Coord.). *Dívida Pública*. São Paulo: Blucher, 2018. p. 332-333.
38. COUTO, Leandro Freitas; CARDOSO JR., José Celso. Op. cit., p. 20.
39. Lei 11.653/2008.
40. ARANTES PAULO, Luiz Fernando. O PPA como instrumento de planejamento e gestão estratégica. Revista do *Serviço Público*, n. 2, v. 61, p. 171-187, abr./jun. 2010. p. 180.
41. COUTO, Leandro Freitas; CARDOSO JR., José Celso. Op. cit., p. 22.
42. Lei 12.593/2012.

temáticos com um tom muito genérico, pautado em uma visão de planejamento que extrapolava os limites do PPA, conforme salientou o próprio TCU no Relatório e Parecer prévio sobre as contas do Governo da República – Exercício 2012.[43]

Já o PPA de 2016-2019[44] é claramente um enxugamento do plano, há a redução do plano de metas em 50% e o abandono dos PPAs municipais. Promulga-se paralelamente o Decreto 9.203/2017, que instituiu a política de governança do Poder Executivo federal, criando o Comitê Interministerial de Governança (CIG) – composto pela Casa Civil, bem como pelos então Ministério da Fazenda (MF), Ministério do Planejamento e Ministério da Transparência e da Controladoria-Geral da União – como instância máxima de um arranjo de governança,[45] originando daí o PL 9.163/2017.

Já o Decreto 10531/2020 institui a Estratégia Nacional de Desenvolvimento Econômico e Social (ENDES) estabelecendo um programa de metas 2020-2031, paralelo ao PPA, novamente buscando se libertar de possíveis amarras orçamentárias contidas no plano.

Assevera-se então ainda mais a crise de identidade entre o orçamento plurianual de investimento e um plano estratégico para o desenvolvimento do país.[46] A LRF e a LDO começaram a limitar demasiadamente o PPA:[47]

> O peso das despesas obrigatórias no orçamento e a incapacidade do PPA de orientar as decisões alocativas são partes de um mesmo problema complexo da governança orçamentária brasileira. A possibilidade de os governos eleitos orientarem os orçamentos em sintonia com as escolhas da sociedade ganha centralidade na vivacidade democrática em tempos de perda de representatividade política.[48]

Reitera-se nesse sentido, o plano vai se tornando cada vez mais submisso ao orçamento, sendo que o objetivo deveria ser exatamente o contrário, qual seja, a ideia de um PPA robusto capaz de se propor ao longo prazo. Para Doro, o plano conservava o caráter orçamentário em virtude dos conceitos que orientam a elaboração de sua dimensão tático-operacional.[49] Para Arantes, ao se submeter a uma rígida estrutura orçamentária, o Plano Plurianual se subverteu.[50]

Desse breve relato histórico, ademais, percebe-se que cada governo utilizou o PPA de um modo distinto, a depender de seu projeto de estado. Infelizmente, não há

---

43. CONTI, José Maurício. *O planejamento orçamentário da administração pública no Brasil*. São Paulo: Blucher, 2020a. p. 202-203.
44. Lei 13.249/2016.
45. COUTO, Leandro Freitas; CARDOSO JR., José Celso. Op. cit., p. 24.
46. COUTO, Leandro Freitas; CARDOSO JR., José Celso. A função dos planos plurianuais no direcionamento dos orçamentos anuais: avaliação da trajetória dos PPAs no cumprimento da sua missão constitucionais e o lugar do PPA 2020-2023. Instituto de Pesquisa Econômica Aplicada. *Texto para discussão*. Brasília: IPEA, 2020. p. 26.
47. Ibidem, p. 27.
48. Ibidem, p. 51.
49. DORO, Flavio Patricio. Plano estratégico ou orçamento plurianual? A articulação entre o PPA e o planejamento setorial no governo federal. *Revista Cadernos de Finanças Públicas*, n. 1, v. 19, p. 1-44, mar. 2019. p. 1.
50. ARANTES PAULO, Luiz Fernando. O PPA como instrumento de planejamento e gestão estratégica. *Revista do Serviço Público*, n. 2, v. 61, p. 171-187, abr./jun. 2010. p. 184.

um planejamento governamental de longo prazo,[51] um projeto de estado que suporte o potencial nacional sustentável e intergeracional.

Mesmo sendo de competência federal, o desenvolvimento de um planejamento nacional sofre influência de uma pulverização de planejamentos de âmbito setorial que atrapalham projetos transversais e que demandam coordenação de múltiplos órgãos.[52] Lembrando que o Brasil é um país federativo, que busca por meio de sua federação promover a justiça social inter-regional,[53] havendo ainda uma concentração do poder das finanças nas mãos da União.[54]

Para além disso, não há fiscalização e punição ao descumprimento do planejamento, apenas orientações que pouco forçam o cumprimento das obrigações.[55] Dado o planejamento raso, ou a falta de recursos decorrentes de uma visão otimista quanto aos gastos, ou ainda, decorrente de uma fadiga na relação entre os entes administrativos, parte das obras de infraestrutura são paralisadas. A exemplo, o TCU recentemente fez um estudo a respeito da porcentagem de obras do PAC que estavam paralisadas, e se percebeu que boa parte das obras paralisadas decorria exatamente da falta de planejamento, desde o alto escalão até se chegar à baixa burocracia.[56]

E tal erro no planejamento é tão constante que aos poucos se entroniza na prática pública, tornando-se algo cultural, fazendo com que o Plano Plurianual, bem como as leis orçamentárias sejam apenas protocolares, passíveis de mudança a qualquer momento, representando menos o império legal e mais o retrato de um relatório que demonstra a incompetência do poder público em executar o quanto acordado. Assim, ensina Conti:

> Essa verdadeira "cultura" de desprezo pelo planejamento, que está entre as principais dificuldades de concretizá-lo, exige um trabalho árduo no sentido de conscientização dos envolvidos que resulte na mudança dessa visão equivocada e que é a principal responsável pela inviabilização da introdução do planejamento no setor público.[57]

Ademais, para Carvalho, o PPA não seria o instrumento mais adequado para sozinho lidar com todas as atividades necessárias ao desenvolvimento do país:

> Diante desse contexto, o PPA, para projetos de insfraestrutura – próprios de médio e longo prazo – acaba se tornando insuficiente para abarcar, sozinho, essa gama de atividades necessárias ao desenvolvimento do país. Ademais, o próprio PPA não se preocupa com a estrutura de custos dos

---

51. CARVALHO, André Castro. *Direito da Infraestrutura: perspectiva pública.* São Paulo: Quartier Latin, 2014. p. 95.
52. CONTI, José Maurício. *O planejamento orçamentário da administração pública no Brasil.* São Paulo: Blucher, 2020a. p. 28.
53. CONTI, José Maurício. *Federalismo Fiscal e fundos de participação.* São Paulo: Editora Juarez de Oliveira, 2001. p. 29.
54. FERREIRA, Francisco Gilney Bezerra de Carvalho. *Orçamento público e separação de poderes no estado constitucional democrático brasileiro.* Rio de Janeiro: Lumen Juris 2018. p. 100.
55. CONTI, José Maurício. *O planejamento orçamentário da administração pública no Brasil.* p. 126.
56. BRASIL. Tribunal de Contas da União. Acórdão 1079/2019 – Plenário. Rel. Min. Vital do Rego. Sessão de 15.05.2019, 2019a. p. 24.
57. CONTI, José Maurício. *O planejamento orçamentário da administração pública no Brasil.* São Paulo: Blucher, 2020a. p. 120.

projetos, tratando muito mais de compilá-los em um documento do que definir as prioridades para o governo respectivo.[58]

Por essa razão, deduz-se que o desenvolvimento de um país como o Brasil decorre de um papel robusto do estado em oferecer infraestrutura ao cidadão e à sociedade. E para tanto, há que se existir um planejamento governamental capaz de gerir esse macroprojeto, estabelecendo as prioridades e os motivos para as despesas públicas e a busca por contribuir com o desenvolvimento das diversas regiões, ademais, consequentemente, não se limite a planos de governo, mas consiga continuar por décadas, dentro de um projeto de estado. O que se buscou compreender é se o PPA cumpre adequadamente essa função, e o que se percebeu é que há diversos empecilhos que dificultam o implemento do PPA como um plano estratégico de estado para o desenvolvimento pelos motivos narrados.

2.1 O Plano Plurianual da União 2020-2023 – Da crítica à busca por alternativas

O PPA para o período de 2020-2023 ("Planejar, priorizar, alcançar") foi formalizado por meio da Lei Federal 13.971/2019. Por meio do processo TC 037.320/2018-1, no Acórdão 2515/2019,[59] pela primeira vez, a elaboração do PPA foi acompanhada de perto pelo Tribunal de Contas da União (TCU) que propôs sugestões e melhorias na metodologia,[60] como por exemplo as atribuições e as responsabilidades quanto ao monitoramento (9.1.3.1.) e avaliação em conjunto com as pastas setoriais a respeito dos programas finalísticos (9.1.4.).[61] A referida lei sofreu as seguintes alterações pelo poder Legislativo:[62]

---

58. CARVALHO, André Castro. *Infraestrutura sob uma perspectiva pública*: instrumentos para o seu desenvolvimento. 2013. Tese (Doutorado), Universidade de São Paulo – Faculdade de Direito da Universidade de São Paulo, 2013. p. 334.
59. BRASIL. Tribunal de Contas da União. Acórdão 2515/2019 – Plenário. Rel. Min. Vital do Rego. Sessão de 16.10.2019, 2019b.
60. CONTI, José Maurício. Op. cit., p. 208.
61. BRASIL. Tribunal de Contas da União. Acórdão 2515/2019 – Plenário. Rel. Min. Vital do Rego. Sessão de 16.10.2019, 2019b.
62. COUTO, Leandro Freitas; CARDOSO JR., José Celso. A função dos planos plurianuais no direcionamento dos orçamentos anuais: avaliação da trajetória dos PPAs no cumprimento da sua missão constitucionais e o lugar do PPA 2020-2023. Instituto de Pesquisa Econômica Aplicada. *Texto para discussão*. Brasília: IPEA, 2020. p. 47.

Alterações do Legislativo nos programas do PPA

Programa	Meta	Alteração Valores 2020	Alteração Valores 2021-2023
1041 - Conservação e Uso Sustentável da Biodiversidade e dos Recursos Naturais		Reduz	Reduz
1058 - Mudança do Clima	Nova	Reduz	Reduz
2203 - Pesquisa e Inovação Agropecuária			Amplia
2204 - Brasil na Fronteira do Conhecimento	Amplia		
2208 - Tecnologias Aplicadas, Inovação e Desenvolvimento Sustentável	Ampla		
2214 - Nova Previdência	Reduz		
2215 - Política Econômica e Equilíbrio Fiscal	Amplia		
2219 - Mobilidade Urbana	Amplia		
2220 - Moradia Digna	Amplia		
2221 - Recursos Hídricos	Amplia		
2222 - Saneamento Básico	Amplia	Amplia	Amplia
2223 - A Hora do Turismo	Amplia		
3001 - Energia Elétrica	Nova		
3002 - Geologia, Mineração e Transformação Mineral	Amplia		
3003 - Petróleo, Gás, Derivados e Biocombustíveis	Amplia		
4003 - Garantia de Estabilidade Monetária e Financeira			Amplia
4005 - Proteção Jurídica da União	Amplia		
5011 - Educação Básica de Qualidade	Amplia		Reduz
5012 - Educação Profissional e Tecnológica	Amplia		
5013 - Educação Superior	Amplia		
5016 - Segurança Pública, Combate à Corrupção, ao Crime Organizado e ao Crime Violento	Amplia		Reduz
5022 - Proteção, Promoção e Recuperação da Saúde Indígena	Amplia		
5024 - Atenção Integral à Primeira Infância			Amplia
5025 - Cultura	Amplia		
5026 - Esporte	Amplia		
5034 - Proteção à Vida, Fortalecimento da Família, Promoção e Defesa dos Direitos Humanos para Todos	Reduz		

(Tabela 2 – Alterações do Legislativo nos programas do PPA)

    O Plano buscou ser inovador e trazer simplificação metodológica sob a égide de um realismo fiscal.[63] Acrescenta COUTO e CARDOSO JR. que a metodologia foi assentada em quatro pilares: simplificação, realismo fiscal, integração entre planejamento e avaliação e visão estratégica com foco em resultados.[64]

---

63. CONTI, José Maurício. *O planejamento orçamentário da administração pública no Brasil*. São Paulo: Blucher, 2020a. p. 208.
64. COUTO, Leandro Freitas; CARDOSO JR., José Celso. Op. cit., p. 35.

Possuía cinco eixos (social, econômico, ambiental, institucional e infraestrutura), posteriormente teve a adição de mais um, qual seja, a de defesa nacional.[65] Foram estabelecidas 20 diretrizes, 15 temas e 70 programas finalísticos, cada um com apenas um objetivo, uma meta e um indicador, somado aos programas de gestão e de investimentos plurianuais, tendo sido um PPA bem menor do que o anterior.[66] O autor observa ainda que o PPA teve preocupação com áreas importantes relacionadas direta ou indiretamente com a infraestrutura, como o aporte de programas finalísticos como o "Petróleo, Gás, Derivados e Biocombustíveis" (n. 3003, com 291,5 bilhões de reais) e "Recursos hídricos" (n. 2221, com 6,5 bilhões de reais).[67]

Todavia, em termos financeiros, os mais bem amparados foram os eixos econômicos e sociais (4,5 e 1,8 trilhões de reais, respectivamente).[68] Para Conti, o PPA também teve uma preocupação correta com o monitoramento e avalição do programa, em conjunto com o plano de governança:

> Evidencia-se uma preocupação com o monitoramento e avaliação dos programas, aspecto destacado nas justificativas que apresentam o plano, e nos artigos 13 a 19 da lei, o que é importante, pois tem sido uma falha recorrente da administração pública em geral, sem solução satisfatória e pouca ênfase na busca de soluções. O mesmo se vê em relação à governança pública e às preocupações com articulação institucional, setorial e federativa, com a determinação de alinhamento dos demais instrumentos de planejamento, com expressa referência ao Plano Nacional de Educação e ao Plano Nacional de Políticas para as Mulheres (art. 22):[69]

Na análise de mérito, alguns teóricos consideram que o PPA do atual governo é um desmonte de áreas estratégicas, como pode se ver no quadro abaixo, há uma preocupação sensível com o eixo econômico e uma despreocupação com o social, valendo refletir o quanto isso impacta no conceito de desenvolvimento do país:

---

65. COUTO, Leandro Freitas; CARDOSO JR., José Celso. A função dos planos plurianuais no direcionamento dos orçamentos anuais: avaliação da trajetória dos PPAs no cumprimento da sua missão constitucionais e o lugar do PPA 2020-2023. Instituto de Pesquisa Econômica Aplicada. *Texto para discussão*. Brasília: IPEA, 2020. p. 34.
66. CONTI, José Maurício. *O planejamento orçamentário da administração pública no Brasil*. São Paulo: Blucher, 2020a. p. 208.
67. Ibidem, p. 209.
68. CONTI, José Maurício. Os planos do governo Bolsonaro e a necessidade de fortalecimento do planejamento: Análise sobre o plano plurianual da União (PPA 2020-2023: planejar, priorizar, alcançar) recentemente aprovado. *Jota* (Coluna Fiscal), [on-line], jan. 2020b. Disponível em: https://www.jota.info/opiniao-e-analise/colunas/coluna-fiscal/os-planos-do-governo-bolsonaro-a-necessidade-de-fortalecimento-do-planejamento-16012020. Acesso em: 05 maio 2020.
69. Ibidem, p. 209.

PPA 2020–2023 por Eixos[2]

Eixos	Valor (em milhões de reais)	% do total de recursos
Econômico	4.465.891,96	65,6
Social	1.763.180,68	25,9
Infraestrutura	384.189,26	5,6
Ambiental	139.857,97	2,1
Estratégia de Defesa	39.436,80	0,6
Institucional	10.210,56	0,2
Total	6.802.767,22	100,0

Fonte: Mensagem Presidencial PPA 2020-2023
Elaboração: Inesc.

(Tabela 3 – PPA 2020-2023 por Eixos)

Há, nesse sentido, a possibilidade de crítica, uma vez que o PPA foi exageradamente canalizado à área econômica, voltando 66% dos recursos a esse eixo, culminando num retrocesso do perfil de desenvolvimento de país e das conquistas de direitos sociais. Lembrando que 96% dos recursos ambientais foi destinado para o programa Agropecuária sustentável,[70] demonstrando ainda que os eixos sofreram de vieses econômicos.

Percebe-se pelas diretrizes (art. 3º), um caráter mais voltado ao livre mercado e aos valores liberais como a ampliação do investimento privado em infraestrutura (XII), eficiência do setor público (XI) e compromisso fiscal (IX). Tendo uma lógica não estatizante, a busca do PPA foi por promover a infraestrutura e o desenvolvimento por meio do setor privado e do minimalismo estatal.[71]

Concomitantemente, vale sinalizar o patrocínio do Poder Executivo à PEC 98/2019 a qual autorizava que grandes investimentos pudessem ser autorizados sem prévia existência no PPA, a qual trazia consequências danosas à imprescindibilidade do plano, o que cabe a reflexão a respeito das reais intenções daquele governo quanto a existência do PPA.

Pelo exposto, percebe-se que o PPA 2020-2023 trouxe consigo um perfil liberal do atual governo e buscou por desenvolver um plano simples e compromissado com a responsabilidade fiscal, tendo como ênfase o eixo econômico, enxergando o desenvolvimento sob uma ótica econômica liberal.

Lembrando por fim que por meio do Acórdão 1.481/2022, o TCU julgou as contas do último exercício da presidência da república como passíveis de serem aprovadas pelo

---

70. INESC. *O PPA do governo Bolsonaro*: 4 anos de miséria. Set. 2019. Disponível: https://www.inesc.org.br/o-ppa-do-governo-bolsonaro-4-anos-de-miseria/. Acesso em: 05 maio 2024.
71. COUTO, Leandro Freitas; CARDOSO JR., José Celso. A função dos planos plurianuais no direcionamento dos orçamentos anuais: avaliação da trajetória dos PPAs no cumprimento da sua missão constitucionais e o lugar do PPA 2020-2023. Instituto de Pesquisa Econômica Aplicada. *Texto para discussão*. Brasília: IPEA, 2020. p. 35-36.

Congresso Nacional, mas com ressalvas, dado o descumprimento relativo à execução dos orçamentos da União.[72]

CONSIDERAÇÕES FINAIS

O presente trabalho iniciou-se com uma crítica a respeito da falta de planejamento que norteia a infraestrutura e o desenvolvimento do país. Restou claro que há uma intrínseca relação entre desenvolvimento, planejamento e infraestrutura, o primeiro é o fim buscado pelo estado brasileiro, que tenta resolver os problemas de uma sociedade subdesenvolvida, a infraestrutura, por sua vez, é o braço forte desse estado que deve se impor para promover condições adequadas para o mercado e para seus cidadãos, por fim, é o planejamento que norteia o progresso e os investimentos, sem o qual não há como se falar em um projeto nacional.

Conforme visto, a Constituição fora fértil em oferecer mecanismos inovadores de planejamento e gestão, existentes e aplicados desde então. Infelizmente, o PPA encontra diversos entraves, ora utilizado pela política para fins governistas, ora desenhado por cada governo para ornar com sua política econômica,[73] oscilando entre seus ideais estratégicos de desenvolvimento e sua amarra umbilical ao orçamento que o imobiliza. Sendo assim, como está posto, não é o PPA que norteia o orçamento, mas o orçamento que condiciona o plano.[74] Há aqui, portanto, um problema de ordem do direito financeiro que embrinca as possibilidades de política econômica do país.

Como se não bastasse, o canônico controle de gastos,[75] discurso austero do neoliberalismo assombra qualquer inventividade de planos de longo prazo, há uma verdadeira submissão da política de estado ao orçamento, fazendo com que o desenvolvimento esteja sempre relegado a um segundo plano.

De fato, a irresponsabilidade dos governantes deve ser combatida, dado que quem arca com tais empreitadas aventureiras é sempre a população mais frágil. O PPA possui um caráter totalizante, e quase sempre, choca-se com a despesa pública.[76] Por outra via, subordinar o PPA a um controle orçamentário, é feri-lo de morte. Se o planejamento é importante – como comprovado –, como lidar com esse conflito?

Reconhece-se que o planejamento tem um nível, conforme apontado, insuficiente de institucionalização,[77] havendo um descolamento da participação popular de sua elaboração fazendo com que sua legitimidade seja questionada.[78]

---

72. BRASIL. Tribunal de Contas da União. Acórdão 1.481/2022 – Plenário (Contas anuais do Presidente da República 2021). Rel. Min. Aroldo Cedraz. Sessão de 27.10.2021.
73. COUTO, Leandro Freitas; CARDOSO JR., José Celso. Op. cit., p. 15-16.
74. COUTO, Leandro Freitas; CARDOSO JR., José Celso. A função dos planos plurianuais no direcionamento dos orçamentos anuais: avaliação da trajetória dos PPAs no cumprimento da sua missão constitucionais e o lugar do PPA 2020-2023. Instituto de Pesquisa Econômica Aplicada. *Texto para discussão*. Brasília: IPEA, 2020. p. 15.
75. Ibidem, p. 16.
76. Ibidem, p. 17.
77. Ibidem, p. 12.
78. Ibidem, p. 15-16.

Qual seria o caminho ideal? Desacreditar da possibilidade de um planejamento dados os grandes problemas e as questões de incompatibilidade relatada? Ou buscar por meio dessa ferramenta continuar a saga de planejar para executar?

De fato, o Brasil é um país que culturalmente não se sente à vontade com o ato de planejar, os projetos ficam pelo meio do caminho. Mas se há interesse no desenvolvimento do país e na canalização responsável de recursos para as prioridades de infraestrutura, o planejamento é fundamental para a construção desse país continental, sendo possível perceber um avanço jurídico institucional no decorrer do tempo.

REFERÊNCIAS

ARANTES PAULO, Luiz Fernando. O PPA como instrumento de planejamento e gestão estratégica. *Revista do Serviço Público*, n. 2, v. 61, p. 171-187, abr./jun. 2010.

BERCOVICI, Gilberto. Infraestrutura e desenvolvimento. In: BERCOVICI, Gilberto; VALIM, Rafael. (Coord.) *Elementos de Direito da Infraestrutura*. São Paulo: Editora Contracorrente, 2015.

BRASIL. Ministério da Economia. Plano Plurianual – PPA (2020-2023). dez. 2019. Disponível em: https://www.gov.br/economia/pt-br/assuntos/planejamento-e-orcamento/plano-plurianual-ppa. Acesso em: 18 dez. 2022.

BRASIL. Tribunal de Contas da União. Acórdão 1079/2019 – Plenário. Rel. Min. Vital do Rego. Sessão de 15.05.2019, 2019a.

BRASIL. Tribunal de Contas da União. Acórdão 2515/2019 – Plenário. Rel. Min. Vital do Rego. Sessão de 16.10.2019, 2019b.

BRASIL. Tribunal de Contas da União. Acórdão 2.579/2021 – Plenário (Fisco Brás 2021). Rel. Min. Augusto Nardes. Sessão de 27.10.2021.

BRASIL. Tribunal de Contas da União. Acórdão 1.481/2022 – Plenário (Contas anuais do Presidente da República 2021). Rel. Min. Aroldo Cedraz. Sessão de 27.10.2021.

CARDOSO, José Celso Pereira Jr.; SALOMÃO, Inessa Laura; SANTOS, José Carlos dos. Desenvolvimento como eixo e os eixos para desenvolvimento. Fundação Oswaldo Cruz. *A saúde no Brasil em 2030 – prospecção estratégica do sistema de saúde brasileiro: desenvolvimento, Estado e políticas de saúde* [online]. Rio de Janeiro: Fiocruz/Ipea/Ministério da Saúde/Secretaria de Assuntos Estratégicos da Presidência da República, 2013. v. 1. p. 63-100. ISBN 978-85-8110-015-9.

CARVALHO, André Castro. *Direito da Infraestrutura: perspectiva pública*. São Paulo: Quartier Latin, 2014.

CARVALHO, André Castro. *Infraestrutura sob uma perspectiva pública*: instrumentos para o seu desenvolvimento. 2013. Tese (Doutorado), Universidade de São Paulo – Faculdade de Direito da Universidade de São Paulo, 2013.

CHEVALLIER, Jacques. *O Estado pós-moderno*. Trad. Malçal Justen Filho. Belo Horizonte: Editora Fórum, 2009.

CONTI, José Maurício (Coord.). *Dívida Pública*. São Paulo: Blucher, 2018.

CONTI, José Maurício. *Federalismo Fiscal e fundos de participação*. São Paulo: Editora Juarez de Oliveira, 2001.

CONTI, José Maurício. *O planejamento orçamentário da administração pública no Brasil*. São Paulo: Blucher, 2020a.

CONTI, José Maurício (Coord.). *Orçamentos públicos*: a Lei 4.320/1964 comentada. São Paulo: RT, 2008.

CONTI, José Maurício. Os planos do governo Bolsonaro e a necessidade de fortalecimento do planejamento: análise sobre o plano plurianual da União (PPA 2020-2023: planejar, priorizar, alcançar) recentemente aprovado. *Jota* (Coluna Fiscal), [on-line], jan. 2020b. Disponível em: https://www.jota.info/opiniao-e-analise/colunas/coluna-fiscal/os-planos-do-governo-bolsonaro-a-necessidade-de-fortalecimento-do-planejamento-16012020. Acesso em: 18 dez. 2020.

COUTO, Leandro Freitas; CARDOSO JR., José Celso. A função dos planos plurianuais no direcionamento dos orçamentos anuais: avaliação da trajetória dos PPAs no cumprimento da sua missão constitucional e o lugar do PPA 2020-2023. Instituto de Pesquisa Econômica Aplicada. *Texto para discussão*. Brasília: IPEA, 2020.

CURADO, Lúcio Mauro Carloni Fleury. *A efetivação não judicial de direitos sociais*. Rio de Janeiro: Lumen Juris, 2020.

DAL POZZO, Augusto Neves. *Aspectos fundamentais do serviço público no direito brasileiro*. São Paulo: Malheiros, 2012, p. 70-109.

DAL POZZO, Augusto Neves. *O Direito Administrativo da Infraestrutura*. São Paulo: Contracorrente, 2020.

DORO, Flavio Patricio. Plano estratégico ou orçamento plurianual? A articulação entre o PPA e o planejamento setorial no governo federal. *Revista Cadernos de Finanças Públicas*, n. 1, v. 19, p. 1-44, mar. 2019.

FAY, Marianne; ANDRES, Luis Alberto; FOX, Charles et al. *Repensando a infraestrutura na América Latina e Caribe*: melhorar o gasto para alcançar mais. Banco Mundial – BIRD, Sumário Executivo, América Latina e Caribe. [S.d.]. Disponível em: https://openknowledge.worldbank.org/bitstream/handle/10986/26390/114110ovPT.pdf?sequence=9&isAllowed=y. Acesso em: 18 dez. 2022.

FERRARI, Giuseppe Franco. Direito e infraestrutura no cenário europeu. *Revista Brasileira de Infraestrutura – RBINF*, Belo Horizonte, ano 3, n. 6, p. 13-36, jul./dez. 2014.

FERREIRA, Francisco Gllney Bezerra de Carvalho. *Orçamento público e separação de poderes no estado constitucional democrático brasileiro*. Rio de Janeiro: Lumen Juris 2018.

FREITAS, Weder David de. O planejamento regional brasileiro no fim do século XX, os eixos nacionais de integração e desenvolvimento. *Revista Territorial*, Goiás, n. 1, p. 47-72, jul./dez. 2012.

FRISCHTAK, Cláudio. Infraestrutura e desenvolvimento no Brasil. In: VELOSO, Fernando; FERREIRA, Pedro Cavalcanti; GIAMBIAGI, Fabio; PESSÔA, Samuel (Coord.). *Desenvolvimento econômico*: uma perspectiva brasileira. Rio de Janeiro: Elsevier, 2013.

GULDI, Jo, *Roads to Power*: Britain Invents the Infrastructure State. Cambridge (Ms.)/London: Harvard University Press, 2012.

INESC. *O PPA do governo Bolsonaro*: 4 anos de miséria. Set. 2019. Disponível: https://www.inesc.org.br/o-ppa-do-governo-bolsonaro-4-anos-de-miseria/. Acesso em: 18 dez. 2022.

MARQUES, Rosa Maria; REGO, José Márcio (Org.). *Economia brasileira*. 5. ed. São Paulo: Saraiva, 2013.

MARRARA, Thiago. Regulação sustentável de infraestruturas. *Revista Brasileira de Infraestrutura*, n. 1, 2012.

MEDEIROS, Victor; TEIXEIRA, Evandro Camargos. Relações de longo prazo entre infraestrutura econômica, competitividade e investimentos no Brasil: uma análise do período 1970-2011. *Revista de economia*, n. 2, v. 43, maio/ago. 2016.

ORTIZ, Gaspar Ariño. *Principios de derecho público económico*: modelo de Estado, Gestión pública, Regulación Económica. Granada: Comares, S. L., 1999.

SEVERINO, Antônio Joaquim. *Metodologia do trabalho científico*. São Paulo: Cortez, 2010.

SILVA, Guilherme Amorim Campos da. *Direito ao desenvolvimento*. São Paulo: Método, 2004.

UMA ANÁLISE DO PROGRAMA DE ACELERAÇÃO DO CRESCIMENTO (PAC) SOB A ÓTICA DO PLANEJAMENTO GOVERNAMENTAL E ORÇAMENTÁRIO

Fernanda Tercetti Nunes Pereira

Mestranda em Direito Financeiro pela Universidade de São Paulo. Consultora Legislativa em Orçamentos do Senado Federal. E-mail: fernandatercetti@gmail.com.

Sumário: Introdução – 1. Panorama sobre a infraestrutura no Brasil – 2. Planejamento e infraestrutura no Brasil – 3. O Programa de Aceleração do Crescimento – PAC (Decreto 6.025/2007) – 4. O novo Programa de Aceleração do Crescimento – PAC (Decreto 11.632/2023) – Considerações finais – Referências.

INTRODUÇÃO

Infraestrutura é a atividade administrativa que o Estado, direta ou indiretamente, deve realizar no intuito de prover, manter e operar ativos públicos para ofertar um benefício à coletividade, visando a promoção do desenvolvimento econômico e social, sob um regime jurídico-administrativo.[1] Os ativos públicos são bens de uso especial, afetos à atividade de infraestrutura, capazes de oferecer benefícios à sociedade, como o fomento do desenvolvimento econômico e social e a concretização de direitos fundamentais.[2]

O desenvolvimento nacional é uma garantia constitucional, prevista no rol de objetivos fundamentais da República Federativa do Brasil do art. 3º e, sob a ótica jurídica, o desenvolvimento impõe ao Estado a necessidade de realizar atividades que permitam a circulação interna de bens e serviços, fomentando a produtividade e a competitividade interna e a externa, bem como para permitir a promoção da justiça social, visando a melhoria da qualidade de vida da população.[3]

A fiscalização de obras de infraestrutura custeadas com recursos federais é feita pelo Tribunal de Contas da União (TCU), que conta com um plano de fiscalização anual, denominado Fiscobras, que reúne ações de controle do TCU voltadas à verificação da execução de obras públicas. As constatações feitas pela Corte de Contas são comunicadas

---

1. DAL POZZO, Augusto Neves. *O direito administrativo da infraestrutura*. São Paulo: Contracorrente, 2020, p. 69.
2. Idem, p. 76-77.
3. Idem, p. 101-107.

aos gestores no decorrer das fiscalizações para que apresentem justificativas ou para que adotem medidas saneadoras.[4]

No Relatório do Fiscobras de 2021 (Acórdão 2.579/2021),[5] o Tribunal identificou que grande parte das causas de paralizações se deve às falhas no planejamento, incluindo a elaboração de projetos básicos deficientes. Dentre as falhas estão a verificação de prazos exíguos para a elaboração dos projetos básicos, o reduzido interesse na realização de estudos prévios, a falta de um adequado desenvolvimento e amadurecimento do projeto, dentre outras. A Corte de Contas destaca que isso aumenta o risco de imprecisões e de erros, inclusive na orçamentação das obras, aumentando a probabilidade de aditivos contratuais, de paralização das obras e, até, de cancelamento dos empreendimentos.

No referido Acórdão,[6] o Tribunal também levantou que a infraestrutura nacional apresenta problemas estruturais no planejamento de longo prazo, na avaliação, na estruturação e na priorização de projetos e na governança do processo de planejamento orçamentário, em especial quanto à alocação de recursos de emendas para obras públicas.

No tocante ao planejamento, cabe destacar que o art. 174 da Lei Maior o define como determinante para o setor público e indicativo para o setor privado e informa que compete à União elaborar e executar planos nacionais e regionais de ordenação do território. Também compete a esse ente federativo a elaboração de planos de desenvolvimento econômico e social, conforme o inciso IX, do art. 21.

Por sua natureza, os investimentos em infraestrutura demandam um longo período de maturação, de planejamento e de execução, devendo ser guiados de forma mais ampla por um planejamento estratégico nacional de longo prazo e instrumentalizados por planejamentos de médio e curto prazos com definição de prioridades, metas e recursos em horizontes temporais mais curtos.

Nesse sentido, é importante que o país tenha um planejamento estratégico nacional de longo prazo, com objetivos fixos nesse longo horizonte temporal, conjugado com planejamentos de médio e de curto prazos, que são instrumentais para alcançar esses objetivos estratégicos. Assim, o planejamento da infraestrutura deve ser feito sob um viés estratégico de caráter nacional (de Estado), dada a sua relevância para o desenvolvimento do país.

O Decreto 6.025/2007 criou o Programa de Aceleração do Crescimento (PAC), que prevê medidas de estímulo ao investimento privado, ampliação dos investimentos públicos em infraestrutura e de melhoria da qualidade do gasto público e ao controle do

---

4. BRASIL. Tribunal de Contas da União. *Fiscobras*. Disponível em: https://portal.tcu.gov.br/fiscobras.htm. Acesso em: 30 jun. 2024.
5. BRASIL. Tribunal de Contas da União. Acórdão 2.579/2021 – Plenário (Fiscobras 2021). Relator: Ministro Augusto Nardes. Sessão de 27.10.2021. Disponível em: https://portal.tcu.gov.br/fiscobras.htm. Acesso em: 30 jun. 2024.
6. Idem, p. 19.

aumento dos gastos correntes na Administração Pública Federal. Trata-se de um plano de ação governamental para intervenção em obras e em políticas públicas com viés de plano nacional de desenvolvimento econômico e social. Vai além de uma norma de planejamento, estabelecendo condições gerais das finanças públicas no país.

A doutrina faz algumas críticas interessantes ao PAC. Uma delas é a fragilidade jurídica do instrumento utilizado para a sua criação: decreto presidencial. Outra crítica jaz na sua essência: o PAC não se enquadra como um instrumento de planejamento de longo prazo, tampouco de caráter estratégico para o país, sendo caracterizado como um programa de governo e não de Estado. Além disso, o PAC extrapola o campo do planejamento ao estabelecer condições gerais das finanças públicas no país.

Recentemente, no âmbito do governo federal, houve a publicação do Decreto 11.632, de 11 de agosto de 2023, que lançou o novo Programa de Aceleração do Crescimento. Considerando as críticas doutrinárias ao PAC anterior, este artigo propõe uma análise do novo PAC à luz dessas críticas e, para isso, encontra-se dividido em 4 seções. A primeira seção apresenta um panorama sobre a infraestrutura no Brasil, com ênfase nos achados de fiscalizações do Tribunal de Contas da União acerca do planejamento e da execução de obras e serviços de infraestrutura no país. A segunda seção trata do planejamento da infraestrutura no Brasil, com destaque para as concepções doutrinárias de planejamento governamental e de planejamento orçamentário, que servirão de base para analisar o PAC anterior e o novo PAC. A terceira seção discorre sobre o PAC de 2007 e algumas críticas doutrinárias feitas a esse programa. A quarta seção apresenta o novo PAC, de 2023, com análise à luz das críticas doutrinárias ao PAC de 2007, apresentadas na seção anterior. Por fim, a última seção apresenta as considerações finais, com uma breve síntese dos argumentos centrais desenvolvidos neste artigo.

1. PANORAMA SOBRE A INFRAESTRUTURA NO BRASIL

Dal Pozzo aponta que desenvolvimento e atividade de infraestrutura se relacionam, sendo esta a essência daquele. A infraestrutura é condição da existência do Estado.[7] De acordo com Cláudio Frischtak, há evidências de que o investimento em infraestrutura gera impactos positivos no crescimento econômico de um país; também, há uma forte correlação entre a renda per capita dos países e os investimentos em infraestrutura, sugerindo que o crescimento econômico também impulsiona a demanda por serviços de infraestrutura.[8]

A intervenção do Estado se justifica por se tratar de bens públicos, que apresentam externalidades, ou de bens privados, cuja produção só seria economicamente viável se estruturada como um monopólio.[9] Também se verifica que, quanto menor o nível de

---
7. DAL POZZO, p. 58.
8. FRISCHTAK, Cláudio. Infraestrutura e desenvolvimento no Brasil. In: VELOSO, Fernando; FERREIRA, Pedro Cavalcanti; GIAMBIAGI, Fabio; PESSÔA, Samuel (Coord.). *Desenvolvimento econômico*: uma perspectiva brasileira. Rio de Janeiro: Elsevier, 2013, p. 322-323.
9. Idem, p. 340.

renda, mais necessária se faz a atuação do Estado para financiar a produção e o consumo dos serviços de infraestrutura.[10]

De acordo com Thiago Marrara, toda grande infraestrutura possui um papel social, pois condiciona o exercício de direitos fundamentais e possibilita a sua concretização. Nesse sentido, a universalização de infraestruturas públicas e o controle de distribuição espacial de infraestruturas privadas de interesse público são de suma importância.[11]

No tocante aos investimentos em infraestrutura no Brasil, Cláudio Frischtak explica que, nos anos 80, as restrições fiscais e os problemas de eficiência na alocação de capital e na qualidade dos serviços geraram um aumento da participação do setor privado no financiamento e na operação da infraestrutura. Na década de 90, o Brasil passou por uma crise fiscal, somada a uma grande redução dos investimentos públicos, sendo que as privatizações pela venda de ativos e pelas concessões de direitos de exploração dos serviços não aumentaram significativamente o nível de investimentos.[12] De acordo com o autor, essa queda dos investimentos como proporção do PIB tem acarretado uma deterioração dos serviços, tanto para as empresas quanto para os consumidores e, dessa forma, uma mudança nessa trajetória dependerá de maior participação privada.[13]

O país investe uma ínfima porcentagem do PIB em telecomunicações, transporte, energia e saneamento, volume bem aquém do necessário para sustentar o crescimento a taxas elevadas nos próximos anos. Logo o esforço de investimento no país necessita combinar recursos públicos e privados. Porém o setor público necessita estar presente, como investidor ou como regulador. Assim, o desafio é o de estabelecer o modelo mais adequado para responder às demandas crescentes da população.[14]

O Brasil necessita investir muito para melhorar a sua infraestrutura e conta com poucos recursos públicos disponíveis no âmbito federal e dos outros entes. Desse modo, urge a necessidade de i) obter recursos, públicos ou privados, e ii) investir esses recursos com a máxima eficiência, elegendo prioridades e com foco social, ambiental e econômico. É necessário o planejamento estratégico setorial e integrado com horizonte de longo prazo e a estruturação de projeto em sentido amplo pelo Estado.

De acordo com o Banco Mundial, além da limitação de recursos para investir em infraestrutura, o Brasil tem baixa capacidade de planejar, de executar e de monitorar grandes projetos. Também tem deficiências na priorização estratégica de investimentos e na avaliação e na seleção de projetos, resultando em projetos de baixa qualidade, excesso de custos, atrasos, infraestrutura de baixa qualidade e problemas de implementação.[15]

---

10. Idem, p. 322.
11. MARRARA, Thiago. Regulação sustentável de infraestruturas. *Revista Brasileira de Infraestrutura*, n. 1, 2012, p. 4.
12. FRISCHTAK, pp. 333-335.
13. Idem, p. 343-344.
14. Idem, p. 337-340.
15. BRASIL. Tribunal De Contas Da União, p. 20-21.

Uma das recomendações expedidas pelo TCU diz respeito ao fortalecimento da priorização estratégica do investimento público e ao desenvolvimento de uma carteira de projetos de alta qualidade, classificados por ordem de prioridade. Das 49 fiscalizações realizadas no âmbito deste Fiscobras 2021, foram registrados 124 achados de auditoria, dos quais 54% são relacionados a falhas de projeto, de planilha orçamentária ou de licitação.[16] Isso revela uma necessidade premente de voltar os olhares ao planejamento.

2. PLANEJAMENTO E INFRAESTRUTURA NO BRASIL

A Constituição Federal deu importância ao planejamento, definindo-o como determinante para o setor público e indicativo para o setor privado (art. 174); também estabeleceu que compete à União elaborar e executar planos nacionais e regionais de ordenação do território e de desenvolvimento econômico e social (art. 21, IX).[17]

Mauro Giacobbo destaca a precedência do planejamento sobre os demais atos da administração, entendendo-o como a primeira das funções básicas da administração, servindo de base para as demais funções, e define "onde se pretende chegar, o que deve ser feito, quando, como e em que sequência, gera ações".[18]

Ao tratar das concepções acerca do planejamento, o professor José Maurício Conti traz a de planejamento governamental, de âmbito nacional, abarcando políticas de caráter geral. Trata-se do planejamento do desenvolvimento nacional, que define os rumos do Estado e se insere no âmbito do Direito Econômico.[19] Em suma, traduz "aonde" se quer chegar enquanto nação.

A outra concepção de Conti é a de planejamento orçamentário, que se encontra no âmbito do Direito Financeiro. Este, de caráter instrumental, traduz a materialização das decisões políticas e a condução da Administração Pública de forma coesa e coordenada em direção aos rumos estabelecidos no planejamento governamental. Em suma, define o "como chegar" e é concretizado nas leis orçamentárias de cada ente federado.[20]

O planejamento orçamentário da Administração Pública é primordial para que o país concretize os objetivos fundamentais do art. 3º da Lei Maior, pois permite a coordenação eficiente dos recursos disponíveis. É o planejamento governamental no seu aspecto orçamentário, resultado de escolhas políticas transcritas nas leis orçamentárias: Plano Plurianual (PPA), Lei de Diretrizes Orçamentárias (LDO) e Lei Orçamentária Anual (LOA).[21]

---

16. Ibidem.
17. CARVALHO, André Castro. *Direito da infraestrutura sob uma perspectiva pública*. São Paulo: Quartier Latin, 2014, p. 159.
18. GIACOBBO, Mauro. O desafio da implementação do planejamento estratégico nas organizações públicas. *Revista do Tribunal de Contas da União*, v. 28, n. 74, p. 73-107, out./ dez. 1997, p. 75.
19. CONTI, José Mauricio. *O planejamento orçamentário da administração pública no Brasil*. São Paulo: Blucher, 2020, p. 37.
20. Ibidem.
21. CONTI, p. 43.

É importante que haja planejamentos de longo prazo que norteiem a atuação da Administração Pública num horizonte temporal maior. No caso brasileiro, o que se tem nesse sentido são documentos normativos, com proposições indicativas, com metas e resultados abrangentes, sem a definição exata de valores, de caráter diretivo, caracterizando um planejamento econômico, mas não orçamentário.[22]

De acordo com o professor André Carvalho,[23] o Brasil tem uma cultura de planejamento por planos, sem um planejamento central a definir diretrizes setoriais, inclusive para a infraestrutura pública. O professor explica que, no período militar, houve a sistematização de um planejamento por planos com um horizonte maior de tempo, porém com aumento da burocracia e do autoritarismo sobre o planejamento.

Com a redemocratização, houve um arrefecimento do planejamento por planos com o PPA (planejamento macrossetorial de médio prazo), voltando a ganhar espaço com o Projeto Piloto de Investimentos – PPI e com o Programa Nacional de Aceleração – PAC, em coexistência sistemática com o PPA. Destaca, também, que o ideal seria que o PAC, o PPI, dentre outros, tivessem um horizonte de tempo definido e não vinculados à Administração Pública, servindo, assim, como diretrizes estratégicas para a elaboração dos PPAs.[24] Logo, teríamos um planejamento de governo, de caráter nacional, instrumentalizados por meio dos PPAs, LDOs e LOAs (planejamentos orçamentários).

Conti explica que, no caso brasileiro, o sistema de planejamento governamental brasileiro é composto por muitos documentos de naturezas distintas com a função de orientar a ação governamental, como a Estratégia Federal de Desenvolvimento (EFD), o Programa de Aceleração do Crescimento (PAC), objeto de análise deste trabalho, com grandes impactos no planejamento da infraestrutura, por envolver a competência de entes federados de todas as esferas, as mencionadas leis orçamentárias, dentre outros.[25]

3. O PROGRAMA DE ACELERAÇÃO DO CRESCIMENTO – PAC (DECRETO 6.025/2007)

O PAC foi criado pelo Decreto 6.025/2007,[26] prevendo medidas de estímulo ao investimento privado, de ampliação dos investimentos públicos em infraestrutura e de melhoria da qualidade do gasto público e ao controle do aumento dos gastos correntes na Administração Pública Federal. Trata-se de um plano de ação governamental para intervenção em obras e em políticas públicas com viés de plano nacional de desenvolvimento econômico e social. Vai além de uma norma de planejamento, estabelecendo condições gerais das finanças públicas no país.

---

22. Idem, p. 55.
23. CARVALHO, p. 364.
24. Ibidem.
25. CONTI, p. 387-388.
26. BRASIL. Decreto 6.025, de 22 de janeiro de 2007. Institui o Programa de Aceleração do Crescimento - PAC, o seu Comitê Gestor, e dá outras providências. Diário Oficial da União: seção 1, edição extra, Brasília, DF, p. 16, 22 jan. 2007. Disponível em: https://www.planalto.gov.br/ccivil_03/_ato2007-2010/2007/decreto/d6025.htm. Acesso em: 1º jul. 2024.

De acordo com Nunes,[27] a criação do PAC foi impulsionada a partir da visão do Poder Executivo federal da época sobre a necessidade de repensar a relação entre o Estado e o mercado, visando dinamizar a economia e impulsionar o desenvolvimento. Assim, o programa baseou-se na lógica de que os investimentos públicos associados à geração de infraestruturas e à formação de capital humano se tornariam atrativos para os investidores privados e para o desenvolvimento de todas as regiões brasileiras.

O programa se fundamentou no desejo de reativar instrumentos de planejamento estratégico e na relevância do investimento público na expansão econômica do país, o que se reflete em premissas do programa, como a criação de condições para a acelerar o crescimento sustentável de médio e longo prazos; o aumento da produtividade; a ampliação dos empregos; e a superação dos desequilíbrios regionais e das desigualdades sociais.[28]

A ação governamental é orientada por diversos documentos de naturezas jurídicas distintas, sendo o PAC um deles. Ocorre que essa profusão normativa impacta fortemente no planejamento orçamentário da infraestrutura, por se tratar de um setor com ações que envolvem a competência dos entes federados de todas as esferas.[29]

A doutrina lança algumas críticas ao PAC. Uma delas se refere à sua fragilidade jurídica, por ter sido instituído por um decreto presidencial e não por uma lei. Trata-se de um plano de ação da administração federal para intervenções em obras e políticas públicas específicas, com viés de um plano nacional de desenvolvimento econômico e social, cuja instituição não é compatível com as matérias reguladas por decretos.[30]

Outra crítica se refere à sua ampla abrangência, pois o PAC vai além do planejamento governamental e dispõe, também, sobre condições gerais das finanças públicas para a Administração Pública Federal, conforme se verifica da leitura do artigo 1º:

> Art. 1º Fica instituído o Programa de Aceleração do Crescimento - PAC, constituído de medidas de estímulo ao investimento privado, ampliação dos investimentos públicos em infraestrutura e *voltadas à melhoria da qualidade do gasto público e ao controle da expansão dos gastos correntes no âmbito da Administração Pública Federal*. (grifo meu)

Ao referir-se à melhoria da qualidade do gasto público e ao controle da expansão dos gastos, o PAC estipula regras gerais para as finanças públicas no que concerne à qualidade do gasto público, matéria constitucionalmente reservada à lei complementar, conforme dispõe o artigo 163 da Constituição Federal. Essa espécie normativa tem o condão de dar estabilidade interpretativa ao direito financeiro e, portanto, possuem uma relevante função como normas gerais de direito financeiro, em especial em questões que exigem uniformidade e estabilidade no tempo, pois também são aplicáveis aos outros entes da federação.[31]

---

27. NUNES, Maria. O programa de aceleração do crescimento e as fronteiras. *Fronteiras do Brasil*: uma avaliação da política pública. Rio de Janeiro: Ipea, MI, 2018, v. 1, p. 381.
28. Idem, p. 384.
29. CONTI, p. 388.
30. Idem, p. 387-392.
31. Idem, p. 389-390.

Também, verifica-se que o PAC não acompanha a mesma estrutura das leis orçamentárias, pois não é estruturado por programas. Isso dificulta a sua identificação nas leis orçamentárias federais: os recursos do PAC só podem ser verificados por meio do identificador de resultado primário específico do programa.[32]

O arcabouço legal do PAC traz disposições relativas ao uso dos instrumentos orçamentários essenciais à viabilização do Programa, como a restrição ao contingenciamento de recursos destinados a itens do Programa prevista no artigo 67 da Lei de Diretrizes Orçamentárias para 2016, Lei 13.242/2015:

> Art. 67. Serão *ressalvadas da limitação de empenho e pagamento prevista no § 3º do art. 58 as dotações acrescidas por emendas individuais às programações orçamentárias relativas ao PAC* ou às Ações e Serviços Públicos de Saúde abrangidas pelo Anexo VIII, nas localidades definidas de acordo com as diretrizes, critérios e parâmetros das respectivas políticas públicas, conforme detalhamento divulgado pelo Poder Executivo e encaminhado à Comissão Mista de Planos, Orçamentos Públicos e Fiscalização.[33] (grifo meu)

Também há outros dispositivos legais que sinalizam a preocupação com a viabilização orçamentária do PAC, como a previsão de que o empenho das programações do PAC depende de manifestação prévia do então Ministério do Planejamento, Orçamento e Gestão (Decretos 6.046/2007, 6.394/ 2008, 6.459/2008).

Conti destaca o fato de que alguns aspectos da regulamentação do PAC, criado por Decreto, passaram a integrar leis ordinárias, gerando conflitos e dificuldades em sua interpretação e aplicação. Por exemplo, o PAC consta expressamente na Lei do PPA 2008-2011 (Lei 11.653, de 7 de abril de 2008[34]).[35] De acordo com o artigo 3º desse PPA:

> Art. 3º Os programas e ações deste Plano serão observados nas leis de diretrizes orçamentárias, nas leis orçamentárias anuais e nas leis que as modifiquem.
> [...]
> § 2º Serão considerados *prioritários*, na execução das ações constantes do Plano, os projetos:
> I – associados ao Projeto-Piloto de Investimentos Públicos – PPI e ao *Programa de Aceleração do Crescimento – PAC*; (grifo meu)

Com isso, os programas do PAC, estabelecidos por Decreto, passaram a ser obrigatoriamente inseridos nas leis (ordinárias) orçamentárias (LDO e LOA) no período de 2008 a 2011. No PPA 2012-2015 e no PPA 2016-2019, o PAC também constou como prioridade.[36] Nesse sentido, como o PAC não foi estabelecido com previsão de reno-

---

32. Idem, p. 391.
33. BRASIL. Lei 13.242, de 30 de dezembro de 2015. Dispõe sobre as diretrizes para a elaboração e execução da Lei Orçamentária de 2016 e dá outras providências. Diário Oficial da União: seção 1, edição extra, Brasília, DF, p. 3. Disponível em: https://www.planalto.gov.br/ccivil_03/_ato2015-2018/2015/lei/l13242.htm. Acesso em 28 jun. 2024.
34. BRASIL. Lei 11.653, de 7 de abril de 2008. Dispõe sobre o Plano Plurianual para o período 2008/2011. Disponível em: https://www.gov.br/planejamento/pt-br/assuntos/plano-plurianual/paginas/ppa-2008-2011. Acesso em: 29 jun. 2024.
35. CONTI, p. 394.
36. Idem, p. 395.

vação periódica, característica própria das normas de planejamento, então as normas orçamentárias, que são periódicas, adequam o cronograma do PAC a um horizonte de curto e de médio prazos.[37]

Retomando as lições trazidas na seção 2 deste artigo, o planejamento governamental é de âmbito nacional e contempla a definição dos rumos que Estado pretende seguir, que imprime o desejo de "aonde" se quer chegar enquanto nação. Já a concepção de planejamento orçamentário, de caráter instrumental, traduz a materialização das decisões políticas e a condução da Administração Pública de forma coesa e coordenada em direção aos rumos estabelecidos no planejamento governamental e define como o Estado chegará aonde deseja enquanto nação. Em suma, é o planejamento concretizado nas leis orçamentárias de cada ente federado.

À luz desses entendimentos, Carvalho explica que o PAC não se enquadraria no conceito de planejamento governamental por não ter um horizonte temporal, tampouco metas estabelecidas. Quanto à posição estratégica do PAC, na prática, ele é um plano de obras a longo prazo, porém sem um prazo definido, com viés orçamentário e não um instrumento contínuo de desenvolvimento da infraestrutura nacional e, portanto, sem caráter de planejamento estratégico.[38]

4. O NOVO PROGRAMA DE ACELERAÇÃO DO CRESCIMENTO – PAC (DECRETO 11.632/2023)

Com a publicação do Decreto 11.632,[39] de 11 de agosto de 2023, o governo federal lançou o novo Programa de Aceleração do Crescimento. Trata-se de um programa de investimentos que prevê parcerias com o setor privado, estados, municípios e movimentos sociais, voltadas ao crescimento econômico e à inclusão social.[40]

O programa está estruturado em Medidas Institucionais e Eixos de Investimento. Aquelas são consideradas como um conjunto de atos normativos de gestão e de planejamento que auxiliarão na expansão de investimentos públicos e privados no Brasil. Os Eixos de Investimento, por sua vez, representam as grandes áreas de organização do programa, reunindo todas as obras e serviços destinados à população.[41]

A previsão é a de que o Novo PAC invista R$ 1,7 trilhão nos estados brasileiros, sendo R$ 1,4 trilhão até 2026 e R$ 320,5 bilhões após 2026. Os investimentos do pro-

---

37. CARVALHO, p. 352.
38. Idem, p. 347-353.
39. BRASIL. Decreto 11.632, de 11 de agosto de 2023. Institui o Programa de Aceleração do Crescimento - Novo PAC, o Comitê Gestor do Programa de Aceleração do Crescimento e o Grupo Executivo do Programa de Aceleração do Crescimento. Diário Oficial da União: seção 1, edição extra, Brasília, DF, ano CLXI, n. 153-A, p. 2, 11 ago. 2023. Disponível em: https://www.planalto.gov.br/ccivil_03/_ato2023-2026/2023/decreto/D11632.htm. Acesso em: 27 jun. 2024.
40. Idem. Casa Civil da Presidência da República. *Novo PAC*. Disponível em: https://www.gov.br/casacivil/novopac/conheca-o-plano. Acesso em 27 jun. 2024.
41. Idem.

grama têm compromisso com a transição ecológica, com a neoindustrialização, com o crescimento do País e a geração de empregos de forma sustentável.[42]

O artigo 1º do Decreto prevê que o novo programa visa, dentre outros, i) ampliar os investimentos no país, ii) estimular o investimento privado, iii) fomentar a integração do investimento público com o privado e iv) expandir e qualificar a infraestrutura para a competitividade e o crescimento do país, com responsabilidade fiscal.

Nota-se que, na mesma toada do PAC de 2007, o novo programa mantém o foco na infraestrutura do país. Também imprime a relação estabelecida entre o Estado e o mercado na infraestrutura nacional, já que prevê a busca do estímulo ao investimento privado, conjugando-o com o investimento público.

Além disso, o mesmo artigo contempla objetivos sociais em seus incisos V, VII e VIII:

> Art. 1º Fica instituído o Programa de Aceleração do Crescimento – Novo PAC, com os seguintes objetivos:
> [...]
> V – promover o desenvolvimento inclusivo, social e regional;
> [...]
> VII – ampliar o acesso da população a serviços públicos de qualidade; e
> VIII – fomentar a geração de emprego e renda.

Os demais dispositivos do Decreto tratam da instituição de comitês, de grupos e de órgãos e de suas competências para coordenar, para gerir e para implementar as ações do programa.

Considerando as críticas doutrinárias ao PAC anterior que foram tratadas na seção anterior deste artigo acadêmico, será feita uma análise do novo PAC à luz delas.

Inicialmente, no tocante ao instrumento jurídico utilizado para a sua instituição. Conforme verificado na seção anterior, o PAC de 2007 foi instituído por decreto presidencial, o Decreto 6.025/2007. Esse decreto versa sobre um plano de ações federal para intervenções em obras e políticas públicas específicas, com aspiração de ser um plano nacional de desenvolvimento econômico e social. Também estabelecia regras gerais de finanças públicas para a Administração Pública federal. A crítica doutrinária lançada foi a de que tais matérias não são compatíveis com as que devem ser reguladas por decretos.

Quanto ao Novo PAC, o programa também foi instituído por decreto, o Decreto 11.632/2023, incorrendo na mesma fragilidade jurídica do programa anterior. Por outro lado, não houve a previsão de medidas que implicam na estipulação de regras gerais de finanças públicas.

Assim, pode-se considerar que a crítica relativa ao instrumento jurídico utilizado foi parcialmente superada no Novo PAC, pois não tratou de regras gerais de finanças públicas – matéria constitucionalmente reservada à Lei Complementar –, porém, man-

---

42. Idem.

teve a inadequação quanto ao instrumento jurídico para a instituição de um plano de ações nacional: decreto presidencial.

Não obstante, da mesma forma que o PAC de 2007, a concretização das medidas previstas novo PAC de 2023 passará, invariavelmente, pelas regras de orçamentação previstas nas leis orçamentárias do país, por envolver, obviamente, recursos orçamentários e financeiros.

Disso decorre a preocupação já levantada por Conti, de que alguns aspectos do novo PAC, criado por Decreto, passem a integrar leis ordinárias. Sobre esse aspecto, convém destacar que o decreto é o instrumento de manifestação do chefe do Poder Executivo, por meio do qual ele exerce as suas funções constitucionais previstas no artigo 84 da Lei Maior.[43]

O preâmbulo do Decreto 11.623/2023 (novo PAC) traz a seguinte redação: "O Presidente da República, no uso das atribuições que lhe confere o art. 84, *caput*, incisos IV e VI, alínea "a", da Constituição, e tendo em vista o disposto na Lei 11.578, de 26 de novembro de 2007". Esses dispositivos do artigo 84 são os seguintes:

Art. 84. Compete privativamente ao Presidente da República:

[...]

IV – sancionar, promulgar e fazer publicar as leis, bem como expedir decretos e regulamentos para sua fiel execução;

[...]

VI – dispor, mediante decreto, sobre:

a) organização e funcionamento da administração federal, quando não implicar aumento de despesa nem criação ou extinção de órgãos públicos.

Portanto o decreto que institui o novo PAC o faz sob a competência presidencial de regulamentar leis para possibilitar a sua fiel execução, bem como para organizar o funcionamento da administração federal quando não geral aumento de despesas.

A partir daí, já é possível identificar duas inconsistências: i) o novo PAC não regulamenta uma norma; ao contrário, institui um Programa para acelerar o crescimento do país; e ii) a instituição desse Programa certamente acarretará aumento de despesas, uma vez que visa, dentre outros, a ampliação de investimentos no país, a promoção do desenvolvimento social e regional, a ampliação do acesso da população a serviços público de qualidade.

Voltando ao antigo PAC, conforme explicitado na seção anterior, as leis dos PPAs que se seguiram à instituição do antigo PAC (PPA 2008 2011, PPA 2012-2015 e PPA 2016-2019) previam os projetos desse programa como prioritários. À semelhança do que se passou com o antigo PAC, a proposta de PPA 2024-2027 contempla em seu artigo 3º:

---

43. NOVELINO, Marcelo. *Curso de direito constitucional*. Salvador: JusPodivm, 2017, p. 679.

Art. 3º São prioridades da administração pública federal, incluídas aquelas advindas do processo de participação social na elaboração do PPA 2024-2027:
I – combate à fome e redução das desigualdades;
II – educação básica;
III – saúde: atenção primária e atenção especializada;
IV – Programa de Aceleração do Crescimento – Novo PAC;
V – neoindustrialização, trabalho, emprego e renda; e
VI – combate ao desmatamento e enfrentamento da emergência climática. (grifo meu)

Com isso, as ações e os projetos previstos no novo PAC, estabelecidos por Decreto, também passarão a ser obrigatoriamente previstos nas leis (ordinárias) orçamentárias (LDO e LOA), revelando uma inadequação jurídica: leis ordinárias dispondo sobre aspectos de um programa instituído por decreto presidencial.

Com relação à crítica de que o PAC não seria um instrumento de planejamento de longo prazo, tampouco de caráter estratégico para o país, na seção 2, verificou-se que o planejamento governamental é de âmbito nacional e contempla a definição dos rumos que Estado pretende seguir, que imprime o desejo de "aonde" se quer chegar enquanto nação. Já a concepção de planejamento orçamentário, de caráter instrumental, traduz a materialização das decisões políticas e a condução da Administração Pública de forma coesa e coordenada, em direção aos rumos estabelecidos no planejamento governamental e define como o Estado chegará "aonde" deseja enquanto nação. Em suma, é o planejamento concretizado nas leis orçamentárias de cada ente federado.

O decreto que institui o Novo PAC não prevê um prazo para a duração do Programa. À semelhança do antigo, o novo programa informa um plano de obras a longo prazo, porém sem estabelecer um horizonte temporal para a sua duração. Diante disso, não se pode afirmar que ele configura um instrumento contínuo de desenvolvimento da infraestrutura nacional.

Ainda, o novo PAC carece de um viés estratégico de Estado, o que fica evidente em razão do instrumento jurídico utilizado para a sua instituição: um decreto presidencial, por meio do qual o chefe do Poder Executivo pode atuar para realizar as suas competências constitucionais. Portanto, o Novo PAC não se traduz em um planejamento governamental.

CONSIDERAÇÕES FINAIS

Infraestrutura é a atividade administrativa que o Estado realiza para ofertar bens e serviços à sociedade, visando a promoção do desenvolvimento econômico e social do país, que é um dos objetivos fundamentais constitucionais da República Federativa do Brasil.

O Tribunal de Contas da União apurou que a infraestrutura nacional apresenta problemas estruturais no planejamento de longo prazo, na avaliação, na estruturação e na priorização de projetos e na governança do processo de planejamento orçamentário, em especial quanto à alocação de recursos de emendas para obras públicas.

É importante que o planejamento da infraestrutura tenha um viés estratégico de caráter nacional (de Estado), dada a sua relevância para o desenvolvimento do país.

O Programa de Aceleração do Crescimento (PAC), inicialmente criado pelo Decreto 6.025/2007, teve a sua nova versão recentemente instituída pelo Decreto 11.632/2023, que estabelece um programa de investimentos que prevê parcerias com o setor privado, estados, municípios e movimentos sociais, voltadas ao crescimento econômico e à inclusão social.

A doutrina faz críticas ao PAC de 2007 quanto i) à fragilidade jurídica do instrumento utilizado para a sua criação; ii) à extrapolação do campo do planejamento; iii) ao enquadramento como um instrumento estratégico de planejamento governamental.

À luz dessas críticas, este artigo pretendeu analisar o Novo PAC. Verificou-se que a sua instituição por decreto presidencial, à semelhança do antigo PAC, manteve a inadequação jurídica do programa anterior. Isso acarreta, por conseguinte, inconsistências jurídicas como, por exemplo, o fato de o projeto de lei do Plano Plurianual para 2024-2027 priorizar o Novo PAC: uma lei ordinária regulamentando um decreto presidencial.

Outro aspecto que confirma a inadequação jurídica decorrente da sua instituição por decreto presidencial, advém do fato de ser este um instrumento constitucionalmente conferido ao Presidente da República para regulamentar leis visando possibilitar a sua fiel execução, bem como para organizar o funcionamento da administração federal quando não geral aumento de despesas. Ocorre que o novo PAC não regulamenta uma norma, mas institui um Programa para acelerar o crescimento do país, o que certamente acarretará aumento de despesas, já que visa a ampliação de investimentos no país, a promoção do desenvolvimento social e regional e a ampliação do acesso da população a serviços público de qualidade.

Por fim, o programa não se enquadra na definição de planejamento estratégico governamental, uma vez que carece de um horizonte temporal para a sua duração e, portanto, não é um instrumento contínuo de desenvolvimento da infraestrutura nacional. Também carece de um viés estratégico de Estado, o que fica evidente em razão do instrumento jurídico utilizado para a sua instituição: um decreto presidencial, por meio do qual o chefe do Poder Executivo pode atuar para realizar as suas competências constitucionais. Portanto, o Novo PAC não se traduz em um planejamento governamental.

O Brasil ainda carece de um planejamento estratégico nacional de longo prazo, com objetivos fixos nesse longo horizonte temporal, conjugado com planejamentos de médio e curto prazos instrumentais para alcançar esses objetivos estratégicos. Nesse sentido, o planejamento da infraestrutura deve ser tratado sob um viés estratégico de caráter nacional (de Estado), pois, dada a sua natureza, os investimentos em infraestrutura demandam um longo período de maturação, de planejamento e de execução, devendo ser guiados de forma mais ampla por um planejamento estratégico nacional de longo prazo e instrumentalizados por planejamentos de médio e curto prazos com definição de prioridades, metas e recursos em horizontes temporais mais curtos.

REFERÊNCIAS

BRASIL. Casa Civil da Presidência da República. Novo PAC. Disponível em: https://www.gov.br/casacivil/novopac/conheca-o-plano. Acesso em: 27 jun. 2024.

BRASIL. Decreto 6.025, de 22 de janeiro de 2007. Institui o Programa de Aceleração do Crescimento - PAC, o seu Comitê Gestor, e dá outras providências. Diário Oficial da União: seção 1, edição extra, Brasília, DF, p. 16, 22 jan. 2007. Disponível em: https://www.planalto.gov.br/ccivil_03/_ato2007-2010/2007/decreto/d6025.htm. Acesso em: 27 nov. 2023.

BRASIL. Decreto 11.632, de 11 de agosto de 2023. Institui o Programa de Aceleração do Crescimento – Novo PAC, o Comitê Gestor do Programa de Aceleração do Crescimento e o Grupo Executivo do Programa de Aceleração do Crescimento. Diário Oficial da União: seção 1, edição extra, Brasília, DF, ano CLXI, n. 153-A, p. 2, 11 ago. 2023. Disponível em: https://www.planalto.gov.br/ccivil_03/_ato2023-2026/2023/decreto/D11632.htm. Acesso em: 27 jun. 2024.

BRASIL. Lei 11.653, de 7 de abril de 2008. Dispõe sobre o Plano Plurianual para o período 2008/2011. Disponível em: https://www.gov.br/planejamento/pt-br/assuntos/plano-plurianual/paginas/ppa-2008-2011. Acesso em: 29 jun. 2024.

BRASIL. Lei 13.242, de 30 de dezembro de 2015. Dispõe sobre as diretrizes para a elaboração e execução da Lei Orçamentária de 2016 e dá outras providências. Diário Oficial da União: seção 1, edição extra, Brasília, DF, p. 3. Disponível em: https://www.planalto.gov.br/ccivil_03/_ato2015-2018/2015/lei/l13242.htm. Acesso em: 28 jun. 2024.

BRASIL. Tribunal de Contas da União. Acórdão 2.579/2021 – Plenário (Fiscobras 2021). Relator: Ministro Augusto Nardes. Sessão de 27.10.2021. Disponível em: https://portal.tcu.gov.br/fiscobras.htm. Acesso em 30 jun. 2024.

BRASIL. Tribunal de Contas da União. FISCOBRAS. Disponível em: https://portal.tcu.gov.br/fiscobras.htm. Acesso em: 30 jun. 2024.

CARVALHO, André Castro. *Infraestrutura sob uma perspectiva pública*: instrumentos para o seu desenvolvimento. Tese (Doutorado em Direito) – Universidade de São Paulo, São Paulo, 2013.

CONTI, José Mauricio. *O planejamento orçamentário da administração pública no Brasil*. São Paulo: Blucher, 2020.

DAL POZZO, Augusto Neves. *O direito administrativo da infraestrutura*. São Paulo: Contracorrente, 2020.

FRISCHTAK, Cláudio. Infraestrutura e desenvolvimento no Brasil. In: VELOSO, Fernando; FERREIRA, Pedro Cavalcanti; GIAMBIAGI, Fabio; PESSÔA, Samuel (Coord.). *Desenvolvimento econômico*: uma perspectiva brasileira. Rio de Janeiro: Elsevier, 2013.

GIACOBBO, Mauro. O desafio da implementação do planejamento estratégico nas organizações públicas. *Revista do Tribunal de Contas da União*, v. 28, n. 74, p. 73-107, out./dez. 1997.

MARRARA, Thiago. Regulação sustentável de infraestruturas. *Revista Brasileira de Infraestrutura*. Belo Horizonte: Forum. Ano 1, jan./jun. 2012. Disponível em: https://www.direitorp.usp.br/wp-content/uploads/2020/04/Texto-4-Proj-2.pdf.

NOVELINO, Marcelo. *Curso de direito constitucional*. Salvador: JusPodivm, 2017.

NUNES, Maria. O programa de aceleração do crescimento e as fronteiras. *Fronteiras do Brasil*: uma avaliação da política pública. Rio de Janeiro: Ipea, MI, 2018. v. 1.

INVESTIMENTOS, FINANCIAMENTOS E BENEFÍCIOS FISCAIS EM INFRAESTRUTURA

DA IMPORTÂNCIA DOS BENEFÍCIOS FISCAIS PARA INVESTIMENTOS EM OBRAS FERROVIÁRIAS: ANÁLISE DO CONVÊNIO CONFAZ ICMS 120/2023

Caio do Rosario Nicolino

Mestrando em Direito Tributário pela Faculdade de Direito da Universidade de São Paulo (USP). Especialista em Direito Tributário pela Fundação Getúlio Vargas (FGVLAW). Advogado em São Paulo. (NUSP 14514124). E-mail: caio.nicolino@usp.br.

Sumário: Introdução – 1. Arcabouço regulatório no Brasil; 1.1 Histórico regulatório: breve síntese; 1.2 Principais atores do setor: pós Lei 10.233/2011; 1.3 A reforma de 2011: novo marco regulatório – 2. Dados setoriais do setor ferroviário – 3. Da natureza jurídica dos benefícios fiscais; 3.1 Conceito e espécies de benefícios fiscais; 3.2 Convênio CONFAZ ICMS 120/2023 – Conclusões – Referências.

INTRODUÇÃO

O setor ferroviário, inserido no contexto de infraestrutura de logística, assim como rodoviário e portuário, possui importante função social, seja para transportar bens e mercadorias, seja para transportar pessoas. Em essência, pode-se dizer que o setor ferroviário cuida de importante bem de utilidade púbica: direito de ir e vir (artigo 5º, inciso XV, da Constituição Federal[1]).

Conforme será explicitado mais adiante, o setor ferroviário, embora de grande relevância e impacto para a infraestrutura de logística, ainda tem um potencial de desenvolvimento subutilizado no nosso enorme país, muito aquém do que poderíamos verificar. Esse cenário, por sua vez, poderia estar diferente acaso tivesse recebido maior engajamento na concessão de beneficiamento fiscal, a ser objeto de estudo neste artigo, em comunhão com diversos outros fatores de natureza setorial.

Para analisarmos e propormos soluções de cunho fiscal, ainda que não exauriente, para que haja um maior desenvolvimento do setor ferroviário no Brasil, tão importante para a melhor logística de nosso país, o presente trabalho será dividido da seguinte forma: (i) em um primeiro momento, realizaremos uma breve contextualização da regulamentação do setor ferroviário nacional; (ii) em um segundo momento, traremos dados setoriais, principalmente com o escopo analisarmos e refletirmos sobre a atual

---

[1] "Art. 5º Todos são iguais perante a lei, sem distinção de qualquer natureza, garantindo-se aos brasileiros e aos estrangeiros residentes no País a inviolabilidade do direito à vida, à liberdade, à igualdade, à segurança e à propriedade, nos termos seguintes:
(...)
XV – é livre a locomoção no território nacional em tempo de paz, podendo qualquer pessoa, nos termos da lei, nele entrar, permanecer ou dele sair com seus bens".

expansão da nossa malha ferroviária; e (iii) por fim, adentraremos nas questões efetivamente fiscais, a fim de analisar especificamente a natureza jurídica de benefícios fiscais e sua importância ao setor ferroviário: dentre eles o recente Convênio CONFAZ ICMS 120/2023. Ao final, apresentaremos nossas conclusões.

1. ARCABOUÇO REGULATÓRIO NO BRASIL

1.1 Histórico regulatório: breve síntese

O nascedouro das ferrovias no Brasil ocorreu ainda na época do Brasil Imperial, especificamente em 1852, quando foi promulgada a Lei 641, primeira do setor, que garantia aos investidores interessados na construção e exploração das estradas de ferro, sua concessão por 90 (noventa) anos, permitindo (i) direito à exploração de uma faixa de 30km ao longo de cada lado da linha férrea, (ii) isenção de impostos sobre trilhos e máquinas destinados à construção da ferrovia, e (iii) o pagamento de juros de 5% ao ano sobre o custo da obra.[2]

Em 1854 a primeira ferrovia brasileira foi inaugurada, ligando parte da Baía da Guanabara à cidade de Petrópolis, em um total de 14,5Km de extensão.

Passado um ano, em 1855, foram promulgadas mais duas Leis para o setor – 838 e 495 –, as quais estabeleceram certo arcabouço para as primeiras estradas de ferro no Estado de São Paulo, sendo o início da denominada "era do café" (que se consolidou em 1820). A primeira lei permitiu a aplicação dos benefícios então concedidos pelo governo imperial, ao passo que a segunda concedeu garantia complementar de 2% de juros para empresas interessadas naquele tipo de investimento.[3]

Sequencialmente outras leis foram promulgadas, todas com o intento de promover a expansão da malha ferroviária no Brasil. Citemos, apenas a título de curiosidade, o Decreto 1.759/1856,[4] a Lei 34/1870,[5] a Lei 33/1871,[6] e seguintes.

O setor ferroviário, por meio de leis subsequentes, foi sendo desenvolvido no território brasileiro como importante meio de infraestrutura, como assim deve ser tratado. Tal cenário, contudo, foi abruptamente alterado a partir de 1929, quando da denominada "grande crise", de âmbito global, no qual diversos setores econômicos restaram impactados, dentre eles, e por consequência, o desenvolvimento e a ampliação ferroviária.

---

2. DURÇO, Fábio Ferreira. *A regulação do setor ferroviário brasileiro*. Belo Horizonte: Arraes Editores, 2015, p. 04.
3. DURÇO, Fábio Ferreira. Op. cit. (nota 2), p. 05.
4. Então concedida ao Sr. Irineu Evangelista de Souza, famoso Barão de Mauá, para a construção da ferrovia que ligaria as cidades de Santos e Jundiaí (concessão por noventa anos).
5. Ferrovia entre as cidades de Itu e Jundiaí.
6. Ferrovia entre as cidades de Sorocaba e São Paulo.

O século XX, em síntese, foi marcado pelo baixo avanço da nossa malha ferroviária, o que se pode verificar, a título de evidência, dos indicadores abaixo, os quais demonstram a constante *diminuição* de receitas entre 1989 e 1994:[7]

DADOS	1985	1989	1990	1991	1992	1993	1994
Receitas Operacionais (*milhões R$*)	1.292,70	936,7	686,4	681,7	748,8	666,9	594,9
Despesas Operacionais (*milhões R$*)	988	961,4	780,2	738	792,4	842,7	755,5

Foi essa constante diminuição das receitas e, em contrapartida, de aumento das despesas pelo Estado com o setor ferroviário, que na década de 1990 foi inaugurado um plano de *desestatização*, por meio do Programa Nacional de Desestatização ("PND"), previsto na Lei 8.031/1990 (posteriormente revogada pela Lei 9.491/1997[8]). Antes da edição do PND, o setor ferroviário era prestado exclusivamente pelo Estado, seja por meio de órgãos da administração direta, seja por meio de autarquias ou empresas públicas.[9]

Após a inauguração do PND e a retomada de investimentos nas ferrovias brasileiras, ainda discreto perto do seu potencial, sobreveio a importante Lei 10.233/2011, como conversão do Projeto de Lei 1.615/1999, que (i) dispôs sobre a reestruturação dos transportes aquaviário e terrestre, (ii) criou o Conselho Nacional de Integração de Políticas de Transporte ("CONIT") – ao lado do Ministério dos Transportes ("MT") –, a Agência Nacional de Transportes Terrestres ("ANTT") e o Departamento Nacional de Infraestrutura de Transportes ("DNIT"), dentre outras providências.

Esse novo cenário regulatório promovido pela Lei 10.233/2011, principalmente por meio da criação de importantes agentes atores ao setor (como a ANTT, cuja função será melhor esclarecida mais a seguir), trouxe um contexto legislativo mais técnico para essa espécie de infraestrutura, até então bastante carente de órgãos próximos e específicos para o setor. Daí em diante, pode-se dizer que o setor ferroviário brasileiro ficou mais bem regulado – vide todo o contexto legislativo até aqui exposto.

---

7. MARQUES, Sérgio de Azevedo. *Privatização do sistema ferroviário brasileiro*. Brasília: IPEA, n. 434, 1996.
8. "Art. 1º O Programa Nacional de Desestatização – PND tem como objetivos fundamentais:
    I – reordenar a posição estratégica do Estado na economia, transferindo à iniciativa privada atividades indevidamente exploradas pelo setor público;
    II – contribuir para a reestruturação econômica do setor público, especialmente através da melhoria do perfil e da redução da dívida pública líquida;
    III – permitir a retomada de investimentos nas empresas e atividades que vierem a ser transferidas à iniciativa privada;
    IV – contribuir para a reestruturação econômica do setor privado, especialmente para a modernização da infraestrutura e do parque industrial do País, ampliando sua competitividade e reforçando a capacidade empresarial nos diversos setores da economia, inclusive através da concessão de crédito;
    V – permitir que a Administração Pública concentre seus esforços nas atividades em que a presença do Estado seja fundamental para a consecução das prioridades nacionais;
    VI – contribuir para o fortalecimento do mercado de capitais, através do acréscimo da oferta de valores mobiliários e da democratização da propriedade do capital das empresas que integrarem o Programa".
9. AMARAL, Antônio Carlos Cintra do. As agências reguladoras de serviço público no Brasil. *Revista Regulação Brasil*, Porto Alegra, 2005, n. 1, 2005, p. 8.

1.2 Principais atores do setor: pós Lei 10.233/2011

Por meio da Lei 10.233/2011, como citado, o setor ferroviário foi objeto de profunda regulamentação, muito em consequência da criação de órgãos e autarquias direcionadas exclusivamente ao setor, o que não existia até então, ao menos na forma como hoje estruturado. Os feixes de competência podem ser desdobrados nos seguintes atores institucionais, cada qual com importante e delimitado papel: MT; CONIT; ANTT; DNIT; EPL[10] e VALEC.[11]

Antes de explicarmos as principais funções de cada ator institucional, cumpre-nos, apenas para fins didáticos, apresentar-lhes breve organograma, no qual propusemos evidenciar os vínculos existentes:

Figura 1

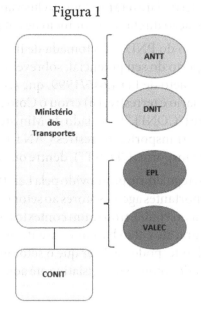

Em sequência, destacamos as principais funções atribuídas para cada órgão mencionado na figura acima:

- MT: é o órgão maior de representação executiva, atrelado ao Presidente da República, tendo como principais tarefas formular, coordenar e supervisionar as políticas nacionais atreladas ao setor ferroviário nacional (vide Decreto 7.7717/2012, como atualização de atos executivos anteriores);
- CONIT: é o órgão de assessoramento do MT, de forma lateral, composto por 14 membros, sendo oito ministros de Estado e seis representantes da sociedade civil (vide Decreto 6.550/2008);
- ANTT: é a autarquia de regulação do setor, dotada de autonomia administrativa, possuindo algumas competências específicas (vide art. 25 da Lei 10.233/2011): publicar editais, julgar licitações, administrar contratos de concessão, fiscalizar o setor, e mais;

---

10. Sigla para "Empresa de Planejamento e Logística".
11. Sigla para: "Valec – Engenharia, Construções e Ferrovias".

- DNIT: é uma autarquia, inserida em regime comum, sendo atualmente responsável por manter, ampliar, construir, fiscalizar e promover estudos para a resolução de problemas de ordem Federal (vide art. 80 da Lei 10.233/2011);

- EPL: é uma sociedade de economia mista federal, a qual tem por finalidade, principalmente, estruturar e qualificar, por meio de estudos e pesquisas, o processo de planejamento integrado de infraestrutura no país (vide Lei 12.404/2011); e

- VALEC: é uma empresa pública, cuja função é a construção e exploração de infraestrutura ferroviária (vide art. 9º da Lei 11.772/2008).

Como visto, cada órgão enumerado acima, muitos deles criados apenas quando da edição da Lei 10.233/2011, possui importante papel para o conglomerado ferroviário, cada vez mais regulado e cuidado tecnicamente.

1.3 A reforma de 2011: novo Marco Regulatório

Já no século XXI, especificamente em 2011, o Brasil iniciou uma etapa de nova regulamentação do setor ferroviário, por meio das Resoluções ANTT 3.694 (Regulamento dos Usuários dos Serviços de Transporte Ferroviário de Cargas), 3.695 (Regulamento das Operações de Direito de Passagem e Tráfego Mútuo) e 3.696 (Regulamento para Pactuar as Metas de Produção por trecho e as Metas de Segurança). Referidas resoluções buscam facilitar a entrada ao mercado de novas ferrovias transportadoras de cargas; estabelecer novos regimes de metas e controles para o setor, assim como delimitar alguns parâmetros para a cobrança de tarifas.[12]

Ao mesmo tempo que as novas resoluções se preocupam com questões de ordem regulatória do setor, também buscam uma desagregação das atividades de gestão de infraestruturas e de transporte e de acesso à malha por novas concessionárias, visando fomentar a competição setorial – e, com isso, fornecer melhores tarifas aos usuários da malha.

Numa visão conjunta, as resoluções editadas a partir de 2011 fortaleceram as opções de compartilhamento da infraestrutura ferroviária no Brasil, principalmente nas parcelas subutilizadas (isto é, naqueles trechos abaixo de sua atividade plena – ociosidade de parte da malha ferroviária).[13]

2. DADOS SETORIAIS DO SETOR FERROVIÁRIO

Feita a contextualização acima, apenas com o escopo de elucidar, brevemente, o histórico legislativo-regulatório do setor ferroviário no Brasil – com início no século XIX –, cabe-nos agora pesquisar se o setor ferroviário (especificamente sua malha) atingiu importante desenvolvimento expansivo (em termos setoriais) até os dias atuais – transcorrido significativo lapso temporal desde seu início.

---

12. PINHEIRO, Armando Castelar e RIBEIRO, Leonardo Coelho. *Regulação das ferrovias*. Rio de Janeiro FGV: FGV, IBRE, 2017, p. 277-278.
13. PINHEIRO, Armando Castelar e RIBEIRO, Leonardo Coelho. Op. cit. (nota 10), p. 301-302.

Para tanto, vamos nos apoiar nos principais dados setoriais disponibilizados por órgãos do setor, como a ANTT (o último relatório, de acesso público, faz referência ao ano de 2019).[14] Vejamos os seguintes dados, todos referentes à data-base de 2019:

Figura 2

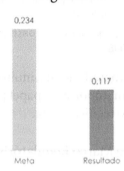

Figura 3

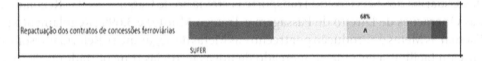

Figura 4

---

14. Disponível em: https://www.gov.br/antt/pt-br/acesso-a-informacao/acoes-e-programas/relatorios-anuais. Acesso em: 10 fev. 2023.

Consoante se pode inferir dos dados setoriais acima colacionados, todos extraídos do relatório anual da ANTT (ano de 2019), o setor ferroviário, embora de grande importância para a infraestrutura de logística, não atingiu, até os dias atuais, resultados expressivos, frente à enorme extensão do nosso país (como sabemos, de dimensão continental).

Os referidos dados apenas comprovam nossa suspeita de que o setor ferroviário no Brasil pode e deve ser ampliado, principalmente no que se refere à extensão de sua malha ferroviária, ainda concentrada – vide Figura 4 – nos polos sul-sudeste do Brasil. As regiões centro-oeste, norte e nordeste estão pouco abastecidas para fins de fruição e vazão de suas produções e transportes de passageiros via malha ferroviária.

Esses dados saltam aos olhos e fazem exsurgir a seguinte questão: sob uma perspectiva fiscal, o que poderia ser feito para, ainda que de forma não exauriente, incentivar e tentar promover mais investimentos pelo setor privado nas ferrovias brasileiras? Esse é o ponto de contato para o capítulo subsequente, no qual estudaremos a possibilidade, e até importância, da concessão de benefícios fiscais ao referido setor.

3. DA NATUREZA JURÍDICA DOS BENEFÍCIOS FISCAIS

3.1 Conceito e espécies de benefícios fiscais

Os benefícios fiscais são políticas fiscais concedidas para incentivar determinados setores da economia, promover o comércio internacional e podem ser concedidos sob diversas formas e espécies, por exemplo: isenção, redução de base de cálculo, concessão de crédito presumido, diferimento, anistia e até remissão.

De acordo com o artigo 150, § 6º, da Constituição Federal ("CF/88"),[15] qualquer *benefício fiscal* relativo a tributos só poderá ser concedido mediante lei específica, sem prejuízo do disposto no artigo 155, § 2º, inciso XII, alínea "g", também da Constituição Federal.[16]

---

15. "Art. 150. Sem prejuízo de outras garantias asseguradas ao contribuinte, é vedado à União, aos Estados, ao Distrito Federal e aos Municípios:
    (...)
    § 6º Qualquer subsídio ou isenção, redução de base de cálculo, concessão de crédito presumido, anistia ou remissão, relativos a impostos, taxas ou contribuições, só poderá ser concedido mediante lei específica, federal, estadual ou municipal, que regule exclusivamente as matérias acima enumeradas ou o correspondente tributo ou contribuição, sem prejuízo do disposto no art. 155, § 2º, XII, g".
16. "Art. 155. Compete aos Estados e ao Distrito Federal instituir impostos sobre:
    (...)
    II – operações relativas à circulação de mercadorias e sobre prestações de serviços de transporte interestadual e intermunicipal e de comunicação, ainda que as operações e as prestações se iniciem no exterior;
    (...)
    § 2º O imposto previsto no inciso II atenderá ao seguinte:
    (...)
    XII – cabe à lei complementar:

Sobre as espécies de benefícios fiscais, cumpre esclarecer, neste estudo, as características e diferenças entre elas.

Seguindo a ordem da redação do artigo 150, § 6º, da CF/88, a *isenção* pode ser definida como a exceção feita por lei à regra jurídica de tributação, que configura verdadeira hipótese de exclusão do crédito tributário. Embora haja posicionamento no sentido de que a isenção é a dispensa legal de tributo devido; em verdade, ela pode ser entendida como a própria exclusão do fato gerador, pois a lei isentiva retiraria uma parcela da hipótese de incidência da regra-matriz.[17-18]

A *redução de base de cálculo*, a seu turno, pode ser concebida como exoneração interna ou "endonorma" da regra-matriz de incidência, porquanto essa benesse se encontraria dentro do contorno do critério quantitativo, localizado na consequência normativa da norma jurídica tributária *stricto sensu*. Nos dizeres de Sacha Calmon Navarro Coêlho, os redutores de base de cálculo representariam uma minoração do *quantum* a ser recolhido por determinado contribuinte em relação à generalidade.[19]

No que toca ao *crédito presumido*, trata-se de um recurso utilizado pelos Estados-membros na forma de uma "suposição de crédito", com o estrito objetivo de aliviar ou dispensar o sujeito passivo da carga tributária que irá incidir sobre as operações, e, pois, estimulando o desenvolvimento de setores reputados estratégicos por aquele ente federativo.[20]

O *diferimento*, enfim, seria um adiamento do efeito da norma tributária para uma ocasião futura. É dizer, não se trata de isenção e tampouco não incidência, senão de simples postergação da incidência para uma situação que, em regra, deverá ocorrer na cadeia ou série de fatos considerados como hipótese de incidência de imposto plurifásico não cumulativo,[21] como seria o caso, por exemplo, do imposto sobre operações relativas à circulação de mercadorias e sobre prestações de serviços de transporte interestadual e intermunicipal e de comunicação ("ICMS").[22]

Como síntese, o benefício fiscal – independentemente de qual espécie seja – deve ser interpretado pelo aplicador do direito como uma limitação ao poder de tributar, parcial ou integral, cujas razões para previsão legislativa – sempre mediante lei específica

---

(...)

g) regular a forma como, mediante deliberação dos Estados e do Distrito Federal, isenções, incentivos e benefícios fiscais serão concedidos e revogados".

17. MACHADO, Hugo de Brito. *Curso de direito tributário*. 30. ed. São Paulo: Malheiros, 2010. p. 235.
18. CARVALHO, Paulo de Barros. *Teoria da Norma Tributária*. São Paulo: LAEL, 1974, p. 74; *Direito Tributário*: Fundamentos Jurídicos da Incidência, São Paulo, Saraiva, 2007.
19. COÊLHO, Sacha Calmon Navarro. *Curso de direito tributário brasileiro*. 18. ed. Rio de Janeiro: Forense, 2022. p. 110-111.
20. Ver acórdãos proferidos no bojo do ERESP 1.517.492/PR, REsp 1945110/RS e REsp 1987158/SC, todos proferido pelo Superior Tribunal de Justiça.
21. MACHADO, Hugo de Brito. Op. cit. (nota 17), p. 236.
22. "Art. 155. (...) § 2º O imposto previsto no inciso II atenderá ao seguinte: I – será não cumulativo, compensando-se o que for devido em cada operação relativa à circulação de mercadorias ou prestação de serviços com o montante cobrado nas anteriores pelo mesmo ou outro Estado ou pelo Distrito Federal.

(art. 150, § 6º, da CF/88) – têm como pano de fundo políticas fiscais concedidas para *incentivar* determinados setores da economia – dentre eles, espera-se seja, cada vez mais, o setor ferroviário, ainda carente de maior desenvolvimento no nosso país.

3.2 Convênio Confaz ICMS 120/2023

Dentro desse contexto de benefício fiscal, e agora adentrando no setor aqui em estudo – ferroviário –, vale nota o Convênio ICMS 120, de 09 de agosto de 2023.[23] Referido convênio, com amparo na competência atribuída ao Conselho Nacional de Política Fazendária ("COFAZ") por meio da Lei Complementar 24/1975 e mais recentemente pela Lei Complementar 160/2017, "autoriza as unidades federadas a conceder isenção do ICMS[24] nas operações com bens e mercadorias destinados às *concessionárias* e às *autorizatárias de transporte ferroviário* de cargas e passageiros".

Por não se referir a convênio extenso, citemos o seu inteiro teor:

> Cláusula primeira: Os Estados e o Distrito Federal ficam autorizados a conceder isenção do Imposto sobre Operações Relativas à Circulação de Mercadorias e sobre Prestações de Serviços de Transporte Interestadual e Intermunicipal e de Comunicação – ICMS – incidente nas operações internas e interestaduais que destinem bens e mercadorias às concessionárias e às autorizatárias de transporte ferroviário de cargas e passageiros, inclusive quanto:
>
> I – à diferença entre as alíquotas interna e interestadual;
>
> II – ao ICMS devido na importação de produtos sem similar produzidos no País, cuja inexistência de similaridade será atestada por órgão federal competente ou por entidade representativa do setor produtivo de máquinas e equipamentos, com abrangência em todo o território nacional; e
>
> III – às prestações de serviços de transportes dos bens e mercadorias a que se refere o "caput".
>
> Cláusula segunda: As unidades federadas ficam autorizadas a dispensar o estorno do crédito do ICMS de que trata o art. 21 da Lei Complementar 87, de 13 de setembro de 1996, relativo às operações abrangidas pela isenção prevista neste convênio.
>
> Cláusula terceira: A fruição do benefício de que trata este convênio fica condicionada:
>
> I – à comprovação do efetivo emprego das mercadorias e bens nas respectivas redes ferroviárias de transporte;
>
> II – que os bens e mercadorias estejam beneficiados com isenção ou alíquota zero dos Impostos de Importação ou sobre Produtos Industrializados;
>
> III – que a parcela relativa à receita bruta decorrente das operações previstas nesta cláusula esteja desonerada das contribuições do PIS/PASEP e COFINS.
>
> Parágrafo único. A documentação fiscal que acompanhar a saída de mercadorias e bens com destino às concessionárias e às autorizatárias de transporte ferroviário de cargas e passageiros que trata este convênio deve destacar, no campo informações complementares, a expressão "isento de ICMS, conforme Convênio ICMS 120, de 9 de agosto de 2023".
>
> Cláusula quarta: A legislação da unidade federada poderá estabelecer limites e condições para a fruição do benefício previsto neste convênio.

---

23. Publicado no DOU de 11.08.2023.
24. Tributo de competência estadual, nos termos do art. 155, inciso II, da CF/88, cuja materialidade é a saída (venda) de mercadorias e sobre prestações de serviços de transporte interestadual e intermunicipal e de comunicação.

Cláusula quinta: O disposto neste convênio não se aplica aos bens e mercadorias empregados na manutenção das redes ferroviárias.

Cláusula sexta: Este convênio entra em vigor na data da publicação de sua ratificação nacional no Diário Oficial da União, produzindo efeitos a partir de 1º de janeiro de 2024 até 31 de dezembro de 2032.

De leitura do texto supratranscrito, especialmente de sua Cláusula Primeira, verificamos que o recente Convênio CONFAZ ICMS 120/2023 prevê a *isenção* – espécie de benefício fiscal, conforme analisado outrora – de ICMS nas operações internas e interestaduais que destinem bens e mercadorias às concessionárias e às autorizatárias de transporte ferroviário de cargas e passageiros.

Tal *isenção* encontra-se plena constitucionalidade e legalidade, na medida em que as isenções promovidas pelo CONFAZ atendem ao disposto no já mencionado artigo 155, § 2º, inciso XII, alínea "g", da Constituição Federal, segundo o qual cabe a lei complementar "regular a forma como, mediante deliberação dos Estados e do Distrito Federal, isenções, incentivos e benefícios fiscais serão concedidos e revogado". Para tanto, existem as Leis Complementares 24/1975 e 160/2017.

Referida *isenção*, bastante importante ao setor, produzirá seus efeitos a partir de 1º janeiro, com vigência até 31 de dezembro de 2032, o que também afasta qualquer violação ao princípio da anterioridade. Por qualquer ângulo que se analise, o benefício fiscal concedido pelo recente Convênio CONFAZ ICMS 120/2023 aparece como legítimo juridicamente e, do ponto de vista setorial, de suma importância para fomentar o crescimento de um dos pilares da infraestrutura de logística: o setor ferroviário.

Esse é um exemplo prático de benesse destinada às ferrovias brasileiras, que precisa ser acompanhado por outros incentivos para que tal setor, efetivamente, atinja o seu potencial de crescimento (seja para transportes de cargas, seja para transportes de passageiros), como forma de privilegiar, ao menos nessa parcela de viação, o tão caro direito de ir e vir (assegurado no artigo 5º, inciso XV, da CF/88).

CONCLUSÕES

O setor ferroviário, embora de grande relevância e impacto para a infraestrutura de logística, ainda tem um potencial de desenvolvimento aquém do que poderíamos verificar. Esse cenário, por sua vez, poderia estar diferente acaso tivesse recebido maior engajamento na concessão de beneficiamento fiscal, em comunhão com diversos outros fatores de natureza setorial.

Os dados setoriais citados no presente estudo comprovam a assertiva inaugural de que o setor ferroviário no Brasil ainda possui diminuta extensão de malha ferroviária, ainda concentrada nos polos sul-sudeste do Brasil. As regiões centro-oeste, norte e nordeste estão pouco abastecidas para fins de fruição e vazão de suas produções e transportes de passageiros via malha ferroviária.

Esses dados aparecem como relevantes para justificar um maior empenho na concessão de benefícios fiscais – espécies: isenção, redução de base de cálculo, concessão de crédito presumido, diferimento, anistia e até remissão – ao setor ferroviário, de tal sorte a configurar um incentivo à ampliação da malha ferroviária no Brasil.

Dentro desse contexto de benesse fiscal, especificamente ao setor aqui analisado, temos o *legal* e *constitucional* Convênio CONFAZ ICMS 120, de 09 de agosto de 2023, o qual autoriza as unidades federadas a conceder *isenção* do ICMS nas operações com bens e mercadorias destinados às *concessionárias* e às *autorizatárias de transporte ferroviário* de cargas e passageiros. Trata-se de incentivo que não pode caminhar isolado, sendo importantíssimo de outros benefícios fiscais – inclusive para outros tributos –, para que o mercado privado se encontre mais atraído em investir em ferrovias e, assim, referido pilar de infraestrutura de logística atinja o seu maior potencial de crescimento (seja para transportes de cargas, seja para transportes de passageiros), como forma de privilegiar, em última instância, o pleno direito constitucional de ir e vir (assegurado no artigo 5º, inciso XV, da Carta Magna).

REFERÊNCIAS

AMARAL, Antônio Carlos Cintra do. As agências reguladoras de serviço público no Brasil. *Revista Regulação Brasil*. Porto Alegra, 2005, n. 1, 2005.

BARAT, Josef. *Logística, Transporte e Desenvolvimento Econômico*: a visão histórica. São Paulo: CLA, 2007a. v. I.

BATALHA, Wilson de Souza Campos. *Introdução ao Direito*. São Paulo: RT, 1968.

CARNEIRO, João Marcelo; *Modelo de previsão de insolvência de concessionárias de ferrovias no Brasil*. 2011. Dissertação de Mestrado – Faculdade de Tecnologia, Universidade de Brasília, Brasília, 2011.

CARRAZZA, Roque Antonio. *ICMS*. 14. ed. São Paulo. Editora Malheiros, 2009.

CARRAZZA, Roque Antonio. *ICMS*. 19. ed. São Paulo: Malheiros, 2022.

CARVALHO, André C.; LOSINKSAS, Paulo Victor Barchi. A cobrança de pedágio pelo eixo suspenso de caminhões em concessões rodoviárias. *Revista de Direito Administrativo Contemporâneo* – ReDAC, 2014.

CARVALHO, André Castro. *Direito da Infraestrutura*. Perspectiva pública. São Paulo: Quartier Latin, 2014.

CARVALHO, Paulo de Barros. Teoria da Norma Tributária. São Paulo: LAEL, 1974.

COÊLHO, Sacha Calmon Navarro. *Curso de direito tributário brasileiro*. 18. ed. Rio de Janeiro: Forense, 2022.

CONTI, José Mauricio. *Planejamento orçamentário da administração pública*. São Paulo: Blucher, 2020.

COSTA, Wagner Veneziani; e AQUAROLI, Marcelo. *Dicionário Jurídico*. 10. ed. São Paulo: Madras, 2009.

DAL POZZO, Augusto Neves. *O Direito Administrativo da Infraestrutura*. São Paulo: Contracorrente, 2020.

DAYCHOUM, M. T. *A desestatização das ferrovias brasileiras e sua integração vertical com a carga*. Dissertação (Mestrado) – Universidade Federal do Rio de Janeiro. Orientador: Luiz Carlos Delorme Prado, 2016.

DOS SANTOS, S. *Transporte Ferroviário*: história e técnicas. São Paulo: Cengage Learning, 2011.

DURÇO, Fábio Ferreira. *A regulação do setor ferroviário brasileiro*. Belo Horizonte: Arraes Editores, 2015.

FERRAZ JUNIOR, Tércio Sampaio. *Introdução ao estudo do Direito*. São Paulo: Atlas, 1991.

FRISCHTAK, Cláudio. Infraestrutura e desenvolvimento no Brasil. In: VELOSO, Fernando; FERREIRA, Pedro Cavalcanti; GIAMBIAGI, Fabio; PESSÔA, Samuel (Coord.). *Desenvolvimento econômico*: uma perspectiva brasileira. Rio de Janeiro: Elsevier, 2013.

GUIMARÃES, Bruno A. François. *Limites à concessão de benefícios fiscais*. São Paulo: Lumen Juris, 2022.

MACHADO, Hugo de Brito. Curso de direito tributário. 30. ed. São Paulo: Malheiros, 2010.

MARQUES, Sérgio de Azevedo. *Privatização do sistema ferroviário brasileiro*. Brasília: IPEA, n. 434, 1996.

MELO, José Eduardo Soares. *ICMS – Teoria e Prática*. 15. ed. Belo Horizonte: Livraria do Advogado, 2019.

MONTEIRO, Washington de Barros. *Curso de Direito Civil* – parte geral. São Paulo: Saraiva, 2005.

NÓBREGA, Marcos. *Direito e Economia da Infraestrutura*. Belo Horizonte: Fórum, 2021.

PEGADO, Daniel Fraíha. *Benefícios fiscais de ICMS em (des)acordo com o ordenamento jurídico brasileiro*. São Paulo: Lumen juris, 2022.

OLIVEIRA, Ricardo Wagner Carvalho de. *Direito dos transportes ferroviários*. Rio de Janeiro: Lumen Juris, 2005.

PINHEIRO, Armando Castelar e RIBEIRO, Leonardo Coelho. *Regulação das ferrovias*. Rio de Janeiro: Editora FGV: FGV, IBRE, 2017.

PINHEIRO, Armando Castelar; RIBEIRO, Leonardo Ribeiro. *Regulação das Ferrovias*. Rio de Janeiro: FGV, 2016.

SOUSA, Rubens Gomes de. *Compêndio de Legislação Tributária*. 64. ed. Atual. Flávio Bauer Novelli. Rio de Janeiro, 1999.

TOJAL, Sebastião Botto de Barros; SOUZA, Jorge Henrique de Oliveira (Org.). *Direito e infraestrutura*: rodovias e ferrovias. Belo Horizonte: Fórum, 2021.

O FINANCIAMENTO DAS OBRAS DE INFRAESTRUTURA EM NÚCLEOS URBANOS INFORMAIS: UMA ANÁLISE DO MODELO DE INVESTIMENTO PÚBLICO À LUZ DOS MECANISMOS DE PARTICIPAÇÃO DA INICIATIVA PRIVADA

Elinton Wiermann

Mestrando em direito pela Faculdade de Direito de Ribeirão Preto da Universidade de São Paulo (USP).

E-mail: ewiermann@usp.br.

Sumário: Introdução – 1. Um breve retrospecto do financiamento público de obras de infraestrutura – 2. O papel dos municípios no financiamento de obras de infraestrutura em núcleos urbanos informais – Uma análise de caso – 3. Uma quebra de paradigma: o programa de regularização fundiária e melhoria habitacional e a Lei 14.011/20 – 4. A participação da iniciativa privada no financiamento de obras de infraestrutura em núcleos urbanos informais – Conclusão – Referências.

INTRODUÇÃO

É caminho sem volta a participação da iniciativa privada nas intervenções urbanísticas, sobretudo aquelas que demandam alta tecnologia e robustez orçamentária. Essa tendência, que se intensificou na década de 1990, nasce a partir da falência do modelo intervencionista do Estado e com a retaguarda da Constituição Federal de 1988 (CF/88) que, enquanto legitima os Municípios como os principais atores na atividade da organização territorial, também, ao propor a descentralização política e institucional, incentiva tais entes subnacionais a atrair o capital privado, na forma de recursos e investimentos, deslocando-o para a realização do espaço urbano.

Hoje, a Administração Pública dos Municípios, aderida aos princípios de gestação pública baseada num modelo neoliberal,[1] atua como um mero agente gerencial e regulador,[2] principalmente nas atividades urbanísticas de alto interesse do capital privado, em específico, o licenciamento de novos projetos de parcelamentos do solo e incorporações, assim como projetos de revitalização e concessão de uso de espaços urbanos e produção de habitação de interesse social. Para estes últimos, modelos de parcerias público-privada,

---
1. GUILHEN, Adriana Jesus. *A parceria público-privada como instrumento urbanístico*: o caso do município de São Paulo-SP. São Carlos: UFSCar, 2015, p. 195.
2. CORRÊA, Rodrigo Henrique Luiz. Mecanismos de manutenção do equilíbrio econômico-financeiro como garantidor da eficiência dos projetos de infraestrutura. In: ARAGÃO, Alexandre dos Santos de; PEREIRA, Anna Carolina Migueis; LISBOA, Letícia Lobato Anicet (Coord.). *Regulação e infraestrutura*. Belo Horizonte: Fórum, 2018, p. 565.

baseadas na Lei 11.079/04, têm-se mostrado exitosos, à medida que aloca e gerencia de forma eficiente o capital privado na atividade urbanística, sem comprometer o escasso orçamento público.

O capital privado também tem-se mostrado relevante na promoção de políticas públicas voltadas à habitação. Em que pese a existência de críticas ao que se denominou "financeirização da moradia",[3] e ainda que se assuma uma possível "violação de outros valores para o atingimento do direito à moradia",[4] este é, pelo menos nos últimos anos, o modelo de tentativa de resolução do déficit habitacional adotado pelos sucessivos governos de variados espectros políticos.

Ocorre que à margem dessas novas aspirações políticas, urbanísticas e financeiras, está a questão dos assentamentos informais, uma realidade que o Poder Público encontra dificuldade em solucionar, e que tão pouco atrai o capital privado, ainda que a lei, sobretudo o Estatuto da Cidade, tenha concebido instrumentos a para uma possível solução deste tipo de passivo urbanístico, citando, a exemplo, as operações urbanas consorciadas. É que a atividade urbanística nestes cenários disconformes, exige alto investimento na execução de infraestruturas urbanas essenciais, sem existir uma clara perspectiva de retorno financeiro.

Conforme será tratado adiante, a regularização de núcleos urbanos informais, tem como gargalo, exatamente, a execução das citadas infraestruturas, que permanecem sendo custeadas diretamente pelos Municípios ou por empresas públicas a eles vinculadas, no tempo e no modo que for possível, implicando, assim e muitas vezes, não apenas no agravamento de situações de precariedade urbanística e ambiental preexistentes, como, também, em severos impactos ao desenvolvimento social e econômicos das cidades, ainda que o desenvolvimento social e econômico represente uma importante dimensão do progresso do país, sendo as infraestruturas urbanas elementos essenciais e indutores do desenvolvimento nacional.[5]

A questão fundiária, sobretudo a das infraestruturas urbanas essenciais, é um problema histórico que precisa ser solucionado. Hoje, estima-se que 84,3% da população brasileira reside nas cidades,[6] sendo que, no contexto brasileiro, cerca de 50% destas habitações estão em situação jurídica, urbanística e/ou registral de irregularidade fundiária.[7]

---

3. ROLNIK, Raquel; GUERREIRO, Isadora. *Regularização fundiária Verde e Amarela*: endividamento e precariedade. 2020. Disponível em: http://www.labcidade.fau.usp.br/regularizacao-fundiaria-verde-e-amarela-endividamento-e-precariedade/. Acesso em: 30 jun. 2024.
4. CONTI, José Mauricio; CARVALHO, André Castro. Direito financeiro e direito à moradia: a concretização mediante a judicialização. In: DOMINGUES, José Marcos (Org.). *Direito financeiro e políticas públicas*. Rio de Janeiro: GZ, 2015, p. 79.
5. DAL POZZO, Augusto Neves. *O direito administrativo da infraestrutura*. São Paulo: Editora Contracorrente, 2020, p. 58.
6. FARIAS, A. R.; MINGOTI, R.; VALLE, L. B.; SPADOTTO, C. A.; LOVISI FILHO, E. *Identificação, mapeamento e quantificação das áreas urbanas do Brasil*. Campinas: Embrapa, maio 2017, p. 01.
7. CORREIO BRASILIENSE. *Metade dos imóveis no país são irregulares, segundo ministério*. 2019. Disponível em: https://www.correiobraziliense.com.br/app/noticia/brasil/2019/07/28/interna-brasil,774183/imoveis-irregulares-no-brasil.shtml. Acesso em: 30 jun. 2024.

Portanto, ainda que exista, na atualidade, uma legislação que ofereça mecanismos e possibilidades de mitigação urbanística para que essa realidade possa ser consertada, faz-se necessário repensar a forma como o Poder Público pode formular políticas públicas de regularização fundiária e otimizar a utilização de seus recursos escassos, saindo de uma premissa de financiamento exclusivo com recursos públicos, partindo para de outros instrumentos que possibilitam a participação do capital privado nestas atividades.

Assim, este artigo se dedica a, num primeiro momento, historiar o modelo intervencionista do Estado, para explicar o atual contexto de financiamento das infraestruturas urbanas pelos Municípios; para, posteriormente, tecer comentários quanto duas novas leis/políticas públicas que orientam a regularização de assentamentos informais estabelecidos em áreas públicas; e assim, finalmente, explorar as parcerias-privadas, quanto uma possível interface nessas atividades de regularização fundiária.

1. UM BREVE RETROSPECTO DO FINANCIAMENTO PÚBLICO DE OBRAS DE INFRAESTRUTURA

A economia brasileira foi construída a partir dos processos de colonização, tendo como centro mercantil a Europa Ocidental. Dessa forma, o seu desenvolvimento ocorreu em linha com uma grande dependência de capitais estrangeiros. O país nasceu e se desenvolveu endividado, até porque, por ocasião da Independência e como condição dela, assumiu boa parte da dívida externa portuguesa perante a Inglaterra.[8] Não havia um melhor empenho do gasto público direcionado às políticas públicas, até que, com a promulgação da Constituição de 1934, outorgou-se ao Estado as funções sociais, econômicas e de desenvolvimento, o que acabou exigindo-lhe a ampliação de sua capacidade financeira para atender as demandas da sociedade.

A política nacional-desenvolvimentista, adotada durante o governo de Juscelino Kubitschek (1956-1961), inaugurou uma era de grande desenvolvimento, mediante contingenciamento de verbas públicas para viabilizar obras de infraestrutura e fomento da indústria de base.

Foi nesse momento da história, precisamente na década de 1950, que surgiu o regime das empresas estatais, as quais, baseadas numa estrutura jurídica simplória, geriam as obras de infraestrutura em âmbito nacional, financiada pelas receitas da União, e em parte menor, por autarquias.

O desenvolvimento econômico do Brasil foi marcado pela escassez de capitais nacionais.[9] Tal escassez levou o país a uma constante dependência de empréstimos ex-

---

8. JOFFILY, Bernardo. *Isto é Brasil, 500 anos*: atlas histórico/concepção, texto, imagens. São Paulo: Grupo de Comunicação Três, 1998, p. 46.
9. CASTRO, Matheus Felipe de; GASSEN, Valcir. *A crise fiscal do estado brasileiro*: uma economia política dos direitos fundamentais. Joaçaba: Editora Unoesc, 2019, p. 142.

ternos, ora realizados perante o sistema financeiro internacional, ora perante governos,[10] criando uma grande vulnerabilidade do país em relação a nações estrangeiras.

Criou-se, então, um círculo vicioso, onde a economia do país não se desenvolveu ao ponto de gerar excedentes suficientes que pudessem ser reinvestidos na ampliação do parque produtivo e no investimento de infraestrutura das cidades que, àquela altura, começavam a se densificar descontroladamente. União, Estados e Municípios se enfraqueceram sensivelmente, deixando de promover políticas públicas essenciais nos momentos corretos. Uma nação pobre impediu o Estado de arrecadar receitas suficientes para investir em programas sociais e políticas de desenvolvimento do país. O resultado disso é que as cidades cresciam, sem que a infraestrutura urbana alcançasse estas novas fronteiras.

A crise do nacional-desenvolvimentismo, internamente, e a crise da dívida, externamente, contribuíram para que o Estado brasileiro adentrasse a década de 1980 em grave colapso financeiro – ficando conhecida como a década perdida –, que praticamente imobilizou seus instrumentos de intervenção no domínio econômico e redistribuição no domínio social. Foi neste momento da história que o Estado perdeu a força de investimento direto em obras de infraestrutura. Anota Rodrigo Henrique Luiz Corrêa que

> diante da necessidade de custeio dos grandes projetos estatais, optou-se por uma política de emissão monetária, modelo que entrou em franca decadência na década de 1980 (...). Esse modelo culmina com a total falência do Estado no que tange à capacidade de realizar investimentos pesados, esgotando o modelo do Estado burocrático.[11]

Até que no início da década de 1990, superadas as questões de estabilização da economia e da redemocratização do país, teve início o desenvolvimento do direito público da infraestrutura, mas agora, com um viés de atração do setor privado para ser o investidor e responsável por obras de infraestrutura, e não mais apenas um mero prestador de serviço. Se tratou de movimento importante e resultou na criação de agências reguladoras, inicialmente no âmbito federal (como aquelas de regulação da infraestrutura de energia elétrica e telecomunicações), e posteriormente nos Estados e Municípios (em especial, agências reguladoras do setor de saneamento básico).

Não por acaso esta nova formatação jurídica para investimentos em obras de infraestrutura veio a surgir. É que a década de 1990 foi marcada pelo advento neoliberalismo,[12] onde subverteu-se a própria concepção financeira do Estado, ao inserir um novo paradigma financeiro fundado não na reprodução dos fatores trabalho e capital produtivo, mas na reprodução do capital financeiro e especulativo.[13]

---

10. PASSEROTTI, Denis Camargo. *O orçamento como instrumento de intervenção no domínio econômico*. São Paulo: Blucher, 2017, p. 143.
11. CORRÊA, op. cit., p. 565.
12. HORVATH, Estevão. *O orçamento no século XXI*: tendências e expectativas. 2014. Tese (Concurso de Professor Titular de Direito Financeiro) – Faculdade de Direito da Universidade de São Paulo, São Paulo, 2014, p. 283.
13. CASTRO; GASSEN, op. cit., p. 144.

A CF/88 estabeleceu um profundo e inovador programa de ações sociais e econômicas, que, pelo menos em tese, obrigaria o Estado a promover diversas medidas dirigidas à erradicação da marginalização e da pobreza, com foco na redução das desigualdades sociais e regionais, bem como de atividades dirigidas ao fim de desenvolver o parque produtivo brasileiro e viabilizar o investimento em grandes infraestruturas,[14] ajudando o país a se livrar das chagas do subdesenvolvimento e da histórica dependência brasileira em relação ao capital externo, ainda que, para atingir tal escopo, tenha-se, posteriormente, tirado das mãos do Estado a intervenção direta em obras de infraestrutura, transformando-a em capital para a iniciativa privada, mas não aniquilando totalmente tal função típica do Estado.

A CF/88, ao mesmo tempo que criou mecanismos para que o Estado e os entes subnacionais pudessem se financiar, vinculou a estrutura financeira do Estado à finalidade de realizar as novas aspirações sociais e de desenvolvidas contidas no texto constitucional, sendo elas, as seguintes, nos termos do art. 3º: a) construir uma sociedade livre, justa e solidária, erradicando a pobreza e a marginalização e reduzindo as desigualdades sociais e regionais; b) garantir o desenvolvimento nacional.[15]

Em suma, a CF/88 submeteu o capitalismo vigente à realização dos fins sociais, políticos e econômicos. Castro e Gassen identificam que:

> É esse o marco político-institucional que deve determinar a construção e reprodução da constituição financeira do Estado: o aparelho financeiro deve estar predisposto a reproduzir uma economia nacional funcionalizada, o que significa, em termos miúdos, que o aparelho financeiro do Estado deve ser um instrumento de efetivação dos programas definidos nas constituições econômica e social, que compõem a constituição total, segundo um planejamento racional de transformação das estruturas social, econômica e política de uma formação social concreta.[16]

Posteriormente, o neoliberalismo provocou uma desvirtuação dos objetivos acima listados, de modo que as finanças públicas passaram a ser utilizadas como ferramenta para garantir a remuneração do capital financeiro.[17] Em linha, explicam Bercovici e Massonetto:

> Esta crise de financiamento do setor público é ainda mais grave nos países periféricos, como o Brasil, em que há insuficiência de recursos para o financiamento público da acumulação de capital. Portanto, para garantir a atração dos investimentos privados, o Poder Público brasileiro tem que estabilizar o valor real dos ativos das classes proprietárias. Ou seja, o orçamento público deve estar voltado para a garantia do investimento privado, para a garantia do capital privado, em detrimento dos direitos sociais e serviços públicos voltados para a população mais desfavorecida.[18]

---

14. HORVATH, op. cit., p. 285.
15. BRASIL. Constituição (1988). Constituição da República Federativa do Brasil. Disponível em: http://www.planalto.gov.br/ccivil_03/Constituicao/Constituicao.htm. Acesso em: 30 jun. 2024.
16. CASTRO; GASSEN, op. cit., p. 148.
17. Ibidem., p. 151-152.
18. BERCOVICI, Gilberto; MASSONETTO, Fernando. *A constituição dirigente invertida*: a blindagem da constituição financeira e a agonia da constituição econômica. Coimbra: Editora Coimbra, 2006, p. 15.

Segundo os autores, a deliberação sobre o orçamento público acabou se tornando numa mera questão técnica, onde não havia espaço para quaisquer debates democráticos, perdendo o seu conteúdo político instrumental de garantidor da implementação das políticas sociais e econômicas previstas na CF/88.[19] A implementação da ordem econômica e da ordem social, previstas na CF/88, ficaram restritas às sobras orçamentárias e financeiras do país.

A nova estrutura trazida pela CF/88, ao modificar o regime de competência e repartição de receitas entre os entes federados, beneficiou os Estados e Municípios, em detrimento da União, num esforço de provocar a descentralização. Pode-se dizer, inclusive, se tratar de uma falha da CF/88 que, ao repartir as receitas, não previu um mecanismo de cooperação entre os três níveis da federal a fim de financiar políticas públicas. O reflexo prático foi uma total inércia dos Estados e Municípios em reservar parcela de suas receitas orçamentárias para tal finalidade, o que obrigou a União a buscar fontes complementares de recursos para atender as novas demandas da sociedade, e isso se deu através das ferramentas trazidas pela CF/88.

Embora a CF/88 tenha tido um certo êxito em promover a descentralização das competências e receitas tributárias, com o intuito de tornar Estados e Municípios autossuficientes e menos dependentes da repartição de receitas do governo federal, a falta de coesão e articulação entre as três esferas da federação, de início, fez criar um problema crônico de gestão e eficiência do gasto público em relação às políticas públicas incentivadas pela CF/88. Soma-se a isso, o fato bem relatado por Estevão Horvath, no sentido de que, sob a justificativa de atingir uma estabilidade orçamentária, o Poder Público adotou a arriscada política de redução de gastos, para cumprir interesses próprios que não os públicos.[20]

O Estado, então, falhou ao implementar políticas públicas, gerando ineficiências e, portanto, redução do bem-estar e manutenção de situações já dramaticamente precárias. A exemplo, os Municípios, que passaram a ter competência quase que exclusiva quanto à organização territorial e ao planejamento urbano, não possuíam receitas próprias para arcar com custosas obras de infraestrutura, ficando dependente de repasses da União. Este cenário foi, pois, remediado com o passar do tempo, e hoje, o Brasil é, nas palavras de José Maurício Conti,

> (...) uma República Federativa, em que predomina um federalismo cooperativo, especialmente no âmbito financeiro. O federalismo fiscal brasileiro utiliza-se intensamente dos instrumentos de cooperação financeira, sendo as transferências intergovernamentais absolutamente fundamentais para viabilizar seu funcionamento.[21]

Segundo o autor, não obstante as leis orçamentárias obrigatórias em todos os níveis da federação (Plano Plurianual, a Lei de Diretrizes Orçamentárias, e a Lei Orçamentária

---

19. Ibidem, p. 17.
20. HORVATH, op. cit., p. 285.
21. CONTI, José Maurício. *O planejamento orçamentário da administração pública no Brasil*. São Paulo: Blucher, 2020, p. 249.

Anual), são através de políticas públicas, construídas a partir das leis orçamentárias, que se pode enxergar de forma mais evidente a ampliação do espectro de participação financeira de vários entes federados, havendo, todavia, um desafio a ser superado, consubstanciado na "coordenação entre todas as esferas de governo, que deverão elaborar e executar suas leis orçamentárias de forma coesa entre si".[22] Esta falta de planejamento e de coesão de leis orçamentárias entre os entes federados cria um cenário de imprevisibilidade e de ineficiência de implementação de políticas públicas, sobretudo daquelas voltadas para a infraestrutura urbana, enquanto uma das mais onerosas para a Administração Pública.

Não se nega que, na atualidade, leis orçamentárias dos entes federativos, minimamente conectadas e dirigidas a uma ou algumas finalidades, mostram-se uma boa opção para um melhor direcionamento das receitas públicas, mitigando os efeitos nefastos que, outrora, a descentralização de receitas provocou. Todavia, tal matriz há que ser otimizada, em especial consideração ao fato de que o capital privado, ainda, não atinge todas as hipóteses em que o financiamento público se faz presente em caráter quase que exclusivo, como é o caso do financiamento de obras de infraestrutura em núcleos urbanos informais consolidados: não há maior interesse da iniciativa privada em aplicar capital com o intuito de "*corrigir o passado*" (os passivos urbanísticos, propriamente ditos).

2. O PAPEL DOS MUNICÍPIOS NO FINANCIAMENTO DE OBRAS DE INFRAESTRUTURA EM NÚCLEOS URBANOS INFORMAIS – UMA ANÁLISE DE CASO

Como visto acima, o orçamento público é uma teia de repartição de receitas limitadas entre a União e os entes subnacionais, e, em que pese haja um direcionamento trazido pela CF/88 quanto a aplicação destes recursos, sobretudo quanto a necessidade de se planejar o orçamento,[23] pode-se dizer ser apenas programático, à medida que competirá a cada entre público, de acordo com suas necessidades e prioridades, aplicar tais recursos em políticas públicas, no tempo e modo definido pela lei orçamentária local e outros tipos de instrumentos de caráter orçamentário e de planejamento.

Fato é que os Municípios, em especial os médios e pequenos, historicamente, através da arrecadação de impostos de sua competência, não conseguem se dotar de recursos financeiros suficientes para cobrir as despesas próprias da máquina pública, tão pouco os direcionar a investimentos de alta monta, como são aqueles necessários à execução de obras de infraestrutura. Para tanto (e até como forma de arcar com as despesas correntes), os Municípios ficam dependentes das transferências intergovernamentais, sobretudo através das transferências voluntárias, como anota José Maurício Conti, enquanto recursos que são transferidos entre os entes federativos em caráter cooperativo e de auxílio ou assistência financeira, nos Lei da Responsabilidade Fiscal.[24]

---
22. Ibidem, p. 251.
23. HORVATH, op. cit., p. 277.
24. CONTI, op. cit., p. 261.

Todavia, ainda que possivelmente mitigada a questão financeira, surge o desafio de como os Municípios, dotados de autonomia política e financeira, através de planos orçamentos e estrutura e regulamentação administrativa própria, irão alocar tais recursos em determinadas políticas públicas, criando-se, assim, uma situação de insegurança jurídica. Nesse sentido, José Maurício Conti aduz que

> a mais relevante [dificuldade do planejamento orçamentário governamental] é a sua inserção no sistema de planejamento dos entes federados subnacionais, pois, não obstante a obrigatoriedade da contabilização dos recursos de convênios nos orçamentos das entidades concedentes e convenentes, constata-se uma insegurança jurídica a que ficam sujeitas, ante a incerteza quanto à sua efetiva concretização, bem como à própria continuidade no recebimento, tendo em vista o que se tem observado na prática arraigada no federalismo fiscal brasileiro.[25]

O planejamento urbano e da implantação de suas infraestruturas, conferido aos Municípios, é atividade complexa que exige organização administrativa adequada e especial voltada à realização das várias etapas e processos requeridos para uma eficaz implantação das diretrizes, programas e projetos do governo municipal. Toshio Mukai aduz, nesse sentido, que

> essa organização, naturalmente, terá que estar intimamente ligada, ou até mesmo subordinar o setor financeiro e orçamentário da entidade política de que se trate, posto que todas as atividades dela são objeto do planejamento urbano aprovado, e dele recebem suas diretrizes, orientação superior, e, o que é mais importante, recebem autorizações legais para os diversos programas, projetos e inversões de recursos.[26]

Esse desafio ganha, assim, contornos imprecisos, à medida que as transferências voluntárias, além de servirem para cobrir despesas obrigatórias da Administração Pública dos Municípios, também, precisam ser empenhadas em políticas públicas, tais como as da educação, saúde e infraestruturas.

Sobre este cenário de incertezas, José Maurício Conti aponta que a solução deve ser buscada através de um planejamento governamental, especialmente no âmbito orçamentário, ainda que a forte centralização de recursos na esfera federal e a inconstância destes repasses indique que qualquer planejamento em nível Municipal resvalaria em certa falta credibilidade.[27] E, dentre as características que informam o planejamento estatal, uma delas ganha notoriedade quando se está tratando de recursos públicos escassos: a característica da criatividade. Thiago Marrara anota, nesse sentido, que este requisito "representa a necessidade de se garantir ao órgão planejador um espaço adequado para discricionariedade, isto é, um campo inventivo de soluções, desde que legais, legítimas e viáveis e necessárias à consecução dos objetivos estatais".[28]

---

25. Ibidem, p. 262.
26. MUKAI, Toshio. *Direito e legislação urbanística no Brasil*. São Paulo: Saraiva, 1988, p. 108.
27. CONTI, op. cit., p. 265.
28. MARRARA, Thiago. *Manual do direito administrativo*: fundamentos, fontes, princípios, organização e agentes. 3. ed. Indaiatuba: Editora Foco, 2022, v. 1. p. 138.

Tratando especificamente da política de desenvolvimento urbano, onde alocados os serviços e a execução de infraestruturas urbanas básicas, temos, hoje, um cenário razoavelmente consolidado, relativamente aos mecanismos de atuação do Poder Público e às etapas da produção do ambiente urbano da qual a iniciativa privada é chamada a participar.

Como se sabe, aos Municípios, enquanto detentores da competência do ordenamento territorial, devem, através de suas esferas de poderes, traçar as diretrizes para o crescimento e manutenção das cidades e suas infraestruturas básicas, e para tanto, movimento que se intensificou a partir da década de 1980, dado o estado falimentar das finanças públicas, o Poder Público deixou de ser um ente patrimonial, para se tornar um ente gerencial, delegando parte de suas atividades à iniciativa privada, passando a atuar, assim, como mero agente regulador.[29]

Assumindo que, embora a atividade da infraestrutura seja um imperativo da lei em relação ao Estado, e que, no plano abstrato, o Direito deixa de definir um meio específico para sua concretização, "há imperiosamente que se apelar a um juízo de apreciação do administrador para definir a solução mais adequada em atender o interesse público albergado no exercício da atividade de infraestrutura".[30] Para atingir este interesse público, na atual conjuntura, os Municípios alocam em seu orçamento receitas a serem direcionadas à manutenção de infraestruturas e mobiliários urbanas já instalados, delegando à iniciativa privada, quando necessário e diante da complexidade de determinada obra, e execução destes serviços, mediante contratação via concorrência pública e custeio destes serviços. Compete, também, à iniciativa privada, a produção de novos ativos urbanos e a expansão da malha urbana, através da atividade de parcelamento do solo urbano.

O cenário aqui tratado ganha contornos mais complexos quando abordamos a implantação destas mesmas infraestruturas urbanas básicas em assentamentos informais. A intervenção pública nas políticas de regularização fundiária afasta-se, pelo menos conceitualmente, das intervenções urbanas clássicas, à medida que a atual legislação que trata do instituto da regularização fundiária, impõe diversos ônus e deveres ao Poder Público, capaz de ampliar a complexidade de seu orçamento já escasso. Outro elemento que torna a questão mais complexa é aquele extraído do art. 20, da Lei de Introdução às normas do Direito Brasileiro.[31] Nas palavras de Taisa Cintra Dosso, "o artigo 20 é eloquente em determinar ao intérprete do direito público que ele dialogue com a realidade, dando ênfase às consequências práticas da decisão [quanto à condução de políticas públicas de regularização fundiária]".[32] Falar, assim, de regularização fundiária, é adentrar um campo do direito urbanístico denso e pouco preciso, repleto de subjetividades.

---

29. CORRÊA, op. cit., p. 565.
30. DAL POZZO, op. cit., p. 118.
31. Brasil. Lei de Introdução às normas do Direito Brasileiro (1942). Disponível em: https://www.planalto.gov.br/ccivil_03/decreto-lei/del4657.htm. Acesso em: 30 jun. 24.
32. DOSSO, Taisa Cintra. *Regularização fundiária e urbanística*: aplicação no Município de Ribeirão Preto. Rio de Janeiro: Editora Lumen Juris, 2022, p. 150.

A expressão "regularização fundiária" foi erigida a um campo temático da lei pela primeira vez através do Estatuto da Cidade (Lei 10.257/01), que, no inc. XIV, do art. 2º, incluiu a regularização fundiária urbana como um dos elementos componentes da política de desenvolvimento das funções sociais da cidade.[33] Todavia, pelos menos desde a década de 1980, a expressão é adotada num contexto de política urbana, incialmente, como um instrumento estritamente de natureza jurídica, e, posteriormente, como um processo abrangente e multidisciplinar voltado à solução dos problemas fundiários.[34]

Hoje, encontra-se em vigência a Lei Federal 13.465/17, regulamentada pelo Decreto 9.310/18. Sob o aspecto financeiro das obras de infraestrutura urbana básica a serem realizadas nos núcleos urbanos informais, a lei federal em referência determina que: (i) os entes federados, sobretudo os Municípios, devem identificar tais núcleos, e organizá-los de modo a assegurar a prestação de serviços públicos e a promover melhorias de natureza urbanística (inc. I, do art. 10); (ii) assentamentos informais de origem privada terão suas obras de infraestruturas custeadas por quem deu início ao parcelamento do solo irregular, e, em sua falta, o próprio Poder Público (§ 5º, do art. 13); (iii) o Município deverá elaborar e custear o projeto de regularização fundiária e da implantação da infraestrutura essencial (inc. I e § 1º, do art. 33), composta pelos equipamentos constantes do §1º, do art. 36, de acordo com cronograma previamente estipulado no procedimento de regularização fundiária (incs. IX e X, do art. 35), podendo a implantação desta infraestrutura ocorrer antes, durante ao após a conclusão do procedimento de regularização (§ 3º, do art. 36); (iv) necessariamente, em procedimentos de regularização de interesse social, o Município deverá custear diretamente ou por órgãos da administração pública indireta, implementar a infraestrutura essencial, os equipamentos comunitários e outras melhorias habitacionais que se fizerem necessárias, devendo arcar, inclusive, com o ônus de sua manutenção (art. 37).[35]

Como fica evidente, o maior dispêndio financeiro dos Municípios ocorre nos procedimentos de regularização fundiária de interesse social. Neles, os Municípios ficam totalmente responsáveis pelo custeio não só das obras de infraestrutura essencial, mas também, das demais etapas e atos necessários para que o assento informal atinja sua regularização plena, citando, a exemplo, o custeio dos projetos técnicos de regularização fundiária, a desapropriação de área particular, a instalação de mobiliários e equipamentos urbanos e sua manutenção, a promoção de melhorias ambientais, dentre outras obrigações. O foco aqui é, exatamente, o custeio das obras de infraestrutura essencial, por ser a mais onerosa ao Poder Público e, ao mesmo tempo, a mais representativa na melhora das condições de vida dessas populações residentes em assentamentos informais.

---

33. Brasil. Estatuto da Cidade (2001). Disponível em: https://www.planalto.gov.br/ccivil_03/leis/leis_2001/l10257.htm. Acesso em: 30 jun. 24.
34. CONSTANTINO, Karin Preussler. *Regularização fundiária sustentável*: a necessidade de uma visão urbano-ambiental. Porto Alegre: Revista Estudos de Planejamento – edição n. 14, dez./ 2019, p. 36.
35. Brasil. Lei 13.465, de 11 de julho de 2017. Disponível em: https://www.planalto.gov.br/ccivil_03/_ato2015-2018/2017/lei/l13465.htm. Acesso em: 30 jun. 2024.

O custeio das regularizações urbanísticas e fundiárias é uma questão latente para os Municípios. No planejamento urbanístico municipal, faz-se necessário considerar a necessidade de captação de recursos para esses projetos de urbanização e regularização.[36] No caso das regularizações fundiárias, o que tem sido visto, na prática, é a criação e utilização de fundos municipais e a pactuação de convênios dos Municípios com Estados e com a União, todavia, tais fundos são suportam adequadamente a demanda e tais convênios respondem a apenas parte do problema.

No Estado de São Paulo, em específico, pelo menos na última década, tem-se atingido certo êxito com o convênio feito pelos Municípios paulistas com o Estado, através do Programa Cidade Legal.[37] No nível federal, o Programa Papel Passado[38] (apelido do Programa Nacional de Regularização Fundiária – PNRF), que se utiliza dos recursos do Orçamento Geral da União para prestar apoio técnico e financeiro aos Municípios, também tem logrado certo êxito, todavia insuficiente para atender uma demanda represada.

Ocorre que, em comum, o Programa Cidade Legal (estadual) e o Programa Papel Passado (federal), oferecem apoio técnico para que os Municípios tenham condições para realizar a regularização jurídica de assentamentos informais, escapando de seus objetivos o financiamento das obras de infraestrutura. Estes programas têm por finalidade auxiliar os Municípios, mediante a orientação e apoio técnicos, nas ações municipais de regularização de parcelamentos do solo e de núcleos habitacionais irregulares consolidados, públicos ou privados, para fins residenciais, localizados em área urbana ou de expansão urbana. O objetivo central é, portanto, a recuperação do passivo urbano-ambiental-registral, garantindo segurança jurídica aos ocupantes desses núcleos.

A execução do Programa Cidade Legal demanda dispêndio de parcela do orçamento público estadual, posto que se materializa na execução de diversos documentos e etapas do processo de regularização que escapam das possibilidades orçamentárias dos Municípios paulistas, tais como levantamento planialtimétrico do perímetro do núcleo, projeto urbanístico, confecção de memoriais descritivos, estudo técnico ambiental (caso necessário), cadastramento socioeconômico dos ocupantes, dentre outros exigidos na legislação vigente.

Todavia, o programa não se presta a deslocar recursos do Estado para a execução de obras de infraestrutura urbanas essenciais nos núcleos objeto de regularização, ficando, estes, a cargo dos Municípios. Desta forma, o auxílio estadual visa suprir deficiências institucionais e técnicas dos Municípios, mas não retira ou os apoia quanto a obrigação do custeio destas infraestruturas.

---

36. DOSSO, op. cit., p. 111.
37. Se trata de programa criado em 2007, pelo Governo do Estado de São Paulo, gerido pela Secretaria da Habitação, visando prestar auxílio técnico e jurídico para que Municípios possam promover a regularização fundiária de interesse social. Não é objetivo do Programa Cidade Legal auxiliar os Municípios quanto o financiamento de obras de infraestrutura urbana essencial.
38. O Programa Papel Passado foi instituído pela Secretaria Nacional de Programas Urbanos (SNPU) do Ministério das Cidades, no ano 2003, com o objetivo de prestar apoio direto ou indireto para a implementação de ações e programas de regularização fundiária de interesse social.

Confirma-se, assim, que a utilização destes recursos públicos, obedecem à premissa do planejamento orçamentário, à medida que, a partir de critérios objetivos, o Poder Público identifica os núcleos urbanos informais que demandam intervenções urbanísticas mais urgentes, e, então, coloca-os no orçamento Municipal ou agrega esforços e investimentos via convênio. Taisa Cintra Dosso afirma que,

> nesse passo, cabe ao Poder Público Municipal, dentro de seu planejamento e com a devida previsão orçamentária, definir como, quando e onde agir para melhor preservar os interesses coletivos e difusos. Deve haver a complementação da política pública de regularização fundiária e urbanística com responsabilidade orçamentária, planejamento e metodologia dos órgãos técnicos envolvidos no procedimento.[39]

Revela-se, também, um exercício de cautela do administrador público, e o acatamento ao que Estevão Horvath chama de "sinceridade orçamentária", enquanto método onde "as receitas e despesas apresentadas na lei orçamentária devem corresponder à realidade, dando a noção real da situação financeira (...)".[40]

Portanto, para se pensar sobre a execução de infraestruturas em assentamentos informais, há que se considerar sua dimensão *latu sensu* – o fato de que núcleos urbanos informais demandam estudos e diagnósticos antes do Município colocá-los no orçamento –, e sua dimensão *stricto sensu* – para cada caso deverá ser planejado de que modo e em que tempo as intervenções em infraestrutura irão ocorrer, de acordo com as condicionantes do local e da própria Administração Pública.

3. UMA QUEBRA DE PARADIGMA: O PROGRAMA DE REGULARIZAÇÃO FUNDIÁRIA E MELHORIA HABITACIONAL E A LEI 14.011/20

O instituto da regularização fundiária tem sido objeto de intensa regulamentação e atualização ao longo dos últimos anos. Até o ano de 2009, cada Município promovia a regularização de assentamentos informais com base em normas locais ou estaduais, ou orientados pela regulamentação específica de órgãos licenciados e Corregedoria Geral de Justiça dos Estados, quando existente. A primeira lei de nível federal que moldou o instituto foi a Lei 11.977/09, que tentou flexibilizar e compatibilizar normas cogentes da atividade do parcelamento do solo e da urbanização, com normas ambientais típicas, e, para tanto, tal lei autorizou os Municípios, principais entes licenciadores dos projetos de regularização fundiária, a mitigarem exigências urbanísticas.

Posteriormente, foi editada a Medida Provisória 759/16 pelo Poder Executivo Federal, que revogou a Lei 11.977/09 e trouxe novos conceitos aplicáveis ao instituto, criou uma sistemática de processamento dos pedidos e projetos de regularização fundiária, e ainda, outorgou aos Municípios novas ferramentas jurídicas para aplicar às múltiplas realidades de irregularidades fundiárias, com o intuito de maximizar o uso desta lei.

---
39. DOSSO, op. cit., p. 161.
40. HORVATH, op. cit., p. 149.

A MP em referência foi convertida na atualmente vigente Lei 13.465/17, a chamada "lei da REURB", a qual, conforme trazido anteriormente, em poucos momentos trata do financiamento das obras de infraestrutura a serem realizadas em núcleos urbanos informais, no bojo dos procedimentos de regularização fundiária de interesse social. Em síntese, a teor exclusivamente da lei que trata da REURB, o cenário então vigente não muda: as obras serão arcadas pelos Municípios, os quais poderão se utilizar de fundos públicos, ou se conveniarem com outros entes federados ou contrair crédito para, de forma direta ou mediante licitação, executar tais obras.

Mais recentemente, numa tentativa de modernizar a sistemática de financiamento dos convênios firmados pela União com os Municípios, quando da criação do Programa Casa Verde Amarela (PCVA), através da Lei 14.118/21 (que em 2023 passou por revogações pontuais em seu texto em virtude do retorno do Programa Minha Casa, Minha Vida), foi instituído o Programa de Regularização Fundiária e Melhoria Habitacional, regulamentado pela Instrução Normativa 02/21 (do extinto Ministério do Desenvolvimento Regional, posteriormente alterada pelas Instruções Normativas 47/22 e 32/23, do Ministério das Cidades) e financiado pelos recursos do Fundo de Desenvolvimento Social (FDS), regulamentado pelo Decreto 10.333/20.

Essa lei combina políticas de moradia social, no que pertine ao oferecimento de subsídios federais para a execução de empreendimentos de interesse social, e ao criar uma sistemática de regularização fundiária onde os próprios beneficiários desta intervenção arcam com seus custos. Quanto a este último ponto, nada muito diferente do que já constava da Lei 13.465/17, exceto que a nova lei permite que as intervenções em infraestrutura sejam provocadas e custeadas pelos próprios beneficiários da regularização fundiária de interesse social, com suas próprias forças financeiras e/ou mediante contratação de financiamento via Fundo de Desenvolvimento Social.[41]

Mas o próprio orçamento destinado ao financiamento da "nova regularização fundiária" se mostra insuficiente para que pequenas melhorias sejam feitas em núcleos urbanos informais, quiçá grandes intervenções em infraestrutura, em geral, atividade extremamente onerosa para o Poder Público, mais ainda para aqueles que residem nestas localidades.

Para 2020 (ano de promulgação da Medida Provisória 996/20), o extinto Ministério do Desenvolvimento Regional projetou a liberação R$ 500 milhões em recursos, para atender 130 mil famílias na modalidade da "regularização fundiária e melhorias" (incs. IV e VII, do art. 8º, da Lei 14.118/21), resultando numa média por valor de contrato de R$ 3.800,00, o que seria suficiente apenas para a realização de intervenções de pequeno porte (ou 26.808 melhorias, conforme previsto pelo MDR), sem qualquer possibilidade de se resolverem problemas de infraestrutura e de precariedade de moradias.[42] Em 2022,

---

41. ROLNIK; GUERREIRO, op. cit.
42. CONTROLADORIA GERAL DA UNIÃO. *Relatório de consultoria*: Secretaria Nacional de Habitação do MDR – Exercício de 2020. Brasília: CGU, 2021. Disponível em: https://eaud.cgu.gov.br/relatorios/download/966699. Acesso em: 30 jun. 24.

já realizadas as propostas de adesão pelos Municípios e analisados os projetos de apoio financeiro, o valor foi reduzido para R$ 414 milhões, capaz de atender 101 mil famílias, resultando numa média por valor de contrato de R$ 4.100,00.[43]

O financiamento da regularização fundiária no PCVA se executa da seguinte forma: a União, através do MDS e a partir do FDS, após a aprovação de projetos de financiamento de regularização fundiária de interesse social submetidos pelos Municípios e Estados, adianta recursos para empresas fazerem diversas intervenções no bojo de procedimentos de regularização fundiária, podendo estas estabelecerem preço pela terra em comum acordo com o proprietário ou os beneficiários da ação de regularização fundiária, projetarem e aprovarem o parcelamento do solo (sendo que se quer há a obrigatoriedade de executarem a infraestrutura urbana essencial) e, principalmente, intermediarem os pagamentos pelo preço das intervenções realizadas, em razão de seus custos operacionais.

O novo modelo de financiamento da regularização fundiária urbana consolida uma tendência de "financeirização da moradia", então mais evidente no setor da construção civil e na produção de novas habitações de interesse social, agora deslocada para as moradias precárias. Consolida, também, um objetivo claro do governo em promover a titulação em massa de imóveis irregulares, sem maior preocupação com outros elementos igualmente importantes que informam a propriedade irregular, como são suas infraestruturas urbanas essenciais. Há um pensamento de retorno deste financiamento, onde, uma vez regularizada, a habitação servirá para a tomada de crédito e securitização de dívidas.

Raquel Rolnik e Isadora Guerreiro confirmam o fenômeno:

> (...) o PCVA une a regularização fundiária a um dos elementos mais perversos do PMCMV: o sistema de oferta, não de demanda. Ou seja, no PMCMV, não eram as prefeituras que diziam onde, como e quantas unidades habitacionais seriam produzidas, mas sim a oferta realizada diretamente pelas construtoras. Estas compravam a terra que melhor lhe servisse (as mais baratas) e construíam as moradias mais padronizadas e menores possíveis, sem nenhuma preocupação de inserção urbana ou qualidade construtiva. No PCVA, a regularização fundiária será feita segundo a mesma lógica: não é uma política urbana pública que vai incorporando os assentamentos à cidade, inclusive assumindo a responsabilidade sobre a manutenção futura das áreas e serviços públicos. São empresas privadas que oferecem seus serviços (com projetos) para as áreas que elas mesmas selecionam.[44]

Logo, o novo programa de regularização fundiária de interesse social, estatuído pela Lei 14.118/21, em complementação à Lei 13.465/17, se preocupa com a produção de habitação de interesse social e melhoria daquelas já existentes, sem dar uma clara resposta às soluções de infraestrutura urbana. O ponto crítico da nova lei é a capitalização da moradia, que agora atinge até aquelas precárias, sem uma maior preocupação com a qualidade de vida dessas famílias, secundarizando o problema das infraestruturas e retardando indefinidamente que estes núcleos urbanos informais alcancem a regularização fundiária urbana.

---

43. Ibidem.
44. ROLNIK; GUERREIRO, op. cit.

A tendência da "financeirização da moradia" também é confirmada pela Lei 14.011/20, que, ao alterar a redação de determinados artigos da Lei 9.636/98, veio aprimorar os procedimentos de gestão e alienação de imóveis pertencentes à União. Referida lei também tratada da regularização fundiária de interesse social de núcleos urbanos informais localizados em terras da União, e, nesse sentido, conforme seu art. 3º, permite que os Estados, o Distrito Federal, os Municípios e a iniciativa privada, a critério da Secretaria de Coordenação e Governança do Patrimônio da União, possam firmar, mediante convênios ou contratos com a referida Secretaria, compromisso para executar ações de demarcação, de cadastramento, de avaliação, de venda e de fiscalização de áreas do patrimônio da União, assim como para o planejamento, a execução e a aprovação dos parcelamentos urbanos e rurais, sendo que.

Nos termos desta lei, como retribuição pelas obrigações assumidas na elaboração dos projetos de parcelamentos urbanos e rurais, os Estados, o Distrito Federal, os Municípios e a iniciativa privada serão ressarcidos com uma parte das receitas provenientes da alienação dos imóveis da União, no respectivo projeto de parcelamento, até que haja o reembolso integral dos custos por eles assumidos. A retribuição poderá ocorrer, inclusive, mediante desmembramento pelo ocupante de parte de sua área, em pagamento aquele ente ou empresa que tenha adotado as medidas de regularização fundiária.

A Lei 14.011/20 confirma o processo de desestatização de imóveis públicos, sob a justificativa de modernização da regularização fundiária, tendência inaugurada com a própria Lei 13.465/17 e objeto de regulamentação pelos Decretos 9.309. 9.310 e 9.311, todos de 2018. A venda de patrimônio da União para a iniciativa privada foi facilitada com a promulgação da Lei 14.011/20, de modo a desburocratizar tais transações e viabilizando, em potencial, a concentração fundiária privada.

O deslocamento da responsabilidade e gestão destas propriedades, muitas delas vazios urbanos ou ocupadas por populações carentes, tende a retirar do Poder Público a obrigação da execução e financiamento das intervenções jurídicas, ambientais, urbanísticas e de infraestrutura, em assentamentos informais existentes nestes imóveis, inviabilizando a promoção de políticas públicas importantes, como as da habitação de interesse social, além das políticas de infraestruturas sociais, como as de educação e saúde. Assim, o particular passa a orientar a transformação e o crescimento das cidades, agora não apenas em relação à atividade do parcelamento do solo urbano, mas, também, em relação à atividade de regularização de núcleos urbanos informais.

Pode-se concluir, assim, que o Programa de Regularização Fundiária e Melhoria Habitacional instituído na lei do PCVA e a Lei 14.011/20, na tentativa de otimizar o financiamento dos procedimentos de regularização fundiária de interesse social e até mesmo aumentar o potencial de arrecadação pela União, acabaram por jogar nas mãos da iniciativa privada, sem maiores critérios, a responsabilidade pela promoção de intervenções então de natureza eminentemente de política pública.

Houve, portanto, uma quebra de paradigma, mas não necessariamente benéfica: referidas leis viabilizaram aos ocupantes de núcleos urbanos informais e agentes da iniciativa privada a custearam todas as etapas da regularização fundiária, inclusive a implantação de infraestrutura, que, a teor das leis em referência, aparecem como *possibilidade*, e não como uma obrigação quanto a assunção destes custos pelos citados interessados.

A alienação de imóveis públicos e a intervenção da iniciativa privada nas intervenções da regularização fundiária deve ser pensada e discutida de forma coletiva, por demandar implicações de ordem econômica (a capacidade dos ocupantes destes núcleos em custear a aquisição do patrimônio público e das demais etapas para se atingir a regularização fundiária plena da localidade), urbanística (em relação às obras de infraestrutura urbana essencial e à melhoria das habitações), ambiental (quanto a adoção de medidas de conformação ou compensação ambiental) e social (de modo a assegurar às populações residentes nestes núcleos o direito de permanecerem na propriedade, com segurança jurídica e condições dignas de vida).

Diante da recente promulgação das citadas leis, não existem exemplos concretos de como a utilização destes novos instrumentos auxiliaram ou não a regularização fundiária de interesse social. Também, não há indicativos claros de como a iniciativa privada irá se comportar e se esse novo modelo de custeio da regularização fundiária irá desonerar em alguma medida os Municípios. Nesse sentido e a despeito das críticas e fragilidades constantes destas leis, pode-se perceber que o Poder Público, ao mesmo tempo que reconhece sua incapacidade institucional e financeira para lidar com o problema fundiário no Brasil, também, a exemplo do que fez na década de 1990 com as políticas de promoção de moradia, chama a iniciativa privada para participar do processo de urbanização, agora, em relação aos cenários disconformes existentes em núcleos urbanos informais.

De qualquer modo, uma maior participação da iniciativa privada na atividade de urbanização e reurbanização parece um caminho sem volta. Também, parece que pouco irá mudar quanto ao custeio das obras de infraestrutura em núcleos urbanos informais, que continuará sob a responsabilidade e gestão dos Municípios. Desta forma, a partir destas duas condicionantes, há que se pensar por um modelo que permita combinar essas dimensões de limitações e interesses, de modo que a regularização fundiária plena deixe de ser um conteúdo programático para se tornar um objetivo atingível, na forma e no tempo razoavelmente adequado.

4. A PARTICIPAÇÃO DA INICIATIVA PRIVADA NO FINANCIAMENTO DE OBRAS DE INFRAESTRUTURA EM NÚCLEOS URBANOS INFORMAIS

Conforme tratado no tópico anterior, o Programa de Regularização Fundiária e Melhoria Habitacional trazem alguns gatilhos que permitem a participação do capital privado em intervenções de regularização fundiária de interesse social em imóveis titularizados pelo Poder Público. A ideia central é que, em troca de uma melhoria nas condições de habitabilidade das populações ocupantes destas áreas, a iniciativa privada possa adquirir tais imóveis públicos, praticar intervenções e investimento para, ao final, ver-se ressarcida destes desembolsos, mediante alienação das unidades imobiliária regularizadas para seus ocupantes, e outras fontes de ressarcimento previstas na lei. Este é, efetivamente, um ideal a ser perseguido: a alienação de bem público deve ser pautada por um claro interesse público, como explica Thiago Marrara:

> Para que certo bem estatal seja alienado, (...) supõe-se que haja algum interesse que justifique tal medida e que, em última instância, acople-se um interesse público primário. A alienação tem por utilidade a promoção de programas de habitação, a viabilização de políticas de reforma agrária, o fomento de ações de interesse público, a instrumentalização de delegação de serviços públicos, a prevenção de deterioração do bem e inúmeras outras, desde que se apoiem em interesse público primário.[45]

Todavia, melhor solução não existe nas citadas leis quanto a questão das obras de infraestrutura. Neste cenário, passa-se a analisar possibilidades para que, no nível jurídico, administrativo e financeiro, possa-se articular uma interface entre as operações praticadas pela iniciativa privada e pelo Poder Público, tendentes a promoção da regularização fundiária plena destes núcleos urbanos informais, e não meramente a titulação de seus ocupantes, como vem ocorrendo até o momento.

As operações urbanísticas são, de forma consolidada, atividades compartilhadas entre a iniciativa privada e o Poder Público, competindo a este último a competência pelo licenciamento urbanístico tanto em relação à aprovação e execução de novos parcelamentos do solo, como a regularização daqueles implantados ao arrepio da lei. É também da competência do Poder Público o licenciamento das obras de infraestruturas essenciais, e, no caso da regularização fundiária, a ele também compete o financiamento da execução destas infraestruturas. Percebe-se, então, uma interação entre agentes públicos e privados quanto a expansão e regularização do espaço urbano, sendo que, tal interação, se opera ora em decorrência da lei do parcelamento do solo urbano, ora na forma de política pública para a construção e oferta de moradia de interesse social ou regularização daquelas executadas em assentamentos informais. Para efeito deste estudo, será analisada esta última hipótese: o respaldo jurídico-contratual para que a iniciativa privada intervenha na regularização de assentamentos informais.

De início, é importante consignar que a regularização fundiária depende da formulação de políticas públicas pensadas no contexto do planejamento urbano. Assim sendo, em que pese exista um arcabouço jurídico disponibilizando ferramentas para que agentes públicos promovam procedimentos de regularização fundiária de acordo com suas condicionantes institucionais e financeiras, não há como se falar na execução dessa política sem que o agente licenciador da regularização fundiária tenha formulado o respectivo plano de atuação.[46]

---

45. MARRARA, Thiago; FERRAZ, Luciano. *Tratado de direito administrativo*: direito administrativo dos bens e restrições estatais à propriedade. 2. ed. São Paulo: Thomson Reuters Brasil, 2019, p. 264.
46. CARMONA, Paulo Afonso Cavichioli. Articulação entre entes federativos e a iniciativa privada na efetivação do interesse social. In: PIRES, Lilian Regina Gabriel Moreira (Org.). *20 anos do Estatuto da Cidade*. São Paulo: Almedina, 2021, p. 121.

Se trata, também, numa atividade de estabelecimento de metas e prioridades, sem as quais não poderá, o Poder Público, licenciar intervenções urbanísticas em núcleos urbanos informais, e a iniciativa privada, participar desta atividade. Nesse sentido, Taisa Cintra Dosso observa que

> como processo político de escolha de prioridades para o governo, a adoção e a efetivação da regularização fundiária, a partir de sua dimensão política como política pública, deve se pautar na busca de elementos técnicos e objetivos, e não subjetivos, que a coloquem em um patamar de priorização e continuidade aos olhos do gestor na busca por implementação dos direitos sociais fundamentais, como é o direito à moradia.[47]

Portanto, uma vez traçados os objetivos a serem atingidos, o ente licenciador das obras de infraestrutura em regularização fundiária, no caso, os Municípios, como determina o art. 12 e o inc. II, do art. 30, ambos da Lei 13.465/17, no bojo da política pública local de regularização fundiária e respeitando o contexto do desenvolvimento urbano, deve estipular as responsabilidades que serão atribuídas à iniciativa privada, que poderão ser desde a produção de estudos técnicos e sociais do núcleo urbano a ser regularizado até as obras e melhorias urbanísticas pendentes para localidade. Para efeito de análise, aqui o foco será as obras de infraestrutura, geralmente as mais complexas, morosas e onerosas para os cofres públicos. Também é a intervenção de maior relevância, já que garantirá a melhora na qualidade de vida dos ocupantes do assentamento informal e suas gerações posteriores.

A tendência dos Municípios em firmarem PPPs passa a surgir da combinação de certos fatores, como a redução da capacidade de investimento do Estado, fenômeno iniciado ao fim dos anos 1970, o estabelecimento da autonomia municipal com a CF/88 e o avanço dos princípios de gestão pública baseados no modelo neoliberal, a partir dos anos 1990.[48] Ademais, a CF/88, ao propor a descentralização política e institucional dos Municípios, com a intenção de promover uma melhor organização do país e a independências destes entes subnacionais,[49] os incentivou a darem maior atenção às estratégias competitivas, de modo a atrair recursos e investimentos para a promoção de espaços urbanos.[50]

Dentre as diversas espécies de PPPs utilizadas pela Administração Pública, pode-se citar com destaque a utilização das operações urbanas consorciadas (ou apenas operações urbanas), instrumento jurídico trazido pelo Estatuto da Cidade (Lei 10.257/01), bem-conceituado no § 1º, do art. 32, como

> o conjunto de intervenções e medidas coordenadas pelo Poder Público municipal, com a participação dos proprietários, moradores, usuários permanentes e investidores privados, com o objetivo de alcançar em uma área transformações urbanísticas estruturais, melhorias sociais e valorização ambiental.[51]

---

47. DOSSO, op. cit., p. 39.
48. GUILHEN, op. cit., p. 195.
49. MARRARA, op. cit., p. 123.
50. COTA, Daniela Abritta; COSTA, Geraldo Magela. Parceria público-privada como instrumento de planejamento urbano no Brasil: operação urbana em São Paulo e em Belo Horizonte. *Anais do 12 do encontro de geografos da America Latina*, 2009, Montevideo, p. 04.
51. BRASIL. Estatuto da Cidade (2001). Op. cit.

Para a hipótese em estudo (regularização fundiária), as operações consorciadas, tal como definidas no Estatuto da Cidade (arts. 32 e 33), trazem interessantes condicionantes que podem otimizar e trazer maior segurança jurídica quanto a intervenção da iniciativa privada em núcleos urbanos informais: (i) por se tratar de função pública indelegável, o Município sempre será o responsável por coordenar as intervenções urbanas, e, para tanto, terá que criar lei municipal específica, baseada em seu plano diretor, delimitando as localidades que poderão receber tal operação e quais são as condicionantes (tanto de natureza urbanística, quanto de natureza financeira e jurídica); (ii) a atuação dos parceiros privados (podendo ser tanto os proprietários e ocupantes da terá, como agentes da iniciativa privada) deve ser garantida, sendo que o plano da operação urbana deve conter mecanismos de controle da atuação destes parceiros; (iii) as intervenções pactuadas devem destinar-se a transformações urbanísticas de natureza estrutural, social e ambiental, executadas conjuntamente; (iv) recursos obtidos pelos Municípios como contrapartida exigida dos parceiros privados devem ser aplicados necessariamente na localidade objeto da intervenção urbanística.[52]

Outro ponto relevante das operações urbanas consorciadas está no fato da lei elencar diversos agentes que podem participar desta intervenção. Deste modo, ao se expandir o rol de legitimados, os quais podem ser (de maneira inclusiva e não excludente) os proprietários, moradores e usuários permanentes das localidades, permite-se uma participação de agentes mais qualificados para executarem as intervenções em determinada localidade, já que serão diretamente beneficiados por elas. Assim, mitiga-se o risco de uma distorção do uso do instituto por investidores privados.

Merece destaque, também, que as operações urbanas consorciadas, por estarem alicerçadas no Estatuto da Cidade, possuem um espectro de intervenção urbanística mais abrangente do que aquelas previstas na lei da regularização fundiária. Diga-se, enquanto a lei da REURB obriga o agente público a executar as obras de infraestrutura básica, definidas no § 1º, do art. 36, da Lei 13.465/17,[53] sendo elas os sistemas de abastecimento de água potável, os sistemas de coleta e tratamento do esgotamento sanitário, as redes energia elétrica domiciliar, além das soluções de drenagem e outros equipamentos que o ente licenciados (Município) julgar necessário; as operações urbanas consorciadas permitem uma ampliação desse leque de obras, alcançando serviços e equipamentos de educação, saúde e assistência, serviços públicos urbanos (p. ex., coleta e tratamento de resíduos sólidos, distribuição de gás etc.) e outras intervenções de recuperação ou melhoramento urbano e ambiental.

Outro ponto que merece destaque é o fato de as operações urbanas consorciadas garantirem a gestão democrática dos planos urbanísticos propostos, conforme determina o inc. II, do art. 43, combinado com o inc. II, do art. 2º, do Estatuto da Cidade.[54] A sociedade civil, e mais objetivamente os beneficiários das intervenções urbanísticas,

---
52. BRASIL. Estatuto da Cidade (2001). Op. cit.
53. BRASIL. Lei 13.465, de 11 de julho de 2017. Op. cit.
54. BRASIL. Estatuto da Cidade (2001). Op. cit.

devem ser ouvidos sobre as propostas apresentadas, sob pena de não se legitimar a operação pretendida.

Em outras palavras, o uso das operações urbanas consorciadas maximiza o instituto da regularização fundiária, contemplando interesses e condicionantes tanto do Poder Público, quanto da iniciativa privada, e ainda inclui um terceiro elemento essencial: os proprietários e ocupantes do núcleo urbano informal a ser regularizado.

Assim como nas PPPs tradicionais, há que se criar nas operações urbanas consorciadas um órgão para gerir o fundo específico que garantirá e subsidiará a execução das etapas previstas no plano aprovado pelo Município. Também e para a mesma finalidade, há que ser firmado um contrato oficializando os termos da parceria, revestido das formalidades do Direito Administrativo e orientado pelos princípios que norteiam a atividade da Administração Pública. Este instrumento, somado a lei específica, que delimita as intervenções urbanísticas a serem feitas na localidade, somado, também, ao projeto urbanístico previamente aprovado, será o centro gravitacional de todas as atividades e a serem executadas pelos agentes privados, assim como de suas contrapartidas financeiras. Será, também, o instrumento direcionador dos aportes financeiros a serem realizados pelos Municípios e o instrumento de medição quantitativa e qualitativa das intervenções realizadas.

Feitas essas breves considerações, questiona-se: a partir das PPPs urbanísticas, notadamente as operações urbanas consorciadas, é possível criar um modelo de financiamento das obras de infraestrutura urbana a serem executadas em núcleos urbanos informais que, ao mesmo tempo, desonere os cofres Público, atraia a iniciativa privada, seja juridicamente seguro e exequível, torne mais eficiente a execução destas infraestruturas, e, ainda, evite distorções provocadas pela "financeirização da moradia"?

Em tese, o modelo é possível, todavia, há que se repensar cada uma dessas dimensões que informam a atividade da infraestrutura em núcleos urbanos informais, desejavelmente, guiando-se pelas seguintes premissas:

(a) Reforma das políticas públicas de habitação e regularização fundiária: pelo menos nas últimas duas décadas, as políticas de habitação, sobretudo na esfera federal, foram direcionadas à produção de habitação mediante utilização de subsídios em favor da iniciativa privada, sem uma maior preocupação da regularização de parcelamentos do solo consolidados e em melhorias nas moradias precárias existentes nesta localidade. Não se pode falar assim e com propriedade, quanto a existência de uma política pública de regularização fundiária plena, sobretudo porque, ao se considerar toda a legislação federal promulgada até aqui, reduziu-se o instituto da regularização fundiária a um mero procedimento de concessão de título de propriedade, relegando as intervenções urbanísticas tendentes a implementação de infraestruturas urbanas essenciais a uma dimensão menos importante. Logo, há que se colocar em igual patamar de relevâncias ambas as políticas públicas (de produção de moradia e de promoção da regularização fundiária), posto que distorcem o tecido social de igual forma e com a mesma gravidade. Há que se haver um esforço permanente entre atores políticos, juristas, pesquisadores, cientistas, entidades de classe e sociedade, para que a regularização fundiária plena esteja contemplada nas principais atividades dos governos nacionais e dos entes subnacionais;

(b) Regulamentação da intervenção da iniciativa privada nas ações de regularização fundiária: a atividade da regularização fundiária representa um "olhar para trás" e, em regra, sempre houve uma dificuldade de atrair recursos privados para estes ambientes disconformes, principalmente aqueles ocupados por população predominantemente hipossuficiente. O Programa de Regularização Fundiária e Melhoria Habitacional instituído na lei do PCVA e a Lei 14.011/20, tenta, com certo ineditismo, criar oportunidades para que a iniciativa privada adquira terras públicas ou, mediante financiamento público, atue diretamente nas etapas da regularização fundiária urbana, inclusive (mas não obrigatoriamente) na execução de infraestruturas urbanas essenciais. Diante da falta de elementos que demonstrem a efetividade destas leis, por serem recentes, não se pode afirmar se este modelo representa, ou não, um avanço nas políticas de regularização fundiária, ou se são apenas mais um instrumento de consolidação da "financeirização da moradia". De todo modo, referidas leis merecem melhor regulamentação, principalmente no que pertine: (i) as melhorias mínimas que os agentes privados devem prover nos núcleos urbanos informais, em especial aquelas relacionadas à infraestrutura urbana básica; (ii) as responsabilidades do agente privado e do Poder Público, caso quaisquer das etapas da regularização fundiária sejam descumpridas, de modo que, no insucesso ou abandono das obras de melhoria urbana, não se crie um passivo urbanístico ou se agrave aquele já existente, com prejuízo direto dos ocupantes dessas localidades; (iii) as garantias a serem realizadas pelo agente privado, de modo que o Poder Público possa capturá-las no caso da desvirtuação das intervenções urbanísticas aprovadas; (iv) exigir do agente privado a prática do preço social, de modo que, na hipótese do agente promotor da regularização fundiária alienar os imóveis os imóveis regularizados aos seus ocupantes, haja a capacidade financeira desses beneficiários de arcar com o custo dessas intervenções do modo e no tempo adequados;

(c) Incentivar o uso de PPPs, sobretudo operações urbanas consorciadas, como forma de maximizar o instituto da regularização fundiária: a legislação que trata da regularização fundiária urbana tem trazido soluções simplórias para um problema complexo e composto por várias dimensões (notadamente, as dimensões urbanística, social, ambiental e de infraestrutura), sob a justificativa da desburocratização deste procedimento, de modo que, até aqui, tem-se garantido, no mínimo, aos ocupantes de assentamentos informais, a titulação de suas habitações. A implementação de infraestruturas urbanas essenciais nestes núcleos urbanos informais ocupados por populações hipossuficientes permanece sendo, ainda, um problema orçamentário, e geralmente é tratada de forma descolada das outras intervenções de regularização fundiária. Faz-se, então, necessário compatibilizar a questão fundiária (de titulação) com a questão urbana e da infraestrutura. Nesse contexto, o Estatuto da Cidade, em que pese seja uma carta programática, permanece como o melhor respaldo jurídico capaz de orientar as atividades da Administração Pública à tutela das infinitas realidades de irregularidade fundiária existentes no país. Portanto, sem prejuízo dos outros direcionamentos trazidos pela lei através da qual a iniciativa privada possa participar das intervenções em regularização fundiária (tais como as tratadas no último tópico), o governo federal e dos entes subnacionais devem, de acordo com o interesse público, tanto em nível institucional (mediante criação de departamentos, conselhos e colegiados multidisciplinares), quanto em nível legal (mediante regulamentação regional e local dos instrumentos de regularização fundiária), identificar núcleos urbanos informais com desconformidades urbanísticas que demandem investimentos de alto vulto, estudá-los caso e caso e, após ouvida a comunidades residente nestas localidades e de acordo com as aptidões regionais, dialogar com a iniciativa privada sobre formas de abordagem e de solução dos problemas urbanísticos existentes em cada núcleo urbano informal, para, ao final, propor leis específicas viabilizando a adoção e pactuação de operações urbanas consorciadas;

(d) Criar uma modelagem de PPP exequível: intervenções urbanísticas e ambientais em núcleos urbanos informais ficam sujeitas a licenciamentos por órgãos das diversas esferas da federação. Também, à luz da Lei 13.465/17, demandam a assunção de responsabilidades, prolongadas no tempo (por longo prazo), por aqueles que assumem a execução destas intervenções. Portanto, ao contrário das PPPs tradicionais, aquelas que envolvem intervenção urbanística já contam como elemento informador a assunção de determinados riscos, cenário este agravado no caso de PPPs estruturadas para núcleos urbanos informais. Assim, há que trabalhar, em nível legal e contratual, a mitigação de certas exigências urbanísticas, como faz a Lei 13.465/17, na tentativa de desburocratizar o procedimento de regularização fundiária. Sugere-se, desta forma, que a modelagem (seja fora ou dentro do contexto das operações urbanas consorciadas) se desenvolva a partir das seguintes premissas, independentemente de sua modalidade (concessão patrocinada ou concessão administrativa): (i) facilitar a prestação de garantia pelo parceiro privado: considerando que as PPPs urbanísticas dependem de aportes financeiros vultosos com amortização de longo prazo e que muitos destes aportes tem origem exógena a pacto firmado com a Administração Pública, para que haja uma maior atratividade de parceiros privados e uma garantia da execução das intervenções pactuadas, os contratos precisam disponibilizar ao parceiro privado a possibilidade de emissão de emprenho em nome destes financiadores não vinculados ao contrato da PPP, de modo a permitir a sub-rogação do financiador nos direitos do parceiro privado, possibilidade prevista no inc. III, do § 2º, do art. 5º, da Lei 11.079/04;[55] é útil, também nesse sentido, a inclusão no contrato da possibilidade de assunção da concessão pelo próprio financiados, que poderá interferir através de instituição financeira, caso o parceiro privado fique inadimplente (§ 5º, do art. 9º, da Lei 11.079/04);[56] (ii) estipular uma repartição objetiva de riscos, a delimitação de riscos nos contratos de PPP tende a ser um ponto crítico e, por este motivo, principalmente quando se está falando em intervenções em ambientes urbanos precários, há que se desenhar a modelagem contratual a partir de detalhadas informações capturadas na fase pré-contratual (na etapa de estudos técnicos, jurídicos,

---

55. Brasil. Lei 11.079, de 30 de dezembro de 2004. Disponível em: https://www.planalto.gov.br/ccivil_03/_ato2004-2006/2004/lei/l11079.htm. Acesso em: 30 jun. 2024.
56. Idem.

urbanísticos e ambientais). Considerando que a Lei 11.097/04 não estabelece de forma detalhada a divisão de riscos, de modo que cada contrato deve ser elaborado a partir de especificações adequadas ao caso concreto (inc. VI, do art. 4º, e inc. III, do art. 5º, ambos da mencionada lei[57]), há que se combinar elementos que informam o contrato administrativo registo pela Lei 8.666/1993 e a concessão comum disciplinada pela Lei 8.987/1995. Por estas razões, e baseado no modelo proposto por Rodrigo Henrique Luiz Corrêa,[58] os riscos tipicamente delimitados em PPPs urbanísticas devem considerar, no contexto da regularização fundiária: (i) a necessidade de implantação de estruturas de reforço da rede de água e esgoto, quanto da interligação das infraestruturas executadas nos núcleos urbanos informais, às redes públicas existentes; (ii) a necessidade de mitigar impactos nocivos que a execução das obras podem causar no próprio núcleo em regularização, durante e após a conclusão das obras, inclusive em relação às propriedades e bairros limítrofes; (iii) a necessidade de realocar famílias caso se demonstre inviável, tecnicamente, a melhoria habitacional, diante das condicionantes urbanísticas e ambientais, sobretudo naquelas regularizações promovidas em núcleos localizados parcialmente em áreas de risco; (iv) a necessidade de se adotar providências administrativas e jurídicas em eventual discussão de propriedade e posse sobre parcela da propriedade atingida pela regularização fundiária; (v) a possibilidade do núcleos urbano informal, durante a execução do contrato, sofrer com novos desmembramentos de lotes irregulares ou adensamento populacional imprevisível, implicando na revisão do projeto urbanístico e de execução de infraestruturas anteriormente aprovado; dentre outros;

(e) Criar critérios de remuneração do parceiro privado a partir de seu desempenho: embora o art. 6º, da Lei 11.079/04 preveja esta possibilidade, em geral, os Municípios não conseguem encontrar espaço no orçamento para, por exemplo, estabelecer uma remuneração variável vinculada ao desempenho do parceiro privado, em obras que demandam investimento de alto vulto. Todavia, o uso dessa ferramenta seria indicado nas intervenções urbanísticas tendentes à promoção da regularização fundiária, principalmente como estratégia de alcançar uma solução breve para situações de desconformidades urbanísticas e ambientais mais acentuadas. Pode-se pensar, assim, na antecipação dos pagamentos pelo Poder Público, de acordo com critérios de desempenho previamente estabelecidos, ou, nas concessões patrocinadas, incrementar a remuneração do parceiro privado mediante cobrança de taxas pelas obras, tal como permite a Lei 14.011/20.

A Lei 11.079/04, que institui o regime das PPPs, é amplamente utilizada em cidades metropolitanas com o intuito de revitalizar áreas degradadas, mas pouco se tem notícia do uso dessa ferramenta no bojo de política de regularização fundiária. A maior dificuldade reside em atrair o capital privado em intervenções de alta complexidade e custo, não havendo certeza de um retorno financeiro na forma de investimento, exceto quanto aos pagamentos diretos realizados pelo Município. Se trata de um obstáculo a ser superado, mediante criação de ferramentas que atraiam investimento para o urbanismo, além

---
57. Idem.
58. CORRÊA, op. cit., p. 580 - 581.

da produção da habitação e da valorização de espaços urbanos, alcançando, também, as dimensões social, ambiental e da infraestrutura. Parte importante desse esforço, é revisar a concepção social, econômica e política da sociedade brasileira, de modo que diferentes possibilidades de interação da iniciativa privada com o Poder Público sejam enxergadas, projetadas e aplicadas, impulsionando o desenvolvimento do país.

CONCLUSÃO

Tentou-se, neste trabalho, traçar o caminho percorrido pelo país para, num primeiro momento, dotar os espaços urbanos das infraestruturas necessárias para o desenvolvimento social e econômico das cidades, e, num segundo momento, reconhecer seu estado de estrangulamento financeiro e chamar a iniciativa privada para participar de determinadas atividades eminentemente públicas, como a produção de habitação e outros equipamentos sociais.

Percebeu-se que, embora a política pública da habitação seja perene ao longo das décadas e nos governos de todos os níveis da federação, nunca houve uma preocupação maior de se atender a grande parcela da população residente em assentamentos informais, a maioria deles sem qualquer infraestrutura essencial urbana implantada.

O instituto da regularização fundiária e os programas direcionados à sua promoção surgem a partir dos anos 2000 a partir de iniciativas isoladas da União e dos Estados, mas sob um aspecto de mero auxílio técnico, ausentes qualquer política de financiamento ou crédito. O resultado disso é que os Municípios, de acordo com suas condicionantes institucionais e orçamentárias, passaram a arcar diretamente com os custos das obras de infraestruturas essenciais, de forma diluída no tempo e escalonada, como tentativa de uma melhor gerência de recursos públicos escassos.

A consequência disso é que o instituto da regularização fundiária, embora venha sendo utilizado há duas décadas, apresenta resultados práticos pífios em escala nacional,[59] inclusive no que pertine a regularização jurídica (titulação de núcleos urbanos informais), principal força motriz que direcional a promulgação das Leis 11.977/09, 13.465/17, 14.011/20 e 14.118/21.

Aceitando, assim, que pelo menos no curto prazo, o atual cenário indica que os Municípios ainda serão os principais agentes financiadores das obras de infraestruturas urbanas básicas em núcleos urbanos informais, tentou-se, neste trabalho, indicar caminhos que de acordo com a lei urbanística, sobretudo o Estatuto da Cidade, aliado a lei que instituiu o regime das PPPs, podem ser trilhados para o capital privado, no contexto das intervenções urbanísticas, seja deslocado da produção de habitação e da revitalização de espaços urbanos, para alcançar os milhares assentamentos informais espalhados pelo

---

59. SANTOS, Raphael Bischof. A REURB e o regime jurídico de áreas de preservação permanente: evolução de entendimentos e alterações legais. In: MENCIO, Mariana; LEITE, Luiz Felipe T. C. (Org.). *Regularização fundiária urbana*: desafios e perspectivas da Lei 13.465/17. São Paulo: Letras Jurídicas, 2019, p. 485.

país que, de forma mais urgente, demandam a intervenção nas melhorias de habitação e na implantação de infraestruturas.

Existem grandes desafios a serem superados, sendo os principais de ordem econômica, política e institucional. A "financeirização da habitação" é uma realidade que não apenas contamina as políticas de regularização fundiária como, também, as inviabiliza, sob a perspectiva do ingresso do capital privado nestas realidades urbanísticas. Soma-se a isso o afã do Poder Público em otimizar a arrecadação e o orçamento, à ponto de delegar as iniciativas urbanísticas aos agentes privados, guardando para si apenas a competência de regulamentação e licenciamento. Finalmente, a complexidade de diagnóstico dos múltiplos contextos de irregularidade fundiária esbarra na incapacidade técnica e humana dos Municípios, sobretudo os pequenos, em lidarem no modo e no tempo adequado com referidos assentamentos informais, criando um vácuo informacional que fulmina qualquer possibilidade de parcerias com a iniciativa privada.

Não se questiona aqui, de forma mais enfática, o caminho a ser perseguido, porque como demonstrado há retaguarda jurídica para que se promova uma modelagem de PPP voltada para a execução de obras de infraestruturas e outras medidas confirmatórias tendentes à regularização fundiária plena de núcleos urbanos informais. Questiona-se se há espaço para que tal política pública seja concretizada, à medida que seus principais atores, entes públicos e *stakeholders*, conformam as matrizes econômica e social sob seus respectivos interesses. Em se confirmando, no médio e longo prazo, os resultados pífios da regularização fundiária tal como é promovida na atualidade, alternativa não restará ao Poder Público em articular novos mecanismos com a iniciativa privada. Espera-se que, até lá, cenários de desconformidades urbanísticas e ambientais já existentes não sejam excessivamente agravados em razão da omissão destes agentes.

REFERÊNCIAS

BERCOVICI, Gilberto; MASSONETTO, Fernando. *A constituição dirigente invertida*: a blindagem da constituição financeira e a agonia da constituição econômica. Coimbra: Editora Coimbra, 2006.

BRASIL. Constituição (1988). Constituição da República Federativa do Brasil. Disponível em: http://www.planalto.gov.br/ccivil_03/Constituicao/Constituicao.htm. Acesso em: 30 jun. 2024.

BRASIL. Estatuto da Cidade (2001) Disponível em: https://www.planalto.gov.br/ccivil_03/leis/leis_2001/l10257.htm. Acesso em: 30 jun. 24.

BRASIL. Lei de Introdução às normas do Direito Brasileiro (1942). Disponível em: https://www.planalto.gov.br/ccivil_03/decreto-lei/del4657.htm. Acesso em: 30 jun. 24.

BRASIL. Lei 11.079, de 30 de dezembro de 2004. Disponível em: https://www.planalto.gov.br/ccivil_03/_ato2004-2006/2004/lei/l11079.htm. Acesso em: 30 jun. 2024.

BRASIL. Lei 13.465, de 11 de julho de 2017. Disponível em: https://www.planalto.gov.br/ccivil_03/_ato2015-2018/2017/lei/l13465.htm. Acesso em: 30 jun. 2024.

CARMONA, Paulo Afonso Cavichioli. Articulação entre entes federativos e a iniciativa privada na efetivação do interesse social. In: PIRES, Lilian Regina Gabriel Moreira (Org.). *20 anos do Estatuto da Cidade*. São Paulo: Almedina, 2021.

CASTRO, Matheus Felipe de; GASSEN, Valcir. *A crise fiscal do estado brasileiro*: uma economia política dos direitos fundamentais. Joaçaba: Editora Unoesc, 2019.

CONSTANTINO, Karin Preussler. *Regularização fundiária sustentável*: a necessidade de uma visão urbano-ambiental. Porto Alegre: Revista Estudos de Planejamento – edição n. 14, dez. 2019.

CONTI, José Mauricio. *O planejamento orçamentário da administração pública no Brasil*. São Paulo: Blucher, 2020.

CONTI, José Mauricio; CARVALHO, André Castro. Direito financeiro e direito à moradia: a concretização mediante a judicialização. In: DOMINGUES, José Marcos (Org.). *Direito financeiro e políticas públicas*. Rio de Janeiro: GZ, 2015.

CONTROLADORIA GERAL DA UNIÃO. Relatório de consultoria: Secretaria Nacional de Habitação do MDR – Exercício de 2020. Brasília: CGU, 2021. Disponível em: https://eaud.cgu.gov.br/relatorios/download/966699. Acesso em: 30 jun. 2024.

CORRÊA, Rodrigo Henrique Luiz. Mecanismos de manutenção do equilíbrio econômico-financeiro como garantidor da eficiência dos projetos de infraestrutura. In ARAGÃO, Alexandre dos Santos de; PEREIRA, Anna Carolina Migueis; LISBOA, Letícia Lobato Anicet (Coord.). *Regulação e infraestrutura*. Belo Horizonte: Fórum, 2018.

CORREIO BRASILIENSE. *Metade dos imóveis no país são irregulares, segundo ministério*. 2019. Disponível em: https://www.correiobraziliense.com.br/app/noticia/brasil/2019/07/28/interna-brasil,774183/imoveis-irregulares-no-brasil.shtml. Acesso em: 30 jun. 2024.

COTA, Daniela Abritta; COSTA, Geraldo Magela. Parceria público-privada como instrumento de planejamento urbano no Brasil: operação urbana em São Paulo e em Belo Horizonte. *Anais do 12 do encuentro de geografos da America Latina*. Montevideo, 2009.

DAL POZZO, Augusto Neves. *O direito administrativo da infraestrutura*. São Paulo: Editora Contracorrente, 2020.

DOSSO, Taisa Cintra. *Regularização fundiária e urbanística*: aplicação no Município de Ribeirão Preto. Rio de Janeiro: Editora Lumen Juris, 2022.

FARIAS, A. R.; MINGOTI, R.; VALLE, L. B.; SPADOTTO, C. A.; LOVISI FILHO, E. *Identificação, mapeamento e quantificação das áreas urbanas do Brasil*. Campinas: Embrapa, mai./2017.

GUILHEN, Adriana Jesus. *A parceria público-privada como instrumento urbanístico*: o caso do município de São Paulo-SP. São Carlos: UFSCar, 2015.

HORVATH, Estevão. *O orçamento no século XXI*: tendências e expectativas. 2014. Tese (Concurso de Professor Titular de Direito Financeiro) – Faculdade de Direito da Universidade de São Paulo, São Paulo, 2014.

JOFFILY, Bernardo. *Isto é Brasil, 500 anos*: atlas histórico/concepção, texto, imagens. São Paulo: Grupo de Comunicação Três, 1998.

MARRARA, Thiago; FERRAZ, Luciano. *Tratado de direito administrativo*: direito administrativo dos bens e restrições estatais à propriedade. 2. ed. São Paulo: Thomson Reuters Brasil, 2019.

MARRARA, Thiago. *Manual do direito administrativo*: fundamentos, fontes, princípios, organização e agentes. 3. ed. Indaiatuba: Editora Foco, 2022. v. 1.

MUKAI, Toshio. *Direito e legislação urbanística no Brasil*. São Paulo: Ed. Saraiva, 1988.

PASSEROTTI, Denis Camargo. *O orçamento como instrumento de intervenção no domínio econômico*. São Paulo: Blucher, 2017.

ROLNIK, Raquel; GUERREIRO, Isadora. *Regularização fundiária Verde e Amarela*: endividamento e precariedade. 2020. Disponível em: https://www.labcidade.fau.usp.br/regularizacao-fundiaria-verde-e-amarela-endividamento-e-precariedade/. Acesso em: 30 jun. 2024.

SANTOS, Raphael Bischof. A REURB e o regime jurídico de áreas de preservação permanente: evolução de entendimentos e alterações legais. In: MENCIO, Mariana; LEITE, Luiz Felipe T. C. (Org.). *Regularização fundiária urbana*: desafios e perspectivas da Lei 13.465/17. São Paulo: Letras Jurídicas, 2019.

A UTILIZAÇÃO DOS RECURSOS DA OUTORGA ONEROSA DO DIREITO DE CONSTRUIR NO FINANCIAMENTO DA INFRAESTRUTURA URBANA NA CIDADE DE SÃO PAULO

Fábio Vicente Vetritti Filho

Mestrando em Direito Econômico pela Universidade de São Paulo. Bacharel em Direito pela Universidade de São Paulo. Procurador do Município de São Paulo.

Sumário: Introdução – 1. O potencial construtivo adicional – 2. Hipóteses legais de transferência de potencial construtivo adicional; 2.1 A outorga onerosa do direito de construir; 2.1.1 Contrapartida financeira subsidiada na outorga onerosa do direito de construir – 3. A outorga onerosa do direito de construir e a destinação de seus recursos no Município de São Paulo entre 2014 e 2020 – Conclusão – Referências.

INTRODUÇÃO

O texto constitucional de 1988, em seu artigo 182, estabelece que a "política de desenvolvimento urbano, executada pelo Poder Público municipal, conforme diretrizes gerais fixadas em lei, tem por objetivo ordenar o pleno desenvolvimento das funções sociais da cidade e garantir o bem-estar de seus habitantes". Por sua vez, em seu § 1º, prevê que o Plano Diretor é o instrumento básico da política de desenvolvimento e de expansão urbana, sendo obrigatório para cidades com mais de vinte mil habitantes.

Esses dispositivos têm uma importância crucial, não apenas na compreensão da função social da propriedade urbana, tema recorrentemente abordado pelos estudiosos, mas na própria construção do direito urbanístico. Carlos Ari Sundfeld afirma que, com a Constituição de 1988, o direito urbanístico surge como o *direito da política de desenvolvimento urbano*.[1]

Contudo, se a construção do direito urbanístico demanda o entendimento da noção de política de desenvolvimento urbano, essa noção não é dada a partir de uma interpretação isolada do seu artigo 182,[2] pois exige a análise da Constituição como um todo, inclusive da inclusão da política urbana como um capítulo da "Ordem Econômica e Financeira".

---

1. SUNDFELD, Carlos Ari. O Estatuto da Cidade e suas diretrizes gerais. In: DALLARI, Adilson Abreu; FERRAZ, Sérgio (Coord.). *Estatuto da cidade* (comentários à Lei Federal 10.257/2001). 4. ed. São Paulo: Malheiros, 2003, p. 238.
2. "Aqui devo salientar, contudo, inicialmente, que, assim como jamais se interpreta um texto normativo, mas sim o direito, não se interpretam textos normativos constitucionais, isoladamente, mas sim a Constituição, no seu todo. Não se interpreta a Constituição em tiras, aos pedaços" (GRAU, Eros Roberto. *A ordem econômica na Constituição de 1988* (interpretação e crítica). 14. ed. rev. e atual. São Paulo: Malheiros, 2010, p. 164).

A Constituição de 1988 incorporou os conflitos sociais ao texto constitucional. Inserida no constitucionalismo social do século XX, a Constituição não pretende receber as estruturas sociais e econômicas existentes, mas sim transformá-las, de acordo com certos fins e objetivos.[3] Relacionado à projeção dos conflitos no espaço, o artigo 182 pretende reformas estruturais.[4] Há a admissão pelo texto constitucional da existência de problemas urbanos, os quais devem ser superados por meio de uma política de desenvolvimento urbano. O próprio vocábulo "desenvolvimento" reafirma esse propósito, pois traz a ideia de transformações qualitativas de determinada realidade.[5]

As transformações urbanas pretendidas pela política de desenvolvimento urbano dependem da correta gestão política da infraestrutura.[6] Como esclarece Luís Fernando Massonetto, a correção das disfuncionalidades no uso e na ocupação do solo não significará a universalização da infraestrutura, a promoção do bem-estar ou o acesso universal ao fluxo de riquezas do território urbano, dependendo tais objetivos da funcionalização da produção social do espaço e da gestão da infraestrutura da cidade.[7]

A gestão da infraestrutura das cidades traz, obviamente, a questão dos investimentos para sua ampliação e dos recursos para sua manutenção.[8] Aqui, merece destaque a gestão do estoque de potencial construtivo adicional titularizado pelo Poder Público municipal.

---

3. BERCOVICI, Gilberto. Constituição econômica e constituição dirigente. In: BONAVIDES, Paulo; LIMA, Francisco Gérson Marques de & BEDÊ, Fayga Silveira (Coord.). *Constituição e democracia*: estudos em homenagem ao Professor J. J. Gomes Canotilho. São Paulo: Malheiros, 2006, p. 241.
4. BERCOVICI, Gilberto. *Constituição econômica e desenvolvimento*. 2. ed. São Paulo: Almedina, 2022, p. 71.
5. "Não me deterei, neste passo, em digressões cuja obviedade, inquestionada, pode ser sumariada na distinção entre o qualitativo – o desenvolvimento – e o quantitativo – o crescimento econômico. Importa incisivamente considerar que, como anotei em outra oportunidade, 'a ideia de desenvolvimento supõe dinâmicas mutações e importa em que se esteja a realizar, na sociedade por ela abrangida, um processo de mobilidade social contínuo e intermitente. O processo de desenvolvimento deve levar a um salto, de uma estrutura social para outra, acompanhado da elevação do nível econômico e do nível cultural-intelectual comunitário. Daí porque, importando a consumação de mudanças de ordem não apenas quantitativa, mas também qualitativa, não pode o desenvolvimento ser confundido com a ideia de crescimento. Este, meramente quantitativo, compreende uma parcela da noção de desenvolvimento'" (GRAU, op. cit., p. 217-218).
6. "O conteúdo inovador da disciplina está justamente na tensão derivada da busca de tal coerência sob os agentes que disputam o acesso ao território urbanizado e nas fricções decorrentes do acesso desigual à riqueza social das cidades. A bem da verdade, as relações intersubjetivas envolvidas na produção do espaço e na regulação da atividade urbanística já vinham delimitadas pelo Direito Civil e pelo Direito Administrativo do século XIX. O que diferencia funcionalmente o Direito Urbanístico é a regulação macrojurídica dos interesses contraditórios que orbitam a gestão política da infraestrutura urbana" (MASSONETTO, Luís Fernando. Pontos cegos da regulação urbanística: notas sobre uma articulação programática entre o Direito Econômico e o Direito Urbanístico. *Revista Fórum de Direito Financeiro e Econômico*. Belo Horizonte, ano 4, n. 6, p. 141-154, set./fev. 2015, p. 147.
7. Idem, p. 153.
8. "A gestão política da infraestrutura da cidade não depende exclusivamente de uma racionalidade regulatória capaz de criar relações jurídicas aderentes às diretrizes da política urbana. A política urbana como um esforço coordenado de ordenação territorial visando a consecução de determinadas finalidades depende também dos recursos, bens e serviços públicos afetados à efetividade da política pública. A capacidade de investimento do Estado é, portanto, uma variável importante na definição dos protagonismos da política urbana" (Idem, p. 148).

1. O POTENCIAL CONSTRUTIVO ADICIONAL

O potencial construtivo adicional costuma ser apresentado nos trabalhos de direito urbanístico a partir da discussão da separação entre o direito de construir e o direito de propriedade. Sem ignorar a importância desse debate para o direito urbanístico e para a compreensão do potencial construtivo adicional, é inegável que a separação entre o direito de propriedade e o direito de construir é uma realidade jurídica,[9] razão pela qual não retomaremos aquela discussão nesta oportunidade.

De qualquer forma, ainda que seja apresentado a partir das discussões sobre o direito de construir e, muitas vezes, seja utilizado como seu sinônimo, inclusive pelo próprio Estatuto da Cidade,[10] o potencial construtivo é uma noção jurídica diferente do direito de construir. O potencial construtivo adicional, que corresponde, sucintamente, a uma quantidade de metros edificáveis, existe independentemente de um lote urbano específico e traz, em si, a ideia de consumo da infraestrutura existente em certa área. O direito de construir, por sua vez, diz respeito à faculdade de edificar um lote específico.[11]

O exame dessa diferença pode ser realizado a partir da distinção, apresentada por Eros Grau, entre tratamento micro e macrojurídico: "alinha-se como objeto do tratamento microjurídico a unidade de atividade ou de sujeito, ao passo que o tratamento macrojurídico tem como objeto agregados de atividades ou de sujeitos".[12] A integral compreensão do potencial construtivo adicional só pode ser alcançada a partir de uma visão macrojurídica, que o compreenda a partir do agregado das atividades urbanísticas, do impacto dessas atividades no espaço urbano e dos objetivos da política urbana, independentemente da qualificação do sujeito que dele se utilizará ou do lote ao qual será incorporado.

O potencial construtivo é um bem.[13] Trata-se de um bem incorpóreo que tem valor econômico e pode ser objeto de relação jurídica, independentemente do direito de propriedade sobre o lote urbano. Não se confunde com a edificação efetivamente erigida e pode ser privado, se pertencer a particulares, ou público, se pertencer ao Estado. Nesse último caso, tratar-se-á de bem dominical, pois não se encontra afetado a determinado uso, conquanto possua funções urbanísticas. A sua alienação pelo Poder Público não dá origem ao pagamento de tributo ou de preço público, mas de preço, como qualquer outro bem.

---

9. SUNDFELD, Carlos Ari. Direito de Construir e Novos Institutos Urbanísticos. *Direito n. 2* – Programa de Pós-Graduação em Direito PUC/SP. São Paulo, n. 1, p. 5-52, 1995, p. 34.
10. Importante mencionar aqui a crítica à impropriedade das expressões "transferência do direito de construir" e "outorga onerosa do direito de construir" utilizadas pelo Estatuto da Cidade, por se tratar, na realidade, de transferência e outorga onerosa de potencial construtivo. Nesse sentido: PINTO, Victor Carvalho. *Direito urbanístico*: plano diretor e direito de propriedade. 3. ed., rev. e atual. São Paulo: RT, 2011, p. 297; APPARECIDO JUNIOR, José Antonio. *Direito urbanístico aplicado*: os caminhos da eficiência jurídica nos projetos urbanísticos. Curitiba: Juruá, 2017, p. 163 e 171-172.
11. PINTO, op. cit., p. 297. No mesmo sentido: APPARECIDO JUNIOR, op. cit., p. 163.
12. GRAU, Eros Roberto. Macrojurídico (direito econômico). In: FRANÇA, Limongi (Org.). *Enciclopédia Saraiva do Direito*. São Paulo: Edição Saraiva, 1980, v. 51, p. 23.
13. PINTO, op. cit., p. 271-272 e 287; APPARECIDO JUNIOR, op. cit., p. 163; GRAU, Eros Roberto. *Direito urbano*: regiões metropolitanas, solo criado, zoneamento e controle ambiental, projeto de lei de desenvolvimento urbano. São Paulo: RT, 1983, p. 81; MARQUES NETO, Floriano de Azevedo. Outorga onerosa do direito de construir (solo criado). In: DALLARI, Adilson Abreu; FERRAZ, Sérgio (Coord.). *Estatuto da cidade* (comentários à Lei Federal 10.257/2001). 4. ed. São Paulo: Malheiros, 2003, p. 238.

A natureza do potencial construtivo já havia sido estabelecida por Eros Grau, ainda antes da Constituição Federal de 1988 e do Estatuto da Cidade, ao afirmar que "quando o setor público negocia direito de criar solo (...) está vendendo determinado bem e não permitindo o exercício de atividade".[14] A legislação paulistana veio corroborar esse entendimento, no artigo 116 do Plano Diretor, Lei Municipal 16.050/14: "O potencial construtivo adicional é bem jurídico dominical, de titularidade da Prefeitura, com funções urbanísticas e socioambientais".

Urbanisticamente, a noção de potencial construtivo está ontologicamente relacionada à ideia de infraestrutura urbana. A potencialidade edilícia dos lotes urbanos só pode ser compreendida e definida a partir da disponibilidade de infraestrutura existente na área em que está localizado o lote.

> Fato é que o solo criado, caracterizado como um bem público passível de alienação (mediante outorga onerosa), não é um bem ilimitado. Quer dizer, o Poder Público Municipal não pode sair vendendo potencial construtivo como se tivesse descoberto uma forma de criação ilimitada de riqueza. Haverá em cada cidade um potencial de, digamos, solo criável correspondente à diferença entre o coeficiente de aproveitamento básico estabelecido para cada área dentro da zona urbana (art. 28, § 2º) e o limite máximo passível de ser aproveitado (art. 28, § 3º), este último balizado pela disponibilidade de infraestrutura e o incremento de adensamento alvitrado.[15]

Como a infraestrutura de certa área ou região é limitada, também o será, por consequência, o seu potencial construtivo. Surge, aqui, outra figura importante da regulação urbanística: o estoque de potencial construtivo adicional. Esse estoque é o potencial construtivo, existente em certa área ou região, pertencente ao Poder Público municipal, que pode ser objeto de transferência aos proprietários dos lotes ali localizados. Adquire relevância nas operações urbanas consorciadas, dada a necessidade de o estoque ser definido e divulgado para fins de emissão pelo Município de certificados de potencial adicional de construção – CEPAC, nos termos da Instrução Normativa 401 de 2003 da Comissão de Valores Mobiliários – CVM.

É importante destacar que os estoques de potencial construtivo adicional, e a sua definição, têm caráter eminentemente urbanístico. O tratamento jurídico que lhes é dado não os assemelha a um bem durável qualquer. Nenhuma análise a seu respeito pode desprezar o seu fundamento urbanístico, tratando-o como se fosse o estoque de

---

14. GRAU, op. cit., p. 81. Importante destacar que a premissa adotada pelo autor difere daquela adotada pela legislação urbanística, pois considera que o Município só poderá negociar exclusivamente "os direitos de criar solo inerentes às unidades de solo urbano do seu domínio" (Idem, p. 83), ao contrário da legislação que compreende a partir da infraestrutura. Nesse sentido: SUNDFELD, op. cit., p. 40-41.
15. MARQUES NETO, op. cit., p. 238-239. Também é pertinente a observação de Carlos Ari Sundfeld a partir da operação urbana: "O estreito liame, na operação urbana, entre modificação da infraestrutura da região e aumento do potencial construtivo dos terrenos, elimina a feição meramente arrecadatória que a outorga onerosa do direito de construir assumiu em alguns dos modelos já cogitados para a sua implantação. Como a intervenção urbana é a causa direta da viabilidade do aumento do potencial construtivo, nada mais lógico do que este financiar aquela. O caráter localizado da operação urbana expõe com nitidez a circunstância de, na área urbana, a possibilidade maior ou menor de construir ser determinada, não pelas características do terreno, mas pela infraestrutura urbana" (SUNDFELD, op. cit., p. 41).

um metal precioso ou de moeda, perdendo-se totalmente de vista o seu caráter, justamente o que lhe dá existência. O estoque de potencial construtivo, ainda que deva ser definido por lei, não tem a sua razão de ser em alguma norma, mas sim na relação entre a infraestrutura urbana e a ocupação do solo.[16] A sua escassez advém do fato de a infraestrutura ser limitada.[17]

2. HIPÓTESES LEGAIS DE TRANSFERÊNCIA DE POTENCIAL CONSTRUTIVO ADICIONAL

O potencial construtivo adicional é um bem. Na gestão do estoque desse bem,[18] o Município pode transferi-lo gratuita ou onerosamente, de forma subsidiada ou não.

Na transferência onerosa, cujos exemplos maiores são a outorga onerosa do direito de construir e o CEPAC, há a aquisição desse bem pelo interessado, o qual será incorporado a um lote urbano, de modo a permitir a edificação acima do coeficiente construtivo básico.[19]

Em certos casos, há gratuidade ou subsídio, com o Município transferindo o potencial construtivo adicional para que seja realizada determinada edificação no lote, por entender que tal ocupação trará benefícios à cidade.[20]

Como o objeto deste estudo é o exame da utilização dos recursos da outorga onerosa do direito de construir no financiamento da infraestrutura urbana, a análise a seguir restringir-se-á a essa hipótese de transferência de potencial construtivo adicional, subsidiada ou não.

2.1 A outorga onerosa do direito de construir

O maior e mais importante exemplo de transferência onerosa de potencial construtivo adicional é a outorga onerosa do direito de construir, instrumento previsto no Estatuto da Cidade, cuja disciplina se encontra em seus artigos 28 a 31.

Apesar de o *nomen iuris* do instrumento afirmar que o objeto da outorga é direito de construir, trata-se, na realidade, de hipótese de transferência de potencial constru-

---

16. Nesse sentido, o Plano Diretor da Cidade de São Paulo prevê que "o impacto na infraestrutura e no meio ambiente advindo da utilização do potencial construtivo adicional deverá ser monitorado permanentemente pela Prefeitura, que publicará relatórios periodicamente" (artigo 116, § 4º).
17. Interessante notar que, sendo a infraestrutura mutável, como também o é a ocupação do solo, o estoque de potencial construtivo é dinâmico – não é outra a razão de a legislação revê-lo sistematicamente.
18. Sempre haverá um estoque de potencial construtivo adicional. Ainda que a lei municipal não o defina, o estoque será, por pressuposto, equivalente à soma do potencial construtivo que o Município poderá transferir a cada um dos lotes ali localizados.
19. Conforme definição do Plano Diretor da Cidade de São Paulo, o "Coeficiente de Aproveitamento é a relação entre a área edificada, excluída a área não computável, e a área do lote, podendo ser: a) básico, que resulta do potencial construtivo gratuito inerente aos lotes e glebas urbanos; b) máximo, que não pode ser ultrapassado; c) mínimo, abaixo do qual o imóvel poderá ser considerado subutilizado".
20. Como exemplos, podemos citar os fatores de interesse social e de planejamento previstos no artigo 117 do Plano Diretor Estratégico, Lei Municipal 16.050/2014.

tivo adicional integrante do estoque do Município, pois o seu objeto não é o direito de construir de lotes específicos.[21]

Trata-se, em síntese, de instrumento jurídico da política urbana, por meio do qual o Poder Público transfere potencial construtivo adicional ao interessado, em regra mediante contrapartida, permitindo a edificação do lote acima do coeficiente de aproveitamento básico, mas respeitado o coeficiente de aproveitamento máximo. Em outras palavras, há a aquisição de potencial construtivo adicional pelo interessado, o qual será incorporado a um lote urbano, de modo a permitir a edificação acima do coeficiente construtivo básico.

Segundo a disciplina prevista no Estatuto da Cidade, o Plano Diretor poderá fixar áreas nas quais haverá outorga onerosa do direito de construir e lei específica estabelecerá as suas condições, em especial a fórmula de cálculo para a cobrança, os casos passíveis de isenção do pagamento da outorga e a contrapartida do beneficiário.

O Plano Diretor da Cidade de São Paulo estabeleceu a fórmula de cálculo da contrapartida financeira em seu artigo 117 e seguintes:

> Art. 117. A contrapartida financeira à outorga onerosa de potencial construtivo adicional será calculada segundo a seguinte equação:
>
> C = (At / Ac) x V x Fs x Fp, onde:
>
> C – contrapartida financeira relativa a cada m^2 de potencial construtivo adicional;
>
> At – área de terreno em m^2;
>
> Ac – área construída computável total pretendida no empreendimento em m^2;
>
> V – valor do m^2 do terreno constante do Cadastro de Valor de Terreno para fins de Outorga Onerosa, conforme Quadro 14 anexo;
>
> Fs – fator de interesse social, entre 0 (zero) e 1 (um), conforme Quadro 5 anexo;
>
> Fp – fator de planejamento entre 0 (zero) e 1,3 (um e três décimos), conforme Quadro 6 anexo.
>
> § 1º A contrapartida financeira total calcula-se pela multiplicação da contrapartida financeira relativa a cada m^2 pelo potencial construtivo adicional adquirido.
>
> § 2º Em caso de não cumprimento da destinação que motivou a utilização dos fatores Fs e Fp, a Prefeitura procederá à cassação da licença ou ao cancelamento da isenção ou redução, bem como a sua cobrança em dobro a título de multa, acrescida de juros e correção monetária.
>
> § 3º Na hipótese de um empreendimento envolver mais de um imóvel, deverá prevalecer o maior valor de metro quadrado dos imóveis envolvidos no projeto.
>
> § 4º Ficam mantidos os critérios de cálculo das contrapartidas financeiras estabelecidos nas leis de Operações Urbanas e Operações Urbanas Consorciadas em vigor.

---

21. "De todo já exposto, a primeira observação a ser realizada sobre o instrumento a ser estudado é a do direito de construir (definido em lei, na conformação da propriedade urbanística), e sim do potencial construtivo adicional. Com efeito, não parece ser lícito ao particular ou mesmo à Administração pública dispor do 'direito de construir' dos imóveis, assim identificado o correspondente ao potencial construtivo básico dos terrenos: as transações reguladas pelo instrumento previsto no Estatuto da Cidade são as referentes ao potencial construtivo adicional. A dicção 'outorga onerosa do direito de construir', contudo, deve ser utilizada em razão de sua consagração no Estatuto da Cidade (*verbi gratia*, arts. 28 e ss.), e pela sua previsão obrigatória nos planos diretoras de todo o país (art. 42, inc. II da Lei Federal 10.257/2001)" (APPARECIDO JUNIOR, op. cit., p. 163).

§ 5º Para empreendimentos residenciais localizados nos Eixos de Estruturação da Transformação Urbana, onde há incidência da cota parte máxima de terreno por unidade, a definição do valor do fator Fs a ser aplicado no cálculo da contrapartida financeira deverá ser estabelecido proporcionalmente às unidades do empreendimento.

Art. 118. O Cadastro de Valor de Terreno para fins de Outorga Onerosa deverá ser atualizado anualmente pelo Executivo, ouvida a Comissão de Valores Imobiliários e deverá ser publicado até o dia 31 de dezembro de cada ano, com validade a partir do dia 1º de janeiro do ano seguinte.

§ 1º A atualização por ato do Executivo de que trata o "caput" ficará limitada à variação do Índice de Preços ao Consumidor Amplo (IPCA) somada à variação positiva nominal do PIB acumuladas no período.

§ 2º Quando a atualização dos valores dos terrenos constantes do Cadastro de Valor de Terreno para fins de Outorga Onerosa for superior ao limite definido no parágrafo anterior, o reajuste do valor do cadastro correspondente à variação excedente deverá ser aprovado por lei.

§ 3º Na hipótese prevista no parágrafo anterior, o Executivo deverá enviar projeto de lei ao Legislativo, até 30 de setembro de cada ano, e até a aprovação ou rejeição desse projeto a Sessão Ordinária da Câmara Municipal não será interrompida.

§ 4º O Quadro 14 anexo a esta lei contém o Cadastro de Valor de Terreno para fins de Outorga Onerosa que passará a valer a partir da data de publicação desta lei.

Art. 119. De acordo com o art. 31 da Lei 14.933, de 5 de junho de 2009, que instituiu a Política de Mudança do Clima no Município de São Paulo, lei específica deverá estabelecer fator de redução da contrapartida financeira à outorga onerosa para empreendimentos que adotem tecnologias e procedimentos construtivos sustentáveis, considerando, entre outros:

I – o uso de energias renováveis, eficiência energética e cogeração de energia;

II – a utilização de equipamentos, tecnologias ou medidas que resultem redução significativa das emissões de gases de efeito estufa ou ampliem a capacidade de sua absorção ou armazenamento;

III – o uso racional e o reuso da água;

IV – a utilização de materiais de construção sustentáveis.

Art. 120. Os fatores de planejamento poderão ser revistos a cada 4 (quatro) anos por meio de lei específica.

Parágrafo único. A revisão da LPUOS poderá estabelecer fatores de planejamento para incentivar tipologias urbanas e ambientais desejáveis e de acordo com as diretrizes previstas nesta lei.

Desse modo, são variáveis consideradas no cálculo da contrapartida financeira (a) a área total do terreno; (b) a área computável[22] total; (c) o valor do m² do terreno no cadastro elaborado para tal fim e atualizado anualmente; (d) fator de interesse social, "variável utilizada para dar pesos diferenciados de acordo com as tipologias construtivas e os usos das edificações";[23] e (e) fator de planejamento, "variável utilizada para dar pesos diferenciados de acordo com os objetivos estratégicos das Macroáreas", que "tem como objetivo incentivar o equilíbrio na distribuição de moradia e emprego na cidade".[24]

---

22. A *área computável* corresponde à área considerada no cálculo do coeficiente de aproveitamento. A legislação urbanística estabelece que certas áreas não integram o cálculo do coeficiente de aproveitamento, as quais são denominadas *áreas não computáveis*.
23. São Paulo (Município). *Plano Diretor Estratégico do Município de São Paulo*: estratégias ilustradas. Disponível em: https://gestaourbana.prefeitura.sp.gov.br/wp-content/uploads/2015/01/Plano-Diretor-Estrat%C3%A9gico-Lei-n%C2%BA-16.050-de-31-de-julho-de-2014-Texto-da-lei-ilustrado.pdf. Acesso em: 23 jun. 2024, p. 81.
24. Idem, p. 81.

Quanto à destinação dos recursos oriundos da contrapartida financeira, o Estatuto da Cidade estabelece que deverão ser aplicados de acordo com as seguintes finalidades: regularização fundiária; execução de programas e projetos habitacionais de interesse social; constituição de reserva fundiária; ordenamento e direcionamento da expansão urbana; implantação de equipamentos urbanos e comunitários; criação de espaços públicos de lazer e áreas verdes; criação de unidades de conservação ou proteção de outras áreas de interesse ambiental; e proteção de áreas de interesse histórico, cultural ou paisagístico.

O Plano Diretor da Cidade de São Paulo prevê que os recursos auferidos com as contrapartidas financeiras oriundas da outorga onerosa de potencial construtivo adicional serão destinados ao Fundo Municipal de Desenvolvimento Urbano – FUNDURB (artigo 115, parágrafo único).

2.1.1 Contrapartida financeira subsidiada na outorga onerosa do direito de construir

Retomando a fórmula de cálculo da contrapartida financeira prevista no artigo 117 do Plano Diretor, quando o fator de interesse social ou o fator de planejamento, variáveis daquela equação, forem inferiores a 1 (um), haverá um benefício aos proprietários que pretenderem edificar em seus lotes.

A tabela abaixo traz os fatores de interesse social, previstos no quadro 5 do Plano Diretor, inferiores a 1 (um) e superiores a 0 (zero):

Quadro 1. Fatores de interesse social superiores a 0 (zero) e inferiores a 1 (um).

Usos	Valor de Fator de Interesse Social
Uso Habitacional	
Habitação do Mercado Popular – HMP Até 50 m²	0,4
Habitação do Mercado Popular – HMP de 51 Até 70m²	0,6
Habitação com área maior que 30 m² e menor ou igual a 70 m²	0,8
Entidades Mantenedoras Sem Fins Lucrativos	
Hospitais e Clínicas	0,3
Universidades	0,3
Escolas e Creches	0,3
Equipamentos Culturais e Afins	0,3
Outras Entidades Mantenedoras	
Hospitais	0,7
Universidades	0,7
Escolas	0,7
Equipamentos Culturais e Afins	0,7

Fonte: Lei Municipal 16.050/2014 – Plano Diretor.

Quanto ao fator de planejamento, previsto no quadro 6 do Plano Diretor, tratando-se de uso residencial, corresponderá a 0,3 (três décimos) nos subsetores Noroeste, Arco

Jacu-Pêssego, Avenida Cupecê, Arco Leste e Fernão Dias da Macroárea de Estruturação Metropolitana;[25] 0,7 (sete décimos) na Macroárea de Urbanização Consolidada; 0,6 (seis décimos) na Macroárea de Qualificação Urbana; e 0,3 (três décimos) na Macroárea de Redução da Vulnerabilidade. Tratando-se de uso não residencial, corresponderá a 0,5 (cinco décimos) na Macroárea de Qualificação Urbana.[26]

Além desses casos, previstos no Plano Diretor, há certas hipóteses estabelecidas pela Lei de Parcelamento, Uso e Ocupação do Solo, Lei Municipal 16.402/16, texto que estabelece o zoneamento da cidade de São Paulo.

Segundo o seu artigo 83, poderá ser concedido desconto na contrapartida financeira da outorga onerosa do direito de construir, a título de Incentivo de Certificação, para novas edificações ou reformas com aumento de área construída superior a 5% (cinco por cento) que obtiverem certificação específica de sustentabilidade reconhecida em âmbito nacional ou internacional, de acordo com graus de certificação estabelecidos em regulamento específico.

Além do Incentivo de Certificação, há o Incentivo de Quota Ambiental. Nos termos do artigo 74 da Lei de Zoneamento, o Incentivo de Quota Ambiental corresponde a um conjunto de regras de ocupação dos lotes objetivando qualificá-los ambientalmente, tendo como referência uma medida da eficácia ambiental para cada lote, expressa por um índice que agrega os indicadores cobertura vegetal e drenagem. Por sua vez, o seu artigo 76 exige uma pontuação mínima nas edificações novas ou nas reformas com alteração de área construída superior a 20% (vinte por cento).

Segundo o artigo 82 daquela lei, atendida pontuação superior à mínima estabelecida citado artigo 76, o interessado poderá requerer a concessão de Incentivo da Quota Ambiental, sob a forma de desconto no valor total a ser pago na contrapartida financeira de outorga onerosa do direito de construir.

Ao lado dessas duas hipóteses, que dizem respeito a aspectos ambientais, a Lei de Zoneamento Urbano também prevê incentivo relacionado à fruição pública,[27] parâmetro considerado qualificador da ocupação,[28] na medida em que amplia as áreas de circulação

---

25. De modo a desestimular a ocupação do solo em certos Subsetores da Macroárea de Estruturação Metropolitana antes da realização dos Planos de Intervenção Urbana – PIUs, ou Projetos de Intervenção Urbana, segundo a redação original do Plano Diretor, antes da sua revisão pela Lei Municipal 17.975/2023, houve a previsão de fatores de planejamentos superiores a 1,0, os quais teriam caráter provisório.
26. Além desses fatores de planejamento, que constituem a regra geral, houve e haverá fatores de planejamentos específicos para certas porções do território a partir da realização dos PIUs e sua aprovação por meio de lei, a exemplo do ocorrido com o PIU Setor Central, Lei Municipal 17.844/2022.
27. Segundo o Quadro 1 da Lei Municipal 16.402/16, fruição pública "corresponde à área livre externa ou interna às edificações, localizada nos pavimentos de acesso direto ao logradouro público, com conexão em nível com, pelo menos, um logradouro ou demais espaços públicos, destinada à circulação de pessoas, não sendo exclusiva dos usuários permanentes e moradores, devendo fazer conexão entre os logradouros sempre que o lote tiver frente para mais de um logradouro público".
28. Art. 57. São parâmetros qualificadores da ocupação, de modo a promover melhor relação e proporção entre espaços públicos e privados:
I – fruição pública;
II – fachada ativa;

de pedestres, proporciona maior utilização do espaço público e melhora a interação dos pedestres com os pavimentos de acesso às edificações.

Segundo o artigo 88 da Lei de Zoneamento, em lotes com área até 10.000m² (dez mil metros quadrados) localizados em certas zonas, não será cobrada outorga onerosa correspondente à metade do potencial construtivo adicional previsto para a área destinada à fruição pública, desde que essa área tenha no mínimo 250m² (duzentos e cinquenta metros quadrados) e esteja localizada junto ao alinhamento da via, ao nível do passeio público, sem fechamento e não ocupada por estacionamento de veículos, bem como seja mantida permanentemente aberta à circulação de pedestres e devidamente averbada em Cartório de Registro de Imóveis.

Nos termos do artigo 50 da Lei de Zoneamento, o incentivo do artigo 88 também é previsto nas hipóteses de aprovação e execução conjunta dos projetos de parcelamento e edificação, quando houver redução do percentual mínimo de destinação de área verde e instituição de fruição pública na área correspondente, desde que obedecidos todos os requisitos estabelecidos nos incisos I a III do artigo 88.

3. A OUTORGA ONEROSA DO DIREITO DE CONSTRUIR E A DESTINAÇÃO DE SEUS RECURSOS NO MUNICÍPIO DE SÃO PAULO ENTRE 2014 E 2020

O FUNDURB é um fundo especial, nos termos do artigo 71 da Lei Federal 4.320/64.[29] Criado pelo Plano Diretor de 2002, Lei Municipal 13.430/02, e mantido pelo Plano Diretor de 2014, Lei Municipal 16.050/2014, tem por finalidade apoiar ou realizar investimentos destinados a concretizar os objetivos, diretrizes, planos, programas e projetos urbanísticos e ambientais integrantes ou decorrentes do Plano Diretor. Ou seja, trata-se de um mecanismo de financiamento da política de desenvolvimento urbano.

Quanto às fontes de seus recursos, o artigo 337 do Plano Diretor estabelece que será constituído de recursos provenientes de dotações orçamentárias e créditos adicionais suplementares a ele destinados; repasses ou dotações de origem orçamentária da União ou do Estado de São Paulo a ele destinados; empréstimos de operações de financiamento internos ou externos; contribuições ou doações de pessoas físicas ou jurídicas; contribuições ou doações de entidades internacionais; acordos, contratos, consórcios e convênios; rendimentos obtidos com a aplicação do seu próprio patrimônio; outorga onerosa e transferência de potencial construtivo; contribuição de melhoria decorrente de obras públicas realizadas com base na Lei do Plano Diretor Estratégico, excetuada aquela proveniente do asfaltamento de vias públicas; receitas provenientes de concessão urbanística; retornos e resultados de suas aplicações; multas, correção monetária e juros recebidos em decorrência de suas aplicações; e outras receitas eventuais.

III – limite de vedação do lote;

IV – destinação de área para alargamento do passeio público.

V – Praça Urbana. (Incluído pela Lei 18.081/2024)

29. Art. 71. Constitui fundo especial o produto de receitas especificadas que por lei se vinculam à realização de determinados objetivos ou serviços, facultada a adoção de normas peculiares de aplicação.

Apesar de prever diversas fontes de recursos, na prática, a contrapartida financeira na outorga onerosa, subsidiada ou não, constitui a principal fonte, correspondendo, em regra, a mais de 90% dos recursos, como indica o gráfico abaixo.

Imagem 1. Gráfico da composição da receita do FUNDURB – 2014 a 2023.[30]

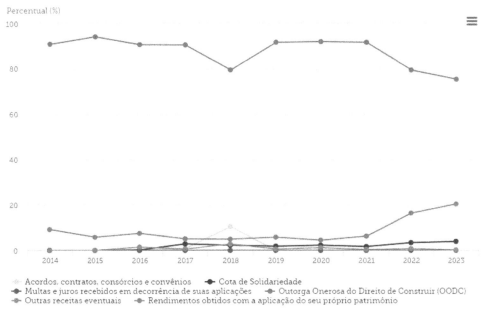

Fonte: Sistema de Orçamento e Finanças (SOF). Prefeitura do Município de São Paulo. Atualizado até: Dezembro 2023

Conforme demonstra o gráfico abaixo, houve um aumento na arrecadação com outorga onerosa do direito de construir, entre os anos de 2017 e 2019, com um pequeno recuo no ano de 2020, seguido de um grande aumento entre 2020 e 2022, superando 1 bilhão de reais em 2022.

---

30. Prefeitura do Município de São Paulo. Secretaria Municipal de Urbanismo e Licenciamento. ID 42: Composição da receita do FUNDURB. Plataforma de Monitoramento e Avaliação da Implementação do Plano Diretor Estratégico – PDE (Lei 16.050/14), 2024. Disponível em: https://monitoramentopde.gestaourbana.prefeitura.sp.gov.br/#/mostra_indicador/42. Acesso em: 23 jun. 2024.

Imagem 2. Gráfico da evolução da arrecadação, via outorga onerosa do direito de construir – 2014 a 2022.[31]

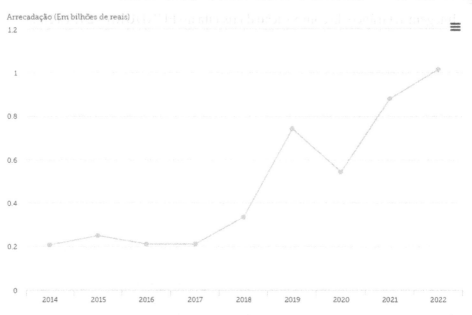

Fonte: Sistema de Orçamento e Finanças (SOF). Secretaria Municipal da Fazenda (SF). Prefeitura do Município de São Paulo. Atualizado até: Dezembro 2022.

Esse aumento de arrecadação da outorga onerosa reflete a atividade imobiliária da cidade de São Paulo. A queda e a estagnação visualizadas entre os anos de 2015 e 2017 podem ser explicadas por alguns motivos, como a existência de um estoque de empreendimentos imobiliários aprovados segundo as regras anteriores do Plano Diretor de 2014 ("direito de protocolo"). Mas, provavelmente, o fato mais importante foi a crise econômica e fiscal enfrentada naquele período. Após, o crescimento pode ser explicado, em especial, pela redução dos juros a partir de 2017, com o consequente aumento de investimentos pelo setor privado, inclusive imobiliários.[32]

Como a contrapartida financeira na outorga onerosa é a principal fonte de recursos do FUNDURB, aquele cenário também pode ser vislumbrado nos seus recursos:

---

31. Prefeitura do Município de São Paulo. Secretaria Municipal de Urbanismo e Licenciamento. ID 260: Evolução da arrecadação, via OODC. Plataforma de Monitoramento e Avaliação da Implementação do Plano Diretor Estratégico – PDE (Lei 16.050/14), 2024. Disponível em: https://monitoramentopde.gestaourbana.prefeitura.sp.gov.br/#/mostra_indicador/260. Acesso em: 23 jun. 2024.
32. CENTRO DE ESTUDO DA METRÓPOLE. Nota técnica 05: financiando o desenvolvimento urbano: o Fundurb e a outorga onerosa. São Paulo: Centro de Estudos da Metrópole, 2021.

Imagem 3. Gráfico da evolução das receitas do FUNDURB – 2014 a 2023.[33]

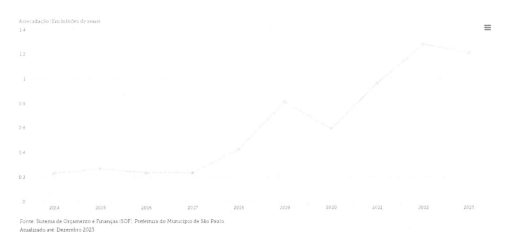

Fonte: Sistema de Orçamento e Finanças (SOF): Prefeitura do Município de São Paulo
Atualizado até: Dezembro 2023

Ainda no que se refere à receita do FUNDURB, levando em conta que esse fundo é constituído basicamente por recursos da outorga onerosa do direito de construir, é possível considerar, a partir dos recursos liquidados, como são utilizados os recursos da outorga onerosa no investimento na infraestrutura urbana da cidade de São Paulo.

Por outro lado, no que diz respeito à destinação dos recursos, o artigo 339 do Plano Diretor estabelece as seguintes prioridades: execução de programas e projetos habitacionais de interesse social, incluindo a regularização fundiária e a aquisição de imóveis para constituição de reserva fundiária e de parque habitacional público de locação social; sistema de transporte coletivo público, sistema cicloviário e sistema de circulação de pedestres; ordenamento e direcionamento da estruturação urbana, incluindo infraestrutura, drenagem, saneamento, investimentos destinados à implantação de parques lineares, à realização de melhorias em vias estruturais ou de transporte público coletivo de passageiros, que engloba pavimentação e recapeamento, e à requalificação de eixos ou polos de centralidade; implantação de equipamentos urbanos e comunitários, espaços públicos de lazer e áreas verdes; proteção, recuperação e valorização de bens e de áreas de valor histórico, cultural ou paisagístico, incluindo o financiamento de obras em imóveis públicos classificados como de especial interesse afetivo, simbólico e religioso para a coletividade; criação de unidades de conservação ou proteção de outras áreas de interesse ambiental.

Essas prioridades estão em consonância com o Estatuto da Cidade. Segundo o seu artigo 31, os recursos auferidos com a adoção da outorga onerosa do direito de construir serão aplicados com as seguintes finalidades: regularização fundiária; execução de pro-

---

33. Prefeitura do Município de São Paulo. Secretaria Municipal de Urbanismo e Licenciamento. ID 352: Evolução das receitas do FUNDURB. Plataforma de Monitoramento e Avaliação da Implementação do Plano Diretor Estratégico – PDE (Lei 16.050/14), 2024. Disponível em: https://monitoramentopde.gestaourbana.prefeitura.sp.gov.br/#/mostra_indicador/352. Acesso em: 23 jun. 2024.

gramas e projetos habitacionais de interesse social; constituição de reserva fundiária; ordenamento e direcionamento da expansão urbana; implantação de equipamentos urbanos e comunitários; criação de espaços públicos de lazer e áreas verdes; criação de unidades de conservação ou proteção de outras áreas de interesse ambiental; proteção de áreas de interesse histórico, cultural ou paisagístico. Como os valores obtidos com a outorga onerosa de direito de construir são destinados ao FUNDURB, o destino do recurso desse Fundo deve obedecer ao quanto disposto na lei federal.

Além disso, o Plano Diretor também estabelece os seguintes limites (artigo 340, incisos I e II): no mínimo 40% (quarenta por cento) dos recursos serão destinados preferencialmente a projetos e produção de Habitação de Interesse Social – HIS 1, inclusive a aquisição de terrenos para este fim, preferencialmente na Macroárea de Estruturação Metropolitana, na Macroárea de Urbanização Consolidada e na Macroárea de Qualificação da Urbanização e Macroárea de Redução da Vulnerabilidade Urbana e Recuperação Ambiental e na Macroárea de Controle e Qualificação Urbana e Ambiental, preferencialmente classificados como ZEIS 1, ZEIS 3, ZEIS 4, sendo 10% destinados à regularização fundiária e reurbanização de favelas com prioridade para áreas de risco R3 e R4 e áreas de mananciais; e no mínimo 30% (trinta por cento) dos recursos serão destinados "à implantação e realização de melhorias nas vias estruturais e nos sistemas de transporte público coletivo, cicloviário e de circulação de pedestres".

Conforme o gráfico abaixo, considerando a distribuição dos recursos liquidados do FUNDURB por política setorial, quatro observações podem ser feitas: a queda das despesas com o sistema de saneamento ambiental entre 2014 e 2016, deixando de ser o principal gasto para ser um dos últimos, com posterior aumento em 2021, tornando-se o segundo gasto, e queda em 2022 para o nível dos anos anteriores; o aumento das despesas com o sistema de mobilidade entre 2014 e 2015, tornando-se o principal gasto do Fundo naquele ano, com queda e estagnação entre 2015 e 2018 e novo aumento entre 2018 e 2019, permanecendo estagnado em 2020, mas novamente se tornando o principal gasto do Fundo, com queda em 2021; o aumento de despesas com a Política de Habitação Social entre 2014 e 2018, tornando-se o principal gasto entre 2016 e 2019, com queda entre 2018 e 2020 e grande aumento entre 2020 e 2022; o aumento considerável das despesas com o Sistema de Áreas Protegidas, Áreas Verdes e Espaços Livres entre 2018 e 2020, com posterior queda.

Imagem 4. Gráfico da distribuição dos recursos liquidados do FUNDURB por política setorial – 2014 a 2022.[34]

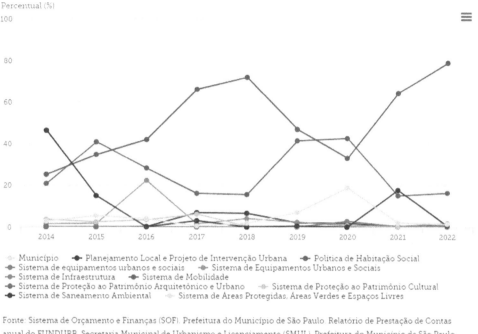

Fonte: Sistema de Orçamento e Finanças (SOF). Prefeitura do Município de São Paulo. Relatório de Prestação de Contas anual do FUNDURB. Secretaria Municipal de Urbanismo e Licenciamento (SMUL). Prefeitura do Município de São Paulo. Atualizado até: Dezembro 2022

Expostas as fontes de recursos do FUNDURB e a sua destinação, duas últimas considerações se mostram essenciais à compreensão do papel e da importância desse Fundo e, consequentemente, dos recursos oriundos da outorga onerosa do direito de construir.

A primeira diz respeito ao destaque que os recursos do FUNDURB tiveram, entre 2018 e 2022, último ano com dados disponíveis, nos investimentos realizados pela Prefeitura de São Paulo. Enquanto, em 2018, correspondeu a 6,97% (R$ 131.865.938,00) do total de recursos investidos pela Prefeitura (R$ 1.892.352.406), em 2021, a 34,86% (R$ 662.580.655) do total (R$ 1.900.856.373), e, em 2022, a 20,81% (R$ 923.355.596) do total (R$ 4.436.364.629).[35] Ou seja, a importância dos recursos do FUNDURB para os investimentos no Município de São Paulo é inegável.

---

34. Prefeitura do Município de São Paulo. Secretaria Municipal de Urbanismo e Licenciamento. ID 44: Distribuição dos recursos liquidados do FUNDURB, por política setorial. Plataforma de Monitoramento e Avaliação da Implementação do Plano Diretor Estratégico – PDE (Lei 16.050/14), 2024. Disponível em: https://monitoramentopde.gestaourbana.prefeitura.sp.gov.br/#/mostra_indicador/44. Acesso em: 23 jun. 2024.
35. Prefeitura do Município de São Paulo. Secretaria Municipal de Urbanismo e Licenciamento. ID 379: Participação do FUNDURB no total de recursos financeiros investidos pela Prefeitura de São Paulo. Plataforma de Monitoramento e Avaliação da Implementação do Plano Diretor Estratégico – PDE (Lei 16.050/14), 2024. Disponível em: https://monitoramentopde.gestaourbana.prefeitura.sp.gov.br/#/mostra_indicador/379. Acesso em: 23 jun. 2024.

Imagem 5. Gráfico da participação do FUNDURB no total de recursos financeiros investidos pela Prefeitura de São Paulo – 2014 a 2022.[36]

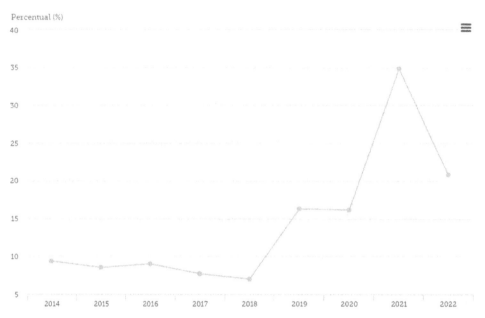

Fonte: Fonte: Sistema de Orçamento e Finanças (SOF). Relatório de Prestação de Contas anual do FUNDURB. Secretaria Municipal de Urbanismo e Licenciamento (SMUL). Quadro de Detalhamento de Despesas (QDD). Prefeitura do Município de São Paulo.
Atualizado até: Dezembro 2022

Apesar da importância dos recursos do FUNDURB no investimento realizado pela Prefeitura de São Paulo, do aumento de recursos do Fundo e, principalmente, da carência de uma infraestrutura urbana adequada à cidade de São Paulo, há um subaproveitamento desses recursos, com o aumento do saldo desde 2016, chegando-se a valores superiores a 1 (um) bilhão de reais em 2019 e 2020.[37] Esse saldo é superior ao total de recursos do Fundo destinados à habitação no período de 2014 a 2020, de aproximadamente 831 (oitocentos e trinta e um) milhões de reais.[38]

A existência desse saldo expressivo vai de encontro aos objetivos da política urbana da cidade de São Paulo, da qual o FUNDURB é um dos instrumentos. Ainda que se possa identificar o aumento de arrecadação do Fundo como um avanço, há um problema na execução de despesas que impede a concretização das transformações da infraestrutura urbana pretendidas pelo Plano Diretor.

---

36. Idem.
37. Centro de Estudo da Metrópole, op. cit.
38. Idem.

CONCLUSÃO

O potencial construtivo adicional é um bem, com valor econômico, que pode ser objeto de relações jurídicas. A gestão desse bem pelo Município tem um papel central no financiamento da infraestrutura urbana da cidade de São Paulo, pois a sua transferência constitui importante fonte de receitas.

A outorga onerosa do direito de construir, subsidiada ou não, constitui a principal fonte de recursos do FUNDURB, correspondendo, em regra, a mais de 90%. A destinação dos recursos desse Fundo está prevista no Plano Diretor, em consonância com o Estatuto da Cidade. Considerando o período de 2014, quando houve a edição do atual Plano Diretor, a 2022, como um todo, houve um significativo aumento da arrecadação de recursos provenientes da outorga onerosa do direito de construir. Além disso, os investimentos com recursos do FUNDURB passaram a ter uma participação expressiva nos investimentos totais realizados pela Prefeitura, chegando a corresponder, em 2021, a 34,86% desses. Em relação à destinação, as principais políticas beneficiadas com recursos do FUNDURB são as relacionadas à mobilidade e à habitação social.

Se, por um lado, o aumento de arrecadação do FUNDURB constitui um considerável avanço e a sua participação nos investimentos totais demonstra a sua importância na infraestrutura urbana, por outro, há um problema na execução de despesas, que pode ser percebido na existência de vultoso saldo naquele Fundo, superior a 1 (um) bilhão de reais em 2020. Esse saldo demonstra o subaproveitamento desse instrumento financeiro da política urbana na concretização de seus objetivos e na realização das transformações imprescindíveis na infraestrutura urbana da cidade de São Paulo.

REFERÊNCIAS

APPARECIDO JUNIOR, José Antonio. *Direito urbanístico aplicado*: os caminhos da eficiência jurídica nos projetos urbanísticos. Curitiba: Juruá, 2017.

APPARECIDO JUNIOR, José Antonio. *Propriedade urbanística e edificabilidade*: o plano urbanístico e o potencial construtivo na busca das cidades sustentáveis.

BERCOVICI, Gilberto. A ordem econômica no espaço: reforma urbana e reforma agrária na Constituição de 1988. *Revista dos Tribunais*, São Paulo, ano 100, v. 910, p. 91-102, ago. 2011.

BERCOVICI, Gilberto. *Constituição econômica e desenvolvimento*. 2. ed. São Paulo: Almedina, 2022.

BERCOVICI, Gilberto; MASSONETTO, Luís Fernando. Limites da regulação: esboço para uma crítica metodológica do "novo direito público da economia". *Revista de Direito Público da Economia – RDPE*, Belo Horizonte, ano 7, n. 25, jan./mar. 2009.

BONAVIDES, Paulo; LIMA, Francisco Gérson Marques de & BEDÊ, Fayga Silveira (Coord.). *Constituição e democracia*: estudos em homenagem ao Professor J. J. Gomes Canotilho. São Paulo: Malheiros, 2006.

CENTRO DE ESTUDO DA METRÓPOLE. Nota técnica 05: financiando o desenvolvimento urbano: o Fundurb e a outorga onerosa. São Paulo: Centro de Estudos da Metrópole, 2021.

DALLARI, Adilson Abreu; FERRAZ, Sérgio (Coord.). *Estatuto da cidade* (comentários à Lei Federal 10.257/2001). 4. ed. São Paulo: Malheiros, 2003.

GRAU, Eros Roberto. *A ordem econômica na constituição de 1988* (interpretação e crítica). 17. ed. São Paulo: Malheiros, 2015.

GRAU, Eros Roberto. *Direito urbano*: regiões metropolitanas, solo criado, zoneamento e controle ambiental, projeto de lei de desenvolvimento urbano. São Paulo: RT, 1983.

GRAU, Eros Roberto. Macrojurídico. In: FRANÇA, Limongi (Org.). *Enciclopédia Saraiva do Direito*. São Paulo: Edição Saraiva, 1980. v. 51.

GRAU, Eros Roberto. *O direito posto e o direito pressuposto*. 9. ed., rev. e ampl. São Paulo: Malheiros, 2014.

GRAU, Eros Roberto. *Planejamento econômico e regra jurídica*. São Paulo: RT, 1978.

MASSONETTO, Luís Fernando. Pontos cegos da regulação urbanística: notas sobre uma articulação programática entre o Direito Econômico e o Direito Urbanístico. *Revista Fórum de Direito Financeiro e Econômico*. Belo Horizonte, ano 4, n. 6, p. 141-154, set./fev. 2015.

MEDAUAR, Odete; ALMEIDA, Fernando Dias Menezes de. *Estatuto da Cidade*: lei 10.257 de 2001, comentários. 2. ed. rev., atual. e ampl. São Paulo: RT, 2004.

PINTO, Victor Carvalho. *Direito Urbanístico*: Plano Diretor e Direito de Propriedade. 3. ed. São Paulo: RT, 2011.

PREFEITURA DO MUNICÍPIO DE SÃO PAULO. Plano Diretor Estratégico do Município de São Paulo: estratégias ilustradas. Disponível em: https://gestaourbana.prefeitura.sp.gov.br/wp-content/uploads/2015/01/Plano-Diretor-Estrat%C3%A9gico-Lei-n%C2%BA-16.050-de-31-de-julho-de-2014-Texto-da-lei-ilustrado.pdf. Acesso em: 23 jun. 2024.

PREFEITURA DO MUNICÍPIO DE SÃO PAULO. Plataforma de Monitoramento e Avaliação da Implementação do Plano Diretor Estratégico – PDE (Lei 16.050/14), 2024. Disponível em: https://monitoramentopde.gestaourbana.prefeitura.sp.gov.br. Acesso em: 23 jun. 2024.

SILVA, José Afonso da. *Direito Urbanístico Brasileiro*. 5. ed. São Paulo: Malheiros, 2008.

SUNDFELD, Carlos Ari. Direito de Construir e Novos Institutos Urbanísticos. *Direito n. 2* – Programa de Pós-Graduação em Direito PUC/SP. São Paulo, n. 1, p. 5-52, 1995.

NOVO MERCADO DE TRANSIÇÃO ENERGÉTICA E DESAFIOS DO FINANCIAMENTO DA INFRAESTRUTURA EM PARQUES DE GERAÇÃO DE ENERGIA LIMPA

Irene Patrícia Nohara

Livre-Docente em Direito Administrativo (2012, USP). Doutora (2006) e Mestre (2002) em Direito do Estado pela Faculdade de Direito da USP, por onde se graduou (1999) pela área de direito público. Professora-Pesquisadora do Programa de Pós-Graduação *Stricto Sensu* em Direito Político e Econômico da Universidade Presbiteriana Mackenzie (UPM), também Professora da Graduação em Direito da Universidade Presbiteriana Mackenzie. Advogada, Parecerista e Árbitra. Suas pesquisas concentram-se no direito público, com enfoque na governança regulatória, em função da análise da conformidade (compliance) de atos de regulação e de autorregulação das organizações, a partir da matriz de riscos, com interpretação e aplicação do Direito em parâmetros de razoabilidade e eficiência, no sopesamento de interesses em conflito, contidos em novas modelagens de parcerias em infraestrutura e serviços, incluindo licitação, celebração e execução dos respectivos contratos administrativos diante dos desafios das novas tecnologias. E-mail: irene.nohara@mackenzie.br.

Lucas Ramos Guimarães

Mestrando em Direito Político e Econômico pela Universidade Presbiteriana Mackenzie, pesquisa em aproveitamento do Espaço Urbano e Fundos de Investimento. Bacharel em Direito pela Universidade Presbiteriana Mackenzie. Advogado (OAB/SP) com atuação nas áreas de M&A, Seguros e Resseguros. E-mail: lguimaraes.adv@outlook.com.

Artur Ambrósio

Bacharel em Direito pela Universidade Presbiteriana Mackenzie (MACK). Pós-Graduando em Direito Energético pelo Instituto Brasileiro de Ensino, Desenvolvimento e Pesquisa (IDP/DF) e pesquisador das áreas de Direito Público, com estudos voltados à Transição Energética. Advogado. E-mail: arturbarbanera@gmail.com.

Sumário: Considerações introdutórias: mutações climáticas e objetivos de desenvolvimento sustentável (ODS) na Agenda 2030 – 1. O que são as debêntures de infraestrutura? – 2. A transição energética como um mercado emergente – 3. Desafios Schumpeterianos de inovação no desenvolvimento de mercados emergentes – Conclusões – Referências.

CONSIDERAÇÕES INTRODUTÓRIAS: MUTAÇÕES CLIMÁTICAS E OBJETIVOS DE DESENVOLVIMENTO SUSTENTÁVEL (ODS) NA AGENDA 2030

O planeta vem sofrendo a ação intensiva humana, sendo inquestionável que a atividade econômica sem controles provoca mutações climáticas. Não dá mais para abrir espaço para atitudes e visões negacionistas quanto à importância de medidas para evitar a intensificação de fenômenos associados às transformações no clima.

Em 2024, houve o transbordo deste alerta, o que ocorreu com um verdadeiro desastre climático ocorrido no Estado do Rio Grande do Sul que atingiu 90% do total dos Municípios do Estado (afetando 450 Municípios). Regiões metropolitanas foram submersas, meio milhão de pessoas foram desalojadas e o desastre atingiu um total de 2.124.203 pessoas.[1]

Antes mesmo dessa tragédia, em 2022, a ONU reconheceu, com a Res. A/76, um direito ao meio ambiente limpo, saudável e sustentável, sendo que o direito ao ar limpo perpassa por ações no sentido de garantir o desenvolvimento de energias limpas, como a eólica, solar, os biocombustíveis, bem como um movimento no sentido da descarbonização da matriz energética.

Conforme será visto, o Brasil possui muitas fontes de energia limpa, mas nem sempre renovável, sendo de se enfatizar que o país ainda é responsável por significativa parcela de desmatamento florestal. Para enfrentar esse estado de coisas, a ONU elaborou uma Agenda, com foco nas alterações para o ano de 2030, em que se estabelecem Objetivos de Desenvolvimento Sustentável (ODS). Trata-se de um apelo global, sendo que, dos 17 objetivos de desenvolvimento sustentável, há um inteiramente voltado para prevenir e combater a mudança climática e seus impactos.

O objetivo de desenvolvimento sustentável da ONU mais aderente ao tema da mutação climática é o de número 13, que especifica a necessidade de se "tomar medidas urgentes para combater a mudança climática e seus efeitos". Segundo o item 13.1, há de se reforçar a resiliência e a capacidade de adaptação a riscos relacionados ao clima e às catástrofes naturais em todos os países.

O ODS 13 é bastante específico quanto ao cumprimento dos compromissos assumidos pelos países desenvolvidos em função da Convenção Quadro das Nações Unidas sobre Mudança do Clima, determinando a meta de mobilização, a partir de 2020, de cem bilhões de dólares por ano, para atender às necessidades de países em desenvolvimento, em operacionalização do Fundo Verde para o Clima.

Conforme será discorrido, o Brasil, entre 2021 e 2023, engajou-se a estruturar um Mercado de Transição Energética, o que inclui, em termos de infraestrutura, o estímulo à instalação dos parques de geração de energia limpa. Contudo, este ainda é um mercado insipiente, que congrega elevado custo para o ingresso dos *players*.

O escopo do presente escrito, elaborado para compor a excelente coletânea sobre *Direito da Infraestrutura*, aspectos financeiros e administrativos, coordenada pelos ilustres Thiago Marrara, José Maurício Conti, Augusto Dal Pozzo e Sabrina Nunes Iocken, é abordar o novo mercado de transição energética sob o prisma dos desafios do financiamento da infraestrutura em parques de geração de energia limpa.

---

1. SARLET, Ingo Wolfgang; FENSTERSEIFER, Tiago. Direitos fundamentais e desastre climático no RS. *Consultor Jurídico*, 27 de agosto de 2024. Disponível em: https://www.conjur.com.br/2024-mai-20/direitos-fundamentais-e-desastre-climatico-no-rs/. Acesso em: 30 ago. 2024.

Trata-se de tema que os três coautores vêm pesquisando, sob o estímulo do *Centro Mackenzie de Políticas Públicas e Integridade*, a partir dos diálogos sobre *Transição Energética e Clima*, com destaque para a ação de Cácia Pimentel, sendo enfrentado, na questão dos aspectos financeiros, a suficiência do mecanismo das debêntures de infraestrutura para estimular o desenvolvimento do mercado emergente de transição energética. Será inserida a Política Nacional de Transição Energética nas fases da inovação identificadas por Schumpeter, com o escopo de alertar que há a necessidade de articulação maior entre políticas públicas, tecnologia e empreendedorismo, como condição para enfrentar os desafios burocráticos e urbanísticos necessários à instalação dos parques de energia limpa. Espera-se, pois, contribuir com esta excelente publicação com uma reflexão interdisciplinar no conjunto de temas dedicados à *infraestrutura energética*.

1. O QUE SÃO AS DEBÊNTURES DE INFRAESTRUTURA?

Conceitualmente, debêntures são títulos emitidos por sociedades por ações, constituídas sob a forma da Lei 6.404/1976, distribuído no mercado organizado (i.e., regulado por agência pública competente, com poder de polícia, no caso a Comissão de Valores Mobiliários), para a aquisição por investidores, este dinheiro depositado pelo investidor na aquisição dos títulos é recebido pela companhia emitente que, por sua vez, se compromete a "devolver" o valor captado corrigido por uma taxa de juros e a prazo estabelecido junto de uma instituição financeira autorizada a coordenar a operação.

Tal qual ocorre com outros títulos emitidos e distribuídos no mercado organizado (bolsa de valores), as debêntures estão sujeitas à tributação. Entretanto, a possibilidade de pactuar o prazo para pagamento e o índice para fins de juros e correção monetária, atraiu diferentes *players* de mercado, que fazem uso deste mecanismo (e.g., para reforço de capital de giro, custear a aquisição de ativos, entre outros).

Entre 2021 e 2023 o Brasil se engajou no mercado de transição energética que consiste na instalação de parques de geração de energia limpa (atendendo as ODS da Agenda 2030). Em que pese a transição tenha sido iniciada, o mercado é emergente e possui um elevado custo para o ingresso de empresas e investidores, afinal, a instalação de parques para geração de energia envolve um burocrático e oneroso processo.

O objetivo desta produção não é enfrentar questões estruturais atribuídas à instalação de parques geradores de energia limpa, no entanto, se faz necessário reforçar que algumas regiões interioranas do Brasil têm sido utilizadas para tal finalidade. Contudo, enfatiza-se que a ocupação de imóveis rurais, por vezes, se dá a títulos precários. Quando consideramos a aquisição de um único imóvel, somos levados à equivocada conclusão de que estes gastos podem ser suportados por uma empresa bem alocada no mercado.

Por questões logísticas, os projetos de instalação destes parques abrangem elevadas extensões territoriais (i.e., inúmeros imóveis rurais), de forma que a aquisição do direito de propriedade de 10 (dez) imóveis rurais se torna impraticável. Ademais, em muitos dos casos deve ser considerada a necessidade de indenizar os proprietários de imóveis vizinhos, sendo também necessária a constituição de faixas de servidão para a passagem de linhas de transmissão.

Em outras palavras, se faz necessário custear a aquisição de imóveis rurais (i.e., adquirir o direito de propriedade) e constituir outros direitos reais sobre imóveis vizinhos para fins de implementação do projeto, ou seja, constituir direitos reais como a servidão, usufruto, ou superfície e, nesta senda, por força dos artigos 1.225, 1.227, 1.245, 1.246 e 1.247 do Código Civil. Tais direitos só surgem quando formalizado o registro do título aquisitivo na matrícula do imóvel (e.g., lavratura de escritura pública, seguida do registro em matrícula que se dão mediante o recolhimento de custas e emolumentos).

Objetivando o ingresso de investidores e empresas no mercado de transição energética, surgiram as debêntures com o Projeto de Lei 2.646/2020[2] de autoria do Deputado João Maia, cujo objetivo é desdobrar as debêntures tradicionais em um veículo de investimento para financiar projetos de infraestrutura (i.e., permitir a captação de recursos com investidores institucionais e empresas), permitindo a exclusão do lucro na declaração de lucro da companhia emitente e dos investidores, bem como, uma redução da base de cálculo da Contribuição Sobre Lucro Líquido (CSLL), benefício que corresponde a 30% (trinta por cento) do valor dos juros pagos por exercício fiscal. Adicionalmente, o projeto buscou incentivar projetos de desenvolvimento sustentável, majorando o benefício em 50% (cinquenta por cento).

O referido projeto foi convertido na Lei 14.801/2024,[3] ato formal que concebeu as debêntures de infraestrutura e os incentivos acima descritos. Entretanto, a questão que se indaga é: será que tais benefícios bastam para projetar um mercado emergente?

Os incentivos propostos para as debêntures de infraestrutura se limitam à forma como o fisco procederá com a arrecadação fiscal (i.e., na alíquota e incidência de tributos). Ora, sem dúvida a redução das alíquotas providencia um "respiro" aos investidores, quando pensamos no ingresso ao mercado, todavia, um mercado emergente não se estabiliza tão somente com o ingresso de seletos *players*, conforme será demonstrado adiante.

Em que pese o tributo tenha uma finalidade arrecadatória (verba destinada ao erário), é possível sua instrumentalização para a indução de comportamento social (i.e., extrafiscalidade),[4] no entanto, o Direito Tributário e a própria atividade arrecadatória não apresentam alternativas para a destinação dos recursos, a qual se concretiza no Direito Financeiro/Orçamentário.[5]

---

2. BRASIL. Projeto de lei 2.646/2020. Brasília. Disponível em: https://www.camara.leg.br/proposicoesWeb/prop_mostrarintegra?codteor=1893730&filename=PL%202646/2020. Acesso em: 31 ago. 2024. p. 18.
3. BRASIL. Lei 14.801, de 09 de Janeiro de 2024. Brasília. Disponível em: https://www.planalto.gov.br/ccivil_03/_ato2023-2026/2024/lei/l14801.htm. Acesso em: 11 jun. 2024.
4. ROCHA, Sergio André. Renúncia de Receitas: a interseção entre o Direito Financeiro e o Direito Tributário. *Revista de Direito Tributário da APET*, n. 48, p. 89-101, 2023. Disponível em: https://revistas.apet.org.br/index.php/rdta/article/view/177/126. Acesso em: 31 ago. 2024. p. 90.
5. ROCHA, Sergio André. Op. cit., p. 90.

Ademais, ainda que a extrafiscalidade tenha sido utilizada pelo legislador na concepção das debêntures de infraestrutura e tal prática possa oferecer um apoio para que investidores tenham acesso ao mercado de transição energética, é necessário fazê-lo *sub judice* de diretrizes orçamentárias. Do contrário, o poder público pode estar artificialmente estimulando um mercado em fase de assentamento.

Não obstante, a dicotomia entre Direito Tributário e Direito Financeiro se faz primordial nos casos em que o Poder Público opta por conceder benefícios e incentivos fiscais, afinal, a redução de alíquotas e bases de cálculo são, fundamentalmente, um ato de desoneração fiscal fruto da extrafiscalidade, a qual deve estar alinhada ao planejamento dos entes federativos, seara em que a norma tributária não regulamenta.[6]

Alhures ao texto constitucional, a proposição legislativa que deseja promover a exoneração tributária para fins extrafiscais deve objetivar a consecução de alguma finalidade constitucional que fundamente a outorga do benefício, a demonstração da vantagem da medida para o fisco e sua relevância para a consecução da referida finalidade, sobretudo, os meios de fiscalização.[7]

Nesta senda, mostra-se necessária a especial atenção do Direito Financeiro. Uma vez que a desoneração fiscal é uma renúncia de receitas pelo fisco, deve a proposição legislativa atender ao disposto na Lei Complementar 101 de 04 de maio de 2000 (Lei de Responsabilidade Fiscal).[8] O artigo 14 da Lei de Responsabilidade Fiscal determina que toda proposta de renúncia fiscal (leia-se, renúncia de receitas) deve apresentar uma estimativa do impacto orçamentário para o exercício fiscal em que entrar em vigor, bem como, aos dois exercícios subsequentes e, ainda, as medidas de compensação dos cofres públicos (erário).

Para efeito de legitimidade do benefício, a norma deve atender todas as diretrizes orçamentárias previstas no Direito Financeiro (i.e., apresentar cláusula de vigência de 5 (cinco) anos, no mínimo, contendo metas, avaliação da efetividade do benefício e meios de compensação orçamentária), previstos no artigo 142 da Lei 14.791 de 29 de dezembro de 2023[9] (Lei de Diretrizes Orçamentárias).

A renúncia fiscal proposta para as debêntures de infraestrutura, não está adaptada às medidas de compensação orçamentária, de sorte que, o benefício concedido pode, a longo prazo, ser responsável pelo fomento artificial de um mercado emergente, o qual, por sua vez, pode vir a se tornar dependente desta medida e não lograr êxito em garantir um ambiente acessível para que diferentes investidores possam competir em pé de igualdade.

---

6. ROCHA, Sergio André. Op. cit., pp. 90-95.
7. ROCHA, Sergio André. Op. cit., p. 90-95.
8. BRASIL. Lei Complementar 101 de 04 de maio de 2000 (LRF). Brasília. Disponível em: https://www.planalto.gov.br/ccivil_03/leis/LCP/Lcp101.htm. Acesso em: 31 ago. 2024.
9. BRASIL. Lei 14.791 de 29 de dezembro de 2023 (LDO). Brasília. Disponível em: https://www.planalto.gov.br/ccivil_03/_ato2023-2026/2023/lei/L14791.htm. Acesso em: 31 ago. 2024.

Em se tratando de um mercado inovador, o Poder Público deve se conectar com os *players* deste mercado e compreender toda a estrutura de instalação dos parques geradores de energia limpa, a fim de avaliar quais as dificuldades e obstáculos para o ingresso e estabilidade de investidores que desejam acessar este mercado (e.g., a obtenção de alvarás, licenciamento ambiental, aquisição de subestações de energia, custos de importação, ocupação de terras rurais).

O exercício do poder econômico pelo Estado deve observar os artigos 170 e 173 da Constituição Federal, porquanto, ao propor benefícios para um segmento de mercado, deve fazê-lo conforme as diretrizes orçamentárias, mas, sobretudo, criar um canal de comunicação com o mercado para envidar seus esforços de maneira estratégica.

A Lei 14.801/2024 é fruto de um esforço legislativo que merece ser reconhecido, entretanto, a exclusão do lucro na declaração de lucro real, base de cálculo da CSLL, é uma medida de desoneração fiscal que não se adequa ao artigo 14 da Lei de Responsabilidade Fiscal e o artigo 142 da Lei de Diretrizes Orçamentárias, por não prever meios de compensação orçamentária, de sorte que tal benefício pode vir a gerar um efeito contrário àquele pretendido pelo legislador.

Nestes termos, o Poder Público e suas instituições devem avaliar a abordagem utilizada para lidar com inovações e mercados emergentes, afinal, a proposição legislativa em comento não trouxe os incentivos urbanísticos e logísticos necessários para ampliar o acesso de investidores ao mercado (e.g., subvenção econômica para a aquisição de maquinários, parcerias estratégicas com fornecedores, incentivos urbanísticos, entre outros), realçando a importância de se estabelecer um canal de comunicação entre Estado e investidor para potencializar os esforços direcionados ao mercado de transição energética no Brasil, conforme será abordado no próximo item.

2. A TRANSIÇÃO ENERGÉTICA COMO UM MERCADO EMERGENTE

A transição energética é um assunto de ampla aderência ao princípio da primazia do interesse público, tendo em vista os efeitos da mudança climática na vida em sociedade. Mais do que um objetivo projetado para o futuro, a transição energética exercita um diálogo entre o setor público e privado, para estimular a diversificação da matriz energética nacional (i.e., a origem da energia comercializada em solo nacional).

Em 2024, o Brasil formalizou a abertura energética aos consumidores do Grupo A (demanda igual ou inferior a 500 kw), permitindo o acesso ao Ambiente Livre de Contratação (ACL), nos termos da Portaria 50/22 do Ministério de Minas e Energia.

Há uma projeção de que, em 2026, os agentes do Grupo B (baixa tensão) terão acesso ao ACL e, para o ano de 2028, é estimada uma abertura para todos os consumidores rurais e residenciais ao ACL (vide a Portaria 690/22). As recentes proposições do governo e do poder legislativo endossam um profundo alinho e comprometimento com a questão, como será abordado adiante.

Atualmente, o Brasil lidera em escala global a transição energética, com 88% (oitenta e oito por cento) de sua matriz energética concentra em fonte de energia limpa, uma capacidade institucional imediata,[10] como evidencia o Anuário de 2023 produzido pela Empresa de Pesquisa Energética,[11] o Brasil atingiu uma capacidade de energia instalada de 206,5 GigaWatts, distribuídos em:

a) 53,2% de Usinas Hidrelétricas;
b) 21,4% de Usinas Termelétricas (UTE);
c) 11,5% de Usinas Fotovoltaicas;
d) 11,5% de Usinas Eólicas; e
e) 1,0% de Usina Nuclear.

Em que pese o Brasil lidere a escala global de transição energética, os números evidenciam que nem a metade da matriz energética atual deriva de energias renováveis.[12] Há um ponto de inflexão a ser avaliado para fins de transição energética: nem toda fonte de energia limpa é renovável *per se*.

A fim de mitigar as limitações de interação entre o setor público e o privado, é primordial que o Estado mude de postura e assuma um papel de liderança e moderação (i.e., as autoridades governamentais não podem se manter inertes diante da espontaneidade do mercado), em vista das restrições econômicas que o Poder Público enfrenta para disponibilizar, de modo independente, o financiamento das estruturas e acomodação dos parques geradores de energia.

Estas falhas estruturais de comunicação se manifestam no conjunto de incentivos propostos pelo legislador, quando da criação das Debêntures de Infraestrutura em relação às necessidades do mercado de transição energética. Enquanto instrumento regulatório, as debêntures evidenciam um interesse do legislador em privilegiar pautas de interesse coletivo, porém, enquanto instrumento especulativo para um mercado emergente, não representam um mecanismo hábil o bastante para suprir diferentes demandas e viabilizar o financiamento da infraestrutura operacional destes parques de geração de energia limpa, tampouco, de energia renovável.

Recentemente, o atual governo brasileiro lançou a Política Nacional de Transição Energética com o objetivo de atrair elevadas quantias de investimento (aproximadamente R$ 2 trilhões[13]). A iniciativa, aprovada pelo Conselho Nacional de Política Energética,

---

10. BRASIL. Ministério de Minas e Energia. Com 88% da matriz elétrica limpa, Brasil já é líder da transição energética no mundo. Disponível em: https://agenciagov.ebc.com.br/noticias/202402/com-88-da-matriz-eletrica-limpa-brasil-ja-e-lider-da-transicao-energetica-no-mundo. Acesso em: 31 ago. 2024.
11. Empresa de Pesquisa Energética. Anuário Estatístico de Energia Elétrica 2023: ano base 2022. 2023. Disponível em: https://www.epe.gov.br/sites-pt/publicacoes-dados-abertos/publicacoes/PublicacoesArquivos/publicacao-160/topico-168/anuario-factsheet.pdf. Acesso em: 31 jun. 2024.
12. RODRIGUES, Robson. *Brasil precisa dobrar investimentos para liderar transição energética, diz BNDES*. Disponível em: https://valor.globo.com/brasil/noticia/2024/03/12/brasil-precisa-dobrar-investimentos-para-liderar-transicao-energetica-diz-bndes.ghtml. Acesso em: 31 ago. 2024.
13. BRASIL. Ministério de Minas e Energia. Presidente Lula e Alexandre Silveira lançam Política Nacional de Transição Energética, com potencial de R$ 2 trilhões em investimentos. 2024. Disponível em: https://www.gov.

busca integrar políticas e ações governamentais para reduzir a emissão de gases de efeito estufa e combater a falta de acesso à energia.

Tal política será implementada por meio de dois instrumentos, o primeiro, é a criação do Fórum Nacional de Transição Energética (FONTE) para estabelecer um canal de comunicação entre atores públicos e privados, a fim de direcionar os esforços para o desenvolvimento deste mercado e produzir recomendações ao Conselho Nacional de Política Energética; o segundo instrumento é o Plano Nacional de Transição Energética (PLANTE) que será elaborado como um plano de ação, resultado da articulação entre indústrias governamentais.

Essa mudança de postura é necessária para resguardar a longevidade de um mercado emergente e, sobretudo, para garantir que o Brasil tenha condições de reduzir os custos de ingresso ao mercado, sem criar veículos de investimento que produzem demandas artificiais e tornam os agentes, assim, dependentes da desoneração fiscal. O diálogo e a abertura de mercado, sobre uma ótica schumpeteriana, seriam os primeiros passos para resguardar a concorrência e dar espaço para inovações.

3. DESAFIOS SCHUMPETERIANOS DE INOVAÇÃO NO DESENVOLVIMENTO DE MERCADOS EMERGENTES

Joseph Alois Schumpeter foi um dos maiores economistas da primeira parte do século vinte, tendo como sua maior contribuição para a economia a reflexão sobre a dinâmica da inovação e do empreendedorismo. Trata-se de teórico que deu enfoque no papel da inovação para o desenvolvimento econômico.[14]

Para Schumpeter, a ocorrência e a interrupção das revoluções influenciaram no desenvolvimento econômico, por provocar a alteração da economia e impedir que entre em um estado estático.[15] Neste sentido, a inovação é o agente transformador de mudanças e os consumidores, por sua vez, remuneram essas mudanças.

O processo histórico de mudanças origina-se da inovação que se divide em cinco fases:

a) lançamento de um novo produto, ou versões otimizadas de um produto conhecido;

b) aplicação de novos métodos de produção ou comercialização de produtos;

c) abertura de um novo mercado;

c) aquisição de novas manufaturas e produtos; e

---

br/mme/pt-br/assuntos/noticias/presidente-lula-e-alexandre-silveira-lancam-politica-nacional-de-transicao-energetica-com-potencial-de-r-2-trilhoes-em-investimentos. Acesso em: 31 ago. 2024.

14. SCHUMPETER, J.A. 1942. *Capitalism, Socialism and Democracy*. 3. ed. Londres: George Allen and Unwin, 1976 In: ŚLEDZIK, Karol. Schumpeter's View on Innovation and Entrepreneurship. *Ssrn Electronic Journal*, [S.L.], abr. 2013. Elsevier BV. http://dx.doi.org/10.2139/ssrn.2257783. Disponível em: https://www.researchgate.net/publication/256060978_Schumpeter's_View_on_Innovation_and_Entrepreneurship. Acesso em: 11 ago. 2024. p. 89.

15. ŚLEDZIK, Karol. op. cit., p. 90.

d) estruturação de uma nova indústria, o surgimento ou destruição de monopólios.[16]

Assim sendo, para Schumpeter a inovação consiste em um processo de mutação industrial que revoluciona de forma incessante a estrutura econômica, sobrepondo a antiga estrutura, ou criando uma completamente nova.[17]

A inovação engloba, na visão schumpeteriana, quatro diferentes dimensões: invenção, inovação, difusão e imitação. Enquanto as duas primeiras dimensões têm menor impacto na economia, as duas últimas, por sua vez, acabam estimulando novos ciclos econômicos, por popularizar o produto ou a prática, fazendo diferentes empreendedores (*players*) notarem a oportunidade de lucros que os leva à imitação.

Ademais, enfatize-se que não é uma invenção ou uma inovação as propulsoras ao estabelecimento de um novo mercado, mas sim sua difusão, período em que haverá um espelhamento do mercado às práticas ou produtos. Em outras palavras, ocorrerá um alinhamento do mercado, no momento em que se tornar conhecido o potencial lucrativo deste novo produto ou prática.[18]

Portanto, o papel do empreendedor compreende descobrir novas tecnologias ou executar processos de produção e prestação de serviços com distinção (invenção), oferecendo uma inovação ao mercado, assim, este passará a acompanhar sua lucratividade e, com o tempo, investirá em imitações (réplicas).

Todavia, na atualidade, a busca por inovações e a consolidação de mercados depende da intervenção de diferentes atores, entre eles o Estado. Para que estes mercados emergentes tenham a oportunidade de se consolidar, é imprescindível que o ciclo de inovações seja mantido e o excesso de produção seja direcionado ao desenvolvimento destas estruturas, desde que compreendidas suas peculiaridades.[19]

Entretanto, deve ser observado que a inovação não decorre somente do mercado. Isto porque, o processo de inovação *per se*, carece de uma articulação entre políticas

---

16. SCHUMPETER, J.A. 1934. The theory of economic development: an inquiry into profits, capital, credit, interest and the business cycle. *Harvard Economic Studies*, v. 46. Harvard College, Cambridge, MA in ŚLEDZIK, Karol. Schumpeter's View on Innovation and Entrepreneurship. *Ssrn Electronic Journal*, [S.L.], abr. 2013. Elsevier BV. http://dx.doi.org/10.2139/ssrn.2257783. Disponível em: https://www.researchgate.net/publication/256060978_Schumpeter's_View_on_Innovation_and_Entrepreneurship. Acesso em: 31 ago. 2024. p. 90-91.
17. SCHUMPETER, J.A. 1934. The theory of economic development: an inquiry into profits, capital, credit, interest and the business cycle. *Harvard Economic Studies*, v. 46. Harvard College, Cambridge, MA in ŚLEDZIK, Karol. Schumpeter's View on Innovation and Entrepreneurship. *Ssrn Electronic Journal*, [S.L.], abr. 2013. Elsevier BV. http://dx.doi.org/10.2139/ssrn.2257783. Disponível em: https://www.researchgate.net/publication/256060978_Schumpeter's_View_on_Innovation_and_Entrepreneurship. Acesso em: 31 ago. 2024. p. 90-91.
18. SCHUMPETER, J.A. 1934. The theory of economic development: an inquiry into profits, capital, credit, interest and the business cycle. *Harvard Economic Studies*, v. 46. Harvard College, Cambridge, MA. In: ŚLEDZIK, Karol. Schumpeter's View on Innovation and Entrepreneurship. *Ssrn Electronic Journal*, [S.L.], abr. 2013. Elsevier BV. http://dx.doi.org/10.2139/ssrn.2257783. Disponível em: https://www.researchgate.net/publication/256060978_Schumpeter's_View_on_Innovation_and_Entrepreneurship. Acesso em: 31 ago. 2024. pp. 90-91.
19. ŚLEDZIK, Karol. op. cit., p. 94.

públicas, tecnologia e empreendedorismo (i.e., uma conjunção de fatores), como enfatiza Mazzucato.[20]

A percepção destes aspectos pelo Estado e seus poderes constituídos, é indispensável para que invenções ofereçam a inovação esperada, bem como, para que os ciclos possam se desdobrar. Dito isto, é fundamental tornar as debêntures de infraestrutura atrativas para os *players* que já atuam no mercado de energia, bem como, àqueles que desenvolvem pesquisas, se interessem pela transição energética.

Os dados divulgados no Anuário 2023 da EPE demonstram um momento de concretização para a transição energética, no entanto, ainda é cedo para dizer que o mercado se solidificou. Para tanto, no quarto bloco, foram instrumentalizadas as fases de inovação segundo Schumpeter.

A análise dos dados em comento e o lançamento da Política Nacional de Transição Energética revelam que o Brasil se encontra entre a terceira e quarta fase de inovação schumpeteriana, correspondendo, portanto, à abertura de um novo mercado e à aquisição de manufatura, cenário em que a articulação entre políticas públicas, tecnologia e empreendedorismo tornam-se primordiais.[21]

CONCLUSÕES

Na visão schumpeteriana, inovação é um processo em que novas combinações de fatores de produção são introduzidas na economia, o que provoca o surgimento de novos produtos, novos métodos de produção, novos mercados e novas fontes de matéria-prima. O economista enxergava a inovação como o verdadeiro motor do desenvolvimento econômico, que operava em fases ou ciclos de crescimento e transformação.

Nesta perspectiva, com inspiração no ideário schumpeteriano, o mercado de transição energética é um exemplo claro desta dinâmica, pois ele é movido por novas tecnologias e inovações que substituem formas tradicionais de geração e uso de energia, estimulando transformações econômicas e sociais rumo ao desenvolvimento sustentável.

Contudo, deve-se enfatizar que a atuação do Estado, fomentando o empreendedorismo sustentável e a disposição de infraestrutura de produção de energia limpa é essencial no sucesso da política de transição energética. Assim, mesmo que já estejam mais consolidadas as fases de lançamento de novos produtos ou processos, com a aplicação destes novos métodos na produção e comercialização de produtos, há desafios a serem enfrentandos na abertura do novo mercado de transição energética e na adoção da nova infraestrutura, com foco também na estruturação dessa nova indústria, a partir do desenho de políticas públicas que demonstrem consistente e efetivo apoio estatal.

---

20. MAZZUCATO, Mariana. *Estado empreendedor*: desmascarando o mito do setor público vs. Setor privado. São Paulo: Portfólio Penguin, 2014. p. 19.
21. MAZZUCATO, Mariana, op. cit. 19.

Assim, entende-se ser primordial que o Estado assuma a liderança e a concertação entre atores do mercado de transição energética, para superar eventuais restrições econômicas e burocráticas na acomodação dos parques geradores de energia limpa, a exemplo da necessidade de haver incentivos urbanísticos e logísticos para ampliação do acesso de investidores do mercado.

Pari passo a esse movimento, houve a criação do sistema das debêntures de infraestrutura, para atender, de forma especulativa, às demandas do mercado de transição energética. As debêntures são relevantes, mas não são ainda totalmente hábeis para suprir as diferentes demandas a ponto de viabilizar o financiamento da infraestrura operacional dos parques de energia limpa.

Contudo, conforme se enfatizou, parece alvissareiro do aprofundamento do compromisso governamental com o estímulo ao desenvolvimento de um mercado de transição energética, o lançamento recente da Política Nacional de Transição Energética, que tem por objetivo atrair investimento e integrar as políticas e ações governamentais com o escopo de reduzir a emissão de gases de efeito estufa e ampliar o acesso à energia. É de se ressaltar, como medida necessária à correta articulação entre atores, tanto a constituição do Fórum Nacional de Transição Energética (FONTE), assim como também a criação do Plano Nacional de Transição Energética (PLANTE).

REFERÊNCIAS

BRASIL. Lei Complementar 101 de 04 de maio de 2000 (LRF). Brasília. Disponível em: https://www.planalto.gov.br/ccivil_03/leis/LCP/Lcp101.htm. Acesso em: 11 jun. 2024.

BRASIL. Lei 10.406, de 10 de Janeiro de 2002. Brasília. Disponível em: https://www.planalto.gov.br/ccivil_03/LEIS/2002/L10406compilada.htm. Acesso em: 31 ago. 2024.

BRASIL. Lei 14.791 de 29 de dezembro de 2023 (LDO). Brasília. Disponível em: https://www.planalto.gov.br/ccivil_03/_ato2023-2026/2023/lei/L14791.htm. Acesso em: 31 ago. 2024.

BRASIL. Lei 14.801, de 09 de Janeiro de 2024. Brasília. Disponível em: https://www.planalto.gov.br/ccivil_03/_ato2023-2026/2024/lei/l14801.htm. Acesso em: 31 ago. 2024.

BRASIL. Projeto de lei 2.646/2020. Brasília. Disponível em: https://www.camara.leg.br/proposicoesWeb/prop_mostrarintegra?codteor=1893730&filename=PL%02646/2020. Acesso em: 31 ago. 2024.

BRASIL. Ministério de Minas e Energia. Presidente Lula e Alexandre Silveira lançam Política Nacional de Transição Energética, com potencial de R$ 2 trilhões em investimentos. 2024. Disponível em: https://www.gov.br/mme/pt-br/assuntos/noticias/presidente-lula-e-alexandre-silveira-lancam-politica-nacional-de-transicao-energetica-com-potencial-de-r-2-trilhoes-em-investimentos. Acesso em: 31 ago. 2024.

BRASIL. Ministério de Minas e Energia. Com 88% da matriz elétrica limpa, Brasil já é líder da transição energética no mundo. Disponível em: https://agenciagov.ebc.com.br/noticias/202402/com-88-da-matriz-eletrica-limpa-brasil-ja-e-lider-da-transicao-energetica-no-mundo. Acesso em: 31 ago. 2024.

EMPRESA DE PESQUISA ENERGÉTICA. Anuário Estatístico de Energia Elétrica 2023: ano base 2022. 2023. Disponível em: https://www.epe.gov.br/sites-pt/publicacoes-dados-abertos/publicacoes/PublicacoesArquivos/publicacao-160/topico-168/anuario-factsheet.pdf. Acesso em: 31 jun. 2024.

MAZZUCATO, Mariana. *Estado empreendedor: desmascarando o mito do setor público vs. Setor privado*. São Paulo: Portfólio Penguin, 2014.

RODRIGUES, Robson. *Brasil precisa dobrar investimentos para liderar transição energética, diz BNDES*. Disponível em: https://valor.globo.com/brasil/noticia/2024/03/12/brasil-precisa-dobrar-investimentos-para-liderar-transicao-energetica-diz-bndes.ghtml. Acesso em: 31 ago. 2024.

SARLET, Ingo Wolfgang; FENSTERSEIFER, Tiago. Direitos fundamentais e desastre climático no RS. *Consultor Jurídico*, 27 de agosto de 2024. Disponível em: https://www.conjur.com.br/2024-mai-20/direitos-fundamentais-e-desastre-climatico-no-rs/. Acesso em: 30 ago. 2024.

SCHUMPETER, J.A. 1934. The theory of economic development: an inquiry into profits, capital, credit, interest and the business cycle. *Harvard Economic Studies*, v. 46. Harvard College, Cambridge, MA. In: ŚLEDZIK, Karol. Schumpeter's View on Innovation and Entrepreneurship. *Ssrn Electronic Journal*, [S.L.], abr. 2013. Elsevier BV. http://dx.doi.org/10.2139/ssrn.2257783. Disponível em: https://www.researchgate.net/publication/256060978_Schumpeter's_View_on_Innovation_and_Entrepreneurship. Acesso em: 31 ago. 2024.

ŚLEDZIK, Karol. Schumpeter's View on Innovation and Entrepreneurship. *Ssrn Electronic Journal*, [S.L.], abr. 2013. Elsevier BV. http://dx.doi.org/10.2139/ssrn.2257783. Disponível em: https://www.researchgate.net/publication/256060978_Schumpeter's_View_on_Innovation_and_Entrepreneurship. Acesso em: 31 ago. 2024.

VALIM, Rafael. *A subvenção no direito administrativo brasileiro*. São Paulo: Contracorrente, 2016.

O LIMITE PERCENTUAL DA RECEITA CORRENTE LÍQUIDA DA LEI DE PPP PARA OS ENTES SUBNACIONAIS: UM ESTUDO EMPÍRICO SOBRE O COMPORTAMENTO DESTE INDICADOR NOS MUNICÍPIOS DO PARANÁ

Edilson Gonçales Liberal

Mestre em Direito Público pela Fundação Getúlio Vargas-FGV/SP. Auditor de Controle Externo – Área Jurídica – do Tribunal de Contas do Estado do Paraná (TCE/PR). E-mail: edliberal@yahoo.com.br.

Sumário: Introdução – 1. Panorama legal; 1.1 A receita corrente líquida; 1.2 O limite do art. 28 da Lei de PPP; 1.3 As alterações do limite do artigo 28 da Lei de PPPS no tempo; 1.4 O prazo e os valores dos contratos na Lei 11.079/04 – 2. Análise dos dados da RCL nos municípios do Paraná; 2.1 Considerações iniciais sobre os municípios e os dados da amostra; 2.2 A receita corrente líquida e o limite do artigo 28 da Lei de PPP; 2.2.1 A variação de valores; 2.2.2 A dimensão mínima dos contratos segundo a Lei de PPP; 2.3 Da capacidade de suportar contratos de PPP somente com base nos números da RCL nos municípios do Paraná – 3. Outros *vieses* de exame dos dados; 3.1 A questão da população e/ou porte do município; 3.2 Ilações da RCL com as receitas correntes, tributárias e o FPM – Conclusão – Referências.

INTRODUÇÃO

As Parcerias Público-Privadas (PPPs) que surgiram no Brasil por meio da Lei 11.079/2004, vieram a somar ao arcabouço das concessões da Lei 8.987/95 duas novas modalidades concessórias, maiores prazos, possivelmente maiores valores de contratação, a participação mais ativa do Estado, bem como instrumentos mais modernos e sofisticados para atrair o setor privado para novos arranjos de parcerias com o setor público.

Uma das grandes preocupações da Lei de PPP foi com o componente orçamentário e fiscal dos entes federados que viessem a entabular essas avenças com os parceiros privados. É patente na lei os dispositivos que tratam destes pontos e como que os entes subnacionais que realizarem estes projetos e contratos devem lidar com estas questões.

Um destes dispositivos da lei diz respeito à obrigação que as unidades federativas têm de demonstrar que as despesas com a(s) PPP(s) devem obedecer a um limite percentual da Receita Corrente Líquida, sob pena de impossibilidade de contratar o projeto (União); ou receber transferências e/ou garantia da União (entes subnacionais).

Estas normas sempre foram esmiuçadas pela doutrina, mas sempre na linha da dificuldade dos entes de realizarem as contratações por conta dos percentuais, ou seja, como se isso fosse uma restrição à contratação por parte dos entes da federação, especialmente os menores. Esse raciocínio acabou pairando no imaginário de quem milita na área da infraestrutura, uma vez que são poucos os estudos empíricos a tratar desse tema com números reais de entes subnacionais.

Por conta disso, e de uma natural curiosidade de como se comportariam estes cálculos com dados reais de um ente federado em uma contratação padrão com as variáveis da própria lei, é que se efetuará este trabalho. Para isso, munido de informações fiscais dos municípios do Paraná, realizar-se-ão exames dos dados a fim comprovar a hipótese se o percentual da Lei de PPP realmente é esse *muro fiscal* a impedir a contratação destes projetos por parte dos municípios do estado.

Para isso, além deste item introdutório, o presente trabalho fará uma breve descrição do panorama legal a respeito deste limite percentual, sua definição e alterações legislativas; além de trazer-se também questões afeitas a própria Receita Corrente Líquida (RCL) e as definições legais dos valores e prazos das PPPs.

Posteriormente, nas duas seções seguintes, se realizará a análise dos dados propriamente dita, em que se examinará no primeiro item elementos especificamente a respeito da RCL e de como se dá a comparação deste indicador com um contrato mínimo de PPP baseado na lei, bem como se os municípios conseguiram (ou não) atender o percentual. No segundo item – em outra dimensão dos dados – analisar-se-á se municípios mais populosos e/ou se os números das Receitas Correntes, Receitas Tributárias e repasses do Fundo de Participação dos Municípios (FPM) tem relação com a capacidade (ou não) dos municípios atenderem a porcentagem da RCL para contratação de PPPs. Por fim, o último item conclui o trabalho.

Com isto, tem-se como objetivo deste estudo, eminentemente empírico e com base nos dados fiscais apresentados pelos próprios municípios, examinar se o percentual da Receita Corrente Líquida presente na Lei das PPPs é realmente um entrave para contratação destes projetos, considerando-se um contrato padrão baseado na própria norma, e as características da amostra dos municípios que se apresenta.

1. PANORAMA LEGAL

1.1 A Receita Corrente Líquida

A Receita Corrente Líquida (RCL) não é novidade no ordenamento jurídico brasileiro. Há muito tempo ela vem permeando o arcabouço do Direito Financeiro, invariavelmente com viés e conotação fortemente fiscal e ligada às despesas com pessoal.

Atualmente, ela faz parte dos instrumentos da Lei de Responsabilidade Fiscal (LRF), de onde tiramos seu significado. Portanto, por ser um dispositivo com definição legal, é importante trazer o próprio conceito da Lei Complementar 101/00, no que interessa mais de perto para os municípios:

Art. 2º Para os efeitos desta Lei Complementar, entende-se como: [...]

IV – *receita corrente líquida: somatório das receitas tributárias, de contribuições, patrimoniais, industriais, agropecuárias, de serviços, transferências correntes e outras receitas também correntes, deduzidos*: [...]

c) na União, nos Estados e nos *Municípios*, a *contribuição dos servidores* para o custeio do *seu sistema de previdência* e assistência social e as receitas provenientes da compensação financeira citada no § 9º do art. 201 da Constituição.

§ 1º Serão computados no cálculo da receita corrente líquida os valores pagos e recebidos em decorrência da Lei Complementar 87, de 13 de setembro de 1996, e do fundo previsto pelo *art. 60 do Ato das Disposições Constitucionais Transitórias*. [...]

§ 3º A receita corrente líquida será apurada somando-se as receitas arrecadadas no mês em referência e nos onze anteriores, excluídas as duplicidades. (grifos nossos)

Nos termos da norma, portanto, para os municípios as receitas do inciso IV terão deduzidos os valores a título de contribuições dos seus servidores para os respectivos regimes próprios de previdência e as receitas advindas da compensação de regimes previdenciários (alínea "c"); e – nos termos do § 1º – somas ou diminuições referentes a compensações do Imposto sobre Circulação de Mercadorias e Serviços (ICMS) e do Fundo de Manutenção e Desenvolvimento da Educação Básica e de Valorização dos Profissionais da Educação (FUNDEB).

Sua composição parte do princípio das "receitas correntes", que tem fundamento na principal norma do Direito Financeiro, a Lei 4.320/64.[1]

Vale frisar que a Receita Corrente Líquida tem muita importância no acompanhamento fiscal dos entes federados, sendo um indicador muito usado pela LRF, tornando-se um balizador para uma série de limites determinados por aquela Lei, destacando-se primeiramente as despesas com pessoal, mas também os serviços de terceiros, o endividamento público e o fluxo financeiro em contratos de parcerias público-privadas, que nos interessa neste trabalho.

No entanto, a Receita Corrente Líquida não é uma inovação da LRF. Antes da LC 101/00 a RCL já era mencionada pelas Leis Complementares 82/95 e 96/99, mas com escopo eminentemente de balizar as despesas com pessoal.[2] A sua origem está, portanto, umbilicalmente ligada a estas despesas, que sabidamente têm grande importância e peso nos orçamentos públicos; mas a Lei de Responsabilidade Fiscal a transformou no principal balizador ou – como diz parte da doutrina – no "*denominador comum da LRF*".[3]

---

1. "Art. 11. A receita classificar-se-á nas seguintes categorias econômicas: Receitas Correntes e Receitas de Capital.
§ 1º São Receitas Correntes as receitas tributária, de contribuições, patrimonial, agropecuária, industrial, de serviços e outras e, ainda, as provenientes de recursos financeiros recebidos de outras pessoas de direito público ou privado, quando destinadas a atender despesas classificáveis em Despesas Correntes."
2. A própria Constituição Federal – inclusive nos Atos das Disposições Constitucionais Transitórias (ADCT) – declina em várias passagens sobre a RCL. No entanto, todas as passagens, mesmo as do ADCT, foram incluídas por Emendas Constitucionais, e posteriormente a 2009, principalmente pela Emenda Constitucional 62/2009; que tratou de uma das alterações a respeito do pagamento de precatórios.
3. TOLEDO JUNIOR, Flávio Corrêa de. A apuração de indexador básico da Lei de Responsabilidade Fiscal. *Revista do Tribunal de Contas da União*, Brasília, v. 32. n. 89, jul./set. 2001.

Assim, tendo em vista a conceituação da RCL e sua importância no arcabouço do balizamento fiscal dos entes federados, examinar-se-ão nos próximos itens sua utilização na Lei das Parcerias Público-Privadas.

1.2 O Limite do art. 28 da Lei de PPP

A Lei 11.079, publicada em 30 de dezembro de 2004, regrou no Brasil as Parcerias Público-Privadas, após um longo período de estudos anteriores à elaboração da respectiva lei, e com forte influência da regulamentação deste instituto em outros países, em especial do continente europeu.[4]

Em que pese seus dispositivos guardem grande semelhança com as concessões ditas "*comuns*", regradas pela Lei 8.987/95, é inegável que as PPPs trouxeram outro arranjo para a relação público-privado, com a possibilidade de maiores prazos, maiores dispêndios financeiros e outros instrumentos não abordados pelas concessões da Lei 8.987, cujo escopo principal é tornar ainda mais atrativo à iniciativa privada parcerias com o setor público.

Uma das principais preocupações da legislação das Parcerias Público-Privadas é – sem dúvidas – a situação orçamentária e fiscal dos entes que pretendam iniciar estes contratos de longo prazo. É nítido no decorrer dos dispositivos da Lei das PPPs o cuidado com as características orçamentárias e fiscais das unidades federativas que pretendam entabular e executar estes contratos. A primeira menção na Lei 11.079/04 vem já no artigo 4º, quando no inciso IV se prevê que uma das diretrizes da contratação e execução de Parcerias Público-Privadas deve ter em mira a responsabilidade fiscal.

Esta inquietação com os atributos orçamentários e fiscais da Lei das PPPs continua nas determinações do artigo 10, inciso I, alíneas b) e c) e incisos II a V;[5] quando o regramento desce a mais detalhes, para que os entes federados procedam à apresentação de

---

4. SUNDFELD, Carlos Ari. *Parcerias público-privadas*. 2. ed. São Paulo: Malheiros, 2011.
5. Art. 10. A contratação de parceria público-privada será precedida de licitação na modalidade de concorrência, estando a abertura do processo licitatório condicionada a:
    I – autorização da autoridade competente, fundamentada em estudo técnico que demonstre: [...]
    b) que as despesas criadas ou aumentadas não afetarão as metas de resultados fiscais previstas no Anexo referido no § 1º do art. 4º da Lei Complementar 101, de 4 de maio de 2000, devendo seus efeitos financeiros, nos períodos seguintes, ser compensados pelo aumento permanente de receita ou pela redução permanente de despesa; e
    c) quando for o caso, conforme as normas editadas na forma do art. 25 desta Lei, a observância dos limites e condições decorrentes da aplicação dos arts. 29, 30 e 32 da Lei Complementar 101, de 4 de maio de 2000, pelas obrigações contraídas pela Administração Pública relativas ao objeto do contrato;
    II – elaboração de estimativa do impacto orçamentário-financeiro nos exercícios em que deva vigorar o contrato de parceria público-privada;
    III – declaração do ordenador da despesa de que as obrigações contraídas pela Administração Pública no decorrer do contrato são compatíveis com a lei de diretrizes orçamentárias e estão previstas na lei orçamentária anual;
    IV – estimativa do fluxo de recursos públicos suficientes para o cumprimento, durante a vigência do contrato e por exercício financeiro, das obrigações contraídas pela Administração Pública;
    V – seu objeto estar previsto no plano plurianual em vigor no âmbito onde o contrato será celebrado; [...]

documentos que comprovem certa pujança fiscal e orçamentária para a contratação e execução de um contrato longo e custoso como o de uma PPP.

Muito embora a maioria das normas a tratar dos componentes orçamentários e fiscais dos entes subnacionais se situem no artigo 10 da Lei de PPPs, em outros dispositivos é possível também encontrar regramento nesse sentido, como nos artigos 22 e 28 da lei.[6] Os dois artigos fazem menção a limites percentuais da Receita Corrente Líquida (RCL) que os entes federados devem respeitar ao licitar e contratar Parcerias Público-Privadas.

Pelo artigo 22, a Lei 11.079/04 regra que a União não poderá contratar PPP se a soma das despesas de caráter continuado das parcerias já contratadas tiver excedido no exercício anterior 1% da Receita Corrente Líquida, e a projeção das despesas com estes contratos igualmente não excedam o referido percentual da projeção da RCL para os próximos 10 anos.

O artigo 28, por sua vez, também endereça obrigação à União, mas diz respeito a Estados e Municípios, já que estipula que estes entes federados não poderão receber prestação de garantia e/ou transferência voluntária da União, se a soma das despesas continuadas de PPP já contratadas tenha excedido no exercício anterior a 5% da Receita Corrente Líquida; e que a projeção das despesas com as PPPs também não exceda o referido percentual da projeção da RCL para os próximos 10 anos.[7]

Por fim, o parágrafo primeiro do dispositivo ainda determina que os entes subnacionais, previamente à realização das contratações de PPPs, encaminhem ao Senado Federal e à STN as informações relativas ao atendimento do percentual de 5% da RCL.

Estes dispositivos são bastante criticados pela doutrina, seja em relação a sua caracterização, à sua inconstância (conforme se abordará adiante) mas, principalmente, no que toca à sua própria existência. É bastante elucidativo e didático transcrever o que Maurício Portugal Ribeiro e Lucas Navarro Prado testemunharam a respeito destes dois artigos:

---

6. Art. 22. A União somente poderá contratar parceria público-privada quando a soma das despesas de caráter continuado derivadas do conjunto das parcerias já contratadas não tiver excedido, no ano anterior, a 1% (um por cento) da receita corrente líquida do exercício, e as despesas anuais dos contratos vigentes, nos 10 (dez) anos subsequentes, não excedam a 1% (um por cento) da receita corrente líquida projetada para os respectivos exercícios.
Art. 28. A União não poderá conceder garantia ou realizar transferência voluntária aos Estados, Distrito Federal e Municípios se a soma das despesas de caráter continuado derivadas do conjunto das parcerias já contratadas por esses entes tiver excedido, no ano anterior, a 5% (cinco por cento) da receita corrente líquida do exercício ou se as despesas anuais dos contratos vigentes nos 10 (dez) anos subsequentes excederem a 5% (cinco por cento) da receita corrente líquida projetada para os respectivos exercícios.
7. Há uma interessante discussão na doutrina se os entes subnacionais estariam peremptoriamente proibidos de contratar PPPs caso extrapolado o limite do art. 28. A priori não parece ser o caso, já que a norma é endereçada a União. Vedar a concessão de garantia ou repasse de transferências (mesmo que somente as voluntárias) a Estados e Municípios pode levar alguns destes entes federados até à inviabilidade financeira. Para aprofundamento: NAKAMURA, André Luiz dos Santos. Os riscos das Parcerias Público-Privadas (PPP) para as finanças públicas. *Fórum de Contratação e Gestão Pública* – FCGP, Belo Horizonte, ano 13, n. 150, p. 09-15, jun. 2014. LIBERAL, Edilson Gonçales. *Elementos orçamentários e fiscais das PPPs sociais*. O caso das escolas infantis de Belo Horizonte. Belo Horizonte: Dialetica, 2022. p. 125.

Ao longo da tramitação do projeto de lei que deu origem à Lei de PPP, quando poucos entre nós tinham compreensão do assunto, alardeou-se, indevidamente, que o projeto de lei estaria a estimular o descumprimento das regras de responsabilidade fiscal. Feito o alarde, a arena política encarregou-se de tornar necessário que a própria Lei de PPP veiculasse os mecanismos para assegurar o cumprimento pelas PPPs das regras de responsabilidade fiscal. Daí a necessidade de desenvolver controles para as PPPs cuja efetividade independesse da futura regulamentação dos seus aspectos contábeis, conforme previsto no art. 25. Foi nesse diapasão que surgiram os arts. 22 e 28 da Lei de PPP, os quais estabelecem limites de despesas com as PPP, utilizando como referência um percentual da RCL – Receita Corrente Líquida.[8]

Assim, tem-se um arcabouço histórico e institucional de certa forma tormentoso na criação destes artigos, já que eles aparentemente foram lá dispostos mais pela acomodação política de argumento a uma suposta burla à LRF do que efetivamente uma maior preocupação com a responsabilidade fiscal ou estudos a respeito disso. Este desenrolar pode explicar não só a falta de metodologia que se aponta na direção destes dispositivos como também o afastamento destas normas do restante dos artigos relativos aos componentes fiscais, presentes majoritariamente no artigo 10 e distantes topograficamente na norma.

Também, é importante frisar a crítica ácida que a doutrina faz à pretensa inconstitucionalidade dos dispositivos. Tanto a norma do artigo 22 como a do 28 tem apontamentos no sentido de inconstitucionalidade, uma vez que os dispositivos da Lei de PPPs teriam invadido competência de assuntos relacionados a finanças públicas por via de lei ordinária, em contundente desobediência ao artigo 163, inciso I da Constituição Federal.

Em relação ao artigo 22 – que estipula o limite da RCL para a União – há contraponto na doutrina, já que parte desta advoga a tese de que a Lei de PPP regula contrato e especificamente alocação de recursos em Parcerias Público-Privadas, e não finanças públicas especificamente.[9]

Já no que toca ao artigo 28 – que estipula o limite da RCL para Estados e Municípios – como a norma é endereçada à União, já que há a proibição de concessão de garantia e/ou realização de transferências voluntárias para aqueles entes federados, esta mecânica – para parte da doutrina – seria determinante para as finanças públicas daquelas unidades federativas, razão pela qual a inconstitucionalidade seria, desta forma, evidente.[10]

---

8. RIBEIRO, Maurício Portugal; PRADO, Lucas Navarro. *Comentários à Lei de PPP* – parceria público-privada. Fundamentos econômico-jurídicos. São Paulo: Malheiros, 2007. p. 397.
9. No sentido da inconstitucionalidade: RIBEIRO, Maurício Portugal; PRADO, Lucas Navarro. *Comentários à Lei de PPP* – parceria público-privada. Fundamentos econômico-jurídicos. São Paulo: Malheiros, 2007. p. 450-451.
   Em sentido contrário: GUIMARÃES, Fernando Vernalha. A responsabilidade fiscal na parceria público-privada. *Revista Eletrônica de Direito Administrativo Econômico* (REDAE). Salvador: IBDP, n. 20, nov./dez./jan. 2009/2010.
10. Defendendo a inconstitucionalidade: RIBEIRO, Maurício Portugal; PRADO, Lucas Navarro. *Comentários à Lei de PPP* – parceria público-privada. Fundamentos econômico-jurídicos. São Paulo: Malheiros, 2007. p. 398-399. MONTEIRO, Vera. Três anos da lei de parceria público-privada. In: SOUZA, Mariana Campos de (Coord.). *Parceria Público-Privada*. São Paulo: Quartier Latin, 2008. p. 23-239. GUIMARÃES, Fernando Vernalha. A responsabilidade fiscal na parceria público-privada. *Revista Eletrônica de Direito Administrativo Econômico* (REDAE). Salvador: IBDP, n. 20, nov./dez./jan. 2009/2010. HUNGARO, Luis Alberto. *Parceria Público-Privada*

Este é o arcabouço normativo em relação ao limite percentual da Receita Corrente Líquida estabelecido pela Lei de PPPs. Não obstante as pesadas críticas à pretensa inconstitucionalidade dos dispositivos, não há notícia de que as normas tenham ficado sem vigência por nenhum período por conta de ações que questionassem sua constitucionalidade. Da mesma forma, mesmo a não obrigatoriedade de Estados e Municípios obedecerem ao limite – conforme exposto acima – não torna o artigo 28 despiciendo, já que o mandamento legal permeia com bastante contundência as modelagens de PPPs; haja vista ser virtualmente impraticável um Estado ou Município sem acesso a transferências voluntárias ou mesmo a garantias da União.

1.3 As Alterações do Limite do Artigo 28 da Lei de PPPs no Tempo

A par das críticas que o limite percentual do artigo 28 da Lei 11.079/04 carrega por conta de sua pretensa inconstitucionalidade, conforme já exposto no item anterior, outra situação que chama muito a atenção é a grande alterabilidade do valor percentual do limite deste artigo na lei.

Com efeito, quando da edição da lei o percentual estipulado pelo artigo 28 era também de 1% da Receita Corrente Líquida, tal qual prevê o artigo 22 especificamente para a União. Posteriormente, em 2009 foi pela primeira vez alterado para 3%, por meio da Lei 12.024. Por fim, três anos depois a Lei 12.766/2012 promoveu grandes alterações na Lei de PPP, sendo que uma delas foi o aumento deste percentual para os atuais 5% da RCL. Como se vê, a variação do percentual do artigo 28 da Lei de PPP realmente é digna de nota.

No entanto, como nos lembra a doutrina,[11] a realidade se impôs ao limite deste artigo da Lei 11.079/04.

No ano da primeira alteração – 2009 – o setor de infraestrutura brasileiro era literalmente sacudido pela necessidade de realização das obras para os grandes eventos que se realizariam nos anos seguintes: a Copa das Confederações em 2013; a Copa do Mundo em 2014; e as Olimpíadas e Paraolimpíadas em 2016. Não só as arenas e espaços para a realização dos eventos, mas principalmente a infraestrutura a reboque destes eventos demandariam muito investimento privado e – principalmente – público.

Das doze arenas para a disputa das partidas de futebol, por exemplo, cinco foram construídas em projetos de Parceria Público-Privada na modalidade concessão administrativa, aquela que tem desembolso somente pelo parceiro público e com exigência de grandes investimentos. Com esse fenômeno, Estados e Municípios que realizaram obras destes estádios por PPP se viram rapidamente com quase a totalidade

---

Municipal. A concretização de funções sociais da cidade: habitação, saneamento básico e mobilidade urbana. Rio de Janeiro: Lumen Juris, 2017. p. 137.

Em sentido contrário: OLIVEIRA, Regis Fernandes de. *Curso de direito financeiro*. 7. ed. São Paulo: RT, 2015. p. 862.

11. SANT´ANNA, Lucas de Moraes Cassiano. *Aspectos orçamentários das parcerias público-privadas*. São Paulo: Almedina, 2018. p. 137.

do percentual de 1% da Receita Corrente Líquida praticamente comprometido com as despesas destes contratos; o que desaguou na alteração do percentual para 3% pela Lei 12.024/09.

Apenas três anos depois, novamente se verificou que o índice de comprometimento da RCL em 3% era insuficiente, uma vez que a continuação das obras, não das arenas e estádios, mas da infraestrutura para permitir a realização dos eventos – principalmente de mobilidade – demandaria nova alteração do percentual do artigo 28; agora para 5% por meio da Lei 12.766/12.

E a questão da mutabilidade deste percentual continua no centro das discussões. O novo marco legal das concessões, que é discutido no Congresso Nacional no Projeto de Lei do Senado Federal 7.063/2017, traz novamente proposta para se alterar o limite percentual do artigo 28, agora para 15%. O projeto ainda prevê que se a PPP for realizada por consórcio público o limite seria aumentado em mais 5%, chegando a 20%; e se as despesas com o contrato de PPP for substituir desembolsos com a prestação do objeto ou serviço equivalente, esses valores não seriam considerados no percentual.

Como se vê, o Projeto de Lei estipula profundas alterações no modelo de limite percentual da Receita Corrente Líquida estabelecido pela Lei de PPPs, o que pode mudar consideravelmente o panorama destas contratações. Segundo o substitutivo:[12]

> Uma das queixas levantadas em nossas audiências públicas é de que os limites máximos de comprometimento das despesas com PPP para os Estados, o DF, e os Municípios, previstos no art. 28 da Lei 11.079/2004, são de, no máximo, 5% da sua receita corrente líquida (RCL) anual, limite muito baixo frente às necessidades desses entes federativos, e isso impediria a celebração de PPPs.
>
> Caso esse limite seja ultrapassado, o ente federativo pode deixar de receber garantias e transferências voluntárias da União.

Não há no Projeto de Lei, nos substitutivos ou mesmo nos pareceres da tramitação nas casas legislativas federais qualquer menção a metodologia por trás deste aumento. O argumento para o incremento percentual é sempre lastreado em "queixas e reclamações" colhidas nas audiências públicas.

Este *modus operandi* de alteração, similar aos ocorridos nas outras duas leis que aumentaram o percentual do artigo 28 de que se falou acima, leva parte da doutrina a afirmar com relativa contundência de que estas alterações ao *bel* talante da necessidade de investimentos e conformações políticas, é a maior evidência de que estas modificações são realizadas sem nenhum critério e completamente sem qualquer estudo financeiro/fiscal a lhe embasar; podendo-se até mesmo advogar pela completa desnecessidade destes limites percentuais.[13]

---

12. Substitutivo 2 ao Projeto de Lei do Senado Federal 7.063/2017 de 19/11/2019. Disponível em: https://www.camara.leg.br/proposicoesWeb/prop_mostrarintegra?codteor=1834942&filename=SBT+2+PL706317+%-3D%3E+PL+7063/2017. Acesso em: 1º jul. 2024.
13. SANT'ANNA, Lucas de Moraes Cassiano. *Aspectos orçamentários das parcerias público-privadas*. São Paulo: Almedina, 2018. p. 138.

Neste ponto, parte importante da doutrina ainda sustenta o argumento de que a restrição do percentual do artigo 28 da Lei de PPPs é o grande responsável pelo diminuto número de PPPs municipais;[14] ou ainda que este percentual pode ser uma verdadeira barreira de entrada para os municípios menores aos contratos de Parceria Público-Privada.[15]

1.4 O Prazo e os Valores dos Contratos na Lei 11.079/04

Para se examinar o comprometimento da Receita Corrente Líquida em contratos de Parceria Público-Privada em um estudo empírico com grande número de entes federados, é necessário se perquirir qual a dimensão e grandeza dos contratos que estes projetos irão gerar.

A própria Lei das PPPs se preocupou com isso. Por se tratar de contratações mais complexas e sofisticadas e, à semelhança das concessões comuns, com prazos longos para amortização dos investimentos; a norma reservou para os contratos das parcerias prazos e valores mais dilatados.

Em relação aos valores, na edição da Lei 11.079 em 2004, o artigo 2º, § 4º, inciso I estipulava que era vedada a contratação de PPPs cujo valor do contrato fosse inferior a R$ 20 milhões. Posteriormente, por meio da Lei 13.529/17 este valor foi diminuído para R$ 10 milhões, montante que permanece até hoje.[16]

Já no que concerne aos prazos, no mesmo parágrafo em que se estipula o valor já há vedação à elaboração deste tipo de contratos com prazo menor que 5 anos (art. 2º, § 4º, inciso II). No entanto, a norma é redundante ao dispor novamente no artigo 5º, inciso I que o contrato de PPP não poderá ter prazo menor do que 5 anos e maior do que 35, incluindo-se eventuais prorrogações.

Com este balizamento de valores e prazos mínimos e máximos é possível determinar-se valores de contratos somente com base na lei, que servirão para as análises que se seguirão neste estudo.

Existe um importante e interessante debate na doutrina sobre quais os valores que seriam realmente considerados como elegíveis a serem tipificados como "*da PPP*"; no entanto, para simplificar os cálculos e análises neste estudo, considerar-se-á somente a expressão "valor do contrato" e os dois valores citados pela Lei de Parcerias Público--Privadas.[17]

Assim, com o panorama posto, analisar-se-á nos próximos itens como se comportam as finanças públicas – em especial a RCL – dos municípios do Estado do Paraná.

---

14. GUIMARÃES, Fernando Vernalha; KANAYAMA, Rodrigo Luís; HUNGARO, Luis Alberto. Apontamentos sobre o controle fiscal das Parcerias Público-Privadas. *Revista de Contratos Públicos* – RCP. Belo Horizonte, ano 6, n. 10, p. 23-35, set./fev. 2017.
15. HUNGARO, Luis Alberto. *Parceria Público-Privada Municipal*. A concretização de funções sociais da cidade: habitação, saneamento básico e mobilidade urbana. Rio de Janeiro: Lumen Juris, 2017. p. 137.
16. Última verificação em Junho de 2024.
17. BELSITO, Bruno Gazzaneo; VIANA, Felipe Benedito. O limite de comprometimento da Receita Corrente Líquida em contratos de parceria público-privada. *Revista do BNDES* n. 39. Rio de Janeiro/RJ. Junho 2013.

2. ANÁLISE DOS DADOS DA RCL NOS MUNICÍPIOS DO PARANÁ

2.1 Considerações Iniciais Sobre os Municípios e os Dados da Amostra

Para este estudo, em que se tenciona um exame dos números da Receita Corrente Líquida e do percentual do artigo 28 da Lei de PPP para municípios, uma análise destes entes de todo o Brasil, que conta com 5.568 unidades federativas, seria de difícil execução em um trabalho deste porte. Por esta razão, optou-se pelo estudo dos dados dos municípios do Estado do Paraná, em número de 399.

Para isso, buscou-se fazer a delimitação dos dados da própria Receita Corrente Líquida, e já antevendo algumas comparações em relação à pujança dos números do próprio orçamento dos entes, também os números do total das Receitas Correntes, da Arrecadação Tributária e das transferências a título de Fundo de Participação dos Municípios (FPM), uma das maiores senão a maior fonte de receitas de muitos dos municípios no país. Todos estes valores, desde o ano de 2004 – ano da edição da Lei de PPPs – até 2023, último ano com dados completos encerrados até a elaboração deste estudo.

Em que pese grande parte destes dados estejam disponíveis nos próprios portais de transparência dos municípios, bem como na plataforma de dados abertos da Secretaria do Tesouro Nacional (STN),[18] a dispersão e a dificuldade de se acessar as informações trariam impasses talvez intransponíveis para realização do trabalho. Assim, foi escolha da pesquisa acessar os dados fornecidos pelas próprias unidades federativas para o Tribunal de Contas do Estado do Paraná (TCE/PR), que centraliza essas informações por conta das Prestações de Contas Anuais dos municípios.

Desta feita, foram realizados Pedidos de Acesso à Informação ao TCE/PR,[19] em que se solicitou àquele órgão de controle externo as informações tais quais declinadas nos parágrafos acima. As informações foram prestadas e os dados puderam ser avaliados e analisados conforme se pontua nos próximos itens.

Por fim, para algumas comparações necessárias, especialmente em relação ao porte e desenvolvimento dos municípios, também foram obtidas informações a respeito da população; colhidas junto ao Instituto Brasileiro de Geografia e Estatística (IBGE).[20]

2.2 A Receita Corrente Líquida e o Limite do Artigo 28 da Lei de PPP

2.2.1 A Variação de Valores

A primeira questão que salta aos olhos quando se analisa a RCL no decorrer dos anos 2004 a 2023 nos municípios do Paraná é que os valores são majoritariamente cres-

---

18. SICONFI – Sistema de Informações Contábeis e Fiscais do Setor Público Brasileiro. Disponível em: https://siconfi.tesouro.gov.br/siconfi/pages/public/declaracoes_anteriores/declaracoes_anteriores_list.jsf. Acesso em: 15 jul. 2024.
19. Pedidos de Acesso à Informação protocolados sob os números 686509/22 e 450480/24 junto ao Tribunal de Contas do Estado do Paraná – TCE/PR.
20. Disponível em: https://www.ibge.gov.br/estatisticas/downloads-estatisticas.html. Acesso em: 15 jul. 2024.

centes no decorrer do período. São poucos os anos e mínimos os municípios que têm decréscimo de um ano para outro na Receita Corrente Líquida. Dos 399 municípios do estado, 136 não tiveram nenhum período de decréscimo da RCL no período e 172 tiveram somente um ano de decréscimo; o que já atinge mais de 77% dos municípios. Com isso, é possível afirmar com relativa segurança que os valores dessa rubrica tendem a subir com o passar do tempo.

Assim, partindo-se da premissa que a RCL é crescente, e analisando-se os dados tem-se que todos os municípios tiveram crescimento deste número no período. A média de crescimento da RCL de todos os municípios paranaenses entre 2004-2023 é de 11,77%; sendo que a maior média de crescimento no período é de 21,99% (Saudade do Iguaçu) e a menor é de 8,84% (em Curitiba, a capital do Estado).

Outra variante interessante de análise é a de que os valores que a própria Lei das PPPs estipulou para seus contratos não permaneceu incólume no tempo. Sobre eles incidiu um fenômeno econômico, não exclusivo do Brasil, mas de que se tem (não tão saudosa) memória e com efeitos nefastos sobre a moeda: a inflação. Tendo em vista que a Lei das PPPs é de 2004, por todo este período incidiu a inflação corroendo o valor previsto na norma. Ao se considerar os dois índices de mensuração da inflação mais populares (IPCA e IGP-M),[21] e o valor mínimo dos contratos de PPP da redação original e o alterado pela Lei temos a seguinte tabela:

Tabela 1 – Relação entre valores da Lei de PPP e o IGP-M/IPCA de 2004-2023

Ano	IPCA[1] %	IPCA[1] Valor Original	IPCA[1] Valor Lei 13.529/17	IGP-M[1] %	IGP-M[1] Valor Original	IGP-M[1] Valor Lei 13.529/17
2004	7,60%	20.000.000,00	-	12,42%	20.000.000,00	-
2005	5,69%	18.862.000,00	-	1,20%	19.760.000,00	-
2006	3,14%	18.269.733,20	-	3,85%	18.999.240,00	-
2007	4,46%	17.454.903,10	-	7,75%	17.526.798,90	-
2008	5,90%	16.425.063,82	-	9,81%	15.807.419,93	-
2009	4,31%	15.717.143,57	-	-1,71%	16.077.726,81	-
2010	5,91%	14.788.260,38	-	11,32%	14.257.728,13	-
2011	6,50%	13.827.023,46	-	5,10%	13.530.584,00	-
2012	5,84%	13.019.525,29	-	7,81%	12.473.845,39	-
2013	5,91%	12.250.071,34	-	5,53%	11.784.041,74	-
2014	6,41%	11.464.841,77	-	3,67%	11.351.567,41	-
2015	10,67%	10.241.543,15	-	10,54%	10.155.112,20	-
2016	6,29%	9.597.350,09	-	7,19%	9.424.959,63	-
2017	2,95%	9.314.228,26	10.000.000,00	-0,53%	9.474.911,92	10.000.000,00

---

21. IPCA – Índice Nacional de Preços ao Consumidor Amplo, pesquisado e calculado pelo Instituto Brasileiro de Geografia e Estatística (IBGE).
IGP-M – Índice Geral de Preços – Mercado, pesquisado e calculado pela Fundação Getúlio Vargas (FGV).

2018	3,75%	8.964.944,70	9.625.000,00	7,55%	8.759.556,07	9.245.000,00
2019	4,31%	8.578.555,58	9.210.162,50	7,32%	8.118.356,57	8.568.266,00
2020	4,52%	8.190.804,87	8.793.863,16	23,14%	6.239.768,86	6.585.569,25
2021	10,06%	7.366.809,90	7.909.200,52	17,78%	5.130.337,95	5.414.655,04
2022	5,79%	6.940.271,61	7.451.257,81	5,46%	4.850.221,50	5.119.014,87
2023	4,62%	6.619.631,06	7.107.009,70	-3,18%	5.004.458,55	5.281.799,54

Fonte: Elaboração própria com base nos índices de inflação e nas Leis 11.079/04 e 13.529/17. (1) Valores do IPCA e IGPM com base nos *websites* do IBGE e da FGV, respectivamente.

Duas informações chamam bastante a atenção se considerarmos os dados acima. A primeira é que atualmente o valor mínimo estipulado pela Lei – corrigido pela inflação – para contratação de uma PPP é quase 30% menor pelo IPCA, e quase 50% menor se levarmos em consideração o IGPM; ou seja, os valores hoje corrigidos são muito menores – ou valem muito menos – do que quando da edição da lei que estipulou os R$ 10 milhões para contratação mínima, conforme destaque na última linha da tabela.

A segunda informação é que, levando-se em conta a inflação, haveria pouquíssima diferença de valor atual da contratação mínima – corrigido – mesmo se não tivesse havido a alteração da Lei 13.529/2017, pois em que pese o valor nominal seja a metade, a inflação já havia corroído aquele montante deixando-o menor do que a própria lei propunha, conforme destacado no quadro.

Veja-se que o fenômeno ocorrido com a Lei de PPP foi o oposto do que ocorreu com a Lei 8.666/93 de Licitações e Contratos, em que pese o motivo seja o mesmo para ambas as normas: a inflação. Com efeito, na Lei de Licitações os valores das modalidades, das dispensas e de outros mecanismos foram perdendo poder de compra a ponto de ser necessária correções para isso aumentando os valores. Já na Lei de PPPs os valores que originariamente eram muito altos foram sendo *"corrigidos para baixo"* também pela perda do poder de compra.

Assim, a inflação que atuou sobre os valores mínimos contratuais da Lei de PPP, aliada ao crescimento que se deu sobre a Receita Corrente Líquida, deixaram o panorama do percentual sobre a RCL com vieses muito interessantes a se examinar.

2.2.2 *A Dimensão Mínima dos Contratos Segundo a Lei de PPP*

Para fins de exame dos dados a que se propõe este estudo, é necessário – com base na própria Lei das PPPs – traçar uma grandeza mínima destes tipos de contratos, o que chamaremos nesse trabalho de *"PPP mínima"*.

Conforme já mencionado no item 1.4, o valor mínimo para um contrato de Parceria Público-Privada é atualmente de R$ 10 milhões (mas já foi de R$ 20 milhões) e o prazo de um contrato destes deve ser de no mínimo 5 e no máximo 35 anos. Com estas informações, e dividindo-se o valor pelo prazo é possível estipular um montante mínimo anual de um contrato de PPP – segundo a lei – e a partir disso, considerando o limite percentual do art. 28 chegar-se ao valor que o ente federado teria que ter anualmente de Receita Corrente Líquida para suportar uma contratação desta tipologia.

A operação aritmética é muito simples e o único valor que pode ter uma variação mais complexa é o prazo contratual, uma vez que pode ser estipulado de 5 até 35 anos. Para fins da análise deste trabalho, utilizar-se-ão três valores para o prazo contratual: 5 anos, o menor prazo da lei; 35, o maior prazo previsto; e 20 anos, que seria a média dos valores em relação ao estipulado pela própria norma, além de ter sido a duração contratual de vários projetos.[22]

Com isso, teríamos o valor mínimo legal anual para um contrato de PPP, e o valor mínimo anual da RCL de um município para fazer frente àquele contrato. Dispostos os valores para os três prazos citados acima ter-se-ia o seguinte quadro:

Quadro 1 – Condições contratuais de PPPs em prazos de 5, 20 e 35 anos
(Valores em R$)

Condições			5 Anos	20 Anos	35 Anos
2004 a 2009 (1% da RCL) Contrato Mínimo 20.000.000	Redação Original Lei	Valor Mínimo Contrato/Ano	4.000.000[(1)]	1.000.000	571.429
		RCL Mínima Município/Ano	400.000.000	100.000.000	57.142.857
2010 a 2012 (3% da RCL) Contrato Mínimo 20.000.000	Lei 12.024/09	Valor Mínimo Contrato/Ano	4.000.000	1.000.000	571.429
		RCL Mínima Município/Ano	133.333.333	33.333.333	19.047.619
2013 a 2016 (5% da RCL) Contrato Mínimo 20.000.000	Lei 12.766/12	Valor Mínimo Contrato/Ano	4.000.000	1.000.000	571.429
		RCL Mínima Município/Ano	80.000.000	20.000.000	11.428.571
Após 2017 (5% da RCL) Contrato Mínimo 10.000.000	Lei 13.529/17	Valor Mínimo Contrato/Ano	2.000.000	500.000	285.714
		RCL Mínima Município/Ano	40.000.000	10.000.000	5.714.286

Fonte. Elaboração própria com base na lei 11.079/04

---

22. Têm prazo de 20 anos os seguintes projetos: Sede da Procuradoria Geral do Estado (Rondônia); PPP Habitacional – Fase 2 (Município de São Paulo); Parque de Iluminação Pública Inteligente (Guarapuava); Veículo Leve sobre Trilhos (Bahia); Sistema Viário BA-052 – Estrada do Feijão (Bahia); Iluminação Pública (Belo Horizonte); Rede de Atenção Primária à Saúde (Belo Horizonte); Sistema Integrado Metropolitano da Região Metropolitana da Baixada Santista (SIM da RMBS); Casa Paulista (Estado de São Paulo); Complexos Hospitalares (Estado de São Paulo); Hospital da Zona Norte (Amazonas); Hospital Metropolitano de Belo Horizonte (Belo Horizonte); Frota da Linha 8 Diamante (Estado de São Paulo), Unidades de Ensino da Rede Municipal de Educação Básica – UMEI (Belo Horizonte), entre outros.
(Fonte: Radar PPP. Disponível em: https://radarppp.com/resumo-de-contratos-de-ppps/. Acesso em: 15 jul. 2024).

Assim, conforme o quadro e os destaques acima, somente para atender a Lei de PPPs, um contrato destes, com prazo de 20 anos em 2005 (valor mínimo de R$ 20 milhões e 1% de limite), deveria ter um valor mínimo anual de R$ 1 milhão e o município deveria ter uma RCL anual de pelo menos R$ 100 milhões, conforme células destacadas acima. Por sua vez, uma PPP com o mesmo prazo – 20 anos – mas realizada em 2019 (já com limite de 5% e valor mínimo de R$ 10 milhões), deveria ter contrato com valor anual mínimo de R$ 500 mil e o município uma Receita Corrente Líquida R$ 10 milhões; ou seja, um valor 90% menor de RCL do que uma contratação nos mesmos moldes em 2005.

Como se vê do quadro, mesmo com a redução os valores ainda são realmente grandiosos, razão pela qual pode-se considerar comum a citação da doutrina de que a grande maioria dos municípios estaria – com base nessa simples conta – praticamente impossibilitada de contratar PPPs.

No entanto, há mais nuances que merecem ser exploradas; o que se fará nos próximos itens.

2.3 Da Capacidade de Suportar Contratos de PPP somente com base nos números da RCL nos Municípios do Paraná

Com base nas informações até aqui levantadas e com os dados fornecidos, é possível se analisar se os municípios deste estudo tiveram lastro na Receita Corrente Líquida para suportar uma contratação de PPP.

A ideia não é defender o argumento de que todos os municípios devem realizar contratações de PPPs ou não, mas simplesmente retirar (ou não) a mística de que o percentual do limite do artigo 28 sobre a RCL seria um dificultador ou mesmo uma "barreira de entrada" para que estas unidades federativas realizem contratações deste porte. Além de que, o que se analisará neste item dá a noção só do lastro fiscal em relação ao limite, o que pode implicar em somente uma contratação, ou às vezes nenhuma por conta do valor; uma vez que projetos de contratação de longo prazo também foram duramente atingidos pelo fenômeno da inflação.

Ao se examinar o número da RCL de todos os 399 municípios do Paraná de 2004 a 2023, com as nuances de alteração tanto de percentual do limite como do valor mínimo da contratação, temos o quadro apresentado abaixo a respeito de quantos municípios do estado atenderiam o requisito do limite ano a ano; lembrando que o critério é única e exclusivamente de que o valor do percentual da Receita Corrente Líquida anual seja igual ou maior que o valor mínimo anual da contratação nos três prazos escolhidos. O quadro ficaria da seguinte forma:

Quadro 2 – Número de Municípios em que o limite percentual sobre a RCL atende o valor mínimo do contrato de acordo com o prazo escolhido.

Ano	Contratos de 5 Anos - Número de Municípios que atendem	Contratos de 5 Anos - % rel. ano anterior	Contratos de 20 Anos - Número de Municípios que atendem	Contratos de 20 Anos - % rel. ano anterior	Contratos de 35 Anos - Número de Municípios que atendem	Contratos de 35 Anos - % rel. ano anterior
2004	2	-	9	-	18	-
2005	2	0,00%	10	11,11%	18	0,00%
2006	2	0,00%	11	10,00%	19	5,56%
2007	1	-50,00%	13	18,18%	21	10,53%
2008	2	100,00%	13	0,00%	28	33,33%
2009	2	0,00%	13	0,00%	30	7,14%
2010	13	550,00%	62	376,92%	111	270,00%
2011	17	30,77%	86	38,71%	158	42,34%
2012	19	11,76%	91	5,81%	176	11,39%
2013	37	94,74%	196	115,38%	338	92,05%
2014	42	13,51%	219	11,73%	368	8,88%
2015	50	19,05%	231	5,48%	379	2,99%
2016	58	16,00%	258	11,69%	398	5,01%
2017	129	122,41%	399	54,65%	399	0,25%
2018	145	12,40%	399	-	399	-
2019	155	6,90%	399	-	399	-
2020	173	11,61%	399	-	399	-
2021	197	13,87%	399	-	399	-
2022	236	19,80%	399	-	399	-
2023	261	10,59%	399	-	399	-

Fonte: Elaboração própria com base na Lei de PPP e RCL dos Municípios do PR de 2004-2023

Os dados apresentados mostram uma interessante evolução sobre o que aqui se discute. Por exemplo, para um contrato com prazo de 20 anos, em 2004, somente nove municípios no estado teriam lastro percentual de RCL para suportar uma contratação em valor mínimo de PPP. Por outro lado, ainda conforme o quadro acima, também no prazo de 20 anos tem-se que a partir de 2017 todos os municípios do Paraná teriam lastro de percentual da RCL para pelo menos uma contratação mínima de PPP; da mesma forma, num contrato com prazo de 35 anos tem-se que, também a partir de 2017, todos os municípios do estado teriam essa possibilidade.

Não por acaso, 2017 foi o ano em que o valor mínimo da contratação de PPP foi diminuído em 50%, passando de R$ 20 para R$ 10 milhões.

Já para contratos com prazo de 5 anos, de 2004 a 2009 somente dois municípios do estado tinham lastro para contratação e, ainda em 2021, somente 197 – ou 49,37% dos municípios – tinham condição de suportar uma PPP conforme aqui estudado.

O número de municípios que atendem esta contratação de 5 anos vem aumentando a cada ano a uma média de quase 14% a.a. após 2020, reflexo da inflação e do aumento da própria RCL, como visto.

Veja-se que esta contratação com o prazo mínimo, como traz alto valor para o contrato anualmente, eleva a necessidade de Receita Corrente Líquida, o que justificaria o relativo baixo número de municípios que atenderiam a este requisito.

Para se ter uma noção completa dessa evolução do número de municípios em que o percentual da RCL suportaria um contrato mínimo de PPP segundo a lei, é interessante notar graficamente esse fenômeno.

Gráfico 1 – Número de Municípios – de 2004 a 2023 – em que o limite percentual sobre a RCL atende o valor mínimo do contrato de acordo com o prazo escolhido

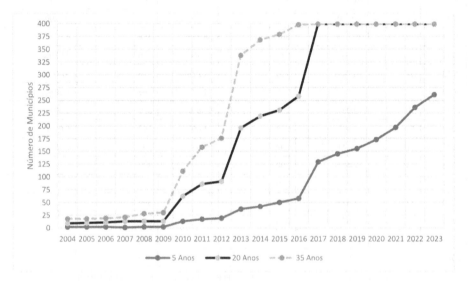

Fonte: Elaboração própria com base no Quadro 2.

Ao se observar o Gráfico 1 algumas informações logo se destacam. Primeiramente existem fortes movimentações no número de municípios que se acentuam intensamente na imagem. Estes deslocamentos já haviam se pronunciado no Quadro 2, nos percentuais do ano 2009 para 2010 – conforme destacados em tons mais fortes no respectivo quadro – em que o número de municípios subiu 550%, 376,92% e 270% para os contratos de prazo de 5, 20 e 35 anos, respectivamente. Não por acaso, este forte movimento se deu pós edição da Lei 12.024/2009, que alterou o percentual da RCL na Lei de PPP de 1% para 3%, triplicando o lastro fiscal para contratação destas parcerias.

Outras movimentações também exuberantes foram de 122,41% e 115,38% nos contratos de 5 anos no período de 2016/2017 e contratos de 20 anos período de 2012/2013, respectivamente (também destacadas no Quadro 2). Fenômenos estes que, também não coincidentemente, os números sugerem que foram provocados o primeiro pela diminuição do valor mínimo do contrato – de 20 milhões para 10 milhões – pela Lei 13.529/2017; e o segundo em razão do aumento do percentual de 3% para 5% da RCL, pela Lei 12.766/2012.

Portanto, dos dados e da análise até agora realizada, pode-se concluir que é verdadeira a afirmação de que os movimentos legislativos realmente melhoraram a possibilidade de participação dos municípios em projetos e contratações de PPPs. Os percentuais acima examinados e as curvas do Gráfico demonstram com muita clareza que logo após a edição das leis o número de municípios a atenderem as condições aumentaram significativamente.

Partindo-se desta premissa, não há como se afirmar categoricamente que exista um impeditivo, um *muro fiscal* ou de receitas ou ainda uma "barreira de entrada" aos municípios para que estes contratem PPPs unicamente por conta do percentual do artigo 28 da Lei. Conforme já afirmado acima, a partir de 2017 todos os municípios paranaenses têm lastro fiscal segundo o estudo aqui conduzido para uma PPP de prazo mais alongado, que, por mais que seja uma contratação mínima, traz consigo a confirmação da hipótese. Assim, eventuais afirmações de dificuldades de contratação de PPPs por entes federados menores deve ser atribuída mais a questões relativas a planejamento, modelagem e complexidade destes projetos, do que eminentemente questões de fundo fiscal/orçamentário.

3. OUTROS *VIESES* DE EXAME DOS DADOS

3.1 A Questão da População e/ou Porte do Município

Uma das primeiras ilações a serem feitas quando se realiza uma pesquisa empírica sobre municípios é a respeito do porte dos entes pesquisados, ou seja, se os atores daquele estudo são cidades grandes, médias ou pequenas. O primeiro número a ser analisado para isso é o do total da população dos municípios examinados. Por conta desse prisma, portanto, é que se traz nesse item alguns poucos elementos sobre a população dos municípios do Paraná; com base no Censo realizado pelo IBGE no ano de 2022.

A primeira constatação que se destaca é que dos 399 municípios do estado, 307 (77%) têm menos de 20 mil habitantes; e destes, 105 (ou um terço deste recorte) têm menos de 5 mil habitantes. Ainda, somente 22 municípios no estado (5%) têm mais de 100 mil habitantes e 70 têm entre 20 e 100 mil habitantes (18%). Graficamente:

Gráfico 2: Distribuição Municípios do Paraná de acordo com a população

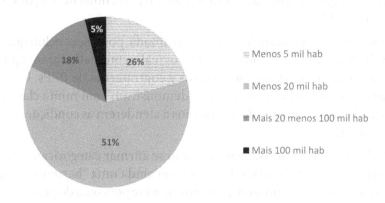

Fonte: Elaboração própria com base população dos Municípios do Paraná

Como se nota da imagem, a maior parte do gráfico é relativa a municípios com menos de 20 mil habitantes, sendo que a parte destacada são os entes com menos de 5 mil habitantes; ou seja, o Paraná é um Estado majoritariamente de pequenos municípios.

Assim, a partir dessa premissa, a inquietação que surge é como se comportaram esses pequenos municípios em relação ao limite percentual do art. 28 da Lei de PPP e a possibilidade de contratação de PPPs conforme o item 2.3 acima, ou seja, quantos entes do estado atingiriam o mínimo para contrato segundo aquelas condições. O quadro abaixo é elucidativo:

Quadro 3 – Número de Municípios em que o limite percentual sobre a RCL atende o valor mínimo do contrato de acordo com o prazo escolhido e porte do Município

Ano	5 anos				20 anos				35 anos			
	Menos 5k Habitantes	Menos 20k Habitantes	Mais 20k e menos 100k Habitantes	Mais 100k Habitantes	Menos 5k Habitantes	Menos 20k Habitantes	Mais 20k e menos 100k Habitantes	Mais 100k Habitantes	Menos 5k Habitantes	Menos 20k Habitantes	Mais 20k e menos 100k Habitantes	Mais 100k Habitantes
2004	0	0	0	2	0	0	0	9	0	0	2	16
2005	0	0	0	2	0	0	0	10	0	0	1	17
2006	0	0	0	2	0	0	0	11	0	0	2	17
2007	0	0	0	1	0	0	0	13	0	0	2	19
2008	0	0	0	2	0	0	0	13	0	0	8	20
2009	0	0	0	2	0	0	0	13	0	0	10	20
2010	0	0	0	13	0	0	40	22	0	22	67	22
2011	0	0	1	16	0	7	57	22	0	66	70	22
2012	0	0	2	17	0	8	61	22	0	84	70	22

2013	0	0	15	22	1	104	70	22	47	246	70	22
2014	0	0	20	22	1	127	70	22	74	276	70	22
2015	0	1	27	22	2	139	70	22	85	287	70	22
2016	0	1	35	22	4	166	70	22	104	306	70	22
2017	0	37	70	22	105	307	70	22	105	307	70	22
2018	0	53	70	22	105	307	70	22	105	307	70	22
2019	1	63	70	22	105	307	70	22	105	307	70	22
2020	1	81	70	22	105	307	70	22	105	307	70	22
2021	1	105	70	22	105	307	70	22	105	307	70	22
2022	2	144	70	22	105	307	70	22	105	307	70	22
2023	8	169	70	22	105	307	70	22	105	307	70	22

Fonte: Elaboração própria com base na Lei de PPP e RCL dos Municípios do PR de 2004-2023

Ao se examinar o quadro acima, tem-se que somente no início da série histórica é possível vincular o porte do município à qualidade de poder contratar uma PPP nos moldes deste estudo. Para o ano de 2004, por exemplo, em contratos de 5 anos somente as duas maiores cidades do estado atingiriam os requisitos (Curitiba e Londrina), e no prazo contratual de 20 anos as nove que conseguiriam contratar são as nove maiores cidades do estado.

Aliás, uma das análises óbvias é que – tal qual o Quadro 2 – para os prazos contratuais mais elásticos (20 e 35 anos), os instrumentos de facilitação de contratação de PPP tais como o aumento do percentual da RCL e a diminuição do valor mínimo de contratação fizeram muita diferença, já que na última linha (2023) é possível perceber que todos os municípios lá estão; aliás, desde 2017 ano da precitada diminuição do valor da contratação, conforme exposto no item 2.3.

No entanto, já para o menor prazo (5 anos), é possível perceber que os municípios menores tendem a não ter lastro fiscal para a contratação mínima. Somente um município com menos de 5 mil habitantes conseguiu atingir os requisitos mínimos para contratação aqui estudada em 2019 (Entre Rios do Oeste); e ficou sozinho até 2022, quando Serranópolis do Iguaçu também atingiu os requisitos. Em 2023 mais seis destes municípios atingiram o valor mínimo, mas alguns por centenas de reais, o que denota ainda a dificuldade em relação a este critério. De todos os 307 municípios menores de 20 mil habitantes, por sua vez, somente 169 (pouco mais da metade) atingiriam os requisitos para contratação em 2023 (conforme destaque).

Ainda no prazo de 5 anos, quando se aumenta o porte dos municípios a situação volta a ficar parecida com os prazos maiores. Para este prazo menor, todos os municípios com mais de 20 e menos que 100 mil habitantes e os maiores de 100 mil habitantes atingem a possibilidade de contratação; os primeiros em 2017 quando o valor mínimo da contratação é diminuído pela metade; e, os maiores que 100 mil habitantes em 2013, quando o percentual do art. 28 é aumentado para 5% (conforme destaques no quadro).

Portanto, como a contratação de prazo menor neste estudo é considerada mais arrojada, uma vez que prazos menores elevam o valor contratual anual e por via de consequência a necessidade de uma RCL mais vistosa, é possível inferir que municípios menores terão sim maiores dificuldades em contratação de PPPs levando-se em conta somente o viés fiscal.

3.2 Ilações da RCL com as Receitas Correntes, Tributárias e o FPM

Para finalizar, como a pesquisa trouxe também os dados dos municípios referentes às Receitas Correntes, Receitas Tributárias e transferências a título de FPM, buscou-se analisar se esses números, que mostram de certa forma pujança arrecadatória (Receitas Tributárias) e dependência de transferências intergovernamentais (FPM), tem alguma relação com a capacidade ou não dos entes de atender os requisitos aqui expostos para contratação.

No entanto, conforme já adiantado no item anterior, como nos prazos de 20 e 35 anos todos os municípios acabaram atendendo os requisitos para contratação em determinado período (2017); decidiu-se por concentrar o exame deste item somente nos contratos com prazo de 5 anos, que conforme já dito são mais exigentes e acabam mostrando (ou não) o poder fiscal destes entes.

Em relação à Receita Tributária, o exame dos números dos municípios paranaenses nos anos de 2004-2023 forma um quadro que demonstra pouca força arrecadatória. Com efeito, considerando-se todos estes entes federados do estado, a relação da Receita Tributária com as Receitas Correntes é em média de 8,38%; ou seja, no período avaliado, em média de cada R$ 100,00 de Receitas Correntes, somente R$ 8,38 é receita tributária própria do município.

Por outro lado, demonstrando dependência de transferências intergovernamentais, considerando-se todos os municípios do estado no período, a relação entre o FPM e as Receitas Correntes é na média 33,34%; ou seja, de cada R$ 100,00 de Receitas Correntes, mais de R$ 33,00 é somente de transferência do referido fundo. No Paraná, de 2004-2023, na média 40 municípios têm essa relação acima de 50%, alguns chegando a mais de 75% em anos específicos; o que demonstra a extrema dependência de alguns municípios do FPM.

Assim, para buscar uma correlação entre esses dados e a capacidade fiscal de contratar uma PPP nos moldes do que aqui foi exposto, o quadro abaixo demonstrará os municípios que *não atingem os requisitos para essa contratação*, e desse número avaliar-se-á quantos estão com indicadores não tão bons nessa relação. Para isso se considerará estas unidades federativas do estado que têm relação Receita Tributária *versus* Receitas Correntes menor que 8,5%; e relação FPM *x* Receitas Correntes maior que 50%. O quadro formado é o seguinte:

Quadro 4 – Número de Municípios em que o limite percentual sobre a RCL não atende o valor mínimo em contratos de 5 anos e sua correlação com indicadores fiscais do Município

Ano e População	Total Mun. com FPM/RC>50%	Total de Mun. com RT/RC<8,5%	Menos 5 k habitantes - Não atende contratação	Menos 5 k - FPM/RC > 50%	Menos 5 k - RT/RC < 8,5%	Menos 20 k - Não atende contratação	Menos 20 k - FPM/RC > 50%	Menos 20 k - RT/RC < 8,5%	Mais 20k e Menos 100k - Não atende contratação	Mais 20k e Menos 100k - FPM/RC > 50%	Mais 20k e Menos 100k - RT/RC < 8,5%	Mais 100 k - Não atende contratação	Mais 100 k - FPM/RC > 50%	Mais 100 k - RT/RC < 8,5%
2004	66	300	105	63	103	307	66	279	70	0	20	19	0	1
2005	71	308	105	67	105	307	71	286	71	0	21	19	0	1
2006	68	303	105	65	104	307	68	283	71	0	20	19	0	0
2007	78	295	105	74	103	307	78	275	71	0	20	20	0	0
2008	62	309	105	61	105	307	62	286	71	0	22	19	0	1
2009	39	295	105	39	104	307	39	278	71	0	17	19	0	0
2010	44	276	105	44	104	307	44	263	71	0	13	8	0	0
2011	45	274	105	44	101	307	45	261	70	0	13	5	0	0
2012	36	268	105	36	102	307	36	257	69	0	11	4	0	0
2013	29	261	105	29	103	307	29	251	55	0	9	0	0	0
2014	17	258	105	17	103	307	17	247	50	0	10	0	0	0
2015	22	257	105	22	101	306	22	245	43	0	9	0	0	0
2016	32	255	105	32	101	306	32	243	35	0	9	0	0	0
2017	26	239	105	26	101	270	26	222	0	0	0	0	0	0
2018	21	217	105	21	99	254	21	195	0	0	0	0	0	0
2019	23	204	104	23	97	244	23	176	0	0	0	0	0	0
2020	9	190	104	9	98	226	9	164	0	0	0	0	0	0
2021	36	172	104	36	95	202	36	146	0	0	0	0	0	0
2022	54	217	103	54	96	163	54	144	0	0	0	0	0	0
2023	33	203	97	33	93	138	33	123	0	0	0	0	0	0

Fonte: Elaboração própria com base na Lei de PPP e RCL dos Municípios do PR de 2004-2023
Legenda: FPM/RC: Relação entre o repasse a título de Fundo de Participação dos Municípios e as Receitas Correntes
RT/RC: Relação entre a arrecadação a título de Receitas Tributárias e as Receitas Correntes

Como se vê do quadro, a apresentação dos valores é – novamente – marcadamente concentrada nos municípios menores, e com dispersão ainda menos aleatória do que se percebeu nos outros exames. Com efeito, ao se tomar o número total de municípios que não conseguiam se enquadrar para contratações de PPP, e o total de municípios com relação FPM-Receitas Correntes maior que 50%, por exemplo, é notável como esses entes se situam entre os menores, ou seja, os de menor população; o grande número de zeros nos quadros dos municípios maiores comprova isso, uma vez que não há um só município nessas condições e que tenham mais de 20 mil habitantes.

Como exemplo, temos que no ano de 2007, 78 municípios tinham esta relação maior que 50%; no exame do quadro, 74 tinham menos de 5 mil habitantes e 4 tinham população maior que 5 e menor que 20 mil habitantes, conforme destaque no quadro.

A situação é a mesma – embora com menor intensidade – nos números da relação Receita Tributária-Receitas Correntes. Com efeito, a grande massa dos municípios que não conseguem realizar a contratação, e com aquela relação menor que 8,5% também são de municípios menores. Só que agora, diferentemente da relação do FPM, municípios da faixa entre 20 e 100 mil habitantes também aparecem no exame, mas concentradamente no início da amostra, o que denota aumento no quadro de arrecadação tributária destes entes no decorrer do tempo.

Como exemplo, no ano de 2012, 268 municípios tinham a relação Receita Tributária-Receitas Correntes menor que 8,5%, destes 257 eram de municípios menores de 20 mil habitantes (sendo a metade deste número de municípios com menos de 5 mil habitantes) e 11 eram municípios com mais de 20 e menos de 100 mil habitantes, conforme destaques no quadro.

A situação é tão característica, que dos municípios com mais de 100 mil habitantes, somente dois tiveram essa relação menor que 8,5% em toda a amostra: Araucária, em 2005, e Sarandi em 2004 e 2008, com 7,8%, 8,41% e 8,35%, respectivamente; muito perto do corte, portanto.

Assim, tal qual se apurou com o porte do município, baixa arrecadação tributária ou extrema dependência de transferências intergovernamentais também interferem decisivamente na capacidade do ente contratar ou não PPPs mais desafiadoras. Aparentemente, os números tendem a mostrar que tanto a receita tributária como as transferências, em que pese façam parte do mesmo todo, que é o conjunto formado pelas receitas correntes e que vão desaguar na Receita Corrente Líquida; fazem falta quanto menor for o ente federado.

Isto, porque por mais que os números demonstrem dependência, ou baixa arrecadação, e esta situação simplesmente não impeça a contratação, esses números quando mais vistosos sempre vêm a contribuir para o conforto fiscal do ente que realiza o projeto.

CONCLUSÃO

A Lei das PPPs realmente tem forte conotação fiscal quando se analisa seu texto. De fato, os artigos que regram a necessidade de demonstração de conforto fiscal dos entes federados que vão realizar estes projetos são contundentes. Em que pese cercado de críticas – inclusive em relação à sua constitucionalidade – é também o que acontece com o artigo 28 da Lei, que regra que as despesas com estes projetos devem obedecer ao limite percentual da RCL dos entes subnacionais que realizem contratações deste tipo.

Em que pese tenha tido grande alterabilidade desde a edição da lei, muito por conta da necessidade que os entes subnacionais foram tendo conforme contratavam PPPs, o fato é que o percentual do artigo 28 carrega uma mística consigo de desmotivar aquelas contratações – mormente em unidades federativas menores – por conta da necessidade de pujança no número da RCL para qualquer contratação daquele tipo.

Com base nisso, o presente trabalho, de posse de informações a respeito da RCL, das Receitas Correntes, da Receita Tributária, dos repasses a título do FPM e da população dos municípios do Paraná, examinou se estes entes teriam condições fiscais de contratar uma "PPP mínima", baseada somente nos valores mínimos da própria Lei de PPPs, e em contratos com 5, 20 e 35 anos. Com esses dados, se tem um valor contratual anual, que poderia ser comparado com o percentual da RCL.

A primeira constatação dos dados foi relativa ao próprio valor mínimo contratual estipulado pela Lei das PPPs, que foi duramente corroído pela inflação no período. Os números apontam que o valor real dos limites equivale hoje a quase 70% ou até mesmo 50% do valor original, a depender do índice inflacionário que se utilize. Mesmo que não tivesse havido a diminuição do valor mínimo contratual da lei de R$ 20 para R$ 10 milhões pela Lei 13.529/2017, o poder de compra seria similar, conforme apresentou-se no Quadro 1.

A Receita Corrente Líquida analisada nos municípios da amostra também apresentou características interessantes. Primeiramente ela é vigorosamente crescente no período, a taxas de dois dígitos em média, o que, aliada à questão da inflação, torna o panorama relativamente mais ameno para os municípios da amostra.

Posteriormente, examinados os dados, nos contratos com prazo de 20 e 35 anos desde 2017 todos os municípios do estado teriam lastro para contratar a "*PPP mínima*" do estudo. Já nos contratos com prazo de 5 anos, aproximadamente metade dos municípios do Paraná teriam lastro para a contratação. Assim, não se pode afirmar categoricamente que o percentual do artigo 28 seja uma barreira tão instransponível assim para que estes entes subnacionais contratem PPPs.

Não se pode negar igualmente a força das alterações legislativas na Lei das PPPs. Os dados mostram que as alterações de percentual e – principalmente – a diminuição do valor mínimo foram determinantes nesse estudo. O número de municípios que atendiam o referencial para contratação da "PPP mínima" subia vertiginosamente nos anos destas mudanças.

Por fim, ao se analisar outras nuances, em relação à população dos municípios os dados demonstraram que para projetos mais arrojados e exigentes – que neste estudo podem ser representados pela contratação de menor prazo – confirmou-se que entes menores possivelmente teriam mais dificuldade de atender os requisitos do artigo 28. Da mesma forma, tem-se que os municípios que tem grande dependência de transferências intergovernamentais e/ou baixa arrecadação própria, também estão majoritariamente na mesma faixa de população, ou seja, são os municípios menores; e, da mesma maneira, necessariamente teriam mais dificuldades de atender os requisitos, uma vez que os dados foram aderentes a esta hipótese, confirmando este viés.

Assim, tem-se que as PPPs geram grandes impactos nas finanças dos entes que se propõem a celebrar estes contratos, de modo que é salutar – para não dizer mandatória – a preocupação da lei com os aspectos fiscais destas avenças. Mesmo o percentual do artigo 28, cercado de críticas inclusive em relação a sua própria necessidade, tem seus méritos por se preocupar com o fluxo de despesas destes contratos.

Necessário ou não este dispositivo, o presente estudo demonstrou que o percentual não necessariamente afastará municípios dos projetos de PPPs, tão necessários em tempos de restrição orçamentária e fiscal; o crescimento da RCL pode dar o conforto fiscal que estes entes necessitam, sendo que o grande desafio continuará sendo a estruturação, o planejamento e a modelagem para que haja bons, sustentáveis e duradouros projetos.

REFERÊNCIAS

BELSITO, Bruno Gazzaneo; VIANA, Felipe Benedito. O limite de comprometimento da Receita Corrente Líquida em contratos de parceria público-privada. *Revista do BNDES* n. 39. Rio de Janeiro/RJ. Junho 2013.

BRASIL. Câmara dos Deputados. Projeto de Lei (PL) 7.063/2017. [Cria a] Lei Geral de Concessões. Disponível em: https://www.camara.leg.br/proposicoesWeb/ fichadetramitacao?idProposicao=2124888. Acesso em: 15 jul. 2024.

GUIMARÃES, Fernando Vernalha. A responsabilidade fiscal na parceria público-privada. *Revista Eletrônica de Direito Administrativo Econômico (REDAE)*. Salvador: IBDP, n. 20, nov./dez./jan. 2009/2010.

GUIMARÃES, Fernando Vernalha; KANAYAMA, Rodrigo Luís; HUNGARO, Luis Alberto. Apontamentos sobre o controle fiscal das Parcerias Público-Privadas. *Revista de Contratos Públicos* – RCP. Belo Horizonte, ano 6, n. 10, p. 23-35, set./fev. 2017.

HUNGARO, Luis Alberto. *Parceria Público-Privada Municipal. A concretização de funções sociais da cidade*: habitação, saneamento básico e mobilidade urbana. Rio de Janeiro: Lumen Juris, 2017.

LIBERAL, Edilson Gonçales. *Elementos orçamentários e fiscais das PPPs sociais*. O caso das escolas infantis de Belo Horizonte. Belo Horizonte: Dialetica, 2022.

MONTEIRO, Vera. Três anos da lei de parceria público-privada. In: SOUZA, Mariana Campos de (Coord.). *Parceria Público-Privada*. São Paulo: Quartier Latin, 2008.

NAKAMURA, André Luiz dos Santos. Os riscos das Parcerias Público-Privadas (PPP) para as finanças públicas. *Fórum de Contratação e Gestão Pública – FCGP*, Belo Horizonte, ano 13, n. 150, p. 09-15, jun. 2014.

OLIVEIRA, Regis Fernandes de. *Curso de direito financeiro*. 7. ed. São Paulo: RT, 2015.

PARANÁ. Tribunal de Contas do Estado do Paraná (TCE/PR). Pedido de Acesso à Informação. Processo 686509/22 de 04 de novembro de 2022. Tribunal de Contas do Estado, Curitiba, PR, 04 novembro 2022.

PARANÁ. Tribunal de Contas do Estado do Paraná (TCE/PR). Pedido de Acesso à Informação. Processo 450480/24 de 26 de junho de 2024. Tribunal de Contas do Estado, Curitiba, PR, 26 junho 2024.

RIBEIRO, Maurício Portugal; PRADO, Lucas Navarro. *Comentários à Lei de PPP* – parceria público-privada. Fundamentos econômico-jurídicos. São Paulo: Malheiros, 2007.

SANT'ANNA, Lucas de Moraes Cassiano. *Aspectos orçamentários das parcerias público-privadas*. São Paulo: Almedina, 2018.

SUNDFELD, Carlos Ari. *Parcerias público-privadas*. 2. ed. São Paulo: Malheiros, 2011.

TOLEDO JUNIOR, Flávio Corrêa de. A apuração de indexador básico da Lei de Responsabilidade Fiscal. *Revista do Tribunal de Contas da União*, Brasília, v. 32. n. 89, jul./set. 2001.

REVERSÃO E REEQUILÍBRIO ECONÔMICO-FINANCEIRO EM CONTRATOS DE LONGO PRAZO

INFRAESTRUTURAS COMO BENS REVERSÍVEIS NAS CONCESSÕES: ASPECTOS POLÊMICOS DA REVERSÃO E SUA INDENIZAÇÃO

Thiago Marrara

Livre-docente (FDUSP). Doutor pela Universidade de Munique (LMU). Professor de direito administrativo da USP (FDRP). Consultor, parecerista e árbitro nas áreas de direito administrativo, regulatório e das infraestruturas. E-mail: marrara@usp.br.

Sumário: Introdução – 1. Os bens reversíveis: dinâmica e tipologia – 2. Duração da concessão e investimentos em reversíveis – 3. Desequilíbrios, extinção contratual e reequilíbrio conclusivo – 4. Implicações da reversão com a extinção contratual – 5. Reversão imediata e momento da indenização – 6. Indenização dos reversíveis e processualidade administrativa – 7. Investimentos previstos em reversíveis após a extinção contratual – 8. Investimentos imprevistos em reversíveis após a extinção contratual – Conclusões – Referências.

INTRODUÇÃO[1]

Um casamento com divórcio anunciado: assim é a concessão! O casamento é longo, mas o divórcio é certo. Na doutrina jurídica, muito se fala sobre a celebração do casamento, ou seja, sobre modelagem, procedimento de licitação e critérios de julgamento. Frequentemente, também se discute a vida a dois, isto é, os desequilíbrios da equação econômico-financeira, o cumprimento das metas e obrigações, a apuração de infrações contratuais e a responsabilização. Contudo, pouco ainda se fala sobre o fim da relação, sobre como tornar o divórcio menos amargo.

Falar sobre o fim da relação nem sempre é agradável, mas certamente imprescindível. Afinal, nos últimos anos, as concessões, incluindo PPPs, consolidaram-se como uma importante ferramenta de investimento em infraestrutura no Brasil, tanto no âmbito da União, quanto nos Estados e Municípios.

Demonstrando esse movimento, entre 2019 e 2022, foram lançadas 357 novas iniciativas estaduais de concessões, incluindo PPPs – um aumento de 43,9% em relação ao ciclo de 2015-2018, que registrou 248 iniciativas. O estoque total de iniciativas nesse período cresceu 80,2%, totalizando mais de 800 projetos.[2]

---

1. Meus agradecimentos a Davi Rennó e Gabrielly Verçosa, que auxiliaram no levantamento de dados e na revisão final do texto.
2. RADAR PPP. Parcerias Público-Privadas e Concessões: desempenho dos entes estaduais no Ciclo de Governo 2019-2022. Disponível em: https://radarppp.com/wp-content/uploads/20230109-desempenho-dos-estados-2019-2022.pdf. Acesso em: 09 maio 2024.

No âmbito estadual, São Paulo (38), Minas Gerais (28), Distrito Federal (27), Pernambuco (24) e Tocantins (24) foram os estados que mais lançaram iniciativas. Em termos de valores, os contratos estaduais firmados entre 2019 e 2022 somaram mais de R$ 234 bilhões.[3] Setores como cultura, lazer, meio ambiente, rodovias e saneamento básico se destacaram como áreas prioritárias para essas concessões.

Já nos Municípios, foi igualmente expressiva a elevação do número de concessões, com destaque para áreas de iluminação pública, saneamento, incluindo resíduos sólidos. Em 2023, publicaram-se 376 licitações municipais, um recorde histórico, e assinaram-se 174 contratos. Além disso, 1.962 novas iniciativas foram lançadas entre 2021 e 2023, superando as 1.370 registradas no ciclo anterior (2017-2020). No recorte por regiões, das 627 iniciativas registradas em 2023, 256 concentravam-se no Sudeste, 150 no Nordeste, 141 no Sul, 59 no Centro-Oeste e 21 no Norte.

No âmbito federal, a União também continuou a avançar em projetos estratégicos. O total de investimentos projetados em concessões alcançou R$ 1,032 trilhão em dezembro de 2023, evidenciando o impacto contínuo dessas iniciativas no desenvolvimento da infraestrutura brasileira.[4]

Tudo isso revela que, no médio e no longo prazo, será cada vez mais pertinente debater o "fim da relação", isto é, o que ocorre quando as concessões se encerram e como se pode viabilizar uma transição su   ave, inclusive das infraestruturas essenciais para as atividades delegadas. Não por outro motivo, esse artigo se debruça sobre a "partilha dos bens", quer dizer, sobre a reversibilidade dos bens da concessão, incluindo infraestruturas complexas e custosas nos mais diversos setores da atuação estatal. Ao fazê-lo, aborda certos aspectos polêmicos relativos à indenização de investimentos em infraestruturas não amortizados durante a execução do contrato.

Para se compreender o tema da reversão, parte-se da definição dos bens reversíveis, apresentando-se uma proposta de tipologia tripartite e destacando-se sua mutabilidade. Em seguida, mostra-se a relação do patrimônio reversível com a equação econômico-financeira e a duração proposta para a execução obrigacional. Trata-se, então, das implicações jurídicas da reversão de bens no momento da extinção contratual e apresenta-se o instituto do reequilíbrio conclusivo. Nesse tocante, buscar-se responder se é imprescindível a indenização prévia como condição da reversão. Em conclusão, debatem-se duas situações excepcionais de expansão do patrimônio de bens reversíveis mesmo após encerrado o contrato, apontando-se soluções para que o titular da atividade delegada mediante concessão possa se apropriar dessa infraestrutura.

---

3. Ibidem
4. RADAR PPP. iRadarPPP: Dezembro/2023. Disponível em: https://radarppp.com/wp-content/uploads/iradarppp-dezembro-2023-20240109.pdf. Acesso em: 6 set. 2024.

1. OS BENS REVERSÍVEIS: DINÂMICA E TIPOLOGIA

Grande parte dos recursos gerados ao longo dos contratos de concessão se destina a investimentos em bens reversíveis. Formado por bens móveis e imóveis, materiais ou imateriais, esse conjunto patrimonial tem a função de garantir a prestação adequada da atividade delegada e viabilizar a sua continuidade mesmo após o encerramento da relação concessória.

Reversível, portanto, é todo bem que condiciona a continuidade e a execução adequada da atividade delegada. Isso não significa que se trate de um conjunto patrimonial estático ou imutável. Na verdade, a legislação exige uma enumeração dos reversíveis originários, presentes no momento da formação do contrato, mas esse patrimônio variará constantemente durante a execução obrigacional. Há várias razões para tanto. A lista de bens se altera, seja por conta dos investimentos que a concessionária realizará para ampliar ou melhorar a prestação da atividade delegada, seja em virtude das transformações tecnológicas que, por força do princípio da atualidade, farão que certos reversíveis percam essa característica, enquanto outros bens a receberão.

É fundamental registrar essa advertência sobre a dinâmica dos reversíveis, pois a legislação pode induzir o intérprete a erros. Explico. A Lei Geral de Concessões aponta que o edital de licitação conterá a "indicação dos bens reversíveis" e as "características e as condições em que estes serão postos à disposição nos casos em que houver sido extinta a concessão" (art. 18, X e XI). Espelhando essas normas, o art. 23 aponta como cláusulas obrigatórias dos contratos as que tratem dos "bens reversíveis" e dos "critérios para o cálculo e a forma de pagamento das indenizações devidas à concessionária (...)".

Esses dispositivos devem ser interpretados com cautela. A indicação inicial dos reversíveis é fundamental por duas razões. Em primeiro lugar, servirá para caracterizar o patrimônio que sustenta o projeto concessório ao início e que o poder concedente transferirá à posse da concessionária. Em segundo lugar, servirá para que o licitante estude e planeje o quanto precisará investir em bens reversíveis para garantir a prestação adequada do começo ao fim da execução contratual. Exatamente por isso, existe uma relação inevitável entre o rol originário de reversíveis e a equação de equilíbrio econômico-financeiro.

Em termos jurídicos, como dito, o patrimônio reversível é composto por bens móveis e imóveis, materiais ou imateriais. Muitos desses bens são infraestruturas físicas essenciais à atividade delegada. Dessa maneira, embora nem todos os reversíveis da concessão sejam infraestruturas (a exemplo de eventuais sistemas de informática ou direitos de propriedade intelectual), a princípio, todas as infraestruturas são bens reversíveis vinculados à concessão.

Apenas para ilustrar, no setor de saneamento básico, em especial de abastecimento de água e esgotamento sanitário, são reversíveis as estações de tratamento, as estações elevatórias, as redes de tubulação e os reservatórios. No setor de transporte coletivo urbano, os reversíveis incluem estações e terminais de passageiros, pontos de ônibus e garagens. No setor de energia elétrica, abrangem desde imóveis e equipamentos destinados à geração, assim como torres e fiação de transmissão, redes de distribuição domiciliar etc.

Por um critério subjetivo, essas infraestruturas e os demais bens do patrimônio reversível nem sempre se situam dentro do patrimônio de uma mesma pessoa jurídica. Na verdade, é possível afirmar que os reversíveis integram três conjuntos patrimoniais distintos,[5] a saber:

> (i) Os *bens públicos* transferidos pelo poder concedente à concessionária por ocasião da celebração do contrato e do termo de início de execução. Quando a Lei de Concessões fala da indicação dos reversíveis no edital e no contrato, refere-se basicamente a esse conjunto de bens públicos. Com a concessão, basicamente se transfere a posse desses bens à concessionária, que deverá mantê-los e utilizá-los no serviço, devolvendo-os ao final da concessão, quando cabível. Aqui, portanto, os reversíveis afetam principalmente o OPEX, ou seja, o conjunto de despesas e custos que a concessionária assumirá ao longo do contrato para mantê-los em boas condições;
>
> (ii) Os *bens privados*, construídos ou adquiridos pela concessionária ao longo da concessão e sujeitos ao seu direito de propriedade. Esses bens são geralmente incorporados ao patrimônio da concessionária e à atividade delegada ao longo da execução obrigacional por meio de investimentos previstos no cronograma físico-financeiro. Como não aparecem na lista originária que consta do edital de licitação ou do contrato, eles afetam intensamente o CAPEX. Para acompanhar adequadamente a dinâmica financeira da concessão, é imprescindível que o poder concedente ou o regulador competente atualize constantemente a lista de reversíveis, incluindo precisamente esses bens da concessionária; e
>
> (iii) Os *direitos sobre bens de terceiros*, como imóveis ou equipamentos alugados pela concessionária para viabilizar a prestação adequada do serviço concedido. Sobre esses bens, nem o poder concedente, nem a concessionária exercem verdadeiro direito de propriedade. Assim, quando os contratos não se referem a eles, uma série de dificuldades surge a respeito de sua gestão, sua relação com as metas de investimentos, sua reversão ao final do contrato e eventual indenização. O ideal, na prática, é que os contratos tratem explicitamente desse tipo de bem de terceiro, autorizando ou não a concessionária a se valer deles na execução das obrigações.

O reconhecimento da tipologia tripartite dos bens reversíveis, incluindo as infraestruturas, é relevante não apenas para estabelecer o regime jurídico de cada bem, relacioná-los com o equilíbrio econômico-financeiro originário, como também para o debate acerca da reversão no momento de extinção contratual e de eventual indenização entre as partes contratantes – temas aos quais se voltará oportunamente.

2. DURAÇÃO DA CONCESSÃO E INVESTIMENTOS EM REVERSÍVEIS

De maneira geral, nas concessões, sobretudo quando envolvidas grandes obras de infraestrutura, o prazo de duração contratual deve ser bem planejado para que haja tempo suficiente de arrecadação de receitas para cobrir custos e despesas, para amortizar os investimentos realizados e para remunerar a concessionária.

---

5. MARRARA, Thiago; FERRAZ, Luciano. *Tratado de direito administrativo*. 3. ed. São Paulo: RT, 2022, , v. 3: direito administrativo dos bens e restrições estatais à propriedade, p. 133.

Quando feito o devido planejamento do projeto concessório, espera-se que a concessionária, do início ao final da execução contratual, logre dispor de recursos para manter os bens reversíveis públicos, adquirir ou construir os reversíveis privados e obter os reversíveis de terceiros para garantir o sucesso do projeto concessório. Essa afirmação está baseada na lógica básica da concessão.

Ao delegar um serviço ou a gestão de uma obra pública a certo particular, o Estado transfere-lhe a conta e o risco do serviço. Com isso, em condições normais, o particular deve garantir a sustentabilidade econômico-financeira do projeto concessório. Isso implica a necessidade de que gere as receitas necessárias não apenas para se remunerar, como também para investir no objeto da concessão, de modo a adquirir, construir e manter bens reversíveis conforme um cronograma previamente pactuado.

Para que tudo isso seja possível, a duração contratual será mensurada pelo poder concedente na fase preparatória da licitação da concessão em proporção: (i) à abrangência do objeto; (ii) aos montantes esperados de CAPEX, OPEX e remuneração e (iii) às receitas tarifárias e não tarifárias (como as alternativas, extraordinárias ou de projetos associados, bem como subsídios, contraprestações e aportes). Isso mostra que a equação de equilíbrio econômico-financeiro não é condicionada apenas pela definição do objeto e pela previsão de saídas e entradas financeiras.

A duração do contrato é também um elemento-chave, já que afeta diretamente a sistemática contábil. Se as receitas financeiras previstas para a concessão forem muito elevadas, o prazo estimado de concessão se encurtará, dado que a concessionária necessitará de menos tempo para angariar os recursos necessários a garantir o sucesso do projeto concessório. Por outro lado, se as receitas forem reduzidas, um prazo mais longo será imprescindível para garantir a recuperação de todos os custos, despesas e investimentos.

Como os serviços públicos geralmente envolvem elevadíssimos investimentos em criação e manutenção de infraestruturas complexas e custosas, é natural que os contratos de concessão sigam prazos bastante alargados. É igualmente usual que os investimentos em infraestrutura se concentrem no início da fase de execução contratual. Com isso, de imediato, expande-se a capacidade de atendimento e, por conseguinte, aumenta-se a base de usuários em favor não apenas da universalização, mas também da cobrança de tarifas e da coleta de outras receitas que venham a sustentar o projeto concessório. Quanto mais cedo as infraestruturas forem disponibilizadas, mais rápido se abarcarão novos usuários e mais tempo sobrará para gerar receitas aptas a compensar o CAPEX e sustentar o OPEX.

Essa dinâmica mostra uma relação intrínseca entre a duração dos contratos de concessão, os investimentos em infraestruturas e a equação de equilíbrio econômico-financeiro. Para alcançar um equilíbrio matemático entre as entradas financeiras (tarifas, receitas extraordinárias, subsídios etc.) e saídas financeiras (custos, despesas e investimentos), é sempre imprescindível que se considere o tempo previsto para a execução das obrigações contratuais,[6] sobretudo os investimentos em infraestruturas reversíveis.

---

6. MARRARA, Thiago. *Manual de direito administrativo*: atos, processos, licitações e contratos. 2. ed. São Paulo: Foco, 2024, p. 383.

Partindo-se dessa premissa, em não havendo eventos desequilibrantes, os valores gerados ao longo da vigência do contrato de concessão são tomados como os valores adequados para cobrir todas as saídas financeiras durante o mesmo período. Essa presunção de que, ao final do contrato, as saídas financeiras serão cobertas pelas entradas financeiras geradas resulta da lógica básica da concessão (conta e risco por parte da concessionária) e encontra suporte na doutrina especializada e no âmbito regulatório.

Marçal Justen Filho, por exemplo, explica que: "quando a extinção se faz pelo advento do termo, há presunção de que todos os bens foram amortizados ao longo da concessão. Se houver extinção antecipada, a presunção é da ausência de amortização. Ambas as presunções são relativas".[7] Já no setor de saneamento, para ilustrar, a ANA, como agência responsável pela metarregulação, aponta o mesmo entendimento em sua Norma de Referência n. 3. De acordo com o art. 15, *caput*, desse diploma: "Para fins de indenização, os investimentos realizados por força de obrigações firmadas em contratos precedidos ou não de licitação, serão considerados integralmente amortizados ou depreciados até o término do prazo contratual e, por isso, não serão objeto de indenização".

3. DESEQUILÍBRIOS, EXTINÇÃO CONTRATUAL E REEQUILÍBRIO CONCLUSIVO

Em um contrato bem planejado e se nenhum imprevisto ocorrer, presume-se que a equação de equilíbrio econômico-financeiro viabilizará, até a conclusão da concessão, a amortização de todos os investimentos em bens reversíveis, incluindo as infraestruturas essenciais para a atividade delegada. Ocorre que os contratos de concessão se estendem por décadas, o que os torna fortemente suscetíveis a eventos desequilibrantes. Por isso, certamente serão afetados por acontecimentos ou comportamentos que aumentarão ou reduzirão as entradas ou saídas financeiras e, eventualmente, ensejarão a necessidade de reequilíbrio à luz da distribuição legal ou contratual dos riscos.

Durante a execução do contrato, o reequilíbrio contratual resultante de eventos desequilibrantes é objeto de três procedimentos básicos: (i) os reajustamentos para corrigir o efeito corrosivo da inflação; (ii) as revisões ordinárias ou periódicas e (iii) as revisões extraordinárias, baseadas em eventos excepcionais, como a força maior e o caso fortuito, entre outros.[8] Apesar de frequentemente se resumirem as discussões de reequilíbrio ao reajuste e à revisão, existem diversos fatores que autorizam o reequilíbrio não durante, mas ao final do contrato ou mesmo após sua extinção.

---

7. JUSTEN FILHO, Marçal. *Curso de Direito Administrativo*. 15. ed. Rio de Janeiro: Forense, 2024, p. 454.
8. Na Lei de Diretrizes Nacionais de Saneamento Básico (LDNSB), esses procedimentos são apontados de maneira expressa, inclusive com a diferenciação entre revisão ordinária e extraordinária. Vale a transcrição: Art. 38. As revisões tarifárias compreenderão a reavaliação das condições da prestação dos serviços e das tarifas praticadas e poderão ser: I – periódicas, objetivando a distribuição dos ganhos de produtividade com os usuários e a reavaliação das condições de mercado; II – extraordinárias, quando se verificar a ocorrência de fatos não previstos no contrato, fora do controle do prestador dos serviços, que alterem o seu equilíbrio econômico-financeiro. § 1º As revisões tarifárias terão suas pautas definidas pelas respectivas entidades reguladoras, ouvidos os titulares, os usuários e os prestadores dos serviços. (...).

Em primeiro lugar, é possível que as partes deixem de realizar as revisões ao longo do seu curso, de modo que as distorções da relação de reequilíbrio tenham que ser verificadas apenas ao final do contrato. Em segundo lugar, mesmo quando as partes tenham procedido às devidas revisões periódicas e extraordinárias, ainda assim uma avaliação patrimonial final será necessária para que se corrija qualquer resquício de desequilíbrio, sobretudo na transferência do patrimônio reversível para o titular do serviço ou ao próximo prestador.

Reconhecendo essa possibilidade, a Lei Geral de Concessões ordena expressamente a realização, por ocasião da extinção contratual, de cálculos para eventual indenização de investimentos vinculados a bens reversíveis ainda não amortizados ou depreciados. Vale a transcrição:

> Art. 36 A reversão no advento do termo contratual far-se-á com a indenização das parcelas dos investimentos vinculados a bens reversíveis, ainda não amortizados ou depreciados, que tenham sido realizados com o objetivo de garantir a continuidade e atualidade do serviço concedido.

Esse dispositivo legal requer várias considerações interpretativas. Em primeiro lugar, o art. 36 deixa claro que são perfeitamente cabíveis as discussões sobre reequilíbrio contratual fora do âmbito formal dos reajustes e das revisões ordinárias e extraordinárias que ocorrem ao longo da concessão. Ao final do contrato, impõe-se uma forma especial de reequilíbrio conclusivo e que pode se estender para além do prazo de execução contratual.

Em segundo lugar, assim como ocorre com os reajustes e as revisões, é preciso que esse reequilíbrio conclusivo, vinculado principalmente à reversão patrimonial, observe a necessária processualidade. Como se sabe, porém, nem a Lei Geral de Concessões, nem a Lei Geral de PPP ou a Lei Geral de Licitações e Contratos traçam um rito procedimental para esses institutos. Na falta de normas gerais ou setoriais, é possível que o poder concedente ou o regulador competente instituam regulamentos para traçar esses procedimentos, valendo-se da analogia, ou empreguem procedimentos indicados nos contratos regulados.

Em terceiro lugar, o art. 36 aponta que pleitos de indenização ao final do contrato somente serão cabíveis se comprovado algum fator de desequilíbrio em relação aos investimentos em bens reversíveis. Esse desequilíbrio deverá ser corrigido em favor da concessionária, caso tenha legitimamente realizado mais investimentos que o volume financeiro recebido ao longo da concessão sustentaria. De outro lado, poderá ser corrigido em favor do poder concedente, caso a concessionária não tenha realizado os investimentos devidos, descumprindo as metas de investimentos.

Em quarto lugar, a legislação concessória geral é clara ao estipular que o reequilíbrio ocorrerá por meio de indenização. Não se poderia falar aqui de reequilíbrio pelas técnicas de modificação das tarifas cobradas dos usuários, de subsídios, de contrapartida (mas PPP) ou das receitas extraordinárias. Afinal, trata-se de um procedimento que ocorre a partir da extinção contratual. Pela mesma razão, não faria sentido cogitar uma prorrogação, sobrando tão somente a possibilidade de reequilíbrio por indenização.

Quando apurado o crédito da concessionária, o montante devido será pago ou pelo próprio poder concedente ou pelo futuro prestador do serviço público.

4. IMPLICAÇÕES DA REVERSÃO COM A EXTINÇÃO CONTRATUAL

Embora a lógica seja simples, muitas são as dificuldades na reversão dos bens essenciais às atividades delegadas e no tocante à indenização dos investimentos não amortizados ou de bens não depreciados ao final do contrato de concessão.

Como o conceito de reversíveis não encontra uma definição legal na legislação geral, fica a cargo do ente contratante definir inicialmente suas características no edital e no contrato (art. 18, incisos X e XI, e o art. 23, inciso X da Lei 8.987/1995). A estipulação do que se entende por bem reversível no momento da licitação é fundamental, pois orientará os cálculos de investimentos que serão realizados ao longo da concessão. Por conseguinte, certas modificações no rol originário dos bens reversíveis poderão ocasionar implicações em termos de equilíbrio econômico-financeiro a depender da distribuição de riscos.

Na prática, a modificação da lista originária dos reversíveis não é apenas usual, como efetivamente esperada. Concessões são contratos de longo prazo que passam por alterações de projetos e transições tecnológicas, fazendo que o rol de bens reversíveis inicialmente previsto frequentemente se transforme e implique a necessidade de ajustar investimentos para mais ou para menos. Além disso, como se viu, o patrimônio reversível é formado não apenas pelos bens públicos existentes no momento da celebração do contrato, mas igualmente por bens privados, como os decorrentes de investimentos em construção de infraestruturas, em aquisição de imóveis ou no uso de equipamentos fornecidos por terceiros.

Com ou sem modificações na lista originária de reversíveis, fato é que esse conjunto patrimonial deverá retornar ao patrimônio do titular ou ser transferido a um novo prestador indireto quando do término da concessão. Diante da exigência de prestação de serviços públicos adequados, expressa no art. 175, parágrafo único, inciso IV, da Constituição, a reversão é uma consequência imediata, obrigatória e necessária da extinção contratual. É o que extrai do art. 35, § 1º e § 2º da Lei Geral de Concessões:

> § 1º *Extinta a concessão, retornam ao poder concedente todos os bens reversíveis,* direitos e privilégios transferidos ao concessionário conforme previsto no edital e estabelecido no contrato.
>
> § 2º *Extinta a concessão, haverá a imediata assunção do serviço pelo poder concedente*, procedendo-se aos levantamentos, avaliações e liquidações necessários.

Extinta por qualquer razão a concessão, os bens e os direitos essenciais à adequada execução do serviço público somente terão importância àquele que possui o dever contratual ou legal de sua prestação,[9] ou seja, o próprio titular ou um novo prestador por

---

9. DI PIETRO, Maria Sylvia Zanella. *Parcerias na administração pública:* concessão, permissão, franquia, terceirização, parceria público-privada. 13. ed. Rio de Janeiro: Forense, 2022, p. 111.

ele escolhido após a realização da licitação. Exatamente por isso e a despeito da forma de extinção do contrato, o retorno dos bens reversíveis será imediato e imprescindível, pois, sem eles, será impossível manter o serviço adequado em linha com os requisitos do art. 6º, § 1º, da Lei Geral de Concessões e de outros diplomas gerais, como a Lei de Defesa dos Usuários de Serviços Públicos (Lei 13.460/2017).

A reversão, nesse contexto, deve ser entendida com bastante cautela:

- Para os *bens públicos* não consumíveis que o poder concedente transferiu à concessionária, basta que esta devolva a posse àquela. Não há qualquer necessidade de transferência de propriedade;
- Para os *bens particulares* que a concessionária construiu e adquiriu ao longo da concessão, utilizando-os como elemento essencial do projeto concessório, a situação é distinta. A reversão operará de imediato a ocupação pelo titular ou pelo novo prestador, garantindo-se a eles o direito de uso para manter a prestação do serviço sem interrupções. A transferência de propriedade, porém, dependerá da avaliação desses bens e da devida indenização; e
- Para os *direitos sobre bens de terceiros*, igualmente considerados reversíveis, como já defendi alhures, em linha com Marques Neto,[10] a reversão não implicará transferência de direito de propriedade, senão a sub-rogação do poder concedente na posição jurídica da concessionária em relação aos terceiros proprietários dos bens reversíveis.

5. REVERSÃO IMEDIATA E MOMENTO DA INDENIZAÇÃO

O art. 36 da Lei de Concessões suscita discussão relevante a respeito do momento da reversão como transferência do patrimônio necessário à continuidade do serviço, sobretudo as infraestruturas, e o momento da indenização resultante do processo de reequilíbrio conclusivo. A redação legal apenas indica que "a reversão no advento do termo contratual far-se-á com a indenização das parcelas dos investimentos vinculados a bens reversíveis, ainda não amortizados ou depreciados (...)". Diante desse texto, debate-se se a indenização necessita anteceder a reversão patrimonial, como ocorre na encampação, ou pode ocorrer após a reversão.

Na doutrina, alguns especialistas entendem que a indenização será necessariamente prévia, a exemplo de Maria Sylvia Zanella Di Pietro e Marçal Justen Filho.[11] Entendo, no entanto, que o posicionamento mais correto é o que indica a necessidade de reversão imediata dos bens reversíveis para uso do titular ou do novo prestador, sem prejuízo de que a indenização e a transferência do direito de propriedade sobre bens que estavam no patrimônio privado da concessionária ocorram posteriormente. Há várias razões para tanto:

- Em primeiro lugar, a reversão imediata é decorrência da assunção dos serviços públicos pelo titular com o término do contrato. O art. 35, § 2º, da Lei de Concessões é expresso ao prescrever que, "extin-

---

10. MARQUES NETO, Floriano de Azevedo. *Bens públicos*: função social e exploração econômica – O regime jurídico das utilidades públicas. Belo Horizonte: Fórum, 2009, p. 176-178 e 186.
11. DI PIETRO, Maria Sylvia Zanella. *Direito administrativo*: pareceres. Rio de Janeiro: Forense, 2015, p. 281 e JUSTEN FILHO, Marçal. *Concessões de serviços públicos*: comentários às Leis 8.987 e 9.074 de 95. São Paulo: Dialética, 1997, p. 344.

ta a concessão, haverá a *imediata assunção do serviço* pelo poder concedente, procedendo-se aos levantamentos, avaliações e liquidações necessários";

• Em segundo lugar, é bastante natural que emerjam divergências e controvérsias entre as partes contratantes em relação aos valores devidos pelo conjunto de bens reversíveis. Como essas controvérsias podem se estender por longo período após a extinção do contrato, não faria sentido determinar que a reversão patrimonial ocorresse tão somente após a solução definitiva da controvérsia, pois isso feriria o princípio da continuidade, pilar fundamental do conceito de serviço público adequado;

• Em terceiro lugar, a reversão a despeito da indenização prévia se sustenta no poder expresso que os entes públicos contratantes detêm para ocupar os bens essenciais ao serviço público. Nesse sentido, o art. 35, § 3º da Lei Geral de Concessões é claro ao dispor que "a assunção do serviço autoriza a ocupação das instalações e a utilização, pelo poder concedente, de todos os bens reversíveis";

• Em quarto lugar, como já se explicou, a reversão tem implicações distintas para cada tipo de bem envolvido. Em relação aos bens públicos, a reversão gera o dever de a concessionária devolver a posse ao seu proprietário originário, ou seja, o titular do serviço. Em relação aos bens particulares que a concessionária adquiriu ou construiu ao longo da concessão, a reversão ocasiona a transferência da posse ao titular do serviço para que o ocupe e utilize imediatamente;

• Em quinto lugar, por força das diferentes naturezas jurídicas, a reversão imediata dos bens reversíveis particulares não implicará enriquecimento indevido do titular do serviço, pois esses bens serão apenas ocupados e utilizados no serviço. A efetiva transferência do direito de propriedade sobre esses bens ocorrerá tão somente com a conclusão da controvérsia sobre a indenização e a tomada das necessárias medidas registrais;

• Em sexto lugar, se a indenização prévia fosse impositiva na reversão, o legislador a teria indicado de modo expresso na legislação, a exemplo do que se vislumbra no tratamento da encampação do serviço público por motivo de interesse público (art. 37 da Lei 8.987/1995[12]) e no campo das desapropriações ordinárias por utilidade pública, necessidade pública ou interesse social (art. 5º, inciso XXIV, da Constituição da República). No caso da ocupação para utilização de bens reversíveis, repita-se, não há qualquer exigência legal de indenização prévia.

Não bastassem os argumentos apontados, a jurisprudência dos Tribunais Superiores também caminha no sentido de reconhecer que a indenização prévia não se impõe como uma condição da reversão patrimonial ao término da concessão. Os julgados do STJ demonstram claramente esse entendimento:

> Administrativo. Extinção do contrato de concessão de serviço público. Reversão dos bens utilizados pela concessionária. Indenização prévia. Art. 35, § 4º, da Lei 8.987/95.
>
> *I – O termo final do contrato de concessão de serviço público não está condicionado ao pagamento prévio de eventual indenização referente a bens reversíveis não amortizados ou depreciados.*
>
> *II – Com o advento do termo contratual tem-se de rigor a reversão da concessão e a imediata assunção do serviço pelo poder concedente, incluindo a ocupação e a utilização das instalações e dos bens reversíveis. A Lei 8.987/95 não faz qualquer ressalva acerca da necessidade de indenização prévia de tais bens.*
>
> III – Recurso especial improvido. (REsp 1059137/SC, Rel. Ministro Francisco Falcão, Primeira Turma, julgado em 14.10.2008, DJe 29.10.2008, g.n.)

---

12. Art. 37. Considera-se encampação a retomada do serviço pelo poder concedente durante o prazo da concessão, por motivo de interesse público, mediante lei autorizativa específica e *após prévio pagamento da indenização*, na forma do artigo anterior. (g.n.)

Agravo regimental em recurso especial. Direito administrativo. Contrato de concessão. Extinção. Princípio da continuidade do serviço público. Indenização prévia. Incabimento.

1. Extinto o contrato de concessão por decurso do prazo de vigência, cabe ao Poder Público a retomada imediata da prestação do serviço, até a realização de nova licitação, a fim de assegurar a plena observância do princípio da continuidade do serviço público, não estando condicionado o termo final do contrato ao pagamento prévio de eventual indenização, que deve ser pleiteada nas vias ordinárias.

2. Agravo regimental improvido.

(AgRg no REsp 1139802/SC, Rel. Ministro Hamilton Carvalhido, Primeira Turma, julgado em 12.04.2011, DJe 25.04.2011, g.n.).

Agravo regimental em suspensão de segurança. Requisitos. Lei 4.348/64, Art. 4º Lesão à ordem e saúde públicas configurada. Extinção do contrato de concessão. Decurso do prazo contratual. Abastecimento de água e esgoto. Retomada do serviço pelo poder público concedente. 1. Nos casos de Mandado de Segurança, quando indeferido o pedido originário de suspensão em segundo grau, o novo pedido de suspensão, em se tratando de matéria infraconstitucional, pode ser requerido ao STJ, como na exata hipótese dos autos (Lei 4.348/64, art. 4º, § 1º). 2. A suspensão de liminar, como medida de natureza excepcionalíssima que é, somente deve ser deferida quando demonstrada a possibilidade real de que a decisão questionada cause consequências graves e desastrosas a pelo menos um dos valores tutelados pela norma de regência: ordem, saúde, segurança e economia públicas (Lei 4.348/64, art. 4º). 3. *Extinto o contrato de concessão – destinado ao abastecimento de água e esgoto do Município –, por decurso do prazo de vigência, cabe ao Poder Público a retomada imediata da prestação do serviço, até a realização de nova licitação, a fim de assegurar a plena observância do princípio da continuidade do serviço público (Lei 8.987/95). A efetividade do direito à indenização da concessionária, caso devida, deve ser garantida nas vias ordinárias.* 4. Com a demonstração do risco de dano alegado, impõe-se a manutenção da suspensão concedida. 5. Agravo Regimental não provido (AgRg na SS 1307/PR, Rel. Ministro Edson Vidigal, Corte Especial, julgado em 25.10.2004, DJ 06.12.2004, p. 175).

No âmbito do Supremo Tribunal Federal, mediante decisão monocrática, também foi firmado o entendimento de que a lei não condiciona a reversão ao pagamento prévio de indenização. Vejamos:

Reclamação. adis 6.492/DF, 6.536/DF, 6.583/DF e 6.882/DF. Enunciado 10 da súmula vinculante do STF. Estrita aderência: ausência. Uso como sucedâneo recursal: vedação. Negativa de seguimento.

[...]

20. Ocorre que o detido exame do acórdão apontado como paradigma, no que tange ao dispositivo objeto da presente reclamação (§ 5º do art. 42 da Lei 11.445, de 2007, incluído pela Lei 14.026, de 2020), me conduz à conclusão de que o debate acerca da constitucionalidade das leis não incluiu, de modo direto, a indenização prévia como requisito imprescindível para a transferência (ou retomada) dos serviços. O dispositivo prevê, é verdade, que a transferência de qualquer ativo ao novo titular dos serviços de saneamento básico garantirá ao antigo concessionário o direito à indenização correspondente, conforme regulado na lei impugnada.

21. Como se observa, em relação ao ponto em discussão, o dispositivo faz remissão aos termos da Lei 8.987, de 13/02/1995.

22. Pois bem. O art. 35, § 2º, da Lei 8.987, de 1995, preconiza que "extinta a concessão, haverá a imediata assunção do serviço pelo poder concedente, procedendo-se aos levantamentos, avaliações e liquidações necessários"; o § 3º do art. 35 prevê que "a assunção do serviço autoriza a ocupação das instalações e a utilização, pelo poder concedente, de todos os bens reversíveis"; e o § 4º do art. 35 preleciona que, nos casos de reversão pelo advento do termo contratual ou de encampação, o

poder concedente deverá proceder antecipadamente "aos levantamentos e avaliações necessários à determinação dos montantes da indenização que será devida à concessionária".

23. Reitero, contudo, que *não é possível depreender desse conjunto de normas – e tampouco do julgado apontado como paradigma – que a ocupação deva ser necessariamente precedida de indenização*. Embora a indenização seja devida, cumpre lembrar que, *por se tratar de serviço essencial, revela-se imperativa a imediata assunção do serviço pela Administração*, sem solução de continuidade no seu fornecimento aos usuários. [...] (Rcl. 64.128/SP, Rel. Min. André Mendonça, decisão monocrática, j. em 22.12.2023, g.n.).

Por todos os motivos apontados, uma vez extinta a concessão (salvo em situação de encampação), a reversão dos bens e direitos essenciais à prestação do serviço público ocorrerá imediatamente em favor do titular do serviço ou do novo prestador a despeito da indenização prévia. Vale repisar que a reversão, nesse contexto, implica:

(i) A devolução imediata dos bens públicos vinculados ao serviço público delegado e cuja posse se transferiu à concessionária;

(ii) A ocupação e a utilização dos bens privados da concessionária pelo titular ou pelo novo prestador para garantir a continuidade do serviço, bem como

(iii) A ocupação e utilização de bens de terceiros, operando-se a sub-rogação da concedente na posição jurídica da antiga concessionária em relação aos terceiros proprietários.

A indenização poderá ocorrer em momento posterior à reversão, seja em razão de controvérsias entre as partes, seja, tão somente, do tempo necessário para que se realizem os cálculos de indenização a despeito de qualquer disputa. Já a transferência efetiva do direito de propriedade sobre os bens privados da concessionária, revertidos com a extinção do contrato para ocupação e uso do titular ou do novo prestador, ocorrerá tão logo a indenização seja efetivamente realizada ou em outro momento ajustado pelas partes contratantes. Repita-se: *a ocupação e uso ocorrem imediatamente com a extinção do contrato, mas a transferência do direito de propriedade somente após a indenização, de modo a se evitar enriquecimento indevido do titular ou do novo prestador.*

6. INDENIZAÇÃO DOS REVERSÍVEIS E PROCESSUALIDADE ADMINISTRATIVA

O reequilíbrio conclusivo, resultante da reversão patrimonial ao final do contrato de concessão e da necessidade de eventual indenização, deve observar a processualidade administrativa pelo fato de envolver potenciais conflitos de direitos e interesses entre concedente e concessionária. A necessidade do respeito à ampla defesa, ao contraditório, à motivação, entre outros pilares do devido processo administrativo resulta diretamente do art. 5º, inciso LV, da Constituição da República.

Apesar da conflituosidade típica dos processos de reequilíbrio, como se sabe, nem a Lei Geral de Concessões, nem a Lei Geral de PPP ou a Lei Geral de Licitações e Contratos traçam um rito procedimental para esses institutos. O citado art. 36 da Lei 8.987/1995 apenas indica que, em havendo elementos que revelem a não amortização de parcela dos investimentos realizados ao longo da concessão, o procedimento de reequilíbrio conclusivo será obrigatório, ou seja, não estará no campo da discricionariedade.

Fora isso, a legislação nacional é bastante lacunosa quanto à processualidade do reequilíbrio, da avaliação dos reversíveis e do cálculo da eventual indenização. Em outras palavras, a legislação geral não aponta quem apresentará o pleito e como deverá fazê-lo, que instaurará e conduzirá o processo, quais são as fases e demais características do rito procedimental. Na verdade, essa lacuna repete a ausência de normas que se encontra em matéria de reequilíbrio em geral. Também no tocante aos reajustes e às revisões contratuais durante o contrato de concessão, a legislação geral citada não traça qualquer detalhamento procedimental, nem esclarece temas relativos à competência para abertura do processo, instrução e decisão final.

Diante desse contexto, sem o intuito de esgotar o tema, é preciso esclarecer ao menos três questões: (i) quem deverá apresentar o pleito; (ii) quem deverá conduzir o processo administrativo e (iii) como deverá fazê-lo.

Quanto à primeira questão, de maneira bastante objetiva, a apresentação dos pleitos sempre compete a quem se sente prejudicado por um evento desequilibrante na concessão. Se a concessionária entender que não teve todos os seus investimentos amortizados, deverá peticionar formalmente, indicando os eventos desequilibrantes, suas causas, as estimativas de impacto financeiro e todas as provas cabíveis. Da mesma forma, se o poder concedente reputar que a concessionária infringiu o contrato e deixou de realizar os investimentos cabíveis, tendo se enriquecido indevidamente, deverá pleitear a indenização ou, como se explicará a frente, propor um acordo de ajustamento, inclusive possibilitando investimentos após a extinção contratual.

A iniciativa das partes contratantes em apresentar o pleito e as provas cabíveis se fundamenta no art. 36 da Lei de Processo Administrativo Federal, aqui aplicado por analogia. De acordo com esse comando: "cabe ao interessado a prova dos fatos que tenha alegado, sem prejuízo do dever atribuído ao órgão competente para a instrução (...)". Isso significa que cabe primariamente às partes contratantes se manifestar motivadamente sobre a necessidade de indenização e o montante devido.

Uma vez apresentado o pleito de indenização ao final da concessão, com as respectivas provas e fundamentos, o processo será instaurado e o órgão competente pela sua condução poderá igualmente exercer funções instrutórias, quer pela solicitação de provas aos contratantes, quer pela produção direta de provas. Em outras palavras, as partes peticionam e produzem provas no seu interesse, mas sem prejuízo de o órgão responsável pelo processo agir com base no princípio da oficialidade.[13]

A segunda discussão procedimental diz respeito a quem conduz esse processo de reequilíbrio conclusivo para avaliar eventual indenização por investimentos não amortizados em reversíveis. Como se sabe, as Leis Gerais de Concessões e de PPP ignoram por completo a figura do regulador e, portanto, não trazem normas a respeito

---

13. Apenas para exemplificar, na legislação de saneamento, essa possibilidade é confirmada pelo art. 38, § 1º, da LDNSB, segundo o qual: "as revisões tarifárias terão suas pautas definidas pelas respectivas agências reguladoras, ouvidos os titulares, os usuários e os prestadores dos serviços".

de seu papel nas concessões. Em alguns setores, porém, existem normas específicas sobre o tema.

Exemplo disso se vislumbra no art. 42, § 2º, da LDNSB, do qual se extrai a competência da agência reguladora competente para conduzir avaliar o desequilíbrio final e mensurar a indenização pela reversão. Vale a transcrição: "os investimentos realizados, os valores amortizados, a depreciação e os respectivos saldos serão anualmente auditados e certificados pela entidade reguladora". Ora, como cabe à agência verificar os investimentos anualmente, nisso se embute sua competência para a avaliação final. Dessa maneira, nesse setor, não deve o poder concedente realizar os cálculos da indenização eventualmente devida à concessionária em razão da extinção contratual, embora possa peticionar ao regulador e justificar os valores de indenização que entende cabíveis.

A terceira e última questão procedimental diz respeito a como conduzir o processo, ou seja, ao seu rito e às suas fases. Para se responder essa questão, será necessário averiguar, em cada setor, quem detém a competência para disciplinar e conduzir processos de reequilíbrio. No setor de saneamento, aqui novamente usado como exemplo, o art. 23, inciso IV, aponta que compete ao regulador editar normas sobre "(...) os procedimentos e prazos de sua fixação, reajuste e revisão". Dessa maneira, caso a agência infranacional competente não tenha absorvido parâmetros das Normas de Referência da ANA, poderá livremente normatizar as fases do procedimento de reequilíbrio conclusivo para cálculo de indenização ou, por analogia, valer-se de regulamentos já existentes sobre processos de revisão para fins de reequilíbrio econômico-financeiro. O importante é que a agência zele por todas as garantias constitucionais aplicáveis, em especial a ampla defesa, o contraditório, a motivação e a transparência.

7. INVESTIMENTOS PREVISTOS EM REVERSÍVEIS APÓS A EXTINÇÃO CONTRATUAL

Embora a legislação brasileira proíba contratos verbais ou informais, bem como a prorrogação de vínculos contratuais já extintos, certas empresas continuam a agir como se concessionárias fossem mesmo após o encerramento do contrato. Pior que isso, além de não procederem à devolução do objeto concedido, essas empresas por vezes realizam investimentos depois de encerrada a relação contratual, com ou sem conhecimento do titular do serviço concedido.

Nessas circunstâncias, surgem duas questões: (i) É lícito indenizar a antiga concessionária por investimentos em infraestruturas previstas no extinto contrato, mas construídas ou adquiridas fora do período contratual? (ii) É lícito indenizar a antiga concessionária por novos investimentos, *i.e.*, investimentos em infraestruturas não previstas no extinto contrato e construídas ou adquiridas após seu encerramento por decisão unilateral?

Os questionamentos envolvem duas situações diferentes. Na primeira delas, trata-se de investimentos previstos no cronograma físico-financeiro ou em outro documento com essa função. A empresa deveria realizar os investimentos e construir bens reversíveis vinculados ao projeto concessório, mas não o faz durante a vigência do contrato, senão após o advento do termo final. Na segunda situação, mais grave, a empresa realiza investimentos novos, ou seja, não previstos em qualquer cronograma ou documento contratual, após o encerramento do contrato.

Via de regra, todas as obrigações devem ser cumpridas durante a vigência contratual. É de se esperar que a empresa realize todos os investimentos e construa ou adquira todos os bens reversíveis enquanto o contrato estiver em curso. Seguindo essa lógica, a ANA, como metarreguladora do setor de saneamento, aponta claramente que, a princípio, investimentos realizados após a extinção do contrato não são indenizáveis (art. 19, *caput*, da Norma de Referência n. 3).

A esse despeito, é concebível que o adimplemento das obrigações durante a vigência contratual seja obstado por força maior, caso fortuito, fato da Administração ou do príncipe, bem como por comportamentos culposos da concessionária no sentido de não realizar os investimentos no momento previsto. Esses eventos poderão não apenas ocasionar a postergação dos prazos para cumprimento de obrigações dentro da vigência contratual,[14] como também impossibilitar o seu cumprimento ao longo da duração do contrato.

Na hipótese específica de inexecução das obrigações de investimentos em infraestruturas e outros reversíveis durante a vigência do contrato, restará configurada infração contratual a ser apurada em processo administrativo sancionador, com a consequente aplicação das sanções administrativas cabíveis, sem prejuízo da determinação das medidas de reparação civil devidas ao poder concedente.

Sabe-se, porém, que as técnicas de responsabilidade civil, inclusive por descumprimento contratual, não se esgotam em medidas indenizatórias. Dizendo de outro modo: sempre que uma parte causa dano a outra, por exemplo, em razão de omissão que infringe o contrato, a situação poderá ser revertida por diferentes caminhos reparatórios. O primeiro desses caminhos é a restituição da situação (tutela restitutória) e o segundo, a indenização (tutela indenizatória).

Aplicando-se essa lógica, é perfeitamente possível afirmar que, em vez de se obrigar a concessionária a indenizar o concedente pelos danos resultantes de sua omissão em realizar investimentos, pode-se negociar com a empresa, antiga concessionária, que realize os investimentos e as obras faltantes para desfazer os danos causados. Nesse caso, não se está a falar mais de uma obrigação propriamente contratual, mas de um dever de reparação que pode ser cumprido tanto dentro, quanto fora do prazo de vigência contratual, de acordo com as negociações.

No ordenamento jurídico brasileiro atual, desde 2018, existem normas gerais que autorizam esse tipo de solução. Ainda que a Lei Geral de Concessões, a Lei Geral de

---

14. De acordo com o art. 115, § 5º, da Lei 14.133/2021, aplicável subsidiariamente a concessões e PPPs, "em caso de impedimento, ordem de paralisação ou suspensão do contrato, o cronograma de execução será prorrogado automaticamente pelo tempo correspondente, anotadas tais circunstâncias mediante simples apostila".

Parcerias Público-Privadas e as Leis Gerais de Licitações e Contratos (de 1993 e de 2021) não tratem de ajustamentos de conduta e seu emprego para fins reparatórios, a Lei 13.655 alterou a LINDB e nela introduziu o art. 26 e o art. 27, que reconhecem o amplo uso de acordos de ajustamento nos seguintes termos:

> Art. 26. Para eliminar irregularidade, incerteza jurídica ou situação contenciosa na aplicação do direito público, inclusive no caso de expedição de licença, a autoridade administrativa poderá, após oitiva do órgão jurídico e, quando for o caso, após realização de consulta pública, e presentes razões de relevante interesse geral, celebrar compromisso com os interessados, observada a legislação aplicável, o qual só produzirá efeitos a partir de sua publicação oficial.
>
> Art. 27. A decisão do processo, nas esferas administrativa, controladora ou judicial, poderá impor compensação por benefícios indevidos ou prejuízos anormais ou injustos resultantes do processo ou da conduta dos envolvidos.

Veja-se, portanto, que o ordenamento pátrio hoje confere ampla possibilidade de consensualização em processos administrativos, inclusive em processos que tratem do descumprimento de obrigações contratuais, como a de realização de investimentos em concessões de serviços públicos. Por meio de negociações, esses acordos podem impor compromissos para eliminar irregularidades, superar controvérsias entre a Administração Pública e particulares, além de servir à definição de compensação por benefícios ou prejuízos resultantes das condutas dos envolvidos.

Aplicando-se os dispositivos da LINDB ao âmbito dos contratos de concessão, fica evidente que: (i) o poder concedente pode firmar compromissos com a antiga concessionária para tratar de investimentos não realizados e o descumprimento de obrigações contratuais;[15] (ii) os acordos podem prever a compensação dos efeitos resultantes do descumprimento contratual, introduzindo a necessidade de reparação; e (iii) a reparação pode tanto consistir em indenizações entre as partes, quanto em medidas restitutórias,[16] como a de cumprir as obrigações inadimplidas, ainda que fora do período de vigência contratual.

Esclareça-se, porém, que a celebração de compromissos, inclusive para fins de ajustamento de conduta contratual e reparação de danos por inadimplemento contratual, está no âmbito de discricionariedade do poder concedente, como bem esclarece o art. 26 da LINDB ao utilizar o verbo "poder".

---

15. Como dito alhures, "em primeiro lugar, ao permitir o compromisso para 'eliminar irregularidade', a LINDB autoriza o uso do compromisso com uma finalidade corretiva, ou seja, no sentido de afastar descumprimentos de normas jurídicas, impondo um ajustamento ao autor da conduta questionada. O compromisso, aqui, vale como ajustamento de condutas em curso ou ajustamento dos efeitos danosos de condutas presentes ou passadas, já cessadas. Com isso, o instrumento é capaz de afastar a necessidade de condução e conclusão de procedimentos investigatórios ou de processos administrativos sancionadores. Nesse sentido, pois, o compromisso assume natureza de acordo substitutivo". MARRARA, Thiago. Compromissos como técnica de administração consensual: breves comentários ao art. 26 da Lei de Introdução às Normas do Direito Brasileiro (LINDB). *RDA*, v. 283, n. 1, 2024, p. 143.

16. Nesse sentido, MARRARA, Thiago. Compromissos como técnica de administração consensual: breves comentários ao art. 26 da Lei de Introdução às Normas do Direito Brasileiro (LINDB). *RDA*, v. 283, n. 1, 2024, p. 141.

Em havendo interesse geral no patrimônio formado com investimentos previstos no contrato, mas realizados após a extinção contratual com o objetivo de reparar danos que a infração contratual ocasionou, o titular do serviço concedido não deverá, mas poderá negociar a aceitação desse patrimônio e ajustar a indenização cabível pelos investimentos. Com isso, assumirá também as respectivas infraestruturas como bens reversíveis mediante a negociação de uma indenização razoável à antiga concessionária.

A mencionada indenização igualmente se sujeitará aos termos de uma negociação entre as partes (poder concedente e antiga concessionária). Afinal, não se trata da indenização por investimentos não amortizados em condições normais de advento contratual. O acordo tratará, em verdade, de uma indenização à concessionária que indevidamente deixou de realizar investimentos quando devia e, por isso, vem a realizá-los posteriormente a título de reparação dentro de um contexto de ajustamento de conduta.

8. INVESTIMENTOS IMPREVISTOS EM REVERSÍVEIS APÓS A EXTINÇÃO CONTRATUAL

Situação ainda mais polêmica que a anterior é aquela em que a antiga concessionária realiza investimentos em bens reversíveis após a extinção do contrato e com base em uma mera decisão unilateral sua, sem qualquer relação com o que havia sido pactuado com o poder concedente.

Trata-se aqui de violação clara e gravíssima do *pacta sunt servanda*. Os contratos administrativos são extremamente formais, baseados na legislação, no edital e no contrato. Toda a relação contratual está baseada naquilo que se pactuou, exatamente por isso tem relevo no direito administrativo o princípio da vinculação ao instrumento convocatório, do que se extrai igualmente a estrita vinculação dos comportamentos das partes com o pacto escrito e formal.

O art. 14 da Lei Geral de Concessões é explícito ao submeter a concessão ao princípio da vinculação ao instrumento convocatório. Já o art. 18, incisos I e VII, exige que o edital descreva exatamente "o objeto, metas e prazo da concessão", bem como "os direitos e obrigações do poder concedente e da concessionária (...)". Por reflexo, o art. 23, incisos I e V, demanda que o contrato disponha sobre esses elementos obrigacionais essenciais.

A equação de equilíbrio econômico-financeiro, como a expectativa juridicamente protegida quanto às entradas e às saídas financeiras relativas ao contrato, está baseada nessa descrição contratual do objeto da concessão, da duração da prestação e das obrigações das partes. Todos esses elementos obrigacionais são imprescindíveis para que se verifique quanto se deve investir no projeto concessório, os custos e as despesas de manutenção que exigirá, bem como as receitas que a concessionária auferirá com a prestação do serviço delegado.

Exatamente por isso, o ordenamento jurídico reconhece que a alteração das obrigações contratuais somente poderá ocorrer: (i) por decisão unilateral do poder público ou por decisão amigável das partes e (ii) sempre com a preservação do equilíbrio econômico-financeiro. Note-se que a legislação é explícita ao garantir o poder de alteração unilateral apenas ao poder concedente, de modo que a concessionária jamais poderá, por sua livre e espontânea vontade, sem anuência do poder público, modificar suas obrigações.

Ora, tomando-se a premissa de que concessionária não pode sequer modificar suas obrigações unilateralmente durante a vigência do contrato, é completamente incabível cogitar de que invente obrigações para si mesma quando o contrato já estiver extinto. Uma vez operado o advento do termo contratual, a empresa que até então atuava como concessionária perde sua posição jurídica, deixa de ser parte contratante pelo simples fato de que o vínculo não mais subsiste. Jamais se poderia aceitar que estipulasse para si, de maneira unilateral, obrigações de investimentos em relação ao contrato que não existe mais. Comportamentos como esses são tão gravemente viciados, que sequer se pode cogitar de sua nulidade. Trata-se, em verdade, de uma situação de inexistência jurídica.

Apesar da gravidade da situação, considerando-se que a empresa tenha efetivamente realizado investimentos novos, imprevistos em qualquer documento contratual e após o advento do termo contratual, pergunta-se: poderia o Poder Público decidir indenizar a antiga concessionária por esses investimentos e exigir a reversão das infraestruturas construídas ou adquiridas após o final do contrato sem qualquer acordo formal?

A resposta é negativa. Como o contrato de concessão se encerrou e as obrigações sequer constavam do contrato, não se pode cogitar de indenização nos termos do art. 36 da Lei Geral de Concessões. Existe, porém, uma alternativa. É perfeitamente concebível que o titular do serviço público concedido demonstre interesse nas infraestruturas adquiridas ou construídas pela antiga concessionária pelo fato de elas se mostrarem essenciais para a expansão ou continuidade do serviço.

Configurado esse interesse público, como a concessão já se extinguiu e as referidas infraestruturas não estavam atreladas formalmente ao contrato, restará ao Poder Público a opção pela celebração de um contrato próprio de aquisição ou de locação, mas não nos termos da Lei Geral de Concessões, senão nos termos da Lei Geral de Licitações e Contratos.

De acordo com o art. 74, inciso V, da Lei 14.133/2021, é inexigível a licitação para "aquisição ou locação de imóvel cujas características de instalações ou de localização tornem necessária a sua escolha". Segundo o art. 74, § 5º, para se valer dessa hipótese de aquisição/locação de imóvel por contratação direta (não licitada), o ente estatal deve: (i) proceder à avaliação prévia do bem, do seu estado de conservação, dos custos de adaptações, quando imprescindíveis às necessidades de utilização, e do prazo de amortização dos investimentos; (ii) certificar-se da inexistência de outros imóveis públicos que atendam a sua necessidade e (iii) apresentar as justificativas que demonstrem a singularidade do imóvel a ser adquirido ou locado pela Administração e as vantagens desse contrato.

Repita-se: embora o Poder Público não esteja autorizado a considerar as infraestruturas construídas pela concessionária por decisão unilateral sua e fora da relação contratual como bens reversíveis para fins de indenização, faculta-se que as adquira ou as alugue por inexigibilidade de licitação, valendo-se da mencionada possibilidade de contratação direta indicada pela Lei Geral de Licitações de 2021.

CONCLUSÕES

A concessão é um casamento com divórcio anunciado, como já disse. Ancorado nessa premissa, esse artigo debruçou-se sobre alguns desafios jurídicos que emergem no final da relação contratual. É nesse momento, marcado por tensões, agressividade, cobranças e controvérsias, que a clareza e a solidez dos conceitos e dos procedimentos se fazem imprescindíveis não apenas para garantir a segurança jurídica, como também para evitar desperdício de recursos financeiros e litigiosidade supérflua.

Buscou-se demonstrar que, na falta de precisão legislativa e maturidade doutrinária, é preciso aprofundar o conceito de reversão, levando em conta a diferença entre bens reversíveis públicos, privados e de terceiros. É igualmente essencial não confundir a transferência imediata do uso e da posse que ocorre ao final do contrato com, de outro lado, a transferência do direito de propriedade sobre os bens reversíveis que a concessionária integrou em seu patrimônio por técnicas de aquisição ou construção. A reversão é bifásica, pois se inicia com a ocupação da infraestrutura para uso pelo titular ou pelo novo prestador a despeito de indenização. Em um segundo momento, superadas as controvérsias e resolvidos os créditos, a reversão se conclui com a transferência registral da propriedade dos reversíveis privados ao Poder Público.

Igualmente fundamental é compreender a processualidade da reversão e do reequilíbrio conclusivo. Como visto, o reequilíbrio econômico-financeiro de módulos concessórios não se esgota em procedimentos de reajuste e revisão durante a execução obrigacional. A Lei Geral de Concessões impõe um reequilíbrio ao final do contrato que pode se prolongar para além da vigência das obrigações contratuais. Esse reequilíbrio requer a devida processualidade administrativa. Parte necessariamente de pleitos fundamentados das partes contratantes e culmina, eventualmente, no cálculo de uma indenização devida pelo concedente à concessionária ou vice-versa.

A Lei Geral de Concessões não aponta o rito do reequilíbrio conclusivo, nem traça métodos contábeis para a avaliação dos bens reversíveis. Mais que isso, a Lei também é silente quanto à tipologia desses bens e as diferentes implicações de cada natureza jurídica na reversão e no cálculo de indenização. Normas sobre esses assuntos se encontram apenas eventualmente em certas disposições setoriais, como as Normas de Referência que a ANA edita para guiar agências reguladoras de saneamento nos níveis estaduais, intermunicipais e locais.

A ausência de uma normatividade mais robusta sobre a temática evidencia a necessidade de três tarefas. A uma, cabe à doutrina dedicar mais esforços científicos ao término da concessão, superando o fetiche licitatório. É claro que a licitação e tudo que a antecede, como a modelagem, são extremamente relevantes para o sucesso do projeto concessório. Entretanto, é preciso integrar reflexões sobre a extinção contratual ao campo científico, inclusive no sentido de extrair influxos para melhorar a modelagem. A duas, cabe aos órgãos dedicados ao planejamento da contratação pública e à regulação criar normas materiais e procedimentais para viabilizar uma transição suave de um prestador a outro entre o contrato novo e o antigo. A três, é preciso que, nos movimentos em curso para renovação da legislação concessória brasileira, o legislador absorva as preocupações com essa etapa de finalização obrigacional e transição de prestadores, traduzindo-as em um regime jurídico mais preciso e detalhado para os bens reversíveis, o reequilíbrio conclusivo e as indenizações.

REFERÊNCIAS

DI PIETRO, Maria Sylvia Zanella. *Direito administrativo*: pareceres. Rio de Janeiro: Forense, 2015.

DI PIETRO, Maria Sylvia Zanella. *Parcerias na administração pública*: concessão, permissão, franquia, terceirização, parceria público-privada. 13. ed. Rio de Janeiro: Forense, 2022.

JUSTEN FILHO, Marçal. *Concessões de serviços públicos*: comentários às Leis 8.987 e 9.074 de 95. São Paulo: Dialética, 1997.

JUSTEN FILHO, Marçal. *Curso de direito Administrativo*. 15. ed. Rio de Janeiro: Forense, 2024.

MARQUES NETO, Floriano de Azevedo. *Bens públicos*: função social e exploração econômica – O regime jurídico das utilidades públicas. Belo Horizonte: Fórum, 2009.

MARRARA, Thiago. Compromissos como técnica de administração consensual: breves comentários ao art. 26 da Lei de Introdução às Normas do Direito Brasileiro (LINDB). *Revista de Direito Administrativo*, v. 283, n. 1, p. 131-157, 2024.

MARRARA, Thiago. *Manual de direito administrativo*: atos, processos, licitações e contratos. 2. ed. São Paulo: Foco, 2024.

MARRARA, Thiago; FERRAZ, Luciano. *Tratado de direito administrativo*. 3. ed. São Paulo: RT, 2022. v. 3: direito administrativo dos bens e restrições estatais à propriedade.

RADAR PPP. Parcerias Público-Privadas e Concessões: desempenho dos entes estaduais no Ciclo de Governo 2019-2022. Disponível em: https://radarppp.com/wp-content/uploads/20230109-desempenho-dos-estados-2019-2022.pdf. Acesso em: 09 maio 2024.

RADAR PPP. iRadarPPP: Dezembro/2023. Disponível em: https://radarppp.com/wp-content/uploads/iradarppp-dezembro-2023-20240109.pdf. Acesso em: 6 set. 2024.

PARA QUE SERVE A REVERSÃO DE BENS NAS CONCESSÕES DE INFRAESTRUTURA?[1]

Jacintho Arruda Câmara

Doutor e Mestre em Direito pela PUC/SP. Professor da Faculdade de Direito da PUC/SP e da Pós-graduação *Lato Sensu* da FGV Direito SP.

Fernando Bernardi Gallacci

Mestre em Direito Administrativo pela PUC/SP. Professor Visitante do MBA de Saneamento Ambiental da FESP-SP/LSE. Professor Visitante do Curso de PPPs de Iluminação Pública da ABIDB

Sumário: Introdução – 1. A narrativa jurídica convencional sobre bens reversíveis – 2. Concessões que não preveem reversão de bens – 3. O que garantiria a continuidade dos serviços públicos sem reversão de bens? – Conclusão – Referências.

INTRODUÇÃO

O presente estudo pretende rediscutir a explicação normalmente empregada para justificar a instituição de bens reversíveis nas concessões de serviço público, segundo a qual esse instrumento serviria basicamente para assegurar a continuidade na prestação do serviço público após a extinção do contrato. A hipótese de trabalho é que esta não é a única razão a justificar a previsão de reversibilidade de bens, o que, em verdade, também assegura ao concessionário uma garantia contratual sólida, para que este tenha segurança jurídica no retorno econômico de investimentos que, por sua natureza, se prestam normalmente apenas à prestação desses serviços públicos. A identificação de outro objetivo desse instrumento jurídico tanto pode ser útil à elaboração de novos contratos de concessão, sendo relevante para a modelagem mais adequada dos contratos, como também auxiliará na interpretação dos contratos vigentes e do papel que a identificação dos bens reversíveis pode acarretar na prática.

O momento é oportuno para a revisão proposta. O tema das concessões de serviço público, durante período considerável da história recente brasileira, carecia de maior apelo prático, uma vez que o Estado assumia diretamente a prestação dos serviços públicos mais relevantes. Nesse cenário, foi construída uma literatura nacional pouco informada

---

[1]. O tema do artigo foi objeto de palestra proferida por um dos autores no curso "Direito da Infraestrutura: aspectos financeiros e administrativos", ministrado no programa de pós-graduação *stricto sensu* da Faculdade de Direito da Universidade de São Paulo, coordenado pelos professores Thiago Marrara, José Maurício Conti, Augusto Dal Pozzo e Sabrina Nunes Iocken. E havia sido objeto de artigo publicado na *Revista de Direito Público da Economia*, v. 80, p. 89-109, 2022.

aos aspectos concretos dos contratos de concessão, bebendo quase que exclusivamente de fontes doutrinárias estrangeiras para tecer comentários a respeito dessa modalidade contratual. As considerações sobre a reversão de bens foram concebidas com base nesse roteiro, mais atreladas a uma narrativa importada do que à análise dos efeitos concretos e jurídicos que sua aplicação acarretasse. Mas isso mudou. Desde a edição da Lei Geral das Concessões, Lei 8.987, de 1995, os contratos de concessão passaram a ser os mais relevantes contratos administrativos do direito brasileiro.

Os primeiros contratos firmados com base na Lei 8.987, de 1995, estão chegando ao fim e, com isso, estão sendo postas as dificuldades de interpretação e aplicação das regras sobre reversibilidade de bens. As discussões, em sua maioria, dizem respeito a pleitos indenizatórios formulados pelos concessionários devido a investimentos realizados em bens reversíveis e ainda não amortizados.[2-3] A observação desses fenômenos, somada a constatação de que em alguns contratos de concessão simplesmente não há previsão de reversibilidade de bens, põe em xeque a narrativa de que esse instrumento existe exclusivamente para assegurar a continuidade da oferta de serviços públicos. Seria este o verdadeiro motivo de se gravar certos bens como reversíveis? Como fica a participação da concessionária que investiu nos ativos? Será que a proteção dos investimentos privados nos bens reversíveis também é uma consequência e uma finalidade alcançada com a medida?

É importante ter respostas precisas a essas dúvidas tanto para a adequada modelagem e execução contratual das concessões, como para a correta interpretação de contratos já celebrados. A resposta que costuma ser usada para solucionar esses desafios reflete análise demasiadamente simplória: estão afetos ao serviço público todos aqueles bens que sejam utilizados na prestação adequada do serviço público, sendo reversíveis aqueles bens afetos à concessão e que sirvam para proteger a continuidade da prestação dos referidos serviços.

Não se põe em xeque a existência ou mesmo a relevância do princípio da continuidade dos serviços públicos.[4] O ponto é saber se a observância a este princípio é a justificativa suficiente para, por si só, definir que certo bem inerente à prestação de serviços públicos será ou não reversível. O uso da narrativa abstrata de continuidade dos serviços públicos parece ignorar certos aspectos práticos da prestação de serviços públicos e do regime

---

2. "Art. 36. A reversão no advento do termo contratual far-se-á com a indenização das parcelas dos investimentos vinculados a bens reversíveis, ainda não amortizados ou depreciados, que tenham sido realizados com o objetivo de garantir a continuidade e atualidade do serviço concedido" (Brasil, Lei 8.987, de 1995).
3. A Lei também prevê outras situações nas quais o investimento privado em bens reversíveis ganha proteção especial. É o que se vê na encampação, hipótese de término antecipado do contrato por motivo de interesse público da Administração, que apresenta como um dos seus requisitos a necessidade de pagamento de indenização prévia pelos bens reversíveis ainda não amortizados ou depreciados (art. 37 da Lei 8.987, de 1995).
4. Ele está positivado no ordenamento jurídico brasileiro no art. 175, Parágrafo único, inc. IV da Constituição Federal, que se refere à obrigação de se manter o serviço adequado, bem como no art. 6º, § 1º da Lei 8.987, de 1995, que define serviço adequado como sendo aquele que satisfaz as condições de "regularidade, *continuidade*, eficiência, segurança, atualidade, generalidade, cortesia na sua prestação e modicidade das tarifas" (Brasil, Lei 8.987, de 1995, g.n.).

jurídico dos bens que a eles são vinculados, criando uma ideia equivocada segundo a qual, na ausência desse instrumento jurídico, haveria risco de o serviço público vir a ser interrompido com o término da concessão. Essa leitura romanceada da finalidade da reversão abre margem para judicialização de questões cuja resolução poderia ser simples, caso houvesse a observância das regras definidas no edital de licitação e no contrato. A tentativa de resolver problemas práticos de reversibilidade de bens por meio da aplicação de princípios jurídicos abstratos pode gerar insegurança jurídica.

A Lei 8.987, de 1995, confere ao edital e ao contrato o papel de definir os bens reversíveis de cada concessão. É o que preveem o art. 18, inc. X c.c. inc. XI,[5] e o art. 23, inc. X, c.c. art. 35, § 1º.[6] Ela não aponta, contudo, qualquer objetivo específico da reversão de bens. No art. 36, a Lei qualifica os investimentos que merecem indenização: são aqueles vinculados a bens reversíveis e que tenham sido "realizados com o objetivo de garantir a continuidade e atualidade do serviço concedido" (Brasil, Lei 8.987, de 1995). Não se pode confundir a condição para pagamento de indenização com o objetivo em si a ser perseguido com a reversão. O investimento merecedor de indenização é que se justifica devido à sua utilidade para prestação dos serviços públicos pelo contratante. É dizer, abarcam-se os bens que o edital e o contrato expressamente arrolaram como essenciais para reversão ao poder público, dignos de indenização para evitar enriquecimento sem causa em favor das autoridades quando da transferência pelo parceiro privado, permitindo a prestação adequada dos serviços públicos. O dispositivo não determina que a reversibilidade deva ocorrer para assegurar a continuidade ou a atualidade do serviço. Deve ser interpretado em conjunto com as demais normas da legislação de concessões. Parece precipitado adotar uma narrativa exclusivamente ancorada no princípio da continuidade do serviço público para justificar *a inclusão de bens* no rol daqueles que serão reversíveis ao final do contrato. A correta identificação do objetivo a ser alcançado pela reversão só pode ser obtida a partir da análise dos efeitos práticos que o instrumento proporciona e, mais, da observação das consequências que a não inclusão de um bem neste rol pode acarretar. A hipótese a ser trabalhada é a de que, mesmo sem prever a reversibilidade, não haveria risco a continuidade dos serviços públicos, o que nos leva à necessidade de investigar qual seria o verdadeiro objetivo da regra quando adotada em contratos de concessão.

Para enfrentar esse desafio, o estudo tentará responder a duas questões básicas e instrumentais:

---

5. "Art. 18. O edital de licitação será elaborado pelo poder concedente, observados, no que couber, os critérios e as normas gerais da legislação própria sobre licitações e contratos e conterá, especialmente: [...] X – a indicação dos bens reversíveis; XI – as características dos bens reversíveis e as condições em que estes serão postos à disposição, nos casos em que houver sido extinta a concessão anterior; [...]" (Brasil, Lei 8.987, de 1995).
6. "Art. 23. São cláusulas essenciais do contrato de concessão as relativas: X – aos bens reversíveis; [...] Art. 35. Extingue-se a concessão por: [...] § 1º Extinta a concessão, retornam ao poder concedente todos os bens reversíveis, direitos e privilégios transferidos ao concessionário conforme previsto no edital e estabelecido no contrato" (Brasil, Lei 8.987, de 1995).

1) Os bens reversíveis são todos aqueles necessários à prestação dos serviços públicos?

2) A reversão serve somente para garantir a continuidade na oferta dos serviços públicos?

Analisados esses pontos, pretende-se apresentar uma proposta de releitura da finalidade da reversão de bens nas concessões.

1. A NARRATIVA JURÍDICA CONVENCIONAL SOBRE BENS REVERSÍVEIS

A investigação do posicionamento doutrinário acerca dos bens reversíveis em contratos de concessão de serviço público foi baseada no levantamento de literatura especializada, buscando refletir o posicionamento de diversos autores, todos integrantes do ramo do direito público. Não se buscou exaurir os posicionamentos jurídicos, tampouco analisar a completude da obra de cada jurista.[7] A ideia aqui é apresentar, de maneira geral, os entendimentos que vêm permeando os debates jurídicos acerca dos bens reversíveis, com objetivo de ampliar as discussões propostas para repensar este instituto jurídico.

O primeiro autor a ser apresentado é Meirelles que, por meio de seu *Direito Administrativo Brasileiro*, continua a influenciar marcantemente a produção juspublicista nacional. Na edição de 1991 dessa obra, a última publicada com o autor em vida, "reversão" era definida como o retorno do serviço ao poder público devido ao fim do contrato de concessão. Nesse contexto, havia a indicação de que a reversibilidade ou não de bens seria definida a partir das características intrínsecas a cada bem. Bens necessários à prestação de serviços públicos seriam reversíveis enquanto os demais bens seriam bens do patrimônio da empresa concessionária (1991, p. 344).[8] Essa explicação foi mantida nas edições póstumas (2018, p. 522).[9] Mesmo com as atualizações, as novas edições mantiveram a postura de considerar que, não havendo indicação de bens reversíveis no contrato, o concedente teria direito a assumir o serviço com todo o acervo aplicado na sua prestação.[10]

---

7. Mais detalhes ver: REIS, 2018, p. 475-520.
8. "Reversão, como a própria palavra indica, é o retorno do serviço ao concedente, ao término do prazo contratual da concessão. Segundo a doutrina dominante, acolhida pelos nossos tribunais, a reversão só abrange os bens, de qualquer natureza, vinculados à prestação do serviço. Os demais, não utilizados no objeto da concessão, constituem patrimônio privado do concessionário, que deles pode dispor livremente, e, ao final do contrato, não está obrigado a entrega-los, sem pagamento, ao concedente. Assim é porque a reversão só atinge o serviço concedido e os bens que asseguram a sua adequada prestação" (MEIRELLES, 1991, p. 344).
9. Confira-se as mínimas adaptações: "Advento do termo contratual, ou reversão: é o término do prazo da concessão, com o retorno do serviço ao poder concedente; daí por que também é conhecida por reversão. Segundo a doutrina dominante, acolhida pelos nossos Tribunais, a reversão só abrange os bens de qualquer natureza, vinculados à prestação do serviço. Os demais, não utilizados no objeto da concessão, constituem patrimônio privado do concessionário, que deles pode dispor livremente e, ao final do contrato, não está obrigado a entrega-los, sem pagamento, ao concedente. Assim é porque a reversão só atinge o serviço concedido e os bens que asseguram sua adequada prestação" (MEIRELLES, , 2018, p. 522).
10. Cf.: "Embora seja cláusula essencial do contrato (art. 23, X), se nada for estipulado a respeito, entende-se que o concedente terá o direito de receber de volta o serviço com todo o acervo aplicado na sua prestação, sem

A versão atualizada desta relevante obra confere relativa importância ao teor do contrato e da própria lei vigente. Embora haja, desde 1995, previsão legal de que a definição dos bens reversíveis é cláusula essencial do contrato de concessão, a obra mantém a defesa do ponto de vista segundo o qual a falta de indicação em contrato não representa, simplesmente, a livre opção das partes por não empregar o instrumento da reversão naquela relação jurídica.

Partindo da premissa de que os bens necessários à prestação do serviço devem ser transferidos ao poder concedente, sustenta-se que a omissão contratual impõe a reversão de todos os bens úteis à prestação do serviço. É dizer, esse posicionamento privilegia princípios abstratos em detrimento de opções concretas extraídas do teor do contrato de concessão. A se adotar esse entendimento, setores nos quais a opção regulatória é a de não prever qualquer bem reversível acabariam sob o risco de ter todo o acervo patrimonial transferido ao poder concedente, com os custos que isso envolveria, mesmo que as partes e a legislação não indicassem tal solução. A generalização de uma ideia vaga produziria efeito concreto de grande impacto econômico, sem qualquer previsão contratual. Serão apontados adiante, exemplos de setores nos quais não há indicação, como regra, de bens reversíveis.

Bandeira de Mello tratou do tema em artigo específico, escrito antes de existir lei nacional disciplinando a matéria (1986, p. 6). A exemplo de Hely, pretendeu fixar critérios para identificação dos bens reversíveis numa relação de concessão de serviço público buscando características materiais desses bens. Para ele, os bens reversíveis seriam os intrinsecamente ligados à concessão em razão da afetação ao serviço concedido e à sua continuidade.[11] O autor também afirmava que alguns bens reversíveis sequer teriam utilidade ao concessionário quando do término da concessão, visto serem indispensáveis ao serviço público e, portanto, deveriam permanecer vinculados a tais atividades.[12] Mas

---

qualquer pagamento. Mas casos há de concessão de curto prazo, ou de investimentos especiais e de alto custo, que justificam se convencione a indenização total ou parcial dos bens da empresa quando da reversão do serviço" (Idem, p. 523).

11. Ao comparar os atos de encampação com aqueles de desapropriação, Bandeira de Mello afirma: "É irrefragável direito do concedente (em rigor técnico: poder) retomar o serviço sempre que razões de conveniência pública o aconselhem. Tal poder jurídico não pode ser objetado pelo concessionário. De outra parte, é certo é indiscutível que o concedente tem, igualmente, o poder de imitir-se na propriedade dos bens afetados ao serviço e que sejam necessários para sua prestação. O concessionário não pode objetar este poder. O princípio da continuidade do serviço público, exige a reversão dos bens a ele afetados e havidos como necessários à persistência de sua prestação. Do instante em que o concedente, por razões de conveniência pública revela o intento – intento, este, que o concessionário não pode travar – de reassumir o serviço imediatamente, os bens adscritos à prestação dele, obviamente terão que ficar disposição do concedente, sem o que não haveria como efetivar-se o interesse público residente na incontinenti prestação do serviço por atuação direta de quem o havia concedido" (MELLO, 1986, p. 6).
12. "A razão pela qual se presume a reversão é óbvia: o acervo, normalmente, é indispensável ao concedente para a continuidade do serviço público. Logo, apresenta alto interesse para o Poder Público. De revés, normalmente, só apresentará utilidade e significação patrimonial para o concessionário enquanto este detiver tal qualidade. Perdendo-a, nada poderá fazer com tais bens, cujo préstimo está diretamente ligado à prestação de um serviço público. Sobremais, com frequência, o acervo é composto por edificações e bens implantados no solo. Se dele forem desentranhados perderão sua identidade e seu valor. Logo, de pouco ou nada lhe valem uma vez extinta a concessão" (MELLO, 1986, p. 11).

a narrativa quanto ao objetivo da cláusula persiste: assegurar a continuidade do serviço e não proteger o investimento particular. A postura é mantida em seu Curso de Direito Administrativo, com edições posteriores à Lei 8.987, de 1995. Nesta obra, o autor crava: "a razão principal da reversão reside precisamente nisto, a saber: dado o caráter público do serviço, isto é, atividade havida como de extrema relevância para a comunidade, sua paralisação ou suspensão é inadmissível, por ofensiva a valores erigidos socialmente como de superior importância" (Mello, 2011, p. 762).

Em linha semelhante, Di Pietro assegura que o fundamento da reversão dos bens concedidos é o princípio da continuidade do serviço público (2002, p. 90).[13] Para a autora, somente haverá interesse pelos bens necessários à prestação do serviço por parte daqueles que seguirão prestando o serviço. Aos demais, pouco importariam os bens reversíveis. Interessante destacar que, mesmo reconhecendo a inutilidade dos bens para outros fins que não seja a prestação do serviço concedido, não se abriu mão da ideia segundo a qual a caracterização desse bem como reversível serviria para assegurar a continuidade do serviço (algo que, pelo visto, seria quase inevitável) e não garantir a amortização dos investimentos do concessionário. A hipótese não é sequer cogitada pela autora.

Ao falar da extinção das concessões e da propriedade dos bens públicos durante a execução dos contratos, Grau (2012, p. 33-46) esclarece que a indenização devida pelos bens reversíveis somente é devida para aqueles bens não amortizados ou depreciados, que tenham sido aportados pela concessionária com o objetivo de garantir a continuidade e atualidade do serviço concedido.[14] É dizer, o autor parece interpretar a Lei 8.987, de 1995, pela literalidade da dicção do seu art. 36, *in fine*, prevendo que os bens particulares, ainda que originalmente privados, deverão ser revertidos (ou "vertidos") ao Poder Concedente se aportados à concessão com o objetivo de garantir a continuidade do serviço concedido.[15] Mistura-se a justificativa da indenização com o propósito dos bens reversíveis.

---

13. Cf. DI PIETRO, "seu fundamento é, mais uma vez, o princípio da continuidade do serviço público. Encerrada a concessão ou a permissão, aqueles bens necessários à prestação do serviço, em regra, só interessam a quem vai dar continuidade à prestação do serviço" (DI PIETRO, 2002, p. 90).
14. "Não obstante, essa reversão far-se-á com a indenização das parcelas dos investimentos vinculados a bens reversíveis, ainda não amortizados ou depreciados, que tenham sido realizados com o objetivo de garantir a continuidade e atualidade do serviço concedido. Até o momento em que essa indenização for consumada, o contrato, embora extinta a concessão, estará a produzir efeitos, não cabendo cogitar-se, até então, do seu encerramento." (GRAU, 2012, p. 40).
15. Também importante citar o seguinte trecho de GRAU, no qual o autor utiliza a vinculação dos investimentos à continuidade dos serviços públicos como critério para sua transferência pela concessionária ao Poder Concedente, mesmo que o bem seja inicialmente privado, *in verbis*: "Ademais, delineada a distinção entre extinção da concessão e encerramento do contrato, é importante observarmos que parcela dos bens reversíveis, embora sejam bens públicos, até o momento da reversão consubstanciam propriedade do concessionário, propriedade ainda não incorporada ao domínio público. Refiro-me aos bens nos quais tenham sido feitos investimentos, pelo concessionário, com o objetivo de garantir a continuidade e atualidade do serviço concedido, desde que esses investimentos não tenham ainda sido amortizados ou depreciados. A propriedade desses bens é do concessionário que neles investiu capital e/ou os adquiriu. Não obstante, hão de ser revertidos – em verdade vertidos, os últimos – ao poder concedente ao fim do prazo de concessão". (Idem).

Tratando de questão específica das concessões do setor de energia elétrica, Guerra e Sampaio ilustram entendimento semelhante às demais obras aqui analisadas, ao versarem, em artigo próprio ao tema (2019, p. 371-388), que os bens reversíveis são aqueles vinculados à prestação dos serviços concedidos, haja vista a necessidade de atendimento do princípio da permanência ou continuidade do serviço. A reversão dos demais bens, embora aparentemente possível para os autores, seria considerada supérflua.[16]

REIS destaca classificação legal pouco explorada nas obras generalistas que abordam o tema (2018, p. 483). Trata-se da distinção entre "bens vinculados"[17] e "bens reversíveis".[18] A dicotomia sugere que nem todos os bens vinculados à concessão são bens reversíveis. Esse aspecto é relevante para justificar a possibilidade de haver concessão sem bens sujeitos à reversão ao final do prazo estipulado.[19]

Em que pesem as diferenças na forma de expor o assunto e de identificar os bens reversíveis em cada concessão, as explicações doutrinárias convergem ao apontar, como objetivo do instituto, a garantia da continuidade na oferta dos serviços públicos após o término do contrato. Não se constata qualquer indicação de que a reversibilidade de

---

16. Vide entendimento dos autores em artigo sobre a relicitação das concessões de geração de energia elétrica, algumas das quais, oportuno lembrar, são outorgadas sob o regime de serviço público, mesmo que a atual legislação tenha introduzido a figura do PIE – Produtos Independente de Energia, sob regime de concessão de uso de bem público, em competição: "Além disso, dentre os bens geridos pela concessionária distinguem-se duas espécies: os que estão diretamente afetados à execução do serviço público e os que não são relevantes para esse fim. Se os bens estão afetados a um serviço público, eles seguem o mesmo regime jurídico a que se submetem os bens pertencentes à União, Estados e Municípios afetados à realização de serviços públicos. Se fosse possível às concessionárias e permissionárias alienar, livremente, esses bens, se pudessem ser penhorados ou hipotecados, haveria risco de interrupção do serviço. E o serviço é considerado público, precisamente, porque atende a necessidades relevantes da coletividade, o que leva à impossibilidade de sua paralisação e, por consequência, à submissão dos respectivos bens a um regime jurídico publicístico. No caso do serviço público, é a pessoa pública política (União, Estado ou Município) quem detém a titularidade da atividade: a concessionária, apenas, o executa e não tem disponibilidade sobre ele, como também não tem a livre disponibilidade sobre os bens que lhe são afetados. Lembra Luiz Alberto Blanchet que a opinião predominante aponta no sentido de que somente os bens necessários à prestação do serviço concedido, e para esse fim efetivamente utilizados, devem ser revertidos ao poder concedente. Este é o posicionamento mais condizente com o Princípio da Permanência ou continuidade do serviço, pois, se os bens efetivamente utilizados para a prestação adequada do serviço já são suficientes para preservar a continuidade de sua prestação, a reversão dos demais bens seria supérflua [...]" (GUERRA e SAMPAIO, 2019, p. 371-388).
17. O art. 31 da Lei 8.987, de 1995, incumbe à concessionária "manter em dia inventário e o registro dos bens vinculados à concessão", assim como "zelar pela integralidade dos bens vinculados à prestação dos serviços, bem como assegurá-los adequadamente" (Brasil, Lei 8.987, de 1995).
18. Ao tratar de bens reversíveis, a Lei 8.987, de 1995, o faz em artigos diferentes daqueles que dizem respeito aos bens vinculados à concessão. É o caso, v.g., art. 18, inc. X e XI.
19. Cf. REIS, "Segundo essa linha doutrinária, portanto, só haverá bem reversível se o contrato de concessão assim o dispuser expressamente. Admite-se, portanto, a possibilidade de que ocorra a concessão de um serviço público sem que haja bem algum sujeito à reversão ao final do prazo convencionado. Apesar de inusual, essa afirmação não deve causar espanto, já que não há qualquer determinação legal que torne obrigatória a reversibilidade de bens nas concessões de serviço público. A determinação legal existente é no sentido de que o edital indique a lista dos bens reversíveis e o contrato contenha cláusula expressa para regular esse assunto. Nada impede, todavia, que a Administração Pública opte, quando assim lhe parecer mais conveniente, por não lançar mão desse instituto." (REIS, 2018, p. 483).

bens pode também ser útil ao concessionário, à medida que lhe garante a amortização de seus investimentos.

A breve análise da literatura administrativista nacional demonstra o predomínio da narrativa segundo a qual existe uma lógica em marcar certos bens adquiridos ou mantidos pelo concessionário com a cláusula da reversibilidade: a medida serviria para assegurar a continuidade na prestação de serviços públicos após o término da concessão. Pretendemos demonstrar, como já apontado, que existe outro objetivo relevante da medida, talvez mais presente do que a própria necessidade de viabilizar a operação dos serviços: é o de proteger o investimento realizado pelo concessionário na aquisição ou manutenção desses bens. Este aspecto, convém lembrar, é fundamental para a prestação adequada de serviços públicos concedidos. E é tema umbilicalmente ligado à segurança jurídica da outorga concessória.

2. CONCESSÕES QUE NÃO PREVEEM REVERSÃO DE BENS

A narrativa convencional a respeito da reversibilidade de bens em contratos de concessão faz presumir uma espécie de relação causal entre o vínculo do bem à prestação do serviço público e a reversibilidade. Quando muito, faz-se uma ressalva de que o bem reversível não seria necessariamente todo aquele vinculado à prestação, mas apenas os imprescindíveis à prestação do serviço. As abordagens omitem serviços públicos explorados por particulares em regime de concessão que não adotam o instrumento da reversão. Os bens vinculados à prestação do serviço público concedido são considerados, por vezes, bens dos concessionários e sobre eles não incide qualquer previsão de transferência ao patrimônio do poder concedente ao término da concessão, embora haja incidência de regime de direito público enquanto perdurar a vigência concessória. Não se trata de omissão ou falha no modelo adotado. É opção regulatória consciente e que não acarretou, em décadas de aplicação, debate algum sobre eventual risco à continuidade dos serviços públicos sujeitos a tal regime.

Alguns dos serviços que servem de exemplo são de titularidade da União e sujeitos a disciplina legal específica.[20] Os serviços de radiodifusão e de transporte aéreo regular de passageiros são delegados a particulares por meio de contratos de concessão que não preveem a reversão de bens.[21] Não há previsão do mecanismo de transferência compulsória e automática de ativos das empresas concessionárias para o poder concedente ao final do contrato na lei nem nos respectivos contratos. A regulação desses setores simplesmente abriu mão do instrumento. Por quê? Porque o poder concedente não considerou necessário assumir a titularidade do acervo para assegurar a continuidade da prestação dos serviços ao final da concessão. Isso não põe em risco a oferta dos serviços. Crises já ocorreram e concessões foram extintas sem que, para a

---

20. Os serviços de radiodifusão são disciplinados pela Lei 4.117, de 1962 (o antigo Código Brasileiro de Telecomunicações, ainda em vigor para os serviços de radiodifusão) e os serviços de linhas aéreas regulares pela Lei 7565, de 1986 (o Código Brasileiro de Aeronáutica).
21. Cf. SUNDFELD e CÂMARA, 2016, p. 152.

preservação desses serviços, fosse necessária a assunção compulsória dos ativos dos antigos concessionários. Com esse modelo, ao contrário do que se pode imaginar numa primeira e precipitada análise, o poder concedente (no caso, a União) não está abrindo mão de uma suposta prerrogativa, mas sim deixando de assumir um pesado ônus: o risco de ter de assumir e indenizar os concessionários, pelos investimentos em bens vinculados aos serviços públicos e que não tenham sido amortizados. A regulação compreendeu que tal risco poderia ser assumido pelos particulares concessionários e, de fato, assim tem sido feito ao longo de décadas. A iniciativa privada aceita o risco de investir em bens que, ao final dos contratos, serão obrigados a realocar, sem contar com a transferência certa ao poder concedente. Aeronaves, escritórios, antenas de transmissão de sinais, equipamentos de geração, estúdios, são ativos vinculados aos serviços de transporte aéreo regular e de radiodifusão que não são marcados pela cláusula de reversibilidade. As empresas que deixam de ser concessionárias não têm assegurado que seus ativos vinculados aos serviços serão assumidos pelo concedente. Nesse modelo, é risco empresarial do concessionário realocar tais ativos. Nem por isso houve ou há debate em torno do risco de descontinuidade decorrente da ausência do regime de reversibilidade nesses setores.

Pode-se argumentar que tais serviços públicos se sujeitam a regime jurídico próprio, são prestados em regime de competição (ou de não exclusividade), contam com outorgas renováveis sem limite predefinido, fatores que contribuem ao modelo por meio do qual os ativos vinculados aos serviços não sejam marcados pela reversibilidade. A ponderação quanto às características peculiares desses exemplos é correta, mas não afasta a constatação de que, se fosse verdadeira a imputação genérica da narrativa de que a reversibilidade protege a continuidade do serviço público, algo nesse sentido também deveria existir em relação a esses serviços. E simplesmente não há. Em relação aos ativos atrelados de modo permanente aos serviços, como são as torres e antenas de transmissão de radiodifusão, é ônus dos proprietários realocarem seus bens caso percam as concessões ou alienem suas outorgas. A regulação simplesmente transfere o arranjo da titularidade desses ativos aos interesses das empresas que prestam os serviços. E isso é feito sem expor o serviço ao risco de descontinuidade.

De todo modo, são serviços que contam com tratamento em lei federal própria. Seria possível adotar algo semelhante em serviços sujeitos à legislação geral das concessões (Lei 8.987, de 1995)? A resposta é afirmativa. Há eloquente exemplo de serviço que não dispõe de regime convencional de reversão dos bens vinculados à prestação do serviço: o de transporte local coletivo de passageiros. Trata-se de serviço, no mais das vezes, explorado sem competição, objeto de prévia licitação, com prazo limitado de duração (isto é, que não conta com a possibilidade de renovação sucessiva de outorga) e sujeito à legislação geral das concessões. O serviço é de titularidade municipal, donde a possibilidade de tratamento diversificado em cada município. Será analisada a disciplina vigente no município de São Paulo, local que conta com a maior frota do país.

Para estes contratos, a Lei municipal 13.241, de 2001, prevê que os bens reversíveis devem retornar ao poder concedente assim que extinta a concessão, observados os termos de edital e contrato.[22] A legislação local também estabelece que o término da concessão gera a imediata assunção do serviço pelo poder concedente, procedendo-se a levantamentos, avaliações e liquidações necessárias.[23] Até aqui não há nenhuma novidade se considerarmos as previsões da Lei 8.987, de 1995.

A legislação municipal não enumera os bens reversíveis,[24] mas exclui desta categoria certos bens. Ela determina, a priori, que *não* são considerados reversíveis (i) os veículos e frota de ônibus; (ii) a garagem; e as (iii) instalações e equipamentos de garagem. A legislação afastou a possibilidade de caracterização como bens reversíveis a parte dos ativos da concessionária que, inegavelmente, detém vínculo direto com a prestação dos serviços de transporte coletivo de passageiros.[25] A Lei municipal oferece um contraponto à explicação tradicional da finalidade de se instituir bens reversíveis. Os ônibus, embora sendo inegavelmente vinculados à prestação dos serviços públicos de transporte de passageiros, não podem ser considerados bens reversíveis nos termos da legislação paulistana.

Tudo indica que a narrativa segundo a qual os bens reversíveis serão aqueles indispensáveis ou úteis à continuidade e atualização dos serviços públicos não foi empregada na regulação dos serviços de transporte coletivo urbano do município de São Paulo. Para essa situação particular, parece inadequado supor que a reversão tenha como objetivo impedir a descontinuidade, afetando os bens essenciais e indispensáveis à prestação do serviço. Como adaptar a este figurino a exclusão, por lei, de bens como a frota de ônibus, garagens e equipamentos? Não existem ativos mais vinculados e relevantes à continuidade desses serviços do que os que foram legalmente excluídos do rol dos reversíveis.

O exemplo se alinha à hipótese levantada no presente estudo, segundo a qual a reversão também pode servir à garantia de investimentos privados em determinados bens. A constatação dessa outra finalidade pode transformar o modo de ver o instituto. Ao invés de prerrogativa necessária apenas à continuidade do serviço público, ter-se-ia, adicionalmente, uma garantia contratual a estimular investimento privado em certos ativos. No caso, ao abrir mão da reversão de bens como os ônibus e garagens, o regulador

---

22. "Art. 17. Extingue-se a concessão nos seguintes casos: [...] § 1º Extinta a concessão, retornam ao poder concedente todos os bens reversíveis, direitos e privilégios transferidos ao concessionário, conforme previsto no edital e estabelecido no contrato" (Brasil, São Paulo, Lei municipal 13.241, de 2001).
23. "Art. 17 [...] § 2º Extinta a concessão, haverá a imediata assunção do serviço pelo poder concedente, procedendo-se levantamentos, avaliações e liquidações necessárias" (Brasil, São Paulo, Lei municipal 13.241, de 2001).
24. Os ativos que podem vir a ser incluídos como bens reversíveis numa concessão de transporte coletivo municipal foram indicados no Decreto municipal 58.200, de 2018. A norma autoriza o Poder Público a alocar aos contratos novos próprios municipais, bem como outros bens de interesse do Sistema de Transporte Coletivo Urbano de Passageiros (art. 6º). Admite ainda que poderão compor o rol de bens reversíveis da concessão os "equipamentos, 'softwares', projetos ou quaisquer outros bens materiais ou imateriais utilizados nos serviços de transporte e de trânsito que, por razões físicas, operacionais ou econômicas, devam permanecer vinculados aos serviços, quando se extinguir o contrato, sendo transferidos e incorporados ao patrimônio do Poder Concedente, visto que indispensáveis à continuidade e atualidade da prestação dos serviços" (art. 7º).
25. "Art. 17 [...] § 4º Não são considerados bens reversíveis para efeito desta lei: I – os veículos e frota de ônibus; II – a garagem; III – instalações e equipamentos de garagem" (Brasil, São Paulo, Lei municipal 13.241, de 2001).

desonera o poder concedente e expõe o concessionário a maior risco. Não haveria que se falar em desídia com a continuidade do serviço.[26]

A legislação do município de São Paulo, assim como a observação sobre a possibilidade de gravar os bens reversíveis em garantia, permitem a abertura de discussão a respeito dos verdadeiros objetivos da indicação de bens reversíveis em contratos de concessão. Para iniciar, ambos os exemplos reforçam a ideia segundo a qual não é recomendável discutir o assunto baseando-se em lições doutrinárias generalistas. Ao contrário, parece importante sopesar as características técnico-operacionais dos serviços e, de modo especial, buscar compreender detalhes econômico-financeiros dos ativos e da opção regulatória e contratual adotada. Não se trata de propor análise econômica do direito ou mudança mais contundente de paradigma de aplicação jurídica, mas apenas de aplicar de modo adequado as técnicas convencionais de hermenêutica jurídica. Entre elas, está a interpretação finalística ou teleológica, que pressupõe a análise aprofundada dos objetivos buscados pela legislação e cláusulas contratuais. Para se obter a verdadeira finalidade alcançada, é imprescindível examinar a regulação, o contrato e as consequências efetivas que o instituto proporciona. Esses elementos não estão necessariamente presentes em discursos narrativos concebidos no passado, quando pouco se atentava para a dinâmica da elaboração e execução dos contratos de concessão. É preciso submeter a explicação costumeiramente empregada à comprovação dos diversos modelos de concessão.

Em suma, a existência de modelos de concessão nos quais os bens afetados diretamente à prestação do serviço não são considerados reversíveis põe em xeque a explicação segundo a qual a reversão estaria sempre destinada a assegurar a continuidade do serviço público. Essa constatação pode levar à conclusão de que esse instrumento de regulação pode atender a objetivo diverso da garantia de continuidade dos serviços.

Outro ponto que surge para revisar o objetivo da reversão está na ideia de que, sem ela, haveria risco à continuidade dos serviços públicos. A explicação também pode ser questionada. É o que será feito a seguir.

3. O QUE GARANTIRIA A CONTINUIDADE DOS SERVIÇOS PÚBLICOS SEM REVERSÃO DE BENS?

Os exemplos vistos acima também servem para indicar que os agentes privados, mesmo atuando em ambiente de concessão (na prestação de serviço público), dispõem de instrumentos eficientes para assegurar adequada alocação de ativos à prestação dos serviços. No Brasil, em setores como os de radiodifusão e de linhas aéreas regulares, crises se instalaram, levando ao desaparecimento de importantes concessionárias,

---

26. Outra linha de especulação, que não é conflitante com a exposta, mas sim complementar, é a apresentada por Reis; argumenta "Em uma concessão de linhas de transporte municipal urbano, por exemplo, tendo em vista que o custo de reposição dos ônibus não é especialmente relevante e os veículos usados pela concessionária antiga podem ser facilmente transferidos para outras atividades ou simplesmente vendidos, o Poder Público pode preferir aproveitar os momentos de renovação contratual para substituir a frota" (REIS, 2018, p. 483).

sem que houvesse ameaça de descontinuidade da prestação dos serviços. As empresas titulares dos bens afetados buscaram a destinação mais eficiente de seus ativos sem comprometer recursos públicos. E, o que é mais relevante, a ausência de reversibilidade não comprometeu a oferta de serviços.

Em casos como os apontados no tópico anterior, a opção por tornar o bem reversível acarretaria maior risco e ônus ao poder público. Devido às próprias características desses segmentos, os bens necessários à prestação dos serviços estão sujeitos a obsolescência ou a depreciação. Seria oneroso garantir investimentos em atualidade até o final do prazo do contrato de concessão, assegurando retorno ao investimento aos concessionários. Se há disposição dos concessionários privados em assumir o risco por esses ativos, não se torna necessário gravar os bens com cláusula de reversibilidade. Trata-se de decisão racional, tomada com base em análise que leva em conta tanto a possibilidade de se repor os ativos, como a viabilidade de os investidores aceitarem o risco pelo investimento nos ativos. Não faz sentido, em serviços com tais características, imaginar a aplicação de uma regra geral de reversibilidade supondo que, com ela, se estaria preservando a continuidade na prestação desses serviços. Alterar o regime previsto na regulamentação e no contrato para aplicar uma ideia geral de reversibilidade a partir do exame posterior do que seria necessário à prestação do serviço pode gerar perigosas distorções. Uma delas é obrigar à devolução de bens que, de acordo com a estrutura negocial pactuada, não deveria ser transferida ao final do contrato e que, portanto, não entrou na planificação da empresa contratada. Nesse cenário, a vinculação à proposta apresentada na licitação entraria em conflito com a imposição futura de uma reversão advinda apenas da abstração de continuidade do serviço público. O outro, talvez até mais prejudicial, é impor ao poder concedente a absorção de bens inservíveis ou com vida útil limitada, com o risco de ainda ser obrigado a ressarcir o investidor privado pela parcela não amortizada.[27] Não é justificável impor tal sorte de consequências, que podem ser prejudiciais tanto ao investidor privado quanto ao poder concedente, sem regra contratual que assim determine.

A continuidade na prestação dos serviços, nesse contexto, não é garantida pela reversibilidade de alguns bens, mas sim pela própria dinâmica econômica que viabiliza a reposição dos bens ou mesmo sua transferência negociada.

Em outros serviços, não há sequer a transferência dos bens vinculados à prestação ao domínio do concessionário. Os bens se assentam sobre infraestrutura pública e a ela são incorporados de modo praticamente irreversível.[28] É o que acontece, por exemplo, com serviços prestados em rede (tais como saneamento, energia elétrica, gás canali-

---

27. Não negligenciamos aqui a boa gestão do contrato de concessão, tampouco a aplicação de mecanismos adequados a promover a atualidade dos serviços. Não obstante, entende-se não ser possível negligenciar o risco (comumente materializado) de que a gestão de bens reversíveis das concessões gere externalidades negativas ao poder concedente, por vezes frustrando o recebimento daquilo que originalmente havia sido previsto, ou cuja utilidade ou preço já não seja desejável.
28. MARQUES NETO inclui tais bens na categoria de "bens que são do domínio público e que são transferidos para a posse da concessionária, sem com isso se tornarem bens patrimoniais do privado (por exemplo, a estação de metrô na concessão metroviária, ou a rede de dutos, em uma concessão comum de saneamento)". (MARQUES NETO, 2015, p. 196). Do mesmo autor, consulte-se MARQUES NETO, , 2009, p. 170-176.

zado) ou que envolvem a fruição de bem público (rodovias). Seria plausível, em tais segmentos, cogitar em risco de descontinuidade na hipótese de o contrato de concessão não instituir a reversibilidade? Na prática, nesses serviços que envolvem infraestrutura, como reconhece parte da doutrina, há vinculação irreversível dos bens e equipamentos adquiridos pelo concessionário a bens de titularidade pública. É o caso, por exemplo, dos equipamentos instalados em estação de tratamento de esgoto, ou dos que servem a uma linha de transmissão, ou os que compõem uma linha ferroviária. Ao cabo do contrato, por vinculação material, esses bens ficarão atrelados ao serviço. Eles passarão a integrar a infraestrutura pública do serviço e, como tal, permanecerão vinculados ao serviço. É meramente retórica a suposição de que, ao final do contrato, o concessionário pudesse levantar equipamentos e bens para descontinuar a oferta de serviços. A perda econômica na desvinculação do bem ao serviço simplesmente impede que, mesmo quando materialmente fosse viável, a hipótese se concretizasse.

O problema parece semelhante ao enfrentado na disciplina dos efeitos jurídicos a imputar às benfeitorias úteis ou necessárias realizadas pelo locatário em casa alugada. A base fática é semelhante: terceiros investem em bens de titularidade alheia. No âmbito de uma relação privada de locação não se imagina que, ao final do contrato, o locatário possa, por exemplo, destruir ou retirar a tubulação nova que tenha sido instalada. Benfeitoria desse tipo se incorpora ao imóvel. A questão a resolver ao término do contrato, nesse contexto, não está em saber o que se deve fazer com as benfeitorias, que naturalmente passam a fazer parte do imóvel e, assim, integram o patrimônio do locador. O tratamento legal busca disciplinar as consequências atribuíveis ao investimento realizado pelo locatário em bem alheio. Para proteger esse tipo de investimento, a Lei do Inquilinato assegura a indenização do locatário e o direito de retenção, como meio para garantir o pagamento.[29] O objetivo da regra é claro: impedir que o investimento realizado pelo locatário seja incorporado sem contrapartida pelo titular do bem, afastando enriquecimento sem causa de um em detrimento do outro.

Reis também aponta a inevitável associação entre certos bens ao serviço. Para ele, seria esta a razão da necessária reversibilidade desses bens; confira-se: "Em alguns casos, essa identificação pode ser simples. No caso de concessões que dependam diretamente da exploração de uma infraestrutura específica, dificilmente essa infraestrutura poderá ser considerada não reversível. Por exemplo, nas concessões para a exploração de uma rodovia, parece evidente que a estrada e as praças de pedágio são bens essenciais ao serviço. Há equipamentos também que estão diretamente associados a essa infraestrutura, como as placas de sinalização e o sistema de comunicação à disposição dos motoristas em caso de emergência. Outros bens e equipamentos, embora úteis, são menos essenciais ou podem ser mais facilmente repostos, como os veículos de apoio das equipes de manutenção, as ambulâncias, os aparelhos portáteis de comunicação (*walkie talkies*), as máquinas usadas para o registro das cobranças da tarifa de pedágio e outros. Em uma concessão para a prestação do serviço de saneamento, não há dúvida de que uma estação de tratamento de esgoto (ETE) ou de tratamento de água (ETA) são equipamentos essenciais, assim como a rede de dutos. O mesmo não se pode dizer dos computadores, mesas e cadeiras, usados pela administração, assim como a própria sede administrativa" (REIS, 2018, p. 482).

29. Confira-se o que dispõe a Lei do Inquilinato (Brasil, Lei 8.245, de 1991): "Art. 35. Salvo expressa disposição contratual em contrário, as benfeitorias necessárias introduzidas pelo locatário, ainda que não autorizadas pelo locador, bem como as úteis, desde que autorizadas, serão indenizáveis e permitem o exercício do direito de retenção".

No caso dos contratos de concessão, os investimentos feitos pelo concessionário na infraestrutura pública obedecem à mesma lógica do investimento do inquilino no imóvel alugado. É fora de cogitação a incorporação da infraestrutura pública ao patrimônio privado após a extinção do contrato de concessão. Ao substituir a tubulação de uma rede de abastecimento de água, é indiscutível que os novos tubos permanecerão na rede pública de abastecimento após o término do contrato. Por isso, soa artificial a explicação de que a reversibilidade de bens que são materialmente vinculados a infraestrutura de titularidade pública tenha como objetivo assegurar a continuidade dos serviços. Se a rodovia e os equipamentos nela instalados não podem ser removidos e pertencem ao concedente; se a rede de saneamento e as estações de tratamento de água e esgoto constituem patrimônio público e não podem ser desafetadas a tal fim; se a estação de metrô e linhas férreas não deixaram ou deixarão de ser patrimônio público e afetadas ao serviço metroviário, gravar tais bens com cláusula de reversibilidade não parece ter o propósito de assegurar sua permanência no serviço. Isso já está assegurado pela própria titularidade da infraestrutura na qual eles foram incorporados.

Assim, parece mais adequado entender que a reversão, pelo menos quando é prevista para bens assentados em infraestrutura pública, funciona, na prática, como instrumento jurídico de garantia à amortização dos investimentos realizados pelos concessionários. Não há razão para supor que os bens sejam desafetados à infraestrutura. Assim, quando a regulação ou os contratos conferem o tratamento de reversíveis a certos bens ou investimentos, o que se está buscando, na prática, não é assegurar a continuidade do serviço em si, pois esta não está em risco, mas sim proteger o investimento do concessionário.

A ideia segundo a qual a reversão opera necessariamente para assegurar a continuidade do serviço público encontra outro obstáculo para ser absorvida. É que o poder público dispõe de outros instrumentos para assumir a titularidade de bens privados, caso necessite deles para explorar ou manter serviços públicos. Trata-se da desapropriação. A hipótese conta, inclusive, com previsão legal já antiga, que permite a declaração de utilidade pública para fins de desapropriação de bens "a exploração e a conservação de serviços públicos" (art. 5º, "h", do Decreto-Lei 3.365, de 1941). Assim, ao final do contrato, caso haja interesse em assumir a propriedade de bens do concessionário privado, o poder concedente poderá fazê-lo de maneira compulsória, pagando o valor justo do bem, inclusive com a possibilidade de imissão provisória (e imediata) na sua posse. A medida proporciona a assunção dos bens pelo concedente, assim como a reversão dos bens, com a vantagem de não trazer o risco para o poder público de ter de assumir bens já deteriorados ou com valores a amortizar ainda elevados ou maiores do que o valor atual do bem no momento da extinção do contrato (riscos inerentes à reversão).[30]

---

30. Em alguns contratos de concessão a amortização dos bens reversíveis é assegurada pelo valor histórico do bem, isto é, pelo seu custo de aquisição. Acontece que, em muitos casos, com o passar do tempo, o valor de mercados desses bens pode cair consideravelmente. Isso ocorre especialmente em função do barateamento do acesso à tecnologia. Nesse cenário, optar por uma futura desapropriação, ao invés da reversão, pode assegurar a aquisição de bens mais avançados e a custo menor do que a amortização de um bem antigo, gravado com cláusula de reversão.

Se o objetivo de assumir a titularidade de bens privados ao cabo da concessão fosse exclusivamente o de assegurar a continuidade dos serviços, de modo racional o poder concedente poderia ser levado a optar, em alguns casos, pela desapropriação dos bens e não, propriamente, pelo regime de reversão.[31] Isso porque, ele teria de indenizar o concessionário pelo valor justo do bem, mas escaparia do risco de assumir valor de amortização maior do que o valor atual do bem, além do risco de ter de receber bens em avançado estado de depreciação, com utilidade mitigada em função de fatores imprevisíveis no momento da celebração do contrato. Se opta pela reversão, é legítimo supor que esse instrumento contratual agrega outras vantagens além da decantada garantia de continuidade dos serviços.[32]

Garantir a amortização do investimento do concessionário em bens vinculados à prestação do serviço público também é objetivo de relevante interesse público. Este pode ser um mecanismo jurídico fundamental para atrair investimento privado em infraestrutura pública. Se, como reconhece a doutrina mais convencional, existem bens que não possuem outra serventia senão a prestação de serviços públicos, e o concessionário será obrigado a realizar grande investimento na aquisição desses bens para remuneração a longo prazo, é razoável que se lhe ofereça boa garantia jurídica de amortização.

A adoção do regime jurídico de direito público, diferentemente do que se pode supor a partir das explicações convencionais encontradas no discurso jurídico, é o mais adequado para assegurar essas garantias ao investidor privado. Ao delegar a exploração de certas atividades sob o regime de concessão o poder concedente, quando menos, assegura a preservação de condições mínimas de exploração do serviço (número de competidores ou mesmo exclusividade), valor da contraprestação exigível, margem de

---

31. A lei federal que disciplina as atividades de transporte de gás natural, Lei 11.909, de 2009, prevê a desapropriação como meio de a União, ao término da concessão, incorporar ao seu patrimônio a infraestrutura de transporte que lhe seja útil. O serviço de transporte de gás natural é considerado atividade econômica (art. 1º, *caput*), mas se sujeita a exploração mediante concessão, precedida de licitação e com prazo determinado (arts. 10 e 11). Embora haja concessão, não foi utilizado o instrumento da reversão para assegurar a vinculação desses bens ao interesse público de manutenção de uma rede de transporte de gás. Previu-se a desapropriação, assegurando-se a indenização justa por aquilo que vier a ser definido, à época, como de interesse público para ser incorporação ao patrimônio do poder concedente. Nesse sentido, a Lei prevê que "extinta a concessão, os bens destinados à exploração da atividade de transporte e considerados vinculados serão incorporados ao patrimônio da União, mediante declaração de utilidade pública e justa e prévia indenização em dinheiro, ficando sob a administração do poder concedente, nos termos da específica regulamentação a ser editada" (art. 14).

32. Sundfeld e Câmara explicam essa outra finalidade da cláusula de reversão: "Além de configurar prerrogativa estatal para preservar a continuidade dos serviços públicos, a reversão, nesses contratos tradicionais de concessão, também funciona como garantia econômica das concessionárias. Isto porque, ao se prever a reversão de certos bens, também se assegura que o valor neles investido será amortizado: ou com a regular exploração do serviço no prazo contratual (e com a percepção de tarifas em valor suficiente), ou, se insuficiente, com indenização pelo concedente. A concessionária tem garantido, de uma forma ou outra, o retorno do investimento em bens reversíveis. Ademais, não fosse a reversão, dificilmente bens afetados à prestação desses serviços públicos mais tradicionais teriam outra destinação economicamente relevante, pois, sem função, perderiam todo seu valor. A turbina de energia elétrica perde valor se não mais puder gerar energia, como também a central telefônica não mais utilizável no serviço telefônico. Portanto, a reversão também se constituiu, nesse modelo tradicional de contratação, em garantia forte dos investimentos realizados na implantação e prestação de serviços públicos" (Op. cit., p. 152-153).

remuneração do capital investido, em alguns casos, a demanda mínima do serviço e, ao prever a reversão de bens, a amortização desse investimento até o término do contrato.

Em segmentos de titularidade estatal nos quais, ultimamente, os investidores têm demonstrado mais disposição para assunção de riscos, é possível observar uma tendência de adoção de regime jurídico de direito privado, por meio do qual os serviços são transferidos para exploração de particulares mediante autorizações. Nesses casos, além de maior liberdade de atuação, os particulares assumem maiores riscos, entre os quais está o de investir em bens vinculados a essas atividades, sem a garantia de reversão ao poder público após certo período de tempo. Essa guinada ao regime de direito privado pode ser observada de modo muito marcante no setor de telecomunicações, sendo também percebida no setor de portos, de infraestrutura aeroportuária e sendo cogitado para o de ferrovias. Em todos eles há investimento na criação de infraestrutura atrelada a serviços de titularidade estatal, mas sem regime de reversão. Se houver frustração na demanda ou obsolescência da atividade em si, de modo a tornar a exploração do serviço inviável, as perdas decorrentes do investimento em infraestrutura serão suportadas pela iniciativa privada.

Não parece correta a presunção de que, ao excluir bens do rol dos bens reversíveis, o poder concedente estaria abrindo mão de patrimônio ou de receita futura. O raciocínio é incorreto porque o eventual acréscimo ao patrimônio estatal, que ocorreria com a reversão de bens, não ocorreria de modo gratuito. A reversão, quando estiver prevista, será precificada pelo concedente no momento da elaboração de sua proposta, podendo impactar na tarifa ou no valor que seria ofertado pela outorga. Além de transferir para os usuários ou suportar diretamente o custo desses ativos, o poder concedente, quando optar por fixar a reversibilidade sobre algum bem, ainda assumirá os riscos acima mencionados. Veras destaca decisão do TCU na qual são apresentadas razões econômicas relevantes para não se incluir bens reversíveis em contratos de arrendamento de terminais portuários: "a reversão de bens presente nos contratos de arrendamento mostra-se especialmente danosa ao erário. Primeiro, porque obriga a autoridade portuária, ao final do contrato, a incorporar bens obsoletos ou sem nenhuma utilidade. Segundo, porque mesmo que seja atribuído ao futuro arrendatário o ônus de desmobilizar e dar a correta destinação a tais equipamentos, o custo disso será repassado ao poder público, pois será incorporado no fluxo de caixa que embasará a licitação" (Veras).

A ideia ainda predominante, segundo a qual a reversão tem como único objetivo preservar a continuidade dos serviços públicos, pode levar à equivocada conclusão de que esse instrumento é imprescindível para assegurar esse objetivo (continuidade). A observação mais realista dos serviços e dos modelos de exploração em curso no país demonstram o oposto, ou seja, que há instrumentos para garantia da oferta do serviço público, após o término da concessão, que, em certas ocasiões, poderiam ser mais eficientes do que a própria reversão. Essa constatação reforça a hipótese lançada neste estudo de que, para além de assegurar a continuidade, a reversão tem como efeito garantir o investimento de concessionários privados em bens vinculados à prestação de serviços públicos. No tópico final desse estudo serão apresentadas as consequências positivas de adoção de percepção mais condizente com a realidade, que considera como possível objetivo da reversão a proteção do investimento privado em bens vinculados à prestação de serviços públicos.

CONCLUSÃO

De acordo com o direito positivo brasileiro é o contrato que estabelecerá quais são os bens reversíveis de uma concessão. A ideia bastante difundida segundo a qual a reversibilidade tem como propósito exclusivo assegurar a continuidade na prestação de serviços públicos serve de base para raciocínios que pretendem transferir para a natureza das coisas a identificação ou não do caráter reversível de um bem, esvaziando a decisão cristalizada no contrato. O argumento empregado para tanto é o de que, sendo para assegurar a continuidade do serviço público, é necessário aplicar o regime de reversibilidade sempre que o bem seja necessário à prestação do serviço, independentemente de previsão contratual. A tese não encontra amparo em lei e pode trazer consequências danosas ao interesse público e à segurança jurídica, com potencial de prejuízo ao investidor privado e ao erário, a depender das circunstâncias concretas.

A análise de diversos setores é útil para demonstrar que a continuidade do serviço público pode ser assegurada sem necessidade de reversão de bens dos concessionários e também para apontar outra finalidade buscada com o instrumento: assegurar a amortização dos investimentos em bens vinculados à prestação do serviço público.

Assumir a existência desse outro objetivo, além de maior rigor descritivo, agrega vantagens práticas na aplicação do instituto da reversão. Em primeiro lugar, proporciona maior clareza aos efeitos que se deve buscar ao elaborar a modelagem de uma nova concessão, evitando-se que o contrato inclua desnecessariamente certos ativos como reversíveis, onerando o poder público, apenas para atender a uma narrativa descasada da realidade normativa e prática. Depois, reforça a segurança jurídica dos contratos de concessão, servindo de anteparo interpretativo para o momento de aplicar as cláusulas de reversibilidade com maior fidelidade ao pactuado e menor influência do discurso principiológico, nesse caso, pouco aderente aos objetivos concretos desse instrumento.

REFERÊNCIAS

ANDRADE, Letícia Queiroz de. *Teoria das Relações Jurídicas das Prestação de Serviço Público sob Regime de Concessão*. São Paulo: Malheiros, 2015

DI PIETRO, Maria Sylvia Zanella. *Parcerias na Administração Pública*: concessao, permissão, franquia, terceirização, parceria público-privada e outras formas. 4. ed. São Paulo: Atlas, 2002.

GRAU, Eros Roberto. Contrato de concessão: propriedade de bens públicos, encerramento do contrato e o artigo 884 do Código Civil. *Revista de Direito Administrativo*. Rio de Janeiro, v. 261, p. 33-46, Set/2012. Disponível em: http://bibliotecadigital.fgv.br/ojs/index.php/rda/article/view/8850/7671. Acesso em: 18 ago. 2019.

JUSTEN FILHO, Marçal. *Teoria Geral das Concessões de Serviço Público*. 8. ed. São Paulo: Dialética, 2003.

MARQUES NETO, Floriano de Azevedo. *Bens* Públicos: função social e exploração econômica: o regime jurídico das utilidades públicas. Belo Horizonte: 2009.

MARQUES NETO, Floriano de Azevedo. *Concessões*. Belo Horizonte: Fórum, 2015.

MEDAUAR, Odete. *Direito Administrativo Moderno*. 18. ed. São Paulo: RT, 2014.

MEIRELLES, Hely Lopes. *Direito Administrativo Brasileiro*. 43. ed. São Paulo: Malheiros, 2018.

MELLO, Celso Antônio Bandeira. *Curso de Direito Administrativo*. 28. ed. São Paulo: Malheiros, 2011.

MELLO, Celso Antônio Bandeira. *Grandes Temas de Direito Administrativo*. São Paulo: Malheiros, 2009.

MELLO, Celso Antônio Bandeira. Retomada de Serviço Público dado em Concessão. *Revista dos Tribunais*, v. 603, p. 9, jan. 1986.

MONTEIRO, Vera. Concessões. São Paulo: Malheiros, 2010.

MOREIRA, Egon Bockmann. *Direito das Concessões de Serviço Público*. São Paulo: Malheiros, 2010.

REIS, Márcio Monteiro. De onde vêm, o que são, para onde vão e quanto custam os bens reversíveis? In: ARAGÃO, Alexandre Santos; PEREIRA, Anna Carolina Migueis; LISBOA, Letícia Lobato Anicet (Coord.). *Regulação e Infraestrutura*. Belo Horizonte: Fórum, 2018.

SAMPAIO, Patrícia Regina Pinheiro; GUERRA, Sergio. Relicitação das concessões de geração de energia elétrica e a reversão de bens. *Rev. Bras. Polít. Públicas*. Brasília, v. 9, n. 1 p. 371-388, 2019.

SUNDFELD, Carlos Ari; ARRUDA CÂMARA, Jacintho. Bens reversíveis nas concessões públicas: a inviabilidade de uma teoria geral. *Revista da Faculdade de Direito* – UFPR, Curitiba, v. 61, n. 2, maio/ago. 2016, p. 149-174. DOI 10.5380/rfdufpr.v61i2.45093.

VERAS, Rafael. Todas as concessões têm bens reversíveis? *Revista de Direito da Infraestrutura*. Belo Horizonte: Fórum. Disponível em: https://www.editoraforum.com.br/noticias/todas-as-concessoes-tem-bens-reversiveis-coluna-direito-da-infraestrutura/. Acesso em: 14 mar. 2022.

A TAXA INTERNA DE RETORNO (TIR) COMO MECANISMO DE REEQUILÍBRIO ECONÔMICO-FINANCEIRO EM CONTRATOS DE LONGO PRAZO E CENÁRIOS DE INCERTEZA

Thaís Pereira dos Santos Lucon

Mestranda em Direito do Estado pela USP. Advogada em direito público. E-mail: thaislucon@usp.br.

Sumário: 1. O instituto do equilíbrio econômico-financeiro; 1.1 Equilíbrio, contratos de longo prazo e incerteza: delimitações iniciais sobre essa relação tridimensional; 1.2 Equilíbrio econômico-financeiro nos contratos de concessão; 1.3 O (re)equilíbrio nos contratos de longo prazo – 2. Risco e incerteza nos contratos de concessão; 2.1 A relação entre incerteza, contratos de concessão e reequilíbrio (pela TIR); 2.2 Incerteza vs. Risco – 3. Mecanismos de reequilíbrio: a taxa interna de retorno (TIR); 3.1 Definição da TIR; 3.2 A TIR como mecanismo de reequilíbrio em contratos de concessão; 3.3 Vantagens e desvantagens da TIR como mecanismo de reequilíbrio econômico-financeiro – Conclusões – Referências.

1. O INSTITUTO DO EQUILÍBRIO ECONÔMICO-FINANCEIRO

1.1 Equilíbrio, contratos de longo prazo e incerteza: delimitações iniciais sobre essa relação tridimensional

Um dos grandes desafios no atual cenário de investimentos em contratos de concessão, em parcerias público-privadas e no mercado de infraestrutura, é lidar com as alterações no cenário econômico e, especialmente, desvendar – se é que é possível – a melhor forma de celebrar um contrato de concessão que seja flexível e, ao mesmo tempo, juridicamente seguro diante das imprevisibilidades e incertezas ao longo de 20, 30 anos (duração de uma concessão).

Isso porque, a incerteza é uma característica inerente aos contratos de longo prazo, na medida em que dificilmente as partes contratantes conseguem prever todos os eventos e suas particularidades em um período de tempo tão extenso como o dos contratos de concessão. Isto é: muitas vezes, não se sabe se determinado evento ocorrerá e, tampouco, de que forma ele impactará a execução do contrato.

Nesse cenário, a alocação de riscos ganha um papel extremamente relevante em contratos de longo prazo, na medida em que tal mecanismo é responsável por qualificar e quantificar o risco que cada parte assumirá, além de definir quais eventos podem ocorrer e a probabilidade de ocorrência.

Embora a função do contrato e da matriz de riscos seja minimizar eventuais conflitos entre contratante e contratado, o fato é que em se tratando de contratos de longo prazo, o futuro é incerto.

E, em um futuro marcado por incerteza, é possível que ocorram eventos inesperados, os quais por sua vez, alteram a divisão de riscos assumidos por cada parte, provocando um desequilíbrio nos contratos firmados. Nesse sentido, Marolla, Viana, Fassio e Campos[1] apontam que "a equação econômico-financeira do contrato só se considera desequilibrada quando frustrado o cumprimento da sua matriz de riscos".

O equilíbrio econômico-financeiro surge então como um mecanismo destinado a aproximar as partes das condições estabelecidas inicialmente, de modo que nenhuma delas sofra em decorrência de onerosidade excessiva e os encargos permaneçam proporcionais ao que foi estipulado no momento inicial (t=0).

Especialmente em contratos de longo prazo, como os contratos de concessão, tende-se a buscar constantemente a manutenção do equilíbrio econômico-financeiro, visto que é muito comum sua oscilação conforme o passar dos anos ou dos meses, a depender do evento ocorrido ou do cenário econômico mundial e/ou nacional.

A respeito dessa relação entre o equilíbrio e a incerteza, Egon Bockmann Moreira e Rafaella Peçanha Guzela[2] elucidam que:

> Onde está escrito contrato administrativo de longo prazo, lê-se também respeito ao equilíbrio econômico-financeiro. Por sua vez, a execução dessa relação jurídica impressa no contrato não é inerte e tende a oscilar. As incertezas são naturais a contratos administrativos de longo prazo. A inconstância está no DNA desses pactos público-privados, de modo que a sua boa compreensão depende da aceitação das suas incertezas. Isso não só em razão das mutações empíricas que ocorrem no longo prazo, mas também devido às alterações unilaterais facultadas à Administração Pública. Ainda que este poder extraordinário seja importante para situações excepcionais, não é menos verdade que ele merece ser levado em conta nas respectivas projeções de cenários futuros.
>
> (...)
>
> É justamente neste cenário, diante da imprevisibilidade e da instabilidade, que o equilíbrio econômico-financeiro do contrato ganha vulto. Ele se revela no fortuito, no impensado, naquilo que naturalmente o corrompe e que, por isso mesmo, exige imediata restauração (sob pena de se agravar e também distorcer as prestações contratuais).

Conforme exposto pelos autores, a inconstância, a instabilidade e a incerteza são fatores que permeiam os contratos de longo prazo e que tornam o equilíbrio dinâmico.[3]

---

1. MAROLLA, Eugenia Cristina Cleto; VIANA, Camila rocha Cunha; FASSIO, Rafael Carvalho de; CAMPOS, Rodrigo Augusto de Carvalho. Breves notas sobre o equilíbrio-econômico-financeiro nas concessões de serviço público. *R. Proc. Geral Est. São Paulo*, São Paulo, n. 77/78:189-215, jan./dez. 2013. p. 202.
2. MOREIRA, Egon Bockmann; GUZELA, Rafaella Peçanha. Contratos administrativos de longo prazo, equilíbrio econômico-financeiro e Taxa Interna de Retorno (TIR). In: MOREIRA, Egon Bockmann (Coord.). *Contratos administrativos, equilíbrio econômico-financeiro e a taxa interna de retorno*: a lógica das concessões e parcerias público-privadas. Belo Horizonte: Fórum, 2016. p. 337.
3. Landini, Gallegati e Rosser Jr. explicam que: "atualmente, sabe-se que o equilíbrio não é único nem estável em geral e está provado que, para obter um resultado razoável com um processo de ajustamento, que é mais poderoso do que o "tâtonnement", é necessária uma quantidade excessiva de informação: por conseguinte, não se pode esperar que nenhuma economia convirja para um equilíbrio. Se considerarmos que a unicidade não pode ser global mas, na melhor das hipóteses, uma propriedade local, então os equilíbrios múltiplos não podem ser geridos com "estática comparativa", pelo que ninguém sabe qual é o equilíbrio atual, qual foi o anterior e qual poderá ser o próximo". LANDINI, Simone; GALLEGATI, Mauro; ROSSER JR, J. Barkley. *Consistency and*

Assim, a cada circunstância causadora de desequilíbrio, o ideal é que as partes analisem se ela dará ensejo a algumas das formas de reequilíbrio. Nesse sentido, são três os instrumentos destinados a reestabelecer o equilíbrio inicial: a revisão de preços, o reajuste de preços e a repactuação de preços, conforme prevê a Lei 14.33/2021.

Também é comum o uso do plano de negócios para reequilíbrio, por meio do fluxo de caixa, do Valor Presente Líquido (VPL), da Taxa de Desconto, do Custo Médio Ponderado de Capital (WACC) e da Taxa Interna de Retorno (TIR).

No tocante à TIR, ela é comumente definida como a taxa de desconto que torna o valor presente líquido de um fluxo de caixa igual a zero (ou nulo) e possui diferentes usos. Nesse sentido, Mauricio Portugal Ribeiro e Felipe Sande[4] adotam a expressão "TIR para Reequilíbrio" quando ela "é usada apenas como uma taxa destinada a deslocar valores no tempo com o objetivo de neutralizar os impactos sobre a rentabilidade do projeto da ocorrência de eventos de desequilíbrio".

A TIR também se divide em TIR estática e TIR dinâmica. Enquanto a TIR estática pode não refletir as alterações no cenário econômico, a TIR dinâmica/flutuante pode ser uma solução para os contratos de longo prazo.

Considerando esses aspectos, será que a TIR constitui de fato um mecanismo adequado para reequilibrar os contratos de longo prazo, em que a incerteza é um fator inerente? É o que este artigo busca responder.

1.2 Equilíbrio econômico-financeiro nos contratos de concessão

O equilíbrio econômico-financeiro é um direito previsto na Constituição Federal, que garante que devem ser "mantidas as condições efetivas da proposta" (art. 37, inc. XXI[5]). A manutenção das condições da proposta diz respeito à necessidade de se preservar aquilo que foi estipulado entre a concessionária e a administração pública no edital e no contrato, em respeito ao princípio da vinculação ao edital.

André Castro Carvalho e Carlos Silva,[6] por sua vez, discorrem sobre o equilíbrio, tratando-o como um princípio:

---

incompleteness in general equilibrium theory. Springer-Verlag GmbH Germany, part of Springer Nature 2018. Published online: 8 June 2018.

4. RIBEIRO, Mauricio Portugal; SANDE, Felipe. Mitos, incompreensões e equívocos sobre o uso da TIR – Taxa Interna de Retorno – para o equilíbrio econômico-financeiro de contratos administrativos: um estudo sobre o estado da análise econômica do direito no Direito Administrativo. *Revista de Direito Público da Economia – RDPE*, Belo Horizonte, ano 20, n. 77, p. 49-78, jan./mar. 2022.
5. XXI – ressalvados os casos especificados na legislação, as obras, serviços, compras e alienações serão contratados mediante processo de licitação pública que assegure igualdade de condições a todos os concorrentes, com cláusulas que estabeleçam obrigações de pagamento, mantidas as condições efetivas da proposta, nos termos da lei, o qual somente permitirá as exigências de qualificação técnica e econômica indispensáveis à garantia do cumprimento das obrigações.
6. CARVALHO, André Castro; SILVA, Carlos. Concessiones de Carreteras em Brasil y Chile. In: ZANCHIM, Kleber Luiz (Coord.). *Concessão de Rodovias*: Aspectos Jurídicos, Econômicos e Institucionais. São Paulo: Quartier Latin, 2013. P. 206.

Hay, sin embargo, el principio del equilibrio económico-financiero de los contratos en el artículo 37, XXI, de la Constitución Federal, según el cual las condiciones iniciales (es decir, la ecuación inicial) de la propuesta deben ser mantenidas durante la ejecución del contrato. A raíz de eso, todas las alteraciones deben ser seguidas de la recomposición de ese equilibrio inicial.

Já na esfera infraconstitucional, os artigos 57, § 1º e 58, § 2º; 65, letra d e § 6º da Lei 8.666/1993 também continham dispositivos que disciplinavam a manutenção de seu equilíbrio econômico-financeiro.

O artigo 57, parágrafo primeiro, por exemplo, previa que os prazos de início de etapas de execução, de conclusão e de entrega admitem prorrogação, mantidas as demais cláusulas do contrato e assegurada a manutenção de seu equilíbrio econômico-financeiro, desde que ocorressem alguns motivos,[7] devidamente autuados em processo.

O artigo 58, § 2º, por sua vez, previa que, na hipótese de modificação unilateral do contrato pela Administração Pública as cláusulas econômico-financeiras do contrato deveriam ser revistas para que se mantivesse o equilíbrio contratual. E, ainda, em havendo alteração unilateral do contrato que aumentasse os encargos do contratado, a Administração deveria restabelecer, por aditamento, o equilíbrio econômico-financeiro inicial (art. 65, § 6º).

Também o artigo 65, letra d estabelecia que os contratos poderiam ser alterados para restabelecer "a relação que as partes pactuaram inicialmente entre os encargos do contratado e a retribuição da administração para a justa remuneração da obra, serviço ou fornecimento, objetivando a manutenção do equilíbrio econômico-financeiro inicial do contrato".

Como visto, a Lei 8.666/1993 abordava o reequilíbrio sob a perspectiva de que as partes deveriam se voltar sempre para o conteúdo das cláusulas pactuadas e para o equilíbrio inicial. De forma semelhante, a Lei 14.133/2021 positivou que "sempre que atendidas as condições do contrato e da matriz de alocação de riscos, será considerado mantido o equilíbrio econômico-financeiro" (art. 103, § 5º).

Convém assinalar que, embora os contratos firmados sob a égide da antiga Lei já estabelecessem uma divisão de riscos entre contratante e contratado, foi somente a Lei 14.133/2021 que positivou o conceito de matriz de riscos, relacionando-a objetivamente ao equilíbrio econômico-financeiro e estabelecendo seu conteúdo mínimo.

O artigo 6º, inciso XXVII assim definiu a matriz de riscos: "cláusula contratual definidora de riscos e de responsabilidades entre as partes e caracterizadora do equilíbrio

---

7. Sendo eles: I – alteração do projeto ou especificações, pela Administração; II – superveniência de fato excepcional ou imprevisível, estranho à vontade das partes, que altere fundamentalmente as condições de execução do contrato; III – interrupção da execução do contrato ou diminuição do ritmo de trabalho por ordem e no interesse da Administração; IV – aumento das quantidades inicialmente previstas no contrato, nos limites permitidos por esta Lei; V – impedimento de execução do contrato por fato ou ato de terceiro reconhecido pela Administração em documento contemporâneo à sua ocorrência e; VI – omissão ou atraso de providências a cargo da Administração, inclusive quanto aos pagamentos previstos de que resulte, diretamente, impedimento ou retardamento na execução do contrato, sem prejuízo das sanções legais aplicáveis aos responsáveis.

econômico-financeiro inicial do contrato, em termos de ônus financeiro decorrente de eventos supervenientes à contratação".

A nova Lei colocou, portanto, a matriz de alocação de riscos como cláusula que define o equilíbrio econômico-financeiro inicial do contrato em relação a eventos supervenientes (art. 103, § 4º).

Embora a matriz de riscos não seja objeto do presente artigo, entender seu conceito é relevante para compreender o equilíbrio econômico-financeiro e o reequilíbrio nos contratos de longo prazo.

1.3 O (re)equilíbrio nos contratos de longo prazo

Como visto no subitem anterior, a Lei 14.133/2021 estabelece que o reequilíbrio seria equivalente a retornar às condições iniciais do contrato, isto é, ao *status quo ante*. Não obstante, nos contratos de longo prazo, concretizar o reequilíbrio é um movimento complexo e pouco provável de suceder. É o que explica Marcos Nóbrega:[8]

> Aliás, quando definimos o conceito de manutenção do reequilíbrio econômico-financeiro dos contratos para preservar as "condições efetivas da proposta" estamos fazendo com que a vontade retroaja, tentando perquirir o que os agentes poderiam inferir do futuro do contrato quando o celebraram.
>
> Esse modelo pode funcionar para contratos simples, contratos nos quais os riscos são baixos e o tempo de sua duração é reduzido. Não se aplica, no entanto, aos contratos complexos de elevados *sunk costs*, deliberada incompletude contratual e prestação diferidas em longo período de tempo. Esse último caso se aplica aos contratos celebrados entre as distribuidoras de energia e os consumidores do grupo A.

Assim, em contratos de longa duração e que envolvem muitos riscos, retomar as exatas condições efetivas da proposta é extremamente difícil. A um, porque é comum que as condições atuais de execução do contrato sejam significantemente diferentes daquelas iniciais e, a dois, pois os instrumentos de recomposição do equilíbrio não têm o condão de colocar a parte que está sob onerosidade excessiva – em decorrência de um evento extraordinário – exatamente na mesma situação financeira em que estava no início do contrato.

Além disso, há eventos que não são classificados como imprevisíveis e, portanto, não ensejam o direito ao reequilíbrio, como a perda de recursos financeiros em razão da inflação monetária e a variação cambial. Nesse sentido, é o teor do artigo 7º da Lei 14.010/2020, que dispõe sobre o Regime Jurídico Emergencial e Transitório das relações jurídicas de Direito Privado (RJET) no período da pandemia do coronavírus (Covid-19), o qual prevê que "não se consideram fatos imprevisíveis, para os fins exclusivos dos arts. 317, 478, 479 e 480 do Código Civil, o aumento da inflação, a variação cambial, a desvalorização ou a substituição do padrão monetário".

---

8. NÓBREGA, Marcos. *Risco e incerteza nos contratos do setor elétrico*: Força maior, incerteza fundamental e a obrigação de renegociar. Disponível em: https://www.jota.info/opiniao-e-analise/colunas/coluna-da-abde/risco-e-incerteza-nos-contratos-do-setor-eletrico-08052020.

A respeito da dificuldade de colocar uma das partes no mesmo ponto inicial do contrato, é importante pontuar que um dos motivos decorre do fato de que o equilíbrio não é estático, mas sim dotado de dinamicidade. Quanto ao tema, Gustavo Loureiro e Marcos Nóbrega[9] assinalam que

> Nesses sistemas complexos, como é o caso de contratos mais sofisticados de concessões e PPPs, as ações e o comportamento do sistema variam com o passar do tempo e são intrinsecamente dinâmicos, ensejando uma instabilidade inerente, caracterizado por movimentos evolucionários complexos, e com elevado grau de imprevisibilidade. Dessa forma, buscar "um equilíbrio" ancorado na vontade das partes estabelecida no momento da celebração da avença é falacioso. Por vezes, *o sistema não tem um equilíbrio, mas muitos equilíbrios ao longo da execução contratual*. A intrínseca incerteza estratégica das partes faz com que aprendam com o tempo e mudem suas estratégias de comportamento e negociação.
>
> Na verdade, o que ocorre geralmente é que o contrato "acumula" múltiplos desequilíbrios e quando esses desequilíbrios são quantitativa ou qualitativamente relevantes, solicita-se o reequilíbrio do contrato. No entanto, esses contratos vicejam em ambiente de incerteza permanente.

Como visto, em contratos complexos como os contratos de concessão, não há um único desequilíbrio – mas vários – o que, consequentemente, gera a necessidade de que haja diversos – ou no mínimo alguns – (re)equilíbrios. Ainda, outra possibilidade, como apontado pelos autores, é que uma das partes elabore um pleito de reequilíbrio que reúna todos os eventos que deram causa ao desequilíbrio de uma só vez.

Alexandre Aragão, ao tratar da evolução que a proteção do equilíbrio econômico-financeiro vem sofrendo nos últimos anos, aponta para a insuficiência dos critérios tradicionais do equilíbrio econômico-financeiro e "como estamos passando de uma concepção estática para uma concepção dinâmica do equilíbrio econômico-financeiro".[10]

Nota-se, assim, uma alteração na concepção do equilíbrio econômico-financeiro, uma vez que antes ele era entendido como algo estático e imutável e, atualmente, a doutrina contemporânea adota um tratamento mais dinâmico e flexível.

E essa flexibilidade ou dinamicidade é reflexo justamente dos cenários de risco e incerteza nos contratos complexos e de longo prazo, conforme será abordado no capítulo a seguir.

2. RISCO E INCERTEZA NOS CONTRATOS DE CONCESSÃO

2.1 A relação entre incerteza, contratos de concessão e reequilíbrio (pela TIR)

A questão da incerteza e do risco já é objeto de muitos estudos econômicos, mas no direito administrativo e, especificamente, nos temas envolvendo contratos de concessão, o tema ainda é pouco discutido e merece maior destaque.

---

9. LOUREIRO, Gustavo Kaercher; NÓBREGA, Marcos. *Equilíbrio econômico-financeiro de concessões à luz de um exame de caso*: incompletude contratual, não ergodicidade e incerteza estratégica. p. 30. Disponível em: https://ronnycharles.com.br/wp-content/uploads/2020/11/Reequilbrio-Contratos-incompletude-e-na%CC%83o-ergocidade-GK-MN.pdf.
10. ARAGÃO, Alexandre Santos de. A evolução da proteção do equilíbrio econômico-financeiro nas concessões de serviços públicos e nas PPPs. *RDA – Revista de Direito Administrativo*. Rio de Janeiro, v. 263, p. 35-66, maio/ago. 2013. p. 49.

Conforme já introduzido no presente artigo, os contratos de concessão são contratos de longa duração e, em razão disso, estão naturalmente submetidos a cenários de incerteza e de risco.

A incerteza e o risco, por sua vez, fazem surgir situações não previstas e/ou de consequências não estipuladas originalmente no contrato. A partir dessas situações origina-se – muitas vezes – a necessidade de reequilíbrio, o que pode se dar por meio de diversos instrumentos, tal como pela TIR.

Juliano Heinen[11] bem aponta que

> o desafio de qualquer contrato complexo e de longo prazo consiste em lidar com uma realidade que se sabe que inexoravelmente irá se modificar. E sequer se está a falar de um evento superveniente (v.g. crise da economia brasileira) e o seu impacto nas bases objetivas do contrato, acarretando onerosidade excessiva para uma das partes, os quais são suficientes para perturbar o equilíbrio econômico-financeiro do ajuste (Garcia, 2019, p. 126; Moreira, 2010, p. 403-404). Os contratos dessa natureza serão sempre imperfeitos no que se refere à sua capacidade de disciplinar os fatores de risco ou os eventos futuros. Essa é uma conclusão bastante natural e aceitável (Araújo, 2007. p. 15).

O que o autor explica, portanto, é que em se tratando de contratos de longo prazo, dificilmente se terá um contrato perfeito e, portanto, completo. E essa incompletude envolve tanto o desconhecimento de eventos supervenientes e de grande impacto internacional, como uma crise econômica ou uma pandemia, como também o desconhecimento de eventos menores, mas que igualmente causem um desequilíbrio no contrato, como o aumento do preço de um insumo.

Frank Knight,[12] ao estudar o risco e a incerteza faz uma relação um pouco inesperada sob o ponto de vista da economia, uma vez que antes de explicar o significado de incerteza, propõe uma reflexão e uma investigação sobre a natureza e a função do próprio conhecimento (*knowledge*).

Isso porque, para Knight,[13] as pessoas sabem pouco sobre as coisas e sobre o que o pode acontecer, de modo que há uma falta de conhecimento. Assim ele explica:

> É um mundo de mudança em que vivemos e um mundo de incerteza. Só vivemos se soubermos alguma coisa sobre o futuro; enquanto os problemas da vida, ou pelo menos da conduta, surgem do fato de sabermos tão pouco. Isto é tão verdadeiro para os negócios como para outras esferas de atividade. O sentido da situação é a ação de acordo com a opinião, com maior ou menor fundamento e valor, nem a ignorância total nem a informação completa e perfeita, mas o conhecimento parcial. Se quisermos compreender o funcionamento do sistema econômico, temos de examinar o significado e a importância da incerteza; e, para isso, é necessária alguma investigação sobre a natureza e a função do próprio conhecimento.

---

11. HEINEN, Juliano. Riscos e Incertezas nos contratos administrativos: pressupostos teórico-dogmáticos para o reequilíbrio econômico-financeiro. *Revista de Direito Brasileira*. Florianópolis, SC. v. 29. n. 11. p. 40-56. maio/ago. 2021. p. 42.
12. KNIGHT, Frank. *Risk, uncertainty and profit*. London: Houghton Mifflin, 1921.
13. KNIGHT, 1921, p. 199.

Partindo-se do pressuposto de que o mundo é permeado por incerteza, é possível chegar à conclusão de que os contratos de concessão também são marcados por incerteza. Isso porque, são contratos complexos, de longa duração e elaborados por pessoas, que seguramente não têm o poder de prever minuciosamente os futuros eventos causadores de desequilíbrio.

Nesse contexto, há instrumentos destinados à recomposição do reequilíbrio que podem ser mais adequados para tornar o contrato mais equilibrado entre as partes conforme os termos estipulados inicialmente.

A TIR, por exemplo, é comumente utilizada para reequilibrar os contratos de concessão. Segundo Egon Bockmann Moreira e Rafaella Guzela,[14]

> é nesse sentido a compreensão que vincula a TIR ao reequilíbrio econômico-financeiro, por entendê-la como indicador que estabiliza o projeto de investimento e que, por isso, deve ser preservada. Sua manutenção atua como garantia do Poder concedente e da concessionária, de modo que sua modificação enseja revisão nos termos e limites previstos em lei e no contrato.

Embora a TIR seja usada como mecanismo de reequilíbrio, é importante analisar as vantagens e desvantagens da TIR – as quais serão abordadas no subitem 3.3 – a fim de verificar se ela constitui o instrumento mais compatível com a incerteza inerente a tal espécie de contrato.

Ainda quanto ao tema, Floriano de Azevedo Marques[15] relaciona o dinamismo aos contratos de concessão, apontando para a incompatibilidade entre o equilíbrio dinâmico e uma taxa de retorno fixa e imutável. Vejamos:

> Isto porque reconhece que a longa duração dos contratos de concessão faz com que seu equilíbrio seja necessariamente dinâmico. Podem existir, conforme a concessão, períodos em que haja mais investimentos sem retorno, fluxo de caixa negativo etc. Daí que o equilíbrio nestes empreendimentos deverá sempre ser aferido em cada momento a partir de parâmetros específicos e diferenciados. 3.3.2 O equilíbrio na concessão considera ainda os riscos empresariais assumidos pelo particular, existindo, portanto, alguns fatores cuja ocorrência não justificaria a postulação de reequilíbrio.
>
> Nesse sentido, assegurar a aplicação de taxa de retorno fixa e imutável ao particular corresponderia a colocá-lo a salvo das variações das taxas de retorno praticadas no mercado. Reduziria, portanto, sem qualquer motivação, os riscos a que está submetido o concessionário, inerentes ao jogo empresarial.

A partir do trecho acima, extrai-se que o ideal é que, em contratos de longa duração, o equilíbrio seja ser checado a cada circunstância que possivelmente o altere, por isso fala-se em equilíbrios – no plural.

Outra ideia assinalada por Floriano de Azevedo Marques é o uso de uma Taxa Interna de Retorno variável e não estática, diferentemente do que se utiliza em diversas concessões, na medida em que uma taxa variável seria mais compatível com um con-

---
14. MOREIRA; GUZELA, 2016, p. 347.
15. MARQUES NETO, Floriano de Azevedo. Equilíbrio econômico nas concessões de rodovias – critérios de aferição. *Revista Brasileira de Direito Público* – RBDP. Belo Horizonte, n. 15, ano 4, out./dez. 2006.

trato de longo prazo, marcado por incerteza, riscos e por diversos eventos causadores de desequilíbrio.

Com o objetivo de melhor compreender se a TIR configura um mecanismo adequado para reequilíbrio nos contratos de concessão, passemos a analisar dois elementos relevantes: a incerteza e o risco.

2.2 Incerteza vs. Risco

A incerteza decorre de algum grau de desconhecimento enquanto o risco é quantificável – ou pelo menos estimável – e passível de se calcular suas chances de concretização. Pode-se, assim, falar em um risco maior ou menor.

Marcos Nóbrega[16] classifica a incerteza em duas espécies: a incerteza propriamente dita e a incerteza fundamental. De acordo com Nóbrega, "no caso da incerteza, ao contrário, não há como saber se um evento acontecerá ou não, assim não é possível inferir uma distribuição de probabilidade para ele. E no caso da incerteza fundamental, sequer imaginar qual o impacto que isso teria no contrato".

Sendo assim, a incerteza, de uma forma geral, pode ser traduzida como a impossibilidade de saber, antecipadamente, se um evento se concretizará (incerteza) e a impossibilidade de dimensionar as consequências que determinado evento causará em um contrato (incerteza fundamental).

Com relação à diferença entre risco e incerteza, Heinen a explica da seguinte forma:

> Em termos econômicos, o cenário "risco" permite mensurar as variáveis de uma situação, porque elas são conhecidas. Daí porque se mostra possível, mal ou bem, calcular as probabilidades de cada uma delas acontecerem. Logo, baseado em uma determinada metodologia escolhida, pode-se obter um resultado somando-se as várias análises, o que é fundamental para a tomada de decisão. Então, no risco, há informação (Cohen e Eimicke, 2013).
>
> A incerteza, por sua vez, atua em um cenário sem informação ou com informação imprecisa. Ocorre quando uma ou mais variáveis são desconhecidas, ou quando o cenário futuro sequer poderia ser antevisto, ou quando não se sabe o impacto real que cada variável pode ter na realidade analisada (Pyndick e Rubinfeld, 2013, p. 154 e ss.).
>
> Portanto, a correlação entre ambos os termos pode ser sintetizada da seguinte forma: a incerteza pode acarretar riscos, muitas vezes indesejáveis. E, para tanto, os contratos pretendem dar certezas às partes para evitar a ocorrência de riscos, ou seja, minimizar probabilidades e cenários de perda.

A partir do raciocínio de Heinen, observa-se que no risco: (i) é possível mensurar/quantificar as variáveis e; (ii) as variáveis podem ser calculadas quanto à probabilidade de ocorrência. Assim, o risco envolve um conhecimento maior sobre os eventos que podem ocorrer. Embora não se saiba quando o risco pode se materializar, é possível

---

16. NÓBREGA, Marcos. *Risco e incerteza nos contratos do setor elétrico*: Força maior, incerteza fundamental e a obrigação de renegociar. Disponível em: https://www.jota.info/opiniao-e-analise/colunas/coluna-da-abde/risco-e-incerteza-nos-contratos-do-setor-eletrico-08052020.

prever, de certa forma, a possibilidade e a probabilidade de que determinado evento ocorra.

Já para Frank Knight, a incerteza está atrelada à ideia de conhecimento parcial ou mesmo desconhecimento. Portanto, a incerteza pode ser entendida como decorrência: (i) de informação parcial ou (ii) de uma ausência de informação, ou seja, um desconhecimento total da existência de determinada situação.

Segundo Nóbrega e Loureiro[17] é importante que, ao definirmos a questão do equilíbrio do contrato, seja feita uma distinção entre os conceitos de risco e incerteza, visto que é comum, no direito administrativo, haver uma confusão entre esses dois conceitos. Dito isso, os referidos autores esclarecem que:

> Usando a tipologia de Frank Knight (1921), risco seria aquilo ao qual seria possível imputar uma distribuição de probabilidade. Nesse sentido, podemos estimar qual as chances de chuva em determina área em um dado período do ano. Os ciclos de chuva são relativamente regulares, pelo que auferir uma certa probabilidade ao evento não parece complicado.

Na mesma linha, Rafael Véras[18] aponta que "os riscos são precificáveis, quando da estruturação do projeto, enquanto as incertezas se encontram alheias ao campo de visão das partes e do regulador".

Assim, o risco pode ser mensurado, de modo que é possível que sejam feitos cálculos quanto à sua probabilidade de acontecer. Há, portanto, uma quantidade maior de informação a respeito de um evento futuro. Em oposição, a incerteza decorre de pouca ou nenhuma informação a respeito de eventos futuros.

Também convém assinalar a necessária aproximação entre a incerteza e a incompletude, porque "do ponto de vista da economia, a incerteza e a incompletude trabalham em conjunto: a incerteza do futuro dá origem à incompletude dos contratos, que são incapazes de prever exaustivamente a lista de acontecimentos que podem ocorrer nas relações a longo prazo".[19]

Portanto, vemos que, embora o risco seja recorrentemente relacionado aos contratos de longo prazo, como os contratos de concessão, a incerteza aproxima-se muito mais de tais contratos, na medida em que (i) a incompletude é inerente aos contratos de longo prazo e (ii) é natural que não se tenha todas as informações a respeito dos eventos futuros, especialmente em se tratando de um lapso temporal de 20 a 30 anos.

---

17. NÓBREGA; LOUREIRO, p. 32.
18. FREITAS, Rafael Véras de. *Regulação por contratos de concessão em situações de incerteza*. Interesse público – IP, Belo horizonte, ano 23, n. 125, p. 167-211, jan./fev. 2021.
19. KIRAT, Thirry. L'allocation Des Risques Dans Les Contrats : De L'économie Des Contrats Incomplets À La Pratique Des Contrats Administratifs. *Revue internationale de droit économique*. 2003/1 t. XVII, 1 | p. 11 à 46. Disponível em: https://www.cairn.info/revue-internationale-de-droit-economique-2003-1-page-11.htm. Acesso em: 31 jul. 2024.

3. MECANISMOS DE REEQUILÍBRIO: A TAXA INTERNA DE RETORNO (TIR)

3.1 Definição da TIR

A TIR é comumente conceituada como uma taxa de desconto hipotética que torna o valor presente líquido das entradas e saídas do fluxo de caixa igual a zero (nulo), ao longo de todo o prazo da concessão.

Em geral, quanto mais alta a TIR, maior será o retorno esperado. Nesse sentido, ela pode ser entendida como um mecanismo facilitador, na medida em que permite que seja usada para identificar se um projeto será um bom investimento, principalmente por meio da comparação de TIR de diferentes projetos.

Por outro lado, a TIR não mostra ao investidor de determinado projeto o risco que ele correrá, pois revela apenas os retornos esperados, e não as potenciais perdas dos investimentos.

Marcos Nóbrega,[20] ao analisar a TIR como forma de avaliação de investimentos, explica a seguinte vantagem:

> A primeira grande vantagem é que a TIR é informativa, objetiva e independente do tamanho de qualquer investimento alternativo. Além de mostrar o limite de lucratividade de um determinado projeto. Assim, o disseminado uso da TIR se dá pelo fato que ela pode comunicar com apenas um número as básicas características de lucratividade de um determinado projeto. A TIR representa o mais próximo que se pode chegar do VPL, sem que na verdade tenhamos um critério como o VPL.

Já quanto às desvantagens de usar a TIR para medir rentabilidade de um projeto, Nóbrega[21] elucida que "não é um critério de lucratividade absoluta, porquanto apenas observa os aspectos internos do projeto" e que "é altamente sensível à confiabilidade das previsões sobre o inteiro fluxo de caixa do projeto".

Assim, a TIR é comumente utilizada para auferir a lucratividade de um projeto de infraestrutura, embora contenha falhas como o fato de estar atrelada às previsões do fluxo de caixa do projeto.

Além disso, a TIR é frequentemente usada como mecanismo de reequilíbrio em contratos de concessão. Nesse ponto, Mauricio Portugal e Felipe Sande[22] esclarecem que há pelo menos quatro usos diferentes da TIR, são eles:

> a) TIR como instrumento para precificação de ativos antes do contrato – nesse caso ela é usada no estudo de viabilidade ou no plano de negócios criado por cada um dos participantes da licitação.

---

20. NÓBREGA, Marcos. Os limites e a aplicação da Taxa Interna de Retorno. *Direito do estado*. ano 2016, n. 295. Disponível em: http://www.direitodoestado.com.br/colunistas/marcos-nobrega/os-limites-e-a-aplicacao-da-taxa-interna-de-retorno.
21. Ibidem.
22. PORTUGAL RIBEIRO, Mauricio; SANDE, Felipe, 2022, p. 51-51.

No presente trabalho, quando nos referirmos à TIR com essa função, vamos chamá-la de "TIR para Precificação";

b) TIR como instrumento de precificação de ativos durante o contrato – nesse caso, ela é usada como um dos insumos para o cálculo do valor da tarifa em contratos submetidos à regulação discricionária. Vamos nos referir a esse uso da TIR como "TIR Regulatória";

c) TIR para reequilíbrio de contratos – nesse caso, a TIR é usada apenas como uma taxa destinada a deslocar valores no tempo com o objetivo de neutralizar os impactos sobre a rentabilidade do projeto da ocorrência de eventos de desequilíbrio. Quando estivermos nos referindo a esse uso da TIR, usaremos a expressão "TIR para Reequilíbrio";

d) TIR para mensuração de rentabilidade a posteriori da concessão – nesse caso a TIR é um meio para mensurar a rentabilidade de um investimento realizado em uma concessão ou PPP. Quando estivermos nos referindo a esse uso da TIR, falaremos em "TIR Efetiva".

Como já apontado, além dessa função, a TIR também é frequentemente usada como mecanismo de reequilíbrio em contratos de concessão, o que será explorado a seguir.

3.2 A TIR como mecanismo de reequilíbrio em contratos de concessão

Em diversas situações, a TIR é utilizada como parâmetro de reequilíbrio. Isso significa que ela é usada "apenas como uma taxa destinada a deslocar valores no tempo com o objetivo de neutralizar os impactos sobre a rentabilidade do projeto da ocorrência de eventos de desequilíbrio".[23]

Os eventos de desequilíbrio, por sua vez, são eventos, atos ou fatos que alteram o equilíbrio econômico-financeiro de um contrato de concessão. Isto é, modificam os encargos previstos inicialmente no contrato.

Nesse sentido, o artigo 124, letra d da Lei 14.133/2021 prevê que os contratos podem ser alterados, com as devidas justificativas, para restabelecer o equilíbrio econômico-financeiro inicial do contrato em caso de força maior, caso fortuito ou fato do príncipe ou em decorrência de fatos imprevisíveis ou previsíveis de consequências incalculáveis, que inviabilizem a execução do contrato tal como pactuado, respeitada a repartição objetiva de risco estabelecida no contrato.

Sendo assim, na ocorrência de um evento causador de desequilíbrio, as partes devem se voltar para as previsões contratuais e decidir se será o particular ou o poder concedente que arcará com as consequências, de modo que nenhuma das partes seja onerada em excesso.

A TIR surge então como um mecanismo para neutralizar os impactos decorrentes de eventos que alterem o equilíbrio inicialmente pactuado no contrato. De acordo com Sérgio Guerra,[24] a TIR "é a expectativa de lucro que o empresário terá na concessão caso todas as premissas apresentadas no estudo/modelagem sejam cumpridas, ou seja, se os custos e o faturamento decorrentes da concessão forem os previstos" e "a definição e a

---
23. PORTUGAL RIBEIRO; SANDE, 2022, p. 51.
24. GUERRA, Sérgio. Revisão da Taxa Interna de Retorno nas concessões. *Revista Conjuntura Econômica*. nov. 2015.

manutenção da TIR referem-se, portanto, à própria correlação entre as "condições do contrato" e o seu "equilíbrio econômico-financeiro".

Assim, segundo o autor, as chamadas condições do contrato ou cláusulas (contratuais) determinam o equilíbrio do contrato, ou seja, uma vez atendido o que dispõe o contrato, o equilíbrio está preservado.

Embora a TIR possa ser utilizada para restaurar o equilíbrio pactuado inicialmente entre as partes, Marolla, Viana, Fassio e Campos[25] explicam que a TIR só pode ser calculada ao final de uma concessão. Vejamos:

> Embora possa ser utilizada como um indicativo de rentabilidade anual do projeto, ela somente pode ser obtida se considerado o período integral da concessão. A TIR, dessa forma, somente se perfazerá no último dia do prazo da concessão. Num projeto com uma TIR de 20% ao ano, não significa que em cada ano isolado da concessão se obterá isoladamente tal resultado. Normalmente, os primeiros anos de concessão costumam ter mais saídas (despesas, investimentos) do que entradas, o que pode, inclusive, tornar a TIR isolada desses anos negativa. Todavia, como o desenrolar do projeto, a tendência é que as entradas superem as saídas e o concessionário se compense dessa "perda" inicial.

Como visto, a TIR precisa ser analisada de forma cautelosa, porque embora a previsão da TIR seja anual, somente será possível calculá-la precisamente, ao final da concessão. Nesse sentido, Portugal Ribeiro e Sande[26] bem explicam que

> não há como saber ao longo do projeto qual será a sua rentabilidade efetiva – a TIR Efetiva – para o concessionário, eis que só é possível saber a TIR Efetiva de uma concessão após a extinção do contrato de concessão. Qualquer estimativa de TIR Efetiva ao longo do projeto é feita por meio de projeção do comportamento futuro das variáveis (custos, receitas etc.).

Feitas essas considerações a respeito da TIR como mecanismo de reequilíbrio, é relevante analisar as vantagens e desvantagens de tal uso.

3.3 Vantagens e desvantagens da TIR como mecanismo de reequilíbrio econômico-financeiro

Como visto, a TIR pode ser utilizada como metodologia de reequilíbrio, mas é importante ter ciência de que há vantagens e desvantagens.

Conforme já abordado brevemente no subitem 1.1, uma das vantagens é que a TIR é relativamente fácil de ser calculada e, eventuais problemas que surjam decorrentes de seu uso, podem ser mitigados, por exemplo, com "a previsão de realização de revisões ordinárias em períodos de tempo predeterminados (no edital), podendo-se atualizar o fluxo de caixa do projeto com dados mais próximos da realidade da execução do pacto e a utilização do fluxo de caixa marginal para novos investimentos".[27]

---

25. MAROLLA; VIANA; FASSIO; CAMPOS, 2013, p. 202.
26. PORTUGAL RIBEIRO; SANDE, 2022, p. 54.
27. MAROLLA; VIANA; FASSIO; CAMPOS, 2013, p. 204-205.

Além disso, a TIR é bastante utilizada como mecanismo de reequilíbrio por agências reguladoras, como a ANTT. A título de exemplo, a Resolução Federal 5.850/2019 da Agência Nacional de Transportes Terrestres (ANTT), dispõe que a TIR "é o parâmetro do equilíbrio econômico-financeiro utilizado nos contratos de concessões rodoviárias regulados pela ANTT, tanto para o Fluxo de Caixa Original (FCO – plano de negócios vencedor do leilão), quanto para o Fluxo de Caixa Marginal (FCM)".

Por outro lado, há autores que criticam o fato de que a TIR utilizada na maioria das concessões é estática. Isso porque, a TIR estática

> avalia o valor econômico dos recursos lançados no tempo, tal qual as circunstâncias em que foram elaborados, *sem levar em consideração alterações do cenário econômico que podem beneficiar sobremaneira o concessionário.* É que, nessas hipóteses, não haveria qualquer ação do concessionário para aumento de sua remuneração, ele simplesmente se beneficiaria das condições econômicas favoráveis.[28]

Igualmente, Muller et al[29] destacam que "a TIR fixada por um prazo tão longo torna-se irreal, pois os cenários econômicos são dinâmicos, assim como as variáveis que afetam os resultados dos projetos".

Convém pontuar que a estabilidade conferida à TIR pode fazer com que tal mecanismo seja oposto à ideia de reequilíbrio, que é dinâmico. Nesse sentido, Muller et al.[30] propõem um modelo de TIR dinâmica, chamado de "realinhamento da TIR aos custos de oportunidade atuais" (ou "TIR flutuante"), em que seria feita uma recomposição do cenário dos leilões a cada revisão quinquenal do equilíbrio econômico-financeiro, com base no custo de capital atualizado.

Segundo a metodologia dos autores,

> a TIR de referência é ajustada com base no custo de capital atualizado, e a tarifa máxima é recalculada por meio do fluxo de caixa original do leilão" e, como resultado, os autores apontam que "as simulações realizadas, tanto em cenários de crescimento quanto de queda dos custos de capital, demonstraram os efeitos práticos nas tarifas, as quais poderiam ser reduzidas ou aumentadas, dependendo do comportamento dos indicadores econômicos que afetam os custos de capital e do indexador contratual das tarifas.

Em linha semelhante, Marcos Nóbrega[31] aponta que "a TIR não pode ter um caráter estático porque é influenciada por fatores exógenos e endógenos" e "se for feito o reequilíbrio econômico-financeiro considerando a imutabilidade da TIR o concessionário

---

28. MAROLLA; VIANA; FASSIO; CAMPOS, 2013, p. 204-205.
29. MULLER, Luiz Henrique; CARDOSO, Ricardo Lopes; LEONE, Rodrigo José Guerra; SARAVIA, Enrique Jerônimo. Conciliando Modicidade Tarifária e Equilíbrio Econômico Financeiro nas Concessões Rodoviárias: TIR Flutuante, uma proposta de regulação. *Revista Contabilidade Vista & Revista*, ISSN 0103-734X, Universidade Federal de Minas Gerais, Belo Horizonte, v. 23, n. 4, p. 129-155, out./dez. 2012.
30. MULLER; CARDOSO; LEONE; SARAVIA, p. 145.
31. NÓBREGA, Marcos. *Os limites e a aplicação da Taxa Interna de Retorno*. Direito do estado. ano 2016, n. 295. Disponível em: http://www.direitodoestado.com.br/colunistas/marcos-nobrega/os-limites-e-a-aplicacao-da-taxa-interna-de-retorno.

ou terá grandes perdas (no caso de piora do cenário econômico) ou auferirá ganhos monopolistas e lucros acima dos pactuados no mercado".

O autor defende, assim, que não há como utilizar a TIR como método de aferição da rentabilidade do projeto e, tampouco, como base para um reequilíbrio econômico-financeiro. Para Nóbrega,[32]

> a hipótese adequada nesse caso é não utilizar a TIR para regular e controlar as concessões. No caso de jurisdização de um contrato de concessão, alegando desequilíbrio da TIR e necessidade de reequilibrar o contrato, o mais adequado é, ante de tudo, realizar meticulosa perícia para descobrir o real comportamento do fluxo de caixa durante o período analisado.

Em sentido diverso, Mauricio Portugal Ribeiro[33] entende que a crítica que é feita ao uso da "TIR para Precificação" não se aplica à "TIR para Reequilíbrio" pelos seguintes motivos:

> a) Ao se incluir os dados relativos ao aumento de custos ou redução de receitas no plano de negócios para reequilibrá-lo, ele funcionará perfeitamente com a TIR modificada. A única mudança prática seria a taxa alvo a ser perseguida, sem qualquer outra alteração no processo de carregamento dos valores no tempo e/ou alteração de outras premissas.
>
> b) A TIR modificada tem como propósito principal equacionar a necessidade de assimetria na taxa de carregamento dos fluxos positivos. Na prática, ela reduz um ruído de estimativa da TIR (tendência a superestimar o retorno do projeto). Contudo, esse ajuste ou melhoria não produz qualquer efeito na aplicação da TIR para Reequilíbrio, vez que a dinâmica de carregamento dos valores no tempo resta inalterada.

Já Fernando Vernalha[34] defende a impossibilidade de reequilíbrio contratual com o objetivo de alterar a TIR do contrato de concessão, essencialmente, em razão de quatro argumentos, quais sejam: (i) a TIR performada é diferente da TIR teórica, visto que somente ao final de uma concessão ou de uma PPP é possível diagnosticar a TIR realmente praticada; (ii) a adequação das taxas de retorno conflita com a reivindicação de máxima segurança jurídica; (iii) a alteração das circunstâncias ao longo do projeto não impacta tanto no custo financeiro, por ser referenciado pelos primeiros anos da concessão e (iv) modificar a TIR equivaleria a alterar o conteúdo econômico do contrato, o que violaria os princípios *pacta sunt servanda*, *lex inter* partes e da manutenção da equação econômico-financeira do contrato.[35]

No tocante ao primeiro argumento de Vernalha, convém colocar a TIR em perspectiva. Um contrato de concessão dura, em média, 25 anos e, é no plano de negócios que a TIR é definida. Isto é, muito antes de a própria concessão ter início, a TIR é esta-

---

32. NÓBREGA, 2016.
33. PORTUGAL RIBEIRO, Mauricio. SANDE, Felipe. Mitos, incompreensões e equívocos sobre o uso da TIR – Taxa Interna de Retorno – para o equilíbrio econômico-financeiro de contratos administrativos: um estudo sobre o estado da análise econômica do direito no Direito Administrativo. *R. de Dir. Público da Economia* – RDPE. Belo Horizonte, ano 20, n. 77, p. 49-78, jan./mar. 2022. p. 65.
34. GUIMARÃES, 2019, p. 115.
35. GUIMARÃES, 2019, p. 116-117.

belecida. Sendo assim, é natural que, durante e ao final da execução contratual, a TIR inicial não reflita mais a situação do contrato. Por isso, fala-se em duas taxas diferentes: a teórica e a performada.

Quanto aos argumentos no sentido de que a alteração da TIR conflitaria com a segurança jurídica e violaria os princípios *pacta sunt servanda*, *lex inter* partes e da manutenção da equação econômico-financeira do contrato, eles encontram resistência na questão de que um contrato de longo prazo, dificilmente terá um equilíbrio estático e, consequentemente uma TIR estática.

Isto é, ainda que as partes sigam todas as cláusulas, é comum que ocorram mudanças na concessão – em razão de seu longo prazo e da incerteza inerente à ela. De forma simplificada, as cláusulas não conseguem refletir todas as adversidades futuras. É o que a teoria da incompletude contratual busca explicar.[36]

Conforme explorado nesse subitem, há autores como Fernando Vernalha que entendem que modificar a TIR significaria alterar o conteúdo econômico do contrato e interferir na segurança jurídica. Por outro lado, há outros como Mauricio Portugal Ribeiro, Felipe Sande e Marcos Nóbrega, que entendem que uma TIR flexível seria mais compatível com a incerteza e a dinamicidade inerentes aos contratos de concessão.

CONCLUSÕES

Ao longo deste artigo, buscou-se compreender se a Taxa Interna de Retorno (TIR) configura um mecanismo de reequilíbrio econômico-financeiro adequado para regular cenários marcados por incerteza e longos prazos, como é o caso dos contratos de concessão.

Nessa perspectiva, argumentar que a incerteza e o risco fazem parte dos contratos de concessão é dizer que eles estão sujeitos a eventos causadores de desequilíbrio, os quais muitas vezes não são mensuráveis e/ou, tampouco, conhecidos.

Soma-se a isso o fato de que nos contratos de longo prazo, há períodos em que há mais investimentos sem retorno ou fluxo de caixa negativo, de modo que podem ser necessários diversos reequilíbrios – por isso, fala-se em um equilíbrio dinâmico.

Considerando a dinamicidade do equilíbrio e a incerteza nos contratos de longo prazo, a TIR estática pode não refletir tais características. Isso porque, "a TIR fixada por um prazo tão longo torna-se irreal, pois os cenários econômicos são dinâmicos, assim como as variáveis que afetam os resultados dos projetos".[37]

---

36. Mehrdad Vahabi, citando o entendimento de Hart e Moore, elucida que, para os autores, "um contrato é incompleto ou "omisso" quando contém lacunas ou disposições em falta: o contrato especifica algumas ações que as partes devem realizar, mas não outras; menciona o que deve outras; menciona o que deve acontecer nalguns estados do mundo, mas não noutros". Assim, "um contrato incompleto terá lacunas, disposições em falta ou ambiguidades".
37. MULLER, Luiz Henrique; CARDOSO, Ricardo Lopes; LEONE, Rodrigo José Guerra; SARAVIA, Enrique Jerônimo. Conciliando Modicidade Tarifária e Equilíbrio Econômico Financeiro nas Concessões Rodoviárias:

Nesse sentido, Fernando Barbosa, Sérgio Guerra e Patrícia Sampaio[38] explicam que "a utilização de uma taxa de retorno variável busca ampliar a possibilidade de concessão de serviços públicos em período de elevada incerteza/volatilidade da economia".

Sendo assim, uma TIR estável pode fazer com que tal taxa, ao ser usada como mecanismo de reequilíbrio, seja oposta à própria ideia de equilíbrio – que é dinâmico. Nesse sentido, Muller et al.[39] propõem um modelo de TIR dinâmica (ou "TIR flutuante"), em que seria feita uma recomposição do cenário dos leilões a cada revisão quinquenal do equilíbrio econômico-financeiro, com base no custo de capital atualizado.

Portanto, vemos que a TIR pode ser utilizada como mecanismo de reequilíbrio econômico-financeiro, mas considerando os elementos de risco e incerteza – que são intrínsecos aos contratos de longo prazo – o ideal é que se utilize uma TIR dinâmica (e não estática), uma vez que ela contemplará de forma mais adequada os diversos desequilíbrios que podem ocorrer durante uma concessão.

REFERÊNCIAS

ARAGÃO, Alexandre Santos de. A evolução da proteção do equilíbrio econômico-financeiro nas concessões de serviços públicos e nas PPPs. *RDA – revista de Direito Administrativo*. Rio de Janeiro, v. 263, p. 35-66, p. 49, maio/ago. 2013.

BARBOSA, Fernando de Holanda; GUERRA, Sérgio; SAMPAIO, Patricia Regina Pinheiro. *Equilíbrio financeiro em projetos de infraestrutura e a TIR flexível*. Rio de Janeiro: FGV Projetos, 2019. p.118.

CARVALHO, André Castro; SILVA, Carlos. Concessiones de Carreteras em Brasil y Chile. In: ZANCHIM, Kleber Luiz (Coord.). *Concessão de Rodovias*: Aspectos Jurídicos, Econômicos e Institucionais. São Paulo: Quartier Latin, 2013.

FREITAS, Rafael Véras de. Regulação por contratos de concessão em situações de incerteza. *Interesse público* – IP, Belo Horizonte, ano 23, n. 125, p. 167-211, jan./fev. 2021.

GUERRA, Sérgio. Equilíbrio econômico-financeiro e Taxa Interna de Retorno (TIR) nas parcerias público-privadas. *Revista de Direito Público da Economia* – RDPE. Belo Horizonte, ano 13, n. 49, p. 205-222, jan./mar. 2015.

GUERRA, Sérgio. Revisão da Taxa Interna de Retorno nas concessões. *Revista Conjuntura Econômica*. nov. 2015.

GUIMARÃES, Fernando Vernalha. O equilíbrio econômico-financeiro nas concessões e PPPs: formação e metodologias para recomposição. In: MOREIRA, Egon Bockmann. *Tratado do equilíbrio econômico-financeiro*: contratos administrativos, concessões, parcerias público-privadas, Taxa interna de Retorno, prorrogação antecipada e relicitação. 2. ed. Belo Horizonte: Fórum, 2019.

HEINEN, Juliano. Riscos e Incertezas nos contratos administrativos: pressupostos teórico-dogmáticos para o reequilíbrio econômico-financeiro. *Revista de Direito Brasileira*. Florianópolis, SC. v. 29. n. 11. p. 40-56. maio/ago. 2021.

TIR Flutuante, uma proposta de regulação. *Revista Contabilidade Vista & Revista*, ISSN 0103-734X, Universidade Federal de Minas Gerais, Belo Horizonte, v. 23, n. 4, p. 129-155, out./dez. 2012.
38. BARBOSA, Fernando de Holanda; GUERRA, Sérgio; SAMPAIO, Patricia Regina Pinheiro. *Equilíbrio financeiro em projetos de infraestrutura e a TIR flexível*. Rio de Janeiro: FGV Projetos, 2019. p.118.
39. MULLER; CARDOSO; LEONE; SARAVIA, p. 145.

KIRAT, Thirry. L'allocation Des Risques Dans Les Contrats: De L'économie Des Contrats Incomplets À La Pratique Des Contrats Administratifs. *Revue internationale de droit économique*. 2003/1 t. XVII, 1 | p. 11 à 46. Disponível em: https://www.cairn.info/revue-internationale-de-droit-economique-2003-1-page-11.htm. Acesso em: 31 jul. 2024.

KNIGHT, Frank. *Risk, uncertainty and profit*. London: Houghton Mifflin, 1921.

LANDINI, Simone; GALLEGATI, Mauro; ROSSER JR, J. Barkley. *Consistency and incompleteness in general equilibrium theory*. Springer-Verlag GmbH Germany, part of Springer Nature 2018. Published online: 8 June 2018.

LOUREIRO, Gustavo Kaercher; NÓBREGA, Marcos. *Equilíbrio econômico-financeiro de concessões à luz de um exame de caso*: incompletude contratual, não ergodicidade e incerteza estratégica. p. 30. Disponível em: https://ronnycharles.com.br/wp-content/uploads/2020/11/Reequilbrio-Contratos-incompletude-e-na%CC%83o-ergocidade-GK-MN.pdf. Acesso em: 31 jul. 2024.

MAROLLA, Eugenia Cristina Cleto; VIANA, Camila rocha Cunha; FASSIO, Rafael Carvalho de; CAMPOS, Rodrigo Augusto de Carvalho. Breves notas sobre o equilíbrio-econômico-financeiro nas concessões de serviço público. R. Proc. Geral Est. São Paulo, São Paulo, n. 77/78:189-215. p. 202, jan./dez. 2013.

MOREIRA, Egon Bockmann; GUZELA, Rafaella Peçanha. Contratos administrativos de longo prazo, equilíbrio econômico-financeiro e Taxa Interna de Retorno (TIR). In: MOREIRA, Egon Bockmann (Coord.). *Contratos administrativos, equilíbrio econômico-financeiro e a taxa interna de retorno*: a lógica das concessões e parcerias público-privadas. Belo Horizonte: Fórum, 2016.

MULLER, Luiz Henrique; CARDOSO, Ricardo Lopes; LEONE, Rodrigo José Guerra; SARAVIA, Enrique Jerônimo. Conciliando Modicidade Tarifária e Equilíbrio Econômico Financeiro nas Concessões Rodoviárias: TIR Flutuante, uma proposta de regulação. *Revista Contabilidade Vista & Revista*, ISSN 0103-734X, Universidade Federal de Minas Gerais, Belo Horizonte, v. 23, n. 4, p. 129-155, out./dez. 2012.

NÓBREGA, Marcos. Os limites e a aplicação da Taxa Interna de Retorno. *Direito do estado*. ano 2016, n. 295. Disponível em: http://www.direitodoestado.com.br/colunistas/marcos-nobrega/os-limites-e-a-aplicacao-da-taxa-interna-de-retorno. Acesso em: 31 jul. 2024.

NÓBREGA, Marcos. *Risco e incerteza nos contratos do setor elétrico*: Força maior, incerteza fundamental e a obrigação de renegociar. Disponível em: https://www.jota.info/opiniao-e-analise/colunas/coluna-da-abde/risco-e-incerteza-nos-contratos-do-setor-eletrico-08052020. Acesso em: 31 jul. 2024.

PORTUGAL RIBEIRO, Mauricio. SANDE, Felipe. Mitos, incompreensões e equívocos sobre o uso da TIR – Taxa Interna de Retorno – para o equilíbrio econômico-financeiro de contratos administrativos: um estudo sobre o estado da análise econômica do direito no Direito Administrativo. *R. de Dir. Público da Economia* – RDPE. Belo Horizonte, ano 20, n. 77, p. 49-78, jan./mar. 2022.

PRADO, L. N.; GAMELL, D. A. Regulação econômica de infraestrutura e equilíbrio econômico-financeiro: reflexos do modelo de regulação sobre o mecanismo de reequilíbrio adotado. In: MOREIRA; E. B. (Coord.). *Tratado do equilíbrio econômico-financeiro*: contratos administrativos, concessões, parcerias público-privadas, taxa interna de retorno, prorrogação antecipada e relicitação. 2. ed. rev. ampl. e atual. Belo Horizonte: Fórum, 2019.

VAHABI, Mehrdad. From Walrasian General Equilibrium to Incomplete Contracts: Making Sense of Institutions. Disponível em: http://journals.openedition.org/ei/709; DOI: 10.4000/ei.709. P. 117. Acesso em: 31 jul. 2024.

CONCESSÃO DE INFRAESTRUTURA E O CUSTO DE CAPITAL

Vitor Soliano

Doutorando em Direito do Estado (USP). Mestre em Direito Público (UFBA). MBA em Parcerias Público-Privadas e Concessões (FESPSP). Professor da Faculdade Baiana de Direito. Advogado e consultor jurídico E-mail: vitor.soliano@gmail.com.

Sumário: Introdução – 1. A concessão de infraestrutura como contrato público de investimento – 2. A modelagem do projeto, a estruturação da proposta e taxa interna de retorno: o *locus* e a função do custo de capital – 3. O risco do custo de capital: alocação originária e sua tutela na execução contratual; 3.1 Alocação originária: a qual parte deve ser alocado o risco do custo de capital?; 3.2 Tutela durante a execução contratual: o que fazer quando o custo de capital previsto na modelagem e na proposta não está mais disponível no mercado? – Conclusões – Referências.

INTRODUÇÃO

Como deve ser alocado o risco do custo de capital nas concessões de infraestrutura que adotam o modelo de regulação contratual? O contrato deve atribuir integralmente os riscos de redução e aumento dos custos de capital ao concessionário, permitindo que ele se aproprie integralmente dos bônus do primeiro e se responsabilize integralmente pelos ônus do segundo? Ou deve estruturar um mecanismo de compartilhamento desses riscos entre concessionário e concedente? Além disso, assumindo que os riscos tenham sido inteiramente atribuídos ao concessionário, como ocorre tradicionalmente nas concessões de infraestrutura no Brasil, o que deve ser feito quando o custo de capital, especialmente o de terceiros, aumenta significativamente após a apresentação da proposta? Deve-se confirmar e reafirmar a alocação originária de riscos e forçar as perdas financeiras o concessionário, ou assumir que em *contratos relacionais* sempre há algum nível de compartilhamento de risco? O presente trabalho pretende refletir sobre essas questões.

Os contratos de concessão podem ser vistos como poliedros: possuem uma diversidade de faces que, no conjunto, formam um objeto tridimensional. Ainda que não possam ser observadas todas ao mesmo tempo por um observador humano, essas faces não são excludentes entre si e são fundamentais para a existência do poliedro enquanto poliedro. Uma das faces[1] das concessões é a sua natureza de *contrato público de investimento*.

Como será explorado adiante, concessões de infraestrutura são arranjos contratuais que atribuem ao concessionário o dever de disponibilizar capital próprio e de terceiros para viabilizar a implantação, expansão e requalificação de bens, utilidades e infraes-

---
1. Existem outras: mecanismo delegação de incumbências públicas, instrumento de regulação econômica etc.

truturas sobre os quais são prestados serviços ou exploradas atividades econômicas de interesse coletivo. A remuneração desse capital disponibilizado, contudo, só ocorre ao longo de muitos anos.

Da ótica do particular/licitante, aceitar esta incumbência só se justifica se o empreendimento gerar valor para sua empresa. Logo, o custo de capital[2] "constitui uma das referências mais apropriadas para a avaliação das opções de alocação de recursos".[3] Exatamente por essa razão, o tema do custo de capital, sua alocação na matriz de risco contratual e a tutela das suas variações ao longo da vigência de um contrato devem ser vistas como questões centrais no estudo das concessões.

Além de ser um tema "naturalmente" importante nas concessões, a discussão sobre o custo de capital se tornou ainda mais importante nos últimos anos por duas razões.

Em primeiro lugar, nos últimos 6 anos, a SELIC, Taxa Básica de Juros do mercado brasileiro, variou de forma significativa. Em setembro de 2016, primeiro mês de mandato definitivo do ex-Presidente Michel Temer, a SELIC se encontrava em 14,25%. Entre agosto e dezembro de 2020, a taxa se encontrava em 2%, seu menor valor histórico. Em dezembro de 2023, a taxa se encontrava em 11,75%. Na data de finalização desse texto (julho de 2024), a SELIC já se encontrava em 10,50%.[4]

Essa volatilidade da política monetária gera impactos sobre as decisões de investimento especialmente porque afetam o custo de capital. Embora historicamente o Brasil não tenha uma política monetária estável, esse grau de variação, especialmente o seu "vale", não é comum.

Em segundo lugar, e talvez mais importante, em 2017 foi tomada uma decisão institucional de reduzir o grau de subsídio público destinado aos empréstimos concedidos por instituições financeiras federais. A Lei Federal 13.483/17 instituiu a Taxa de Longo Prazo – TLP, que paulatinamente foi substituindo a Taxa de Juros de Longo Prazo – TJLP.[5-6] A partir de 1º de janeiro de 2018, o Banco Nacional de Desenvolvimento

---

2. Ministério da Fazenda. Metodologia de Cálculo do WACC. Brasília, 2018, p. 5. Disponível em: https://www.gov.br/fazenda/pt-br/centrais-de-conteudos/publicacoes/guias-e-manuais/metodologia-de-calculo-do-wacc2018.pdf. Acesso em: 24 nov. 2022: "o conceito de custo de capital pode ser entendido como: taxa de demanda da empresa pelas suas fontes de capital; taxa mínima de retorno que os projetos de investimentos devem auferir; taxa de desconto utilizada para converter o valor esperado de fluxos de caixa futuros em valor presente; e taxa de retorno que deixa o acionista indiferente à aceitação ou não de um projeto".
3. GALÍPOLO, Gabriel Muricca; HENRIQUES, Ewerton de Souza. Rentabilidade e equilíbrio econômico-financeiro do contrato. In: MOREIRA, Egon Bockmann (Coord.). *Contratos administrativos, equilíbrio econômico-financeiro e taxa interna de retorno*: a lógica das concessões e parcerias público-privadas. Belo Horizonte: Fórum, 2016, p. 364.
4. Cf. https://www.bcb.gov.br/controleinflacao/historicotaxasjuros. As causas para essa variação são, obviamente, variadas (política fiscal, pandemia, aumento da inflação, guerra na Ucrânia etc.). O propósito aqui é apenas destacar a sua volatilidade.
5. MATTOS, Cesar. Concessões e parcerias público-privadas (PPPs). In: PINHEIRO, Armando Castelar; PORTO, Antônio J. Maristello; SAMPAIO, Patrícia Regina Pinheiro (Coord.). *Direito e economia*: diálogos. Rio de Janeiro: FGV Editora, 2019, p. 646.
6. Cf. https://www.bndes.gov.br/wps/portal/site/home/financiamento/guia/custos-financeiros/taxa-juros-longo-prazo-tjlp#:~:text=A%20TJLP%20foi%20substitu%C3%ADda%20pela,1%C2%BA%20de%20janeiro%20

Econômico e Social – BNDES, principal financiador de projetos de infraestrutura, iniciou um processo de transição entre a TJLP e a TLP, transição esta que terminou em 2023.[7] Com isso, os custos dos empréstimos realizados pelo BNDES atualmente se aproximam mais dos custos de empréstimo no mercado em geral. Como dentre as instituições que financiam projetos de infraestrutura, o BNDES é um marcante destaque, é intuitivo que o custo de capital de terceiros para implantar projetos de infraestrutura estará mais alinhado a práticas de mercado.

Soma-se a essas duas razões o fato de a relação "assinatura do contrato de concessão" X "assinatura contrato de financiamento" seguir uma dinâmica recorrente nas concessões brasileiras: (i) declara-se o vencedor da licitação; (ii) adotam-se as providências necessárias para a assinatura do contrato de concessão, especialmente a constituição de uma SPE; (iii) assina-se o contrato de concessão; (iv) o contrato entra em vigência e o concessionário passa a estar vinculado às suas obrigações, inclusive de investimento. Ocorre que (v) o contrato de financiamento de longo prazo só é assinado um bom tempo depois, podendo variar entre 18 e 24 meses, (vi) período no qual o acionista da concessionária deve aportar capital próprio para fazer frente aos investimentos iniciais ou (vii) contratar um financiamento de curto prazo (empréstimo-ponte).[8]

Ocorre que, especialmente no cenário macroeconômico e institucional atual, durante o lapso temporal que vai da assinatura do contrato de concessão até a assinatura do contrato de financiamento de longo prazo, o custo de capital, especialmente o de terceiros, pode ser significativamente alterado. Ou seja, o custo de capital considerado no momento da modelagem pelo concedente e no momento de estruturação da proposta pelo então licitante pode não estar mais disponível, o que afeta a lógica econômico-financeira que moveu o projeto.[9]

Assim, as perguntas que movem esse estudo podem ser sintetizadas em duas: como deve ser alocado o risco do custo de capital nas concessões de infraestrutura? Como deve ser tutelada uma alternância significativa no custo de capital durante a execução do contrato?

Para enfrentar essas perguntas, o artigo foi dividido em três partes além dessa introdução e da conclusão. Na seção seguinte serão explicitadas as razões que levam à compreensão de que as concessões de infraestrutura são contratos públicos de investimento. Na seção 2 serão explorados os conceitos financeiros essenciais para entender a centralidade do custo de capital nesse tipo de contrato. Na seção 3 procura-se refletir sobre as perguntas que moveram o artigo.

---

de%202018 e https://www.bndes.gov.br/wps/portal/site/home/financiamento/guia/custos-financeiros/tlp-taxa-de-longo-prazo.

7. Cf. https://www.bndes.gov.br/wps/portal/site/home/financiamento/guia/custos-financeiros/metodologia-de-calculo-da-tlp.

8. RIBEIRO, Maurício Portugal. *Como lidar com o risco de financiamento de concessões e PPPs em períodos de normalidade e de crise*. Disponível em: https://www.portugalribeiro.com.br/wp-content/uploads/risco-de-financiamento-em-periodo-de-crise-4.pdf. Acesso em: 08 dez. 2022, p. 5.

9. Sem necessariamente afetar o equilíbrio econômico-financeiro do contrato, já que o risco de custo de capital é normalmente alocado ao concessionário. Voltaremos a essa questão adiante.

1. A CONCESSÃO DE INFRAESTRUTURA COMO CONTRATO PÚBLICO DE INVESTIMENTO

A infraestrutura pública é entendida, para os fins deste artigo, como o conjunto de equipamentos e instalações físicas artificiais que possibilitam e criam as condições para todas as demais relações de mercado em uma economia moderna e complexa.[10] Todas as atividades econômicas dependem, direta ou indiretamente, de algum ativo de infraestrutura, na medida em que estes ativos são responsáveis por dar sustentação ao desenvolvimento das mais variadas operações econômicas.

Embora haja alguma discussão sobre o tema,[11] a infraestrutura pública é normalmente associada a rodovias, ferrovias, portos, aeroportos, saneamento básico, transmissão e distribuição de energia elétrica, transporte e distribuição de gás natural, equipamentos de telecomunicações. Como intuitivo, a concepção, implantação e operação de infraestrutura pública são atividades de alta complexidade e que envolvem custo elevados e "afundados" ou "irrecuperáveis" (*sunk costs*).[12]

Ao mesmo tempo, quase todas as infraestruturas econômicas possuem *tendência* de constituírem monopólios naturais, situação em que não é técnica ou economicamente viável a concorrência, sob pena de destruir ambos os competidores, pois o retorno financeiro ou social da infraestrutura duplicada é menor do que o custo da duplicação. Ademais, na ausência de restrições de uso, infraestruturas são ricas em oportunidades de criação do "efeito carona" (*free-rider*),[13] o que pode afastar o investimento privado autônomo.

Estas características dos ativos de infraestrutura revelam seu relacionamento direto com o desenvolvimento econômico e social de um país. É vastamente reconhecido que a existência de uma infraestrutura pública de qualidade é condição fundamental para o aumento da produtividade e da competitividade da economia, para o aumento da rentabilidade dos investimentos produtivos, para permitir articulação locais, regionais,

---

10. Cf. CARVALHO, André Castro. *Direito da infraestrutura*: perspectiva pública. São Paulo: Quartier Latin, 2014, p. 178 e BERCOVICI, Gilberto. Infraestrutura e desenvolvimento. In: BERCOVICI, Gilberto; VALIM, Rafael. *Elementos de direito da infraestrutura*. São Paulo: Contracorrente, 2015, p. 18.
11. IPEA. Infraestrutura econômica no Brasil: diagnósticos e perspectivas para 2025 / Instituto de Pesquisa Econômica Aplicada. – Brasília: Ipea, 2010, p. 15, aborda múltiplos conceitos de infraestrutura, apontando os vários tipos de equipamentos e serviços que são ou já foram considerados infraestrutura pela literatura especializada.
12. FRÓES, Fernando. Infraestrutura pública: conceitos, importância e intervenção governamental. In: CARDOZO, José Eduardo Martins; QUEIROZ, João Eduardo Lopes; SANTOS, Márcia Walquiria Batista dos. *Direito administrativo econômico*. São Paulo: Atlas, p. 257-340, 2011, p. 283: "*custos irrecuperáveis são aqueles investimentos realizados por uma companhia para os quais não se consegue quase valor algum em um outro mercado*" (destaques do original). Ou seja, os equipamentos de infraestrutura possuem baixíssimo uso alternativo.
13. BINENBOJM, Gustavo. *Poder de polícia, ordenação, regulação*: transformações político-jurídicas, econômicas e institucionais do direito administrativo ordenador. 3.ed. Belho Horizonte: Fórum, 2020, p. 208: "a falta de percepção clara do elemento 'escassez' no bem público pode ensejar subavaliações pelos seus consumidores, o que representa um incentivo oportunista de não contribuição (*free rider effect*) que pode levar à insuficiência de proteção do bem público". Nessa passagem o autor utiliza a expressão "bem público" no sentido econômico, não no sentido jurídico tradicional.

nacionais e globais de fluxos de comércio, para diminuir custos logísticos, enfim, para melhorar a qualidade de vida geral.[14] O provimento de infraestrutura, portanto, possui alto retorno social e econômico.

Diante desse cenário, a disponibilização de infraestrutura econômica pode ser considerada uma das principais funções do Estado contemporâneo. No caso brasileiro, pode-se afirmar, inclusive, que esta função busca fundamento diretamente da Constituição Federal. Embora o termo "infraestrutura" apareça explicitamente apenas uma vez na Constituição, múltiplas atividades econômicas, serviços (públicos ou não) e utilidades sociais expressamente mencionadas se relacionam diretamente com as infraestruturas ou são, elas mesmo, infraestruturas.[15]

De forma ainda mais ampla, é possível extrair o dever de participação do Estado na disponibilização de infraestrutura dos objetivos constitucionais fixados no art. 3º da Constituição. Isso porque não parece ser possível, em uma sociedade plural e complexa, garantir o desenvolvimento nacional e erradicar a pobreza e a marginalização e reduzir as desigualdades sociais e regionais, sem contar com uma ampla e funcional infraestrutura pública. Mais do que isso, construir uma sociedade livre, justa e solidária também depende, como condição *sine qua non*, da disponibilização de infraestruturas econômicas.

Pelas suas características, dois dos principais desafios que devem ser enfrentados pelo Estado na provisão de infraestrutura são o seu financiamento (*financing*) e o seu custeio (*funding*). Aquele está associado à disponibilização de capital para viabilizar a implantação do ativo, utilidade ou serviço, enquanto este está associado ao pagamento direto pela disponibilização ou uso do ativo, utilidade ou serviço. Como se verá, em projetos de investimento o primeiro (*financing*) tem que ser quitado/devolvido com os recursos do segundo (*funding*).

O enfrentamento desse desafio pode se materializar de diversas formas: provisão direta através de recursos orçamentários (presentes ou futuros), provisão direta através de recursos (presentes ou futuros) de empresas estatais não-dependentes, provisão indireta através de subsídios e benefícios fiscais e creditícios, provisão indireta através da estruturação de instrumentos jurídicos/regulatórios que atraiam e viabilizem o financiamento privado, dentre outras.

De saída, é fundamental estabelecer que sempre haverá um grau de complementariedade entre o investimento estatal (direto ou indireto) e o investimento privado (possibilitado por arranjos jurídicos/regulatórios) em infraestrutura. Os mecanismos que viabilizam essa complementariedade – fiscais, financeiros, creditícios, regulatórios – devem ser vistos, portanto, como instrumentos alternativos e complementares de políticas públicas de provisão de infraestrutura pública.

---

14. IPEA. Op. cit., p. 16-24.
15. Em especial, cf. art. 21, XI e XII; art. 23, IX; art., 25, § 2º; art. 30, V, dentre outros dispositivos constitucionais.

Os contratos de concessão constituem uma espécie dos arranjos jurídicos-regulatórios que viabilizam o financiamento (*financing*) privado, somado a um custeio (*funding*) que pode ser totalmente privado, totalmente público ou público-privado.

Através dos contratos de concessão, uma parte, o poder concedente, atribui/outorga à outra parte, o concessionário, um conjunto de deveres e direitos ligados à exploração de um serviço, atividade ou utilidade pelo segundo. Esta exploração visa ao atendimento de "uma necessidade, uma obrigação ou um interesse cuja tutela seja de responsabilidade do outorgante".[16]

Nas concessões de infraestrutura,[17] além da regulação do comportamento do concessionário através das obrigações contratuais,[18] o concedente incumbe a um agente econômico a disponibilização do seu capital próprio ou de sua capacidade de endividamento (contratação de capital de terceiros) para implantar, expandir, aprimorar e prestar um serviço, explorar uma utilidade, um bem ou um empreendimento de interesse coletivo. Embora o escopo e o montante possam variar a depender de qual bem, serviço, utilidade ou empreendimento que está sendo delegado, é certo que toda e qualquer concessão de infraestrutura demanda a realização de investimentos pelo concessionário, especialmente no início da sua vigência.

Dessa forma, as concessões são estruturadas de forma tal a atribuir ao concessionário o dever de buscar financiamento (*financing*) para desempenhar a atividade pública que lhe foi outorgada, mesmo nas situações em que o concedente realiza custeio (*funding*) ordinariamente (concessões patrocinadas e administrativas). É o que se extrai não apenas da estruturação prática destes contratos, mas das leis gerais que os regulamentam.[19]

Assim, não é correto afirmar que os contratos de concessão são "contratos de obra" ou "contratos de prestação de serviços". Em verdade, são *contratos públicos de investimento* que envolvem a execução de obras viabilizadas pela disponibilização de capital de agentes privados (*financing*) no início do contrato e cujas receitas auferidas pelo concessionário (*funding*) através da prestação de serviços ou exploração econômica do ativo serão utilizadas para, dentre outras coisas, custear os gastos operacionais da atividade (OPEX), quitar o financiamento contratado e remunerar o capital do financiador e do acionista.

---

16. MARQUES NETO, Floriano de Azevedo. *Concessões*. Belo Horizonte: Fórum, 2015, p. 115 e 121. No mesmo sentido cf. ALMEIDA, Fernando Dias Menezes de. *Contrato administrativo*. São Paulo: Quartier Latin, 2012, p. 262.
17. DAL POZZO, Augusto Neves. *O direito administrativo da infraestrutura*. São Paulo: Contracorrente, 2020, p. 111-136.
18. A literatura sobre a natureza regulatória dos contratos de concessão é vastíssima. Por todos, cf. GÓMEZ-IBÁÑEZ, José A. *Regulating Infrastructure*: Monopoly, Contracts and Discretion. Cambridge: Harvard University Press, 2003, 18-36; GONÇALVES, Pedro António P. Costa. Regulação administrativa e contrato. *Revista de Direito Público da Economia* – RDPE, Belo Horizonte, ano 9, n. 35, jul./set. 2011. Disponível em: http://www.bidforum.com.br/bid/PDI0006.aspx?pdiCntd=74724. Acesso em: 17 mar. 2018; MARQUES NETO, Floriano de Azevedo. *Concessões*. Belo Horizonte: Fórum, 2015, p. 371-372.
19. O conceito de concessão comum precedida de obra pública definido no art. 2º, III da Lei Federal 8.987/95 e o regramento do prazo das PPPs pelo art. 5º, I da Lei Federal 11.079/04 apontam para esta conclusão ao vincularem a remuneração ou o prazo do contrato à amortização dos investimentos realizados.

De forma simples, os contratos de concessão possuem todos os elementos típicos dos contratos de investimento: um investimento inicial que requer um desembolso a fim de disponibilizar/expandir/requalificar uma infraestrutura (CAPEX), investimento este que será feito com capital próprio e capital de terceiros (*financing*); um conjunto de previsões sobre receitas futuras (*funding*) decorrentes da exploração do ativo ou prestação do serviço; um leque de gastos que serão feitos pela concessionária (OPEX) e; um horizonte temporal de início e fim[20] em que as receitas (*funding*) serão recebidas, o financiamento (*financing*) quitado e o capital remunerado.

Fica claro, portanto, porque afirmamos que as concessões de infraestrutura são *contratos públicos de investimento* (e não contratos de investimento público): (i) o ativo delegado para o particular ou é em si um ativo público ou está associado a um serviço ou utilidade econômica de interesse coletivo cuja tutela é incumbida ao Estado; (ii) o contrato sempre estará submetido a um regime de direito público, ainda que esse regime não seja único e esteja permanentemente em contato com o regime de direito privado; (iii) este contrato tutela o comportamento do concessionário, pretendendo guiá-lo/regulá-lo a atender interesses coletivos e; (iv) incumbe-se ao particular o dever buscar capital para viabilizar a utilidade pública, atribuindo-lhe o direito de receber valores em razão da prestação do serviço ou exploração da atividade.

Como em qualquer operação financeira, os atores econômicos privados só possuirão interesse em pactuar um contrato de concessão de infraestrutura com o Estado se o projeto concedido remunerar o capital e a disponibilização de capacidade de endividamento de forma adequada ao risco que será transferido ao particular. Desta forma, é preciso explicitar o juízo econômico e financeiro que é feito na modelagem do projeto pelo concedente e na estruturação da proposta pelo privado interessado. Ao fazê-lo, ficará clara a importância que a Taxa Interna de Retorno e, consequentemente, o custo de capital possuem nas concessões de infraestrutura. É o que se passa a fazer.

2. A MODELAGEM DO PROJETO, A ESTRUTURAÇÃO DA PROPOSTA E TAXA INTERNA DE RETORNO: O *LOCUS* E A FUNÇÃO DO CUSTO DE CAPITAL

Como referido na seção anterior, contratos de concessão de infraestrutura são marcados pelo dever de realização de altos investimentos pelo concessionário na implantação, expansão ou requalificação de infraestruturas, especialmente nos primeiros anos da concessão. Esses investimentos, contudo, são feitos sobre ativos que não compõem o patrimônio do concessionário e cujo controle retornará para o concedente após o fim do contrato.

Dessa forma, de um ponto de vista financeiro, o investidor (acionista da concessionária) renuncia ativos líquidos presentes, como seu capital próprio e sua capacidade de contrair financiamentos, como condição de ter o direito de receber, ao longo do tempo, receitas a serem pagas pelos usuários do ativo/serviço, por contraprestações a serem

---

20. Afinal, todos os contratos administrativos possuem prazo de vigência.

pagas pelo concedente, ou ambas. Essas receitas, contudo, são recebidas ao longo de muitos anos e não de forma imediata e no decorrer apenas da execução das obras,[21-22] como ocorre nos contratos de obra comum.

Há, portanto, um lapso temporal significativo (10, 20, 30 anos) entre o momento em que o investidor renuncia sua liquidez presente em nome da realização de investimentos de alto interesse coletivo e o momento em que ele será totalmente remunerado. Um juízo financeiro minimamente racional, portanto, demandará que sejam comparados a rentabilidade que o projeto pode ter e o custo de oportunidade de renunciar a liquidez para aquele projeto específico.[23] Afinal, se o investidor possui liquidez naquele momento ele poderia utilizá-la para outras finalidades, com projetos de riscos de mesmo nível.

Nesse sentido, a rentabilidade esperada do projeto – todas as suas obrigações, riscos, direitos e receitas a serem recebidas[24] – deverá ser maior do que o custo de oportunidade de renunciar a liquidez com outro empreendimento. Essa rentabilidade pode ser compreendida como uma taxa de juros que premeia a renúncia à liquidez, bem como constitui a taxa que iguala no presente os valores do investimento a ser realizado pelo concessionário (especialmente no início da concessão) e o resultado (receita menos despesas) esperado ao longo de toda a concessão. Por sua vez, quanto melhor for a habilidade do concessionário em fazer o resultado ser maior do que o investimento, maior será a rentabilidade efetiva do empreendimento no término do prazo da concessão.

Por fim, é importante destacar que os recebíveis reais e os gastos reais do concessionário serão altamente dinâmicos e dificilmente serão iguais aos projetados no momento da decisão de investimento. Sua rentabilidade real vai se ajustando conforme as receitas e despesas vão se alterando.

Pelo exposto, fica claro que a decisão de investimento em concessões será prioritariamente guiada pelo nível de rentabilidade que o projeto pode gerar. Daí a centralidade dos indicadores de rentabilidade como mecanismos aptos a permitir a comparação entre oportunidades de investimento (custo de oportunidade). As metodologias de mensuração da rentabilidade utilizam as taxas de remuneração oferecidas ao investimento pelo fluxo de receitas futuras,[25] que nas concessões serão as tarifas e contraprestações

---

21. "Os aportes de recursos privados não são objeto de resgate imediato (o lucro não é realizado em curto prazo), mas arcados pela receita tarifária paga ao longo de 10, 20 ou 35 anos. Por isso que, em termos econômicos, tais contratos são classificados como 'investimentos de longa maturação'" (MOREIRA, Egon Bockmann. Contratos administrativos de longo prazo: a lógica do seu equilíbrio econômico-financeiro. In: MOREIRA, Egon Bockmann. *Contratos administrativos, equilíbrio econômico-financeiro e taxa interna de retorno*: a lógica das concessões e parcerias público-privadas. Belo Horizonte: Fórum, 2016, p. 84).
22. É verdade que a Lei Federal 11.079/04 autoriza a realização de aportes públicos em favor do concessionário para a realização das obras e aquisição de bens reversíveis em marcos pré-estabelecidos. Contudo, os valores recebidos a título de aporte nunca serão suficientes para quitar o financiamento ou remunerar o capital disponibilizado pelo investidor.
23. GALÍPOLO, Gabriel Muricca; HENRIQUES, Ewerton de Souza, op. cit., p. 361.
24. Idem, p. 360.
25. Idem, p. 364.

públicas, principalmente, mas também as receitas acessórios e decorrentes de projetos associados.[26]

A principal metodologia para avaliar a rentabilidade de projetos de concessão de infraestrutura é o Fluxo de Caixa Descontado com a utilização da Taxa Interna de Retorno. Segundo conceito consolidado, a TIR

> é a taxa que torna o valor presente líquido de um fluxo de caixa igual a zero, ou seja, é a taxa que aplicada como taxa de desconto aos valores de entradas [receitas] e saídas [investimentos e OPEX] do fluxo de caixa do projeto é capaz de torná-los equivalentes no momento inicial da concessão ou da decisão de investimento.[27]

De forma simples, a TIR consegue atuar como uma taxa de juros sobre o valor do investimento realizado pelo concessionário e refletir o custo de oportunidade dos investidores, considerando os riscos e obrigações assumidos.

Durante a modelagem, o concedente/a agência reguladora estima quais são os investimentos necessários para atender à finalidade pública delegada, o montante de capital necessário para tanto, os custos que serão incorridos pelo futuro concessionário no cumprimento de suas obrigações, as receitas que serão auferidas ao longo do prazo de vigência da concessão etc. Ou seja, a modelagem tem que antecipar (sempre com algum grau de imprecisão, obviamente) o fluxo de caixa que o projeto a ser concedido vai gerar.

Nesse processo, também é definida o que Maurício Portugal Ribeiro e Felipe Sande chamam de "TIR de Precificação":[28] a rentabilidade mínima que o concedente/agência regulatória entende necessária para atrair investidores com o perfil adequado para o projeto, considerando as obrigações e riscos a serem atribuídos ao concessionário. Ao estabelecer a TIR de Precificação, estabelece-se uma estimativa para o "preço de reserva", que é o preço que será disputado pelos licitantes (tarifa-teto, outorga mínima, contraprestação máxima, a depender do modelo da concessão e do leilão). Afinal, o preço de reserva afetará o fluxo de caixa do futuro concessionário, seja condicionando as suas entradas (tarifa e contraprestação, principalmente), seja aumentando as suas saídas (outorgas), sejam ambos (tarifa e outorga).

Procedimento similar é feito pelos interessados na celebração do contrato. Os atores econômicos que, em tese, possuem capacidade de receber a delegação pública, realizam seus próprios estudos, estimativas e projeções quando o projeto é tornado público. Nesse processo, os interessados também desenvolvem um fluxo de caixa esperado e utilizam

---

26. Há concessões, contudo, em que as "receitas acessórias" são, em verdade, as principais. É o caso, por exemplo, das concessões de terminais rodoviários e estações de transbordo em que não há pagamento pelos cidadãos pela utilização da infraestrutura. Nessas situações, a remuneração do concessionária deriva principalmente das receitas auferidas pela cessão onerosa de espaços para terceiros.
27. GALÍPOLO, Gabriel Muricca; HENRIQUES, Ewerton de Souza, op. cit., p. 367.
28. RIBEIRO, Mauricio Portugal; SANDE, Felipe. Mitos, incompreensões e equívocos sobre o uso da TIR – Taxa Interna de Retorno – para equilíbrio econômico-financeiro de contratos administrativos – Um estudo sobre o estado da análise econômica do direito no direito administrativo. *Revista Brasileira de Direito Público* – RBDP. Belo Horizonte, ano 18, n. 71, out./dez. 2020, p. 159-160.

a TIR para calcular a proposta econômica que apresentará no leilão[29] (oferecimento da menor tarifa-teto, da menor contraprestação pública, da maior outorga ou da conjugação desses critérios).

Mais importante, contudo, é como exatamente a TIR é calculada. Conforme já indicado múltiplas vezes nesse texto, o financiamento (*financing*) dos projetos de concessão de infraestrutura nunca é feito com fonte única. Ao contrário, a regra é que ele seja estruturado a partir do capital próprio dos investidores/acionistas da concessionária e do capital de terceiros, normalmente através da contratação de empréstimos com instituições financeiras, mas também através da emissão de debêntures.

Tendo isso em mente, a TIR é tradicionalmente calculada como uma média ponderada da participação e custo entre o capital próprio e capital de terceiros. O *Weighted Average Cost of Capital – WACC* (Custo Médio Ponderado de Capital – CMPC) "procura refletir o custo médio das diferentes alternativas de financiamento disponíveis para o investimento",[30] ou seja, "reflete a política de composição de capitais de um projeto de investimento ante a disposição dos credores e acionistas em alocar recursos no projeto, considerando o custo de oportunidade e o risco intrínseco ao ativo".[31]

Utilizando-se o *Capital Asset Pricing Model – CAPM*, metodologia mais tradicional para essa finalidade,[32] o custo de capital próprio é calculado a partir de três elementos: uma taxa livre de risco (ativo financeiro que seja livre de risco, possua liquidez e seja negociada no mercado), o prêmio de mercado (definido como a diferença entre o retorno histórico da carteira de mercado e o retorno histórico do ativo livre de risco) e um Fator Beta (indica o grau de sensibilidade do projeto em questão às flutuações do mercado). Em países em desenvolvimento, a formação do custo de capital próprio ainda deve considerar outras variáveis.[33]

Por sua vez, o custo de capital de terceiros é calculado a partir de dois elementos: uma taxa livre de risco e um prêmio pela classificação do risco do negócio (*spread*).[34] De forma geral, o custo de capital de terceiros é afetado pelo prazo (do projeto e do pagamento do empréstimo), da existência ou não de linhas de crédito subsidiadas,[35] das condições econômicas da empresa, por elementos macroeconômicos (expectativa de crescimento do PIB, política monetária etc.), dentre outros fatores.

Uma vez composto o custo de capital é possível identificar a TIR mínima necessária do projeto. Quanto maior o custo de capital (próprio e de terceiros) considerado no momento da modelagem e da estruturação da proposta, maior deverá a TIR de

---

29. Ibidem, p. 160-161.
30. Ministério da Fazenda, op. cit., p. 5-6.
31. GALÍPOLO, Gabriel Muricca; HENRIQUES, Ewerton de Souza, op. cit., p. 369.
32. Ministério da Fazenda, op. cit., p. 7-10; GALÍPOLO, Gabriel Muricca; HENRIQUES, Ewerton de Souza, op. cit., p. 370.
33. Ministério da Fazenda, op. cit., p. 9-10.
34. GALÍPOLO, Gabriel Muricca; HENRIQUES, Ewerton de Souza, op. cit., p. 371.
35. Voltaremos a esse fator na sequência.

Precificação. Reversamente, quanto menor for o custo de capital de terceiros, menor precisará ser a TIR de Precificação.

Observe-se, portanto, o entrelaçamento necessário entre os vários elementos discutidos nesta seção e na anterior. O exercício de identificação e composição do custo de capital próprio e de capital de terceiros e da sua ponderação com seu nível de utilização no projeto é realizado tanto pelo Estado no momento da modelagem, quanto pelo particular interessado no momento de análise do projeto e estruturação da sua proposta. O custo de capital próprio e de terceiros, ponderados pelos seus níveis de utilização no projeto, é estruturante para a determinação da Taxa Interna de Retorno do projeto. A TIR é, ao mesmo tempo, a taxa que torna o valor presente líquido de um fluxo de caixa igual a zero e a taxa de rentabilidade sobre o valor investido no projeto. Por sua vez, ela deve ser maior do que o custo de oportunidade ou, no mínimo, igual a Taxa Mínima de Atratividade.[36] A perspectiva de rentabilidade foi considerada pelo Estado no momento da modelagem e lançamento do projeto ao público e a possibilidade (não garantia) de alcançar pelo menos essa rentabilidade foi o que moveu a decisão de investimento do particular interessado. A decisão de investimento do particular interessado é o que viabilizará a implantação, expansão e requalificação da infraestrutura, bem como a adequada prestação dos serviços ou exploração da atividade econômica que a infraestrutura viabiliza.

Diante disso, e deixando de lado, por ora, a discussão sobre alocação de riscos, se o custo de capital (especialmente o de terceiros[37]) *aumenta após a apresentação da proposta*, cria-se um descompasso entre a TIR de Precificação e a TIR que de fato poderá ser buscada pelo concessionário. Ou seja, por mais eficiente que o concessionário seja no manejo das suas receitas e custos, a rentabilidade possível de ser alcançada será menor do que aquela que moveu a decisão de renúncia de liquidez. E isso porque o custo de capital de terceiros é um custo estruturante do investimento, formador da decisão de investimento.

Quanto maior o descompasso entre o custo de capital (de terceiros) que compôs a TIR de Precificação e o custo capital (de terceiros) encontrado no mercado após a apresentação da proposta, maior será a dificuldade de se alcançar a rentabilidade pretendida e maior será a probabilidade de o projeto constituir, na verdade, mecanismo de destruição de valor dos recursos do investidor.

No limite, essa situação pode ser ainda mais drástica e tornar materialmente impossível o cumprimento adequado das obrigações assumidas pelo concessionário,

---

36. MOREIRA, Egon Bockmann; GUZELA Rafaella Peçanha. Contratos administrativos de longo prazo, equilíbrio econômico-financeiro e Taxa Interna de Retorno (TIR). In: MOREIRA, Egon Bockmann (Coord.). *Contratos administrativos, equilíbrio econômico-financeiro e taxa interna de retorno*: a lógica das concessões e parcerias público-privadas. Belo Horizonte: Fórum, 2016 p. 346: "o projeto será atraente quando sua TIR for superior à TMA. Isso porque a TMA refletirá a rentabilidade mínima que o investidor considera necessária para realizar o investimento e deve ser 'maior ou igual ao custo de oportunidade e ao custo de capital', análise que se dá em observância às distintas fontes de recursos presentes no investimento".
37. Porque é o elemento menos controlável pelo concessionário.

especialmente a de implantar, expandir ou requalificar a infraestrutura nos primeiros anos de vigência do contrato. Contudo, esse risco também se coloca em anos mais avançados do contrato de concessão quando se atingem marcos temporais de realização de novas obras ou são disparados gatilhos de investimento. Independente do momento, a afetação do custo de capital também poderá comprometer a adequação prestação do serviço delegado ou da atividade econômica explorada.

Reversamente, se o custo de capital (especialmente o de terceiros) *reduz significativamente após a apresentação da proposta* cria-se um descompasso entre a TIR de Precificação e a TIR que agora poderá ser buscada pelo concessionário. Além dos ganhos que o concessionário pode ter imprimindo sua eficiência empresarial, ele poderá ter ganhos muito maiores do que o orginalmente havia previsto quando tomou a decisão de investimento.

Nesse momento, ressurgem as perguntas que moveram a elaboração deste trabalho: considerando esses elementos, como deve ser alocado o risco do custo de capital em concessões de infraestrutura? Ademais, o que deve ser feito quando custo de capital aumenta entre o momento da apresentação da proposta e a celebração do contrato de financiamento e a materialização desse evento é um risco alocado ao concessionário?

3. O RISCO DO CUSTO DE CAPITAL: ALOCAÇÃO ORIGINÁRIA E SUA TUTELA NA EXECUÇÃO CONTRATUAL

3.1 Alocação originária: a qual parte deve ser alocado o risco do custo de capital?

Os contratos de concessão de infraestrutura no Brasil invariavelmente alocam para o concessionário o risco do custo de capital. Para fins meramente exemplificativos, vejam-se as cláusulas de alocação de risco em contratos recentemente celebrados ou tornados públicos na órbita federal (A realidade não é distinta nas concessões de infraestrutura celebradas por entes subnacionais):

Setor econômico	Contrato/Objeto	Risco do concessionário
Aeroportuário	7ª Rodada	5.5.9. aumento do custo de capital, inclusive os resultantes de aumento das taxas de juros;
Saneamento	Região metropolitana do Rio de Janeiro	34.2.9. indisponibilidade de financiamento e/ou aumento do custo de capital, inclusive os resultantes de aumentos das taxas de juros;
Portuário	Arrendamento em Areia Branca (RN)	13.1.10. Mudanças no custo de capital, inclusive as resultantes de variações das taxas de juros;
Ferroviário	FIOL	(xii) aumento do custo de capital, inclusive os resultantes de aumentos das taxas de juros, independentemente da extensão da variação;
Rodoviário	BR-101/290/448/386/RS	20.1.17. aumento do custo de capital, inclusive os resultantes de aumentos das taxas de juros e variação cambial.

Em consonância com a estabelecida relação entre alocação de riscos e equilíbrio econômico-financeiro dos contratos de concessão, esta opção regulatória implica que condições adversas da economia ou alterações institucionais dos financiadores que aumentem o custo de capital não possuem o condão de fazer emergir o direito a um reequilíbrio econômico-financeiro, seja em favor da concessionária (em caso de aumento), seja em favor do concedente (em caso de diminuição). Afinal, se a ocorrência de um evento foi alocada como risco de uma parte desde a origem do contrato, sua possível materialização já foi precificada no momento de apresentação da proposta. Logo, não haveria desequilíbrio contratual, ainda que essa alteração no custo de capital implicasse na redução da rentabilidade do projeto.

Por que esta opção regulatória é tão comum?

É possível especular que a estruturação dos contratos desta forma deriva da noção de que o custo de capital está ligado aos riscos empresariais ordinários de qualquer empreendimento. Afinal, trata-se de elemento que é afetado por variáveis a que todos os agentes econômicos estão sujeitos. Além disso, o custo de capital concreto e específico que cada concessionário previu no momento da proposta está sujeito, ainda que em grau bastante reduzido, a algum nível de ingerência sua ou é impacto por características suas. Por fim, não é desprezível a possibilidade de que se assuma que as eventuais perdas sofridas por um aumento do custo de capital devam ser compensadas pela maior eficiência do concessionário com a gestão de outros custos (o que não resolve o problema, como visto na seção anterior).

Rodrigo de Losso, Felipe Sande e Elias Cavalcante Filho afirmam que a alocação do risco de custo de capital integralmente para o concessionário derivaria de um desconhecimento sobre o conceito e suas consequências e da resistência à inovação de melhores práticas.[38] Por sua vez, Maurício Portugal Ribeiro já sinalizou que uma das causas para essa opção seria a pressuposição de que o financiamento seria contratado com uma instituição financeira estatal que não só oferece um custo de capital mais baixo do que o mercado em geral, como garante a estabilidade desse custo entre o momento de assinatura do contrato de concessão e o fechamento do financiamento de longo prazo.[39]

Independente das razões que levam a esta escolha regulatória, fato é que um aumento significativo dos custos de capital reduzirá a rentabilidade esperado do projeto, prejudicará a capacidade de realização de investimentos e, no limite, poderá provocar destruição de valor do concessionário e seus acionistas e inviabilizar o cumprimento das obrigações contratuais. Deve-se lembrar que, diferentemente de empreendimentos totalmente privados, os concessionários não podem simplesmente encerrar suas atividades, aumentar seus preços ou reduzir a qualidade do serviço prestado sem sofrer punições administrativas.

---

38. LOSSO, Rodrigo de; SANDE, Felipe; CAVALCANTE FILHO, Elias. *Compartilhamento de risco de capital*, p. 16. Disponível em: https://www.researchgate.net/publication/360220976_Compartilhamento_de_Risco_de_Capital. Acesso em: 24 out. 2022.
39. RIBEIRO, Maurício Portugal. *Como lidar com o risco de financiamento de concessões e PPPs em períodos de normalidade e de crise*. Disponível em: https://www.portugalribeiro.com.br/wp-content/uploads/risco-de-financiamento-em-periodo-de-crise-4.pdf. Acesso em: 08 dez. 2022, p. 4-9.

Em um cenário macroeconômico estável e em que financiamentos realizados por instituições financeiras estatais são subsidiados, o risco de o aumento do custo de capital chegar a provocar essas consequências é, de fato, mais reduzido. Mas o que fazer com a modelagem de projetos que serão tornados públicos em um cenário macroeconômico instável e em que não haverá subsídios em financiamentos?

Uma primeira alternativa é passar a prever que o risco de custo de capital é compartilhado entre o concedente e o concessionário. Após constatarem que os efeitos negativos de se alocar o risco do custo de capital exclusivamente ao concessionário geram, na prática, prejuízos maiores para o concedente,[40] Rodrigo de Losso, Felipe Sande e, Elias Cavalcante Filho sugerem que os contratos de concessão passem a prever o compartilhamento do risco do custo de capital.

Segundo os autores, compartilhar risco de capital deve ser entendido como uma "forma de acomodar variações macroeconômicas sobre o custo de capital que não são controladas pelo concessionário". Esse compartilhamento seria implementado através da revisão periódica do custo de capital referencial a ser fixado no fluxo de caixa remanescente do contrato através da utilização do ferramental financeiro do Valor Presente Líquido.[41]

É importante registrar que, acaso adotada esta alternativa, não apenas os aumentos, mas as eventuais reduções do custo de capital também serão compartilhadas. Ou seja, há um *trade-off* que Estado e agentes econômicos devem avaliar. Além disso, implantar um mecanismo de compartilhamento do custo de capital entre concedente e concessionário acarreta desafios institucionais para o Estado, já que a sua reavaliação periódica não é tarefa trivial e pode demandar conhecimentos especializados que nem toda agência reguladora ou estrutura de gestão do concedente possuem.

Outra alternativa que pode ser pensada para a modelagem de contratos, não necessariamente excludente com o compartilhamento do risco de custo de capital, é alterar a dinâmica que comumente se instala na relação "assinatura do contrato de concessão" X "assinatura do contrato de financiamento", dinâmica que foi explicada na seção anterior.

Esta alteração poderia se aperfeiçoar com a fixação, no edital da licitação, de que a celebração de contrato de financiamento de longo prazo é condição prévia à assinatura do contrato de concessão ou, ao menos, da sua eficácia.

A vantagem desta nova dinâmica é garantir que haverá um financiamento de longo prazo na concessão. Na medida em que o custo de capital de terceiros é mais baixo do

---

40. Absorção da integralidade dos ganhos no caso de redução; queda da qualidade do serviço, postergação de investimentos e encerramento (litigioso ou amigável) dos contratos, no caso de aumento.
41. LOSSO, Rodrigo de; SANDE, Felipe; CAVALCANTE FILHO, Elias, op. cit., p. 20. Os autores destacam que essa opção regulatória já é utilizada nos contratos de concessão submetidas à regulação discricionária, como no setor de distribuição de energia elétrica. Sobre a diferença entre regulação discricionária e regulação contratual, cf. GÓMEZ-IBÁÑEZ, José A., op. cit., p. 157-243; CAMACHO, Fernando Tavares; RODRIGUES, Bruno. Regulação econômica de infraestruturas: qual modelo escolher? *Revista do BNDES*, Rio de Janeiro, n. 41, jun. 2014, p. 261-277.

que o custo de capital próprio, essa garantia poderá ter retornos positivos não só para o concessionário, mas para a perseguição das finalidades públicas que moveram a celebração do contrato.

É fundamental, contudo, que seja elaborado um regramento mínimo para esse período que vai da adjudicação à celebração do contrato de financiamento. Será necessário impor que o vencedor da licitação efetivamente se engaje na busca do capital de terceiros e negocie condições vantajosas. Igualmente, é preciso criar algum sistema de incentivos (positivos e negativos) para que o vencedor da licitação busque a celebração do financiamento de longo prazo o quanto antes. Por fim, é preciso que se estabeleça prazo limite para a assinatura do contrato.

Da mesma forma, é importante que se estabeleça um regramento sobre responsabilidades pela não celebração ou atraso na celebração do contrato de empréstimo: prever hipóteses em que haverá responsabilização do vencedor, hipóteses em que não haverá responsabilidade, hipóteses de prorrogação do prazo para celebração do contrato de financiamento etc.

Sobre o tema foco deste trabalho, a regulação pode prever que um aumento extraordinário dos custos de capital é hipótese de encerramento do processo de celebração contratual ou de necessidade de renegociação ou relicitação do contrato.

A desvantagem desta alternativa regulatória é a postergação do início das obrigações contratuais. Se não há contrato ou não há contrato eficaz, o vencedor da licitação não se encontra vinculado a essas obrigações. Ou seja, ainda não é obrigado sequer a utilizar capital próprio para iniciar os investimentos necessários à perseguição da finalidade pública delegada.

Uma alternativa final seria manter tudo como está. A reafirmação do paradigma vigente seria uma forma de indicar para o mercado que os interessados em participar de licitações e celebrar contratos de concessão devem considerar, nas suas propostas, um cenário de custo de capital mais volátil e não subsidiado.

Essa opção deve implicar consequências tanto para os modeladores quanto para os interessados. Para os primeiros, não se pode mais considerar custos de capital diferentes dos custos de mercado nos estudos de viabilidade, na formação da TIR de Precificação e, consequentemente, no preço de reserva (tarifa, contraprestação ou outorga). Caso contrário, estar-se-á estruturando um projeto em descompasso com a realidade, uma ficção jurídico-econômica-financeira.

Para os interessados, esta opção se traduziria, obviamente, na apresentação de propostas que refletem o risco de um cenário em que o custo de capital é volátil e não existem mais financiamentos estatais subsidiados. A internalização e precificação desse risco terão efeitos sobre a formação da TIR de Precificação e, consequentemente, na proposta econômica final (tarifa, contraprestação ou outorga).

Ao mesmo tempo, a manutenção do risco da variação do custo de capital totalmente para o concessionário o obriga a buscar alternativas para fazer frente às suas obrigações de investimento, como buscar capital em instituições financeiras estrangerias,[42] emissão de debêntures, conjugação de mais de uma instituição financeira brasileira etc.

O lado negativo desta alternativa é a total absorção, pelo concessionário, do ganho decorrente da precificação do risco de um custo de capital volátil e de financiamento não subsidiado. Ou seja, se na licitação o interessado insere o custo desse risco em sua proposta e o risco nunca se materializa, todo o provisionamento vira receita que não será compartilhada com o concedente ou com os usuários.

3.2 Tutela durante a execução contratual: o que fazer quando o custo de capital previsto na modelagem e na proposta não está mais disponível no mercado?

Como visto, um aumento no custo de capital após a apresentação da proposta pode afetar a rentabilidade esperada pelo investidor no momento em que decidiu renunciar a sua liquidez. No limite, este comprometimento financeiro pode prejudicar o adequado cumprimento das obrigações contratuais assumidas. Nessas situações, há condutas que *devem* ser adotadas pelo concedente?

Observe-se que a questão aqui não é afirmar que o concessionário tem direito subjetivo à TIR que consta no seu plano de negócios e, por isso, que ele teria direito a acessar financiamentos a um determinado custo de capital por ele considerado na sua proposta. Não é este o caso, pois os contratos de concessão não atribuem ao concessionário uma "garantia de rentabilidade". No máximo, eles garantem o direito de o concessionário *buscar* a rentabilidade estimada,[43] considerando os direitos, deveres, obrigações e, especialmente, riscos assumidos por ele.

A discussão é saber se eventos posteriores à apresentação da proposta (que considerou um custo de capital e, portanto, uma TIR) que afetem o custo de capital podem ensejar direito a um reequilíbrio econômico-financeiro do contrato que tornem nula ou reduzam a afetação do custo de capital. Mais do que isso: se esse direito existe mesmo no caso em que o contrato de concessão expressamente alocou ao concessionário o risco do custo de capital, premissa adotada para este tópico. O debate é especialmente complicado pois o reequilíbrio econômico-financeiro dos contratos de concessão

---

42. Esta opção, por sua vez, introduz o problema do risco cambial. Sobre o tema, cf. NÓBREGA, Marcos; BRUTO, Marcelo. Risco cambial em contratos de concessão. *Revista Brasileira de Direito Público* – RBDP, Belo Horizonte, ano 16, n. 61, abr./jun. 2018, p. 14-18.
43. "É preciso enfatizar e distinguir o direito à busca pela rentabilidade em oposição ao direito à rentabilidade. Quando da tomada da decisão pela participação em um projeto, o investidor tende a analisar a rentabilidade esperada comparada com outros ativos de risco similar, considerando preços e custos de tarifa, contraprestação, operação, manutenção, capital e investimento, mas também as expectativas sobre o futuro. [...] A incerteza sobre o futuro não possibilita garantias, *ex ante*, aos empresários quanto ao retorno esperado de seu investimento. Da mesma forma, no caso de concessões e parcerias público-privadas, a rentabilidade efetiva dificilmente será igual à prevista no estudo de viabilidade realizado no momento da licitação, por fatores que se traduzem nos riscos e incertezas do projeto" (GALÍPOLO, Gabriel Muricca; HENRIQUES, Ewerton de Souza, op. cit., p. 358).

normalmente é realizado considerando a TIR apresentada no plano de negócios,[44] TIR esta que considerou um determinado custo de capital que, por sua vez, não está mais disponível no mercado.

Dada a complexidade do tema, as tentativas de respostas que seguem devem ser compreendidas como tentativas provisórias de refletir sobre o assunto.

Em primeiro lugar, parece-nos inescapável a conclusão de que nunca será dever do concedente a assunção de toda a diferença entre o custo de capital previsto na modelagem ou na proposta apresentada pelo licitante e o custo de capital efetivamente encontrado no mercado quando da celebração do financiamento de longo prazo. Conclusão diferente não só tornaria totalmente inócua a alocação de riscos realizada pelo contrato, como reduziria bastante o sentido em se atribuir a um particular a incumbência de realizar o investimento de interesse público.

Esta conclusão se mantém mesmo que a modelagem e a proposta tenham considerado custos com financiamento disponibilizados por instituições financeiras estatais. Se na elaboração da sua proposta o licitante optou por considerar um custo de capital que, para sua existência, depende de subsídios, ele assumiu o risco de esses subsídios não mais existirem quando da assinatura do financiamento de longo prazo. Afinal, a divulgação de custos com financiamento pelas instituições financeiras não as vincula eternamente.

Por outro lado, descompassos excessivamente grandes entre o custo de capital previsto na modelagem e na proposta e o custo de capital poderiam atrair a incidência das regras, legais e contratuais, que atribuem ao concedente o risco de eventos imprevisíveis ou previsíveis de consequências incalculáveis e de impactos extraordinários ou configurados como caso fortuito, força maior ("eventos extraordinários")? Em tese, essa seria uma solução jurídica[45] simples, já que não haveria dúvidas de que as consequências danosas do evento não deveriam ser assumidas pelo concessionário.

Entretanto, é juridicamente sustentável essa incidência? Em uma primeira leitura, parece-nos que não. Afinal, como visto na seção anterior, o risco de variação do custo de capital costuma estar explicitamente alocado ao concessionário na matriz de risco dos contratos. Desta forma, pode-se defender que deveria ser aplicada a noção de especialidade: se há norma específica tratando do tema, não há razão para invocar uma norma geral. Nessa leitura, a cláusula que aloca ao concedente o risco de ocorrência de eventos extraordinários funcionaria como uma cláusula residual para lidar com riscos atribuíveis ao concedente e que não foram expressamente previstos no contrato.

---

44. É o que Maurício Portugal Ribeiro e Felipe Sande chamam de "TIR para Reequilíbrio": a TIR "usada apenas como uma taxa destinada a deslocar valores no tempo com objetivo de neutralizar os impactos sobre a rentabilidade do projeto da ocorrência de eventos de desequilíbrio" (RIBEIRO, Mauricio Portugal; SANDE, Felipe. Mitos, incompreensões e equívocos sobre o uso da TIR – Taxa Interna de Retorno – para equilíbrio econômico-financeiro de contratos administrativos – Um estudo sobre o estado da análise econômica do direito no direito administrativo. *Revista Brasileira de Direito Público* – RBDP, Belo Horizonte, ano 18, n. 71, out./dez. 2020, p. 160).
45. A resolução técnica seria complexa.

Por outro lado, Maurício Portugal Ribeiro e Felipe Sande apresentam uma nova leitura sobre o significado jurídico e prático da atribuição ao concedente do risco de ocorrência de eventos extraordinário, alocação esta que é tradicionalmente feita nos contratos de concessão e encontra positivação legal no art. 124, inc. II, alínea "d", da Lei Federal 14.133/21.[46]

Como se sabe, a teoria corrente sobre alocação de riscos em contratos de concessão indica que os riscos devem ser preferencialmente alocados à parte que possui mais condição de gerenciá-lo/controlá-lo. Esta prática permite uma gestão mais adequada dos riscos dos empreendimentos, ao mesmo tempo em que alinha melhor os interesses das partes, bem como contribui para precificações mais justas.

Por razões variadas, contudo, pode ocorrer de ser atribuído a uma parte um risco cuja ocorrência não é (totalmente) controlado por ela. Nesses casos, segundo os autores, a atribuição ao concedente dos riscos de ocorrência de eventos extraordinários deve ser compreendida como um limitador à transferência ao concessionário de riscos que não são controláveis por ele.[47] Nas suas palavras

> Os contratos administrativos transferem para o contratado o risco sobre eventos que não são controláveis pelo contratado. Ao mesmo tempo, a regra legal estabelece limites para as consequências dessa transferência de risco sobre eventos não controláveis estabelecendo que se o evento for imprevisível ou previsível de consequências incalculáveis e se tiver impactos extraordinários, então, esse evento será considerado risco da administração pública.
>
> Dessa perspectiva, pode-se olhar as cláusulas legais e contratuais que atribuem à administração pública o risco de eventos imprevisíveis, ou previsíveis de consequências incalculáveis e de impactos extraordinários como uma espécie de *hedge*, que dá limites à volatilidade dos impactos de eventos cujo risco é atribuído aos contratados da administração pública apesar de não serem controláveis por ele.[48]

Essa interpretação sobre os dispositivos legais e contratuais que tutelam eventos extraordinários parece se adequar à situação dos custos de capital. De fato, a variação do custo de capital é um evento cuja ocorrência não está sob controle total do concessionário, bem como não depende completamente de suas características técnicas, econômicas e financeiras. Diferente das condições de financiamento (nível de alavancagem, garantias a serem exigidas, índice de liquidez etc.), o custo de capital do financiamento está muito mais associado a condições macroeconômicas, notadamente a política monetária do país, e às políticas de financiamento das instituições financeiras.

---

46. Durante a vigência da Lei Federal 8.666/98 a disposição se encontrava no seu art. 65, inciso II, alínea "d".
47. RIBEIRO, Maurício Portugal; SANDE, Felipe. *Estudo quantitativo e probabilístico sobre a combinação entre as noções de previsibilidade de eventos e extraordinariedade dos seus impactos*: Contribuição para a compreensão da função e aplicação das regras sobre equilíbrio econômico-financeiro de contratos administrativos. Disponível em https://papers.ssrn.com/sol3/papers.cfm?abstract_id=4251145. Acesso em: 18 out. 2022, p. 6-7. O texto foi publicado como versão para discussão.
48. Idem, p. 7. Os autores alertam que, como se trata de uma visão nova, ela não deveria ser aplicada imediatamente para lidar com problemas que surjam em contratos já em curso (p. 5). Não obstante, parece-nos que as reflexões são suficientemente pertinentes para serem trazidas aqui.

Assim, acaso se siga esse entendimento, parece possível sustentar, inclusive juridicamente, que o concessionário pode ter a seu favor o direito de ter o contrato reequilibrado em razão de desequilíbrio causado por aumento extraordinário do custo de capital, mesmo nas situações em que o contrato aloque a ele o risco do custo de capital. Reversamente, se o reequilíbrio pode se dar em favor do concedente caso o custo de capital seja reduzido de forma extraordinária.

Ocorre que essa afirmação precisa ser lida em conjunto com a primeira conclusão dessa seção: a de que o concedente *nunca* será responsável pela totalidade do descompasso entre o custo de capital da modelagem e da proposta e o custo de capital disponível no mercado em caso de aumento. Parece-nos que a única forma de conjugar essas conclusões é entender que sempre será necessário separar o aumento ordinário do aumento extraordinário do custo de capital, bem como identificar suas razões.

Não é preciso grande esforço para concluir que esta identificação, quantificação e separação entre o que seria um aumento ordinário – e, por isso, a ser absorvido pelo concessionário – do que seria um aumento extraordinário – e, por isso, a ser absorvido pelo concedente – transcende em muito o conhecimento meramente jurídico. Para realizar essa tarefa, será necessário o engajamento de profissionais de áreas diversas, especialmente da economia/econometria, estatística e finanças. Além disso, o ônus de demonstrar que se está diante de um aumento extraordinário dos custos de capital sempre será do concessionário.

Este entendimento gera, entretanto, um complicador para a própria compreensão dos contratos de concessão. Explica-se. Se em um contrato em que o risco de variação de custo de capital foi atribuído ao concessionário e o risco da ocorrência de eventos extraordinários ou imprevisíveis foi atribuído ao concedente, e a ocorrência um evento extraordinário que aumente o custo de capital implica a necessidade reequilíbrio econômico-financeiro em favor do concessionário, estar-se-á diante, em algum grau, de um compartilhamento do risco do custo de capital.

No limite, considerar que eventos imprevisíveis (probabilidade de ocorrência), extraordinários ou de consequências incalculáveis (grau de impacto)[49] podem afastar ou flexibilizar a responsabilidade de absorção da perda (ou ganho) pela parte a qual foi expressamente alocado um risco específico implicaria compartilhar todos os riscos contratuais, ao menos em algum grau.[50]

---

49. RIBEIRO, Maurício Portugal; SANDE, Felipe. *Estudo quantitativo e probabilístico sobre a combinação entre as noções de previsibilidade de eventos e extraordinariedade dos seus impactos*: Contribuição para a compreensão da função e aplicação das regras sobre equilíbrio econômico-financeiro de contratos administrativos. Disponível em: https://papers.ssrn.com/sol3/papers.cfm?abstract_id=4251145. Acesso em: 18 out. 2022.
50. Essa conclusão pode possuir alguma sustentação quando se pensa nos contratos de concessão como contratos relacionais. Nos contratos relacionais, ao natural sinalagma contratual é acrescida a convergência de interesses: as partes não possuem interesses conflitantes, mas se engajam em relações cooperativas de forma a preservar a prestação do objeto contratual. A característica relacional dos contratos de concessão, por sua vez, exige estruturas normativas que permitam a constante negociação e arbitramento dos múltiplos interesses, disposição das partes nesse sentido e que os esforços interpretativos destes contratos se dirijam a enxergá-los como plataformas de permanente adaptação. Sobre contratos relacionais, cf. DAL POZZO, Augusto Neves. *O direito administrativo*

Ademais, no caso específico do custo de capital, a "compensação" pela alteração extraordinária do custo de capital ou ocorreria através de mecanismos tradicionais de reequilíbrio (alteração na tarifa, alteração na contraprestação, alteração nas obrigações, alteração do prazo etc.) ou através de modificação do custo de capital referencial da modelagem ou da proposta/plano de negócio. No primeiro caso, a compensação poderia envolver valores extremamente elevados, dada a centralidade que o custo de capital (e sua mudança) possuem na dinâmica econômico-financeira dos contratos de concessão.

No segundo caso, e também dada a centralidade do custo de capital, a alteração implicaria uma reformulação econômico-financeira completa do contrato, promovendo, inclusive, a alteração da "TIR rentabilidade" e a "TIR para reequilíbrio".[51] Essa reestruturação exigiria, ao mesmo tempo, alteração de direitos e obrigações contratuais, incluindo as fontes de receita da concessionária. Trata-se, contudo, de tipo de alteração que foge ao que tradicionalmente se admite em processos de reequilíbrio econômico-financeiro de concessões submetidas à regulação contratual.

Por fim, uma outra alternativa para a discussão sobre o que deve ser feito em caso de variação extraordinária do custo de capital é deslocá-la do ferramental (técnico-jurídico-econômico-financeiro) do reequilíbrio econômico-financeiro para o ferramental da renegociação[52] dos contratos de concessão.

Renegociações de contratos de concessão, portanto, são alterações contratuais cujos critérios e balizas não foram previamente fixados nos próprios contratos. As alterações transcendem a mera mudança pontual de obrigações ou a simples inserção de novos investimentos, assim como não se confundem com processos de reequilíbrio a partir de instrumentos já previstos no próprio contrato. Elas implicam alterações abrangentes que podem estar relacionadas ao objeto, à forma de execução, à forma de remuneração

---

da infraestrutura. São Paulo: Contracorrente, 2020, p. 112-114; MARQUES NETO, Floriano de Azevedo. *Concessões*. Belo Horizonte: Fórum, 2015, p. 385. Contudo, mas essa é uma tese a ser melhor trabalhada.

51. RIBEIRO, Mauricio Portugal; SANDE, Felipe. *Mitos, incompreensões e equívocos sobre o uso da TIR* – Taxa Interna de Retorno – para equilíbrio econômico-financeiro de contratos administrativos – Um estudo sobre o estado da análise econômica do direito no direito administrativo. *Revista Brasileira de Direito Público* – RBDP. Belo Horizonte, ano 18, n. 71, out./dez. 2020, p. 160: "TIR para reequilíbrio de contratos – nesse caso, a TIR é usada apenas como uma taxa destinada a deslocar valores no tempo com objetivo de neutralizar os impactos sobre a rentabilidade do projeto da ocorrência de eventos de desequilíbrio. [...] TIR para mensuração de rentabilidade a posteriori da concessão – nesse caso a TIR é um meio para mensurar a rentabilidade de um investimento realizado em uma concessão ou PPP".
52. Como alternativa ao termo *renegociação* tem-se utilizado a expressão "repactuação" para se referir ao fenômeno que se pretende analisar. Cf. https://agenciainfra.com/blog/com-expectativa-de-r-170-bilhoes-em-obras-ministerio-dos-transportes-fecha-em-14-os-pedidos-de-repactuacao-de-concessoes-rodoviarias/ e https://exame.com/brasil/ministerio-dos-transportes-libera-repactuacao-de-8-concessoes-falta-analise-da-antt-e-do-tcu/. Contudo, entendemos que não é a expressão mais adequada, uma vez que no direito administrativo contratual o termo "repactuação" possui um significado legalmente previsto (art. 6º, LXI da Lei Federal 14.133/21) e que não possui relação com alterações substanciais dos contratos, mas com simples reajustes em contratos de prestação de serviços contínuos com regime de dedicação exclusiva de mão de obra. Desta forma, optamos por utilizar o termo "renegociação". Contudo, pode-se também se referir ao fenômeno como "readaptação", como fez a Portaria 848/2023 do Ministério dos Transportes, ou "remodelagem".

e financiamento etc.[53] Embora as causas e os objetivos possam estar mais fortemente ligados à retomada ou garantia da viabilidade financeira ou ao equilíbrio econômico, não se deve restringir as renegociações a essas situações.

Nesses casos, contudo, exige-se das partes, especialmente do poder concedente, um profundo e embasado processo de justificação, com larga demonstração de vantajosidade de manutenção do contrato, uma vez que estará clássico exemplo de risco de *moral hazard*.[54]

CONCLUSÕES

O trabalho tentou refletir sobre um problema recorrente nos contratos de concessão de infraestrutura, mas que nos últimos anos assumiu um novo contorno de importância: o custo de capital e sua tutela contratual.

Foi explicitada a razão para se compreender as concessões de infraestrutura como contratos públicos de investimento, a centralidade que o custo de capital possui para a modelagem dos projetos a serem leiloados e para as propostas estruturadas pelos interessados, a relação que este elemento possui com a rentabilidade do empreendimento e, consequentemente, com as finalidades públicas que devem ser perseguidas.

Por fim, foram apresentadas reflexões e sugestões para lidar com o custo de capital nas concessões de infraestrutura, seja durante a modelagem, seja durante a execução.

REFERÊNCIAS

ALMEIDA, Fernando Dias Menezes de. *Contrato administrativo*. São Paulo: Quartier Latin, 2012

BERCOVICI, Gilberto. Infraestrutura e desenvolvimento. In: BERCOVICI, Gilberto; VALIM, Rafael. *Elementos de direito da infraestrutura*. São Paulo: Contracorrente, 2015.

BINENBOJM, Gustavo. *Poder de polícia, ordenação, regulação*: transformações político-jurídicas, econômicas e institucionais do direito administrativo ordenador. 3. ed. Belho Horizonte: Fórum, 2020.

BOGOSSIAN, Andre M.; ALEIXO, G. F. B. Problemas na e da operacionalização do conceito de renegociação de contratos de concessão rodoviária pelo Tribunal de Contas da União. In: LEAL, Fernando; MENDONÇA, José Vicente Santos. (Org.). *Transformações do Direito Administrativo*: Debates e Estudos Empíricos em Direito Administrativo e Regulatório. Rio de Janeiro: FGV, 2021.

---

53. Cf. GUASCH, José Luis. *Granting and renegotiating infrastructure concessions*. doing it right. Washington. The World Bank, 2004. p. 34; RIBEIRO, Mauricio Portugal. *Nota sobre a diferença entre negociações, renegociações e reequilíbrios de contratos administrativos*. Disponível em https://agenciainfra.com/blog/nota-sobre-a-diferenca-entre-negociacoes-renegociacoes-e-reequilibrios-de-contratos-administrativos/. Acesso em: 19 abr. 2024; RIBEIRO, Mauricio Portugal. Comentários ao estudo sobre contratação incompleta de projetos de infraestrutura publicado por Nobrega, Véras e Turolla. *Revista de Direito Público da Economia* – RDPE. Belo Horizonte, ano 22, n. 85, jan./mar. 2024, p. 143-145; BOGOSSIAN, Andre M.; ALEIXO, G. F. B. Problemas na e da operacionalização do conceito de renegociação de contratos de concessão rodoviária pelo Tribunal de Contas da União. In: LEAL, Fernando; MENDONÇA, José Vicente Santos. (Org.). *Transformações do Direito Administrativo*: Debates e Estudos Empíricos em Direito Administrativo e Regulatório. Rio de Janeiro: FGV, 2021, v. 1, p. 69-96.
54. Cf. PASTORE, Affonso Celso. O setor privado e os investimentos em infraestrutura. In: PASTORE, Affonso Celso (Org.). *Infraestrutura*: eficiência e ética. Rio de Janeiro: Elsevier, 2017, p. 25-31.

CAMACHO, Fernando Tavares; RODRIGUES, Bruno. Regulação econômica de infraestruturas: qual modelo escolher? *Revista do BNDES*, Rio de Janeiro, n. 41, p. 257-287, jun. 2014.

CARVALHO, André Castro. *Direito da infraestrutura*: perspectiva pública. São Paulo: Quartier Latin, 2014.

DAL POZZO, Augusto Neves. *O direito administrativo da infraestrutura*. São Paulo: Contracorrente, 2020

FRÓES, Fernando. Infraestrutura pública: conceitos, importância e intervenção governamental. In: CARDOZO, José Eduardo Martins; QUEIROZ, João Eduardo Lopes; SANTOS, Márcia Walquiria Batista dos. *Direito administrativo econômico*. São Paulo: Atlas, 2011.

GALÍPOLO, Gabriel Muricca; HENRIQUES, Eweron de Souza. Rentabilidade e equilíbrio econômico-financeiro do contrato. In: MOREIRA, Egon Bockmann (Coord.). *Contratos administrativos, equilíbrio econômico-financeiro e taxa interna de retorno*: a lógica das concessões e parcerias público-privadas. Belo Horizonte: Fórum, 2016.

GÓMEZ-IBÁÑEZ, José A. *Regulating Infrastructure*: Monopoly, Contracts and Discretion. Cambridge: Harvard University Press, 2003.

GONÇALVES, Pedro António P. Costa. Regulação administrativa e contrato. *Revista de Direito Público da Economia* – RDPE, Belo Horizonte, ano 9, n. 35, jul./set. 2011. Disponível em: http://www.bidforum.com.br/bid/PDI0006.aspx?pdiCntd=74724. Acesso em: 17 mar. 2018.

GUASCH, José Luis. *Granting and renegotiating infrastructure concessions*: doing it right. Washington: The World Bank, 2004.

IPEA. *Infraestrutura econômica no Brasil*: diagnósticos e perspectivas para 2025 / Instituto de Pesquisa Econômica Aplicada. Brasília: Ipea, 2010.

LOSSO, Rodrigo de; SANDE, Felipe; CAVALCANTE FILHO, Elias. *Compartilhamento de risco de capital*. Disponível em: https://www.researchgate.net/publication/360220976_Compartilhamento_de_Risco_de_Capital. Acesso em: 02 maio 2022.

MARQUES NETO, Floriano de Azevedo. *Concessões*. Belo Horizonte: Fórum, 2015.

MARTINS, António. Sobre o equilíbrio financeiro das concessões e a taxa interna de rendibilidade (TIR) accionista: uma perspectiva económica. In: MOREIRA, Egon Bockmann. *Contratos administrativos, equilíbrio econômico-financeiro e taxa interna de retorno*: a lógica das concessões e parcerias público-privadas. Belo Horizonte: Fórum, 2016.

MATTOS, Cesar. Concessões e parcerias público-privadas (PPPs). In: PINHEIRO, Armando Castelar; PORTO, Antônio J. Maristello; SAMPAIO, Patrícia Regina Pinheiro (Coord.). *Direito e economia*: diálogos. Rio de Janeiro: FGV Editora, 2019.

MINISTÉRIO DA FAZENDA. Metodologia de Cálculo do WACC. Brasília, 2018. Disponível em https://www.gov.br/fazenda/pt-br/centrais-de-conteudos/publicacoes/guias-e-manuais/metodologia-de-calculo-do-wacc2018.pdf. Acesso em: 24 nov. 2022.

MOREIRA, Egon Bockmann. Contratos administrativos de longo prazo: a lógica de seu equilíbrio econômico-financeiro. In: MOREIRA, Egon Bockmann (Coord.). *Contratos administrativos, equilíbrio econômico-financeiro e taxa interna de retorno*: a lógica das concessões e parcerias público-privadas. Belo Horizonte: Fórum, 2016.

MOREIRA, Egon Bockmann; GUZELA Rafaella Peçanha. Contratos administrativos de longo prazo, equilíbrio econômico-financeiro e Taxa Interna de Retorno (TIR). In: MOREIRA, Egon Bockmann (Coord.). *Contratos administrativos, equilíbrio econômico-financeiro e taxa interna de retorno*: a lógica das concessões e parcerias público-privadas. Belo Horizonte: Fórum, 2016.

NÓBREGA, Marcos; BRUTO, Marcelo. Risco cambial em contratos de concessão. *Revista Brasileira de Direito Público* – RBDP. Belo Horizonte, ano 16, n. 61, p. 9-19, abr./jun. 2018.

PASTORE, Affonso Celso. O setor privado e os investimentos em infraestrutura. In: PASTORE, Affonso Celso (Org.). *Infraestrutura*: eficiência e ética. Rio de Janeiro: Elsevier, 2017.

RIBEIRO, Maurício Portugal. *Como lidar com o risco de financiamento de concessões e PPPs em períodos de normalidade e de crise*. Disponível em: https://www.portugalribeiro.com.br/wp-content/uploads/risco-de-financiamento-em-periodo-de-crise-4.pdf. Acesso em: 08 dez. 2022.

RIBEIRO, Maurício Portugal. *Nota sobre a diferença entre negociações, renegociações e reequilíbrios de contratos administrativos*. Disponível em: https://agenciainfra.com/blog/nota-sobre-a-diferenca-entre-negociacoes-renegociacoes-e-reequilibrios-de-contratos-administrativos/. Acesso em: 19 ar. 2024.

RIBEIRO, Mauricio Portugal. Comentários ao estudo sobre contratação incompleta de projetos de infraestrutura publicado por Nobrega, Véras e Turolla. *Revista de Direito Público da Economia* – RDPE. Belo Horizonte, ano 22, n. 85, p. 135-151, jan./mar. 2024.

RIBEIRO, Mauricio Portugal; SANDE, Felipe. Mitos, incompreensões e equívocos sobre o uso da TIR – Taxa Interna de Retorno – para equilíbrio econômico-financeiro de contratos administrativos – Um estudo sobre o estado da análise econômica do direito no direito administrativo. *Revista Brasileira de Direito Público* – RBDP, Belo Horizonte, ano 18, n. 71, p. 157-186, out./dez. 2020.

RIBEIRO, Mauricio Portugal; SANDE, Felipe. *Estudo quantitativo e probabilístico sobre a combinação entre as noções de previsibilidade de eventos e extraordinariedade dos seus impactos*: contribuição para a compreensão da função e aplicação das regras sobre equilíbrio econômico-financeiro de contratos administrativos. Disponível em: https://papers.ssrn.com/sol3/papers.cfm?abstract_id=4251145. Acesso em: 18 out. 2022.

A REFORMA TRIBUTÁRIA E O PLP 68/2024: A REGULAMENTAÇÃO DO REEQUILÍBRIO ECONÔMICO FINANCEIRO NOS CONTRATOS DE CONCESSÃO

Flávio Garcia Cabral

Pós-Doutor em Direito pela PUCPR. Especialista e Doutor em Direito Administrativo pela PUC-SP. Professor do Mestrado em Direito e Políticas Públicas da UNIRIO. Procurador da Fazenda Nacional. Coordenador-Geral de Contratação Pública da PGFN.

Sumário: Introdução: a EC 132 e o PLP 68/2024 – 1. A regulamentação do Artigo 21 da EC 132 pelo PLP 68/2024 (versão encaminhada pelo executivo) – 2. O texto do PLP 68/2024 aprovado pela Câmara dos Deputados – Conclusões – Referências.

INTRODUÇÃO: A EC 132 E O PLP 68/2024

Há tempos se debate nos mais diversos setores e instituições a necessidade de uma reforma tributária no Brasil. Entre idas e vindas, modelos possíveis e arranjos políticos, foi aprovada a Emenda Constitucional (EC) 132, de 20 de dezembro de 2023, alterando o texto constitucional de modo a promover a pretendida reforma.

Embora o foco de uma reforma tributária seja, por evidente, o Direito Tributário, seus reflexos se espraiam por diversas outras áreas. O Direito Administrativo, inclusive.

Assim, dentre os diversos artigos inseridos e/ou alterados no texto constitucional pela referida EC, o que mais interessa ao Direito Administrativo é o 21, que prevê que "lei complementar poderá estabelecer instrumentos de ajustes nos contratos firmados anteriormente à entrada em vigor das leis instituidoras dos tributos de que tratam o art. 156-A e o art. 195, V, da Constituição Federal, inclusive concessões públicas".

Cabe mencionar a preocupação expressa do legislador constituinte em destacar a figura dos contratos de concessão. Embora estes já pudessem ser compreendidos dentro do gênero "contratos", para não haver dúvida sobre a sua inclusão,[1] demonstrando a sua importância, fez-se questão de trazer esse destaque em apartado.

---

1. Apesar de a doutrina majoritária indicar que a natureza jurídica da concessão seria de "contrato administrativo", Celso Antônio Bandeira de Mello defende que a concessão é uma "relação jurídica complexa, composta de um ato regulamentar do Estado que fixa unilateralmente condições de funcionamento, organização e modo de prestação do serviço; isto é, as condições em que será oferecido aos usuários; de um ato-condição, por meio do qual o concessionário voluntariamente se insere debaixo da situação jurídica objetiva estabelecida pelo Poder Público, e de contrato, por cuja via se garante a equação econômico-financeira, resguardando os legítimos objetivos de lucro do concessionário" (BANDEIRA DE MELLO, Celso Antônio. *Curso de Direito Administrativo*. 33. ed. São Paulo: Malheiros, 2017, p.739).

É certo que aqui a menção à concessão inclui tanto a concessão "comum" (tratada principalmente na Lei 8.987, de 1998), como também as concessões "especiais" trazidas pela Lei 11.079, de 2014, conhecidas como Parcerias Público-Privadas.

De acordo com o artigo 2º, inciso II, da Lei 8.987, de 1998, concessão de serviço público é definida como a delegação de sua prestação, feita pelo poder concedente, mediante licitação, na modalidade concorrência ou diálogo competitivo, a pessoa jurídica ou consórcio de empresas que demonstre capacidade para seu desempenho, por sua conta e risco e por prazo determinado. Já no inciso III do mesmo artigo conceitua-se concessão de serviço público precedida da execução de obra pública como a construção, total ou parcial, conservação, reforma, ampliação ou melhoramento de quaisquer obras de interesse público, delegados pelo poder concedente, mediante licitação, na modalidade concorrência ou diálogo competitivo, a pessoa jurídica ou consórcio de empresas que demonstre capacidade para a sua realização, por sua conta e risco, de forma que o investimento da concessionária seja remunerado e amortizado mediante a exploração do serviço ou da obra por prazo determinado.

As concessões especiais, por sua vez, são tratadas no artigo 2º, §§ 1º e 2º, da Lei 11.079, de 2014. Assim, concessão patrocinada é a concessão de serviços públicos ou de obras públicas quando envolver, adicionalmente à tarifa cobrada dos usuários contraprestação pecuniária do parceiro público ao parceiro privado. Já concessão administrativa é o contrato de prestação de serviços de que a Administração Pública seja a usuária direta ou indireta, ainda que envolva execução de obra ou fornecimento e instalação de bens.

De modo a regulamentar o referido artigo 21, foi elaborado pelo Ministério da Fazenda e encaminhado pelo Presidente da República o Projeto de Lei Complementar (PLP) 68, de 24 de abril de 2024,[2] sendo, em certa medida, o texto base para os debates que ocorrerão no Congresso no tocante à regulação da Reforma Tributária.

O referido projeto possui 499 artigos. Por evidente, para o que nos interessa nesse texto, focaremos somente naqueles artigos que tratam sobre o reequilíbrio econômico-financeiro.

Deste modo, busca-se aqui analisar o texto do PLP 68, de 2024, no que tange justamente ao Capítulo IV do Título VIII da sua versão inicial, que trata sobre o reequilíbrio econômico financeiro dos contratos administrativos, inclusive os de concessão.

1. A REGULAMENTAÇÃO DO ARTIGO 21 DA EC 132 PELO PLP 68/2024 (VERSÃO ENCAMINHADA PELO EXECUTIVO)

Conforme se depreende da exposição de motivos, encaminhada pelo Ministro da Fazenda,[3] o Capítulo IV do Título VIII do PLP[4] em comento visa a regular

---

2. Vide mensagem de encaminhamento 156. Disponível em: https://www.planalto.gov.br/CCIVIL_03/Projetos/Ato_2023_2026/2024/PLP/msg/Msg-156-24.doc.
3. Disponível em: https://www.planalto.gov.br/CCIVIL_03/Projetos/Ato_2023_2026/2024/PLP/exm/Exm-038-24-MF.doc.
4. Disponível em: https://www.planalto.gov.br/ccivil_03/constituicao/emendas/emc/emc132.htm.

a previsão constante do artigo 21 da Emenda Constitucional (EC) 132, de 20 de dezembro de 2023:

> 231. Os arts. 362 a 366 visam estabelecer instrumentos eficazes de ajuste aos contratos administrativos existentes à nova realidade tributária, assegurando que as mudanças não resultem em desvantagens indevidas para nenhuma das partes envolvidas. A pertinência da previsão desse regramento aos contratos firmados anteriormente à instituição do IBS e da CBS foi ressaltada no texto da própria Emenda Constitucional 132, de 2023, em seu art. 21.

De fato, conforme já mencionado, o indigitado artigo 21 prevê que "Lei complementar poderá estabelecer instrumentos de ajustes nos contratos firmados anteriormente à entrada em vigor das leis instituidoras dos tributos de que tratam o art. 156-A e o art. 195, V, da Constituição Federal, inclusive concessões públicas".

Destarte, de modo a tratar sobre o reequilíbrio de contratos de longo prazo afetados pela Reforma Tributária (dentre os quais inserem-se os contratos de concessão), em atenção ao artigo 21 da EC 132/2023, reservou-se o Capítulo IV do Título VIII, que compõe o projeto de lei complementar da "Lei Geral da CBS, do IBS e do Imposto Seletivo".

De início, o seu artigo 362, *caput*, prevê que "o presente Capítulo dispõe sobre os instrumentos de ajuste para os contratos firmados anteriormente à entrada em vigor desta Lei". Trata-se da fixação da regra geral de abrangência do Capítulo, atendendo aos termos do artigo 21 da EC 132/2023.

O § 1º do artigo 362, por sua vez, traz uma ampliação do âmbito de aplicação do Capítulo, ao dispor que "aplica-se o disposto no presente Capítulo, no que couber, a contratos administrativos firmados posteriormente à vigência desta Lei cuja proposta tenha sido apresentada antes de sua entrada em vigor".

Veja que a previsão do artigo 21 da Emenda Constitucional 132, de 2023, prescreve que Lei Complementar poderá prever "instrumentos de ajustes nos contratos firmados anteriormente à entrada em vigor das leis instituidoras dos tributos de que tratam o art. 156-A e o art. 195, V, da Constituição Federal".

Tem-se, portanto, que o parágrafo em questão amplia a aplicação do regramento especial previsto no Capítulo IV para aqueles contratos que, mesmo quando firmados posteriormente à entrada em vigor das leis instituidoras dos tributos, tenham tido a proposta apresentada antes da entrada em vigor das aludidas leis.

De início, nota-se que o dispositivo acaba por fomentar, em alguma medida, um tratamento equânime e proporcional entre os contratados. Afinal, caso não houvesse essa previsão, poder-se-ia, por exemplo, ter um contrato firmado um único dia após a edição da lei instituidora da CBS e do IBS, mas cuja proposta fora apresentada uma semana antes. É dizer, apesar de já haver um forte indício de desequilíbrio nesse contrato, eis que firmado com base na proposta feita tendo por parâmetro uma diferente legislação tributária, não poderia ele se valer do tratamento diferenciado conferido ao pedido de reequilíbrio trazido pela novel Legislação.

Deve-se ter claro que o ponto-chave para a aferição do equilíbrio econômico-financeiro se refere justamente à proposta que foi apresentada pelo contratado durante o certame licitatório. De fato, o artigo 37, inciso XXI, da Constituição Federal determina que "ressalvados os casos especificados na legislação, as obras, serviços, compras e alienações serão contratados mediante processo de licitação pública que assegure igualdade de condições a todos os concorrentes, com cláusulas que estabeleçam obrigações de pagamento, mantidas as condições efetivas da proposta, nos termos da lei, o qual somente permitirá as exigências de qualificação técnica e econômica indispensáveis à garantia do cumprimento das obrigações".

Ou seja, a proposta é justamente o marco a ser considerado para se apurar se houve ou não desequilíbrio, e não necessariamente a data em que o contrato foi firmado (que será sempre posterior à proposta).

Em sentido semelhante, Flávio Amaral Garcia apresenta o equilíbrio econômico-financeiro, um conceito geral da teoria dos contratos, como sendo "uma relação de equivalência que se constitui a partir da delimitação objetiva dos encargos e da remuneração proposta pelo particular que se dispõe a executá-lo".[5]

Mais à frente, tratando especificamente acerca dos contratos administrativos de concessão, o mesmo autor volta a destacar o marco da proposta. Segundo expõe, por força do artigo 37, inciso XXI, da Constituição, "o licitante vencedor, ao passar à qualidade de concessionário, tem assegurada uma espécie de vinculação da proposta às condições em que ela foi elaborada".[6]

Além disso, veja que o próprio artigo 37, inciso XXI, citado anteriormente, dispõe que a manutenção das condições efetivas da proposta ocorrerá nos termos da Lei. É dizer, o legislador pode dispor de variadas formas e mecanismos para que haja a manutenção do equilíbrio econômico-financeiro. É assim, por exemplo, que a Lei 14.133, de 2021, disciplina os mecanismos do reajuste em sentido estrito, da repactuação, da revisão (ou recomposição) e da matriz de risco, como instrumentos para a manutenção das condições efetivas da proposta.

O que se quer indicar é que, mesmo que se considere que o artigo 21 da EC 132, de 2023, não se refere a contratos que tenham sido firmados após a edição das leis instituidoras dos tributos, ainda assim o disposto no artigo 362, § 1º, do PLP ora analisado, seria constitucionalmente adequado por estar atendendo ao artigo 37, inciso XXI, da CF. A previsão vinculando as regras especiais de reequilíbrio econômico-financeiro para os contratos firmados após a edição das leis instituidoras dos tributos tratados pela Reforma poderia ser disciplinada por qualquer outra Lei. O fato de estar contida na Lei Complementar ora proposta não traz nenhuma mácula, seja porque encontra-se de acordo com a teoria geral dos contratos (tomando por marco não a data da assinatura em si do contrato, mas sim a de sua proposta), seja porque compete ao legislador (com

---

5. GARCIA, Flávio Amaral. *A mutabilidade nos contratos de concessão*. São Paulo: Malheiros, 2021, p. 204.
6. Ibidem, p. 205

base no artigo 37, inciso XXI, da CF) disciplinar os instrumentos para manutenção das condições da proposta.

Logo, não há inconstitucionalidade ao permitir a aplicação dessas regras especiais voltadas ao reequilíbrio econômico-financeiro inclusive para as situações em que a proposta foi apresentada antes da entrada em vigor das Leis instituidoras dos novos tributos.

Em relação ao § 2º do artigo 362, nota-se que se excluiu da aplicação do Capítulo proposto os contratos privados. Nesse aspecto, cabe rememorar que o artigo 21 da EC 132, de 2023, indica que a Lei Complementar "poderá" estabelecer instrumentos de ajustes nos contratos ali indicados. É dizer, há uma faculdade ao legislador infraconstitucional, que poderá realizar seleções sobre quais espécies contratuais seriam adequadas para receber um regramento especial de ajuste, não havendo nenhuma obrigatoriedade dessa regulamentação legislativa em relação a todo e qualquer contrato.

Ademais, a cautela mostra-se condizente com a pedra de toque do direito privado, qual seja, a autonomia da vontade. Essa foi justamente a linha indicada na exposição de motivos do PLP:

> No caso de contratos privados, a imposição genérica de um ou outro tratamento pela via legal não seria adequada para lidar com as diferentes consequências que podem advir da Reforma Tributária decorrente da Emenda Constitucional 132, de 2023. Nesses casos, deve ser assegurada a autonomia da vontade, sem prejuízo dos instrumentos já existentes no Direito Privado nos casos de ausência de acordo entre as partes.

Assim, a exclusão dos contratos privados do âmbito de aplicação normativa do Capítulo sob análise mostra-se uma escolha válida, dentro dos aspectos semânticos trazidos pelo artigo 21 da EC 132, de 2023. Outrossim, os contratos privados continuam podendo usar das regras ordinárias já existentes acerca da revisão contratual, como as disposições contidas nos artigos 317 e 478 do Código Civil.

No tocante ao artigo 363, *caput*, cabe destacar a exigência feita pelo dispositivo de que haja a comprovação do desequilíbrio, não havendo uma presunção decorrente da simples alteração da legislação tributária trazida pela Reforma. Tal previsão mostra-se em sintonia com o dever de manutenção do equilíbrio econômico-financeiro, somente cabendo-se falar na necessidade de reequilíbrio quando efetivamente se observa o descompasso das condições econômico-financeiras inicialmente pactuadas.

Esse aspecto é reforçado quando o mesmo dispositivo sob análise impõe que ocorrerá o "restabelecimento do equilíbrio econômico-financeiro em razão da alteração da carga tributária efetiva suportada pela contratada em decorrência do impacto da instituição do IBS e da CBS".

Ressalta-se que essas disposições encontram-se alinhadas à jurisprudência do Tribunal de Contas da União, que exige que a comprovação do desequilíbrio seja inequívoca (vide, por exemplo, o Acórdão TCU 3495/2012-Plenário).

O § 1º do artigo 363, ao seu turno, traz um rol exemplificativo de elementos a serem avaliados para a aferição do que seria a carga tributária efetiva suportada pela contratada.

Novamente, tem-se uma escolha juridicamente adequada, apontando-se elementos que devem ser avaliados na aferição da carga tributária efetiva, sem o prejuízo de que sejam considerados outros aspectos não constantes do dispositivo, mas que sejam condizentes com a situação concreta a ser analisada.

Já o § 2º do artigo 363 prevê que o disposto no Capítulo "aplica-se inclusive aos contratos que já possuam previsão em matriz de risco a respeito de impactos tributários supervenientes".

A matriz de risco é definida na nova Lei de Licitações (Lei 14.133, de 2021), em seu artigo 6º, inciso XXVII, como sendo a "cláusula contratual definidora de riscos e de responsabilidades entre as partes e caracterizadora do equilíbrio econômico-financeiro inicial do contrato, em termos de ônus financeiro decorrente de eventos supervenientes à contratação (...)". Da mesma maneira, a Lei das Parcerias Público-Privadas (Lei 11.079, de 2004), em seu artigo 5º, inciso III, prescreve como cláusula daqueles contratos "a repartição de riscos entre as partes, inclusive os referentes a caso fortuito, força maior, fato do príncipe e álea econômica extraordinária".

Assim, a matriz de risco lida justamente com os riscos contratuais previstos e presumíveis, avaliados anteriormente à realização do ajuste contratual e que são considerados como uma de suas cláusulas, de modo que, como regra, "sempre que atendidas as condições do contrato e da matriz de alocação de riscos, será considerado mantido o equilíbrio econômico-financeiro" (artigo 103, § 5º, da Lei 14.133, de 2021). Logo, seria possível interpretar que havendo a cláusula de matriz de risco (o que é bastante comum em contratos de concessão), a qual disponha sobre impactos decorrentes de mudanças tributárias, as regras ali previstas seriam aplicáveis para que haja a manutenção do equilíbrio econômico-financeiro.

No entanto, há que se ter em conta que a dimensão de uma Reforma Tributária, como a proposta, parece possuir um amplitude maior do que a previsão genérica de impacto tributário decorrente de mudanças normativas, comumente trazidas nas matrizes dos contratos de concessão de serviços públicos. Além disso, deve-se recordar que, mesmo considerando a matriz como apropriada a abarcar a situação da Reforma Tributária para certos tipos de contratos, uma Lei específica, como a ora aventada, tem o condão de atrair sua aplicação exclusiva. Deveras, o aparente conflito existente entre a nova Lei Complementar (LC) a ser editada e a legislação então existente se resolve pela especialidade, no sentido de que a LC se presta a atender àquelas hipóteses delineadas no artigo 21 da EC 132/2023.

Além disso, deve-se apontar também que, no tocante aos contratos administrativos em geral, a própria Lei 14.133, de 2021, em seu artigo 103, § 5º, inciso II, permite o pedido de reequilíbrio, mesmo havendo cláusula de matriz de risco, no que se refere justamente "ao aumento ou à redução, por legislação superveniente, dos tributos diretamente pagos pelo contratado em decorrência do contrato".

Ato contínuo, o artigo 364 indica que "a Administração Pública procederá à revisão de ofício para restabelecimento do equilíbrio econômico-financeiro quando constatada a redução da carga tributária efetiva suportada pela contratada, nos termos do art. 363". Trata-se de previsão condizente com a sistemática do reequilíbrio, uma vez que não deve haver instrumentos voltados a somente uma das partes da relação contratual. Caso haja a "redução da carga tributária efetiva suportada pela contratada", este evento desequilibra as condições estabelecidas na proposta (ainda que em benefício da contratada) que vinculou o contrato firmado, sendo cabível a adoção dos instrumentos adequados para restabelecer a relação econômico-financeira (inclusive de ofício, por parte da Administração).

Aqui, contudo, deve-se interpretar que o fato de o reequilíbrio ocorrer de ofício não pode significar que o concessionário ou a parte contratada nos contratos administrativos em geral não devam ser ouvidos. É evidente que essa forma de revisão deve ser feita dentro de uma perspectiva do diálogo, permitindo que o parceiro privado exponha seus argumentos e contraposições.

O artigo 365 estabelece que os pedidos de reequilíbrio econômico-financeiro decorrentes da instituição do IBS e da CBS, em especial relativos ao período de transição de que tratam os arts. 125 a 133 do Ato das Disposições Constitucionais Transitórias, serão realizados da forma disciplinada no artigo.

Em relação ao inciso I do citado artigo, tem-se que "o pedido de restabelecimento do equilíbrio econômico-financeiro poderá ser feito a cada nova alteração tributária que ocasione o comprovado desequilíbrio". O dispositivo se justifica em razão de que, no período de transição de que trata, é possível que haja variadas alterações relacionadas ao IBS e à CBS, sendo que cada uma delas tem o potencial de gerar o desequilíbrio econômico-financeiro. Destarte, a cada alteração pode acontecer um novo fato gerador que justifique a necessidade de um novo pedido de reequilíbrio contratual.

No que concerne ao inciso II do artigo 365, trata-se de fixação de um limite preclusivo para que haja o pedido de reequilíbrio (afinal, trata-se de questões econômico-financeiras que constituem direito disponível da parte contratada). Veja que a previsão encontra-se ajustada à regra prevista da Lei 14.133, de 2021, em seu artigo 131, parágrafo único: "O pedido de restabelecimento do equilíbrio econômico-financeiro deverá ser formulado durante a vigência do contrato e antes de eventual prorrogação nos termos do art. 107 desta Lei".

O inciso III determina que o procedimento de que trata o *caput* deverá tramitar de forma prioritária, conferindo justamente um caráter diferenciado para esse pedido de reequilíbrio em relação àqueles próprios dos contratos para as demais situações em geral.

O inciso IV, por sua vez, encontra-se em sintonia com o *caput* do artigo 363, ao prever que o pedido deverá ser instruído com cálculo e demais elementos que comprovem o efetivo desequilíbrio econômico-financeiro. Novamente, reforça-se que somente haverá o reequilíbrio econômico-financeiro se ele for comprovadamente demonstrado, não havendo presunção de sua ocorrência pelo simples fato de haver mudanças legislativas decorrentes da EC 132, de 2023 e seus desdobramentos.

O inciso V traz algumas formas para que se proceda ao reequilíbrio contratual. Aqui, é válido apontar que o regramento geral existente até então para o reequilíbrio econômico-financeiro acabava limitado a meros ajustes nos valores pactuados entre as partes contratantes. Confere-se, portanto, dentro dos limites legais, uma maior flexibilidade negocial para que as condições econômico-financeiras veiculadas pela proposta sejam respeitadas.

As alíneas do indigitado inciso trazem as seguintes previsões: "a) revisão dos valores contratados; b) compensações financeiras, ajustes tarifários ou outros valores contratualmente devidos à contratada, inclusive a título de aporte de recursos ou contraprestação pecuniária; c) renegociação de prazos e condições de entrega ou prestação de serviços; d) elevação ou redução de valores devidos à Administração Pública, inclusive direitos de outorga; e) transferência a uma das partes de custos ou encargos originalmente atribuídos à outra; ou f) outros métodos considerados aceitáveis pelas partes, observada a legislação do setor ou de regência do contrato".

No tocante às referidas alíneas do inciso V do artigo 365, em especial na de letra "f" (que traz uma cláusula aberta), cabe somente indicar que não se deve interpretá-las como autorizadoras para o desvirtuamento do objeto contratual. A manutenção do equilíbrio econômico-financeiro pressupõe que o seu objeto permaneça o mesmo.

O § 1º do artigo 365 fixa um prazo (120 dias) para que o Poder Público decida sobre o pedido de reequilíbrio econômico-financeiro formalizado nos termos da legislação proposta, prorrogável uma única vez.

Nota-se, contudo, que não há a previsão de consequência jurídica imediata para o caso de não cumprimento desse prazo. Em que pese ser recomendável que houvesse alguma forma de consequência, de modo a conferir uma maior completude normativa,[7] a sua ausência não constitui, por si só, nenhum óbice jurídico.

De fato, há diversas leis que fixam prazos para o Poder Público sem a estipulação de uma consequência jurídica diretamente correlata. Vide, por exemplo, o artigo 16 da Lei 13.460, de 2017 (Lei de Defesa do Usuário de Serviço Público), que fixa um prazo para que a ouvidoria encaminhe a decisão final ao administrado, não prevendo nenhuma consequência direta para o seu não atendimento.

No entanto, reitera-se que seria bastante recomendável a previsão de certas consequências, a exemplo de medidas cautelares administrativas positivas.[8] Conforme já

---

7. A norma jurídica, em sua completude, possui um feição dúplice: norma primária e norma secundária. A norma primária vincula deonticamente a ocorrência de um fato à prescrição de uma conduta. A norma secundária, conectada à primeira, prescreve uma providência sancionatória (de cunho coercitivo) (CARVALHO, Aurora Tomazini de. *Curso de teoria geral do direito*: o construtivismo lógico-semântico. 3. ed. São Paulo: Noeses, 2013, p. 248).
8. É com essa mesma nomenclatura que Paulo Friguglietti aparta as medidas provisionais administrativas à luz do Direito Argentino. Nas palavras do autor: "*En el caso en donde la finalidad perseguida fuera la de asegurar la eficacia de la resolución que en definitiva pudiera* recaer en el procedimiento, el acto va a ser de gravamen. Mientras que en los casos en donde la finalidad de la medida provisional fuera la de asegurar el derecho o interés del administrado, el acto va a ser positivo o de beneficio para el destinatario del mismo. Por lo anterior, y para

tivemos a oportunidade de expor, há determinados provimentos cautelares que trazem gravames ou restrições aos direitos dos administrados, ao passo que outras se destinam a assegurar seus direitos ou interesses. A primeira figura representaria as medidas cautelares administrativas negativas enquanto as segundas seriam as positivas. Provimentos administrativos que determinam o bloqueio de bens do investigado, o afastamento cautelar de investigados em processos administrativos disciplinares ou a apreensão de mercadorias, por exemplo, seriam claros representantes de medidas cautelares administrativas negativas. Já a concessão de efeito suspensivo a recursos administrativos interpostos pelos administrados ou os casos de medidas cautelares antecipatórias em prol dos cidadãos, encaixariam-se na categoria de provimentos cautelares positivos.[9]

Assim, a previsão da possibilidade de deferimento de cautelares, permitindo, em alguma medida, a cobrança de tarifas com valores provisoriamente reajustados, caso não analisado o pleito de revisão em determinado prazo, mostra-se uma providência que seria, além de juridicamente possível, altamente desejável.

Seria necessário, contudo, dentro da própria estrutura das medidas cautelares administrativas,[10] que houvesse a previsão de mecanismos de compensação, para mais ou para menos (necessidade de devolução dos valores cobrados a maior, por exemplo), quando houvesse a decisão final sobre o pedido de revisão, permitindo, assim, que o provimento acautelatório fosse passível de reversão.

De qualquer modo, o não cumprimento do prazo tem o condão de configurar o interesse de agir para a parte contratada requerer judicialmente o atendimento da determinação legal, pleiteando que a Administração exerça seu mister de decidir dentro do prazo.

Um último ponto sobre o dispositivo: embora não esteja explicitado, não há dúvida que o deferimento do pedido de reequilíbrio abarcará o período ocorrido após o fato gerador do desequilíbrio, o que, por certo, será anterior à decisão que deferir o pleito. De outro modo, a decisão deferindo o reequilíbrio poderá ter efeitos *ex tunc*.

Ato contínuo, o § 2º traz que as pessoas jurídicas integrantes da Administração Pública com atribuição para decidir sobre procedimentos de reequilíbrio econômico-financeiro poderão regulamentar a forma de apresentação do pedido e as metodologias

---

distinguirlas según su finalidad y según el tipo de actos que se derivan de la aplicación de las mismas, podríamos hablar o establecer, a los fines de este trabajo, la siguiente denominación: medidas provisionales negativas y medidas provisionales positivas. Serán de tipo negativas cuando el acto fuera de gravamen, y serán de tipo positivas cuando el acto en que se concreten otorgue un beneficio al destinatario de la medida" (FRIGUGLIETTI, Paulo. Las medidas provisionales en el procedimiento administrativo. Especial referencia a la regulación en la provincia de Santa Fe. *Revista RAP*, n. 462, mar. 2017, p. 76).

9. CABRAL, Flávio Garcia. *Medidas cautelares administrativas*: regime jurídico da cautelaridade administrativa. Belo Horizonte: Fórum, 2021, p. 27-28.
10. "Outro traço característico dos provimentos cautelares administrativos é a possibilidade de reversibilidade da medida adotada. Esse viés da cautelaridade é atrelado a sua provisoriedade, é dizer, caso a medida adotada altere o cenário fático jurídico a tal ponto que não se pode mais retornar ao status quo ante, o que seria cautelar se torna definitivo" (CABRAL, Flávio Garcia. *Medidas cautelares administrativas*: regime jurídico da cautelaridade administrativa. Belo Horizonte: Fórum, 2021, p. 95-96).

de cálculo recomendadas para demonstração do desequilíbrio, sem prejuízo do direito de a contratada solicitá-lo na ausência de tal regulamentação.

O dispositivo em voga, ao permitir que haja regulamentações variadas dentro da Administração, no que tange aos procedimentos de apresentação do pedido e das metodologias de cálculo recomendadas para demonstração do desequilíbrio, acaba por reconhecer a multiplicidade de setores e atividades envolvidas nos diversos contratos firmados pela Administração, em especial os de concessões, o que justifica que haja metodologias e regramentos próprios, sendo que uma metodologia geral acabaria por ser insuficiente e inadequada para abarcar as diversas realidades envolvidas.

De qualquer forma, o parágrafo prevê que a não edição da regulamentação não pode prejudicar o pedido do contratado.

O último dispositivo (artigo 366) somente versa que, nos casos de omissão do Capítulo, aplicam-se, subsidiariamente, as disposições da legislação de regência do contrato. Trata-se de uma típica regra de suprimento de omissões, indicando o regramento de cada contrato afetado para suprir eventuais lacunas.

2. O TEXTO DO PLP 68/2024 APROVADO PELA CÂMARA DOS DEPUTADOS

Durante os trâmites legislativos, após a fixação de regime de urgência na tramitação do referido PLP (vide mensagem 489, de 4 de julho de 2024[11]), houve, como era de se esperar, algumas alterações no texto do projeto encaminhado.

A aprovação feita na Câmara dos Deputados, embora tenha mantido na íntegra a maior parte dos dispositivos sobre o reequilíbrio econômico-financeiro, trouxe algumas significativas mudanças.

Uma primeira mudança diz respeito à inserção da previsão de que, na aferição da carga tributária suportada pela contratada, devem ser levados em consideração os tributos extintos pela Emenda Constitucional 132, de 2023.

Outro aspecto relevante, inclusive mencionado acima como sugestão de mudança, foi realizado agora, prevendo o direito de manifestação da contratada no caso da revisão de ofício pela Administração.

Houve também alteração no prazo para que a Administração decida sobre o pedido de reequilíbrio, restando fixado agora o prazo de 90 dias, prorrogável uma única vez.

Além disso, constou agora dispositivo prescrevendo que "o reequilíbrio econômico-financeiro ser. implementado, preferencialmente, por meio de alteração na remuneração do contrato ou de ajuste tarifário, conforme o caso, sendo que formas alternativas apenas poderão ser adotadas pela Administração com a concordância da contratada, observados, em todos os casos, os termos do contrato administrativo".

---

11. Disponível em: https://www.planalto.gov.br/CCIVIL_03/Projetos/Ato_2023_2026/2024/PLP/msg/Msg-489-24.doc.

Trata-se de previsão que se mostra proporcional, trazendo como primeira opção a revisão direta dos valores a serem pagos (remuneração ou tarifa), dependendo as formas alternativas de concordância do contratado. Novamente, traz-se uma aproximação ao desejável modelo de administração pública consensual.

Outra grande novidade inserida na votação da Câmara dos Deputados foi a previsão de uma medida cautelar administrativa, que, inclusive, recomendou-se anteriormente no presente *paper*. Destarte, consta atualmente que "nos termos da regulamentação, o reequilíbrio econômico-financeiro poderá, a critério da administração pública, ser implementado de forma provisória nos casos em que a contratada demonstrar relevante impacto financeiro na execução contratual decorrente da alteração na carga tributária efetiva, devendo a compensação econômica ser revista e ajustada por ocasião da decisão definitiva do pedido".

Nota-se que o legislador previu a possibilidade do provimento acautelatório, deixando para a regulamentação tratar dos seus termos específicos. Além disso, previu, positivamente, a possibilidade de compensação ulterior à decisão definitiva.

Houve a inclusão de mais um dispositivo, o qual, desde já, reputamos indevido. O artigo 375, §§ 6º e 7º, da versão aprovada pela Câmara dos Deputados, dispõe:

> § 6º Sem prejuízo de outras exigências previstas em lei, o pedido de que trata este artigo deverá ser acompanhado, sob pena de indeferimento sumário, de documentos que comprovem os seguintes requisitos: I – regularidade perante a Fazenda federal, estadual e municipal do domicílio ou sede do licitante, ou outra equivalente, na forma da lei; II – regularidade relativa à Seguridade Social e ao FGTS, que demonstre cumprimento dos encargos sociais instituídos por lei; III – regularidade perante a Justiça do Trabalho; IV – cumprimento do disposto no inciso XXXIII do art. 7º da Constituição Federal; e V – os comprovantes e recibos de que trata o art. 50 da Lei 14.133, de 1º de abril de 2021, em relação a contratos de serviços com regime de dedicação exclusiva de mão de obra. § 7º A análise da documentação de que trata o § 6º poderá ser concluída após a decisão definitiva de que trata o § 1º, e, em caso de irregularidade, ensejará aplicação de multa, autorizada à Administração Pública a retenção de créditos decorrentes do contrato em montante equivalente, salvo se for o caso de imposição de penalidade mais grave, nos termos da Lei 14.133, de 1º de abril de 2021.

O legislador buscou misturar requisitos de habilitação do contratado, bem como dar efetividade ao cumprimento das regras referentes a certos contratos, como aqueles com dedicação exclusiva de mão de obra, com o direito ao reequilíbrio econômico-financeiro.

O direito ao reequilíbrio econômico-financeiro, assegurado constitucionalmente pelo artigo 37, inciso XXI, não pode restar condicionado ao cumprimento de outras exigências de habilitação. São campos de análise diversos. Embora o não atendimento a requisitos de habilitação possa ensejar a rescisão do contrato, o impedimento de prorrogação contratual ou ainda outras consequências, não pode ser um impedimento a que o contratado receba a remuneração de acordo com a proposta que foi apresentada.

Ao se negar o direito ao reequilíbrio em razão do não atendimento dos requisitos de habilitação, cria-se um cenário no qual a Administração Pública (ou mesmo o usuário, no caso de concessões) remunera o contratado com um valor a menor, gerando, em última medida, um enriquecimento sem causa da parte contratante.

Não obstante caiba à lei fixar como ocorrerá o reequilíbrio, inclusive trazendo certas exigências, estas devem ter relação lógica com a demonstração do desequilíbrio, e não requisitos outros sem uma relação direta e imediata com as condições da proposta apresentada inicialmente.

Ademais, deve-se ter claro que o intuito do artigo 21 da EC 132, de 2023, foi permitir um regime diferenciado para a concessão do reequilíbrio nas hipóteses em que o desequilíbrio decorra da Reforma Tributária. É certo que esse regime necessita ser, em alguma medida, mais célere e/ou simplificado para as partes envolvidas. O texto aprovado na Câmara traz justamente o contrário, passando a exigir requisitos que não ocorrem nos pedidos "ordinários" de reequilíbrio econômico-financeiro. Criou-se um regime mais gravoso do que o então existente.

Acrescente-se ainda que eventuais discrepâncias no tocante à regularidade fiscal da contratada pode justamente decorrer dos impactos trazidos pelas mudanças tributárias oriundas da Reforma. Ou seja, é justamente a mudança de regras que pode impedir que se pleiteie o reequilíbrio econômico-financeiro, o qual emerge justamente dessas mesmas alterações.

Em síntese, apesar das demais mudanças positivas trazidas na Câmara dos Deputados, as exigências feitas no tocante aos requisitos de habilitação para que se analise o pedido de reequilíbrio parecem afrontar o próprio instituto, bem como ir na contramão de um regime mais simplificado, conforme almejado pelo artigo 21 da EC 132, de 2023.

CONCLUSÕES

A análise realizada no presente artigo diz respeito ao PLP 68/2024, o qual, muito possivelmente, ainda sofrerá mudanças durante o processo legislativo no Senado Federal.

Apesar dessa constatação, as considerações aqui feitas têm o condão de ultrapassar o aspecto do próprio PLP, servindo como base, igualmente, para a interpretação de outros dispositivos que venham a ser aprovados no que tange a um regime diferenciado para o reequilíbrio econômico-financeiro decorrente dos impactos da Reforma Tributária.

De qualquer modo, focando-se no PLP 68/2024, verifica-se que se trata de uma proposta equilibrada, não possuindo, na versão encaminhada pelo Poder Executivo, nenhum indicativo evidente de inconstitucionalidade. Embora possam ser identificadas algumas omissões, como a previsão de medidas acautelatórias administrativas, bem como a realização de interpretações que se mostrem constitucionalmente adequadas, o conjunto normativo estruturado parece, ao menos em um primeiro momento, condizente para o atendimento ao artigo 21 da EC 132/2023, bem como para promover um caminho mais célere e efetivo de realização do reequilíbrio econômico-financeiro nos contratos administrativos, notadamente nos de concessão.

Adiante, quando se observa o texto aprovado pela Câmara dos Deputados (analisando exclusivamente as partes do reequilíbrio contratual), verifica-se que ele manteve, na essência, o mesmo conteúdo encaminhado pelo Poder Executivo. A maior parte das alterações feitas foi para aprimorar o texto, suprindo lacunas antes existentes. Contudo, há dispositivos que violam o texto constitucional, que seriam os §§ 6º e 7º do artigo 375, que, ao trazerem exigências no tocante aos requisitos de habilitação para que se analise o pedido de reequilíbrio, acabam por afrontar o próprio instituto, bem como ir na contramão de um regime mais simplificado, conforme pretendido pelo artigo 21 da EC 132, de 2023.

REFERÊNCIAS

BANDEIRA DE MELLO, Celso Antônio. *Curso de Direito Administrativo*. 33.ed. São Paulo: Malheiros, 2017.

CABRAL, Flávio Garcia. *Medidas cautelares administrativas*: regime jurídico da cautelaridade administrativa. Belo Horizonte: Fórum, 2021.

CARVALHO, Aurora Tomazini de. *Curso de teoria geral do direito*: o construtivismo lógico-semântico. 3. ed. São Paulo: Noeses, 2013.

FRIGUGLIETTI, Paulo. Las medidas provisionales en el procedimiento administrativo. Especial referencia a la regulación en la provincia de Santa Fe. *Revista RAP*, n. 462, mar. 2017.

GARCIA, Flávio Amaral. *A mutabilidade nos contratos de concessão*. São Paulo: Malheiros, 2021.

CONCESSÕES COMO APLICACÕES FINANCEIRAS: COMPARANDO OS MÉTODOS DE REEQUILÍBRIO ECONÔMICO-FINANCEIRO DOS CONTRATOS DE CONCESSÃO DE SERVIÇOS PÚBLICOS

Marco Antônio Moraes Alberto

Doutor em Direito do Estado pela Universidade de São Paulo (USP, 2023), onde atua como pesquisador, sendo coordenador do Grupo de Estudos sobre a Legalidade, GELEG-USP. Foi bolsista da Fundação de Amparo à Pesquisa do Estado de São Paulo (FAPESP, 2018-2022). Foi pesquisador visitante do Centre d'Études et Recherches en Sciences Administratives et Politiques (CERSA, Université de Paris II, Panthéon-Assas), e pesquisador convidado da Università Luigi Bocconi (Milão, Itália). É observador internacional da Associação Interamericana para a Defesa do Meio Ambiente (AIDA) e da Associação Iberoamericana de Regulação (ASIER). Advogado e consultor jurídico, também atua como Superintendente de Regulação da Agência Reguladora de Serviços Públicos Municipais, SP Regula.

Guilherme Fonseca Nogueirão

Mestre em Economia e Desenvolvimento pela Universidade Federal de São Paulo (UNIFESP, 2024). É graduado em Economia pela Pontifícia Universidade Católica de São Paulo (PUC-SP). Economista, atua também como assessor técnico da Superintendência de Contratos de Concessão da Agência Reguladora de Serviços Públicos do Município de São Paulo, SP Regula.

Enzo Franco Polizel

Mestrando em Direito pela Faculdade de Direito de Ribeirão Preto da Universidade de São Paulo. Advogado e consultor jurídico, atua também como assessor de regulação na Agência Reguladora de Serviços Públicos do Município de São Paulo, SP Regula.

Sumário: Introdução: os contratos de concessão de serviços públicos e o seu peculiar equilíbrio – 1. O direito ao reequilíbrio econômico-financeiro no direito brasileiro: contornos conceituais e possibilidades em aberto – 2. O problema dos métodos de reequilíbrio: um exercício comparativo; 2.1 Entendendo os métodos e seus elementos: "Taxa Interna de Retorno" (TIR), "Fluxo de Caixa Marginal" (FCM) e o retorno financeiro das concessões; 2.2 Comparando os métodos: um exercício teórico; 2.3 Entendendo as diferenças entre os métodos: a concessão como aplicação financeira – 4. Conclusão: os métodos de reequilíbrio e a obrigatoriedade dos efeitos contratuais – Referências.

INTRODUÇÃO: OS CONTRATOS DE CONCESSÃO DE SERVIÇOS PÚBLICOS E O SEU PECULIAR EQUILÍBRIO

As concessões de serviços públicos, sejam elas comuns ou qualificadas como parcerias público-privadas, são um instituto jurídico complexo adotado como forma de garantir a prestação de obrigações constitucionalmente definidas como de interesse público.[1] Por meio dessa modalidade contratual, o poder público *delega* a prestação de um serviço público a um particular que a desempenha por sua conta e risco,[2] ou, mais contemporaneamente, a partir de certa alocação bilateral de custos, riscos, responsabilidades e oportunidades.[3] Apesar de amplamente utilizados como forma de otimizar a alocação entre custos e riscos, bem como de garantir a continuidade e a eficiência dos serviços públicos frente à escassez de recursos estatais para a sua sustentação,[4] os contratos de concessão, como quaisquer outros instrumentos contratuais, estão sujeitos à superveniência de eventos que alterem ou desestabilizem seu equilíbrio econômico-financeiro.

Seja pela sua longa extensão temporal, seja pela ocorrência de eventos imprevisíveis ou extraordinários, como a pandemia de coronavírus, ou mesmo objetivando conciliar interesses conflitantes como a eficiência e a ampliação do acesso ao serviço público, fato é que os contratos de concessão devem possuir mecanismos que antevejam a potencial ocorrência desses eventos e estabeleçam um procedimento – e um método – para o restabelecimento de uma situação contratual de equilíbrio nas prestações e contraprestações.

Quanto ao método – cerne do capítulo ora proposto – a Constituição de 1988 fornece a primeira baliza essencial. O parâmetro a ser utilizado, por força de seu art. 37, inciso XXI, sempre será o das "condições efetivas da proposta". O inciso em questão pode ser interpretado, inclusive, como um direito subjetivo público daqueles que contratam com a administração pública. Trata-se do conhecido fundamento da "igual repartição dos ônus e bônus da ação estatal", frequentemente invocado como pressuposto político-institucional tanto do direito subjetivo ao reequilíbrio contratual quanto da responsabilidade civil do Estado em geral ("solidariedade social").[5]

Assim, o presente artigo pretende se debruçar sobre os métodos de reequilíbrio econômico-financeiro usualmente utilizados pela administração pública: o reequilíbrio pela Taxa Interna de Retorno (TIR) e o reequilíbrio pelo Fluxo de Caixa Marginal (FCM). A preferência pela adoção de um ou outro modelo de reequilíbrio, que possuem características e fluxos próprios, não implica uma escolha "melhor" ou "pior" pela ad-

---

1. MARQUES NETO, Floriano de Azevedo. *Concessões*. Belo Horizonte: Fórum, 2016, p. 186.
2. É o conceito que deflui da redação original do artigo 2º, II, da Lei Geral de Concessões, Lei 8987/1995: II – concessão de serviço público: a delegação de sua prestação, feita pelo poder concedente, mediante licitação, na modalidade de concorrência, à pessoa jurídica ou consórcio de empresas que demonstre capacidade para seu desempenho, por sua conta e risco e por prazo determinado. A Lei 14133/2021 acrescentou a modalidade "diálogo competitivo", ao lado da concorrência, como possibilidade disponível à licitação das concessões de serviços públicos.
3. Cf. KIRAT, Thierry; MARTY, Frédéric; VIDAL, Laurent. Le risque dans le contrat administratif ou la nécessaire recoinnaissance de la dimension économique du contrat. *Revue Internationale de Droit Économique*, 2005, p. 293-296.
4. Para a relação entre poder administrativo, delegação de serviços públicos, custos do concessionário e precificação de riscos, v. CASETTA, Elio; FRACCHIA, Fabrizio. *Manuale di diritto amministrativo*. 25. ed. Milão: Giuffrè, 2023, p. 293-300.
5. MEDAUAR, Odete. *Direito administrativo moderno*. 23. ed. Belo Horizonte: Fórum, 2023, p. 371.

ministração, mas, sim, a adoção de um parâmetro que deve ser seguido para o retorno à estabilidade contratual, a chamada "equação econômico-financeira da concessão".[6]

Visando a demonstrar essas diferenças, inicialmente é importante verificar como o tema do (re)equilíbrio econômico-financeiro é disciplinado no ordenamento jurídico. O objetivo desse primeiro passo é buscar os fundamentos e os objetivos por trás da proteção do aspecto econômico dos contratos de concessão, bem como verificar em que medida a legislação estabelece ou não um fluxo para esse restabelecimento. Em um segundo momento são destrinchados os dois modelos de reequilíbrio referidos, trazendo as suas características e especificidades que os distinguem, bem como a apresentação de modelos demonstrativos das vantagens e desvantagens de cada um.

1. O DIREITO AO REEQUILÍBRIO ECONÔMICO-FINANCEIRO NO DIREITO BRASILEIRO: CONTORNOS CONCEITUAIS E POSSIBILIDADES EM ABERTO

Abaixo do nível constitucional, a Lei de Licitações e Contratos Administrativos (Lei 14.133, de 1º de abril de 2021) estabelece o regramento para a devida manutenção do equilíbrio contratual. Por princípio, todo contrato administrativo deve apresentar uma matriz de alocação de riscos, prevendo a distribuição dos efeitos econômico-financeiros entre as partes na ocorrência de eventos supervenientes que afetem o contrato. Segundo o artigo 103, § 5º, da Lei 14.133, sempre que as condições contratuais e da matriz de riscos estiverem atendidas, o contrato é considerado em equilíbrio, não fazendo as partes jus a pedidos de reequilíbrio econômico-financeiro.[7]

---

6. Este ponto leva alguns autores à ideia de uma "tutela constitucional à intangibilidade da equação econômico-financeira dos contratos administrativos" Vide: JUSTEN FILHO, Marçal. *Curso de direito administrativo*. 15. ed. Rio de Janeiro: Forense, 2024, p. 788. Por outro lado, mais contemporaneamente, tem sido observada a necessidade de contrapor à acepção mais forte da "intangibilidade" a *perspectiva relacional* dos contratos de concessão, segundo a qual, por seu objeto e por sua extensão no tempo, teria essa modalidade contratual característica de estrutura obrigacional de longa duração, marcada por sucessivas rodadas de pactuação e repactuação que lhe conferem densidade normativa mutável ao longo do tempo, vide CARVALHO, Vinicius Marques de. *O direito do saneamento básico*. São Paulo: Quartier Latin, 2010, p. 265-267.
7. Art. 103. O contrato poderá identificar os riscos contratuais previstos e presumíveis e prever matriz de alocação de riscos, alocando-os entre contratante e contratado, mediante indicação daqueles a serem assumidos pelo setor público ou pelo setor privado ou daqueles a serem compartilhados. § 1º A alocação de riscos de que trata o caput deste artigo considerará, em compatibilidade com as obrigações e os encargos atribuídos às partes no contrato, a natureza do risco, o beneficiário das prestações a que se vincula e a capacidade de cada setor para melhor gerenciá-lo. § 2º Os riscos que tenham cobertura oferecida por seguradoras serão preferencialmente transferidos ao contratado. § 3º A alocação dos riscos contratuais será quantificada para fins de projeção dos reflexos de seus custos no valor estimado da contratação. § 4º A matriz de alocação de riscos definirá o equilíbrio econômico-financeiro inicial do contrato em relação a eventos supervenientes e deverá ser observada na solução de eventuais pleitos das partes. § 5º Sempre que atendidas as condições do contrato e da matriz de alocação de riscos, será considerado mantido o equilíbrio econômico-financeiro, renunciando as partes aos pedidos de restabelecimento do equilíbrio relacionados aos riscos assumidos, exceto no que se refere: I – às alterações unilaterais determinadas pela Administração, nas hipóteses do inciso I do caput do art. 124 desta Lei; II – ao aumento ou à redução, por legislação superveniente, dos tributos diretamente pagos pelo contratado em decorrência do contrato. § 6º Na alocação de que trata o *caput* deste artigo, poderão ser adotados métodos e padrões usualmente utilizados por entidades públicas e privadas, e os ministérios e secretarias supervisores dos órgãos e das entidades da Administração Pública poderão definir os parâmetros e o detalhamento dos procedimentos necessários à sua identificação, alocação e quantificação financeira.

A Lei Geral de Concessões (Lei 8.987/1993), por sua vez, possui tímido regramento sobre o tema, limitando-se a afirmar que os contratos de concessão poderão prever mecanismos de revisão das tarifas, a fim de garantir a manutenção do equilíbrio econômico-financeiro (art. 9º, § 2º) e que, quando atingidas as condições do contrato, considera-se mantido seu equilíbrio econômico-financeiro (art. 10),[8] em sentido bastante similar ao previsto na Lei de Parcerias Público-Privadas, Lei 11.079/2004 (art. 5º, III).[9]

Apesar da breve disciplina legal sobre o tema, depreende-se que o conceito de equilíbrio econômico-financeiro não está relacionado exclusivamente à execução financeira ou ao retorno econômico de um contrato de concessão de serviços públicos. De fato, o reconhecimento de um desequilíbrio econômico-financeiro está primeiramente condicionado à análise da matriz de riscos contratualizada, bem como à admissibilidade jurídica, inclusive comprobatória, do evento em questão.

Nesse sentido, Gustavo Binenbojm, André Cyrino, Alice Voronoff e Rafael Koatz argumentam que:

> A manutenção do equilíbrio econômico-financeiro (ou da relação de equivalência entre as vantagens e encargos atribuídos às partes) é elemento essencial dos contratos administrativos, incluindo os de concessão de obras e serviços públicos, assegurado na Constituição e na legislação ordinária. Tal direito visa à proteção dos investimentos contra possíveis expropriações, como também à criação de um ambiente de negócios saudável que assegure a continuidade das obras e serviços e a atração de novos investidores.[10]

Apesar da escassa previsão legislativa sobre o tema, é importante atentar-se que os contratos de concessão são regidos pelo princípio da atualidade (cuja previsão consta do art. 6º, § 2º da Lei 8.987/1993), bem como pela ideia de mutabilidade, defendida por autores como Marçal Justen Filho:

> a mutabilidade relaciona-se direta e indiretamente com a concessão, antes do que com os demais contratos administrativos. (...) Esse vínculo inafastável entre as concessões de serviço público e a satisfação de necessidades coletivas essenciais conduz à necessidade de permanente adequação da atividade desenvolvida pelo concessionário à obtenção da melhor alternativa para realização dos interesses em jogo.[11]

No mesmo sentido, Fernando Dias Menezes de Almeida propõe a atualização da ideia clássica, na teoria do direito administrativo, que é a noção de *objeto público* do contrato administrativo. Dessa maneira, é preciso marcar a diferença entre o *regime peculiar do equilíbrio econômico-financeiro* das concessões de serviço público, base do direito subjetivo ao reequilíbrio, e a *mutabilidade inerente ao objeto* do contrato:

---

8. Art. 9º, § 2º Os contratos poderão prever mecanismos de revisão das tarifas, a fim de manter-se o equilíbrio econômico-financeiro. Art. 10. Sempre que forem atendidas as condições do contrato, considera-se mantido seu equilíbrio econômico-financeiro.
9. Art. 5º As cláusulas dos contratos de parceria público-privada atenderão (...): III – a repartição de riscos entre as partes, inclusive os referentes a caso fortuito, força maior, fato do príncipe e álea econômica extraordinária.
10. BINENBOJM, Gustavo; CYRINO, André; VORONOFF, Alice; KOATZ, Rafael L. F. *Direito da regulação econômica*: teoria e prática. Belo Horizonte: Fórum, 2020, p. 44-45.
11. JUSTEN FILHO, Marçal. *Teoria geral das concessões de serviço público*. São Paulo: Dialética, 2003, p. 76-76.

A mutabilidade como aspecto próprio do *regime do contrato administrativo* não se confunde a mutabilidade da lei que estabeleça o regulamento do objeto contratual – que, de resto, é a mutabilidade própria de qualquer lei. Um contrato de concessão terá, pois, um *objeto* sempre mutável, acompanhando as alterações que venha a sofrer *o ato que se está chamando de regulamento desse objeto* (destaques do autor, grifo nosso).[12]

Essa diferença é importante porque permite distinguir a relação jurídica que é a *base subjetiva* do contrato administrativo das regras e princípios que regem seu objeto, no nosso caso, a prestação de um serviço público (a *base objetiva* do contrato).

Note-se, ainda, que a regulação desse objeto, de índole inerentemente mutável, pode ser exercida por uma diversidade de instrumentos jurídicos – o "ato" que regulamenta o serviço, em nosso grifo sobre o excerto acima. Essa diversidade vai desde a lei parlamentar em sentido estrito (*regulação legal*) ao contrato de concessão em si (*regulação contratual*), podendo, inclusive, abranger a regulamentação administrativa de mercados sujeitos à livre-concorrência (*regulação de mercado*).

Sendo a concessão de serviços públicos uma espécie de contrato administrativo, nela sempre haverá espaço para um grau maior ou menor de regulação contratual. Neste particular, a *matriz de riscos* é item obrigatório de todo contrato de concessão, por força dos artigos 6º, XXVII; 22, § 1º; e 92, IX, da Lei 14.133/2021,[13] reforçado pelo art. 4º, VI da Lei 11.079/2004.[14]

Outro instrumento de regulação contratual são as *cláusulas que definem os métodos e procedimentos de reequilíbrio econômico-financeiro*, mas, neste caso, a legislação brasileira é, como se viu, bem mais lacônica, o que tem a consequência lógica de franquear maior elastério à atuação consensual ou mesmo normativa (regulamentar) da administração pública. Dessa maneira, a definição de cláusulas que disciplinam métodos e procedimentos de reequilíbrio deve ser objeto ou de regulação pelo próprio contrato, no exercício da consensualidade administrativa, ou de regulamentação posterior incidente sobre o contrato, no exercício da normatividade administrativa.[15]

---

12. MENEZES DE ALMEIDA, Fernando Dias. *Contrato Administrativo*. São Paulo: Quartier Latin, 2012, p. 362.
13. Art. 6º, XXVII – matriz de riscos: cláusula contratual definidora de riscos e de responsabilidades entre as partes e caracterizadora do equilíbrio econômico-financeiro inicial do contrato, em termos de ônus financeiro decorrente de eventos supervenientes à contratação, contendo, no mínimo, as seguintes informações. Art. 22, § 1º. A matriz de que trata o caput deste artigo deverá promover a alocação eficiente dos riscos de cada contrato e estabelecer a responsabilidade que caiba a cada parte contratante, bem como os mecanismos que afastem a ocorrência do sinistro e mitiguem os seus efeitos, caso este ocorra durante a execução contratual. Art. 92. São necessárias em todo contrato cláusulas que estabeleçam: (...) IX – a matriz de risco, quando for o caso.
14. Art. 4º Na contratação de parceria público-privada serão observadas as seguintes diretrizes: (...) VI – repartição objetiva de riscos entre as partes.
15. Em um registro tradicional, esse espaço seria dito "discricionário". Não há razão, contudo, para que se reconheça qualquer margem de discricionariedade no exercício dessas competências, na medida em que nem a atuação consensual da administração pública, enquanto parte contratual, nem sua atuação normativa, enquanto autoridade regulamentar, podem ser exatamente caracterizadas como atividades de livre escolha da administração pública, ou seja, zonas de livre eleição, infensa ao controle jurídico, da solução mais oportuna e conveniente ao interesse público. Na realidade, tanto a atuação da administração pública como parte de um contrato ("discricionariedade contratual"), quanto como agente regulamentador do contrato ("discricionariedade normativa") constituem espaços decisórios no interior dos quais cabe a administração pública a persecução da solução incremental que de maneira mais adequada e eficiente satisfaz as obrigações públicas que, refletindo

Duas consequências decorrem desse panorama conceitual.

A *primeira* é a constatação de que o equilíbrio econômico-financeiro de um contrato de concessão de serviço público perfaz realidade dinâmica, cuja propalada "intangibilidade" não diz respeito às cláusulas contratuais de conteúdo econômico consideradas em si mesmas, mas, sim, ao sinalagma contratual que, dada a mutabilidade ínsita à regulação dos serviços públicos, precisa ser constantemente reequilibrado no tempo, à luz da continuidade dos serviços públicos que são objeto da concessão. Na síntese proposta por Alexandre Santos de Aragão:

> a intangibilidade é apenas da equação econômico-financeira, não das cláusulas que tenham expressão econômica em si, inclusive as respeitantes à estrutura tarifária, que podem, portanto, ser alteradas, desde que o delegatário seja de alguma forma recompensado (ex.: a tarifa pode ser diminuída, mas o equilíbrio econômico-financeiro há de ser recomposto mediante a minoração dos investimentos, a não reversibilidade de parte dos bens, o aumento do prazo da delegação etc.). (...) O Supremo Tribunal Federal (STF) já decidiu que 'hoje admite-se que não apenas a parte estatutária desse ato complexo, misto, duplo, contrato-e-regulamento, possa ser modificada. Também a parte contratual, dado que a empresa sempre tem a garantia da equação financeira. O que o Governo não pode é tirar-lhe o equilíbrio financeiro.[16]

A segunda consequência é a relevância da matriz de riscos como elemento de conexão entre a relação de direitos subjetivos estabelecida no instrumento contratual e a mutabilidade inerente ao objeto público do contrato administrativo (no caso, o serviço público concedido). Isso acontece porque a matriz de riscos representa o principal mecanismo de regulação contratual aplicável ao horizonte temporal da concessão, com a definição de responsabilidades que, ao fim e ao cabo, determinam quem deve arcar com o ônus da eventual materialização de diferentes categorias de riscos. Como a materialização desses riscos tem o potencial de desestabilizar o equilíbrio econômico-financeiro das concessões, a matriz é, por essência, o principal referencial para o processo de reequilíbrio contratual, e a premissa básica dos procedimentos metodológicos que deverão ser realizados para sua quantificação. Nas palavras de Binenbojm, Cyrino, Voronoff e Koatz:

---

compromissos constitucionais, subjazem à decisão. Nesse processo, tal decisão deve estar explicitamente motivada, com a indicação clara e congruente das razões de fato e de direito que a ela conduziram (cf. art. 50, caput e § 1º, da Lei Geral de Processo Administrativo, Lei 9784/1999). Nesses termos, um dos autores deste capítulo já teve a oportunidade de demonstrar que "a regulação de mercados é sempre tarefa técnica, sujeita à motivação e controle; ela jamais poderá ser 'discricionária' em sentido forte. Produtos típicos da 'regulação discricionária', caso da modelagem de custos e investimentos, da definição da estrutura tarifária e da regulamentação de normas setoriais, não têm nada de 'discricionário' no sentido forte e tradicional da expressão, pois são ou escolhas técnicas, ou escolhas tecnicamente comparáveis, que não devem sofrer captura, de qualquer maneira, seja do sistema político, seja do sistema econômico". Por outro lado, "a 'liberdade contratual' da administração pública é, simplesmente, uma prerrogativa unilateral ou bilateral de determinação de vontade que é ínsita à base subjetiva de todo e qualquer negócio jurídico – gênero do qual o contrato administrativo é espécie. No caso da administração pública, em que essa autodeterminação não se liga a um comportamento mental humano, mas, sim, à realização do direito positivo, tal prerrogativa se traduz na escolha da estratégia a ser empregada pelo ente contratante para o cumprimento das obrigações públicas em face das quais o contrato administrativo é instrumento de satisfação" (ALBERTO, Marco Antônio Moraes. *Métodos do direito administrativo*: entre discricionariedade e constitucionalidade. Tese de Doutorado. Faculdade de Direito, Universidade de São Paulo, 2022, p. 181 e 186).

16. ARAGÃO, Alexandre Santos de. A evolução da proteção do equilíbrio econômico-financeiro nas concessões de serviços públicos e nas PPPs. *RDA – Revista de Direito Administrativo*, Rio de Janeiro, v. 263, 2013.

Os contratos de concessão de obras e serviços públicos são regidos pelos princípios da atualidade (art. 6º, § 2º da Lei 8.987/1995) e da mutabilidade, de modo que a certeza de mudança faz parte da dinâmica deste tipo de relação contratual. Daí se pode dizer que esses negócios jurídicos são, por sua natureza, incompletos e relacionais. Incompletos porque se sujeitam, inevitavelmente, a determinações futuras, que deverão observar critérios fixados de antemão pelos contratantes. Realmente, não há como prever, *ex ante*, quais modificações precisarão ser promovidas, ao longo dos anos, em relação aos encargos contratuais ajustados, como objetivo de atender às necessidades do serviço público prestado. Assim, em vez de arrolar hipóteses exaustivas, o contrato define mecanismos de renegociação e de recomposição da equação econômico-financeira passíveis de serem utilizados no momento oportuno, se e quando necessários. Mas sempre de maneira completa, efetiva e concomitante. Do contrário, não haveria manutenção do equilíbrio. A compreensão sobre o sinalagma contratual e os eventos que o afetam nem sempre é de fácil dimensionamento. Isso requer, muitas vezes, a transposição do delicado balanço de direitos e deveres assumidos no instante de sua assinatura para uma data posterior cujas condições econômicas são frequentemente muito diferentes daquelas que alicerçam as premissas contratuais. Daí porque, constantemente, a literatura interpreta o equilíbrio econômico-financeiro dos contratos de concessão a partir da definição de uma matriz de riscos, da qual se extrai uma relação de equivalência entre obrigações assumidas e a contrapartida ofertada no momento da contratação. A matriz de risco revela um conjunto de regras contratuais que, implícita ou explicitamente, definem qual parte deverá arcar com as consequências da ocorrência de um evento específico, seja ele específico ou não.[17]

A aplicação da matriz de riscos não é, contudo, automática. Se é verdade que a matriz de riscos é responsável por, em primeiro grau, alocar responsabilidades pela materialização de eventos futuros e incertos, é igualmente certo que o cálculo da extensão do desequilíbrio não se resolve pela mera alocação do risco à concessionária, ao Poder Concedente ou a ambos. São questões de natureza diferente.

A matriz de riscos pode representar a principal baliza para, em um contrato de concessão, indicar quem deve arcar com a responsabilidade pelo deslocamento patrimonial (o débito) decorrente do evento de desequilíbrio. Em outras palavras, a matriz de riscos é o principal *parâmetro de admissibilidade do pleito de reequilíbrio*. Outra questão, posterior, mas conceitualmente distinta, é a de compreender o significado econômico do desequilíbrio, isto é, quantificar a extensão do desequilíbrio à luz das "condições econômicas iniciais" do contrato de concessão. Este é um problema não de admissibilidade do pleito em si, mas de *orientação metodológica em torno da sua quantificação*.

2. O PROBLEMA DOS MÉTODOS DE REEQUILÍBRIO: UM EXERCÍCIO COMPARATIVO

2.1 Entendendo os métodos e seus elementos: "taxa interna de retorno" (TIR), "fluxo de caixa marginal" (FCM) e o retorno financeiro das concessões

À luz do que se sugeriu no tópico anterior, e superada a questão de admissibilidade de determinado evento de desequilíbrio à luz da matriz de riscos do contrato, levanta-se uma questão fundamental: que parâmetro define as "condições econômicas iniciais" desse contrato, para fins de quantificação de seu desequilíbrio?

---

17. BINENBOJM, Gustavo; CYRINO, André; VORONOFF, Alice; KOATZ, Rafael L. F. *Direito da regulação econômica*: teoria e prática. Belo Horizonte: Fórum, 2020, p. 46-47.

Em vista dessa questão basilar, historicamente, as partes envolvidas em processos de reequilíbrio econômico-financeiro buscaram estabelecer parâmetros referenciais para o retorno econômico do projeto conforme previsto no momento da contratação, usualmente, a 'Taxa Interna de Retorno' (TIR). Essa solução encontra lastro no entendimento de que o 'Estudo de Viabilidade Técnica, Econômica e Ambiental' (EVTEA), ou, ainda, a própria proposta comercial vencedora, representa um plano de negócios contratado entre as partes. Nesse sentido, as partes estariam obrigadas à execução do projeto em seus termos inicialmente acordados, incluindo o retorno ao capital associado.

Por outro lado, inovações contratuais tornaram essa prática menos usual no mercado de concessões de serviços públicos. Atualmente, observa-se certa predileção por dispositivos que preveem a avaliação econômico-financeira de cada evento de desequilíbrio individualmente, deslocando a definição das "condições iniciais" e subtraindo a necessidade da manutenção de um referencial para o retorno financeiro do plano de negócios. Esse modelo, chamado de 'Fluxo de Caixa Marginal' (FCM), busca reequilibrar o contrato levando a zero o 'Valor Presente Líquido' (VPL) de um fluxo de caixa representativo do evento de desequilíbrio. Seguindo o modelo do FCM, para a apuração de desequilíbrios, valem as condições presentes do mercado, e não o referencial inicial para o retorno financeiro do plano de negócios.

Todavia, ambos modelos apresentam vantagens e desvantagens práticas, as quais podem ser consideradas por agentes públicos e reguladores no desenho de novas contratações de concessões comuns e parcerias público-privadas. É possível notar que *não há um modelo inequivocamente superior ao outro*, seja em termos de economicidade ao Poder Concedente, seja à luz da transparência nos cálculos de reequilíbrio econômico-financeiro.

2.2 Comparando os métodos: um exercício teórico

Para comparação dos modelos, propõe-se um *exercício teórico*.

Consideremos um contrato de PPP de serviço público com prazo de dez anos, cuja execução prevê despesas operacionais ('Opex'), investimentos ('Capex') e pagamento de contraprestações pelo Poder Concedente (uma concessão administrativa ou patrocinada).

Na situação inicial do contrato, o Fluxo de Caixa projetado da *Figura 1* representa o equilíbrio econômico-financeiro.

Figura 1: Fluxo de Caixa projetado inicial do contrato

R$ mi	1	2	3	4	5	6	7	8	9	10
Receitas	155,41	155,41	155,41	155,41	155,41	155,41	155,41	155,41	155,41	155,41
Despesas (Opex)	- 50,00	- 55,00	- 80,00	- 100,00	- 110,00	- 110,00	- 110,00	- 110,00	- 110,00	- 110,00
Investimentos (Capex)	- 130,00	- 120,00	- 90,00	- 50,00	- 30,00	- 30,00	- 30,00	- 30,00	- 30,00	- 30,00
Fluxo de Caixa Livre	- 24,60	- 19,60	- 14,60	5,41	15,41	15,41	15,41	15,41	15,41	15,41

Imaginemos então a ocorrência de um único evento de desequilíbrio contratual. Supõe-se que, no segundo ano de execução contratual, os investimentos previstos tenham sofrido alterações por solicitação do Poder Concedente, elevando seus custos e impactando o fluxo de caixa livre disponível ao parceiro privado. É possível então, representar o novo Fluxo de Caixa projetado do contrato em desequilíbrio, conforme a *Figura 2*.

Figura 2: Fluxo de Caixa projetado do contrato em desequilíbrio

R$ mi	Ano Concessão									
	1	2	3	4	5	6	7	8	9	10
Receitas	155,41	155,41	155,41	155,41	155,41	155,41	155,41	155,41	155,41	155,41
Despesas (Opex)	- 50,00 -	55,00 -	80,00 -	100,00 -	110,00 -	110,00 -	110,00 -	110,00 -	110,00 -	110,00
Investimentos (Capex)	- 130,00 -	180,00 -	90,00 -	50,00 -	30,00 -	30,00 -	30,00 -	30,00 -	30,00 -	30,00
Fluxo de Caixa Livre	- 24,60 -	79,60 -	14,60	5,41	15,41	15,41	15,41	15,41	15,41	15,41

Assim, é necessário proceder o reequilíbrio econômico-financeiro do contrato, seja recompondo um índice de retorno financeiro do projeto (TIR) ou zerando o VPL do desequilíbrio (FCM).

Caso a opção seja pela recomposição do índice de retorno financeiro, o primeiro passo é a definição da TIR original. Para tanto, considera-se o Fluxo de Caixa Livre projetado inicial. No caso em tela, percebe-se uma TIR contratual de 10% ao ano.

Figura 3: TIR original do contrato

R$ mi	Ano Concessão									
	1	2	3	4	5	6	7	8	9	10
Receitas	155,41	155,41	155,41	155,41	155,41	155,41	155,41	155,41	155,41	155,41
Despesas (Opex)	- 50,00 -	55,00 -	80,00 -	100,00 -	110,00 -	110,00 -	110,00 -	110,00 -	110,00 -	110,00
Investimentos (Capex)	- 130,00 -	120,00 -	90,00 -	50,00 -	30,00 -	30,00 -	30,00 -	30,00 -	30,00 -	30,00
Fluxo de Caixa Livre	- 24,60 -	19,60 -	14,60	5,41	15,41	15,41	15,41	15,41	15,41	15,41
TIR	10,00%									

Nota-se, conforme a *Figura 4*, que a TIR do projeto é alterada quando o evento de desequilíbrio é considerado.

Figura 4: TIR do contrato em desequilíbrio

R$ mi	Ano Concessão									
	1	2	3	4	5	6	7	8	9	10
Receitas	155,41	155,41	155,41	155,41	155,41	155,41	155,41	155,41	155,41	155,41
Despesas (Opex)	- 50,00	55,00	80,00 -	100,00 -	110,00 -	110,00 -	110,00 -	110,00 -	110,00 -	110,00
Investimentos (Capex)	- 130,00 -	180,00 -	90,00 -	50,00 -	30,00 -	30,00 -	30,00 -	30,00 -	30,00 -	30,00
Fluxo de Caixa Livre	- 24,60 -	79,60 -	14,60	5,41	15,41	15,41	15,41	15,41	15,41	15,41
TIR	-3,50%									

Assim, é possível determinar um novo valor de receita a ser percebida pelo parceiro no ano de realização do reequilíbrio econômico-financeiro, que recomponha a TIR contratual ao seu nível original. A *Figura 5* apresenta um novo Fluxo de Caixa projetado em que um pagamento de indenização no ano 3 reequilibra o contrato.

Figura 5: Fluxo de Caixa projetado do contrato reequilibrado

R$ mi	Ano Concessão									
	1	2	3	4	5	6	7	8	9	10
Receitas	155,41	155,41	221,40	155,41	155,41	155,41	155,41	155,41	155,41	155,41
Despesas (Opex)	- 50,00 -	55,00 -	80,00 -	100,00 -	110,00 -	110,00 -	110,00 -	110,00 -	110,00 -	110,00
Investimentos (Capex)	- 130,00 -	180,00 -	90,00 -	50,00 -	30,00 -	30,00 -	30,00 -	30,00 -	30,00 -	30,00
Fluxo de Caixa Livre	- 24,60 -	79,60	51,40	5,41	15,41	15,41	15,41	15,41	15,41	15,41

TIR	10,00%
Indenização	66,00

Neste exemplo, portanto, o reequilíbrio econômico-financeiro resulta em um pagamento de uma indenização no valor de R$ 66 milhões no terceiro ano do contrato.

Por outro lado, caso a opção seja pelo FCM, o primeiro passo é a subtração dos fluxos de caixa projetados. Ora, o fluxo de caixa é entendido como "marginal" exatamente por considerar apenas as diferenças pertinentes ao evento de desequilíbrio. Para isso, são comparados os valores constantes no fluxo original e no fluxo desequilibrado, em uma subtração que resulta no fluxo marginal, apresentado na *Figura* 6.

Figura 6: Fluxo de Caixa Marginal projetado

R$ mi	Fluxo de Caixa projetado original (a)									
	1	2	3	4	5	6	7	8	9	10
Receitas	155,41	155,41	155,41	155,41	155,41	155,41	155,41	155,41	155,41	155,41
Despesas (Opex)	- 50,00 -	55,00 -	80,00 -	100,00 -	110,00 -	110,00 -	110,00 -	110,00 -	110,00 -	110,00
Investimentos (Capex)	- 130,00 -	120,00 -	90,00 -	50,00 -	30,00 -	30,00 -	30,00 -	30,00 -	30,00 -	30,00
Fluxo de Caixa Livre	- 24,60 -	19,60 -	14,60	5,41	15,41	15,41	15,41	15,41	15,41	15,41

R$ mi	Fluxo de Caixa projetado desequilibrado (b)									
	1	2	3	4	5	6	7	8	9	10
Receitas	155,41	155,41	155,41	155,41	155,41	155,41	155,41	155,41	155,41	155,41
Despesas (Opex)	- 50,00 -	55,00 -	80,00 -	100,00 -	110,00 -	110,00 -	110,00 -	110,00 -	110,00 -	110,00
Investimentos (Capex)	- 130,00 -	180,00 -	90,00 -	50,00 -	30,00 -	30,00 -	30,00 -	30,00 -	30,00 -	30,00
Fluxo de Caixa Livre	- 24,60 -	79,60 -	14,60	5,41	15,41	15,41	15,41	15,41	15,41	15,41

R$ mi	Fluxo de Caixa Marginal (c = a - b)									
	1	2	3	4	5	6	7	8	9	10
Receitas	-	-	-	-	-	-	-	-	-	-
Despesas (Opex)	-	-	-	-	-	-	-	-	-	-
Investimentos (Capex)	-	-	60,00	-	-	-	-	-	-	-
Fluxo de Caixa Livre	-	-	60,00							

Em seguida, é necessário definir a taxa de desconto pela qual os valores do FCM serão trazidos para o primeiro período (VPL). Comumente, essa taxa de desconto é definida em contrato e utiliza como referência um título público do Tesouro Nacional, de forma a dirimir conflitos que possam surgir no momento do cálculo de um reequilíbrio econômico-financeiro.

Considere, para fins deste exercício, uma taxa de desconto de 5%, hipoteticamente resultante da média dos últimos três meses do rendimento do título público Tesouro IPCA+ (antiga NTN-B).

Assim, calcula-se que o FCM exposto anteriormente tem um VPL de R$ 57,14 milhões, apresentado na *Figura 7.*

Figura 7: VPL do Fluxo de Caixa Marginal

R$ mi	Fluxo de Caixa Marginal									
	1	2	3	4	5	6	7	8	9	10
Receitas	-	-	-	-	-	-	-	-	-	-
Despesas (Opex)	-	-	-	-	-	-	-	-	-	-
Investimentos (Capex)	-	- 60,00	-	-	-	-	-	-	-	-
Fluxo de Caixa Livre	-	- 60,00	-	-	-	-	-	-	-	-

VPL	- 57,14
Taxa de Desconto	5%

Logo, a indenização a ser paga pelo Poder Concedente no ano 3 deve ser suficiente para que o VPL calculado nessas condições seja igual a zero, conforme a figura 8. Se o valor do FCM for igual a zero no período 1 do fluxo, isso significa que os efeitos financeiros do desequilíbrio foram devidamente neutralizados.

Figura 8: Fluxo de Caixa Marginal com VPL igual a zero

R$ mi	Fluxo de Caixa Marginal									
	1	2	3	4	5	6	7	8	9	10
Receitas	-	-	-	-	-	-	-	-	-	-
Despesas (Opex)	-	-	-	-	-	-	-	-	-	-
Investimentos (Capex)	-	- 60,00	-	-	-	-	-	-	-	-
Fluxo de Caixa Livre	-	- 60,00	-	-	-	-	-	-	-	-

VPL	- 57,14
Taxa de Desconto	5%

Neste exemplo, o pagamento de uma indenização no valor de R$ 63 milhões no ano 3 seria suficiente para reequilibrar o contrato.

A título de comparação, caso a média dos últimos três meses do rendimento do título público fosse mais alta, também o seria a indenização necessária para o reequilíbrio. De acordo com cálculo apresentado na *Figura 9*, se a taxa de desconto fosse de 15% ao ano, a indenização correspondente subiria para R$ 69 milhões.

Figura 9: Fluxo de Caixa Marginal com VPL igual a zero
e taxa de desconto de 15% ao ano

R$ mi	Ano Concessão									
	1	2	3	4	5	6	7	8	9	10
Receitas	-	-	69,00	-	-	-	-	-	-	-
Despesas (Opex)	-	-	-	-	-	-	-	-	-	-
Investimentos (Capex)	-	- 60,00	-	-	-	-	-	-	-	-
Fluxo de Caixa Livre	-	- 60,00	69,00	-	-	-	-	-	-	-

VPL	-
Taxa de Desconto	15%
Pagamento	69,00

A principal conclusão deste exercício comparativo é a de que *ambos os métodos de recomposição do equilíbrio contratual divergem, fundamentalmente, na definição da taxa de desconto a ser aplicada no fluxo de caixa projetado*.

Em um cenário onde os fluxos utilizados fossem os mesmos, e as taxas de desconto fossem exatamente as mesmas, os dois métodos, por óbvio, resultariam nos mesmos valores de reequilíbrio. Para essa demonstração, basta aplicar ao exercício anterior uma taxa de desconto de 10% ao ano. Esse cálculo é apresentado na *Figura 10*.

Figura 10: Fluxo de Caixa Marginal com VPL igual a zero e taxa de desconto de 10% ao ano

R$ mi	1	2	3	4	5	6	7	8	9	10
Receitas	-	-	66,00	-	-	-	-	-	-	-
Despesas (Opex)	-	-	-	-	-	-	-	-	-	-
Investimentos (Capex)	-	60,00	-	-	-	-	-	-	-	-
Fluxo de Caixa Livre	-	60,00	66,00	-	-	-	-	-	-	-

VPL	0,00
Taxa de Desconto	10%

Pagamento	66,00

Compreende-se assim que as diferenças monetárias entre os métodos resultam das divergências entre as taxas de desconto, bem como de possíveis diferenças na construção do fluxo de caixa projetado original.

2.3 Entendendo as diferenças entre os métodos: a concessão como aplicação financeira

Do ponto de vista estritamente técnico, ambas metodologias são corretas para a recomposição do equilíbrio econômico-financeiro contratual. Todavia, suas características desenham vantagens próprias no uso de cada uma.

Primeiramente, é possível pensar que todo contrato de concessão de serviço público é, para o parceiro privado, uma *aplicação financeira sobre a qual se espera um retorno*. Também cumpre notar que todo EVTEA e toda proposta comercial são elaborados a partir de expectativas de retorno financeiro condizentes com o mercado naquele momento, sendo a atratividade de um projeto condicionada a um *custo de oportunidade*. Sob essa ótica, torna-se claro que os processos de reequilíbrio econômico-financeiro podem assumir as características de uma aplicação financeira *prefixada* (reequilíbrio pela TIR) ou *pós-fixada* (reequilíbrio pelo FCM).

Quando considerado o cenário macroeconômico no qual o Brasil se encontrava quando do primeiro ciclo de concessões de serviços públicos (1995-2005), é possível perceber que a elevada taxa básica de juros (SELIC) tornava o *custo de oportunidade* alto para potenciais parceiros, elevando também a *expectativa de retorno* a ser considerada nos projetos. Ao mesmo tempo, caso os potenciais parceiros tivessem, naquele momento, a expectativa de queda futura da taxa de juros, o modelo de reequilíbrio pela TIR seria mais atrativo, pela lógica da aplicação prefixada.

De fato, a estabilização econômica posterior permitiu a queda da taxa de juros nos anos subsequentes. Logo, houve a tendência de que os reequilíbrios econômico-financeiros realizados pela recomposição da TIR fossem percebidos como mais onerosos ao Poder Concedente, levando órgãos reguladores e tribunais de contas a receitarem sua substituição pelo método do FCM.

Nesse sentido, observa-se que, fosse o cenário diverso, o receituário traria maior onerosidade ao Poder Concedente. Por óbvio, contratos assinados em momentos históricos de baixa taxa de juros, como vivido recentemente no Brasil, tendem a ter seus retornos aumentados a cada reequilíbrio pelo FCM. Nesses momentos, é justamente a aplicação "pós-fixada" aquela que mais interessa ao parceiro privado.

Para além da questão da onerosidade via taxa de desconto, existem também critérios práticos a serem observados na escolha entre métodos para o reequilíbrio econômico-financeiro. Em especial, destacam-se a necessidade de diferenciação de taxas de desconto e a complexidade da construção de fluxos de caixa independentes para cada evento de desequilíbrio.

Um dos principais argumentos pela utilização do FCM reside na possibilidade de utilização de *taxas de desconto diferenciadas para cada evento de desequilíbrio*. Como o cálculo dos eventos é realizado de maneira independente, essa metodologia permite que diferentes eventos tenham diferentes taxas de desconto, de acordo com o momento de sua ocorrência, *nunca* deslocando temporalmente o retorno calculado das expectativas de mercado. Para tanto, usualmente, a taxa de desconto é atrelada à média do retorno de um título público nos meses anteriores ao evento. Ainda, desde que previsto em contrato, não há impedimento para que as partes entrem em acordo pela utilização de uma taxa de desconto diversa, que seja justificadamente mais apropriada para um determinado evento.

Por outro lado, não deve ser desconsiderada a complexidade adicional trazida pela utilização do FCM na construção dos fluxos de caixa referenciais a cada evento de desequilíbrio. Isso ocorre porque todo reequilíbrio econômico-financeiro é um cálculo sobre uma mudança entre um cenário previsto e um realizado. Entretanto, caso o contrato não disponha de um Fluxo de Caixa Original (ou referencial), essa construção ficará em aberto a cada evento de desequilíbrio, podendo, inclusive, ser controvertida entre as partes.

Considerando que tal fluxo de caixa deve ser construído a partir de uma detalhada base de dados de preços, quantidades e produtividades, compreende-se que esse cálculo não é tarefa trivial, e pode resultar em divergência entre as partes, ou, ainda, pode não atender aos critérios definidos por órgãos de controle. Ademais, há um risco de anacronismo na construção dos fluxos referenciais para o FCM, uma vez que, idealmente, eles devem ser apresentados a valores e conforme projeção do momento da apresentação da proposta comercial (ou da construção do EVTEA).

Assim, tanto o método do FCM quanto a recomposição pela TIR são beneficiados pela definição de um *fluxo de caixa referencial claro e detalhado*, com base de dados aprofundada, componente do edital de licitação ou do contrato.

Ainda, ambos os métodos demonstram maior adequação em situações específicas, por suas características. Em eventos de inclusão de novos serviços ou investimentos, há clara vantagem na utilização do FCM, uma vez que a nova decisão de investimento pode ser tomada com os parâmetros atuais (e não iniciais) de expectativa de retorno financeiro. Já para eventos em que há alteração de valores, deslocamento de dispêndios no fluxo de caixa referencial, ou retirada de investimentos previstos anteriormente, a recomposição pela TIR evita o problema do anacronismo ou de potencial controvérsia na utilização de uma taxa de desconto diversa daquela do momento da decisão de investimento.

4. CONCLUSÃO: OS MÉTODOS DE REEQUILÍBRIO E A OBRIGATORIEDADE DOS EFEITOS CONTRATUAIS

Este artigo procurou demonstrar que a definição dos métodos para reequilíbrio econômico-financeiro dos contratos de concessão de serviços públicos não é uma escolha casual, nem pode ser vista de modo tendencioso ou enviesado, como se houvesse um método que, sempre e em todo lugar, fosse superior ao outro. Pelo contrário, como os dois métodos aqui examinados têm vantagens e desvantagens, que variam conforme situação e contexto, sua definição passa pela decisão, responsável e sustentável da administração pública, de proporcionar o adequado alinhamento de incentivos entre a satisfação eficiente do objeto público do contrato de concessão, por um lado, e a expectativa de retorno financeiro do parceiro privado, por outro.

Os métodos de reequilíbrio adquirem, assim, especial relevância em uma *perspectiva interdisciplinar* das concessões de serviços públicos, na medida em que determinam o perfil de remuneração do investimento privado, exatamente como ocorreria em uma aplicação financeira. Essa é uma circunstância que sublinha o sentido simultaneamente jurídico e econômico de uma concessão de serviços públicos, entendida, em sua fisionomia peculiar, como uma estrutura de direitos e deveres, riscos e oportunidades.

Como invariável, a discussão dos métodos de reequilíbrio econômico-financeiro sempre pressupõe, na qualidade de boa prática de regulação contratual, a definição inicial de um fluxo de caixa referencial claro e detalhado, que é parâmetro de cálculo dos eventos de desequilíbrio tanto pela taxa interna de retorno (TIR) quanto pelo fluxo de caixa marginal (FCM). É o fluxo de caixa referencial que vai funcionar como o elemento de conexão entre o conteúdo jurídico do direito subjetivo à manutenção das "condições econômicas iniciais" da concessão e o princípio geral da obrigatoriedade dos efeitos dos contratos.

Nesse sentido, a manutenção da equação econômico-financeira inicial dos contratos de concessão permanece como o único parâmetro juridicamente válido para o seu reequilíbrio.[18] Tal parâmetro adquire, desse modo, o valor de presunção relativa, que só poderá ser afastada mediante prova de falha na modelagem econômica da concessão ou

---

18. BINENBOJM, Gustavo; CYRINO, André; VORONOFF, Alice; KOATZ, Rafael L. F. *Direito da regulação econômica*: teoria e prática. Belo Horizonte: Fórum, 2020, p. 252.

de descolamento importante e significativo da execução contratual de suas condições iniciais de referência.

É por isso que a definição do método de reequilíbrio econômico-financeiro perfaz, em um contrato de concessão de serviços públicos, o complemento lógico e natural da matriz de riscos, ao parametrizar o cálculo do desequilíbrio cujo risco e a responsabilidade encontram-se contratualmente alocados a uma das partes, ou a ambas, na pactuação inicial que está na gênese da própria concessão enquanto obrigação jurídica.

REFERÊNCIAS

ALBERTO, Marco Antônio Moraes. *Métodos do direito administrativo*: entre discricionariedade e constitucionalidade. Tese de Doutorado. Faculdade de Direito, Universidade de São Paulo, 2022.

ARAGÃO, Alexandre Santos de. A evolução da proteção do equilíbrio econômico-financeiro nas concessões de serviços públicos e nas PPPs. *Revista de Direito Administrativo*, v. 263, 2013.

BINENBOJM, Gustavo; CYRINO, André; VORONOFF, Alice; KOATZ, Rafael L. F. *Direito da regulação econômica*: teoria e prática. Belo Horizonte: Fórum, 2020.

CARVALHO, Vinicius Marques de. *O direito do saneamento básico*. São Paulo: Quartier Latin, 2010.

CASETTA, Elio; FRACCHIA, Fabrizio. *Manuale di Diritto Amministrativo*. 25. ed. Milão: Giuffrè, 2023.

KIRAT, Thierry; MARTY, Frédéric; VIDAL, Laurent. Le risque dans le contrat administratif ou la nécessaire recoinnaissance de la dimension économique du contrat. *Revue Internationale de Droit Économique*, 2005.

MARQUES NETO, Floriano de Azevedo. *Concessões*. Belo Horizonte: Fórum, 2016.

MEDAUAR, Odete. *Direito Administrativo Moderno*. 23. ed. Belo Horizonte: Fórum, 2023.

MENEZES DE ALMEIDA, Fernando Dias. *Contrato Administrativo*. São Paulo: Quartier Latin, 2012.

JUSTEN FILHO, Marçal. *Curso de direito administrativo*. 15. ed. Rio de Janeiro: Forense, 2024.

JUSTEN FILHO, Marçal. *Teoria geral das concessões de serviço público*. São Paulo: Dialética, 2003.

CONTROLE DO TCU SOBRE RECEITAS TARIFÁRIAS EM PROJETOS DE INFRAESTRUTURA

Estevão Horvath

Livre Docente em Direito pela USP. Professor de Direito Financeiro da USP e Direito Tributário da PUC/SP.

Hendrick Pinheiro

Doutor em Direito Econômico, Financeiro e Tributário pela USP. Professor de direito financeiro e legislação tributária da UFRJ.

Tatiane Praxedes Lech

Doutora e Mestra em Direito Econômico, Financeiro e Tributário pela USP. Advogada.

Sumário: Introdução – 1. Conceito de receita pública como limite da competência fiscalizatória do TCU – 2. Fiscalização da aplicação de receitas tarifárias nas concessões: estudo de casos – Conclusão – Referências.

INTRODUÇÃO

O desenvolvimento econômico do estado moderno tem como importante ferramenta de impulsão o planejamento, projetos e ações estatais revestidos deste viés. No Brasil, esta ideia foi encartada no artigo 174 da Constituição da República Federativa do Brasil, de 1988, CRFB/1988, cujas prescrições colocam o Estado brasileiro como o agente normativo e regulador da atividade econômica[1] que, para tanto, recebe a incumbência de exercer o planejamento, incentivo e fiscalização neste sentido.

As ações e serviços públicos de infraestrutura estão no centro deste encargo, haja vista que estes podem ser classificados como as ações e serviços públicos estratégicos,[2] como são, por exemplo, os setores de transporte, educação, segurança etc. Vale destacar que, aplicando se um linguajar mais abrangente, por serviço público neste trabalho também se faz referência às obras públicas, muito embora estas não sejam classificadas

---

1. BRASIL. Constituição Federal da República Federativa do Brasil. https://www.planalto.gov.br/ccivil_03/constituicao/constituicao.htm, Art. 174.
2. SCAFF, Fernando Facury. Controle público de projetos de infraestrutura. In: BERCOVICI, Gilberto. VALIM, Rafael (Coord.). *Elementos de Direito da Infraestrutura*. São Paulo: Editora Contraconcrrente, 2015, f. 277-304, p. 277-278.

propriamente como um serviço dado que se trata de ação de "construção, reparação, edificação ou ampliação de um bem imóvel".[3]

Indicativo da relevância estratégica é a outorga das competências estatais constitucionais em determinados setores, sendo que destes a administração pública não pode se omitir. Considerando, portanto, os mandamentos constitucionais de exercício obrigatório das ações e serviços públicos nos setores estratégicos ao Estado e ao seu desenvolvimento econômico, cabe à administração pública encontrar meios de viabilizá-los.

Quando a administração pública não tem interesse ou falta-lhe os recursos para executar as ações de infraestrutura, esta lança mão de algumas ferramentas jurídicas, a fim de que aquilo que é caro ao Estado e/ou ao seu desenvolvimento econômico se realize. Entre os instrumentos possíveis está a concessão de serviços públicos, conforme autorização constitucional prescrita no art. 175.

A concessão pública corresponde:

> ao instituto através do qual o Estado atribui o 'exercício' de um serviço público a alguém que aceite prestá-lo em nome próprio, por sua conta e risco, nas condições fixadas e alteráveis unilateralmente pelo Poder Público, mas sob garantia contratual de equilíbrio econômico-financeiro remunerando-se 'pela própria exploração do serviço', em geral e basicamente mediante tarifas cobradas diretamente dos usuários do serviço.[4]

As concessões, de acordo com a Carta Maior, serão mecanismos de concretização de serviços públicos que não têm sua natureza jurídica alterada pelo fato de sua execução dar-se pela iniciativa privada. Trata-se de uma atividade pública delegada. Isto depreende-se do mandamento constitucional no sentido de que a lei regulará toda a relação decorrente da execução da concessão, seja sob a ótica da relação do poder público e das concessionárias, seja pela ótica da relação das concessionárias e dos usuários dos serviços públicos:

> Art. 175. Incumbe ao Poder Público, na forma da lei, diretamente ou sob regime de concessão ou permissão, sempre através de licitação, a prestação de serviços públicos.
>
> Parágrafo único. A lei disporá sobre:
>
> I – o regime das empresas concessionárias e permissionárias de serviços públicos, o caráter especial de seu contrato e de sua prorrogação, bem como as condições de caducidade, fiscalização e rescisão da concessão ou permissão;
>
> II – os direitos dos usuários;
>
> III – política tarifária;
>
> IV – a obrigação de manter serviço adequado.[5]

---

3. MELLO, Celso Antônio Bandeira de. *Curso de Direito Administrativo*. 21 ed. rev. e atual. São Paulo: Malheiros, 2006, p. 652.653.
4. MELLO, Celso Antônio Bandeira de. *Curso de Direito Administrativo*. 21 ed. rev. e atual. São Paulo: Malheiros, 2006, p. 672.
5. BRASIL. Constituição Federal da República Federativa do Brasil. https://www.planalto.gov.br/ccivil_03/constituicao/constituicao.htm, Art. 175.

Observe-se que, em linha com o que dispõe o art. 2º da Lei 8.987/1995, que dispõe sobre o regime de concessão e permissão da prestação de serviços públicos nos moldes do que prevê o art. 175 da CRFB/1988, as concessões de serviços públicos também podem ser precedidas da execução de obra pública, ou seja, dos projetos infraestrutura.

O mencionado dispositivo enquadram-se em obra pública "a construção, total ou parcial, conservação, reforma, ampliação ou melhoramento de quaisquer obras de interesse público, delegados pelo poder concedente, mediante licitação, na modalidade concorrência ou diálogo competitivo, e que a empresa concessionária será ressarcida ou amortizada pela exploração do serviço público ou da obra".[6] Portanto, as concessões são meios de viabilização não apenas dos serviços públicos, mas das obras públicas de infraestrutura.

Tomemos como exemplo a concessão de rodovias no Brasil. A história das concessões rodoviárias no Brasil remonta do início da década de 1990, isto porque somente a partir da edição do Decreto 94.002, de 4 de fevereiro de 1987, tornou-se possível a delegação de obra pública para construção, conservação e exploração de rodovias e obras rodoviárias federais. A partir deste ato normativo e de outros importantes marcos como a criação da Agência Nacional de Transportes Terrestres – ANTT, pela Lei 10.233, de 5 de junho de 2001, e instituição das Parcerias Público-Privadas no País pela da Lei 11.079, de 30 de dezembro de 2004, houve importante transformação nacional relativamente aos serviços públicos rodoviários.

Nem é preciso fazer muito esforço para reconhecer da relevância do serviço público rodoviário no Brasil; estudo recente demonstra que 65% (sessenta e cinco por cento) do transporte de cargas e de 95% (noventa e cinco por cento) do transporte dos passageiros no país são realizados na modalidade rodoviária, sendo que das rodovias federais 50% (cinquenta por cento) encontram-se submetidas ao regime de concessão.[7] Estes mesmos estudos apontam para a evolução da malha rodoviária pós década de 1990 e para a necessidade de se buscar ainda mais um fortalecimento na agenda das concessões rodoviárias como meio de viabilização de melhoria setor.

Muitos são os elementos que compõe a infraestrutura de uma nação, e as rodovias estão incluídas entre estes elementos compondo juntamente como outros sistemas de escoamento de produtos e de circulação de pessoas importante pilar da infraestrutura nacional, e no Brasil este importante pilar alinha-se à delegação dos serviços públicos relacionados.

O Decreto 10.531/2020, de 26 de outubro de 2020, que instituiu a Estratégia Federal de Desenvolvimento para o Brasil no período de 2020 a 2031, no tocante aos desafios de infraestrutura, traz em seu Anexo as concessões como meio de atingimento das metas de desenvolvimento socioeconômico:

---

6. BRASIL. Lei 8.987, de 13 de fevereiro de 1995. Dispõe sobre o regime de concessão e permissão da prestação de serviços públicos previsto no art. 175 da Constituição Federal, e dá outras providências. https://www.planalto.gov.br/ccivil_03/leis/l8987cons.htm?origin=instituicao, art. 2º.
7. CONFEDERAÇÃO NACIONAL DE TRANSPORTE. *Parcerias*: a provisão de infraestruturas de transporte pela iniciativa privada: rodovias. Brasília: CNT, 2023, ISBN 978-85-68865-12-5 (PDF). Disponível em: https://cnt.org.br/documento/7300e5a4-9b2b-4b8d-8977-6270832eefca. Acesso em: 28 jun. 2024, p. 15.

3. Eixo Infraestrutura

[...]

3.3. Desafios e orientações

3.3.1. Desafio: ampliar os investimentos em infraestrutura.

– aprimorar a legislação, os modelos de concessão e a regulação da prestação de serviços públicos na área de infraestrutura;

[...]

– mapear e ampliar a exploração de receitas alternativas, complementares ou acessórias em concessões de serviços públicos na área de infraestrutura, de modo a garantir a sua atratividade para o investimento privado, considerando o adequado equilíbrio dos impactos sobre contribuintes, usuários e desenvolvimento socioeconômico.

[...]

3.3.3. Desafio: proporcionar maior bem-estar para a população.

Para a melhoria da infraestrutura urbana e rural, as orientações são:

[...]

– estimular a criação de modelos de regulação para concessões e parcerias público-privadas – PPPs de saneamento e de resíduos sólidos.[8]

Isto tudo demonstra como as concessões públicas compõem o grupo de importantes ferramentas para o desenvolvimento econômico do país. A reboque disto surgem significativas preocupações relativas ao financiamento das concessões públicas.

Apesar de as concessionárias agirem em nome próprio e por sua conta e risco, a sua remuneração pode decorrer diretamente da cobrança de tarifas diretamente do usuário, situação que levanta questionamentos sobre as características e o limite de atuação do controle externo.

O texto constitucional estabelece em seu art. 70, parágrafo único, quem são as pessoas que sujeitar-se-ão ao controle do Tribunal de Contas da União – TCU fixando os contornos e a extensão da competência do referido órgão em relação aos *responsáveis* pela gestão de recursos públicos.

O objetivo desse artigo é analisar e definir o alcance da competência do TCU no controle das receitas tarifárias obtidas e aplicadas pelos concessionários em contratos de infraestrutura que envolvem concessão de serviços públicos.

1. CONCEITO DE RECEITA PÚBLICA COMO LIMITE DA COMPETÊNCIA FISCALIZATÓRIA DO TCU

O texto constitucional estabelece em seu art. 70, parágrafo único, quem são as pessoas que sujeitar-se-ão ao controle do Tribunal de Contas da União – TCU fixando os contornos e a extensão da competência do referido órgão em relação aos *responsáveis* pela gestão de recursos públicos.

---

8. BRASIL. Decreto 10.531, de 26 de outubro de 2020. Disponível em: https://www.planalto.gov.br/ccivil_03/_ato2019-2022/2020/decreto/d10531.htm. Acesso em: 31 jul. 2023.

Com efeito, a competência do TCU abrange o controle, pela via do julgamento de contas e aplicação de sanções, de qualquer pessoa, física ou jurídica, pública ou privada, que exerça a gestão de recursos públicos; a gestão corresponderá às atividades de utilização, arrecadação, guarda, gerência ou administração dos recursos públicos os quais, por sua vez, correspondem aos "dinheiros, bens e valores públicos ou pelos quais a União responda, ou que, em nome desta, assuma obrigações de natureza pecuniária".[9]

Quando se fala em dinheiros ou valores públicos é preciso que se faça um esforço de racionalização para definir como estes estão inseridos na esfera patrimonial do estado e, assim, qualificados como públicos. Este esforço decorre da necessidade de prevenir que se qualifique todo e qualquer recurso relacionado ao Estado como recurso público, afastando-se a hipótese baseada no chamado "toque de midas" dos recursos públicos[10] para as receitas que se revestem de natureza privada apesar de estarem em certa medida decorrerem de ações estatais.

Dito isso, considera-se como dinheiros ou valores públicos aqueles classificados como receitas públicas ou o estoque destes recursos previamente reconhecidos no patrimônio da União e advindos das receitas públicas.

É receita pública a entrada incorporada ao patrimônio público acrescendo-o como elemento novo e positivo.[11] O que diferencia a receita pública de meros ingressos transitórios (entradas que passam pelas contas do Estado) é o fato de que aquelas integram o patrimônio do Estado em caráter definitivo.[12]

As receitas públicas podem se classificar em originárias (fruto da exploração do patrimônio do Estado) e derivadas (obtidas compulsoriamente perante os particulares).[13] Em qualquer um dos casos, existe uma relação jurídica (contratual, tributária, sancionatória etc.) que estabelece a titularidade do Estado sobre os recursos.[14]

A LOA deve prever o volume de receitas disponível e fixar a despesa (art. 165, § 8º, da CRFB). Apenas os ingressos qualificados como receita integram a LOA, instrumento que disciplina a aplicação de recursos públicos. Ou seja, só é recurso público aquilo que for qualificado como receita e cujo destino é estabelecido pela LOA.

Na origem da ideia de orçamento está a necessidade de consentimento para o emprego de recursos públicos.[15] Ao atrelar a competência do TCU a todo e qualquer

---

9. BRASIL. Constituição Federal da República Federativa do Brasil. https://www.planalto.gov.br/ccivil_03/constituicao/constituicao.htm, Art. 70, parágrafo único.
10. SCAFF, Fernando Facury. *Orçamento republicano e liberdade* igual: ensaio sobre direito financeiro, república e direitos fundamentais no Brasil. Belo Horizonte: Fórum, 2018, p. 447.
11. BALEEIRO, Aliomar. *Uma introdução às ciências das finanças*. 15. ed. Rio de Janeiro: Forense, 2005, p. 126.
12. ABRAHAM, Marcos. Op. cit., p. 96; OLIVEIRA, Regis Fernandes de. *Curso de direito financeiro*. 5. ed. São Paulo: RT, 2013, p. 147.
13. OLIVEIRA, Regis Fernandes de; HORVATH, Estevão. *Manual de direito financeiro*. 2. ed. São Paulo: RT, 1997, p. 46.
14. BECKER, Alfredo Augusto. *Teoria geral do direito tributário*. 5. ed. São Paulo: Noeses, 2010, p. 252.
15. HORVATH, Estevão. *O orçamento no século XXI*: tendências e expectativas. 2014. 418p. Tese (Titularidade em Direito) – Faculdade de Direito, Universidade de São Paulo, São Paulo, 2014, p. 388.

agente responsável pela gestão de recursos públicos, o objetivo da Constituição é proteger o consentimento na forma como exarado na lei orçamentária. Isso vale tanto para as despesas, que devem ser executadas na forma como foram autorizadas, quanto para as receitas, que devem ser arrecadadas na forma prevista para compor o patrimônio público.

O conceito de *receita pública* é fundamental para entender o alcance da competência do TCU em relação aos valores recebidos pelas concessionárias de serviços públicos diretamente de particulares – tarifa, pois a receita pública somente abrange os recursos que pertencem ao Estado e que, por isso, podem ser qualificados como públicos (art. 70, parágrafo único, da CRFB). Somente é público o recurso que, para além de um mero ingresso, configura uma modalidade de receita pública em razão de uma norma jurídica que estabelece a titularidade estatal sobre ele.

Somente recursos qualificáveis como receitas públicas estão sujeitos à competência do TCU, pois sobre eles há titularidade do Estado. Assim, a referência a "receita" presente no enunciado do art. 41 da LOTCU – que define que o TCU "efetuará a fiscalização dos atos de que resulte receita ou despesa, praticados pelos responsáveis sujeitos à sua jurisdição"[16] – deve ser compreendida como receita pública.

A jurisprudência do STF, desde há muito, reconhece que o art. 70, parágrafo único, da CRFB inclui no campo da competência do TCU aqueles responsáveis pela administração de recursos com origem pública:[17] "a *ratio* da fiscalização pela Corte de Contas reside na origem pública dos recursos, e não no exame da natureza das entidades responsáveis pela sua gestão".[18]

Embora haja competência do TCU sobre recursos de origem pública que são administrados por entidades em nome do Estado, essa competência não se estende sobre recursos públicos recebidos por particulares e retidos como pagamento de uma contraprestação contratual.

O recebimento de recursos públicos por particulares não significa que estes recursos permaneceriam "atemporalmente públicos pelo fato de terem advindo de entes públicos",[19] atraindo eternamente a competência do TCU sobre as escolhas de aplicação realizadas pelos contratados. Eles são públicos no momento da arrecadação, porém, quando destinados ao pagamento do contratado, convertem-se em uma receita privada de origem contratual, cuja aplicação ulterior pelo seu titular (privado) torna-se insindicável pela corte de contas federal.

---

16. BRASIL. Lei 8.443, de 16 de julho de 1992. Dispõe sobre a Lei Orgânica do Tribunal de Contas da União e dá outras providências. Disponível em: http://www.planalto.gov.br/ccivil_03/leis/l8443.htm.
17. BRASIL. Supremo Tribunal Federal. Mandado de Segurança 21.644/MS. Rel. Min. Néri da Silveira, Tribunal Pleno, j. 04 nov. 1993, DJ 08 nov. 1993; Brasil. Supremo Tribunal Federal. Mandado de Segurança 25.181/DF. Op. cit.; Brasil. Supremo Tribunal Federal. Mandado de Segurança 30.788/MG. Rel. Min. Roberto Barroso, Tribunal Pleno, j. 21 maio 2015, DJe 152, pub. 04 ago. 2015.
18. BRASIL. Supremo Tribunal Federal. Mandado de Segurança 26.969/DF.
19. ROSILHO, André Janjácomo. *Tribunal de Contas da União*: competências, jurisdição e instrumento de controle. São Paulo: Quartier Latin, 2019, p. 166.

Nos contratos administrativos, os recursos recebidos a título de contraprestação, apesar de públicos na origem, remuneram uma atividade específica do particular, executada em nome próprio e não em nome do Estado. Assim, a fiscalização da corte de contas federal restringe-se à execução do contrato, não à aplicação dos recursos, como reconhece a própria jurisprudência do TCU.[20]

Situação análoga ocorre com os contratos de concessão de serviço público, nos quais o particular está incumbido de realizar um serviço e, para tanto, pode receber recursos públicos. Como as tarifas, embora sejam vinculadas a um serviço público, não têm caráter de entradas definitivas ao Estado e sequer transitam pelo orçamento, tais recursos não são públicos e, portanto, não atraem a competência do TCU.

Quando há a transferência da prestação de serviços públicos da administração pública, direta ou indireta, para pessoas jurídicas de direito privado em regime de concessão, a contraprestação pecuniária paga pelos particulares em função dos serviços prestados denomina-se tarifa. As tarifas pagas pelos particulares diretamente às empresas concessionárias de serviços públicos não se classificam como receita pública haja vista que se destinam exclusivamente a custear as atividades desenvolvidas pelas concessionárias, inclusive seus lucros,[21] e sequer transitam pelo orçamento público. Apesar de serem decorrentes da prestação de serviço públicos, as tarifas pagas diretamente pelos particulares às empresas concessionárias nunca chegam a pertencer ao Estado, portanto, não haveria como estender a competência do tribunal de contas para fiscalizar sua aplicação, a partir do art. 70, parágrafo único, da CRFB.

Vale, contudo, mencionar que não são todos os recursos das empresas concessionárias de serviço púbico que serão excluídos da competência fiscalizatória para julgar a regularidade de contas do TCU, e esse raciocínio alinha-se com tudo quanto já consignado acima. Ou seja, para a definição de âmbito de atuação do TCU é preciso que se avalie a natureza jurídica dos recursos; se públicos sempre atrairão a competência do TCU. Diz-se isso pois, as transferências de recursos do orçamento público para as empresas concessionárias mantêm sua natureza de recurso público e, portanto, sujeito ao controle da corte de contas. Este entendimento inclusive foi sumulado pelo TCU.[22]

2. FISCALIZAÇÃO DA APLICAÇÃO DE RECEITAS TARIFÁRIAS NAS CONCESSÕES: ESTUDO DE CASOS

Apesar de a competência do TCU não ser abrangente para julgar as contas de particulares remunerados por vínculos contratuais com o Estado, posto que circunscrita às

---

20. BRASIL. Tribunal de Contas da União. Acórdão 3.514/2017. Rel. Min. Vital do Rêgo, 1ª C., j. 23 maio 2017.
21. ROSA, Íris Vânia Santos. *Preço público*. Enciclopédia jurídica da PUC-SP. Celso Fernandes Campilongo, Alvaro de Azevedo Gonzaga e André Luiz Freire (Coord.). Tomo: Direito Tributário. Paulo de Barros Carvalho, Maria Leonor Leite Vieira, Robson Maia Lins (Coord. de tomo). São Paulo: Pontifícia Universidade Católica de São Paulo, 2017. Disponível em: https://enciclopediajuridica.pucsp.br/verbete/311/edicao-1/preco-publico, p. 16-17.
22. BRASIL. Tribunal de Contas da União. Súmula TCU 9. Rel. Min. Octávio Gallotto, 04 dez. 1973.

pessoas que gerem recursos públicos, não se quer dizer que o TCU não poderá exercer sobre estas situações um papel de controle.[23]

A compreensão de que não há legitimidade para fiscalizar diretamente as concessionárias está atrelada ao fato de que os recursos administrados, ainda que sejam públicos na origem, convertem-se em receitas privadas quando remuneram a atividade do particular, o que afastaria a incidência do art. 70, parágrafo único, da CRFB.

Em relações desse tipo, a competência do TCU restringe-se à fiscalização sobre a realização do objeto, quando há uma relação sinalagmática com o Estado, sendo vedado que a corte de contas fiscalize cada ato de aplicação dos recursos transferidos. De outra forma, seria admitir uma mitigação da livre iniciativa fundamento da ordem econômica plasmado no artigo 170 da CRFB.

O próprio TCU entende que não lhe compete sindicar diretamente a aplicação dos recursos pelas concessionárias, mas sim examinar se o poder concedente está fiscalizando de forma adequada a execução dos contratos de concessão.[24] Ou seja, a atuação do TCU é uma atuação de segunda ordem,[25] dado que, para os setores regulados, a primeira fronteira fiscalizatória seria incumbência dos órgãos reguladores.

Com o propósito de enfatizar as conclusões acima expostas, analisar-se-á alguns julgados do TCU.

Mediante solicitação do Congresso Nacional formulada pela Comissão de Meio Ambiente, Defesa do Consumidor e Fiscalização e Controle do Senado (CMA), Ofício 70/2009-CMA, de 13.10.2009, o Tribunal de Contas da União foi instado a proceder com auditoria nos sistemas de cobrança das empresas delegatárias dos serviços de telefonia fixa e móvel. No ofício de solicitação, o mencionado órgão do Congresso Nacional postulou que o setor de telefonia seria o setor responsável pelo maior número de reclamações nos Procons (órgãos de defesa do consumidor) estaduais e municipais e entre as principais queixas dos consumidores se destacava a cobrança indevida de serviços; o objetivo do órgão é que a auditoria se concentrasse nesta questão da cobrança.

Apesar de reconhecer a nobre preocupação do Congresso Nacional em relação às vicissitudes dos consumidores dos serviços públicos de telefonia prestados, a partir das privatizações das concessionárias no final da década de 1990, por empresas privadas, a corte de contas, em sessão plenária do dia 20.02.2013, posicionou-se no sentido de que a fiscalização direta das empresas concessionárias seria atribuição do órgão regulador,

---

23. ROSILHO, André Janjácomo. *Tribunal de Contas da União*: competências, jurisdição e instrumento de controle. São Paulo: Quartier Latin, 2019, p. 167.
24. BRASIL. Tribunal de Contas da União. Acórdão 1.703/2004. Rel. Min. Benjamin Zymler, Plenário, j. 03 novembro 2004. Acórdão 632/2007. Rel. Min. Augusto Nardes, Plenário, j. 18 abril 2007. Acórdão 210/2013. Rel. Min. José Jorge, Plenário, j. 20 fevereiro 2013. Acórdão 2.314/2014. Rel. Min. José Jorge, Plenário, j. 3 setembro 2014. Acórdão 909/2015. Rel. Min. Vital do Rêgo, Plenário, j. 22 abril 2015. Acórdão 2.051/2015. Rel. Min. Weder de Oliveira, Plenário, j. 18 agosto 2015. Acórdão 1.089/2016. Rel. Min. Bruno Dantas, Plenário, j. 04 maio 2016.
25. MERLOTTO, Nara Carolina. *A atuação do Tribunal de Contas da União sobre as agências reguladoras*: entre a independência e o controle. 2018. 268 f. Dissertação (Mestrado em Direito) – Faculdade de Direito, Universidade de São Paulo, São Paulo, 2018, p. 154.

no caso a Agência Nacional de Telecomunicações – Anatel e não ao TCU, lavrando-se, assim, o Acórdão TCU 210/2013, relatado pelo Ministro José Jorge.

Desta análise conclui-se que o TCU, em linha com a definição da natureza jurídica dos recursos que desenham sua competência, se autocontém em seu âmbito de atuação, limitando-se a atuar na fiscalização indireta através da via da fiscalização dos contratos de concessão.

Situação semelhante ocorreu com a solicitação do Congresso Nacional na Proposta de Fiscalização e Controle (PFC) 45/2011, originária da Comissão de Defesa do Consumidor da Câmara dos Deputados, na qual a Legislatura objetivava que o TCU realizasse auditoria da Companhia Energética de Alagoas – CEAL com o intuito de obter esclarecimentos quanto à atuação e ao desempenho da concessionária na prestação do serviço público de energia elétrica.

Semelhantemente ao que ocorreu no caso que originou o Acórdão TCU Acórdão 210/2013, a corte de contas avaliou que no caso em voga as questões suscitadas estariam circunscritas na competência regulatória cuja fiscalização é encargo da Agência Nacional de Energia Elétrica – Aneel e que, tal qual no primeiro caso, a competência do TCU restringir-se-ia a um controle externo das atividades finalísticas do agente regulador. Portanto, o TCU posicionou-se no sentido de que sua competência fiscalizatória das atividades das empresas concessionárias de serviços públicos é uma fiscalização de segunda ordem, ao que lavrou, em sessão plenária do dia 03.09.2014, o Acórdão TCU 2.314/2014 de relatoria do Ministro José Jorge.

Ambos os casos se relacionam com a possibilidade de julgar contas e aplicar penalidades, haja vista que na primeira situação é o caso de arrecadação de recursos e, na segunda é o caso de gerência e administração de recursos. Não obstante, numa ou noutra hipótese os recursos se revestem de natureza privada pertencendo exclusivamente às empresas concessionárias; não que estas não se sujeitem a outros mecanismos de controle, mas, como visto, estes ficarão ao encargo dos órgãos reguladores.

Apesar de os recursos recebidos pela prestação de serviços públicos pelas empresas concessionárias revestirem-se de natureza privada afastando, *a priori*, a competência fiscalizatória do tribunal de contas, é preciso que se observe que se as ações das empresas concessionárias concorrerem com as ações dos agentes públicos para causar danos ao erário a corte de contas será competente para fiscalizar o particular.

Esta é a posição manifestada pelo TCU no Acórdão TCU 865/2010, em análise do Plenário do órgão, sessão de 28.04.2010. No caso que levou o TCU a proferir tal entendimento, o Tribunal apurou irregularidades em um contrato firmado pelo Departamento Nacional de Infraestrutura de Transporte – DNER e uma empresa privada cujo objeto era a prestação de serviços de coordenação, supervisão e controle das obras de melhoramentos e restauração de uma rodovia federal, pois teria havido um pagamento a maior para o particular lesando, portanto, o erário. A despeito das alegações do particular no sentido de que sua prestação de contas estava em perfeita ordem, o TCU houve por bem incluí-lo como responsável solidário do dano ao erário com fundamento no artigo 71, inciso II, da CRFB, o qual determina que o TCU julgará as contas "daqueles que derem causa a perda, extravio ou outra irregularidade de que resulte prejuízo ao erário público". Dessa maneira, o órgão compreendeu que sua competência abrangeria inclusive as empresas contratadas que participem dos atos que derem causa a prejuízo ao erário.

Com isto tem-se que, apesar de a competência do Tribunal de Contas relativamente às concessionárias dar-se forma indireta, o controle exercido pelo órgão ainda assim é de fundamental relevância para o atendimento de ideias democráticos plasmados no texto constitucional e manifestados, entre outros, por princípios da administração pública como os princípios da moralidade e da transparência.

Muito embora se reconheça que o termo democracia encontra uma pluralidade de definições de conceito, que a palavra em si, assim como qualquer outro termo linguístico, pode sofrer do fenômeno da plurissignificação, e que o termo é disputado politicamente,[26] é possível conceber a ideia que um sistema que prestigia os ideais democráticos alinha-se ao de governos virtuosos e que prestigiam os direitos políticos e garantias dos indivíduos. Assim sendo, a adoção de mecanismos voltados a prevenir o abuso do poder manifesta aquilo que se tem chamado de ideal democrático.

CONCLUSÃO

Os avanços socioeconômicos de uma nação são intrinsecamente ligados aos projetos de infraestrutura, os quais, muitas vezes, por seu porte, exigem grande esforço financeiro, de planejamento e de execução. Quando o estado não tem interesse ou faltam-lhe os recursos para executar as ações de infraestrutura, em prol de uma otimização e ganho de eficiência e agilidade na prestação estatal são adotados instrumentos jurídicos como a delegação dos serviços públicos, ou seja, o estado transfere a um terceiro a responsabilidade para que este aja em nome próprio e por sua conta e risco tendo por remuneração os recursos provenientes da exploração do serviço público que lhe fora concedido.

Nesse cenário cogita-se a importância de as concessões se sujeitarem aos mecanismos de controle, e no tocante especificamente às receitas e eventuais ao erário, a sujeição controle das Cortes de Contas.

Apesar de não haver competência do TCU para fiscalizar a aplicação das receitas tarifárias decorrentes da exploração de serviços públicos delegados, tem-se que as empresas concessionárias não ficam totalmente à margem do controle público. Isto porque, estas pessoas ficam sujeitas a um controle indireto sempre que suas ações concorrerem com as ações dos agentes públicos para causar danos ao erário; tudo isto decorre da irradiação dos ideais democráticos constitucionais manifestados por regras e princípios pertinentes à administração pública.

---

26. HANSON, Russel L. Democracy. In: BALL, Terence, FARR, James e HANSON, Russel L (Ed.). *Political innovation and conceptual change*. Cambridge University Press, 1989, p 69.

REFERÊNCIAS

BALEEIRO, Aliomar. *Uma introdução às ciências das finanças*. 15. ed. Rio de Janeiro: Forense, 2005, p. 126.

BECKER, Alfredo Augusto. *Teoria geral do direito tributário*. 5. ed. São Paulo: Noeses, 2010.

BRASIL. Constituição Federal da República Federativa do Brasil.

BRASIL. Decreto 10.531/2020, de 26 de outubro de 2020.

BRASIL. Decreto 10.531, de 26 de outubro de 2020. Disponível em: https://www.planalto.gov.br/ccivil_03/_ato2019-2022/2020/decreto/d10531.htm. Acesso em: 31 jul. 2023.

BRASIL. Lei 8.443, de 16 de julho de 1992. Dispõe sobre a Lei Orgânica do Tribunal de Contas da União e dá outras providências. Disponível em: http://www.planalto.gov.br/ccivil_03/leis/l8443.htm.

BRASIL. Lei 8.987, de 13 de fevereiro de 1995. Dispõe sobre o regime de concessão e permissão da prestação de serviços públicos previsto no art. 175 da Constituição Federal, e dá outras providências. Disponível em: https://www.planalto.gov.br/ccivil_03/leis/l8987cons.htm?origin=instituicao.

BRASIL. Supremo Tribunal Federal. Mandado de Segurança 21.644/MS. Rel. Min. Néri da Silveira, Tribunal Pleno, j. 04 nov. 1993, DJ 08 nov. 1993.

BRASIL. Supremo Tribunal Federal. Mandado de Segurança 25.181/DF.

BRASIL. Supremo Tribunal Federal. Mandado de Segurança 30.788/MG. Rel. Min. Roberto Barroso, Tribunal Pleno, j. 21 maio 2015, DJe n. 152, pub. 04 ago. 2015.

BRASIL. Supremo Tribunal Federal. Mandado de Segurança 26.969/DF.

BRASIL. Tribunal de Contas da União. Acórdão 1.703/2004. Rel. Min. Benjamin Zymler, Plenário, j. 03 novembro 2004.

BRASIL. Tribunal de Contas da União. Acórdão 632/2007. Rel. Min. Augusto Nardes, Plenário, j. 18 abril 2007.

BRASIL. Tribunal de Contas da União. Acórdão 210/2013. Rel. Min. José Jorge, Plenário, j. 20 fevereiro 2013.

BRASIL. Tribunal de Contas da União. Acórdão 2.314/2014. Rel. Min. José Jorge, Plenário, j. 3 setembro 2014.

BRASIL. Tribunal de Contas da União. Acórdão 909/2015. Rel. Min. Vital do Rêgo, Plenário, j. 22 abril 2015.

BRASIL. Tribunal de Contas da União. Acórdão 2.051/2015. Rel. Min. Weder de Oliveira, Plenário, j. 18 agosto 2015.

BRASIL. Tribunal de Contas da União. Acórdão 1.089/2016. Rel. Min. Bruno Dantas, Plenário, j. 04 maio 2016.

BRASIL. Tribunal de Contas da União. Acórdão 3.514/2017. Rel. Min. Vital do Rêgo, 1ª C., j. 23 maio 2017.

BRASIL. Tribunal de Contas da União. Súmula TCU 9. Rel. Min. Octávio Gallotto, 04 dez. 1973.

CONFEDERAÇÃO NACIONAL DE TRANSPORTE. Parcerias: a provisão de infraestruturas de transporte pela iniciativa privada: rodovias. Brasília: CNT, 2023, ISBN 978-85-68865-12-5 (PDF). Disponível em https://cnt.org.br/documento/7300e5a4-9b2b-4b8d-8977-6270832eefca. Acesso em: 28 jun. 2024.

HANSON, Russel L. Democracy. In: BALL, Terence, FARR, James e HANSON, Russel L (Ed.). *Political innovation and conceptual change*. Cambridge University Press, 1989.

HORVATH, Estevão. *O orçamento no século XXI*: tendências e expectativas. 2014. 418p. Tese (Titularidade em Direito) – Faculdade de Direito, Universidade de São Paulo, São Paulo, 2014.

MELLO, Celso Antônio Bandeira de. *Curso de Direito Administrativo*. 21. ed. rev. e atual. São Paulo: Malheiros, 2006.

MERLOTTO, Nara Carolina. *A atuação do Tribunal de Contas da União sobre as agências reguladoras*: entre a independência e o controle. 2018. 268 f. Dissertação (Mestrado em Direito) – Faculdade de Direito, Universidade de São Paulo, São Paulo, 2018.

OLIVEIRA, Regis Fernandes de. *Curso de direito financeiro*. 5. ed. São Paulo: RT, 2013.

OLIVEIRA, Regis Fernandes de; HORVATH, Estevão. *Manual de direito financeiro*. 2. ed. São Paulo: RT, 1997.

ROSA, Íris Vânia Santos. Preço público. *Enciclopédia jurídica da PUC-SP*. Celso Fernandes Campilongo, Alvaro de Azevedo Gonzaga e André Luiz Freire (Coord.). Tomo: Direito Tributário. Paulo de Barros Carvalho, Maria Leonor Leite Vieira, Robson Maia Lins (coord. de tomo). São Paulo: Pontifícia Universidade Católica de São Paulo, 2017. Disponível em: https://enciclopediajuridica.pucsp.br/verbete/311/edicao-1/preco-publico.

ROSILHO, André Janjácomo. *Tribunal de Contas da União*: competências, jurisdição e instrumento de controle. São Paulo: Quartier Latin, 2019.

SCAFF, Fernando Facury. Controle público de projetos de infraestrutura. In: BERCOVICI, Gilberto; VALIM, Rafael (Coord.). *Elementos de Direito da Infraestrutura*. São Paulo: Editora Contraconocrrente, 2015.

SCAFF, Fernando Facury. *Orçamento republicano e liberdade igual*: ensaio sobre direito financeiro, república e direitos fundamentais no Brasil. Belo Horizonte: Fórum, 2018.

CONTRATAÇÃO EM INFRAESTRUTURA: CONSENSO, CONTROLE, INTEGRIDADE E INOVAÇÃO

CONSENSUALIDADE: MODELOS E DESAFIOS DOS TRIBUNAIS DE CONTAS NO CONTROLE DAS ATIVIDADES DE INFRAESTRUTURA

Heloísa Helena Antonacio M. Godinho

Mestre em Administração Pública pelo IDP. Bacharel em Direito. Conselheira Substituta do TCE/GO.

Rafael Galvão

Doutor em Economia pela UFMG. Economista. Bacharel em Direito. Contador. Auditor de Controle Externo do TCE/SC.

Sabrina Nunes Iocken

Pós-Doutora em Direito pela USP. Bacharel em Direito. Conselheira Substituta do TCE/SC.

Sumário: Introdução – 1. Atividade de infraestrutura e os tribunais de contas – 2. Consensualidade nos tribunais de contas: elementos constitutivos e distintivos; 2.1 Instrumentos de solução consensual e a normatização pelos Tribunais de Contas face a ausência de parâmetros nacionais; 2.2 Planos de ação e TAGs como soluções para o realinhamento das políticas públicas – 2.3 TAC e TAG: possíveis interlocuções – Conclusão – Referências.

INTRODUÇÃO

A atuação dos Tribunais de Contas na área de infraestrutura tem se intensificado, não apenas por seu poder fiscalizador e sancionador, mas, sobretudo, pelo fortalecimento de práticas consensuais. Essa abordagem, já presente nas Auditorias Operacionais,[1] ganhou um reforço com os Termos de Ajustamento de Gestão (TAGs), a Solução Consensual de Controvérsias, a Construção Participativa de Deliberações, as Mesas Técnicas, dentre outros instrumentos.

Os institutos apresentam variações conforme a regulamentação específica de cada um dos 33 Tribunais de Contas do país. Essa diversidade regulatória, além de riscos e inseguranças para os gestores públicos, repercute diretamente nas relações contratuais, especialmente no setor de infraestrutura, em razão da complexidade normativa envolvida.

---

1. NBASP 3000, 2029. A adoção e origem das decisões estruturais pelos Tribunais de Contas vide CAVALLARI, Odilon. Consensualidade no Tribunal de Contas da União: evolução, inovações e perspectivas. In: EIDT, Elisa Berton; GOULART, Juliana Ribeiro; SCHNEIDER, Patrícia Dornelles; RAMOS, Rafael (Coord.). *Consensualidade na Administração Pública*. 2024.

O objetivo deste capítulo é o de trazer para a reflexão os modelos e as possibilidades de instrumentos de consensualidade adotados pelos Tribunais de Contas brasileiros, bem como apresentar os desafios para estabelecer um "quadro de sentido nacional", que possa contribuir para fortalecer o papel institucional dessas Cortes no controle externo das atividades de infraestrutura.

Cabe ressaltar que se trata, muitas vezes, do mesmo jurisdicionado ou do mesmo particular, que, em razão da origem da relação contratual ou da origem do repasse dos recursos, sujeita-se à jurisdição de mais de um Tribunal de Contas. Tal situação pode gerar desafios adicionais para a uniformização e compreensão das práticas consensuais adotadas pelos Tribunais de Contas, dada a diversidade de interpretações e regulamentações existentes.

O recorte proposto, portanto, é abordar o tema da consensualidade, com um enfoque sobre os TAGs e outros instrumentos e sua conexão com a judicatura das contas públicas, buscando trazer para o debate a necessidade de repensar o modelo de atuação consensual dos Tribunais de Contas sob a perspectiva sistêmica do controle, cujos impactos repercutem e geram consequências em âmbito nacional.

1. ATIVIDADE DE INFRAESTRUTURA E OS TRIBUNAIS DE CONTAS

Compreender o significado de infraestrutura, conforme ensina Marrara,[2] varia de acordo com a ciência que o estuda. De acordo com o autor, no campo do direito administrativo, direito econômico e direito ambiental e urbanístico, infraestrutura representa o aparato físico, tecnológico e humano fundamental para que as funções estatais ou atividades econômicas socialmente relevantes sejam devidamente exercidas.

Assim, os recursos humanos de que dispõem as entidades administrativas, bem como seus edifícios, mobiliários, redes e outros aparatos físicos constituem a infraestrutura essencial para seu funcionamento. Já em um conceito mais restritivo, o fator humano é excluído, compreendendo-se apenas o conjunto de elementos físicos materiais e imateriais, contínuos ou descontínuos, necessários a uma atividade econômica ou a um serviço.

Infraestrutura pode ser definida, também, como "a estrutura básica que viabiliza o funcionamento da economia e possibilita o desenvolvimento das atividades humanas em seus mais diversos aspectos e dimensões".[3] Sob o aspecto jurídico, Dal Pozzo[4] compreende por infraestrutura "a atividade administrativa que o Estado ou quem lhe

---

2. MARRARA, Thiago. Regulação sustentável de infraestruturas. *Revista Brasileira de Infraestrutura* – RBINF, Belo Horizonte, ano 1, n. 1, p. 95-120, jan./jun. 2012. Disponível em: http://www.bidforum.com.br /bid/PDI0006.aspx?pdiCntd=77563. Acesso em: 10 out. 2024.
3. ROCHA, Igor Lopes; RIBEIRO, Rafael Saulo Marques. Infraestrutura no Brasil: contexto histórico e principais desafios. In: SILVA, Mauro Santos (Org.). *Concessões e parcerias público-privadas*: políticas públicas para provisão de infraestrutura. Brasília: Ipea, 2022, p. 24.
4. DAL POZZO, Augusto Neves. *O Direito Administrativo da Infraestrutura*. São Paulo: Editora Contracorrente, 2020, p. 69.

faça as vezes, tem o dever de realizar, consistente em prover, manter e operar ativos públicos de modo a oferecer um benefício à coletividade, tendo em vista a finalidade de promover concretamente o desenvolvimento econômico e social, sob um regime jurídico-administrativo".

Deve-se ter em conta que, para Dal Pozzo, além da sua caracterização como atividade inespecífica e indivisível de provisão, operação e manutenção de ativos públicos, a atividade de infraestrutura permite a sua delegação a particulares.[5-6]

Para clarear e tornar mais tangível esse conceito, Campos Neto e Ferreira[7] ressaltam que os estudos realizados pelo Ipea tendem a desagregá-lo em duas linhas de estudo. A primeira trata da infraestrutura social e urbana e tem como foco o fornecimento de bens e a prestação de serviços aos cidadãos e seus domicílios. Nesse ramo, incluem-se a prestação de serviços públicos de abastecimento de água, esgotamento sanitário, coleta de resíduos, drenagem (saneamento básico), transporte urbano, além da provisão habitacional, educacional, de saúde e segurança pública. A outra linha de estudo é chamada de infraestrutura econômica e tem como função principal dar apoio às atividades do setor produtivo. Trata-se dos setores de logística (rodovias, ferrovias, portos, aeroportos), energia elétrica, combustíveis (petróleo, gás natural e biocombustíveis) e telecomunicações.

A relação entre o elemento subjetivo e o teleológico do conceito formulado por Dal Pozzo remete aos estudos da Economia Institucional. North[8] tratou da interdependência entre as instituições e a economia, estabelecendo uma relação de causalidade entre ambiente institucional saudável e desenvolvimento econômico sustentável. O mecanismo de transmissão, segundo o autor, é que instituições eficazes ajudam a reduzir os custos de transação, criando um ambiente mais previsível e seguro para as partes envolvidas em trocas econômicas. No contexto das contratações públicas para prover, manter e operar ativos públicos, esses custos incluem a busca de informações, a pesquisa de preços, a negociação, a redação de contratos e o monitoramento de cumprimento.

Em um cenário ideal de administração pública eficiente, com controles internos fortes e atividades de planejamento, implementação e monitoramento adequadas, estaríamos desempenhando outros papeis institucionais típicos dos Tribunais de Contas. Mas o cenário é outro nos diferentes entes nacionais, o que ressalta a necessidade de análises detalhadas da contratação, da execução das obras e da prestação dos serviços, realizadas

---

5. DAL POZZO, op. cit., 2020, p. 122.
6. DAL POZZO distingue a atividade de infraestrutura da atividade de serviços públicos. Aquela tem por essência um viés finalístico, de promover o desenvolvimento econômico e social, e refere-se a um benefício *uti universi*, ou seja, usufruído pela coletividade. Já o serviço público é a atividade administrativa que impõe a ocorrência de relações jurídicas concretas entre o Estado e o usuário do serviço, de forma que os serviços públicos serão sempre específicos e divisíveis (Dal Pozzo, op. cit., 2020, p. 77-78).
7. CAMPOS NETO, Carlos Alvares da Silva; FERREIRA, Iansã Melo. As interfaces da infraestrutura econômica com o desenvolvimento: aspectos conceituais, metodológicos e apresentação dos capítulos. In: PÊGO, B.; CAMPOS NETO, C. A. S. (Org.). *Infraestrutura econômica no Brasil*: diagnósticos e perspectivas para 2025. Brasília: Ipea, 2010. v. 1, p. 15.
8. NORTH, Douglass. *Institutions and economic theory*. American Economist, v. 36, n. 1, 1992.

pelo Controle Externo. Nesse sentido, Olivieri[9] examinou a atuação dos controles interno e externo ao executivo, com especial foco nos fatores de ordem institucional que impactam na execução de investimento em infraestrutura no Brasil. Em linhas gerais, apontou que instituições de controle fortes tendem a tornar os investimentos mais eficientes e menos suscetíveis a fraudes e desvios.

Os contratos públicos de infraestrutura tendem a envolver complexas questões de ordem tecnológica, econômica, financeira, orçamentária, ambiental, jurídica e social; em geral, envolvem ativos altamente específicos; comumente formam parcerias de longa duração; estão inseridos em contexto de incertezas e riscos; e são intrinsecamente incompletos.[10] Nesse caso, muitas das fiscalizações realizadas pelos Tribunais de Contas encontram "questões complexas cuja correção requer tempo, estudo e planejamento, a fim de que sejam avaliadas as melhores opções e as respectivas consequências",[11] uma vez que a solução envolverá aperfeiçoamentos em elementos de políticas públicas[12] de alta relevância econômica e social relativas aos vários tipos de infraestrutura antes mencionados.

Portanto, o exercício do controle externo no que tange às atividades de infraestrutura tem muito a se beneficiar de um ambiente que promova o diálogo entre o controlador e o jurisdicionado e, por consequência, das soluções consensuais. Mais do que isso, o aperfeiçoamento do ambiente institucional deve avançar em direção ao "controle por atacado",[13] focado em resultados. Em vez de avaliar isoladamente cada obra, por exemplo, as Cortes de Contas têm atuado de modo mais sistêmico, analisando as dinâmicas contratuais de uma entidade governamental ou propriamente da política pública. Esse enfoque permite aprimorar a eficiência na alocação de recursos públicos e a efetividade da gestão, promovendo uma administração mais estratégica e integrada.

Esse tipo de controle, muito mais voltado para questões relevantes e complexas, constitui o *locus* adequado para o desenvolvimento de novos instrumentos de consensualidade na esfera do controle.[14]

---

9. OLIVIERI, Cecília. *A atuação dos controles interno e externo ao executivo como condicionante da execução de investimento em infraestrutura no Brasil.* Texto para Discussão, n. 2252. Instituto de Pesquisa Econômica Aplicada (Ipea), Brasília, 2016.
10. ROSA, Luis Fernando de Freitas. Contratos incompletos e infraestrutura: uma perspectiva entre direito e economia na análise de contratos complexos e de longo prazo. *Simetria* – Revista do Tribunal de Contas do Município de São Paulo, ano VII, n. 10, 2022.
11. CAVALLARI, Odilon. Consensualidade no Tribunal de Contas da União: evolução, inovações e perspectivas. In: EIDT, Elisa Berton; GOULART, Juliana Ribeiro; SCHNEIDER, Patrícia Dornelles; RAMOS, Rafael (Coord.). *Consensualidade na Administração Pública*, 2024, p. 297.
12. Em 2021, o Ipea lançou o Guia Geral de Análise Socioeconômica de Custo-Benefício de Projetos de Investimentos em Infraestrutura. Esse documento apresenta diretrizes detalhadas para avaliar os impactos econômicos e sociais de projetos de infraestrutura, fornecendo um passo a passo e questionamentos fundamentais que auxiliam na formulação, avaliação e tomada de decisões sobre políticas públicas. Disponível em: https://www.gov.br/casacivil/pt-br/assuntos/governanca/comite-interministerial-de-governanca/arquivos/guia-geral-de-analise-socioeconomica-de-custo-beneficio.pdf. Acesso em: 26 set. 2024.
13. OLIVIERI, op. cit., 2016 p. 10.
14. V. POMPERMAYER, Marina de Souza; SILVA, Ellen Mara Alves; FIGUEIREDO, Nathalia Carvalho. A solução consensual como forma de resolver controvérsias complexas e prevenir conflitos relacionados à administração pública: a prática do consensualismo no Tribunal de Contas da União a partir da Instrução Normativa 91/2022, desafios e perspectivas. Monografia premiada em 1º lugar no Prêmio Guilherme Palmeira do TCU, 2024.

Nesse sentido, por exemplo, a análise do TCU,[15] no Acórdão 2134/2023 – Plenário,[16] sobre a situação da gestão de obras paralisadas que envolvem recursos do Orçamento Geral da União (OGU), identificou que o Brasil possui atualmente 8,6 mil empreendimentos paralisados, representando 41% das 21 mil obras existentes. A análise do TCU aponta que o aumento das paralisações reflete a fragmentação e as deficiências na coordenação, no planejamento, na priorização, no monitoramento e na avaliação das carteiras de obras por parte dos órgãos do governo federal.[17] A atuação em conjunto dos Tribunais de Contas sobre essa temática permitiu uma visão sistêmica sobre o impacto das obras paralisadas relacionadas à infraestrutura educacional.

Tais auditorias, que, muitas vezes, têm sido estruturadas de modo coordenado entre os Tribunais de Contas, direcionam para a construção de soluções consensuais, como a celebração de TAGs, no quais se impulsiona o agir administrativo para o alinhamento de suas políticas públicas.

2. CONSENSUALIDADE NOS TRIBUNAIS DE CONTAS: ELEMENTOS CONSTITUTIVOS E DISTINTIVOS

Os instrumentos de consensualidade têm sido amplamente adotados pelos Tribunais de Contas como ferramentas eficazes para aprimorar o controle externo. Como bem acentua Freitas "os compromissos administrativos, celebrados e implementados de maneira proba, tendem a ser liquidamente vantajosos".[18] O diálogo e a cooperação entre os órgãos fiscalizadores e os gestores, buscando não apenas resolver conflitos de maneira colaborativa, mas também alcançar maior eficiência e segurança jurídica na administração pública, tem se mostrado positiva também no campo do controle externo.

É interessante notar que o conceito jurídico de consensualidade tem ampla aplicabilidade no Direito Administrativo, designando qualquer forma de participação dos particulares na Administração Pública, a exemplo das audiências e das consultas públicas, como ressalta Palma.[19] Nos litígios envolvendo a Administração Pública, a consensualidade remete às transações judiciais e à arbitragem.

---

15. Painel de obras paralisadas do TCU disponível em: https://paineis.tcu.gov.br/pub/?workspaceId=8bfbd0cc-f2cd-4e1c-8cde-6abfdffea6a8&reportId=013930b6-b989-41c3-bf00-085dc65109de. Acesso em: 02 nov. 2024.
16. BRASIL. Tribunal de Contas da União. *Acórdão 2134/2023* – Plenário. Processo TC 009.197/2022-2. Brasília: TCU, 2023.
17. Sobre a aplicação da consensualidade em processos com identificação de obras paralisadas v. Brasil. Tribunal de Contas da União. *Acórdão 2318/2024* – Plenário. Relator: Ministro Benjamin Zymler. Brasília: TCU, 2024.
18. FREITAS, J. Direito administrativo não adversarial: a prioritária solução consensual de conflito. *Revista de Direito Administrativo*, [S. l.], v. 276, p. 25-46, 2017. Disponível em: https://periodicos.fgv.br/rda/article/view/72991. Acesso em: 26 set. 2024.
19. PALMA, Juliana Bonacorsi de. Acordos para Ajuste de Conduta em Processos Punitivos das Agências Reguladoras. In: PEREIRA NETO, Caio Mario da Silva; PINHEIRO, Luís Felipe Valerim (Org.). *Direito da Infraestrutura*. São Paulo: Saraiva, 2017, v. 2, p. 65.

A acepção ora tratada parte do último sentido acima mencionado. É o que Forni[20] chama de "modalidades consensuais de endereçamento de conflitos", mas vai além. Oliveira[21] trata a consensualidade sob o aspecto da negociação envolvida, quando as partes "mutuamente cedem sobre pontos relativos ao objeto em discussão, favorecendo a obtenção de um equilíbrio de interesses originalmente contrapostos". Nota-se, nesses conceitos, o enfoque na presença de uma lide, um conflito ou de interesses contrapostos, remetendo à ideia de uma possível auto ou heterocomposição. Mas o "ir além" ou a ampliação dessa ideia parte da própria natureza dos processos de controle externo e das competências dos Tribunais de Contas.

Justen Filho[22] explica que a CRFB/88 ampliou a competência dos Tribunais Contas, pois, no sistema normativo anterior, a fiscalização externa envolvia apenas o exame da legalidade dos atos praticados. Ao adicionar critérios como a legitimidade e a economicidade, o Constituinte conferiu àqueles tribunais poder de fiscalização por "ângulos complementares da liberdade de atuação do gestor da coisa pública", sem, todavia, a faculdade de questionar o mérito, a conveniência ou a discricionariedade do gestor público. O autor assim define os critérios adicionados:

> A expressão legitimidade deve ser interpretada em acepção mais ampla do que legalidade. A legitimidade significa não apenas a compatibilidade do ato com as normas legais, mas também a correção do ato segundo os princípios fundamentais e as circunstâncias concretas existentes à época da prática do ato. A legitimidade abrange, então, alguns aspectos do exercício da discricionariedade, ainda que não compreenda o mérito da escolha do agente estatal. [...]
> A economicidade compreende os diversos ângulos da eficiência econômica. Indica a utilização mais satisfatória e eficiente dos recursos públicos, com o menor dispêndio possível para a realização dos fins buscados.

Assim, as Cortes de Contas exercem um controle que vai muito além da legalidade, incluindo também a legitimidade, economicidade, eficiência, eficácia e efetividade dos atos de gestão. Em se tratando das atividades de infraestrutura, essa fiscalização objetiva, em última instância, o bom uso dos recursos públicos, a oferta de serviços adequados e a qualidade das políticas públicas.

Sob tal perspectiva, a Nota Recomendatória da Atricon 02/2022 orienta os Tribunais de Contas do Brasil a adotarem métodos de solução consensual de conflitos em seus processos de controle externo.[23] A recomendação destaca a importância de integrar

---

20. FORNI, João Paulo. A consensualidade no TCU: fundamentos teóricos, enquadramento jurídico e diferenças em relação ao TAG. In: FERRAZ, Luciano (Coord.). *A consensualidade como alternativa ao controle sanção pela administração pública*. São Paulo: Dialética. v. 2. No prelo. s.p.
21. OLIVEIRA, Gustavo Justino de. A arbitragem e as Parcerias Público-Privadas. *Revista Eletrônica de Direito Administrativo Econômico*. Salvador, n. 2, maio/jul. 2005, p. 243.
22. JUSTEN FILHO, MARÇAL. *Curso de Direito Administrativo*. 11. ed. rev., atual. e ampl. São Paulo: RT, 2015, p. 1281.
23. Associação dos Membros dos Tribunais de Contas do Brasil (Atricon). Nota Recomendatória da Atricon 02/2022. Recomendação aos Tribunais de Contas brasileiros para que, observado o regime jurídico-administrativo, adotem instrumentos de solução consensual de conflitos, aprimorando essa dimensão nos processos de controle externo.

ações dialógicas e colaborativas para melhorar a eficiência, eficácia e legitimidade na administração pública. Além disso, a nota enfatiza a adoção e a implementação de normas voltadas à solução consensual de conflitos, bem como a criação e regulamentação de procedimentos processuais de audiência, com ou sem a finalidade conciliatória, como formas de aprimorar o controle preditivo e preventivo, contribuindo para a resolução de controvérsias de maneira ágil e eficaz.

Ainda que não haja uma uniformidade em relação à disciplina dos instrumentos de consensualidade que podem ser utilizados pelos Tribunais de Contas, merecem ser destacados alguns dos institutos adotados, como os TAGs, a Solução Consensual de Controvérsias e as Mesas Técnicas. Há, ainda, duas técnicas de decisão, há muito tempo utilizadas pelos Tribunais de Contas, que foram responsáveis pela gradual introdução de elementos de consensualidade no âmbito do controle externo. Trata-se das decisões estruturais e da construção participativa das deliberações.[24] Por fim, destaca-se um instrumento procedimental que vem ganhando mais relevância recentemente: a Mesa Técnica.

As decisões estruturais envolvem o tratamento de "irregularidades relativas a questões complexas cuja correção requer tempo, estudo e planejamento, a fim de que sejam avaliadas as melhores opções e as respectivas consequências".[25-26] Nessas circunstâncias, ao invés de apresentar elas próprias um caminho de correção cogente e unilateral, as Cortes de Contas abrem um diálogo processual e institucional com o jurisdicionado, fixando-lhe um prazo para que apresente um plano de ação, com as ações, os responsáveis e os prazos para implementação das medidas corretivas. Caso o Tribunal entenda que aquelas escolhas do gestor são juridicamente razoáveis, suspenderá eventual processo de responsabilização e determinará o monitoramento da execução do plano. Sublinha-se que esse tipo de decisão era uma característica apenas das auditorias operacionais[27] realizadas pelos Tribunais de Contas. No entanto, é cada vez mais comum verificar sua utilização, também, nas fiscalizações de regularidade,[28] alinhada à previsão do art. 71,

---

24. CAVALLARI, Odilon. Consensualidade no Tribunal de Contas da União: evolução, inovações e perspectivas. In: EIDT, Elisa Berton; GOULART, Juliana Ribeiro; SCHNEIDER, Patrícia Dornelles; RAMOS, Rafael (Coord.). *Consensualidade na Administração Pública*, 2024, p. 299-300.
25. CAVALLARI, op. cit., 2024, p. 297.
26. A origem das decisões estruturais se deu no caso *Brown versus Bord Education* (II), em 1954, pela Suprema Corte Americana. CAVALLARI, op. cit., 2024, p. 297-298.
27. "A auditoria operacional é o instrumento que tem por finalidade avaliar, quanto aos aspectos da economicidade, eficiência, eficácia, efetividade e equidade, os programas, projetos e atividades, considerados no seu conjunto, dos órgãos ou entidades que integram a Administração Pública, ou aqueles realizados pela iniciativa privada sob delegação, contrato de gestão ou congêneres e, por meio dessa avaliação, obter conclusões aplicáveis ao aperfeiçoamento desses programas, projetos e atividades, e à otimização da aplicação dos recursos públicos, sem prejuízo do exame da legalidade". Resolução N. TC-0161/2020, TCE/SC.
28. "A auditoria de regularidade é o exame e a avaliação dos registros, das demonstrações contábeis, das contas governamentais, das operações e dos sistemas financeiros, do cumprimento das disposições legais e regulamentares, dos sistemas de controle interno, da probidade e da correção das decisões administrativas, e da legalidade, economicidade e legitimidade dos atos de gestão dos responsáveis sujeitos à sua jurisdição". Resolução N. TC-0161/2020, TCE/SC.

inc. IX, da CRFB/88,[29] bem como à postura mais dialógica, consensual e consequencialista que ganhou corpo nos anos recentes, especialmente após as alterações na LINDB, promovidas pela Lei 13.655/2018.

A construção participativa das deliberações é um conceito introduzido pela Resolução 315/2020 do TCU, mas cuja técnica de decisão também já vinha sendo utilizada em auditorias operacionais. A norma estabelece que, nos casos aplicáveis, a unidade técnica instrutiva deve oportunizar aos destinatários das deliberações a apresentação de comentários sobre as propostas de determinação e/ou recomendação, solicitando, em prazo compatível, informações quanto às consequências práticas da implementação das medidas aventadas e eventuais alternativas. Ela deve ser aplicada nas deliberações que contemplem medidas a serem tomadas pelas unidades jurisdicionadas, com exceção das situações em que as circunstâncias do processo permitirem antecipar a possível proposta de encaminhamento e quando o prévio conhecimento da proposta pelos gestores colocar em risco o alcance dos objetivos da ação de controle.[30]

No TCE/SC, *e.g.*, essa técnica é uma práxis da auditoria operacional, em que o resultado da auditoria, na forma de relatório com as análises, conclusões e possíveis recomendações e determinações, é apresentado ao jurisdicionado na forma de audiência, com caráter de oitiva prévia à Deliberação Plenária. Ao receber os comentários do gestor, a equipe de auditoria analisa as informações e os documentos encaminhados e os registra em novo relatório, podendo ajustar ou, até mesmo, desconsiderar as possíveis determinações e/ou recomendações anteriormente propostas.[31] Portanto, na construção participativa das deliberações, assim como nas decisões estruturais, o gestor é chamado a participar da construção da solução para o caso concreto. Todavia, não se trata de um acordo ou uma solução consensual propriamente dita, pois a palavra final permanece com a Corte de Contas, que pode discordar do plano de ação e das soluções propostas, retomando a atuação unilateral e cogente da fiscalização.[32]

Passando às soluções consensuais propriamente ditas, o instrumento mais utilizado a nível nacional é o TAG.[33] Ferraz[34] destaca que a primeira experiência de termo de ajustamento na esfera controladora nacional ocorreu em Belo Horizonte, em 2007, no âmbito da Controladoria-Geral do Município, quando foi chamado de Termo de Compromisso de

---

29. Art. 71. O controle externo, a cargo do Congresso Nacional, será exercido com o auxílio do Tribunal de Contas da União, ao qual compete: [...] IX – assinar prazo para que o órgão ou entidade adote as providências necessárias ao exato cumprimento da lei, se verificada ilegalidade.
30. BRASIL. Tribunal de Contas da União. Resolução 315/2020. Aprovada em 22 abril 2020.
31. Santa Catarina. Tribunal de Contas do Estado de Santa Catarina. Manual AOP, 2024, versão 01. Disponível em: https://www.tcesc.tc.br/node/60718. Acesso em: 25 out. 2024.
32. CAVALLARI, op. cit., 2024, p. 300.
33. V. BRINCAS, Cláudia. Bressan. da Silva. *Termo de ajustamento de gestão no âmbito dos Tribunais de Contas*: o controle preventivo das contas públicas e o paradigma da consensualidade administrativa. São Paulo: Dialética, 2022; DE MELLO, Marcílio Barenco Corrêa. *Termo de ajustamento de gestão*: instrumento de composição no controle das despesas públicas. São Paulo: Dialética, 2022.
34. FERRAZ, Luciano. FERRAZ, Luciano. *Controle e consensualidade*: fundamentos para o controle consensual da Administração Pública (TAG, TAC, SUSPAD, acordos de leniência, acordos substitutivos e instrumentos afins). 2. ed. Belo Horizonte: Fórum, 2020, p. 230.

Gestão (TCG).[35] No campo do controle externo, as primeiras normas regulamentadoras, já adotando a denominação TAG, foram editadas pelo TCE/GO e TCE/MG em 2011, seguido pelo TCE/PE em 2012 e os demais nos anos seguintes.[36] Em 2014, ao disciplinar o controle concomitante a cargo dos Tribunais de Contas, a ATRICON incluiu o TAG dentre os resultados da fiscalização, destacando três objetivos desse instrumento: "i) dar regularidade à execução de atos administrativos de execução continuada e que se encontrem com irregularidades passíveis de correção; ii) suspender a aplicação de penalidades para a correção do procedimento administrativo; iii) impedir a ocorrência de novas ilegalidades em razão de equivocado entendimento quanto à aplicabilidade da legislação referente a procedimentos licitatórios e à celebração de contratos administrativos, entre outros".[37]

Ao ser assinado, o TAG estabelece um acordo entre o Tribunal e o jurisdicionado, com prazos e condições para o saneamento das irregularidades, sendo essencial destacar que há a concordância expressa do jurisdicionado sobre o que foi pactuado. Em síntese, o TAG permite "estabelecer um acordo de vontades entre controlador e controlado, pelo qual este se compromete a executar medidas com vistas ao cumprimento da lei ou a tornar mais efetiva determinada política pública.[38] Em troca, suspende-se o andamento de eventual processo que lhe poderia resultar em penalidade".[39]

Um segundo instrumento de solução consensual foi disciplinado pelo TCU em 2022, por meio da Instrução Normativa 91/2022,[40] e chamado de solução consensual de controvérsias (SCC). Essa solução é aplicada em situações de controvérsias na execução de contratos, convênios, parcerias ou outros instrumentos de natureza pública, visando à composição amigável entre as partes envolvidas, mediante a celebração de um termo de autocomposição. Trata-se, na verdade, de um compromisso negociado na esfera administrativa, tendo por partes a Administração Pública Federal e um particular, contando com a contribuição do TCU como um interveniente. A própria Administração Pública ou o relator de processo naquele Tribunal pode solicitar o procedimento de solução consensual, por meio do que a norma chamou de Solicitação de Solução Consensual. A atuação da Corte de Contas é assemelhada ao papel exercido pelo mediador na esfera jurídica. Nesse caso, "a Corte de Contas não celebra nenhum acordo. O que o TCU faz é incentivar as partes contratantes a celebrarem um acordo. Para tanto, participa da mesa de discussões e, ao final, antecipa o seu juízo sobre a solução consensual que as partes pretendem adotar".[41]

---

35. Decreto 12.634, de 22 de fevereiro de 2007.
36. V. Tabela 3, em seção seguinte deste trabalho.
37. Associação dos Membros dos Tribunais de Contas do Brasil (ATRICON). Resolução Atricon 02/2014 – Controle Externo Concomitante. Aprova as Diretrizes de Controle Externo Atricon 3202/2014 relacionadas à temática "Controle Externo Concomitante: instrumento de efetividade dos Tribunais de Contas".
38. O TCE/PB, conforme Lei Complementar 192/24, denominou o seu instrumento de acordo para ajuste de gestão de Pacto de Adequação de Conduta Técnico-Operacional – PACTO.
39. CUNDA, Daniela Zago Gonçalves da; REIS, Fernando Simões dos. Termos de ajustamento de gestão: perspectivas para um controle externo consensual. *Revista do TCU*, Brasília, v. 140, p. 94-103, set./dez. 2017, p. 96.
40. Sobre o questionamento da constitucionalidade do instituto v. ADPF 1183. BRASIL. Supremo Tribunal Federal. Arguição de Descumprimento de Preceito Fundamental 1183, Relator: Ministro Gilmar Mendes, Brasília, DF, 2023. Disponível em: https://portal.stf.jus.br/processos/detalhe.asp?incidente=6990125.
41. CAVALLARI, op. cit., 2024, p. 303.

A última ferramenta na busca de consensos que vem ganhando adeptos na esfera controladora nacional é a denominada de Mesa Técnica.[42] Não se trata de um instrumento propriamente dito de solução consensual nem uma técnica de decisão, mas de um instrumento procedimental que visa institucionalizar o diálogo entre gestores e órgãos técnicos dos Tribunais de Contas, funcionando como audiências públicas de trabalho para esclarecimento de questões técnicas de destacada relevância ou de alto grau de complexidade.[43] Elas podem ser realizadas, em geral, por provocação do Relator do processo ou por solicitação do titular do órgão ou entidade jurisdicionada do Tribunal. Esse instrumento ritualiza, dá transparência e mais legitimidade a algo que já ocorria anteriormente no bojo dos processos de fiscalização dos Tribunais de Contas, ou seja, reuniões entre o jurisdicionado e a unidade técnica instrutiva; entre o jurisdicionado e o Relator do processo; e entre o jurisdicionado, a unidade técnica e o Relator. Tal instituto pode contribuir com a prevenção de conflitos e/ou irregularidades e com a busca da melhor solução para o processo em trâmite no Tribunal, sendo, inclusive, possível a proposição de um TAG ou de uma SSC.

Tais instrumentos têm sido amplamente utilizados em relação às atividades de infraestrutura. O TCU, até a data de 25 de outubro de 2024, havia recebido 30 solicitações de solução consensual de controvérsias (SCC), sendo 25 ligadas diretamente à atividade de infraestrutura, segundo o perfil mostrado na tabela a seguir:

Tabela 1: Solicitações de Solução Consensual de Controvérsias (SCC) no TCU por tipos de atividades de infraestrutura

Tipo de infraestrutura	Serviço público ou setor produtivo	Quantidade de SSC
Infraestrutura social e urbana	Saúde	1
	Rodovia	6
	Ferrovia	3
	Aeroporto	6
Infraestrutura econômica	Porto	1
	Energia Elétrica	5
	Telecomunicações	3
Total		25

Fonte: Elaborado pelos autores com dados extraídos do TCU[44]

---

42. V., *e.g.*, MONTEIRO, Egle dos Santos; BORDIN, Newton Antonio Pinto. Mesas Técnicas em Tribunais de Contas. *Revista Simetria do Tribunal de Contas do Município de São Paulo*, [S. l.], v. 1, n. 7, p. 46-50, 2021.
43. "A mesa técnica pode ser enquadrada no conceito de consensualidade em sentido amplíssimo, já que os casos envolveram discussões entre o controlador e o administrador, objetivando encontrar as soluções técnico-jurídicas para os problemas analisados, sendo previstas inclusive as técnicas de conciliação e mediação". (ROXO, Fernanda Spósito. as mesas técnicas dos Tribunais de Contas: fundamentos, limites e dinâmica operacional a partir das experiências do Tribunal de Contas do Município de São Paulo e do Tribunal de Contas do Estado do Mato Grosso. Dissertação (Mestrado Profissional), Fundação Getúlio Vargas, Escola de Direito de São Paulo, 2023, p. 83).
44. Disponível em: https://portal.tcu.gov.br/solucao-consensual. Acesso em: 25 out. 24.

Com relação aos TAGs, a ausência de um órgão nacional de controle e acompanhamento das Cortes de Contas dificulta o conhecimento do panorama geral e atualizado desses acordos. Em pesquisa realizada em 2021 por meio de envio de questionários a 22 dos 24 Tribunais que naquele momento possuíam previsão legislativa e/ou regimental desse instrumento de solução consensual, constatou-se que os Tribunais de Contas haviam analisado 196 TAGs até então, dos quais 35 podem ser considerados ligados às atividades de infraestrutura, conforme detalhado na tabela a seguir:

Tabela 2: TAGs examinados pelos TCs até 2021 relacionados às atividades de infraestrutura

Tipo de infraestrutura	Serviço público ou setor produtivo	Quantidade de TAGs
Infraestrutura social e urbana	Saúde	15
	Educação	7
	Água e Esgoto	1
	Transporte Urbano	7
Infraestrutura econômica	Rodovias	5
Total		35

Fonte: Elaborado pelos autores com dados extraídos de Nunes[45]

No que tange às Mesas Técnicas, os procedimentos relacionados às atividades de infraestrutura parecem ser maioria entre as soluções técnico-jurídicas discutidas nesses fóruns. No TCE/MS, destacam-se as Mesas Técnicas relacionadas à pavimentação da rodovia BR-174, à obra do Sistema Ferroviário Rondonópolis-Cuiabá-Lucas do Rio Verde e ao transporte coletivo de Cuiabá. No TCM/SP, tem-se as Mesas Técnicas pertinentes a obras de drenagem, ao acompanhamento do contrato de concessão do Complexo Esportivo do Pacaembu e ao leilão de privatização da empresa paulistana de turismo SPTuris.

Constata-se, portanto, que a consensualidade está cada vez mais presente no âmbito da judicatura das contas públicas, sobretudo no que se refere à fiscalização da atividade de infraestrutura, seja por meio de instrumentos como o TAG, a Solução Consensual de Controvérsias ou mesmo as Mesas Técnicas.

2.1 Instrumentos de solução consensual e a normatização pelos Tribunais de Contas face a ausência de parâmetros nacionais

Existem 33 Tribunais de Contas (TCs) no Brasil, sendo 27 Tribunais de Contas dos Estados (TCEs), 3 Tribunais de Contas dos Municípios (TCMs) e 2 Tribunal de

---

45. NUNES, Marcela Cristina Arruda. *O Termo de Ajustamento de Gestão como instrumento de contribuição dos Tribunais de Contas, na efetivação de políticas públicas de competência das gestões municipais*: aplicação ao TCE-SP. Dissertação (mestrado profissional MPGPP) – Fundação Getúlio Vargas, Escola de Administração de Empresas de São Paulo, 2021, p. 121-144.

Contas do Município (TCM). Abaixo, a Tabela 3 mostra o atual panorama regulatório envolvendo os TAGs, as SCCs e as Mesas Técnicas.

Somente 5 TCs ainda não regulamentaram de alguma forma o TAG. São eles: TC/DF, TCE/PA, TCE/RR, TCE/SP e TCU. Deve-se considerar, contudo, que o TCE/PB denominou o seu instrumento de acordo para ajuste da gestão de Pacto de Adequação de Conduta Técnico-Operacional (PACTO), ao passo que o TCE/RS, de Termo de Adoção de Providências (TAP).

Ou seja, 28 TCs já normatizaram a matéria, de alguma maneira. A pesquisa identificou que 2 TCs contam com previsão tão somente em lei, 9 TCs contam apenas com ato normativo infralegal e 15 TCs regulamentaram por meio de lei e ato normativo infralegal. Esses dados são apresentados na tabela abaixo, especificando as respectivas leis e os atos normativos.

Tabela 3 – Regulamentação dos instrumentos de soluções consensuais nos Tribunais de Contas

TC	Dispositivo legal	Regulamentação
	Termo de Ajustamento de Gestão (TAG)	
TCE/AC	LC 38/1993, art. 106-A (incluído pela LC 259/2013)	-
TCE/AL	LC 8.790/2022, art. 1º, XXII; art. 100	Resolução Normativa 3/2022
TCE/AM	LE 2423/1996, art. 1º, XXVII; 42-A; 42-B (incluído pela LC 120/2013)	Resolução 21/2013
TCE/AP	LC 88/2015, art. 10	Resolução Normativa 172/2017
TCE/BA	-	Resolução 84/2020
TCE/CE	-	Resolução 7/2021, art. 11-A (incluído pela Resolução 6/2024)
TC/DF	-	-
TCE/ES	LC 621/2021, art. 1º, XXXIX	Instrução Normativa 82/2022
TCE/GO	LE 16.168/2007, art. 110-A (incluído pela LE 17.260/2011)	Resolução Normativa 6/2012, alterada pela Resolução 007/2016.
TCE/MA	-	Resolução 296/2018
TCE/MG	LC 102/2008, art. 93-A, 93-B (incluído pela LC 120/2011)	Resolução 14/2014
TCE/MS	LC 160/2012, art. 25-A (incluído pela LC 223/2016)	Resolução 81/2018
TCE/MT	LC 269/1997, art. 1º, XIX; art. 42-A; art. 42-B (incluído pela LC 486/2013)	Resolução 1/2013
TCE/PA	-	-
TCE/PB	LC 192/2024, art. 2º, XVIII, art. 5º (Pacto)	Resolução Normativa 07/2024
TCE/PE	LE 12.600/2004, art. 21, XII; art. 48-A (incluído pela LE 14.725/2012)	Resolução 2/2015 (substituída pela Resolução 201/2023)

TCE/PI	LE 5.888/2009, art. 2º, XXIII; art. 85-A (incluído pela LE 7.896/2022)	Resolução 10/2016
TCE/PR	LC 113/2005, art. 9º, § 5º (incluído pela LC 194/2026)	Resolução 59/2017
TCE/RJ	-	Deliberação 329/2021
TCE/RN	LC 464/2012, art. 29, parágrafo único; art. 122	Resolução 009/2012
TCE/RO	LC 154/1996, art. 1º, XVII (incluído pela LC 679/2012)	Resolução 246/2017
TCE/RR	-	-
TCE/RS	-	Resolução 1028/2015 – art. 142 (TAP)
TCE/SC	LC 202/2000, art. 36-A, 36-B (incluído pela LC 769/2021)	-
TCE/SE	LC 205/2011, art. 52	Regimento Interno, arts. 122-130 (incluído pela Resolução 270/2011)
TCE/SP	-	-
TCE/TO	-	Instrução Normativa 1/2019
TCMs/BA	-	Resolução 1463/2022
TCMs/GO	LE 15.958/2007, art. 44-A, incluído pela Lei 19.990/2018	Instrução Normativa 4/2018
TCMs/PA	-	Regimento Interno, ato 16/2013, arts. 147 a 158
TCM/RJ	-	Regimento Interno, art. 1º, XXXIII (incluído pela Resolução 73/2023); Instrução Normativa 008/2024.
TCM/SP	-	Resolução 02/2023
TCU	-	-
Solução Consensual de Controvérsias (SCC)		
TCU	-	Instrução Normativa 91/2022
Mesas Técnicas		
TCE/AC	-	Resolução 127/2023
TCE/MT	-	Resolução Normativa 12/2021
TCE/RJ		Regimento Interno, Deliberação 338/2023 ("Reunião Técnica")
TCE/SE	-	Resolução 359/2024
TCM/SP	-	Resolução 02/2020

Fonte: ATRICON e sítios oficiais dos órgãos listados.
*Lei Complementar (LC), Lei Estadual (LE)

O primeiro ponto que chama a atenção nessa tabela é a quantidade de diferentes normas sobre a matéria, sem que exista uma norma geral nacional. Taborda e Dias[46]

---

46. TABORDA, Maren Guimarães; DIAS, Carlos Armando Nogueira. Transparência e termo de ajuste de gestão: a insuficiência do controle de contas punitivo. *Revista da ESDM*, v. 9, n. 17, 2023, p. 113.

mencionam a dificuldade de se criar uma política nacional de tratamento adequado de conflitos e interesses ou de incentivo à composição no âmbito do controle externo exercido pelos TCs ante a ausência de previsão constitucional de um órgão administrativo centralizador, como ocorre com o Conselho Nacional de Justiça (CNJ), no âmbito do Poder Judiciário; e o Conselho Nacional do Ministério Público (CNPM), no âmbito do Ministério Público, com as respectivas Resoluções CNJ 125/2010 e CNMP 118/2014. O TCU, por sua vez, não possui tal competência. Ainda que se reconheça que jurisprudência daquele tribunal exerça grande influência no ambiente controlador nacional, não há propriamente uma adoção a nível subnacional da sua produção de normas de organização interna, procedimentos e ritos processuais.

Diante dessa heterogeneidade normativa, Vieira[47] conduziu uma pesquisa em que busca responder se "existiria uma parametrização mínima, estabelecida entre os TCs brasileiros em consenso, capaz de eleger os aspectos indutores e limitadores do manejo do TAG, assegurando isonomia aos jurisdicionados?" O resultado encontrado não foi positivo. A conformação atual está longe de apresentar um consenso. Cada Tribunal de Contas estabelece seus próprios fundamentos indutores, isto é, as razões para a celebração do TAG. Da mesma forma é a desarmonia entre as vedações elencadas nas normas que obstam o acordo. Os autores apontam, ainda, um déficit procedimental e elevada carga de conceitos indeterminados nas correções, adequações e ajustes possíveis, o que se traduz na necessidade "de interpretações a serem empreendidas caso a caso, na práxis da ação controladora". A consequência disso, concluíram os autores, é o comprometimento da segurança jurídica, da isonomia e da impessoalidade nas relações institucionais estabelecidas nos processos de controle, além da própria eficácia desse instrumento.

Oliveira e Barbirato[48] apontam alguns pontos de divergências e, ao mesmo tempo, de controvérsias entre as normas regulamentadoras do TAG. Destacam que não há previsão nos regulamentos sobre o tratamento das informações e/ou documentos que foram encaminhados pelo gestor durante as discussões do acordo quando o TC negar a celebração do ajuste, o que distingue o TAG dos acordos substitutivos ou integrativos de sanções no âmbito do Poder Judiciário. Por outro lado, citam a questionável regra amplamente presente nos regulamentos, que é a impossibilidade de celebração de acordo em caso de decisão irrecorrível exarada pela corte de contas. Da mesma forma, criticam a vedação expressa, em alguns regulamentos, de celebração do TAG nos casos de configuração de ato doloso de improbidade administrativa, sendo que algumas normas ampliam essa vedação para quando houver meros indícios de improbidade, incluindo aqui a conduta culposa. Apontam, também, que falta embasamento jurídico para a vedação da celebração de TAG no âmbito das prestações de contas anual ou contas de governo. Essas são apenas algumas das regras que reduzem os incentivos, inibem e/ou

---

47. VIEIRA, Cristiane Gonçalves. O termo de ajuste de gestão como instrumento de controle externo consensual no Brasil. *Rev. Controle*, Fortaleza, v. 22, n. 1, p. 435-464, jan./jun. 2024.
48. OLIVEIRA, José Roberto Pimenta; BARBIRATO, Bruno Vieira da Rocha. O Termo de Ajustamento de Gestão (TAG) e seu regime jurídico nos tribunais de contas brasileiros. *Revista da AGU*, v. 22, n. 02, p. 87-111, abr./jun. 2023.

criam incertezas para as partes envolvidas, o que, ao final, trabalham contra a isonomia e a segurança jurídica no âmbito da solução consensual dos conflitos e irregularidade.

Ademais, causa certa surpresa que alguns TCs regulamentaram a matéria sem sua previsão em lei específica, isto é, sem previamente (ou concomitantemente) modificar sua LO. Essa situação pode gerar questionamentos, reduzir os incentivos à negociação em direção a um acordo e gerar insegurança jurídica. Há TCs que fundamentam suas normas com base na sua competência constitucional de atribuir prazo para a correção de irregularidades. Outros, mais recentemente, remetem à autorização, contida no art. 26 da LINDB, para que a autoridade administrativa celebre compromissos consensuais. Esse ponto, contudo, é duvidoso, ressalta Cavallari,[49] uma vez que os TCs não fazem parte dessa esfera administrativa, considerando que, especialmente no contexto da LINDB, toda vez que a lei se refere aos TCs, ela versa da esfera controladora.

Mas há quem defenda que a autorização genérica do art. 26 seja suficiente.[50] Há, ainda, a possibilidade – aqui entendida como o caso menos recomendável – de celebração de TAG com base em analogia ao Termo de Ajustamento de Conduta (TAC), previsto na Lei da Ação Civil Pública (LACP), sem qualquer previsão específica em ato normativo legal ou infralegal. Oliveira e Barbirato[51] apontam um caso como esse, tratando-se de um TAG celebrado entre o Ministério Público de Contas do TCM/BA e o Município de Piritiba em 2015. Posteriormente, como visto na Tabela 3, em 2022, o TCMBA editou a Resolução 1463/2022. Nesse cenário, para se evitar questionamentos ou incentivos dúbios, ainda que exista dúvida sobre a necessidade do ato normativo legal, sua edição é, no mínimo, recomendável para todos os TCs que desejem contar com esse instrumento.

Em seu estudo, Nunes[52] traz uma consolidação dos diversos diplomas normativos sobre o TAG, agrupando-os a partir dos seguintes eixos: legitimados, vedações, prescrição, notificação de terceiros, estrutura, efeitos, descumprimento da decisão e recorribilidade dos termos do TAG, ao fazer um comparativo sobre o Projeto de Lei Complementar 60 que tramita, desde 2015, para alteração da Lei Orgânica do TCE/SP.

O TCU rejeitou expressamente a implantação do TAG em 2011, quando discutiu a revisão do seu RI,[53] o que não impede eventual reavaliação futura desse entendimento e inclusão desse tipo de acordo no seu cardápio de soluções consensuais. Ressalta-se que essa rejeição não foi uma surpresa, tendo em vista que, como destacado por Forni,[54] na época em que o Plenário do TCU rejeitou o TAG, a possibilidade de negociar soluções e transacionar sanções não era valorizada como atualmente naquela Corte, como de-

---

49. CAVALLARI, op. cit., 2024, p. 299.
50. BORDIN, Newton Antônio Pinto Bordin. Da viabilidade jurídica da utilização de termos de ajustamento de gestão (TAG) por Tribunais de Contas. In: JUSTINO DE OLIVEIRA, Gustavo Henrique (Coord.); BARROS FILHO, Wilson Accioli de (Org.). *Acordos administrativos no Brasil*: teoria e prática. São Paulo: Almedina, 2020, p. 389-403.
51. OLIVEIRA; BARBIRATO, op. cit., 2023, p. 106.
52. NUNES, op. cit., 2021.
53. BRASIL. Tribunal de Contas da União (Plenário). Acórdão 3.194/2011. Relator: Min. Augusto Nardes. Julgado em 30.11.2011.
54. FORNI, op. cit., 2025.

monstram suas normas e sua jurisprudência posteriores relativas à consensualidade. Da mesma forma, não há, em tese, nenhum impeditivo para que, no futuro, os demais TCs adotem elementos da Instrução Normativa TCU 91/2022 em seus repertórios de soluções consensuais, em que passariam, também, a assumir um papel híbrido de mediador, conciliador e/ou árbitro na celebração de um acordo extrajudicial entre as partes.

Por fim, a Tabela 3 mostra que, até o momento, cinco Tribunais de Contas regulamentaram a mesa técnica (TCE/AC, TCE/MT, TCE/RJ, TCE/SE e TCM/SP). Curiosamente, porém não inesperado, há um caso recentes em que o TCE/RO formou uma mesa técnica para tentativa de mediação de conflito entre a Secretaria de Estado da Saúde e o Hospital do Amor, instituição privada que presta serviços ao Estado de Rondônia. Esse caso não causa surpresa, pois reforça que as mesas técnicas apenas institucionalizam uma atividade já comum nos Tribunais de Contas quando presentes temas relevantes e complexos. Ressalta-se, no entanto, que a regulamentação, a criação de ritos preestabelecidos e a maior transparência trazem maior segurança jurídica para a utilização desse procedimento e o endereçamento de conflitos por meio das modalidades consensuais.

2.2 Planos de Ação e TAGs como soluções para o realinhamento das políticas públicas

Há que se considerar que muitos contratos de infraestrutura, devido ao volume de recursos envolvidos, à área de atuação ou ao número de beneficiários, geram um impacto significativo na gestão pública. Por isso, é essencial considerá-los dentro do contexto mais amplo da governança de políticas públicas, nos termos do Decreto 9.203/17. Embora elas possam ser vistas como um ecossistema relativamente caótico, com múltiplas direções e ações, o controle externo tem atuado de maneira contrária, buscando minimizar contradições e desalinhamentos.

O Guia Prático para Aplicação da Análise de Fragmentações, Sobreposições, Duplicidades e Lacunas (Análise FSDL), fruto de uma parceria entre o TCU, a Organização Latino-Americana e do Caribe de Instituições Superiores de Controle (OLACEFS) e o *Government Accountability Office* (GAO) dos Estados Unidos, tem o objetivo de alinhar práticas de auditoria e promover melhorias na gestão pública por meio do intercâmbio de conhecimentos. Desenvolvido como uma ferramenta de auditoria, esse guia auxilia as instituições de controle na identificação e mitigação de falhas na coordenação das políticas públicas. A análise FSDL busca evitar a fragmentação de ações, a sobreposição de esforços e a duplicação de serviços, além de identificar lacunas nos processos.

De acordo com o manual do TCU, a Metodologia da FSDL consiste no processo composto em quatro etapas principais: (i) mapeamento das políticas públicas, (ii) identificação de fragmentações, sobreposições, duplicidades e lacunas, (iii) avaliação dos efeitos dessas falhas e (iv) formulação de recomendações para corrigir problemas detectados. Tais etapas são percorridas, em regra, dentro de um processo de auditoria operacional.

Como resultados da aplicação desta metodologia, pode-se ter tanto a elaboração de um Plano de Ação, ou seja, uma decisão estruturante, como também a própria celebração de um TAG. Um exemplo prático na utilização da análise FSDL pode ser encontrado no TCE/AP, que, ao aderir ao Acordo de Cooperação Técnica, aplicou tal metodologia em relação à política pública relacionada ao ecoturismo e turismo em Unidades de Conservação, conforme descrevem Cortes et al,[55] trazendo como resultado dessa atuação coordenada um Plano de Ação.

O TAG também tem sido utilizado para uma abordagem mais integrada das políticas públicas, como se deu no Espírito Santo, em que foi realizada uma análise integrada não apenas da infraestrutura das escolas, mas também a verificação da oferta/demanda da relação aluno e professor da rede municipal e estadual. O acordo, celebrado, em junho de 2023, entre o TCE/ES e 51 chefes de Executivo Municipal, estabeleceu como objetivos a: a) eliminação da concorrência entre as redes da educação básica municipal e estadual; b) otimização e o reordenamento das redes da educação municipal e estadual; c) definição de critérios mínimos exigidos para a escolha do servidor que desempenhará as funções relativas à gestão escolar; d) criação de uma câmara regional de compensação para disponibilização de servidores entre as redes de educação básica.[56-57]

Um estudo realizado por Arruda,[58] além de trazer um panorama do TAG nos Tribunais de Contas, verifica a sua utilização no campo das políticas públicas, concluindo pela sua aplicabilidade como um mecanismo efetivo para a contribuição com a governança das políticas públicas, desde que respeitada a independência das instituições na identificação das prioridades.

Desse modo, a aplicação da metodologia da Análise FSDL para identificar desalinhamentos das políticas públicas pode resultar em celebração de TAGs aptos, de fato, a melhorar a governança pública de modo mais integrado, inclusive com atuação conjunta de diversos entes federados, como Estado e Municípios, para evitar a sobreposição de atuação. A expectativa é que, ao identificar e corrigir essas falhas, os governos possam prestar serviços mais eficazes e alcançar melhores resultados sociais.

2.3 TAC e TAG: possíveis interlocuções

O TAG apresenta não apenas uma chance de regularização de condutas por uma via consensual entre a esfera controladora e a Administração, como também traz a possibilidade de coordenação entre órgãos de controle externo com compe-

---

55. CORTES, Marcos; OLIVEIRA, Maurício; BAIA, Carina; BOTELHO, Terezinha Brito. Análise de Fragmentações, Sobreposições, Duplicidades e Lacunas (FSDL) entre políticas públicas estaduais de Unidades de Conservação, turismo e ordenamento territorial do Amapá. In: LIMA, Edilberto Carlos Pontes (Coord.). *Os Tribunais de Contas e as políticas públicas*. Belo Horizonte: Fórum, 2023, p. 404.
56. Tribunal de Contas do Estado do Espírito Santo (TCE-ES). Processo 01295/2022-1: Termo de Ajustamento de Gestão. Relator: Rodrigo Coelho do Carmo. Disponível em: https://www.tcees.tc.br. Acesso em: 26 out. 2024.
57. Sobre o tema da consensualidade e a política educacional V. SICCA, Gerson dos Santos; LIMA, Luiz Henrique Os Tribunais de Contas como indutores de soluções consensuais para a educação pública. In: LIMA, Edilberto Carlos Pontes (Coord.). *Os Tribunais de Contas e as políticas públicas*. Belo Horizonte: Fórum, 2023. p. 179-206.
58. ARRUDA, Marcela. *Controle de contas 2.0*. o TAG como aliado das políticas públicas – Termos de ajustamento de gestão na prática e possível aplicação no TCE-SP. Lumen Juris, 2022.

tência para examinar o mesmo fato antijurídico e propor a responsabilização de indivíduos e entidades. Conti e Iocken[59] mostram como a atual multiplicidade de esferas de competência e a fragmentação do controle geram insegurança jurídica para os gestores públicos, e concluem que a falta de coordenação entre os órgãos gera redundâncias, ambiguidades e sobreposições de penalidades ou encaminhamentos para o deslinde das questões. É nesse contexto que o TAG pode encontrar o Termo de Ajustamento de Conduta (TAC), ou seja, Tribunal de Contas e Ministério Público negociarem e celebrarem, em conjunto com a Administração Pública, um único termo de ajustamento.

O TAC foi previsto na Lei de Ação Civil Pública (ACP) (Lei 7.347, de 24 de julho de 1985[60]), possibilitando aos órgãos públicos legitimados para propor esse tipo de ação[61] a celebração de compromisso com a pessoa interessada diante de direito material transgredido ou ameaçado, no qual se estabelecem condições para o ajustamento da conduta do particular às exigências legais, sob pena de cominações. Espécie do gênero dos negócios jurídicos relativos à prevenção e resolução de conflitos,[62] segundo Sundfeld e Câmara,[63] o TAC é um instrumento consensual que privilegia o resultado ao invés da busca de sanções na via judicial, muitas vezes um caminho incerto e demorado, além de ser um instrumento de indução de comportamentos concretos e um meio mais rápido para garantir a aplicação efetiva da norma em discussão.[64]

TAG e TAC são, segundo Forni,[65] exemplos de "Acordos Substitutivos de Sanção (e/ou do processo) (ASS), cuja finalidade basilar é a permutação da sanção administrativa por um compromisso de conduta do administrado" [...] "havendo substituição de um ato administrativo imperativo, unilateral e sancionador pela celebração de um instrumento bilateral, o qual é construído com a participação do próprio administrado".

---

59. CONTI, José Maurício; IOCKEN, Sabrina Nunes. A responsabilização do gestor público sob a ótica do Direito Financeiro contemporâneo, o princípio da segurança jurídica e a necessidade de sistematização da jurisdição financeira. In: CONTI, José Maurício; MARRARA, Thiago; IOCKEN, Sabrina Nunes; CARVALHO, André Castro (Coord.). *Responsabilidade do gestor na Administração Pública*: aspectos gerais. Belo Horizonte: Fórum, 2022. p. 13-34.
60. Art. 5º, § 6º: "Os órgãos públicos legitimados poderão tomar dos interessados compromissos de ajustamento de sua conduta às exigências legais, mediante cominações, que terá eficácia de título executivo extrajudicial". Incluído pelo art. 113 do Código de Defesa do Consumidor (Lei 8.078, de 11 de setembro de 1990).
61. Art. 5º, *caput*: São legitimados para propor a ACP: o Ministério Público; a Defensoria Pública; a União, os Estados, o Distrito Federal e os Municípios; a autarquia, empresa pública, fundação ou sociedade de economia mista; a associação, constituída há pelo menos 1 (um) ano e que inclua como uma de suas finalidades institucionais aquelas expressas na lei.
62. Incluem-se, entre os negócios jurídicos relativos à prevenção e resolução de conflitos, a mediação, a conciliação, o acordo de leniência, o negócio jurídico processual, a colaboração premiada.
63. SUNDFELD, Carlos Ari. CÂMARA, Jacintho Arruda. O devido processo administrativo na execução de termo de ajustamento de conduta. *A&C Revista de Direito Administrativo & Constitucional*. Belo Horizonte, ano 8, n. 32, p. 115-120, abr./jun. 2008, p. 116.
64. V., SAIKALI, Lucas. Bossoni; CABRAL, Flávio Garcia. O termo de ajustamento de conduta como instrumento de consensualidade na improbidade administrativa. *Revista Brasileira de Pesquisas Jurídicas*, v. 2, p. 1, 2021.
65. FORNI, João Paulo. A consensualidade no TCU: fundamentos teóricos, enquadramento jurídico e diferenças em relação ao TAG. In: FERRAZ, Luciano (Coord.). *A consensualidade como alternativa ao controle sanção pela administração pública*. São Paulo: Dialética, v. 2. No prelo.

Ambos possuem, portanto, uma natureza jurídica híbrida, combinando características de um contrato administrativo com elementos de um acordo extrajudicial.

Há, portanto, semelhanças entre os dois institutos jurídicos que permitem atuação conjunta do MP e do Tribunal de Contas perante a Administração Pública. Ou seja, diante de uma situação ou conduta que precise ser ajustada, com apuração conjunta ou paralela dos dois órgãos, nada impede que seja celebrado um termo multilateral, ou seja, um Termo de Ajustamento de Conduta e de Gestão (TAC-TAG). Não se trata de criar algo não previsto na norma ou alargar a previsão legal desses institutos. Trata-se de aproximar os órgãos de controle para cooperarem na apuração/investigação, discutirem em conjunto as possíveis soluções com o gestor público e, ao final, celebrar um único termo de ajustamento, preservando as competências e individualizando as respectivas atribuições de fiscalização dentro do acordo. Essa unicidade evita redundâncias e aumenta a eficiência na resolução do problema.

Há, ao menos, duas tentativas de celebração de um TAC-TAG. A primeira envolveu, em 2019, o TCE/PR, o Ministério Público do Estado do Paraná (MPPR) e o Governo do Estado do Paraná e tratava-se de um acordo com objeto de promover o aperfeiçoamento da gestão do sistema carcerário do Estado do Paraná. A segunda incluiu, em 2024, o TCE/SC, o Ministério Público do Estado de Santa Catarina (MPSC) e a Companhia Catarinense de Águas e Saneamento (CASAN), e surgiu no contexto das inspeções e investigações após o rompimento da barragem R4 da CASAN em Florianópolis. Tratava-se de um acordo visando a implementação de medidas de prevenção de acidentes nos reservatórios ativos e inativos da concessionária e elaboração de planos de ação para casos de desastres ou catástrofes, além da correção de algumas irregularidades identificadas por inspeção realizada pela Corte de Contas catarinense.[66]

A discussão de ambos os termos de ajustamento acima mencionados foi precedida de uma atuação conjunta entre o MP e o TCE daqueles estados. Em Santa Catarina (SC), foi formada uma força-tarefa para atuação em conjunto do MPSC e TCE/SC para apuração criminal, cível e administrativa dos fatos envolvendo os Inquéritos Civis relativos ao rompimento do reservatório R4 da CASAN.[67] No Paraná (PR), foi formado um Grupo de Trabalho Institucional, composto pelo MPPR, TCE/PR e Governo do Estado, para elaborar uma proposta de plano de ação para o modelo de gestão das políticas públicas prisional e penitenciária do Estado do Paraná.[68] Em ambos os casos, constata-se que houve uma efetiva colaboração técnica entre os órgãos para entender as questões envolvidas, identificar as possíveis irregularidades e propor soluções.

Porém, nessas duas situações, o TAC-TAG ou não se materializou, ou não foi formalizado pelo TC. Em SC, o TCE/SC optou por não participar do acordo e seguir

---

66. As irregularidades foram verificadas no curso dos Inquéritos Civis 06.2023.00003547-5 e 06.2023.00003558-6, perante a 29ª Promotoria de Justiça do MPSC, e do Processo @RLI 23/80102443, em trâmite no TCE/SC.
67. Portaria Conjunta 01/2023/MPSC/TCE-SC, de 27 de setembro de 2023.
68. Termo de Cooperação Técnica – Convênio 017/2018: Protocolo 12.5372018-MPPR e Processo 635741/18-TCE, de 31 de julho de 2018.

a tramitação do processo de inspeção.[69] O MPSC e a CASAN seguiram a negociação e firmaram um TAC em 04/09/2024. No PR, um TAC-TAG chegou a ser celebrado pelas partes – MPPR, TCE/PR e Governo do Estado – em 02/10/2019. No entanto, até o momento, não foi assinado / formalizado pelo TCE/PR.[70]

Outra forma de participação dos TCs em termos de ajustamento de conduta é a sua integração em um acordo negociado entre o MP e o interessado apenas prestando auxílio técnico, podendo ainda contribuir com a fiscalização posterior do cumprimento das medidas. Trata-se de uma ação da Corte de Contas em cooperação com o MP, cabendo ao *Parquet* a efetiva responsabilidade do controle, incluindo a aplicação de cominações em caso de descumprimento de obrigação pelo compromissário e a eventual execução do acordo na via judicial. Nessa hipótese, o fundamento normativo está nas regras do TAC e normas de atuação do MP. Em Santa Catarina, *e.g.*, o regulamento do inquérito civil no âmbito do MPSC dispõe que o TAC poderá ser firmado em conjunto com órgãos de ramos diversos do MP.[71] Na prática, esse formato de acordo tem sido utilizado pelo TCE/RJ.[72-73]

Sabe-se que a atuação do Tribunal de Contas como "interveniente" em um TAC não restringe de nenhuma forma suas possibilidades de fiscalização relativas ao mesmo tema e à mesma unidade jurisdicionada. Também é notória a capacidade das Cortes de Contas de contribuir com as discussões de um TAC, especialmente quando envolve infraestrutura, prestação de serviços públicos e, mais especificamente, licitações e contratos administrativos.[74] Essas são áreas de especialidade dos TCs, fazem parte do seu *core business*, e nada mais adequado que eles assistam quando solicitados por outro órgão de controle.

A questão que se coloca, e a possibilidade que se destaca, é a celebração de um TAC-TAG, na qual o TC atua como partícipe ou proponente, juntamente com o MP,

---

69. Como visto na Tabela 3, o TCE/SC conta com previsão do TAG em sua Lei Orgânica (LC 202/2000), incluído pela LC 769/2021, ainda que, até esse momento, não tenha regulamentado o tema por meio de normativo infralegal. Naquele TC, há registo de 1 (um) TAG homologado, assinado em 2021, entre o TCE/SC e a Prefeitura de Balneário Camboriú (Processo @TAG 21/00753929).
70. Disponível em: https://site.mppr.mp.br/criminal/Pagina/Monitoramento-das-Clausulas-do-TAGTAC. Acesso em: 17 out. 24.
71. ATO N. 00395/2018/PGJ. Art. 27, § 7º: Poderá o Compromisso de Ajustamento de Conduta ser firmado em conjunto por órgãos de ramos diversos do Ministério Público ou por este e outros órgãos públicos legitimados, além de contar com a participação de associação civil, entes ou grupos representativos ou terceiros interessados.
72. Em 2017, o TCE/RJ participou, como interveniente, de um TAC assinado pelo MPRJ e a Prefeitura de Guaramirim para cobrança de impostos imobiliários, e, em 25.09.2024, aprovou uma minuta de TAC, novamente na condição de terceiro interveniente, a ser assinado pelo Estado do Rio de Janeiro e as concessionárias MetrôRio e Rio Barra, com o objetivo de retomar e concluir as obras da estação Gávea do metrô.
73. Ressalta-se que o TCE/RJ dispõe, também, desde 2021, conforme mostrado na Tabela 3, de regulamentação do TAG, com casos concretos de acordos de gestão elencados no seguinte portal: https://www.tcerj.tc.br/portalnovo/pagina/termos_de_ajustamento_de_gestao.
74. Não por outro motivo, o MPRJ, ao solicitar a participação do TCE/RJ como interveniente-anuente no TAC que versa sobre as obras da Estação Gávea do Metrô Linha 4, elencou cinco processos em trâmite naquela Corte sobre o tema, abordando, cada um deles, os seguintes assuntos: metodologia para proceder ao equilíbrio econômico-financeiro; sobrepreço; formalização de contratos e termos aditivos; nulidade; execução contratual; e acompanhamento.

e não mais somente prestando colaboração ou auxílio. Esse instrumento poderá ser adequado nos casos que há um procedimento investigativo instaurado pelo MP e uma fiscalização autuada pelo TC a respeito de uma mesma situação, ambos visualizam a via consensual para resolução de pelo menos parte das questões envolvidas e cogitam discutir e propor um termo de ajustamento. Ao se unirem para a celebração do acordo, as soluções propostas ganham em expertise, em legitimidade, em capacidade fiscalizatória e, ao mesmo tempo, reduz-se a sobreposição e a falta de coordenação de processos e procedimentos dos órgãos de controle.

CONCLUSÃO

A atuação dos Tribunais de Contas na área de infraestrutura tem sido marcada por um movimento de fortalecimento das práticas consensuais, o que reflete uma mudança significativa na fiscalização pública. A adoção de instrumentos como TAGs, Solução Consensual de Controvérsia e Mesas Técnicas, entre outros instrumentos, demonstra a busca por soluções acordadas.

Nesse sentido, a fiscalização exercida pelos Tribunais de Contas é crucial para garantir a eficiência e a eficácia dos contratos, mas também requer um modelo de controle mais flexível e adaptativo às dificuldades contratuais. O uso de práticas consensuais é um avanço nesse sentido, pois permite um diálogo mais profundo entre controladores e jurisdicionados, promovendo soluções que vão além das sanções e favorecem o aperfeiçoamento contínuo da atividade de infraestrutura.

Essa abordagem visa não apenas a correção de irregularidades, mas também a melhoria na implementação das políticas públicas em infraestrutura. Nesse sentido, a aplicação da metodologia de Análise de Fragmentações, Sobreposições, Duplicidades e Lacunas (FSDL) pelos Tribunais de Contas aponta para a necessidade de uma abordagem mais integrada e sistêmica na fiscalização das políticas públicas, como as da infraestrutura. Ao identificar falhas de coordenação, essa metodologia contribui para a melhoria da governança pública, promovendo maior eficiência e eficácia no uso dos recursos. A análise FSDL também reforça a importância de uma comunicação mais fluida entre os diferentes órgãos e setores envolvidos na execução de políticas públicas, permitindo uma gestão mais transparente e orientada para resultados concretos. Como resultado desse controle do alinhamento das políticas públicas, os planos de ação e os TAG se mostram como soluções para superar tais desalinhamentos.

Assim, a aplicação de instrumentos consensuais nos Tribunais de Contas tem se revelado como uma prática crescente, mesmo inexistindo uma uniformidade em relação à sua disciplina normativa. Por certo, a ausência de uma legislação nacional sobre os instrumentos como o Termo de Ajustamento de Gestão e a Solução Consensual de Controvérsia fragilizam a uniformização e a segurança jurídica do sistema de controle externo. Ademais, a ausência de um órgão centralizador, similar ao Conselho Nacional de Justiça (CNJ) no Judiciário, dificulta a criação de diretrizes nacionais que possam ser aplicadas de forma coesa em todo o país. Essa diversidade de normas afeta a segurança jurídica dos processos de controle externo e reforça a necessidade de uma maior integração e coordenação entre os Tribunais de Contas para garantir a eficácia das soluções consensuais na gestão pública, especialmente em contratos de infraestrutura.

A integração entre os TAGs e os TACs é uma perspectiva que pode fortalecer a atuação conjunta dos Tribunais de Contas e do Ministério Público na correção de irregularidades na gestão pública. A possibilidade de celebrar um acordo multilateral, ou seja, um Termo de Ajustamento de Conduta e de Gestão (TAC-TAG) permitiria uma abordagem mais coordenada e eficiente na resolução de problemas, evitando sobreposições e redundâncias nas ações de controle. Essa cooperação ampliaria a legitimidade das soluções propostas e potencializaria os resultados das fiscalizações, especialmente em áreas sensíveis como a da infraestrutura.

REFERÊNCIAS

ARRUDA, Marcela. *Controle de contas 2.0*. o TAG como aliado das políticas públicas – Termos de ajustamento de gestão na prática e possível aplicação no TCE-SP. Lumen Juris, 2022.

ATRICON. Associação dos Membros dos Tribunais de Contas do Brasil. *Resolução Atricon n. 02/2014* – Controle Externo Concomitante. Aprova as Diretrizes de Controle Externo Atricon 3202/2014 relacionadas à temática "Controle Externo Concomitante: instrumento de efetividade dos Tribunais de Contas".

ATRICON. Associação dos Membros dos Tribunais de Contas do Brasil (ATRICON). *Nota Recomendatória Atricon 02/2022*. Recomendação aos Tribunais de Contas brasileiros para que, observado o regime jurídico-administrativo, adotem instrumentos de solução consensual de conflitos, aprimorando essa dimensão nos processos de controle externo.

BORDIN, Newton Antônio Pinto Bordi. Da viabilidade jurídica da utilização de termos de ajustamento de gestão (TAG) por Tribunais de Contas. In: JUSTINO DE OLIVEIRA, Gustavo Henrique (Coord.); BARROS FILHO, Wilson Accioli de (Org.). *Acordos administrativos no Brasil: teoria e prática*. São Paulo: Almedina, 2020.

BRASIL Tribunal de Contas da União (Plenário). *Acórdão 3.194/2011*. Relator: Min. Augusto Nardes. Julgado em 30.11.2011.

BRASIL. Tribunal de Contas da União. *Instrução Normativa* – TCU 91, de 22 de dezembro de 2022. Institui, no âmbito do Tribunal de Contas da União, procedimentos de solução consensual de controvérsias relevantes e prevenção de conflitos afetos a órgãos e entidades da Administração Pública Federal.

BRINCAS, Cláudia Bressan. da Silva. *Termo de ajustamento de gestão no âmbito dos Tribunais de Contas*: o controle preventivo das contas públicas e o paradigma da consensualidade administrativa. São Paulo: Dialética, 2022.

CAMPOS NETO, Carlos Alvares da Silva; FERREIRA, Iansã Melo. As interfaces da infraestrutura econômica com o desenvolvimento: aspectos conceituais, metodológicos e apresentação dos capítulos. In: PÊGO, B.; CAMPOS NETO, C. A. S. (Org.). *Infraestrutura econômica no Brasil*: diagnósticos e perspectivas para 2025. Brasília: Ipea, 2010. v. 1.

CAVALLARI, Odilon. Consensualidade no Tribunal de Contas da União: evolução, inovações e perspectivas. In: EIDT, Elisa Berton; GOULART, Juliana Ribeiro; SCHNEIDER, Patrícia Dornelles; RAMOS, Rafael (Coord.). *Consensualidade na Administração Pública*. 2024.

CONTI, José Maurício; IOCKEN, Sabrina Nunes. A responsabilização do gestor público sob a ótica do Direito Financeiro contemporâneo, o princípio da segurança jurídica e a necessidade de sistematização da jurisdição financeira. In: CONTI, José Maurício; MARRARA, Thiago; IOCKEN, Sabrina Nunes;

CARVALHO, André Castro (Coord.). *Responsabilidade do gestor na Administração Pública*: aspectos gerais. Belo Horizonte: Fórum, 2022.

CORTES, Marcos; OLIVEIRA, Maurício; BAIA, Carina; BOTELHO, Terezinha Brito. Análise de Fragmentações, Sobreposições, Duplicidades e Lacunas (FSDL) entre políticas públicas estaduais de Unidades de Conservação, turismo e ordenamento territorial do Amapá. In: LIMA, Edilberto Carlos Pontes (Coord.). *Os Tribunais de Contas e as políticas públicas*. Belo Horizonte: Fórum, 2023.

CUNDA, Daniela Zago Gonçalves da; REIS, Fernando Simões. Termos de ajustamento de gestão: perspectivas para um controle externo consensual. *Revista do Tribunal de Contas da União*, Brasília, n. 140, p. 94-103, set./dez. 2017.

DAL POZZO, Augusto Neves. *O Direito Administrativo da Infraestrutura*. São Paulo: Editora Contracorrente, 2020.

DE MELLO, Marcílio Barenco Corrêa. *Termo de ajustamento de gestão*: instrumento de composição no controle das despesas públicas. São Paulo: Dialética, 2022.

FERRAZ, Luciano. *Controle e consensualidade*: fundamentos para o controle consensual da Administração Pública (TAG, TAC, SUSPAD, acordos de leniência, acordos substitutivos e instrumentos afins). 2. ed. Belo Horizonte: Fórum, 2020.

FORNI, João Paulo. A consensualidade no TCU: fundamentos teóricos, enquadramento jurídico e diferenças em relação ao TAG. In: FERRAZ, Luciano (Coord.). *A consensualidade como alternativa ao controle sanção pela administração pública*. São Paulo: Editora Dialética [2025?]. v. 2. No prelo.

FORTINI, Cristiana; DANIEL, Felipe Alexandre Santa Anna Mucci. Os acordos substitutivos de atividade sancionatória unilateral em contratos da Administração Pública no Brasil. In: FORTINI, Cristiana; PIRES, Maria Fernanda Veloso; CAVALCANTI, Caio Mário Lana (Coord.). *Integridade e contratações públicas*: reflexões atuais e desafios. Belo Horizonte: Fórum, 2024.

FREITAS, J. Direito administrativo não adversarial: a prioritária solução consensual de conflito. *Revista de Direito Administrativo*, [S. l.], v. 276, p. 25-46, 2017. Disponível em: https://periodicos.fgv.br/rda/article/view/72991. Acesso em: 26 set. 2024.

JUSTEN FILHO, MARÇAL. *Curso de direito administrativo*. 11. ed. rev., atual. e ampl. São Paulo: RT, 2015.

MARRARA, Thiago. Regulação sustentável de infraestruturas. *Revista Brasileira de Infraestrutura – RBINF*, Belo Horizonte, ano 1, n. 1, jan./jun. 2012. Disponível em: http://www.bidforum.com.br/bid/PDI0006.aspx?pdiCntd=77563. Acesso em: 10 out. 2024.

MONTEIRO, Egle dos Santos; BORDIN, Newton Antonio Pinto. Mesas Técnicas em Tribunais de Contas. *Revista Simetria do Tribunal de Contas do Município de São Paulo*, [S.l.], v. 1, n. 7, p. 46-50, 2021. Disponível em: https://revista.tcm.sp.gov.br/simetria/article/view/10. Acesso em: 24 out. 2024.

NORTH, Douglass. *Institutions and economic theory*. American Economist, v. 36, n. 1, 1992.

NUNES, Marcela Cristina Arruda. *O Termo de Ajustamento de Gestão como instrumento de contribuição dos Tribunais de Contas, na efetivação de políticas públicas de competência das gestões municipais*: aplicação ao TCE-SP. Dissertação (mestrado profissional MPGPP) – Fundação Getulio Vargas, Escola de Administração de Empresas de São Paulo, 2021.

OLIVEIRA, Gustavo Justino de. A arbitragem e as Parcerias Público-Privadas. *Revista Eletrônica de Direito Administrativo Econômico*, Salvador, n. 2, maio/jul. 2005.

OLIVEIRA, José Roberto Pimenta; BARBIRATO, Bruno Vieira da Rocha. O Termo de Ajustamento de Gestão (TAG) e seu regime jurídico nos tribunais de contas brasileiros. *Revista da AGU*, v. 22, n. 02, p. 87-111, abr./jun. 2023.

OLIVIERI, Cecília. *A atuação dos controles interno e externo ao executivo como condicionante da execução de investimento em infraestrutura no Brasil*. Texto para Discussão, n. 2252. Instituto de Pesquisa Econômica Aplicada (Ipea), Brasília, 2016.

PALMA, Juliana Bonacorsi de. Acordos para Ajuste de Conduta em Processos Punitivos das Agências Reguladoras. In: PEREIRA NETO, Caio Mario da Silva; PINHEIRO, Luís Felipe Valerim (Org.). *Direito da Infraestrutura*. São Paulo: Saraiva, 2017. v. 2.

POMPERMAYER, Marina de Souza; SILVA, Ellen Mara Alves; FIGUEIREDO, Nathalia Carvalho. *A solução consensual como forma de resolver controvérsias complexas e prevenir conflitos relacionados à administração pública*: a prática do consensualismo no Tribunal de Contas da União a partir da Instrução Normativa 91/2022, desafios e perspectivas. Monografia premiada em 1º lugar no Prêmio Guilherme Palmeira do TCU, 2024. Disponível em: https://sites.tcu.gov.br/premio-guilherme-palmeira/vencedores-2024/Monografias%20-%20Sociedade%20Civil/Monografia%20SC_1%20LUGAR%20MGP_SC_396589.pdf. Acesso em: 19 out. 2024.

ROCHA, Igor Lopes; RIBEIRO, Rafael Saulo Marques. Infraestrutura no Brasil: contexto histórico e principais desafios. In: SILVA, Mauro Santos (Org.). *Concessões e parcerias público-privadas*: políticas públicas para provisão de infraestrutura. Brasília: Ipea, 2022.

ROSA, Luis Fernando de Freitas. Contratos incompletos e infraestrutura: uma perspectiva entre direito e economia na análise de contratos complexos e de longo prazo. *Simetria* – Revista do Tribunal de Contas do Município de São Paulo, ano VII, n. 10, 2022.

ROXO, Fernanda Spósito. *As mesas técnicas dos Tribunais de Contas*: fundamentos, limites e dinâmica operacional a partir das experiências do Tribunal de Contas do Município de São Paulo e do Tribunal de Contas do Estado do Mato Grosso. Dissertação (Mestrado Profissional), Fundação Getúlio Vargas, Escola de Direito de São Paulo, 2023.

SAIKALI, Lucas Bossoni; CABRAL, Flávio Garcia. O termo de ajustamento de conduta como instrumento de consensualidade na improbidade administrativa. *Revista Brasileira de Pesquisas Jurídicas*, v. 2, p. 1, 2021.

SICCA, Gerson dos Santos; LIMA, Luiz Henrique. Os Tribunais de Contas como indutores de soluções consensuais para a educação pública. In: LIMA, Edilberto Carlos Pontes (Coord.). *Os Tribunais de Contas e as políticas públicas*. Belo Horizonte: Fórum, 2023.

SUNDFELD, Carlos Ari. CÂMARA, Jacintho Arruda. O devido processo administrativo na execução de termo de ajustamento de conduta. *A&C Revista de Direito Administrativo & Constitucional*. Belo Horizonte, ano 8, n. 32, p. 115-120, abr./jun. 2008.

TABORDA, Maren Guimarães; DIAS, Carlos Armando Nogueira. Transparência e termo de ajuste de gestão: a insuficiência do controle de contas punitivo. *Revista da ESDM*, v. 9, n. 17, 2023.

TRIBUNAL DE CONTAS DA UNIÃO (TCU). *Guia prático para aplicação da Análise de Fragmentações, Sobreposições, Duplicidades e Lacunas (FSDL)*. Brasília, DF: TCU, 2023. Disponível em: https://portal.tcu.gov.br/data/files/6D/A0/DF/1B/0DB6A8108DD885A8F18818A8/Guia%20FSDL-POR.pdf. Acesso em: 13 out. 2024.

VIEIRA, Cristiane Gonçalves. O termo de ajuste de gestão como instrumento de controle externo consensual no Brasil. *Rev. Controle*, Fortaleza, v. 22, n. 1, p. 435-464, jan./jun. 2024.

ACORDO DE SOLUÇÃO CONSENSUAL EM CONTRATOS DE INFRAESTRUTURA: LIÇÕES E PERSPECTIVAS A PARTIR DO TRIBUNAL DE CONTAS DA UNIÃO

Karine Tomaz Veiga

Doutoranda em Direito Financeiro (USP). Auditora de Controle Externo (TCE-RJ). Assessora na área de Tutela Coletiva e Financiamento de Direitos (MP-RJ). E-mail: karinetomazveiga@gmail.com.

Sumário: Introdução – 1. Da resolução alternativa (consensual) de disputas; 1.1 Pressupostos da consensualização; 1.2 Recomendações aos Tribunais de Contas brasileiros para adoção de instrumentos de solução de conflitos; 1.3 Instrumentos consensuais de controle – 2. Modelo de autocomposição adotado pelo Tribunal de Contas da União; 2.1 Competências, elementos essenciais e admissibilidade da Solicitação de Solução Consensual (SSC); 2.2 O papel da Comissão de Solução Consensual (CSC) e do Ministério Público de Contas; 2.3 Da formalização, dos prazos e do monitoramento do Acordo de Solução Consensual (ASC) – 3. Resolvendo disputas em contratos de infraestrutura; 3.1 Precedentes de SSC em Contratos de Energia de Reserva (CER) decorrentes de Procedimento de Contratação Simplificado (PCS); 3.1.1 Acórdão TCU 1.130/2023 – Plenário; 3.1.2 Acórdão TCU 1.797/2023 – Plenário; 3.1.3 Acórdão TCU 2.508/2023 – Plenário; 3.2 Precedentes de SSC em contratos de concessão de malha ferroviária; 3.2.1 Acórdão TCU 2.472/2023 – Plenário; 3.2.2 Acórdão TCU 2.514/2023 – Plenário – 4. Lições e perspectivas. Considerações finais acerca do modelo de solução consensual de controvérsias e prevenção de conflitos na esfera federal – Referências.

INTRODUÇÃO

Em 2023, a Câmara Brasileira da Indústria da Construção (CBIC) apresentou o diagnóstico "Obras Paralisadas no Brasil: Diagnóstico e Propostas" e destacou que 8.603 (oito mil seiscentas e três) obras financiadas com recursos federais encontravam-se em estado de paralisação,[1] representando, aproximadamente, 41% do total de mais de 21 mil contratações consolidadas no painel[2] do Tribunal de Contas da União (TCU) e um valor total previsto de R$ 32,2 bilhões.

---

1. Última atualização em abril de 2023, de acordo com o Acórdão TCU 2134/2023 – Plenário.
2. Disponível em: https://paineis.tcu.gov.br/pub/?workspaceId=8bfbd0cc-f2cd-4e1c-8cde-6abfdffea6a8&reportId=013930b6-b989-41c3-bf00-085dc65109de.

Considerando a dificuldade de compreensão, quanto aos motivos que justificam tantas paralisações, encontrar soluções que destravem estes investimentos é um grande desafio. Na visão da CBIC, as causas são "complexas e multifatoriais", com destaque para a "inexistência de planejamento adequado dos empreendimentos, problemas relativos ao fluxo orçamentário e financeiro para viabilizar o cumprimento das obrigações, dentre outras origens" (CBIC, 2023, p. 16).

Em meio às contratações envolvendo grandes obras públicas, concessões e parcerias, o cenário que se percebe no Brasil é de entraves burocráticos (legais, operacionais e técnicos), frente ao medo paralisante de controle *a posteriori* pelos órgãos responsáveis. Na tentativa de solucionar conflitos complexos de maneira célere, ganham espaço os instrumentos de resolução consensual de disputas, inclusive, no âmbito dos Tribunais de Contas.

Considerando a importância das iniciativas, por meio de Termos de Ajustamento de Gestão (TAG), Acordos de Solução Consensual (ASC) ou de Mesas Técnicas (MT), para a construção de entendimentos que viabilizem e resolvam grandes gargalos que são verificados em contratos de infraestrutura, verifica-se que a modelagem de negociação supervisionada pode trazer relevantes benefícios para as partes envolvidas e para a sociedade.

Exemplo desse modelo de solução de controvérsias e prevenção de conflitos tem ocorrido no âmbito do Tribunal de Contas da União, a partir da Instrução Normativa TCU 91/2022 que inaugurou a possibilidade de legitimados demandarem ao órgão a análise e homologação de propostas, a partir da construção coletiva de sugestões de ajustes.

Nesse sentido, o problema de pesquisa a ser respondido neste capítulo remete à seguinte questão: como o modelo de solução consensual de controvérsias em contratos de infraestrutura do setor público adotado pelo Tribunal de Contas da União pode contribuir para a eficiência, celeridade e prevenção de conflitos? Com o objetivo geral de analisar as Solicitações de Solução Consensual (SSC) propostas ao TCU, a partir de controvérsias em contratos de infraestrutura do setor público, verifica quais são as lições aprendidas e as perspectivas de futuro desse modelo para o sistema de controle externo brasileiro, para a gestão pública, para as relações contratuais e para a própria sociedade.

Para tanto, especificamente, buscou: 1. apresentar o contexto e as diferenças dos métodos de resolução alternativa de disputas; 1.1. destacar os pressupostos da consensualização e as bases legais para a mediação; 1.2. verificar quais são as recomendações aos Tribunais de Contas brasileiros para adoção de instrumentos de solução consensual; 1.3. caracterizar os instrumentos consensuais de controle (TAG, ASC e MT); 2. analisar o modelo de autocomposição adotado pelo TCU e apresentar a estrutura de controle do seu núcleo consensual; 2.1. esclarecer sobre quem tem competência para solicitar solução consensual, quais são os elementos essenciais da proposta e como funciona o exame da sua admissibilidade; 2.2. explicar qual o papel da Comissão de Solução Consensual e do Ministério Público de Contas; 2.3. explicar como são formalizados os processos de SSC, quais os prazos gerais e como deve ser realizado o seu monitoramento; 3. apresentar a estrutura do TCU para controle das contratações de infraestrutura; 3.1. analisar as propostas de solução demandadas ao TCU, acerca de Contratos de Energia de Reserva (CER) decorrentes de Procedimentos de Contratação Simplificado (PCS); 3.2. analisar as propostas de solução demandadas ao TCU, envolvendo contratos de concessão de malha ferroviária; e, por fim, 4. discutir sobre as lições aprendidas e as perspectivas de futuro, a partir das decisões analisadas e do modelo adotado pelo órgão de controle externo na esfera federal.

No que tange aos aspectos metodológicos, o método de pesquisa utilizado é o dedutivo, a partir de uma premissa geral, para alcançar a compreensão do modelo de solução consensual adotado pelo TCU. Dentre os procedimentos técnicos existentes, optou-se pela pesquisa bibliográfica e documental, a partir da revisão de literatura sobre o tema envolvendo contratos de infraestrutura. A coleta de dados incluiu documentos, normativas e jurisprudência de contas. De forma específica, foram enfatizados os Acórdãos do TCU: 1.130/2023; 1.797/2023; 2.508/2023; 2.472/2023 e 2.514/2023.

1. DA RESOLUÇÃO ALTERNATIVA (CONSENSUAL) DE DISPUTAS

Embora essa expressão "alternativa" traga diferentes percepções e provoque grande impasse quanto à discussão "alternativa a quê?",[3] no mundo jurídico, o conceito de *Alternative Dispute Resolution* (ADR) surge nos Estados Unidos a partir da tentativa de solucionar conflitos sem o auxílio do Poder Judiciário. Para diferentes doutrinadores, entretanto, a expressão "alternativa" não seria a mais adequada à proposição de novas

---

3. SPENGLER, Fabiana Marion; SCHWANTES, Helena; LUCENA, Hipólito Domenech. Alternative Dispute Resolution: a arbitragem na qualidade de instrumento emancipador da sociedade. In: PINTO, Adriano Moura da Fonseca; SPENGLER, Fabiana Marion; PINHO, Humberto Dalla Bernardina de (Coord.). VIEIRA, Amanda de Lima et al (Org.). *Limites do consenso*: a expansão das fronteiras da tutela jurisdicional e a (in)disponibilidade dos direitos [recurso eletrônico]. Santa Cruz do Sul: Essere nel Mondo, 2023. 523 p.

soluções mais viáveis e céleres de mediação, conciliação, arbitragem e negociação de conflitos.

Nesse sentido, convém esclarecer, não há qualquer espécie de pejoratividade ou prescindibilidade no termo. Adota-se, neste estudo, portanto, a concepção de escolha, de fonte de acesso à justiça, em consonância, inclusive, com a percepção de organismos supranacionais de jurisdição, a fim de oportunizar procedimentos de solução amistosa, não mais limitada àquela via judicial, mas agora também administrativa.

Ademais, tal necessidade se justifica, frente à exaustão do sistema judiciário. Isso porque compete ao Estado garantir o devido cumprimento ao princípio do acesso à justiça, assegurado pelo artigo 5º, inciso XXXV, da Constituição da República Federativa do Brasil de 1988 (CRFB/88), ainda que por outros meios, a fim de lidar com a chamada síndrome da litigiosidade.[4] Caracteriza-se pela situação em que o cidadão se vê obrigado a buscar a proteção judicial de seus direitos violados, resultando em uma crescente sobrecarga por solução de controvérsias de diferentes espécies.

A partir da avaliação dos processos pendentes de decisão pelo Conselho Nacional de Justiça (CNJ),[5] desde 2020, "o judiciário tem enfrentado nova série de aumento dos casos pendentes, com crescimento de R$ 1,8 milhão entre 2021 e 2022 (2,2%). Pela primeira vez na série histórica, o volume de processos em tramitação superou 80 milhões". Em 2022, ingressaram 21,3 milhões de ações originárias novas, sem computar os casos em grau de recurso e as execuções judiciais, ou seja, 7,5% a mais que o ano anterior.

Nesse sentido, o conceito do sistema de "Justiça Multiportas" se torna urgente, apresentado em 1976 pelo professor de Direito da Universidade de Harvard, Frank Sander. Naquele momento, enquanto alternativa para a resolução de conflitos circunscritos ao processo judicial; hoje, como tentativa de atendimento dos anseios sociais, inclusive em outras disciplinas. Nesse cenário foi editada a Resolução CNJ 125/2010, responsável pela Política Judiciária Nacional de Tratamento Adequado dos Conflitos de Interesses, que atribuiu aos órgãos judiciários, nos termos do art. 334 do Código de Processo Civil de 2015, combinado com o art. 27 da Lei 13.140, de 26 de junho de 2015 (Lei de Mediação), alternativas de soluções de controvérsias, em especial os chamados meios consensuais, como a mediação e a conciliação, além de prestar atendimento e orientação ao cidadão, antes da solução adjudicada mediante sentença.

Em 2021, o CNJ também editou a Resolução 120, com o propósito de recomendar o tratamento adequado de conflitos de natureza tributária pela via da autocomposição, inclusive com ampliação dos meios digitais, mediante estímulo à negociação, à conciliação, à mediação ou à transação tributária, extensível à seara extrajudicial. Considerou a necessidade de tratamento de demandas repetitivas por parte do Poder Judiciário, a fim de garantir isonomia e segurança jurídica e, com isso, reduzir a taxa de congestionamento processual. Sobre o tema, ainda incorreu a medida na necessidade de urgência de

---

4. TARTUCE, Fernanda. *Mediação nos Conflitos Civis*. 4. ed. São Paulo: Método, 2018. p. 27.
5. Relatório CNJ Justiça em Números 2023.

solução, na tentativa de se ampliar a arrecadação de receitas públicas para as unidades federativas, além de promover a recuperação de empresas e atividades econômicas no período pós-pandemia da Covid-19.

Atualmente, a concepção de acesso à justiça ultrapassa o sentido de interposição de ação judicial. Defende-se, nesta percepção de reforma processual, o acesso justo, menos oneroso e mais tempestivo, com disponibilização de meios autocompositivos mais céleres e adequados ao perfil de cada caso. Em evolução, prevalece, de acordo com a doutrina moderna,[6] a consensualidade como mecanismo de gestão da coisa pública, tendo em vista que a lógica da autoridade nem sempre é o meio mais adequado para a apuração do interesse público no caso concreto.

Nessa seara, o foco da resolução alternativa consensual de disputas adquire roupagem também na esfera administrativa e está presente na aproximação das partes. Na compreensão dos objetivos e percepções dos envolvidos, a partir do diálogo e do conhecimento dos termos e condições, mediante adoção de postura menos adversarial. Em diferentes estudos, por sinal, é possível identificar ganhos consideráveis ao desenvolvimento dessas iniciativas. Novos métodos de solução, "além de evitarem as deficiências instrumentais, pessoais, de custo e de tempo da justiça, são considerados instrumentos de integração das partes que, através do diálogo, buscam uma solução pactuada para o conflito que enfrentam".[7] A revisão do modelo clássico de jurisdição trouxe novas perspectivas para a solução de velhos conflitos, agora mais complexos e específicos e que demandam um olhar sistêmico dos seus diferentes tipos de problemas. E daí adveio o conceito de justiça consensual, na visão de Luis Warat:

> [...] em suas várias formulações – na esteira dos ADR americano ou da *Justice de proximité* francesa – aparece como resposta aos desfuncionamentos deste modelo judiciário, recuperando um modo de regulação social que, muito embora possa, ainda ser percebido como instrumento de integração, apresenta-se como um procedimento geralmente formal, através do qual um terceiro busca promover as trocas entre as partes, permitindo que elas se confrontem buscando uma solução pactuada para o conflito que enfrentam.[8]

Mas, apesar dos benefícios apontados, o cenário não é plenamente favorável. Há críticas[9] ao modelo de ADRs que precisam ser avaliadas, como aquelas relacionadas às

---

6. SUNDFELD, Carlos Ari.; MARTINS, Ricardo Marcondes; ABBOUD, Georges. Administração consensual à luz das alterações da LINDB. debates. LINDB changes and consensual public administration. discussion. *Revista de Direito Administrativo e Infraestrutura* | RDAI, São Paulo: Thomson Reuters | Livraria RT, v. 4, n. 15, p. 305-315, 2021. Disponível em: https://rdai.com.br/index.php/ rdai/article/view/323. Acesso em: 31 jul. 2024.
7. SOBREIRA, Eneisa Miranda Bittencourt; MATOS, Lucia Helena Ouvernei Braz de. Procedimento de solução amistosa da Comissão Interamericana de Direitos Humanos e a mediação judicial no Brasil: uma análise necessária em face da indisponibilidade dos direitos fundamentais. In: PINTO, Adriano Moura da Fonseca; SPENGLER, Fabiana Marion; PINHO, Humberto Dalla Bernardina de (Coord.); VIEIRA, Amanda de Lima et al (Org.). *Limites do consenso*: a expansão das fronteiras da tutela jurisdicional e a (in)disponibilidade dos direitos [recurso eletrônico]. Santa Cruz do Sul: Essere nel Mondo, 2023. 523 p.
8. WARAT, Luis Alberto. *Em nome do Acordo*: a mediação no Direito. Florianópolis: Ed. EModara, 2018. p. 87.
9. BONAFÉ-SCHIMITT, Jean-Pierre, *La Mediation*: Une Justice Douce. Paris: Syros, 1992. e por MORAIS, José Luis Bolzan de; SPENGLER, Fabiana Marion. *Mediação e arbitragem*: alternativa à jurisdição. 4. ed. Porto Alegre: Livraria do Advogado, 2019.

questões de desigualdade de recursos e de poder entre as partes, ocasionando concordâncias forçadas em acordos não desejados, em razão da pressão financeira. Também são discutidas as representações que nem sempre colocam o interesse das partes no centro da negociação, além da limitação judicial posterior, vinculada aos termos anteriormente pactuados. Sobre essa fragilidade, asseveram Spengler, Schwantes e Lucena, "para os críticos esta alternativa estaria minimizando a atuação do juízo, pondo fim ao processo, ou seja, erroneamente eles supõem que o acordo estabelecido pelas partes substituirá a sentença".[10] Tais práticas poderiam enfraquecer a função social da atividade judicial e a própria análise legal. Será?

Frente ao exposto, com o propósito de analisar o modelo de solução consensual de controvérsias em contratos de infraestrutura adotado pelo TCU, convém compreender as formas e métodos de solução de conflitos, a partir da participação dos envolvidos e da necessidade ou não de um terceiro neutro e imparcial impor proposta de solução entre as partes, categorizadas, por sua vez, em autocompositivas (negociação, mediação e conciliação) e heterocompositivas (arbitragem). No Quadro 01, estão relacionados os principais conceitos, características e aplicabilidade para cada método de resolução alternativa de disputas:

Quadro 1 – Métodos de Resolução Alternativa de Disputas

Forma	Método	Descrição	Contexto
Autocompositiva (Não há necessidade da figura do terceiro fora do conflito. Inclui negociação, mediação e conciliação. Privilegia o diálogo, a cooperação e soluções mutuamente satisfatórias. As partes mantêm controle sobre o processo e o resultado).	Negociação	As partes envolvidas no conflito negociam diretamente entre si para chegar a um acordo. Mais direta e flexível, depende da vontade dos envolvidos. Escrita e previamente combinada, pode ser informal e adaptável às necessidades de cada caso. Podem, inclusive, eleger ou contratar um negociador específico.	Pode ser utilizada em diferentes contextos, como, por exemplo, relações contratuais, antinupciais, de quitação de dívidas etc.
	Mediação	Facilitado por mediador neutro para ajudar as partes a entenderem seus interesses. Deve facilitar o diálogo. Não sugere acordos e nem aconselha. O objetivo final é a compreensão e redução do conflito. O foco está na comunicação e no entendimento mútuo.	Adequado para conflitos que possuem relações contínuas, como, por exemplo, questões de família e comerciais.
	Conciliação	Nesse caso, apesar de muito semelhante à mediação, o mediador-conciliador pode sugerir soluções e auxiliar as partes a chegarem a um consenso.	Mais efetivo quando as partes estão dispostas a ouvir sugestões de solução e desejam chegar a um acordo rapidamente.
Heterocompositiva (inclui arbitragem, além do julgamento judicial. Baseia-se em normas jurídicas e princípios de justiça. Menos controle das partes sobre o processo e o resultado).	Arbitragem	Um terceiro neutro é escolhido pelas partes para tomar decisões vinculantes sobre o conflito. Assemelha-se a um processo judicial, mas é mais flexível e informal. A decisão do árbitro ou colegiado arbitral é final e vincula as partes.	Ideal para disputas complexas que exigem uma decisão mais célere, técnica ou especializada, ou onde é necessário sigilo.

Fonte: Elaborado pela autora a partir de Sales (2007), Lima e Fernandes (2016), Cahali (2018) e Spengler (2021).

---

10. Cf. *Limites do consenso*: a expansão das fronteiras da tutela jurisdicional e a (in)disponibilidade dos direitos, 2023, p. 223.

Na sequência serão apresentados os pressupostos da consensualização e as bases para a mediação nos Tribunais de Contas brasileiros, na tentativa de dissolução recorrente mais célere de questões conflitivas.

1.1   Pressupostos da consensualização

Em meio à crise do modelo de Estado[11] e em favor da teoria de acesso à justiça plena, o consenso extrajudicial segue a nova tendência procedimental democrática,[12] a partir da concepção de Estado Democrático de Direito.

Nesse contexto, Diogo de Figueiredo Moreira Neto lançou o olhar para o fato de que a pacificação de controvérsias através do consenso e do diálogo entre as partes pode provocar ganhos superiores àqueles alcançados propriamente via punição:

> (...) a participação e a consensualidade tornaram-se decisivas para as democracias contemporâneas, pois contribuem para aprimorar a governabilidade (eficiência), propiciam mais freios contra o abuso (legalidade), garantem a atenção de todos os interesses (justiça), proporcionam decisão mais sábia e prudente (legitimidade); desenvolvem a responsabilidade das pessoas (civismo) e *tornam os comandos estatais mais aceitáveis e facilmente obedecidos* (ordem).[13] (grifo nosso)

Como meio consensual em busca de solução de conflitos, observa-se, como marco legal introdutório, a autorização de tomada de compromisso de ajustamento de conduta, por meio da Lei 8.078/1990, em substituição à aplicação ou atenuação de sanção, por parte de órgãos legitimados para a promoção de ação civil pública, com base na Lei 7.347/1985, permitindo que possam resolver questões legais agora de forma extrajudicial. Outras normas pertinentes à persecução penal também favoreceram a resolução de diferentes questões jurídicas através de acordos e consensos. Este foi o caso da Lei 8.069/1990, que trouxe a previsão de remissão, da Lei 9.099/1995, com a possibilidade de conciliação, transação penal e suspensão condicional do processo, além da Lei 13.964/2019, com os acordos de não persecução penal e civil. Sobre a possibilidade de resolução de diferentes casos sem a necessidade aprofundada do mérito pelo Poder Judiciário. Dessa forma, verifica-se o surgimento de diferentes outros instrumentos facilitadores do direito sancionador, como, por exemplo, a delação premiada e o acordo de leniência.

Vale ressaltar, sobre a necessidade de se propor a solução consensual, sem a obrigatoriedade de verdadeiramente alcançá-la. Ressalta o professor Emerson Garcia, quanto ao momento do acordo:

> A anteposição da solução consensual à litigiosa decorre da própria racionalidade, pois não se deve litigar quando o consenso existe; e, para que o consenso possa existir, deve ser buscado em momento

---

11. DIAS, Maria Tereza Fonseca. *Direito administrativo pós-moderno*. Belo Horizonte: Mandamentos, 2003.
12. SILVA, Edimar Carmo da. *Novas tendências consensuais no direito sancionador*: o Acordo de Leniência. Legitimidade e colaboração entre órgãos públicos. CGU, TCU e AGO. O papel do Ministério Público. In: PINTO, Adriano Moura da Fonseca; SPENGLER, Fabiana Marion; PINHO, Humberto Dalla Bernardina de (Coord.); VIEIRA, Amanda de Lima et al (Org.). *Limites do consenso*: a expansão das fronteiras da tutela jurisdicional e a (in)disponibilidade dos direitos [recurso eletrônico]. Santa Cruz do Sul: Essere nel Mondo, 2023. 523 p.
13. MOREIRA NETO, Diogo de Figueiredo. *Mutações do Direito Administrativo*. Rio de Janeiro: Renovar, 2007.

antecedente ao litígio. Essa constatação não é comprometida mesmo quando o consenso é obtido após a deflagração do litígio. Afinal, nesse caso, o consenso, embora buscado em momento anterior, somente foi alcançado posteriormente, no curso do litígio. Estar obrigado a promover "a solução consensual dos conflitos" não é o mesmo que afirmar que essa solução deve ser necessariamente alcançada. Como não existe consenso unilateral, é evidente que o consenso buscado não resultará, sempre e sempre, em consenso alcançado.[14]

Na mesma direção estabeleceu o Código de Processo Civil, por meio da Lei 13.105/2015, ao definir que o Estado promoverá, sempre que possível, a solução consensual dos conflitos (Art. 3º, § 2º), inserindo, de modo expresso, a obrigatoriedade de criação de centros judiciários de solução consensual de conflitos, responsáveis pela realização de sessões e audiências de conciliação e mediação e pelo desenvolvimento de programas destinados a auxiliar, orientar e estimular a autocomposição (Art. 165). Nessa circunstância, definiu-se a diferença entre conciliador e mediador.

Ainda, no intuito de dirimir conflitos, o CPC previu (art. 174) a possibilidade de criação, no âmbito de cada ente público, de câmaras de mediação e conciliação para resolução consensual de conflitos, não excluindo outras formas de conciliação e mediação extrajudiciais, ainda que vinculadas a órgãos institucionais ou realizadas por intermédio de profissionais independentes, podendo ser regulamentadas por lei específica.

Em outra perspectiva, a Lei 13.140/2015, que trata da lei de Mediação, prevê a possibilidade de criação de câmaras de prevenção e resolução administrativa de conflitos, no âmbito dos respectivos órgãos da Advocacia Pública, sendo de sua competência: i. dirimir conflitos entre órgãos e entidades; ii. avaliar a admissibilidade dos pedidos de resolução de conflitos; iii. promover, quando couber, a celebração de termo de ajustamento de conduta; iv. além da prevenção e resolução de conflitos que envolvam o equilíbrio econômico-financeiro de contratos celebrados pela administração com particulares.

Especificamente acerca do direito patrimonial disponível, envolvendo contratos administrativos e suas prorrogações ou negociações que tratem do equilíbrio econômico-financeiro, a Lei 9.307/1996, denominada Lei da Arbitragem, já dispunha da adoção de solução de conflitos complexos, técnicos ou urgentes. Neste caso, as partes interessadas submetem a proposta de solução dos seus litígios ao juízo arbitral, mediante convenção, a partir da pactuação de cláusula compromissória e do compromisso arbitral. A esse respeito, envolvendo o direito das infraestruturas, relevante observar a sentença arbitral homologatória[15] proferida em 23.04.2021 por tribunal arbitral, quanto à concessão da Linha 4 do Metrô de São Paulo S.A, a partir da cláusula 35ª do Contrato de Concessão 4232524201.

Em oportuno, sobre essa questão, o Tribunal de Contas do Município de São Paulo (TCM-SP) já possui iniciativas de criação de comitê de litígios, também identificados

---

14. GARCIA, Emerson. A busca pela solução consensual de conflitos na tutela coletiva: faculdade ou obrigação do Ministério Público? *Revista do Ministério Público do Estado do Rio de Janeiro* n. 73, jul./set. 2019.
15. Disponível em: https://www.pge.sp.gov.br/Portal_PGE/Portal_Arbitragens/paginas/Arbitragem_get_file.asp?idr=395.

como "*Dispute Boards*", "DBs", "Comitês de Prevenção e Solução de Disputas", "Junta de Conflitos" ou "Conselho de Conflitos". Esclarece o órgão que as controvérsias envolvendo grandes obras e concessões demandam um sistema mais eficiente de resolução de disputas, com o mínimo de interferência na execução da obra, tendo em vista que, em regra, "envolvem variados tipos de divergências, como alterações do escopo, imprecisão de projetos e descumprimento de cronograma de trabalho".

Apesar disso, considerando a resistência por parte de órgãos públicos, frente à possibilidade de implementação de meios consensuais de resolução de conflitos, especialmente diante de atos ilegais ou irregulares que demandem a aplicação de sanção, a Lei 13.655/2018, que alterou a Lei de Introdução às Normas do Direito brasileiro (LINDB), trouxe, no seu art. 26, diferentes orientações para assegurar a segurança jurídica nas pactuações entre as esferas administrativa, controladora e judicial. Nessa situação, restou autorizada a realização de cláusula geral de negociação para que órgãos de controle, qualquer deles (Tribunais de Contas, Controladorias ou Agências Reguladoras), possam transacionar diante de conflitos, mediante compromisso genérico.

Posteriormente, a Nova Lei de Licitações e Contratos (Lei 14.133/2021) também trouxe a previsão (art. 151) de aplicação de conciliação, de mediação, do comitê de resolução de disputas e de arbitragem (art. 152) para todas as contratações públicas, considerada, oportunamente, a realidade particular e a complexidade técnica de cada conflito.

Em 2022, o Tribunal de Contas da União, a partir das ações de interlocução com gestores e particulares, de forma a auxiliá-los no estabelecimento de alternativas para a solução de problemas de interesse da administração pública, editou a Instrução Normativa 91, de 22 de dezembro, e inaugurou a possibilidade de procedimentos de solução consensual de controvérsias relevantes e prevenção de conflitos afetos a órgãos e entidades da Administração Pública Federal.

Sobre essa questão, o ministro do TCU Bruno Dantas também ventilou[16] a possibilidade de criação de câmaras de mediação, sem a necessidade de lei específica, capazes de aferir o limite do equilíbrio econômico-financeiro e de receber solicitações de solução alternativa de conflitos, na intenção de afastar "o apagão das canetas", quando da necessidade de assinar termos aditivos.

1.2 Recomendações aos Tribunais de Contas brasileiros para adoção de instrumentos de solução de conflitos

Em 2014, a Associação dos Membros dos Tribunais de Contas do Brasil (Atricon) emitiu Resolução 02/2014 que aprovou as diretrizes de "controle externo concomitante", com o objetivo de coordenar a implantação de sistema integrado de controle da Administração Pública, uniformizar procedimentos e garantir o amplo acesso aos cidadãos

---

16. Debates sobre os impactos da pandemia nos setores de infraestrutura – Transportes. Disponível em: https://www.youtube.com/watch?v=hZsISM1qBa0, com fala a partir do minuto 59:27 e 2:21:00.

às informações de interesse. Na ocasião, buscou-se consolidar a cultura institucional de que "são resultantes do controle externo concomitante: alertas, medidas cautelares, recomendações, determinações, termos de ajustamento de gestão e sanções aos jurisdicionados". Dentre os compromissos, restou consignada a necessidade de regulamentação dos Termos de Ajustamento de Gestão.

Em 2022, a Atricon emitiu a Nota Recomendatória Atricon 02/2022[17] aos Tribunais de Contas para que adotassem, especificamente, instrumentos de solução consensual de conflitos, aprimorando essa dimensão aos processos de controle externo. Na ocasião, as justificativas foram direcionadas para a necessidade de aprimoramento do sistema, a partir da evolução na forma como a Administração Pública lida com conflitos, privilegiando a autocomposição e a negociação, em prol da sociedade. Ainda, destacou a relevância do controle preditivo e preventivo, para além do controle de conformidade e de natureza operacional, na intenção de se evitar a produção de atos ou medidas administrativas que coloquem em risco a efetividade, a eficiência e a legitimidade da atividade governamental. No mesmo sentir, os Termos de Ajustamento de Gestão[18] encontraram fundamento no inciso IX do artigo 71 da CRFB/88.

A orientação corrobora com a celebração de acordos em substituição a medidas unilaterais, em consonância com as metas da Agenda 2030, notadamente, àquelas medidas previstas no Objetivo de Desenvolvimento Sustentável 16 (ODS 16). Assinada pelos 193 Estados membros da Organização das Nações Unidas, ao tratar da Paz, Justiça e Instituições Eficazes, a pactuação global tem como objetivo "promover sociedades pacíficas e inclusivas para o desenvolvimento sustentável, proporcionar acesso à justiça para todos e construir instituições eficazes, responsáveis e inclusivas a todos os níveis".

Sob a perspectiva das recomendações, as práticas dialógicas e consensuais têm funcionado, portanto, como instrumentais para o exercício das atribuições constitucionais de controle externo, alinhando as ações de fiscalização a iniciativas de colaboração. No âmbito dos contratos de infraestrutura, considerando a complexidade das controvérsias, diferentes benefícios podem ser identificados, em especial, quanto à redução de custos legais e administrativos. Além disso, a abordagem de temas difíceis e desafiadores de forma mais colaborativa proporciona maior flexibilidade e adaptabilidade de medidas, frente a circunstâncias inesperadas.

1.3 Instrumentos consensuais de controle

Levando em conta as variadas aplicações, propósitos e contextos dos mecanismos consensuais no âmbito administrativo dos Tribunais de Contas e considerando as diferentes denominações, termos e ferramentas empregadas, todos sob o guarda-chuva geral de estabelecimento de acordos, torna-se relevante esclarecer os aspectos que dife-

---

17. Disponível em: https://atricon.org.br/wp-content/uploads/2022/08/Nota-Tecnica-Atricon-no002-2022.pdf.
18. IX – assinar prazo para que o órgão ou entidade adote as providências necessárias ao exato cumprimento da lei, se verificada ilegalidade.

renciam os institutos do Termo de Ajustamento de Gestão (TAG), do Acordo de Solução Consensual (ASC) e das Mesas Técnicas (MT). Para uma compreensão adequada, é essencial abordar, ainda que brevemente, tais distinções:

a) O Termo de Ajustamento de Gestão é um instrumento utilizado principalmente pelos Tribunais de Contas para regularizar atos de gestão que, embora não configurem ilícitos, apresentam desvios ou inadequações em relação à normativa vigente. Firmado entre o órgão de controle e a entidade jurisdicionada, com o objetivo de corrigir falhas e prevenir a ocorrência de irregularidades futuras, este termo estabelece compromissos e prazos específicos para que a entidade auditada adote medidas corretivas ou aprimore seus procedimentos, sem a necessidade de aplicação de sanções. Mediante adoção e concordância, é caracterizado pela sua natureza preventiva e corretiva, preocupado com a melhoria contínua da gestão pública. Nesse sentido, o próprio TAG funciona como instrumento de monitoramento dos procedimentos pactuados e de correção das potenciais irregularidades.[19]

b) O Acordo de Solução Consensual, denominado Termo de Autocomposição pelo Tribunal de Contas da União, por outro lado, é um método alternativo de resolução de disputas, geralmente utilizado para resolver desavenças ou controvérsias entre partes. Comumente é utilizado em disputas administrativas, controladas ou jurídicas, em busca de uma solução acordada para os conflitos, sem a necessidade de um processo judicial. Permite que as partes cheguem a um entendimento mutuamente aceitável, respeitando o interesse de todos os envolvidos. Muitas vezes mais rápido e menos oneroso do que o litígio tradicional, é caracterizado pela busca de consenso e de conciliação, através da compreensão e integração das partes, ao invés da decisão vir de forma imposta por uma autoridade.

c) As Mesas Técnicas, por sua vez, remetem à tentativa de formalização de resolução consensual de questão controversa, a partir do conhecimento e da criação de procedimentos de promoção do consensualismo, da eficiência e do pluralismo, como uma audiência pública (na perspectiva do TCE-MT), quer seja via participação de fórum de discussão ou de reuniões de trabalho (nomenclatura adotada pelo TCM-SP). Busca-se, em regra: i. o esclarecimento de matéria controvertida; ii. a facilitação de projetos de interesse público; iii. a mediação entre a administração pública e particulares; iv. a promoção

---

19. De acordo com a pesquisa de Vieira (2024), entre os anos de 2011 e 2021, houve uma crescente normatização autorizativa do TAG nos Tribunais de Contas brasileiros. "18 dos 33 TCs já haviam regulamentado o TAG, o que reflete a intensificação do viés consensual da ação controladora". Dessa forma, tal assertiva evidencia o fato de que "os 18 TCs que regulamentaram o TAG possuem, sob sua jurisdição, 70 % dos municípios brasileiros, de onde se deduz que 30% dos municípios não estariam autorizados, a priori, a celebrar TAG, considerando a ausência de norma autorizativa". VIEIRA, Cristiane Gonçalves. O termo de ajuste de gestão como instrumento de controle externo consensual no Brasil. *Revista Controle* – Doutrina e Artigos, [S. l.], v. 22, n. 1, p. 435-464, 2023. DOI: 10.32586/ rcda.v22i1.887. Disponível em: https://revistacontrole.tce.ce.gov.br/index.php/RCDA/article/view/887. Acesso em: 31 jul. 2024.

de soluções colaborativas; e v. a prevenção de irregularidades. Tem como principais características focar em matérias relevantes com elevado grau de complexidade, envolvendo a participação diversificada de diferentes atores, através de reuniões estruturadas, baseadas no diálogo e na cooperação. Visam a celeridade processual e aprimoram a transparência na condução dos processos. Em 2020, o Tribunal de Contas do Município de São Paulo (TCM-SP) editou a Resolução 2/2020 e instituiu o procedimento de Mesas Técnicas assemelhadas às audiências judiciais, visando a resolução de questões específicas. Em 2021, o TCE-MT regulamentou a criação das Mesas Técnicas, através da Resolução Normativa 12/2021.

Quanto aos processos e procedimentos, cada um dos instrumentos segue caminhos distintos, adequados aos seus objetivos específicos. Enquanto o TAG envolve um compromisso formal para correção de práticas administrativas, mediante adoção das sugestões proferidas a partir do caso concreto, tomando por base fiscalizações e levantamentos pretéritos, o ASC faz parte de uma negociação direta entre as partes para proposição de solução específica, a depender do conflito em análise. A CSC, durante o processo, atua como órgão ou comitê que auxilia e orienta as partes acerca dos termos do acordo. No âmbito das Mesas Técnicas, com caráter mais informativo, consultivo e colaborativo, as reuniões discutem questões específicas, complexas ou controversas, mediante troca de informações e abordagem de soluções técnicas especializadas. Sobre a importância de se conhecer cada modelo, assevera Victor Carvalho Pessoa de Barros e Silva:

> O campo consensual passou a contar com uma miríade de instrumentos, cada um com um regime jurídico específico, atrelado a um correspondente contexto fático e institucional. Os processos normativos proliferam com diferentes regras, mas sempre autorizando a celebração de acordos envolvendo a Administração Pública e particulares. Dentre tais instrumentos é possível citar os acordos de colaboração, os acordos integrativos, os acordos resolutivos de conflitos, os acordos negociais e os acordos administrativos substitutivos de sanção.[20]

Nesse sentido, relevante observar, na visão do auditor Ismar Viana, que as regras de ajustamento de gestão devem respeitar os direitos processuais dos agentes públicos, ainda que em processos consensuais não sancionadores:

> A procedimentalização do TAG compatibilizar-se-á com as medidas consensualizadoras estimuladas pelo novo texto da LINDB, especialmente no artigo 26, que demandam mecanismos institucionalizados de consensualização, sob pena de risco de comprometimento da regularidade de atuação dos Tribunais de Contas, que devem agir sob o manto do devido processo legal, ainda que diante de processos de natureza não sancionadora, garantindo, de um lado, o respeito aos direitos e garantias processuais dos agentes públicos incumbidos da guarda de bens, valores e dinheiros públicos, do outro, buscando o dever de fiscalizar regularmente os recursos públicos geridos por esses agentes, cumprindo, assim, a missão de proteção do erário em sintonia com o postulado da segurança jurídica, especialmente na vertente da proteção da confiança do cidadão nas instituições, vetor reafirmado

---

20. BARROS E SILVA, Victor Carvalho Pessoa de. *Acordos administrativos substitutivos de sanção*. 2019. 135 p. Dissertação (Mestrado). Pontifícia Universidade Católica de São Paulo, São Paulo, 2019, p. 11.

nas disposições incluídas no texto da LINDB, tudo com vistas a garantir a validade processual, a legitimidade das decisões controladoras, além, é claro, a efetividade das políticas públicas.[21]

Quanto ao impacto e às consequências de cada um desses mecanismos, o TAG pode resultar em mudanças significativas e abrangentes nas práticas administrativas adotadas por uma determinada entidade, enquanto o ASC resolve um conflito específico, promovendo, por sua vez, muito provavelmente, uma alteração contratual pontual nos instrumentos originalmente pactuados. Já as Mesas Técnicas provocarão maior impacto na compreensão e clareza das questões complexas envolvidas, na colaboração entre as partes e na discussão de temas relevantes antes mesmo que se tornem contenciosos. Nesse sentido, possuem efeito preventivo e contribuem, de forma continuada, para uma melhor gestão pública.

2. MODELO DE AUTOCOMPOSIÇÃO ADOTADO PELO TRIBUNAL DE CONTAS DA UNIÃO

De acordo com a Resolução TCU 347, de 12 de dezembro de 2022, foi criada a Secretaria de Controle Externo de Solução Consensual e Prevenção de Conflitos (SecexConsenso) que tem como finalidade contribuir para a solução consensual de controvérsias relevantes afetas a órgãos e entidades da Administração Pública Federal. A SecexConsenso, que compõe o Núcleo Estratégico de Controle Externo (NEC) da Secretaria-Geral de Controle Externo (Segecex), presta apoio a todo o órgão, junto com as demais estruturas da Secretaria-Geral Adjunta de Controle Externo (Adgecex) e da Secretaria de Controle Externo de Informações Estratégicas e Inovação (Seinc).

Especificamente, além das competências gerais por ser uma secretaria, compete ao núcleo de solução consensual do Tribunal de Contas da União:

> Art. 40. Compete à SecexConsenso, além das competências previstas no art. 36 desta Resolução:
>
> I – desenvolver, propor, sistematizar, avaliar e disseminar diretrizes para solução consensual de controvérsias afetas ao processo de controle externo;
>
> II – instruir, em conjunto com as demais secretarias de controle externo, os processos que tratem da busca de solução consensual de controvérsias;
>
> III – instruir, em conjunto com as demais secretarias de controle externo, processos que tratem da possibilidade de o TCU celebrar acordos;
>
> IV – acompanhar e instruir os processos relacionados à fase de negociação dos acordos de leniência a que se refere a Lei 12.846, de 1º de agosto de 2013, nos termos do Acordo de Cooperação Técnica celebrado entre o Supremo Tribunal Federal (STF), a Controladoria-Geral da União (CGU), a Advocacia-Geral da União (AGU), o Ministério da Justiça e Segurança Pública (MJSP) e o Tribunal de Contas da União (TCU);
>
> V – instruir os processos relevantes de acordo de não persecução civil previstos no § 3º do art. 17-B da Lei 8.429, de 2 de junho de 1992, e propor à Segecex a redistribuição dos processos que impactem a capacidade operacional da unidade para instrução pelas demais secretarias de controle externo;

---

21. VIANA, Ismar. *Fundamentos do processo de controle externo*: uma interpretação sistematizada do texto constitucional aplicada à processualização das competências dos tribunais de contas. Rio de Janeiro: Lumen Juris, 2019, 3. tir., p. 141.

VI – interagir com o Ministério Público da União sobre processos em andamento no TCU que possam ser objeto de acordo de não persecução civil;

VII – apoiar as demais secretarias de controle externo no que concerne ao emprego de métodos e técnicas para solução consensual de controvérsias;

VIII – realizar intercâmbio com instituições e especialistas a fim de manter métodos e técnicas de solução consensual alinhados com as normas de referência e as melhores práticas existentes;

IX – coordenar a articulação com tribunais de contas brasileiros e com as respectivas entidades representativas para a definição de estratégias de trabalhos cooperativos definidos pela Segecex;

X – planejar, de modo articulado com as demais secretarias de controle externo, e coordenar a execução da estratégia de participação cidadã no âmbito da Segecex; e

XI – desenvolver outras atividades inerentes à sua finalidade.

Parágrafo único. As demais secretarias de controle externo trabalharão de modo integrado com a SecexConsenso, no que couber, de acordo com as respectivas áreas de especialização e clientela.

Ademais, para uma melhor compreensão do modelo de solução consensual adotado pelo TCU, esclarece-se, em apertada síntese, a partir da Instrução Normativa TCU 91/2022, o rito adotado. Caso admitida a SSC, é constituída uma CSC formada pela SecexConsenso, pela Unidade de Auditoria Especializada, pelo representante do jurisdicionado e pelo eventual particular envolvido na controvérsia. Nessa circunstância será aberto o prazo de 90 dias para a proposição do acordo. Na sequência, caso se chegue a uma solução consensual, abre-se prazo também para a manifestação do Ministério Público de Contas. Posteriormente, sorteia-se o relator, responsável pela submissão final do ASC ao Plenário do TCU e à autoridade máxima da entidade. Sendo aceita, a formalização da solução ocorrerá por meio de termo firmado pelo presidente do TCU e pelo dirigente máximo do órgão ou entidade.

Acerca do processo consensual adotado pelo TCU, o tema passou a ser discutido, em julho de 2024, em sede de arguição de descumprimento de preceito fundamental (ADPF 1183-DF), no Supremo Tribunal Federal. No pedido, o Partido NOVO requer a inconstitucionalidade da normativa, solicitando medida cautelar que suspenda os efeitos da Instrução Normativa TCU 91, de 2022.

A seguir, as competências para formulação da SSC são detalhadas, juntamente com os seus elementos essenciais e o esclarecimento sobre quais são os critérios de admissibilidade. Também serão explicados o papel da CSC, do Ministério Público de Contas, do relator da proposição do ASC e da Comissão Temporária de Acompanhamento dos Procedimentos de Solução Consensual, além das condições e riscos de monitoramento das medidas pactuadas.

2.1 Competências, elementos essenciais e admissibilidade da Solicitação de Solução Consensual (SSC)

Compete às autoridades elencadas no artigo 264 do Regimento Interno do TCU, de acordo com o artigo 2º da IN TCU 91/2022, formular a Solicitação de Solução Consensual, além dos dirigentes máximos das agências reguladoras definidas no artigo 2º da Lei 13.848, de 25 de junho de 2019, e do relator de processo em tramitação no TCU, sendo elas: i. presidentes da República, do Senado Federal, da Câmara dos Deputados e do Supremo Tribunal Federal; ii. Procurador-Geral da República; iii. Advogado-Geral da União; iv. presidente de comissão do Congresso Nacional ou de suas casas; v. presidentes de tribunais superiores; vi. ministros de Estado ou autoridades do Poder Executivo federal de nível hierárquico equivalente; e vii. comandantes das Forças Armadas.

São elementos necessários à SSC, conforme prevê o artigo 3º da referida Instrução Normativa: i. o objeto da busca de solução de conflito; ii. a elaboração de pareceres técnico e jurídico; iii. a participação de particulares e entidades administrativas; iv. a existência de processo no Tribunal de Contas; e v. a manifestação de interesse na medida consensual. A seguir, o Quadro 2 descreve cada um dos elementos:

Quadro 2 – Elementos da Solicitação de Solução Consensual

Elementos	Descrição
Objeto da busca de solução consensual	A solicitação deve identificar claramente o foco da busca por uma solução consensual. Isso inclui detalhar a natureza específica do problema e a sua materialidade, o risco associado e a relevância da situação que está sendo tratada.
Pareceres técnico e jurídico	Deve-se incluir análises técnicas e jurídicas sobre a controvérsia em questão. Essas análises devem apontar as dificuldades encontradas na proposição de uma solução para o conflito.
Envolvimento de particulares e entidades administrativas	Se aplicável, a solicitação deve listar quais particulares, órgãos ou entidades da administração pública estão envolvidos na possível solução da controvérsia.
Existência de processo no TCU	Caso exista, a solicitação deve informar sobre qualquer processo em andamento no TCU que trate do mesmo assunto da solução consensual buscada.
Manifestação de interesse consensual	Realizada de modo direto ou indireto, quando a solicitação for feita por Relator de processo em tramitação no TCU, devendo haver manifestação de interesse por parte dos órgãos e entidades da administração pública federal envolvidos no conflito.

Fonte: Elaboração própria, a partir da IN TCU nº 91/2022.

Especificamente, acerca da manifestação de interesse, quando a solicitação de consenso partir de relator de processo em tramitação no TCU, competirá à SecexConsenso, por meio de diligência, providenciar os pareceres técnico e jurídico sobre a controvérsia em questão, relacionar e elencar todos os envolvidos e colher a confirmação da manifestação de interesse individualizada na solução consensual, em atendimento ao parágrafo único do artigo 3º da IN TCU 91/2022. A SSC será autuada como processo e sofrerá análise prévia de admissibilidade pela SecexConsenso. Na sequência, competirá ao Presidente do TCU, conforme previsão do artigo 5º, decidir sobre a conveniência e a oportunidade da admissibilidade, levando em consideração: i. a competência do TCU para tratar da matéria; ii. a relevância e a urgência da matéria; iii. a quantidade de processos de SSC em andamento; e iv. a capacidade operacional disponível no Tribunal para atuar nos processos de SSC.

A esse respeito, relevante notar que os elementos balizadores "quantidade de processos em andamento" e "capacidade operacional disponível" não estão disponíveis no portal de transparência da Corte de Contas federal. Assim, no momento em que se conclui este estudo, não há um critério definidor que justifique a eleição de determinada solicitação de solução, a partir da escolha fundamentada pela relevância ou urgência do tema em controvérsia. A falta de critérios claros e objetivos pode resultar em escolhas arbitrárias ou injustificadas para a priorização de solicitações de solução. Isso pode levar, inclusive, a um tratamento desigual de casos similares. Quanto ao processo de análise prévia de admissibilidade, para a implementação da SSC, há outros riscos que precisam ser considerados, sendo possível que gargalos se formem, caso haja um grande volume de solicitações, atrasando o início do processo de resolução consensual.

Noutro sentido, a decisão baseada em critérios subjetivos pelo Presidente do TCU, sobre a conveniência e a oportunidade da admissibilidade da SSC, embora se baseie em aspectos como competência, relevância, urgência e quantidade de processos em andamento, ainda assim remete a fragilidades que podem afetar os interessados finais nesses meios de solução, acarretando inconsistências nas decisões e potencial falta de justiça na escolha de quais casos especificamente serão admitidos. Sobre esta preocupação, também se percebe, nos moldes previstos na IN 91/2022, uma transparência limitada quanto aos quantitativos reais que servirão como parâmetro para a admissibilidade das SSC propostas. Logo, como serão justificadas as negativas de SSC? Tal questionamento, se não for plenamente fundamentado, pode provocar dúvidas sobre a responsabilidade do processo e a falta de integridade das informações pode afetar a confiança do público.

Diante do exposto, os riscos de decisão relacionados à admissibilidade apontam para a necessidade de uma estruturação cuidadosa do processo de SSC, mediante definição de critérios mais objetivos e transparentes, a fim de garantir a eficácia e a justiça no tratamento de todas as solicitações.

Ainda sobre o tema, em razão de conflito estabelecido, nos casos em que haja processo com decisão de mérito no TCU envolvendo o objeto da busca de solução consensual, não será admitida a SSC. Sobre essa questão, o acesso às informações e processos se faz necessário, para que os legitimados para a proposição de SSC possam ter conhecimento das demandas e temas que já tramitam naquele Tribunal.

De outra forma, quando o objeto de uma controvérsia, para a qual se busca uma solução consensual, já estiver sendo discutido em processo conexo em andamento, a solicitação será analisada em processo apartado. Ocorrendo a ratificação pelo Presidente, quanto à admissibilidade da SSC, não haverá sorteio de relator e esta será encaminhada ao relator do processo já existente. Caberá a este, então, a responsabilidade de avaliar se a admissão da SSC prejudicaria o andamento processual em trâmite ou não. Com base nessa avaliação, o relator poderá ratificar (concordar) ou não a decisão de admissibilidade proferida pelo Presidente do TCU.

Caso o relator ratifique a admissibilidade da solicitação, a análise das questões relacionadas ao objeto será suspensa (sobrestada) no processo original em tramitação. Isso significa que o foco permanecerá na busca da solução consensual. No entanto, se existirem outros pontos a serem examinados, estes continuarão sendo tratados pelo TCU. Se o relator não ratificar a admissibilidade da SSC, o processo relacionado a essa solicitação será arquivado. Isso significa que a tentativa de resolução consensual não seguirá adiante, sendo inadmitida, portanto.

2.2 O papel da Comissão de Solução Consensual (CSC) e do Ministério Público de Contas

Após a admissibilidade da SSC, a solicitação será enviada à Secretaria-Geral de Controle Externo, para, em consulta à SecexConsenso, designar os membros da CSC. De forma particular, compete à Comissão elaborar a proposta de solução consensual para as controvérsias específicas em análise. Composta, no mínimo, por três membros, um servidor da SecexConsenso atuará como coordenador e um representante da Unidade de Auditoria Especializada será responsável pelo assunto em questão. O outro representante virá de cada órgão ou entidade da administração pública federal envolvida na SSC ou que tenha manifestado interesse na solução, conforme dispõe o inciso V do artigo 3º da IN TCU 91/2022.

Ainda, a depender das circunstâncias específicas, a Segecex pode permitir a participação de representantes de particulares envolvidos na controvérsia. Convites para participação externa, portanto, serão admitidos, mediante aceite por unanimidade de seus membros, sendo permitido convidar especialistas na matéria objeto da busca por solução consensual. Estes participarão das reuniões como colaboradores, desde que não estejam diretamente envolvidos na controvérsia.

O prazo para elaboração da proposta será de 90 dias, a partir de sua constituição, podendo ser prorrogado por até 30 dias, a critério do Presidente do TCU. Então, caso não seja possível elaborá-la dentro do prazo estipulado, a CSC deverá informar, para arquivamento do processo.

Havendo proposição de ASC e concordância de todos os membros da CSC, o processo será enviado ao Ministério Público de Contas que terá 15 dias para se manifestar. Somente após a sua manifestação o processo seguirá para sorteio do referido relator.

O relator tem a responsabilidade de submeter a proposta de solução à apreciação do Plenário do TCU, devendo ocorrer em até 30 dias após a recepção dos autos. Todavia, caso não consiga cumprir o prazo, fica facultada a solicitação de prorrogação ao Plenário por dilação de, no máximo, 30 dias adicionais. Na visão do TCU, a avaliação pelo relator e pelo Plenário pode gerar três resultados possíveis: i. concordância com a proposta e subsequente aprovação pelo Plenário; ii. discordância da proposta e subsequente arquivamento; e iii. concordância, com proposta de modificações, que serão submetidas à análise dos atores externos integrantes da comissão. Compete, portanto, ao Plenário, por meio de acórdão, sugerir alterações, aceitá-la ou recusá-la. Se o Plenário sugerir alterações, os membros da CSC terão até 15 dias para se manifestar. Caso alguém não concorde, o relator determinará o arquivamento do processo e informará o Plenário sobre essa decisão.

2.3 Da formalização, dos prazos e do monitoramento do Acordo de Solução Consensual (ASC)

De acordo com o artigo 12 da IN TCU 91/2022, a formalização da proposta de SSC será feita por meio de termo, assinado pelo Presidente do TCU e pelo dirigente máximo dos órgãos e entidades envolvidos na controvérsia, em até 30 dias após a deliberação final do Plenário. Ademais, a verificação do cumprimento pactuado deverá ser realizada através de monitoramento, de acordo com o estabelecido no artigo 243 do Regimento Interno do TCU.

Para monitorar as ações de consenso, a IN TCU 91/2022 instituiu a Comissão Temporária de Acompanhamento dos Procedimentos de Solução Consensual (CTAPSC), com base no seu artigo 14, composta por três ministros designados pela Presidência do TCU. Com duração de 360 dias, a comissão deve, como objetivo principal, acompanhar a implementação dos procedimentos estabelecidos e avaliar os resultados obtidos. Compete à SecexConsenso apoiar as atividades.

Ainda, para atuação efetiva da CTAPSC, considerando a necessidade de se estabelecer procedimentos claros e consistentes de monitoramento, é fundamental garantir recursos adequados e manter a transparência e a comunicação efetiva durante toda a vigência do processo de SSC. Por esse motivo, é pertinente que os riscos de monitoramento sejam identificados e avaliados, para permanência das condições estabelecidas. Inconsistências no cumprimento dos termos, falta de recursos humanos e financeiros, existência de conflitos de interesses entre as partes, falhas na detecção de inconformidades, demora na resposta de problemas identificados, sobrecarga do sistema de acompanhamento e existência de falhas na transparência e na comunicação dos resultados podem ser considerados como riscos de monitoramento dos Acordos de Solução Consensual.

Na IN TCU 91/2022, não estão claras as atribuições dos membros da Comissão Temporária de Acompanhamento dos Procedimentos de Solução Consensual e nem mesmo há menção à participação de outros interessados na conferência dos termos da solução proposta.

Quanto à sobrecarga do sistema de acompanhamento, havendo um grande volume de ASC para monitorar, podem ocorrer atrasos e interrupções e, com isso, possivelmente, uma supervisão menos rigorosa das condições estabelecidas. Se a capacidade operacional disponível para atuar nos processos de SSC é critério para admissibilidade de demandas, a capacidade de monitoramento dos acordos firmados também deveria fazer parte do planejamento estratégico da instituição.

Acerca da integridade das informações, falhas na transparência e na comunicação dos resultados alcançados podem afetar as partes envolvidas e o público em geral, comprometendo a confiança no processo de consensualidade. A manutenção e disponibilização de relatórios, com registros precisos, tempestivos, atualizados e detalhados, favorecem, de forma direta, o cumprimento da medida consensual no seu período de vigência e a própria resolução do conflito acordado.

Outro aspecto relevante diz respeito à possibilidade de o TCU atuar como cogestor em determinados atos administrativos. Sobre este risco, esclareceu o órgão:[22] "a mera participação do TCU na construção da solução consensual não o torna cogestor, pois

---

22. Disponível em: https://portal.tcu.gov.br/imprensa/noticias/voce-conhece-a-nova-sistematica-de-solucoes-consensuais-do-tcu.htm.

não será ele a impor uma forma de atuar, tampouco executar atos administrativos por sua iniciativa". Depois de aprovada, as medidas serão implementadas pelos órgãos e entidades responsáveis pelo aperfeiçoamento do ato jurídico e continuarão passíveis de controle. Assim, ao enfatizar que a função controladora em nenhum momento deve se afastar da legalidade estrita, corrobora Ismar Viana:

> Ocorre que, na medida em que a função administrativa vai sendo mais diretamente afetada pelos efeitos do intitulado Direito Administrativo moderno – pautado pela flexibilização da observância de limites que, em situações ordinárias, parametrizam a atuação administrativa, afastando-se, ainda que em situações excepcionais, de conceitos tradicionais – a função controladora deve se aproximar ainda mais da legalidade estrita, quando do exercício do controle dos atos administrativos, como forma de proteger o cidadão dos arbítrios estatais, de não incorrer na ofensa ao princípio da segregação das funções, da separação dos poderes, o que demanda rito processual próprio para materialização da função controladora, que, malgrado tenha em seu elenco o poder de sanção, não se reveste esse poder exclusivamente do objetivo de represália ou castigo, mas de meio de garantir a eficácia das decisões controladoras.[23]

Os prazos definidos para cada uma das etapas do processo de solução consensual adotado pelo TCU estão elencados no Quadro 3, de forma resumida, a seguir:

Quadro 3 – Prazos do processo de solução consensual

Etapas do Processo de Solução Consensual	Prazos
Análise prévia de Admissibilidade da Solicitação de Solução Consensual pela Secex-Consenso	Não há prazo definido
Análise de Admissibilidade da Solicitação de Solução Consensual pelo Presidente do TCU	Não há prazo definido
Designação da Comissão de Solução Consensual pela Segecex, ouvida a SecexConsenso	Não há prazo definido
Elaboração da proposta de solução pela Comissão de Solução Consensual	90 dias, prorrogáveis por mais 30 dias
Manifestação do Ministério Público de Contas	15 dias
Sorteio para definição do relator do processo	Não há prazo definido
Submissão da proposta de Acordo de Solução Consensual ao Plenário pelo Relator	30 dias, prorrogáveis por mais 30 dias
Resposta da Comissão de Solução Consensual, a partir da sugestão de alterações no Acordo de Solução Consensual pelo Plenário do Tribunal	15 dias
Formalização do Acordo de Solução Consensual pelo Presidente do Tribunal e pelo respectivo dirigente máximo dos órgãos e entidades envolvidos	30 dias, a partir da deliberação final de aprovação pelo Plenário
Monitoramento do Acordo de Solução Consensual	Não há prazo definido
Vigência da Comissão Temporária de Acompanhamento dos Procedimentos de Solução Consensual	360 dias, a partir da publicação da IN TCU 91/2022

Fonte: Elaboração própria, a partir da IN TCU 91/2022.

Considera-se, assim, que a implementação da SSC prevê a composição de um processo estruturado e cronologicamente definido, visando a eficiência e a eficácia na resolução de controvérsias. Essa estruturação temporal não só garante a agilidade ne-

---

23. Cf. Fundamentos do processo de controle externo, p. 133.

cessária na gestão de disputas administrativas, mas também assegura a transparência e a responsabilidade em cada passo. A possibilidade de prorrogação de prazos oferece flexibilidade ao processo consensual, permitindo adaptações, para as medidas recentes, às complexidades e desafios que serão enfrentados. Contudo, esta abordagem também requer atenção com a comunicação entre todas as partes e demanda um aprofundamento das condições e prazos para a realização de cada etapa.

3. RESOLVENDO DISPUTAS EM CONTRATOS DE INFRAESTRUTURA

O TCU promoveu alterações[24] relevantes na estrutura da Secretaria-Geral de Controle Externo, em 2023, a fim de "ajustar a arquitetura organizacional à estratégia estabelecida para os próximos anos, focada na cadeia de valor e orientada para maximizar os resultados de entrega à sociedade". Ao todo foram criadas oito secretarias, contando com unidades especializadas. Nessa circunstância também foi criada a SecexConsenso. Para o ministro e então presidente do TCU Bruno Dantas (2023),[25] os benefícios da criação do núcleo consensual se justificam pela redução de litígios e pela propositura de soluções mais dialógicas.

Quanto às estruturas de controle de obras de infraestrutura nacionais (Quadro 4), de acordo com a Resolução TCU 347/2022, encontram-se subdivididas em duas secretarias responsáveis, com áreas temáticas e setores específicos (Secretaria de Controle Externo de Infraestrutura (SecexInfra) e Secretaria de Controle Externo de Energia e Comunicações (SecexEnergia)), além de núcleos de gestão próprios.

Quadro 4 – Controle e Fiscalização de Infraestruturas

Setor	Estrutura anterior	Estrutura atual
Secretaria Responsável: SECEXENERGIA			
Energia Elétrica	SeinfraElétrica	Unidade de Auditoria Especializada em Energia Elétrica e Nuclear (AudElétrica)
Petróleo e Gás Natural	SeinfraPetróleo	Unidade de Auditoria Especializada em Petróleo, Gás Natural e Mineração (AudPetróleo)
Obras Hídricas, Comunicações e Mineração	SeinfraCOM	Unidade de Auditoria Especializada em Comunicações (AudComunicações)
Secretaria Responsável: SECEXINFRA			
Infraestrutura Urbana	SeinfraUrbana	Unidade de Auditoria Especializada em Infraestrutura Urbana e Hídrica (AudUrbana)
Rodovias e Aviação Civil	SeinfraRodoviaAviação	Unidade de Auditoria Especializada em Infraestrutura Rodoviária e Aviação Civil (AudRodoviaAviação)
Portos e Ferrovias	SeinfraPortoFerrovia	Unidade de Auditoria Especializada em Infraestrutura Portuária e Ferroviária (AudPortoFerrovia)

Fonte: Elaboração própria.

---

24. Disponível em: https://portal.tcu.gov.br/imprensa/noticias/conheca-a-nova-estrutura-da-secretaria-geral-de-controle-externo-area-fim-do-tcu.htm.
25. Disponível em: https://portal.tcu.gov.br/imprensa/noticias/tcu-investe-em-solucoes-consensuais-de-conflito-para-temas-de-grande-relevancia.htm.

No momento em que se conclui esta pesquisa, o Regimento Interno do TCU encontra-se em fase de revisão (TC 033.854/2018-1),[26] com a finalidade de adequar as regras processuais aplicáveis ao processo de controle externo ao que preceitua o novo Código de Processo Civil, aprovado por intermédio da Lei 13.105, de 16 de março de 2015, que, expressamente, determinou a aplicação das normas nele contidas, de forma supletiva e subsidiária, ao processo administrativo.

Na sequência, serão demonstrados os precedentes de SSC envolvendo Contratos de Energia de Reserva decorrentes de Procedimentos de Contratação Simplificado e contratos de concessão de malha ferroviária.

3.1 Precedentes de SSC em Contratos de Energia de Reserva (CER) decorrentes de Procedimento de Contratação Simplificado (PCS)

Neste tópico serão analisadas especificamente as propostas de solução consensual demandadas ao Tribunal de Contas da União, acerca de Contratos de Energia de Reserva decorrentes de Procedimentos de Contratação Simplificado, a partir dos Acórdãos TCU 1.130/2023 – Plenário, 1.797/2023 – Plenário e 2.508/2023 – Plenário.

3.1.1 Acórdão TCU 1.130/2023 – Plenário

O processo TC 006.253/2023-7 tratou de SSC formulada pelo Ministro de Minas e Energia (MME), em face das controvérsias enfrentadas nos Contratos de Energia de Reserva (CER) decorrentes do Procedimento de Contratação Simplificado (PCS) 01/2021, relativos às usinas da Karpowership Brasil Energia Ltda (KPS). Tais outorgas preveem a instalação de novos 560 MW de potência no Sistema Interligado Nacional (SIN), gerados por quatro usinas termelétricas offshore (Karkey 13, Karkey 18, Porsud I e Porsud II). A energia fornecida de forma inflexível seria 1,264 TWh por ano (aproximadamente 144 MW médios em base anual). A demanda por solução apresentou conexão de objeto de consenso com o TC 031.368/2022-0, referente a monitoramento instaurado em face do Acórdão TCU 2.699/2022 – Plenário.

A controvérsia envolveu o inadimplemento contratual por parte das usinas, sujeitando a aplicação de multas superiores a R$ 1 bilhão e a possibilidade de rescisão contratual, em contraponto ao funcionamento em 100% de inflexibilidade, por força de liminar do judiciário, gerando energia mais onerosa para o sistema, a ser paga por todos os consumidores.

De acordo com o ministro-relator Benjamim Zymler, diante do risco envolvido de as liminares perdurarem no tempo, visto que os contratos vão até 2025, além da possibilidade de julgamentos desfavoráveis em definitivo, a proposição de solução consensual viabilizaria a modicidade tarifária, preservada a segurança jurídica e a relação contratual.

---

26. A última movimentação data de 12/06/2024 – 16:41:08 – Comunicação apresentada em Plenário.

Nesses moldes, o MME após SSC na tentativa de buscar uma solução que viabilize a alteração amigável dos contratos. Em síntese, a proposta abordou cinco aspectos: i. redução da geração inflexível das usinas de 1º.07.2023 a 31.12.2023; ii. contabilização da energia gerada pelas usinas em base mensal; iii. preservação da eficácia das outorgas e da garantia física das usinas; iv. suspensão dos processos administrativos atualmente em análise na Aneel durante as tratativas da Comissão; e v. encaminhamento pela Aneel e pela KPS de pedido de suspensão do Mandado de Segurança 1013469-13.2023.4.01.3400, com reversão dos recursos depositados em juízo à Conta de Energia de Reserva (Coner), visando a compensação da receita de combustível já paga à KPS em função da execução contratual previamente à celebração do termo de autocomposição.

O relatório da CSC estabeleceu, subsidiariamente, de forma análoga à previsão constante de acordos de leniência da Lei Anticorrupção (Lei 12.846/2013) – em decorrência de acordo de cooperação técnica entre o TCU, a Controladoria-Geral da União (CGU), a Advocacia-Geral da União (AGU), o Ministério da Justiça e Segurança Pública (MJSP) e o Supremo Tribunal Federal (STF), na qualidade de coordenador –, a previsão de cláusula esclarecedora de que os agentes envolvidos não estão sujeitos à responsabilização perante o TCU pelas decisões tomadas no referido processo, salvo se por fraude ou dolo.

A CSC foi constituída através da Portaria Segecex 17, de 22.05.2023, com representantes designados pelo Ministério de Minas e Energia, pela Agência Nacional de Energia Elétrica (ANEEL) e pela Karpowership Brasil Energia, além da SecexEnergia e da SecexConsenso, unidade responsável pela coordenação e supervisão dos trabalhos.

Depois de três reuniões, todas as partes concordaram que a celebração do acordo não geraria obrigações relativas a período anterior, nem vincularia a novo acordo nos mesmos termos propostos. Todos os membros entenderam de forma consensual que é possível celebrar um termo de autocomposição visando reduzir a geração inflexível das usinas entre 1/7 e 31.12.2023 e suspender as discussões administrativas e judiciais, a partir da solução tratada no TC 006.253/2023-7.

O Ministério Público de Contas se manifestou aquiescendo à proposta. Quanto ao mérito do Acordo de Solução Consensual, acrescentou o ministro-relator:

> Trata-se, na realidade, de um ato homologatório. Levado o negócio jurídico ao exame da Corte de Contas – subscrito por jurisdicionados que têm sobre si o dever de prestar contas, nos termos do art. 70, parágrafo único, da Constituição Federal –, delibera-se em um juízo de juridicidade amplo. Tanto se ratifica a legalidade do objeto da negociação, quanto da sua motivação, em termos de conveniência e oportunidade, direcionada ao atendimento do interesse público primário. Trata-se, em verdade, de um controle concomitante excepcionalíssimo, *pari passu*, com o ato controlado, necessário para conferir a estabilidade da emanação de vontades, em direito material. A participação do TCU nesses atos, assim, seria uma posição de "interveniente anuente", porque não participa propriamente da transação, pois a eficácia do acordo não depende exatamente da participação do Tribunal. Existe, porém, um interesse direto da Corte como controladora e, apesar de não participar da formação de vontades propriamente dita, delibera amplificando exponencialmente a segurança jurídica do negócio, catalisando o apaziguamento da relação entre as partes (TCU, TC 006.253/2023-7, p. 14).

Em 07.06.2023, mediante Acórdão TCU 1.130/2023 – Plenário, foi aprovado o ASC proposto pela CSC, sendo autorizado o monitoramento da execução do "Termo de Autocomposição", conforme previsão do art. 13 da IN TCU 91/2022.

3.1.2 Acórdão TCU 1.797/2023 – Plenário

O processo TC 006.252/2023-0 tratou de SSC formulada pelo MME, em face das controvérsias enfrentadas nos Contratos de Energia de Reserva (CER) decorrentes do Procedimento de Contratação Simplificado (PCS) 01/2021, relativos às Usinas da Linhares Geração, Termelétrica Viana e Povoação Energia. A demanda apresentou conexão de objeto de consenso com o TC 031.368/2022-0, com monitoramento instaurado em face do Acórdão 2.699/2022 Plenário.

A controvérsia envolveu a construção das usinas em prazo exíguo para o padrão exigido, com entrada em operação das unidades geradoras entre julho e agosto de 2022, o que ensejou o pagamento de penalidades contratuais e multas editalícias de aproximadamente R$ 247 milhões. Adimplentes e sem qualquer processo administrativo, judicial ou arbitral em andamento no que se refere ao PCS, a proposta de solução trouxe a possibilidade de alteração amigável dos contratos, buscando sua execução com as reais necessidades do sistema, reduzindo o fornecimento, em face do valor unitário do MWh relevantemente mais caro, mas ponderando os interesses das contratadas, que possuem contratos perfeitos e vigentes, com justas expectativas de retorno financeiro junto a investidores e contratos de compra de gás a honrar.

Foram destacados como benefícios da solução consensualizada: i. a redução líquida de custos para o consumidor da ordem de R$ 224,5 milhões, em decorrência da eliminação da geração de energia inflexível, a partir de 1º.09.2023; ii. o equacionamento dos aumentos de custos associados à rescisão do contrato de gás, ao pagamento pela disponibilidade do sistema de fornecimento de gás e ao desfazimento das operações financeiras de proteção da companhia; iii. as Usinas, no caso de serem despachadas por ordem de mérito, serão remuneradas pelo Preço de Liquidação de Diferenças – PLD ao invés do Custo Variável Unitário – CVU; iv. o acerto financeiro das variações dos valores mensais futuros do PLD em relação PLD de R$ 69,04; v. a eliminação da geração de energia inflexível, sem a queima de combustível fóssil; e vi. A redução do tempo de ajuizamento de ações judiciais, administrativas e arbitrais (TCU, TC 006.252/2023-0, p. 7). Além dos benefícios elencados, a SecexConsenso afirmou que não há, por parte da União e dos consumidores de energia, renúncia de recebíveis nem assunção de novas obrigações financeiras. Sobre a composição da parcela RFdemais, houve solicitação, pelo relator, de maior detalhamento e transparência do aumento sofrido pela rubrica.

A CSC foi constituída através da Portaria Segecex 18, de 24.05.2023, com representantes designados pelo MME, pela ANEEL e pela gestão das Usinas da Linhares Geração, Termelétrica Viana e Povoação Energia, além da SecexEnergia e da SecexConsenso.

Oportunamente, o Ministério Público de Contas se posicionou de maneira favorável, chamando atenção para o direito das contratadas de dispor das suas estruturas de custos e expectativas de lucro. Sobre o relatório da CSC e quanto ao mérito da proposta de solução, ressaltou o ministro-relator Benjamim Zymler:

> Deixo para o fim minha análise sobre a baixa transparência e rastreabilidade na formação dos custos relativos à manutenção da "margem de geração" em face da eliminação da parcela "RFcomb" e ao demonstrativo dos custos de desfazimento das "estruturas financeiras" para proteção contra a volatilidade na aquisição do combustível. Entendo que os demais componentes da nova "RFdemais" encontrem-se razoavelmente justificados. [...] Identifico, por essencial, que *inexiste, no presente caso, um pleno equilíbrio de poderes negociais, tampouco há simetria de informações*. E essas são condições de contorno do presente feito. A admissão de tal circunstância é requisito para a negociação de alguma vantagem para a sociedade. *O pior dos cenários, neste caso, seria a manutenção do contrato tal como está, porque a empresa já tem direito a manutenção de tais condições.* Ajuízo que a transparência da operação, necessária por envolver o múnus público no acordo – permeado pelos princípios constitucionais correlatos, inclusive o da publicidade –, *foi devidamente estressada, com a exigência de um maior detalhamento nos novos valores contratuais, devidamente providenciada, na fronteira dos interesses e possibilidades das contratadas*. Relevo, ainda, que o valor do aumento da parcela "RFdemais" é superlativa, porque superlativos são os valores contratuais. Relembro que, em plena guerra da Ucrânia, o preço-pico do valor do gás alcançou dez vezes o valor atual, o que, se anualmente mantido, considerando uma parcela "RFcomb" de R$ 1 bilhão (a valores iniciais do contrato), poderia onerar em mais de R$ 9 bilhões/ano as avenças. Vê-se, assim, que o risco é alto, como alta se espera que seja a cobertura de hedge para mantê-lo. Igualmente, não seria de todo descabido, em um ambiente negocial, que as empresas alocassem parte dos ganhos que teriam em face da alteração pleiteada pela administração. *Parece-me, pois, se estar de um legítimo "ganha-ganha", no que me coloco inteiramente de acordo com o termo de acordo pleiteado*. Sublinho, por ineditismo, que, neste caso concreto, os termos do acordo – inclusive o novo valor do "RFdemais" – foram anuídos também pelo Consultor-Geral da União (AGU), autorizando a realização do acordo, nos moldes ora em julgamento (TCU, TC 006.252/2023, p. 14) (grifo nosso)

Assim, em 30.08.2023, mediante Acórdão TCU 1.797/2023 – Plenário, foi aprovado o ASC proposto pela CSC, sendo autorizado o monitoramento da execução do "Termo de Autocomposição", conforme previsão do art. 13 da IN TCU 91/2022.

3.1.3   Acórdão TCU 2.508/2023 – Plenário

Em continuidade ao Acórdão TCU 1.130/2023 – Plenário, e considerando o prazo do primeiro termo de autocomposição relativo às usinas da Karpowership Brasil Energia Ltda, a SSC de foi formulada pelo Ministro do MME, em face das controvérsias enfrentadas nos Contratos de Energia de Reserva. A CSC, constituída por representantes designados pelo MME, Aneel, KPS, SecexEnergia/AudElétrica e SecexConsenso, entendeu ser possível construir um novo termo de autocomposição para superar as controvérsias dos contratos firmados no PCS 01/2021.

Assim, após avaliação das instâncias decisórias competentes da KPS, Aneel e MME, todos os representantes se manifestaram favoráveis à solução encaminhada à apreciação e homologação pelo TCU. Nesse caso, tendo em vista que a solução também envolveu a negociação extrajudicial de multas e penalidades, a Advocacia-Geral da União também foi consultada e manifestou-se favorável.

Os impactos e principais benefícios do ASC apontaram para a diminuição dos custos para o consumidor e da emissão de gases poluentes. A principal redução de custos é proveniente da diminuição na obrigação de entrega de energia inflexível, com baixa superior a 25% em relação ao contrato original. Especificamente, a remuneração fixa prevista sairia de R$ 3,05 bilhões/ano para R$ 2,3 bilhões/ano, nos termos propostos pela CSC. De outro modo, o acordo para regularização das multas e penalidades por atraso na operacionalização geraria um aumento de aproximadamente R$ 45 milhões de receitas na Conta de Desenvolvimento Energético e de R$ 280 milhões, durante o ano de 2024, nas receitas da Conta de Energia de Reserva.

Na sequência, após aprovação da proposta de consenso pelos membros da CSC, o Ministério Público de Contas se manifestou favorável.

Por fim, o ministro-relator Benjamim Zymler destacou que o motivo da "nova rodada" de negociações se deve ao fato de que acordo anterior era temporário, com validade somente até dezembro de 2023, e que, à época, não houve consenso sobre a questão das multas aplicáveis às usinas da KPS devido aos atrasos contratuais na geração de energia.

Em 02.12.2023, mediante Acórdão TCU 2.508/2023 – Plenário, foi aprovado o ASC proposto pela CSC, sendo autorizado o monitoramento da execução do "Termo de Autocomposição", conforme previsão do art. 13 da IN TCU 91/2022.

3.2 Precedentes de SSC em contratos de concessão de malha ferroviária

Nesta seção serão apresentadas as propostas de ASC, na esfera federal, envolvendo contratos de concessão de malha ferroviária, com base nos Acórdãos TCU 2.472/2023 – Plenário e 2.514/2023 – Plenário.

3.2.1 *Acórdão TCU 2.472/2023 – Plenário*

O processo TC 000.853/2023-2 tratou de solicitação de solução consensual formulada pela Agência Nacional de Transportes Terrestres (ANTT), em face das controvérsias que envolvem a possibilidade de alteração no Caderno de Obrigações, o qual foi pactuado na prorrogação antecipada do contrato de concessão da Concessionária Rumo para operação da Malha Paulista, uma ferrovia com quase 2 mil km localizada no Estado de São Paulo. Buscou-se, com a medida, a compatibilidade dessas eventuais alterações com os requisitos técnicos e o interesse público, mediante comprovação da manutenção da vantajosidade, definida no art. 8º da Lei 13.448/2017.

Sobre o tema, o TCU analisou outros atos e procedimentos relacionados à prorrogação antecipada. O processo TC 009.032/2016-9, sob relatoria do Ministro Augusto Nardes, resultou na determinação de que quaisquer termos aditivos não devem comprometer a vantajosidade da prorrogação, que se baseia em investimentos obrigatórios.

Outro processo, TC 010.769/2022-6, sob relatoria do Ministro Jhonattan de Jesus, avaliou a execução contratual desses investimentos obrigatórios. Nesse sentido, frente à SSC, foi entendido que as controvérsias possuem aspectos diferentes dos abordados nesses processos, não sendo identificadas sobreposições entre os objetos discutidos, em especial porque a fiscalização anterior focava na análise retroativa da execução do Caderno de Obrigações e não na possibilidade de alterá-lo.

De outro modo, nesta proposta de solução consensual houve análise de admissibilidade específica quanto à materialidade, relevância e risco do objeto e controvérsia, diferentemente do que fora apontado nos autos dos Acórdãos TCU 1.130/2023, 1.797/2023 e 2.508/2023.

Quanto à materialidade, a concessionária notificou que as mudanças propostas poderiam acarretar um excedente de outorga de cerca de R$ 350 milhões, dentro de um total de R$ 2,96 bilhões em investimentos obrigatórios previstos para a renovação antecipada. Contudo, a ANTT destacou que esse valor é uma estimativa, já que a concessionária ainda precisa submeter projetos para a precificação de algumas soluções propostas. Esse excedente de outorga é referente à solicitação inicial e não englobaria outras modificações possíveis.

Sobre a relevância, a ANTT avalia que a resolução dessas controvérsias atende aos princípios da razoabilidade, economicidade e manutenção da vantajosidade da renovação antecipada. As alterações propostas visam atender à capacidade e demanda projetadas, oferecendo benefícios adicionais ao público e ao poder público.

Quanto aos riscos, foi apontado que há potencial prejuízo associado à falta de um acordo, que poderia levar a ANTT a rejeitar a proposta feita pela concessionária, resultando na perda de benefícios ao poder público. A aprovação das atualizações, no contexto atual, apresenta riscos para os gestores, devido à rigidez do contrato e às observações feitas anteriormente pelo TCU em outras fiscalizações. Além disso, existe o risco de insegurança jurídica e de judicialização, caso a decisão seja tomada de forma unilateral e não consensual.

Admitida a SSC pelo Presidente do TCU, a CSC foi constituída com representantes da ANTT, da Secretaria Nacional de Transporte Ferroviários do Ministério dos Transportes (SNTF/MT), da Concessionária Rumo Malha Paulista S.A (RMP/RUMO), da SecexInfra/AudPortoFerrovia e da SecexConsenso. Nas reuniões, ouviu-se também o Ministério Público Federal e a Associação Nacional dos Usuários do Transporte de Carga. A proposta de solução foi aprovada por todos.

Já o Ministério Público de Contas manifestou concordância com a proposta original, mas trouxe considerações sobre vários aspectos, dando destaque para os alertas prévios emitidos durante o processo de renovação antecipada do contrato; para o risco moral incorrido; para a necessidade de manter o princípio da transparência nas renegociações; para as possíveis inconsistências referentes a valores e para a responsabilidade do TCU na supervisão rigorosa da execução fiel do acordo.

Sobre os alertas, em 2019, ao analisar o processo TC 009.032/2016-9, o *Parquet* de Contas apontou os riscos de falta de transparência e participação dos usuários nas negociações. Esse reconhecimento levou o TCU a determinar à ANTT a publicação das informações detalhadas sobre obras, cronogramas e metas de desempenho, com base na Lei de Acesso à Informação. Frente à proposta de atualização, os alertas permanecem relevantes, sendo necessária a divulgação detalhada dos investimentos para o monitoramento e controle por parte da sociedade, reforçando os princípios de governança e responsabilidade.

No contexto das renegociações, o risco moral também foi uma preocupação, "uma vez que está intrinsicamente ligado à capacidade dos agentes econômicos de ajustar seu comportamento em resposta aos diferentes contextos que cercam as transações econômicas". Ocorre quando uma parte pode tomar decisões negligentes ou arriscadas, acreditando que não será plenamente responsabilizada pelas consequências negativas. Isso não só incentiva ações questionáveis, mas também afeta a eficiência econômica, pois uma das partes pode sentir-se protegida e agir de maneira equivocada. Acrescentou o *Parquet*:

> Nessas circunstâncias, os contratos podem ser manipulados em favor de interesses privados, em detrimento dos objetivos públicos. Negociar com contratantes, especialmente os inadimplentes, carrega o potencial de disseminar um efeito de contaminação que pode afetar vários outros contratos administrativos. Essa situação, consequentemente, pode perturbar a estrutura original de incentivos estabelecida em múltiplos contratos, ameaçando a integridade das relações entre as partes envolvidas. Ao permitir que titulares de grandes contratos se tornem agentes poderosos na promoção de mudanças em seu próprio benefício, ao invés de cumprir os acordos com rigor, cria-se um cenário que mina a confiança nas instituições (Acórdão TCU 2.472/2023).

De outra forma, concluiu que o relatório da proposta apresentou inconsistências em relação aos valores de R$ 325 milhões, R$ 500 milhões e R$ 670 milhões. Tais discrepâncias exigiriam esclarecimentos adicionais, visto que comprometem o entendimento se estes valores são referentes a pagamento adicional pela concessionária ou se dizem respeito a investimentos no setor ferroviário.

De fato, à medida que o TCU endossa a renegociação, sua responsabilidade aumenta para assegurar a transparência na execução das novas obrigações. Nesses moldes, deve garantir que a ANTT conduza análises cuidadosas, prevenindo distorções financeiras e assegurando que as mudanças contratuais sirvam aos interesses públicos. Não deve haver transferência de riscos já alocados à concessionária para o Poder Concedente, conforme estabelecido no contrato firmado em 2020.

Em contraponto às considerações, o ministro-relator Vital do Rêgo esclareceu que a diferença de valores seria por conta das obras de contornos ferroviários que serão substituídas por outras soluções integradas. Como o quantitativo final ainda não tinha sido levantado, trouxeram apenas o cálculo inicial de excedente de outorga com possibilidade de ajustes de R$ 150 milhões. "Por aproximação, houve a indicação de R$ 500 milhões de devolução de excedente de outorga, sendo que desse total, R$ 325,4 milhões são valores com menor probabilidade de alteração".

Relevante observar a declaração de voto proferida pelo ministro Jorge Oliveira, para este caso, quando propôs a recusa pela proposta, sob o argumento de que há preocupações quanto à suficiência das informações disponíveis para uma decisão fundamentada. Assim se manifestou:

> [...] Embora entenda que este Tribunal deva sempre respeitar a margem de discricionariedade da atuação do gestor, nos limites da lei, considero que a chancela desta Corte para uma solução consensual que implique em alterações contratuais deve ser balizada pela convicção de que tal modificação não implicará em prejuízos ao erário. No caso concreto, à luz dos elementos até aqui disponíveis nos autos, não considero que tal premissa esteja devidamente caracterizada. Temo, especialmente, o risco de que o entendimento que porventura venha a ser adotado hoje por esta Corte, validando a solução consensual em apreço [...] (Acórdão TCU 2.472/2023)

Assim, sobre os riscos apontados e após diligência aos partícipes, tendo percebido que não havia convergência em relação à transferência de alocação de riscos, que não houve observância à matriz de alocação de riscos pactuada e ao método de recomposição do equilíbrio econômico-financeiro, em 29/11/2023, mediante Acórdão TCU 2.472/2023 – Plenário, foi aprovado o ASC proposto pela CSC, sendo autorizado o monitoramento da execução do "Termo de Autocomposição", conforme previsão do art. 13 da IN TCU 91/2022, com a seguinte condição:

> (...) desde que conste no item 4 da minuta do aludido termo que o adicional de vantajosidade não exclui as obrigações previstas na cláusula 7 do segundo termo aditivo ao contrato de concessão da Rumo Malha Paulista, bem como não quita os valores porventura decorrentes do inventário atualizado de ativos e passivos da ferrovia descritos na referida cláusula (Acórdão TCU 2.472/2023).

3.2.2 Acórdão TCU 2.514/2023 – Plenário

O processo TC 000.855/2023-5 tratou de solicitação de solução consensual formulada pela ANTT, em face das controvérsias que envolvem o processo de devolução de trechos ferroviários da Malha Sul, entre Presidente Prudente – Presidente Epitácio, no estado de São Paulo, e o respectivo cálculo de indenização. Atualmente, o trecho encontra-se sob responsabilidade da concessionária Rumo Malha Sul S.A.

De acordo com a SecexConsenso, a metodologia de cálculo usada pelo Departamento Nacional de Infraestrutura de Transportes (DNIT) e adotada pela ANTT para definir o valor de indenização apresentou premissas e parâmetros inadequados para o setor. Isso resultou em custos superiores à realidade do mercado, levando a valores excessivamente altos, "oneroso ao ponto de se conseguir construir uma nova ferrovia com capacidade superior, conforme relatado pelos técnicos da autarquia", ressaltou o órgão.

Além disso, foi apontado que, sob a metodologia de devolução atual, seria mais vantajoso para a concessionária Rumo Malha Sul S.A. manter um trecho inoperante e em deterioração (apesar de configurar um descumprimento contratual), devido à falta de viabilidade econômica, e esperar pelo fim da concessão para discutir o valor da indenização. Tal abordagem atrasaria o pagamento e seria prejudicial tanto para a União quanto para o interesse público, podendo gerar prejuízos ao erário.

O exame de admissibilidade pontuou, em termos de materialidade, que o cálculo da indenização pela devolução do trecho ferroviário, em São Paulo, apresentou uma variação significativa, oscilando entre 2 e 5 milhões de reais por quilômetro. Essa variação se deve à falta de informações completas. Fatores como a geometria da via, estado de deterioração da superestrutura e parâmetros técnicos de engenharia ferroviária influenciaram diretamente no cálculo.

A relevância da matéria reside na oportunidade de se testar, em um caso concreto, a metodologia de indenização para a devolução de trechos ferroviários pela concessionária. A metodologia atual, a IN DNIT 31/2020, que dispõe sobre as instruções e os procedimentos a serem adotados com vistas a realizar a avaliação técnica de bens que compõem o patrimônio ferroviário do DNIT, é considerada, pela ANTT, parcialmente inaplicável ao setor ferroviário, apresentando distorções e exigências excessivas.

Quanto aos riscos, o principal identificado remete à possibilidade de inação por parte da concessionária na devolução do trecho, resultando em sua contínua deterioração e perda de benefícios para o poder público. Isso ocorre devido à falta de testes da aplicabilidade da IN DNIT 31/2020 na valoração da indenização para superestrutura ferroviária. Embora vigente, nenhum trecho foi devolvido sob a sua égide.

Admitida a SSC, a CSC foi constituída através da Portaria Segecex 06/2023, com representantes da ANTT, do DNIT, do Ministério dos Transportes, da Concessionária Rumo Malha Sul S.A., da SecexInfra/AudPortoFerrovia e da SecexConsenso. Nas reuniões, ouviu-se também o Ministério Público Federal e a Associação Nacional dos Usuários do Transporte de Carga.

A CSC, ao analisar a IN Dnit 31/2020, reconheceu que, apesar das críticas e imprecisões identificadas, o normativo permanece em vigor e deve ser aplicado. Contudo, ajustes foram propostos na intenção de reduzir subjetividades e aumentar a segurança jurídica das relações.

Nesse sentido, acerca da necessidade de devolução dos trechos ferroviários concedidos, o Acórdão TCU 1.667/2022 – Plenário do Tribunal de Contas da União foi bastante enfático, ao lançar luz, mediante auditoria operacional, para a realidade da malha ferroviária brasileira, com foco na sua utilização e eficiência. As principais constatações do acórdão foram:

a) *Dimensão da malha ferroviária*: considerada relativamente pequena, considerando a extensão territorial do país. Indica uma infraestrutura limitada, em relação às potenciais necessidades de transporte e logística.

b) *(Ociosidade elevada*: um dos principais achados. Cerca de 7.076 quilômetros de vias férreas, equivalentes a 24% da malha ferroviária federal, não possuíam nenhum tráfego. Isso significa que um quarto da infraestrutura ferroviária do país estava completamente inutilizada.

c) *Subutilização*: considerando o referencial de 30% de aproveitamento da capacidade instalada, a auditoria revelou que até 18.554 quilômetros de ferrovias estavam subutilizadas ou ociosos. Isso representou 64% da malha ferroviária total, indicando que a maior parte da infraestrutura ferroviária não estava sendo utilizada de maneira eficaz.

De acordo com a fiscalização, as principais causas da ociosidade eram a concentração das concessionárias na exploração dos trechos mais rentáveis de suas malhas, em detrimento de ramais menos atrativos comercialmente; falhas históricas de regulação e fiscalização; e modelo de privatização adotado na década de 90. Assim, em decorrência, restou evidenciada a necessidade de aprimoramento do processo de devolução de trechos.

Com base nessas fundamentações, foram propostas soluções pela CSC, organizadas de acordo com os seguintes temas e controvérsias: i. *Trilhos* (Controvérsia 1: Pagamento de indenização pela substituição de todos os trilhos independente do perfil recebido e do desgaste no momento da devolução por TR57. Controvérsia 2: A previsão da IN Dnit 31/2020 que se baseava em critérios observacionais subjetivos para definir a serventia do trilho); ii. *Dormentes* (Controvérsia 1: Pagamento de indenização pela substituição de todos os dormentes do trecho. Controvérsia 2: A IN Dnit 31/2020 tem critérios subjetivos para classificação dos dormentes); iii. *Lastro* (Controvérsia: A seção de lastro de 1,485m² encontrada na IN Dnit 31/2020 para bitola métrica está superdimensionada em comparação com as operações ferroviárias atuais e o volume de lastro calculado na referida norma não considera o volume ocupado pelos dormentes contidos no lastro); iv. *Aparelho de Movimentação da Via (AMV)* (Controvérsia: A IN Dnit 31/2020 exige a indenização pelo valor de um AMV completo, mesmo quando apenas 1 ou alguns itens que o compõe encontra-se inservível); v. *Taxas de Manutenção e Depreciação* (Controvérsia: Adição das parcelas de manutenção e conservação de 2,1% a.a. e decréscimo da depreciação de 3,3% a.a. à parcela para recomposição da via férrea); vi. *Ocupações irregulares em faixa de domínio* (Controvérsia: A IN Dnit 31/2020 exige a indenização das ocupações irregulares existentes na faixa de domínio por estimativa do valor imobiliário de mercado das áreas invadidas); vii. *Passivos ambientais* (Controvérsia: IN Dnit 31/2020 não trata do assunto); viii. *Bonificação de Despesas Indiretas (BDI)* (Controvérsia: IN Dnit 31/2020 estabelece em seu anexo XXXI, a adoção de BDI de 15% para o fornecimento de materiais e 23,09% para os custos de serviços de engenharia. A concessionária entende que não deve ser incluída a parcela do BDI uma vez que os contratos de arrendamento e concessão seguem a linha da manutenção, não havendo a obrigação de reativação da linha); ix. *Data-Base* (Controvérsia: IN Dnit 31/2020 prevê a utilização da data-base mais atual para a indenização do valor dos trilhos. A concessionária entende que a alta recente nos preços dos trilhos deve ser considerada como álea extraordinária econômica, dando azo à aplicação da Teoria da Imprevisão, o que permitiria o reequilíbrio econômico-financeiro do contrato).

Após aprovação dos membros da CSC, o Ministério Público de Contas apresentou divergências parciais em relação à proposta, em especial, quanto ao perfil dos trilhos, ao cálculo da Data-Base, à incidência do BDI, à necessidade de estudo técnico prévio da concessionária, à forma de pagamento e à correção do documento.

Quanto aos trilhos, o MPTCU argumentou que a metodologia proposta para indenização, focada em perfis TR37, pode subestimar o valor necessário, caso seja preciso recuperar o trecho no futuro. Sugeriu o órgão que fossem considerados perfis de trilhos mais modernos (TR57), mais comuns no mercado atual. Quanto à Data-Base, o parecer defendeu, para o cálculo da indenização, a utilização da data mais recente disponível no Sistema de Custos Referenciais de Obras (Sicro), referente a outubro de 2022, sendo que a CSC havia sugerido janeiro de 2023 para a maioria dos itens, com exceção dos trilhos. Em relação à incidência do Bonificação de Despesas Indiretas, o *Parquet* de Contas se opôs à sua exclusão. O parecer argumentou que obras futuras de recuperação dos trechos provavelmente incluirão taxas de BDI, tornando a sua manutenção na indenização necessária. Sobre a necessidade de estudo prévio da concessionária, o órgão destacou a ausência de levantamento sobre a destinação do trecho a ser devolvido, conforme exigido pela Lei 14.273/2021 (Lei das Ferrovias), embora esse tópico não tenha sido abordado pela CSC. Sobre a forma de pagamento da indenização, defendeu que o tema seja abordado pela CSC, tendo em vista que é fator preponderante e pode gerar insegurança jurídica no acordo. Por fim, o MPTCU apontou correções na minuta do termo de autocomposição.

Frente ao exposto e consideradas as diferentes ponderações pelos outros ministros, o ministro-relator Jorge Oliveira propôs a devolução dos autos à Comissão de Solução Consensual, nos termos do art. 11, § 1º, da Instrução Normativa 91/2022, com proposta de alteração na minuta de termo de autocomposição. No mesmo sentido, o ministro Benjamim Zymler declarou o seu voto, também propondo o retorno dos autos para nova avaliação pela CSC, e esclareceu, acerca dos aspectos divergentes da propositura de acordo:

> [...] Defendo que em um ambiente negocial, algumas vezes é necessário "negociar" ou "transigir" dessa visão de legalidade estrita, em face de uma outra opção – o não acordo – com consequências ainda mais gravosas. A questão é que essa discussão não foi engendrada. Não se defende abater, em face de prejuízo concreto mais relevante, o que se deve relativo ao BDI. Tal rubrica indenizatória não fez parte do acordo e avalio que tal omissão pode afetar a segurança jurídica dos próprios termos negociados. Quero dizer que, claramente, o BDI não fez parte do consenso (o que considero que pode contaminar o próprio beneplácito das demais condições) (Acórdão TCU 2.514/2023).

Assim sendo, em 06/12/2023, mediante Acórdão TCU 2.514/2023 – Plenário, a proposta de ASC pela CSC foi devolvida, fixando as seguintes condicionantes para aprovação pelo TCU da proposta de solução consensual:

> 9.1.1. inclusão da empresa Rumo S.A., controladora da concessionária Rumo Malha Sul S.A., como parte signatária do Termo de Autocomposição, tendo em vista o disposto no item 8.4.1. no referido ajuste; 9.1.2. substituição, no campo assinaturas, a empresa Rumo Malha Paulista S.A. pela empresa Rumo Malha Sul S.A; 9.1.3. retificação do número o processo no TCU e do número da norma técnica ABNT NBR 17032/2022, nos termos do Parecer do MPTCU (peça 103); 9.1.4. inclusão de cláusula fazendo incidir a parcela BDI (Bonificação e Despesas Indiretas) no cálculo da indenização a ser paga pela concessionária, nos termos do Anexo XXXI da IN DNIT 31/2020; 9.1.5. inclusão de cláusula com data-base diferenciada para indenização dos trilhos, considerando a mediana dos valores de outubro/2019 a abril/2023, para fins de valoração desses elementos componentes da superestrutura ferroviária (Acórdão TCU 2.514/2023).

4. LIÇÕES E PERSPECTIVAS. CONSIDERAÇÕES FINAIS ACERCA DO MODELO DE SOLUÇÃO CONSENSUAL DE CONTROVÉRSIAS E PREVENÇÃO DE CONFLITOS NA ESFERA FEDERAL

A análise dos Acórdãos do Tribunal de Contas da União 1.130/2023, 1.797/2023, 2.508/2023, 2.472/2023 e 2.514/2023 aponta para lições valiosas e perspectivas relevantes para o aprimoramento da gestão pública e do sistema de controle externo no Brasil. Dentre as principais, a transparência se destaca como ponto central para o fortalecimento da confiança pública e do aumento da eficácia no processo de governança. A necessidade de clareza de informações, documentos, cálculos e entendimentos e a abertura para avaliação das operações governamentais e das contratações servem como base para a proposição acordada de solução de conflitos.

A ideia de risco moral nas relações contratuais também emerge como uma lição que possibilita acompanhar comportamentos negligentes, buscando a compreensão das causas que provocaram o problema, na intenção de diminuir as isenções de responsabilidade e os danos causados à sociedade.

A manutenção da viabilidade dos contratos e o equilíbrio econômico-financeiro das relações também foram percebidos como fatores essenciais para a sustentabilidade de grandes projetos de infraestrutura. Não há dúvida de que o diálogo e a exposição de motivos por todos os envolvidos são elementos estruturantes de qualquer processo de renegociação. Ademais, restou evidenciado que a adoção de métodos consensuais pelos Tribunais de Contas possibilita a resolução de controvérsias de modo mais célere, menos oneroso e com maior possibilidade de ser efetivamente cumprido no médio e longo prazo. É justa a deferência, sendo impossível negar que, após uma longa tradição baseada no adversarismo exacerbado, a partir de uma dispendiosa contraposição de jogos de soma zero, a Administração Pública abre espaço para novas conduções mais cooperativas e menos adversariais.

Nesse contexto, as análises aplicadas do novo modelo de consensualidade em contratos de infraestrutura adotado pelo TCU direcionam para a necessidade de se discutir os formatos de contratações de grandes obras. Está claro que a complexidade de cada circunstância demanda estudo aprofundado e particularizado acerca de cada questão-problema que possa ser enfrentada pelas partes. Como exemplo, tem-se a ociosidade e subutilização enfrentada pela malha ferroviária brasileira, indicando a necessidade de uma abordagem mais estratégica para a resolução de problemas extensos. O início de um entendimento coletivo, sobre aspectos de macroestruturas tão prejudicadas, já demonstrou que é possível avançar (e de forma rápida) sobre questões tão necessárias para o cidadão brasileiro (pensando no transporte de pessoas) e para a economia da nação (pensando no escoamento da produção agrícola).

Sob o olhar de todos os interessados, controvérsias que antes aguardavam por solução por anos agora podem sofrer alterações contratuais ou negociais mais efetivas em meses, justificadas não apenas em termos financeiros, mas também em benefícios sociais e ambientais.

O avanço, pelos Tribunais de Contas brasileiros, na adoção de mecanismos e instrumentos de resolução consensual de disputas, através de TAG, ASC ou MT, reflete a função indutora e preventiva dessas instituições. Apesar disso, remanescem desafios relacionados ao processo de implementação efetiva destes meios. Riscos de monitoramento envolvendo inconsistências na avaliação do cumprimento dos termos, falta de recursos humanos e financeiros suficientes, conflitos de interesses entre as partes, falhas na detecção de inconformidades, demora na resposta de problemas identificados, sobrecarga do sistema de acompanhamento e existência de falhas na transparência e na comunicação dos resultados precisam ser mitigados. Além disso, a responsabilidade dos órgãos de controle não pode ser afastada em nenhuma hipótese. Por esse motivo, o monitoramento regular e contínuo dos acordos e da execução dos contratos deve estar alinhado aos termos renegociados.

Como perspectiva para o futuro, no contexto da gestão e fiscalização de projetos de infraestrutura no Brasil, conclui-se que os aprendizados em matéria de solução de conflitos podem ser estruturados em diferentes dimensões. Observa-se, frente aos casos de proposição de solução consensual coordenados pela SecexConsenso do TCU, por exemplo, benefícios diretos nas seguintes áreas e temas: i. transparência aumentada e uma maior participação de diferentes atores na solução de controvérsias; ii. melhoria na gestão e governança de projetos, a partir da atenção crescente na eficiência e responsabilidade dos partícipes; iii. maior enfoque em temas que abordem a sustentabilidade e os impactos socioambientais, considerando a integração de entendimentos ambientais e sociais desde a fase de concepção até a execução dos projetos de infraestrutura; iv. redução da litigiosidade no sistema judiciário, possibilitando maior celeridade nas decisões judiciais e, com isso, uma diminuição na taxa de congestionamento de processos pendentes, monitorada anualmente pelo Conselho Nacional de Justiça; v. fortalecimento das relações colaborativas entre o setor público e o privado; vi. atenção contínua ao risco moral nas renegociações contratuais, a partir do acompanhamento das relações de causa e consequência, com foco em alterações justas, transparentes e alinhadas com os interesses públicos; vii. adoção de novas tecnologias e inovações; viii. consequente aprimoramento normativo e legislativo, preenchendo de forma mais tempestiva lacunas e desafios identificados no bojo das negociações coletivas; ix. reformulação de políticas públicas e regulamentos, a partir da avaliação e acompanhamento de práticas de gestão mais eficazes; x. maior atenção à eficiência econômica dos contratos, a partir da análise de custo-benefício e de viabilidade dos projetos; e xi. responsabilidade ampliada dos órgãos de fiscalização, considerando o olhar de supervisão durante a proposta de solução consensual.

Como desdobramento, sugere-se o acompanhamento dos instrumentos de consenso, em especial, quanto à implementação, formatos, resultados e monitoramento das negociações de disputas em infraestruturas. Ademais, considerando as metas do ODS 16 da Agenda 2030, recomenda-se avaliar a correlação da taxa de congestionamento de processos pendentes com concessionárias, a partir do marco normativo e da adoção de métodos de autocomposição pelos órgãos de controle externo.

REFERÊNCIAS

ATRICON. Associação dos Tribunais de Contas do Brasil. Resolução 02/2014. Aprova as Diretrizes de Controle Externo Atricon 3202/2014 relacionadas à temática "Controle Externo Concomitante: instrumento de efetividade dos Tribunais de Contas", integrante do Anexo Único. Disponível em: https://atricon.org.br/resolucao-atricon-no-022014-controle-externo-concomitante/ Acesso em: 31 jul. 2024.

ATRICON. Associação dos Tribunais de Contas do Brasil. Nota Recomendatória Atricon 02/2022. Recomendação aos Tribunais de Contas brasileiros para que, observado o regime jurídico-administrativo, adotem instrumentos de solução consensual de conflitos, aprimorando essa dimensão nos processos de controle externo. Disponível em: https://atricon.org.br/wp-content/uploads/2022/08/Nota-Tecnica-Atricon--no002-2022.pdf. Acesso em: 31 jul. 2024.

BONAFÉ-SCHIMITT, Jean-Pierre. *La Mediation*: Une Justice Douce. Paris: Syros, 1992.

BARROS E SILVA, Victor Carvalho Pessoa de. *Acordos administrativos substitutivos de sanção*. 2019. 135 p. Dissertação (Mestrado). Pontifícia Universidade Católica de São Paulo, São Paulo, 2019.

BRASIL. [Constituição (1988)]. Constituição da República Federativa do Brasil de 1988. Brasília, DF: Presidência da República, [2016]. Disponível em: https://www.planalto.gov.br. Acesso em: 31 jul. 2024.

BRASIL. Conselho Nacional de Justiça. Resolução 125, de 29 de novembro de 2010. Dispõe sobre a Política Judiciária Nacional de tratamento adequado dos conflitos de interesses no âmbito do Poder Judiciário e dá outras providências. Disponível em: https://www.cnj.jus.br. Acesso em: 31 jul. 2024.

BRASIL. Conselho Nacional de Justiça. Resolução 120, de 28 de outubro de 2021. Recomenda o tratamento adequado de conflitos de natureza tributária, quando possível pela via da autocomposição, e dá outras providências. Disponível em: https://www.atos.cnj.jus.br. Acesso em: 31 jul. 2024.

BRASIL. Conselho Nacional de Justiça. Justiça em números 2023. Brasília: CNJ, 2023. Disponível em: https://www.cnj.jus.br/wp-content/uploads/ 2023/08/justica-em-numeros-2023.pdf. Acesso em: 31 jul. 2024.

BRASIL. Tribunal de Contas Da União (Plenário). Instrução Normativa 91/2022. Disponível em: https://pesquisa.apps.tcu.gov.br. Acesso em: 31 jul. 2024.

BRASIL. Tribunal de Contas Da União (Plenário). Resolução TCU 347, de 12 de dezembro de 2022. Disponível em: https://btcu.apps.tcu.gov.br/ api/obterDocumentoPdf/72598724. Acesso em: 31 jul. 2024.

BRASIL. Tribunal de Contas Da União (Plenário). Acórdãos 1.130/2023. Disponível em: https://pesquisa.apps.tcu.gov.br. Acesso em: 31 jul. 2024.

BRASIL. Tribunal de Contas Da União (Plenário). Acórdãos 1.797/2023. Disponível em: https://pesquisa.apps.tcu.gov.br. Acesso em: 31 jul. 2024.

BRASIL. Tribunal de Contas Da União (Plenário). Acórdãos 2.508/2023. Disponível em: https://pesquisa.apps.tcu.gov.br. Acesso em: 31 jul. 2024.

BRASIL. Tribunal de Contas Da União (Plenário). Acórdãos 2.472/2023. Disponível em: https://pesquisa.apps.tcu.gov.br. Acesso em: 31 jul. 2024.

BRASIL. Tribunal de Contas Da União (Plenário). Acórdãos 2.514/2023. Disponível em: https://pesquisa.apps.tcu.gov.br. Acesso em: 31 jul. 2024.

CAHALI, Francisco Jose. *Curso de arbitragem*. São Paulo: RT, 2018.

CBIC. Câmara Brasileira da Indústria da Construção. Obras públicas paralisadas no Brasil: diagnósticos e propostas. CBIC, 2023. Disponível em: https://brasil.cbic.org.br/acervo-coinfra-publicacao-obras-publicas-paralisadas-no-brasil-diagnostico-e-propostas. Acesso em: 31 jul. 2024.

DANTAS, Bruno. *Soluções Consensuais mediadas pelos tribunais de contas* (Palestra), Seminário: Eficácia das Decisões dos Tribunais de Contas, Escola de Contas do Tribunal de Contas do Estado de Mato Grosso, Cuiabá, Mato Grosso, 12 de maio de 2023. Disponível em: https://www.youtube.com/live/2rCPu5z8t1w?feature=share. Acesso em 31 jul. 2024.

DIAS, Maria Tereza Fonseca. *Direito administrativo pós-moderno*. Belo Horizonte: Mandamentos, 2003.

GARCIA, Emerson. A busca pela solução consensual de conflitos na tutela coletiva: faculdade ou obrigação do Ministério Público? *Revista do Ministério Público do Estado do Rio de Janeiro* n. 73, jul./set. 2019.

LIMA, Leandro André Francisco; FERNANDES, Francisco Benedito. Meios alternativos de resolução de controvérsias (ADR / ODR) e mitigação da litigância na perspectiva do novo código de processo civil: um caminho mais curto rumo a ordem jurídica justa? *Revista de Formas Consensuais de Solução de Conflitos*. Brasília, v. 2, n. 1, p. 22-40, jan./jun. 2016. Disponível em: https://www.indexlaw.org/index.php/revistasolucoesconflitos/article/view/1122/1115. Acesso em: 31 jul. 2024.

MORAIS, José Luis Bolzan de; SPENGLER, Fabiana Marion. *Mediação e arbitragem*: alternativa à jurisdição. 4. ed. Porto Alegre: Livraria do Advogado, 2019.

MOREIRA NETO, Diogo de Figueiredo. *Mutações do Direito Administrativo*. Rio de Janeiro: Renovar, 2007.

SALES, Lilia Maia de Moraes. *Mediação de conflitos*: família, escola e comunidade. Florianópolis: Conceito Editorial, 2007.

SANDER, Frank E. A. *The Multi-Door Courthouse*: Settling Disputes in the Year 2000. HeinOnline: 3 Barrister 18, 1976.

SILVA, Edimar Carmo da. Novas tendências consensuais no direito sancionador: o Acordo de Leniência. Legitimidade e colaboração entre órgãos públicos. CGU, TCU e AGO. O papel do Ministério Público. In: PINTO, Adriano Moura da Fonseca; SPENGLER, Fabiana Marion; PINHO, Humberto Dalla Bernardina de (Coord.); VIEIRA, Amanda de Lima et al (Org.). *Limites do consenso*: a expansão das fronteiras da tutela jurisdicional e a (in)disponibilidade dos direitos [recurso eletrônico]. Santa Cruz do Sul: Essere nel Mondo, 2023.

SOBREIRA, Eneisa Miranda Bittencourt; MATOS, Lucia Helena Ouvernei Braz de. Procedimento de solução amistosa da Comissão Interamericana de Direitos Humanos e a mediação judicial no Brasil: uma análise necessária em face da indisponibilidade dos direitos fundamentais. In: PINTO, Adriano Moura da Fonseca; SPENGLER, Fabiana Marion; PINHO, Humberto Dalla Bernardina de (Coord.); VIEIRA, Amanda de Lima et al (Org.). *Limites do consenso*: a expansão das fronteiras da tutela jurisdicional e a (in)disponibilidade dos direitos [recurso eletrônico]. Santa Cruz do Sul: Essere nel Mondo, 2023. 523 p.

SPENGLER, Fabiana Marion; SCHWANTES, Helena; LUCENA, Hipólito Domenech. Alternative Dispute Resolution: a arbitragem na qualidade de instrumento emancipador da sociedade. In: PINTO, Adriano Moura da Fonseca; SPENGLER, Fabiana Marion; PINHO, Humberto Dalla Bernardina de (Coord.); VIEIRA, Amanda de Lima et al (Org.). *Limites do consenso*: a expansão das fronteiras da tutela jurisdicional e a (in)disponibilidade dos direitos [recurso eletrônico]. Santa Cruz do Sul: Essere nel Mondo, 2023.

SUNDFELD, Carlos Ari.; MARTINS, Ricardo Marcondes; ABBOUD, Georges. Administração consensual à luz das alterações da LINDB: debates: LINDB changes and consensual public administration: discussion. *Revista de Direito Administrativo e Infraestrutura* | RDAI, São Paulo: Thomson Reuters | Livraria RT, v. 4, n. 15, p. 305-315, 2021. Disponível em: https://rdai.com.br/index.php/ rdai/article/view/323. Acesso em: 31 jul. 2024.

TARTUCE, Fernanda. *Mediação nos Conflitos Civis*. 4. ed. São Paulo: Método, 2018.

VIANA, Ismar. *Fundamentos do processo de controle externo*: uma interpretação sistematizada do texto constitucional aplicada à processualização das competências dos tribunais de contas. Rio de Janeiro: Lumen Juris, 2019.

VIEIRA, Cristiane Gonçalves. O termo de ajuste de gestão como instrumento de controle externo consensual no Brasil. *Revista Controle* – Doutrina e Artigos, [S. l.], v. 22, n. 1, p. 435-464, 2023. DOI: 10.32586/ rcda.v22i1.887. Disponível em: https://revistacontrole.tce.ce.gov.br/ index.php/ RCDA/article/view/887. Acesso em: 31 jul. 2024.

WARAT, Luis Alberto. *Em nome do Acordo*: a mediação no Direito. Florianópolis: Ed. EModara, 2018.

FUNDAMENTOS PARA UMA DISCRICIONARIEDADE CONSENSUALIZADA EM CONTRATOS DE PARCERIA

Caio Felipe Caminha de Albuquerque

Mestre em Direito e Desenvolvimento Sustentavel, Certificado em PPPs e Concessões pela APMG International (CP3P Foundation, Preparation e Execution). Secretário Adjunto de Logística e Concessões de Mato Grosso. Procurador do Estado. E-mail: caiofcalbuquerque@hotmail.com.

Sumário: Introdução – 1. A lógica da especialização de regime contratuais – 2. O regime jurídico dos contratos de parceria envolvendo infraestrutura – 3. Discricionariedade administrativa e seus desdobramentos nos contratos de parceria – 4. A discricionariedade consensualizada nos contratos de parceria – Conclusões – Referências.

INTRODUÇÃO

A atuação da Administração Pública em contratos de parceria envolvendo infraestruturas tem o potencial para interferir em relações complexas. Esses contratos, caracterizados por uma transferência significativa de riscos para o parceiro privado, abrangem inúmeras relações jurídicas que podem ser afetadas pelas decisões administrativas adotadas no âmbito da relação contratual principal. Nesse contexto, e considerando a importância econômica e social do desenvolvimento da infraestrutura, é necessário ponderar acerca da legitimação das decisões tomadas pela Administração Pública, ainda mais quando elas envolvem a atuação discricionária.

Tradicionalmente, a discricionariedade administrativa é considerada um importante conceito na atuação da Administração Pública, responsável por permitir uma necessária margem de decisão na aplicação das normas ao caso concreto. Levam-se em consideração os critérios de conveniência e oportunidade avaliados pelo gestor público responsável pela ação administrativa, de modo a formar o mérito do ato administrativo e permitir que a decisão seja, em termos, protegida contra interferências de outros poderes. Alguns autores chegam a falar até mesmo na existência de um "poder discricionário".

Apesar de ser essencial para a adequada subsunção das normas regem a atuação administrativa ao caso concreto, a discricionariedade administrativa pode ter efeitos negativos quando utilizada para a tomada de decisões unilaterais em relações jurídicas complexas. Com isso, os contratos administrativos firmados para a implantação, a operacionalização e a manutenção da infraestrutura, que são reconhecidamente complexos, podem ser negativamente afetados por decisões unilaterais pouco informadas.

Portanto, torna-se necessário analisar formas de reduzir a ineficiência potencial das decisões discricionárias adotadas no âmbito de contratos administrativos complexos. Com isso, buscar-se-á investigar como a consensualização pode servir como fator de legitimação e de aumento da eficiência da atuação administrativa discricionária no contexto dos contratos de infraestrutura.

Pretende-se, assim, estudar o regime jurídico próprio dos contratos administrativos envolvendo infraestrutura enquanto contratos de parceria, de modo a estabelecer uma fundamentação teórica para a necessidade de consensualização mesmo na atuação discricionária como forma de legitimação das decisões administrativas e de aumento de sua eficiência. Além do regime jurídico próprio como fundamento teórico, serão avaliados os potenciais resultados antieconômicos de uma atuação discricionária unilateral nesses contratos em face das relações jurídicas complexas por ele estabelecidas. Dessa maneira, a proposta é estabelecer uma visão do mérito administrativo própria de contratos que envolvem ativos de infraestrutura que, formado por meio da consensualização na atuação discricionária.

1. A LÓGICA DA ESPECIALIZAÇÃO DE REGIME CONTRATUAIS

O estabelecimento de uma forma de legitimação da discricionariedade por meio da consensualização como sendo específica para os contratos envolvendo infraestrutura demanda a possibilidade de especialização do regime jurídico desses contratos dentro do gênero dos contratos administrativos.

Cabe observar que o propósito das disposições contratuais é conferir segurança jurídica aos contratantes enquanto a relação for prolongada no tempo, e essa segurança tende a trazer mais eficiência econômica. Assim, normas que são estipuladas pelas cláusulas dos contratos buscam, de certa forma, cristalizar as vontades dos contratantes, tornando-as conhecidas e executáveis. Com isso, torna-se viável a cobrança forçada das obrigações assumidas, contanto que não haja uma alteração considerável no contexto fático inicialmente existe.

É nesse ambiente que convivem dois princípios complementares entre si da teoria geral dos contratos: o pacta sunt servanda e o rebus sic stantibus. O primeiro reconhece o caráter vinculatório das obrigações assumidas no acordo de vontades; o segundo, decorrente de um modelo solidarista de contrato, reconhece que uma mudança de contexto pode tornar injusta execução das obrigações e, com isso, tornar necessária uma mitigação da vinculação ao acordado.

A lógica das relações jurídicas contratuais da Administração Pública não é muito distinta e também tem o propósito de alcançar segurança jurídica e eficiência econômica, mas com a influência de normas de direito público. Com isso, as cláusulas contratuais obedecem a regras legais específicas, que determinam previamente uma parcela do conteúdo dessas disposições, resultando em uma margem menor para uma efetiva liberdade das manifestações de vontade de ambas as partes da relação.

Nesse contexto, é importante perceber que as cláusulas contratuais devem ser estabelecidas de acordo com a natureza do objeto da relação jurídica, de modo que diferentes relações jurídicas demandam diferentes disposições contratuais. Em outras palavras, para que o contrato possa efetivamente reger a relação firmada, é necessário que suas cláusulas estejam de acordo com o objeto contratual e suas especificidades.

É por esse motivo que o Código Civil estabelece um regramento geral aplicável à categoria dos contratos (Título V – Dos contratos em geral) e regramentos específicos aplicáveis às diferentes espécies de contratos (Título VI – Das várias espécies de contrato). Nesta medida, o que diferencia as espécies de contratos com regramentos próprios é justamente a natureza da relação jurídica formada, que decorre, naturalmente, de seu objeto. Assim, há um regramento para a compra e venda, para a locação, para o empréstimo, para a empreitada, para a prestação de serviço, entre outros.

Essa especialização das cláusulas contratuais tem um caráter finalístico e funcional: a própria executabilidade dos contratos depende de regras específicas para cada objeto contratual e para cada contexto de execução. Com a previsão de regras contrárias à funcionalidade da relação jurídica, a inexecução será um resultado certo.

Além disso, cada regime ou sistema contratual demandará uma interpretação adequada. Se existem normas específicas para cada espécie contratual e se isso possui a função de permitir a execução do contrato e decorre de características próprias à relação estabelecida, é válido concluir que também a interpretação das disposições contratuais deve levar em consideração essas mesmas características. Em outras palavras, a mesma argumentação que leva à especialização dos regramentos contratuais leva à especialização das formas de interpretação dos contratos.

Se a interpretação consiste na análise de disposições dentro de um sistema para o preenchimento de suas lacunas e para a resolução de ambiguidades, ela não pode existir apartada da executabilidade dos contratos. Portanto, a interpretação de cláusulas contratuais demanda uma análise sistemática do contrato, de seu objeto e do regime jurídico específico em que ele está inserido, sempre levando em consideração os objetivos originalmente pretendidos pelas partes que firmaram o acordo de vontades.

Diante dessas premissas, considerando que a especialização das regras contratuais de acordo com o objeto e a relação jurídica é uma necessidade inerente à categoria dos contratos como um todo, sucede que o mesmo deve ocorrer em relação aos contratos administrativos. Assim, é essencial que o gênero "contrato administrativo" comporte a existência de espécies que tenham regramentos próprios, sob pena de a funcionalidade desses ajustes ficar prejudicada.

2. O REGIME JURÍDICO DOS CONTRATOS DE PARCERIA ENVOLVENDO INFRAESTRUTURA

Estabelecido que os contratos demandam uma especialização de suas normas e de sua interpretação, e que isso é aplicável aos contratos administrativos, é necessário identificar se existe um regime jurídico específico para contratos administrativos que envolvem atividades de infraestrutura.

O desenvolvimento e a exploração de ativos públicos de infraestrutura podem assumir formatações jurídicas distintas, que dependem de fatores específicos de cada setor e de cada ativo. Nesse sentido, ao identificar uma necessidade pública que pode ser suprida por meio de um ativo de infraestrutura, a Administração Pública deverá definir a forma de contratualização da relação.

Por envolver ativos com características econômicas específicas, os fundamentos da regulação dessas infraestruturas são, além de jurídicos, econômicos. Pinheiro e Ribeiro[1] apontam a existência de falhas de mercado como uma justificativa para a existência da regulação, a qual consiste em um conjunto de regras e instituições que direcionam a atuação de agentes econômicos para que sejam atingidos objetivos de política econômica não alcançáveis pela atuação do mercado por conta própria. As falhas de mercado mais comumente apontadas como justificantes da regulação são a assimetria de informações, as externalidades e as internalidades.

Além disso, vários setores de infraestrutura são marcados pela presença de redes contendo nós e enlaces,[2] o que leva a economias de escala e de escopo. Os custos fixos elevados fazem com que o custo marginal de adicionar um novo consumidor a essas redes seja inferior ao custo médio de servir os consumidores já conectados. Por isso, é menos custoso atender a todos os consumidores com uma única rede do que fazê-lo com diferentes empresas.

Essas características econômicas tornam as infraestruturas monopólios naturais, algo que também atrai a necessidade de regulação. Esses monopólios naturais formados em diversos setores de infraestrutura tornam os usuários suscetíveis a cobranças elevadas e desproporcionais nas tarifas. Por esse motivo, o papel do regulador consiste em limitar as tarifas cobradas para maximizar o bem-estar social e remunerar a empresa, aumentando o excedente total.[3]

Diante desse contexto, Gomez-Ibañez[4] classifica as formas de regulação dos monopólios em ativos de infraestrutura de acordo com os graus de influência política e mercadológica sobre os preços e a qualidade dos serviços: a estratégia de regulação que foca em contratos privados permite que os usuários contratem diretamente um fornecedor privado de um ativo de infraestrutura, com maior influência do mercado e menor influência política; com um maior grau de atividade política, é possível adotar os contratos de concessão, em que os governos contratam com os fornecedores em nome

---

1. PINHEIRO, Armando Castelar; RIBEIRO, Leonardo Ribeiro. *Regulação das Ferrovias*. Rio de Janeiro: FGV, 2016.
2. CARVALHO. André Castro. *Infraestrutura sob uma perspectiva pública*: instrumentos para o seu desenvolvimento. 608 f. Tese (Doutorado). São Paulo: USP/Faculdade de Direito, 2013, p. 115.
3. PINHEIRO, Armando Castelar; RIBEIRO, Leonardo Ribeiro. *Regulação das Ferrovias*. Rio de Janeiro: FGV, 2016, p. 82.
4. GÓMEZ-IBAÑEZ, José A. *Regulating infrastructure*: monopoly, contracts, and discretion. Cambridge: Harvard University Press, 2003. p. 11-12.

dos usuários; já a regulação discricionária ocorre com o estabelecimento de valores e padrões de serviços por reguladores do governo; por fim, há a possibilidade de um empreendimento público, em que o próprio governo ou uma de suas agências assume a responsabilidade pelo ativo de infraestrutura.

Por conseguinte, é necessário reconhecer que as atividades administrativas consideradas clássicas "não são suficientes para explicar, sob o ponto de vista técnico-jurídico, o fenômeno da provisão da infraestrutura".[5] As especificidades deste fenômeno e suas implicações para o desenvolvimento do país demandam uma adaptação da concepção dos poderes administrativos para que haja adequação entre meios e fins. Conforme ressalta Carvalho, a contratação pública é um importante fator no contexto do desenvolvimento nacional, de modo que as normas de contratação pública podem ser consideradas como o "instrumento jurídico para a promoção da infraestrutura no mundo fático".[6]

Dessa maneira, considerando que a especificidade do regime jurídico contratual está diretamente relacionada às características de seu objeto e da relação jurídica formada, cabe uma análise dos contratos envolvendo a provisão da infraestrutura.

A prática internacional convencionou o uso da sigla DBFOM para representar os contratos de parceria público-privada propriamente ditos. A sigla representa as principais obrigações que essa espécie contratual pode abranger: o projeto (*design*), a construção (*build*), o financiamento (*finance*), a operação (*operation*) e a manutenção (*maintenance*) da infraestrutura.

É possível a existência de variações sobre quais dessas obrigações são assumidas, sem que o contrato deixe de ser considerado uma parceria público-privada em sentido amplo (englobando a concessão). O que efetivamente caracteriza o contrato como parceria público-privada é a existência de uma transferência significativa de riscos para o parceiro privado, como é prevê a definição utilizada pelo guia de referências em PPPs do Banco Mundial:[7] "A long-term contract between a private party and a government entity, for providing a public asset or service, in which the private party bears significant risk and management responsibility and remuneration is linked to performance".

Um traço marcante desse conceito é a significativa transferências de riscos e de responsabilidades de gerenciamento do ativo, vinculando a remuneração do contratado ao seu desempenho contratual. Essa realidade é distinta daquela relativa aos contratos administrativos em geral.

Marçal Justen Filho[8] faz uma comparação didática e exemplificativa entre o contrato de compra e venda e uma concessão que demonstra a funcionalidade da diferenciação de regimes. No primeiro, o objeto da relação jurídica é uma transferência onerosa do

---
5. DAL POZZO, Augusto Neves. *O Direito Administrativo da Infraestrutura*. São Paulo: Contracorrente, 2020, p. 56.
6. CARVALHO. André Castro. *Infraestrutura sob uma perspectiva pública*: instrumentos para o seu desenvolvimento. 608 f. Tese (Doutorado). São Paulo: USP/Faculdade de Direito, 2013, p. 163.
7. WORLD BANK. *PPP Reference Guide 3.0*. Washington: Banco Mundial, 2017, p. 1.
8. JUSTEN FILHO, Marçal. *Teoria geral das concessões de serviço público*. São Paulo: Dialética, 2003, p. 291.

domínio de um bem e as obrigações básicas relativas a esse objeto são inerentes a ele mesmo: a obrigação de pagar o preço e a obrigação de transferir o domínio. Por outro lado, a concessão não permite a identificação de uma prestação específica, existindo uma série de direitos, obrigações e poderes, e não um dever único e essencial ou um direito específico e principal. Essa distinção demonstra a necessidade de provisões contratuais voltadas para o contrato de concessão que não existiriam para os contratos de compra e venda. No mesmo sentido, um contrato de concessão não deve ser interpretado da mesma forma que um contrato de compra e venda. Entender em sentido diverso permitiria que a interpretação estabelecesse normas que não são adequadas para o objeto contratual, dificultando ou impedindo sua executabilidade.

No Brasil, a existência de um regime contratual próprio para esses contratos é reforçada pelo conceito legal de "contrato de parceria" adotado pelo art. 1º, § 2º, da Lei 13.334/2016. Essa norma estabelece um Programa de Parcerias e Investimentos – PPI, justamente para fomentar empreendimentos públicos de infraestrutura. Com efeito, o dispositivo citado estabelece que são contratos de parceria *i*) a concessão comum; *ii*) a concessão patrocinada; *iii*) a concessão administrativa; *iv*) a concessão regida por legislação setorial; *v*) a permissão de serviço público; *vi*) o arrendamento de bem público; e *vii*) a concessão de direito real.

Além destes previstos expressamente, a norma ainda abre margem para a existência de outros negócios público-privados que podem ser considerados contratos de parceria. Para que esses negócios sejam assim considerados, é necessário que adotem estrutura jurídica semelhante aos arrolados anteriormente, levando-se em conta seu caráter estratégico, sua complexidade, especificidade, volume de investimentos, longo prazo, riscos ou incertezas.

Tem-se, por meio dessa norma, uma definição legal que permite uma diferenciação entre os chamados "contratos de parceria" e os contratos administrativos em geral, fixando os requisitos que devem ser considerados na classificação. Nesse sentido, a existência de um regime jurídico próprio para os contratos envolvendo infraestrutura decorre de características do negócio público-privado que o tornam distinto dos contratos comuns: *i*) caráter estratégico; *ii*) complexidade; *iii*) especificidade; *iv*) volume de investimentos; *v*) longo prazo; e *vi*) riscos ou incertezas.

O longo prazo, em si, não distingue os contratos de parceria dos contratos administrativos em geral. Isso porque estes podem ter prazos longos, a depender do projeto, como é o caso dos contratos envolvendo sistemas estruturantes de tecnologia da informação, cujos prazos podem ser de até 15 anos (art. 114 da Lei 14.133/2021).

Por outro lado, as demais características são realmente marcantes dos contratos de parceria e, somadas, tornam necessariamente distinta a lógica contratual aplicável. Deve-se considerar que as normas aplicáveis aos contratos administrativos convencionais foram produzidas considerando a clássica formatação de financiamento público da contratação, na qual a transferência de riscos ao contratado é limitada à execução da obra, não se estendendo ao seu financiamento ou à operação e manutenção. De fato, em um contrato de obra pública comum, a Administração Pública é quem assume os riscos pela operação e a manutenção do produto final recebido, ficando o contratado responsável pela execução de acordo com as estipulações contratuais e as disposições da matriz de alocação de riscos. Neste caso, é justificável a existência de regras que protejam o interesse patrimonial da contratante.

Dessa distinção essencial decorre que a proteção a ser conferida pela lei no âmbito dos contratos de parceria é relativamente deslocada para o atendimento do interesse público primário, sendo reduzida a possibilidade de perdas pecuniárias por parte da Administração Pública. No mesmo sentido, a lógica dos contratos de parceria demanda uma proteção dos direitos do contratado na execução do projeto, que é quem assume parcela significativa dos riscos.

Por conseguinte, é cabível afirmar que existe um regime jurídico próprio para os contratos de parceria que decorre de suas características específicas e para o qual deve haver uma adequação entre o exercício das prerrogativas contratuais e as finalidades do ajuste. Há, diante dos riscos assumidos, uma proximidade muito maior entre as posições jurídicas de cada uma das partes, reduzindo-se a margem para a verticalidade.

3. DISCRICIONARIEDADE ADMINISTRATIVA E SEUS DESDOBRAMENTOS NOS CONTRATOS DE PARCERIA

A discricionariedade administrativa é vista como uma forma manifestação dos poderes que a Administração Pública possui para alcançar suas finalidades. Ela está inserida onde há margem para decisões envolvendo a subsunção de normas jurídicas, seja por expressa ou implícita permissão. Com o uso do poder-dever discricionário, o administrador público pode escolher dentre opções juridicamente aceitáveis para decidir.

De acordo com Mello,[9] atos vinculados são aqueles em que não há espaço para interpretação, uma vez que a lei já traz a tipificação do único comportamento que poderá ser adotado pela administração pública. Já os atos discricionários permitem uma avaliação, por parte do gestor, sobre a conveniência e a oportunidade, tendo uma margem de abertura em sua faculdade de decisão. Para Justen Filho,[10] a discricionariedade pode incidir em âmbitos e graus diversos, envolvendo a finalidade de determinado ato, a hipótese de incidência e o alcance da norma jurídica.

A existência dessa capacidade de atuação discricionária é um dos temas mais polêmicos do direito administrativo contemporâneo,[11] especialmente diante da possibilidade de controle jurisdicional. Nos últimos anos, consolidou-se o entendimento de que o princípio da legalidade tem escopo mais amplo. De acordo com essa visão, a

---

9. BANDEIRA DE MELLO, Celso Antônio. *Curso de direito administrativo*. 30 ed. São Paulo: Malheiros, 2013, p. 434.
10. JUSTEN FILHO, Marçal. *Curso de direito administrativo*. 10. ed. rev. atual. e ampl. São Paulo: RT, 2014, p. 251.
11. PEREZ, Marcos Augusto. *O controle jurisdicional da discricionariedade administrativa: métodos para uma jurisdição ampla das decisões administrativas*. 2018. Tese (Livre Docência em Discricionariedade) – Faculdade de Direito, Universidade de São Paulo, São Paulo, 2018, p. 29

administração pública deve orientar-se não apenas pelos estritos limites da lei, mas também por preceitos fundamentais do ordenamento jurídico.[12] É nesse contexto que se fala em uma concepção pós-positivista do princípio da legalidade. Segundo Aragão,[13] essa visão passa a corresponder a um conceito de juridicidade.

Naturalmente, a existência de uma margem decisória não implica em uma completa liberdade de atuação. Para Nobre Júnior,[14] não há vazio jurídico que permita uma liberdade de atuação do administrador público. Assim, mesmo não havendo parâmetros legais expressos para determinada conduta, ainda será necessário decidir nos limites do sistema jurídico ou dos princípios gerais do direito. Há, com isso, uma maior valorização da finalidade e do motivo dos atos administrativos.[15]

Nesse sentido, Bandeira de Mello vincula o conceito de discricionariedade ao "cumprimento do dever de alcançar a finalidade legal",[16] de modo a afastar o argumento de que ela seria uma margem incondicionada para atuação. Na verdade, mesmo a atuação administrativa discricionária permanece vinculada aos fins de toda a atividade administrativa, estando a autoridade competente para a decisão atada ao ordenamento jurídico considerado em sentido amplo. Mais do que isso: a conduta adotada com base na discricionariedade deve atingir de modo preciso e excelente a finalidade legal, ou não será aquela pretendida pelo ordenamento.[17]

Disso tudo resulta que, devidamente compreendida, a discricionariedade administrativa é um poder-dever conferido às autoridades para decidir e adotar a melhor conduta possível diante das finalidades do ordenamento jurídico quando não for possível à lei estabelecer previamente a conduta ótima.

Apesar de ser essencial para a adequada subsunção das normas regem a atuação administrativa ao caso concreto, a discricionariedade administrativa pode ter efeitos negativos quando utilizada para a tomada de decisões unilaterais na medida em que aumenta a complexidade da relação jurídica afetada e diante da falibilidade do administrador.

O governo não é um ente dotado de poder volitivo nem é onisciente. Toda ação governamental depende de agentes públicos cuja capacidade cognitiva é naturalmente limitada, o que torna imprecisa a ideia de que o governo pode ser sempre visto como uma única entidade, de forma que as partes que o formam (os agentes públicos) seja negligenciada. Por essa razão, a assimetria de informações no âmbito decisório dos

---

12. MEDAUAR, Odete. *Direito administrativo moderno*. 2 ed. Belo Horizonte: Fórum, 2018, p. 117.
13. ARAGÃO, Alexandre Santos de. A concepção pós-positivista do princípio da legalidade. *Revista de Direito Administrativo*, v. 236, 2004, p. 63.
14. NOBRE JÚNIOR, Edilson Pereira. *Direito administrativo contemporâneo*: temas fundamentais. Salvador: JusPODIVM, 2016, p. 21.
15. PEREZ, Marcos Augusto. O controle jurisdicional da discricionariedade administrativa: métodos para uma jurisdição ampla das decisões administrativas. 2018. Tese (Livre Docência em Discricionariedade) – Faculdade de Direito, Universidade de São Paulo, São Paulo, 2018, p. 138.
16. BANDEIRA DE MELLO, Celso Antônio. *Discricionariedade e controle jurisdicional*. 2. ed. São Paulo: Malheiros, 2017, p. 15.
17. BANDEIRA DE MELLO, Celso Antônio. *Discricionariedade e controle jurisdicional*. 2. ed. São Paulo: Malheiros, 2017, p. 36.

contratos de parceria pode resultar em decisões discricionárias inadequadas para os fins pretendidos, como será visto adiante.

Atualmente, é comum a afirmação de que os contratos administrativos em geral devem ser interpretados de acordo com o interesse público e as normas do regime jurídico de direito público, em razão do disposto no art. 89 da Lei 14.133/2021. Por conta desse regime jurídico, eventuais lacunas normativas devem ser supridas primordialmente pelas próprias normas de direito público. Supletivamente, as disposições de direito privado e os princípios da teoria geral dos contratos poderão ser aplicados. No que tange à legitimidade interpretativa, a tradicional verticalidade da relação e o interesse público envolvido demandariam o reconhecimento de que a interpretação realizada pela Administração Pública das cláusulas contratuais deve prevalecer. Isso porque essa interpretação envolveria, em última medida, a aplicação da lei, tendo em vista que as cláusulas contratuais decorrem dela.

Segundo o entendimento do Superior Tribunal de Justiça, nos contratos de natureza privada, a interpretação que uma das partes faz do ajuste não se sobrepõe à interpretação atribuída pela outra, sendo possível recorrer ao Poder Judiciário para dirimir a ausência de consenso; na relação contratual administrativa, deve prevalecer a interpretação adotada pela Administração Pública. Isso corresponderia a uma "prerrogativa da decisão unilateral executória",[18] decorrente de uma subordinação do interesse privado ao interesse público. Logo, para os contratos administrativos em geral, considera-se que o preenchimento de lacunas de normas envolvendo o Direito Público no âmbito contratual caberá à Administração Pública. Esse processo interpretativo estará sujeito ao controle judicial, em razão da inafastabilidade da jurisdição, mas, caso a interpretação adotada não viole preceitos legais de maneira clara, o posicionamento mais comum será o de prestigiar a legitimidade interpretativa da Administração Pública.

Cabe asseverar, contudo, que essa compreensão pode trazer efeitos indesejados nos contratos envolvendo infraestrutura, notadamente complexos, tanto em termos técnicos quanto em termos jurídicos. A multiplicidade das relações jurídicas deles decorrentes demanda que as decisões sejam tomadas de maneira criteriosa e fundamentada, tendo em vista a variabilidade dos impactos possíveis. Assim, mesmo com limites, critérios e parâmetros,[19] a discricionariedade utilizada de forma unilateral pode gerar problemas se a fundamentação do ato não for suficiente para abarcar os possíveis efeitos sobre o complexo de relações jurídicas dos contratos de parceria.

4. A DISCRICIONARIEDADE CONSENSUALIZADA NOS CONTRATOS DE PARCERIA

A existência de um regime jurídico específico para os contratos de parceria, decorrente das características dessas relações jurídicas, torna necessária a construção de

---
18. STJ. MS 20432/DF, Rel. Min. Ari Pargendler, Rel. p/ o ac. Min. Herman Benjamin, S1, j. 24.06.2015, DJe 15.02.2016.
19. Cf. MEDAUAR, Odete. *Direito administrativo moderno*. 2. ed. Belo Horizonte: Fórum, 2018, p. 108-109.

uma base teórica específica. Essa base deve levar em consideração a complexidade das relações jurídicas formadas por esses contratos e o mencionado deslocamento relativo da proteção a ser conferida pela lei no âmbito dos contratos de parceria para o atendimento do interesse público primário ao lado dos interesses do contratado, que assume parcela significativa dos riscos.

Nesse sentido, tendo em vista essas características dos contratos de parceria, que podem levar a decisões baseadas na discricionariedade administrativa – e, em especial, na citada "prerrogativa da decisão unilateral executória" – que se afastam das finalidades do ordenamento jurídico, propõe-se a adoção de uma consensualização da discricionariedade no âmbito do regime jurídico próprio desses contratos. O termo "consensualização", como esclarece Marrara, corresponde a um "movimento de busca de consenso e de promoção da consensualidade por novas técnicas administrativas",[20] não se confundindo com consenso, consentimento ou consensualidade.

O direito administrativo contemporâneo tem dado especial enfoque à consensualidade como forma de mitigar a possibilidade de atuação arbitrária. O consenso passa a representar um instrumento de ação estatal, em alguns casos sendo elemento coadjuvante e em outros determinante da formação da vontade administrativa.[21] Passou-se a defender um novo modelo de Administração Pública contratualizada, em que prevalece o equilíbrio das posições jurídicas individuais.

Com a discricionariedade consensualizada, tem-se o reconhecimento de que existe um regime jurídico próprio para os contratos de parceria e de que esse regime demanda uma compreensão diferenciada daquela classicamente adotada para a discricionariedade administrativa. A discricionariedade assume uma nova roupagem e tem aplicação no âmbito de incerteza da interpretação das disposições contratuais, pondo em evidência a significativa transferência de riscos ao contratado.

É cediço que a complexidade da relação jurídica firmada em contratos de parceria faz com que a potencial assimetria de informações seja amplificada, já que diferentes fontes de informação existem e estão envolvidas na execução do objeto contratual. Por isso, pode-se afirmar que esses contratos possuem um regime jurídico próprio, diverso daquele aplicado aos contratos administrativos em geral, já que a lógica econômica é específica diante da maneira distinta como eles afetam o orçamento público.

Nesse regime jurídico próprio, soluções consensuais ou consensualizadas tendem a ser mais eficientes, tendo em vista a complexidade da relação e as assimetrias informacionais existentes, algo que pode a afetar negativamente a atuação administrativa discricionária e a interpretação das disposições contratuais. Diante disso, a discricionariedade nesses contratos deve exercida com a participação do contratado e, quando cabível, da sociedade na integração fundamentação, ainda que a decisão

---

20. MARRARA, Thiago (Org.). *Direito administrativo*: transformações e tendências. São Paulo: Almedina, 2014, p. 40.
21. MOREIRA NETO, Diogo de Figueiredo. *Mutações do direito público*. Rio de Janeiro: Renovar, 2006, p. 336.

final caiba à Administração Pública quando interesses públicos estejam envolvidos e devam ser preservados.

Nesse contexto, a discricionariedade consensualizada pode ser vista como uma forma de autocontenção do poder discricionário diante do reconhecimento da especificidade da relação jurídica firmada em um contrato de parceria. É perceber que o administrador público ainda dispõe de margem de atuação discricionária, de acordo com critérios de conveniência e oportunidade, mas que, nessas relações contratuais, não é viável impor unilateralmente a vontade administrativa acima do que foi acordado ou das finalidades do ajuste, superando, com isso, a ideia da prerrogativa da decisão unilateral executória adotada pelo Superior Tribunal de Justiça.

O exercício consensualizado da discricionariedade poderia ser enquadrado como um mecanismo pró-consensual procedimental, na classificação adotada por Marrara:[22]

> Os mecanismos procedimentais são aqueles empregados pontualmente em certa fase dos processos administrativos no intuito de promover o diálogo entre sociedade e Estado. Exemplo disso, no âmbito de uma agência reguladora, vislumbra-se na realização de audiências e consultas públicas como técnicas preparatórias de atos decisórios de caráter normativo ou geral. Os mecanismos orgânicos, a seu turno, englobam os canais de diálogo permanente no âmbito de órgãos colegiados. A participação de representantes de especialistas ou de agentes econômicos em conselhos de políticas públicas ou em órgãos regulatórios exemplifica a técnica em questão. O estímulo ao consenso se dá primariamente pela garantia do direito de voz e de voto dos representantes dos diferentes grupos sociais e econômicos dentro dos centros decisórios estatais. Já os mecanismos contratuais são aqueles que consolidam o consenso em instrumentos formais bilaterais, como acordos de leniência, acordos em processos de licenciamento ou autorização administrativa ou compromissos de cessação ou alteração de condutas dos agentes regulados no âmbito de processos sancionadores.

Nesse sentido, a proposição aqui exposta inclui o diálogo no procedimento de decisão administrativa com base no poder-dever discricionário, independentemente de previsão contratual expressa. A discricionariedade administrativa não deixa de existir, mas passa a incorporar a noção de que atender às finalidades das vontades manifestadas por meio dos contratos é um objetivo inserido no ordenamento jurídico como um todo.

O pensamento administrativista contemporâneo adota o entendimento de que, diante do estágio atual de desenvolvimento do Estado Constitucional de Direito, não é viável presumir que as prerrogativas clássicas da Administração Pública resultaram em um equilíbrio entre direitos em conflito. Com isso, de acordo com Corvalán, torna-se necessário demonstrar abstratamente (de forma prévia) e concretamente (de forma posterior) que "o estabelecimento e a utilização de uma prerrogativa em um sistema, de modo eficaz e eficiente, tutelam os direitos fundamentais".[23]

---

22. MARRARA, Thiago. Regulação consensual: o papel dos compromissos de cessação de prática no ajustamento de condutas dos regulados. *Revista Digital de Direito Administrativo*, [S. l.], v. 4, n. 1, p. 274-293, 2017, p. 276-277.
23. CORVALÁN, Juan Gustavo. Transformações do "regime de Direito Administrativo": a propósito do regime exorbitante e das prerrogativas da Administração Pública. A&C – *Revista de Direito Administrativo & Constitucional*, Belo Horizonte, ano 13, n. 51, p. 4973, jan./mar. 2013, p. 13.

No mesmo sentido, Valle[24] defende, em um novo modelo de contratação pública, a subsidiariedade do uso unilateral das prerrogativas em relação à negociação, e desde que haja uma vinculação desse uso aos princípios da finalidade, eficiência, motivação, economicidade e proporcionalidade.

A Nova Lei de Licitações e Contratos Administrativos buscou consolidar essa visão atual da atuação administrativa e trouxe mesmo previsões que envolvem negociações. Há possibilidade de negociação de condições vantajosas com o licitante mais bem colocado após o julgamento das propostas (art. 61 da Lei 14.133/2021); negociação com os licitantes remanescentes que forem convocados quando o vencedor recusar a assinatura do contrato (art. 90, § 4º, da Lei 14.133/2021); e negociação no momento de prorrogação dos contratos de serviços e fornecimentos contínuos (art. 107 da Lei 14.133/2021).

Esse atual posicionamento acerca dos contratos administrativos é particularmente adequado para os contratos de parceria e está em consonância com a sistemática estabelecida pela LINDB ao focar nas consequências e na análise de custo-benefício. É nesse contexto que a discricionariedade consensualizada aproxima-se daquilo que Cass Sunstein chama de "revolução do custo-benefício",[25] que pode ser sintetizada na frase: "*No action may be taken unless the benefits justify the costs*".[26] A adoção dessa regra faz com que as decisões tomadas por reguladores levem em consideração a real necessidade de intervenção e os efeitos dela decorrentes. Isso também é aplicável quando adotada a estratégia de regulação por contratos, conforme a já citada classificação de Gomez-Ibañez, já que, de fato, a Administração Pública contratante também regula serviços.

Esse foco na eficiência também é abordado por Eberhard Schmidt-Assmann,[27] que adota como pilar da ciência do direito administrativo a premissa de que não deve a ciência jurídica estar focada na construção dogmática de regras, categorias, institutos ou doutrinas sem que haja uma preocupação concomitante em encontrar condições e pressupostos para que o direito seja eficaz e eficiente.

Nesse sentido, o influxo da consensualização pode ser visto como um fator de legitimação da atuação discricionária na medida em que a legitimidade esteja vinculada a uma melhor fundamentação em relação às consequências da decisão e ao custo-benefício. Considerando a complexidade da relação contratual, somente por meio da adoção de procedimentos adequados de participação do contratado na fundamentação é que será possível decidir de forma eficiente.

Cabe ressaltar que a decisão decorrente da discricionariedade consensualizada não perde o caráter discricionário, já que ainda estará presente a avaliação de conveniência

---

24. VALLE. Vivian Lima López. *Contratos administrativos e um novo regime jurídico de prerrogativas contratuais na administração pública contemporânea*: da unilateralidade ao consenso e do consenso à unilateralidade na relação contratual administrativa. Belo Horizonte: Fórum, 2018, p. 229.
25. Tradução livre de "*Cost-Benefit Revolution*".
26. SUNSTEIN, Cass R. *The Cost-Benefit Revolution*. Cambridge: The MIT Press, 2018, p. 15.
27. SCHMIDT-ASSMAN, Erberhard. *La teoria general del derecho administrativo como sistema*: objeto y fundamentos de la construcción sistemática. Trad. Mariano Bacigalupo et. al. Título original: Das Allgemeine verwaltungsrecht als ordnungs idee. Barcelona: Ediciones jurídicas y Sociales, 2003.

e oportunidade por parte da Administração Pública, mas o procedimento de formação da vontade administrativa será integrado pela participação do contratado. Com o reconhecimento de que o regime jurídico desses contratos demanda o exercício da discricionariedade de forma consensualizada, torna-se possível atender à finalidade de favorecer o desenvolvimento nacional por meio da contratualização pública dos ativos de infraestrutura.

CONCLUSÕES

Os contratos que envolvem o desenvolvimento, a operação e a manutenção de ativos de infraestrutura possuem uma posição de destaque na promoção do desenvolvimento. No Brasil, é possível – e necessário – construir as bases teóricas para um regime jurídico próprio para os chamados contratos de parceria, tendo em vista as especificidades de seus objetos e das múltiplas relações jurídicas por eles formadas.

Esse regime jurídico próprio dos contratos de parceria demanda uma interpretação parcialmente distinta daquela adotada para os contratos administrativos em geral, nos quais não há uma forte transferência de riscos para o contratado. Com isso, a finalidade dos contratos de parceria deixa de ser focada primordialmente na preservação dos interesses patrimoniais do Poder Público e passa a abarcar uma proteção mais forte do interesse público primário e, diante dos riscos assumidos, dos direitos do contratado.

É nesse contexto que se propõe o reconhecimento de que, no regime jurídico dos contratos de parceria envolvendo infraestruturas, a discricionariedade não deve ser exercida de forma unilateral, sem que a decisão administrativa seja adequadamente informada em relação aos possíveis impactos no âmbito de múltiplas relações jurídicas.

Logo, a adoção de uma proposta de discricionariedade consensualizada em relação a esses contratos está de acordo com a existência de um regime jurídico específico e atende aos ditames da finalidade e da análise de custo-benefício. Assim, torna-se obrigatória a adoção de meios de participação do contratado – e, quando cabível, da sociedade – na formação da vontade administrativa, mesmo quando há margem de discricionariedade, superando-se a noção de "prerrogativa da decisão unilateral executória" e adotando-se uma posição mais igualitária entre contratante e contratado nesses contratos específicos.

REFERÊNCIAS

ARAGÃO, Alexandre Santos de. A concepção pós-positivista do princípio da legalidade. *Revista de Direito Administrativo*, v. 236, 2004, p. 51-64. Disponível em http://bibliotecadigital.fgv.br/ojs/index.php/rda/article/viewFile/44672/44977. Acesso em: 30 maio. 2020.

BANDEIRA DE MELLO, Celso Antônio. *Curso de direito administrativo*. 30. ed. São Paulo: Malheiros, 2013.

BANDEIRA DE MELLO, Celso Antônio Bandeira de. *Discricionariedade e controle jurisdicional*. 2. ed. São Paulo: Malheiros Editores, 2017.

CARVALHO. André Castro. *Infraestrutura sob uma perspectiva pública*: instrumentos para o seu desenvolvimento. 2013. 608 f. Tese (Doutorado). São Paulo: USP/Faculdade de Direito, 2013.

CORVALÁN, Juan Gustavo. Transformações do "regime de Direito Administrativo": a propósito do regime exorbitante e das prerrogativas da Administração Pública. *A&C – Revista de Direito Administrativo & Constitucional*, Belo Horizonte, ano 13, n. 51, p. 4973, jan./mar. 2013.

DAL POZZO, Augusto Neves. *O Direito Administrativo da Infraestrutura*. São Paulo: Contracorrente, 2020.

GÓMEZ-IBAÑEZ, José A. *Regulating infrastructure*: monopoly, contracts, and discretion. Cambridge: Harvard University Press, 2003.

JUSTEN FILHO, Marçal. *Curso de direito administrativo*. 10. ed. rev. atual. e ampl. São Paulo: RT, 2014.

JUSTEN FILHO, Marçal. *Teoria geral das concessões de serviço público*. São Paulo: Dialética, 2003.

MARRARA, Thiago (Org.). *Direito administrativo*: transformações e tendências. São Paulo: Almedina, 2014.

MARRARA, Thiago. Regulação consensual: o papel dos compromissos de cessação de prática no ajustamento de condutas dos regulados. *Revista Digital de Direito Administrativo*, [S. l.], v. 4, n. 1, p. 274-293, 2017. DOI: 10.11606/issn.2319-0558.v4i1p274-293. Disponível em: https://www.revistas.usp.br/rdda/article/view/125810. Acesso em: 17 dez. 2023.

MEDAUAR, Odete. *Direito administrativo moderno*. 2. ed. Belo Horizonte: Fórum, 2018.

MEDAUAR, Odete. *Direito administrativo em evolução*. São Paulo: RT, 2015.

MEIRELLES, Hely Lopes. *Direito administrativo brasileiro*. 39. ed. São Paulo: Malheiros, 2013.

MOREIRA NETO, Diogo de Figueiredo. *Mutações do direito público*. Rio de Janeiro: Renovar, 2006.

NOBRE JÚNIOR, Edilson Pereira. *Direito administrativo contemporâneo*: temas fundamentais. Salvador: JusPodivm, 2016.

PEREZ, Marcos Augusto. *O controle jurisdicional da discricionariedade administrativa*: métodos para uma jurisdição ampla das decisões administrativas. 2018. Tese (Livre Docência em Discricionariedade) – Faculdade de Direito, Universidade de São Paulo, São Paulo, 2018. doi:10.11606/T.2.2019.tde-22042019-144541. Acesso em: 17 dez. 2023.

PINHEIRO, Armando Castelar; RIBEIRO, Leonardo Ribeiro. *Regulação das Ferrovias*. Rio de Janeiro: FGV, 2016.

SCHMIDT-ASSMAN, Erberhard. *La teoria general del derecho administrativo como sistema*: objeto y fundamentos de la construcción sistemática. Trad. Mariano Bacigalupo et. al. Título original: Das Allgemeine verwaltungsrecht als ordnungs idee. Barcelona: Ediciones jurídicas y Sociales, 2003.

SUNSTEIN, Cass R. *The Cost-Benefit Revolution*. Cambridge: The MIT Press, 2018.

VALLE. Vivian Lima López. *Contratos administrativos e um novo regime jurídico de prerrogativas contratuais na administração pública contemporânea*: da unilateralidade ao consenso e do consenso à unilateralidade na relação contratual administrativa. Belo Horizonte: Fórum, 2018.

WORLD BANK. *PPP Reference Guide 3.0*. Washington: Banco Mundial, 2017. Disponível em: https://ppp.worldbank.org/public-private-partnership/library/ppp-reference-guide-3-0-full-version. Acesso em: 17 dez. 2023.

ASPECTOS DO COMPLIANCE NA LEI FEDERAL 14.133/2021 E SUA IMPORTÂNCIA NOS CONTRATOS DE INFRAESTRUTURA

Guilherme Corona Rodrigues Lima

Doutor e Mestre em Direito Administrativo pela PUC-SP. Professor de Direito Administrativo no curso de Especialização em Direito Administrativo e Administração Pública da Universidade Presbiteriana Mackenzie. Advogado. E-mail:guilherme@coronaebio.adv.br.

Sumário: Introdução – 1. O dever de licitar, os contratos de infraestrutura e o compliance – 2. O compliance privado na Lei Federal 14.133/21 – 3. O compliance público na Lei Federal 14.133/21 – Conclusão – Referências.

INTRODUÇÃO

Os investimentos em infraestrutura, pela complexidade dos objetos a ela afetos, demandam grande dispêndio de recursos públicos e envolvem a relação de uma gama de agentes públicos de todos os níveis, pessoas jurídicas de direito privado e seus colaboradores, com o objetivo de levar a cabo as ações necessárias para o desenvolvimento nacional, em atendimento aos objetivos da República Federativa do Brasil, mais especificamente o contido no art. 3º, inciso II da Constituição Federal.

Trata-se de intrincado arcabouço jurídico afeto ao direito administrativo sujeito a regime jurídico próprio, o que levou Augusto Neves Dal Pozzo a conceituar a infraestrutura como atividade autônoma dentro do próprio direito administrativo,[1] de mesma estatura que as atividades clássicas de prestação de serviços públicos, exercício do poder de polícia, desapropriação, dentre outras afetas a matéria.

Nessa linha, os inúmeros agentes envolvidos, sejam eles públicos e privados, bem como o montante de valores do erário (e mesmo de natureza privada ou de organismos de fomento internacionais) destinados à consecução dos objetivos públicos, trazem à tona naturais riscos de integridade.

Leis nacionais disciplinam o tema das contratações públicas que são os meios de se viabilizar os investimentos em infraestrutura no Brasil, valendo destaque para a recém vigente Lei Federal 14.133/21 que, no ensejo de substituir a Lei Federal 8.666/93, passa a ser a Lei Geral de Contratações Públicas e Licitações no Brasil, sendo a responsável

---

1. "Infraestrutura é a atividade administrativa indivisível e inespecífica que o Estado tem o dever de realizar (ou quem lhe faça as vezes), consistente em prover, manter e operar ativos públicos de modo a oferecer a finalidade de promover concretamente o desenvolvimento econômico e social, sob um regime jurídico-administrativo" (DAL POZZO, Augusto Neves. *O Direito Administrativo da Infraestrutura*. São Paulo: Contracorrente, 2020).

por disciplinar boa parte dos contatos administrativos que terão por objeto a infraestrutura brasileira.

Falamos que ela é primeiro lei de contratações públicas antes de ser lei de licitações pois a importância dada a matéria dos contratos administrativos pela nova lei, disciplinando a matéria de forma mais ampla que a anterior e se preocupando com a efetiva entrega dos objetos licitados mostra sua preocupação com a efetividade das contratações administrativas.

Desde a sua gestação até sua promulgação, muito se discutiu sobre a incorporação dos temas afetos a integridade e ao compliance no texto legislativo, os vocábulos a serem utilizados e os princípios constitucionais que deles decorrem e, em especial, a exigência ou não da adoção de programas de integridade para participação em licitações e celebração dos contratos administrativos delas decorrentes, assim como a amplitude de seu alcance na relação entre Administração Pública e as empresas.

Nesse cenário, sobre integridade privada, houve previsão expressa acerca da existência dos programas de compliance no seio das pessoas jurídicas de direito privado que pretendem se relacionar com a Administração Pública nos artigos 25, § 4º, 60, 156, § 1º, inciso V e 163, todos da Lei Federal 14.133/21, e as implicações decorrentes, sem, contudo, prever o legislador mecanismos de avaliação da efetividade do programa e critérios de valoração quanto a sua real eficácia para fins de cumprimento das exigências legais ou utilização dos benefícios previstos pela legislação para quem o adota.

De outro lado, aspectos do compliance público também foram introduzidos pela nova lei de contratações públicas e licitações em nosso ordenamento jurídico, valendo destaque os temas de governança pública (artigo 11, parágrafo único), linhas de defesa (artigo 169), segregação de funções (art. 7º, § 1º), dentre outros.

Imperioso, portanto, a análise de cada um deles não só sobre a ótica da boa técnica legislativa, mas também sob a ótica de sua efetiva aplicação prática e, em especial, sua importância nos contratos administrativos de infraestrutura com o objetivo de trazer um contributo para a discussão e aperfeiçoamento do tema.

1. O DEVER DE LICITAR, OS CONTRATOS DE INFRAESTRUTURA E O COMPLIANCE

A licitação tem estatura constitucional e na expressa dicção do artigo 37, inciso XXI da Constituição Federal é, ressalvadas as hipóteses legais, obrigatória para as compras, obras e serviços que tenham por beneficiária a Administração Pública.[2]

---

2. "Art. 37, XXI – ressalvados os casos especificados na legislação, as obras, serviços, compras e alienações serão contratados mediante processo de licitação pública que assegure igualdade de condições a todos os concorrentes, com cláusulas que estabeleçam obrigações de pagamento, mantidas as condições efetivas da proposta, nos termos da lei, o qual somente permitirá as exigências de qualificação técnica e econômica indispensáveis à garantia do cumprimento das obrigações."

Muitos são os conceitos de licitação trazidos pela doutrina, valendo destaque o conceito clássico de Hely Lopes Meirelles segundo o qual "a licitação objetiva garantir a observância do princípio constitucional da isonomia e a selecionar a proposta mais vantajosa para a Administração, de maneira a assegurar oportunidade igual a todos os interessados e possibilitar o comparecimento ao certame do maior número possível de concorrentes".[3]

Da isonomia, enquanto princípio dos mais clássicos do direito administrativo, interpretado à luz dos atuais interesses sociais e diante da mutação constitucional inerente a evolução social, pode-se extrair, além da interpretação corrente de tratamento igualitário às partes pela Administração, que por um tratamento isonômico se busca inibir qualquer tipo de privilégio a quem quer que seja por parte do órgão licitante.

Inibindo privilégios, o ente estatal, por consequência lógica, garante observância ao princípio da moralidade (artigo 37, *caput*, da Constituição Federal) e contribui de forma latente para um ambiente de negócios probo, indene de desvios e colaborativo com os interesses sociais envolvidos na contratação almejada.

E, na busca da seleção da proposta mais vantajosa para a Administração, tem-se a busca pela oferta que apresenta o melhor custo benefício para o atingimento ótimo do interesse público, que objetiva perquirir no caso concreto, com aquela determinada contratação e com o dispêndio de recursos públicos suficientes e necessários para tanto e não necessariamente com o dispêndio mínimo de recursos do erário, remunerar o particular exatamente pelo montante por ele executado e com preços que representem a realidade mercadológica daquele segmento acrescidos do legítimo direito ao lucro.[4]

O artigo 5º da Nova Lei de Licitações e Contratações Públicas positiva no ordenamento jurídico brasileiro princípios do procedimento licitatório que guardam íntima relação com o tema do compliance e confirmam sua ampla aplicação na relação entre o particular e a Administração.

Além dos já mencionados princípios da isonomia, moralidade e busca da proposta mais vantajosa ao Poder Público, ao positivar no referido dispositivo os princípios da transparência, eficácia, segregação de funções, motivação, vinculação ao edital, julgamento objetivo, competitividade, dentre outros, o legislador de 2021 se mostrou preocupado com a integridade nas contratações públicas.

---

3. MEIRELLES, Hely Lopes. *Direito administrativo brasileiro*. 39. ed. São Paulo: Malheiros, 2013.
4. "A vantagem caracteriza-se como a adequação e satisfação do interesse coletivo por via da execução do contrato. A maior vantagem possível configura-se pela conjugação de dois aspectos interrelacionados. Um dos ângulos relaciona-se com a prestação a ser executada por parte da Administração; o outro se vincula à prestação a cargo do particular. A maior vantagem apresenta-se quando a Administração assumir o dever de realizar a prestação menos onerosa e o particular se obrigar a realizar a melhor e mais completa prestação. Configura-se, portanto, uma relação custo-benefício. A maior vantagem corresponde à situação de menor custo e maior benefício para a Administração" (JUSTEN FILHO, Marçal. *Comentários à lei de Licitações e Contratos Administrativos*. 12. ed São Paulo: Revista dos Tribunais, 2019., p. 63).

Quanto ao aspecto da integridade nos contratos de infraestrutura, duas preocupações parecem ser latentes: os preços praticados e a boa execução do contrato, consentânea ao interesse público envolvido.

Atento a tal preocupação, inova o artigo 6º da Lei Federal 14.133/21, em especial em seus incisos LVI e LVII, ao trazer definições de sobrepreço e superfaturamento, com previsão expressa de que se constitui objetivo da licitação, nos termos do art. 11, inciso III, da referida Lei "evitar contratações com sobrepreço ou com preços manifestamente inexequíveis e superfaturamento na execução dos contratos".

Tais dispositivos corroboram entendimento doutrinário no sentido de que, se de um lado o particular tem amplo direito de participar de concorrências públicos objetivando ser contratado pela Administração Pública, de outro lado esse direito está limitado ou condicionado a não praticar atos lesivos ao erário,[5] prática que além de sancionada pela própria Lei de Contratações e Licitações Públicas, também o é pela Lei Federal 12.846/13, a chamada Lei Anticorrupção, mais precisamente em seu artigo 5º.

O sobrepreço e o superfaturamento vêm definidos no artigo 6º, incisos LVI e LVII da Lei 14.133/21, sendo o primeiro entendido como a prática de preço superior ao preço de mercado e o segundo como medição, execução ou alteração contratual de cláusulas financeiras que gerem indevido ganho ao particular em prejuízo a Administração Pública.

O bom planejamento da contratação com o balizamento de preços por meio de fontes referenciais (artigo 23, § 2º da Lei) e pesquisas de mercado contribuem para que o preço contratado represente o efetivo valor de mercado do contrato administrativo a ser executado, garantindo, assim, lisura nos preços praticados pelos particulares contratados pela Administração.

E, em se tratando de contratos de infraestrutura que, por essência, são contratos do ramo da engenharia, o planejamento inerente a contratação com a boa elaboração dos documentos técnicos elencados na nova Lei de Licitações e Contratações Públicas, em especial, mas não se limitando aos estudos técnicos preliminares, projetos básicos e executivos contribuem para que se evitem desvios de integridade.

De outro lado, o superfaturamento, enquanto dano efetivo ao erário na execução do contrato de forma indevida (má execução dos itens contratuais, por exemplo, com impacto no ciclo de vida do objeto licitado) ou na celebração de aditivos contratuais que alterem indevidamente preços, prazos, forma de execução, dentre outros, em prejuízo da Administração e em favor do particular.

---

5. "Alguns autores, a exemplo do Dal Pozzo, sustentam que a Lei Anticorrupção existe em decorrência exatamente desse Poder de Polícia do Estado que, concordando com a doutrina clássica de Celso Antônio Bandeira de Mello é o poder conferido ao Estado para limitar a liberdade e propriedade com a finalidade de cumprir objetivos públicos. Assim a liberdade de participar de licitações ou fornecer bens e serviços ao Estado estaria condicionada ao não praticar atos lesivos à Administração Pública definidos pela lei." (MACHADO, Antonio Rodrigo; CARMONA, Paulo Afonso Cavichioli. Compliance: instrumento de controle nas licitações públicas. *A&C – Revista de Direito Administrativo & Constitucional*. Belo Horizonte, ano 18, n. 72, p. 71-91, abr./jun. 2018).

A imposição constitucional da licitação, a necessidade de desenvolvimento da infraestrutura no Brasil e as regras de compliance introduzidas pela novel legislação, que passaremos a analisar nos tópicos seguintes, representam importante tentativa do legislador de contribuir para um ambiente íntegro de negócios públicos de infraestrutura.

2. O COMPLIANCE PRIVADO NA LEI FEDERAL 14.133/21

Sem querer enfrentar o tema dos conceitos e em razão da exiguidade do presente estudo, vamos tratar o conceito de compliance privado como os mecanismos de promoção de integridade adotados pelas pessoas jurídicas de direito privado e o compliance público como sendo os mecanismos de promoção de integridade adotados pelas pessoas jurídicas de direito público.

Muito se discutiu quando da gestação do Projeto de Lei que culminou na promulgação da Nova Lei de Licitações quanto à obrigatoriedade de adoção, por parte das empresas, de programas de compliance para licitar ou contratar com a Administração Pública e quais seriam os limites para tais exigências.

Os históricos nacionais de desvios de recursos públicos e os anseios sociais, de um lado, militavam a favor da ampla exigência de programas de integridade para que os particulares figurassem em polos opostos à Administração em contratos públicos. De outra banda, a observância da realidade econômica nacional, a maturidade das empresas com o tema do compliance e a capacidade financeira delas para a implementação de programas efetivos em seu bojo empresarial militaram em desfavor da ampla exigência.

Se de um lado constitui-se como princípio básico (e clássico) da licitação o da ampla concorrência, princípio este que garante, ao menos em tese, a obtenção da proposta mais vantajosa para a Administração quando vier a celebrar contratos públicos, conforme tratamos em tópico anterior, de outro lado, em um cenário nacional de dificuldades de investimentos das empresas, a exigência irrestrita de implantação dos programas de integridade faria com que o número de empresas aptas a licitar ou contratar fosse diminuto ante as dificuldades econômicas para implantação do tema.

Sabe-se que a implantação de um programa de integridade é custosa e a manutenção da área responsável, exige, inclusive, a destinação de recursos adequados para tal fim, de modo que o empresário que opta por adotar o programa tem um incremento de custos natural a sua atividade empresarial para sua sustentação.

Aqui não se discute os benefícios da adoção irrestrita do compliance para as empresas. Isso é fato notório e indene de discussões, em especial em matéria de mitigação de riscos, economia de recursos e perenidade da empresa.

O que se discute, atento a realidade econômica do país, é a baixa capacidade de investimentos das empresas em tal tema, circunstância esta que foi levada em conta pelo legislador de 2021 ao conceber a Nova Lei Contratações Públicas e de Licitações sem a exigência irrestrita dos programas de compliance para licitar ou contratar com a Administração.

A escolha legislativa se deu de forma a garantir a ampla competividade e impedir a limitação de participação das empresas em certames públicos que não tivessem programas de integridade implantados em seu seio, garantindo maiores chances da Administração obter propostas vantajosas e ampliando o número de potenciais interessados em participar das licitações em observância ao princípio da ampla competitividade.

Contudo, ao mesmo tempo em que não exigiu, de forma ampla, a existência dos programas, a novel legislação trouxe importantes previsões sobre o tema como forma de dar os primeiros passos legislativos para a mudança de mentalidade das empresas e, aos poucos, passar a exigir o compliance na relação público-privada introduzindo a temática de forma paliativa.

Anota-se que nem mesmo a Lei Federal 12.846/13, chamada de Lei Anticorrupção, trouxe obrigação em tal sentido, prevendo a existência do programa de integridade apenas como atenuante de sanção, nos exatos termos de seu artigo 7º, inciso VIII, que afirma que será levado em conta na aplicação das sanções "a existência de mecanismos e procedimentos internos de integridade, auditoria e incentivo à denúncia de irregularidades e a aplicação efetiva de códigos de ética e de conduta no âmbito da pessoa jurídica"

Quatro, então, foram as menções aos programas de integridade privados feitas pela Lei Federal 14.133/21.

A primeira delas esculpida no artigo 25, § 4º da Lei, tratando do tema do compliance como obrigatório para as contratações de grande vulto ao exigir que aqueles que vierem a celebrar contratos dessa amplitude com a Administração Pública tenham a obrigação de implementar programa de integridade no prazo de seis meses contatos da celebração do contrato.

Aduz o dispositivo, ainda, que o regulamento disporá sobre as medidas a serem adotadas, a forma de comprovação e as penalidades pelo descumprimento da imposição legal.

Discussão que surgiu de plano seria como quantificar o termo "grande vulto" utilizado pela Lei em valores, ou seja, qual é o valor de um contrato de grande vulto para fins de incidência do dispositivo legal?

O artigo 6º, inciso XXII da novel legislação conceitua "obras, serviços e fornecimentos de grande vulto: aqueles cujo valor estimado supera R$ 200.000.000,00 (duzentos milhões de reais)".[6]

Uma leitura simplista de referido dispositivo, em cotejo com o artigo 25, § 4º do mesmo instrumento normativo, levaria a conclusão, portanto, de que em todos os entes federados os contratos de grande vulto seriam os superiores a R$ 200.000.000,00 (duzentos milhões de reais), levando a quase ineficácia prática do dispositivo, já que muitos municípios brasileiros sequer têm arrecadação orçamentária em tal valor para

---

6. Por força do artigo 182 da Lei Federal 14.133/21 "o Poder Executivo federal atualizará, a cada dia 1º de janeiro, pelo Índice Nacional de Preços ao Consumidor Amplo Especial (IPCA-E) ou por índice que venha a substituí-lo, os valores fixados por esta Lei, os quais serão divulgados no PNCP".

fazer frente aos investimentos em todas as necessidades públicas locais (educação, saúde, pessoal etc.), quiçá a possibilidade de celebrar contratos administrativos de tal monta.

Por se tratar da norma geral de licitações para todos os entes federados e seus órgãos no Brasil, que possuem realidades financeiras e orçamentárias muito dispares, a melhor interpretação do dispositivo é no sentido de que o valor de R$ 200.000.000,00 (duzentos milhões de reais) se refere a contratos de grande vulto celebrados unicamente pela Administração direta e indireta da União, podendo os demais entes federados, via atos locais, regulamentar o valor do "contrato de grande vulto" aplicável a sua localidade, estabelecendo, pois, valores menores para tal conceito.

Nesse sentido foi o entendimento do Ministro Dias Toffoli quando do julgamento da constitucionalidade de Lei Municipal de São José do Rio Preto, cidade do interior paulista, que editou lei local sobre o tema.

O Supremo Tribunal Federal, então, assentou o caráter de norma geral da Lei Federal 14.133/21 e a possibilidade dos entes federados exercerem sua competência concorrente de legislar sobre a matéria,[7] já que não se trataria de norma geral, de competência legislativa exclusiva da União.

---

7. "Na espécie, para julgar improcedente a ação direta, o voto condutor do acórdão do Tribunal local adotou os seguintes fundamentos centrais: "(...) se a ideia que circunscreve 'norma geral' no espectro constitucional, ainda que em caráter 'concorrente', é a de se traçar diretrizes uniformes a serem seguidas pelos entes federados, mas sem ser exaustiva no seu conteúdo para deixar alguma margem de competência residual para peculiaridade local, não há dúvida de que o legislador federal ao estabelecer uma dada referência para contratações pela União, deixou espaço para os demais entes federados fixarem seus limites, mas sem a possibilidade de não aplicação de qualquer referencial.

   (...)

   Assim, a União fixou como 'regra geral' a ser estabelecida nos editais de licitações que o licitante vencedor implante um programa de compliance cuja regulamentação depende de lei específica, que pode ser oriunda da suplementação que o Município está autorizado a fazer dentro do seu interesse local. Como bem ponderado pela douta Procuradoria Geral de Justiça no seu parecer final, com a edição da Lei Federal 14.133/2021 foi suprida a competência da União para fixar uma norma de caráter geral que obriga a implementação de programas de controle de integridade de fornecedores de obras e serviços de 'grande vulto', ficando a delimitação desse montante para a realidade econômico-financeira de cada ente federado.

   (...)

   O diploma em comento, em verdade, legitimamente delimitou o montante exigido à implementação de compliance à realidade econômico-financeira do ente federado. Com efeito, seu art. 1º faz remissão expressa à Lei 14.133/2021 ao fixar, dentro dos parâmetros municipais, as obras e serviços de "grande vulto". Nesses termos, a norma municipal não instituiu desvio às regras gerais de licitação, tampouco inovou com a criação de critério que pudesse influenciar no resultado ou restringir a competição da licitação, conforme bem destacou o Tribunal a quo, haja vista se tratar a implementação de compliance uma obrigação contratual posterior à definição da licitante vencedora do certame. Efetivamente, a competência legislativa da municipalidade na matéria se deu no limite do seu interesse local, haja vista sua realidade orçamentária significativamente inferior ao orçamento geral da União, não havendo que se falar em inconstitucionalidade formal ou prejuízo à higidez do processo de contratação pública. Convém salientar, complementarmente, que a exigência legal de compliance não deve ser tida como um obstáculo à concretização de licitações, mas sobretudo como mecanismo de combate ao desvio e à ineficiência na gestão de recursos públicos. Nesse caminho, a adequação do montante previsto na lei geral de licitações (14.133/2021) à dimensão econômica, financeira e orçamentária do município está também ancorada no interesse público e no princípio constitucional da moralidade administrativa, mormente consideradas as perspectivas de preservação do patrimônio público nas relações jurídicas entre poder público e particulares" (BRASIL. Supremo Tribunal Federal. RE 1410340/SP. Relator: Ministro Dias Toffoli, Brasília, 28 de abril de 2023. Disponível em: www.stf.jus.br).

Percebe-se que a opção legislativa para exigência do programa de integridade se deu com a adoção do critério do valor em detrimento do critério da natureza do objeto contratado ou do risco envolvido em razão dele.

Presumiu o legislador que o alto valor envolvido na contratação é um risco em potencial para a Administração, de modo que entendeu, assim, por exigir a implementação do programa de integridade na execução do contrato quando superados os valores previstos na lei ou regulamentos locais.

Ao assim fazer deixou de lado uma avaliação relativa ao objeto do contrato e ao risco inerente a sua execução, independentemente do valor envolvido, o que conceitualmente falando não parece ser o mais acertado, já que não só o valor da contratação demonstra seu risco, mas também o objeto em si, sua forma de execução, o responsável por fazê-la, dentre outros, de modo que melhor reflexão vale a tal respeito a título de evolução legislativa do tema, em especial para avaliação de riscos concretos que não digam só respeito a valores contratuais.

A menção constante na parte final do dispositivo no sentido de que "regulamento disporá sobre as medidas a serem adotadas, a forma de comprovação e as penalidades pelo descumprimento da imposição legal" confirma o poder do ente infranacional legislar de forma suplementar sobre o tema.

Contudo, por não haver lei geral que estabeleça os critérios mínimos de aceitabilidade de um programa de integridade, elencando seus requisitos, forma de avaliação e outros aspectos a ele inerentes, há um risco latente de que programas de compliance sejam considerados válidos, para fins do cumprimento das exigências da Nova Lei de Licitações, em determinadas localidades e inválidos em outras em razão das disparidades de exigências feitas pelos órgãos que irão avaliar o programa já que, como cediço, poderão editar atos normativos com conteúdos distintos em suas localidades.

Não se desconhece o contido no artigo 57 do Decreto Federal 11.129/22 que estatui parâmetros para avaliação dos programas de integridade, contudo, tal dispositivo, ato administrativo por essência, foi editado para regulamentar a Lei Anticorrupção (Lei Federal 12.846/22) em um contexto de previsão do compliance apenas como atenuante sancionatório, ou seja, após a ocorrência do ilícito administrativo e já na fase de dosimetria da sanção a ser aplicada.

Nessa linha, não se pode ter um ato administrativo utilizado em contexto diverso (de direito administrativo sancionador) para fins de aferição da efetividade de um programa de compliance em outro sistema normativo que é o das contratações públicas, e, em especial, das contratações relativas ao direito administrativo da infraestrutura.

Urge, portanto, a necessidade de edição de norma geral, federal e nacional, para regulamentação do tema, estatuindo critérios gerais para aferição da validade e efetividade dos programas de integridade para fins de aplicação em todos os entes federados, de forma indiscriminada, de modo a garantir segurança jurídica ao particular que venha a implementá-lo com o objetivo de se relacionar com a Administração Pública e atender os critérios legais quando exigidos.

Segunda previsão no tema na Lei Federal 14.133/21 diz respeito a critério de desempate no julgamento de propostas, conforme previsto no artigo 60, inciso IV, que estabelece como critério para desempate o "desenvolvimento pelo licitante de programa de integridade, conforme orientações dos órgãos de controle".

Tal dispositivo terá indiscutível dificuldade de aplicação de ordem prática, uma vez que se constitui apenas em quarto critério de desempate, aplicável após superados os três critérios anteriores, quais sejam, disputa final de lances entre os empatados, avaliação de desempenho contratual prévio e desenvolvimento de ações de equidade entre homens e mulheres no ambiente de trabalho.

Destaca-se a parte final do dispositivo que também remete a "orientações dos órgãos de controle" como parâmetros para o desenvolvimento dos programas de integridade, competindo, portanto, tanto ao controlador externo (aqui entendemos mais especificamente os Tribunais de Contas) quanto ao controlador interno, o estabelecimento, mediante atos próprios, de orientações, quanto aos requisitos mínimos necessários para a eficácia de um programa de compliance e sua avaliação.

Oportuno, nesse tópico, novamente trazer à baila o tema anteriormente exposto quanto a necessidade de ato normativo de caráter nacional que estabeleça tais critérios de modo a nivelar o tratamento do tema entre todos os entes federados, evitando, assim, distorções quanto a aceitação ou não do programa desenvolvido pela empresa quando sindicado por determinado órgão.

Como terceira previsão dos programas de integridade na Nova Lei de Licitações destacamos o disposto no artigo 156, § 1º, inciso V da Lei que, a semelhança do artigo 7º, inciso VIII da Lei Anticorrupção, prevê a existência do programa como atenuante de sanção administrativa a ser aplicada após o devido processo administrativo sancionador.

Aqui trata-se de incentivo ao particular para que, caso se depare com desvios éticos na condução de seus negócios com a Administração Pública e tenha implementado um programa efetivo, possa se valer de atenuantes nas sanções que a ele vierem ser impostas.

Por fim, o artigo 163 da Lei Federal 14.133/21 estabelece como requisito para a reabilitação do contratado apenado em razão de violação aos incisos VIII e XII do *caput* do artigo 155 da Lei a "implantação ou aperfeiçoamento do programa de integridade".

A nova Lei de Contratações Públicas inova no sistema sancionatório por ela estabelecido ao tipificar e correlacionar o ato violador da lei com a respectiva sanção, trazendo previsões mais maduras que a lei anterior, sendo que a violação aos incisos VIII a XII do *caput* do artigo 155, bem como aos incisos II a VII, caso a circunstância justifique a imposição de penalidade mais grave pode levar a aplicação da sanção mais severa prevista na Lei, qual seja, a declaração de inidoneidade para licitar e contratar, nos exatos termos do artigo 156, inciso IV e § 5º.

E, praticadas as condutas previstas no inciso VIII, qual seja, "apresentar declaração ou documentação falsa exigida para o certame ou prestar declaração falsa durante a licitação ou a execução do contrato" e inciso XII, "praticar atos lesivos previsto no art. 5º da Lei 12.846, de 1º de agosto de 2013" além de imposição da sanção mais grave para que o particular esteja novamente apto a contratar com a Administração e após cumprida a pena, como requisito de reabilitação, estabelece a lei a obrigação de implantação do programa de integridade, caso ainda não possua, ou seu aperfeiçoamento.

Mesmo que na opinião de alguns os avanços em termo de compliance privado tenham sido tímidos, indubitavelmente a nova lei de licitações introduziu o tema de forma determinante para se calçarem importantes caminhos para seu desenvolvimento e aprimoramento que, com o amadurecimento da matéria, certamente será expandido com a exigência da implementação de programas de integridade em outras situações relativas às contratações públicas e, em especial, as que versam sobre a infraestrutura nacional.

3. O COMPLIANCE PÚBLICO NA LEI FEDERAL 14.133/21

Conforme adiantado, aqui chamaremos de compliance público as regras de integridade voltas a Administração Pública de modo que analisaremos os dispositivos legais introduzidos pela Lei Federal 14.133/21 que trazem conceitos de integridade e governança que, a princípio eram próprios da iniciativa privada, para o âmbito da organização administrativa.

Vale destaque, de início, a adoção do chamado princípio da segregação de funções pelo § 1º do artigo 7º da nova lei que veda a designação do mesmo agente público para atuação simultânea em funções relativas ao processo de contratação e execução contratual e mais suscetíveis a riscos, reduzindo, assim, a possibilidade de ocultação de erros e de ocorrência de fraudes nas contratações públicas.[8]

Aqui vale a mesma discussão trazida no tópico anterior quanto ao tratamento geral dado pela nova Lei de Licitações para entes públicos com realidades muito distintas no Brasil, em especial quanto a questões orçamentárias e, em especial, seu quadro de servidores.

Nessa linha, a segregação de funções muitas vezes se mostra de difícil aplicação prática em razão do diminuto quadro de agentes públicos em determinados órgãos e entes públicos, em especial diante da realidade muito distinta dos municípios brasileiros.

A ideia da Lei é que diferentes servidores participem das diversas fases da licitação e da execução contratual, retirando o caráter de pessoalidade e minorando os riscos de

---

8. "A segregação de funções é princípio básico de controle interno que consiste na separação de atribuições ou responsabilidades entre diferentes pessoas, especialmente as funções ou atividades-chave de formalização, autorização, execução, atesto/aprovação, registro e revisão, facultando a revisão por setores diferentes nas várias etapas do processo e impedindo que a mesma pessoa seja responsável por mais de uma atividade sensível ao mesmo tempo, sem o devido controle" (Brasil. Tribunal de Contas da União. Acórdão TCU 01980420148. Relator: Ministro Bruno Dantas. Brasília, 4 de novembro de 2015. Disponível em www.tcu.gov.br).

integridade, bem como pretendendo se valer da esperada especialidade técnica de cada servidor em cada momento do processo licitatório e do acompanhamento do contrato.

Busca-se, assim, segregar funções de planejamento e escolha do objeto contratual,[9] aprovação de dispêndio de recursos,[10] condução e julgamento de processo licitatório, acompanhamento de execução contratual,[11] fiscalização, sancionamento dentre outros atos a cargo da Administração Pública que são inerentes a licitação e a execução dos contratos administrativos.

Tal ideia, de inegável valia, é totalmente aplicável nas pessoas jurídicas de direito público de médio ou grande porte, que contam com servidores em número suficiente para o exercício de todas as funções e que apresentam especialidade técnica a ela relativas.

O mesmo não ocorre, contudo, na maioria dos Municípios de pequeno porte que, a par de possuírem valorosos quadros de servidores, enfrentam sérias dificuldades de contratação de pessoal, seja pela baixa remuneração ofertada ou mesmo pela necessidade de observância de limites de gastos com pessoal previstos nas Leis Orçamentárias, dentre outros, de modo que tal previsão se mostra, muitas vezes, inviabilizada em tais localidades pelo fato objetivo de não existirem servidores em número suficiente para tanto.

O Decreto Federal 11.246/22, que regulamenta o § 3º do artigo 8º da Nova Lei de Licitações e Contratações Públicas diz que o princípio da segregação de funções será avaliado na situação fática processual (art. 12, § único, inciso I) e poderá ser ajustado, no caso concreto, em razão da consolidação das linhas de defesa e de características do caso concreto, tais com como o valor e a complexidade do objeto da contratação (art. 12, § único, inciso II, alíneas "a" e "b").

Tal dispositivo de regulamento federal trata, portanto, do sopesamento, no caso concreto, da utilização do princípio da segregação de funções de modo a compatibilizar o risco envolvido na contratação com a atuação de cada servidor na cadeia da contratação.

A Lei Federal 14.133/21, ainda dentro do tema do compliance público, traz previsão expressa quanto a potencial conflito de interesses[12] no § 1º do art. 9º que veda a participação na licitação ou na execução do contrato por parente de agente público de

---

9. Garantir que as pessoas incumbidas das solicitações para aquisições de materiais e serviços não sejam as mesmas responsáveis pela aprovação e contratação das despesas. (BRASIL. Tribunal de Contas da União. Acórdão TCU 2.507/2007-Plenário. Relator: Ubiratan Aguiar. Brasília, 28 de novembro de 2007. Disponível em www.tcu.gov.br).
10. A administração não deve nomear, para a fiscalização e acompanhamento dos contratos, servidores que tenham vínculo com o setor financeiro da unidade, sobretudo, aqueles que são diretamente responsáveis pelo processamento da execução da despesa. (Brasil. Tribunal de Contas da União. Acórdão TCU 4.701/2009 – 1ª Câmara. Relator: Marcos Bemquerer. Brasília, 1º de setembro de 2009. Disponível em: www.tcu.gov.br).
11. O fiscal de contrato e seu substituto devem ser designados mediante Portaria, em cumprimento ao disposto no art. 67 da Lei 8.666/1993, considerando que os servidores que executam o orçamento não devem ser designados para fiscal de contrato (Brasil. Tribunal de Contas da União. Acórdão TCU 1.131/2006-TCU-1ª Câmara. Relator: Marcos Vinicius Vilaça. Brasília, 9 de maio de 2006. Disponível em: www.tcu.gov.br).
12. "Um 'conflito de interesses' envolve o conflito entre os deveres públicos e os interesses privados de um funcionário público, situação na qual o funcionário público tem interesses privados que poderiam influenciar impropriamente a performance dos seus deveres e responsabilidades oficiais" (OCDE. Managing conflict of interest in the public service: OECD Guidelines and Country Experiences, 2003. Disponível em: . Acesso em: 02 ago. 2024).

órgão ou entidade licitante ou contratante tanto no exercício ou após o exercício do cargo ou emprego público, fazendo referência a chamada Lei de Conflito de Interesses (Lei Federal 12.813/13).[13]

Na mesma linha, pretendendo evitar conflito de interesses ainda que de forma indireta, é a vedação de participação em licitações ou na execução do contrato de pessoa que "mantenha vínculo de natureza técnica, comercial, econômica, financeira, trabalhista ou civil com dirigente do órgão ou entidade contratante ou com agente público que desempenhe função na licitação ou atue na fiscalização ou na gestão do contrato, ou que deles seja cônjuge, companheiro ou parente em linha reta, colateral ou por afinidade, até o terceiro grau, devendo essa proibição constar expressamente do edital de licitação", na linha do que dispõe o art. 14, inciso IV da Lei Federal 14.133/21.

Importando conceitos de compliance próprios da iniciativa privada, a Lei de Licitações e Contratações Públicas atribui responsabilidade a alta administração do órgão ou entidade pela governança das contratações com o indicativo de que devem implementar processos e estruturas para, dentre outros, promover um ambiente íntegro e confiável de negócios com gestão de riscos e controles internos, conforme redação do art. 11, parágrafo único, da Lei.

A Lei de Licitações, a par de ser lei geral, conforme já mencionado, outorgou ampla competência regulamentar aos entes federados para, nos limites de suas atribuições constitucionais, regulamentar o tema no órgão ou entidade.

Da análise dos regulamentos editados, em especial, pelos estados e municípios, percebe-se uma ampla preocupação sobre o tema da governança e, em especial, da integridade das contratações que dele faz parte.

Tome-se como exemplo a Lei Municipal 11.557/23, do Município de Belo Horizonte – MG, que institui a obrigatoriedade de avaliação de integridade por meio de procedimentos de análise de risco,[14] das pessoas jurídicas contratadas pela Administração direta,

---

13. "O conflito de interesse surge no momento em que o interesse privado se sobressai ao interesse público. Algumas diretrizes foram estabelecidas na tentava de coibir essa prática, como a Lei 12.813/2013, que dispõe sobre o conflito de interesses no exercício de cargo ou emprego do Poder Executivo Federal e o Decreto 7.203/2010, que dispõe sobre a vedação do nepotismo no âmbito da APF. O STF ratificou a constitucionalidade das normas antinepotismo por meio da Súmula Vinculante 13, consolidando a proibição do nepotismo no Poder Público nas três esferas. Mesmo com essas diretrizes, em 24% das organizações federais [...] e em 31% de todas as organizações [...], os dirigentes máximos declararam a organização não possui controles para evitar que decisões e ações relevantes sejam tomadas com a participação de pessoas envolvidas em possíveis conflitos de interesse (BRASIL. Tribunal de Contas da União. Acórdão 1.273/2015-TCU-Plenário. Relator: Ministro Augusto Nardes. Brasília, 27 de maio de 2015. Disponível em: www.tcu.gov.br).

14. "Gestão de riscos como elemento-chave da responsabilidade gerencial, de modo a promover a integridade e prevenir a improbidade, os desvios e a corrupção. A gestão de riscos operacionais contribui para eficiência na prestação dos serviços públicos, aumenta a responsabilização dos gestores e inspira a confiança nos órgãos públicos. Promove, também, melhorias na alocação de recursos e no cumprimento da legislação. Gestores públicos devem compreender, reconhecer e serem recompensados por adotar gestão de riscos em suas atividades rotineiras (OCDE. Avaliação da integridade no Brasil da OCDE: a gestão de riscos para uma administração pública mais transparente e ética. 2011. Disponível em: https://www.oecd.org/gov/ethics/48947422.pdf. Acesso em: 02 ago. 2024).

autárquica e fundacional do Poder Executivo local para execução de obra ou serviço de engenharia com valor superior a R$ 3.000.000,00 (três milhões de reais) e de serviços ou compras com valor superior a R$ 1.000.000,00 (um milhão de reais).

O procedimento de avaliação de integridade previsto na Lei Municipal foi melhor detalhado pelo Decreto Municipal 18.609, de 18 de janeiro de 2024, que prevê o preenchimento de formulário de *due diligencie,* classificação do grau de risco à Integridade – GRI, produção de um relatório de avaliação de integridade com especificação dos riscos identificados e classificação do grau de risco bem como a periodicidade de sua renovação em razão dos riscos encontrados.

Vale destaque sobre o tema, ainda, a Portaria SGES/ME 8.678, de 19 de julho de 2021, que dispõe sobre a governança das contratações públicas no âmbito da Administração Pública federal direta, autárquica e fundacional.

Conceitua seu artigo 2º, inciso III, que a governança[15] das contratações públicas é o "conjunto de mecanismos de liderança, estratégia e controle postos em prática para avaliar, direcionar e monitorar a atuação da gestão das contratações públicas, visando a agregar valor ao negócio do órgão ou entidade, e contribuir para o alcance de seus objetivos, com riscos aceitáveis".

E elenca, em seu artigo 6º, mais precisamente em seus nove incisos, instrumentos de governança, aduzindo que esse elenco não é exaustivo e que os instrumentos devem estar alinhados entre si. Segundo o dispositivo, são eles: plano diretor de logística sustentável – PLS, plano de contratações anual, política de gestão de estoques, política de compras compartilhadas, gestão por competências, política de interação com o mercado, gestão de riscos e controle preventivo, diretrizes para a gestão dos contratos e definição de estrutura da área de contratações públicas.

Por fim, importante inovação da nova Lei de Licitações e Contratações Públicas é a previsão do artigo 169 ao tratar das linhas de defesa,[16] adotando o modelo de três

---

15. "No mundo corporativo, a gestão nem sempre é realizada por quem é o proprietário do empreendimento, pois é comum que este contrate um administrador para atuar em seu nome. Essa situação pode levar ao chamado "Problema do principal-agente". Esse problema trata das dificuldades que podem surgir quando há assimetria de informações entre o agente principal e o contratado. Do agente contratado é esperado que atue de acordo com os interesses do principal, no entanto aquele pode se desviar dos objetivos fixados e agir conforme seus próprios interesses, inclusive cometendo fraude e corrupção. Esse risco de desalinhamento de interesses também se aplica na administração pública, porque os gestores atuam em nome de um governo e este em nome do povo" (Brasil. Tribunal de Contas da União. Referencial de Combate à Fraude e Corrupção – TCU, 2. ed., 2018, p. 48).
16. "Já o artigo 169 da novel Lei Federal 14.133/21, em seus três incisos, elenca as três linhas de defesa a que se sujeitam as contratações públicas, incorporando à Lei Geral de Licitações esse importante conceito que se extrai dos estudos de governança pública. Assim, as linhas de defesa demonstram a união de esforços de diversos partícipes do setor público na prevenção de riscos, fazendo com que suas funções sejam coordenadas para que não se deixem lacunas nas diversas frentes em que o controle público deve ser exercido. Trata-se de conceito retirado do Compliance privado, surgido em 21 de setembro de 2010 com a publicação do Guidance on the 8th EU Company Law da FERMA e ECIIA como modelo para o monitoramento da efetividade dos sistemas de Compliance nas empresas" (LIMA, Guilherme Corona Rodrigues Lima e CORDEIRO, Alvaro Merlos Akinaga Coordeiro. Aspectos Gerais do Controle das Contratações Públicas na Lei Federal 14.133/2021. In: CUNHA FILHO, Alexandre Jorge Carneiro. PICCELLI, Roberto Ricomini e ARRUDA, Carmen Silva L. de Arruda (Coord.). *Lei de Licitações e Contratos Comentada* – Lei 14.133/2021. São Paulo: Quartier Latin, 2022, p. 566).

linhas segundo o qual a gestão de riscos e os mecanismos internos de controle e prevenção devem contar com os recursos suficientes para seu desenvolvimento e se dividem em três grupos de atores: a estrutura de governança do órgão ou entidade, a unidade de assessoramento jurídico e o controle interno do próprio órgão e o órgão central de controle ou pelo Tribunal de Contas competente.

CONCLUSÃO

Inegáveis os avanços dados em matéria de integridade pela Lei Federal 14.133/21 positivando, de forma expressa, importantes conceitos e exigências em matéria de compliance público e privado.

O tema tem íntima relação com o constante aprimoramento nas relações público-privadas, em especial nos contratos administrativos que versam sobre infraestrutura, regidos pelo chamado direito administrativo da infraestrutura.

Nessa linha, a incorporação paulatina do tema pelas empresas privadas que se relacionam com a Administração Pública na consecução dos equipamentos de infraestrutura nacional leva a uma melhoria no ambiente de negócios dando maior transparência, confiança e segurança jurídica aos envolvidos.

Com efeito, a maturação dos conceitos introduzidos e após período de experiência de sua aplicação prática deverá levar à introdução paulatina de outras hipóteses em que o programa de integridade será exigido ou ao menos considerado, em qualquer aspecto, nas relações administrativas.

Não há desenvolvimento nacional e boa execução de contratos de infraestrutura sem integridade, cabendo aos particulares e a Administração uma busca constante pelo fortalecimento do tema.

REFERÊNCIAS

BRASIL. Supremo Tribunal Federal. RE 1410340/SP. Relator: Ministro Dias Toffoli, Brasília, 28 de abril de 2023. Disponível em: www.stf.jus.br.

BRASIL. Tribunal de Contas da União. Acórdão 1.273/2015-TCU-Plenário. Relator: Ministro Augusto Nardes. Brasília, 27 de maio de 2015. Disponível em: www.tcu.gov.br.

BRASIL. Tribunal de Contas da União. Acórdão TCU 01980420148. Relator: Ministro Bruno Dantas. Brasília, 4 de novembro de 2015. Disponível em: www.tcu.gov.br.

BRASIL. Tribunal de Contas da União. Acórdão TCU 1.131/2006-TCU-1ª Câmara. Relator: Marcos Vinicius Vilaça. Brasília, 9 de maio de 2006. Disponível em: www.tcu.gov.br.

BRASIL. Tribunal de Contas da União. Acórdão TCU 2.507/2007-Plenário. Relator: Ubiratan Aguiar. Brasília, 28 de novembro de 2007. Disponível em: www.tcu.gov.br.

BRASIL. Tribunal de Contas da União. Acórdão TCU 4.701/2009 – 1ª Câmara. Relator: Marcos Bemquerer. Brasília, 1º de setembro de 2009. Disponível em: www.tcu.gov.br.

BRASIL. Tribunal de Contas da União. Referencial de Combate à Fraude e Corrupção – TCU, 2. ed., 2018, p. 48.

DAL POZZO, Augusto Neves. *O Direito Administrativo da Infraestrutura*. São Paulo: Contracorrente, 2020.

JUSTEN FILHO, Marçal. *Comentários à lei de Licitações e Contratos Administrativos*. 12. ed. São Paulo: RT, 2019.

LIMA, Guilherme Corona Rodrigues Lima e CORDEIRO, Alvaro Merlos Akinaga Coordeiro. Aspectos Gerais do Controle das Contratações Públicas na Lei Federal 14.133/2021. In: CUNHA FILHO, Alexandre Jorge Carneiro; PICCELLI, Roberto Ricomini e ARRUDA, Carmen Silva L. de Arruda (Coord.). *Lei de Licitações e Contratos Comentada* – Lei 14.133/2021. São Paulo: Quartier Latin, 2022.

MACHADO, Antonio Rodrigo; CARMONA, Paulo Afonso Cavichioli. Compliance: instrumento de controle nas licitações públicas. *A&C – Revista de Direito Administrativo & Constitucional*. Belo Horizonte, ano 18, n. 72, p. 71-91, abr./jun. 2018.

MEIRELLES, Hely Lopes. *Direito administrativo brasileiro*. 39. ed. São Paulo: Malheiros, 2013.

OCDE. Avaliação da integridade no Brasil da OCDE: a gestão de riscos para uma administração pública mais transparente e ética. 2011. Disponível em: https://www.oecd.org/gov/ethics/48947422.pdf. Acesso em: 02 ago. 2024.

OCDE. Managing conflict of interest in the public service: OECD Guidelines and Country Experiences, 2003. Disponível em: https://www.oecd.org/gov. Acesso em: 02 ago. 2024.

REGULAÇÃO DA INFRAESTRUTURA: O USO DE *SANDBOX* PARA MODERNIZAÇÃO DOS CONTRATOS DE CONCESSÃO

Luiza Leite

Mestranda em Direito pela Universidade de São Paulo (USP). Advogada. E-mail: luizacaldeira.leite@gmail.com.

Sumário: Contextualização – 1. O uso de sandbox no Brasil – 2. Sandbox ANTT: como forma de modernização da infraestrutura rodoviária – Conclusão – Referências.

CONTEXTUALIZAÇÃO

Atualmente, percebe-se uma evolução gradual do Direito Administrativo para se adaptar às complexidades da sociedade moderna. Esse desenvolvimento se inicia no início do século XX, marcado pelo estatismo e pela supremacia do Interesse Público. Nos anos 90, essa perspectiva se altera para a descentralização da Administração, com o deslocamento do eixo gravitacional do procedimento e função para a negociação e a estrutura do Mercado, respectivamente. Já os tempos atuais inauguram uma nova era da Administração, pautada no experimentalismo e cooperativismo entre Mercado e Estado, fazendo surgir uma regulação colaborativa.

Essa mudança é impulsionada em grande parte pela evolução tecnológica, especialmente devido à disseminação da internet, que expôs o "Estado Regulador" ao desafio de acompanhar a velocidade das transformações econômicas e sociais provocadas por essas inovações.

Diante dessa nova realidade, povoada por atividades inovadoras que crescem em velocidades antes inimagináveis, a regulação enfrenta uma nova lógica de normatização presumida, que transcende a tradicional ideia de ato administrativo, que visava adquirir, resguardar, transferir, modificar, extinguir e declarar direitos ou impor obrigações aos administrados ou a si própria.[1]

O novo ritmo de resposta exigido do Regulador faz com que a reação reativa e lenta da Administração perca espaço para uma noção experimentalista e aderente à velocidade dos acontecimentos. Com isso, ao longo dos anos, a atuação da Administração passou por um duplo-giro:[2] (i) de caráter democrático-constitucional, essencial para restaurar e aprofundar o republicanismo e a transparência na administração pública e, (ii) de

---

1. MEIRELLES, Hely Lopes. *Direito Administrativo brasileiro.* 43. ed. São Paulo: Malheiros, 2018. 202 p.
2. BINENBOJM, Gustavo. *Poder de Polícia, Ordenação, Regulação. Transformações político-jurídicas, econômicas e institucionais do direito administrativo ordenador.* 3. ed. Belo Horizonte: Fórum, 2020, p. 37-63.

natureza pragmática, que desempenha papel central no desenvolvimento de políticas públicas baseadas em evidências, diálogo com a sociedade e planos de implementação e monitoramento.

Nesse contexto, um dos mecanismos que ganhou ampla aderência pelos órgãos reguladores, principalmente pelas autarquias de regime especial, foi o sandbox regulatório.

O sandbox regulatório teve origem no Reino Unido, em 2015, sendo inicialmente promovido pela *Financial Conduct Authority – FCA*.[3] No Brasil, ele foi proposto pela primeira vez em 2019, com a publicação das "Diretrizes gerais para constituição de *Sandbox* regulatório no âmbito do Mercado Financeiro Brasileiro" desenvolvido pelo GT *Fintech* do Laboratório de Inovação Financeira – LAB.[4] Inicialmente, o instituto foi implementado por meio de resoluções no escopo de competência de cada autarquia, sendo posteriormente normatizado pela Lei Complementar 182/2021.

Esse mecanismo constitui uma ferramenta de experimentação, proporcionando às empresas a oportunidade de operar temporariamente com concessões regulatórias em relação às normas existentes. Isso viabiliza o teste de seus novos produtos, serviços e soluções inovadoras sob o olhar atento do supervisor. Em suma, mediante o sandbox regulatório, as empresas, selecionadas por meio de editais, recebem uma autorização precária para conduzir suas operações sob um regime regulatório mais flexível, desde que respeitem parâmetros previamente acordados com o regulador.

A ideia é estimular a experimentação, para que o regulador possa acompanhar de perto as inovações e avaliar o real impacto que elas terão na experiência do usuário e, em contrapartida, os riscos decorrentes de sua implementação. Esse modelo de regulação surge como uma alternativa aos meios regulatórios já existentes, oferecendo benefícios tanto aos reguladores quanto aos regulados.

Para os reguladores, constitui um espaço de aprendizagem, que os permitem saber como funcionam esses novos modelos de negócios e avaliar qual a melhor alternativa regulatória de médio a longo prazo para endereçar às infraestruturas tecnológicas inovadoras. Assim, os reguladores melhoram a sua curva de aprendizado a respeito das formas de negócio inovadoras que poderão ser utilizadas posteriormente para uma proposição do tratamento regulatório definitivo.

Do outro lado, para os regulados, este modelo os permite operar de forma maximizada com encargos regulatórios menores, desde que obedecidas as condições determinadas pelos reguladores, não incorrendo, dessa forma, em infrações legais e regulatórias. Nesse sentido, os negócios desenvolvidos nas "zonas cinzentas" em que os limites regulatórios

---

3. Financial Conduct Authority. *Regulatory Sandbox*. 2023. Disponível em: https://www.fca.org.uk/firms/innovation/regulatory-sandbox. Acesso em: 9 abr. 2024.
4. Laboratório de Inovação Financeira. *Diretrizes gerais para constituição de Sandbox regulatório no âmbito do mercado financeiro brasileiro*. ago. 2019. Disponível em: https://labinovacaofinanceira.com/2019/08/26/diretrizes-gerais-para-constituicao-de-sandboxregulatorio-no-ambito-do-mercado-financeiro-brasileiro/. Acesso em: 9 abr. 2024.

de cada atividade se tornam túrbidos, mediante o Sandbox Regulatório ganham tratamento adequado, não ficando à margem do sistema regulatório ou na irregularidade.

Este mecanismo, inclusive, está sendo utilizado como forma de modernização do objeto de contratos de concessão pela Administração Pública, para aprimorar e promover o desenvolvimento e inovação na prestação dos serviços e a execução de obras. Com isso, concessionárias obtêm autorizações temporárias para alterar as premissas do contrato originário em virtude de testes por determinado período.

1. O USO DE SANDBOX NO BRASIL

Inicialmente, o sandbox regulatório foi proposto no Brasil como uma ferramenta de experimentação autárquica, com a ideia de proporcionar ao mercado a oportunidade de operar temporariamente com concessões regulatórias em relação às normas existente.

Nesses modelos inicialmente propostos as premissas básicas do instituto eram (i) a formalização do sandbox regulatório por meio de uma autorização precária, com duração limitada e conferida individualmente a cada participante; (ii) a realização de processo seletivo com a finalidade de estabelecer os termos e condições específicos do programa de sandbox regulatório e selecionar os participantes para um determinado ciclo ou período de testes; (iii) a concessão de dispensas regulatórias aos participantes; (iv) a determinação de salvaguardas por um ou mais reguladores; e, (v) o monitoramento das empresas dentro do ambiente de testes.

Essa proposta inicial, que aqui será denominada de "sandbox regulatório autárquico", viabiliza o teste de novos produtos, serviços e soluções inovadoras sob o olhar atento do supervisor. Em suma, mediante o "sandbox regulatório autárquico", as empresas, selecionadas por meio de editais, recebem uma autorização precária para conduzir suas operações sob um regime regulatório mais flexível, desde que respeitem parâmetros previamente acordados com o regulador. O Banco Central (BC), a Comissão de Valores Mobiliários (CVM) e Superintendência de Seguros Privados (SUSEP) são exemplos de agências que estabeleceram esse modelo de sandbox no Brasil.

Entretanto, o conceito de sandbox regulatório aos poucos foi se alargando e a ferramenta de experimentação das agências reguladoras passou a ser utilizada como ferramenta de experimentação dos municípios. Assim, surgiram o que será denominado aqui de "sandbox municipais" através de iniciativas como SabdboxRio,[5] do município do Rio de Janeiro, e Sandbox Caxias,[6] do município de Caxias do Sul no Rio Grande do Sul, nos quais os municípios criaram *hubs* de inovação, possibilitando o teste e o desenvolvimento de tecnologia local.

Contudo, se observa que embora a ideia de experimentalismo seja a mesma, a ferramenta implementada em municípios se distingue da ferramenta utilizada pelas

---
5. Decreto Rio 50697 de 26 de abril de 2022.
6. Decreto Municipal de Caxias do Sul 22.746 de 27 de setembro 2023.

autarquias. Tal fato nos gera a reflexão se realmente estamos diante de um sabdbox regulatório ou apenas de um *hub* de inovação e aceleração, que possibilita a desburocratização.

Na mesma linha, o sandbox regulatório passou a ser utilizado como ferramenta de experimentação em contratos e parcerias público-privadas, surgindo o que se pode chamar de "sandbox concessionário". Nessa modalidade, o sandbox é utilizado como forma de modernização do objeto de contratos de concessão pela Administração Pública, para aprimorar e promover o desenvolvimento e a inovação na prestação dos serviços e a execução de obras.

Com isso, concessionárias, realizando aditivos contratuais e a suspensão do contrato originário, obtém autorizações temporárias para alterar as premissas do contrato originário em virtude de testes por determinado período. Exemplos desse formato foram os sandbox estabelecidos pela Agência Nacional de Transportes Terrestres (ANTT) e Agência Nacional de Energia Elétrica (ANEEL).

Igualmente, o "sandbox concessionário" também tem sido utilizado para o ajuste de Sistemas de Mensuração de Disponibilidade e Desempenho (SMDD) em novos setores concessionários, uma vez que a aplicação de concessões não se restringe mais a projetos de infraestrutura econômica, como rodovias, mobilidade urbana e saneamento básico. Atualmente, existe uma crescente estruturação de projetos de infraestrutura social e ambiental utilizando o modelo concessionário, com iniciativas sendo promovidas pelos governos federal, estaduais e municipais.

Com isso, este mecanismo regulatório é utilizado como uma forma de calibragem dos SMDD em contratos complexos, de setores inéditos. A justificativa utilizada para este fim é no sentido de que, o *sandbox* regulatório pretende evitar, principalmente, (i) a desistência/não participação de potenciais licitantes que eventualmente entendam que o SMDD representa risco relevante para a operação; e (ii) a realização de ajustes nos indicadores de desempenho e critérios de disponibilidade de vagas que sejam impossíveis de serem cumpridos pela concessionária.[7]

Essa dinâmica regulatória é particularmente relevante quando consideramos o contexto das concessões, aqui entendidas como a relação jurídica administrativa complexa, instrumentalizada por contrato administrativo, pelo qual é outorgada a gestão, administração e execução de um serviço público ao particular.[8]

Nesse contexto de concessão, especialmente em ambientes de testes, os compromissos bilaterais assumem importância significativa. Estes compromissos referem-se às obrigações de desempenho que as empresas aceitam, enquanto os governos assumem algum grau de responsabilidade e fornecem garantias em relação à saúde financeira das

---

7. RIO GRANDE DO SUL. Concessão administrativa dos serviços de apoio à operação, incluindo a construção, equipagem e manutenção do complexo prisional de Erechim/RS. Anexo 3 – Sistema de mensuração de desempenho e disponibilidade. Disponível em: https://parcerias.rs.gov.br/presidio-erechim. Acesso em: 08 mar. 2024.
8. MOREIRA, Egon Bockmann., 2022, p. 86.

empresas concessionárias. Isso inclui proteções contra expropriações regulatórias do investimento necessário para a prestação do serviço.[9]

Em muitas situações em que as regras unilaterais não são compatíveis com a concorrência, como explicado por Barbara Cherry e Steven Wildman,[10] a regulação pode usar regras bilaterais para manusear instrumentos de compensação a fim de alcançar o efeito desejado. Quando esse efeito só é viável em um ambiente sem concorrência, um compromisso bilateral pode ser essencial, pois reduz os riscos para o operador e também o custo incidente sobre a prestação do serviço. Em suma, é possível a sistematização de estratégias regulatórias por meio de diversas formas jurídicas contratuais.

O contrato de concessão deve ser dinâmico por natureza, pois implica em uma delegação de atribuições a longo prazo, o que é contraditório com a rigidez e a estabilidade típicas dos comandos legais.[11] Os serviços públicos precisam atender de forma eficiente e qualitativa ao ritmo dinâmico das demandas sociais, por isso é essencial que haja uma adaptação contínua e saudável nos termos sob os quais os concessionários ou permissionários se comprometem, alinhando-se assim aos seus objetivos específicos.

O serviço a ser prestado não pode se tornar ultrapassado no transcorrer do prazo contratual – tanto em termos de inovação tecnológica como quanto à segurança e comodidade dos usuários. Os serviços públicos devem ser capazes de se adaptar a essa evolução, que comanda o princípio da adaptabilidade ou da mutabilidade, dos mesmos.[12] Nesse sentido, a contemporaneidade, como estabelecida no art. 6º, § 2º, da Lei 8987/95, exige uma convivência infralegal, possibilitando ao concedente e ao concessionário identificar as necessidades dos usuários e promover os avanços tecnológicos e de universalização necessários, o que vem sendo realizado através do sandbox regulatório.

Portanto, a mutabilidade contratual pode ser aplicada inicialmente através de três formas básicas: (i) via regulamentar, (ii) mediante termo aditivo ou novo contrato, ou (iii) por meio das clássicas alterações unilaterais pela Administração. A mutabilidade regulamentar ocorre nos setores sujeitos à regulamentação de agências reguladoras e envolve os deveres estatutários do concessionário. Assim, não podem simplesmente impor novas cláusulas ou criar/extinguir deveres sem justificativa adequada. Por outro lado, os termos aditivos e as alterações unilaterais realizam ajustes nas obrigações de meio e de resultado estabelecidas no contrato, sempre mantendo o equilíbrio econômico-financeiro do contrato administrativo.

Neste viés, pode-se falar em mutabilidades contratuais decorrentes da fiscalização, pautada na ideia de regulação contratual. De acordo com os ensinamentos de Egon Bo-

---

9. COUTINHO, Diogo R., 2014, p. 150.
10. CHERRY, Barbara; WILDMAN, Steven. Unilateral and bilateral rules: a framework for incrasing competition while meeting universal service goals intelecommunications. In: CHERRY, Barbara; WILDMAN, Steven; HAMMOND IV, Allen. *Making universal service policy*: enhancing the processs throught multidisciplinary evaluation. Mahwah: Lawrence Erlbaum Associates, 1999.
11. MARQUES NETO, Floriano Peixoto de Azevedo. *Concessões*. Belo Horizonte: Forum, 2015, p. 387.
12. BRACONNER, Stéphane. Droit des Services Publics. 2. Ed. Paris: PUF, 2007, p. 319-320 (tradução livre).

ckmann Moreira,[13] a regulação contratual é compreendida como a normatização focada em um aspecto específico do serviço, estabelecida no documento formal da concessão (o contrato). Essa regulação abrange todos os elementos relevantes desse aspecto, por meio de cláusulas que buscam evitar interpretações muito discrepantes entre si, garantindo, assim, uma consistência normativa.

Entretanto, é reconhecido que nos contratos de concessão se deve ter uma compreensão dinâmica e integradora, orientada pela finalidade pública a ser atingida naquele específico projeto concedido. Assim, cabe indagar em que medida a mutabilidade do objeto do contrato e a flexibilização das cláusulas contratuais, através da autorização precária do sandbox regulatório, são compatíveis com o instituto da concessão.

Certamente, menosprezar a dinamicidade do contrato equivaleria a sentenciá-lo à obsolescência, mas ao considerarmos o contrato de concessão como um veículo de aprendizado mútuo entre as partes, aberto e sujeito a evoluções, reconhecemos que a incompletude e as lacunas, especialmente nos contratos de longa duração, demandam uma maior flexibilidade e adaptabilidade. Essa abordagem justifica estruturas endógenas que conferem às partes uma maior capacidade de se ajustar a circunstâncias e eventos não previstos *a priori* na regulação contratual.[14]

No entanto, no contexto do sandbox regulatório, ocorre uma mutação temporária do objeto contratado e a flexibilização de cláusulas contratuais, levando inclusive à suspensão do contrato de concessão, o que nos faz refletir sobre qual o devido processo legal neste caso e como a ferramenta do sandbox se encaixa neste processo. Uma vez que, ao promover essas alterações, há que se observar um sistema de garantias públicas que não acarrete alteração na distribuição dos riscos do contrato,[15] preservando o equilíbrio econômico-financeiro e disciplinando as formas de mitigar os riscos da experimentação.

Outro ponto de crítica em relação ao uso do "sandbox concessioneario" refere-se a possibilidade de instrumentalização política do sandbox regulatório, uma vez que as empresas selecionadas pelo programa não passam por um processo licitatório, sendo a seleção conduzida por meio de edital que resulta em uma autorização dada pela Administração de forma discricionária. É cediço que a concessão é um contrato bilateral, em que o Estado permite que um serviço público seja prestado, amparado pela garantia contratual de um equilíbrio econômico-financeiro, por um terceiro que assume os riscos da prestação do serviço.[16]

Por outro lado, no que tange à autorização,[17] estamos diante de um ato administrativo unilateral, discricionário e precário. Tal autorização pode ser simples, quando

---

13. MOREIRA, Egon Bockmann. *Direito das concessões de serviço público*: (concessões, parcerias, permissões e autorizações). 2. ed. Belo Horizonte: Fórum, 2022, p. 203.
14. ARAÚJO, Fernando. *Teoria econômica do contrato*. Coimbra: Almedina, 2007.
15. CARVALHO, André Castro; V., Carlos Silva. Concesiones de carreteras en Brasil y Chile: aspectos jurídicos comparados. RDPE (*Revista de Direito Público da Economia*), Belo Horizonte, ano 11, n. 44, out./dez. 2013.
16. BANDEIRA DE MELLO, Celso Antônio. *Curso de direito administrativo*. São Paulo: Malheiros, 2004.
17. CRETELLA JÚNIOR, J. Definição da autorização administrativa. *Revista da Faculdade de Direito*, Universidade de São Paulo, v. 71, p. 99-121, 1 jan. 1976.

outorgada sem *terminus ad quem* fixado, ou qualificada, quando outorgada por determinado tempo. Assim, na primeira, nos deparamos com um caso de irrevogabilidade durante o prazo estipulado para que não haja distorção da outorga pelo interessado; na segunda, tem-se uma autorização precária.

Dessa maneira, a autorização simples pode abarcar serviços delegados e/ou sob controle da Administração, com ou sem regulamentação específica, sujeitos a mudanças constantes na forma de prestação ao público em geral, especialmente quando se refere a serviços instáveis, ainda que contínuos.[18] Nesse tipo de autorização, observa-se uma modalidade de delegação discricionária, que dispensa o uso de licitação.

A discricionariedade concedida ao regulador ressalta a necessidade de ter parâmetros de controle bem delimitados, a fim de evitar a captura do administrador. Pois, a partir do momento em que se tem o controle pelo controle, sem priorizar a finalidade e propósitos, assim como, a eficiência da Administração e os seus resultados, o controlador pode se apropriar da agenda administrativa e das políticas públicas que pretende implementar.

Há, portanto, o desafio do contraponto entre a legalidade e moralidade. Uma vez que a lei constitui a base da atuação administrativa e a observância à legalidade possui caráter tanto preventivo quanto reativo no controle da legalidade, torna-se crucial verificar se o administrador foi capaz de priorizar a moralidade ao agir no caso concreto, entre as opções que lhe foram conferidas.

Diante desse cenário, questiona-se se tal procedimental adotado não abre margem para captura do regulador, uma vez que o instituto, atualmente no Brasil, parece ser um cheque em branco, dado o amplo grau de discricionariedade que o permeia. Já que, cabe ao regulador decidir o nível de subjetividade dos critérios de análise, bem como quais despesas e flexibilidades regulatórias que serão concedidas aos participantes do sandbox. Não há, portanto, uma regra matriz balizadora dos critérios de elegibilidade, o que levanta preocupações sobre a garantia da igualdade formal entre os participantes do programa.

Por fim, outro ponto de atenção durante o uso dessa ferramenta regulatória é a coordenação entre reguladores. Considerando que os modelos inovadores frequentemente transcendem mais de um segmento econômico, é essencial o estabelecimento de uma regulação transversal/universal. A ausência de uma coordenação eficiente não só pode dar margem à competição regulatória entre as instituições, mas também pode ocasionar dificuldades na implementação do novo serviço a ser testado pela concessionária.

Entretanto, considerando que as decisões administrativas muitas vezes desencadeiam efeitos de natureza multilateral e multipolar, resultando em um paradoxo no qual cada solução para um problema potencialmente gera novos desafios, o mesmo princípio se aplica ao sandbox regulatório.

---
18. MEIRELLES, Hely Lopes. *Direito administrativo brasileiro*. 43. ed. São Paulo: Malheiros, 2018, p. 532.

Portanto, como explorado, a implementação deste mecanismo desencadeia preocupações pertinentes sobre a maneira como essa ferramenta está sendo difundida e aderida pelos órgãos. Assim, no próximo tópico será analisado esta experiência no âmbito do sandbox promovido pela ANTT.

2. SANDBOX ANTT: COMO FORMA DE MODERNIZAÇÃO DA INFRAESTRUTURA RODOVIÁRIA

A Agência Nacional de Transportes Terrestres (ANTT) por meio da Resolução 5.999/2022 estabeleceu o Sandbox Regulatório no setor. A norma, que visa a inovação para o setor de transportes terrestres, estabelece que a participação do programa será por meio de edital de participação, no qual irá definir quais atividades do mercado serão submetidas ao ambiente regulatório experimental, bem como as respectivas regras. Isso inclui a descrição do experimento a ser desenvolvido, destacando pontos que o caracterizam como serviço, produto ou solução regulatória inovadora.

Além disso, serão definidos aspectos que abrangem o mercado a ser atendido, o prazo de funcionamento do ambiente regulatório experimental, os benefícios esperados e as métricas para mensuração das variáveis, com a periodicidade de aferição. Igualmente, serão determinados a quantidade de participantes a serem selecionados, as dispensas de requisitos regulatórios justificadas para o desenvolvimento da atividade, os critérios de capacidades técnica e econômico-financeira, e o estabelecimento de condições, limites e salvaguardas para a mitigação dos riscos.

Nesse sentido, a ANTT ao determinar na resolução 5.999/2022 critérios amplos para o sandbox, permitiu que o teste de novos modelos no setor de transportes terrestres não seja restrito, deixando a cargo dos editais a definição de especificidades para participação. Contudo, diferentemente de outros setores que objetivam a entrada de novos *players* no mercado, por meio destes ambientes experimentais,[19] no caso da ANTT somente empresas já autorizadas pelo órgão poderão participar do programa.

Com isso, a ideia do Sandbox da ANTT é que temporariamente sejam flexibilizadas a incidência de regras existentes para criar um ambiente mais favorável à inovação dos serviços prestados dentro das concessões. Assim sendo, o processo de seleção das empresas participantes será coordenado pela ANTT, através da Comissão de Sandbox, que será a responsável junto à Unidade Organizacional por supervisionar as atividades desenvolvidas no ambiente regulateorio experimental.

Este processo, conforme mencionado, é regido por um Edital de Participação e ocorre em duas etapas: (i) a avaliação da elegibilidade dos agentes interessados e (ii) a escolha efetiva dos que poderão participar do ambiente regulatório experimental. Vale ressaltar que a ANTT não é obrigada a selecionar todos os agentes elegíveis, sendo que a decisão se baseia na aptidão para gerar benefícios e melhorias com a inovação proposta.

---

19. FEIGELSON, Bruno; LEITE, Luiza. *Sandbox*: Experimentalismo no Direito Exponencial. São Paulo: RT, 2020.

Neste caso, os *players* não selecionados têm a possibilidade de apresentar recurso à diretoria colegiada da ANTT, que avaliará a inclusão com base nos objetivos estratégicos, capacidade institucional e potencial de geração de resultados positivos. Assim, superada esta fase, ao final do processo de seleção, a ANTT concederá aos agentes escolhidos uma autorização precária/temporária que poderá ter duração de até 24 (vinte quatro) meses, podendo ser prorrogada por mais um período de até 12 (doze) meses, formalizando a adesão ao ambiente regulatório experimental.

Para os agentes com contratos de concessões vigentes, a normatização prevê a necessidade de formalização de um termo aditivo, que abordará o ambiente regulatório experimental, incluindo seus impactos na matriz de riscos e no equilíbrio econômico-financeiro do contrato. Desse modo, o Sandbox Regulatório possibilita o teste com distintos arranjos regulatórios que buscam solucionar entraves no setor, como a evasão de pedágios, por exemplo.

Nesta toada, é possível pensar a aplicação do aludido mecanismo regulatório para situações de experimento com VANTs (Veículos Aéreos Não Tripulados) para monitoramento de faixas de domínio, assim como para fiscalização via satélite e indicadores de desempenho dos contratos de concessões.

Neste último caso, em virtude da dificuldade de avanço do desenvolvimento de meios para medir indicadores de desempenho nas concessões, o que se observa é que escolhas regulatórias acabem por prejudicar o desenvolvimento de inovações no âmbito das concessões. Assim sendo, na estruturação dos contratos de concessão de exploração de ferrovias da década de 90 o que estes priorizavam era a retomada de investimentos, não o desempenho do serviço.[20] A avaliação de desempenho passou a ser feita por metas de produção e segurança, impulsionando um regime de exploração vertical, onde o agente controla infraestrutura e operação.

Esse modelo foi substituído gradualmente por parâmetros técnicos e indicadores, como a velocidade média do percurso, desvinculando o concessionário de metas de produção e favorecendo a concorrência. A melhoria na aferição de indicadores de desempenho contribui para a horizontalidade do setor ferroviário, crucial no contexto do Marco Legal das Ferrovias e do regime privado de exploração por autorizações. Portanto, possibilitar o teste com inovações que visem o aprimoramento do setor e a aferição de entrega pelos concessionários torna-se relevante para o avanço do setor e dos serviços objetos dos contratos de concessão.

Além disso, tomando como exemplo o pedágio eletrônico *Free-Flow*[21] estabelecido por meio do programa de Sandbox da ANTT, que explicaremos logo adiante.

---

20. DAL POZZO, Augusto Neves. *O Direito Administrativo da Infraestrutura*. São Paulo: Contracorrente, 2020.
21. ANTT. Pedágio eletrônico Free-Flow. Disponível em: https://www.gov.br/antt/pt-br/acesso-a-informacao/acoes-e-programas/ambiente-regulatorio-experimental-sandbox-regulatorio/pedagio-eletronico-free-flow. Acesso em: 16 fev. 2024.

É notório que nos contratos de concessão rodoviária, especialmente aqueles que envolvem praças de bloqueio no mecanismo de cobrança de pedágio, o ônus relacionado ao risco de inadimplência e evasão é atribuído aos concessionários. Contudo, com a instalação do sistema de pedágio de livre passagem, mediante a retirada das barreiras físicas, surge um novo dificultador em relação ao risco de evasão presente neste segmento, tendo em vista que a concessionária não está municiada de instrumentos tangíveis para impedir que o usuário realize o adimplemento de sua obrigação.

Dessa forma, é evidente que impor a adoção de uma tecnologia que cause alterações substanciais na sistemática de cobrança, sem garantir a devida segurança regulatória quanto à solvência, não deve ser uma decisão arbitrária por parte do concedente. Portanto, para que esse serviço funcione efetivamente e o equilíbrio econômico-financeiro da concessão se mantenha, será necessário o acesso à base de dados das placas de veículos do SENATRAN, para que a Administração Pública imponha o adimplemento do usuário que realizou a evasão através de multa de trânsito.

Fato este que demonstra, a título de exemplo, a importância da coordenação entre os órgãos no âmbito do sandbox regulatório, mas faz-se necessário inquirir sobre quais são as diretrizes normativas e práticas para viabilizar a coordenação entre os órgãos reguladores, sem sobrepor a competência de cada um

Isto posto, a permanência das concessões do setor de transporte terrestre depende de arranjos regulatórios bem estruturados para evitar o aumento da ociosidade das concessões. Com isso, o Sandbox Regulatório tem o potencial para possibilitar a estruturação mais adequada deste arranjo frente a novas infraestruturas e inovações que surgem no setor, como é o caso do uso de pedágios *Free-Flow*.

O *Free Flow* é uma inovação no pagamento automático de pedágios, que permite a passagem livre de veículos sem a necessidade de redução de velocidade.[22] A tecnologia avançada identifica veículos por meio de pórticos equipados com dispositivos de última geração que reconhecem TAGs ou placas, determinando o valor da tarifa com base em características como altura, largura, comprimento e quantidade de eixos. Esta inovação foi a primeira tecnologia objeto de experimentação pela ANTT, no âmbito do Sandbox Regulatório, e possibilita o pagamento automático via TAGs ou por meio do aplicativo do pedágio pelos motoristas.

Instalado na BR-116 e BR-101, as participantes do ambiente de teste realizaram um investimento de R$ 25 bilhões de reais,[23] até 2023 para viabilizar esta inovação. Com o intuito de garantir maior celeridade na mobilidade urbana, reduzindo os congestionamentos e o tráfego nas rodovias, neste primeiro ano de teste, os indicadores mostram boa adesão, com

---

22. ASSOCIAÇÃO BRASILEIRA DE TRANSPORTES INTERNACIONAIS. Workshop Sandbox Free Flow: Resultados e Perspectivas. 2023. Disponível em: http://www.abti.com.br/informacao/noticias/3552-antt-realiza-o- workshop-sandbox-free-flow-com-resultados-e-perspectivas-para-2024. Acesso em: 31 jul. 2024.
23. ASSOCIAÇÃO BRASILEIRA DE TRANSPORTES INTERNACIONAIS. Workshop Sandbox Free Flow: Resultados e Perspectivas. 2023. Disponível em: http://www.abti.com.br/informacao/noticias/3552-antt-realiza-o- workshop-sandbox-free-flow-com-resultados-e-perspectivas-para-2024/. Acesso em: 31 jul. 2024.

uma média de inadimplência de apenas 12% em outubro.[24] Vale ressaltar que por estar em um ambiente de teste, a ANTT concedeu um período de carência para aqueles que passaram pelo *Free Flow* e não tinham TAGs de pagamento automatizado, uma vez que ainda existe o processo de conscientização e educação sobre a nova forma de pagamento da tarifa.

Sendo que, parte do resultado de inadimplência é decorrente da necessidade de evolução da comunicação sobre o sistema. Com isso, tornar a TAG comum nos veículos nacionais é um dos pontos que pode auxiliar na redução da inadimplência. Além disso, é necessário aumentar a conscientização sobre o *Free Flow* para contribuir com o processo de autopagamento para quem não possui TAG, visto que tal inovação tem o potencial de transformar as rodovias nacionais e tornar os projetos de concessão mais atrativos.

Diante desses resultados, a ANTT anunciou, em dezembro de 2023, a criação de um Grupo de Trabalho provisório para planejar e implantar o *Free Flow* no Trecho Metropolitano da BR-116. O objetivo do Grupo de Trabalho é delimitar a viabilidade de novos arranjos nos transportes terrestres, a expansão do ambiente de teste do *Free Flow*, existem metas estabelecidas para o início das atividades até fevereiro de 2024 e a entrega do relatório final até março de 2025.

Nesse sentido, o sandbox pode ser um bom mecanismo para experimentar arranjos normativos e solucionar desafios o risco de inadimplência dos *Free Flows*. Contudo, cautelas são necessárias, considerando o custo-benefício da implementação do sandbox. A instituição do sandbox deve ser acompanhada por objetivos mensuráveis para avaliar seus benefícios tangíveis e intangíveis.

O sandbox possui inegável potencial para melhorar a qualidade regulatória, mas sua concretização dependerá de um desenho eficiente e monitoramento correspondente, para que não crie uma vala regulatória invés de aprimorar o desenho institucional.

CONCLUSÃO

O atual contexto de avanços tecnológicos exige uma abordagem regulatória inovadora para acompanhar as transformações rápidas e profundas na sociedade. O surgimento do Sandbox Regulatório se apresenta como uma resposta dinâmica a esse desafio, proporcionando um ambiente experimental onde empresas inovadoras podem operar temporariamente com flexibilidade regulatória.

Contudo, sua implementação não está isenta de questionamentos e desafios. Ao analisar especificamente o Sandbox Regulatório proposto pela Agência Nacional de Transportes Terrestres (ANTT), observamos uma iniciativa voltada para a inovação no setor de transportes, visando otimizar a mobilidade urbana. A ANTT estabeleceu critérios amplos para seu sandbox, permitindo a participação de empresas já autorizadas, embora levante preocupações sobre possível uso político, coordenação entre reguladores e a criação de uma reserva de mercado.

---

24. Idem.

A experiência do *Free Flow*, como um projeto emblemático no âmbito da ANTT, destaca avanços significativos no pagamento automático de pedágios. Os resultados positivos

evidenciam a adesão ao sistema, enquanto desafios de comunicação e conscientização são apontados como áreas de aprimoramento.

Em suma, embora o Sandbox Regulatório possa representar uma abordagem promissora para enfrentar os desafios da regulação em um ambiente tecnologicamente dinâmico, sua eficácia dependerá da gestão cuidadosa dos riscos, da coordenação eficiente entre os reguladores e da garantia de que sua implementação não resulte em distorções políticas ou desigualdades entre os participantes.

REFERÊNCIAS

ANTT. Pedágio eletrônico Free-Flow. Disponível em: https://www.gov.br/antt/pt-br/acesso-a-informacao/acoes-e-programas/ambiente-regulatorio-experimental-sandbox-regulatorio/pedagio-eletronico-free-flow. Acesso em: 16 fev. 2024.

ARAÚJO, Fernando. *Teoria econômica do contrato*. Coimbra: Almedina, 2007.

ASSOCIAÇÃO BRASILEIRA DE TRANSPORTES INTERNACIONAIS. Workshop Sandbox Free Flow: Resultados e Perspectivas. 2023. Disponível em: http://www.abti.com.br/informacao/noticias/3552-antt-realiza-o-workshop-sandbox-free-flow-com-resultados-e-perspectivas-para-2024. Acesso em: 31 jul. 2024.

BANDEIRA DE MELLO, Celso Antônio. *Curso de direito administrativo*. São Paulo: Malheiros, 2004.

BINENBOJM, Gustavo. *Poder de polícia, ordenação, regulação. Transformações político-jurídicas, econômicas e institucionais do direito administrativo ordenador*. 3. ed. Belo Horizonte: Fórum, 2020.

BRACONNER, Stéphane. *Droit des Services Publics*. 2. ed. Paris: PUF, 2007.

CARVALHO, André Castro; V., Carlos Silva. Concesiones de carreteras en Brasil y Chile: aspectos jurídicos comparados. *RDPE (Revista de Direito Público da Economia)*. Belo Horizonte, ano 11, n. 44, out./dez. 2013.

CHERRY, Barbara; WILDMAN, Steven. Unilateral and bilateral rules: a framework for increasing competition while meeting universal service goals in telecommunications. In: CHERRY, Barbara; WILDMAN, Steven; HAMMOND IV, Allen. *Making universal service policy*: enhancing the process through multidisciplinary evaluation. Mahwah: Lawrence Erlbaum Associates, 1999.

CRETELLA JÚNIOR, J. *Definição da autorização administrativa. Revista da Faculdade de Direito*, Universidade de São Paulo, v. 71, p. 99-121, 1 jan. 1976.

DAL POZZO, Augusto Neves. *O Direito Administrativo da Infraestrutura*. São Paulo: Contracorrente, 2020.

FEIGELSON, Bruno; LEITE, Luiza. *Sandbox*: Experimentalismo no Direito Exponencial. São Paulo: RT, 2020.

FINANCIAL CONDUCT AUTHORITY. Regulatory Sandbox. 2023. Disponível em: https://www.fca.org.uk/firms/innovation/regulatory-sandbox. Acesso em: 9 abr. 2024.

LABORATÓRIO DE INOVAÇÃO FINANCEIRA. Diretrizes gerais para constituição de Sandbox regulatório no âmbito do mercado financeiro brasileiro. Ago. 2019. Disponível em: https://labinovacaofinanceira.com/2019/08/26/diretrizes-gerais-para-constituicao-de-sandbox-regulatorio-no-ambito-do-mercado-financeiro-brasileiro/. Acesso em: 9 abr. 2024.

MARQUES NETO, Floriano Peixoto de Azevedo. *Concessões*. Belo Horizonte: Forum, 2015.

MEIRELLES, Hely Lopes. *Direito administrativo brasileiro*. 43. ed. São Paulo: Malheiros, 2018.

MOREIRA, Egon Bockmann. *Direito das concessões de serviço público*: (concessões, parcerias, permissões e autorizações). 2. ed. Belo Horizonte: Fórum, 2022.

RIO DE JANEIRO. Decreto Rio 50697 de 26 de abril de 2022.

RIO GRANDE DO SUL. Concessão administrativa dos serviços de apoio à operação, incluindo a construção, equipagem e manutenção do complexo prisional de Erechim/RS. Anexo 3 – Sistema de mensuração de desempenho e disponibilidade. Disponível em: https://parcerias.rs.gov.br/presidio-erechim. Acesso em: 08 mar. 2024.

RIO GRANDE DO SUL. Decreto Municipal de Caxias do Sul 22.746 de 27 de setembro 2023.

CONTROLE SOCIAL NAS INFRAESTRUTURAS: VISÃO A PARTIR DAS LEIS DE CONCESSÕES

Carolina Barbosa Rios

Mestrado e Graduação em Direito pela Faculdade de Direito de Ribeirão Preto da Universidade de São Paulo (FDRP-USP). Assessora no Tribunal de Contas do Município de São Paulo (TCM-SP). Advogada. E-mail: carolbrios95@gmail.com.

Sumário: Introdução – 1. Infraestrutura: considerações iniciais – 2. Concessões comuns; 2.1 Concessões e a Lei 8.987/1995; 2.2 Condições para o controle social na Lei 8.987/1995; 2.2.1 Modo de divulgação ou garantia de acesso; 2.2.2 Objeto de divulgação ou garantia de acesso; 2.3 Mecanismos de controle social na Lei 8.987/1995; 2.3.1 Fiscalização da concessão; 2.3.2 Audiência pública; 2.3.3 Comunicação de ilícitos e irregularidades; 2.3.4 Reclamação do usuário – 3. O controle social nas concessões em regime especial; 3.1 Concessões em regime especial e a Lei 11.079/2004; 3.2 Condições para o controle social na Lei 11.079/2004; 3.2.1 Modo de divulgação ou garantia de acesso; 3.2.2 Objeto de divulgação ou garantia de acesso; 3.3 Mecanismos de controle social na Lei 11.079/2004 – Conclusão – Referências.

INTRODUÇÃO

Este artigo objetiva analisar como é o controle social, aquele realizado pela sociedade em relação à Administração Pública, das infraestruturas a partir do estudo das leis federais de concessões. Parte-se do pressuposto de que as infraestruturas, atualmente no Brasil, são impulsionadas e instrumentalizadas por meio dos contratos de concessões, sejam elas comuns ou especiais.

A importância do tema pode ser compreendida a partir de lição de André Castro Carvalho,[1] que sintetiza a necessidade da atuação da sociedade junto às atividades de infraestrutura principalmente em iniciativas locais de pequenas dimensões, sendo uma alternativa a fim de suprir eventual insatisfação com a atuação estatal.

Para atingir o objetivo principal, realizam-se algumas considerações iniciais sobre os conceitos e definições de infraestrutura, de contratos de concessão e de controle social, bem como sobre as intersecções entre estas ideias.

Em seguida, passa-se à análise das previsões passíveis de serem relacionadas ao controle social nas Leis Federais 8.987/1995 e 11.079/2004, de concessões comuns e parcerias público-privadas, respectivamente. Nessa análise, são verificadas as disposições legais quanto às condições e aos mecanismos de controle social encontradas nas leis de concessões, que atualmente viabilizam atividades de infraestrutura.

---

1. CARVALHO, André Castro. A sociedade civil na provisão de infraestrutura pública. In: LAGOS, Ricardo (Coord.); DÁVILA, Mireya; ZUBETTU, Fabíola Wüst (Org.). *A América Latina no Mundo*: desenvolvimento regional e governança internacional. São Paulo: EDUSP, 2013, p. 177.

1. INFRAESTRUTURA: CONSIDERAÇÕES INICIAIS

De início, salienta-se que a definição de infraestrutura ultrapassa a disciplina jurídica. Conforme exposto por André Castro Carvalho,[2] a infraestrutura pode ser compreendida a partir de concepções técnicas, econômicas ou jurídicas. Apesar das possibilidades interdisciplinares de compreensão do conceito de infraestrutura, Carvalho[3] aponta que não há uniformidade quanto à sua definição, não havendo consenso a respeito do significado de infraestrutura nem mesmo entre estudiosos de uma mesma área.

Excluindo-se do escopo deste trabalho adentrar definições que extrapolem a área do direito,[4] observa-se que Carvalho concluiu pela definição jurídica do conceito de infraestrutura da seguinte forma:

> As infraestruturas são instalações artificiais civis ou militares – mas de uso civil –, com nós e enlaces que acarretam o "efeito rede", dimensionadas no tempo e orientadas ao desenvolvimento econômico e social. São consideradas como bens mistos sob a ótica dos bens públicos e possuem propriedades técnicas, econômicas e institucionais que as diferem dos demais investimentos, públicos ou privados. As infraestruturas materiais (econômicas) podem ser locais, regionais, nacionais ou transacionais. Taxonomicamente, a infraestrutura é um gênero, subdividindo-se em setores operados por indústrias em espécies (subsistemas físicos) determinadas. Tais setores, atualmente, são representados por quatro categorias: saneamento básico, telecomunicações, energia e transportes. Como indústrias, consideram-se aquelas que exploram a própria infraestrutura e os serviços públicos correlatos (como transporte público, distribuição de gás, energia, água e esgoto e serviços de telecomunicações) nos subsistemas físicos (rodovias, ferrovias, dutovias, portos, aeroportos, hidrovias, antenas de telecomunicações, torres de transmissão e postes de energia).[5]

Augusto Dal Pozzo,[6] por sua vez, entende a infraestrutura como uma das atividades administrativas, ao lado de outras comumente reconhecidas como funções administrativas, a saber: as atividades prestativas, a exemplo dos serviços públicos e fomento, e as atividades restritivas, como o poder de polícia.[7]

Observa-se que é possível conceber as definições dadas ao conceito de infraestrutura dos dois autores aqui citados como complementares, considerando que: i) Dal Pozzo[8] esclarece que a atividade administrativa de infraestrutura está no rol de atividades passíveis de serem delegadas a particulares, de forma colaborativa com o Poder Público, sem prejuízo de retorno financeiro com esta parceria; e ii) Carvalho[9] exemplifica os

---

2. CARVALHO, André Castro. *Direito da Infraestrutura*. Perspectiva pública. São Paulo: Quartier Latin, 2014, p. 80.
3. CARVALHO, André Castro. *Direito da Infraestrutura*. Perspectiva pública. São Paulo: Quartier Latin, 2014, p. 83.
4. A fim de conhecer conceitos extrajurídicos de infraestrutura e suas minúcias, Cf: CARVALHO, André Castro. *Direito da Infraestrutura*. Perspectiva pública. São Paulo: Quartier Latin, 2014.
5. CARVALHO, André Castro. *Direito da Infraestrutura*. Perspectiva pública. São Paulo: Quartier Latin, 2014, p. 153-154.
6. DAL POZZO, A. N. *O Direito Administrativo da Infraestrutura*. São Paulo: Contracorrente, 2020, p. 111.
7. Cf: MARRARA, T. *Manual de direito administrativo*: funções administrativas, intervenção na propriedade e bens estatais. 3. ed. Indaiatuba: Editora Foco, 2022, v. 2.
8. DAL POZZO, A. N. *O Direito Administrativo da Infraestrutura*. São Paulo: Contracorrente, 2020, p. 111.
9. CARVALHO, André Castro. *Direito da Infraestrutura*. Perspectiva pública. São Paulo: Quartier Latin, 2014, p. 153-154.

setores de infraestrutura dentre as categorias de saneamento básico, telecomunicações, energia e transportes – áreas estas nas quais comumente ocorrem atividades prestadas em forma de parceria pelos setores público e privado.

A forma de delegação destas atividades a particulares, no âmbito da infraestrutura, comumente ocorre por meio de concessões, sejam elas comuns, regulamentadas pela Lei Federal 8.987/1995, sejam elas especiais, regidas pela Lei Federal 11.079/2004. Sobre os contratos que instrumentalizam essas concessões, Dal Pozzo[10] explica que estes dão forma a uma relação de convergência, podendo ser chamados de "contratos relacionais". Segundo o autor, tais contratos têm como premissa o longo período em que as partes estarão vinculadas e, ainda que cada parte atue de forma sinalagmática, a sua atuação convergente será necessária para manter os ativos públicos, do lado do setor público, e para que os investimentos tenham o retorno previsto, do lado do setor privado.

Enquanto outra característica das relações que permeiam a infraestrutura, Dal Pozzo[11] elenca a multilateralidade. Para o autor, a multilateralidade é observada nas infraestruturas em razão de, das normas que afetam o tema, surgirem "posições jurídicas e passivas para uma generalidade de sujeitos", de forma a extrapolar as relações meramente contratuais bilaterais entre parceiro público e parceiro privado.

Dal Pozzo esclarece que além desta relação bilateral, a Administração hodierna quanto à infraestrutura faz despontar "os interesses dos concessionários, dos usuários, dos financiadores dos projetos, dentre outros".[12] Da preocupação do autor em observar todos os interessados e afetados com as atividades de infraestrutura, pretende-se destacar, neste trabalho, a forma que os usuários relacionam-se com as atividades de infraestrutura, especialmente como se dá a participação destes usuários e o controle por eles realizado nos contratos designados a instrumentalizar as infraestruturas.

A fim de avaliar como se dá o controle social nas infraestruturas, adotando-se aqui o conceito de José dos Santos Carvalho Filho, segundo o qual o controle social é aquele "exercido diretamente por cidadãos, por setores da sociedade civil organizada ou por instituições concebidas para a representação dos interesses sociais, sobre os órgãos estatais",[13] pretende-se analisar as Leis Federais 8.987/1995 e 11.079/2004.

Para tanto, o controle social nessas leis será estudado a partir de suas condições e mecanismos. Estes últimos consistem nos instrumentos pelos quais o controle social poderá ser concretizado, enquanto as condições consistem no ambiente que favorecerá (ou não) a utilização dos mecanismos deste controle. A exemplificar a distinção aqui realizada, tem-se a audiência pública como mecanismo e a sua divulgação, como condição.

---

10. DAL POZZO, A. N. *O Direito Administrativo da Infraestrutura*. São Paulo: Contracorrente, 2020, p. 112.
11. DAL POZZO, A. N. *O Direito Administrativo da Infraestrutura*. São Paulo: Contracorrente, 2020, p. 175.
12. DAL POZZO, A. N. *O Direito Administrativo da Infraestrutura*. São Paulo: Contracorrente, 2020, p. 177.
13. ALMEIDA, F. D. M.; CARVALHO FILHO, J. S.. Controle da Administração Pública e responsabilidade do Estado. In: DI PIETRO, Maria Sylvia Zanella (Coord.). *Tratado de direito administrativo*. São Paulo: RT, 2014, v. 7, p. 192.

2. CONCESSÕES COMUNS

2.1 Concessões e a Lei 8.987/1995

No contexto de edição da Lei 8.987/1995, buscava-se a efetivação do modelo estatal gerencial, que, visando à redução do Estado, fortaleceu os movimentos de privatização. Maria Silvia Zanella Di Pietro[14] explica que o instituto da concessão é antigo, porém retoma-se a sua utilização no movimento da Reforma do Estado, com o objetivo de privatização. Por esse motivo, a autora o classifica como uma modalidade de privatização em sentido amplo. Marçal Justen Filho[15] também se refere à redescoberta do instituto da concessão devido ao movimento de desestatização que se iniciou nos anos 90 no Brasil.

Abarcado o contexto do retorno das concessões ao ordenamento jurídico brasileiro, passa-se à análise da descentralização administrativa. Esta se trata da situação em que a Administração Pública transfere algumas de suas atribuições a outros (pessoas físicas, pessoas jurídicas públicas, pessoas jurídicas privadas).[16] Segundo evidencia Di Pietro, a descentralização administrativa pode ser: i) territorial ou geográfica; ii) por serviços, funcional ou técnica; iii) por colaboração. Para a autora, o caso das concessões se enquadra na última categoria, na descentralização por colaboração.[17]

Nesse modelo, segundo aponta Di Pietro, a descentralização é realizada através de acordo de vontades ou ato administrativo unilateral, em que ocorre a transferência da execução de determinado serviço público – ou de atividade de infraestrutura,[18] ou ambos – a pessoa jurídica de direito privado (concessionária), preexistente, permanecendo a Administração (poder concedente) com a sua titularidade.[19]

Di Pietro adota o termo "parcerias" em sentido amplo para designar todos os ajustes realizados entre a Administração e o particular, ou seja, os acordos de vontades tratado anteriormente, para que se atinjam os fins do interesse público. Dentre as parcerias em sentido amplo, a autora realiza as seguintes subdivisões: i) concessão de serviço público ordinária, comum ou tradicional; ii) concessão patrocinada e iii) concessão administrativa.[20] Por ora, será tratado somente a respeito da concessão de serviço público ordinária comum ou tradicional, sendo as demais exploradas em outro momento deste trabalho.

A referida autora caracteriza a concessão comum[21] como aquela em que a remuneração básica se dá através de tarifa paga pelo usuário ou outra forma de remuneração que advém da exploração do serviço.[22] Tal tipo de concessão é disciplinada pela Lei 8.987/1995, além de legislação esparsa acerca de serviços específicos.

---

14. DI PIETRO, M. S. Z. *Parcerias da Administração Pública*: concessão, permissão, franquia, terceirização, parceria público-privada. 11. ed. Rio de Janeiro: Forense, 2017. Edição do Kindle. Não paginado.
15. JUSTEN FILHO, M. *Teoria geral das concessões de serviço público*. São Paulo: Dialética, 2003, p. 7.
16. DI PIETRO, op. cit..
17. Ibidem
18. CARVALHO, André Castro. *Direito da Infraestrutura*. Perspectiva pública. São Paulo: Quartier Latin, 2014, p. 111.
19. DI PIETRO, op. cit.
20. Ibidem
21. Assim se refere a Lei 11.079/2004 às concessões tratadas pela Lei 8.987/1995.
22. Ibidem

2.2 Condições para o controle social na Lei 8.987/1995

Como já explicado anteriormente, as condições para que o controle social ocorra dizem respeito ao meio que se encontra para o exercício do controle social e concretização de seus mecanismos. Nesse sentido, o princípio da publicidade é de grande relevância para que as condições sejam favoráveis à concretização do controle social. Nos dizeres de Wallace Paiva Martins Júnior, "o conhecimento do fato (acesso, publicidade) e de suas razões (motivação) permite o controle, a sugestão, a defesa, a consulta, a deliberação (participação)".[23] Em igual sentido a lição de Thiago Marrara,[24] que explicita o princípio da publicidade como instrumental, sendo necessário para possibilitar a concretização de outros valores constitucionais.

Também segundo classificação adotada por Martins Júnior, referido autor utiliza as expressões "publicidade como dever" e "publicidade como direito". A primeira "se concretiza como dever da Administração Pública quando ela tem a obrigação de divulgar seus atos".[25] A segunda, por sua vez, se expressa como um direito subjetivo público de acesso à informação, que pode ser exercido em face da Administração Pública.[26] Para o mesmo autor, "o acesso é um direito instituído em favor da população, abrangendo informações relacionadas a direitos e interesses gerais, coletivos ou individuais, concretizando-se em vários instrumentos: direitos de informação, de certidão, (...), obtenção de cópia, (...) etc."[27] No mesmo sentido o entendimento de Cristiana Fortini, Mariana Magalhães Avelar e Raquel Bastos Ferreira, que estabelecem duas prerrogativas aos titulares do direito à informação, sendo a primeira "o conhecimento e acesso aos meios pelos quais a informação é colocada à disposição dos demais" e, a segunda, "o conhecimento e acesso aos meios pelos quais pode o público obter a informação".[28]

Tal entendimento será adotado no presente trabalho. Todavia, destaca-se que a classificação da publicidade como dever e como direito diz respeito somente à forma de manifestação na legislação, pois analisando as duas figuras pode-se concluir que ambas configuram um dever (para a Administração, seja de divulgar a informação e fornecer cópias de documentos, por exemplo) e um direito (para o cidadão, de ter acesso às informações divulgadas e de ter garantidas as cópias de determinados atos se for de seu interesse, como exemplo) concomitantemente.

---

23. MARTINS JÚNIOR, W. P. Princípio da publicidade. In: MARRARA, T. (Org.). *Princípios de direito administrativo*: legalidade, segurança jurídica, impessoalidade, publicidade, motivação, eficiência, moralidade, razoabilidade, interesse público. São Paulo: Atlas, 2012, p. 235.
24. MARRARA, T. O princípio da publicidade: uma proposta de renovação. In: MARRARA, T. (Org.). *Princípios de direito administrativo*: legalidade, segurança jurídica, impessoalidade, publicidade, motivação, eficiência, moralidade, razoabilidade, interesse público. São Paulo: Atlas, 2012, p. 281.
25. MARTINS JÚNIOR, op. cit., p. 240.
26. Ibidem, p. 244
27. Ibidem, p. 244.
28. AVELAR, M. M.; FERREIRA, R. B.; FORTINI, C. Comentários à Lei de Acesso à Informação: contexto, desafios e polêmicas. In: ALMEIDA, F. D. M et al (Org.). *Direito e Administração Pública*: estudos em homenagem a Maria Sylvia Zanella Di Pietro. São Paulo: Atlas, 2013, p. 1016.

Na Lei 8.987/1995, em seu art. 14, constata-se a previsão de que a lei em questão deve respeitar o princípio da publicidade, em referência ao dispositivo constitucional do art. 37, *caput*.

No presente item, serão analisadas as condições encontradas na Lei 8.987/1995, adotando-se, para fins didáticos, a categorização das condições em modo e objeto de divulgação, assim como a classificação delas de acordo com a forma de expressão do princípio da publicidade, seja como um dever da Administração – que, em alguns casos, será repassado à concessionária –, seja como um direito do cidadão, seguindo o estudo de Martins Júnior.[29]

Previsão na Lei 8.987/1995	Forma de expressão na Lei 8.987/1995	Modo de divulgação / garantia de acesso	Objeto de divulgação / garantia de acesso
Art. 5º, *caput*	Dever	Não especifica	Ato justificativo da conveniência da outorga, incluindo objeto, área e prazo
Art. 7º, II	Direito	Não especifica	Informações para defesa de interesses individuais ou coletivos
Art. 22, *caput*	Direito	Certidão	Atos, contratos, decisões e pareceres relativos à licitação e à concessão
Art. 23, XIV	Dever	Não especifica	Demonstrações financeiras periódicas da concessionária
Art. 31, III	Dever	Não especifica	Contas da gestão do serviço pela concessionária
Art. 31, V	Dever	Não especifica, mas prevê a garantia de livre acesso aos responsáveis pela fiscalização	Obras, equipamentos, instalações, registros contábeis
Art. 42, §3º, III	Dever	Imprensa oficial	Ato formal de autoridade do poder concedente, autorizativo da prestação precária dos serviços por até 6 meses (caso específico tratado no Art. 42)

Fonte: Elaboração própria.

2.2.1 Modo de divulgação ou garantia de acesso

Nota-se que, na maior parte das previsões, não é especificado o modo pelo qual devem ser divulgadas as informações. Porém, considerando o caráter subsidiário de aplicação da Lei 14.133/2021 (art. 186) ao caso das concessões, pode-se inferir que se aplica à presente lei a necessidade de divulgação dos atos cuja publicação é obrigatória ou no Portal Nacional de Compras Públicas – PNCP, ou, de forma complementar, nos sítios eletrônicos oficiais.[30] Tal observação insere-se, então, no Artigo 42, § 3º, da Lei

---

29. MARTINS JÚNIOR, W. P. Princípio da publicidade. In: MARRARA, T. (Org.). *Princípios de direito administrativo*: legalidade, segurança jurídica, impessoalidade, publicidade, motivação, eficiência, moralidade, razoabilidade, interesse público. São Paulo: Atlas, 2012, p. 244.
30. Anteriormente ao advento da Lei 14.133/2021, a Lei 8.666/1993 definia, em seu art. 6º, XIII, a imprensa oficial como veículo de divulgação oficial da Administração Pública, sendo o Diário Oficial da União para o âmbito federal. Apesar de a lei de 2021 não definir exato correspondente para o veículo de divulgação oficial, ela prioriza

8.987/1995, que dispõe a imprensa oficial como meio de divulgação, devendo ser lida como Portal Nacional de Compras Públicas ou sítio eletrônico oficial.

Ademais, a Lei 8.987/1995 faz referência a um único modo de divulgação das informações em seu art. 22, assegurando a obtenção de informações pelo cidadão através de certidão expedida pela Administração. Conforme a lição de Jessé Torres Pereira Junior,[31] o autor explica que a certidão é a resposta da Administração ao requerimento do cidadão. Também, como expõe Carlos Pinto Coelho Motta,[32] o dispositivo faz referência ao direito de petição, previsto constitucionalmente,[33] que permite o conhecimento a respeito do processo licitatório e do contrato por qualquer interessado.

2.2.2 Objeto de divulgação ou garantia de acesso

A respeito dos objetos de divulgação de que trata a Lei 8.987/1995, observa-se, em primeiro lugar, merecendo destaque, a previsão do art. 5º: "O poder concedente publicará, previamente ao edital de licitação, ato justificando a conveniência da outorga de concessão ou permissão, caracterizando seu objeto, área e prazo". Justen Filho[34] expõe que a alusão a "objeto, área e prazo" deve ser interpretada como condição fundamental para a concessão, não sendo necessária a divulgação do modelo completo da concessão. Motta[35] explica, ainda, que tal dispositivo serve para reforçar o princípio da motivação, que, segundo apontam Marrara e Nohara,[36] deve abarcar uma visão abrangente, explicitando não somente os motivos, mas também a finalidade do ato em questão.

Contudo, Motta[37] aponta que tal dispositivo não alcançou total efetividade por conta de, dentre outros fatores, a justificativa estar sendo publicada no mesmo momento em que se divulga o aviso do edital ou em datas próximas, o que, segundo o autor, acaba por não proporcionar a efetivação da finalidade expressa no dispositivo legal.

A esse respeito, Justen Filho[38] expõe que, do art. 5º, extrai-se de imediato o entendimento de que o poder concedente deve proporcionar aos usuários a oportunidade "de pleno esclarecimento e de imediata participação na elaboração das condições do ato convocatório e no delineamento da futura concessão".

---

a publicação no Portal Nacional de Compras Públicas, fazendo referência aos sítios eletrônicos oficiais em demais previsões.
31. PEREIRA JUNIOR, J. T. *Comentários à lei de licitações e contratações da Administraçao Pública*. 8. ed. Rio de Janeiro: Renovar, 2009, p. 152.
32. MOTTA, C. P. C. *Eficácia nas licitações e contratos*: doutrina, jurisprudência e legislação. 10. ed. Belo Horizonte: Del Rey, 2005, p. 702.
33. Artigo 5º, XXXIII e XXXIV.
34. JUSTEN FILHO, M. *Teoria geral das concessões de serviço público*. São Paulo: Dialética, 2003, p. 209.
35. MOTTA, C. P. C. *Eficácia nas licitações e contratos*: doutrina, jurisprudência e legislação. 10. ed. Belo Horizonte: Del Rey, 2005, p. 670.
36. MARRARA, T.; NOHARA, I. P. *Processo administrativo*: Lei 9.784/1999 comentada. 2. ed. São Paulo: Thomson Reuters Brasil, 2018, p. 102.
37. Artigo 39 e Artigo 23, I, c, Lei 8.666/1993.
38. JUSTEN FILHO, M. *Teoria geral das concessões de serviço público*. São Paulo: Dialética, 2003, p. 565.

Então, nota-se que, apesar de o texto legal não prever expressamente o modo de divulgação das informações previstas no art. 5º, a doutrina explora tal dispositivo concedendo-lhe maior caráter participativo no que diz respeito ao seu objeto.

Outro dispositivo que dispõe acerca de um objeto de divulgação é o art. 7º, II, da Lei 8.987/1995, que diz respeito ao direito do usuário do serviço em receber informações, seja do poder concedente ou da concessionária, para a defesa de interesses individuais ou coletivos. Segundo expõe Justen Filho,[39] tal dispositivo relaciona-se com a ideia do art. 5º da mesma lei, já que também busca evitar que o Estado oculte informações e, desse modo, evite a possível invalidação de atos que contêm vícios. Di Pietro[40] destaca que tal previsão seria desnecessária devido ao direito de petição previsto constitucionalmente. A seu turno, Justen Filho[41] realiza a ressalva de que a prestação de informações não é ilimitada, devendo haver a comprovação da relação entre pedido e defesa de interesse individual ou coletivo. Segundo ele, isso faz com que o dispositivo do art. 7º, II se assemelhe mais ao direito de petição do que o faz a faculdade disposta no art. 5º.

O art. 22, por sua vez, assegura a qualquer pessoa a obtenção de certidão a respeito dos atos, contratos, decisões ou pareceres que envolvam a licitação ou a concessão. A partir do conhecimento dessas informações, entende-se possível a realização do controle pela população. Contudo, por se tratar de linguagem prevalentemente jurídica, torna-se dificultosa a compreensão por grande parcela da sociedade que não possui contato hodierno com vocábulos jurídicos.

Sobre o disposto no art. 22, Justen Filho[42] explica acerca do direito de acompanhamento da licitação. Para o autor, o entendimento é mais amplo do que se depreende da interpretação literal do dispositivo, já que entende que tal acompanhamento é faculdade garantida ao usuário, devendo-se assegurar sua atuação concreta, havendo oportunidade de verificação do conteúdo das propostas e de sua oitiva nas decisões tomadas durante a licitação.

A previsão contida no art. 23, XIV, diz respeito ao fato de a exigência de publicação de demonstrações financeiras periódicas por parte da concessionária ser cláusula obrigatória no contrato de concessão. Sobre o dispositivo, aponta Justen Filho[43] que, na maior parte das vezes, a concessionária adota forma de sociedade anônima, o que acaba por implicar na aplicação, aqui, de formalidades específicas de publicidade de balanço e demonstrações contábeis. Motta,[44] nesse sentido, aponta como dispositivos auxiliares os arts. 1.065, 1.078 e 1.179 do Código Civil.

---

39. Ibidem, p. 562.
40. DI PIETRO, M. S. Z. *Parcerias da Administração Pública*: concessão, permissão, franquia, terceirização, parceria público-privada. 11. ed. Rio de Janeiro: Forense, 2017. Edição do Kindle. Não paginado.
41. JUSTEN FILHO, op. cit., p. 562
42. Ibidem, p. 562.
43. Sendo elas as previstas na Lei Federal 6.404/1976, que dispões sobre as sociedades por ações.
44. MOTTA, C. P. C. *Eficácia nas licitações e contratos*: doutrina, jurisprudência e legislação. 10. ed. Belo Horizonte: Del Rey, 2005, p. 706.

No mesmo sentido da previsão do art. 23, XIV, encontra-se disposto o dever de prestação de contas pela concessionária ao poder concedente e ao usuário, segundo o art. 31, III da Lei 8.987/1995. Tal previsão é inovadora em relação à Lei Geral de Licitações, que não previa a figura do dever de prestação de contas, nem para a Administração Pública, nem para o contratado. Contudo, após a edição da Lei das Concessões em 1995, a Emenda Constitucional 19 de 1998 inseriu no parágrafo único do art. 70 da Constituição Federal[45] o dever de prestação de contas para todos aqueles que façam uso de valores ou bens públicos, o que, no presente caso, abarca tanto o poder concedente quanto a concessionária.

Acerca da prestação de contas pela concessionária, explica Justen Filho[46] que cabe ao edital e ao contrato definir as modalidades e a periodicidade de tal prestação, respeitando-se os limites legais. Acrescenta, ainda, que o descumprimento de tal previsão é caracterizado como inadimplemento contratual, o que não garante, contudo, a imediata pronúncia de caducidade da concessão, devendo haver comprovação de eventual irregularidade para tal. Este entendimento se explica pelo fato de que o interesse público primário é a prestação da atividade fim, e não a prestação de contas.

Ainda sobre o mesmo excerto legal, Justen Filho[47] aponta que a prestação de contas será feita por via contábil. Então, faz-se presente novamente o comentário acerca da linguagem, pois a prestação de contas de que trata o art. 31, III, diz respeito tanto ao poder concedente quanto aos usuários. O primeiro está munido de recursos para que se façam compreender os dados contábeis, porém os usuários, em sua maioria, não possuem formação contábil para compreender a linguagem desse ramo.

Outro dispositivo que se enquadra no tema tratado no presente item é o art. 31, V, que diz respeito ao dever da concessionária em permitir o livre acesso a obras, equipamentos, instalações e registros contábeis aos encarregados da fiscalização. Para Justen Filho,[48] poderia haver a inclusão de verificação das condições do serviço prestado e de cumprimento dos deveres legais.

Por fim, o último objeto de divulgação encontrado na presente lei é aquele previsto no art. 42, §3º, III. O referido excerto diz respeito a uma condição para que as concessões em caráter precário, ou com prazo vencido, ou as que estivessem em vigor por prazo indeterminado tivessem validade até 31 de dezembro de 2010. Tal condição é a de publicação na imprensa oficial de ato formal de autoridade do poder concedente que autorize a prestação precária dos serviços pelo prazo limite de seis meses, com possibilidade de

---

45. Art. 70. A fiscalização contábil, financeira, orçamentária, operacional e patrimonial da União e das entidades da administração direta e indireta, quanto à legalidade, legitimidade, economicidade, aplicação das subvenções e renúncia de receitas, será exercida pelo Congresso Nacional, mediante controle externo, e pelo sistema de controle interno de cada Poder. Parágrafo único. Prestará contas qualquer pessoa física ou jurídica, pública ou privada, que utilize, arrecade, guarde, gerencie ou administre dinheiros, bens e valores públicos ou pelos quais a União responda, ou que, em nome desta, assuma obrigações de natureza pecuniária.
46. JUSTEN FILHO, M. *Teoria geral das concessões de serviço público*. São Paulo: Dialética, 2003, p. 325.
47. Ibidem, p. 325.
48. Ibidem, p. 323.

renovação até 31 de dezembro de 2008. Assim, nota-se que é uma previsão que buscou a regularização das concessões realizadas até o início da vigência da Lei 8.987/1995.

2.3 Mecanismos de controle social na Lei 8.987/1995

Passa-se, então, à análise dos mecanismos de controle social previstos na Lei 8.987/1995, que, como já vistos, são os mecanismos os instrumentos que concretizam a ação do controle realizado pela sociedade.

2.3.1 Fiscalização da concessão

A fiscalização da concessão pelo poder concedente e pelos usuários encontra respaldo no art. 3º, art. 30 e art. 31, V, da Lei 8.987/1995. Os dois primeiros tratam propriamente de mecanismos de controle social, enquanto o último diz respeito a uma condição, já tratada nos itens anteriores. O art. 3º prevê que as concessões e as permissões estão sujeitas à fiscalização pelo poder concedente, com a cooperação dos usuários. Motta[49] parece elogiar o fato de o referido dispositivo mencionar a previsão de participação popular no controle da Administração, porém, pontua que "a eficácia dessa participação esteja ainda condicionada ao desenvolvimento de fórmulas e métodos mais concretos e realistas para seu exercício". Assim, para que se concretize a participação e o consequente controle, os indivíduos não devem ser objeto dos programas sociais, mas exercer o papel de atores na participação, capazes de identificar situações e decisões que afetem seus interesses. Este é o posicionamento de Anna Maria Campos, citada por Motta,[50] que ainda acrescenta que a suposta inferioridade educacional não deve servir como justificativa para exclusão do processo decisório.

Apesar de se fazer necessária a participação do usuário na fiscalização da concessão, Justen Filho[51] ressalta que essa fiscalização não é ilimitada. Isso ocorre pelo fato de os usuários não atuarem em nome do Estado, entendendo-se assim que não podem ser concedidos aos primeiros poderes extensos de fiscalização. Por outro lado, como explica Di Pietro,[52] a fiscalização constitui-se em um poder-dever para o Estado, pois este não transfere a titularidade do serviço, mas apenas a sua execução, razão pela qual tem o dever de zelar pela fiel execução do contrato, sob pena de responsabilidade por omissão.

Justen Filho,[53] de forma a coadunar-se com a ideia de multilateralidade nas infraestruturas, exposta por Dal Pozzo,[54] defende como indispensável a integração da socie-

---

49. MOTTA, C. P. C. *Eficácia nas licitações e contratos*: doutrina, jurisprudência e legislação. 10. ed. Belo Horizonte: Del Rey, 2005, p. 667.
50. CAMPOS, A. M. Um novo modelo de planejamento para uma nova estratégia de desenvolvimento. *Revista de Administração Pública*, v. 14, n. 3, 1980, p. 33-34. Disponível em: http://bibliotecadigital.fgv.br/ojs/index.php/rap/index. Acesso em: 05 nov. 2022.
51. JUSTEN FILHO, op. cit., p. 324
52. DI PIETRO, M. S. Z. *Parcerias da Administração Pública*: concessão, permissão, franquia, terceirização, parceria público-privada. 11. ed. Rio de Janeiro: Forense, 2017. Edição do Kindle. Não paginado.
53. JUSTEN FLHO, op. cit., p. 295-298.
54. DAL POZZO, A. N. *O Direito Administrativo da Infraestrutura*. São Paulo: Contracorrente, 2020, p. 175.

dade na relação de concessão, sendo a população considerada, juridicamente, parte na concessão. O primeiro autor argumenta: i) em favor da possibilidade de realização do contrato plurilateral, em vez do bilateral, já que há outros contratos associativos e ditos plurilaterais sem quaisquer problemas; ii) em favor à dissociação de Estado e Sociedade, para que se reconheça a formação da vontade coletiva através da participação direta, o que é contrário ao entendimento de que não seria possível a dissociação desses dois conceitos devido ao argumento de que a titularidade jurídica formal dos serviços públicos é estatal; iii) em favor da manifestação dos usuários também no que diz respeito a questões rotineiras e a favor da afirmação de que possuem, sim, legitimidade para acompanhar a gestão da concessão, já que se permite a manifestação nos casos de modificação das condições originais da concessão, sendo então contrário à imposição de obstáculos para que se reconheça a participação dos usuários através da formalização do vínculo; iv) em favor da necessidade de participação dos usuários, ou seja, do reconhecimento formal da condição destes como parte do vínculo, pois, como explica o autor, sempre que a participação popular é facultativa, ela tende a não ser aplicada. Nota-se, assim, que o entendimento do autor em questão propicia a aplicação da lei de modo favorável à participação popular e, consequentemente, ao controle social.

O art. 30, parágrafo único, da Lei 8.987/1995, ao se referir ao instituto da fiscalização, prevê a periodicidade da ação fiscalizatória por meio de comissão composta de representantes do poder concedente, da concessionária e dos usuários, conforme previsão em norma regulamentar. Sobre tal questão, expõe Motta[55] que a fiscalização pelos usuários é enfraquecida por conta da periodicidade da ação fiscalizadora e, também, pelo fato de existirem duas categorias de representantes dos prestadores e apenas uma representando os usuários.

Como expõe o mesmo autor,[56] o art. 33 da Lei 9.074/1995 dispõe acerca do mesmo tema, prevendo que o regulamento de cada serviço público deverá dispor acerca da participação dos usuários. Sobre tal previsão, Motta explica que a referida lei deixa margem de discricionariedade à norma regulamentadora quanto à composição da comissão, mas sugere que se utilize tal discricionariedade para equalizar o desequilíbrio da representatividade por uma fórmula numérica, usual na composição de colegiados.[57]

2.3.2 Audiência pública

Este instrumento não possui previsão expressa na Lei 8.987/1995. Contudo, entende-se que tal mecanismo de participação se aplica ao âmbito das concessões e permissões dada a previsão do art. 21, da Lei 14.133/2021 e seu caráter geral perante as outras leis

---

55. MOTTA, C. P. C. *Eficácia nas licitações e contratos*: doutrina, jurisprudência e legislação. 10. ed. Belo Horizonte: Del Rey, 2005, p. 715.
56. Art. 33. Em cada modalidade de serviço público, o respectivo regulamento determinará que o poder concedente, observado o disposto nos arts. 3º e 30 da Lei 8.987, de 1995, estabeleça forma de participação dos usuários na fiscalização e torne disponível ao público, periodicamente, relatório sobre os serviços prestados.
57. MOTTA, C. P. C. *Eficácia nas licitações e contratos*: doutrina, jurisprudência e legislação. 10. ed. Belo Horizonte: Del Rey, 2005, p. 715.

de contratações públicas. Expõem, sem maiores delongas ou controvérsias, ser aplicada a audiência pública na Lei de Concessões os autores: Motta,[58] Justen Filho,[59] Perez,[60] e Eduardo Fortunato Bim.[61]

Sobre o tema, Justen Filho[62] especifica a questão do entendimento do art. 5º da Lei 8.987/1995 como possibilidade de realização de audiência pública. O ato justificatório a que se refere expressamente o art. 5º e a audiência pública, segundo o autor, são emanações do princípio republicano, sendo que ambos objetivam a retratação da natureza funcional da atividade governamental. Os dois institutos, conforme o autor, são divergentes apenas pelo fato de o primeiro ser uma manifestação unilateral do Estado, evidenciando a existência de motivos para a concessão, e a segunda sujeitar o administrador a uma fiscalização direta, ou seja, de controle, por uma atividade coletiva da sociedade.

Em uma interpretação hermenêutica, Justen Filho[63] expõe que não seria justificável a observância de procedimentos distintos para contratações equivalentes, sendo perfeitamente adequada a aplicação do instituto da audiência pública como entendimento do ato justificatório previsto pelo art. 5º da Lei 8.987/1995, tendo em vista que possuem objetivos muito similares. Quando ainda vigente a Lei 8.666/1993, o autor acrescenta que não se tratava de possibilidade, mas sim de obrigatoriedade de realização da audiência pública caso fossem atingidos os valores especificados no art. 39 da Lei 8.666/1993. Atualmente, a Lei Federal 14.133/2021 elencou a utilização da audiência pública enquanto uma faculdade, apenas, conforme o disposto em seu art. 21.

Motta,[64] por sua vez, defende que, além de aplicação da audiência pública ao art. 5º da Lei 8.987/1995, a Lei 11.079/2004, que trata das parcerias público-privadas (concessões em regime especial), que será estudada nos próximos itens, derrogou tal previsão da Lei das Concessões ao prever a consulta pública.[65] Porém, o autor não aprofunda a tese defendida, apresentando somente o argumento da derrogação para explicar a adoção da consulta pública em vez da audiência pública.

Adotando-se o entendimento prevalecente de que o permissivo legal da Lei 14.133/2021 quanto à audiência pública tem aplicação às concessões, observa-se que

---

58. MOTTA, C. P. C. *Eficácia nas licitações e contratos*: doutrina, jurisprudência e legislação. 10. ed. Belo Horizonte: Del Rey, 2005, p. 670-671.
59. JUSTEN FILHO, M. *Teoria geral das concessões de serviço público*. São Paulo: Dialética, 2003, p. 210-211.
60. PEREZ, M. A. *A Administração Pública democrática*: institutos de participação popular na Administração Pública. Belo Horizonte: Fórum, 2009, p. 168.
61. BIM, E. F. *Audiências públicas*. São Paulo: RT, 2014, p. 166-167.
62. JUSTEN FILHO, M. *Teoria geral das concessões de serviço público*. São Paulo: Dialética, 2003, p. 210-211.
63. Ibidem, p. 210-211
64. MOTTA, C. P. C. *Eficácia nas licitações e contratos*: doutrina, jurisprudência e legislação. 10. ed. Belo Horizonte: Del Rey, 2005, p. 670-671.
65. Art. 10. A contratação de parceria público-privada será precedida de licitação na modalidade de concorrência, estando a abertura do processo licitatório condicionada a: (...) VI – submissão da minuta de edital e de contrato à consulta pública, mediante publicação na imprensa oficial, em jornais de grande circulação e por meio eletrônico, que deverá informar a justificativa para a contratação, a identificação do objeto, o prazo de duração do contrato, seu valor estimado, fixando-se prazo mínimo de 30 (trinta) dias para recebimento de sugestões, cujo termo dar-se-á pelo menos 7 (sete) dias antes da data prevista para a publicação do edital.

ela é, então, o instrumento mais significativo de participação da população e de controle social presente no âmbito das concessões e permissões. Cabe salientar que a audiência pública ainda apresenta seus problemas, a exemplo dos que aponta Bim,[66] como i) a colheita da vontade do povo, que ainda é um pouco problemática apesar do avanço da internet; ii) complexidade dos temas tratados e quem será o responsável por conduzir as informações; e acrescenta-se, aqui, o item iii) problema da linguagem utilizada tanto na divulgação da audiência pública como em seu desenrolar. Porém, ainda assim, é um dos mecanismos mais próximos à democracia deliberativa, capaz de proporcionar o controle social.

2.3.3 Comunicação de ilícitos e irregularidades

Di Pietro[67] aponta que se incluiu na Lei 8.987/1995 como direitos do usuário os de "levar ao conhecimento do poder público e da concessionária as irregularidades de que tenham conhecimento, referentes ao serviço prestado" (art. 7º, IV) e de "comunicar às autoridades competentes os atos ilícitos praticados pela concessionária na prestação do serviço" (art. 7º, V).

Justen Filho[68] aprofunda essa questão, pontuando acerca do art. 7º, IV. Explica que se trata não somente de um direito, mas é propriamente um dever do usuário de comunicar irregularidades de que tenha conhecimento, sob pena de responsabilização do usuário que, estando ciente do fato, omite a informação do poder público. Acrescenta, ainda, que em casos de configuração de crime, a omissão do usuário pode caracterizar sua coautoria. Aponta, contudo, que o usuário que faz uso da má-fé no exercício do disposto no excerto legal deve ser sancionado, pois fere a natureza funcional vinculada ao bem comum a que objetiva tal previsão legal.

Sobre o art. 7º, V, o mesmo autor[69] explica ser uma previsão redundante, pois as irregularidades tratadas no inciso anterior já remetem aos atos ilícitos. Porém, aponta utilidade no dispositivo, "na medida em que evita o expediente burocrático e reprovável de remeter a atribuição de fiscalizar para órbita alheia. Se não houvesse a regra do inc. V, surgiria o risco de o Estado exigir uma espécie de exaurimento de instância perante a concessionária".

2.3.4 Reclamação do usuário

No art. 29, VII, da Lei 8.987/1995, prevê-se que incumbe ao poder concedente, dentre outras obrigações, a de "receber, apurar e solucionar queixas e reclamações dos usuários, que serão cientificados, em até trinta dias, das providências tomadas". Trata-se,

---

66. BIM, E. F. *Audiências públicas*. São Paulo: RT, 2014, p. 32-33.
67. DI PIETRO, M. S. Z. *Parcerias da Administração Pública*: concessão, permissão, franquia, terceirização, parceria público-privada. 11. ed. Rio de Janeiro: Forense, 2017. Edição do Kindle. Não paginado.
68. JUSTEN FILHO, M. *Teoria geral das concessões de serviço público*. São Paulo: Dialética, 2003, p. 563.
69. Ibidem, p. 564-565.

como aponta Justen Filho,[70] de uma atuação informal da sociedade no controle das atividades da concessionária. O autor considera louvável que se tenha uma previsão nesse sentido, pois a sociedade não precisa se sujeitar às características burocráticas de uma fiscalização institucional para exercitar seu controle sobre a atividade do concessionário, ainda mais que a sociedade é a beneficiária dos serviços públicos prestados.

É importante ressaltar que o dispositivo em questão não aborda somente a possibilidade de reclamações por parte do usuário, mas também o dever do poder concedente em apurá-las e solucioná-las. Aponta Justen Filho[71] que a "recusa explícita, a omissão em adotar providências cabíveis ou outras condutas equivalentes constituirão violação a deveres administrativos", podendo, até mesmo, dependendo do caso concreto, configurar conduta punível em âmbito penal.

3. O CONTROLE SOCIAL NAS CONCESSÕES EM REGIME ESPECIAL

3.1 Concessões em regime especial e a Lei 11.079/2004

Como já evidenciado no item anterior, a respeito das concessões comuns, Di Pietro[72] refere-se ao termo "parcerias" em sentido amplo para designar quaisquer ajustes entre o particular e a Administração, decorrentes do processo de descentralização administrativa e, nesse caso em específico, da descentralização por colaboração. Também já observado no item precedente, a mesma autora designa subdivisões para o termo parceria em sentido amplo, sendo elas: i) concessões comuns (já estudadas em análise específica da Lei 8.987/1995); ii) concessão patrocinada; e iii) concessão administrativa.

A Lei 11.079.2004 trata das duas últimas. De acordo com o que explica Di Pietro,[73] a patrocinada é a concessão de serviço público ou obra pública de que trata a Lei 8.987/1995 que envolve, além da tarifa cobrada aos usuários, contraprestação pecuniária do concedente ao concessionário. A administrativa, por sua vez, explicita a mesma autora que se trata de contrato de prestação de serviços de que a Administração "seja a usuária direta ou indireta, ainda que envolva execução de obra ou fornecimento e instalação de bens". Apesar de não concordar com o termo "concessão administrativa", por entender que todas as concessões são administrativas, a autora adota o termo a que se referiu o legislador.

Ainda, Pedro de Menezes Niebuhr[74] observa outro aspecto da diferenciação entre concessão comum e as concessões de que trata a Lei 11.079/2004, sendo este acerca dos riscos do contrato. O autor evidencia que, na Lei 8.987/1995, a prestação de serviços ou exploração de obra ocorre com a condição de que o particular aceite a assunção dos riscos, ou seja, que preste os serviços ou realize a obra "por sua conta e risco". No âmbi-

---

70. Ibidem, p. 453.
71. Ibidem, p. 453.
72. DI PIETRO, M. S. Z. *Parcerias da Administração Pública*: concessão, permissão, franquia, terceirização, parceria público-privada. 11. ed. Rio de Janeiro: Forense, 2017. Edição do Kindle. Não paginado.
73. Ibidem
74. NIEBUHR, P. M. *Parcerias público-privadas*: perspectiva constitucional brasileira. Belo Horizonte: Fórum, 2008, p. 98-106.

to das parcerias público-privadas, por sua vez, Niebuhr explica que, de acordo com o diploma legal, há a repartição dos riscos entre o parceiro público e o parceiro privado.

Tendo sido explicitado os conceitos de que trata a Lei 11.079/2004, observa-se então o contexto de sua edição. Por tratar de concessões em regime especial, a referida lei foi editada ainda em um mesmo contexto de processo de desestatização a que se fez referência na análise da Lei 8.987/1995, que trata das concessões comuns. Como acrescenta Fernando Vernalha Guimarães,[75] ao explicar o contexto da edição da lei das parcerias público-privadas, somente a partir de 1995 teve início um "efetivo e denso processo de privatização de empresas do Estado e de transferência da prestação direta de serviços à esfera privada".

São perfeitamente cabíveis as observações feitas por Frias e Silva,[76] de que o período da década de 1990 consistiu na busca da reforma estatal, deixando de lado o modelo burocrático para que se alcançasse o modelo gerencial, neoliberal, enxugando assim o aparelho estatal. No que diz respeito especificamente à edição da Lei 11.079/2004, as autoras pontuam que, nesse processo de transformação do Estado, inseriu-se a eficiência como princípio constitucional da Administração Pública[77] e também o instituto da parceria público privada, com o objetivo de modernizar a Administração.[78]

Guimarães[79] comenta, ainda, que o processo de descentralização estatal no Brasil seguiu a tendência internacional de busca por novos instrumentos de financiamento do setor público, tendo em vista a insuficiência de recursos públicos para atender às necessidades sociais. Por se tratar de movimento seguido mundialmente, há a adoção em diversos países da fórmula universalmente conhecida como *Public Private Partnership*. Ressalta o autor que, apesar da adoção em diversos regimes jurídicos, não há um modelo unitário e comum de parceria público-privada, sendo o intuito da ressalva o de explicitar a tendência mundial, apenas.

Como observa Motta,[80] uma das diferenças entre o modelo adotado no Brasil e aqueles implantados em outros países, como por exemplo Portugal e Espanha, é o de que, diferentemente destes dois países, no Brasil "optou-se por manter tal instrumento (o das parcerias público-privadas) jungido à estrutura da contratação vigente, que deflui do art. 37, inciso XXI, da Constituição Federal, lido juntamente com o art. 22, XXVII, da mesma Carta".

---

75. GUIMARÃES, F. V. *PPP – Parceria público-privada*. São Paulo: Saraiva, 2012, p. 17.
76. FRIAS, L.; SILVA, T. C. A influência neoliberal sobre o Poder Legislativo: o caso das parcerias público-privadas. *Revista Digital de Direito Administrativo*, São Paulo, v. 3, n. 2, 2016, p. 416. Disponível em: http://www.revistas.usp.br/rdda. Acesso em: 05 nov. 2022.
77. Através da Emenda Constitucional 19, de 04 de junho de 1998.
78. FRIAS, L.; SILVA, T. C. A influência neoliberal sobre o Poder Legislativo: o caso das parcerias público-privadas. *Revista Digital de Direito Administrativo*, São Paulo, v. 3, n. 2, 2016, p. 417. Disponível em: http://www.revistas.usp.br/rdda. Acesso em: 05 nov. 2022.
79. GUIMARÃES, op. cit., p. 17-18
80. MOTTA, C. P. C. *Eficácia nas licitações e contratos*: doutrina, jurisprudência e legislação. 10. ed. Belo Horizonte: Del Rey, 2005, p. 1009-1010.

3.2 Condições para o controle social na Lei 11.079/2004

Salienta-se, mais uma vez, a estreita relação entre as condições para que o controle social ocorra e o princípio da publicidade. Ainda que seja obrigatória a observância deste, por força da imposição constitucional do art. 37, a Lei 11.079/2004 dispõe, em seu art. 4º, V, que, na contratação de parceria público-privada deve ser observada a transparência dos procedimentos e das decisões.

Diferentemente da lei analisada anteriormente, que se refere à publicidade, a Lei 11.079/2004 inova ao dispor expressamente sobre o termo "transparência". Segundo expõe Marrara,[81] a "publicidade-transparência" tem papel fundamental para que as informações proporcionadas pelo Estado e obtidas pelos cidadãos sirvam para que estes: "(1) exerçam seus direitos e liberdades e/ou (2) controlem a prática de atos ilegais e abusivos praticados pelo Estado".

De acordo com o mesmo autor,[82] a publicidade-transparência deve ser impulsionada para que sejam ampliados os institutos de controle social na via administrativa, que se mostra necessário devido ao fato de que "percebeu-se que o controle de legalidade e juridicidade da ação pública é impossível de ser realizado apenas por entidades oficiais – sejam elas internas ou externas".

Marrara[83] conclui, assim, que a "publicidade – como requisito da transparência – supera seu papel meramente formal de validação dos atos jurídicos para consolidar-se como verdadeiro direito fundamental". É nesse sentido o entendimento de Martins Júnior[84] sobre o tema, defendendo que a transparência, sendo inerente aos princípios democráticos, é a finalidade a ser perseguida pela publicidade, motivação e participação popular. Desse modo, nota-se que a transparência é ainda mais abrangente que a publicidade entendida como mero requisito formal, devendo a Administração, para concretizar fielmente a transparência, disponibilizar as informações de modo a permitir o exercício de direitos, a participação popular e controle pelo cidadão.

Então, passa-se à exposição das previsões expressas acerca das condições para o controle social na Lei 11.079/2004. Adotam-se, aqui, os mesmos critérios de categorização observado nos itens anteriores, tais quais o modo de divulgação da informação, seu objeto e também a forma de expressão (dever da Administração ou direito do cidadão).

---

81. MARRARA, T. O princípio da publicidade: uma proposta de renovação. In: MARRARA, T. (Org.). *Princípios de direito administrativo*: legalidade, segurança jurídica, impessoalidade, publicidade, motivação, eficiência, moralidade, razoabilidade, interesse público. São Paulo: Atlas, 2012, p. 288.
82. Ibidem, p. 289.
83. Ibidem, p. 290.
84. MARTINS JÚNIOR, W. P. *Transparência administrativa*: publicidade, motivação e participação popular. São Paulo: Saraiva, 2004, p. 16-17.

Previsão na Lei 11.079/2004	Forma de expressão na Lei 11.079/2004	Modo de divulgação / garantia de acesso	Objeto de divulgação / garantia de acesso
Art. 5º, §1º	Dever	Imprensa oficial	Razões para rejeição de atualização de valores
Art. 10, VI	Dever	Meio eletrônico; imprensa oficial; jornal de grande circulação	Realização de consulta pública
Art. 14, §6º	Dever	Rede pública de transmissão de dados	Relatórios de desempenho nos contratos de PPP

Fonte: Elaboração própria.

3.2.1 Modo de divulgação ou garantia de acesso

Os arts. 5º, § 1º e 10, VI, da Lei 11.079/2004, fazem novamente menção ao modo de divulgação através da imprensa oficial. De acordo com a previsão do art. 12, do mesmo diploma legal, aplica-se às contratações de parcerias público-privadas o procedimento constante da legislação vigente acerca de licitações e contratos administrativos, que, no caso, diz respeito à Lei 8.666/1993. Assim, é possível observar que, como o art. 6º, XIII da Lei Geral de Licitações estabelece que a União tem como órgão oficial de divulgação o Diário Oficial da União, sendo esta o conceito de imprensa oficial adotado na lei, tal definição se aplica também ao âmbito das parcerias público-privadas.

Nota-se que devem ser observadas as diretrizes gerais expostas no art. 4º da Lei 11.079/2004, dentre as quais se encontra a transparência. Nesse sentido, a previsão acerca da imprensa oficial merece uma releitura sob o viés da transparência, que, segundo expõe Guimarães,[85] esta não deve ter o papel de somente disponibilizar dados da Administração, mas integrar os interessados no processo de construção das decisões dos agentes públicos. Ademais, acrescenta o autor que "é transcendental, assim, a relevância de uma adequada transparência em programas de PPP".

O art. 10, VI, do mesmo diploma legal, ainda faz referência à necessidade de divulgação em meio eletrônico, além de que o art. 14, § 6º, faz menção à divulgação em rede pública de transmissão de dados. Tais previsões simbolizam avanço no que concerne às possibilidades de favorecimento ao controle social, tendo em vista que o acesso à internet tem aumentado significativamente no país, observando-se um acréscimo de 10% de 2009 para 2010[86] e de 7% de 2015 para 2016, quando o Brasil contava com 116 milhões de usuários.[87] Em 2022, o número passou para 165 milhões.[88]

---

85. GUIMARÃES, F. V. *PPP – Parceria público-privada*. São Paulo: Saraiva, 2012, p. 294-295.
86. OLIVEIRA, F. C. S. Uma nova democracia representativa? Internet, representação política e um mundo em transformação. *Revista de Direito Administrativo*. Rio de Janeiro, v. 264, 2013, p. 188. Disponível em: http://bibliotecadigital.fgv.br/ojs/index.php/rda. Acesso em: 22 nov. 2022.
87. CANALTECH. *Brasil tem 116 milhões de usuários da internet, afirma IBGE*. Disponível em: https://canaltech.com.br/internet/brasil-tem-116-milhoes-de-usuarios-de-internet-afirma-ibge-108612/. Acesso em: 22 nov. 2022.
88. FORBES. Brasil já é o 5º país com mais usuários de internet no mundo. Disponível em: https://forbes.com.br/forbes-tech/2022/10/brasil-ja-e-o-5o-pais-com-mais-usuarios-de-internet-no-mundo/#:~:text=O%20

Fábio Cesar dos Santos Oliveira[89] expõe reflexão acerca da importância da valorização da internet enquanto condição para propiciar o controle social. Segundo expõe o autor, o avanço de recursos eletrônicos para se difundir a informação gera um aumento em seus usuários, tendo em vista que, atualmente, as conexões são mais acessíveis e baratas do que nos primórdios da comunicação. Apesar dos avanços, o autor explica que os usuários da internet ainda não configuram a totalidade da sociedade, ocorrendo que os que possuem acesso aos debates promovidos no meio eletrônico não têm características plurais. Porém, ainda com as devidas ressalvas, Oliveira concorda que é um fato a internet ser um veículo facilitador da articulação de grupos negligenciados na sociedade, para que sejam participantes da vontade política.

Assim, apesar das críticas acerca da não alcançada universalização da internet, é indiscutível que se trata de meio que tende a favorecer ainda mais a ocorrência do controle social do que os mecanismos formais previstos nas leis anteriores, já que a divulgação na internet possui maior alcance que as informações repassadas através de diários oficiais.

3.2.2 Objeto de divulgação ou garantia de acesso

Acerca dos objetos de divulgação de que trata a Lei 11.079/2004, observa-se que o art. 5º, §1º se relaciona às cláusulas de atualização automática dos valores contratuais. O dispositivo prevê que tais cláusulas serão aplicadas sem que seja necessária a homologação pela Administração. Contudo, caso esta deseje rejeitar a atualização dos valores, deve publicar na imprensa oficial as razões com fundamentos legais ou contratuais para tal rejeição, até o prazo de quinze dias.

Segundo expõe Motta,[90] tal disposição permite o "direito do parceiro privado ao contraditório". Ou seja, de acordo com a previsão legal, estabelece-se o direito subjetivo do parceiro privado à atualização automática de valores, o que impede a Administração de negar tal direito sem a realização do contraditório. Ademais, o mesmo autor ainda aponta a inovação de que, diferentemente de outros casos vistos até então, aqui o silêncio da Administração tem efeito positivo, já que o procedimento segue seu curso normal, sem a necessidade de homologação de novos valores.

O art. 10, VI, da mesma lei, pontua que, para a divulgação da realização da consulta pública, devem ser informados precisamente: i) justificativa para a contratação; ii) identificação do objeto; iii) prazo de duração do contrato; iv) valor estimado do contrato. A cautela em especificar quais dados devem necessariamente estar presentes na divulgação acerca da consulta pública se mostra também como mais um diferencial da Lei 11.079/2004, quando comparada à divulgação da audiência e consulta públicas que

---

pa%C3%ADs%20possui%20165%20milh%C3%B5es,com%20204%20milh%C3%B5es%20de%20usu%C3%A1rios. Acesso em: 22 nov. 2022.
89. OLIVEIRA, op. cit., p. 217.
90. MOTTA, C. P. C. *Eficácia nas licitações e contratos*: doutrina, jurisprudência e legislação. 10. ed. Belo Horizonte: Del Rey, 2005, p. 1045.

prevê o art. 21 da Lei 14.133/2021. Este não especifica os dados imprescindíveis para a divulgação dos dados, fazendo referência apenas a "todas as informações pertinentes".

O art. 14, § 6º, por fim, prevê que o órgão gestor de parcerias público-privadas federais[91] deverá disponibilizar ao público, através de rede pública de transmissão de dados, os relatórios de desempenho dos contratos de PPP. Tal objeto de divulgação mostra-se, também, imprescindível para que sejam dadas à sociedade condições favoráveis para que esta esteja suficientemente informada para que realize o controle, se necessário. Importante ressaltar que, através do relatório de desempenho, pode-se suscitar o controle social não tão somente em relação a possíveis irregularidades, mas também se o que foi realizado condiz com o que a sociedade espera do serviço, ou seja, se cumpre o atendimento ao interesse público ou não.

Sobre o tema, Luis Wagner Mazzaro Almeida Santos[92] demonstra julgar necessária a oitiva dos beneficiários dos projetos de PPP no que concerne ao controle de desempenho. Para o autor, é forçoso crer que, para realização do controle, basta um acompanhamento baseado apenas em relatos documentais. Contando que as empresas privadas possuem o interesse maior de lucro, não sendo necessariamente norteadas pelos princípios que regem os parceiros públicos, Santos defende auditorias operacionais de desempenho para reforçar o controle externo das parcerias público-privadas.

3.3 Mecanismos de controle social na Lei 11.079/2004

Na Lei 11.079/2004, encontra-se apenas um mecanismo de controle social expressamente disposto, tratando-se da consulta pública, prevista no art. 10, VI. Apontam Marrara e Nohara[93] que "como mecanismo dialógico, orientado pela finalidade instrutória e com característica formal e escrita, a consulta viabiliza a comunicação e fortalece a interação entre a Administração Pública e a sociedade". Os mesmos autores explicam também acerca da faculdade da consulta pública nos processos administrativos em geral,[94] mas salientam a possibilidade de que o legislador, em normas de processos administrativos setoriais, como é o presente caso, torne as consultas públicas obrigatórias.[95] Então, no-

---

91. Tal órgão foi instituído e regulamentado, como orienta a Lei 11.079/2004, pelo Decreto 5.385/2005, que acabou sendo revogado pelo Decreto 9.784/2019.
92. SANTOS, L. W. M. A. Parcerias público-privadas: o controle externo atuando em críticas e polêmicas fronteiras. *Revista do Tribunal de Contas da União*, Brasília, n. 107, 2006, p. 80. Disponível em: https://revista.tcu.gov.br/ojs/index.php/RTCU. Acesso em: 11 nov. 2022.
93. MARRARA, T.; NOHARA, I. P. *Processo administrativo*: Lei 9.784/1999 comentada. 2. ed. São Paulo: Thomson Reuters Brasil, 2018, p. 304.
94. Lei 9.784/1999: Art. 31. Quando a matéria do processo envolver assunto de interesse geral, o órgão competente poderá, mediante despacho motivado, abrir período de consulta pública para manifestação de terceiros, antes da decisão do pedido, se não houver prejuízo para a parte interessada. § 1º A abertura da consulta pública será objeto de divulgação pelos meios oficiais, a fim de que pessoas físicas ou jurídicas possam examinar os autos, fixando-se prazo para oferecimento de alegações escritas. § 2º O comparecimento à consulta pública não confere, por si, a condição de interessado do processo, mas confere o direito de obter da Administração resposta fundamentada, que poderá ser comum a todas as alegações substancialmente iguais.
95. MARRARA; NOHARA, op. cit. p. 309.

ta-se que, no âmbito das parcerias público-privadas, a consulta pública é obrigatória para que seja instaurado o processo licitatório.

Diferentemente da audiência pública, que é marcada pela oralidade, a consulta pública faz uso da escrita, como observado na exposição de Marrara e Nohara acima. Outra distinção realizada entre audiência e consulta públicas é que, nesta, há o dever de documentação das sessões e de resposta às consultas publicamente, o que não há na primeira, segundo Niebuhr.[96] Porém, de acordo com Marrara e Nohara,[97] a consulta pública "estabelece um diálogo mais formal e demorado, pelo qual se recebem tanto manifestações escritas digitais (por e-mail, formulário digital, aplicativos específicos e outros meios tecnológicos), quanto manifestações impressas (a mão, a máquina ou por qualquer outro instrumento)".

Necessário pontuar que há quem se manifeste de forma diversa a respeito do instituto tratado no presente item, a exemplo de Motta, que acredita que, com a Lei 11.079/2004 "incluiu-se então, com grande oportunidade a 'consulta pública', instrumento tratado no art. 31 da Lei 9.784/1999, de operacionalização mais ágil e dotado de melhores perspectivas quanto a resultados concretos".[98] Niebuhr[99] também defende que, na consulta pública, "há maior possibilidade de interferência dos interessados na decisão final, além de possibilitar o aprofundamento real do debate em torno da decisão, tanto do ponto de vista político quanto técnico".

Comparando-se a característica da oralidade da audiência pública em relação ao caráter escrito da consulta pública, nota-se que a primeira tem condições de ser mais abrangente, visto que possui o potencial de abarcar a parcela da população analfabeta, que, de acordo com o Instituto Brasileiro de Geografia e Estatística (IBGE), correspondia a 7% dos brasileiros em 2017,[100] e também os analfabetos funcionais, que, segundo o Indicador de Analfabetismo Funcional (INAF), diz respeito à aproximadamente 30% dos brasileiros em 2018.[101] É importante a observância de tais números para ressaltar a parcela da população que, geralmente, é excluída dos centros de decisão da Administração Pública.

Ademais, necessário pontuar os recortes de raça e de classes sociais, como também demonstra o IBGE, de que dentre os alunos de ensino médio que estavam na série esperada para a idade em 2017, observa-se: 76,4% dos brancos dentro da média espe-

---

96. NIEBUHR, Pedro de Menezes. *Parcerias público-privadas*: perspectiva constitucional brasileira. Belo Horizonte: Fórum, 2008, p. 151.
97. MARRARA; NOHARA, op. cit., p. 311.
98. MOTTA, C. P. C. *Eficácia nas licitações e contratos*: doutrina, jurisprudência e legislação. 10. ed. Belo Horizonte: Del Rey, 2005, p. 1065.
99. NIEBUHR, P. M. *Parcerias público-privadas*: perspectiva constitucional brasileira. Belo Horizonte: Fórum, 2008, p. 151.
100. Instituto Brasileiro de Geografia e Estatística. Agência notícias. Disponível em: https://agenciadenoticias.ibge.gov.br/agencia-noticias/2012-agencia-de-noticias/noticias/21255-analfabetismo-cai-em-2017-mas-segue-acima-da-meta-para-2015.html. Acesso em: 11 nov. 2022.
101. Indicador de Alfabetismo Funcional. INAF Brasil 2018: Resultados preliminares. Disponível em: https://drive.google.com/file/d/1ez-6jrlrRRUm9JJ3MkwxEUffltjCTEI6/view. Acesso em: 11 nov. 2022.

rada, enquanto a porcentagem de pretos e pardos é de 63,5%; e também 90,5% dos 20% da população com maiores rendimentos estão de acordo com a média, enquanto que apenas 54,5% dos 20% da população com menores rendimentos encontram-se dentro do aguardado.[102] Faz-se esse recorte para evidenciar que, excluindo a possibilidade de participação popular daqueles analfabetos ou analfabetos funcionais, exclui-se também a participação direta de específicos segmentos da sociedade, que não possuem interesses abarcados por aqueles de outras parcelas da população. Por esse viés, mostra-se que a audiência pública é um instrumento potencialmente mais democrático.

Por outro lado, ressalta-se o caráter presencial da audiência pública em contraposição à desnecessidade de presença física na realização da consulta pública. Tal constatação pode ser extraída pelo que demonstram Marrara e Nohara:[103] pelos fatos i) de a audiência pública ser oral e realizada em poucas horas; e ii) a consulta pública ser realizada de forma escrita e se prolongar por diversos dias e semanas. Assim, mostra-se inevitável a observância do contexto de mobilidade urbana no Brasil e sua estreita relação com a desigualdade social. Em estudo sobre a cidade de Santarém, no Pará, Eugênia Rosa Cabral[104] observou que, dentre as pessoas com menos de um salário mínimo, a locomoção ocorre através de transporte coletivo, com duração média acima de 190 minutos, enquanto que os que possuem renda acima de dois salários mínimos realizam seus deslocamentos em automóveis próprios, em sua maioria, e o tempo de locomoção é em média de até dez minutos. Em análise sobre a Região Metropolitana de Belo Horizonte, Eugênia Dória Viana Cerqueira[105] aponta, em uma observação geral, que ainda que haja evoluções nos espaços periféricos em relação a serviços e equipamentos, "as práticas de mobilidade dos habitantes das periferias ainda seguem um padrão de intensa dependência das áreas mais densas da metrópole". Então, constata-se a problemática de restrição da participação da sociedade nas audiências públicas, em contraposição às consultas públicas, visto que apenas uma parcela específica, mais favorecida economicamente, possui maiores chances de comparecimento às sessões.

CONCLUSÃO

Neste trabalho, foi possível observar como o controle social está previsto na legislação de concessões, sendo elas as Leis Federais 8.987/1995 e 11.079/2004. Como apontado ao longo do artigo, as concessões, sejam elas comuns ou especiais, são responsáveis por instrumentalizar as atividades de infraestrutura no país. Assim sendo, considerando a

---

102. Instituto Brasileiro de Geografia e Estatística. Agência notícias. Disponível em: https://agenciadenoticias.ibge.gov.br/agencia-noticias/2012-agencia-de-noticias/noticias/21255-analfabetismo-cai-em-2017-mas-segue-acima-da-meta-para-2015.html. Acesso em: 11 nov. 2022.
103. MARRARA; NOHARA, op. cit., p. 314.
104. CABRAL, E. R. et al. Mobilidade urbana e desigualdade social: um estudo dos deslocamentos na cidade de Santarém-PA. *Revista Amazônia, organizações e sustentabilidade*, Belém, v. 1, n. 2, 2012, p. 89. Disponível em: http://revistas.unama.br/index.php/aos. Acesso em: 11 nov. 2022.
105. CERQUEIRA, E. D. V. As desigualdades de mobilidade nas periferias da Região Metropolitana de Belo Horizonte. *Revista Cadernos Metrópole*, São Paulo, v. 20, n. 41, 2018, p. 49. Disponível em: https://revistas.pucsp.br/metropole. Acesso em: 11 nov. 2022.

importância da sociedade civil a fim de suprir eventual falha na condução dos projetos de infraestrutura sob comando estatal, bem como a multilateralidade inerente às atuais modelagens de infraestrutura no país, buscou-se analisar como a legislação regente dos contratos de parceria preveem a possibilidade do controle social.

Verificou-se que, dado o longo lapso temporal entre a edição das leis analisadas e os dias de hoje, as condições para que o controle social ocorra, positivadas à época da edição das normas estudadas, são ainda formais, que, naturalmente, não abarcam possibilidades mais atuais. Importa observar que as condições e o modo de divulgação, entre 1995 e 2004, tiveram alterações que já refletiram o decorrer do tempo e os avanços tecnológicos na redação legal.

Quanto aos mecanismos de controle social, observaram-se em ambas as leis instrumentos utilizados até os dias de hoje, destacando-se a audiência (aplicada aqui subsidiariamente) e a consulta públicas. Em outras palavras, os mecanismos de controle social previstos nas leis de quase trinta e vinte anos atrás continuam os mesmos previstos em leis mais atuais, a exemplo da Lei Federal 14.133/2021.[106]

REFERÊNCIAS

ALMEIDA, Fernando Dias Menezes; CARVALHO FILHO, José dos Santos. Controle da Administração Pública e responsabilidade do Estado. In: DI PIETRO, Maria Sylvia Zanella (Coord.). *Tratado de direito administrativo*. São Paulo: RT, 2014. v. 7.

AVELAR, Marina Magalhães; FERREIRA, Raquel Bastos; FORTINI, Cristiana Comentários à Lei de Acesso à Informação: contexto, desafios e polêmicas. In: ALMEIDA, Fernando Dias Menezes et al (Org.). *Direito e Administração Pública*: estudos em homenagem a Maria Sylvia Zanella Di Pietro. São Paulo: Atlas, 2013.

BIM, Eduardo Fortunato. *Audiências públicas*. São Paulo: RT, 2014.

CABRAL, Flávio Garcia. Os fundamentos políticos da prestação de contas estatal. *Revista de Direito Administrativo*, Rio de Janeiro, v. 270, 2015. Disponível em: http://bibliotecadigital.fgv.br/ojs/index.php/rda. Acesso em: 11 nov. 2022.

CAMPOS, Anna Maria. Um novo modelo de planejamento para uma nova estratégia de desenvolvimento. *Revista de Administração Pública*, v. 14, n. 3, 1980, p. 33-34. Disponível em: http://bibliotecadigital.fgv.br/ojs/index.php/rap/index. Acesso em: 05 nov. 2022.

CARVALHO, André Castro. *Direito da Infraestrutura*. Perspectiva pública. São Paulo: Quartier Latin, 2014.

CARVALHO, André Castro. A sociedade civil na provisão de infraestrutura pública. In: LAGOS, Ricardo (Coord.); DÁVILA, Mireya; ZUBETTU, Fabíola Wüst (Org.). *A América Latina no Mundo*: desenvolvimento regional e governança internacional. São Paulo: EDUSP, 2013.

CERQUEIRA, Eugênia Dória Viana. As desigualdades de mobilidade nas periferias da Região Metropolitana de Belo Horizonte. *Revista Cadernos Metrópole*, São Paulo, v. 20, n. 41, 2018. Disponível em: https://revistas.pucsp.br/metropole. Acesso em: 11 nov. 2022.

---

106. Art. 21. A Administração poderá convocar, com antecedência mínima de 8 (oito) dias úteis, audiência pública, presencial ou a distância, na forma eletrônica, sobre licitação que pretenda realizar, com disponibilização prévia de informações pertinentes, inclusive de estudo técnico preliminar e elementos do edital de licitação, e com possibilidade de manifestação de todos os interessados.
Parágrafo único. A Administração também poderá submeter a licitação a prévia consulta pública, mediante a disponibilização de seus elementos a todos os interessados, que poderão formular sugestões no prazo fixado.

DAL POZZO, Augusto Neves. *O Direito Administrativo da Infraestrutura*. São Paulo: Contracorrente, 2020.

DI PIETRO, Maria Sylvia Zanella. *Parcerias da Administração Pública*: concessão, permissão, franquia, terceirização, parceria público-privada. 11. ed. Rio de Janeiro: Forense, 2017. Edição do Kindle. Não paginado.

GONZÁLEZ, Jorge Agudo; MARRARA, Thiago (Coord.). *Controles da Administração e judicialização de políticas públicas*. São Paulo: Almedina, 2016.

GUIMARÃES, Fernando Vernalha. *PPP – Parceria público-privada*. São Paulo: Saraiva, 2012.

JUSTEN FILHO, Marçal. *Teoria geral das concessões de serviço público*. São Paulo: Dialética, 2003.

MARRARA, Thiago. *Manual de direito administrativo*: funções administrativas, intervenção na propriedade e bens estatais. 3. ed. Indaiatuba: Foco, 2022, v. 2.

MARRARA, Thiago. (Org.). *Princípios de direito administrativo*: legalidade, segurança jurídica, impessoalidade, publicidade, motivação, eficiência, moralidade, razoabilidade, interesse público. São Paulo: Atlas, 2012.

MARRARA, Thiago; NOHARA, Irene Patrícia. *Processo administrativo*: Lei 9.784/1999 comentada. 2. ed. São Paulo: Thomson Reuters Brasil, 2018.

MARTINS JÚNIOR, Wallace Paiva. *Transparência administrativa*: publicidade, motivação e participação popular. São Paulo: Saraiva, 2004.

MOTTA, Carlos Pinto Coelho. *Eficácia nas licitações e contratos*: doutrina, jurisprudência e legislação. 10. ed. Belo Horizonte: Del Rey, 2005.

NIEBUHR, Pedro de Menezes. *Parcerias público-privadas*: perspectiva constitucional brasileira. Belo Horizonte: Fórum, 2008.

OLIVEIRA, Fábio Cesar dos Santos. Uma nova democracia representativa? Internet, representação política e um mundo em transformação. *Revista de Direito Administrativo*, Rio de Janeiro, v. 264, 2013. Disponível em: http://bibliotecadigital.fgv.br/ojs/index.php/rda. Acesso em: 11 nov. 2022.

PEREIRA JÚNIOR, Jessé Torres. *Comentários à lei das licitações e contratações da Administração Pública*. 8. ed. Rio de Janeiro: Renovar, 2009.

PEREZ, Marcos Augusto. *A Administração Pública democrática*: institutos de participação popular na Administração Pública. Belo Horizonte: Fórum, 2009.

SANTOS, Lucimar Rizzo Lopes dos. A fiscalização e o acompanhamento da execução do contrato administrativo na Administração Pública – Artigo 67 – Lei 8.666/1993. *Revista Digital de Direito Administrativo*, São Paulo, v. 4, n. 2, 2017.

BREVE EXCURSO SOBRE O PROCEDIMENTO DE CONCURSO PÚBLICO PARA CELEBRAÇÃO DE CONTRATOS DE OBRAS PÚBLICAS EM ANGOLA

Daniel Francisco Quinito

Docente de Finanças Públicas e Direito Financeiro e Direito Económico da Faculdade de Direito da Universidade Católica de Angola. Coordenador e Formador dos Cursos de Extensão e Pós-Graduação em Contratação Pública da Escola Nacional de Administração e Políticas Públicas (ENAPP-EP). Formador dos Cursos de Extensão e Pós-Graduação em Contratação Pública da Faculdade de Direito da Universidade Agostinho Neto. E-mail: daniel.quinito@ucan.edu.

Formosa Francisco Quinito (Colaboração)

Académica da Faculdade de Economia e Gestão da Universidade Católica de Angola. Design Gráfica e Editorial pela Q-Brother's Editores e Associados.

Sumário: Introdução – 1. Orçamentação e planificação – 2. Procedimentalização para a celebração do contrato de empreitada de obras públicas – 3. Garantia dos contratos de infraestruturas – 4. Controlo jurisdicional do Tribunal de Contas dos contratos de obras públicas – Considerações finais – Referências.

INTRODUÇÃO

O presente artigo constitui o resultado da ampliação e restauração das investigações em torno do excurso breve disponibilizado aos estudantes do 2.º ano da Faculdade de Direito da Universidade Católica de Angola, no ano lectivo 2023-2024, com o título "Breve Excurso Sobre as Despesas Públicas: uma análise da linha do tempo",[1] na disciplina de "Finanças Públicas e Direito Financeiro". Tal ampliação e restauração foi possível graças ao honroso convite feito pelos professores Thiago Marrara, José Maurício Conti, Augusto Dal Pozzo e Sabrina Nunes Iocken, para participar, por meio de um artigo científico, do presente livro, sobre o tema "Direito da Infraestrutura: aspectos financeiros e adminis-

---

1. Aquando da lecionação do tópico referente ao Direito das Despesas Públicas, os estudantes fizeram questão de pedir que fizéssemos um excurso breve sobre os pontos essenciais da matéria. Aceitei, naturalmente, e produzimos um rascunho que serviu de base aos seus estudos. Sem prejuízo de ter sido apenas um rascunho produzido para melhor guiar os estudantes, os mesmos fizeram questão de disponibilizar na internet através do seguinte link: https://www.studocu.com/row/document/universidade-catolica-de-angola/financas-publicas/breve-excurso-sobre-as-despesas-publicas/78024780.

No entanto, a presente versão não deve ser tomada como um artigo científico, mas apenas uma mera tentativa de um docente em estabelecer os pontos essenciais de uma matéria aos seus estudantes.

trativos", visando contribuir para o enriquecimento da doutrina do direito.[2] Deixamos, aqui, o registro de agradecimento pelo convite que tanto nos honra.

Por conseguinte, com a presente temática pretendemos conferir aos consulentes uma espécie de roteiro sobre os elementos essenciais a se ter em linha de conta no procedimento de contratação pública – concurso público[3] – para a celebração de um contrato de empreitada de obras públicas, desde o processo de planificação até a decisão de adjudicação das propostas submetidas pelos concorrentes à consideração da comissão de avaliação.

Sem embargo das presentes linhas introdutórias, que constituem o primeiro ponto do artigo, no ponto (1), realizámos um enquadramento sobre o processo orçamental do Estado e a subsequente necessidade de planificação das aquisições dos bens e serviços das Entidades Públicas Contratantes (doravante EPC) que são, necessariamente, Unidades Orçamentais; no ponto (2), efectuamos uma abordagem central sobre a procedimentalização da aquisição dos serviços de empreitadas de obras públicas, destacando-se o concurso público – iniciado com a decisão de contratar e culminando com a decisão de adjudicação; no ponto (3), procuramos apresentar os parâmetros exigenciais para a garantia de um contrato de empreitada de obras públicas em Angola; no ponto (4), abordamos sobre o controlo jurisdicional do Tribunal de Contas, especificamente, os parâmetros para submissão do contrato de empreitada de obras públicas para obtenção do visto ou declaração de conformidade; e, finalmente, retiramos as considerações finais sobre o excurso sobre o procedimento de concurso público para celebração dos contratos de empreitadas de obras públicas em Angola.

Finalmente, gostaria de aproveitar a oportunidade para agradecer a Formosa Francisco Quinito, académica da Faculdade de Economia e Gestão da Universidade Católica de Angola, por aceitar, prontamente, o nosso convite para efectuar uma leitura e revisão do artigo[4] e por acompanhar as aulas dos cursos de extensão em contratação pública da Escola Nacional de Administração e Políticas Públicas (ENAPP-EP) e nos cursos de extensão da Faculdade de Direito da Universidade Agostinho Neto. Auguramos que a dedicação científica e académica venha ser, sempre, o seu manto seguro para desbravar a infinitude do desconhecido, que caracteriza, infelizmente, a pequenez existencial do ser humano.

---

2. Há alguns anos, tem sido desenvolvido estudos na área de Direito da Infraestrutura, especialmente no que toca aos aspectos voltados ao Direito Financeiro e ao Direito Administrativo, a partir de eventos e aulas ministradas no curso de pós-graduação *stricto sensu* da Faculdade de Direito da Universidade de São Paulo – USP. Onde tivemos o prazer de encaminhar uma comunicação sobre "Estruturação e licitação de projectos de infraestruturas em Angola: Concessões e Parcerias Público-Privadas", em 2022. Disponível em: https://www.youtube.com/watch?v=kkun96aHm0Y.
3. Na realidade, conforme iremos verificar mais adiante, existem vários procedimentos de contratação pública em Angola – o Concurso Público, Concurso Limitado por Prévia Qualificação, Concurso Limitado por Convite, Contratação Simplificada, Procedimento Dinâmico Electrónico e Procedimento de Contratação Emergencial. Em virtude da exiguidade de um artigo científico, preferimos apenas efectuar o detalhamento do procedimento de concurso público para a celebração de contratos de empreitadas de obras públicas em Angola.
4. Devemos, também, agradecemos ao Emir Ventura pela revisão linguística do artigo.

1. ORÇAMENTAÇÃO E PLANIFICAÇÃO

O Estado angolano, comparativamente aos outros, possui um documento contabilístico e financeiro onde são previstas e computadas as receitas e as despesas anuais competentemente autorizadas.[5] Tal documento deve merecer a aprovação dos representantes do povo angolano, os deputados em efectividade de funções na Assembleia Nacional de Angola. A preparação do orçamento é da competência do Presidente da República, enquanto Titular do Poder Executivo, assim o dispõe a Constituição, quando no artigo 120.º alínea e) determina que a este órgão cabe submeter à Assembleia Nacional a proposta de orçamento, para posterior aprovação, conforme dispõe o artigo 161.º alínea e) tem sido esta, de facto, a prática orçamental no nosso país, ou seja, conferir ao poder executivo a iniciativa orçamental e conferir a sua aprovação ao órgão legislativo por excelência.[6]

Após aprovação do Orçamento, todas as Unidades Orçamentais,[7] que são Entidades Públicas Contratantes (doravante "EPC"), devem elaborar um Plano Anual de Contratação (doravante "PAC"), após 15 dias úteis contados a partir da data da aprovação

---

5. Cf. NUNES, Elisa Rangel. *Lições de Finanças Públicas e Direito Financeiro*. 6. ed. Luanda: Gráfica Maiadouro, 2015, p. 101.
6. Cf. NUNES, Elisa Rangel. *Lições de Finanças Públicas e Direito Financeiro*. 6. ed. Luanda: Gráfica Maiadouro, 2015, p. 131; FRANCO, António L. de Sousa. *Finanças Públicas e Direito Financeiro*. 4. ed. Coimbra: Almedina, 2004, p. 335. A teoria do Orçamento foi elaborada sobretudo durante o liberalismo e liga-se, intimamente, aos princípios inspiradores da democracia liberal: protecção do particular contra o crescimento estadual e os excessos do estatismo, consentimento representativo dos encargos fiscais, que limitam a propriedade e das despesas que lhes dão origem. Em termos pioneiros, a Magna Carta é considerada como o momento que marca o nascimento do direito financeiro, como instrumento de limitação do poder. É, pois, um sinal claro de que o Rei não pode agir arbitrariamente sem dar contas daquilo que faz a quem paga impostos. Cf. MARTINS, Maria d´Oliveira. *Lições de Finanças Públicas e Direito Financeiro*. 4. ed. Coimbra: Almedina, 2019, p. 38. Para uma visão síntese da evolução das gerações dos direitos fundamentais Cf. QUINITO, Daniel Francisco, e Teurio MARCELO. Garantias Jurídicas e Económicas dos Direitos Fundamentais. *Estudos em Homenagem ao Professor Doutor Fernando José de França Dias Van-Dúnem*, I, 2021, p. 449.
7. É necessário, neste ponto, distinguir os órgãos dependentes, órgãos com autonomia administrativa e órgão com autonomia financeira. Os primeiros são os que carecem de autonomia administrativa, pelo que não podem praticar actos definitivos e executórios, nomeadamente, autorizar despesas e pagamentos. As segundas tipologias de órgãos podem ser definidas como sendo aqueles que podem praticar actos de gestão definitivos e executórios, entre os quais, autorizar as respectivas despesas e os pagamentos, mas com créditos inscritos no Orçamento do Estado. Na realidade o regime de simples autonomia administrativa constitui, em termos de gestão de dinheiros e efectivação da despesa pública, o regime-regra, circunscrevendo a actuação dos serviços e órgão (i) à prática de actos administrativos, (ii) no âmbito da denominada gestão corrente. Finalmente, os órgãos com autonomia financeira são os que, além de gozarem de autonomia administrativa, dispõem de receitas próprias, o que lhes permite autorizar, com essas receitas, os pagamentos das despesas previstas em orçamento seu. Em aditamento, os orçamentos oriundos de órgão com autonomia financeira são aqueles que, designadamente, pela sua estrutura e pela finalidade desenvolvida pelos entes, seus titulares, não podem estar inseridos no Orçamento do Estado, ou porque as regras contabilísticas, porque estas se regem não são coincidentes, em face da capacidade de resposta que tem que ser dada à actividade social que desenvolvem, ou porque em função dessa actividade têm de dispor de órgãos específicos que fazem impulsionar, de modo mais dinâmico, essa mesma actividade. É o caso das empresas públicas. Cf. NUNES, Elisa Rangel. *Lições de Finanças Públicas e Direito Financeiro*. 6. ed. Luanda: Gráfica Maiadouro, 2015, p. 129; NUNES, Elisa Rangel. *Orçamento do Estado: contribuição para a transparência orçamental em Angola*. Luanda: Gráfica Maiadouro, 2011, p. 275; RIBEIRO, José Joaquim Teixeira. *Lições de Finanças Públicas*. 5. ed. Coimbra: Coimbra Editora, 2013, p. 69; ROCHA, Joaquim Freitas da. *Direito da despesa pública*. Coimbra: Almedina, 2020, p. 178.

do Orçamento Geral do Estado. O mesmo plano deve ser comunicado e publicado no Portal de Compras Públicas, e, assim, dar a conhecer ao mercado, sobretudo aos agentes económicos, sobre as necessidades que tais entidades públicas terão durante o exercício orçamental. Na realidade, os referidos planos servem para efectuar uma inventariação sobre o conjunto de necessidades aquisitivas que deverão ser materializadas, por meio da celebração de contratos, ao nível do exercício económico, dando nota sobre a designação do objecto a adquirir, o seu valor estimado do contrato, o tipo de procedimento a ser adoptado, qual a natureza da operação,[8] expectativa em termos de data do lançamento do procedimento, dentre outras informações.[9]

Adicionalmente, o não cumprimento, por parte das EPC, da elaboração dos PAC, bem assim a sua publicação, sujeita a entidade, faltosa, a ver as suas despesas bloqueadas, conforme dispõe os ns. 1 e 10 do artigo 10.º do Decreto Presidencial 01/24, de 2 de Janeiro, que aprova as Regras de Execução do Orçamento Geral do Estado para o exercício económico 2024 (doravante "REOGE"), conjugado com o artigo 442.º da Lei 41/20, de 23 de dezembro, Lei dos Contratos Públicos (doravante "LCP").

2. PROCEDIMENTALIZAÇÃO PARA A CELEBRAÇÃO DO CONTRATO DE EMPREITADA DE OBRAS PÚBLICAS

Para a celebração dos contratos de empreitadas de obras públicas em Angola, as Entidades Públicas Contratantes (EPC) devem adoptar um conjunto de procedimentos pré-contratuais, que são entendidos como sendo o conjunto de *actos e formalidades* que as EPC devem observar para a celebração de um contrato público (em particular, de empreitadas de obras públicas).

Na realidade, em termos etimológicos, a palavra procedimento deriva do latim *procedere*, que significa "avançar, mover adiante", de PRO, "à frente", mais CEDERE, "ir". Um processo, em qualquer assunto, implica um conjunto ordenado de passos no tempo para se chegar a um objetivo.[10] Querendo com isso dizer, que um procedimento contratual será o caminho ou ritual a seguir para a celebração do contrato de empreitadas de obras públicas, devendo o mesmo começar com uma decisão de contratar e culminar com uma decisão de adjudicação (por meio de um despacho ou acto administrativo de adjudicação).

Do conceito de procedimento de contratação pública integram dois elementos fundamentais, a saber:

1. Actos: administrativos, normativos ou regulamentares e materiais;[11]

---

8. Nova contratação, renovação ou prorrogação do prazo de vigência do contrato.
9. Consultar o Portal de Compras Públicas de Angola para poder aceder ao modelo do PAC e ao conjunto de planos publicados ao nível da plataforma. Cf. https://compraspublicas.minfin.gov.ao/ComprasPublicas/#!/documentacao/institucional/documentacao/institucional/plano-anual-de-contratacao.
10. Cf. https://origemdapalavra.com.br/palavras/procedimento/. Acesso em: 13 ago. 2024.
11. *Actos administrativos*: serão decisões tomadas pelo gestor máximo das obras públicas mediante emissão de despacho, visando determinar a abertura do procedimento, a nomeação da comissão da avaliação ou adjudicação

2. Formalidades: essenciais e não essenciais.[12]

Em termos de finalidade, todos os actos e formalidades que integram o procedimento são praticados e observados tendo como fito a celebração do contrato de empreitada de obras públicas.

Por conseguinte, as Entidades Públicas Contratantes (EPC) podem servir-se dos mais variados expedientes procedimentais positivados pelo legislador da contratação pública para a celebração dos contratos de empreitadas de obras públicas. Sabendo, a partida, que o legislador estabeleceu o critério do valor e o critério material como sendo critérios fundamentais para a escolha dos procedimentos para a celebração dos contratos de empreitadas.[13] *Os critérios legais possuem uma dupla importância, a saber: i) servem para determinar o tipo de procedimento a ser adoptado pela EPC, e ii) servem para determinar os limites de competência para a autorização da despesa.*[14]

Comecemos pelo critério do valor.

Tratando-se da aplicação do critério do valor, a primeira preocupação de uma Entidade Pública Contratante (EPC) será a de verificar, mediante estudo de mercado,[15]

---

do contrato. *Actos normativos ou regulamentares*: consiste na criação de normas ou regras jurídicas de carácter geral e abstracto, aplicáveis a todos operadores económicos que concorrem no procedimento, tendo como escopo a criação de regras que os disciplinarão. Ex.: Programa do concurso e carta convite. Paralelamente, encontramos o caderno de encargos que é considerado um pré-contrato. *Actos materiais*: são determinadas acções que são praticadas ao mando do gestor máximo da entidade pública contratante, para acomodar e garantir o êxito do procedimento. Ex.: Limpeza da sala de reuniões onde irá decorrer o acto público.

12. *As formalidades*: as formalidades consistem sempre num modo de fazer ou executar algo. Determinadas por meio da feitura das seguintes questões: como se faz isto ou aquilo? Como se proceder isto ou aquilo?
As formalidades essenciais: são aquelas cuja não observância, colocam em perigo os princípios fundamentais da contratação pública (como a transparência, a imparcialidade, a concorrência etc.), conforme dispõe o artigo 73.º da LCP. *Formalidades não essenciais*: são aquelas cuja não observância não prejudicam princípios fundamentais da contratação pública.
13. A escolha do procedimento tem vindo a ser uma temática da contratação pública mais sujeita a erros, muitos deles resultantes de um equívoco que se deve esclarecer: considerar que a escolha deve ter como objectivo aplicar o procedimento mais "simples" desde que não se esteja a violar o Código em vez de considerar que se deve escolher o procedimento que melhor se adapte ao caso em questão respeitando o Código e os princípios já estudados com o objectivo de maximizar a expectativa de poder obter melhores resultados para a entidade adjudicante em termos de "value for money". A primeira orientação é errada porque não permite prosseguir o interesse público ao contrário do exigido pelo princípio constitucional. Cf. TAVARES, Luís Valadares. *O Essencial sobre os Contratos Públicos*: as Directivas de 2014 e o Decreto-lei 111-B/2017. Lisboa: OPET, IST-TAGUS PARK, 2018, p. 59.
14. Conforme veremos adiante a respeito da *decisão de contratar*.
15. O estudo de mercado permitirá às Entidades Públicas Contratantes (EPC) uma avaliação prévia das condições que os operadores económicos estão dispostos a oferecer certo bem ou a prestar determinado serviço. Recomenda-se a utilização das propostas não solicitadas como veículos para alimentar a base de dados dos preços ou o estabelecimento de cotações prévias, para melhor determinação dos valores estimados dos contratos de empreitadas de obras públicas. Em insigne estudo o World Bank explicitou nos seguintes termos as propostas não solicitadas: "Traditionally, the government involves the private sector in infrastructure development through a government planning process. A government agency develops an idea for a project that responds to an identified infrastructure challenge (set forth in an infrastructure plan or strategy), after which it prepares and develops the project (together with its external advisors). It subsequently launches a competitive tender to engage the most qualified private-sector bidder to implement the project. *Unsolicited proposals (USPs)* are an exception to the public initiation of infrastructure projects. In the case of a USP, a private entity reaches out to a public agency with a proposal for an infrastructure or service project, without having received an explicit

o valor estimado do contrato,[16] ou seja, o valor máximo que a EPC estará disposta a pagar pelo serviço de empreitada de obras públicas, olhando para as suas vicissitudes orçamentais.

A razão de ser da associação entre tipo de procedimento e valor do contrato é simples: quanto maior for a dimensão financeira do contrato, maiores serão as exigências impostas pelo princípio da concorrência e, por isso, mais solene e mais formalizado deverá ser o procedimento pré-contratual aplicável.[17]

O quadro abaixo ilustra a aplicação do critério do valor para a determinação do tipo de procedimento de contratação pública:

Tipo de procedimento	Valor
Concurso Público	Aplicáveis a qualquer montante ou valor
Concurso Limitado por Prévia Qualificação	
Procedimento Dinâmico Electrónico	
Concurso Limitado por Convite	Aplicáveis a contratos de valor inferior a 182.000.000,00 (Cento e Oitenta e Dois Milhões de Kwanzas) e Superior a 18.000.000,00 (Dezoito Milhões de Kwanzas)
Contratação Simplificada	Igual ou Inferior a 18.000.000,00 (Dezoito Milhões de Kwanzas)

Fonte: Elaboração dos Autores.

Finalmente, deverá existir uma preocupação por parte dos aplicadores das normas da contratação pública, em Angola, em saber, primeiro, o montante da aquisição e, depois disso, verificar quais procedimentos são elegíveis para o caso em concreto.

Passaremos para o *critério material*.

O critério material pode também ser designado como sendo critério circunstancial, factual ou situacional, na medida em que a aplicação do procedimento está dependente da ocorrência, ou eminência de ocorrência, de determinadas circunstâncias, prescindindo o legislador da abertura à concorrência.[18] Em outras palavras, o valor estimado do contrato revela-se irrelevante, em primeira linha, na medida em que a situação descrita pelo legislador será fundamental ou determinante para a escolha do tipo de procedimento, devendo o aplicador das normas da contratação pública fundamentar, ao nível da decisão de contratar, que tais circunstâncias descritas pelo legislador na

---

request or invitation from the government to do so". Cf. WORLD BANK GROUP AND PPIAF. *Policy Guidelines for Managing Unsolicited Proposals in Infrastructure Projects*. 2017, v. II, p. 5.

16. Por valor estimado da empreitada de obras públicas podemos considerar o valor máximo que a Entidade Pública Contratante (EPC) está disposta a pagar pela aquisição dos serviços especializados de empreitadas de obras públicas, sendo que, em caso de extrapolação, a proposta submetida deverá ser considerada fora dos limites de possibilidades financeiras do ente público e, automaticamente, excluída.

17. Cf. SOUSA, Marcelo Rebelo de e André Salgado de MATOS. *Direito Administrativo Geral: Contratos Públicos*. 2. ed. Publicações Dom Quixote, 2008, v. III. p. 92.

18. Para um estudo complementar Cf. SOUSA, Marcelo Rebelo de e André Salgado de MATOS. *Direito Administrativo Geral*: Contratos Públicos... Op. cit, p. 94 e ss.

previsão normativa estão presentes na aquisição que a Entidade Pública Contratante (EPC) pretende efectuar, mediante aplicação dos critérios materiais.

Em aditamento, *o critério material se reporta às circunstâncias que ocorrem, ocorreram ou ocorrerão ao nível da realidade da Entidade Pública Contratante ou do mercado, em si*. Neste critério, *não se olha para o valor estimado da aquisição, ou seja, não será tão relevante olhar para o montante máximo que a Entidade Pública Contratante está disposta a pagar para aquisição dos bens e serviços*. Todavia, revelar-se-á de grande importância a circunstância ou situação que estará a viver a EPC ou o mercado. O legislador procurou detalhar e regular tais situações nos termos dos artigos 26.º e seguintes da Lei 41/20, de 23 de Dezembro, Lei dos Contratos Públicos (doravante "LCP").

De forma esquemática, podemos espelhar os procedimentos que podem ser adoptados por força do critério material:

Tipos de procedimentos	Circunstâncias ou situações
Contratação Simplificada	Para este caso, podemos verificar nos termos dos artigos 26.º, 27.º, 28.º, 29.º e 30.º da LCP.
Procedimento de Contratação Emergencial	Para este caso, temos o artigo 31.º da LCP a efectuar uma inventariação das circunstâncias que, uma vez verificadas, legitimam a entidade pública a adoptar o procedimento de contratação emergencial.

Fonte: Elaboração dos Autores

a) Decisão de contratar

De forma preliminar, verifica-se que, em regra, no início de um procedimento pré-contratual, é a Administração chamada a tomar três decisões distintas, com conteúdos diversos, a saber: *(i) a decisão de contratar, (ii) a decisão de autorização da despesa e a (iii) decisão de escolha do tipo de procedimento*.[19]

Efectivamente, a decisão de contratar deve ser entendida como sendo o acto através do qual a EPC decide a formalização e o lançamento do procedimento de contratação pública, através da proferição de um acto administrativo, como seja um despacho[20] com a decisão de contratar.

---

19. Cf. DUARTE, Tiago, 2008. A decisão de contratar no código dos contratos públicos: da idade do armário à idade dos porquês. *Estudos de Contratação Pública*, v. I, p.148.
20. Relativamente aos despachos, em primeira nota, os despachos são decisões proferidas em papéis, requerimentos e processos sujeitos à apreciação de autoridade pública. Podem ser decisórios, quando põe fim ao processo ou procedimento, ou de mero expediente, que apenas impulsionam os processos. Na realidade, os despachos permitem o encaminhamento de uma exposição de motivos, parecer, informação, requerimento ou demais documentos submetidos pelas partes a seu conhecimento e solução, dentro de um mesmo órgão ou entre sectores do mesmo órgão, e entre órgãos diferentes. Além de encaminhar, o despacho pode proferir uma decisão e constituir-se de uma palavra (Aprovo, Autorizo, Indefiro, etc.), de duas (De acordo etc.) ou de muitas palavras.

No texto, tomamos a classificação dos despachos em "simples" e "complexos", os primeiros são aqueles que irão consistir numa mera tramitação de expedientes, não exigindo maiores esforços na fundamentação, ao passo que os segundos, são aqueles que possuem uma estrutura complexa e demandam maior esforço de fundamentação fática e jurídica da parte da entidade emitente. Estes últimos são aqueles que a EPC deverá observar aquando do lançamento de um procedimento de contratação pública. Cf. QUINITO, Daniel Francisco. Boas práticas na contratação simplificada. Faculdade de Direito da Universidade Católica de Angola (Org). *Revista de Direito & Economia*. Luanda: DE-FDUCAN, 2023, p. 188 e ss.; GOMES, Eugêncio Maria e MORGADO, Almir.

Todos os procedimentos de contratação pública começam sempre com uma decisão de contratar, nos termos do artigo 32.º da LCP, exteriorizada por meio de um despacho de abertura de procedimento. Na prática, o despacho de abertura de procedimento serve também para autorizar a respectiva despesa e a escolha do tipo de procedimento,[21] não sendo recorrente a emissão de despachos distintos. Este despacho é complexo, na medida em que envolve tanto um exercício de fundamentação de facto e de direito, buscando dar a entender quais são os motivos que levam a EPC a proceder a respectiva aquisição e em que termos o gestor se socorre de competências para assim o fazer.

Assim, teríamos a seguinte estruturação do despacho:

1. Fundamentação fática ou de facto;
2. Fundamentação de direito; e
3. Determinações ou Comandos.[22]

Em outra banda, a autorização da despesa, deve ser enquadrada com o conceito de limites de *competência para a autorização da despesa* que são entendidos como sendo a atribuição de certos montantes aos gestores máximos para poder autorizar o gasto de certas somas financeiras.

O legislador estabelece-os de forma tripla em termos de critérios, destacando os limites de autorização da despesa olhando para o critério *i)* do valor; *ii)* material e *iii)* contratação emergencial, conforme dispõe o anexo X do Decreto Presidencial 1/24, de 2 de Janeiro, que aprova as Regras de Execução do Orçamento Geral do Estado (2024).

Em termos classificatórios, os limites de competência podem ser:

a) Formais: são aqueles que são estabelecidos por meio de um diploma normativo (exemplo, Ministro, Governador, Administrador Municipal, Director Geral e Presidente de Conselho de Administração de Fundos Públicos); e

b) Matérias: são aqueles que não decorrem ou não são estabelecidos por um diploma legal, mas dependem apenas da disponibilidade orçamental, ou seja, a entidade poderá autorizar até onde for o seu orçamento. (exemplo, Titular do Poder Executivo, Assembleia Nacional, Poder Judicial, Autarquias Locais e Entidades Administrativas Independentes)

b) Fases do procedimento de concurso público para celebração de contratos de empreitadas de obras públicas

No presente ponto, falaremos sobre as fases que devem ser observadas aquando do lançamento de um concurso público para a celebração de um contrato de empreitada de obras públicas, permitindo ao leitor uma visão genérica sobre cada uma das fases.

Compêndio de administração... Op. cit., p. 150; NASCIMENTO, Oliveira et all (Org.). *Manual de documentos oficiais*. Fortaleza: EdUECE, 2014, p. 24.
21. Conforme se referiu DUARTE, Tiago., 2008. A decisão de contratar no código dos contratos públicos: da idade do armário à idade dos porquês. *Estudos de Contratação Pública*. v. I, p. 148.
22. Ver o exemplo de despacho constante em QUINITO, Daniel Francisco. Boas práticas na contratação simplificada... Op. cit, p. 189 e ss.

Passamos a destacar:

a) Planificação e Preparação do Procedimento de Concurso Público

Nesta fase, grosso modo, a EPC procura preparar as peças ou editais do procedimento de concurso público, como sabemos o concurso público consiste no procedimento de contratação pública em que qualquer interessado poderá participar, enquanto concorrente, e submeter uma proposta determinada, quer de forma individualizada ou associando-se com outros operadores económicos, nacionais ou estrangeiros.

Enumeraremos as seguintes etapas:

1. Proferição da decisão de contratar, com a emissão de um despacho do órgão máximo da Entidade Pública Contratante (EPC), tendo em linha de conta as necessidades descritas ao nível do Plano Anual de Compras (PAC). Após ser tomada a decisão de contratar, a mesma é comunicada ao órgão com competência de regular o mercado dos contratos públicos em Angola (Serviço Nacional da Contratação Pública – SNCP);

2. Elaboração dos editais do concurso público – anúncio, programa do concurso e caderno de encargos – pelo grupo técnico criado, ou pela secção, ou departamento a quem se despachou a missão de elaboração dos editais. Na realidade, o *anúncio* do concurso público será a peça ou edital onde se efectua um resumo ou uma sinopse do programa do concurso, contendo os detalhes gerais sobre a participação dos interessados. O anúncio deve ser publicado no jornal de maior circulação (para o caso de Angola, o Jornal de Angola), o Diário da República e o Portal de Compras Públicas. O *programa do concurso* é o edital que possui uma natureza regulamentar (regulamento administrativo) onde são estabelecidas as regras que disciplinarão o concurso público, desde a fase inicial até a fase da celebração do contrato de empreitadas de obras públicas. Finalmente, o *caderno de encargos* será o documento que é considerado como sendo um pré-contrato, onde são estabelecidas as futuras cláusulas do contrato de empreitadas de obras públicas a ser celebrado, sendo que as cláusulas são de natureza jurídica, financeira e técnica. As peças dos procedimentos podem ser disponibilizadas de forma gratuita ou onerosa.[23]

3. Disponibilização das peças ou editais do concurso público,[24] podendo os interessados terem 20 a 120 dias para apresentarem determinada proposta ou efectuarem a solicitação de esclarecimentos;

4. A comissão de avaliação que for nomeada no despacho que toma a decisão de lançar o concurso público efectua a recepção das propostas no prazo estabelecido pelo programa do concurso (que pode ir de 20 a 120 dias, corridos).

---

23. Existe, ao nível do ordenamento jurídico angolano, uma taxa aprovada que visa estabelecer um montante financeiro para os operadores económicos que pretendam aceder às peças dos procedimentos, sendo que nos termos do Decreto Presidencial 196/16, de 23 de Setembro, que aprova as taxas a cobrar pela disponibilização das peças dos procedimentos de contratação pública, as EPC podem cobrar no máximo 250.000,00 (Duzentos e Cinquenta Mil Kwanzas), nos termos do artigo 5.º, do já referido Diploma, para que os operadores económicos acedam às peças do concurso público. A ideia racional por trás da taxa consiste em compensar a EPC pelos custos que a mesma incorreu para elaboração das peças, sendo que, em alguns casos, são contratados consultores jurídicos, económicos e técnicos para a feitura dos editais, sendo justo que a EPC cobre um valor para se aceder às peças.

24. As peças do concurso público (programa do concurso e o caderno de encargos, exceptuando o anúncio) podem ser disponibilizadas de forma gratuita na Plataforma de Compras Públicas (https://compraspublicas.minfin.gov.ao/ComprasPublicas/#!/anuncios) ou a EPC poderá optar por disponibilizar cópias físicas ou digitais nas suas instalações.

b) Analise e Avaliação

5. *Acto Público:* após o término do prazo para apresentação das propostas, a comissão de avaliação procede, no dia imediatamente a seguir,[25] o acto público de abertura das propostas, que consistirá na análise formal de todos os documentos que instruem a proposta dos concorrentes, bem como a observância de formalidades essenciais (artigo 73.º da LCP) do concurso público. Nesta fase, a comissão de avaliação verificará se os pressupostos para a admissão dos concorrentes (artigo 74.º da LCP) e das propostas (artigo 77.º da LCP) estão preenchidos. Nesta fase, i) a comissão de avaliação não acede ao conteúdo das propostas; ii) qualquer interessado poderá assistir as sessões do acto público, mas somente os representantes credenciados terão direito a intervenção; e ii) os concorrentes podem efectuar reclamações directas aos membros da comissão de avaliação que estiverem a encaminhar as sessões do acto público;

6. *Avaliação das propostas:* em sessão reservada os membros da comissão de avaliação procedem à avaliação das propostas submetidas pelos concorrentes, tal processo avaliativo dá-se mediante a aplicação do critério de adjudicação estabelecido pelo programa do concurso, podendo ser o i) critério do preço mais baixo ou o da ii) proposta economicamente mais vantajosa.[26] Após avaliação a comissão de avaliação deverá elaborar um relatório preliminar, onde são discriminados os vencedores

---

25. Existindo justo impedimento, o dia marcado para o acto público poderá ser alterado, devendo a comissão de avaliação submeter, a todos os concorrentes, uma notificação contendo as razões de facto e de direito que a obrigam a efectuar o reagendamento do dia do acto público.

26. A avaliação de propostas é uma etapa do processo de contratação e, pese embora, do ponto de vista material, ocorra após a apresentação de propostas, na realidade, o seu planeamento ocorre ainda antes da divulgação dos elementos do concurso. A fase de planeamento e preparação dos documentos do procedimento envolve sempre, ou quase sempre, a criação de grupos de trabalho que se vão encarregar da estruturação das peças do procedimento (documentos que corporificam ou dão corpo aos procedimentos de contratação pública). De todas as tarefas do grupo de trabalho, destacam-se a missão de estruturação dos critérios de adjudicação (que devem constar das peças do procedimento com natureza regulamentar, por exemplo, um programa do concurso). Os critérios de avaliação são operacionalizados pela comissão de avaliação nomeada para o efeito, devendo agir em conformidade com as competências que a legislação e o despacho conferem. A comissão, ao nível do procedimento, tem o dever de avaliar as propostas tendo em linha de conta os critérios de avaliação adoptados, devendo ser reduzido ou eliminado o recurso a subjectivismos no processo avaliativo. [....] O segundo, o da proposta economicamente mais vantajosa consiste na valoração das propostas através da atribuição de pesos ou coeficientes de ponderação aos factores e subfactores que densificam o critério de adjudicação, bem como o modo específico de atribuição dos pontos em cada um dos factores, devendo ser estabelecidas as expressões matemáticas para a atribuição dos pontos e para a ordenação das propostas em razão dos desempenhos dos concorrentes em cada um dos critérios. A adopção do critério de adjudicação da "proposta economicamente mais vantajosa" vem ancorada na legislação nos termos do artigo 82.º da Lei 41/20, de 23 de Dezembro, Lei dos Contratos Públicos (doravante LCP). Este tipo de critério é designado como sendo "multicritério", pois, há uma conjugação de vários factores e subfactores avaliativos, corporificados em um modelo de avaliação, que deve ser estruturado tendo em linha de conta uma lógica jurídica e matemática.

Olhando de forma detalhada aos "multicritérios". Estes, também, podem ser classificados em critérios quantitativos e qualitativos. Os primeiros [...] devem ser entendidos como sendo os parâmetros avaliativos que permitem um sequencialismo numérico em termos de desempenho das propostas, ou seja, são aqueles que podem ser contados de forma sequencial, por exemplo, o critério preço, prazo e experiência. Ao passo que os critérios qualitativos são aqueles que não permitem o sequencialismo numérico normal, podem, em algumas circunstâncias, ser expressos em números, mas que não resguardam o devido sequencialismo, por exemplo, é o caso de ser avaliada a qualidade de computadores em termos da capacidade do processador e da memória RAM dos computadores apresentados como proposta pelos concorrentes. Nos casos dos critérios qualitativos, a sua estruturação depende do estabelecimento de descritores de impacte, onde são determinados níveis de atractividade das propostas, mediante o estabelecimento de pontuações correspondentes a cada um dos níveis estabelecidos. Cf. QUINITO, Daniel Francisco, e Formosa Francisco QUINITO. *As Grandezas Matemáticas Aplicáveis à Estruturação de Critérios Quantitativos em Contratação Pública.* Luanda: Q-Brother's Editores e Associados, 2024, p. 11-14 [no prelo].

do concurso público, as propostas a serem excluídas, a admissão ou não admissão de concorrentes e propostas e o itinerário avaliativo para que os concorrentes possam obter, com clareza, o modo como foram avaliados;

7. *Audiência prévia (artigo 84.º da LCP):* a comissão de avaliação, após elaborar o relatório preliminar, envia-o a todos os concorrentes, fixando-lhes um prazo, de até cinco dias úteis, para que se pronunciem, por escrito, ao abrigo do direito de audiência prévia. Os concorrentes poderão, nesta fase, i) não responder e deixar passar o tempo; ii) reclamar junto da comissão de avaliação ou iii) interpor um recurso hierárquico, próprio ou imp Em termos classificatórios, os limites de competência podem ser: róprio, para o gestor máximo da Entidade Pública Contratante (EPC) ou para o órgão que exerça os poderes de superintendência;[27]

8. *Relatório final:* não existindo qualquer reclamação sobre o teor do relatório preliminar ou, existindo, estando solucionada a pretensão do concorrente, que reclamou ou recorreu, a comissão de avaliação poderá efectuar a estruturação do relatório final de avaliação das propostas. Com este relatório, fica cristalizado o projecto de decisão de adjudicação, onde as propostas são ordenadas em virtude dos resultados da aplicação do critério de adjudicação. Competirá ao decisor, o gestor máximo da Entidade Pública Contratante, decidir adjudicar ou não. Decidindo em sentido positivo, o gestor estaria a concordar com a avaliação feita pela comissão de avaliação e proferir, no final, o despacho com a decisão de adjudicação. Sendo a decisão negativa, o decisor estaria a discordar com a avaliação feita pela comissão de avaliação, por vários motivos, sendo que a decisão de não adjudicar deve ser, competentemente, fundamentada.

c) Negociação das propostas (Facultativa)

A fase de negociação é facultativa, devendo as Entidades Públicas Contratantes (EPC) decidirem inserir ou não no programa do concurso público, conforme dispõe o n. 2 do artigo 22.º da LCP. Na realidade, trata-se de uma fase em que a EPC poderá conferir uma oportunidade aos concorrentes, que forem seleccionados, para que possam melhorar os desempenhos das suas propostas ou optar em manter as propostas submetidas inicialmente à comissão de avaliação. Nesta fase, a EPC deve determinar o parâmetro do número de concorrentes que transitarão para a fase de negociação, bem assim os critérios que serão negociados pelos concorrentes.[28]

9. *Notificação para negociação:* Trata-se de um ofício que a Entidade Pública Contratante (EPC) dirige aos concorrentes, com uma antecedência mínima de 3 dias úteis, que, nos termos do programa do concurso, foram seleccionados para a fase da negociação. Este documento poderá fazer menção aos critérios que presidiu a escolha dos concorrentes, o âmbito da negociação – quais são os critérios que poderão ser alvo de negociação nas sessões de negociação.

---

27. Por exemplo, o nosso Instituto Nacional de Estatística (INE) é superintendido pelo Ministério do Planeamento de Angola. Os concorrentes, optando, pela interposição de um recurso hierárquico próprio irão submeter as suas dúvidas sobre o relatório preliminar ao Director Geral do INE, ao passo que se pretenderem interpor um recurso hierárquico impróprio os concorrentes irão submeter as suas preocupações, sobre o relatório preliminar, ao Ministro do Planeamento, que exerce os poderes de superintendência sobre o INE.
28. Em termos de parâmetros quantitativos dos concorrentes que poderão participar da fase de negociação a EPC poderá optar de deixar que todos participem ou um número reduzido (por exemplo, os três primeiros concorrentes, apurados na fase de avaliação de propostas). Por outro lado, nem todos os critérios podem ser objecto de negociação, somente aqueles que permitem ser moldados podem ser objecto de negociação (por exemplo, prazo e preço). Em sentido contrário, existem critérios que não permitem ser moldados (ou se tem ou não se tem. É o caso do critério experiência).

10. *Relatório preliminar de negociação*: Encerradas as negociações, a Comissão de Avaliação elabora um relatório preliminar de negociação, ordenando, de modo fundamentado, as propostas para a adjudicação, podendo ainda propor a exclusão de qualquer proposta se se verificar, nesta fase, uma qualquer causa de exclusão, nos termos do n. 1 do artigo 89.º da LCP.

11. *Audiência prévia de negociação*: A Comissão de Avaliação deve proceder a audiência prévia para os concorrentes pronunciarem-se sobre os fundamentos constantes do Relatório Preliminar de Negociação. Sendo certo que a ordenação das propostas poderá alterar na medida em que os concorrentes, nas sessões de negociação, podem alterar os atributos das propostas e, com isso, exigir uma nova avaliação das propostas e ordenação dos resultados.

12. *Relatório final de negociação*: Tendo sido resolvidas todas as questões levantadas em sede da audiência prévia, a Comissão de Avaliação elaborará o Relatório Final resultante da negociação e envia ao gestor máximo da Entidade Pública Contratante (EPC) para efeitos de aprovação do mesmo e emissão do acto administrativo adjudicatório.

d) Adjudicação e Celebração do Contrato

13. *Notificação da adjudicação:* Aprovado o relatório final de avaliação das propostas ou o relatório final de negociação das propostas (*quando tiver lugar*), a EPC procede a notificação ao adjudicatário para efectuar a submissão dos documentos de habilitação (nos termos do artigo 59.º da LCP)[29] bem como proceder com a prestação da caução a que se encontra obrigado o adjudicatário (se o valor do contrato for superior a 182.000.000,00 – Cento e Oitenta e Dois Milhões de Kwanzas).

14. *Prestação da Caução:* No ponto 3, do presente artigo, abordaremos a garantia que é prestada pelos operadores económicos a quem são adjudicados os contratos de empreitadas de obras públicas. Neste estádio do procedimento, o adjudicatário deverá prestar uma garantia de boa execução do contrato de empreitada de obras públicas, sob pena de caducidade da adjudicação e, consequente, adjudicação do contrato ao operador económico ordenado em segundo lugar, ao nível do relatório final de avaliação de propostas ou no relatório final de negociação de propostas (*se aplicável*), conforme dispõe os artigos 99.º e seguintes da LCP.

15. *Aceitação da minuta do contrato*: Há a necessidade de o empreiteiro verificar se os elementos que fazem parte do contrato[30] foram inseridos pela EPC, na medida em que o empreiteiro não pode suportar encargos supervenientes que não teve contacto, na fase do procedimento. A EPC deve elaborar e aprovar a minuta do contrato e remetê-la ao adjudicatário para efeitos de reclamação ou aceitação, sendo que a minuta se considera aceite se existir aceitação expressa ou não houver qualquer reclamação nos 5 (cinco) dias subsequentes à sua submissão.

16. *Celebração do contrato:* O contrato deve ser celebrado no prazo máximo de 15 (quinze) dias, contados a partir da data da aceitação da respectiva minuta do contrato de empreitada de obras públicas ou da decisão da reclamação sobre o teor da minuta do contrato de empreitadas de obras públicas. O órgão competente da EPC deve comunicar ao adjudicatário, com antecedência mínima de 5 (cinco) dias, a data, a hora e o local em que deve ocorrer a assinatura do contrato. Sendo que, em caso de não

---

29. Os documentos de habilitação exigidos ao adjudicatário são: i) comprovativo da regularização das contribuições para a segurança social em Angola (tratando-se de empresa estrangeira, do país de origem do operador económico) e ii) comprovativo da regularização da situação tributária perante o Estado Angolano.

30. Fazem obrigatoriamente parte do contrato, nos termos do n. 2 do artigo 108.º da LCP, independentemente da sua redução à escrito ou não, os seguintes documentos: i) Os esclarecimentos e as rectificações relativos ao caderno de encargos; ii) O caderno de encargos; iii) A proposta adjudicada; e iv) Os esclarecimentos sobre a proposta adjudicada prestados pelo adjudicatário.

comparecimento, poderá implicar a caducidade da adjudicação,[31] salvo justo impedimento, conforme dispõe os artigos 112.º e 114.º da LCP.

3. GARANTIA DOS CONTRATOS DE INFRAESTRUTURAS

O risco de incumprimento, por parte dos operadores económicos que se apresentam aos procedimentos, é alto, na medida em que podem desistir do procedimento concursal ou licitatório, não cumprir com o clausulado do contrato celebrado, não dar o devido destino aos adiantamentos recebidos aquando da celebração do contrato.[32] A EPC, por seu turno, tem a necessidade de se assegurar que, em caso de incumprimento do operador económico, poderá ter algo para fazer valer os seus interesses.

As garantias são instrumentos para a cobertura de alguns riscos comuns nos procedimentos de Compras Públicas.[33] Existem três principais garantias a serem destacadas no mercado dos contratos públicos: i) garantia do procedimento,[34] ii) garantia do contrato e a iii) garantia suplementar resultante dos adiantamentos efectuados pelas Entidades Públicas Contratantes.

A *garantia do procedimento*: trata-se da chamada garantia de subsistência de oferta, cuja função é desempenhada pelo *bid bond*,[35] destinam-se a assegurar a manutenção de uma oferta, mesmo em caso de ela ser retirada pelo proponente.[36] O concorrente ao participar de um procedimento concursal é obrigado a prestar uma garantia que visa manter a sua proposta, devendo considerar perdida a favor da EPC se o mesmo retirar a

---

31. Para um estudo aprofundado da caducidade da adjudicação Cf. CALDEIRA, Marco. Sobre a Caducidade da Adjudicação no Código dos Contratos Públicos. *Estudos de Contratação Pública* (Coimbra Editora) IV (2013): p. 447-485.
32. Os adiantamentos servem para que o empreiteiro, mesmo não tendo feito qualquer trabalho, possa diligenciar as condições primárias para o arranque dos trabalhos, ou seja, mobilizando um conjunto de meios técnicos e humanos para o arranque das obras, bem assim a limpeza do local onde se vai efectuar a obra e a implantação dos estaleiros. Os pagamentos adiantados, feitos aos empreiteiros, não constituem obrigações para as Entidades Públicas Contratantes (EPC), na medida em que têm as EPC a faculdade de conferir aos empreiteiros certos valores adiantados. Claro está que os pagamentos para as empreitadas de obras públicas devem ser feitos tendo em linha de conta os desenvolvimentos dos trabalhos, verificáveis através da feitura e assinatura, tripla, do auto de medição dos trabalhos. Nas empreitadas, os adiantamentos, vulgo Down payment, não podem exceder 15% do valor do contrato de empreitada, excepcionalmente esse percentual pode chegar até 30% do valor do contrato, mediante autorização do Titular do Departamento Ministerial das Finanças Públicas, conforme dispõe o n. 11 do artigo 10.º do Decreto Presidencial 1/24, de 2 de Janeiro, que aprova as Regras de Execução do Orçamento Geral do Estado para o exercício 2024.
33. *Tradução nossa*, a versão original: "The guarantees are instruments for the coverage of some common Risks in Procurement Processes" Cf. GOBIERNO DE COLUMBIA. *Procurement Processes' Guarantees Guide*. Disponível em: https://colombiacompra.gov.co/sites/cce_public/files/cce_documents/cce_guiagarantias_web-engl.pdf. Acesso em: 19 ago. 2024.
34. A primeira foi revogada pela Lei 41/20, de 23 de Dezembro – Lei dos Contratos Públicos (LCP), na medida em que a morosidade na prestação das garantias procedimentais impedia o acesso de certos operadores económicos, tendo o legislador contratual público estabelecido apenas a garantia de boa execução e a garantia suplementar para os adiantamentos a serem realizados.
35. Cf. MARTINEZ, Pedro Romano, e Pedro Fuzeta da PONTE. *Garantias de Cumprimento*. 5. ed. Coimbra: Almedina, 2006, p. 130; MARTINEZ, Pedro Romano. Garantias Bancárias. *Estudos em Homenagem ao Professor Doutor Inocêncio Galvão Telles* (Almedina) II (2002), p. 271-272.
36. Cf. LEITÃO, Luís Manuel Teles de Menezes. *Garantia das Obrigações*. 4. ed. Coimbra: Almedina, 2012, p. 125.

proposta, antes do prazo estabelecido para a sua manutenção. A actual Lei dos Contratos Públicos de Angola revogou a garantia do procedimento, ficando apenas a garantia de boa execução e a garantia suplementar prestada em virtude da outorga de adiantamento efectuados ao empreiteiro.[37]

A *garantia do contrato* (ou garantia de boa execução ou *performance bond*[38]): destina-se a garantir o adequado cumprimento de uma obrigação,[39] de que o contraente realizará a prestação a que se vinculou (garantia de que o empreiteiro efectuará a obra no prazo acordado) e que cumprirá a prestação de forma não defeituosa (garantia de boa execução do contrato, sem defeitos).[40] A Lei 41/20, de 23 de Dezembro – Lei dos Contratos Públicos (LCP), nos termos do artigo 99.º, estabelece que o adjudicatário deve garantir o exacto e pontual cumprimento das obrigações que assume com a celebração do contrato, mediante a prestação de uma caução, conforme as tipologias estabelecidas pelo legislador.

Por conseguinte, a caução é obrigatória para todo e qualquer contrato sujeito à Lei dos Contratos Públicos desde que o valor seja igual ou superior a 182 000 000,00 (Cento e Oitenta e Dois Milhões de Kwanzas). Estando o montante da garantia fixado num mínimo de 5% e máximo de 15% do valor do contrato, nas aquisições de bens e serviços. Devendo ser prestada a favor do Serviço Nacional da Contratação Pública (SNCP)[41]

---

37. A antiga Lei dos Contratos Públicos de Angola (Lei 9/16 de 16 de junho) estabelecia no seu artigo 62.º a garantia provisória, onde se estabelecia, claramente, que a EPC pode exigir, no programa do concurso ou no convite à apresentação de propostas, que os concorrentes apresentem uma caução provisória como parte integrante da proposta. Sendo esta accionada se o concorrente retirar a proposta após o termo do prazo fixado para a sua apresentação e antes de terminado o prazo para a sua manutenção, incluindo a eventual renovação automática do mesmo. Em termos de valores a caução provisória não poderia ultrapassar 5% do valor estimado do contrato. Para consultar a antiga legislação dos contratos públicos de Angola Cf. https://www.ucm.minfin.gov.ao/cs/groups/public/documents/document/zmlu/mduy/~edisp/minfin052687.pdf.
38. The Performance Guarantee is a written guarantee from a third party guarantor (usually a bank or an insurance company) submitted to a Contracting Authority by a contractor on winning the bid in order to guarantee the full and proper performance of the contract. It secures performance and fulfilment of the contractor´s obligations under the contract, and, if in default, the guarantee is forfeited in favour of the Government. Through this guarantee, the Government is protected from financial losses should the contractor fail to perform in accordance with the conditions of the contract. Cf. https://fondi.eu/wp-content/uploads/2023/01/Memo-7-2018-Financial-Guarantees-in-Procurement-Procedures.pdf.
39. Cf. LEITÃO, Luís Manuel Teles de Menezes. *Garantia das Obrigações...* Op. cit., p. 125.
40. Cf. MARTINEZ, Pedro Romano, e Pedro Fuzeta da PONTE. *Garantias de Cumprimento...* Op. cit., p. 130-131; MARTINEZ, Pedro Romano. Garantias Bancárias. *Estudos em Homenagem ao Professor Doutor Inocêncio Galvão Telles...* Op. cit., p. 271-272.
41. O Serviço Nacional da Contratação Pública (SNCP) é o órgão responsável pela Regulação e Supervisão do Mercado dos Contratos Públicos, nos termos do artigo 11.º da Lei 41/20, de 23 de Dezembro, Lei dos Contratos Públicos (LCP), conjugado com o Decreto Presidencial 162/15, de 19 de Agosto, que aprova o seu Estatuto Orgânico, tem como missão apoiar o Executivo na definição de políticas e práticas referentes à Contratação Pública, através do estímulo à adopção de melhores práticas e a melhoria dos procedimentos de Contratação Pública.

    Por conseguinte, com a aprovação da Lei 41/20, de 23 de Dezembro – Lei dos Contratos Públicos (LCP), o Órgão Regulador do Mercado dos Contratos Públicos de Angola foi constituído fiel depositário das cauções que são prestadas pelos operadores económicos aquando da celebração de contratos públicos com as Entidades Públicas Contratantes (doravante, EPC). Tendo, inclusivamente, a possibilidade de capitalizar as garantias prestadas.

enquanto fiel depositário, podendo ser prestada em dinheiro, garantias bancárias,[42] cheques visados,[43] seguro caução[44] e títulos de tesouro.[45]

A *garantia suplementar resultante dos adiantamentos efectuados pelas Entidades Públicas Contratantes*: terceira tipologia de garantia, listada acima, corresponde a uma obrigação que a Entidade Pública Contratante (EPC) dirige ao adjudicatário, que vier a celebrar o contrato público, e que se beneficie de um dawn payment ou initial payment, sendo tratados como adiantamentos que a EPC efectua a favor do operador económico visando a criação das condições necessárias para o fornecimento de bens, prestação de serviço ou a execução de uma empreitada de obras públicas, conforme se pode constatar do mandamento legal descrito nos termos do artigo 104.º da LCP.

4. CONTROLO JURISDICIONAL DO TRIBUNAL DE CONTAS DOS CONTRATOS DE OBRAS PÚBLICAS

A adjudicação marca a atribuição do direito, por meio de um acto administrativo adjudicatório, de celebração do contrato de empreitada de obras públicas por parte do operador económico que for sagrado vencedor ao nível do Relatório Final de avaliação[46] de propostas. No entanto, a celebração do contrato não marca o arranque dos trabalhos na obra, devendo, antes, ser feita a competente consignação da obra, entendida como sendo o "acto pelo qual o representante do Dono da Obra faculta ao Empreiteiro os locais onde tenham de ser executados os trabalhos e as peças escritas ou desenhadas complementares do projecto que sejam necessárias para que possa proceder-se a essa execução", nos termos do artigo 240.º da LCP.

---

42. Pedro Romano Martinez e Pedro Ponte apresentam o seguinte esclarecimento sobre a garantia bancária: "O estabelecimento de uma garantia autónoma implica a concessão eventual de um crédito equivalente ao montante garantido, mediante uma contrapartida (chamada comissão). O garante recebe uma contraprestação para, na eventualidade de ocorrência de certos factos, pagar uma quantia a terceiro, constituindo-se credor do garantido por essa importância. [...]. O garante, perante o credor, responsabiliza-se pelo pagamento de uma obrigação própria e não pelo cumprimento de uma dívida alheia (do garantido); não se trata tanto de garantir o cumprimento da obrigação do devedor, mas antes de assegurar o interesse económico do credor beneficiário da garantia [...]" Cf. MARTINEZ, Pedro Romano, e Pedro Fuzeta da PONTE. *Garantias de Cumprimento...* Op. cit., p. 124-125.
43. O Cheque visado é aquele que tem o visto do Banco sacado (banco onde o sacador – emite o cheque – tem o dinheiro depositado), certificando a existência de provisão. Cf. CASCALLO, Marília, Vera CARVALHO, e Hermínia MALCATA. *Banca, Banque, Banca, Banca*. Lisboa: LIDEL, 1994, p. 108-109.
44. O Seguro-caução consiste numa garantia prestada por uma seguradora, que a pedido do devedor e mediante o pagamento de um prémio, aceita garantir o credor contra o incumprimento ou a mora na prestação, indemnizando-o pelos danos sofridos. Cf. LEITÃO, Luís Manuel Teles de Menezes. *Garantia das Obrigações...* Op. cit., p. 153-154.
45. Os Títulos do Tesouro podem ser considerados como sendo instrumentos que o Tesouro Nacional se serve para financiar o conjunto de despesas fixadas no Orçamento Geral do Estado. E podem ser: Obrigações do Tesouro, Bilhetes do Tesouro, Certificados de Poupança, Certificados Especiais da Dívida Pública, Notas Promissórias. Cf. artigo 11.º da Lei 1/14 de 6 de fevereiro, Lei do Regime Jurídico de Emissão e Gestão da Dívida Pública Directa e Indirecta.
46. Ou em alternativa o Relatório Final de Negociação das Propostas nos casos em que é estabelecida uma fase de negociação das propostas.

Por conseguinte, a consignação da obra estará, conforme os casos, dependente da atribuição de um visto ou declaração de conformidade por parte do Tribunal de Contas. Devendo a EPC questionar-se, após a celebração do contrato, *se a instituição tem o dever de submeter ou não o contrato ao Tribunal de Contas para efeitos de concessão de visto ou declaração de conformidade*. Antes de elucidar as EPC sobre a obrigatoriedade ou não de submissão dos contratos de obras públicas ao Tribunal de Contas, devemos antes efectuar um périplo breve sobre o Tribunal de Contas.

Preliminarmente, toda a actividade de gestão exige, para a sua eficácia, um bom sistema de controlo, podendo mesmo considerar-se indissociáveis os sistemas de gestão e de controlo. Esta ideia é válida para os domínios da gestão pública e da gestão privada.[47] Existem várias modalidades de controlo, dentre as quais importa aqui designar o controlo interno[48] e externo, sendo que a primeira modalidade é que se efectua dentro de uma mesma organização, e a segunda modalidade, a que é exercida fora dessa organização.[49] Na segunda modalidade, encontramos a Assembleia Nacional e o Tribunal de Contas, conforme dispõe os artigos 64.º e ss. da Lei 15/10, de 14 de Julho, Lei do Orçamento Geral do Estado.[50]

Nos termos do artigo 182.º da Constituição da República de Angola (CRA), O Tribunal de Contas é o órgão supremo de fiscalização da legalidade das finanças públicas e de julgamento das contas que a lei sujeitar à sua jurisdição.[51] O Tribunal de Contas aparece na nossa ordem jurídico-constitucional inserido nos tribunais, sendo, enquanto tal, um órgão de soberania. No entanto, é um tribunal profundamente diferenciado dos demais, tanto mais que dos actos que pratica, apenas uma parte assume natureza jurisdicional. Este Tribunal, pelas funções que desempenha, é autónomo e independente, não só do Executivo, como dos demais órgãos de soberania.[52] Em suma, para a fiscalização do Orçamento Geral do Estado, o Tribunal de Contas exerce competências não jurisdicio-

---

47. Cf. TAVARES, José F. F. Os contratos públicos e a sua fiscalização pelo Tribunal de Contas. *Estudos de Contratação Pública* (Coimbra Editora) I (2008): p. 967.
48. Actualmente, a Inspecção Geral da Administração do Estado (IGAE) desempenha as funções de controlo interno da Administração Pública, fazendo-o por via da inspecção, fiscalização, auditoria, supervisão, sindicância e averiguação da actividade dos organismos e serviços administrativos (administração directa e indirecta do Estado). Cf. MARTINS, Maria de Oliveira. "Comparação entre o direito português e o direito angolano no que toca ao controlo orçamental." Editado por Centro de Investigação do Direito da UCAN. *Revista de Direito e Economia* (Departamento Editorial da FDUCAN), 2023: p. 164.
49. Cf. NUNES, Elisa Rangel. *Lições de Finanças Públicas e Direito Financeiro*. 6. ed. Luanda: Gráfica Maiadouro, 2015, p. 163.
50. A nomenclatura inicial era "Lei do Quadro do Orçamento Geral do Estado". No entanto, a nomenclatura "Lei do Orçamento Geral do Estado" foi dada pelo artigo 1.º da Lei 24/12, de 22 de Agosto, Lei de Alteração da Lei Quadro do Orçamento Geral do Estado.
51. Cf. MARTINS, Maria de Oliveira. Comparação entre o direito português e o direito angolano no que toca ao controlo orçamental. Editado por Centro de Investigação do Direito da UCAN. *Revista de Direito e Economia*... Op. cit., p. 165. Para um acesso da Constituição da República de Angola.
    Cf. https://www.tribunalconstitucional.ao/media/3nypgra0/edicao-especial-actualizada-2022.pdf.
52. Cf. NUNES, Elisa Rangel. *Lições de Finanças Públicas e Direito Financeiro*. 6. ed. Luanda: Gráfica Maiadouro, 2015, p. 175.

nais e jurisdicionais que lhe são legalmente atribuídas.[53] Em termos de classificação, as fiscalizações feitas pelo Tribunal de Contas são: *i) fiscalização preventiva; ii) fiscalização concomitante e iii) fiscalização sucessiva.*[54]

> *i) Fiscalização preventiva:* tem, conforme está expresso no artigo 8.º da Lei do Tribunal de Contas, "por fim verificar se os actos e os contratos a ela sujeitos estão conforme às leis vigentes e se os encargos deles decorrentes têm cabimentação orçamental"
>
> *ii) Fiscalização concomitante:* consiste em auditorias, averiguações e inquéritos, tendo em vista a apreciação da legalidade e regularidade dos procedimentos, das actividades e dos actos e contratos em execução ou já executados. A fiscalização concomitante pode ter como efeito a ordenação da suspensão de actividades, actos e contratos que estejam ainda em execução (artigo 9.º-A, n. 2, da Lei do Tribunal de Contas).
>
> *Iii) Fiscalização sucessiva:* em sede de fiscalização sucessiva, o Tribunal de Contas procede ao julgamento de contas; verificação dos actos e contratos sujeitos à fiscalização prévia para aferir se as despesas foram realizadas com base no visto; apreciação da gestão, económica, financeira e patrimonial das entidades sujeitas à sua jurisdição; fiscalização de entidades do sector privado e cooperativo; e verificação de contas. A fiscalização sucessiva é levada a cabo por meio das verificações de contas – interna e externa – e por meio de auditorias.

Após os esclarecimentos e enquadramento breves sobre o Tribunal de Contas, voltemos, então, a questão sobre quando é que a EPC terá a obrigação de submeter, ao abrigo da fiscalização preventiva, ao Tribunal de Contas os contratos de obras públicos por si celebrados. Sabendo, de antemão, que a não submissão do contrato ao Tribunal de Contas obstaculiza qualquer execução do contrato de obras públicas pelas partes. A resposta a esta inquietude encontramos nos termos do artigo 11.º da Lei 15/23, de 29 de Dezembro, que aprova a Lei do Orçamento Geral do Estado do Exercício Económico 2024, onde todos os anos encontramos uma norma não orçamental,[55] a definir os valores

---

53. No âmbito das *competências não jurisdicionais*, compete-lhe, nos termos do artigo 59.º da Lei do Tribunal de Contas, solicitar as informações necessárias a quaisquer entidades públicas ou privadas. Compete-lhe ainda elaborar um Parecer sobre a Conta Geral do Estado, no qual pode "formular recomendações à Assembleia Nacional sobre as matérias em causa sobre os respectivos serviços que as executam" (artigo 60.º, n. 3, da Lei do Tribunal de Contas) e proceder à elaboração de um relatório anual que deve conter uma síntese das deliberações jurisdicionais referentes ao ano económico em causa e propostas de medidas a adoptar para melhorar a gestão económica e financeira dos recursos do Estado e do setor público em geral (artigo 7.º, n. 2, da Lei do Tribunal de Contas). Relatório este que deve ser entregue juntamente com o Parecer sobre a Conta Geral do Estado. No âmbito das suas *competências jurisdicionais*, o Tribunal de Contas de Angola assegura a fiscalização tanto das receitas como das despesas que são objeto de execução orçamental. Em concreto, a fiscalização jurisdicional é exercida por meio da concessão de visto prévio (artigos 61.º e ss. da Lei do Tribunal de Contas) e da efectivação de responsabilidades financeiras (artigos 82.º e ss. da Lei do Tribunal de Contas). Cf. MARTINS, Maria de Oliveira. "Comparação entre o direito português e o direito angolano no que toca ao controlo orçamental." Editado por Centro de Investigação do Direito da UCAN. *Revista de Direito e Economia*... Op. cit., p. 165 e seguintes.
54. Iremos seguir de perto o estudo comparado feito pela Professora Maria de Oliveira Martins e as Lições da Professora Elisa Range Nunes. Cf. MARTINS, Maria de Oliveira. "Comparação entre o direito português e o direito angolano no que toca ao controlo orçamental". Editado por Centro de Investigação do Direito da UCAN. *Revista de Direito e Economia*... Op. cit., p. 165; NUNES, Elisa Rangel. *Lições de Finanças Públicas e Direito Financeiro*. 6. ed. Luanda: Gráfica Maiadouro, 2015, p. 175 e ss.
55. A razão de ser da deslocação do presente artigo, com a sua colocação na Lei que aprova o OGE todos os anos, prende-se com a facilidade de actualização dos valores, tendo em linha de conta a inflacção e a taxa de câmbio. Do contrário, haveria a necessidade de se despoletar procedimentos legiferantes complexos para sua actualização. No

que servem de parâmetro para se saber se o contrato deve ou não ser submetido para efeitos de fiscalização preventiva do Tribunal de Contas.

A seguir demonstramos, de forma sinóptica, uma visão do artigo 11.º[56] da Lei 15/23, onde se descrevem os valores para ser aferida a exigência de submissão dos contratos de obras públicas ao Tribunal de Contas.

Tabela Sinóptica do artigo 11.º da Lei 15/23

Entidades	Valor do Contrato
Presidente da República (Titular do Poder Executivo)	Acima de 11.000.000.000,00 (Onze Mil Milhões de Kwanzas)
Outros órgãos	Acima de 700.000.000,00 (Setecentos Milhões de Kwanzas)
Existindo uma Delegação de Competência do Presidente da República para Outro Órgão	O órgão delegado submeterá se o contrato estiver acima de 11.000.000.000,00 (Onze Mil Milhões de Kwanzas)

Fonte: Lei do Orçamento Geral do Estado de 2024.

Depois de termos espelhado, de forma sintópica, os limites exigidos para a submissão de um contrato de empreitada de obras públicas à consideração do Tribunal de Contas, para efeitos de obtenção do visto ou declaração de conformidade, devemos, de forma resumida, referenciar que a submissão de um contrato de empreitadas ao Tribunal de Contas possui implicações directas ao nível dos prazos para a efectivação da consignação da obra – que é entendida como sendo o acto pelo qual, o representante do dono da obra faculta ao empreiteiro os locais onde hajam de ser executados os trabalhos, em condições que permitam o início da sua execução e consequentemente da contagem do prazo contratual estabelecido.[57]-[58]

---

entanto, para o nosso caso, o legislador orçamental tem a possibilidade de efectuar as actualizações necessárias em todo os exercícios económicos e optar pela manutenção dos valores, através da simples transposição do artigo para a nova Lei do Orçamento que disciplinar o exercício económico.

56. Artigo 11.º *(Fiscalização Preventiva)*

1. Sem prejuízo dos poderes próprios dos órgãos de fiscalização, controlo e inspecção da Administração do Estado, a fiscalização preventiva é exercida através do Visto ou Declaração de Conformidade emitida pelo Tribunal de Contas.

2. Os órgãos de Soberania devem submeter ao Tribunal de Contas, para efeito de fiscalização preventiva, os contratos públicos de valor igual ou superior a kz: 11 000 000 000,00 (Onze Mil Milhões de Kwanzas).

3. As unidades Orçamentais dos órgãos da Administração Central e Local do Estado e demais entidades equiparadas devem submeter ao Tribunal de Contas, para efeito de fiscalização preventiva, os contratos públicos de valor igual ou superior a Kz: 700 000 000,00 (Setecentos Milhões de Kwanzas).

4. Os contratos públicos que carecem de fiscalização preventiva, nos termos do presente artigo, só produzem efeitos após a obtenção do Visto ou Declaração de Conformidade do Tribunal de Contas ou findo o prazo estabelecido no n. 6 do artigo 8.º da Lei 13/10, de 9 de Julho – Lei Orgânica e do Processo do Tribunal de Contas, com as alterações impostas pela Lei 19/19, de 14 de Agosto.

5. Sempre que as Entidades Públicas Contratantes celebrem contratos ao abrigo de delegação de competência por parte do Presidente da República, enquanto Titular do Poder Executivo, os limites do valor a considerar para efeito de fiscalização preventiva são os definidos no n. 2 do presente artigo, independentemente do órgão que executa a despesa.

57. Cf. ANTUNES, José Manuel de Oliveira. *A Execução do Contrato de Empreitada*. Coimbra: Almedina, 2023, p. 45.

58. Conforme dispõe o artigo 240.º da LCP, a consignação será o acto pelo qual o representante do Dono da Obra faculta ao empreiteiro os locais onde tenham de ser executados os trabalhos e as peças escritas ou desenhadas complementares do projecto que sejam necessárias para que se possa proceder a essa execução. Do conceito legal

Podemos representar de forma resumida o seguinte impacto:

Impacto na consignação

	Status do contrato	Quando se deve consignar?
Contrato de obras públicas	Não é obrigado submeter o contrato ao Tribunal de Contas	Após a celebração do contrato
	É obrigatória a submissão do contrato ao Tribunal de Contas	Após a concessão do visto ou declaração de conformidade pelo Tribunal de Contas

Fonte: Lei do Orçamento Geral do Estado de 2024 e Lei dos Contratos Públicos.

CONSIDERAÇÕES FINAIS

Após excursão, breve, em torno do procedimento de contratação pública – concurso público – para a celebração de contratos de empreitadas de obras públicas em Angola, cumpre enumerar as seguintes considerações finais:

a) O Estado angolano possui um Orçamento Geral do Estado, onde estão inscritos os projectos de investimentos públicos relativos à aquisição de serviços de empreitadas de obras públicas;

b) Para a materialização do OGE, as EPC devem elaborar um Plano Anual de Compras, que deve ser comunicado ao órgão regulador do mercado dos contratos públicos, que serve para efectuar uma inventariação sobre o conjunto de necessidades aquisitivas que deverão ser materializadas, particularizando a aquisição de serviços de empreitadas de obras públicas;

c) Para a celebração dos contratos de empreitadas de obras públicas em Angola, as EPC devem adoptar um conjunto de procedimentos pré-contratuais, observando um conjunto de *actos e formalidades* para a celebração de um contrato público (em particular, de empreitadas de obras públicas). Para a sua adopção as EPC recorrem a dois critérios – critério do valor e critério material;

d) Os procedimentos de contratação pública disponíveis na legislação angolana são: i) concurso público; ii) concurso limitado por prévia qualificação; iii) concurso limitado por convite; iv) contratação simplificada; v) procedimento dinâmico electrónico; e vi) procedimento de contratação emergencial;

e) No concurso público, as EPC devem observar as seguintes fases macro: i) planificação e preparação do procedimento; ii) análise e avaliação das propostas;

---

de consignação ressaltam os seguintes elementos: i) por ser um acto, a consignação deve ser feita em obediência ao princípio do formalismo, que impõe a inexistência de consignações orais, devendo o acto consignatório culminar com a emissão de um documento designado como auto de consignação, que servirá de base para provar a existência da consignação e irá atestar a passagem da posse administrativa dos terrenos ao empreiteiro; ii) da última parte, ressalta o dever de não ser feita a consignação em caso de inexistência do projecto executivo da empreitada, devendo o Dono da Obra não efectuar qualquer consignação sem obter o projecto da obra; e iii) por se tratar de um acto que visa facultar ao empreiteiro os locais onde serão executados os trabalhos, a consignação deve ser feita no local da obra, excluindo-se consignações feitas fora do local de execução da obra.

iii) negociação das propostas (facultativa); e iv) adjudicação e celebração do contrato de empreitada de obras públicas.

f) Os contratos de empreitadas de obras públicas que forem superiores a 182.000.000,00 (Cento e Oitenta e Dois Milhões de Kwanzas) devem ser garantidos por meio de uma caução, para a boa execução do contrato, podendo tal garantia ser prestada em dinheiro, títulos públicos, garantia bancária, seguro-caução ou cheque-visado;

g) Finalmente, os contratos de empreitadas de obras públicas têm como marco de arranque dos trabalhos a consignação, enquanto acto de transmissão da posse dos locais onde o empreiteiro irá efectuar os trabalhos. Todavia, se o procedimento for autorizado pelo Titular do Poder Executivo e o contrato estiver acima de (11.000.000.000,00 – Onze Mil Milhões de Kwanzas), deve ser submetido ao Tribunal de Contas para efeitos de obtenção de visto ou declaração de conformidade. Tratando-se de um concurso público desencadeado por um órgão diferente e o contrato estiver acima de (700.000.000,00 – Setecentos Milhões de Kwanzas), deve ser submetido ao Tribunal de Contas para efeitos de obtenção do visto ou declaração de conformidade.

REFERÊNCIAS

ANTUNES, José Manuel de Oliveira. *A Execução do Contrato de Empreitada*. Coimbra: Almedina, 2023.

CALDEIRA, Marco. Sobre a Caducidade da Adjudicação no Código dos Contratos Públicos. *Estudos de Contratação Pública* (Coimbra Editora) IV (2013).

CASCALHO, Marília, Vera CARVALHO, e Hermínia MALCATA. *Banca, Banque, Banca, Banca*. Lisboa: LIDEL, 1994.

DUARTE, Tiago. A decisão de contratar no código dos contratos públicos: da idade do armário à idade dos porquês. *Estudos de Contratação Pública* (Coimbra Editora) I (2008).

FRANCO, António L. de Sousa. *Finanças Públicas e Direito Financeiro*. 4. ed. Coimbra: Almedina, 2004.

LEITÃO, Luís Manuel Teles de Menezes. *Garantia das Obrigações*. 4. ed. Coimbra: Almedina, 2012.

LOPES, Moreira. *Introdução ao direito da contratação pública*. Literacia, 2020.

MARTÍN, Jacinto Navas, e José Domingos VELEZ. *Gestão e Fiscalização de Empreitadas*. Lisboa: LIDEL, 2019.

MARTINEZ, Pedro Romano. Garantias Bancárias. *Estudos em Homenagem ao Professor Doutor Inocêncio Galvão Telles* (Almedina) II (2002).

MARTINEZ, Pedro Romano; PONTE, Pedro Fuzeta da. *Garantias de Cumprimento*. 5. ed. Coimbra: Almedina, 2006.

MARTINS, Maria d'Oliveira. *Lições de Finanças Públicas e Direito Financeiro*. 4. ed. Coimbra: Almedina, 2019.

MARTINS, Maria de Oliveira. Comparação entre o direito portugues e o direito angolano no que toca ao controlo orçamental. Editado por Centro de Investigação do Direito da UCAN. *Revista de Direito e Economia* (Departamento Editorial da FDUCAN), 2023.

NUNES, Elisa Rangel. *Lições de Finanças Públicas e Direito Financeiro*. 6. ed. Luanda: Gráfica Maiadouro, 2015.

NUNES, Elisa Rangel. *Orçamento do Estado*: contribuição para a transparência orçamental em Angola. Luanda: Gráfica Maiadouro, 2011.

QUINITO, Daniel Francisco. A Due Dilligence como boa prática na contratação simplificada. Editado por Faculdade de Direito da UCAN. *Revista de Direito e Economia* (Departamento Editorial da FDUCAN), 2023.

QUINITO, Daniel Francisco, e Formosa Francisco QUINITO. *As Grandezas Matemáticas Aplicáveis à Estruturação de Critérios Quantitativos em Contratação Pública*. Luanda: Q-Brother's Editores e Associados, 2024.

QUINITO, Daniel Francisco; MARCELO, Teurio. Garantias Jurídica e Económica dos Direitos Funadamentais. *Estudos em Homenagem ao Professor Doutor Fernando José de França Dias Van-Dúnem* I (2021).

RIBEIRO, José Joaquim Teixeira. *Lições de Finanças Públicas*. 5. ed. Coimbra: Coimbra Editora, 2013.

ROCHA, Joaquim Freitas da. *Direito da despesa pública*. Coimbra: Almedina, 2020.

SOUSA, Marcelo Rebelo de; MATOS, André Salgado de. *Direito Administrativo Geral*: Contratos Públicos. 2. ed. Publicações Dom Quixote, 2008. v. III.

TAVARES, José F. F. Os contratos públicos e a sua fiscalização pelo Tribunal de Contas. *Estudos de Contratação Pública* (Coimbra Editora) I (2008).

TAVARES, Luís Valadares. *O Essencial sobre os Contratos Públicos*: as Directivas de 2014 e o Decreto-lei 111-B/2017. Lisboa: OPET, IST-TAGUS PARK, 2018.

WORLD BANK GROUP AND PPIAF. *Policy Guidelines for Managing Unsolicited Proposals in Infrastructure Projects*. 2017. v. II.

AGENTES DE TRATAMENTO DE DADOS PESSOAIS NAS CONCESSÕES DE SERVIÇO PÚBLICO

Gustavo Gil Gasiola

Doutor em Direito Público, Europeu e Tecnologias da Informação pela Universidade de Passau (Alemanha). Mestre em Ciências pela Escola Politécnica da Universidade de São Paulo (POLI/USP). Bacharel em Direito pela Faculdade de Direito de Ribeirão Preto da Universidade de São Paulo (FDRP/USP). Docente e pesquisador de pós-doutorado no Karlsruhe Institute of Technology (Alemanha).

Sumário: Introdução – 1. Proteção de dados pessoais na administração pública; 1.1 Fundamento constitucional: direito fundamental à proteção de dados pessoais; 1.2 Regime jurídico privado e público de proteção de dados na LGPD; 1.3 Legalidade do tratamento de dados pessoais no regime jurídico público de proteção de dados pessoais; 1.4 Aplicabilidade do regime jurídico público para as concessionárias de serviço público – 2. Agentes de tratamento nas concessões de serviços públicos; 2.1 Relações informacionais reguladas pela LGPD – 2.2 Controlador e operador nas concessões de serviço público; 2.3 Agentes de tratamento na concessão da bilhetagem do transporte público no município do Rio de Janeiro; 2.3.1 Previsão contratual dos agentes de tratamento; 2.3.2 Discussão: funções assumidas pelo poder concedente e concessionária perante o tratamento de dados pessoais – Conclusões – Referências.

INTRODUÇÃO

A prestação de serviços públicos pressupõe o processamento de dados pessoais dos usuários e de terceiros. Em determinados contextos, o tratamento de dados pessoais é evidente. Quando o prestador do serviço público de energia elétrica faz a gestão do cadastro de usuários (pessoas naturais) para viabilizar a cobrança da tarifa, todas as operações realizadas com as informações dos usuários, incluindo a coleta, o armazenamento, a transferência, a alteração e até a exclusão, são caracterizadas como tratamento de dados pessoais de acordo com o Art. 5º, X, LGPD. Em outros contextos, o tratamento de dados pessoais é menos evidente, apesar de presente. No caso da concessão do serviço de iluminação pública, a gestão de um cadastro de usuários não é necessário ou mesmo impossível – na medida em que os usuários dos serviços são indeterminados. No entanto, o prestador do serviço trata dados pessoais ao monitorar a infraestrutura e áreas públicas por meio de câmeras de vigilância ou então quando os usuários entram em contato com o prestador para informar eventuais problemas na prestação do serviço. Na medida em que o serviço público é prestado para usuários, diretos ou indiretos, no mais das vezes pessoas naturais, o tratamento de dados pessoais sempre será relevante, ainda que a intensidade ou a centralidade varie conforme o contexto.

Na medida em que a prestação de serviços públicos depende do tratamento de dados pessoais, a legalidade dessa atividade está sujeita à Lei Geral de Proteção de Dados (Lei Federal 13.706/2018, LGPD), conforme Art. 3º da LGPD, sem prejuízo das demais normas relevantes. O prestador e os demais envolvidos em qualquer etapa da prestação do serviço público estão sujeitos aos requisitos estabelecidos pelo regime de proteção de dados e devem adotar medidas procedimentais e organizacionais adequadas. A ausência de conformidade do serviço público com o regime de proteção de dados, além de representar uma violação aos direitos fundamentais (Art. 5º, LXXIX, Constituição da República Federativa de 1988, CRF) e estar sujeito às sanções previstas na LGPD, também corresponde à violação dos direitos básicos dos usuários do serviço público (Art. 6º, III, da Lei Federal 13.460/2017).

A concessão de serviços públicos não afasta a aplicação da LGPD. O tratamento de dados pessoais realizado no bojo da concessão, seja pelo poder concedente, seja pela concessionária, sujeita-se ao regime jurídico da proteção de dados. Os direitos fundamentais e a garantia de proteção da pessoa natural contra o tratamento indiscriminado de seus dados pessoais não podem ser prejudicados simplesmente pela escolha do titular do serviço público a respeito da forma de prestação. No entanto, a concessão de serviços públicos impõe desafios específicos para a proteção de dados dos usuários. Em primeiro lugar, a LGPD não esclarece em que medida o regime jurídico público de proteção de dados é aplicável aos concessionários de serviço público. Considerando as diferenças profundas existentes entre o regime público e privado,[1] em especial com relação às restrições ao tratamento e obrigações adicionais, a identificação das regras aplicáveis é essencial para compreender a proteção de dados nas concessões de serviço público.

Em segundo lugar, tendo em conta as relações informacionais reguladas pela LGPD, é necessário atribuir adequadamente as funções exercidas pelo poder concedente e pela concessionária no tratamento de dados pessoais. A LGPD estabelece como agentes de tratamento os sujeitos que assumem as funções de controlador e operador de dados pessoais (Art. 5º, IX, LGPD). Essas diferentes funções impactam a divisão das responsabilidades perante o tratamento de dados e, também, a estrutura da relação informacional em que as partes se encontram. Não se trata de um mero nome ou título com o qual a concessionária escolhe para se apresentar perante os usuários do serviço público. A atribuição das funções aos agentes de tratamento também tem implicações relevantes para a definição regras aplicáveis e respectivas obrigações que recaem sobre o poder concedente e a concessionária para o tratamento de dados pessoais.

O presente ensaio endereça esses dois desafios para compreender o regime jurídico de proteção de dados aplicável às concessionárias de serviço público e a divisão contratual das funções de agentes de tratamentos. Apesar da grande relevância para a prestação de serviços públicos, essas questões ainda não foram devidamente tratadas pela doutrina. Ao se tratar de novas obrigações que recaem sobre a prestação de serviços públicos, muito se discute sobre o impacto da LGPD na manutenção do equilíbrio econômico-financeiro nos contratos de concessão.[2] Não há dúvidas que o regime jurídico de proteção de

---

1. Cf. GASIOLA, Gustavo Gil. *Datenübermittlung in der öffentlichen Verwaltung* (Nomos, 2024) 121-128.
2. Cf. MARRARA, Thiago. LGPD e seus Impactos sobre concessões e PPPs. In: FERRAZ, Sérgio; VENTURINI, Otavio; GASIOLA, Gustavo Gil. *Proteção de Dados Pessoais e Compliance Digital* (Umanos, 2022) 300 ss.; e FREITAS, Rafael Véras de; ROGOGINSKY, Felipe Salathé. A Lei Geral de Proteção de Dados Pessoais (LGPD)

dados impõe um conjunto complexo de deveres e obrigações que tem relevância para a implementação contratual. Sem prejuízo, aparenta ser necessário dar um passo atrás para compreender qual é o regime jurídico aplicável às concessionárias de serviço público e como as relações informacionais são formadas no âmbito dos módulos concessórios.

O próximo ponto apresenta o quadro legal da proteção de dados com especial atenção ao regime jurídico público e sua aplicação às concessões de serviço público. Depois, discute-se a atribuição das funções de controlador e operador na execução de atividades públicas. A análise é completada e ilustrada pelo estudo de caso dos agentes de tratamento na concessão da bilhetagem do transporte público no Município do Rio de Janeiro. Ao final, conclusões são apresentadas.

1. PROTEÇÃO DE DADOS PESSOAIS NA ADMINISTRAÇÃO PÚBLICA

1.1 Fundamento constitucional: direito fundamental à proteção de dados pessoais

A CRF reconhece a proteção de dados pessoais como direito fundamental (Art. 5º, LXXIX, CRF). O âmbito de proteção do direito fundamental estende-se a todos os dados pessoais, ou seja, qualquer informação relacionada a uma pessoa natural.[3] A proteção abrange tanto dados considerados da esfera íntima ou privada, quanto dados considerados da esfera pública. Ademais, o direito fundamental protege, especificamente, a pessoa natural contra o tratamento indevido ou não autorizado de seus dados pessoais. Por tratamento entende-se qualquer operação realizada com os dados, incluindo a coleta, a transferência, o processamento e, inclusive, a exclusão e anonimização. O tratamento é considerado indevido na medida em que o controlador não cumpre as condições de legalidade que justificam o tratamento.

A proteção constitucional dos dados pessoais sujeita parte relevante das atividades da Administração Pública a um dever de fundamentação. Pela ausência de efeito jurídico imediato, o tratamento de dados pessoais corresponde à categoria de atividade material da Administração Pública.[4] Enquanto todo tratamento de dados pessoais representa uma ingerência nos direitos fundamentais, essa atividade é essencial para a realização das competências públicas. Entes e órgãos públicos coletam e processam dados pesso-

---

e as concessões de serviços públicos. In: POZZO, Augusto Neves Dal; MARTINS, Ricardo Marcondes. *LGPD & Administração Pública* (RT 2020) 474 ss.

3. Cf. STF, Decisão da Medida Cautelar na ADI 6387/DF, rel. Min. Rosa Weber; e STF, ADPF 695 e ADI 6.649, rel. Min. Gilmar Mendes. Cf. MENDES, Laura Schertel; GASIOLA, Gustavo Gil. Compartilhamento de dados na Administração Pública conforme a Constituição: comentários à decisão do STF (ADPF 695 e ADI 6.649)' (2022) 144 *RDC* 445; e GASIOLA, Gustavo Gil; MACHADO, Diego; MENDES, Laura Schertel. A Administração Pública entre transparência e proteção de dados (2021) 135 *RDC* 179. O desenvolvimento do direito fundamental no Brasil teve influência direta da jurisprudência do Tribunal Constitucional Alemão, em especial no caso do Recenseamento (BVerfGE 65, 1). Para uma comparação entre a proteção constitucionais, cf. GASIOLA, Gustavo Gil. *Datenübermittlung in der öffentlichen Verwaltung* (Nomos, 2024) 110-112.
4. Cf. GASIOLA, Gustavo Gil. *Datenübermittlung in der öffentlichen Verwaltung* (Nomos, 2024) 105 e DI PIETRO, Maria Silvia Zanella. *Direito administrativo*, (Atlas, 27. ed. 2014) 205.

ais para tomar decisões,[5] elaborar políticas públicas, gerir recursos humanos, prestar atividade de ensino aos estudantes de escolas e universidades públicas, gerir presídios e, em geral, para prestar serviços públicos. O direito fundamental à proteção de dados não pode restringir, de forma absoluta, a realização do interesse público. Mesmo porque, a realização de outros direitos e interesses protegidos dependem do adequado exercício da competência pública. Trata-se então de estabelecer condições de constitucionalidade para o tratamento de dados pessoais, ou seja, condições para que as atividades públicas utilizem dados pessoais de acordo com os direitos fundamentais.

1.2 Regime jurídico privado e público de proteção de dados na LGPD

A LGPD concretiza o direito fundamental à proteção de dados e estabelece essas condições para a admissibilidade do tratamento de dados pessoais realizado por pessoas naturais e jurídicas de direito público e privado (Art. 1º LGPD). De um lado, a LGPD satisfaz o dever objetivo do Estado de proteger direitos fundamentais ao sujeitar agentes privados às regras de proteção de dados. Do outro lado, a LGPD estabelece critérios de justificação do tratamento de dados realizado pela Administração Pública no exercício de suas competências públicas. Esse duplo caráter da LGPD é refletido na criação, no mesmo corpo normativo, de um regime jurídico de direito privado – regulando a relação entre agentes privados e titulares de dados pessoais – e um regime jurídico de direito público – regulando a relação entre os entes e órgãos públicos e os titulares.

O regime jurídico privado de proteção de dados pessoais lida com o balanceamento de interesses entre sujeitos privados.[6] Ao sujeitar pessoas naturais e jurídicas de direito privado às regras de proteção de dados, a LGPD restringe liberdades (Art. 5º, II, Art. 170, parágrafo único, CRF) para proteger o direito fundamental à proteção de dados. Essas medidas restritivas devem guardar certa proporcionalidade e encontrar um equilíbrio com as liberdades individuais. O balanceamento é indicado pela própria LGPD, ao declarar como fundamentos da disciplina normativa, ao mesmo tempo, a proteção dos dados pessoais (expresso como respeito à privacidade (Art. 2º, I), à autodeterminação informativa (Art. 2º, II), a inviolabilidade da intimidade, da honra e da imagem (Art. 2º, III), a defesa do consumidor (Art. 2º, VI) e o respeito aos direitos humanos, ao livre desenvolvimento da personalidade, à dignidade e ao exercício da cidadania pelas pessoas naturais (Art. 2º, VII)) e liberdades individuais (liberdade de expressão, de informação, de comunicação e de opinião (Art. 2º, III), o desenvolvimento econômico e tecnológico e a inovação (Art. 2º, V), a livre-iniciativa, a livre concorrência (Art. 2º, VI)). Consequentemente, as regras do regime jurídico privado têm um caráter mais liberal,[7] na medida em que a proteção de dados é contrabalanceada com liberdades individuais constitucionalmente protegidas.

---

5. GASIOLA, Gustavo Gil; MACHADO, Diego; MENDES, Laura Schertel. A Administração Pública entre transparência e proteção de dados (2021) 135 *RDC* 179.
6. Cf. GASIOLA, Gustavo Gil. *Datenübermittlung in der öffentlichen Verwaltung* (Nomos, 2024) 125-126.
7. GASIOLA, Gustavo Gil. *Datenübermittlung in der öffentlichen Verwaltung* (Nomos, 2024) 127.

O regime jurídico público, por sua vez, estabelece fundamento e limite ao exercício do poder estatal tendo em vista o direito fundamental à proteção de dados pessoais.[8] Entes e órgãos públicos não gozam de liberdade, mas estão vinculados à realização das competências públicas atribuídas por lei. O tratamento de dados pessoais corresponde a uma atividade material da Administração Pública que é necessária para o exercício dessas competências. Na medida em que a CRF reconhece proteção constitucional aos dados pessoais e a LGPD estabelece critérios de legalidade, o tratamento de dados pessoais passa a ser uma atividade material especialmente regulada. Ainda que as competências públicas pressuponham o tratamento de dados pessoais para a sua realização, o ente público competente deve se sujeitar ao regime jurídico público criado pela LGPD.

Apesar da clara diferenciação funcional das regras da LGPD, o texto normativo delimita apenas parcialmente os regimes jurídicos público e privado.[9] Em uma perspectiva topológica, a LGPD apresenta regras com aplicabilidade geral, isto é, para pessoas de direito público e privado, e regras especiais para a Administração Pública, principalmente no Capítulo IV. Isso não significa, no entanto, que o regime jurídico público de proteção de dados limita-se ao regime geral, considerando eventuais regras especiais. O regime jurídico aplicável à Administração Pública exige do intérprete a leitura do regime geral sob as lentes do direito público.[10] A título de exemplo, tome-se a questão da validade do consentimento. De acordo com o Art. 7º, I, (e Art. 11, I, para dados sensíveis) LGPD, o tratamento de dados pode ser realizado com base no consentimento do titular de dados pessoais. As condições para o consentimento válido são estabelecidas pelo Art. 5º, XII, e Art. 8º LGPD. Não há regras especiais para o consentimento perante a Administração Pública, vigorando aparentemente o mesmo regime geral para pessoas naturais de direito público e privado. Entretanto, há uma diferença profunda entre o consentimento apresentado em uma relação privada e perante um ente público.[11] Nas relações privadas, vigora uma relação simétrica, em que a empresa depende da cooperação do consumidor para tratar dados pessoais. Neste caso, o consentimento faz sentido como expressão da autodeterminação informativa, com a qual o consumidor pode escolher se deseja que um determinado particular trate seus dados ou não – muitas vezes relacionada com a própria decisão de adquirir determinado produto ou serviço de um fornecedor específico. As condições ao consentimento válido, neste caso, tem o objetivo de equilibrar situações em que o exercício de poder econômico impede a livre manifestação do consentimento. Perante a Administração Pública, o consentimento tem um papel

---

8. GASIOLA, Gustavo Gil. *Datenübermittlung in der öffentlichen Verwaltung* (Nomos, 2024) 122-123.
9. Entendendo que, de forma geral, a LGPD não diferenciaria o tratamento realizado por entes públicos e privados, cf. MENDES, Laura Schertel; DONEDA, Danilo. Reflexões iniciais sobre a Nova Lei Geral de Proteção de Dados (2018) *RDC* 469, 472; CELANO, Paula Beatriz; ESPERATO, Vivian. Disposições Preliminares. In: FEIGELSON, Bruno; BECKER, Daniel; CAMARINHA, Sylvia MF (Ed.). *Comentários à Lei Geral de Proteção de Dados* (Thomson Reuters, 2020) 22; RANK, Angela Teresinha; BARBERI, Marco Antônio. Big Data e Direitos Fundamentais sob o Enfoque da Lei Geral de Proteção de Dados (2022) *IJDL* 9, 22.
10. Cf. BELLINI, Giovana. Compatibilidade entre a Proteção de Dados Pessoais e o Dever de Transparência Pública. In: DAL POZZO, Augusto Neves; MARTINS, Ricardo Marcondes (Ed.). *LGPD & Administração Pública* (RT 2020) 300.
11. Cf. GASIOLA, Gustavo Gil. *Datenübermittlung in der öffentlichen Verwaltung* (Nomos, 2024) 132-133.

extremamente limitado, na medida em que a relação jurídica entre cidadão e Estado é, em geral, assimétrica e apenas excepcionalmente será possível a manifestação livre da vontade. O consentimento assume apenas um papel complementar, e não poderá sujeitar o núcleo do exercício das competências públicas.

A especificidade do regime jurídico público irradia por todas as regras de proteção de dados da LGPD. Pode-se falar, inclusive, de um verdadeiro direito administrativo da proteção de dados pessoais.[12] Além da LGPD, que estabelece regras gerais e de aplicação transversal a todas as atividades públicas, o tratamento de dados realizado por entes e órgãos públicos também se sujeitam a normas encontradas tanto no direito administrativo geral (Lei de Introdução ao Direito, leis de processo administrativo, leis referentes a licitação e contrato administrativo) quanto no direito administrativo especial (leis que atribuem competência, leis setoriais referentes a determinado serviço público). No regime jurídico público, a autorização legal específica para o tratamento de dados (base legal como hipótese de tratamento), assume a centralidade que, no regime jurídico privado, é representada pelo consentimento. De forma geral, as normas que atribuem competências a entes e órgãos públicos autorizam, explícita ou implicitamente, o tratamento de dados pessoais. Na medida em que a atribuição de competência está relacionada à realização de um interesse público, essa norma também estabelece a finalidade (pública) do tratamento de dados pessoais autorizado. No regime jurídico público há, portanto, uma relação indissociável entre atribuição de competência pública e a autorização do tratamento de dados pessoais.

1.3 Legalidade do tratamento de dados pessoais no regime jurídico público de proteção de dados pessoais

A LGPD lança mão da estrutura normativa da proibição com reserva para estabelecer critérios de legalidade do tratamento de dados pessoais. Agentes de tratamento apenas podem tratar dados pessoais quando estiver presente pelo menos uma[13] das hipóteses de tratamento estabelecidas nos Art. 7º e, para dados pessoais sensíveis, Art. 11 LGPD. Isso inclui, entre outras, o tratamento com base no consentimento do titular (Art. 7º, I, e Art. 11, X LGPD), no contrato (Art. 7º, V, LGPD), no cumprimento de obrigação legal (Art. 7º, II, LGPD), e na realização de políticas públicas (Art. 7, III, LGPD). Além disso, o tratamento de dados deve estar em conformidade com os princípios listados no Art. 6º LGPD (finalidade, adequação, necessidade, livre acesso, qualidade dos dados, transparência, segurança, prevenção, não discriminação, e responsabilização e prestação de contas) e os agentes de tratamento devem cumprir com seus respectivos deveres organizacionais e procedimentais.

---

12. GASIOLA, Gustavo Gil. *Datenübermittlung in der öffentlichen Verwaltung* (Nomos, 2024) 130 e ss.
13. O tratamento de dados também pode ser realizado com base em diversas hipóteses de tratamento, embora a LGPD não mencione isso expressamente. Cf. COTS/OLIVEIRA. *Lei Geral de Proteção de Dados Comentada*. 2. ed. 2019, p. 80. Crítica à multiplicidade de hipóteses de tratamento, cf. VIOLA/TEFFÉ. In: MENDES/DONEDA/SARLET/RODRIGUES JR. (Ed.). *Tratado de Proteção de Dados Pessoais*, 2021, p. 146.

Os critérios de admissibilidade do tratamento de dados pessoais são mais rígidos para a Administração Pública. Em especial, o Art. 23 LGPD exige que o tratamento de dados realizado por entes e órgãos públicos seja realizado para o atendimento de sua finalidade pública, na persecução do interesse público, com o objetivo de executar as competências legais ou cumprir as atribuições legais do serviço público. Nota-se que a LGPD restringe as finalidades para as quais a Administração Pública poderá coletar e processar dados pessoais, refletindo as diferenças anteriormente mencionadas entre agentes públicos e privados. Ao contrário de agentes privados, que podem fixar livremente a finalidade do tratamento de acordo com seus próprios interesses, os entes públicos estão limitados às finalidades fixadas por lei. Sem que haja um fundamento legal, não é possível falar em finalidade pública, interesse público, competências legais ou mesmo atribuições do serviço público. A restrição do Art. 23 LGPD impõe, dessa forma, uma vinculação direta de todo tratamento de dados realizado pela Administração Pública a uma lei autorizativa.

É evidente o paralelo entre o Art. 23 LGPD e o princípio da legalidade que sujeita a Administração Pública (Art. 37, *caput*, CRF). De acordo com o princípio da legalidade, toda atividade restritiva da Administração Pública, ou seja, que limita direitos e liberdades individuais, precisa de uma base legal que atribua competência ao ente público e fundamente a atividade, estabelecendo o interesse público a ser concretizado.[14] Na medida em que todo tratamento de dados pessoais representa uma ingerência ao direito fundamental (Art. 5, LXXIX, CRF),[15] a admissibilidade dessa atividade material depende de uma base legal suficiente. Esse requisito é cumprido quando a base legal estabelecer, de forma clara, a finalidade pública para a qual os dados poderão ser tratados e outorgar a respectiva competência a um ente ou órgão público. O conteúdo da base legal que permitir o tratamento de dados também pode restringir essa atividade, estabelecendo limites específicos e especiais à LGPD. Tome-se o caso da gratuidade do transporte público para determinados grupos de pessoas. A lei estabelece a finalidade do tratamento de dados dos beneficiários (a verificação das condições legais para a concessão do benefício) e a competência para o tratamento (ente responsável por analisar o cadastro e conceder o benefício). A lei também pode estabelecer exigências adicionais com relação ao tratamento de dados, incluindo dados pessoais que não podem ser coletados para essa finalidade (e.g. filiação partidária ou religião) ou então medidas específicas de segurança da informação (e.g. proibição do armazenamento dos dados fora do território nacional).

Por outra perspectiva, o Art. 23, *caput*, LGPD especifica o princípio da vinculação à finalidade para a Administração Pública. De acordo com esse princípio, o processa-

---

14. MARTINS JÚNIOR, Wallace Paiva. Princípio da Legalidade. In: DI PIETRO, Maria Sylvia Zanella (Ed.). *Tratado de Direito Administrativo*, v. 1 (2. ed., RT, 2019) 315. Veja também MARRARA, Thiago. *Manual de Direito Administrativo*, v. 1 (KDP, 2017) 1597 ss.; e DI PIETRO, Maria Sylvia Zanella. *Direito Administrativo*. (27. ed., Atlas, 2014) 64-65.
15. STF, Medida Cautelar na ADI 6387/DF de 24.04.2020, Min. Rel. Rosa Weber; STF, ADPF 695/DF e ADI 6.649/DF, Rel. Min. Gilmar Mendes.

mento de dados pessoais deve ser realizado para fins legítimos, específicos e explícitos (Art. 6, I, LGPD). As finalidades legítimas são geralmente compreendidas como todas as finalidades que não são proibidas pelo sistema jurídico.[16] No entanto, o Art. 23, *caput*, LGPD exige que a finalidade seja pública,[17] isto é, esteja vinculada às competências legais e aos interesses públicos protegidos.[18] Dessa forma, a finalidade é legítima na medida em que corresponda à competência do órgão público ou (no caso de regras de conduta) esteja prevista em lei.

Importante ressaltar que a LGPD não constitui *per se* base legal suficiente para o tratamento de dados pela Administração Pública.[19] Arts. 7º e 11 c/c Art. 23 LGPD apenas estabelecem critérios para que a base legal autorize o tratamento de dados. A LGPD pressupõe que os legisladores federal, estadual e municipal estabeleçam as respectivas bases legais e que haja uma relação entre o tratamento de dados, o interesse público e as competências legais.[20] Disso decorre que o regime jurídico público de proteção de dados é necessariamente um sistema de múltiplos níveis.[21]

Apesar de a base legal precisar estabelecer a finalidade e a competência públicas, isso não significa que o texto normativo precisa ser expresso com relação ao tratamento de dados pessoais. Conforme o entendimento da ANPD, a hipótese de tratamento das obrigações legais (Art. 7º, II, e 11, II, LGPD) abrange tanto as normas de conduta quanto as normas de organização.[22] Pela norma de conduta, a lei exige um comportamento conforme uma hipótese legal com a previsão de consequência jurídica decorrente do descumprimento. As normas de organização, por sua vez, abrangem a atribuição de competência a entes públicos. Isso, porque a atribuição de competência cria à Administração Pública o poder-dever para exercitar a competência atribuída e, assim, realizar o interesse público. Percebe-se a íntima relação entre o Art. 23, *caput*, LGPD e a hipótese de tratamento para a realização de obrigação legal. Na medida em que o poder público só pode atuar com base e no limite de sua competência e a atribuição legal de competência é compreendida como obrigação legal nos termos do Art. 7º, II, e 11, II, lit. a, LGPD, admite-se o tratamento de dados pessoais para o cumprimento de competências legais. De tal forma, toda atribuição de competência pública autoriza o tratamento de

---

16. GAROFANO, Rafael Roque. *Limitação de Finalidade no Tratamento de Dados Pessoais pelo Poder Público*. (Tese de Doutorado, USP 2022) 98-99.
17. ANPD, Guia Orientativo (v. 2.0, 2023) 22; BASSO, Bruno Bartelle. Direito à Privacidade e o Tratamento de Dados Pessoais pelo Poder Público: O Interesse Público como Elemento Dialógico da Relação. In: DAL POZZO, Augusto Neves; MARTINS, Ricardo Marcondes (Ed.). *LGPD & Administração Pública* (RT 2020) 190.
18. GAROFANO, Rafael Roque. *Limitação de Finalidade no Tratamento de Dados Pessoais pelo Poder Público*. (Tese de Doutorado, USP 2022) 99.
19. Excepcionalmente, determinadas operações de tratamento podem ter como fundamento a própria LGPD. Esse é o caso da exclusão de dados, cuja finalidade é a própria proteção dos dados do titular – uma vez que seus dados deixarão de existir – e é regulada pelo Art. 15 LGPD.
20. CABRAL, Flávio Garcia. O Princípio da Boa Administração Pública e a LGPD (Lei 13.709/18). In: POZZO, Augusto Neves dal; MARTINS, Ricardo Marcondes (Ed.). *LGPD & Administração Pública* (RT 2020) 71.
21. Cf GASIOLA, . Gustavo Gil. *Datenübermittlung in der öffentlichen Verwaltung* (Nomos, 2024) 113-114.
22. ANPD, Guia Orientativo. *Tratamento de Dados Pessoais pelo Poder Público* (v. 2.0, 2023) 15.

dados pessoais, desde que seja estritamente necessário para o adequado exercício dessa competência e a realização do interesse público a ela relacionado.

Outra hipótese de tratamento de grande importância para o poder público é a realização de políticas públicas (Art. 7º, III, e 11, II, lit. b, LGPD). De acordo com o Art. 7º, III, LGPD, as políticas públicas podem ser criadas por meio de leis ou regulamentos ou expressas em contratos, convênios ou instrumentos similares. Porém, uma leitura sistemática desse dispositivo com o Art. 23, *caput*, LGPD e o princípio da legalidade exige considerar admissível o tratamento de dados pelo poder público para a execução de políticas públicas apenas quando houver uma base legal estabelecendo a política pública e a respectiva atribuição de competência. A concretização da política pública, inclusive aspectos relativos ao tratamento de dados, pode ser detalhada por instrumentos infralegais. A ausência de uma base legal, porém, viola o requisito do Art. 23, *caput*, LGPD e torna inadmissível o tratamento de dados pessoais.

O regime jurídico público também impõe à Administração Pública obrigações organizacionais e procedimentais específicas. Essas obrigações específicas adaptam o regime geral, tendo em vista o contexto da Administração Pública, para permitir a proteção dos titulares de dados perante entes e órgãos públicos. Como o titular de dados não tem, em geral, liberdade para decidir sobre o tratamento de dados realizado por entes e órgãos públicos, a LGPD estabelece deveres específicos de transparência para a Administração Pública (Art. 23, I, LGPD). Além disso, para garantir que dados relevantes para diferentes finalidades públicas possam ser transferidos e reutilizados, Art. 25 e 26 estabelecem obrigações de interoperabilidade e condições adicionais para o uso compartilhado. Ainda que nem sempre garantam um nível mais alto de proteção,[23] essas obrigações constituem, em conjunto com as especificidades das hipóteses de tratamento, parte essencial do regime jurídico público de proteção de dados criado pela LGPD.

1.4 Aplicabilidade do regime jurídico público para as concessionárias de serviço público

A LGPD estabelece regimes jurídicos distintos de proteção de dados para agentes privados e públicos. Esses regimes jurídicos estabelecem critérios diferentes para a admissibilidade do tratamento de dados pessoais, sendo o regime jurídico público, em geral, mais restritivo. Quando o titular de um serviço público delega a prestação a uma concessionária haverá uma alteração subjetiva dos agentes de tratamento de dados que coletam e processam as informações dos usuários do serviço público. Com esse pano de fundo, questiona-se em que medida a concessão de um serviço público altera o regime jurídico do tratamento de dados aplicável.

Essa questão não é respondida diretamente pela LGPD. Art. 23, *caput*, LGPD delimita a aplicação das regras do Capítulo IV, relativas ao tratamento de dados pela Administração Pública, às pessoas jurídicas de direito público referidas no Art. 1º, pa-

---

23. Cf. GASIOLA, Gustavo Gil. *Datenübermittlung in der öffentlichen Verwaltung* (Nomos, 2024) 98 ss.

rágrafo único, da Lei de Acesso à Informação (Lei 12.527/2011, LAI). Essa referência não abrange empresas privadas que atuam como concessionárias de serviço público. De um lado, o Art. 23, *caput*, LGPD refere-se apenas às pessoas jurídicas de direito público, não abrangendo pessoas jurídicas de direito privado. De outro lado, o dispositivo da LAI referido pela LGPD também não se estende às pessoas jurídicas de direito privado. À primeira vista, portanto, poderia se concluir que o regime jurídico público de tratamento de dados não seria aplicável às pessoas jurídicas de direito privado, ainda quando atuassem na prestação de serviços públicos.

Interessante notar que a LGPD regula pontualmente o tratamento de dados realizado no âmbito da descentralização da atividade pública, no qual se inclui a concessão de serviços públicos. O Art. 25 LGPD exige que os dados tratados pela Administração Pública sejam mantidos em formato interoperável e estruturado para uso compartilhado, tendo em vista a descentralização da atividade pública. Além disso, Art. 26, § 1º, I, LGPD permite a transferência a entidades privadas de bases de dados para a execução descentralização de atividade pública, na medida em que essa transferência seja necessária para esta finalidade. Apesar de viabilizarem o compartilhamento de dados entre poder concedente e concessionária, essas regras não esclarecem o regime jurídico aplicável ao tratamento de dados realizado pela concessionária.

A despeito do silêncio da LGPD, a aplicabilidade do regime jurídico público ao tratamento de dados realizado por concessionárias de serviço público pode ser extraída tanto da proteção constitucional quanto dos direitos reconhecidos no Código dos Usuários do Serviço Público (Lei 13.460/2017, CUSP). Na medida em que qualquer tratamento de dados pessoais constitui uma ingerência nos direitos fundamentais, a Administração Pública está sujeita a deveres de proteção. A LGPD estabelece critérios para a admissibilidade do tratamento de dados pessoais e estabelece um regime jurídico específico para a Administração Pública tendo em vista as especificidades da relação entre os cidadãos e o Estado. Essa relação assimétrica justifica a sujeição a regras mais estritas, para garantir a proteção do direito fundamental perante a realização do interesse público. Quando a Administração Pública transfere a prestação de um serviço público a um agente privado, ocorre a alteração subjetiva do prestador do serviço. Para o titular de dados, porém, este continua em uma relação assimétrica, na qual não há verdadeira liberdade para decidir sobre o tratamento de seus dados – seja pela impossibilidade de não utilizar o serviço público, seja pelo sacrifício desproporcional que a recusa do tratamento de dados poderia representar. A proteção do direito fundamental impede, dessa forma, que a concessão de serviços públicos represente ao titular de dados a diminuição do nível de proteção estabelecido pela LGPD. Ainda que a lei utilize o critério subjetivo para determinar a aplicação do regime jurídico público, a prestação de um serviço público por um agente particular atrai a aplicação deste regime para garantir o mesmo nível proteção.

A utilização de critérios funcionais – ou seja, relacionados à atividade desenvolvida pelo agente de tratamento – para a extensão do regime jurídico público também ocorre com as obrigações de transparência previstas na LAI. Art. 1º, § 3º, CUSP extente o âmbito de aplicação material das obrigações de transparência aos serviços públicos prestados por particular. Por sua vez, Art. 2, parágrafo único, CUSP entende a aplicação da LAI ao acesso dos usuários às informações. Com relação à proteção de dados, Art. 6º, IV, CUSP reconhece a proteção das informações pessoais como direito básico dos usuários. Ainda que não haja referência expressa da sujeição às mesmas regras aplicáveis à Administração Pública, o CUSP não admite usuários de serviço público de segunda classe, aos quais são reconhecidos menos direitos simplesmente pelo fato da prestação ter sido delegada a um particular. Seja na prestação direta, seja na concessão de serviços públicos, os usuários de serviços públicos gozam dos mesmos direitos e estão igualmente protegidos, incluindo as garantias previstas na LGPD.

A extensão do regime jurídico público às concessionárias de serviço público é limitada à prestação do serviço público na relação com os usuários. Isso significa que os tratamentos de dados pessoais realizados pelos agentes privados que prestam serviço público para a sua organização interna não estão sujeitos ao regime jurídico privado. Quando a concessionária gere os seus recursos humanos, coletando e processando dados pessoais de empregados e terceirizados, para viabilizar a prestação do serviço público, não se trata de atividade pública e o tratamento de dados está sujeito ao regime jurídico privado. Por outro lado, qualquer tratamento de dados dos usuários de serviço público ou realizado durante a prestação do serviço público, ainda que o titular de dados não seja usuário, está sujeito ao regime jurídico público. Nessa lógica está sujeito ao regime jurídico de direito público tanto o cadastramento dos usuários, incluindo a coleta, armazenamento, alteração, processamento e exclusão dos dados, quando a coleta de imagens por meio de câmeras de vigilância de terceiros que transitam perto das instalações da concessionária. Por meio de um critério funcional, portanto, o regime jurídico de proteção de dados aplicável à concessionária depende se a finalidade do tratamento tem relação direta com a prestação do serviço público.

2. AGENTES DE TRATAMENTO NAS CONCESSÕES DE SERVIÇOS PÚBLICOS

Após definir o regime jurídico de proteção de dados aplicável à prestação de serviços públicos, cumpre analisar a atribuição das funções de controlador e operador do tratamento de dados ao poder concedente e à concessionária. A análise parte das relações informacionais reguladas pela LGPD para identificar os critérios determinantes para a classificação dos agentes de tratamento (2.1). Passo seguinte, os critérios identificados são aplicados para analisar as funções assumidas pelos agentes de tratamento no contexto da prestação de serviços públicos (2.2). A análise é então complementada pelo estudo de caso da concessão do serviço de bilhetagem do transporte público no Município do Rio de Janeiro (2.3) para exemplificar e avaliar a atribuição das funções dos agentes de tratamento na prática contratual brasileira.

2.1 Relações informacionais reguladas pela LGPD

A definição legal de tratamento de dados pessoais ("toda operação realizada com dados pessoais", Art. 5º, X, LGPD) pressupõe uma relação informacional composta por três elementos: (i) dados pessoais; (ii) titular; e (iii) agentes de tratamento. A ausência de qualquer desses elementos descaracteriza a relação informação regulada pela LGPD e, na medida em que não há tratamento de dados, afasta a sua aplicação.[24] Dado pessoal é conceituado pela LGPD como toda "informação relacionada à pessoa natural identificada ou identificável" (Art. 5º, I, LGPD). Trata-se de um conceito amplo, abrangendo inclusive dados que não identifiquem a pessoa natural diretamente, mas que apenas permitam essa identificação. Desse conceito são excluídos os dados relacionados exclusivamente a pessoas jurídicas, os dados factuais, ou seja, não relacionados a qualquer pessoa específica, e também os dados anonimizados, cuja (re)identificação do sujeito, considerando os meios técnicos disponíveis na ocasião do tratamento (Art. 3º, III, LGPD), não seja possível.

O titular de dados é a pessoa natural a quem os dados se referem (Art. 5º, V, LGPD). A LGPD estabelece normas objetivas para a proteção dos titulares, que sujeitam todo o tratamento de dados pessoais, e também prevê direitos subjetivos que podem ser exercidos pelo titular. Não há uma relação exclusiva entre um conjunto de dados e um único titular. Dados também podem se referir a diversas pessoas naturais, tendo assim diversos titulares.[25] Esse é o caso da certidão de casamento, a qual se refere a ambos os cônjuges, ou dos contratos entre pessoas privadas, cujas informações referem-se a diversas partes. A LGPD não aborda especificamente a categoria dos dados multirrelacionais, deixando em aberto diversas questões relacionadas ao exercício de direitos e ao tratamento de dados realizado pelo próprio titular.

Os agentes de tratamento constituem uma categoria geral que abrange as funções de controlador e de operador (Art. 5º, IX, LGPD). O controlador é a "pessoa natural ou jurídica, de direito público ou privado, a quem competem as decisões referentes ao tratamento de dados pessoais" (Art. 5º, VI, LGPD). Apesar de o conceito legal mencionar a competência para tomar decisões, esta não se refere necessariamente a uma competência legal criada por lei. Pelo contrário, a noção de competência aqui é interpretada pela ANPD[26] e pela literatura[27] como a capacidade fática para tomar decisões relevantes.[28] Grande parte das obrigações criadas pela LGPD é endereçada aos controladores, na medida em que são os responsáveis pelo tratamento de dados. Em especial, o controlador deve respeitar os princípios de tratamento (Art. 6º LGPD), adotar medidas procedimentais

---

24. Conforme Art. 3º LGPD, o âmbito de aplicação material da lei abrange "qualquer operação de tratamento realizada por pessoa natural ou por pessoa jurídica de direito público ou privado, independentemente do meio, do país de sua sede ou do país onde estejam localizados os dados (...)".
25. Cf. GASIOLA, Gustavo Gil. *Datenübermittlung in der öffentlichen Verwaltung* (Nomos, 2024) 42.
26. ANPD, Guia Orientativo para Definições dos Agentes de Tratamento de Dados Pessoais e do Encarregado, 2022, p. 8, 10.
27. Cf. LEONARDI. In: FRANCOSKI/TASSO (Ed.). *A Lei Geral de Proteção de Dados Pessoais*, 2021, p. 188, 191; LIMA, In: LIMA (Ed.). *Comentários à Lei Geral de Proteção de Dados*, 2020, p. 288; VAINZOF. In: MALDONADO/BLUM, 2019, Art. 5º, LGPD p. 107; SOMBRA. *Fundamentos da Regulação da Privacidade e Proteção de Dados Pessoais*, 2019, p. 176.
28. Evidentemente, trata-se de uma aproximação do conceito cunhado pelo Regulamento Geral de Proteção de Dados da União Europeia. Sobre este tópico, cf. GASIOLA, Gustavo Gil. *Datenübermittlung in der öffentlichen Verwaltung* (Nomos, 2024) 43.

e organizacionais adequadas (e.g. a indicação de um encarregado pelo tratamento de dados pessoais (Art. 41 LGPD) e a adoção de medidas de segurança (Art. 46 LGPD)), cumprir com os deveres de informação (Art. 9º, 23, I, LGPD), e cumprir com seus deveres perante o exercício dos direitos dos titulares. O conjunto de decisões a que o controlador deve ser competente para tomar, tendo em vista o conceito legal, depende do contexto. Quando uma empresa trata dados pessoais para viabilizar publicidade direcionada, ela é decide sobre a finalidade do tratamento (publicidade direcionada), os dados que serão coletados (dados demográficos, pesquisas de opinião, comportamento em determinada rede social etc.) e outras decisões relacionadas ao tratamento (como tempo de armazenamento, pseudominização, compartilhamento, exclusão etc.). Quando esta mesma empresa é obrigada por lei a tratar dados pessoais (por exemplo, para posterior compartilhamento com a Receita Federal do Brasil), as decisões relativas ao tratamento são drasticamente limitadas. Ao estabelecer a obrigação de tratar dados pessoais, a lei estabelece a finalidade do tratamento (procedimento tributário), os dados que devem ser coletados e outros aspectos relevantes ao tratamento (tempo de armazenamento, como e quando deve se dar o compartilhamento etc.). Apesar das decisões serem restritas, a empresa também é considerada controladora na medida em que a ela compete tomar as decisões não impostas pela lei.[29]

A segunda função é a de operador, quem realiza o tratamento de dados pessoais em nome do controlador (Art. 5º, VII, LGPD). O operador não atua livremente e está sujeito e limitado às decisões tomadas pelo controlador. Conforme esclarece o Art. 39 LGPD, o operador "deverá realizar o tratamento segundo as instruções fornecidas pelo controlador". Isso significa que as atividades do operador ao tratar os dados pessoais são rigidamente limitadas às instruções do controlador,[30] havendo pouco espaço de manobra para a tomada de decisões. Isso não significa que o operador não toma nenhuma decisão com relação ao tratamento de dados. Decisões não essenciais (e.g. aspectos técnicos) podem ser deixadas ao operador. Normalmente fundada em uma relação contratual, o operador também auxilia o controlador na conformidade do tratamento de dados de acordo com a LGPD. Nessa relação de subordinação, o controlador tem o dever de verificar a conformidade do operador, seja com relação às suas instruções, seja com relação às regras de proteção de dados (Art. 39 LGPD).

A estrutura base da relação informacional regulada pela LGPD é composta pelo dado pessoal, o titular de dados a quem o dado se refere e um controlador, quem realiza o tratamento dos dados do titular. Essa estrutura base admite variáveis e ampliações. No caso de dados multirrelacionais, há diversos titulares envolvidos no tratamento. Se houver subcontratação de integral ou parte do tratamento a um operador, este também irá compor a relação informacional. Inclusive, o controlador poderá subcontratar diferentes etapas do tratamento de dados, somando-se diversos operadores na relação

---

29. Sobre a transferência de dados para a Receita Federal do Brasil, cf. GASIOLA, Gustavo Gil. *Datenübermittlung in der öffentlichen Verwaltung* (Nomos, 2024) 289 ss.
30. ANPD, Guia Orientativo para Definições dos Agentes de Tratamento de Dados Pessoais e do Encarregado, 2022, p. 17.

informacional. Por fim, a relação informacional também pode ser composta por diversos controladores. Nesse caso, os controladores ou tomam decisões conjuntamente, constituindo uma controladoria conjunta,[31] ou tomam decisões independentes, havendo duas ou mais controladorias singulares com relação ao mesmo conjunto de dados pessoais.

As funções assumidas pelos sujeitos em uma relação informacional não impactam necessariamente suas funções em outras relações. O mesmo sujeito pode assumir diferentes funções perante cada tratamento ou conjunto de tratamento de dados. Um advogado é titular de seus próprios dados quando apresenta seus documentos de identificação e inscrição na Ordem dos Advogados no bojo de um processo. Quando coleta dados pessoais de um cliente (pessoa natural) para a prestação de serviços de advocacia, o advogado é controlador desse tratamento. Em outro caso, uma empresa que fornece armazenamento em nuvem figura como operador dos tratamentos de dados realizados em nome dos clientes que utilizam seus serviços e armazenam dados pessoais na nuvem. Essa mesma empresa é controladora quanto trata dados pessoais dos seus empregados ou mesmo quando gere o cadastro de clientes.

A LGPD utiliza um critério funcional para caracterizar o controlador e o operador. A identificação do controlador e operador em uma determinada relação informacional depende da análise dos aspectos factuais, ou seja, qual a função realmente exercida por cada um dos sujeitos no tratamento de dados pessoais.[32] O critério funcional impede que os papéis sejam artificialmente divididos por meio de contrato. Ainda que um contrato estabeleça expressamente qual parte assume a função de controlador e de operador, apenas será determinante para atribuir as funções às atividades desenvolvidas pelas partes. Caso haja uma contradição entre a nomeação do controlador e operador e a divisão das funções no bojo do contrato, a disposição contratual relativa à atribuição de funções não terá validade. Caso o contrato atribua expressamente a função de operador à parte que decide sobre os dados pessoais coletados e as finalidades do tratamento, essa atribuição será inválida.

2.2 Controlador e operador nas concessões de serviço público

Como a LGPD adota um critério funcional para atribuir as funções de controlador e operador do tratamento de dados pessoais, a identificação dos agentes de tratamento no caso dos serviços públicos dependerá da forma como a prestação é estruturada pelo titular do serviço. No caso da prestação direta, o titular (do serviço) assume diretamente a sua gestão e prestação, tomando todas as decisões relevantes. Essas decisões incluem aquelas relativas aos tratamentos de dados pessoais necessários para a adequada pres-

---

31. Conforme o entendimento da ANPD, a controladoria conjunta é compreendida como "a determinação conjunta, comum ou convergente, por dois ou mais controladores, das finalidades e dos elementos essenciais para a realização do tratamento de dados pessoais, por meio de acordo que estabeleça as respectivas responsabilidades quanto ao cumprimento da LGPD", ANPD Guia Orientativo para a Definição dos Agentes de Tratamento de Dados Pessoais e do Encarregado 2022 14.
32. Cf. ANPD, Guia Orientativo para Definições dos Agentes de Tratamento de Dados Pessoais e do Encarregado, 2022, p. 8.

tação do serviço público. Tome-se o exemplo do serviço de transporte público prestado diretamente pelo município. O ente ou órgão municipal competente toma as decisões relativas à coleta e processamento dos dados pessoais dos usuários para a prestação do serviço. Isso inclui o cadastramento de usuários, em especial daqueles beneficiários de gratuidades, emissão de bilhetes eletrônicos, atendimento aos usuários no caso de dúvidas, reclamações e demais solicitações, monitoramento dos espaços públicos e veículos por câmeras de segurança, identificação dos usuários no caso de devolução de itens esquecidos ou perdidos e outros eventuais tratamentos de dados que estejam relacionados à organização e prestação do serviço de transporte público. Ao tomar todas essas decisões, o ente público assume a função de controlador dos dados pessoais tratados com a finalidade do transporte público municipal.

Ainda sem delegar a gestão, atividades materiais acessórias, instrumentais ou complementares ao serviço público podem ser executadas por meio de contratos de prestação de serviços (Art. 48 Lei 14.133/2021). Aqui, o sujeito contratado é subordinado às ordens e decisões tomadas pelo poder público contratante e deve realizar a atividade conforme estipulado no instrumento contratual. Tanto pela restrição do objeto contratual – não abrangendo a gestão do serviço público – quanto pela subordinação estrita do sujeito contratado às decisões do contratante, o ente público permanece na sua função de controlador do tratamento de dados pessoais, enquanto o contratado assume o papel de operador. No caso mencionado, o município pode contratar uma empresa privada para prestar o serviço de armazenagem em nuvem dos dados pessoais dos usuários. Em geral, o contrato estabelece as condições para a prestação do serviço de armazenagem em nuvem e a empresa contratada não tem liberdade para decidir sobre o tratamento de dados. Ainda que determinadas decisões sejam tomadas pela contratada (e.g. tecnologia de armazenamento, método de anonimização ou back-ups), as decisões essenciais permanecem exclusivamente com o município.

Outra opção para organizar a prestação do serviço público é por meio dos módulos concessórios. Nas concessões de serviço público, o poder concedente transfere à concessionária a própria gestão e prestação do serviço público. A titularidade do serviço público permanece com o poder concedente, mas parte considerável das decisões sobre a prestação do serviço são deixadas à concessionária. Isso decorre da própria estrutura do contrato de concessão, que permite à concessionária a prestação do serviço por sua conta e risco (Art. 2º, II, Lei 8.987/1995). A liberdade da concessionária para tomar decisões econômicas e financeiras, inclusive relacionadas ao tratamento de dados pessoais, é pressuposto do contrato da concessão, na medida em que a concessionária assume os riscos do negócio.

Apesar dessa garantia à concessionária, a prestação do serviço público deve satisfazer aos parâmetros e critérios de qualidade estabelecidos pelo poder concedente. A concessionária deve atuar dentro de sua álea econômica para, tendo em vista as diretrizes estabelecidas pelo poder concedente, prestar o serviço público. De tal forma, a função assumida pela concessionária diverge fundamentalmente daquela assumida pelo agente privado contratado por meio de um contrato de prestação de serviços. Além da extensão do objeto contratual – abrangendo diversas atividades ou mesmo a integralidade da prestação do serviço público –, a concessão garante à concessionária um âmbito de ação desconhecido no contrato de prestação de serviços.

A estrutura contratual da concessão de serviços públicos impacta diretamente a divisão de funções no tratamento de dados pessoais. Ao contrário do contrato de prestação de serviços, a mera subordinação do concessionário às instruções do poder concedente não pode ser pressuposta. O concessionário não atua exclusivamente para implementar as ordens do poder concedente, mas para, a partir de suas decisões econômicas e financeiras, atingir os parâmetros estabelecidos no contrato de concessão.

A questão central para identificar a função assumida pela concessionária, se controladora ou operadora, é a extensão na qual as decisões relativas ao tratamento de dados são deixadas à concessionária. Como a concessão envolve, em regra, a gestão da prestação de um serviço público com usuários individualizáveis (*uti singuli*), característica decorrente da própria estrutura tarifária usualmente adotada, é possível afirmar que a concessionária toma decisões essenciais sobre o tratamento de dados dos usuários como parte da gestão da prestação do serviço público. Isso significa que a concessionária, em regra, assume a função de controlador do tratamento de dados pessoais na prestação do serviço público. Caso a concessionária não puder tomar nenhuma decisão relevante com relação à coleta e ao tratamento de dados, a própria estrutura contratual seria colocada em questão.

A atribuição da função de controlador ao concessionário é ainda mais evidente quando houver uma relação direta entre o tratamento de dados e a exploração de receitas acessórias. Nesse caso, a própria finalidade do tratamento de dados é estabelecida pela concessionária e o tratamento é realizado no seu interesse. Retomando o exemplo, quando o município concede a prestação do serviço de transporte público, incluindo a gestão dos cadastros e da emissão dos bilhetes, a concessionária toma as decisões essenciais para organizar essas atividades e prestar o serviço conforme o estabelecido pelo poder concedente. Ainda que o poder concedente estabeleça que o cadastro de usuários precisa conter, no mínimo, determinadas informações ou estar de acordo com os padrões internacionais de segurança, ao concessionário é deixado um conjunto relevante de decisões para alimentar o cadastro e fazer sua gestão.

A concessão não altera a titularidade do serviço público. O poder concedente permanece responsável por "regulamentar o serviço concedido e fiscalizar permanentemente a sua prestação" (Art. 29, I, Lei 8.987/1995). Além disso, o poder concedente estabelece no instrumento contratual as condições de prestação do serviço (Art. 23, II, Lei 8.987/1995) e os "critérios, indicadores, fórmulas e parâmetros definidores da qualidade do serviço" (Art. 23, II, Lei 8.987/1995). Disso decorre que o poder concedente precisa estabelecer o quadro geral da prestação do serviço público que deve ser observado pelo concessionário. A depender do objeto contratual, esse quadro geral inclui também aspectos relativos ao tratamento de dados pessoais dos usuários e de terceiros. O poder concedente pode exigir a coleta de determinadas informações dos usuários, inclusive com o posterior compartilhamento, proibir que outros dados sejam coletados, impor limites ao tratamento, estabelecer padrões técnicos mínimos que devem ser observados e tantos outros aspectos relevantes à gestão dos dados pessoais. Além de ter a competência legal para definir aspectos essenciais do tratamento de dados, o poder concedente, em regra, exerce factualmente essa competência ao estabelecer o quadro geral da prestação do serviço público que deve ser observado pelo concessionário. O poder concedente, portanto, assume também a função de controlador do tratamento dos dados pessoais no âmbito da concessão.

Consequentemente, a estrutura contratual da concessão de serviços públicos atribui ao poder concedente e à concessionária a função de controladores. O poder concedente é controlador ao estabelecer o quadro geral da prestação do serviço público, enquanto a concessionária é controladora ao implementar esse quadro geral, tomando decisões essenciais para o tratamento de dados pessoais. Conforme diferenciação utilizada pela ANPD, as decisões tomadas pelo poder concedente e pela concessionária são convergentes.[33] Apesar de estarem em diferentes graus de abstração (decisões regulamentares, decisões de implementação) e não serem tomadas em conjunto pelas partes, as decisões se "complementam de tal forma que o tratamento não seria possível sem a participação de ambos os controladores".[34] Considere, por exemplo, as obrigações contratuais que exigem da concessionária a instalação de câmeras para a segurança das instalações ou então a realização do cadastro dos usuários. Nesses casos, há uma verdadeira construção dos aspectos essenciais do tratamento de dados pessoais pelo poder concedente e pela concessionária. O poder concedente estabelece o quadro geral (número mínimo de câmeras, especificações técnicas mínimas sobre a coleta, armazenamento, compartilhamento e exclusão), enquanto a concessionária dá a concretude necessária em vistas à prestação adequada do serviço público. Assim, na medida em que ambos exercem a função de controlador e há uma inescapável interligação entre as decisões tomadas pelo poder concedente e concessionária, a concessão importa na controladoria conjunta das partes contratuais para o tratamento de dados no âmbito da prestação do serviço público.

2.3 Agentes de tratamento na concessão da bilhetagem do transporte público no Município do Rio de Janeiro

Após discutir como a LGPD conceitua e atribui as funções de operador e controlador aos agentes de tratamento de dados e sua respectiva aplicação nas prestações de serviços públicos, cumpre verificar como esta divisão de funções tem sido realizada na atual prática contratual. Enquanto o tratamento de dados pessoais é pressuposto para grande parte dos serviços públicos, em especial na sua relação com os usuários, alguns

---

33. ANPD, Guia Orientativo para Definições dos Agentes de Tratamento de Dados Pessoais e do Encarregado, 2022, p. 14.
34. ANPD, Guia Orientativo para Definições dos Agentes de Tratamento de Dados Pessoais e do Encarregado, 2022, p. 14.

contratos de concessão têm as operações de tratamento de dados como objeto central do contrato. Esse é o caso da concessão do serviço de bilhetagem do transporte público, cujo objeto abrange a emissão de bilhetes digitais para o uso do transporte público e a respectiva gestão da base de dados de usuários. Tendo em vista a centralidade que a proteção de dados assume neste tipo de concessão, foi selecionada a primeira concessão da bilhetagem do transporte público no Brasil, firmada pelo Município do Rio de Janeiro, para a análise da distribuição das funções de operador e controlador do tratamento de dados pessoais.

O Município do Rio de Janeiro assinou em dezembro de 2022 o contrato da bilhetagem do transporte público com a CDB Bilhete Digital SA, pessoa jurídica de propósitos específicos. Abaixo é apresentado o perfil geral[35] do Contrato de Concessão de Serviços n. 5/2022:

Tipo de concessão	Concessão comum	Ponto 1.1
Objeto do contrato	"Concessão, em caráter de exclusividade, (...) para a prestação dos serviços de organização e operação do Sistema de Bilhetagem Digital (SBD), em todos os sistemas de transporte público coletivo de titularidade do Município do Rio de Janeiro"	Ponto 4.1
Prazo do contrato	12 anos	Ponto 8.1
Possibilidade de prorrogação	Sim. Prorrogação de, no máximo, igual período	Ponto 8.2
Valor do contrato	R$ 1.345.377.145,97	Ponto 16.1
Remuneração	"Tarifa de bilhetagem correspondente a 4,0% incidente sobre os créditos de transporte efetivamente utilizados pelos usuários no pagamento de tarifa pública de transporte"[36]	Ponto 18.1
Receitas acessórias	Aplicações financeiras dos créditos de transporte Negócios jurídicos de interoperabilidade Receitas de publicidade[37] Gestão da comercialização de créditos de Vale Transporte para empresas Serviços adicionais de mobilidade oferecidos aos usuários[38] Outras receitas acessórias"[39]	Ponto 19.1 a 19.7

Dentre os anexos que compõem o instrumento contratual, destaca-se o Anexo I.6 "Diretrizes de Proteção de Dados Pessoais", o qual estabelece "as principais decisões relativas aos elementos essenciais para o cumprimento das finalidades de cada tratamento de dados pessoais" (Ponto 1.4.1 Anexo I.6). O Anexo I.6 apresenta também um apêndice único, o qual lista i) as finalidades legítimas de tratamento de dados pessoais; ii) as operações de tratamento; iii) a periodicidade; e iv) as categorias de dados pessoais tratados (incluindo hora e local, dados de identificação do usuário e de mídia, endereço, biometria, dados socioeconômicos, e dados de venda e utilização). Além de listar, o apêndice também conecta as operações de tratamento e as categorias de dados tratados para cada finalidade listada.

---

35. O perfil geral do contrato de concessão utiliza, com adaptações, a proposta formulada em GASIOLA, Gustavo Gil e MARRARA, Thiago. *Concessão de rodovias*: análise crítica da prática contratual brasileira, 52 *RDPE* 157.
36. Valor máximo da tarifa de bilhetagem, mas pode ser cobrado valor inferior conforme Ponto 18.6 e 18.7.
37. Conforme ponto 19.3.2, a receita é parcialmente compartilhada com o poder concedente.
38. Conforme ponto 19.6, a receita é parcialmente compartilhada com o poder concedente.
39. De acordo com o ponto 19.7, a exploração de outras receitas acessórias depende da apresentação, pela concessionária, de plano de negócios e anuência prévia do poder concedente.

2.3.1 Previsão contratual dos agentes de tratamento

O Contrato de Concessão de Serviços 5/2022 estabelece expressamente as funções exercidas pelo poder concedente e concessionária perante os tratamentos de dados pessoais. Conforme Ponto 1.4 do Anexo I.6:

> O poder concedente desempenhará a função de controlador do tratamento de dados pessoais envolvido nos serviços e utilidades públicas necessários à operação do SBD, ao passo que a Concessionária desempenhará a função de Operador do tratamento de dados pessoais em nome do Poder concedente.

A menção às funções de controlador e operador refere-se às definições da LGPD, conforme esclarecido pelo Ponto 1.2. e 1.2.1 do Anexo I.6.

Além de atribuir as funções, o Anexo I.6, em seu Ponto, 1.4.1, esclarece que o próprio anexo serve como "exercício do poder de decisão do Controlador do tratamento de dados pessoais para as principais decisões relativas aos elementos essenciais para o cumprimento das Finalidades de cada Tratamento de dados pessoais". Há aqui uma clara referência aos critérios para determinar o controlador, conforme Art. 5º, VI e VII, LGPD e, também, o entendimento da APND.[40]

As decisões essenciais são concretizadas, em especial, no apêndice único do Anexo I.6. No entanto, as finalidades e operações de tratamento listadas no apêndice não limita os tratamentos de dados realizados pela concessionária. Ponto 1.5.3 esclarece que hipóteses omissas de tratamento podem ser solicitadas pela concessionária ao poder concedente. Dessa forma, entende-se que a concessionária depende de autorização do poder concedente para realizar tratamento de dados não previstos no apêndice único do Anexo I.6.

Curiosamente, a segunda parte do Ponto 1.5.3, afirma que no "âmbito da Concessão, os Dados pessoais dos Usuários serão objeto de controle compartilhado entre Poder concedente e Concessionária". A utilização do termo "controle compartilhado" é aparentemente equivocada, na medida em que é contraditória com a atribuição de função de operador à concessionária no Ponto 1.4. No caso do controle compartilhado, ambas as partes necessariamente assumiriam a função de controlador.

2.3.2 Discussão: funções assumidas pelo poder concedente e concessionária perante o tratamento de dados pessoais

Apesar de expressamente atribuir as funções de controlador e operador de dados, o Contrato de Concessão de Serviços 5/2022 é inconsistente. Ainda que seja indesejável como prática contratual, a presença de dispositivos contratuais contraditórios sobre a classificação dos agentes de tratamento não produz efeitos jurídicos ou práticos. Conforme anteriormente discutido, os agentes de tratamento são classificados de acordo

---

40. Cf. ANPD, Guia Orientativo para Definições dos Agentes de Tratamento de Dados Pessoais e do Encarregado, 2022, p. 8.

com as funções que as partes assumem no bojo do contrato, independentemente de uma nomeação expressa. Dessa forma, tanto a declaração no Ponto 1.4, quando a segunda parte do Ponto 1.5.3, não têm o poder de determinar a função assumida pelas partes. Dessa forma, é necessário analisar em que medida o poder concedente e a concessionária assumem, no bojo do contrato de concessão da bilhetagem do transporte público, as funções de controlador e operador dos tratamentos de dados pessoais.

O poder concedente toma decisões essenciais sobre o tratamento de dados. Em especial, essas decisões são tomadas no Anexo I.6, conforme expressa o seu Ponto 1.4.1. Esse documento, elaborado pelo poder concedente, estabelece as finalidades, as operações de tratamento e as categorias de dados que poderão ou deverão ser tratados pela concessionária (apêndice único do Anexo I.6). Ademais, o poder concedente toma decisões ao longo da vigência do contrato relativas aos tratamentos de dados não previstos no Anexo I.6 que forem solicitadas pela concessionária (Ponto 1.5.3). A função de controlador assumida pelo poder concedente, inclusive por manter a titularidade do serviço, é confirmada tanto pela estruturação e elaboração do instrumento contratado, incluindo o Anexo I.6, quando pelas funções assumidas na relação contratual.

A concessionária está sujeita às decisões tomadas pelo poder concedente, em especial as definidas no Anexo I.6. No entanto, isso não é suficiente para a sua classificação como operador. O instrumento contratual garante à concessionária espaço relevante para a tomada de decisões financeiras e econômicas que impactam diretamente o tratamento de dados pessoais. Isso decorre do próprio objeto contratual, que está intimamente ligado ao tratamento de dados pessoais dos usuários. Na medida em que a concessionária presta a atividade de bilhetagem eletrônica por sua conta e risco, as decisões relativas ao tratamento de dados necessariamente estão ligadas à sua álea econômica, ainda que dentro das diretrizes estipuladas pelo poder concedente.

Ao analisar o Termo de Referência (Anexo I.2), a ligação do objeto contratual com o tratamento de dados é evidente. Ponto 2.2 do Termo de Referência apresenta o modelo de negócios da concessão e esclarece que fica a cargo da concessionária: (1) a operação do sistema de bilhetagem digital;[41] (2) o controle da bilhetagem;[42] (3) os validadores;[43] e (4) a arrecadação, o clearing e a compensação.[44] Em especial, os componentes (1), (2) e (3) dependem da coleta e processamento de dados pessoais para a sua operacionalização. O atendimento dos usuários, incluindo o cadastramento e o fornecimento de bilhetes digitais individualizados e vinculados ao cadastro, pressupõe o tratamento de

---

41. Descrito como: "Logística de distribuição e venda de mídias, pontos de venda físico e online, atendimento físico e online. Atividades de marketing e divulgação".
42. Descrito como: "Fornecimento de Central de Operações do SBD para controle da bilhetagem, com base em Sistema Baseado em Contas, para validação de regras de negócio, gestão de arrecadação tarifária, de vendas e atendimento, bem como data center".
43. Descrito como: "Provisão e gestão de dispositivos de validação da viagem embarcados nos veículos ou nas estações".
44. Descrito como: "Centralização da arrecadação tarifária, clearing financeiro das regras de remuneração e compensação de pagamento às Operadoras de Transporte do Município".

dados pessoais. Também a gestão dos bilhetes e a validação de cada uso é dependente do processamento de dados.

O espaço para a tomada de decisões da concessionária também está evidenciado nos esclarecimentos prestados pelo poder concedente durante o procedimento licitatório. Quando questionado sobre a adoção de padrões internacionais de proteção de dados para garantir a conformidade com a LGPD, o poder concedente responde que

> independentemente das boas práticas internacionais da segurança da informação, que podem ser utilizadas pela Concessionária, *caso deseje*, todas as regras de proteção de dados pessoais constantes na LGPD e legislações nacionais aplicáveis ao tema devem ser observadas pela Concessionária, assim como as orientações da ANPD[45] (destaque nosso).

Nessa resposta, o poder concedente esclarece que a concessionária, enquanto sujeita às diretrizes de proteção de dados estabelecidas no Anexo I.6, pode decidir sobre a implementação. O âmbito de decisão da concessionária é delimitado tanto pela legislação nacional, e sua interpretação pela ANPD, quanto pelo instrumento contratual elaborado pelo poder concedente. No entanto, a concessionária decide sobre as demais questões deixadas em aberto, inclusive a adoção de boas práticas internacionais da segurança da informação ou da utilização de standards de entidades internacionais.

Outro pedido de esclarecimento se refere às exigências para a hospedagem do datacenter. Essa exigência é expressa no Ponto 6.1 do Termo de Referência, de acordo com o qual

> A Concessionária deverá implantar, operar e manter Central de operações do SBD, backoffice para processamento de dados, controle da conta-corrente dos Usuários, cadastros, transações de comercialização e utilização, registro de viagens, monitoramento, atendimento ao Usuário, podendo realizá-lo em equipamento próprio ou de terceiros.

Ao ser questionado se a hospedagem poderia ser realizada em nuvem, o poder concedente esclarece que:

> Tanto o backoffice do sistema de produção quanto o sistema espelhado podem estar hospedados na cloud ou on premises, desde que atendidas as condições estabelecidas no Anexo I.2 – Termo de referência item 6.1.1. Datacenter PCRJ. Os custos de implantação, manutenção e operação desses ambientes ficarão a cargo da Concessionária durante o prazo da CONCESSÃO.[46]

Mais uma vez, o poder concedente reforça que a concessionária atua dentro da sua álea econômica para implementar as obrigações contratuais. Da perspectiva da proteção de dados, as escolhas referentes à hospedagem são de inegável relevância. A utilização de serviços de hospedagens em nuvem, tais como os oferecidos por empresas como Google, AWS ou Microsoft, envolvem, em regra, a transferência de dados para países terceiros. A localização do armazenamento dos dados trata-se de aspecto fundamental à proteção de dados, na medida em que os dados estarão sujeitos a diferentes regimes

---

45. Aviso de esclarecimento 3, Diário Oficial do Município do Rio de Janeiro de 27.04.2022.
46. Aviso de esclarecimento n. 3, Diário Oficial do Município do Rio de Janeiro de 27.04.2022.

jurídicos, inclusive podendo ser acessado por autoridades de países terceiros se assim permitir a respectiva legislação.

Outro ponto que deve ser considerado é a relação entre tratamento de dados e a aferição de receitas acessórias. Dentre as receitas acessórias previstas no instrumento contratual, encontra-se a exploração comercial de publicidade e marketing (Ponto 2.7 do Termo de Referência). Conforme estabelece o apêndice único do Anexo I.6, a concessionária poderá utilizar dados socioeconômicos dos usuários "anonimizados e sob consentimento de usuários e poder concedente" para a realização dessa atividade. Inclusive, o Ponto 1.5.2 do Anexo I.6 permite à concessionária a exploração comercial, com a autorização do poder concedente, de dados anonimizados agregados ou individualizados. Há dúvidas sobre a real possibilidade de anonimização dos dados tratados pela concessionária, na medida em que a reidentificação é relativamente simples, tendo em vista os demais dados não anonimizados ainda armazenados e os dados espelhados para acesso do poder concedente.[47] Ainda que seja viável, é evidente que anonimização com a finalidade de exploração comercial constitui decisão da concessionária sobre a manutenção e exclusão dos dados pessoais. Mesmo que o poder concedente participe dessa decisão, na medida em que deve ser consultado, isso não retira a decisão da concessionária em estruturar o seu modelo de negócio e solicitar a exploração ao poder concedente.

Os aspectos aqui descritos descaracterizam a função de operador do tratamento de dados atribuída pelo contrato de concessão à concessionária. O contrato de concessão permite a implementação de aspectos essenciais dentro da álea econômica, deixando à concessionária a competência para tomar decisões essenciais ao tratamento de dados pessoais. Essas decisões são inseparáveis da própria organização do serviço público, tendo em vista a centralidade dos dados pessoais para o objeto contratual. Na verdade, dificilmente a estrutura contratual da concessão desse serviço público poderia atribuir a função de operador à concessionária. Isso significaria uma profunda restrição das decisões econômicas e financeiras da concessionária, ponto em cheque o próprio módulo concessório para a bilhetagem do transporte público.

Em resumo, a aparente contradição entre os pontos 1.4 e 1.5.3 do Anexo I.6 deixa-se resolver ao analisar as atividades assumidas por cada uma das partes. O poder concedente toma decisões essenciais ao tratamento de dados, inclusive determinando a finalidade e categorias de dados tratados. Isso não impede que outras decisões igualmente essenciais sejam deixadas à concessionária. Dentro do quadro estruturado pelo contrato de concessão, em especial no Anexo I.6 e no Termo de Referência, a concessionária também toma decisões essenciais para a operacionalização da prestação do serviço público. Dessa forma, poder concedente e concessionário são ambos controladores e compartilham uma controladoria conjunta. Em parte, as decisões relativas ao tratamento de dados são convergentes. Esse é o caso de todas

---

47. Conforme Ponto 6.1.1 do Termo de Referência, o Data Center deve permitir acesso ais dados espelhados do SBD pelo poder concedente.

as especificações realizadas pelo poder concedente no instrumento contratual que dependem de decisões de implementação pela concessionária. Em outras situações, poder concedente e concessionária tomam decisões conjuntas sobre o tratamento. Quando o tratamento de dados depende de autorização do poder concedente (e.g. Ponto 1.5.2 do Anexo I.6), há uma necessária interação entre as partes para solicitar e aprovar aspectos do tratamento de dados pessoais.

CONCLUSÕES

A atribuição de funções aos agentes de tratamento é fundamental para identificar as relações informacionais e reconhecer as normas e obrigações relevantes. A adoção de um critério funcional para atribuir as funções tem o objetivo claro de impedir a criação de situações artificiais, em que a estipulação contratual das funções de controlador e de operador mascare os sujeitos que, na prática, tomam as decisões essenciais relativas ao tratamento de dados pessoais. Perante esse conceito funcional de controlador e operador, as disposições contratuais que atribuem funções apenas têm validade se forem confirmadas pelas atividades assumidas pelas partes.

Conforme discutido ao longo do artigo, a típica relação informacional nos módulos concessórios de contratação é constituída por dois controladores, poder público e concessionária, que decidem (de forma conjunta ou convergente) sobre os aspectos essenciais dos tratamentos de dados necessários para a prestação do serviço. Isso decorre da própria natureza da concessão, em que a concessionária realiza o objeto contratual por sua conta e risco. A divisão de riscos entre as partes está necessariamente ligada à garantia de um âmbito de decisão (de âmbito econômico e financeiro) para que a concessionária assuma o risco do negócio na exploração do serviço público. Neste pano de fundo, na medida em que as decisões tomadas dentro da álea econômica envolvem, direta ou indiretamente, o tratamento de dados pessoais, a concessionária assume a função de controladora.

Se a concessionária é controladora, ela está sujeita aos respectivos deveres estabelecidos na LGPD. Ademais, na medida em que preste uma atividade de titularidade do poder concedente, a concessionária está sujeita ao regime jurídico público, inclusive as limitações impostas ao tratamento de dados pela Administração Pública. Esse aspecto é de extrema importância para pensar o módulo concessório perante o regime jurídico público de proteção de dados. Em especial, considerando em que o tratamento de dados pessoais deve necessariamente ter uma finalidade pública (Art. 23, *caput*, LGPD), é duvidoso que um contrato de concessão possa permitir a aferição de receitas acessórias com a exploração dos dados pessoais de usuários de serviços públicos. Se ao poder concedente é vedada a exploração comercial desses dados – pois a finalidade meramente comercial extrapola a sua competência –, essa atividade não poderia ser permitida a agentes privados que assumam a prestação do serviço público. A possibilidade de exploração por meio do módulo concessório representa um mero atalho para contornar a limitação legal.

A análise da concessão da bilhetagem do transporte público no Município do Rio de Janeiro demostrou que essas questões, de importância basilar para a proteção dos direitos fundamentais, ainda precisam ser melhor compreendidas. A atribuição artificial da função de operador no âmbito de concessões de serviço público, além de não produzir efeitos jurídicos, é um fator de desinformação sobre as estruturas informacionais a que os usuários se sujeitam. Dessa forma, a boa prática contratual exige o respeito ao critério funcional estabelecido pela LGPD para que a atribuição das funções de controlador e operador nos contratos de concessão reflita as atividades desenvolvidas pelas partes para a prestação do serviço público.

REFERÊNCIAS

ANPD, 'Guia Orientativo: Tratamento de Dados Pessoais pelo Poder Público. 2023. v. 2.0.

BASSO, Bruno Bartelle. Direito à Privacidade e o Tratamento de Dados Pessoais pelo Poder Público: O Interesse Público como Elemento Dialógico da Relação. In: POZZO, Augusto Neves dal; MARTINS, Ricardo Marcondes (Ed.). *LGPD & Administração Pública*. RT, 2020.

BELLINI, Giovana. Compatibilidade entre a Proteção de Dados Pessoais e o Dever de Transparência Pública. In: POZZO, Augusto Neves dal; MARTINS, Ricardo Marcondes (Ed.). *LGPD & Administração Pública*, RT, 2020.

CABRAL, Flávio Garcia. O Princípio da Boa Administração Pública e a LGPD (Lei 13.709/18). In: POZZO, Augusto Neves dal; MARTINS, Ricardo Marcondes (Ed.). *LGPD & Administração Pública*. RT, 2020.

CELANO, Paula Beatriz; ESPERATO, Vivian. Disposições Preliminares. In: FEIGELSON, Bruno; BECKER, Daniel; CAMARINHA, Sylvia MF (Ed.). *Comentários à Lei Geral de Proteção de Dados*. Thomson Reuters Brasil, 2020.

COTS, Márcio; OLIVEIRA, Ricardo. Lei Geral de Proteção de Dados Comentada. 2. ed. RT, 2019.

DI PIETRO, Maria Sylvia Zanella. *Direito Administrativo*. 27. ed. Atlas 2014.

FREITAS, Rafael Véras de; ROGOGINSKY, Felipe Salathé. A Lei Geral de Proteção de Dados Pessoais (LGPD) e as Concessões de Serviços Públicos. In: POZZO, Augusto Neves Dal; MARTINS, Ricardo Marcondes (Ed.). *LGPD & Administração Pública*, RT, 2020.

GAROFANO, Rafael Roque. *Limitação de Finalidade no Tratamento de Dados Pessoais pelo Poder Público*. Tese de Doutorado, USP, 2022.

GASIOLA, Gustavo Gil. *Datenübermittlung in der öffentlichen Verwaltung*. Nomos, 2024.

GASIOLA, Gustavo Gil. MACHADO, Diego; MENDES, Laura Schertel. A Administração Pública entre transparência e proteção de dados. 135 *RDC* 179. 2021.

GASIOLA, Gustavo Gil; MARRARA, Thiago. Concessão de rodovias: análise crítica da prática contratual brasileira. 52 *RDPE* 157. 2015.

MARRARA, Thiago. LGPD e seus Impactos sobre Concessões e PPPs. In: FERRAZ, Sérgio; VENTURINI, Otavio; GASIOLA, Gustavo Gil (Ed.). *Proteção de Dados Pessoais e Compliance Digital*. Umanos, 2022.

MARRARA, Thiago. *Manual de Direito Administrativo*. v. 1. KDP, 2017.

MARTINS JÚNIOR, Wallace Paiva. Princípio da Legalidade. In: DI PIETRO, Maria Sylvia Zanella (Ed.). *Tratado de Direito Administrativo*. 2. ed. RT, 2019., v 1.

MENDES, Laura Schertel; DONEDA, Danilo. Reflexões iniciais sobre a Nova Lei Geral de Proteção de Dados. *RDC* 469. 2018.

MENDES, Laura Schertel; GASIOLA, Gustavo Gil. Compartilhamento de dados na Administração Pública conforme a Constituição: comentários à decisão do STF (ADPF 695 e ADI 6.649). 144 *RDC* 445. 2022.

RANK, Angela Teresinha; BARBERI, Marco Antônio. Big Data e Direitos Fundamentais sob o Enfoque da Lei Geral de Proteção de Dados. *IJDL* 9, 2022.

VIOLAM, Mario; TEFFÉ, Chiara Spadaccini de. In: MENDES, Laura Schertel; DONEDA, Danilo; SARLET, Ivo Wolfgang; RODRIGUES JR., Otavio Luis (Ed.). *Tratado de Proteção de Dados Pessoais*. Gen/Forense, 2021.

OBJETOS DE CONTRATOS DE CONCESSÃO NO SETOR DA SAÚDE: ANÁLISE DE PROJETOS JÁ VEICULADOS E AS ATIVIDADES DE BATA CINZA E BATA BRANCA

Mário Saadi

Doutor (USP – 2018). Mestre (PUC-SP – 2014). Bacharel (FGV-SP – 2010) em Direito. Professor do Mestrado Profissional da FGV DIREITO SP e professor convidado de cursos de graduação e pós-graduação. Advogado em São Paulo, com foco em Direito Público (Direito Administrativo; Direito Econômico; Direito Constitucional; Processo Civil; Processo Administrativo).

Sumário: Introdução – 1. PPP do Tocantins: serviços de bata cinza a cargo da concessionária, juntamente com a viabilização material de pontos referentes a bata branca, que ficam a cargo do poder concedente – 2. PPP do Rio de Janeiro: prestação de serviços não assistenciais pela concessionária e estabelecimento de lista de atividades que serão executadas por ela e pelo poder concedente – 3. PPP de Guarulhos: prestação de serviços de bata branca (assistenciais) e de bata cinza (não assistenciais) diretamente pela concessionária – 4. PPP de Santa Catarina: prestação de serviços de apoio pela concessionária e prestação dos serviços assistenciais de saúde pelo poder concedente – 5. PPP da Bahia – Hospital Metropolitano: prestação de serviços de atenção à saúde pela concessionária – 6. PPP da Bahia – Instituto Couto Maia: prestação de serviços não clínicos pela concessionária – Conclusões – Referências.

INTRODUÇÃO

No presente artigo, trago análise exploratória sobre objetos que têm sido usualmente incluídos em contratos de concessão administrativa para prestação de serviços de saúde. Minha intenção foi a de checar quais serviços estão abrangidos nestas contratações e se há inserção de serviços médicos (*bata branca*) ou apenas o desenvolvimento de infraestrutura e operação de serviços não incluídos como médicos (*bata cinza*).

Para fins metodológicos, realizei análise da documentação de licitações que são feitas na sede da B3 S/A, ambiente que tem sido corriqueiramente adotado para que certames de projetos de infraestrutura, em geral, incluindo concessões comuns, parcerias público-privadas, alienação de controle de empresas estatais e outras formas de parcerias entre a Administração Pública e a iniciativa privada, sejam realizados.[1] Ressalto que não tive a pretensão de realizar levantamento doutrinário ou jurisprudencial, bem como não tive a intenção de, ainda que pontualmente, apoiar-me em textos doutrinários ou excertos de decisões para complementação dos pontos aqui expostos. Em adição, a documentação foi analisada e as informações foram aqui colocadas independentemente do resultado útil de cada procedimento licitatório.

---

1. A documentação está disponível no seguinte link: https://www.b3.com.br/pt_br/produtos-e-servicos/negociacao/leiloes/licitacoes-publicas/licitacoes/em-andamento-e-anteriores/. Acesso em: 17 jun. 2024.

Os projetos com documentação ali veiculada são os seguintes, em ordem decrescente relativa à data em que inicialmente se previu a realização dos respectivos procedimentos licitatórios:

(i) em 13 de agosto de 2024: Estado do Tocantins – Processo Licitatório 001/2024 – PPP para construção, gestão, operação e manutenção do Novo Hospital da Mulher e Maternidade Dona Regina, no Município de Palmas ("PPP do Tocantins");[2]

(ii) em 02 de agosto de 2023: Município do Rio de Janeiro/RJ – Processo Licitatório 01/2023 – PPP do Complexo Hospitalar Municipal Souza Aguiar ("PPP do Rio de Janeiro");[3]

(iii) em 04 de julho de 2023: Município de Guarulhos/SP – Processo Licitatório 26/2023 – PPP para concessão do Hospital Infantojuvenil ("PPP de Guarulhos");[4]

(iv) em 07 de março de 2023: Estado de Santa Catarina – Processo Licitatório 183/2022 – concessão administrativa do Complexo Hospitalar do Estado de Santa Catarina ("PPP de Santa Catarina");[5]

(v) em 17 de junho de 2021: Estado da Bahia – Processo Licitatório 08/2021 – PPP do Hospital Metropolitano ("PPP da Bahia – Hospital Metropolitano");[6]

(vi) em 24 de janeiro de 2013: Estado da Bahia – concessão administrativa para construção e operação de serviços não assistenciais de Unidade Hospitalar do Estado da Bahia ("PPP da Bahia – Instituto Couto Maia").[7]

1. PPP DO TOCANTINS: SERVIÇOS DE BATA CINZA A CARGO DA CONCESSIONÁRIA, JUNTAMENTE COM A VIABILIZAÇÃO MATERIAL DE PONTOS REFERENTES A BATA BRANCA, QUE FICAM A CARGO DO PODER CONCEDENTE

Na PPP do Tocantins, o objeto abrange construção, gestão, operação e manutenção do Novo Hospital da Mulher e Maternidade Dona Regina, bem como realização de

---

2. A documentação está disponível no seguinte link: https://www.to.gov.br/saude/concorrencia-no-0012024/rrtzn045qa5. Acesso em: 17 jun. 2024.
3. A documentação está disponível no seguinte link: https://www.ccpar.rio/mapa/complexo-hospitalar-souza-aguiar/. Acesso em: 17 jun. 2024.
4. Disponível em: https://www.guarulhos.sp.gov.br/transparencia/consulta-de-licitacoeshttps://licitacoes.guarulhos.sp.gov.br/todaslicitacoes/ExtratoLicitacao.php?nv=true (com posterior inclusão, no campo de pesquisa, da palavra de acesso "Infantojuvenil". Com isso, é aberto novo link da rede mundial de computadores para acesso direto à documentação do projeto). Acesso em: 17 jun. 202408.jan.2025
5. A documentação está disponível no seguinte link: https://editais.sc.gov.br/governo/ge/usu_edital.asp?nueditai=0183/2022&cdorgao=SEA-DGLC. Acesso em: 17 jun. 2024.
6. A documentação está disponível no seguinte link: https://www.saude.ba.gov.br/wp-content/uploads/2021/04/Edital-de-Concorrencia-Publica-no-008-2021-PPP-Hospital-Metropolitano.pdf.
7. A documentação está disponível no seguinte link: https://www.saude.ba.gov.br/atencao-a-saude/comofuncionaosus/ppp/pppicom/. Acesso em: 17 jun. 2024.

outros investimentos e serviços obrigatórios e o desempenho, pela concessionária, de atividades inerentes, acessórias ou complementares aos serviços concedidos (*cl. 4.1*). Ficam a cargo da concessionária, além de outras, as seguintes atividades (*cl. 4.2*): (i) viabilização de recursos financeiros e realização, por vias próprias ou mediante contratação de terceiros, da construção do hospital, bem como aquisição, implantação e operação dos equipamentos de assistência à saúde e pertinentes ao seu funcionamento (*alínea a*); b) contratação, sob sua responsabilidade, de pessoal necessário à prestação dos serviços de bata cinza (*alínea b*).

Assim, inclui-se no objeto contratual o seguinte (cl. 4.3): (i) construção e implantação do hospital (*alínea b*); (ii) fornecimento, instalação, comissionamento, atualização e manutenção dos equipamentos médico-hospitalares necessários ao funcionamento do hospital (*alínea c*).

Desse modo, a concessionária fica responsável pela prestação de serviços de bata cinza, bem como pela construção do hospital e viabilização de materiais e equipamentos necessários à prestação dos serviços de bata branca, que ficam a cargo do Poder Concedente. Neste ponto, a matriz de riscos prevê como de responsabilidade da Administração Pública a prestação e a manutenção de plenas condições dos serviços assistenciais (bata branca) (*cl. 19.23, alínea f*).

Para que haja interlocução adequada entre as atividades de bata branca e de bata cinza, o contrato de concessão prevê a necessidade de constituição de Comissão de Interface (*cl. 1.5*), à qual cabe organizar e coordenar a operação a ser desenvolvida no âmbito do hospital, de modo a tornar harmônica, eficaz e coordenada a atuação de cada um dos entes responsáveis pelos serviços assistenciais e não assistenciais ali desenvolvidos (*cl. 41.4*).

Para tanto, em até 90 dias a contar de sua constituição, a Comissão de Interface deverá elaborar matriz de interface do contrato, tratando das diretrizes gerais da interface entre os serviços bata branca e bata cinza prestados no hospital (*cl. 41.7*). Tal matriz será utilizada pelo Poder Concedente e pela Concessionária para pautar ações na consecução de suas respectivas atribuições, assim como servirá de subsídio formal para solução de eventuais divergências entre as obrigações assumidas contratualmente por cada uma das partes (*cl. 41.7, alínea a*).

2. PPP DO RIO DE JANEIRO: PRESTAÇÃO DE SERVIÇOS NÃO ASSISTENCIAIS PELA CONCESSIONÁRIA E ESTABELECIMENTO DE LISTA DE ATIVIDADES QUE SERÃO EXECUTADAS POR ELA E PELO PODER CONCEDENTE

Na PPP do Rio de Janeiro, o objeto é a concessão administrativa para modernização e adequação de instalações prediais e prestação de serviços não assistenciais nas unidades da coordenadoria geral de emergência da área de planejamento no Complexo Hospitalar Municipal Souza Aguiar (*cl. 4.1*). Há a evidenciação, portanto, no escopo contratual, de que a concessionária não é a responsável direta pela prestação dos serviços assistenciais, que ficam a cargo da Administração Pública.

Durante as etapas de implantação dos serviços não assistenciais (bata cinza), após a ordem de início de serviço de cada etapa de prestação de serviços, a concessionária deverá (*cl. 12.3*):

(i) fornecer e disponibilizar, direta ou indiretamente, materiais, equipamentos, ferramentas e utensílios necessários para a perfeita prestação dos serviços não assistenciais (bata cinza), bem como para a manutenção dos equipamentos de infraestrutura sob sua responsabilidade (*alínea p*);

(ii) utilizar as técnicas de trabalho, de gestão e materiais mais adequadas para a prestação dos diferentes serviços permitindo o aperfeiçoamento dos resultados, bem como realizar a atualização tecnológica dos equipamentos médico-hospitalares, em consonância com o nível de qualidade do serviço prestado, a disponibilidade de inovações e as diretrizes técnicas aplicáveis (*alínea q*).

Nos termos do Caderno de Encargos, previsto no Anexo II.1 do contrato de concessão, os interesses tutelados no projeto são os seguintes:

> Estabelecer um novo paradigma no serviço público no que diz respeito ao padrão de atendimento ao cidadão, oferecendo serviços públicos com eficiência, eficácia e qualidade;
>
> Ampliar o acesso dos usuários do SUS aos serviços hospitalares de saúde na atenção secundária e terciária;
>
> Zelar pela economicidade na prestação dos serviços de saúde;
>
> Aproximar a iniciativa privada do serviço público, a fim de que seja incorporada sua expertise na reforma e adequação das instalações físicas e na prestação dos serviços; e
>
> Aproximar o Município do usuário do SUS.[8]

Neste modelo de concessão administrativa, portanto, é de responsabilidade da concessionária a operação de serviços de apoio (*serviços não assistenciais*), com as seguintes atribuições de cada uma das partes:

---

8. PPP do Rio de Janeiro, Caderno de Encargos, p. 16.

PODER CONCEDENTE: BATA BRANCA	CONCESSIONÁRIA: BATA CINZA
Atendimento Médico e Enfermagem Assistencial	Aquisição de Equipamentos Médicos, Mobiliários e TIC
Aquisição de Medicamentos e Materiais (Mat-Med)	Engenharia Clínica - Manutenção
Supervisão de Farmácia Clínica	Logística Hospitalar e Almoxarifado
Supervisão de Nutrição Clínica (Enteral e Parenteral)	Esterilização
Serviço Social	Portaria, Recepção e Estacionamento
Terapia Ocupacional	Logística de Resíduos Sólidos de Saúde
Regulação	Morgue
Gestão de Leitos	SAME
Comissões Hospitalares	Vigilância e Segurança Patrimonial
Parametrização Clínica de PEP, HIS e RIS	Lavanderia e Rouparia
Consignação e Aquisição de Órteses e Próteses	Nutrição (pacientes, acompanhantes e colaboradores)
CCIH, Farmacovigilância, Tecno vigilância	Transporte: ambulância, maqueiros
Fisioterapia	Manutenção Predial
Psicologia	Limpeza e Higienização
Operação Equipamentos SADT	Gestão de Próteses e Órteses (logística hospitalar)
Aprovação das Normas e Rotinas da Concessionária	Manutenção de TI e Telefonia
	SESMT
	Faturamento Hospitalar

Tabela 1: divisão de atividades na PPP do Rio de Janeiro[9]

Caberá à concessionária a modernização das instalações hospitalares, incluindo a construção de novas edificações e reforma de espaços já destinados à atividade hospitalar, bem como a execução de atividades e serviços denominados "Não Assistenciais", classificados como Serviços de Apoio Assistencial, Serviços Administrativos, Hotelaria, Higiene e Manutenção Predial, Manutenção de Equipamentos e Engenharia Clínica, a saber:[10]

(i) Logística de Medicamentos e Materiais, incluindo Rastreabilidade;

(ii) Planejamento para aquisição de Medicamentos;

(iii) Planejamento, guarda e disponibilidade de Órteses e Próteses;

(iv) Processamento, Esterilização e Rastreabilidade de Instrumentais – CME;

(v) Serviços Administrativos – SAME, Faturamento, SESMT

---

9. PPP do Rio de Janeiro, Caderno de Encargos, p. 17.
10. PPP do Rio de Janeiro, Caderno de Encargos, p. 18-19.

(vi) Help Desk;

(vii) Portaria e Recepção; Gestão e Operacionalização do serviço de controle e registro do ponto;

(viii) Gestão do Serviço de Vigilância e Segurança Patrimonial;

(ix) Circuito Interno de Imagens – CFTV;

(x) Hotelaria;

(xi) Gestão dos serviços de padronização de gestão visual de uniformes e identificação individual de ambientes;

(xii) Lavanderia;

(xiii) Rouparia;

(xiv) Nutrição e Dietética;

(xv) Manutenção e Engenharia predial;

(xvi) Engenharia Clínica/Manutenção de Equipamentos Médicos;

(xvii) Conservação e Jardinagem;

(xviii) Manutenção de Água e Esgoto;

(xix) Manutenção de Sistemas de TI e Telemedicina;

(xx) Gases Medicinais;

(xxi) Transporte Interno de pacientes (maqueiros);

(xxii) Higiene;

(xxiii) Limpeza e Higienização;

(xxiv) Logística Hospitalar de Resíduos.

(xxv) Morgue.

Assim, projeto de concessão administrativa visa a reforma e a modernização das estruturas físicas, gestão e manutenção dos serviços não assistenciais das Unidades do Complexo do Souza Aguiar, para ampliar o acesso da população aos serviços de saúde de média e alta complexidade, a melhoria da assistência hospitalar e a organização do sistema de saúde.

3. **PPP DE GUARULHOS: PRESTAÇÃO DE SERVIÇOS DE BATA BRANCA (ASSISTENCIAIS) E DE BATA CINZA (NÃO ASSISTENCIAIS) DIRETAMENTE PELA CONCESSIONÁRIA**

A visão geral da PPP de Guarulhos traz em seu escopo a construção, a equipagem, a operação e a manutenção de novo hospital, com a prestação de serviços nas modalidades bata branca e bata cinza. Os serviços propostos incluem pronto-socorro (porta aberta) nas seguintes especialidades: pediatria, ortopedia, otorrinolaringologia, cirurgia pediátrica, bucomaxilofacial, psiquiatria; UTI Pediátrica, Hospital Dia, Enfermarias e Psiquiatria.[11]

Há a intenção de se incrementar a infraestrutura existente e os serviços hospitalares prestados, com o seguinte resumo esquemático:

Serviços	Capacidade Atual HMCA – 84 leitos	HIG – 136 Leitos
Pronto Atendimento	3 leitos + 3 isolamentos	35 leitos
Centro Especializado de Reabilitação	x	100% operação
Hospital-dia	x	10 leitos
Bloco Cirúrgico	3 salas de cirurgia	3 salas de cirurgias (2 eletivas e 1 de urgência)
Ambulatório de Especialidades	6 consultórios	6 consultórios
UTI pediátrica	10 leitos	20 leitos
Enfermaria (pediatria e cirurgia)	66 leitos	66 leitos
Enfermaria psiquiátrica	2 leitos	5 leitos

Tabela 2: incremento de infraestrutura e serviços na PPP de Guarulhos[12]

O objeto do contrato é a concessão administrativa dos serviços de atenção à saúde e dos serviços de apoio à operação, incluindo construção, equipagem, operação e manutenção do hospital (*cl. 4.1*), com implementação realizada em 3 fases: (i) Fase 1 – construção hospitalar (*cl. 4.1.1*); (ii) Fase 2 – início da operação e transferência de pacientes (*cl. 4.1.2*); (iii) Fase 3 – operação plena (*cl. 4.1.3*).

Os serviços de atenção à saúde e os serviços de apoio à operação terão início a partir da Fase 2 (*cls. 21.1 e 22.1*), conforme previsões constantes no Anexo 7 (*Caderno de Encargos*) do contrato de concessão.

Por meio de pesquisas independentes, não consegui acesso a tal documento. De todo modo, consegui acesso a outro, denominado "Justificativa Técnica – Parceria público-privada para o Hospital Infantojuvenil de Guarulhos",[13] no qual há pontos sobre

---

11. Disponível em: https://hubdeprojetos.bndes.gov.br/export/sites/default/cms/anexos-livres/saude/AUDIENCIA-PUBLICA-HIG-15.12_vf-HUB.pdf. Acesso em: 17 jun. 2024.
12. Disponível em: https://hubdeprojetos.bndes.gov.br/export/sites/default/cms/anexos-livres/saude/AUDIENCIA-PUBLICA-HIG-15.12_vf-HUB.pdf. Acesso em: 17 jun. 2024.
13. Disponível em: https://www.guarulhos.sp.gov.br/transparencia/consulta-de-licitacoes (com posterior inclusão, no campo de pesquisa, da palavra de acesso "Infantojuvenil". Com isso, é aberto novo link da rede mundial de computadores para acesso direto à documentação do projeto). Acesso em: 08.jan.2025.

os serviços que serão desenvolvidos pela concessionária. Há clara preocupação com a melhoria da infraestrutura física, com investimentos que deverão ser feitos diretamente pela concessionária, conforme segue:

> Atualmente, o Hospital Municipal da Criança e do Adolescente de Guarulhos (HMCA) funciona em um imóvel alugado de propriedade da Santa Casa de Misericórdia, na área central da cidade. O referido imóvel não possui condições ideais para atender adequadamente a crescente demanda de saúde municipal, tampouco permite a expansão da estrutura hospitalar. Dessa forma, a Administração Pública municipal contratou o Banco Nacional de Desenvolvimento (BNDES), para atuar na estruturação desta Parceria Público-Privada (PPP), visando à substituição do HMCA pelo HIG, na modalidade de concessão administrativa.
>
> O novo Hospital será construído em uma área de 6.670m² (seis mil, seiscentos e setenta metros quadrados), em imóvel pertencente à Prefeitura Municipal de Guarulhos, no bairro Parque Santo Agostinho. O local é de fácil acesso, próximo à Praça Oito de Dezembro, ao Terminal de ônibus Taboão e à estação de trens metropolitana Linha 13 – Jade da CPTM; além disso, contará com amplo estacionamento próprio para veículos particulares.[14]

Em relação ao aumento de capacidade física, prevê-se que o hospital terá 136 leitos, "distribuídos entre as clínicas médica pediátrica, cirúrgica, psiquiátrica e ortopédica, divididos em emergência, enfermaria, unidade de terapia intensiva, Complexo Cirúrgico, Hospital Dia e Ambulatório de Especialidades".[15]

Ainda, há a especificação de que o hospital "prestará assistência intermediária entre internação e atendimento ambulatorial para realização de procedimentos clínicos, cirúrgicos e terapêuticos que requeiram permanência do paciente por, no máximo, 12 (doze) horas na unidade hospitalar".[16]

O hospital também "abrigará uma Agência Transfusional intra-hospitalar para armazenar, realizar testes de compatibilidade entre doador e receptor e transfundir hemocomponentes liberados".[17] Finalmente, também contará com centros de diagnósticos e de reabilitação, nos seguintes termos:

> No Centro de Diagnósticos, o serviço de análises clínicas garantirá a prestação de serviços de apoio diagnóstico laboratorial, incluindo todo o processo – desde a coleta até a entrega de laudos. O serviço de anatomia patológica e citopatologia serão responsáveis pela análise e diagnóstico de doenças por exames macroscópicos de peças cirúrgicas e análises microscópicas de células, tecidos e fluídos. E o serviço de imagenologia possibilitará o exame de tecidos e estruturas do corpo com grande precisão de detalhes, auxiliando no diagnóstico precoce e acompanhamento de patologias. [...]
>
> Outra importante inovação é que será implantado no HIG um Centro Especializado de Reabilitação nível IV (CER IV), com abordagem multidisciplinar de profissionais das áreas de fisioterapia, fonoaudiologia, terapia ocupacional, nutrição, neurologia, oftalmologia, otorrinolaringologia, enfermagem, psicologia, assistência social, pedagogia, pediatria, fisiatria e ortopedia, composto por 4 (quatro) modalidades de reabilitação, quais sejam: auditiva, física, intelectual e visual. Como mencionado, o atendimento pelo CER IV, assim como do Centro de Diagnóstico, não será direcionado apenas aos

---

14. Justificativa Técnica – Parceria público-privada para o Hospital Infantojuvenil de Guarulhos, p. 2.
15. Justificativa Técnica – Parceria público-privada para o Hospital Infantojuvenil de Guarulhos, p. 2.
16. Justificativa Técnica – Parceria público-privada para o Hospital Infantojuvenil de Guarulhos, p. 2.
17. Justificativa Técnica – Parceria público-privada para o Hospital Infantojuvenil de Guarulhos, p. 3.

usuários da faixa etária alvo deste Projeto, mas também a outros usuários que forem encaminhados pela Central de Regulação da Secretaria Municipal de Saúde.[18]

4. PPP DE SANTA CATARINA: PRESTAÇÃO DE SERVIÇOS DE APOIO PELA CONCESSIONÁRIA E PRESTAÇÃO DOS SERVIÇOS ASSISTENCIAIS DE SAÚDE PELO PODER CONCEDENTE

O presente projeto trata da concessão administrativa para prestação de serviços de apoio, precedidos da realização das obras e investimentos para construção e reforma do complexo hospitalar, bem como para aquisição e instalação de equipamentos médico-hospitalares, mobiliário clínico e mobiliário.

O seu objeto inclui serviços de apoio, precedidos da realização das obras e investimentos para a construção e reforma do complexo hospitalar e para a aquisição e instalação de equipamentos médico-hospitalares, mobiliários clínicos e mobiliários, incluindo (cl. 5.1):

(i) elaboração de projetos necessários à construção e implantação do complexo hospitalar;

(ii) construção e implantação do complexo hospitalar;

(iii) fornecimento, instalação, comissionamento, atualização e manutenção dos equipamentos médico-hospitalares, mobiliários clínicos e mobiliários necessários ao complexo hospitalar;

(iv) prestação das demais atividades integrantes dos serviços de apoio;

(v) obtenção, aplicação e gestão de todos os recursos financeiros necessários à execução do objeto deste contrato.

O recebimento das obras executadas pela concessionária, a homologação do caderno de aceitação e a execução do plano de transferência constituem-se como condição para início da prestação dos serviços de apoio nos respectivos blocos do complexo hospitalar (cl. 15.1), abrangendo as seguintes atividades (cl. 15.2):

(i) nutrição e dietética;

(ii) hotelaria;

(iii) lavanderia e rouparia;

(iv) limpeza e jardinagem, a abranger as atividades de limpeza; conservação e jardinagem; controle de pragas e limpeza de caixa d'água;

(v) maqueiros;

(vi) engenharia clínica, a abranger as atividades de manutenção de equipamentos médico-hospitalares; mobiliário clínico e mobiliário;

---

18. Justificativa Técnica – Parceria público-privada para o Hospital Infantojuvenil de Guarulhos, p. 3.

(vii) engenharia hospitalar e manutenção, a abranger as atividades de manutenção predial; gases medicinais; zeladoria; manutenção de água; esgoto; e energia;

(viii) gerenciamento de resíduos;

(ix) logística hospitalar;

(x) recepção, a abranger as atividades de recepção e serviços administrativos;

(xi) segurança e portaria da área da concessão e das edificações integrantes do complexo hospitalar, a abranger as atividades de vigilância; segurança; portaria; e alarmes;

(xii) tecnologia da informação – TIC, a abranger as atividades de service desk; infraestrutura de rede e telecomunicações; microinformática; data center; reprografia impressões; sistemas de informação; controle de acesso e controle de ponto e CFTV;

(xiii) gestão de estacionamento 24h, com capacidade mínima de 850 vagas, na área do complexo hospitalar;

(xiv) disponibilização de unidades de fornecimento de alimentação e bebida.

Doutro lado, no âmbito da concessão, competirá exclusivamente ao Poder Concedente (*cl. 15.4*):

(i) a prestação dos serviços assistenciais de saúde, cabendo-lhe a disponibilização de equipes de profissionais da saúde especializados no prazo previsto para início da operação de cada bloco do complexo hospitalar;

(ii) a transferência e a acomodação de pacientes entre as respectivas unidades do complexo hospitalar durante as diferentes fases de execução do contrato, responsabilizando-se pela sua incolumidade física durante o referido procedimento.

5. PPP DA BAHIA – HOSPITAL METROPOLITANO: PRESTAÇÃO DE SERVIÇOS DE ATENÇÃO À SAÚDE PELA CONCESSIONÁRIA

Este projeto trata da concessão administrativa do serviço público de implantação, operação, gestão e ampliação do Hospital Metropolitano do Estado da Bahia, incluindo as seguintes atividades (*item 2.1 do edital*):

(i) prestação gratuita e universal dos serviços de atenção à saúde aos Usuários, no âmbito do Sistema Único de Saúde – SUS;

(ii) aquisição, gestão e logística de suprimentos farmacêuticos e hospitalares;

(iii) aquisição, operação, manutenção e reposição de mobiliários e equipamentos médico-hospitalares;

(iv) gestão, conservação e manutenção de bens da concessão;

(v) contratação e gestão de profissionais de todas as áreas concernentes à operação da Unidade Hospitalar;

(vi) oferta e gestão dos serviços de alimentação, higienização e segurança privada da Unidade Hospitalar e quaisquer outros necessários à plena execução dos serviços;

(vii) desenvolvimento conjunto, em parceria com o Poder Concedente, de programas e ações de saúde para prevenção e controle de enfermidades;

(viii) manejo e destinação dos resíduos de serviços de saúde;

(ix) elaboração dos projetos básicos e executivos de engenharia e arquitetura relacionados à ampliação da Unidade Hospitalar;

(x) execução e manutenção das obras de ampliação do Hospital Metropolitano;

(xi) fornecimento, instalação, manutenção e reposição de equipamentos e mobiliários hospitalares e administrativos;

(xii) aquisição, operação, manutenção e reposição de equipamentos e aplicativos de Tecnologia de Informação e Comunicação – TIC.

Os serviços de atenção à saúde são assim caracterizados (*item 1.1(lix)*):

> serviços que compõem o atendimento integral aos usuários, prestados na Unidade Hospitalar por meio de uma equipe multidisciplinar de médicos, enfermeiros, psicólogos, assistentes sociais, farmacêuticos e/ou outros profissionais de saúde, considerados necessários à promoção, prevenção, diagnóstico, tratamento e reabilitação em saúde, incluindo as ações de vigilância epidemiológica, tecno-vigilância, hemovigilância, farmaco-vigilância, visando à prestação dos serviços com resolutividade, qualidade, equidade e integralidade e humanização, o que não inclui os serviços de apoio, dentre os quais: conservação, limpeza, hotelaria, copa e cozinha, suporte administrativo e de manutenção de equipamentos e prédios, lavanderia, vigilância e segurança patrimonial, e apoio às atividades de informática.

Os usuários, por sua vez, dentro da concepção da Política Nacional de Humanização do Ministério da Saúde – PNH/MS, é toda pessoa que se utiliza, diretamente, dos Serviços de Atenção à Saúde na Unidade Hospitalar (*item 1.1(lxx)*).

6. PPP DA BAHIA – INSTITUTO COUTO MAIA: PRESTAÇAO DE SERVIÇOS NÃO CLÍNICOS PELA CONCESSIONÁRIA

O objeto do presente projeto é a concessão do serviço de construção, gestão e operação de serviços não clínicos da unidade hospitalar,[19] incluindo as seguintes atividades (*cl. 2.1*):

---

19. "O Instituto Couto Maia é maior e mais moderno hospital especializado em doenças infectocontagiosas do Brasil. Atualmente são 120 leitos – sendo 20 UTIs –, ambulatórios de infecção geral, HIV e neuro infecção.

A unidade oferta atendimento de urgência e emergência, ambulatório especializado, além de um Centro de Referência para Imunobiológicos Especiais (Crie) e uma agência transfusional, serviço de reabilitação e de logística. A Unidade oferece pronto-atendimento 24 horas para pacientes referenciados e regulados no Sistema

(i) elaboração dos projetos executivos de engenharia e arquitetura relacionados à unidade hospitalar;

(ii) execução e manutenção das obras de construção de unidade hospitalar;

(iii) fornecimento, instalação, manutenção e reposição de equipamentos e mobiliários hospitalares e administrativos;

(iv) gestão, guarda, conservação e manutenção dos bens da concessão;

(v) oferta e gestão dos serviços não clínicos;

(vi) elaboração e cumprimento, em conjunto com o gestor da unidade hospitalar, dos planos de gerenciamento que estejam no âmbito de sua prestação de serviço, exigidos pelo Sistema Nacional de Vigilância Sanitária;

(vii) aquisição, operação, manutenção e reposição de equipamentos e aplicativos de Tecnologia de Informação e Comunicação – TIC.

A concessionária deverá observar, durante todo o prazo da concessão, a Política Nacional de Humanização do Ministério da Saúde – PNH/MS, visando o cumprimento do modelo de atendimento humanizado (*cl. 8.2.1.1*). Com tal intuito, ela se obriga, sob pena de aplicação das penalidades, a estabelecer condições para contratação e exercício das funções dos seus empregados, envolvidos diretamente na prestação dos serviços não clínicos sob sua responsabilidade (*cl. 8.2.1.2*):

(i) efetuar segregação uniforme, ao longo da semana, das jornadas de trabalho estabelecidas para cada profissional, dividindo as horas estabelecidas de modo equânime entre os dias trabalhados na semana, sendo vedada a concentração dessas horas, excepcionando-se para finais de semana e feriados (*alínea a*);

(ii) definir política de educação permanente para todos os colaboradores (*alínea b*).

As especificações técnicas dos serviços não clínicos estão colocas no Anexo 3 do contrato de concessão.[20] Elas estão agrupadas em 14 grupos, nos seguintes termos:

(i) Serviço Higienização Hospitalar: (a) Limpeza Serviço de Limpeza e Desinfecção de superfícies necessárias à operação da unidade hospitalar; (b) serviços

---

Único de Saúde (SUS). O serviço de internação atende homens, mulheres e crianças, 60% deles portadores do vírus HIV, e a unidade permite que eles recebam todo o suporte para o controle da doença.
Perfil da Unidade
Hospital Especializado tipo 7, média complexidade, referência estadual em doenças infecciosas e parasitárias. Habilitado para serviço hospital para tratamento AIDS e cuidados prolongados para enfermidades decorrentes da AIDS, de abrangência estadual, de média complexidade, com 92 leitos para tratamento. No nível ambulatorial a instituição oferece consultas nas especialidades de HIV/AIDS, infectologia geral, neuro-infectologia e nutrição para demanda interna, além do Centro de Referência para Imunobiológicos Especiais - CRIE, o qual realiza avaliação e aplicação de imunobiológicos em pessoas com doenças e/ou condições que levam a necessidade de vacinas não contempladas no Programa Nacional de Imunizações" (disponível em: https://www.saude.ba.gov.br/hospital/icom/. Acesso em: 19 jun. 2024).

20. Disponível em: https://www.saude.ba.gov.br/wp-content/uploads/2017/12/ANEXO3_Especificacoes-Tecnicados-Servicos-nao_Assistenciais_121217_Versao-Original.pdf. Acesso em: 19 jun. 2024.

de controle integrado de pragas, em todas suas áreas internas e externas, necessárias à operação da unidade hospitalar; (c) Gerenciamento de Resíduos gerados nas dependências internas e externas, necessários à operação da unidade hospitalar;

(ii) Serviço de Lavanderia: fornecimento, disponibilização, lavagem e processamento de uniformes e enxovais necessário a operação da unidade hospitalar;

(iii) Serviço de Camareira Hospitalar: serviço de camareira para distribuição e controle do enxoval e organização do ambiente do paciente necessário a operação da unidade hospitalar;

(iv) Serviço de Segurança: serviço relacionado a gerenciamento e operação da segurança e do controle de acesso dos usuários e visitantes às dependências da unidade hospitalar;

(v) Serviço de Transporte: serviços relacionados ao gerenciamento, operação e manutenção dos veículos administrativos e ambulâncias da unidade hospitalar;

(vi) Serviço de Maqueiros: serviço de transporte de paciente nas dependências, interna e externas delimitadas na poligonal apresentada pelo Poder Concedente, necessário à operação da unidade hospitalar;

(vii) Serviço de Bombeiro Civil: serviço de bombeiro civil e brigada de incêndio para ações preventivas e de primeiro combate a incêndios necessários à unidade hospitalar;

(viii) Serviço de Recepção: serviço de recepção dos usuários e visitantes necessário para operação da unidade hospitalar;

(ix) Serviço de Jardinagem: serviço de jardinagem a ser realizado nas áreas internas e externas delimitadas na poligonal apresentada pelo Poder Concedente, necessário para operação da unidade hospitalar;

(x) Serviço de Telefonia: serviço de atendimento e realização de chamadas telefônicas necessárias à operação da unidade hospitalar;

(xi) Serviço de Nutrição e Dietética: serviço de assistência nutricional assistência nutricional restrita a produção e distribuição de alimentação para pacientes, acompanhantes, com determinação legal ou com indicação técnica, e colaboradores definidos pelo Poder Concedente, tais como: funcionários, servidores, residentes e estudantes, bem como eventos realizados na unidade hospitalar.

(xii) Serviços de Mensageria: serviço responsável pelo registro e movimentação de correspondências, documentos e encomendas interna e externamente necessário para operação da unidade hospitalar;

(xiii) Serviço de Engenharia Clínica: abrange o gerenciamento de equipamentos de saúde em todas as etapas do ciclo de vida do equipamento necessário para operação da unidade hospitalar;

(xiv) Serviço de Engenharia Hospitalar: voltado para a conservação, operação e segurança da edificação e suas instalações, necessário para operação da unidade hospitalar.

Em resumo, a intenção com o projeto foi a de requalificar a infraestrutura física hospitalar e adequar a prestação de serviços não clínicos. Sobre o tema, o ato de justificativa da concessão prevê o seguinte:[21]

> Diante das limitações físicas das unidades existentes do Hospital Especializado Couto Maia (HECM) e do Hospital Especializado Dom Rodrigo de Menezes (HEDRM), da necessidade de requalificar a assistência a doenças infecciosas no estado, de ampliar a qualificação dos profissionais de saúde na assistência a estas doenças, de fortalecer a produção tecno-científica do estado, de consolidar uma estrutura adequada para o enfrentamento a epidemias e surtos e além de tornar mais eficiente o gasto público, a SESAB propôs a fusão do HECM e do HEDRM, constituindo o Instituto Couto Maia (ICOM).
>
> Considerando que o ICOM é uma unidade especializada referência para doenças infecciosas, tais como aids, meningites, hanseníase, leptospirose, dengue, dentre outras, para todo o Estado da Bahia, não possui recorte territorial. A referida unidade será edificada no bairro de Águas Claras onde atualmente está situado o HEDRM.
>
> A partir de então, engendraram-se esforços para construção de um modelo que otimizasse os benefícios ao interesse público, por meio da garantia da qualidade dos serviços prestados, bem como pela realização integral dos investimentos necessários a essa prestação otimizada.
>
> Optou-se pela modelagem em PPP, exclusivamente para infraestrutura e serviços não assistenciais, já que ambas unidades (HECM e HEDRM) contam com quadro de servidores estatutários, muito bem qualificados para o atendimento especializado do público-alvo da Unidade.

CONCLUSÕES

A análise que empreendi como decorrência de pesquisa sobre concessões na área da saúde pública indica que as possibilidades de modelagens de objetos contratuais e especificações de serviços que são prestados pelas concessionárias são variadas.

Elas incluem, nos casos concretos, serviços não assistenciais e serviços assistenciais, considerando a peculiaridade de cada projeto e a necessidade de atendimento às necessidades concretas da Administração Pública e dos usuários dos serviços concedidos.

REFERÊNCIAS

B3. Licitações. Disponível em: https://www.b3.com.br/pt_br/produtos-e-servicos/negociacao/leiloes/licitacoes-publicas/licitacoes/em-andamento-e-anteriores/. Acesso em: 17 jun. 2024.

BAHIA. Anexo 3. Especificações Técnicas dos Serviços não Assistenciais. Disponível em: https://www.saude.ba.gov.br/wp-content/uploads/2017/12/ANEXO3_Especificacoes-Tecnica-dos-Servicos-nao_Assistenciais_121217_Versao-Original.pdf. Acesso em: 19 jun. 2024.

BAHIA. Edital de Concorrência 08/2021. Disponível em: https://www.saude.ba.gov.br/wp-content/uploads/2021/04/Edital-de-Concorrencia-Publica-no-008-2021-PPP-Hospital-Metropolitano.pdf.

---

21. Disponível em: https://www.saude.ba.gov.br/wp-content/uploads/2017/12/PortariaN1751_17-12-2012.pdf. Acesso em: 19 jun. 2024, p. 2-3.

BAHIA. Instituto Couto Maia (Icom). Disponível em: https://www.saude.ba.gov.br/atencao-a-saude/comofuncionaosus/ppp/pppicom/. Acesso em: 17 jun. 2024.

BAHIA. Secretaria da Saúde. Portaria 1751 de 17 de dezembro de 2012. Disponível em: https://www.saude.ba.gov.br/wp-content/uploads/2017/12/PortariaN1751_17-12-2012.pdf. Acesso em: 19 jun. 2024.

GOVERNO DO ESTADO DA BAHIA. Instituto Couto Maia. Disponível em: https://www.saude.ba.gov.br/hospital/icom/. Acesso em: 19 jun. 2024.

GUARULHOS. Audiência pública Hospital Infantojuvenil de Guarulhos (HIG). Disponível em: https://hubdeprojetos.bndes.gov.br/export/sites/default/cms/anexos-livres/saude/AUDIENCIA-PUBLICA-HIG-15.12_vf-HUB.pdf. Acesso em: 17 jun. 2024.

GUARULHOS. Disponível em: https://www.guarulhos.sp.gov.br/transparencia/consulta-de-licitacoes. Acesso em: 08 jan. 2025.

RIO. Complexo Hospitalar Souza Aguiar. Disponível em: https://www.ccpar.rio/mapa/complexo-hospitalar-souza-aguiar/. Acesso em: 17 jun. 2024.

SANTA CATARINA. Edital Concorrência Presencial 0183/2022. Disponível em: https://editais.sc.gov.br/governo/ge/usu_edital.asp?nuedital=0183/2022&cdorgao=SEA-DGLC. Acesso em: 17 jun. 2024.

TOCANTIS. Concorrência 001/2024 – PPP Hospital da Mulher e Maternidade Dona Regina. Disponível em: https://www.to.gov.br/saude/concorrencia-no-0012024/rrtzn045qa5. Acesso em: 17 jun. 2024.

REMUNERAÇÃO POR DESEMPENHO EM PARCERIAS PÚBLICO-PRIVADAS (PPP): DESAFIOS E APRENDIZADOS

Kleber Luiz Zanchim

Pós-doutor pela Faculdade de Economia, Administração, Contabilidade e Atuária da Universidade de São Paulo. Doutor e Graduado pela Faculdade de Direito da Universidade de São Paulo.

Bárbara Teixeira

Mestra e Graduada em Direito Civil pela Universidade de São Paulo. Pós-graduada em Contratos Empresariais pela FGV-SP.

Sumário: Introdução – 1. A distribuição contratual de riscos – 2. Os indicadores de desempenho – 3. A necessária convergência entre indicadores de desempenho e matriz de risco – Conclusões – Referências.

INTRODUÇÃO

PPPs e concessões são modelos de contratação em que o setor público delega a execução de projetos de infraestrutura e serviços essenciais a agentes privados. Regulamentadas pela Lei 8.987/1995 (concessões) e pela Lei 11.079/2004 (PPPs), essas parcerias costumam envolver construção e gestão da prestação dos serviços pelo parceiro privado, que financia as obras com uma combinação de recursos próprios (*equity*) e dívida.[1]

No modelo clássico de concessão comum, o concessionário é remunerado diretamente pelos usuários, geralmente por meio de tarifas. No entanto, há projetos que não contam com demanda suficiente ou revelam riscos que não são contrabalanceados apenas pelo sistema tarifário. Por isso, as PPPs surgiram como espécie de concessão em que a remuneração do concessionário não depende exclusivamente do pagamento dos usuários finais, podendo incluir também contraprestações públicas.[2]

PPPs e concessões comuns contemplam mecanismos de repartição de riscos entre as partes. Nas últimas, costuma-se esperar alocação mais concentrada no particular, por

---

1. PASTORE, Affonso Celso. O setor privado e os investimentos em infraestrutura. In: PASTORE, Affonso Celso (Org.). *Infraestrutura*: eficiência e ética. Rio de Janeiro: Elsevier, 2017. p. 7.
2. MARQUES NETO, Floriano de Azevedo. Parcerias Público-Privadas: Conceitos e modalidades. In: CAMPILONGO, Celso Fernando et al. (Coord.). NUNES JR., Vidal Serrano; ZOCKUN, Maurício; ZOCKUN, Carolina Zancaner; FREIRE, André Luiz (coord. de tomo). *Enciclopédia jurídica da PUC-SP*. 2. ed. São Paulo: Pontifícia Universidade Católica de São Paulo, 2022. t. Direito Administrativo e Constitucional. Disponível em: https://enciclopediajuridica.pucsp.br/verbete/32/edicao-2/parcerias-publico-privadas:-conceito. Acesso em: 26 nov. 2024.

influência da dicção "por sua conta e risco"[3] constante da Lei 8.987/95. Isso, porém, não implica a transferência de todos os riscos do projeto ao privado, o que seria irracional do ponto de vista econômico, mas antes está relacionado à liberdade do concessionário para gerenciar a forma de execução do empreendimento, assumindo áleas por eventual insucesso decorrente da gestão comercial.[4] Nas PPPs, por sua vez, é comum um compartilhamento mais equilibrado de riscos, dado o envolvimento maior do Estado no projeto.

Elemento fundamental da alocação de risco nas PPPs é o mecanismo de remuneração do privado. Para alinhar interesses e estimular a eficiência contratual, as PPPs incluem critérios para avaliar o desempenho do particular ao longo da execução do contrato. Este estudo abordará, além dos impactos econômico-financeiros da distribuição contratual das áleas, como os indicadores de desempenho, atrelados às estruturas de remuneração variável, podem conectar a qualidade dos serviços prestados aos objetivos do projeto, funcionando como ferramentas de incentivo ao concessionário.

Por fim, chamaremos a atenção para um aspecto óbvio, mas ainda muito negligenciado: para que sejam eficazes, referidos indicadores devem estar alinhados à matriz de risco, respeitando os limites de controle e responsabilidade do operador privado. A integração entre os indicadores de desempenho, seu impacto na remuneração do parceiro privado e a matriz de risco fortalece a segurança do projeto, contribuindo para que fatores externos não comprometam a viabilidade contratual e a sustentabilidade do empreendimento.

1. A DISTRIBUIÇÃO CONTRATUAL DE RISCOS

As PPPs têm como característica a divisão dos riscos do empreendimento a ser desenvolvido entre poder público e iniciativa privada.[5] No contexto contratual, risco é a possibilidade de um evento ou condição afetar prazos, custos ou a qualidade das obras e/ou dos serviços. A alocação de riscos consiste em determinar qual das partes será responsável por arcar com os custos ou se beneficiar de eventuais alterações inesperadas nos resultados do projeto, decorrentes da concretização destes eventos.[6]

---

3. Lei 8.987/1995. Art. 2º Para os fins do disposto nesta Lei, considera-se: II – concessão de serviço público: a delegação de sua prestação, feita pelo poder concedente, mediante licitação, na modalidade concorrência ou diálogo competitivo, a pessoa jurídica ou consórcio de empresas que demonstre capacidade para seu desempenho, por sua conta e risco e por prazo determinado.
4. GUIMARÃES, Fernando Vernalha. Repartição de riscos nas Parcerias Público-Privadas. In: CAMPILONGO, Celso Fernando et al. (Coord.). NUNES JR., Vidal Serrano; ZOCKUN, Maurício; ZOCKUN, Carolina Zancaner; FREIRE, André Luiz (coord. de tomo). *Enciclopédia jurídica da PUC-SP*. 2. ed. São Paulo: Pontifícia Universidade Católica de São Paulo, 2022. t. Direito Administrativo e Constitucional. Disponível em: https://enciclopediajuridica.pucsp.br/verbete/28/edicao-2/reparticao-de-riscos-nas-parcerias-publico-privadas. Acesso em: 26 nov. 2024.
5. PASTORE, Affonso Celso. O setor privado e os investimentos em infraestrutura. In: PASTORE, Affonso Celso (Org.). *Infraestrutura*: eficiência e ética. Rio de Janeiro: Elsevier, 2017. p. 5.
6. NASCIMENTO, Carlos Alexandre et al (Coord.). Guia Prático para Estruturação de Programas e Projetos de PPP. *Radar PPP*, 2014. Disponível em: https://radarppp.com/wp-content/uploads/201408-guia-pratico-para-estruturacao-de-programas-e-projetos-de-ppp.pdf. Acesso em: 28 nov. 2024. p. 66 e 67.

Por exemplo, o risco construtivo diz respeito a variações inesperadas nos custos de materiais de construção ou no tempo necessário para conclusão das obras. Quando esse risco é atribuído ao parceiro privado, ele assume a responsabilidade por eventuais sobrecustos decorrentes dessas alterações. Assim, fica incentivado a planejar com maior rigor, buscar eficiência nos processos construtivos e adotar estratégias para mitigar possíveis atrasos ou majorações de custo.

O risco de operação abrange interrupções nos serviços, problemas de disponibilidade ou custos de manutenção e operação superiores aos previstos. Quando o risco de operação é alocado ao parceiro privado, espera-se que este adote medidas para garantir a continuidade e a qualidade dos serviços prestados, bem como para controlar os custos operacionais.

Já o risco de demanda é particularmente crítico em projetos cujo sucesso depende do volume de usuários ou receitas esperadas. Esse risco reflete a possibilidade de que a demanda real pelo serviço seja diferente da prevista no momento da modelagem do projeto, devido a fatores como mudanças econômicas, comportamentais ou regulatórias. Quando o risco de demanda é alocado integralmente ao concessionário, pode haver impactos financeiros graves, sobretudo em contextos de crises econômicas ou outras circunstâncias fora do controle direto do operador.

Como passaremos a avaliar, a forma de alocação de riscos pode gerar consequências financeiras significativas[7] não apenas para o concessionário, mas afetando diretamente a viabilidade e eficiência dos projetos.[8] Isso porque a alocação assimétrica de riscos pode dar margem para comportamentos oportunistas, renegociações ou mesmo a reversão das obrigações assumidas pelo privado ao setor público.[9] Por outro lado, a partilha racional de riscos contribui para estruturas de custos equilibradas e maior estabilidade contratual.

A identificação dos riscos do projeto é, portanto, o ponto de partida para avaliar a viabilidade de uma concessão e o valor gerado pelo projeto (*value for money*).[10] Um instrumento comum para essa análise é o modelo de comparação com o setor público (*public sector comparator*), que avalia o valor agregado pela concessão em relação à execução direta pelo Estado. Esse modelo, que permite ao poder público decidir sobre a conveniência da concessão, deve avaliar os riscos passíveis de transferência ao setor privado, se há neutralidade competitiva em relação aos aspectos financeiros do empre

---

7. MARTINS, Antônio Fernando da Fonseca; VIANA, Felipe Benedito. Alocação de riscos em contratos de parceria público-privada: a (expressiva) distância entre teoria e prática. *R. BNDES*, Rio de Janeiro, v. 27, n. 51, p. 53-100, jun. 2019. p. 57.
8. Rio de Janeiro (cidade). Guia suplementar para alocação ótima de riscos e gestão de riscos. Rio de Janeiro, [2015?]. Disponível em: http://www.rio.rj.gov.br/dlstatic/ 10112/5305003/4138532/ GuiaSuplementarparaAlocacaoOtimadeRiscoseGestaodeRiscos.pdf. p. 4.
9. FRISCHTAK, Cláudio R. PPPs: a experiência internacional em infraestrutura. In: OLIVEIRA, Gesner; OLIVEIRA FILHO, Luiz Chrysostomo de. *Parcerias Público-Privadas*: Experiências, Desafios e Propostas. Rio de Janeiro: LTC, 2013. p. 142.
10. NASCIMENTO, Carlos Alexandre et al. (Coords.) Guia Prático para Estruturação de Programas e Projetos de PPP. Radar PPP, 2014. Disponível em: https://radarppp.com/wp-content/uploads/201408-guia-pratico-para-estruturacao-de-programas-e-projetos-de-ppp.pdf. Acesso em: 28 nov. 2024 p. 24.

endimento e os custos totais do projeto, incluindo capital, operação e manutenção.[11] A análise a ser empreendida deve considerar, em resumo, a seguinte lógica:

> (...) a assunção de um risco pelo Poder Público tem um custo, mas reduz a contraprestação; se a decisão for correta, a redução na contraprestação será maior que os custos incorridos. Por outro lado, a imputação de um risco ao privado exonera (ao menos, em tese) o Poder Público de absorver o custo de gestão daquele risco, mas gera um acréscimo na contraprestação a ser paga; nesse caso, o desafio será mostrar que a despesa com o acréscimo da contraprestação é inferior ao custo que o Poder Concedente teria com a gestão do risco.[12]

Ou seja, para reduzir o custo total do contrato, o poder concedente deve comparar economicamente as opções de alocação de riscos.[13] O princípio central é que os riscos gerenciáveis sejam atribuídos à parte mais capacitada para absorvê-los.[14] Isso porque riscos são precificados com base na probabilidade de sua ocorrência e os prejuízos estimados. A parte mais capacitada tecnicamente para lidar com os riscos consegue estimar com maior precisão suas probabilidades e custos, além de adotar medidas para reduzir sua ocorrência. Por outro lado, agentes com menor conhecimento ou maior aversão ao risco tendem a superestimar os custos, adotando cenários pessimistas e provisionando valores mais elevados.[15]

Por isso, quando o operador privado assume riscos que não tem capacidade adequada para gerenciar, a remuneração exigida como compensação por esses riscos pode superar os custos que o poder concedente teria ao absorvê-los, resultando em ineficiência financeira.[16]

A análise a ser realizada segue uma lógica clara: quando o poder público assume um risco, isso implica custos diretos, mas pode reduzir a contraprestação paga ao parceiro privado. Se a decisão for adequada, a economia gerada na contraprestação será superior aos custos assumidos. Por outro lado, a transferência de um risco ao parceiro privado tende a reduzir a exposição do poder público a custos de sua gestão, mas resulta

---

11. ZANCHIM, Kleber Luiz. *Contratos de Parceria Público-Privada (PPP)*: Risco e Incerteza. São Paulo: Quartier Latin, 2012. p. 120-121.
12. MARTINS, Antônio Fernando da Fonseca; VIANA, Felipe Benedito. Alocação de riscos em contratos de parceria público-privada: a (expressiva) distância entre teoria e prática. *R. BNDES*, Rio de Janeiro, v. 27, n. 51, p. 53-100, jun. 2019. p. 97.
13. CARRASCO, Vinicius. Por que fracassamos na infraestrutura? Diagnósticos, remédios e um arcabouço teórico de análise. In: PASTORE, Affonso Celso (Org.). *Infraestrutura*: eficiência e ética. Rio de Janeiro: Elsevier, 2017. p. 69.
14. PASTORE, Affonso Celso. O setor privado e os investimentos em infraestrutura. In: PASTORE, Affonso Celso (Org.). *Infraestrutura*: eficiência e ética. Rio de Janeiro: Elsevier, 2017. p. 22.
15. GUIMARÃES, Fernando Vernalha. Repartição de riscos nas Parcerias Público-Privadas. In: CAMPILONGO, Celso Fernando et al. (Coord.). NUNES JR., Vidal Serrano; ZOCKUN, Maurício; ZOCKUN, Carolina Zancaner; FREIRE, André Luiz (coord. de tomo). *Enciclopédia jurídica da PUC-SP*. 2. ed. São Paulo: Pontifícia Universidade Católica de São Paulo, 2022. t. Direito Administrativo e Constitucional. Disponível em: https://enciclopediajuridica.pucsp.br/verbete/28/edicao-2/reparticao-de-riscos-nas-parcerias-publico-privadas. Acesso em: 26 nov. 2024.
16. Rio de Janeiro (cidade). Guia suplementar para alocação ótima de riscos e gestão de riscos. Rio de Janeiro, [2015?]. Disponível em: http://www.rio.rj.gov.br/dlstatic/ 10112/5305003/4138532/GuiaSuplementarparaAlocacaoOtimadeRiscoseGestao deRiscos.pdf. p. 4.

em um aumento na contraprestação.[17] É dessa forma que a alocação de riscos impacta diretamente a formação do preço e, consequentemente, o valor da contraprestação contratual,[18] que, ao final, será custeada pelo usuário e/ou pelo erário público. Por isso, é crucial distinguir a priorização do interesse público da ideia de transferência integral de riscos ao parceiro privado.[19]

A lógica de que os riscos devem ser alocados a quem está mais apto a gerenciá-los é refletida na escolha legislativa de atribuir determinados riscos ao parceiro público nos contratos de PPP. Entre eles estão: (i) o risco de inflação; (ii) o risco de alterações unilaterais no objeto pelo poder concedente; e (iii) o risco de novos encargos legais ou mudanças em alíquotas tributárias que impactem os custos contratuais, com exceção de alterações em impostos sobre a renda. Tais riscos, claramente não gerenciáveis pelo parceiro privado, são atribuídos ao parceiro público porque não incentivam esforços eficientes do privado e comprometem a lógica contratual. Como observado, considerando que riscos incontroláveis não podem ser precificados, sua alocação ao concessionário resultaria em contratos ineficientes,[20] podendo até mesmo comprometer sua viabilidade econômico-financeira.

É nesse cenário que a matriz de risco desempenha um papel central. Como instrumento contratual, ela define de forma antecipada as responsabilidades de cada parte em relação aos eventos que podem impactar financeiramente o contrato, orientando a estrutura econômico-financeira e balizando decisões de reequilíbrio.[21] Sua função é preservar as condições econômicas consideradas na proposta inicial do concessionário, evitando que este seja penalizado por impactos financeiros decorrentes de riscos atribuídos ao poder concedente. Por outro lado, a matriz também assegura que o concessionário

---

17. MARTINS, Antônio Fernando da Fonseca; VIANA, Felipe Benedito. Alocação de riscos em contratos de parceria público-privada: a (expressiva) distância entre teoria e prática. *R. BNDES*, Rio de Janeiro, v. 27, n. 51, p. 53-100, jun. 2019. p. 97.
18. CAVALCANTE-FILHO, Elias; DE-LOSSO, Rodrigo; SAMPAIO, Joelson; SANDE, Felipe. Indicadores de Desempenho no Contexto de Concessões e Parcerias Público-Privadas. *Informações Fipe*, São Paulo, n. 501, p. 54-62, jun. 2022. Disponível em: https://downloads.fipe.org.br/publicacoes/bif/bif501.pdf. Acesso em 26 ago. 2024. p. 57.
19. MARTINS, Antônio Fernando da Fonseca; VIANA, Felipe Benedito. Alocação de riscos em contratos de parceria público-privada: a (expressiva) distância entre teoria e prática. *R. BNDES*, Rio de Janeiro, v. 27, n. 51, p. 53-100, jun. 2019. p. 81.
20. GUIMARÃES, Fernando Vernalha. Repartição de riscos nas Parcerias Público-Privadas. In: CAMPILONGO, Celso Fernando et al. (Coord.). NUNES JR., Vidal Serrano; ZOCKUN, Maurício; ZOCKUN, Carolina Zancaner; FREIRE, André Luiz (coord. de tomo). *Enciclopédia jurídica da PUC-SP*. 2. ed. São Paulo: Pontifícia Universidade Católica de São Paulo, 2022. t. Direito Administrativo e Constitucional. Disponível em: https://enciclopediajuridica.pucsp.br/verbete/28/edicao-2/reparticao-de-riscos-nas-parcerias-publico-privadas. Acesso em: 26 nov. 2024.
21. GUIMARÃES, Fernando Vernalha. Repartição de riscos nas Parcerias Público-Privadas. In: CAMPILONGO, Celso Fernando et al. (Coord.). NUNES JR., Vidal Serrano; ZOCKUN, Maurício; ZOCKUN, Carolina Zancaner; FREIRE, André Luiz (coord. de tomo). *Enciclopédia jurídica da PUC-SP*. 2. ed. São Paulo: Pontifícia Universidade Católica de São Paulo, 2022. t. Direito Administrativo e Constitucional. Disponível em: https://enciclopediajuridica.pucsp.br/verbete/28/edicao-2/reparticao-de-riscos-nas-parcerias-publico-privadas. Acesso em: 26 nov. 2024.

assuma integralmente os riscos relacionados às suas responsabilidades contratuais, especialmente aqueles vinculados à eficiência operacional e à gestão.[22]

A matriz de risco não apenas organiza a distribuição de responsabilidades, mas também fornece uma base lógica para a aplicação de indicadores de desempenho. Esses indicadores, que complementam a matriz, são ferramentas essenciais para avaliar e incentivar a qualidade dos serviços prestados pelo concessionário. Enquanto a matriz define "quem é responsável pelo quê", os indicadores monitoram o "como" os objetivos contratuais estão sendo cumpridos, criando um vínculo direto entre desempenho e remuneração.

A seguir, exploraremos como os indicadores de desempenho contribuem para o alinhamento dos interesses do poder público e do parceiro privado, incentivando o concessionário a alcançar resultados que gerem valor tanto para os usuários quanto para a sociedade.

2. OS INDICADORES DE DESEMPENHO

No contexto das PPPs, a remuneração por desempenho tem papel relevante no alinhamento de interesses entre o setor público e a iniciativa privada. Esse alinhamento é necessário porque as prioridades das partes envolvidas são, por natureza, divergentes. O parceiro privado tem como objetivo principal a maximização de lucros e a eficiência operacional, o que pode levá-lo a adotar práticas de redução de custos que comprometam a qualidade dos serviços. Em contrapartida, o poder concedente visa a garantir serviços de qualidade superior à que seria possível se os prestasse diretamente, além de tarifas acessíveis aos usuários.[23]

Para reduzir essa tensão, incentivar a geração de valor ao interesse público e mitigar o risco de que o operador privado reduza custos em detrimento da qualidade, é comum a inclusão de regras de remuneração baseadas em indicadores de desempenho.[24] Esses contratos geralmente dividem a remuneração do parceiro privado em duas partes: uma parcela fixa, destinada a cobrir custos operacionais básicos e proporcionar estabilidade financeira, e uma parcela variável, vinculada ao alcance de metas específicas.[25]

---

22. RIBEIRO, Gabriela Miniussi Engler Pinto Portugal. *Novos Investimentos em Contratos de Parceria*. São Paulo: Almedina, 2021. p. 110.
23. CAVALCANTE-FILHO, Elias; DE-LOSSO, Rodrigo; SAMPAIO, Joelson; SANDE, Felipe. Indicadores de Desempenho no Contexto de Concessões e Parcerias Público-Privadas. *Informações Fipe*, São Paulo, n. 501, p. 54-62, jun. 2022. Disponível em: https://downloads.fipe.org.br/publicacoes/bif/bif501.pdf. Acesso em: 26 ago. 2024. p. 54.
24. LAZZARINI, Sergio; LIMA, Thiago. Como aumentar a atração do capital privado para financiar projetos de infraestrutura no Brasil? In: PASTORE, Affonso Celso (Org.). *Infraestrutura*: eficiência e ética. Rio de Janeiro: Elsevier, 2017. p. 258.
25. LAZZARINI, Sergio; LIMA, Thiago. Como aumentar a atração do capital privado para financiar projetos de infraestrutura no Brasil? In: PASTORE, Affonso Celso (Org.). *Infraestrutura*: eficiência e ética. Rio de Janeiro: Elsevier, 2017. p. 259.

Os indicadores de desempenho servem como métricas para avaliar a qualidade dos serviços e a eficiência operacional,[26] impactando diretamente a parcela variável a ser paga ao parceiro privado. Por meio dessa abordagem, cria-se um incentivo para que o concessionário busque resultados alinhados aos objetivos contratuais e ao interesse público.[27] Isso ocorre porque as métricas se vinculam aos resultados obtidos e não aos métodos utilizados.[28]

Dessa forma, os indicadores de desempenho influenciam na estratégia negocial do operador privado, orientando a alocação de recursos e o planejamento das operações para viabilizar maior retorno financeiro[29] sem limitar as possibilidades de inovação ou determinar as tecnologias a serem empregadas, o que favorece também a competitividade.[30]

No entanto, é relevante diferenciar os efeitos dos indicadores de desempenho de questões relacionadas ao descumprimento contratual. Indicadores de desempenho não devem ser confundidos com o cumprimento básico de obrigações contratuais, pois inadimplementos devem ser tratados por meio de remédios jurídicos específicos. Devem é priorizar a premiação por resultados positivos, reconhecendo iniciativas que ensejem melhorias contínuas na prestação dos serviços. Quando usados como forma de imposição de penalidade, podem desestimular o operador privado a buscar soluções inovadoras ou assumir riscos necessários para alcançar melhores resultados.

Ademais, antes de decidir como medir os impactos do projeto, é necessário determinar quais variáveis são relevantes e passíveis de serem monitoradas. A formulação dos indicadores de desempenho é especialmente desafiadora em projetos que buscam transformações sociais amplas. Há a complexidade intrínseca em associar os indicadores aos impactos desejados, que geralmente são influenciados por uma miríade de fatores fora do controle direto do operador privado.

Indicadores eficazes devem ser baseados em mudanças tangíveis e mensuráveis em variáveis-chave. Isso exige um estudo detalhado para identificar atividades, insumos e mecanismos causais que podem gerar os resultados esperados. A falta de clareza nesse aspecto

---

26. CAVALCANTE-FILHO, Elias; DE-LOSSO, Rodrigo; SAMPAIO, Joelson; SANDE, Felipe. Indicadores de Desempenho no Contexto de Concessões e Parcerias Público-Privadas. *Informações Fipe*, São Paulo, n. 501, p. 54-62, jun. 2022. Disponível em: https://downloads.fipe.org.br/publicacoes/bif/bif501.pdf. Acesso em: 26 ago. 2024. p. 56.
27. MATTOS, César; TOKESHI, Helcio. A evolução recente dos contratos de concessão no Brasil. In: PASTORE, Affonso Celso (Org.). *Infraestrutura*: eficiência e ética. Rio de Janeiro: Elsevier, 2017. p. 146.
28. ANKER, Tomas; PEREIRA, Bruno Ramos. O atual cenário das PPPs no setor de saúde pública no Brasil: potencialidades, desafios e as primeiras experiências em âmbito estadual. In: OLIVEIRA, Gesner; OLIVEIRA FILHO, Luiz Chrysostomo de. *Parcerias Público-Privadas*: Experiências, Desafios e Propostas. Rio de Janeiro: LTC, 2013. p. 163.
29. CAVALCANTE-FILHO, Elias; DE-LOSSO, Rodrigo; SAMPAIO, Joelson; SANDE, Felipe. Indicadores de Desempenho no Contexto de Concessões e Parcerias Público-Privadas. *Informações Fipe*, São Paulo, n. 501, p. 54-62, jun. 2022. Disponível em: https://downloads.fipe.org.br/publicacoes/bif/bif501.pdf. Acesso em 26 ago. 2024. p. 56.
30. NASCIMENTO, Carlos Alexandre et al. (Coord.). Guia Prático para Estruturação de Programas e Projetos de PPP. *Radar PPP*, 2014. Disponível em: https://radarppp.com/wp-content/uploads/201408-guia-pratico-para-estruturacao-de-programas-e-projetos-de-ppp.pdf. Acesso em: 28 nov. 2024. p. 84.

pode levar à formulação de indicadores inócuos ou irrelevantes, comprometendo tanto o monitoramento quanto a avaliação de impacto do projeto, distorcendo o equilíbrio contratual e desestimulando esforços do privado. A adoção de métricas amplas deve ser evitada, pois, além de dificultar a mensuração de impactos reais, tornam-se injustas e contraproducentes ao impor ao concessionário responsabilidades que extrapolam o escopo do contrato.[31]

Um exemplo que ilustra essa complexidade é a discussão sobre a inclusão da redução da criminalidade como indicador de desempenho em PPPs de iluminação pública. Embora seja uma externalidade positiva frequentemente associada a esses projetos,[32] a criminalidade é influenciada por uma série de elementos que vão muito além da qualidade da iluminação. Aspectos como policiamento, políticas públicas de segurança, condições socioeconômicas e dinâmicas locais têm impacto direto sobre os índices de criminalidade, tornando inviável atribuir ao concessionário a responsabilidade por mudanças nesses indicadores. Assim, a utilização deste indicador geraria distorções e possivelmente inviabilizaria o projeto por impor ao parceiro privado riscos não gerenciáveis e criar expectativas que extrapolam o escopo do contrato.

Por fim, deve-se observar que a eficácia dos indicadores de desempenho depende de sua integração lógica com as demais ferramentas contratuais: os indicadores devem ser diretamente influenciáveis pelas ações do operador privado. É nesse contexto que surge a necessidade de convergência com a matriz de risco, tema que exploraremos a seguir.

3. A NECESSÁRIA CONVERGÊNCIA ENTRE INDICADORES DE DESEMPENHO E MATRIZ DE RISCO

A matriz de risco e os indicadores de desempenho operam em conjunto para promover a eficiência em contratos de PPP. Enquanto a matriz define a base estrutural das responsabilidades e protege a viabilidade do contrato em face de eventos adversos, os indicadores constituem incentivo para atingimento dos objetivos do projeto.

Para que os indicadores de desempenho sejam eficazes, estes devem ser compatíveis com a matriz de risco. A regra de ouro da alocação de riscos contratuais – atribuir cada risco à parte mais apta a gerenciá-lo – deve ser respeitada também no sistema de remuneração e, consequentemente na definição dos indicadores, tendo como referência riscos gerenciáveis pelo operador privado, ou seja, riscos que ele possa controlar ou mitigar por meio de esforço adicional.[33]

---

[31]. Sobre o tema, cf. INSPER METRICIS. *Guia de Avaliação de Impacto Socioambiental para Utilização em Projetos e Investimentos de Impacto*: guia geral com foco em monitoramento e verificação de adicionalidade. 5. ed. São Paulo: Insper, 2022. Disponível em: https://www.insper.edu.br/wp-content/uploads/2022/05/GUIA-AVALIACAO-DE-IMPACTO-SOCIOAMBIENTAL_PT.pdf. Acesso em: 02 dez. 2024.

[32]. Exemplificativamente, cf. Secretaria de Inovação da Cidade de São Paulo. Prefeitura apresenta o Edital da PPP da Iluminação Pública. 22 de abril de 2015. Disponível em: https://capital.sp.gov.br/web/inovacao/w/noticias/194137. Acesso em: 28 nov. 2024.

[33]. CAVALCANTE-FILHO, Elias; DE-LOSSO, Rodrigo; SAMPAIO, Joelson; SANDE, Felipe. Indicadores de Desempenho no Contexto de Concessões e Parcerias Público-Privadas. *Informações Fipe*, São Paulo, n. 501, p. 54-62, jun. 2022. Disponível em: https://downloads.fipe.org.br/publicacoes/bif/bif501.pdf. Acesso em: 26 ago. 2024. p. 59.

Um exemplo de aplicação de incentivos para geração de externalidades positivas, seguindo a alocação contratual de riscos, é o indicador de desempenho que premia concessionárias de rodovias pela redução de acidentes. A ocorrência de acidentes mostra-se sensível à qualidade de sinalização e a elementos de projeto, como passarelas, raios de curva adequados e faixas de desaceleração.

Considerando que o contrato impõe ao concessionário obrigações de investimento, manutenção e observância de normas técnicas que exigem reparos preventivos frequentes, foi criado um sistema, com base em práticas adotadas em países como Inglaterra, Portugal, Finlândia e Hungria, em que a concessionária é bonificada com aumento na tarifa de pedágio quando há redução no índice de acidentes em relação ao seu melhor nível histórico ou em comparação com a média das rodovias federais concessionadas com o mesmo mecanismo.[34] Dessa forma, a manutenção da via, que é um risco inerente à concessionária, torna-se um instrumento para alcançar um objetivo que vai além de seu escopo direto: a melhoria da segurança viária.

Por outro lado, como observamos na lógica da distribuição de riscos contratuais, quando os indicadores de desempenho associados a um projeto não estão sob controle ou influência da atuação do operador privado, estes não são capazes de gerar estímulos adequados:

> Para que o indicador cause incentivos de melhora ao Parceiro Privado ele deve: i) exigir esforço adequado para ser superado; e ii) estar dentro da zona de controle do Parceiro Privado. Não existe incentivo em se cumprir a meta se os custos superam os benefícios. Do mesmo modo, não tem sentido punir ou recompensar o Parceiro Privado em função de um componente para o qual não existe nenhum nível de controle.[35]

As modalidades de pagamento mais comumente utilizadas em contratos de PPP ilustram essa dinâmica. É o caso dos pagamentos por demanda, em que a receita do operador privado é diretamente impactada por variações no uso da infraestrutura. Essa configuração pode ser eficaz quando o operador tem capacidade para influenciar a demanda por meio de esforços como melhorias no serviço ou estratégias de gestão. Contudo, quando fatores externos determinam a demanda, como alterações econômicas ou mudanças no comportamento dos usuários, a transferência desse risco não será capaz de estimular o comportamento do operador privado quanto à qualidade na execução contratual, apenas impondo um elemento de incerteza capaz de inviabilizar a equação econômico-financeira do projeto.

A experiência das concessões aeroportuárias no Brasil, especialmente nas primeiras rodadas, é um exemplo claro dos desafios dessa modelagem. O modelo de outorga

---

34. MATTOS, César; TOKESHI, Helcio. A evolução recente dos contratos de concessão no Brasil. In: PASTORE, Affonso Celso (Org.). *Infraestrutura*: eficiência e ética. Rio de Janeiro: Elsevier, 2017. p. 124.
35. CAVALCANTE-FILHO, Elias; DE-LOSSO, Rodrigo; SAMPAIO, Joelson; SANDE, Felipe. Indicadores de Desempenho no Contexto de Concessões e Parcerias Público-Privadas. *Informações Fipe*, São Paulo, n. 501, p. 54-62, jun. 2022. Disponível em: https://downloads.fipe.org.br/publicacoes/bif/bif501.pdf. Acesso em: 26 ago. 2024. p. 61.

fixa, desvinculado do desempenho real dos aeroportos, transferiu o risco de demanda integralmente para o operador privado.[36]

Esse formato mostrou-se problemático durante a crise econômica de 2014-2017 e durante a crise da Covid-19, quando a redução drástica no número de passageiros afetou severamente a receita dos concessionários. Isso ocorre porque a demanda não é diretamente influenciada pela qualidade do serviço oferecido pelo concessionário. Mesmo que o aeroporto apresente excelência em sua infraestrutura e operações, o número de passageiros que o utilizam depende de diversos fatores externos como a dinâmica do mercado aéreo, a economia regional e nacional, e até mesmo eventos globais que estão fora do controle do operador privado.

No caso do Aeroporto do Galeão, em 2017, o valor da outorga fixa corrigido pelo IPCA chegou a R$ 1 bilhão, ultrapassando a receita líquida do aeroporto, que foi de R$ 896 milhões. Essa pressão financeira colocou em risco não apenas o pagamento das outorgas e das dívidas com credores, mas também a manutenção dos níveis de serviço exigidos nos contratos.[37]

De forma semelhante, durante a pandemia, o setor da aviação enfrentou um impacto sem precedentes, com quedas expressivas na demanda, o que agravou a capacidade financeira dos concessionários. Em resposta, o Governo Federal prorrogou o vencimento de outorgas e, posteriormente, a Secretaria Nacional de Aviação Civil emitiu portaria estabelecendo parâmetros para a reprogramação do pagamento da contribuição fixa nos contratos de concessão federal, buscando aliviar o fluxo de caixa das concessionárias.[38]

Observados os aspectos negativos da alocação integral do risco de demanda ao parceiro privado, o modelo de cobrança foi reformulado a partir da quarta rodada de concessões, com escalonamento nas parcelas de outorga fixa e um período de carência, considerando os altos investimentos exigidos no início do projeto.[39]

Na quinta rodada, houve um aprimoramento ainda maior: eliminou-se a outorga fixa anual. Apenas a outorga variável permaneceu, com um período de carência de cinco anos e valores crescentes até o décimo ano, quando os pagamentos se tornam fixos.

---

36. FONSECA, Ricardo Sampaio da Silva; CARVALHO, Fabiano Gonçalves de; Ronei Saggioro Glanzmann. Outorgas Aeroportuárias e a Evolução Histórica dos Contratos de Concessão. *Publicações da Escola Superior da AGU*, v. 13 n. 4, pt.1, 2021. Disponível em: https://revistaagu.agu.gov.br/index.php/EAGU/article/view/3015/2485. Acesso em: 28 nov. 2024. p. 161.
37. MACHADO, Bernardo Vianna Zurli et al. A Evolução Recente do Modelo de Concessão Aeroportuária sob a Ótica da Financiabilidade. *BNDES Setorial*, Rio de Janeiro, v. 25, n. 50, p. 7-65, set. 2019. Disponível em: https://web.bndes.gov.br/bib/jspui/bitstream/1408/19101/1/PRArt214970_A%20evolu%c3%a7%c3%a3o%20do%20modelo%20de%20concess%c3%a3o%20aeroportu%c3%a1ria_P_BD.pdf. Acesso em: 28 nov. 2024. p. 28.
38. COHEN, Isadora Chansky et al. *Concessões, PPPs e o impacto da Covid-19*: Rede de Análise e Melhores Práticas em Parcerias Público- Privadas. São Paulo: Banco Interamericano de Desenvolvimento, 2021. Disponível em: https://publications.iadb.org/pt/publications/portuguese/viewer/Concesses-PPPs-e-o-impacto-da-Covid-19.pdf. Acesso em: 28 nov. 2024. p. 60.
39. FONSECA, Ricardo Sampaio da Silva; CARVALHO, Fabiano Gonçalves de; Ronei Saggioro Glanzmann. Outorgas Aeroportuárias e a Evolução Histórica dos Contratos de Concessão. *Publicações da Escola Superior da AGU*, v. 13 n. 4, pt.1, 2021. Disponível em: https://revistaagu.agu.gov.br/index.php/EAGU/article/view/3015/2485. Acesso em 28 nov. 2024. p. 162.

Embora o risco de demanda ainda estivesse juridicamente alocado ao concessionário, a adoção da outorga variável atrelada à receita bruta criou uma dinâmica que ajusta automaticamente os valores devidos ao poder concedente com base no desempenho real da infraestrutura. Esse modelo implica que, em cenários de demanda reduzida, a receita bruta também será menor, diminuindo, por consequência, o montante pago ao poder concedente. Esse modelo mais flexível tem como objetivo compartilhar o risco de demanda entre concessionários e o poder concedente.[40]

Tais casos práticos exemplificam como riscos que não são capazes de estimular esforços ou que não estejam sob o controle do operador apenas aumentam os custos de transação, comprometendo a viabilidade do projeto.[41] Assim, deve-se buscar uma estrutura contratual que alinhe os riscos atribuídos às partes aos incentivos promovidos pelo modelo de remuneração, premiando esforços do operador privado capazes de gerar benefícios para a sociedade.

CONCLUSÕES

O estudo de contratos de PPPs, somado à experiência de concessões comuns relevantes, demonstra a importância de dois pilares interdependentes para a viabilidade e o sucesso desses projetos: a adequada distribuição de riscos e o uso estratégico de indicadores de desempenho. A matriz de risco, ao atribuir responsabilidades de forma racional e considerando as capacidades de cada parte, é essencial para mitigar desequilíbrios e garantir a estabilidade contratual.

Os indicadores de desempenho, por sua vez, incentivam o alcance de resultados determinados, promovendo eficiência e alinhando os interesses do poder público e do parceiro privado. Observamos a complexidade inerente à criação de indicadores quando os objetivos são externos ao contrato (externalidades). Nesses casos, os indicadores devem ser estabelecidos com base em variáveis diretamente influenciáveis pelas ações do parceiro privado, evitando-se métricas amplas e genéricas que possam transferir ao operador responsabilidades por fatores incontroláveis.

Por fim, para que os indicadores de desempenho sejam eficazes, é essencial terem aderência à matriz de risco. Indicadores que extrapolam o controle do parceiro privado ou que não são compatíveis com a alocação de riscos definida na matriz geram incertezas, desestimulam a inovação e comprometem a eficiência do contrato. A integração desses instrumentos assegura que os esforços do parceiro privado sejam direcionados para objetivos tangíveis e mensuráveis, alinhados aos interesses do projeto e da sociedade.

---

40. FONSECA, Ricardo Sampaio da Silva; CARVALHO, Fabiano Gonçalves de; Ronei Saggioro Glanzmann. Outorgas Aeroportuárias e a Evolução Histórica dos Contratos de Concessão. *Publicações da Escola Superior da AGU*, v. 13 n. 4, pt.1, 2021. Disponível em: https://revistaagu.agu.gov.br/index.php/EAGU/article/view/3015/2485. Acesso em 28 nov. 2024. p. 164.
41. CARRASCO, Vinicius. Por que fracassamos na infraestrutura? Diagnósticos, remédios e um arcabouço teórico de análise. In: PASTORE, Affonso Celso. (Org.). *Infraestrutura*: eficiência e ética. Rio de Janeiro: Elsevier, 2017. p. 69.

REFERÊNCIAS

ANKER, Tomas; PEREIRA, Bruno Ramos. O atual cenário das PPPs no setor de saúde pública no Brasil: potencialidades, desafios e as primeiras experiências em âmbito estadual. In: OLIVEIRA, Gesner; OLIVEIRA FILHO, Luiz Chrysostomo de. *Parcerias Público-Privadas*: Experiências, Desafios e Propostas. Rio de Janeiro: LTC, 2013.

CARRASCO, Vinicius. Por que fracassamos na infraestrutura? Diagnósticos, remédios e um arcabouço teórico de análise. In: PASTORE, Affonso Celso (Org.). *Infraestrutura*: eficiência e ética. Rio de Janeiro: Elsevier, 2017.

CAVALCANTE-FILHO, Elias; DE-LOSSO, Rodrigo; SAMPAIO, Joelson; SANDE, Felipe. Indicadores de Desempenho no Contexto de Concessões e Parcerias Público-Privadas. *Informações Fipe*, São Paulo, n. 501, p. 54-62, jun. 2022. Disponível em: https://downloads.fipe.org.br/publicacoes/bif/bif501.pdf.

COHEN, Isadora Chansky et al. *Concessões, PPP s e o impacto da Covid-19*: Rede de Análise e Melhores Práticas em Parcerias Público-Privadas. São Paulo: Banco Interamericano de Desenvolvimento, 2021. Disponível em: https://publications.iadb.org/pt/publications/portuguese/viewer/Concesses-PPPs-e-o-impacto-da-Covid-19.pdf.

FONSECA, Ricardo Sampaio da Silva; CARVALHO, Fabiano Gonçalves de; Ronei Saggioro Glanzmann. Outorgas Aeroportuárias e a Evolução Histórica dos Contratos de Concessão. *Publicações da Escola Superior da AGU*, v. 13 n. 4, pt.1, 2021. Disponível em: https://revistaagu.agu.gov.br/index.php/EAGU/article/view/3015/2485.

FRISCHTAK, Cláudio R. PPPs: a experiência internacional em infraestrutura. In: OLIVEIRA, Gesner; OLIVEIRA FILHO, Luiz Chrysostomo de (Org.). *Parcerias Público-Privadas*: Experiências, Desafios e Propostas. Rio de Janeiro: LTC, 2013.

GUIMARÃES, Fernando Vernalha. Repartição de riscos nas Parcerias Público-Privadas. In: CAMPILONGO, Celso Fernando et al. (Coord.). NUNES JR., Vidal Serrano; ZOCKUN, Maurício; ZOCKUN, Carolina Zancaner; FREIRE, André Luiz (Coord. de tomo). *Enciclopédia jurídica da PUC-SP*. 2. ed. São Paulo: Pontifícia Universidade Católica de São Paulo, 2022. t. Direito Administrativo e Constitucional. Disponível em: https://enciclopediajuridica.pucsp.br/verbete/28/edicao-2/reparticao-de-riscos-nas-parcerias-publico-privadas.

INSPER METRICIS. *Guia de Avaliação de Impacto Socioambiental para Utilização em Projetos e Investimentos de Impacto*: guia geral com foco em monitoramento e verificação de adicionalidade. 5. ed. São Paulo: Insper, 2022. Disponível em: https://www.insper.edu.br/wp-content/uploads/2022/05/GUIA-AVALIACAO-DE-IMPACTO-SOCIOAMBIENTAL_PT.pdf.

LAZZARINI, Sergio; LIMA, Thiago. Como aumentar a atração do capital privado para financiar projetos de infraestrutura no Brasil? In: PASTORE, Affonso Celso (Org.). *Infraestrutura*: eficiência e ética. Rio de Janeiro: Elsevier, 2017.

MACHADO, Bernardo Vianna Zurli et al. A Evolução Recente do Modelo de Concessão Aeroportuária sob a Ótica da Financiabilidade. *BNDES Setorial*, Rio de Janeiro, v. 25, n. 50, p. 7-65, set. 2019. Disponível em: https://web.bndes.gov.br/bib/jspui/bitstream/1408/19101/1/PRArt214970_A%20evolu%c3%a7%c3%a3o%20do%20modelo%20de%20concess%c3%a3o%20aeroportu%c3%a1ria_P_BD.pdf.

MARQUES NETO, Floriano de Azevedo. Parcerias Público-Privadas: Conceitos e modalidades. In: CAMPILONGO, Celso Fernando et al. (Coord.). NUNES JR., Vidal Serrano; ZOCKUN, Maurício; ZOCKUN, Carolina Zancaner; FREIRE, André Luiz (Coord. de tomo). *Enciclopédia jurídica da PUC-SP*. 2. ed. São Paulo: Pontifícia Universidade Católica de São Paulo, 2022. t. Direito Administrativo e Constitucional. Disponível em: https://enciclopediajuridica.pucsp.br/verbete/32/edicao-2/parcerias-publico-privadas:-conceito.

MARTINS, Antônio Fernando da Fonseca; VIANA, Felipe Benedito. Alocação de riscos em contratos de parceria público-privada: a (expressiva) distância entre teoria e prática. *R. BNDES*, Rio de Janeiro, v. 27, n. 51, p. 53-100, jun. 2019.

MATTOS, César; TOKESHI, Helcio. A evolução recente dos contratos de concessão no Brasil. In: PASTORE, Affonso Celso (Org.). *Infraestrutura*: eficiência e ética. Rio de Janeiro: Elsevier, 2017.

NASCIMENTO, Carlos Alexandre et al. (Coord.) Guia Prático para Estruturação de Programas e Projetos de PPP. *Radar PPP*, 2014. Disponível em: https://radarppp.com/wp-content/uploads/201408-guia-pratico-para-estruturacao-de-programas-e-projetos-de-ppp.pdf.

PASTORE, Affonso Celso. O setor privado e os investimentos em infraestrutura. In: PASTORE, Affonso Celso (Org.). *Infraestrutura*: eficiência e ética. Rio de Janeiro: Elsevier, 2017.

RIBEIRO, Gabriela Miniussi Engler Pinto Portugal. *Novos Investimentos em Contratos de Parceria*. São Paulo: Almedina, 2021.

RIO DE JANEIRO (cidade). *Guia suplementar para alocação ótima de riscos e gestão de riscos*. Rio de Janeiro, [2015?]. Disponível em: http://www.rio.rj.gov.br/dlstatic/ 10112/5305003/4138532/GuiaSuplementarparaAlocacaoOtimadeRiscoseGestao deRiscos.pdf.

ZANCHIM, Kleber Luiz. *Contratos de Parceria Público-Privada (PPP)*: Risco e Incerteza. São Paulo: Quartier Latin, 2012.

INFRAESTRUTURA DE SANEAMENTO

A DESESTATIZAÇÃO DA SABESP, O PROTOCOLO DE TRANSIÇÃO E SEUS IMPACTOS CONTRATUAIS

Augusto Neves Dal Pozzo

Doutor e Mestre em Direito Administrativo pela Pontifícia Universidade Católica de São Paulo (PUC-SP). Professor de Direito Administrativo e Fundamentos do Direito Público da Faculdade de Direito da PUC-SP. Professor do Curso de Pós-Graduação Lato Sensu em Direito Administrativo da PUC-SP. *Visiting* Professor na Universidade de Roma I – "La Sapienza". Pesquisador convidado na Universidade de Paris I – "Panthéon-Sorbonne". Advogado e Parecerista. Sócio-fundador e Chairman do Dal Pozzo Advogados.

Bruno José Queiroz Ceretta

Doutor em Direito pela Universidade de Roma I – "La Sapienza". Doutor em Direito do Estado pela Universidade de São Paulo. Mestre em Direito pela Universidade Federal do Rio Grande do Sul. Pesquisador convidado na Universidade de Paris I – "Panthéon-Sorbonne". Advogado no Dal Pozzo Advogados.

Henrique Olivalves Fiore

Bacharelando em Direito pela Pontifícia Universidade Católica de São Paulo. Estagiário no Dal Pozzo Advogados.

Vinicius Mendonça Castro Alves Siqueira

Bacharelando em Direito pela Pontifícia Universidade Católica de São Paulo. Estagiário no Dal Pozzo Advogados.

Sumário: Introdução – 1. Caminhos e cenários da transição contratual da SABESP – 2. Contratos administrativos em vigência – 3. Responsabilidade dos gestores – 4. Novas contratações – Conclusão – Referências.

INTRODUÇÃO

O processo de desestatização da Companhia de Saneamento Básico do Estado de São Paulo (SABESP) enseja consequências jurídicas extremamente complexas. Elaborar um quadro compreensivo das conjunturas que podem emergir no âmbito das contratações demonstra ser fundamental para aqueles que já têm ou pretendem ter relações jurídicas dessa natureza com a mencionada Companhia.

Para desvendar o panorama, dois instrumentos são particularmente relevantes: de maneira pontual, o *Comunicado de 13 de agosto de 2024*, do Tribunal de Contas de

São Paulo (TCE-SP),[1] bem como, com maior complexidade, o documento denominado *Protocolo de Transição – Suprimentos*, elaborado pela própria SABESP.[2] Iniciemos pela análise do instrumento da Corte de Contas paulista.

O principal aspecto do Comunicado de 13 de agosto de 2024, registrado sob o n. 26/2024, do TCE-SP, consiste na determinação de "arquivamento de processos quando da transferência de estatais à iniciativa privada ou à União".[3] O texto, de teor conciso, remete à Resolução 1, de 11 de fevereiro de 1998. De fato, a Resolução do final da década de 1990 – que estabeleceu "regras para o programa de reestruturação e de ajuste fiscal"[4] – confirma os objetivos do instrumento do TCE-SP de 2024. A intenção de readequar o cenário processual às novas realidades jurídicas e institucionais é evidente.

Tanto a Resolução quanto o Comunicado tratam de exceções aos pretendidos arquivamentos processuais. É o caso daqueles procedimentos ainda sujeitos a recursos, revisões e rescisões, nos termos dos artigos 72 e 76 da Lei Complementar 709, de 14 de janeiro de 1993.[5]

Outros dois aspectos preambulares merecem ser considerados.

Com a desestatização, ocorrerá a exclusão da sujeição à Lei das Estatais (Lei 13.303/16), cujas normas aplicam-se às empresas públicas e às sociedades de economia mista e suas subsidiárias. Não há surpresas.

Por outro lado, a Lei 9.491/97, que alterou sensivelmente o Programa Nacional de Desestatização, mesmo que tenha conteúdo destinado fortemente à União, permanece como um parâmetro relevante para o caso estadual. Em sua base legal, ela estabelece diretrizes para a transferência de ativos públicos ao setor privado, seja com relação à avaliação quanto à alienação e aos demais trâmites envolvidos.

Outrossim, com o objetivo fortemente concreto de regular e, portanto, estabilizar o processo de desestatização, a própria SABESP elaborou o mencionado Protocolo de Transição. Ele diz respeito à desvinculação das obrigações constantes na Lei 13.303/16 – na Lei das Estatais –, assim como no Regulamento Interno de Licitação e Contratação da SABESP.

Na prática, reconhece-se a necessidade de um processo intermediário – de transição, como indica a nomenclatura – para endossar a segurança jurídica e a previsibilidade

---

1. TRIBUNAL DE CONTAS DO ESTADO DE SÃO PAULO. Comunicado GP 26/2024. São Paulo: TCE-SP, 2024. Disponível em: https://www.tce.sp.gov.br/sites/default/files/legislacao/COMUNICADO%20GP%20N%C2%BA%2026-2024.pdf. Acesso em: 8 nov. 2024.
2. SABESP. Protocolo de Transição – Suprimentos. São Paulo: 2024.
3. TRIBUNAL DE CONTAS DO ESTADO DE SÃO PAULO. Comunicado GP 26/2024. São Paulo: TCE-SP, 2024. Disponível em: https://www.tce.sp.gov.br/sites/default/files/legislacao/COMUNICADO%20GP%20N%C2%BA%2026-2024.pdf. Acesso em: 8 nov. 2024.
4. Tribunal de Contas do Estado de São Paulo. Resolução 1, de 07 de janeiro de 1998. São Paulo: TCE-SP, 1998. Disponível em: https://tce.sp.gov.br/sites/default/files/legislacao/RESO-1998-1.pdf. Acesso em: 14 nov. 2024.
5. SÃO PAULO. Lei Complementar 709, de 14 de janeiro de 1993. Dispõe sobre a Lei Orgânica do Tribunal de Contas do Estado de São Paulo. Diário Oficial do Estado de São Paulo, São Paulo, 15 jan. 1993. Disponível em: https://www.al.sp.gov.br/repositorio/legislacao/lei.complementar/1993/lei.complementar-709-14.01.1993.html. Acesso em: 14 nov. 2024.

neste momento de grande sensibilidade. O parâmetro normativo orientador permanece sendo a Lei Estadual 17.853/23, que autorizou a desestatização em questão.

Em resumo, o quadro pertinente ao processo de desestatização da SABESP abarca o Comunicado de 13 de agosto de 2024, que trata do arquivamento processual, e o Protocolo de Transição, que orienta a gestão dos contratos administrativos vigentes, dos processos de contratação iniciados antes da desestatização e das contratações vindouras. Há, ainda, algumas normas circundantes a serem observadas: a Lei Federal 13.303/16, restrita ao âmbito estatal; a Lei Federal 9.491/97, pertinente às desestatizações; e a Lei Estadual 17.853/2023, diploma fundante da desestatização. Esse quadro legislativo funciona como norteador da discussão.

1. CAMINHOS E CENÁRIOS DA TRANSIÇÃO CONTRATUAL DA SABESP

Antecipando a impossibilidade de prever todas as repercussões, o Protocolo ressalta, no início, a intenção de que "os processos e normativos internos da SABESP sejam revistos"[6] e aprimorados por uma política de contratações mais robusta. Nada obstante a declaração realista, o texto enuncia o imperativo de orientar as unidades da SABESP da melhor forma, seja quanto às contratações iniciadas ou às que venham a surgir no interregno da desestatização.

O instrumento tem como marco a data em que o Estado de São Paulo reduzirá a sua participação acionária na SABESP mediante a liquidação da oferta pública de distribuição secundária de ações. Trata-se do dia útil seguinte ao evento em questão.

O Protocolo estabelece diretrizes para cinco cenários possíveis nos processos de contratação da SABESP iniciados com base na Lei 13.303/16. Vejamos cada um deles.

1. Em primeiro lugar, para as contratações requisitadas, mas não publicadas, prescreve-se que o processo tramite segundo o regramento privado. Para tanto, as unidades contratantes deverão revalidar a documentação e o escopo do contrato, adequando-os ao novo regime contratual.

2. No cenário de publicação do edital de contratação, mas em circunstâncias em que não tenha ainda sido realizada a respectiva sessão pública, determina-se a sua revogação. Excepcionalmente, caso haja prejuízo justificado com a medida, será possível prosseguir com o processo licitatório. Ele deverá ser aprovado pelo diretor da unidade competente.

Quanto a essa segunda hipótese, é necessário que o edital enuncie a possibilidade de revisão da licitação em caso de desestatização. Do contrário, o processo deverá ser concluído com a respectiva sujeição do contrato à legislação privatista.

3. Quando a sessão pública for realizada, mas o resultado não for homologado, a unidade requisitante da contratação deverá manifestar o interesse na continuidade da contratação. O contrato assinado será regido pela legislação privatista. Poderão ser aproveitadas as propostas apresentadas e outras poderão ser solicitadas. Cabe pontuar:

---

6. SABESP. Op. cit., p. 3.

a unidade competente poderá adequar a contratação ao regime privado sem alterar o escopo original da contratação.

4. Quando a licitação for homologada, mas o contrato não for assinado, o Protocolo estabelece a possibilidade de revogação ou de manutenção da contratação. Na hipótese de revogação, o licitante vencedor pode pleitear a indenização. No caso de manutenção, por outro lado, o contrato será celebrado sob a égide da legislação privatista.

5. Por fim, na hipótese da contratação por inaplicabilidade, dispensa ou inexigibilidade de licitação, o Protocolo preza pela manutenção do fornecedor escolhido, adaptando o instrumento contratual ao novo regime.

Essas situações dizem respeito aos procedimentos a serem adotados nos processos de contratação iniciados sob a regência da Lei 13.303/2016. Em síntese, têm-se situações de continuidade, revogação e adaptação.

2. CONTRATOS ADMINISTRATIVOS EM VIGÊNCIA

Na sequência, o Protocolo fixa algumas diretrizes específicas para os contratos em vigência, ou seja, aqueles que foram celebrados conforme o regime de Direito Público. Como regra, estabelece-se a manutenção até o seu término. Poderão ser readequados por meio de aditivos e prorrogações.

É oportuno mencionar que os fornecedores anteriormente impedidos de contratar com a Administração Pública poderão ter as suas penalidades desconsideradas. Para serem contratados, deverão cumprir os novos requisitos.

Excepcionalmente, os contratos poderão ser rescindidos de forma *amigável* ou *unilateral*. Essa rescisão ocorrerá quando o objeto do contrato se tornar inoportuno ou em casos de má execução pela empresa contratada.

Quando a rescisão for amigável, ela será formalizada por meio de um distrato. No caso de *rescisão unilateral*, prevê-se o respeito ao procedimento estabelecido no contrato. Em ocorrendo omissão, haverá notificação da contratada, oportunizando a sua manifestação. A SABESP, em seguida, se posicionará uma única vez quanto à rescisão ou manutenção. Deverá apresentar os valores devidos à contratada.

O presente cenário reveste-se de peculiaridades adicionais. Vale pontuar que, a despeito da SABESP sofrer alterações quanto à sua natureza jurídica no momento em que deixa de ser sociedade de economia mista, ela conserva a prerrogativa – própria da Administração Pública – de rescindir unilateralmente os contratos. É uma singularidade que marca o contexto.

Considerando o panorama de maneira ampla, cabe questionar: é realmente legítimo que o acionista privado possa revisar juízos firmados sob os cânones de conveniência e oportunidade, rescindindo os contratos de forma unilateral? O que podemos considerar quanto à segurança jurídica e à previsibilidade atreladas? As expectativas daqueles que negociaram com a SABESP tendem a ser consideradas?

Até que ponto a manutenção dessa prerrogativa é realmente compatível com a nova natureza jurídica da SABESP?

O amplo alcance socioeconômico dessas questões não foi considerado na literalidade dos instrumentos examinados. Predomina o silêncio sobre o assunto. Tem-se, aqui, o risco de contestações judiciais com efeitos simetricamente complexos. Seria preciso mensurá-los, mesmo que minimamente. Sob o ponto de vista institucional, tamanha omissão demonstra ser inquietante. Não é despropositado cogitar que a falta de regulação representa um risco à confiança depositada pelos agentes privados.

É imperativo ressaltar que, mesmo em processo de desestatização, a SABESP deve manter-se, no que tange à gestão de seus contratos administrativos, alinhada aos princípios basilares da Administração Pública, como o devido processo legal, a transparência e a impessoalidade. A observância desses preceitos é essencial para garantir a previsibilidade nas relações contratuais durante o período de transformação institucional.

3. RESPONSABILIDADE DOS GESTORES

A responsabilidade dos gestores perante o contexto é de grande relevância. Para compreender o panorama, cabe pensá-lo de forma escalonada, ou seja, em sincronia com a presente fase de transição.

No período em que a SABESP permanece como sociedade de economia mista, portanto, na órbita estatal, seus agentes são inequivocamente públicos. Os ditames da Lei de Improbidade Administrativa incidem de forma categórica. Sem maiores surpresas, os atos praticados nesse período podem ser investigados e, portanto, punidos conforme o referido regramento.

Com a desestatização, os atos que eventualmente se enquadrariam na Lei de Improbidade Administrativa passam a ser regrados por outras normas, como o Código Penal, nos casos de corrupção ativa e passiva, peculato, entre outros. Mesmo privada, cabe ressaltar que a SABESP prossegue sob a égide da Lei Anticorrupção – Lei 12.846, de 1º de agosto de 2013 – nos atos que forem praticados contra as Administrações Públicas, sejam elas nacionais ou estrangeiras. Também deixa de submeter-se aos preceitos da Lei das Estatais, como apontado na parte inicial do texto.

Cabe recordar a importância do compliance na prevenção de atos ilícitos e na responsabilização dos gestores. Ele busca assegurar o cumprimento das leis que rejeitam as condutas indesejadas. Para isso, mitiga riscos, promove o treinamento e a conscientização, bem como tutela uma cultura ética e de transparência em geral.

4. NOVAS CONTRATAÇÕES

Outro grupo de situações pode ser apresentado. Ele diz respeito às novas contratações. Em tese, à luz dos diplomas examinados, elas estariam inteiramente sujeitas ao regime de Direito Privado. Para o futuro contexto, conservam-se alguns instrumentos orientadores, devidamente adaptados, como o termo de referência e o projeto básico executivo. Ora, essas diretrizes são fundamentais, uma vez que o Estado continua a ser sócio da companhia, ainda que de modo minoritário. No contexto, a transparência demonstra ser crucial. Os recursos públicos continuam presentes. O acompanhamento dos órgãos de controle deve prosseguir, ainda que adaptado ao novo cenário.

A aplicação de recursos públicos em determinada atividade implica na sua publicização. Eles aderem ao bem ou ao serviço em que são empregados. Esse pressuposto busca assegurar que os atos e os contratos envolvendo recursos públicos estejam submetidos aos patamares norteadores do publicismo.

A analogia com o rei Midas, presente na mitologia grega, pode ser invocada: assim como o que ele tocava se transformava em ouro, todos os elementos que envolvem a participação e os recursos do Poder Público adquirem contornos especiais.

Portanto, a afirmação de que esses contratos possuem natureza absolutamente privada deve ser examinada com reservas. A participação acionária do Estado implica que esses contratos sejam impactados pelos princípios e normas norteadores do Direito Público, refletindo a máxima de que a atuação do Poder Público tende a submeter-se a normas de caráter publicista, conforme antes apresentado.

Diante dessa delicada situação, preveem-se as seguintes hipóteses de contratação:

1. "Request for Proposal" (RFP). Consiste na solicitação de propostas aos fornecedores cadastrados para determinados objetos. A unidade requisitante da contratação deverá motivar a escolha. Poderá ser exigida a celebração de termo de confidencialidade e parecer jurídico, especialmente em contratações de alto valor.

O cadastro de fornecedores deverá atender aos requisitos de qualificação estabelecidos no normativo. O cadastramento poderá ocorrer até a assinatura do contrato.

2. Na sequência, prevê-se a Cotação, que é equivalente à Dispensa por Valor. Tratando-se de contratações mais simples – de menor valor –, elas poderão ser formalizadas por pedidos de compras, quando for o caso de entrega imediata de bens e serviços, não se exigindo termo de contrato.

3. Por fim, a terceira forma é denominada Compra Direta. Subdivide-se em três outras modalidades.

O Tipo 1 é equivalente à anterior Solicitação de Pagamento (SP). Consiste em contratação com o fim de atender a demandas pontuais, isto é, que não gerem obrigações futuras, recorrência ou compra fracionada.

O Tipo 2 deverá ser utilizado para contratação de objetos elencados no Protocolo, como treinamentos, eventos ou pareceres técnicos. Nesse caso, o fornecedor é escolhido motivadamente pela unidade requisitante.

O Tipo 3 destina-se à contratação de um fornecedor específico, o único ou o mais apto a implementar o objeto desejado. Aqui, a unidade requisitante deverá elaborar justificativa da escolha do fornecedor e demonstrar a compatibilidade de preços.

Além de regular os novos contratos, o Protocolo prevê procedimentos que auxiliem as contratações, especialmente as mais complexas. Tem-se três recursos principais:

O primeiro instrumento é o Memorando de Entendimentos (MOU), amplamente utilizado no mercado. Ele consiste em um acordo preliminar entre as partes, destinado a regular negociações iniciais em projetos de natureza estratégica. Além disso, nas contratações de maior complexidade, prevê-se o convite de fornecedores estratégicos para que participem de um "road show", seguido pela eventual elaboração do MOU.

O segundo procedimento é o "Request for Information" (RFI), cogitado para quando houver necessidade de maiores esclarecimentos quanto ao objeto que se pretende contratar. Prevê-se que essa requisição seja enviada ao mercado na forma de perguntas e com a descrição de tópicos do projeto.

Finalmente e sem surpresas, o Protocolo prescreve a atuação do setor jurídico da SABESP nas contratações.

Cabe recordar que hoje os servidores da SABESP enquadram-se na categoria de empregados públicos, sendo regidos pela Consolidação das Leis do Trabalho (CLT). Com relação a eles, a Lei 17.853/23 enuncia a garantia do contrato de trabalho – portanto, cria uma estabilidade transitória – por 18 (dezoito) meses, a contar da efetiva desestatização da Companhia.[7]

CONCLUSÃO

A desestatização da SABESP, um procedimento complexo e com impactos profundos no cenário jurídico e socioeconômico, exige um olhar atento aos contratos. O artigo analisou o Comunicado do TCE-SP, que determina o arquivamento de processos em caso de transferência de estatais para a iniciativa privada, e o Protocolo de Transição – Suprimentos, da própria SABESP, que visa regular as contratações da empresa após a desestatização. Esses diplomas certamente enfrentarão controvérsias quando da sua aplicação. Como foi demonstrado, existem muitos pontos que permanecem em aberto.

Como decorrência do processo, a SABESP também deixará de ser regida pela Lei das Estatais (Lei 13.303/16) e passará a ser tutelada pela legislação privatista. Trata-se da transição de um regime jurídico de natureza híbrida, típico das sociedades de economia mista, para um regime jurídico de direito privado. Essa mudança implica a alteração substancial do arcabouço normativo aplicável à Companhia, conforme foi demonstrado, afetando sua estrutura organizacional, seus processos decisórios e suas relações jurídicas.

Mesmo no cenário de regime societário privado, o fato de que subsistam recursos públicos, decorrentes da participação minoritária do Estado de São Paulo, motiva a incidência de diversos postulados de Direito Público. Cabe reforçar: não se trata de um empreendimento que é inteiramente privado. É necessário um sistema de governança ainda mais sofisticado e que responda aos patamares de transparência e controle esperados.

---

7. Conforme artigo 2º da referida Lei 17.853, de 8 de dezembro de 2023.

Esse novo cenário provoca desafios, especialmente em relação à rescisão de contratos, às novas contratações e à situação dos empregados da SABESP, que necessariamente manterão seus vínculos empregatícios por dezoito meses. Torna-se patente que as implicações da desestatização são fundamentais para aqueles que possuem diversos tipos de relações com a empresa. A análise do quadro legal e do Protocolo de Transição, bem como a atenção aos aspectos específicos de cada caso, são cruciais para a garantia da segurança jurídica.

REFERÊNCIAS

BRASIL. Lei 13.303, de 30 de junho de 2016. Disponível em: https://www.planalto.gov.br/ccivil_03/_ato2015-2018/2016/lei/l13303.htm. Acesso em: 29 out. 2024.

BRASIL. Lei 9.491, de 9 de setembro de 1997. Disponível em: https://www.planalto.gov.br/ccivil_03/leis/l9491.htm. Acesso em: 29 out. 2024.

MELLO, Celso Antônio Bandeira de. *Curso de Direito Administrativo*. 32. ed. São Paulo: Malheiros, 2015.

SABESP. Protocolo de Transição – Suprimentos. São Paulo: 2024.

SÃO PAULO. Lei Complementar 709, de 14 de janeiro de 1993. Dispõe sobre a Lei Orgânica do Tribunal de Contas do Estado de São Paulo. Diário Oficial do Estado de São Paulo, São Paulo, 15 jan. 1993. Disponível em: https://www.al.sp.gov.br/repositorio/legislacao/lei.complementar/1993/lei.complementar-709-14.01.1993.html. Acesso em: 14 nov. 2024.

SÃO PAULO. Lei n. 17.853, de 8 de dezembro de 2023. Autoriza o Poder Executivo do Estado de São Paulo a promover medidas de desestatização da Companhia de Saneamento Básico do Estado de São Paulo – SABESP. Disponível em: https://www.al.sp.gov.br/repositorio/legislacao/lei/2023/lei-17853-08.12.2023.html. Acesso em: 29 out. 2024.

TRIBUNAL DE CONTAS DO ESTADO DE SÃO PAULO. Comunicado GP n. 26/2024. São Paulo: TCE-SP, 2024. Disponível em: https://www.tce.sp.gov.br/sites/default/files/legislacao/COMUNICADO%20GP%20N%C2%BA%2026-2024.pdf. Acesso em: 8 nov. 2024.

TRIBUNAL DE CONTAS DO ESTADO DE SÃO PAULO. Comunicado SDG 34/2018. Arquivamento de processos quando da transferência de estatais à iniciativa privada ou extinção. São Paulo: TCE-SP, 2018. Disponível em: https://www.tce.sp.gov.br/legislacao/comunicado/arquivamento-processos-quando-transferencia-estatais-iniciativa-privada-ou. Acesso em: 29 out. 2024.

TRIBUNAL DE CONTAS DO ESTADO DE SÃO PAULO. Resolução n. 1, de 07 de janeiro de 1998. São Paulo: TCE-SP, 1998. Disponível em: https://tce.sp.gov.br/sites/default/files/legislacao/RESO-1998-1.pdf. Acesso em: 14 nov. 2024.

PLANO MUNICIPAL DE DESESTATIZAÇÃO DO MUNICÍPIO DE SÃO PAULO: ORIGENS, TRANSFORMAÇÕES E SEU IMPACTO PARA A INFRAESTRUTURA DA CIDADE

Deborah Priscilla Santos de Novaes

Pós-graduada em Direito Administrativo pelo Instituto de Direito Público (IPD). Bacharel e mestranda pela Faculdade de Direito de Ribeirão Preto da Universidade de São Paulo (FDRP-USP). deborah.novaes@usp.br.

Sumário: Introdução – 1. Plano municipal de desestatização da cidade de São Paulo: origens e transformações; 1.1 O fenômeno da desestatização no território brasileiro; 1.2 A evolução do desenho do plano municipal de desestatização: setores abrangidos, estruturas de governança e gerenciamento das partes interessadas; 1.3 Análise da carteira de projetos de infraestrutura pertencentes ao plano municipal de desestatização (PMD) – Conclusões – Referências.

INTRODUÇÃO

Há sete anos, o Município de São Paulo instituía o Conselho Municipal de Desestatização e Parcerias (CMDP), através da promulgação da Lei Municipal 16.651, de 16 de maio de 2017,[1] dando os primeiros passos para a concretização do Plano Municipal de Desestatização (PMD) da cidade. O programa tem como objetivo principal a celebração de concessões e parcerias público-privadas, cujo objetos são equipamentos e serviços públicos municipais, bem como a alienação de imóveis ociosos que tenham a Municipalidade como titular.

Originalmente, o programa tinha como finalidade principal permitir a desoneração orçamentária municipal com os custos e despesas de equipamentos com receitas deficitárias - como o Complexo Esportivo do Pacaembu e diversos parques municipais, como o Parque do Ibirapuera - através da expansão dos investimentos privados na cidade. Contudo, atualmente, a política de desestatização transpassa a garantia da saúde financeira-orçamentária municipal e busca desenvolver a criação de indicadores de desempenho na gestão dos seus contratos, que levam em consideração o bem-estar dos usuários e a mensuração da eficiência da gestão exercida pelo parceiro privado.

Nesse sentido, o PMD busca reordenar a posição estratégica da Administração Pública Municipal ao transferir para a iniciativa privada as atividades que podem ser por ela geridas e exploradas, permitindo que a Municipalidade possa concentrar seus

---

1. Cria o Conselho Municipal de Desestatização e Parcerias (CMDP) e o Fundo Municipal de Desenvolvimento (FMD).

esforços nas atividades em que sua presença seja essencial para a concretização de direitos fundamentais.[2] Ao mesmo tempo, o programa prevê que os recursos arrecadados com as outorgas e contraprestações pagas pelas concessionárias parcerias sejam destinadas ao Fundo Municipal de Desenvolvimento (FMD), cujo valores estão compulsoriamente vinculados a investimentos em projetos de saúde, educação, segurança, habitação, transporte, mobilidade urbana, assistência social e desenvolvimento dos bairros (art. 6º).

Diante disso, a pesquisa tem como pretensão realizar a investigação de como evoluiu a política de desestatização no país até a elaboração do PMD, assim como está sendo operacionalizado o PMD no âmbito da Secretaria Executiva de Desestatização e Parcerias (SEDP), atualmente alocada dentro da Secretaria Municipal de Governo (SGM). Ainda, o trabalho busca compreender a estrutura institucional e organizacional dos diversos atores responsáveis pela estruturação e implementação do programa, além de trazer uma pesquisa quantitativa para elucidar o perfil das parcerias firmadas e a cartela de projetos nos setores de infraestrutura atingidos pelo plano.

1. PLANO MUNICIPAL DE DESESTATIZAÇÃO DA CIDADE DE SÃO PAULO: ORIGENS E TRANSFORMAÇÕES

1.1 O fenômeno da desestatização no território brasileiro

Ao longo da nossa história político-econômica, é possível verificar que as agendas de absorção estatal de atividades econômicas e transferência dessas para a iniciativa privada obedecem, primordialmente, a uma lógica de "movimento pendular de atuação estatal", onde se observa a existência de períodos alternados de medidas consideradas de maior ou menor grau de intervenção sobre o domínio econômico.[3] Anteriormente, durante o século XIX, imperou os princípios que instituíam o chamado Estado Liberal, marcado predominantemente pela abstenção da atuação estatal; priorização da liberdade e dos direitos individuais; e restrição dessas prerrogativas por um poder de polícia bem delimitado, que tinha como objetivo assegurar o benefício da ordem pública, compreendida aqui como segurança pública.[4]

Posteriormente, já no século XX, o avanço dos acontecimentos ocorridos no âmbito da chamada "Crise de 1929" afetou profundamente as ideias da Economia Política, causando alterações profundas na forma de se fazer políticas econômicas e de se pensar o papel do Estado. Nesse sentido, é possível mapear as reações contra o modelo anteriormente estabelecido e o surgimento do "Estado Social", marcado por medidas

---

2. LUVIZOTTO, Juliana Cristina; GARCIA, Gilson Piqueras. O plano de concessões do Município de São Paulo e o controle do Tribunal de Contas e do Poder Judiciário. *Cadernos da Escola Paulista de Contas*, [S.l.], v. 1, n. 7, p. 30-52, ago. 2021. Disponível em: https://www.tce.sp.gov.br/epcp/cadernos/index.php/CM/article/view/152. Acesso em: 03 nov. 2024.
3. MACHADO, Fernando M. Desestatização e privatização no Brasil. *Revista Digital de Direito Administrativo*, [S. l.], v. 2, n. 1, p. 100, dez. 2014.
4. DI PIETRO, Maria Sylvia Z. *Parcerias na Administração Pública*: concessão, permissão, franquia, terceirização, parceria público-privada. 13. ed. Rio de Janeiro: Forense, 2022, p. 10-12.

que defendiam a necessidade de intervenção estatal como recurso para conter os efeitos da crise e garantir a prosperidade econômica. O marco teórico por trás das medidas se sustentava por trás da ideia de socialização, a partir de uma preocupação com o bem comum e o interesse público, onde o aparato estatal deveria fazer as vezes de "Estado pluriclasse", isto é, defensor dos interesses da totalidade da população e não apenas das classes privilegiadas,[5] a partir de um deslocamento do pilar da liberdade para o pilar da igualdade. Nesta época, surgiram os chamados direitos sociais e econômicos, garantidos inclusive constitucionalmente, onde o Estado Social se organizava a partir dos seguintes alicerces: a) serviços públicos comerciais, industriais e sociais a partir da atuação de empresas estatais e fundações; b) intervenção no domínio econômico, a partir das atividades de sociedades de economia mista e empresas públicas, além de outras companhias que estavam sob o controle acionário do Estado; c) fomento às atividades administrativas de incentivo à iniciativa privada de interesse público, como a promoção industrial, inversões estrangeiras, transferências de tecnologia; d) ampliação do Poder de Polícia, onde foram incluídas na categoria da ordem pública, elementos da ordem econômica e social.[6]

Diante desse cenário, foram adotadas nas décadas seguintes políticas de organização industrial com o objetivo de assegurar medidas de substituição das importações, criação de autarquias governamentais e empreendimentos governamentais com base na segurança nacional. Nas décadas seguintes de 1950s e 1960s, o país viu surgir a expansão das empresas estatais em diversos setores, como a siderurgia, transportes públicos, setor elétrico e telecomunicações. Além disso, a expansão do crédito fez o estado brasileiro se tornar proprietário indireto de várias empresas privadas.[7] A partir desses elementos e com o avanço de medidas neoliberais ao redor do mundo, somado ao contexto de crise econômica global, sucederam-se as consequências das medidas anteriormente mencionadas, bem como sua insuficiência para atender as demandas econômica internas relativas à eficiência na prestação de serviços essenciais, uso racional dos recursos públicos e atendimento às pressões exercidas por recomendações internacionais como o Consenso de Washington (1989). Dentre as principais consequências apontadas para a política de intervenção até então adotada, destacam-se:[8]-[9]

> i. Prejuízo ao princípio da separação de poderes, uma vez que tais medidas teriam ocasionado o fortalecimento desmedido do Poder Executivo em relação aos demais poderes, gerando a concentração de atribuições, inclusive normativas;
>
> ii. Ineficiência na prestação dos serviços públicos, especialmente devido ao volume de atividades acumuladas e à crise financeira que não permitia ao Poder Público realizar a totalidade dos aportes públicos necessários para evitar a precarização da sua execução;

---

5. Idem, p. 9-10.
6. Idem, p. 10-12.
7. MACHADO, Fernando M. Desestatização e privatização no Brasil. *Revista Digital de Direito Administrativo*, [S. l.], v. 2, n. 1, p. 103-104, dez. 2014.
8. Idem, p. 100-102.
9. DI PIETRO, Maria Sylvia Z. *Parcerias na Administração Pública*: concessão, permissão, franquia, terceirização, parceria público-privada. 13. ed. Rio de Janeiro: Forense, 2022, p. 13-15.

iii. Deficiência na execução das funções do Poder Judiciário, o qual não conseguiu acompanhar a evolução da complexidade das relações entre Administração e administrados, bem como se especializar nas variadas funções administrativas absorvidas pelo aparelho estatal em seus diversos campos de atuação;

iv. Supradimencionamento das estruturas administrativas e consequente aumento da burocracia brasileira como um todo, o que gerou inchaço da máquina pública com a hipertrofia e imobilidade de seu funcionamento;

v. Excesso de regulações que sufocariam as liberdades econômicas para atuação da iniciativa privada, contrariando o interesse e o apetite empresarial de representantes das elites econômicas e políticas da época;

vi. Criação de monopólios legais estatais ineficientes e em desacordo com as lógicas competitivas de mercado, acompanhada da participação estatal exclusiva e/ou majoritária no capital de empresas industriais e comerciais, diminuindo a participação privada em determinados setores.

Diante dessa conjuntura e seguindo tendências ditadas por cartilhas neoliberais, políticos e representantes do quadro técnico da burocracia brasileira buscaram desenhar e implementar soluções privatizadoras, especialmente a partir da década de 1980s e 1990s. Dentre as balizas que guiaram essa guinada não intervencionista, podemos citar a influência dos princípios da livre iniciativa e livre concorrência, mas especialmente do princípio da subsidiariedade, segundo o qual o Estado possui o dever de criar as condições favoráveis para que os próprios indivíduos consigam através da atuação privada garantir seus próprios objetivos e o bem comum, devendo o aparato estatal atuar de forma subsidiária no mercado, apenas quando a iniciativa privada se mostrar insuficiente para atingir determinados propósitos.

> Algumas ideias são inerentes ao princípio da subsidiariedade: de um lado, a de respeito aos indivíduos, pelo reconhecimento de que a iniciativa privada, seja através dos indivíduos, seja através das associações, tem primazia sobre a iniciativa estatal; em consonância com essa ideia, o Estado deve abster-se de exercer atividades que o particular tem condições de exercer por sua própria iniciativa e com seus próprios recursos; em consequência, sob esse aspecto, o princípio implica uma limitação à intervenção estatal. De outro lado, o Estado deve fomentar, coordenar, fiscalizar a iniciativa privada, de tal modo a permitir aos particulares, sempre que possível, o sucesso na condução de seus empreendimentos. E uma terceira ideia ligada ao princípio da subsidiariedade seria a de parceria entre público e privado, também dentro do objetivo de subsidiar a iniciativa privada, quando ela seja deficiente.[10]

Em outras palavras, o princípio da subsidiariedade seria uma tradução da "teoria da falência do mercado", defendida por alguns economistas de cultura anglo-saxã que pregam que a intervenção estatal sobre o domínio econômico exigiria uma "prova específica da incapacidade do mercado de resolver de modo endógeno o problema do próprio equilíbrio e da necessidade de tutelar interesses de tipo coletivo".[11] As graves crises econômicas que se sucederam em decorrência da ausência de contenção de fatores como inflação, desvalorização da moeda e endividamento externo, somado à certeza dessas convicções neoliberais, conceberam a gênese das diretrizes privatizadoras ado-

---

10. Idem, p. 17.
11. Idem, p. 21.

tadas em países latino-americanos para diminuição do tamanho do Estado, dentre as quais citamos:[12]

> a. Desmonte e desfazimento da propriedade de empresas estatais consideradas deficitárias, onde o Estado era responsável por assumir todos os riscos financeiros e jurídicos dos empreendimentos públicos;
>
> b. Retorno as formas de gestão privada dos serviços públicos, na tentativa de afastar supostos controles excessivos e formalismos típicos da gestão burocrática;
>
> c. Eliminação de monopólios públicos e mecanismos de exclusividade de exploração estatal sobre determinados setores;
>
> d. Reposicionamento das funções estatais para priorizar as atividades fiscalizatórios e de proteção aos interesses dos usuários-consumidores dos serviços públicos e demais atividades econômicas; e
>
> e. Desburocratização dos projetos públicos, a fim de conferir à comunidade empresarial a tarefa de analisar a viabilidade e rentabilidade dos projetos públicos, de maneira a permitir que essa avalie seus riscos e dimensione o capital de investimento necessário.

Além disso, tais balizas tinham como objetivo mudar o perfil dos serviços oferecidos à população, a partir de novos marcadores nas relações de prestação: i) mercadorização dos serviços públicos, com base na precificação e competitividade do negócio; ii) transformação do cidadão-contribuinte (usuário) em cidadão-cliente (consumidor); iii) liberdade de escolha dos fornecedores ou prestadores dos serviços; iv) ênfase no controle de resultados, em substituição ao controle de procedimentos; e v) preocupação com o desempenho e eficiência econômica na prestação.[13]-[14] Nesse sentido, a respeito do desenho das soluções e criação dos instrumentos para redução organizacional do Estado, cabe destacar as principais técnicas utilizadas para diminuição da intervenção estatal sobre atividades econômicas, serviços públicos e bens públicos:[15]

> a. *Desregulação*: mudanças regulatórias para menor intervenção sobre determinado mercado, garantindo maior liberdade de atuação privada;
>
> b. *Desmonopolização*: retirada estatal de atividades econômicas anteriormente executadas pelo Poder Público;
>
> c. *Alienação de ações de empresas estatais ao setor privado*: com transferência total ou parcial do controle acionário das companhias;
>
> d. *Alienação ou outorga de uso de bens públicos*: mediante a desafetação para alteração de categoria do bem que permita sua venda;
>
> e. *Formas de gestão privada para execução de tarefas públicas*: celebração de contratos de concessões, permissões e parcerias público-privada ("descentralização por colaboração");

---

12. Idem, p. 19-20.
13. Idem, p. 22.
14. CARVALHO, Victor Aguiar de. A função regulatória da licitação como instrumento de promoção da concorrência e de outras finalidades públicas. In: ARAGÃO, Alexandre Santos de; PEREIRA, Anna Carolina Migueis; LISBOA, Letícia Lobato Anicet (Org.). *Regulação e Infraestrutura*. Belo Horizonte: Fórum, 2018, p. 147.
15. DI PIETRO, Maria Sylvia Z. *Parcerias na Administração Pública*: concessão, permissão, franquia, terceirização, parceria público-privada. 13. ed. Rio de Janeiro: Forense, 2022, p. 6-9.

f. Terceirização: celebração de ajustes e termos de parcerias para colaboração entre entes públicos e privados, como mecanismos de *"contracting out"* para execução de atividades privadas de interesse público;

g. Liberação de serviços públicos: onde determinadas atividades perdem essa qualidade e passam a ser abertas para execução pela livre iniciativa.

À vista disso, várias leis foram promulgadas nesse período, a fim de implementar essa nova forma de gerir as funções estatais. Destacamos especialmente *Plano Diretor da Reforma do Aparelho do Estado*, elaborado pelo Ministério da Administração Federal e da Reforma do Estado (MARE), e aprovado em 21 de setembro de 1995 e que tinha como missão a instauração de um modelo de administração pública gerencial, com foco na qualidade, eficiência e estruturação segundo critérios de mérito e controle de resultado *a posteriori*.[16-17]

Ainda, nessa mesma seara, surge a discussão sobre o reposicionamento das funções de Estado Intervencionista para o Estado Regulador, especialmente a partir da promulgação do art. 174[18] da Constituição e introdução do léxico "órgão regulador" nos arts. 21, inciso XI[19] e 177, § 2º, inciso III,[20] inseridos pelas Emendas Constitucionais 8 e 9 de 1995. Dessa forma, foi trazido ao direito pátrio as chamadas "Agências Reguladoras" que, na condição de autarquias especiais, deveriam realizar as atividades de fiscalização e regulação dos setores transferidos à iniciativa privada.

> No direito brasileiro, começou-se a falar em regulação e em agências reguladoras com o movimento de Reforma do Estado, especialmente quando, em decorrência da privatização de empresas estatais e introdução da ideia de competição entre concessionárias de serviços públicos, entendeu-se necessário "regular" as atividades objeto da concessão a empresas privadas, para assegurar regularidade na prestação dos serviços e o funcionamento equilibrado da concorrência. [...]. Inicialmente, elas começaram a ser criadas para regular atividades econômicas atribuídas ao Estado, com ou sem natureza jurídica de serviço público, sendo objeto de concessão, permissão

---

16. Em termos gerais, o plano possuía como objetivos globais: (a) aumentar a governança do Estado, ou seja, sua capacidade administrativa de governar com efetividade e eficiência, voltando a ação dos serviços do Estado para o atendimento dos cidadãos; (b) limitar a ação estatal àquelas funções que lhe são próprias, reservando, em princípio, os serviços não exclusivos para a propriedade pública não estatal e a produção de bens e serviços para o mercado; (c) transferir da União para os Estados e Municípios as ações de caráter local; (d) transferir parcialmente da União para os Estados as ações de caráter regional, de forma a permitir uma maior parceria entre Estados e a União.
17. Brasil. Ministério da Administração Federal e da Reforma do Estado. *Plano Diretor da Reforma do Aparelho do Estado*. Brasília: Câmara da Reforma do Estado, 1995, p. 56-57.
18. Art. 174. Como agente normativo e regulador da atividade econômica, o Estado exercerá, na forma da lei, as funções de fiscalização, incentivo e planejamento, sendo este determinante para o setor público e indicativo para o setor privado.
19. Art. 21. Compete à União: XI - explorar, diretamente ou mediante autorização, concessão ou permissão, os serviços de telecomunicações, nos termos da lei, que disporá sobre a organização dos serviços, a criação de um órgão regulador e outros aspectos institucionais.
20. Art. 177. Constituem monopólio da União:
§ 2º A lei a que se refere o § 1º disporá sobre: III – a estrutura e atribuições do órgão regulador do monopólio da União

ou autorização. Foi o que ocorreu nos setores de energia elétrica, telecomunicações, exploração de petróleo, dentre outros.[21]

Ainda na década de 1990s, outros diplomas legais foram promulgados com o objetivo de criar um arcabouço jurídico-institucional e regulatório robusto para fazer avançar o tema das privatizações. Cita-se a Lei 8.666, de 21 de junho de 1993 (Lei de Licitações e Contratos Administrativos); Lei 8.987/1995 e Lei 9.074, de 7 de junho de 1995 (Lei das Concessões); Lei 9.427, de 26 de dezembro de 1996 (Concessões para o setor elétrico); Lei 9.472, de 16 de julho de 1997 (Concessões para o setor de telecomunicações); Lei 9.790, de 23 de março de 1999 (Lei de OSCIP), além da aprovação de diversas Emendas Constitucionais facilitadoras do tema.[22] Especialmente, cita-se o *Plano Nacional de Desestatização (PND)*, originalmente promulgado através da Lei 8.031, de 12 de abril de 1990, e alterado pela Lei 9.491, de 9 de setembro de 1997, que trouxe força legal para as balizas e diretrizes mencionadas anteriormente.[23] Esse documento traz algumas definições importantes que auxiliam no esclarecimento sobre o significado dos termos "privatização" e "desestatização", uma vez que que não existe uniformidade na doutrina e na legislação sobre o uso dessas expressões.

Há uma variedade de autores que se utilizam desses termos de formas distintas ou como sinônimos, de forma que não há rigor metodológico suficiente capaz de determinar um sentido último e inquestionável para a utilização dessas expressões. Contudo, através da análise desse diploma, é possível extrair uma hermenêutica que nos permite elucidar uma classificação para qual "desestatização" atuaria como gênero e "privatização" como espécie. Nesse sentido, como defendido por muitos autores, desestatização seria uma "privatização em sentido amplo", termo que abrangeria todas as medidas adotadas para diminuição do aparelho estatal e delegação de funções estatais à iniciativa privada, como a transferência acionária de entidades estatais, concessões e parcerias público-privadas,

---

21. DI PIETRO, Maria Sylvia Z. *Parcerias na Administração Pública*: concessão, permissão, franquia, terceirização, parceria público-privada. 13. ed. Rio de Janeiro: Forense, 2022, p. 219-230.
22. EC 5, de 15 de agosto de 1995, que alterou o § 2º do art. 25 da CF/88 para permitir a concessão de serviços de gás canalizado a empresas privadas, e não mais apenas estatais.
    EC 6, de 15 de agosto de 1995, que revogou o art. 171 e alterou art. 176, § 1º a fim de mudar o conceito de empresa brasileira de capital nacional e permitir a exploração de recursos minerais via autorização ou concessão da União por brasileiros ou empresa constituída sob as leis brasileiras e que tenha sua sede e administração no País.
    EC 7, de 15 de agosto de 1995, que alterou a redação do parágrafo único do art. 178 para permitir a realização de transportes de mercadorias de cabotagem por navios estrangeiros.
    EC 8, de 15 de agosto de 1995, que alterou o inciso XI e a alínea "a" do inciso XII do art. 21 para permitir a concessão de serviços de telecomunicações a empresas privadas.
    EC 9, de 9 de novembro de 1995, que alterou o art. 177 para autorizar a União a contratar com empresas estatais ou privadas para a realização de suas atividades de monopólio com relação ao petróleo, ao gás natural e aos outros hidrocarbonetos.
23. A respeito desse ponto, esclarece-se que a primeira versão do PND estava orientada exclusivamente para a alienação de participações societárias e abertura de capital das empresas estatais, de modo que a nova versão passou a abranger também os serviços públicos como objeto de contratos de concessão, permissão e autorização (SILVA, Mauro S. Concessões e Parcerias público-privadas: arranjos institucionais híbridos para provisão de infraestrutura. In CAVALCANTE, Pedro Luiz Costa. SILVA, Mauro Santos. *Reformas do Estado no Brasil*: trajetórias, inovações e desafios, Rio de Janeiro: Ipea 2020, p. 219).

doações e celebração de termos de parcerias, contratos de gestão e convênios com a iniciativa privada.[24] Já "privatização em sentido estrito" se relacionaria exclusivamente ao procedimento de alienação de ações ou transferência de controle acionário de empresas estatais à iniciativa privada.[25] A principal distinção, portanto, estaria alicerçada no fato de que a modalidade estrita implicaria em transferência definitiva da titularidade da propriedade do bem ou serviço público, enquanto as demais modalidades não resultariam necessariamente nesse mesmo efeito, tratando-se de transferência temporária de funções estatais para gestão privada.[26]

Seguindo o panorama histórico, já nos anos 2000s, o Governo Federal instituiu uma série de programas e planos para desobstruir investimentos públicos e privados na área de infraestrutura, sendo esse um dos pilares de sua política de crescimento e desenvolvimento econômico associado às políticas públicas prioritárias. Surgiram o *Projeto Piloto de Investimento (PPI)* (2005-2007), o *Plano de Aceleração do Crescimento (PAC I e II)* (2007-2014) e o *Programa de Investimento em Logística (PIL)* (2012-2015). Além disso, nessa mesma época foram promulgados novos regramentos que tinham como objetivo continuar a disciplina das relações público e privado, como a Lei 11.079, de 30 de dezembro de 2004 (Lei das Parcerias Público-Privadas – PPPs), entre outras.[27]

A respeito da nova legislação que disciplinou as PPPs, é importante destacar que o regramento tinha como objetivo a regulamentação de uma nova forma de remuneração para as concessionárias – a contraprestação pública – e o compartilhamento de riscos do empreendimento entre os entes públicos e privados, especialmente através da instituição de um sistema de garantia pública, além dos ganhos econômicos do negócio. Esse desenho visava tornar o ambiente institucional brasileiro propício para ampliação do leque de investimentos necessários para os carentes setores de infraestrutura nacional. O regramento foi alterado diversas vezes desde a sua promulgação, com o objetivo de estruturar um equilíbrio entre endividamento público suficiente para financiamento dos projetos, desenvolvimento qualitativo das modelagens e sis-

---

24. DI PIETRO, Maria Sylvia Z. *Parcerias na Administração Pública*: concessão, permissão, franquia, terceirização, parceria público-privada. 13. ed. Rio de Janeiro: Forense, 2022, p. 6-7.
25. MACHADO, Fernando M. Desestatização e privatização no Brasil. *Revista Digital de Direito Administrativo*, [S. l.], v. 2, n. 1, p. 110, dez. 2014.
26. Esta é a classificação utilizada pelo Banco Nacional do Desenvolvimento (BNDES), pela Secretaria Executiva de Desestatização e Parcerias (SGM/SEDP) e pela São Paulo Parcerias S/A (SP Parcerias) em seus canais oficiais, razão pela qual o trabalho utilizará esses termos de acordo com os significados já explanados para fins de definição. Mais informações disponíveis em: https://www.bndes.gov.br/wps, https://spparcerias.com.br/acesso-informacao/perguntas-frequentes; e https://www.prefeitura.sp.gov.br/cidade/secretarias/governo/projetos/desestatizacao/. Acesso em: 03 nov. 2024.
27. Cita-se Lei 10.520, de 17 de julho de 2002 (Lei do Pregão); Lei 11.079, de 30 de dezembro de 2004 (Lei das Parcerias Público-Privadas – PPPs); Lei 11.107, de 6 de abril de 2005 (Lei dos Consórcios); Lei Complementar 123, de 14 de dezembro de 2006 (Estatuto da Microempresa e Empresa de Pequeno Porte); Lei 12.232, de 29 de abril de 2010 (Lei de Contratos de Publicidade); Lei 12.462, de 4 de agosto de 2011 (Regime Diferenciado de Contratações Públicas – RDC) e Lei 13.019, de 31 de julho de 2014 (Marco Regulatório das Organizações da Sociedade Civil – MROSC).

tema de garantias robusto aos negócios privados, a fim de sanar temas considerados controvertidos desde a origem.[28-29]

Contudo, como apontado por vários especialistas, "esses esforços não conseguiram mudar estruturalmente a realidade do setor, pois o nível de investimentos ficou aquém daquele necessário para suprir as necessidades de infraestrutura do país".[30] A respeito do eixo garantidor dos contratos de PPPs, por exemplo, houve questionamentos quanto à boa reputação fiscal, incertezas quanto aos mecanismos de pagamento dos compromissos públicos, modesta capitalização e baixa maturidade operacional dos fundos instituídos para assegurar o desenvolvimento dos setores de infraestrutura, o que foi apontado como uma das causas de restrições relevantes para o desenvolvimento dessas modalidades, especialmente no âmbito federal.[31] Para piorar, a partir de 2014, o país passa a sofrer uma grave crise econômica e político-institucional, resultado em parte do esgotamento do modelo conhecido como "Nova Matriz Econômica" e do surgimento de escândalos de corrupção no setor de infraestrutura, o que adensou as narrativas e perspectivas em favor de políticas de austeridade fiscal e redução da intervenção estatal econômica nesses setores, culminando na aprovação da Emenda Constitucional 95, de 15 de dezembro de 2016 ("PEC do Teto de Gastos").[32]

Nesse sentido, foi possível observar a partir de 2014 o crescimento da participação privada nos setores de infraestrutura – com um salto de 60,6% para 73,7% em 2020 – causado especialmente pela forte queda do investimento público, e não pela expansão veloz de investimento privado em relação ao estatal.[33] Ao mesmo tempo, as medidas privatizadoras voltaram para o foco do debate público, aparecendo como elemento solucionador para o enfrentamento da crise, sendo cerne dos discursos de várias campanhas políticas realizadas no período eleitoral daquele momento.[34]

---

28. Especialmente, cita-se as Lei 12.024/2009 (MPV 460/2009), Lei 12.409/2011 (MPV 513/2010), Lei 12.766/2012 (MPV 575/2012), Lei 13.043/2014 (MPV 651/2014), Lei 13.097/2015 (MPV 656/2014), Lei 13.137/2015 (MPV 668/2015), Lei 13.259/2017 (MPV 786/2017).
29. ROSA, Kélen V. C. P. *Programa de Parceria de Investimento (PPI) e as parcerias público privadas*: os desafios da nova governança. 2020. 61f. Monografia (Especialização em Avaliação de Políticas Públicas) - Escola Superior do Tribunal de Contas da União, Instituto Serzedello Corrêa, Brasília, 2020. p. 23-24.
30. ROCHA, Igor L.; RIBEIRO, Rafael S. M. Infraestrutura no Brasil: contexto histórico e principais desafios. In: SILVA, Mauro Santos (Org.). *Concessões e parcerias público-privadas*: políticas públicas para provisão de infraestrutura. Brasília: Ipea, 2022, p. 24.
31. SILVA, Mauro S. Concessões e Parcerias público privadas: arranjos institucionais híbridos para provisão de infraestrutura. In CAVALCANTE, Pedro Luiz Costa. SILVA, Mauro Santos. *Reformas do Estado no Brasil*: trajetórias, inovações e desafios, Rio de Janeiro: Ipea 2020, p. 236.
32. Este diploma institui o chamado "Novo Regime Fiscal" no âmbito dos orçamentos fiscal e da seguridade social da União, que foi planejado para vigorar por 20 (vinte) exercícios financeiros, existindo limites individualizados para as despesas primárias de cada um dos três Poderes, do Ministério Público da União e da Defensoria Pública da União. O documento legitimou juridicamente o discurso de "corte de gastos públicos" e teve como uma das suas premissas principais a ideia de que o sucesso dos empreendimentos públicos deveria depender menos do orçamento público e mais dos recursos oriundos da iniciativa privada.
33. ROCHA, Igor L.; RIBEIRO, Rafael S. M. Infraestrutura no Brasil: contexto histórico e principais desafios. In: SILVA, Mauro Santos (Org.). *Concessões e parcerias público-privadas*: políticas públicas para provisão de infraestrutura. Brasília: Ipea, 2022, p. 31.
34. PIMENTEL, Matheus. Privatização já foi palavrão para os políticos. Por que hoje não é mais. *Nexo*, 23 ago. 2017.

Simultaneamente, como objetivo de compreender e desenhar as melhores soluções para retomada do crescimento econômico sustentável, especialistas passaram a se debruçar sobre os custos de transação que afligem os setores da infraestrutura. Na tentativa de compreender a causa para o retardamento do desenvolvimento institucional e dificuldades para sucesso das concessões e parcerias público-privadas no país, foram identificadas uma série de "desvios jurídico-burocráticos" responsáveis pela distorção da estruturação, liberação, licitação e regulação da execução contratual de concessões de empreendimentos públicos e atividades de fomento estatal para empreendimentos privados de utilidade pública, constituídas de verdadeiras barreiras à entrada de particulares em determinados setores.[35] Nesse sentido, foi traçado diagnóstico que expôs os principais problemas envolvendo: a) estruturação dos projetos (escolha, priorização, análise da viabilidade e condução do procedimento licitatório); b) liberação do empreendimento (complexa cadeia de providências burocráticas e administrativas sob várias competências e autoridades estatais); e c) regulação da execução contratual (atos administrativos que afetam a cumprimento dos encargos das concessionárias e concedentes, como a entrega livre e desimpedida do equipamento, serviço ou área de concessão, aprovação de projetos executivos, regulação tarifária e análises de pedidos de reequilíbrio econômico-financeiro).

Pensando em formas de solucionar parte desses desafios foi promulgada a Lei 13.334 de 13 de setembro de 2016, que criou o *Programa de Parcerias de Investimentos (PPI)*, destinado à ampliação e fortalecimento da interação entre o Estado e a iniciativa privada por meio da celebração de contratos de parceria para a execução de empreendimentos públicos de infraestrutura e de outras medidas de desestatização (art. 1º).

> [...] a Lei do Programa de Parceria de Investimentos (PPI atual), por sua vez, teve seu embrião em projeto submetido pelo Prof. Carlos Ari Sundfeld a grupo de trabalho criado em agosto de 2015, pelo então Ministro Joaquim Levy, no Ministério da Fazenda. O projeto foi apelidado de PPP MAIS ou Programa Público-Privado Avançado. A ideia era efetivamente o aperfeiçoamento dos modelos de interação público-privadas existentes, com a criação de "amplo programa que viabilize a ampliação e o fortalecimento da parceria entre o estado e a iniciativa privada", incrementando práticas de contratação, licitação, estruturação e fomento de projetos relevantes de infraestrutura.[36]

Esse regramento não se aplica exclusivamente aos contratos de PPPs, mas abrange uma série de modalidades contratuais, como concessão regida por legislação setorial, permissão de serviço público, arrendamento de bem público, concessão de direito real e os outros negócios público-privados que, em função de seu caráter estratégico e de sua complexidade, especificidade, volume de investimentos, longo prazo, riscos ou incertezas envolvidas, adotem estrutura jurídica semelhante (art. 1º, § 2º). Além disso, o programa

---

35. SUNDFELD, Carlos A.; MOREIRA, Egon B. PPP MAIS: um caminho para práticas avançadas nas parcerias estatais com a iniciativa privada. *Revista de Direito Público da Economia (RDPE)*, Belo Horizonte, v. 14, n. 53, jan/mar. 2016, p. 9-12.
36. ROSA, Kélen V. C. P. *Programa de Parceria de Investimento (PPI) e as parcerias público privadas*: os desafios da nova governança. 2020. 61f. Monografia (Especialização em Avaliação de Políticas Públicas) – Escola Superior do Tribunal de Contas da União, Instituto Serzedello Corrêa, Brasília, 2020, p. 18.

engloba as medidas previstas no Programa Nacional de Desestatização anteriormente citado, razão pela qual é considerado um sucessor do PND (art. 1º, § 1º, inciso III).

É importante destacar que o PPI está alicerçado sob dois níveis: i) o programa governamental em si, com sua cartela de projetos para desenvolvimento das parcerias; e ii) a criação de uma estrutura de governança responsável por gerenciá-lo. A respeito da governança, verifica-se que a legislação criou o *Conselho do Programa de Parcerias de Investimentos da Presidência da República (CPPI)* como órgão de assessoramento imediato do Poder Executivo Federal e que absorveu as competências de diversos órgãos que funcionavam antes da promulgação do programa, sendo composto por membros permanentes de diversas pastas estratégicas e órgãos da Administração Pública Federal Indireta. Ademais, foi criada uma segunda estrutura de governança chamada de *Secretaria Executiva do Programa de Parcerias de Investimento (SPPI)*, que apesar de não possuir o status de um Ministério, é composto por representantes de outros órgãos responsáveis pela articulação de políticas públicas, coordenação dos projetos e desenvolvimento de qualidade regulatória nos setores, possuindo inclusive uma entidade vinculada chamada de *Empresa de Planejamento e Logística (EPL)*. Contudo, é esperado que a pasta exerça suas funções e competências sem se sobrepor aos órgãos setoriais responsáveis pelos projetos.[37]

A fim de tornar o sistema de garantias públicas mais robusto e assegurar os recursos para modelagem de projetos, o PPI autorizou o BNDES a constituir o *Fundo de Apoio à Estruturação de Parcerias (FAEP)*, de natureza privada e com patrimônio próprio, com objetivo de sustentar a prestação de serviços especializados para a estruturação de projetos no âmbito do programa, através da condução de procedimentos preliminares para elaboração de estudos de viabilidade e análises jurídico e econômico-financeira dos empreendimentos. Posteriormente, o regramento ganhou a criação de mais um fundo – *Fundo de Apoio às Concessões e Parcerias de Entes Federados (FEP)*.[38]

Vale ressaltar que o PPI tem abrangência federal, apesar de prever diretrizes para os demais entes da federação que possuam competência para exercer atos administrativos relacionados à viabilização dos empreendimentos compreendidos na cartela de projetos do programa, a fim de dar maior celeridade e eficiência na regularização desses.[39] Por fim, convém destacar que várias das estruturas previstas e mencionadas aqui foram espelhadas na estrutura organizacional do Plano Municipal de Desestatização do Município de São Paulo e que serão analisadas na própria sessão. O arcabouço jurídico-regulatório de parcerias entre público e privado ainda ganhou outros diplomas nos últimos anos como a Lei 13.448, de 5 de junho de 2017 (Lei da Relicitação), Lei 13.934, de 11 de dezembro de 2019 (Lei de Contrato de Desempenho), Lei 14.011, de 10 de junho de 2020 (Lei de Contratos de Facilities) e Lei 14.133, de 1º de abril de 2021 (Nova Lei de Licitações e

---

37. Idem, p. 24-42.
38. Idem, p. 27-29.
39. DI PIETRO, Maria Sylvia Z. *Parcerias na Administração Pública*: concessão, permissão, franquia, terceirização, parceria público-privada. 13. ed. Rio de Janeiro: Forense, 2022, p. 52.

Contratações Administrativas). Dessa forma, destacamos que esta subseção teve como objetivo explanar a evolução do fenômeno da desestatização (ou privatização em sentido amplo) no território brasileiro, delineando os contornos do contexto em que o PMD aqui estudado foi promulgado, especialmente no que diz respeito ao cenário político-institucional vivido após 2014, onde políticas de austeridade fiscal e retomada dos incentivos para atração dos investimentos privados foram implementadas com a meta de alavancar projetos de infraestrutura em todos os entes da federação. Especialistas apontam que entre 1990 e 2022 é possível mapear nove "ondas" de privatizações no país,[40] derivadas do desenvolvimento do marco legal aqui mencionado e que certamente influenciaram o desenho da política adotada na cidade de São Paulo a partir de 2017.

1.2 A evolução do desenho do Plano Municipal de Desestatização: setores abrangidos, estruturas de governança e gerenciamento das partes interessadas

A primeira iniciativa de alavancar a desestatização de bens e serviços públicos no Município de São Paulo pode ser rastreada até o Projeto de Lei 506, de 29 de agosto de 2006, que foi convertida na Lei 14.517, de 16 de outubro de 2007,[41] responsável por instituir o *Programa Municipal de Parcerias Público-Privadas* e criar a Companhia São Paulo Parcerias ("SP Parcerias") durante a gestão do prefeito Gilberto Kassab (2006-2013). O programa foi instituído sob as diretrizes da eficiência no cumprimento de suas finalidades; estímulo à competitividade na prestação dos serviços, sustentabilidade econômica dos empreendimentos; respeito aos interesses e direitos dos agentes privados e usuários; universalização do acesso a bens e serviços essenciais; transparência nos procedimentos e decisões; e responsabilidade fiscal, social e ambiental na execução dos contratos (art. 2º e incisos). Chama a atenção também o destaque para a previsão sobre a "indisponibilidade das funções política, normativa, policial, reguladora, controladora e fiscalizatória do Município" (art. 2º, inciso III). O diploma definia que poderia ser objeto do programa: a) implantação, requalificação, manutenção ou gestão de infraestrutura pública; b) prestação de serviço público; c) exploração de bem público; d) execução de obra para alienação, locação ou arrendamento à Administração Pública Municipal; e e) implantação, requalificação, e gestão de bens de uso público em geral, incluídos os recebidos em delegação do Estado ou da União (art. 3º e incisos).

A respeito da gestão do programa, a legislação criou o *Conselho Gestor do Programa Municipal de Parcerias Público-Privadas (CGP)*, vinculado ao Gabinete do Prefeito, responsável por definir as prioridades quanto à "implementação, expansão, melhoria, gestão ou exploração de bens, serviços, atividades, infraestruturas, estabelecimentos ou empreendimentos públicos" (art. 10). O conselho era constituído por membros repre-

---

40. TELES, André C.; DIAS, Murillo D. O. A Evolução da Privatização no Brasil. *International Journal of Development Research*, [S.l.], v. 12, n. 7, jul. 2022, p. 57426-5742728.
41. Para saber mais detalhes sobre a tramitação legislativa, acessar o link disponível em: https://tinyurl.com/3np29yxk. Acesso em: 03 nov. 2024.

sentantes de pastas estratégicas (Governo, Planejamento, Finanças, Gestão e Negócios Jurídicos), sendo presidido pelo Secretário de Governo Municipal. Essa instância era responsável pela aprovação de projetos de parcerias; acompanhamento permanente da execução dos projetos para avaliação de sua eficiência; supervisão das atividades da SP Parcerias; deliberação sobre alterações, revisão, rescisão, prorrogação ou renovação dos contratos; bem como elaboração de atos e procedimentos normativos e administrativos necessários para o cumprimento das tarefas que lhe foram atribuídas (art. 11).

Posteriormente, o Decreto 49.128, de 8 de janeiro de 2008, aprovou seu regimento interno e alargou as competências do conselho, conferindo-lhe atribuições como a autorização de abertura de procedimento licitatório; promoção de consulta e audiência pública dos editais; e elaboração de relatório anual detalhado das atividades desenvolvidas no âmbito dos contratos firmados a ser remetido à Câmara dos Vereadores de São Paulo (CMSP). Ainda, o regramento instituiu uma "Secretaria Executiva" para assessorar as atividades do CGP, com competência para coordenar a preparação dos documentos editalícios dos projetos; executar os serviços administrativos e de expediente do conselho, expedir avisos de convocação; secretariar as reuniões ordinárias e extraordinárias; auxiliar na elaboração da minuta do mencionado relatório destinado ao Poder Legislativo Municipal, dentre outras atividades. Aqui nasce a gênese do que viria a ser posteriormente a Secretaria Executiva de Desestatização e Parcerias (SEDP).

A respeito do papel designado à SP Parcerias, o texto legal criou a companhia sob a forma de sociedade por ações e vinculada originalmente à Secretaria Municipal de Finanças, tendo como objeto social atividades de: i) viabilização do programa municipal de parcerias; ii) gestão dos ativos transferidos a ela ou que tenham sido adquiridos a qualquer título; e iii) atuação em outras atividades relacionadas ao programa; (art. 13). Além disso, para a consecução de seus objetivos, autorizou-se a SP Parcerias a celebração, participação ou atuação como interveniente nos contratos que tenham objeto a instituição de parcerias público-privadas, assim como a elaboração de estudos técnicos para análise da viabilidade dos projetos. Ainda, o regramento conferiu outras possibilidades de atuação para permitir a companhia assumir total ou parcialmente direitos e obrigações nos contratos; prestar garantias reais, fidejussórias e contratar seguros; explorar, gravar e alienar onerosamente os bens integrantes de seu patrimônio; e participar do capital de outras empresas controladas por ente público ou privado (art. 16 e incisos). O regramento ainda autorizou a celebração de convênios com órgãos e entidades da Administração Municipal e a contratação de serviços especializados de terceiros pela companhia (art. 18).

Em seu lançamento, o programa tinha como meta principal o desenvolvimento de PPPs para a construção e manutenção de escolas de ensino básico[42] e equipamentos de saúde, com a expansão e modernização de infraestruturas para hospitais, unidades

---

42. Agência Estado. Kassab quer construir 500 creches por meio de PPPs, *G1*, 18 out. 2007.

básicas e centros de medicina diagnóstica.[43] Contudo, o programa sofreu golpes duros por parte da atuação do *Tribunal de Contas do Município (TCM)*, que suspendeu editais ligados a projetos de infraestrutura em saúde por considerar que os editais publicados deveriam conter maiores garantias econômico-financeiras das empresas participantes.[44] Nos anos seguintes, a gestão conseguiu aprovar regramento legal para instituir procedimentos para registro, avaliação, seleção e aprovação de projetos, estudos de viabilidade de empreendimentos, levantamentos e demais elementos exigidos pelas normas gerais de concessões e PPPs, através dos Decreto 51.397, de 8 de abril de 2021 e Decreto 51.420, de 20 de abril de 2010.

Posteriormente, já na gestão do prefeito Fernando Haddad (2013-2016), o Poder Executivo Municipal continuou amadurecendo sua busca por ferramentas institucionais para desenvolver a modelagem de projetos de parcerias estratégicas com entes privados através da promulgação do Decreto 15.838, de 04 de julho de 2013. Esse regramento alterou o escopo de atuação da SP Parcerias para transformá-la em "SP Negócios", e expandiu seu objeto social para incluir as atividades de: i) identificação e articulação de oportunidades de investimentos nos setores econômicos estratégicos para o Município; ii) articulação com entes públicos e privados, nacionais e estrangeiros, para estruturar parcerias institucionais e desenvolvimento de oportunidades de negócios, bem como proposição e implementação de medidas para otimizar essa conjuntura favorável; iii) potencialização da imagem da cidade, no Brasil e no exterior, como polo de realização de negócios; e iv) estruturar projetos de infraestrutura, não só de parcerias público-privadas, mas também de concessões e outros projetos de interesse público, com o fornecimento de subsídios técnicos e auxílio na implementação dos projetos.

O compromisso com a celebração de variadas formas de parcerias foi incluído na Lei 16.050, de 31 de julho de 2014, que aprovou o *Plano Diretor Estratégico do Município de São Paulo*, e instituiu diretrizes, objetivos e ferramentas para buscar recursos e fontes de investimento privado em instrumentos como projeto de intervenção urbana (PIU) (art. 136, § 1º, inciso IX), concessão urbanística (art. 144, § 6º) e criação de polos estratégicos de desenvolvimento econômico (art. 178, inciso V), além de prever as possibilidades de implementação de intervenções estratégicas em parceria com a iniciativa privada em setores como sistema de áreas verdes e espaços livres (art. 267), serviços cemiteriais (art. 282), programas habitacionais (art. 294) e equipamentos urbanos, sociais e culturais (art. 305 e 310). Ainda, a nova gestão dedicou esforços para estruturar a modelagem de projetos estratégicos envolvendo sistema de estacionamento rotativo em área central e gestão privada dos terminais urbanos de transporte coletivo,[45] além alavancar o desenvolvimento dos primeiros contratos assinados pelo Município, que consistiram na PPP da Iluminação Pública e 1º lote de PPP de Habitação de Interesse Social (HIS).

---

43. ZANCHETTA, Diego. Kassab lança Parceria Público-Privada de R$ 6 bilhões para a área de Saúde. *Estado de São Paulo*, 18 nov. 2010.
44. BEDINELLI, Talita. Tribunal de Contas suspende PPP da gestão Kassab para a saúde. *Folha de São Paulo*, 17 maio 2012.
45. AGÊNCIA ESTADO. Haddad mobiliza base para aprovar PPPs de até R$ 4 bi. *Estado de Minas*, 05 dez. 2013.

A modelagem da primeira PPP celebrada pelo Município iniciou-se nesse período e tem como objeto a modernização, otimização, expansão, operação, manutenção e controle remoto e em tempo real da infraestrutura da rede de iluminação pública da cidade, e utilizou para elaboração dos seus estudos de viabilidade econômico-financeira um longo procedimento de manifestação de interesse (PMI). Esse projeto foi alvo de uma acirrada disputa entre opositores políticos, órgãos de controle (especialmente o TCM, que atuou com veemência durante todo o processo de modelagem e licitação) e impasses judiciais.[46] Já a modelagem da PPP Habitacional de São Paulo deu origem a um contrato de concessão administrativa destinada à implantação de habitações de interesse social e mercado popular na cidade de São Paulo, acompanhada de infraestrutura urbana, equipamentos públicos e da prestação de serviços, realizada em parceria com Governo do Estado de São Paulo e composta por 12 (doze) lotes até o momento.[47] Nesta mesma época, passou-se a considerar modelos de parcerias para gestão de equipamentos estratégicos da cidade, como o Complexo do Anhembi.[48]-[49]

Ainda que a modelagem e condução dos procedimentos licitatórios desses projetos estratégicos tenham se iniciado ainda durante o Governo Haddad, fato é que o desenvolvimento das concessões e parcerias público-privado restou prejudicado pelo desgaste com órgãos de controle, além de sucessivas suspensões e republicações de seus editais para adequar os projetos às expectativas dos atores públicos e representantes da iniciativa privada. Por esta razão, a celebração definitiva dos contratos mencionados só foi efetivamente realizada na gestão seguinte.

A política de desestatização foi, inclusive, o núcleo duro das promessas feitas em sede de campanha pelo prefeito João Doria (2017-2018),[50] que alicerçou seu plano de governo segundo a máxima do mínimo Estado possível para a Administração Pública Municipal, embarcando na chefia do Poder Executivo após declarações que reforçaram o compromisso de alienar equipamentos municipais como o Pacaembu, Interlagos e Anhembi, com o objetivo de amenizar a crise fiscal, desonerar os cofres públicos da cidade e delimitar a atuação estatal na menor margem possível. O prefeito em questão emprestou seu rosto para ser "garoto propaganda" dos negócios da cidade para atrair investidores privados internacionais para as parcerias e prometeu instituir uma es-

---

46. Mais informações sobre a PPP de Iluminação Pública estão disponíveis em: https://radarppp.com/resumo-de-contratos-de-ppps/iluminacao-publica-municipio-de-sao-paulo/. Acesso em: 03 nov. 2024.
47. Mais informações sobre a PPP Habitacional de São Paulo estão disponíveis em: https://radarppp.com/resumo-de-contratos-de-ppps/ppp-habitacional-municipio-de-sao-paulo/. Acesso em: 03 nov. 2024.
48. SEABRA, Catia. Haddad diz que modelo de parceria para Anhembi ainda não está definido. *Folha de São Paulo*, 27 abr. 2015.
49. SOUZA, Felipe. Prefeitura de SP chama empresas para modernizar parte do Anhembi. *Folha de São Paulo*, 18 mai 2015.
50. "Eu defendo o Estado mínimo, e vou fazer isso. A Prefeitura vai vender tudo aquilo que não for essencial para a gestão pública e a assistência à população que mais precisa. Vamos começar vendendo o estádio do Pacaembu, o autódromo de Interlagos e o parque de convenções do Anhembi. Numa mostra clara e definitiva de que o Estado não pode e não deve estar onde ele não é necessário. Quem deve administrar estes locais é o setor privado. Vamos vender e vamos vender bem, por valores que representam a dimensão física dos espaços e sua importância. E vamos aplicar os recursos onde são necessários. Principalmente saúde, educação e creches" (ALESSI, Gil. João Doria: "Se for prefeito, vou vender o Pacaembu, Interlagos e o Anhembi". *El País*, 27 dez. 2015).

trutura organizacional robusta para realização de procedimentos licitatórios "a todo o vapor", ainda que essa forma de gestão não tenha sido isenta de críticas desde o seu início, especialmente aquelas advindas do TCM.[51],[52],[53] Além disso, a gestão deu início as modelagens das concessões do 1º lote de parques municipais destinados à gestão privada, que incluiu o Parque do Ibirapuera, e dos Mercados Municipais de Santo Amaro, Paulistano e Kinjo Yamato.

Já no início do mandato, o prefeito endereçou três projetos de leis destinados à transferência de ativos para iniciativa privada à CMSP – PL 364/2017 (concessão do Complexo Esportivo do Pacaembu); PL 404/2017 (alienação de imóveis e terrenos) e PL 367/2017 (concessões e permissões de serviços, obras e bens públicos gerais). As legislações foram aprovadas pela Câmara dos Vereadores e a última se converteu no conteúdo do *Plano Municipal de Desestatização (PMD)*, através da Lei 16.703, de 04 de outubro de 2017. Segundo esse diploma legal, o PMD tem como objetivos fundamentais, em resumo (art. 1º e incisos):

> i. Reordenação, no âmbito do Município de São Paulo, da posição estratégica da Administração Pública na economia, transferindo à iniciativa privada as atividades que podem ser por ela mais exploradas e permitindo que o aparelho estatal concentre os seus esforços em atividades consideradas essenciais;
>
> ii. Reestruturação econômica do setor público municipal de forma eficiente, sustentável e racional em relação ao uso e exploração de bens e serviços, mediante a avaliação de valor econômico, implementação de novas formas de exploração e redução de custos;
>
> iii. Promoção de investimentos nos bens e serviços desestatizados, bem como ampla conscientização dos custos e oportunidades associados à exploração de bens municipais e à prestação de serviços públicos;
>
> iv. Garantia da modernização dos instrumentos regulatórios em prol da livre concorrência e transparência nos processos de desestatização.

O diploma legal ainda traz a suas próprias definições e modalidades do que considera desestatização para fins de aplicação do regramento: i) alienação, arrendamento, locação, permuta e cessão de bens, direitos e instalações, bem como concessão administrativa de uso, concessão de direito real de uso resolúvel e direito de superfície; ii) concessão, permissão, parceria público-privada, cooperação, gestão de atividades, bens ou serviços, bem como outras parcerias e formas associativas, societárias ou contratuais. (arts. 3º e 4º, incisos I e II). Ainda, disciplina os processos de desestatização, que incluem a elaboração de estudos de viabilidade técnica, jurídica e econômico-financeira (art. 5º); a condução de procedimento licitatório, com previsão de possibilidade de inversão da ordem das fases de habilitação e julgamento das propostas e realização de audiências e consultas públicas para colheita de contribuições (arts. 6º e 7º); e a criação de fundos

---

51. COSTA, Marcelo M. D.; CABRAL, Sandro. Desestatização em São Paulo: entre o espetáculo e a realidade. *Nexo*, 06 mai. 2017.
52. SANZ, Beatriz. Estudantes e movimentos sociais cobram debate sobre privatizações em São Paulo. *El País*, 12 ago. 2017.
53. RONCOLATO, Murilo. Por que a concessão do estádio do Pacaembu foi suspensa. *Nexo*, 15 ago. 2018.

de natureza contábil ou outros instrumentos financeiros com a finalidade de prestar garantias de pagamento das obrigações pecuniárias assumidas pela Administração Pública Municipal em virtude das parcerias a serem celebradas (art. 8º).

A respeito desse último ponto, convém destacar o papel desempenhado pela *Companhia São Paulo de Desenvolvimento e Mobilização de Ativos (SPDA)*, criada pela Lei 14.649, de 20 de dezembro de 2007, com o objetivo de auxiliar o Poder Executivo Municipal na promoção do desenvolvimento econômico e social do Município e na otimização do fluxo de recursos financeiros para financiamento de projetos prioritários, bem como na administração do pagamento de dívidas do município. A companhia possui como uma das suas atribuições a prestação de garantias reais ou fidejussórias nos projetos de PPPs municipais, com permissão para adquirir, alienar e dar em garantia, ativos, créditos, títulos e valores mobiliários. A utilização das atividades da SPDA vem sendo um dos pilares estruturadores das modelagens dos projetos de concessões administrativas, a exemplo da PPP Habitacional, onde a companhia estruturou modelo de garantia solidária desenvolvida pela Companhia Metropolitana de Habitação de São Paulo, prestadas por meio do penhor de cotas do Fundo de Investimento Caixa SPDA Projetos Renda Fixa Longo Prazo, do qual a SPDA é cotista exclusiva.[54]

A respeito da carteira de projetos objeto do PMD, a legislação trouxe um rol de serviços e equipamentos destinados à outorga via concessões e permissões (art. 9º e incisos): a) sistema de bilhetagem do transporte coletivo urbano de passageiros; b) Mercado Municipal Paulista (Mercadão) e o Mercado Kinjo Yamato; c) parques, praças e planetários; e d) remoção e pátios de estacionamento de veículos. Posteriormente, outras legislações foram aprovadas para aumentar esse rol, incluindo também e) Mercado Santo Amaro; f) Complexo de Interlagos; g) Serviços cemiteriais e crematórios públicos; h) áreas situadas nos baixos de viadutos, pontes e adjacências; i) reservatórios municipais de águas pluviais ("piscinões"); e j) Complexo do Anhembi.

Ainda, a legislação trouxe o conteúdo mínimo dos contratos a serem firmados no programa, incluindo a necessidade de estruturação de um "sistema de mensuração de desempenho" (SMD) composto por índices e indicadores; matriz de riscos da concessão para as PPPs, plano de investimento, entre outras obrigações (art. 9º, § 4º e incisos). Por fim, o diploma criou uma pasta específica para acompanhar a execução do PMD – a *Secretaria Municipal de Desestatização e Parcerias (SMDP)* (art. 11) – e conferiu a possibilidade de contratação de auditoria contratada, verificador independente e consultorias especializadas para auxiliar na fiscalização dos contratos de concessão ou de outros ajustes firmados para consecução do PMD (art. 13).

Simultaneamente, foi promulgada a Lei 16.651, de 16 de maio de 2017, que criou o *Conselho Municipal de Desestatização e Parcerias (CMDP)* e o *Fundo Municipal de Desenvolvimento (FMD)*. O órgão colegiado possui atribuições muito parecidas com as do antecessor CGP, sendo composto por representantes das pastas de Governo, Gestão, Relações Internacionais

---

54. Mais informações sobre as atividades desenvolvidas pela SPDA disponíveis em: https://www.prefeitura.sp.gov.br/cidade/secretarias/fazenda/spda/acesso_a_informacao/index.php?p=27888. Acesso em 03 nov. 2024.

e Justiça, além da pasta criada com a finalidade de executar o programa (SMDP), sendo mantido o protagonismo da SGM e as competências conferidas anteriormente ao CGP. As suas competências foram alargadas posteriormente pela Lei 17.216, de 18 de outubro de 2019, que detalhou a política de alienação de imóveis de titularidade do Município. A respeito do FMD, o fundo de natureza contábil nasceu vinculado à Secretaria Municipal da Fazenda (SF) e possui como objetivo principal o financiamento e expansão contínua de ações destinadas a promover o desenvolvimento da cidade (art. 5º). O regramento disciplinou expressamente que as receitas do fundo devem ser constituídas por: i) desestatização de bens e serviços; ii) alienação das participações societárias; iii) dotações orçamentárias e créditos adicionais suplementares a ele destinados; iv) contribuições ou doações de pessoas físicas ou jurídicas ou ainda entidades internacionais; v) rendimentos obtidos com a aplicação do seu próprio patrimônio, bem como retornos e resultados de suas aplicações; vi) multas, correção monetária e juros recebidos em decorrência de suas aplicações; e vii) outras receitas eventuais. Além disso, os recursos arrecadados deverão ser destinados pelo CMDP exclusivamente para investimentos nas áreas de saúde, educação, segurança, habitação, transporte, mobilidade urbana, assistência social e investimentos nos campos de atuação das subprefeituras, segundo a redação da Lei 16.886, de 4 de maio de 2018.

Ainda sobre as estruturas organizacionais responsáveis por colocar de pé os projetos ligados ao PMD, convém destacar as alterações promovidas pela Lei 16.665, de 23 de maio de 2017, que cindiu em duas entidades separadas e reorganizou as funções atribuídas à apenas um ente: a) *São Paulo Investimento e Negócios (SPIN)* – instituída como serviço social autônomo vinculado por cooperação à Secretaria Municipal de Desenvolvimento e Trabalho (SMDET), responsável por, dentre outras coisas, identificar as potencialidades economicamente viáveis a serem desenvolvidas no município, contribuir para a melhoria de ambiente de negócios e promover a atração de investimentos e internacionalização da economia da cidade; b) *São Paulo Parcerias S.A. (SP Parcerias)* – instituída como sociedade por ações, vinculada originalmente à SEDP e posteriormente à SGM, com os objetivos anteriormente já detalhados, em especial, estruturação dos projetos de infraestrutura, concessões e parcerias nas fases de modelagem e execução contratual.

Foram muitos os anos de maturação e desenvolvimento institucional até que, já nas gestões dos prefeitos Bruno Covas (2018-2021) e Ricardo Nunes (2021- em exercício), os primeiros contratos de concessões e parcerias público-privadas ligadas ao PMD pudessem ser formalmente celebrados, sendo o primeiro contrato assinado a concessão para recuperação, reforma, requalificação, operação, manutenção e exploração do Mercado Municipal de Santo Amaro (Contrato 01/2019-SGM), assinado em 28 de agosto de 2019.[55] Cabe mencionar que desde sua inauguração, o PMD passou por várias transformações e reorganizações administrativas, como a incorporação de secretaria autônoma (SMDP) pela SGM, através das atribuições conferidas pela Lei Municipal 17.068, de 17 de fevereiro de 2019, que deu competências para que a SGM possa elaborar diretrizes e políticas para

---

55. Mais informações disponíveis em: https://www.prefeitura.sp.gov.br/cidade/secretarias/governo/noticias/index.php?p=282879. Acesso em: 19 dez. 2022.

o estabelecimento de parcerias estratégicas com o setor privado e implantação do PMD (art. 3º), através dos trabalhos desenvolvidos pela *Secretaria Executiva de Desestatização e Parcerias (SEDP)*, órgão da Administração Municipal Direta. A referida secretaria é atualmente composta por duas coordenadorias: i) *Coordenadoria de Desestatização e Parcerias (CDP)*, responsável pelo acompanhamento da modelagem e condução dos procedimentos licitatórios dos projetos de concessões e PPPs; e ii) *Coordenadoria de Monitoramento e Avaliação de Parcerias (CMAP)*, responsável pela fiscalização da execução dos contratos firmados no âmbito do PMD e pelo auxílio na implementação dos projetos nas secretarias-fim, que atuam como Poder Concedente dos contratos, segundo o estabelecido pelo Decreto 59.000, 07 de outubro de 2019.

Posteriormente, essa estrutura organizacional ganhou mais uma organela através da criação da *Agência Reguladora de Serviços Públicos do Município de São Paulo (SP Regula)* pela Lei 17.433, de 29 de julho de 2020. A agência foi constituída com autonomia administrativa, financeira e orçamentária, tendo como atribuição principal a regulação e a fiscalização de todo e qualquer serviço municipal delegado que lhe tenha sido atribuído pelo Poder Executivo Municipal mediante decreto, incluindo o cumprimento da legislação e atos normativos aplicáveis aos serviços delegados, recepção das reclamações dos usuários, aplicação de sanções legais e penalidades contratuais, busca pela modicidade tarifária e retorno dos investimentos privados aplicados nos serviços delegados (art. 3º). Ainda, a legislação instituiu a chamada Taxa de Regulação, Controle e Fiscalização (TRCF), decorrente do exercício do poder de polícia, da regulação e da fiscalização sobre a prestação dos serviços delegados (art. 15). Em decorrência da política de desestatização, essa mesma legislação extinguiu a Autoridade Municipal de Limpeza Urbana (AMLURB), tornando a SP Regula o poder concedente do contrato de concessão em regime público para a prestação dos serviços divisíveis de limpeza urbana, bem como programou a extinção da autarquia responsável pelos Serviços Funerários do Município de São Paulo (SFMSP), ligada à Secretaria Municipal de Subprefeituras (SMSUB), após a assinatura do contrato de concessão desses serviços, com absorção de suas competências para regular e fiscalizar os *Serviços Funerários* que foram concedidos à iniciativa privada em novembro de 2022.

A referida agência ainda está em fase de estruturação de quadro de pessoal, mas já é formalmente responsável pela regulação, fiscalização e demais encargos conferidos ao poder concedente das concessões de *Iluminação Pública e Limpeza Urbana*, e se prepara para expandir suas atividades em decorrência da promulgação do Decreto 61.425 de 9 de junho de 2022, que atribuiu à SP Regula, a função de análise de requalificação econômico-financeira de contratos de concessão do Município, razão pela qual em breve poderá receber a gestão de outros contratos, como aqueles relativos ao *1º Lote de Parques* (Ibirapuera, Jacintho Alberto, Eucaliptos, Tenente Brigadeiro Faria Lima, Lajeado e Jardim Felicidade) e *Complexo do Pacaembu*, além da gestão contratual das concessões dos *Mercados Municipais* (Santo Amaro, Paulistano e Kinjo Yamato), dentre outros.

Como foi possível observar, a evolução da legislação de desestatização do Município de São Paulo, que culminou na atual vigência do Plano Municipal de Desestatização, conta com uma variedade de atores institucionais responsáveis por tarefas complexas que vão desde a modelagem, implementação e execução do programa, razão pela qual foi elaborado a tabela abaixo a fim de detalhar de forma mais objetiva qual o papel de cada um desses órgãos para a concretização dos projetos e como funciona o gerenciamento das partes interessadas.

Tabela 01 – Estrutura organizacional responsável pela execução do Plano Municipal de Desestatização (PMD)

Órgão componente	Natureza jurídica	Funções no PMD
Conselho Municipal de Desestatização e Parcerias (CMDP)	Administração Direta – órgão colegiado composto por representantes de várias pastas setoriais	autorização para realização de consultas e audiências públicas autorização para publicação de editais de licitação autorização para alienação de imóveis municipais aprovação das análises dos pedidos de reequilíbrio econômico-financeiro, prorrogações e revisões contratuais
Secretaria Executiva de Desestatização e Parcerias (SEDP)	Administração Direta – órgão executivo da Secretaria Municipal de Governo (SEDP/SGM)	contratação de entidade responsável pela estruturação e modelagem dos projetos de concessões e PPPs (SP Parcerias) condução dos procedimentos de consulta pública e audiência pública em parceria com outros órgãos (SP Negócios) condução do procedimento licitatório até a assinatura do contrato implementação do projeto para transição do bem/serviço/equipamento concedido para a iniciativa privada junto ao Poder Concedente (pastas setoriais) auxílio na transferência da gestão contratual do Poder Concedente setorial para a agência reguladora (SP Regula)
Companhia São Paulo Parcerias S/A (SP Parcerias)[56]	Administração Indireta – sociedade de economia mista constituída sociedade anônima vinculada à Secretaria Municipal de Governo (SEDP/SGM)	modelagem e estruturação dos projetos para implementação do PMD através de concessões e parcerias público-privadas gestão de ativos transferidos auxílio ao Poder Concedente dos contratos através do fornecimento de subsídios técnicos relativos aos projetos
São Paulo Investimentos e Negócios (SPIN ou SP Negócios)	Administração Indireta – serviço social autônomo vinculado, por cooperação, à Secretaria Municipal de Desenvolvimento Econômico e Trabalho (SMDET)	fortalecimento das relações institucionais com representantes da iniciativa privada divulgação e promoção das iniciativas estruturadas no âmbito do PMD, especialmente nas fases de consulta pública e publicação do edital
Companhia São Paulo de Desenvolvimento e Mobilização de Ativos (SPDA)	Administração Indireta – sociedade de economia mista constituída sociedade anônima vinculada à Secretaria Municipal de Finanças (SMF)	objeto social auxiliar o Poder Executivo na promoção do desenvolvimento econômico e social da Cidade de São Paulo e na otimização do fluxo de recursos financeiros para o financiamento de projetos prioritários prestação de garantias reais ou fidejussórias nos projetos de PPPs municipais, como adquirir, alienar e dar em garantia ativos, créditos, títulos e valores mobiliários.
Agência Reguladora de Serviços Públicos do Município de São Paulo (SP Regula)	Administração Indireta – autarquia especial vinculada ao Gabinete do Prefeito	regulação e a fiscalização de todo e qualquer serviço municipal delegado/concedido que lhe tenha sido atribuído pelo Poder Executivo mediante decreto absorção das competências exercidas por autarquias e órgãos responsáveis por serviços públicos extintos em decorrência de política de desestatização análise técnica dos pedidos de reequilíbrio econômico-financeiro de contratos de concessão do Município

Fonte: elaboração própria

---

56. Convém esclarecer que nem todos os contratos modelados pela SP Parcerias passam pela SEDP/SGM, uma vez que a companhia possui contratos direitos para desenvolver projetos de parcerias no âmbito da legislação do MROSC com as pastas municipais da Saúde (SMS) e Educação (SME).

1.3 Análise da carteira de projetos de infraestrutura pertencentes ao Plano Municipal de Desestatização (PMD)

Segundo listagem disponível no site da SEDP,[57] o portifólio do PMD contém aproximadamente 40 (quarenta) frentes de trabalho de projetos distintos. Para fins de exposição sobre a natureza e o objeto dos projetos abarcados no programa, o trabalho dividiu os projetos nos seguintes eixos:

Tabela 02 – Perfil das parcerias estruturadas no âmbito do Plano Municipal de Desestatização (PMD) e status do projeto[58]

Eixo Temático	N.	Projetos	Natureza da parceria	Status
Habitação (3)	1	1º lote de Ativação de imóveis no centro	Subvenção econômica	3 (três) imóveis credenciados
	2	2º lote de Ativação de imóveis no centro	Subvenção econômica	12 (doze) imóveis credenciados
	3	Locação social	PPP de concessão administrativa	Consulta Pública finalizada
Serviços Públicos (14)	4	Arquivo Municipal	Em modelagem	PPMI concluído
	5	1º bloco de Cemitérios	Concessão de serviços públicos	Contrato de Concessão 53/SFMSP/2022 – assinado e com gestão pela SP Regula
	6	2º bloco de Cemitérios	Concessão de serviços públicos	Contrato de Concessão 54/SFMSP/2022 – assinado e com gestão pela SP Regula
	7	3º bloco de Cemitérios	Concessão de serviços públicos	Contrato de Concessão 60/SFMSP/2022 – assinado e com gestão pela SP Regula
	8	4º bloco de Cemitérios	Concessão de serviços públicos	Contrato de Concessão 55/SFMSP/2022 – assinado e com gestão pela SP Regula
	9	Estacionamento Rotativo	Concessão de serviços públicos	Contrato de Concessão 008/SMT/2020 – assinado e com gestão pela SMT
	10	Expansão Internet Wi-fi	Em modelagem	PPMI concluído
	11	Iluminação Pública	PPP de concessão administrativa	Contrato 003/SMSO/2018 – assinado e com gestão pela SP Regula
	12	Limpeza urbana e resíduos sólidos	Concessão de serviços públicos	Contrato 26/SSO/04 – assinado antes do PMD e com gestão pela SP Regula
	13	Pátios e Guinchos	Concessão de serviços públicos	Edital de licitação revogado pelo TCM
	14	Rede Semafórica	PPP de concessão administrativa – aditamento do Contrato de Iluminação por aplicação art. 19 da Lei Municipal 17.731/2022	Termo de Aditamento ao Contrato 003/SMSO/2018 suspensão dos efeitos do dispositivo pelo TJ/SP para análise em processo judicial – gestão via SP Regula
	15	Piscinões	PPP de concessão administrativa	Edital de licitação revogado pelo TCM
	16	Sanitários e Bebedouros	Concessão de serviços públicos	Edital de licitação resultou deserto
	17	Loteria e apostas	Em modelagem	PMI em andamento

---

57. Disponível em: https://www.prefeitura.sp.gov.br/cidade/secretarias/governo/projetos/desestatizacao/. Acesso em: 03 nov. 2024.
58. O levantamento dos dados foi feito com base em informações públicas divulgadas no site da secretaria responsável pela condução dos certames e publicações do Diário Oficial da Cidade, e teve como data de corte o dia 03 de novembro de 2024. Os dados não inclui a realização de certames para alienação de imóveis ociosos promovidos pelo programa.

Requalificação Urbana (9)	18	Baixo de Viaduto – Pompeia	Permissão de uso de bem público	TPU 001/SUB-LA/2020 – assinado e com gestão pela SUB-LA/SMSUB
	19	Baixo de Viaduto – Antártica	Concessão de uso de bem público	Contrato de uso 001/SUB-LA/2020 – assinado e com gestão pela SUB-LA/SMSUB
	20	Baixo de Viaduto – Lapa	Concessão de uso de bem público	Contrato de uso 001/SUB-LA/2022 – assinado e com gestão pela SUB-LA/SMSUB
	21	Esplanada Liberdade	PPP de concessão administrativa	Consulta Pública em andamento
	22	Núcleo Paiçandu Cultural	PPP de concessão administrativa	Consulta Pública finalizada
	23	Vale do Anhangabaú	Concessão de uso de bem público	Contrato de Concessão 18/SUB-SÉ/2021 – assinado e com gestão pela SMSUB
	24	Cidade Inteligente	Em modelagem	PMI concluído
	25	CTEC Santa Paula (antigo 5º lote de parques)	PPP de concessão administrativa	Consulta pública finalizada
	26	Parque Dom Pedro	PPP de concessão administrativa	Edital de licitação em andamento
Transportes (5)	27	Bloco Noroeste – Terminais Urbanos	PPP de concessão administrativa	Contratar 003/SMT-SETRAM/2022 – assinado e com gestão pela SETRAM/SMT
	28	Bloco Sul – Terminais Urbanos	PPP de concessão administrativa	Contratar 002/SMT-SETRAM/2022 – assinado e com gestão pela SETRAM/SMT
	29	Bloco Leste – Terminais Urbanos	PPP de concessão administrativa	Edital de licitação resultou fracassado para este bloco devido a inabilitação de licitante. Edital republicado em outubro/2024
	30	Veículo Leve sobre Trilhos (VLT) – Centro	Em modelagem	PMI em andamento
	31	Veículo Leve sobre Trilhos (VLT) – Radial Leste	Em modelagem	PMI em andamento
Parques e áreas verdes (4)	32	1º lote de Parques Municipais	Concessão de prestação de serviços em bem público	Contrato de concessão 057/SMVA/2018, assinado e com gestão pela SMVA
	33	3º lote de Parques Municipais	Concessão de prestação de serviços em bem público	Contrato de concessão 002/SMVA/2022, assinado e com gestão pela SMVA
	34	6º lote de Parques Municipais	Concessão de prestação de serviços em bem público	Edital de licitação em andamento
	35	Parque Campo de Marte	Concessão de prestação de serviços em bem público	Prazo para cumprimento das condições precedentes à assinatura do contrato
Equipamentos Públicos (9)	36	Mercado Municipal de Santo Amaro	Concessão de prestação de serviços em bem público	Contrato de Concessão 001/2019-SGM, assinado e com gestão pela SP Regula
	37	Mercados Municipais Paulistano e Kinjo Yamato	Concessão de prestação de serviços em bem público	Contrato de Concessão 001/CC/ABAST/2021, assinado e com gestão pela SP Regula
	38	Naming Rights	Cessão onerosa de direito de nomeação	Edital de licitação deserto
	39	Polos Gastronômicos	Permissão de uso de bem público	5 (cinco) TPUs assinadas
	40	Pacaembu	Concessão de prestação de serviços em bem público	Contrato de Concessão 001/SEME/2018, assinado e com gestão pela SEME
	41	Anhembi	Concessão de prestação de serviços em bem público	Contrato CCN/GCO 014/21, assinado e com gestão pela SP Turis
	42	Interlagos	Concessão de prestação de serviços em bem público	Edital de licitação suspenso pelo TCM e posteriormente revogado
	43	Canteiros da Marginal Tietê	Em modelagem	PPMI suspenso.
	44	Pontos comerciais de rua	Concessão a título oneroso	Consulta pública finalizada

Energia (4)	45	1º lote de geração distribuída – unidades básicas de saúde	PPP de concessão administrativa	Contrato de Concessão 147/2021/SMS-1/ Contrato foi rescindido amigavelmente pelas partes.
	46	2º lote de geração distribuída – edifícios públicos	Em modelagem	Consulta Pública finalizada
	47	3º lote de geração distribuída – fazenda solar	PPP de concessão administrativa	Consulta Pública finalizada
	48	Mercado Livre de Energia	PPP de concessão administrativa	Consulta Pública finalizada
Saúde (2)	49	Hospitais Públicos	Em modelagem	PMI concluído
	50	Centro de apoio para pessoas com transtorno do espectro do autismo (TEA)	Termo de colaboração (MROSC)	Edital de licitação em andamento
Educação (3)	51	1º lote de Novos CEUs	PPP de concessão administrativa	Contrato 416/SME/2022, assinado e com gestão pela SME
	52	2º lote de Novos CEUs	PPP de concessão administrativa	Contrato 308/SME/2024, assinado e com gestão pela SME
	53	Manutenção de escolas	PPP de concessão administrativa	Edital de licitação em andamento
Assistência Social (2)	54	1º lote – Infraestrutura social para população de rua	PPP de concessão administrativa	Consulta Pública finalizada

Fonte: elaboração própria

A partir dos dados públicos levantados, foi possível observar o perfil da carteira de projetos e a quantidade de projetos nos setores atingidos pelo PMD: a) 3 (três) de *Habitação* (3); b) 14 (quatorze) de *Serviços Públicos*; c) 9 (nove) de *Requalificação Urbana*; d) 5 (cinco) de *Transportes*; e) 4 (quatro) de *Parques e Áreas Verdes*; f) 9 (nove) de *Equipamentos Públicos*; g) 4 (quatro) de *Energia*; h) 2 (dois) de *Saúde*; i) 3 (três) de *Educação* (3); e j) 1 (um) de *Assistência Social*. Nesse sentido, foram mapeados 54 (cinquenta e quatro) projetos tornados públicos por SEDP/SGM nesse momento, onde foi possível rastrear a existência de 43 (quarenta e três) contratos assinados com diferentes parceiros.

Dessa forma, traçou-se um diagnóstico sobre os projetos que estão em fase de modelagem e em fase de licitação, através dos trabalhos conduzidos pela *Coordenadoria de Desestatização e Parcerias (CDP)* da SEDP/SGM e pela SP Parcerias:

- Há nesse momento 29 (vinte e nove) projetos tornados públicos em fase de modelagem em diversas etapas. Nesse sentido, há 3 (três) projetos com PPMI/PMI em andamento e 4 (quatro) projetos com PPMI/PMI finalizados. Simultaneamente, há 1 (um) projeto com Consulta Pública em andamento e 8 (oito) projetos com Consulta Pública finalizadas.
- Há 5 (cinco) editais de licitação atualmente publicados e com período para apresentação de propostas aberto. Ainda, há indícios da publicação de outros 5 (cinco) outros editais de licitação que não resultaram em contratos assinados, tendo esses sofrido com a interrupção de seus procedimentos por atos de suspensão/revogação do TCM ou tiveram suas sessões públicas de abertura de envelopes consideradas desertas/fracassadas pelas respectivas Comissões Especiais de Licitação.

• Há 1 (um) edital de licitação com sessão pública de abertura de envelopes realizada aguardando o cumprimento de condições precedentes à assinatura do contrato.

• 1 (um) dos projetos não foi contabilizado (Rede Semafórica) por seu objeto ter sido incluído no bojo do contrato de PPP de Iluminação Pública através do Termo de Aditamento do Contrato 003/SMSO/2018, através da aplicação do art. 19 da Lei Municipal 17.731/2022, que sofreu suspensão dos efeitos do dispositivo pelo TJ/SP para análise em processo judicial. O mencionado contrato está sob a gestão da SP Regula.

• A maioria dos projetos modelados (em curso ou já assinados) tratam de concessões e PPPs para os eixos de Serviços públicos (25,9%), Requalificação urbana (16,7%), Equipamentos públicos (16,7%) e Transporte (9,2%) – que juntos totalizam aproximadamente 70% dos projetos. Destacamos que alguns outros projetos do eixo Habitação foram desconsiderados pois saíram do PMD e foram tocados no âmbito de programas específicos da pasta responsável, como o "Pode Entrar".

A respeito dos projetos que já possuem contratos assinados, foi possível verificar que aqueles que têm sua execução efetivamente acompanhada pela Coordenadoria de Monitoramento e Avaliação de Parcerias (CMAP) elucidam as seguintes informações:

• Em termos gerais, os contratos estão distribuídos nas seguintes pastas e possuem como Poder Concedente, direta ou indiretamente, as seguintes secretarias e órgãos: i) SP Regula; ii) Secretaria Municipal de Transportes (SMT); iii) Secretaria Municipal de Subprefeituras (SMSUB); iv) Subprefeitura da Lapa, ligada à Secretaria Municipal de Subprefeituras (SMSUB); v) Secretaria Municipal de Verde e Meio Ambiente (SVMA); vi) Secretaria Municipal de Esportes e Lazer (SEME); vii) SP Turismo S/A (SP Turis; viii) Secretaria Municipal de Saúde (SMS); e ix) Secretaria de Educação (SME); e ix) Secretaria Municipal de Habitação (SEHAB).

• Dos 43 (quarenta e três) contratos identificados, 9 (nove) deles estão sendo geridos e fiscalizados pela SP Regula. Contudo, é possível que a agência venha receber novos contratos, bem como conte com a ajuda e apoio institucional da SEDP e SP Parcerias para compreender os objetos contratuais que serão transferidos para este ente. Caso esse cenário se concretize, é possível que a agência consolide ainda mais seu o modelo de "multiagência", o que torna o acúmulo das funções de agência reguladora e poder concedente ainda mais desafiador. Para que o modelo seja bem-sucedido, será necessário ampla e intensa comunicação entre os órgãos responsáveis pela implementação do programa, especialmente a SP Parcerias, SP Regula e SEDP/SGM, assim como uma governança estruturada das partes interessadas.

• A coordenadoria ainda oferece apoio aos concedentes e concessionárias em temas como aprovação de licenciamentos, alinhamento com órgãos de controle, órgãos de proteção ao patrimônio e articulação institucional com demais entes pertencentes à Administração Pública Municipal. Outros temas como prorrogações, pedidos de reequilíbrio econômico-financeiro e acompanhamento da evolução dos sistemas de mensuração de desempenho, indicadores da parceria e procedimentos extrajudiciais de resolução de controvérsias também são acompanhados pela pasta. Um dos desafios está em dar publicidade para condução desses trabalhos através da mecanismos de transparência e participação social para que haja efetivo controle social das parcerias celebradas. O mesmo vale sobre o uso dos recursos arrecadados pelo FMD e direcionados para outros programas.

• Além do grande número de concedentes e concessionárias, a pasta precisa lidar ainda com terceiros auxiliadores como a SPDA, SP Negócios, instituições financeiras depositárias (no caso de PPPs), auditorias independentes e entidades verificadoras independentes. Nesse sentido, a estruturação de fluxogramas de decisão e elaboração de instrumentos de gestão de projetos podem ser úteis no manejo de informações estratégicas entre as partes interessadas.

CONCLUSÕES

O trabalho teve como objetivo principal esclarecer o conteúdo do Plano Municipal de Desestatização do Município de São Paulo, considerando os sete últimos anos. Como objetivos específicos, a pesquisa se dedicou a esclarecer como se deu o processo de evolução do fenômeno da desestatização em território nacional e como esse influenciou diretamente no desenvolvimento do arcabouço jurídico-regulatório do PMD, além de expor o funcionamento da estrutura organizacional do plano (âmbito subjetivo); fluxos de implementação do programa (âmbito formal) e perfil das parcerias modeladas e formalizadas contratualmente (âmbito material).

A respeito da dimensão institucional, o trabalho expôs as competências e atribuições conferidas ao Conselho Municipal de Desestatização e Parcerias (CMDP), Secretaria Executiva de Desestatização e Parcerias (SEDP), SP Parcerias S.A., SPDA, SP Negócios e a Agência Reguladora de Serviços Públicos do Município de São Paulo (SP Regula). Como é possível verificar, são muitos os atores que, dentro da Administração Municipal Direta e Indireta, estão envolvidos no Plano Municipal de Desestatização, desde a modelagem, implementação e execução do programa, razão pela qual a investigação buscou detalhar de forma objetiva qual o papel de cada um desses órgãos para a concretização dos projetos e como funciona o gerenciamento das partes interessadas. Ainda, foi explorada as intervenções exercidas pelos órgãos do controle externo, especialmente o Tribunal de Contas do Município (TCM), especialmente na fase de modelagem e licitação dos projetos.

Verificou-se que o Plano Municipal de Desestatização possui uma carteira de projetos muito diversificada, que abrange variados setores de infraestrutura, o que inclui desde a requalificação e manutenção de equipamentos, até a gestão de serviços públicos. Segundo o site da SEDP,[59] em linhas gerais, é possível mapear as seguintes frentes de parcerias que estão em desenvolvimento na secretaria até o presente momento: a) *Habitação* (3); b) *Serviços Públicos* (14); c) *Requalificação Urbana* (9); d) *Transportes* (5); e) *Parques e Áreas Verdes* (4); f) *Equipamentos Públicos* (9); g) *Energia* (4); h) *Saúde* (2); i) *Educação* (3); e j) *Assistência Social* (1). Dessa forma, há variados projetos ativos em desenvolvimento, que estão em fases distintas de maturação, estando alguns em modelagem e outros já na fase de execução contratual. Sendo assim, outro objetivo da pesquisa foi jogar luz sobre a carteira de projetos da SEDP, examinando o fluxo de trabalho dos procedimentos administrativos da modelagem e da execução contratual para compreender o estágio atual dos projetos e quais os principais setores contemplados pelo programa.

Em linhas gerais, foi possível concluir que a operacionalização do programa precisa lidar com desafios envolvendo a quantidade de atores atuantes no ciclo de vida do projeto, desde a modelagem até a implementação, uma vez que nem sempre as equipes

---

59. Disponível em: https://www.prefeitura.sp.gov.br/cidade/secretarias/governo/projetos/desestatizacao/. Acesso em: 03 nov. 2024.

responsáveis pela estruturação são aquelas responsáveis por executar o projeto, motivo pelo qual é necessário garantir a instrumentalização dos gestores e fiscais que atuam junto ao Poder Concedente, bem como assegurar à oferta de terceiros auxiliadores, como o apoio técnico da estruturadora (SP Parcerias) do projeto na fase de execução e de empresas que atuarão como entidades verificadoras e auditorias independentes.

REFERÊNCIAS

AGÊNCIA ESTADO. Kassab quer construir 500 creches por meio de PPPs, *G1*, 18 out. 2007. Disponível em: https://tinyurl.com/bdfay5dk. Acesso em: 03 nov. 2024.

AGÊNCIA ESTADO. Haddad mobiliza base para aprovar PPPs de até R$ 4 bi. *Estado de Minas*, 05 dez. 2013. Disponível em: https://tinyurl.com/254t5mss. Acesso em: 03 nov. 2024.

ALESSI, Gil. João Doria: Se for prefeito, vou vender o Pacaembu, Interlagos e o Anhembi. *El País*, 27 dez. 2015. Disponível em: https://brasil.elpais.com/brasil/2015/12/24/politica/1450960696_078427.html. Acesso em: 03 nov. 2024.

BANCO INTERAMERICANO DE DESENVOLVIMENTO (BID) *Parcerias Público Privadas para o Desenvolvimento (2022)*. Disponível em: https://cursos.iadb.org/en/indes/parcerias-p-blico-privadas-para-o-desenvolvimento-implementando-solu-es-no-brasil-1. Acesso em: 03 nov. 2024.

BRASIL. Ministério da Administração Federal e da Reforma do Estado. *Plano Diretor da Reforma do Aparelho do Estado*. Brasília: Câmara da Reforma do Estado, 1995.

BEDINELLI, Talita. Tribunal de Contas suspende PPP da gestão Kassab para a saúde. *Folha de São Paulo*, 17 maio 2012. Disponível em: https://www1.folha.uol.com.br/cotidiano/1091717-tribunal-de-contas-suspende-ppp-da-gestao-kassab-para-a-saude.shtml. Acesso em: 03 nov. 2024.

CARVALHO, André C.; VENTURINI, Otavio. A função do Código de Defesa do Usuário de Serviços Públicos (Lei 13.460/2017) no modelo brasileiro de controle dos serviços públicos. *Revista de Direito Administrativo*, [S.L.], v. 278, n. 1, p. 141-162, 2019. Disponível em: https://bibliotecadigital.fgv.br/ojs/index.php/rda/article/view/79030. Acesso em: 03 nov. 2024.

CARVALHO, Victor Aguiar de. A função regulatória da licitação como instrumento de promoção da concorrência e de outras finalidades públicas. In: ARAGÃO, Alexandre Santos de; PEREIRA, Anna Carolina Migueis; LISBOA, Letícia Lobato Anicet (Coord.) *Regulação e Infraestrutura*. Belo Horizonte: Fórum, 2018.

COSTA, Marcelo M. D.; CABRAL, Sandro. Desestatização em São Paulo: entre o espetáculo e a realidade. *Nexo*, 06 mai. 2017. Disponível em: https://www.nexojornal.com.br/ensaio/2017/Desestatiza%C3%A7%C3%A3o-em-S%C3%A3o-Paulo-entre-o-espet%C3%A1culo-e-a-realidade. Acesso em: 03 nov. 2024.

DAL POZZO, Augusto Neves. *O Direito Administrativo da Infraestrutura*. São Paulo: Contracorrente, 2020, 220 p.

DI PIETRO, Maria Sylvia Z. *Parcerias na Administração Pública*: concessão, permissão, franquia, terceirização, parceria público-privada. 13. ed. ed. Rio de Janeiro: Forense, 2022.

LUVIZOTTO, Juliana Cristina; GARCIA, Gilson Piqueras. O plano de concessões do Município de São Paulo e o controle do Tribunal de Contas e do Poder Judiciário. *Cadernos da Escola Paulista de Contas*, [S.l.], v. 1, n. 7, p. 30-52, ago. 2021. Disponível em: https://www.tce.sp.gov.br/epcp/cadernos/index.php/CM/article/view/152. Acesso em: 03 nov. 2024.

MACHADO, Fernando M. Desestatização e privatização no Brasil. *Revista Digital de Direito Administrativo*, [S. l.], v. 2, n. 1, p. 99-119, dez. 2014. Disponível em: https://www.revistas.usp.br/rdda/article/view/85646. Acesso em: 03 nov. 2024.

PIMENTEL, Matheus. Privatização já foi palavrão para os políticos. Por que hoje não é mais. *Nexo*, 23 ago. 2017. Disponível em: https://www.nexojornal.com.br/expresso/2017/08/23/Privatiza%C3%A7%C3%A3o-j%C3%A1-foi-palavr%C3%A3o-para-os-pol%C3%ADticos.-Por-que-hoje-n%C3%A3o-%C3%A9-mais. Acesso em: 03 nov. 2024.

PREFEITURA DE SÃO PAULO. Secretaria Municipal da Fazenda. Projetos e Atividades Desenvolvidas: Informações sobre projetos e atividades desenvolvidas. *Capital.sp*. Disponível em: https://www.prefeitura.sp.gov.br/cidade/secretarias/fazenda/spda/acesso_a_informacao/index.php?p=27888. Acesso em: 03 nov. 2024.

ROCHA, Igor L.; RIBEIRO, Rafael S. M. Infraestrutura no Brasil: contexto histórico e principais desafios. In: SILVA, Mauro Santos (Org). *Concessões e parcerias público-privadas*: políticas públicas para provisão de infraestrutura. Brasília: Ipea, 2022, p. 23-43. Disponível em: https://tinyurl.com/4svyhfew. Acesso em: 03 nov. 2024.

RONCOLATO, Murilo. Por que a concessão do estádio do Pacaembu foi suspensa. *Nexo*, 15 ago. 2018. Disponível em: https://www.nexojornal.com.br/expresso/2018/08/15/Por-que-a-concess%C3%A3o-do-est%C3%A1dio-do-Pacaembu-foi-suspensa. Acesso em: 03 nov. 2024.

ROSA, Kélen V. C. P. *Programa de Parceria de Investimento (PPI) e as parcerias público privadas*: os desafios da nova governança. 2020. 61f. Monografia (Especialização em Avaliação de Políticas Públicas) – Escola Superior do Tribunal de Contas da União, Instituto Serzedello Corrêa, Brasília, 2020. Disponível em: https://portal.tcu.gov.br/biblioteca-digital/programa-de-parceria-de-investimento-ppi-e-as-parcerias-publico-privadas-os-desafios-da-nova-governanca.htm. Acesso em: 03 nov. 2024.

SANZ, Beatriz. Estudantes e movimentos sociais cobram debate sobre privatizações em São Paulo. *El País*, 12 ago. 2017. Disponível em: https://brasil.elpais.com/brasil/2017/08/10/politica/1502317105_858216.html. Acesso em: 03 nov. 2024.

SEABRA, Catia. Haddad diz que modelo de parceria para Anhembi ainda não está definido. *Folha de São Paulo*, 27 abr. 2015. Disponível em: https://m.folha.uol.com.br/cotidiano/2015/04/1621638-haddad-descarta-concessao-e-aposta-em-ppp-para-privatizar-o-anhembi.shtml. Acesso em: 03 nov. 2024.

SILVA, Mauro S. Concessões e Parcerias público-privadas: arranjos institucionais híbridos para provisão de infraestrutura. In CAVALCANTE, Pedro Luiz Costa. SILVA, Mauro Santos. *Reformas do Estado no Brasil*: trajetórias, inovações e desafios, Rio de Janeiro: Ipea 2020, p. 217-246. Disponível em: https://repositorio.ipea.gov.br/handle/11058/10928?mode=full. Acesso em: 03 nov. 2024.

SOUZA, Felipe. Prefeitura de SP chama empresas para modernizar parte do Anhembi. *Folha de São Paulo*, 18 maio 2015. Disponível em: https://www1.folha.uol.com.br/cotidiano/2015/05/1630409-prefeitura-de-sp-chama-empresas-para-modernizar-parte-do-anhembi.shtml?cmpid=menutopo. Acesso em: 03 nov. 2024.

SUNDFELD, Carlos A.; MOREIRA, Egon B. PPP MAIS: um caminho para práticas avançadas nas parcerias estatais com a iniciativa privada. *Revista de Direito Público da Economia (RDPE)*, Belo Horizonte, v. 14, n. 53, p. 9-49, jan/mar. 2016.

TELES, André C.; DIAS, Murillo D. O. A Evolução da Privatização no Brasil. *International Journal of Development Research*, [S.l.], v. 12, n. 7, pp. 57426-57435, jul. 2022.

TOLEDO, Luiz Francisco Vasco de. *O Tribunal de Contas do Município de São Paulo no contexto das análises de projetos de parcerias público-privadas*, 2020, 117 f. Dissertação (Doutorado em Administração Pública e Governo), Escola de Administração de Empresas de São Paulo,

Fundação Getúlio Vargas, São Paulo, 2020. Disponível em: https://bibliotecadigital.fgv.br/dspace/handle/10438/29900. Acesso em: 03 nov. 2024.

ZANCHETTA, Diego. Kassab lança Parceria Público-Privada de R$ 6 bilhões para a área de Saúde. *Estado de São Paulo*, 18 nov. 2010. Disponível em: https://www.estadao.com.br/sao-paulo/kassab-lanca-parceria-publico-privada-de-r-6-bilhoes-para-a-area-de-saude-imp-/. Acesso em: 03 nov. 2024.

PRESTAÇÃO DIRETA REGIONALIZADA DOS SERVIÇOS PÚBLICOS DE SANEAMENTO BÁSICO

Lucca Lopes Monteiro da Fonseca

Mestrando em Direito do Estado na Faculdade de Direito da Universidade de São Paulo (FDUSP). Graduado em Direito pela FDUSP. Pesquisador do Grupo de Pesquisas Direito Administrativo e Sociedade. E-mail: lucca.lopes@alumni.usp.br.

Sumário: Introdução – 1. A prestação direta dos serviços públicos; 1.1 Definição negativa de prestação direta; 1.2 Definição positiva de prestação direta – 2. A titularidade dos serviços de saneamento básico; 2.1 Titularidade no contexto de estruturas de regionalização compulsória; 2.2 Funções públicas de interesse comum – 3. A prestação direta regionalizada; 3.1 Prestação direta regionalizada desempenhada pela própria estrutura de governança interfederativa; 3.2 Atribuição da prestação direta regionalizada a membro da estrutura de governança interfederativa – Conclusão – Referências.

INTRODUÇÃO

A Constituição da República de 1988 determina que cabe aos titulares dos serviços públicos garantirem a sua prestação, facultando-lhes desempenhá-los diretamente ou delegá-los por meio de concessão ou permissão. Paralelamente, a Lei 14.026/2020 incluiu entre as diretrizes nacionais do saneamento básico a preferência pelo modelo de prestação regionalizada, inclusive condicionando o acesso a recursos públicos federais à adesão dos titulares a tal modelo.

A configuração da prestação indireta, no contexto de regionalização, é bastante clara, se dando pela concessão dos serviços em um bloco de municípios a um mesmo concessionário, através de processo licitatório comum promovido por consórcio ou arranjo interfederativo compulsório. Este artigo pretende ponderar, primeiramente, a respeito da possibilidade de prestação direta regionalizada.

Considerando que a prestação direta é classicamente definida como aquela que se dá pela administração direta ou indireta do próprio titular, o que se pretende responder é se esse tipo de prestação é conceitualmente compatível com a lógica da regionalização dos serviços públicos. Em um segundo momento, pretende-se discutir a respeito das configurações que a prestação direta regionalizada pode assumir, a saber, a constituição de autarquia interfederativa com meios e recursos próprios para a prestação dos serviços e a outorga, por decisão colegiada, da prestação direta a órgão ou entidade de um dos titulares integrados na regionalização.

Para tanto, será analisada a caracterização teórica da prestação direta de serviços públicos e a forma de exercício da titularidade dos serviços de saneamento em estruturas de governança interfederativa, segundo a jurisprudência do Supremo Tribunal

Federal. Finalmente, serão expostos alguns exemplos de atribuição de prestação direta regionalizada já constatados na prática, desde a edição da Lei 14.026/2020.

1. A PRESTAÇÃO DIRETA DOS SERVIÇOS PÚBLICOS

A Constituição da República Federativa do Brasil de 1988, ao tratar dos serviços públicos, em seu art. 175, *caput*, define que "[i]ncumbe ao Poder Público, na forma da lei, diretamente ou sob regime de concessão ou permissão, sempre através de licitação, a prestação de serviços públicos". Da leitura do dispositivo é notável o reconhecimento pelo texto constitucional de duas modalidades para a prestação de tais serviços de responsabilidade do Estado: (i) de maneira direta, ou (ii) mediante concessão ou permissão – usualmente denominada de prestação indireta, em contraposição à primeira modalidade.[1]

Veja-se que a Constituição, ao descrever analiticamente o conceito de prestação indireta, acaba por definir que toda a prestação de serviço público que não se realize mediante concessão ou permissão – ou em alguns casos autorização, por mais que não expressamente colocada no artigo – se enquadra como prestação direta.

Para além dessa definição negativa, ou seja, por exclusão, de prestação direta, também pode-se chegar ao seu conceito pelo aspecto positivo, através da análise do que diferencia, essencialmente, os tipos de prestação de serviço público – tarefa que a doutrina brasileira realizou, principalmente, a partir da identificação de quem presta o serviço. A seguir, o conceito de prestação direta será mais bem explorado, tanto pela perspectiva negativa quanto pela positiva.

1.1 Definição negativa de prestação direta

A prestação indireta de serviços públicos, conforme definido na Constituição Federal, pode se dar mediante permissão[2] ou concessão de serviço público. Esta pode assumir a forma de concessão comum (regulada pela Lei 8.987/1995), de parcerias público-privadas (reguladas pela Lei 11.079/2004) – possuindo como subespécies as concessões patrocinadas e as concessões administrativas –, ou ainda outras formas de concessão de serviço público que não se enquadrem nesses modelos.

---

1. Aragão classifica as formas de prestação de serviços públicos da seguinte maneira: (1) a prestação centralizada; (2) a prestação descentralizada, nesta compreendendo as concessionárias com participação societária estatal minoritária; (2.1) a concessão; (2.2) a permissão; (2.3) as autorizações contratuais; (2.4) o arrendamento; (2.5) a franquia pública; (2.6) o credenciamento; (2.7) os contratos de gestão; (2.8) os termos de parceria com OSCIPS; (2.9) a gerência privada de estabelecimentos públicos; (2.10) os convênios; (2.11) os consórcios públicos; (2.12) os termos de colaboração, os termos de fomento e os acordos de cooperação com organizações da sociedade civil (ARAGÃO, Alexandre dos Santos de. *Direito dos serviços públicos*. 4. ed. Belo Horizonte: Fórum, p. 421-577).
2. No específico caso dos serviços públicos de saneamento básico, foco deste artigo, a redação do caput do artigo 10 da Lei 11.445/2007 somente permite o contrato de concessão, inclusive vedando formas precárias – como é a permissão de serviço público que, portanto, não pode ser utilizada para delegar a prestação de qualquer dos serviços públicos de saneamento básico.

Observe-se que não há, na hipótese de prestação indireta, renúncia da titularidade pública sobre o serviço público, porque os privados, ou entidades públicas que atuam como privados, prestam tais serviços sempre em nome do titular, havendo, com isso, duas posições: a (i) de *provider*, que é o titular, responsável perante os usuários para que os serviços sejam adequadamente providos, mesmo que por um terceiro; e (ii) de *executer*, que é aquele que o *provider* designou para prestar os serviços, inclusive mediante contrato, e que deve efetivamente prestá-los.[3]

Traço distintivo da prestação indireta, independente da modalidade, é seu caráter contratual. Nela a delegação é formalizada por via de um instrumento contratual, o qual também disciplinará os termos da prestação dos serviços. Tal aspecto remonta de antes do advento da Constituição de 1988, aparecendo no § 7º do art. 10, do Decreto-Lei 200/1967, quando este menciona a "execução indireta" de atividades do Poder Público, completando, de modo explicativo, que isso se dá "mediante contrato".[4]

O estabelecimento do vínculo contratual deriva da existência de agente diferentes – *provider* e *executer* –, com vontades diferentes, que precisam ser compostas para a boa execução dos serviços públicos, bem como da necessidade de conferência ao terceiro contratado de título habilitante para o desempenho da função pública. É nesse sentido que leciona Marques Neto:

> é intrínseca à ideia de concessão uma relação entre dois agentes, por meio da qual um deles confere a outro uma condição jurídica habilitante para exercer um plexo de direitos, ao qual corresponderá também um conjunto de obrigações.[5]

Já a prestação direta, ao contrário, é essencialmente não contratual, uma vez que não há duas vontades a serem composta. Há, sim, apenas uma vontade, a do Poder Público, veiculada apenas por formas diferentes, conforme afirma Ataliba:

> A estatal, parente a pessoa política sua criadora, não é concessionária de serviço público. Não houve ato de concessão; não houve licitação para tanto (nem era exigível); não houve vontade da estatal de contratar com a União, nem cabe indagar sua vontade de funcionar. Cabe-lhe simplesmente o dever de obedecer à lei. A União (ou o Estado), pelo Congresso Nacional (ou pela Assembleia Legislativa), a qualquer instante, pode fazer lei extinguindo-a, o que mostra, a toda evidência, a impossibilidade jurídica, mesmo teórica, da existência de uma "vontade" da estatal que pudesse ser independente ou diversa da vontade do Estado (expressa na lei) e que, portanto, pudesse servir de ponto substancial de apoio para uma relação contratual, inserida no instituto da concessão.[6]

---

3. Cf. RIBEIRO, Wladimir António. O saneamento básico como um direito social. *Revista de Direito Público da Economia – RDPE*, Belo Horizonte, ano 13, n. 52, p. 229-251, out/dez. 2015.
4. Decreto-Lei 200/1967: "Art. 10. (...) § 7º Para melhor desincumbir-se das tarefas de planejamento, coordenação, supervisão e controle e com o objetivo de impedir o crescimento desmesurado da máquina administrativa, a Administração procurará desobrigar-se da realização material de tarefas executivas, recorrendo, sempre que possível, à execução indireta, mediante contrato, desde que exista, na área, iniciativa privada suficientemente desenvolvida e capacitada a desempenhar os encargos de execução".
5. Cf. MARQUES NETO, Floriano de Azevedo. *Concessões*. Belo Horizonte: Fórum, 2015, p. 116.
6. Cf. ATALIBA, Geraldo. Empresas estatais e regime administrativo (serviço público – inexistência de concessão – delegação – proteção ao interesse público). *Revista Trimestral de Direito Público – RTDP*. Belo Horizonte, n. 64, jan. 2016, p. 165.

Ou seja, a prestação indireta ocorre apenas quando os serviços tiverem sua exploração delegada por meio de contrato – no caso dos serviços de saneamento, apenas por meio de concessão. Entende-se por exploração a gestão de um serviço público, desenvolvendo atividades que assegurem a sua prestação adequada, com autonomia financeira – pelo que se deflui que o serviço é colocado à disposição dos usuários por conta e risco do prestador. Tal aspecto aparece no próprio conceito de concessão de serviço público, colocado no art. 2º, II, da Lei 8.987, de 13 de fevereiro de 1995.

Disso decorrem duas questões a serem pontuada. A primeira é que a prestação indireta do serviço público se distingue da mera terceirização de algumas atividades atinentes a ele, o que pode ser realizado por prestadores públicos – ao contratar uma obra ou a prestação de algum serviço – sem, com isso, se desnaturar a prestação direta a que estejam atendendo.

A segunda diz respeito à relação entre receitas advindas da exploração dos serviços e execução de obrigações. Na prestação indireta, o prestador, ora licitante, faz uma aposta ao apresentar sua proposta comercial, no sentido de o preço ofertado ser suficiente para cumprir com todo aquele universo de obrigações posto em hasta pelo Estado – e ainda aferir algum resultado positivo. Há, claro, a garantia do reequilíbrio econômico-financeiro, em caso de concretização de riscos alocados ao Poder Concedente, entretanto, afora estes casos específicos, a eventual insuficiência de recursos não desonera o prestador de suas obrigações.

Na prestação direta, por outro lado, o prestador não vai à praça pública fazer uma aposta para assunção da prestação dos serviços, ele sim é incumbido, por determinação superior e irresistível, de cumprir com uma tarefa. Dessa forma, os planos de investimentos, parâmetros de desempenho e metas estabelecidas acabam por ser meramente referenciais e realizados na medida da arrecadação. A obrigação, portanto, é menos de resultado e mais de meio: um pacto com a sociedade de melhores esforços para a concretização das metas, caso os recursos sejam suficientes.

1.2 Definição positiva de prestação direta

No tocante à definição positiva de prestação direta, ou seja, a conceituação com base nas suas próprias características, e não em contraposição à prestação indireta, a doutrina enfrenta o tema de maneira bastante reduzida, especialmente em comparação com foco dado ao detalhamento da prestação indireta. Em perspectiva geral, os escritos se limitam a indicar que a prestação direta é aquela em que o titular também cumula a posição de prestador,[7] ou seja, aquela desempenhada pela própria estrutura administrativa do titular dos serviços, ainda que por meio de sua administração indireta. Nesse sentido, Di Pietro:

> Quando a Constituição fala em execução direta, tem-se que entender que abrange a execução pela Administração Pública direta (constituída por órgãos sem personalidade jurídica) e pela Administração Pública indireta referida em vários dispositivos da Constituição, em especial no artigo 37, *caput*, e

---

7. Cf. ARAGÃO, Alexandre dos Santos de. *Direito dos serviços públicos*. 4. ed. Belo Horizonte: Fórum, p. 422.

que abrange entidades com personalidade jurídica própria, como as autarquias, fundações públicas, sociedades de economia mista e empresas públicas.[8]

Apenas recebe um pouco mais de contorno na literatura, dentro do tema da prestação direta, a classificação das diversas modalidades que essa pode assumir, as quais costumam ser resumidas em prestação direta centralizada ou descentralizada. A primeira representaria os casos de prestação pela Administração Direta do titular, enquanto segunda ocorre caso o titular do serviço atribua a sua prestação a outra pessoa jurídica a ele vinculada.

Para além da simples afirmação de que a prestação direta é aquela exercida pela própria pessoa do titular, existem outras visões, por mais que menos reproduzidas, a respeito da conceituação dessa forma de prestação. Dentre elas se destaca a doutrina de Zanobini, que define a modalidade de prestação a partir do interesse empreendido por aquele responsável pela sua execução:

> No conceito posto são indicadas duas circunstâncias que caracterizam a posição do órgão público: a de ser a sua atividade desenvolvida *a serviço* e *em serviço* do ente público: *a serviço*, isto é, de forma tal que, externamente, o titular do órgão se confunde com a pessoa do Estado; *em serviço*, ou seja, *no interesse do Estado*. (...) Digamos, portanto, simplesmente que as características de *não ser exercido em nome próprio e de não ser exercido no seu interesse*, são igualmente características próprias do exercício oficial da atividade pública.
>
> (...)
>
> No caso mais comum, em que o particular tem um interesse próprio, este, para que o serviço permaneça privado – não é inútil salientar isso desde já – deve ser um interesse diferente daquele que o Estado tem na função exercida. Com efeito, é fácil compreender como, se o interesse privado coincidisse com o do Estado, seria certamente um interesse público, e o privado constituiria, ele próprio, uma administração pública, embora distinta da do Estado: uma administração que teria a função de perseguir fins que seriam ao mesmo tempo fins próprios e fins do Estado: *é similar a um órgão da administração pública, um órgão autárquico, não mais uma pessoa ou um órgão privado*.[9] (grifos próprios)

Nota-se que o doutrinador compreende que é possível a uma entidade privada agir exclusivamente em favor da coletividade, o que poderia lhe permitir exercer poderes e estar subordinada a controles próprios do Poder Público. Diferente é a situação em que

---

8. Cf. DI PIETRO, Maria Sylvia Zanella. *Direito Administrativo*. 36 ed. São Paulo: Grupo GEN, 2023, p. 156.
9. Tradução livre dos seguintes trechos: "Nel concetto della preposizione risultano indicate due circostanze che praticamente caratterizzano la posizione dell'organo: quelle di essere la sua attività dispiegata a servizio e in servizio dell'ente pubblico: a servizio, cioè in modo tale che esteriormente la personalità del titolare dell'organo sparisca nella personalità dello Stato; in servizio, cioè nell'interesse dello Stato. (...) Diciamo percio semplicemente che sono caratteri egualmente propri dell'esercizio ufficiale dell'attività pubblica quello di non essere l'attività dispiegata nel nome della persona fisica, che la eseguisce, e quello di non essere la medesima dispiegata nel suo interesse." e "Nel caso più comune nel quale il privato ha un interesse proprio, questo, affinchè il servizio resti privato – non è inutile avvertire ciò fino da ora – deve essere un interesse divero da quello che ha lo Stato nella funzione esercitata. È infatti facile comprendere come, qualora l'interesse proplio del privato coincidesse con quello dello Stato, esso sarebbe senz'altro un interesse pubblico, e il privato costituirebbe esso stesso una pubblica amministratrionze, cioè sia pure distinta da quella dello Stato: un'amministrazione, cioè, la quale avrebbe il compito di proseguire fini che sarebbero al tempo stesso fini propri e fini dello Stato: e un ente simile è un ente d'amministrazione pubblica, un ente autarchico, non più una persona o un ente privato" (ZANOBINI, Guido. *L'esercizio privato delle funzione e dei servizi pubblici*. Milão: Società Editrice Libraria, 1920, p. 4-6).

os interesses envolvidos na prestação dos serviços não são completamente coincidentes com o interesse público, convivendo também interesses privados, a exemplo da busca por lucro. No primeiro caso, ainda que o agente não seja organicamente integrante da Administração Pública titular dos serviços, a identidade de interesses com o Estado o equipara a órgão público, não descaracterizando a prestação direta:

> No caso de exercício oficial, a função pública é exercida em nome do ente público e *exclusivamente no seu interesse*: essas pessoas colocam-se à disposição e ao serviço do ente público; de modo que, em linguagem comum e científica, se diz que essas pessoas são órgãos do ente, e que o próprio ente, através delas, cumpre diretamente essas funções.[10] (grifos nossos)

O critério principal da diferenciação entre prestação direta e indireta para o jurista italiano, como já mencionado, está no interesse do prestador. De um lado, a prestação direta é identificada pelo fato de que, nela, o Poder Público presta os serviços sem outro objetivo que não a sua própria boa prestação. De outro, na prestação indireta há sempre dois interesses que se conciliam: paralelamente à boa prestação do serviço público, há o interesse do prestador em auferir eventual lucro, ante aos riscos e esforços em que incorreu.

Segundo essa perspectiva, não seria o fato de o prestador dos serviços ser uma empresa pública (portanto, que integra a Administração Pública) que caracterizaria a prestação do serviço público como direta. Isso porque a empresa pública poderia tanto prestar os serviços sem nenhum outro interesse que não a sua boa execução, caracterizando a prestação direta descentralizada, como em razão de ter se sagrado vitoriosa em licitação e celebrado contrato de concessão, caracterizando prestação indireta.[11]

Uma segunda reflexão interessante derivada dessa linha de pensamento diz respeito às sociedades de economia mista, nas quais o capital social é majoritariamente público, mas também é composto de uma parcela privada – muitas vezes com capital aberto em bolsa, inclusive. O questionamento é se a eventual distribuição de lucros e dividendos, nesses casos, descaracterizaria ou não a prestação direta dos serviços públicos.

Sobre isso, considerando que as participações privadas nessas empresas constituem forma de levantamento de recursos para investimento nos serviços públicos prestados, a eventual distribuição dos dividendos poderia se configurar como forma de remuneração desse capital privado – situação análoga ao pagamento de juros diante da contratação de financiamento com bancos e instituições financeiras. Aqui, da mesma forma que

---

10. "Nel caso però di esercizio ufficiale, la pubblica funzione viene esercitata da queste persone in nome dell'ente pubblico a cui essa appartiene ed esclusivamente nel suo interesse: tali persone si mettono addirittura a disposizione e a servizio dell'ente; sicché nel linguaggio comune e scientifico si dice che queste persone sono organi dell'ente, e che l'ente stesso per mezzo loro direttamente dempie a tali funzioni" (ZANOBINI, Guido. *L'esercizio privato delle funzione e dei servizi pubblici*. Milão: Società Editrice Libraria, 1920, p. 6).
11. Tem-se como exemplo disso o recente caso da vitória da Sabesp - Companhia de Saneamento Básico do Estado de São Paulo na licitação para a concessão dos serviços de abastecimento de água e esgotamento sanitário da Estância Turística de Olímpia, no Estado de São Paulo. Nesta hipótese, a SABESP não é mais a *longa manus* do Estado para o cumprimento do dever de cooperação em matéria de competência comum, mas, apenas, concessionário, ocupando a mesma posição que poderia ser ocupada por uma empresa completamente privada.

o pagamento de juros a financiadores não descaracteriza a prestação direta, parece racional que a aferição e distribuição de lucros, nos casos de sociedades de economia mista, também não o faça.

Voltando-se ao cenário brasileiro, a doutrina de Zanobini aprece acolhida por alguns autores, a exemplo de Ribeiro,[12] o qual se vale a lógica do interesse do prestador para indicar que também poderiam ser considerados como de prestação direta os casos de delegação da prestação a entidade vinculada a outro ente da Federação, em regime de gestão associada de serviços públicos – divergindo aqui da premissa da prestação direta não ser contratual, tendo em vista a celebração de contratos de programa nesses casos –, e de autogestão dos usuários – hipótese ali denominada de prestação direta não estatal.

Ainda que não se acolha tal posicionamento sobre o interesse do prestador como traço definidor, algumas características podem ser tidas como consensuais na definição da prestação direta: (i) por definição negativo, é toda a forma de prestação de serviço público que não se identifique com a concessão ou permissão; (ii) trata-se de uma forma de prestação cujo fundamento deriva de uma norma de competência, não possuindo – nem demandando – qualquer lastro de natureza contratual; e (iii) o prestador é o próprio titular – ou órgão ou entidade a ele vinculado.

Nesse sentido, para que se possa identificar as situações de prestação direta dos serviços públicos de saneamento básico, é necessário antes conhecer a disciplina a respeito da sua titularidade. É o que se pretende no próximo capítulo.

2. A TITULARIDADE DOS SERVIÇOS DE SANEAMENTO BÁSICO

Ao reconhecer as competências de cada ente da Federação, a Constituição da República Federativa do Brasil de 1988 menciona os serviços públicos de saneamento básico de forma expressa duas vezes: para definir como competência privativa da União a instituição de diretrizes para o saneamento básico (art. 21, XX); bem como para indicar como uma das competências comuns a todos os entes da Federação a promoção da melhoria das condições de saneamento básico (art. 23, IX).[13]

O fato de a Constituição, no inciso IX do art. 23, prever a melhoria das condições de saneamento básico como competência comum leva, naturalmente, a que seja executada em regime de cooperação, inclusive, porque assim prevê o parágrafo único do mesmo dispositivo.[14] Nesse contexto, e como bem pontuado por SILVA, os principais problemas envolvendo competências comuns dizem respeito a "omissões ou sobreposições

---

12. Cf. RIBEIRO, Wladimir Antonio. A prestação dos serviços públicos de saneamento básico mediante contrato de programa. In: GUIMARÃES, Bernardo Strobel. VASCONCELOS; Andrea Costa de; HOHMANN, Ana Carolina. (Coord.). *Novo marco legal do saneamento básico*. Belo Horizonte: Fórum, p. 209-231, 2021, p. 293.
13. A Constituição Federal menciona o saneamento básico também fora de seu específico capítulo de reconhecer competências aos entes federados, ao prever que "ao sistema único de saúde compete, além de outras atribuições, nos termos da lei: (...) participar da formulação da política e da execução das ações de saneamento básico" (art. 200, IV).
14. Cf. SILVA, Virgílio Afonso da. *Direito Constitucional Brasileiro*. São Paulo: Edusp, 2021, p. 365.

ineficientes", uma vez que não é claro como coordenar a atuação conjunta dos entes federados. Isso torna frequente que "a União acabe assumindo um papel articulador".[15]

No caso do saneamento básico, tal papel articulador é exercido com fulcro no próprio inciso XX do art. 21, que lhe atribuiu a competência de instituir diretrizes para o saneamento básico. É no exercício dessa competência que a União editou leis e outras normas federais sobre o tema, como a Lei 11.445/2007 – a Lei Nacional de Saneamento Básico – e a Lei 14.026/2020, que a modificou.

Tais prescrições, contudo, não definem a titularidade sobre os serviços, ou seja, a competência para legislar de modo aprofundado, isto é, para além das diretrizes, bem como para organizar, planejar, fiscalizar, regular e prestar os serviços – de maneira direta ou indireta. Isso porque o critério adotado pela Constituição, nesse caso, não foi fundado na matéria, e sim na predominância do interesse, conforme pode ser depreendido do artigo 30, *caput*, I e V, da Constituição da República, que prevê que os municípios detêm competência para legislar (inciso I), organizar e prestar, diretamente ou sob regime de concessão ou permissão (inciso V), os serviços públicos de interesse local.

Não há disciplina expressa na Constituição sobre o que seriam esses tais serviços de "interesse local" – como também não definiam suas antecessoras o conceito de "peculiar interesse do Município" –, se tratando de conceito aberto, capaz de apreender a evolução econômica e social. Exemplificando, na doutrina é clássica a compreensão de que tais serviços consistem naqueles prestados ou colocados à disposição nos domicílios. Outro entendimento recorrente na doutrina é que seriam os serviços prestados inteiramente no território de um único Município.[16]

Voltando ao texto da Carta de 1988, sabe-se que há serviços locais – no sentido de ligados aos domicílios – de competência federal, como a telefonia fixa e a eletricidade, ou de competência estadual, a exemplo do gás canalizado, porém, em regra, tais serviços são de competência municipal. Já pela concepção de circunscrição ao território municipal, tem-se o transporte coletivo, expressamente reconhecido na Constituição como serviço de interesse local (artigo 30, V).

Nesse sentido, considerando que o texto constitucional não atribuiu os serviços de saneamento básico, intrinsecamente locais (domiciliares), para a União ou para o Estado, evidente que estes serviços locais são municipais – reproduzindo a tendência do direito estrangeiro – inclusive pelo seu caráter vinculado à ocupação urbana. Além da ligação domiciliar, corrobora com a afirmação da titularidade municipal o fato de que, usualmente, as atividades inerentes a determinado serviço de saneamento possam ser executadas integralmente no território de apenas um Município.

---

15. Idem.
16. Cf. MARQUES NETO, Floriano de Azevedo. As parcerias público-privadas no saneamento ambiental. In: SUNDFELD, Carlos Ari (Coord.). *Parcerias público-privadas*. São Paulo: Malheiros, 2005, p. 316: "Adoto como critério para divisar se um serviço é, ou não, da competência municipal a verificação de que aquela atividade pode ser integralmente prestada no âmbito do seu território".

Vale apontar, contudo, que o tema foi, por diversas vezes, objeto de controvérsias, a exemplo da edição da Lei Complementar Estadual 1.025, de 7 de dezembro de 2007, do Estado de São Paulo, que converteu a Comissão de Serviços Públicos de Energia – CSPE na Agência Reguladora de Saneamento e Energia do Estado de São Paulo – ARSESP, determinando como competência da nova agência a regulação dos "serviços de saneamento básico de titularidade estadual".[17] Tal legislação foi, inclusive, objeto da Ação Direta de Inconstitucionalidade 4.028, julgada pelo Supremo Tribunal Federal, em novembro de 2021. Ainda que a ação tenha sido julgada improcedente, ficou pacificado o entendimento, na ocasião, de que a titularidade é municipal e que as competências da ARSESP seriam desempenhadas apenas e exclusivamente mediante delegação dos municípios.

2.1 Titularidade no contexto de estruturas de regionalização compulsória

O cenário aparentemente simples se torna complexo quando consideramos alguns outros fatores. Há hipóteses nas quais a prestação do serviço em uma localidade provoque impactos em outra. Também há situações em que nem todas as atividades da cadeia dos serviços públicos de abastecimento de água, de esgotamento sanitário e de manejo de resíduos sólidos urbanos podem ser executadas integralmente no território de um mesmo Município – como no caso de municípios limítrofes que dependem de um mesmo manancial e, por isso, partilham da infraestrutura ou de outros elementos da prestação dos serviços. Tal circunstância, como apontado por Hohmann:

> constitui realidade que quase que se impõe pela própria natureza e características típicas daquele serviço público, o qual desconhece as fronteiras geográficas entre municípios e Estados criadas pelo ser humano – realidade esta que acaba por ser apreendida pelos textos normativos.[18]

Em todos esses casos, a prestação do serviço de saneamento básico acaba por transcender o interesse meramente local. Para tais situações, a Constituição prevê como solução o emprego de mecanismos de regionalização. De um lado, esses podem ser de caráter voluntário, como os vinculados à gestão associada de serviços públicos (art. 241 da CF), disciplinados pela Lei de Consórcios Públicos (Lei 11.107/2005).[19] De outro, a regionalização pode ser compulsória, por meio de regiões metropolitanas,

---

17. Artigo 6º Cabe à ARSESP, nos termos e limites desta lei complementar, regular, controlar e fiscalizar, no âmbito do Estado, os serviços de gás canalizado e de saneamento básico de titularidade estadual, preservadas as competências e prerrogativas municipais.
18. Cf. HOHMANN, Ana Carolina. A prestação regionalizada do serviço público de saneamento básico no âmbito do novo marco legal do saneamento básico: gestão associada e governança interfederativa. In: GUIMARÃES, Bernardo Strobel. VASCONCELOS; Andrea Costa de; HOHMANN, Ana Carolina. (Coord.). *Novo marco legal do saneamento básico*. Belo Horizonte: Fórum, 2021, p. 209.
19. Observe-se que o art. 241 da Constituição Federal, além da gestão associada de serviços públicos prevê outra forma de exercício de competências em regime de cooperação, qual seja, a transferência total ou parcial dos serviços, a qual pode se efetivar mediante convênio de cooperação entre entes federados. Esta outra forma não é analisada com frequência pela doutrina, em razão do largo uso da gestão associada de serviços públicos, a qual recebeu forte *enforcement* em razão de o ordenamento jurídico brasileiro ter recepcionado o contrato de programa (*in-house providing contract*).

microrregiões e aglomerações urbanas, instituídas por lei complementar estadual (art. 25, § 3º da Constituição).[20]

Diante disso, resta a questão da delimitação da competência para a prestação dos serviços nas hipóteses de regionalização compulsória. Após anos de indefinição, a controvérsia foi resolvida pelo Supremo Tribunal Federal, em 2013, com o julgamento da ADI 1842/RJ,[21] ajuizada contra a lei ordinária que disciplinou a prestação dos serviços de saneamento e contra a lei complementar que reorganizou a Região Metropolitana do Rio de Janeiro e a Microrregião dos Lagos.

Em suma, a decisão do STF foi no sentido de que a titularidade dos serviços públicos de saneamento pertence aos municípios, pelo que inconstitucionais os dispositivos da lei complementar estadual que transferiram tais competências ao Estado do Rio de Janeiro. Entretanto, também se reconheceu um efeito sobre as competências municipais da instituição de região metropolitana ou de microrregião, qual seja, o reconhecimento de que tal titularidade não é desempenhada de maneira isolada pelos municípios, mas de forma conjunta por estes e pelo Estado membro:

> 5. Inconstitucionalidade da transferência ao estado membro do poder concedente de funções e serviços públicos de interesse comum. O estabelecimento de região metropolitana não significa simples transferência de competências para o estado. O interesse comum é muito mais que a soma de cada interesse local envolvido, pois a má condução da função de saneamento básico por apenas um município pode colocar em risco todo o esforço do conjunto, além das consequências para a saúde pública de toda a região. O parâmetro para aferição da constitucionalidade reside no respeito à divisão de responsabilidades entre municípios e estado. É necessário evitar que o poder decisório e o poder concedente se concentrem nas mãos de um único ente para preservação do autogoverno e da autoadministração dos municípios. *Reconhecimento do poder concedente e da titularidade do serviço ao colegiado formado pelos municípios e pelo estado federado.* A participação dos entes nesse colegiado não necessita de ser paritária, desde que apta a prevenir a concentração do poder decisório no âmbito de um único ente. A participação de cada Município e do Estado deve ser estipulada em cada região metropolitana de acordo com suas particularidades, sem que se permita que um ente tenha predomínio absoluto. Ação julgada parcialmente procedente para declarar a inconstitucionalidade da expressão "a ser submetido à Assembleia Legislativa" constante do art. 5º, I; e do § 2º do art. 4º; do parágrafo único do art. 5º; dos incisos I, II, IV e V do art. 6º; do art. 7º; do art. 10; e do § 2º do art. 11 da Lei Complementar n. 87/1997 do Estado do Rio de Janeiro, bem como dos arts. 11 a 21 da Lei n. 2.869/1997 do Estado do Rio de Janeiro. (grifos próprios)

Logo, se a titularidade permanece municipal, o exercício da titularidade pode ser colegiado. Nas palavras de Marrara:

> A titularidade dos serviços de saneamento lançados para a unidade regional não se transfere ao Estado ou a qualquer outro Município vizinho, mas é partilhada pelo titular com todos os outros entes políticos envolvidos na unidade. Desse modo, nenhum titular pode decidir isoladamente sobre os

---

20. O caráter compulsório dessas formas de regionalização é reconhecido pela jurisprudência do STF. Ver, nesse sentido, ADI 1841, rel. Carlos Velloso, j. 1º.08.2002.
21. STF, ADI 1842, rel. Maurício Corrêa, j. 06.03.2013.

rumos do serviço público. São obrigados, ao contrário, a debater e deliberar em conjunto dentro de órgãos colegiados que formam a estrutura de governança da unidade regional.[22]

Ficaram vencidas duas linhas de fundamentação no julgamento do Supremo. A primeira, proposta pelo ministro Maurício Corrêa, sugeria que a competência para a prestação dos serviços seria estadual. Isso porque a instituição compulsória de regiões metropolitanas, aglomerações urbanas ou microrregião implicava, no seu entender, que o interesse em jogo era regional, e não apenas local, o que justificaria – para essa posição que se tornou isolada no julgamento – que o Estado assumisse uma função de coordenação:

> Por óbvio, esse agrupamento de Municípios, que decorre inicialmente da necessidade física concreta de formação de conglomerado urbano único, não se dá para fins meramente acadêmicos, geográficos ou algo parecido, mas efetivamente para cometer ao Estado a responsabilidade pela implantação de políticas unificadas de prestação de serviços públicos, objetivando ganhar em eficiência e economicidade, considerados os interesses coletivos e não individuais. (...)
>
> Sob outra perspectiva, a demanda por serviços públicos agiganta-se de tal modo que as autoridades executivas não conseguem, isoladamente, atender às necessidades da sociedade, impondo-se uma ação conjunta e unificada dos entes envolvidos, especialmente da unidade federada, a quem incumbe a coordenação, até porque o número de habitantes de cada Município desses conglomerados compõe a própria população do Estado membro.[23]

A tese, como dito, foi rejeitada pelos demais ministros. Isso porque o STF entendeu que ela é incompatível com a autonomia municipal assegurada pela Constituição. Aceitá-la significaria permitir que o Estado membro, por decisão unilateral, usurpasse competências próprias dos municípios, violando o status constitucional autônomo destes entes federados.

A segunda linha vencida foi proposta pelo ministro Nelson Jobim, segundo o qual, mesmo nos casos de regionalização compulsória, a competência dos serviços permaneceria integralmente municipal. Ela apenas teria de ser compartilhada com outros municípios. Não aceitava, pois, qualquer tipo de influência do Estado membro para a organização e a prestação dos serviços públicos: este ente federado deveria se limitar à instituição da estrutura de prestação regionalizada, por meio de lei complementar estadual – não podendo dela participar. Sua competência era meramente instituidora:

> Em realidade, os Estados detêm uma competência que poderia ser chamada de "procedimental" e não uma competência material. (...) Cabe a ele somente instituir o *agrupamento municipal* e fixar a forma e os procedimentos a serem observados para a decisão em conjunto dos municípios.[24]

---

22. Cf. MARRARA, Thiago. Regionalização do Saneamento no Brasil. In: OLIVEIRA, Carlos Roberto de. GRANZIERA, Maria Luiza Machado (Org.). *Novo Marco do Saneamento Básico no Brasil*. 2. ed. Indaiatuba: Foco, 2022, p. 183.
23. STF, ADI 1842, rel. Maurício Corrêa, j. 6/3/2013, voto do ministro Maurício Corrêa, p. 24-25.
24. STF, ADI 1842, rel. Maurício Corrêa, j. 6/3/2013, voto do ministro Nelson Jobim, p. 83-86.

A posição de Nelson Jobim foi acompanhada por Eros Grau, no voto que este último proferiu na Medida Cautelar da Ação Direta de Inconstitucionalidade 2.077-BA, que foi julgada concomitantemente.

Contudo, o entendimento que prevaleceu, defendido com maior clareza nos votos dos ministros Joaquim Barbosa e Gilmar Mendes, parte da premissa que a instituição de regiões metropolitanas, aglomerações urbanas ou microrregiões implica que os interesses em jogo não são meramente locais, mas comuns aos entes federados envolvidos. Por esse motivo, as competências em relação aos serviços devem ser exercidas em conjunto, de forma compartilhada.

Esse compartilhamento deve ser viabilizado por uma estrutura de governança que assegure a participação efetiva de todos os entes envolvidos, incluindo o Estado membro. Trata-se do colegiado metropolitano ou microrregional, órgão com representantes de cada ente federado, competente para decidir sobre as questões de interesse comum que justificam a instituição da estrutura de prestação regionalizada. Dessa forma, o exercício da titularidade dos serviços públicos foi atribuído ao próprio colegiado metropolitano ou microrregional, como asseverou o ministro Joaquim Barbosa:

> Vale dizer, a titularidade do exercício das funções públicas de interesse comum passa para a nova entidade público-territorial-administrativa, de caráter intergovernamental, que nasce em consequência da criação da região metropolitana. Em contrapartida, o exercício das funções normativas, diretivas e administrativas do novo ente deve ser compartilhado com paridade entre o estado e os municípios envolvidos.[25]

A despeito do afirmado pelo ministro no excerto acima, prevaleceu o entendimento de que a participação no colegiado não precisa, necessariamente, ser paritária. O essencial é que não haja predominância absoluta de nenhum ente federado na tomada de decisões pelo colegiado. O seguinte trecho da ementa do acórdão proferido na ADI 1842/RJ, parte dele já aqui citado, sintetiza bem o entendimento do STF:

> Reconhecimento do poder concedente e da titularidade do serviço ao colegiado formado pelos municípios e pelo estado federado. A participação dos entes nesse colegiado não necessita de ser paritária, desde que apta a prevenir a concentração do poder decisório no âmbito de um único ente. A participação de cada Município e do Estado deve ser estipulada em cada região metropolitana de acordo com suas particularidades, sem que se permita que um ente tenha predomínio absoluto.[26] (grifos próprios)

Importante, no entanto, ressaltar que, sobre este ponto, a posição hegemônica, sendo inclusive a adotada pela Procuradoria Geral da República no parecer proferido no âmbito da ADI 6.339/BA, é de que o Estado membro deve possuir menos da metade dos votos do colegiado intergovernamental – apesar que essa medida pode não ser suficiente para impedir a concentração de poderes proibida pela Constituição Federal, nos termos de como a compreende o STF.

---

25. STF, ADI 1842, rel. Maurício Corrêa, j. 6/3/2013, voto do ministro Joaquim Barbosa, p. 46.
26. STF, ADI 1.842, rel. Maurício Corrêa, j. 06.03.2013, trecho da ementa.

O que se averigua na prática hoje, pela análise das leis complementares estaduais que instituíram estruturas de regionalização de saneamento e respectivos regimentos internos, é uma tendência entre as microrregiões de se conceder ao Estado 40% (quarenta por cento) dos votos do colegiado, de modo a assegurar que ele não terá veto em quaisquer deliberações, mesmo as que exigem maioria qualificada. Além disso, a vinculação do processo deliberativo a outros colegiados – como o Comitê Técnico (no qual, em geral, o Estado possui apenas três votos, dentre os onze membros que o compõe) e o Conselho Participativo, formado exclusivamente por representantes da sociedade civil.

Em suma, a questão da titularidade dos serviços públicos de saneamento básico, considerando o cenário de regionalização incentivado pela Lei 14.026/2020, pode ser sintetizada conforme colocado por Aragão:

> a lei prevê agora três formas de titularidade dos serviços públicos de saneamento: (i) dos municípios e Distrito Federal em caso de interesse local; (ii) das regiões metropolitanas, aglomerações urbanas e microrregiões, instituídas por lei complementar estadual, no caso de interesse comum; e, finalmente, (iii) por gestão associada entre entes federativos, mediante consórcio público ou convênio de cooperação.[27]

2.2 Funções públicas de interesse comum

Nesse contexto, muito relevante se torna a discussão a respeito do que se entende por funções públicos de interesse comum. Sobre isso, dispõe o art. 8º da Lei 11.445/2007:

> Art. 8º Exercem a titularidade dos serviços públicos de saneamento básico:
> I – os Municípios e o Distrito Federal, no caso de interesse local;
> II – o Estado, em conjunto com os Municípios que compartilham efetivamente instalações operacionais integrantes de regiões metropolitanas, aglomerações urbanas e microrregiões, instituídas por lei complementar estadual, no caso de interesse comum.

É necessária a leitura cuidadosa do dispositivo, pois o texto pode dar impressão de que as funções públicas de interesse comum somente se configurariam quando os municípios "compartilham efetivamente instalações operacionais". Tal posição contudo, não se coaduna com o entendimento do Supremo Tribunal Federal sobre o assunto, exposto acima.

A definição de função pública de interesse comum, que justifica e vincula a atuação das autarquias intergovernamentais previstas no § 3º do artigo 25 da Constituição Federal, foi objeto de análise pelo Supremo Tribunal Federal não apenas no julgamento da ADI 1.842/RJ, como também na paradigmática ADI 2.077 MC/BA. Nesta última, o STF concedeu em parte a medida cautelar requerida para suspender a eficácia do inciso

---

27. Cf. ARAGÃO, Alexandre dos Santos de; D'OLIVEIRA, Rafael Daudt. Considerações iniciais sobre a Lei 14.026/2020 – Novo marco regulatório do saneamento básico. In: GUIMARÃES, Fernando Vernalha (Coord.). *O Novo Direito do Saneamento Básico*: Estudos sobre o Novo Marco Legal do Saneamento Básico no Brasil (de Acordo Com a Lei 14.026/2020 e respectiva Regulamentação). Belo Horizonte: Fórum, 2021, p. 39.

V do artigo 59[28] e do *caput* do artigo 228,[29] ambos da Constituição do Estado da Bahia, com a redação dada pela Emenda Constitucional 7, de 19 de janeiro de 1999.

A decisão foi baseada no fato de que os dispositivos restringiam a definição de interesse local e, consequentemente, o rol de competências dos municípios. O inciso V do art. 59 da Constituição do Estado da Bahia, em razão de Emenda cuja constitucionalidade era então questionada, por exemplo, definia serviços de interesse local como aqueles "cuja execução tenha início e conclusão no seu limite territorial, e que seja realizado, quando for o caso, exclusivamente com seus recursos naturais (...)". Nesse contexto, o STF definiu as funções públicas de interesse comum da seguinte forma:

> As funções públicas de interesse comum, inconfundíveis com aquelas de interesse exclusivamente local, correspondem, pois, a um conjunto de atividades estatais, de caráter interdependente, levadas a efeito no espaço físico de um ente territorial, criado por lei complementar estadual, que une municípios limítrofes relacionados por vínculos de comunhão recíproca.[30]

Complementarmente, no julgamento da ADI 1.842/RJ, o Ministro Gilmar Mendes, ao abordar o conceito de serviço de interesse comum, destacou que este seria caracterizado pelo fato de não se confundir com o simples somatório de interesses locais, visto que a falta de determinado serviço em um único Município seria capaz de afetar toda a região ao seu redor.

Importante destacar que não preexistem funções públicas que sejam de interesse comum por sua própria natureza. Tais funções de interesse comum são aquelas expressamente identificadas no texto da lei complementar estadual que instituiu a região metropolitana, aglomeração urbana ou microrregião, conforme acervado por Marrara:

> fica implícito no Estatuto da Metrópole que nenhum tipo de política urbana configurará automaticamente uma função pública de interesse comum. Inexiste no ordenamento jurídico brasileiro qualquer lista taxativa de políticas ou serviços públicos sob competência exclusiva de unidade regional. (...) A função pública de interesse comum nada mais é, portanto, que um conceito categorial, um rótulo que aponta as políticas e ações que, num contexto particular, foram transferidas para a gestão da unidade regional.[31]

De outro lado, por a regra ser a autonomia municipal, ao Município cabe exercer suas competências em tudo aquilo que não contrarie as decisões ou a legislação com-

---

28. Art. 59. Cabe ao Município, além das competências previstas na Constituição Federal: V - organizar e prestar os serviços públicos de interesse local, assim considerados aqueles cuja execução tenha início e conclusão no seu limite territorial, e que seja realizado, quando for o caso, exclusivamente com seus recursos naturais, incluindo o de transporte coletivo, que tem caráter emergencial.
29. Art. 228. Compete ao Estado instituir diretrizes e prestar diretamente ou mediante concessão, os serviços de saneamento básico, sempre que os recursos econômicos ou naturais necessários incluam-se entre os seus bens, ou ainda, que necessitem integrar a organização, o planejamento e a execução de interesse comum de mais de um Município.
30. Supremo Tribunal Federal - STF. ADI 2077 MC, Relator(a): Min. Ilmar Galvão, Relator(a) p/ Acórdão: Min. Joaquim Barbosa, Tribunal Pleno, julgado em 06.03.2013.
31. Cf. MARRARA, Thiago (Org.). *Estatuto da metrópole: Lei 13.089/2015 comentada*. Ribeirão Preto: FDRP-USP, 2021, p. 36-37.

plementar estadual que instituiu a região metropolitana, a aglomeração urbana ou a microrregião.[32]

Do exposto, resta claro que não se pode limitar a definição de interesse local e função pública de interesse comum ao simples fato de uma infraestrutura específica ser utilizada apenas em um único Município ou não. Deve-se pensar na prestação do serviço de forma ampla e nos impactos que a sua ausência pode provocar em todos os municípios de um agrupamento.

O artigo 8º, II, da Lei 11.445/2007, portanto, apenas significa que, no caso de instituir região metropolitana, aglomeração urbana ou microrregião, todos os municípios que compartilham a infraestrutura devem ser reunidos em uma mesma estrutura de prestação regionalizada. Não significa que todos os municípios que integram uma microrregião, por exemplo, devem se utilizar de infraestruturas operacionais comuns aos demais municípios.

Assim, poderá haver função pública de interesse comum sempre que a lei complementar estadual reconhecer algum caráter de interdependência entre os municípios, especialmente, para garantir uma prestação mais eficiente, o que pode decorrer de aspectos geográficos (como a localização de bacias), de questões econômicas, de motivos técnicos ou quaisquer outras razões que justifiquem uma gestão integrada dos serviços,[33] para além da mera necessidade de compartilhamento de infraestrutura.

3. A PRESTAÇÃO DIRETA REGIONALIZADA

A Lei 14.026/2020, ao alterar a Lei Nacional de Saneamento Básico, trouxe como um dos seus principais pontos a diretriz pela regionalização dos serviços públicos de saneamento básico – reforçada, inclusive, através do *spending power* da União, na medida em que a adesão à prestação regionalizada passou a ser requisito para acesso a recursos públicos federais, conforme disposto no art. 50, VII, VIII e IX da LNSB:

> Art. 50. A alocação de recursos públicos federais e os financiamentos com recursos da União ou com recursos geridos ou operados por órgãos ou entidades da União serão feitos em conformidade com as diretrizes e objetivos estabelecidos nos arts. 48 e 49 desta Lei e com os planos de saneamento básico e condicionados:
>
> VII – à estruturação de prestação regionalizada;

---

32. A verificação nesse caso é de mera compatibilidade e não de conformidade: "a despeito de estar sujeito ao planejamento das funções públicas de interesse comum, em consonância com a região metropolitana, o Município mantém sua titularidade na prestação dos serviços de interesse local, podendo legislar sobre a matéria, bastando apenas que não contrarie o quanto disposto pela Região Metropolitana" (RIBEIRO, Wladimir Antonio. GUIMARÃES, Raquel Lamboglia. Região metropolitana e competência municipal. In: DAL POZZO, Augusto Neves; OLIVEIRA, José Roberto Pimenta; BERTOCCELLI, Rodrigo de Pinho (Org.). *Tratado sobre o marco regulatório do saneamento básico no direito*. São Paulo: Contracorrente, 2017, p. 532).

33. Nesse sentido, cf. ARAGÃO, Alexandre Santos de; D'OLIVEIRA, Rafael Daudt. Considerações iniciais sobre a Lei 14.026/2020 – Novo marco regulatório do saneamento básico. In: GUIMARÃES, Fernando Vernalha (Coord.). *O Novo Direito do Saneamento Básico*: Estudos Sobre O Novo Marco Legal do Saneamento Básico no Brasil (de acordo com a Lei 14.026/2020 e respectiva regulamentação). Belo Horizonte: Fórum, 2021, p. 39-41.

VIII – à adesão pelos titulares dos serviços públicos de saneamento básico à estrutura de governança correspondente em até 180 (cento e oitenta) dias contados de sua instituição, nos casos de unidade regional de saneamento básico, blocos de referência e gestão associada; e

IX – à constituição da entidade de governança federativa no prazo estabelecido no inciso VIII do *caput* deste artigo.

Paralelamente, importante pontuar que a referida legislação federal não impede que os titulares prestem o serviço diretamente. Sequer poderia fazê-lo, sob pena de violar a autonomia federativa do titular e recair em patente vício de inconstitucionalidade. A obrigação de concorrência prévia apenas se estende para os casos em que o titular optou, na definição da política pública de saneamento, por delegar o serviço a um terceiro. A concatenação dos dispositivos que levam a tal conclusão foi bem resumida por Stringhini e Bronzato:

> com base nos artigos 1º, 25, § 3º, 173 e 175, *caput*, bem como, artigo 241 da Constituição Federal, conjugado com o artigo 8º, incisos I e II e seu § 1º; artigo 9º, inciso II; e artigo 10 da Lei Federal 11.445/2007, além do artigo 2º, inciso II, da Lei Federal 13.089/2015 (Estatuto da Metrópole), os titulares poderão continuar prestando serviços de saneamento de forma direta por meio de sua administração centralizada ou descentralizada, essa última podendo ser autarquias, empresas públicas ou sociedades de economia mista.[34]

Partindo dessas duas premissas, é absurda a ideia de que a Lei 14.026/2020 permita apenas a prestação direta meramente isolada dos serviços públicos de saneamento básico. Da mesma forma que é possível a promoção da concessão regionalizada desses serviços, delegando a exploração referente a um bloco de municípios a um único prestador concessionário, conferindo ganhos de escala e viabilidade técnico-econômica à prestação, também é natural a decisão pela prestação direta regionalizada, a qual pode assumir diferentes configurações.

3.1 Prestação direta regionalizada desempenhada pela própria estrutura de governança interfederativa

Uma primeira possibilidade seria através da sua execução diretamente pela autarquia interfederativa, desde que essa possua estrutura para prestar os serviços. Seria o caso de prestação direta regionalizada centralizada:

> No caso de regiões metropolitanas, a solução mais prática, dentro dessa possibilidade, seria a criação de uma autarquia – enquanto instância executiva da governança interfederativa – para a prestação do serviço público. Por mandamento do art. 37, inciso XIX, da Constituição Federal, é conveniente que a entidade seja criada pela mesma lei complementar estadual que instituir a unidade regional.[35]

---

34. Cf. STRINGHNI, Adriano Candido; BRONZATO, Tales José Bertozzo. Camisa 10: o Novo Marco Legal do Saneamento: um olhar para o futuro e as oportunidades de sinergia: exercício da titularidade: interesse local e interesse comum: uma visão integrativa e modelos contratuais e societários. In: DAL POZZO, Augusto Neves (Coord.). *O Novo Marco Regulatório do Saneamento Básico*. São Paulo: RT, 2022, p. 259.
35. Cf. SANTORO, Bernardo; ESTEVAM, Douglas. A alienação do controle acionário de empresas estatais de saneamento básico. In: FROTA, Leandro; PEIXINHO, Manoel (Coord.). *Marco Regulatório do Saneamento Básico* – estudos em homenagem ao Ministro Luiz Fux. Brasília: OAB Editora, 2021, p. 133.

Ao lado desta, também se faz plausível a prestação direta regionalizada descentralizada, através, por exemplo, da constituição de empresa interfederativa, cujo controle seja exercido pela região metropolitana, aglomeração urbana ou microrregião. Nessa hipótese, estar-se-ia diante de empresa integrante da estrutura administrativa de quem exerce a titularidade dos serviços.

Dando um passo atrás, considerando que o conceito de empresa estatal diz respeito às "empresas que são, direta ou indiretamente, controladas pelo Estado e executam alguma atividade que o Direito haja atribuído do Poder Público, com personalidade jurídica de Direito Privado",[36] percebe-se que o critério decisivo para definição de uma empresa estatal é o da titularidade do poder de controle sobre a sociedade empresarial. Assim, uma empresa estatal será considerada municipal quando seu poder de controle foi exercido pelo Município. Da mesma forma, uma estatal será metropolitana ou microrregional caso o seu poder de controle seja atribuído à própria estrutura de regionalização.

Estar-se-ia diante de uma espécie de empresa estatal interfederativa, é dizer, aquelas estatais "cujo controle (*i.e.*, poder de determinar as deliberações da assembleia de acionistas) seja compartilhado entre diversos entes da Federação".[37] Trata-se de hipótese distinta da mera participação minoritária de outros entes federados, uma vez que pressupõe o efetivo compartilhamento do poder de controle, configurando-se como uma modalidade específica de cooperação interfederativa.[38]

No caso das regiões metropolitanas, aglomerações urbanas e microrregiões, a titularidade dos serviços é exercida de forma compartilhada pelos entes federados envolvidos, através da estrutura de governança instituída. Nesse contexto, se o controle de uma empresa estatal for compartilhado da mesma forma que as decisões sobre os serviços regionalizados, ela se torna instrumento do próprio titular do serviço, integralmente sujeito ao seu controle. Como se trata de empresa controlada pelo próprio titular do serviço, estaremos diante, simplesmente, do titular organizando e prestando um serviço de sua competência por meio da sua própria estrutura administrativa.

É uma hipótese de descentralização, e não de delegação, tal como no caso da constituição de uma autarquia municipal. Trata-se da mesma hipótese, porém na dimensão regionalizada de exercício colegiado da titularidade, da constituição de uma empresa

---

36. Cf. SCHIRATO, Victor Rhein. *As empresas estatais no Direito Administrativo Econômico atual*. São Paulo: Saraiva, 2016, p. 46.
37. Idem, p. 159.
38. É o que pontua Alexandre Santos de Aragão: "Se esta maioria votante pertencer a mais de um ente da federação, estaremos diante de empresas públicas bi ou plurifederativas, o que não apenas não é vedado pelo ordenamento jurídico, como se trata de forma de cooperação federativa que deve até ser prestigiada, como já o faz, por exemplo, a Lei dos Consórcios Públicos" (ARAGÃO, Alexandre dos Santos de. *Empresas estatais*: o regime jurídico das empresas públicas e sociedades de economia mista. 2. ed. Rio de Janeiro: Forense, 2018, p. 106).

estatal municipal para a prestação do serviço[39] – como é o caso da Sociedade de Abastecimento de Água e Saneamento – Sanasa, em Campinas – SP.[40]

Nessa hipótese, o controle da empresa estatal precisa ser exercido conjuntamente pelos entes federados que integram a estrutura de prestação regionalizada. A forma mais segura e simples de se viabilizar isso é transferir a maioria das ações da companhia à própria autarquia interfederativa.[41] Dessa maneira, sempre haverá o exercício do poder de controle conforme as deliberações do colegiado que se constitui na instância máxima daquela autarquia intergovernamental, na proporção de votos estabelecida pela lei complementar estadual que a instituiu.

Com isso, atende-se à definição expressa de controle indicada pelo art. 4º da Lei das Estatais e pelo art. 116, 'a' da Lei das Sociedades por Ações, facilitando a comprovação do controle microrregional da empresa e a sua caracterização como empresa interfederativa. Também facilita que se a reconheça como empresa integrante da estrutura administrativa do próprio titular, nos termos do art. 10 da LNSB.

Uma segunda alternativa seria distribuir ações a cada integrante da estrutura de regionalização na proporção dos seus votos no colegiado interfederativo, com a posterior celebração de acordo de acionistas para o exercício conjunto do direito de voto.

3.2 Atribuição da prestação direta regionalizada a membro da estrutura de governança interfederativa

Há, ainda, uma segunda possibilidade de configuração da prestação direta regionalizada descentralizada, para os casos, por exemplo, em que a autarquia interfederativa não possua estrutura administrativa própria, consistindo na decisão do colegiado interfederativo de atribuir a prestação dos serviços a um órgão ou entidade de ente da Federação que o integra – seja um departamento, uma autarquia ou uma empresa estatal.[42]

---

39. Sobre a descentralização para a prestação direta de serviços, destaca-se o exposto por Di Pietro: "Descentralização de serviços, funcional ou técnica é a que se verifica quando o Poder Público (União, Estados ou municípios) cria uma pessoa de direito público ou privado e a ela atribui a titularidade e a execução de determinado serviço público. No Brasil, essa criação somente pode dar-se por meio de lei e corresponde, basicamente, à figura da autarquia, mas abrange também fundações governamentais, sociedades de economia mista e empresas públicas, que exerçam serviços públicos" (DI PIETRO, Maria Sylvia Zanella. Direito Administrativo. 36 ed. São Paulo: Grupo GEN, 2023, p. 574).
40. Essa hipótese foi expressamente reconhecida como sendo prestação direta do serviço pelo município no voto do Ministro Nelson Jobim na ADI 1842: "Para facilitar a exposição, existem 05 formas básicas de prestação do serviço de saneamento básico no Brasil: (1) a prestação de serviço de saneamento com abrangência estadual, por meio das CESES; (2) a prestação de serviço de saneamento com abrangência regional; (3) a prestação de serviço de saneamento diretamente pelo Município e, neste caso: – por meio de empresas municipais constituídas para esse fim; ou – por particular por meio de contrato de concessão" (ADI 1842, rel. Maurício Corrêa, j. 06.03.2013, p. 107).
41. Havendo previsão estatutária de quórum qualificado, deve-se assegurar que o colegiado microrregional detenha ações suficientes para alcançar esse quórum, sob pena de mitigar a intensidade do seu controle da companhia.
42. Sobre isso escreveu Marrara, "para executar a funções de saneamento básico no âmbito regional, os entes políticos que formam a unidade têm discricionariedade para adotar inúmeras soluções", dentre elas, soluções "para que um Município ou o Estado assuma o serviço por órgãos ou entes de sua Administração Direta ou Indireta" (MARRARA, Thiago. Regionalização do Saneamento no Brasil. In: OLIVEIRA, Carlos Roberto de.

Tal opção ganha relevância quando considerados alguns fatores. Primeiramente, tem-se que, desde a edição da Lei 14.026/2020, o modelo de regionalização mais comumente adotado é o de instituição de microrregiões. Até dezembro de 2023, 14 Estados[43] optaram por esse modelo para regionalização dos serviços públicos de saneamento básico – ao menos abastecimento de água e esgotamento sanitário, mas alguns incluindo manejo de águas pluviais urbanas, limpeza pública e manejo de resíduos sólidos urbanos também.

Lado a lado com isso, as respectivas leis complementares estaduais que instituíram tais microrregiões são claras ao determinar (i) a integração do Estado à autarquia microrregional, em linha com o decidido pelo STF; e (ii) que essas não possuem estrutura própria, de forma a exercer suas funções de maneira derivada, a partir da estrutura administrativa e orçamentária de seus membros. A título de exemplo, vejamos o que diz o § 2º do art. 1º da Lei Complementar Estadual 237/2021, do Paraná:

> Art. 1º Institui as Microrregiões dos serviços públicos de abastecimento de água e de esgotamento sanitário, no Estado do Paraná, classificando-as em:
>
> I – do Oeste, integrada pelo *Estado do Paraná* e os Municípios mencionados no Anexo I desta Lei Complementar;
>
> II – do Centro-leste, integrada pelo *Estado do Paraná* e os Municípios mencionados no Anexo II desta Lei Complementar; e
>
> III – do Centro-litoral, integrada pelo *Estado do Paraná* e os Municípios mencionados no Anexo III desta Lei Complementar.
>
> (...)
>
> § 2º A autarquia microrregional não possui estrutura administrativa ou orçamentária própria e *exercerá sua atividade administrativa por meio derivado, mediante o auxílio da estrutura administrativa e orçamentária dos entes da Federação que a integram* ou com ela conveniados. (grifos próprios)[44]

Assim, na forma do § 2º do art. 1º, acima transcrito, as estruturas administrativas do Estado e dos municípios integrantes da Microrregião estão à disposição da autarquia microrregional para que esta desempenhe suas atividades. A prestação direta, portanto, pode se dar pelo uso de entidade vinculada ao Estado ou aos municípios, como autarquias ou companhias de saneamento. Nessa hipótese, o ente federado apenas cumpre a decisão colegiada, fornecendo a entidade de sua Administração como prestador para o conjunto dos entes federados integrados.

Ainda, vale novamente pontuar, não se trata de delegação da prestação dos serviços, mas de mera atribuição de tarefas a um dos integrantes do próprio colegiado, pelo que é

GRANZIERA, Maria Luiza Machado (Org.). *Novo Marco do Saneamento Básico no Brasil*. 2. ed. Indaiatuba: Foco, 2022, p. 183).

43. São eles: Amazonas, Bahia, Ceará, Espírito Santo, Goiás, Maranhão, Paraíba, Paraná, Pernambuco, Piauí, Rio Grande do Norte, Rondônia, Roraima e Sergipe.

44. No mesmo sentido e com redação semelhante, art. 2º, da Lei Complementar Estadual 182/2023, de Goiás, art. 2º, da Lei Complementar Estadual 168/2021, da Paraíba, e art. 2º, da Lei Complementar Estadual 247/2021, do Ceará.

desnecessária a celebração de contrato para a transferência dos serviços ao ente estatal. Nesse sentido aponta Freire:

> seria possível que esta descentralizasse tecnicamente para uma empresa estadual de saneamento básico? Não existe um impedimento para que isso ocorra, desde que ela fique restrita à descentralização da prestação. (...) Note que, neste caso, não estamos falando em contratação direta, nem mesmo via contrato de programa. Estamos falando da descentralização técnica, isto é, da descentralização realizada por meio de lei a uma entidade da Administração indireta do ente titular do serviço. No caso, do ente titular do Estado instituidor da região metropolitana.[45]

Caso a decisão do colegiado interfederativo seja de que a prestação de serviços se realize por órgão ou entidade externa, sem vínculo com um dos entes da Federação dele componentes, haveria delegação, o que exigiria contrato ou instrumento equivalente, porque necessário conciliar duas vontades que se diferenciam. Porém, na decisão do colegiado de exercer a prestação por entidade por ele controlada ou de atribuir a um dos seus componentes o exercício de competência, no caso, a prestação de serviços cuja titularidade é exercida pelo próprio colegiado, não há duas vontades que se diferenciam – e, sem esse elemento, inviável o instituto do contrato.

Não há um terceiro, porque o exercício de competências se encontra encerrado no próprio colegiado. Trata-se de ato *interna corporis*. Por isso, a decisão do colegiado que atribua à companhia estadual a prestação dos serviços públicos de saneamento básico se ajusta ao que prevê a primeira parte do *caput* do artigo 10 da nova redação da Lei Nacional de Saneamento Básico, que reconhece como prestação direta, e que não depende de contrato, a que se efetivar mediante entidade que integra a administração do titular.

Tal posição apareceu expressa tanto na manifestação da Advocacia Geral da União como da Procuradoria Geral da República no âmbito da ADI 7.335/PB, em que se debate a constitucionalidade de incisos de artigo da lei complementar paraibana que estabelece ao Colegiado Microrregional das Microrregiões de Águas e Esgoto a atribuição de "autorizar a prestação direta dos serviços públicos de abastecimento de água e esgotamento sanitário pela Companhia de Água e Esgotos da Paraíba – Cagepa, em razão desta integrar a administração indireta de um dos entes da entidade microrregional".

O entendimento da Advocacia Geral da União foi pela total improcedência do pedido do autor, uma vez que a Cagepa integra a administração do cotitular dos serviços públicos de saneamento básico no caso de regiões metropolitanas, aglomerações urbanas e microrregiões, nos moldes do disposto pela Lei 14.026/2020. Em síntese, concluiu que:

> Além de não usurpar as competências municipais, as normas em questão não afrontam as diretrizes gerais traçadas pelo novo marco legal do saneamento básico, tanto no que diz respeito às modalidades de prestação quanto às formas contratuais admitidas pelo marco. (...) É certo que o novo marco legal exige que as companhias estaduais de saneamento participem dos procedimentos

---

45. Cf. FREIRE, André Luiz. Saneamento básico: titularidade, regulação e descentralização. In: GUIMARÃES, Fernando Vernalha (Coord.). *O novo direito do saneamento básico*: estudos sobre o novo marco legal do saneamento básico no Brasil (de acordo com a Lei 14.026/2020 e respectiva Regulamentação). Belo Horizonte: Fórum, 2022, p. 81-119.

licitatórios destinados à concessão dos serviços públicos de saneamento básico, mas, como deixa claro o dispositivo acima transcrito, isso somente será devido na hipótese em que a entidade não integre a administração do titular. No caso dos autos, o que se tem é uma autorização para prestação direta dos serviços pela CAGEPA, uma sociedade de economia mista cujo capital pertence majoritariamente ao Estado da Paraíba, cotitular do serviço público de saneamento básico, em conjunto com os municípios que compartilham efetivamente instalações operacionais integrantes das respectivas microrregiões.[46]

Sobre o mérito, a Procuradoria Geral da República também concluiu pela compatibilidade da lei complementar com a legislação federal:

> Pelas informações prestadas pelo Governador do Estado da Paraíba, vê-se que o entendimento pela possibilidade de prestação do serviço por entidade estadual, sem a submissão a procedimento licitatório – que resultou na previsão impugnada – decorreu de interpretação da legislação federal de regência no sentido de que entidades da administração estadual indireta integram a concepção de prestação direta do serviço, como concluído em parecer precedente à edição da norma estadual. A prestação do serviço, nessa hipótese, estaria condicionada à prévia autorização por parte do Colegiado Microrregional (...).[47]

Ocorre que a referida ação direta de inconstitucionalidade não chegou a um julgamento de mérito pelo Supremo Tribunal Federal, tendo em vista a perda superveniente do seu objeto, com a revogação da norma questionada. Por mais que a ação ainda não tenha sido declarada extinta, já constam manifestações, inclusive do Ministério Público Federal, indicando que tal medida se faz mister. Dessa forma, os posicionamentos acima expostos acabam por ser indicativos – tendo em vista que a AGU é responsável pela orientação jurídica da União –, mas não absolutos, uma vez que nova ação pode ser proposta em face de outras legislações com teor semelhante.

No tocante aos requisitos, materiais e procedimentais, para a outorga da prestação direta, o revogado Decreto 11.467/2023 chegou a regulamentar, por curto período, quais seriam esses requisitos. Segundo os §§ 16 e 17 do art. 6º do Decreto mencionado, a prestação direta dos serviços públicos por parte de entidade componente da Administração do Estado estaria condicionada (i) à autorização do Colegiado Microrregional (art. 6º, § 16); (ii) à anuência da entidade reguladora competente (art. 6º, § 17); (iii) à formalização de termo de prestação (art. 6º, §17); e (iv) à comprovação da capacidade econômico-financeira da entidade para universalizar os serviços até 31 de dezembro de 2033 (art. 6º, § 17).

Ocorre que, como adiantado, o referido Decreto foi revogado em 12 de julho de 2023 e substituído pelo Decreto 11.599/2023, o qual não traz dentre as suas disposições o rol de requisitos relativos à atribuição da prestação direta à entidade de membro da Microrregião. Tal omissão, contudo, não significa que a hipótese deixou de existir.

---

46. ADVOCACIA GERAL DA UNIÃO. Ação Direta de Inconstitucionalidade 7.335/PB. Relator: Min. André Mendonça. Requerente: ABCON/SINDCON.
47. PROCURADORIA GERAL DA REPÚBLICA. Parecer AJCONST/PGR 71746/2023. Ação Direta de Inconstitucionalidade 7.335/PB. Relator: Min. André Mendonça. Requerente: ABCON/SINDCON.

Com efeito, sendo o Decreto um ato normativo secundário, de natureza regulamentar, ele não pode criar ou extinguir situações jurídicas, mas apenas especificar os comandos legais para garantir sua aplicabilidade, apresentar o texto normativo de maneira mais didática com vistas à sua melhor compreensão ou reduzir a discricionaridade da própria Administração pela criação, por exemplo, de procedimentos para o exercício de determinadas funções ou poderes públicos.

O referido § 16 nada mais representava do que a explicitação didática de como outorgar a prestação direta e, conjuntamente com o § 17, restringia a discricionaridade, *in casu* dos colegiados microrregionais, prevendo condições para que o titular exerça o poder de definir forma de prestação de serviços públicos. A redação mais concisa do Decreto 11.599/2023 apenas significa que a União optou por não regrar como a prestação direta regionalizada pode ser outorgada; ou optou por não limitar, no nível de normas nacionais, a discricionaridade dos titulares ou de quem exerce a titularidade, deixando para cada ente decidir quais critérios e procedimentos deseja adotar, em razão de suas peculiaridades locais.

Diante disso, os requisitos para a atribuição da prestação direta restam são apenas aqueles depreendidos do texto legal: (i) ser o órgão ou entidade componente da Administração de ente da Federação integrante da estrutura de governança interfederativa; e (ii) o colegiado interfederativo, na posição de responsável pelo exercício da titularidade, deliberar por tal atribuição.

De outro turno, a criação de requisitos suplementares por parte da estrutura de governança interfederativa é possível. Trata-se, de matéria *interna corporis*, relativa à forma como ela exerce suas competências na organização dos serviços, cabendo o regramento ao seu regimento interno ou outra norma interna com a mesma natureza. Olhando para a realidade, isso pode ser observado no caso do Goiás, em que o próprio regimento interno da Microrregião possui capítulo específico voltado a disciplinar a forma de atribuição da prestação direta regionalizada,[48] estabelecendo requisitos de ordem procedimental, bem como no caso do Paraná, em que o Colegiado Microrregional aprovou Assento Regimental instituindo o mesmo tipo de regramento.[49]

A eventual ausência de procedimento estabelecido não impede, todavia, que a deliberação pela atribuição da prestação direta ocorra. Assim, até que o procedimento seja estabelecido no Regimento Interno ou por assento regimental, poderá o Colegiado Microrregional deliberar de forma casuística. Tal deliberação deve, contudo, respeitar os parâmetros mínimos da Lei Complementar que instituiu as microrregiões, no tocante à decisão final ser tomada pelo Colegiado Microrregional, após análise e manifestação

---

48. Artigos 43 a 47 do Regimento Interno Definitivo de cada Microrregião de Saneamento Básico de Goiás, aprovados nas 1ª Assembleias Gerais dos Colegiados Microrregionais. Acessível em: https://goias.gov.br/seinfra/wp-content/uploads/sites/6/2023/10/Publicacao-DOE-Regimento-MSB-LESTE.pdf.
49. Assento Regimental 001/2023, aprovado pela Resolução 001/2023 da Microrregião de Água e Esgotamento Sanitário. Acessível em: https://www.secid.pr.gov.br/sites/default/arquivos_restritos/files/documento/2023-10/6_assembleia_geral_extraordinaria_mrae_1.pdf. Aqui colocado apenas a resolução da MRAE-1, mas as demais aprovaram textos idênticos.

do Comitê Técnico, e observados os prazos de convocação e quóruns de instalação e aprovação, estabelecidos pelos Regimentos Internos.

Finalmente, em sendo aprovada a atribuição da tarefa de prestação direta dos serviços públicos de saneamento, é útil que a prestação seja disciplinada em seus aspectos essenciais, por exemplo, área de abrangência da prestação, regime de investimentos necessários e metas a serem atingidas. Isso porque não cabe celebração de contrato, vez que não há duas vontades autônomas a serem compostas. Assim, a formalização da atribuição do dever de prestar os serviços se realiza por ato administrativo colegial, a exemplo de uma resolução. É o que se tem visto na prática.

No caso do Estado da Paraíba, as Microrregiões, uma vez aprovada a atribuição da prestação direta à Cagepa, criaram um "Regulamento de prestação de serviços",[50] subscrito pela própria Cagepa, pelo Estado e pelos municípios em que a prestação se dará, disciplinando os termos da prestação. De modo semelhante, no caso do Paraná, as Microrregiões aprovaram, além do ato de efeitos concretos que instituiu a prestação direta sob responsabilidade do Estado, um "Regulamento da Prestação Direta Regionalizada dos serviços públicos de abastecimento de água e de esgotamento sanitário",[51] o qual detalha as condições da prestação, seja essa já aprovada, pelo de responsabilidade do governo estadual, sejam outras, eventualmente instituídas.

CONCLUSÃO

Ante o exposto, tem-se que a doutrina jurídica, especialmente a brasileira, pouco tratou do tema da prestação direta dos serviços públicos, dando muito maior foco ao detalhamento das formas de prestação indireta. Por mais que alguns estudos busquem conceituar a prestação direta a partir de aspectos materiais – como o interesse do prestador –, a maior parte dos doutrinadores se limita a definir a prestação direta: (i) negativamente, como toda aquela que não seja feita por concessão ou permissão; e (ii) positivamente, a partir de um critério orgânico, qual seja o desempenho da prestação pelo próprio titular do serviço.

Soma-se a isso a questão da titularidade dos serviços públicos de saneamento básico no contexto de regionalização. De acordo com a jurisprudência do Supremo Tribunal Federal, a titularidade dos serviços públicos de saneamento, por se tratar de serviços públicos de interesse local, é sempre municipal. Entretanto, no âmbito de autarquias interfederativas compulsórias previstas na Constituição (regiões metropolitanas, aglomerações urbanas e microrregiões), essa titularidade é exercida de maneira colegiada, quando reconhecidos tais serviços como função pública de interesse comum por lei complementar estadual.

---

50. Disponível em: https://paraiba.pb.gov.br/diretas/secretaria-de-infraestrutura-e-dos-recursos-hidricos/arquivos/regulamento-sobre-a-prestacao-de-servicos-de-agua-e-esgoto-da-microrregiao-do-litoral.pdf.
51. Disponível em: https://www.secid.pr.gov.br/sites/default/arquivos_restritos/files/documento/2023-12/7_assembleia_geral_extraordinaria_mrae_1.pdf.

A decisão do legislador complementar estadual em reconhecer determinada matéria como função pública de interesse comum, ainda na linha de como o STF interpreta a Constituição, não se limita ao compartilhamento físico de infraestrutura entre municípios, mas abrange conjunto maior de motivações técnicas ou econômico-financeiras, desde que suficientes para demonstrar a necessidade de planejamento ou execução conjunta, ao se considerar os interesses de todos os municípios que integram o agrupamento.

Com isso em mente, conclui-se pela possibilidade de desempenho de prestação direta por parte de tais estruturas de governança interfederativa. Sendo elas as responsáveis pelo exercício da titularidade, a execução da prestação dos serviços pela sua própria pessoa jurídica, ou por pessoa jurídica a ela vinculada, configura prestação direta. Dessa forma, caso a autarquia regional possua meios próprios para a execução dos serviços ou detenha controle sobre empresa estatal interfederativa, poderá se valer de tais estruturas para realizar a prestação direta. Ainda, caso não possua estrutura administrativa própria, poderá se valer da estrutura de qualquer de seus membros para tanto – inclusive autarquia e empresas estatais municipais ou estaduais.

Este último modelo de atribuição da tarefa de prestação direta a ente integrante da estrutura interfederativa ou entidade a eles vinculada é o que tem se averiguado na prática, já tendo sido adotado em Estados como Paraíba, Paraná e Goiás. Nesses casos, uma vez que a prestação direta não possui caráter contratual, os termos e condições da prestação foram disciplinados por ato normativo das microrregiões.

Finalmente, por mais que a constitucionalidade desse modelo não tenha sido confirmada pelo Supremo Tribunal Federal, tendo em vista a perda superveniente de objeto da ADI 7.335/PB, as manifestações da AGU e da PGR, em linha com a doutrina já produzida sobre o tema, indicam a sua regularidade e viabilidade.

REFERÊNCIAS

ARAGÃO, Alexandre Santos de; D'OLIVEIRA, Rafael Daudt. Considerações iniciais sobre a Lei 14.026/2020 – Novo marco regulatório do saneamento básico. In: GUIMARÃES, Fernando Vernalha (Coord.). *O Novo Direito do Saneamento Básico*: Estudos sobre o Novo Marco Legal do Saneamento Básico no Brasil (de Acordo Com a Lei 14.026/2020 e respectiva Regulamentação). Belo Horizonte: Fórum, 2021.

ARAGÃO, Alexandre Santos de. *Empresas Estatais: o regime jurídico das Empresas Públicas e Sociedades de Economia Mista*. 2. ed. Rio de Janeiro: Forense, 2018.

ARAGÃO, Alexandre Santos de. *Direito dos Serviços Públicos*. 4. ed. Belo Horizonte: Fórum, 2017.

ATALIBA, Geraldo. Empresas estatais e regime administrativo (serviço público – inexistência de concessão – delegação – proteção ao interesse público). *Revista Trimestral de Direito Público – RTDP*, Belo Horizonte, n. 64, jan. 2016.

DI PIETRO, Maria Sylvia Zanella. *Direito Administrativo*. 36 ed. São Paulo: Grupo GEN, 2023.

FREIRE, André Luiz. Saneamento básico: titularidade, regulação e descentralização. In: GUIMARÃES, Fernando Vernalha (Coord.). *O novo direito do saneamento básico: estudos sobre o novo marco legal do saneamento básico no Brasil (de acordo com a Lei 14.026/2020 e respectiva regulamentação)*. Belo Horizonte: Fórum, 2022.

HOHMANN, Ana Carolina. A prestação regionalizada do serviço público de saneamento básico no âmbito do novo marco legal do saneamento básico: gestão associada e governança interfederativa. In: GUIMARÃES, Bernardo Strobel. VASCONCELOS; Andrea Costa de; HOHMANN, Ana Carolina. (Coord.) *Novo marco legal do saneamento básico*. Belo Horizonte: Fórum, 2021.

MARQUES NETO, Floriano de Azevedo. As parcerias público-privadas no saneamento ambiental. In: Carlos Ari Sundfeld (org.). *Parcerias público-privadas*. São Paulo: Malheiros, 2005.

MARQUES NETO, Floriano de Azevedo. *Concessões*. Belo Horizonte: Fórum, 2016.

MARRARA, Thiago (Org.). *Estatuto da metrópole: Lei 13.089/2015 comentada*. Ribeirão Preto: FDRP-USP, 2021.

MARRARA, Thiago. Regionalização do Saneamento no Brasil. In: OLIVEIRA, Carlos Roberto de. GRANZIERA, Maria Luiza Machado (Org.). *Novo Marco do Saneamento Básico no Brasil*. 2. ed. Indaiatuba: Foco, 2022.

RIBEIRO, Wladimir Antonio. A prestação dos serviços públicos de saneamento básico mediante contrato de programa. In: GUIMARÃES, Bernardo Strobel. VASCONCELOS; Andrea Costa de; HOHMANN, Ana Carolina. (Coord.) *Novo marco legal do saneamento básico*. Belo Horizonte: Fórum, 2021.

RIBEIRO, Wladimir Antonio. GUIMARÃES, Raquel Lamboglia. Região metropolitana e competência municipal. In: DAL POZZO, Augusto Neves; OLIVEIRA, José Roberto Pimenta; BERTOCCELLI, Rodrigo de Pinho (Org.). *Tratado sobre o marco regulatório do saneamento básico no direito*. São Paulo: Contracorrente, 2017.

RIBEIRO, Wladimir António. O saneamento básico como um direito social. *Revista de Direito Público da Economia* – RDPE. Belo Horizonte, ano 13, n. 52, p. 229-251, out/dez. 2015.

SANTORO, Bernardo; ESTEVAM, Douglas. A alienação do controle acionário de empresas estatais de saneamento básico. In: FROTA, Leandro; PEIXINHO, Manoel (Coord.). *Marco Regulatório do Saneamento Básico* – estudos em homenagem ao Ministro Luiz Fux. Brasília: OAB Editora, 2021.

SCHIRATO, Victor Rhein. *As empresas estatais no Direito Administrativo Econômico atual*. São Paulo: Saraiva, 2016.

SILVA, Virgílio Afonso da. *Direito Constitucional Brasileiro*. São Paulo: Edusp, 2021.

STRINGHNI, Adriano Candido; BRONZATO, Tales José Bertozzo. Camisa 10: o Novo Marco Legal do Saneamento: um olhar para o futuro e as oportunidades de sinergia: exercício da titularidade: interesse local e interesse comum: uma visão integrativa e modelos contratuais e societários. In: DAL POZZO, Augusto Neves (Coord.). *O Novo Marco Regulatório do Saneamento Básico*. São Paulo: Revista dos Tribunais, 2022.

ZANOBINI, Guido. *L'esercizio privato delle funzione e dei servizi pubblici*. Milão: Società Editrice Libraria, 1920.

FUNDO PÚBLICO REGIONAL DE SANEAMENTO BÁSICO: UMA ALTERNATIVA PARA A VIABILIZAÇÃO DE INVESTIMENTOS EM INFRAESTRUTURA

Lucas Mendonça Giuseppin

Mestre em Direito pela Universidade Estadual de Londrina (UEL) e Coordenador de Governança Socioambiental do Escritório Estadual de Parcerias Estratégicas do Governo do Estado de Mato Grosso do Sul. E-mail: lucas.giuseppin@uel.com.

Sumário: Introdução – 1. A gestão e o planejamento dos serviços públicos de saneamento básico no Brasil – 2. Aspectos financeiros e administrativos de fundos públicos – 3. Um fundo regional de saneamento básico – Conclusões – Referências.

INTRODUÇÃO

A Constituição Brasileira de 1988 traça a saúde e o meio ambiente ecologicamente equilibrado como direitos fundamentais e os serviços públicos de saneamento básico são considerados pilares para a promoção de tais direitos. Além disso, em 2015, o Brasil foi signatário da "Agenda 2030 para o Desenvolvimento Sustentável", que estabelece os objetivos de Desenvolvimento Sustentável, dentre eles, o de número seis, que define como meta, até 2030, a universalização do saneamento básico.

A despeito das normas constitucionais e compromissos internacionais, a expansão desses serviços púbicos é uma realidade distante no Brasil. Diante desse cenário de reduzida cobertura, acentuada por desigualdades regionais, buscou-se a reconfiguração do setor, com alterações na legislação pertinente. A Lei Federal 14.026/2020 alterou substancialmente a Lei Federal 11.445/2007, o denominado Marco Legal do Saneamento Básico (MLSB).

A principal diretriz foi a promoção da participação privada no segmento, materializada pela vedação aos novos contratos de programa com as empresas estatais. A titularidade dos serviços é municipal, mas sua execução, do ponto de vista histórico, foi prestada por empresas estatais estaduais, especialmente quanto aos serviços de água e esgoto, por meio do instrumento contratual previsto no artigo 13 da Lei Federal 11.107/2005.

O MLSB traçou mecanismos para tornar o ambiente mais atrativo ao setor privado, de forma a privilegiar critérios de sustentabilidade econômico-financeira, entre eles, a prestação regionalizada dos serviços de saneamento básico. O fim último da regionalização é, mediante gestão associada e subsídios cruzados entre municípios superavitários e deficitários, tornar as concessões mais atrativas à iniciativa privada, com a promoção de concessões em bloco, com a possibilidade de viabilizar a sustentabilidade dos serviços apenas com recursos oriundos das receitas tarifárias.

Ocorre que os serviços de saneamento básico, por suas características, nem sempre será atrativo à iniciativa privada, mesmo com a previsão de mecanismos específicos para tanto. É o exemplo do saneamento rural, que demanda alto volume de investimentos e possui reduzida arrecadação tarifária. Em situações dessa natureza, o Estado, em sentido lato, não pode se afastar a também aportar recursos para a universalização dos serviços de saneamento e, ao cabo, promover a efetivação de direitos fundamentais à saúde e ao meio ambiente ecologicamente equilibrado.

Nesse sentido, o presente trabalho propõe a criação de fundos regionais destinados aos investimentos necessários para a universalização dos serviços de saneamento básico, entidades integradas pelos municípios titulares dos serviços. A ideia é alcançar uma alternativa quando os investimentos privados, em especial no saneamento rural, não possam ser amortizados em um eventual contrato de concessão, impondo ao poder público a necessidade de viabilizar essa infraestrutura.

Serão exploradas as possibilidades de operacionalização desse fundo, tanto do ponto de vista do Direito Administrativo, quanto do Direito Financeiro. Antes, serão traçadas as modalidades de prestação regionalizada, com um histórico da gestão associada pelas empresas estatais e como essa sistemática de subsídio cruzado foi substituído pelas formas de regionalização no atual MLSB.

Destaca-se que o presente trabalho deriva de uma pesquisa mais ampla sobre o sistema de gestão dos serviços públicos de água e esgoto para o Estado Ambiental Brasileiro, objeto de dissertação de mestrado apresentada e aprovada no Programa de Pós-graduação em Direito Negocial da Universidade Estadual de Londrina – UEL.

1. A GESTÃO E O PLANEJAMENTO DOS SERVIÇOS PÚBLICOS DE SANEAMENTO BÁSICO NO BRASIL

Os serviços públicos de saneamento básico possuem quatro pilares: a coleta e tratamento de esgoto sanitário, o abastecimento de água potável, a coleta e destinação de resíduos sólidos e a limpeza e drenagem urbana. A titularidade desses serviços é dos entes municipais, conforme posicionamento do Supremo Tribunal Federal sobre o art. 30, inciso I, no âmbito de decisão proferida na Ação Direta de Inconstitucionalidade 1.842, contra as Leis Complementares 87/1997 e 2.869/1997, e o Decreto 24.631/1998, do Estado do Rio de Janeiro, que considerou os serviços em questão como de interesse local.[1]

---

1. BRASIL. Supremo Tribunal Federal (Pleno). Ação Direta de Inconstitucionalidade 1842. Declarar a inconstitucionalidade da expressão "a ser submetido à Assembleia Legislativa", constante do inciso I do art. 5º da LC 87/1997-RJ, bem como dos artigos 11 a 21 da Lei 2.869/1997-RJ. Recorrente: Partido Democrático Trabalhista (PDT). Recorrido: Estado do Rio de Janeiro. Relator: Min. Luiz Fux, 28 de fevereiro de 2013. Disponível em: https://portal.stf.jus.br/processos/detalhe.asp?incidente=1714588. Acesso em 19 dez. 2022.

Apesar da titularidade municipal, sob uma perspectiva histórica, sobretudo no período de pós-golpe militar de 1964, a gestão do saneamento básico foi marcada pela centralização político-administrativa no Poder Executivo Federal. Conforme as lições do cientista social Luiz Fernando Abrucio,[2] em obra intitulada "Os barões da federação", o governo central, para compelir as demais esferas federativas ao alinhamento com as diretrizes federais, utilizou os denominados convênios intergovernamentais. Os convênios serviram de pilares da tecnocracia militar e forneciam, além de assistência técnica, apoio financeiro aos Estados e Municípios, que deveriam seguir as orientações do Poder Executivo federal para fazer jus ao suporte técnico-financeiro.[3]

Foi nesse contexto histórico que foi instituído o Plano Nacional de Saneamento (Planasa), institucionalizado por meio do Decreto-Lei 949/1969, que conferiu ao Banco Nacional de Habitação (BNH) a competência para financiar ações, com recursos próprios e do Fundo de Garantia por tempo de serviço (FGTS), para implementar e melhorar os sistemas de abastecimento de água e coleta e tratamento de esgoto sanitário.[4]

Após quase dez anos, as estruturas do Planasa foram definidas pela Lei Federal 6.528/1978, que dispôs das diretrizes gerais do plano e definiu que, ao lado das ações de financiamento do BNH, o planejamento nacional ocorreria pelo Poder Executivo federal, por meio do Ministério do Interior. O Decreto 82.587/1978 regulamentou a legislação e traçou uma das principais diretrizes do Planasa, o condicionamento dos financiamentos destinados às obras de saneamento básico apenas para os municípios cujos serviços fossem prestados por Companhias Estaduais de Saneamento, conforme art. 2º de citado regulamento:

> São serviços públicos de saneamento básico, integrados ao Planasa, aqueles administrados e operados por companhias de saneamento básico, constituídas pelos Governos Estaduais que, em convênio com o Banco Nacional da Habitação, estabelecem as condições de execução do Plano, nos respectivos Estados, observados os objetivos e metas fixados pelo Governo Federal.[5]

O ex-ministro da economia, Carlos Kawall Leal Ferreira, analisou o mecanismo de financiamento do BNH durante a execução do Planasa. Segundo o autor, o financiamento das obras de saneamento era 50% provido pelos Estados, por meio de Fundos de Água e Esgoto, e 50% financiado pelo BNH com recursos do FGTS. Ao impor a prestação

---

2. ABRUCIO, Fernando Luiz. *Os barões da federação: os governadores e a redemocratização brasileira*. São Paulo: HUCITEC, 1998, p. 72-73.
3. Idem.
4. BRASIL. [Decreto-Lei 949, de 13 de outubro de 1969]. Dispõe sobre aplicações de recursos pelo BNH nas operações de financiamento para Saneamento e dá outras providências: Presidência da República, [1969]. Disponível em: https://www.planalto.gov.br/ccivil_03/decreto-lei/1965-1988/del0949.htm. Acesso em: 05 jun. 2023.
5. BRASIL. [Lei 6.528, de 11 de maio de 1978]. BRASIL. [Lei 3.750, de 11 de abril de 1960]. Autoriza o Poder Executivo a transformar em Fundação o Serviço Especial de Saúde Pública, e dá outras providências. Brasília, DF: Presidência da República, [1978]. Disponível em: https://www.planalto.gov.br/ccivil_03/leis/l6528.htm#:~:text=LEI%20N%C2%BA%206.528%2C%20DE%2011%20DE%20MAIO%20DE%201978.&text=Disp%C3%B5e%20sobre%20as%20tarifas%20dos,b%C3%A1sico%2C%20e%20d%C3%A1%20outras%20provid%C3%AAncias. Acesso em: 05 jun. 2023.

pelas Companhias Estaduais, o mecanismo promoveu forte centralização das políticas de saneamento básico. A justificativa era a promoção de subsídios cruzados, modelo que permitia a prestação a um grande número de municípios, com a junção de regiões superavitárias e deficitárias do ponto de vista tarifário.[6]

O professor Marcus André Barreto Campelo de Mello,[7] em artigo que examinou o padrão brasileiro de intervenção pública no saneamento básico, destaca que, após uma forte expansão dos investimentos em água e esgoto, com a duplicação do volume total de aportes financeiros entre os anos de 1975 a 1983 no período Geisel, o BNH enfrentou severas dificuldades financeiras a partir de 1981, em razão da crise econômica generalizada no país, com o crescente número de saques do FGTS, a principal fonte de custeio do BNH, e alto desemprego.

As dificuldades também se estenderam às companhias estaduais de saneamento, afetadas pelas crises inflacionárias. Em 1980, 18 das 23 empresas estaduais encontravam-se em déficit na relação despesas operacionais e receitas. Em 1986, o BNH foi extinto, com suas atividades financeiras transferidas à Caixa Econômica Federal e o planejamento do saneamento básico foi inserido nas competências do Ministério do Desenvolvimento Urbano e Meio Ambiente.[8]

O Planasa foi relevante para a expansão dos investimentos públicos em infraestrutura de saneamento básico, em especial entre os anos de 1975-1983, o que, de fato, representou melhoras nos índices de acesso a estes serviços públicos no Brasil. Contudo, o período final do plano foi crítico. Ao final da década de 1980, com a crise econômica generalizada no país, houve a extinção do Banco Nacional de Habitação (BNH), entidade que fornecia diretrizes técnicas e financiamento aos Estados, às companhias estaduais de saneamento e aos Municípios.[9]

O setor de saneamento, após o declínio do Planasa, foi influenciado pelo movimento de reforma administrativa do Estado, que inaugurou o modelo de Administração Pública gerencial. O Ministério da Administração e Reforma do Estado, à época chefiado por Luiz Carlos Bresser-Pereira, lançou as bases do Estado gerencial no documento intitulado "Os avanços da reforma na administração pública", em que ressalta a necessidade de redefinir o papel estatal, com o fortalecimento da regulação de mercados, a modernização da capacidade administrativa e promoção de ajuste fiscal, políticas extensíveis aos Estados e Municípios, em vista do excesso de pessoal.[10]

---

6. FERREIRA, Carlos Kawall Leal. *O financiamento da indústria e da infraestrutura no Brasil*: crédito de longo prazo e mercado de capitais. 1995. Tese (Doutorado em Ciência Econômica) – Universidade de Campinas. Campinas, p. 265, 1995, p. 119.
7. DE MELLO, Marcus André Barreto Campelo. O padrão brasileiro de intervenção pública no saneamento básico. *Revista de Administração Pública*, São Paulo, v. 23, n. 1, p. 84-102, 1989, p. 87-96.
8. Idem.
9. Idem.
10. BRASIL. Os avanços da reforma na administração pública. Brasília, 1998. Disponível em: https://bibliotecadigital.economia.gov.br/handle/777/641. Acesso em: 15 jul. 2023, p. 11-12.

O modelo gerencial é resultado de um processo histórico. Em uma fase inicial, desde o império até o período da Era Vargas, a Administração Pública brasileira foi dominada pelo patrimonialismo, sem uma divisão clara entre os interesses públicos e privados dos detentores do poder. Em seguida, especialmente a partir dos governos de Getúlio Vargas, surgiu a Administração Pública burocrática, com parâmetros rígidos de controle de forma a combater o regime até então vigente. Bresser-Pereira destaca que a "administração pública burocrática foi adotada para substituir a administração patrimonialista, que definiu as monarquias absolutas, na qual o patrimônio público e o privado eram confundidos". Segundo o autor, este modelo surgiu em um "momento em que a democracia dava seus primeiros passos, era natural que desconfiasse de tudo e de todos – dos políticos, dos funcionários, dos cidadãos. Deveriam existir controles rigorosos e procedimentais".[11]

O modelo gerencial surge em contraponto ao burocrático, com foco não nos procedimentos, mas nos resultados e na qualidade dos serviços públicos. O suporte normativo para esta Administração gerencial encontra-se no art. 37 da Constituição Federal de 1988, que elenca, entre os princípios da Administração Pública, a eficiência.

Uma das formas de racionalizar e tornar mais eficientes as prestações estatais é o estabelecimento de prioridades, com reserva ao Estado de atividades cuja sua prestação direta é essencial e a alocação ao setor privado das atividades que este pode melhor desenvolver, por meio das concessões e parcerias público-privadas.

Foi neste contexto que surgiram as primeiras concessões de água e esgoto. O economista Frederico Turolla[12] examinou estas concessões: a primeira concessão plena ocorreu no município de Limeira, em São Paulo, em 1995. O município contava com 200 mil habitantes e a operação do abastecimento de água e esgotamento sanitário foi concessionada à empresa Águas de Limeira, pertencente ao grupo francês Lyonnaise des Eaux. Em 1997, a empresa teve uma receita operacional líquida de 18,6 milhões de reais; em 1996, o município de Ribeirão Preto teve a operação dos serviços de esgotamento sanitário concessionada às empresas CH2M Hill e REK Construtora.

Portanto, desde da década de 1990, convivem no Brasil dois grandes modelos de prestação dos serviços de água e esgoto: a prestação pelas Companhias Estaduais de Saneamento Básico, incentivada nos governos militares; e a concessão dos serviços à iniciativa privada, implementada na reforma do Estado e no modelo gerencial de Administração Pública na década de 1990.

Fatores como a crise econômica enfrentada pelo Brasil a partir de 2016 e a incapacidade estatal em promover os investimentos necessários à universalização, culminaram com a aprovação da Lei Federal 14.026/2020, diploma que alterou a Lei Federal

---

11. BRESSER-PEREIRA, Luiz Carlos. Da Administração Burocrática à Gerencial. *Revista do Serviço Público*. Brasília, v. 47, n. 1, jan./abr., p. 07-40, 1996, p. 3.
12. TUROLLA, Frederico Araújo. *Provisão e operação de infraestrutura no Brasil*: o setor de saneamento. Dissertação (Mestrado em Economia de Empresas) – Escola de Administração e Economia da Fundação Getúlio Vargas. São Paulo, p. 94, 1999, p. 67.

11.445/2007, com destaque para a vedação para novos contratos de programa para a execução dos serviços públicos de saneamento básico pelas empresas estatais estaduais, sem a necessidade de procedimento competitivo. Com a atual normatização, a prestação dos serviços pode ser realizada de forma direta pelo titular ou concedida à iniciativa privada, mediante processo licitatório.

A legislação vigente, visando à manutenção do mecanismo de subsídios cruzados que, ainda hoje, são realizados em decorrência da gestão centralizada pelas empresas estatais, traz a figura da prestação regionalizada dos serviços de saneamento, com a criação, pelas Unidades Federativas Estaduais, de regiões metropolitanas, aglomerados urbanos ou microrregiões, ou ainda de unidades regionais de saneamento básico, reunindo em bloco os municípios para se tornarem atrativos à iniciativa privada sob aspecto da sustentabilidade econômico-financeira.

Nas figuras da região metropolitana, aglomerados urbanos e microrregiões, instituídas por lei complementar estadual, há a transferência de titularidade municipal para interfederativa, visto que a infraestrutura operacional dos serviços públicos municipais é compartilhada com municípios limítrofes, a exemplo de estações de tratamento de esgoto e tubulações comuns. Desse modo, o interesse não é mais restrito aos munícipes de determinada localidade.

O MLSB conceituou o interesse comum quando há compartilhamento de instalações operacionais de infraestrutura. O art. 3º, XIV, do MLSB dispõe que:

> serviços públicos de saneamento básico de interesse comum: serviços de saneamento básico prestados em regiões metropolitanas, aglomerações urbanas e microrregiões instituídas por lei complementar estadual, em que se verifique o compartilhamento de instalações operacionais de infraestrutura de abastecimento de água e/ou de esgotamento sanitário entre 2 (dois) ou mais Municípios, denotando a necessidade de organizá-los, planejá-los, executá-los e operá-los de forma conjunta e integrada pelo Estado e pelos Municípios que compartilham, no todo ou em parte, as referidas instalações operacionais.[13]

As infraestruturas compartilhadas podem ser visualizadas no fluxo operacional do saneamento básico. O esgotamento sanitário, por exemplo, o resíduo é coletado de domicílios e, por meio de tubulações (rede coletora), são transportados para a Estação de Tratamento de Esgoto. Há compartilhamento de infraestruturas quando este sistema é composto por mais de um município, o que é mais racional em vista da redução dos custos operacionais e maximização dos recursos utilizados.

Também há interesse regional quando as externalidades negativas dos serviços, que impactam no meio ambiente e na saúde humana, afetam toda a comunidade do entorno. O Supremo Tribunal Federal, ao dispor sobre a titularidade dos serviços de saneamento básico, destaca que:

---

13. Idem, p. 67.

As próprias circunstâncias naturais e o elevado custo para a adequada prestação do serviço público e, principalmente, para instalação e manutenção da infraestrutura necessária - como canais e tubos em paralelo para amplo abastecimento de água e recolhimento de esgoto, estruturas de drenagem de águas pluviais, estações de tratamento etc. – demandam expressivos aportes financeiros, além de condições técnicas, que nem sempre estão ao alcance da grande maioria dos Municípios brasileiros. [...] Por outro lado, a inadequação na prestação da função pública de saneamento básico enseja problemas ambientais e de saúde pública que afetam comunidades próximas, principalmente nos casos em que se verifica o fenômeno da conurbação.[14]

Conforme disposições da Lei Federal 13.089/2015, a metrópole é o "espaço urbano com continuidade territorial que, em razão de sua população e relevância política e socioeconômica, tem influência nacional ou sobre uma região que configure, no mínimo, a área de influência de uma capital regional". A área metropolitana é a "representação da expansão contínua da malha urbana da metrópole, conurbada pela integração dos sistemas viários, abrangendo, especialmente, áreas habitacionais, de serviços e industriais com a presença de deslocamentos pendulares no território"; a aglomeração urbana é a "unidade territorial urbana constituída pelo agrupamento de 2 (dois) ou mais Municípios limítrofes, caracterizada por complementaridade funcional e integração das dinâmicas geográficas, ambientais, políticas e socioeconômicas". Portanto, na região metropolitana há uma capital regional que influencia o seu entorno.[15]

Nas aglomerações urbanas, aplica-se a normatização das regiões metropolitanas. A diferença é que, nas aglomerações, os municípios se influenciam reciprocamente, com a aparente constituição de um único complexo urbano.[16]

As microrregiões são instituídas pelos Estados para a gestão de "funções públicas de interesse comum com características predominantemente urbanas". Nestas, não são necessários os elementos de conurbação urbana, basta o interesse comum quanto à gestão de determinado serviço público. Contudo, é imperativo o compartilhamento de infraestruturas de modo a caracterizar o interesse comum.[17]

Nessas hipóteses, os municípios são compulsoriamente integrados às estruturas. A definição do formato destas figuras cabe aos Estados-membros, conforme art. 25, § 3º, da Constituição Federal, "mediante lei complementar, instituir regiões metropolitanas, aglomerações urbanas e microrregiões, constituídas por agrupamentos de municípios limítrofes, para integrar a organização, o planejamento e a execução de funções públicas de interesse comum".[18]

---

14. BRASIL, Supremo Tribunal Federal. Ação Direta de Inconstitucionalidade 1.842, Rio de Janeiro, Rel. Min. Luiz Fux. Brasília, 2013, p. 170. Disponível em: https://redir.stf.jus.br/paginadorpub/paginador.jsp?docTP=AC&docID=630026. Acesso em: 15 jul. 2023.
15. BRASIL. [Lei 13.089, de 12 de janeiro de 2015]. Institui o Estatuto da Metrópole, altera a Lei 10.257, de 10 de julho de 2001, e dá outras providências. Brasília, DF: Presidência da República, [2015]. Disponível em: https://www.planalto.gov.br/ccivil_03/_ato2015-2018/2015/lei/l13089.htm. Acesso em: 05 jun. 2023.
16. Idem.
17. Idem.
18. BRASIL. [Lei Federal 14.026, de 15 de julho de 2020]. Atualiza o marco legal do saneamento básico e altera a Lei 9.984, de 17 de julho de 2000. Brasília: Congresso Nacional, 2020. Disponível em: http://www.planalto.gov.br/ccivil_03/_ato2019-2022/2020/lei/l14026.htm. Acesso em: 19 dez. 2022.

A natureza da competência estadual para a definição da regionalização, conforme definido pelo STF,[19] trata-se de "uma competência que poderia ser chamada de "procedimental" e não uma competência material. [...] A instituição não é simplesmente uma possibilidade legislativa, mas um poder-dever do Estado". Esta natureza procedimental pode influenciar em uma recente demanda levada ao STF[20] na Ação Direta de Inconstitucionalidade 7335, em face da Lei Complementar 168/2021 do Estado da Paraíba, que criou as microrregiões de saneamento básico. O art. 2º, § 1º, dispõe que "cada Microrregião possui natureza jurídica de autarquia intergovernamental de regime especial, com caráter deliberativo e normativo, e personalidade jurídica de Direito Público". Na estrutura de gestão das microrregiões, o art. 5º, I, o Colegiado Microrregional é "composto por um representante de cada Município que a integra ou com ela conveniada e por um representante do Estado da Paraíba". A legislação da Paraíba[21] atribuiu aos órgãos colegiados funções como as de:

> VIII – manifestar-se em nome dos titulares sobre as matérias regulatórias e contratuais, inclusive as previstas no Decreto Federal 10.710, de 31 de maio de 2021, bem como aditar contratos para preservar o ato jurídico perfeito mediante reequilíbrio econômico-financeiro, especialmente quando o reequilíbrio se realizar mediante dilação ou diminuição de prazo contratual; [...] XI – autorizar a prestação direta dos serviços públicos de abastecimento de água e esgotamento sanitário pela Companhia de Água e Esgotos da Paraíba – CAGEPA, em razão desta integrar a administração indireta de um dos entes da entidade microrregional.[22]

Sobre a competência para autorizar a prestação direta por meio da Companhia de Água e Esgoto da Paraíba (CAGEPA), o Estado da Paraíba considerou que, em decorrência do interesse comum, a titularidade dos serviços seria compartilhada não apenas entre os entes municípios, mas também entre estes municípios e o Estado.

Em razão desta titularidade compartilhada, seria possível ao Estado, ou uma de suas empresas (administração indireta) prestar diretamente os serviços públicos de saneamento. A Advocacia-Geral da União concordou com o posicionamento do Estado:

---

19. BRASIL. Supremo Tribunal Federal (Pleno). Ação Direta de Inconstitucionalidade 1842. Declarar a inconstitucionalidade da expressão "a ser submetido à Assembleia Legislativa", constante do inciso I do art. 5º da LC 87/1997-RJ, bem como dos artigos 11 a 21 da Lei 2.869/1997-RJ. Recorrente: Partido Democrático Trabalhista (PDT). Recorrido: Estado do Rio de Janeiro. Relator: Min. Luiz Fux, 28 de fevereiro de 2013. Disponível em: https://portal.stf.jus.br/processos/detalhe.asp?incidente=1714588. Acesso em: 19 dez. 2022.
20. BRASIL. Supremo Tribunal Federal (Pleno). Ação Direta de Inconstitucionalidade 7335. Declarar a inconstitucionalidade de dispositivos de lei paraibana que preveem a prestação direta de serviços de saneamento básico pela Companhia de Água e Esgotos da Paraíba (Cagepa). Recorrente: Associação e Sindicato Nacional das Concessionárias Privadas de Serviços Públicos de Água e Esgoto (ABCON/SINDCON). Recorrido: Estado da Paraíba. Relator: Min. André Mendonça, 2023. Disponível em: https://portal.stf.jus.br/processos/detalhe.asp?incidente=6547099. Acesso em 30 jun. 2024.
21. PARAÍBA. [Lei Complementar 168, de 22 de junho de 2021]. Institui as Microrregiões de Água e Esgoto do Alto Piranhas, do Espinharas, da Borborema e do Litoral e suas respectivas estruturas de governança: Assembleia Legislativa, [2021]. Disponível em https://paraiba.pb.gov.br/diretas/secretaria-de-infraestrutura-e-dos-recursos-hidricos/arquivos/LEICOMPLEMENTAR1682021MICRORREGIOESPARAIBA.pdf. Acesso em: 05 jun. 2023.
22. Idem

o que se tem é uma autorização para prestação direta dos serviços pela CAGEPA, uma sociedade de economia mista cujo capital pertence majoritariamente ao Estado da Paraíba [5], cotitular do serviço público de saneamento básico, em conjunto com os municípios que compartilham efetivamente instalações operacionais integrantes das respectivas microrregiões.[23]

O dispositivo legal questionado foi revogado pelo Estado da Paraíba, mas a discussão ainda está pendente de decisão pelo Supremo Tribunal Federal. Em razão da titularidade instrumental do Estado e não material, tal qual a dos municípios, não parece adequada a interpretação do Estado da Paraíba.

O MLSB dispõe de uma outra forma de prestação regionalizada, as unidades regionais de saneamento básico. São instituídas por lei ordinária estadual, compostas por Municípios não necessariamente limítrofes e visam ao atendimento adequado das exigências de higiene e saúde pública, ou para dar viabilidade econômica e técnica aos municípios menos favorecidos (Brasil, 2020, n.p.).

As unidades regionais são instrumentos mais simples porque não necessitam do compartilhamento de infraestruturas operacionais entre os entes municipais, além de dispensarem lei complementar. Contudo, em razão do processo legislativo, as unidades regionais não importam na adesão compulsória dos municípios, conforme art. 8º-A do MLSB, os quais precisam formalmente demonstrar o interesse quanto à adesão. O MLSN, em seu art. 2º, XIV, dispõe que a "prestação regionalizada dos serviços, com vistas à geração de ganhos de escala e à garantia da universalização e da viabilidade técnica e econômico-financeira dos serviços".[24]

De forma subsidiária aos modelos de regionalização de iniciativa estadual, na hipótese de inércia dos entes estaduais, a legislação confere à União a possibilidade de formatar blocos de referência, agrupamento de Municípios não necessariamente limítrofes e formalmente criado por meio de gestão associada voluntária dos titulares.[25]

Reconhece-se, ainda, a possibilidade de uma gestão associada mediante a instituição de consórcios públicos. O art. 241 da Constituição Federal dispõe que:

> A União, os Estados, o Distrito Federal e os Municípios disciplinarão por meio de lei os consórcios públicos e os convênios de cooperação entre os entes federados, autorizando a gestão associada de serviços públicos, bem como a transferência total ou parcial de encargos, serviços, pessoal e bens essenciais à continuidade dos serviços transferidos.[26]

---

23. BRASIL. Supremo Tribunal Federal (Pleno). Ação Direta de Inconstitucionalidade 7335. Declarar a inconstitucionalidade de dispositivos de lei paraibana que preveem a prestação direta de serviços de saneamento básico pela Companhia de Água e Esgotos da Paraíba (Cagepa). Recorrente: Associação e Sindicato Nacional das Concessionárias Privadas de Serviços Públicos de Água e Esgoto (ABCON/SINDCON). Recorrido: Estado da Paraíba. Relator: Min. André Mendonça, 2023. Disponível em: https://portal.stf.jus.br/processos/detalhe.asp?incidente=6547099. Acesso em 30 jun. 2024.
24. BRASIL. [Lei Federal 14.026, de 15 de julho de 2020]. Atualiza o marco legal do saneamento básico e altera a Lei 9.984, de 17 de julho de 2000. Brasília: Congresso Nacional, 2020. Disponível em: http://www.planalto.gov.br/ccivil_03/_ato2019-2022/2020/lei/l14026.htm. Acesso em: 19 dez. 2022.
25. Idem.
26. BRASIL. [Constituição (1988)] Constituição da República Federativa do Brasil. Brasília, DF: Congresso Constituinte, 1988. Disponível em: http://www.planalto.gov.br/ccivil_03/constituicao/constituicao.htm. Acesso em 19 dez. 2022.

A regulamentação geral dos consórcios adveio com a Lei Federal 11.107/2005, que "dispõe sobre normas gerais para a União, os Estados, o Distrito Federal e os Municípios contratarem consórcios públicos para a realização de objetivos de interesse comum" e definiu que os consórcios se constituirão na forma de uma associação pública ou pessoa jurídica de direito privado.[27]

São essas as formas possíveis de formatação da prestação regionalizada. Como forma de induzir os entes municipais a se adequarem, o Marco legal do Saneamento prevê restrições de repasses de recursos não onerosos por parte da União, bem como aos financiamentos em instituições financeiras federais,[28] para municípios que não aderirem a uma estrutura de regionalização, até 30 de novembro de 2022 ou até 31 de março de 2023, na hipótese de o Estado estiver na fase de formulação de sua legislação e contar com apoio da União para tanto, consoante Decreto Federal 11.030/2022.

O Decreto 11.599/2023 tentou neutralizar as sanções aos municípios. Em seu art. 15, suspendeu até 31 de dezembro de 2025 o prazo para que os entes municipais aderissem às estruturas de prestação regionalizadas, prazo em que não haverá restrição quanto à alocação de recursos públicos federais. O decreto prioriza outras condicionantes, a exemplo do art. 10, que estabelece que os recursos federais serão condicionados: "ao alcance de índices mínimos de: a) desempenho do prestador na gestão técnica, econômica e financeira, [...]; e b) eficiência e eficácia na prestação dos serviços públicos de saneamento básico".[29]

O setor de saneamento básico sofre incertezas e inseguranças jurídicas. A legislação que rege o segmento foi editada e é implementa por governos centrais com visões antagônicas, o que influencia na gestão dos serviços de saneamento básico, que, em muitos aspectos, dependente de diretrizes federais.

2. ASPECTOS FINANCEIROS E ADMINISTRATIVOS DE FUNDOS PÚBLICOS

O orçamento representa as despesas e receitas verificadas em um período. Para além de uma peça administrativo-contábil, o orçamento tem o papel de representar as estratégias de um governo por meio de um plano de ação governamental.[30]

---

27. BRASIL. [Lei Federal 11.107, de 06 de abril de 2005]. Dispõe sobre normas gerais de contratação de consórcios públicos e dá outras providências. Brasília: Congresso Nacional, 2005. Disponível em: planalto.gov.br/ccivil_03/_ato2004-2006/2005/lei/l11107.htm.htm. Acesso em: 19 dez. 2022.
28. BRASIL. [Lei Federal 14.026, de 15 de julho de 2020]. Atualiza o marco legal do saneamento básico e altera a Lei no 9.984, de 17 de julho de 2000. Brasília: Congresso Nacional, 2020. Disponível em: http://www.planalto.gov.br/ccivil_03/_ato2019-2022/2020/lei/l14026.htm. Acesso em: 19 dez. 2022.
29. BRASIL. [Decreto 11.599, de 12 de julho de 2023]. Dispõe sobre a prestação regionalizada dos serviços públicos de saneamento básico, o apoio técnico e financeiro de que trata o art. 13 da Lei 14.026, de 15 de julho de 2020, a alocação de recursos públicos federais e os financiamentos com recursos da União ou geridos ou operados por órgãos ou entidades da União de que trata o art. 50 da Lei 11.445, de 5 de janeiro de 2007: Presidência da República, [2023]. Disponível em: http://www.planalto.gov.br/ccivil_03/_ato2023-2026/2023/decreto/D11599.htm. Acesso em: 05 jun. 2023.
30. HARADA, Kiyoshi. *Direito Financeiro e Tributário*. Rio de Janeiro: Grupo GEN, 2021. E-book. ISBN 9786559770038. Disponível em: https://integrada.minhabiblioteca.com.br/#/books/9786559770038/. Acesso em: 30 jul. 2024.

O professor Aliomar Baleeiro destaca que nos Estados Democráticos, "o orçamento é considerado o ato pelo qual o Poder Legislativo prevê e autoriza ao Poder Executivo, por certo período e em pormenor, as despesas destinadas ao funcionamento dos serviços públicos e outros fins adotados pela política econômica ou geral do país, assim como a arrecadação das receitas já criadas em lei".[31]

A Constituição brasileira de 1988, em seu art. 165, § 5º, dispõe que:

> A lei orçamentária anual compreenderá: I – o orçamento fiscal referente aos Poderes da União, seus fundos, órgãos e entidades da administração direta e indireta, inclusive fundações instituídas e mantidas pelo Poder Público; II – o orçamento de investimento das empresas em que a União, direta ou indiretamente, detenha a maioria do capital social com direito a voto; III – o orçamento da seguridade social, abrangendo todas as entidades e órgãos a ela vinculados, da administração direta ou indireta, bem como os fundos e fundações instituídos e mantidos pelo Poder Público.[32]

Dentre os princípios que regem o orçamento público brasileiro, tem-se a unicidade, que, segundo Kiyoshi Harada representa a "unidade de orientação política, de sorte que os orçamentos se estruturem uniformemente, ajustando-se a um método único, vale dizer, articulando-se com o princípio da programação", princípio este que se liga à ideia de que o "orçamento moderno está ligado ao plano de ação governamental".[33]

Os fundos perpassam pelo texto constitucional, mas sem detalhamento de normas sobre seu funcionamento, limitando a autorizar alguns fundos específicos e, em seu art. 165, § 9º, dispor que caberá à lei complementar estabelecer condições para a instituição e funcionamento de fundos.[34]

Para o professor Kiyoshi Harada, os fundos podem ser conceituados como "reservas de certas receitas públicas para a realização de determinados objetivos ou serviços de interesse público". O autor destaca ainda que os fundos relativizam princípios gerais do orçamento, ao dispor que "representam uma exceção ao princípio da unidade de tesouraria em virtude do qual todas as receitas públicas são recolhidas ao Tesouro para daí saírem somente sob forma de pagamentos de despesas consignadas no orçamento".[35] Sobre as receitas, Harada explica que "os fundos são formados com parcelas dos recursos financeiros colocados no orçamento anual ou em créditos adicionais, para consecução

---

31. BALEEIRO, Aliomar. *Uma introdução à ciência das finanças*. 6. ed. Rio de Janeiro: Forense, 1969. p. 397.
32. BRASIL. [Constituição (1988)] Constituição da República Federativa do Brasil. Brasília, DF: Congresso Constituinte, 1988. Disponível em: http://www.planalto.gov.br/ccivil_03/constituicao/constituicao.htm. Acesso em: 19 dez. 2022.
33. HARADA, Kiyoshi. Direito Financeiro e Tributário. Rio de Janeiro: Grupo GEN, 2021. E-book. ISBN 9786559770038. Disponível em: https://integrada.minhabiblioteca.com.br/#/books/9786559770038/. Acesso em: 30 jul. 2024.
34. BRASIL. [Constituição (1988)] Constituição da República Federativa do Brasil. Brasília, DF: Congresso Constituinte, 1988. Disponível em: http://www.planalto.gov.br/ccivil_03/constituicao/constituicao.htm. Acesso em: 19 dez. 2022
35. HARADA, Kiyoshi. *Direito Financeiro e Tributário*. Rio de Janeiro: Grupo GEN, 2021. E-book. ISBN 9786559770038. Disponível em: https://integrada.minhabiblioteca.com.br/#/books/9786559770038/. Acesso em: 30 jul. 2024.

de determinada finalidade pública, servindo, não raras vezes, como instrumento de intervenção do Estado no domínio econômico".[36]

A lei regulamentadora prevista no art. 165, § 9º, da Constituição Federal não adveio. Porém, consoante interpretação do Supremo Tribunal Federal, ao conferir *status* de lei complementar à Lei Federal 4.320/1964, foi considerado que houve regulamentação dos fundos.[37] Consoante art. 71, "Constitui fundo especial o produto de receitas especificadas que por lei se vinculam à realização de determinados objetivos ou serviços, facultada a adoção de normas peculiares de aplicação".[38]

A interpretação da Suprema Corte não passa despercebida pela crítica doutrinária. O professor Kiyoshi Harada destaca que:

> Com a devida vênia, definir o que é fundo especial, como prescreve o art. 71 da Lei 4.320/64, é bem diferente de estabelecer "condições para a instituição e funcionamento de fundos", como determina o preceito constitucional do inciso II do § 9º do art. 165 da CF. "Condições para instituição de fundos" pressupõe prévia definição das hipóteses em que os fundos podem ser instituídos. E nem poderia ser de outra forma, porque a regra geral é a realização de despesas constantes de dotações orçamentárias com especificação dos elementos de despesas, sendo que verbas componentes de um fundo representam exceção a essa regra geral, escapando do controle e da fiscalização por meios regulares.[39]

De qualquer forma, algumas características básicas podem ser extraídas da citada legislação. O art. 72 da Lei Federal 4.320/1964 dispõe que: "A aplicação das receitas orçamentárias vinculadas a fundos especiais far-se-á através de dotação consignada na Lei de Orçamento ou em créditos adicionais". O art. 74 estabelece ainda que: "A lei que instituir fundo especial poderá determinar normas peculiares de controle, prestação e tomada de contas, sem de qualquer modo elidir a competência específica do Tribunal de Contas ou órgão equivalente".[40]

Os fundos especiais podem adquirir duas categorias, os fundos orçamentários e os financeiros. Ambos são alimentados com recursos da Conta Única do Tesouro, contudo, os fundos orçamentários são considerados uma extensão da Conta única, ou seja, uma Unidade Orçamentária destinada ao cumprimento de determinado programa governamental.[41]

---

36. Idem
37. BRASIL. Supremo Tribunal Federal (Pleno). Ação Direta de Inconstitucionalidade 1726. Relator: Min. Maurício Corrêa, 30 de abril de 2004.
38. BRASIL. [Lei Federal 4.320, de 17 de março de 1964]. Estatui Normas Gerais de Direito Financeiro para elaboração e controle dos orçamentos e balanços da União, dos Estados, dos Municípios e do Distrito Federal. Brasília: Congresso Nacional, 1964. Disponível em: https://www.planalto.gov.br/ccivil_03/leis/l4320.htm. Acesso em: 19 dez. 2022.
39. HARADA, Kiyoshi. *Direito Financeiro e Tributário*. Rio de Janeiro: Grupo GEN, 2021. E-book. ISBN 9786559770038. Disponível em: https://integrada.minhabiblioteca.com.br/#/books/9786559770038/. Acesso em: 30 jul. 2024.
40. Idem.
41. BASSI, Camillo de Moraes. *Fundos especiais e políticas públicas*: uma discussão sobre a fragilização do mecanismo de financiamento. Instituto de Pesquisa Econômica Aplicada. Brasília/Rio de Janeiro, Ipea, 2019. Disponível em: http://repositorio.ipea.gov.br/bitstream/11058/9088/1/TD_2458.pdf. Acesso em: 19 dez. 2022.

Os fundos financeiros, por sua vez, têm seus recursos alimentados pelo Tesouro, mas gerido por uma instituição de crédito. Essa gestão é apenas operacional, não retira o fundo do âmbito da administração pública. Há, ainda, a figura dos fundos mistos, sendo eles tanto alocados como uma Unidade Orçamentária, para a execução de despesas, como executam financiamentos.[42]

Segundo o Prof. José Maurício Conti, "em geral, a legislação estabelece regras que destinam recursos para a formação de fundos, sendo suas receitas constituídas por transferências automáticas e obrigatórias; mas há fundos cujas receitas – total ou parcialmente – advêm de transferências voluntárias".[43]

José Maurício Conti continua: "No que se refere à distribuição dos recursos dos fundos para os beneficiários finais, a regra geral é a da transferência condicionada – ou seja, os recursos são destinados para uma finalidade pré-determinada, com o financiamento de um projeto".[44]

Em resumo, um fundo público é um instrumento criado por lei, alimentado por recursos obrigatórios ou voluntários, para a realização de finalidades específicas, podendo se constituir como mera Unidade Orçamentária dentro do orçamento público ou ser gerido por instituição de crédito.

3. UM FUNDO REGIONAL DE SANEAMENTO BÁSICO

A cobertura dos serviços de saneamento básico ainda não alcança, de maneira equânime, o território brasileiro. Há regiões que contam com péssimos índices de cobertura, como é o caso da região norte, com o serviço de esgotamento sanitário com alcance de apenas 12,3% de sua população.[45] Esta realidade compromete o Brasil diante do Índice de Desenvolvimento Humano (IDH), em cuja métrica estão inseridos indicadores de saúde, com índices de mortalidade e morbidade, impactados pelos baixos níveis dos serviços de saneamento básico.[46]

Parece ser consenso a necessidade de buscar mecanismos para atenuar essa disparidade regional, tendo o legislador optado pela desestatização do setor, com vedação aos contratos de programa. Contudo, há nuances dos serviços de saneamento que o tornam, em determinadas situações, desinteressante à iniciativa privada independente das medidas acessórias que possam ser adotadas pelo Estado brasileiro.

---

42. Idem.
43. CONTI, José Maurício. *Federalismo fiscal e fundos de participação*. Ed. Juarez de Oliveira, 2001, p. 76.
44. Idem.
45. BRASIL. Ministério do Desenvolvimento Regional. Secretaria Nacional de Saneamento – SNIS. Sistema Nacional de Informações sobre Saneamento: Diagnóstico Temático dos Serviços de Água e Esgoto. Brasília, 2021. Disponível em: http://www.snis.gov.br/downloads/diagnosticos/ae/2020/DIAGNOSTICO_TEMATICO_VISAO_GERAL_AE_SNIS_2021.pdf. Acesso em: 19 dez. 2022.
46. LIBÂNIO, Paulo Augusto Cunha. CHERNICHARO, Carlos Augusto de Lemos. NASCIMENTO, Nilo de Oliveira. A dimensão da qualidade de água: avaliação da relação entre indicadores sociais, de disponibilidade hídrica, de saneamento e de saúde pública. *Revista Engenharia Sanitária e Ambiental*, v. 10, n. 3, p. 219-228, 2005. Disponível em: https://doi.org/10.1590/S1413-41522005000300006. Acesso em: 19 dez. 2022.

É o caso do saneamento rural, sobretudo em regiões distantes dos centros urbanos, que demandam altos volumes de investimentos, ao passo que possuem baixa densidade demográfica, ou seja, reduzida arrecadação tarifária. O MLSB impôs à União a "garantia de meios adequados para o atendimento da população rural, por meio da utilização de soluções compatíveis com as suas características econômicas e sociais peculiares".[47] Essa vertente do saneamento básico é relevante pois, nas regiões com menores índices de cobertura dos serviços, parcela relevante da população reside em áreas rurais: na região Norte, 24,98% da população é rural; no Nordeste, o percentual alcança 26,88%; estes índices contrastam com os 6,86% da população rural na região Sudeste[48].

Inseridos no saneamento rural estão ainda as comunidades e povos tradicionais e originários, como aldeias indígenas e quilombos rurais. A professora Miriam Desplanches analisa dados empíricos da Secretaria Nacional de Políticas de Promoção da Igualdade Racial sobre as comunidades quilombolas do Estado do Paraná. A autora destaca que os serviços de saneamento básico são inexistentes ou precários nessas localidades. Para 65,3% da população quilombola, a água é coletada individualmente por meio de poços ou cisternas e, para 90%, a destinação do esgoto ocorre em valas a céu aberto, fossas rudimentares ou o lançamento direto nos corpos hídricos.[49]

O saneamento rural não é viável do ponto de vista econômico-financeiro. A dispersão territorial das comunidades, as dificuldades de acesso, os reduzidos índices socioeconômicos da população, a necessidade de tecnologias alternativas e a dificuldade de operar e prestar assistência técnica nas infraestruturas elevam ainda mais os custos para a prestação do saneamento rural. Estes aspectos são destacados por Mantilla, no âmbito de relatório da Comisión Económica para América Latina y el Caribe (CEPAL) das Nações Unidas, em conjunto com a agência de cooperação internacional alemã Deutsche Gesellschaft für Internationale Zusammenarbeit:

> La provisión de los servicios de agua y saneamiento para las áreas rurales en condiciones de calidad, continuidad y cobertura, es un desafío que demanda la atención especial de los gobiernos de todo el mundo, debido a las características particulares propias de la ruralidad. Dentro de tales características se destacan: i) la dispersión de las viviendas; ii) las limitaciones geográficas para el acceso a la población; iii) el bajo nivel socioeconómico de los habitantes; iv) la utilización de tecnologías no convencionales para la provisión de los servicios; y v) las dificultades para ofrecer asistencia técnica y capacitación a los prestadores de los servicios que generalmente cuentan con una reducida capacidad financiera, administrativa y técnica.[50]

---

47. BRASIL. [Lei Federal 14.026, de 15 de julho de 2020]. Atualiza o marco legal do saneamento básico e altera a Lei no 9.984, de 17 de julho de 2000. Brasília: Congresso Nacional, 2020. Disponível em: http://www.planalto.gov.br/ccivil_03/_ato2019- 2022/2020/lei/l14026.htm. Acesso em 19 dez. 2022.
48. INSTITUTO BRASILEIRO DE GEOGRAFIA E ESTATÍSTICA – IBGE. Regiões Rurais. Rio de Janeiro, 2015. Disponível em: https://www.ibge.gov.br/geociencias/cartas-e-mapas/redes-geograficas/15780-regioes-rurais.html. Acesso em: 15 jul. 2023.
49. DESPLANCHES, Mirian. *Saneamento como ferramenta para a sustentabilidade da área quilombola Vila Esperança, Lapa, Paraná*. Dissertação (Mestrado em Gestão Ambiental) – Universidade Positivo. Curitiba, 2017, p. 44-45.
50. MANTILLA, William Carrasco. *Políticas públicas para la prestación de los servicios de agua potable y saneamiento en las áreas rurales*. Santiago: Comisión Económica para América Latina y el Caribe (CEPAL), 2011. Disponível em: https://repositorio.cepal.org/handle/11362/3842. Acesso em: 15 jul. 2023.

Portanto, mesmo que promovida a concessão, em certas situações, corre-se o risco de os investimentos necessários não serem amortizados ao longo da execução contratual, bem como onerar excessivamente os usuários, para além de sua capacidade de pagamento.

Em razão dessas peculiaridades, as políticas de saneamento básico demandam soluções para além da pura desestatização do setor. O Estado, em sentido lato, necessita desenvolver meios para a universalização de cobertura tanto urbana como rural, que certamente demandam, além do capital privado, os investimentos estatais como forma de suprir as deficiências oriundas da baixa atratividade de algumas vertentes do saneamento para o mercado.

A regionalização dos serviços, de fato, tem sua importância na substituição do modelo de subsídio cruzado, até então promovido pela prestação dos serviços por meio das empresas estatais, mas não se mostra suficiente.

É com essa perspectiva que se propõe a figura de um fundo regional de saneamento básico, cujos recursos sejam advindos de diversos Entes federativos, tanto dos municípios, notadamente dos que possuírem um quadro de superávit das tarifas recolhidas pelos serviços de saneamento, como da União e dos Estados, os quais, com base em um federalismo de cooperação, devem auxiliar na promoção da universalização do saneamento.

Diante da formatação das regiões metropolitanas, aglomerados urbanos, microrregiões, unidades regionais ou blocos de referência, possível a criação de um fundo, compartilhado entre os municípios que estejam integrados naquela estrutura regionalizada, podendo ainda serem destinados recursos da União e dos Estados para a universalização dos serviços de saneamento.

Fundo semelhante já é utilizado para os consórcios públicos e que conta com projeto de Lei em trâmite na Câmara dos Deputados para sua regulamentação. O Projeto de Lei 196/2020 acrescenta à Lei Federal 11.107, de 6 de abril de 2005, a possibilidade de o Consórcio:

> constituir e gerir fundos consorciados intermunicipais ou interestaduais para financiar, fomentar, apoiar e custear programas, projetos, atividades e ações, bem como a aquisição de bens e serviços de interesse público e correlacionadas às respectivas áreas de atuação, respeitado os limites de vedação disposto no inciso XIV, do artigo 167, da Constituição Federal.[51]

A proposta legislativa determina que, para a criação de um consórcio, é necessária a aprovação legislativa de cada ente consorciado, passando o consórcio a constituir ente da administração indireta de todos. Ademais, os recursos para o consórcio podem advir da Lei Orçamentária Anual dos entes consorciados ou de

---

51. BRASIL. [Lei Federal 11.107, de 06 de abril de 2005]. Dispõe sobre normas gerais de contratação de consórcios públicos e dá outras providências. Brasília: Congresso Nacional, 2005. Disponível em: planalto.gov.br/ccivil_03/_ato2004-2006/2005/lei/l11107.htm.htm. Acesso em: 19 dez. 2022.

convênios celebrados com outras unidades federativas, ou até mesmo organismos nacionais e internacionais.[52]

A natureza jurídica de algumas figuras de prestação regionalizada, sobretudo as unidades regionais de saneamento e os blocos de referência, ainda é matéria pouco explorada pela doutrina, muito em razão da recém entrada em vigência do atual Marco Legal do Saneamento, que inaugurou referida figura no ordenamento brasileiro. Porém, é notória a similaridade com o consórcio público.

As formas de prestação regionalizada, assim como a modalidade de consórcios destinados à consecução de serviços públicos, tratam-se da união de entes federativos para, visando o ganho de escala e maior eficiência, proceder com a gestão de determinado serviço público.

O art. 2º, § 3º da Lei Federal 11.107/2005, estabelece que "Os consórcios públicos poderão outorgar concessão, permissão ou autorização de obras ou serviços públicos mediante autorização prevista no contrato de consórcio público".[53]

De forma semelhante, as modalidades de prestação regionalizada pretendem, ao final, promover a concessão regionalizada dos serviços de saneamento. Em razão dessa afinidade, defende-se que a natureza jurídica dessas modalidades de prestação regionalizada pode adquirir a forma de associação pública, a exemplo do que ocorre em consórcios formados para a consecução de serviços públicos.

Considerando essas similaridades, uma primeira alternativa, seria a constituição de um fundo, gerido pelas modalidades de prestação regionalizada, nos moldes dos fundos de consórcios públicos. Nessa hipótese, necessária a aprovação legislativa de cada município integrante daquele grupo.

Uma segunda hipótese seria por meio do fomento federal e estadual, com a constituição de uma espécie de fundo de participação criado pela União ou pelos Estados, destinado a subsidiar os investimentos necessários à universalização dos serviços de saneamento.

Tal hipótese também carece de autorização legislativa, se trataria de um fundo orçamentário, constituindo uma unidade orçamentária do Ente que o estabelecer, com recursos previamente destinados às ações de saneamento, especialmente nas vertentes não atrativas ao setor privado, a exemplo do saneamento rural.

Claro que, para fazer jus aos recursos, os entes beneficiários – os titulares dos serviços de saneamento, que são os municípios – devem se adequar ao atual Marco Legal do Saneamento, inclusive a adesão às estruturas de prestação regionalizada.

---

52. BRASIL. [Lei Federal 14.026, de 15 de julho de 2020]. Atualiza o marco legal do saneamento básico e altera a Lei nº 9.984, de 17 de julho de 2000. Brasília: Congresso Nacional, 2020. Disponível em: http://www.planalto.gov.br/ccivil_03/_ato2019-2022/2020/lei/l14026.htm. Acesso em: 19 dez. 2022.
53. BRASIL. [Lei Federal 11.107, de 06 de abril de 2005]. Dispõe sobre normas gerais de contratação de consórcios públicos e dá outras providências. Brasília: Congresso Nacional, 2005. Disponível em: planalto.gov.br/ccivil_03/_ato2004-2006/2005/lei/l11107.htm.htm. Acesso em: 19 dez. 2022.

Além disso, é necessário prever que o município esteja com sua política tarifária adequada ao atual Marco Legal do Saneamento. Por questões locais, não raro que as tarifas dos serviços de saneamento estejam superdimensionadas ou subdimensionadas, sendo esta última hipótese mais comum, em razão de um subsídio governamental, em muitos casos, com razões puramente político-partidárias.

Nesse sentido, para acessar recursos oriundos de outros entes, deve a política tarifária estar condizente com os fatores dispostos no art. 30 do atual MLSB, em especial, o inciso VI, que traz a orientação de que a tarifa leve em consideração a capacidade de pagamento dos consumidores daquela localidade.[54]

Enfim, defende-se a essencialidade de operacionalização de um fundo destinado a subsidiar os municípios quanto aos investimentos necessários à universalização do saneamento básico, tanto urbano quanto rural, seja constituído pelos próprios modelos de regionalização, que, por suas similaridades, se assemelham aos consórcios públicos, seja constituído pela União ou Estados, como uma Unidade Orçamentária nos respectivos orçamentos.

CONCLUSÕES

A universalização dos serviços de saneamento é, incontestavelmente, medida de urgência. O caminho, capitaneado pelo legislativo federal, foi a desestatização do setor, com incentivos à delegação dos serviços à iniciativa privada, sobretudo com a vedação de novos contratos de programa com empresas estatais estaduais, protagonista quanto à prestação desses serviços a partir das políticas centralizadoras da década de 1970.

Na tentativa de construir um ambiente atrativo ao setor privado, estabeleceram-se instrumentos, entre eles, a figura da prestação regionalizada, com a previsão de criação de arranjos que agrupassem municípios em regiões metropolitanas, aglomerados urbanos, microrregiões, unidades regionais ou blocos de referência, com o objetivo de criar um mecanismo em que municípios superavitários subsidiem os municípios deficitários na promoção dos investimentos necessários à universalização dos serviços de saneamento básico.

Contudo, em razão de algumas peculiaridades desses serviços públicos, há vertentes que não são atrativas ao mercado, mesmo com referidos mecanismos, pois congregam a necessidade de grandes investimentos e a reduzida arrecadação tarifária, como é o caso do saneamento rural.

O Estado, em sentido lato, necessita pensar meios para a universalização de cobertura tanto urbana como rural, que certamente demandam, além do capital privado, os investimentos estatais como forma de suprir as deficiências oriundas da baixa atratividade de algumas vertentes do saneamento para o mercado privado.

---

54. BRASIL. [Lei Federal 14.026, de 15 de julho de 2020]. Atualiza o marco legal do saneamento básico e altera a Lei no 9.984, de 17 de julho de 2000. Brasília: Congresso Nacional, 2020. Disponível em: http://www.planalto.gov.br/ccivil_03/_ato2019- 2022/2020/lei/l14026.htm. Acesso em 19 dez. 2022.

Defende-se, nesse sentido, a operacionalização de fundos regionais destinados a subsidiarem os municípios quanto aos investimentos necessários à universalização do saneamento básico, tanto urbano quanto rural, constituído pelos próprios modelos de regionalização, que, por suas similaridades, se assemelham aos consórcios públicos, bem como constituídos pela União ou Estados, como uma Unidade Orçamentária nos respectivos orçamentos.

REFERÊNCIAS

ABRUCIO, Fernando Luiz. *Os barões da federação: os governadores e a redemocratização brasileira*. São Paulo: HUCITEC, 1998.

BASSI, Camillo de Moraes. *Fundos especiais e políticas públicas: uma discussão sobre a fragilização do mecanismo de financiamento*. Instituto de Pesquisa Econômica Aplicada. Brasília/Rio de Janeiro, Ipea, 2019. Disponível em: http://repositorio.ipea.gov.br/bitstream/11058/9088/1/TD_2458.pdf. Acesso em: 19 dez. 2022.

BRASIL [Supremo Tribunal Federal]. Ação Direta de Inconstitucionalidade 1.842, Rio de Janeiro, Rel. Min. Luiz Fux. Brasília, 2013. Disponível em: https://redir.stf.jus.br/paginadorpub/paginador.jsp?docTP=AC&docID=630026. Acesso em: 15 jul. 2023.

BRASIL. [Constituição (1988)] Constituição da República Federativa do Brasil. Brasília, DF: Congresso Constituinte, 1988. Disponível em: http://www.planalto.gov.br/ccivil_03/constituicao/constituicao.htm. Acesso em: 19 dez. 2022.

BRASIL. [Decreto 11.030 de 1º de abril de 2022]. Altera o Decreto 10.588, de 24 de dezembro de 2020, para dispor sobre a regularização de operações e o apoio técnico e financeiro de que trata o art. 13 da Lei 14.026, de 15 de julho de 2020, e sobre a alocação de recursos públicos federais e os financiamentos com recursos da União ou geridos ou operados por órgãos ou entidades da União de que trata o art. 50 da Lei 11.445, de 5 de janeiro de 2007. Brasília: Presidência da República, 2022. Disponível em: https://in.gov.br/en/web/dou/-/decreto-n-11.030-de-1-de-abril-de-2022-390351700. Acesso em: 19 dez. 2022.

BRASIL. [Decreto Federal 10.588, de 24 de dezembro de 2020]. Dispõe sobre o apoio técnico e financeiro de que trata o art. 13 da Lei 14.026, de 15 de julho de 2020, sobre a alocação de recursos públicos federais e os financiamentos com recursos da União ou geridos ou operados por órgãos ou entidades da União de que trata o art. 50 da Lei 11.445, de 5 de janeiro de 2007. Brasília: Presidência da República, 2020. Disponível em: https://www.in.gov.br/web/dou/-/decreto-n-10.588-de-24-de-dezembro-de-2020-296387871. Acesso em: 19 dez. 2022.

BRASIL. [Decreto-Lei 949, de 13 de outubro de 1969]. Dispõe sobre aplicações de recursos pelo BNH nas operações de financiamento para Saneamento e dá outras providências: Presidência da República, [1969]. Disponível em: https://www.planalto.gov.br/ccivil_03/decreto-lei/1965-1988/del0949.htm. Acesso em: 05 jun. 2023.

BRASIL. [Lei Federal 11.107, de 06 de abril de 2005]. Dispõe sobre normas gerais de contratação de consórcios públicos e dá outras providências. Brasília: Congresso Nacional, 2005. Disponível em: planalto.gov.br/ccivil_03/_ato2004-2006/2005/lei/l11107.htm.htm. Acesso em: 19 dez. 2022.

BRASIL. [Lei Federal 11.445, de 05 de janeiro de 2007]. Estabelece as diretrizes nacionais para o saneamento básico. Brasília: Congresso Nacional, 2007. Disponível em: http://www.planalto.gov.br/ccivil_03/_ato2007-2010/2007/lei/L11445compilado.htm. Acesso em: 19 dez. 2022.

BRASIL. [Lei Federal 14.026, de 15 de julho de 2020]. Atualiza o marco legal do saneamento básico e altera a Lei no 9.984, de 17 de julho de 2000. Brasília: Congresso Nacional, 2020. Disponível em: http://www.planalto.gov.br/ccivil_03/_ato2019-2022/2020/lei/l14026.htm. Acesso em: 19 dez. 2022.

BRASIL. [Lei Federal 4.320, de 17 de março de 1964]. Estatui Normas Gerais de Direito Financeiro para elaboração e controle dos orçamentos e balanços da União, dos Estados, dos Municípios e do Distrito Federal. Brasília: Congresso Nacional, 1964. Disponível em: https://www.planalto.gov.br/ccivil_03/leis/l4320.htm. Acesso em: 19 dez. 2022.

BRASIL. [Lei 13.089, de 12 de janeiro de 2015]. Institui o Estatuto da Metrópole, altera a Lei 10.257, de 10 de julho de 2001, e dá outras providências. Brasília, DF: Presidência da República, [2015]. Disponível em: https://www.planalto.gov.br/ccivil_03/_ato2015-2018/2015/lei/l13089.htm. Acesso em: 05 jun. 2023.

BRASIL. [Lei 3.750, de 11 de abril de 1960]. Autoriza o Poder Executivo a transformar em Fundação o Serviço Especial de Saúde Pública, e dá outras providências. Brasília, DF: Presidência da República, [1978]. Disponível em: https://www.planalto.gov.br/ccivil_03/leis/1950-1969/l3750.htm. Acesso em: 05 jun. 2023.

BRASIL. Câmara dos Deputados. Projeto de Lei 196, de 06 de fevereiro de 2020. Altera a Lei 11.107, de 6 de abril de 2005, para permitir que os consórcios públicos possam instituir fundos para custear programas, ações e projetos de interesse público. Brasília: Câmara dos Deputados, 2020. Disponível em: https://www.camara.leg.br/proposicoesWeb/fichadetramitacao?idProposicao=2236775. Acesso em: 19 dez. 2022.

BRASIL. Ministério do Desenvolvimento Regional. Secretaria Nacional de Saneamento – SNIS. Sistema Nacional de Informações sobre Saneamento: Diagnóstico Temático dos Serviços de Água e Esgoto. Brasília, 2021. Disponível em: http://www.snis.gov.br/downloads/diagnosticos/ae/2020/DIAGNOSTICO_TEMATICO_VISAO_GERAL_AE_SNIS_2021.pdf. Acesso em: 19 dez. 2022.

BRASIL. Os avanços da reforma na administração pública. Brasília, 1998. Disponível em: https://bibliotecadigital.economia.gov.br/handle/777/641. Acesso em: 15 jul. 2023.

BRASIL. Supremo Tribunal Federal (Pleno). Ação Direta de Inconstitucionalidade 1842. Declarar a inconstitucionalidade da expressão "a ser submetido à Assembleia Legislativa", constante do inciso I do art. 5º da LC 87/1997-RJ, bem como dos artigos 11 a 21 da Lei 2.869/1997-RJ. Recorrente: Partido Democrático Trabalhista (PDT). Recorrido: Estado do Rio de Janeiro. Relator: Min. Luiz Fux, 28 de fevereiro de 2013. Disponível em: https://portal.stf.jus.br/processos/detalhe.asp?incidente=1714588. Acesso em: 19 dez. 2022.

BRESSER-PEREIRA, Luiz Carlos. Da Administração Burocrática à Gerencial. *Revista do Serviço Público*, Brasília, v. 47, n. 1, jan.-abr., p. 07-40, 1996.

CONTI, José Maurício. *Federalismo fiscal e fundos de participação*. Ed. Juarez de Oliveira, 2001.

COSTA, L. da S. G. M. *Fundos federais: um diagnóstico*. Trabalho que recebeu menção Disponível em: http://docplayer.com.br/39005-Fundos-federais-um-diagnostico.html.

DA MOTTA, Ronaldo Seroa; MOREIRA, Ajax. *Efficiency and regulation in the sanitation sector in Brazil*. Utilities Policy, v. 14, n. 3, p. 185-195, 2006.

DAL POZZO, Augusto Neves. *O novo Marco Regulatório do Saneamento Básico*. São Paulo: RT, 2021.

DE MELLO, Marcus André Barreto Campelo. O padrão brasileiro de intervenção pública no saneamento básico. *Revista de Administração Pública*, São Paulo, v. 23, n. 1, p. 84-102, 1989.

DESPLANCHES, Mirian. *Saneamento como ferramenta para a sustentabilidade da área quilombola Vila Esperança, Lapa, Paraná*. Dissertação (Mestrado em Gestão Ambiental) – Universidade Positivo. Curitiba, p. 202, 2017.

FERREIRA, A. Origens e evolução da Secretaria do Tesouro Nacional. In: BACHA, E. (Org.). *A crise fiscal e monetária brasileira*. Rio de Janeiro: Civilização Brasileira, 2016.

FERREIRA, Carlos Kawall Leal. *O financiamento da indústria e da infraestrutura no Brasil*: crédito de longo prazo e mercado de capitais. 1995. Tese (Doutorado em Ciência Econômica) – Universidade de Campinas. Campinas, 1995.

INSTITUTO ÁGUA E SANEAMENTO (IAS); INSTITUTO DEMOCRACIA E SUSTENTABILIDADE (IDS). Desafios e riscos da implementação do marco legal do saneamento no estado de São Paulo: análise do PL 251/2021. São Paulo, 2021. Disponível em: https://www.idsbrasil.org/wp-content/uploads/2021/07/PL251_Nota-Tecnica_IAS_IDS.pdf. Acesso em: 19 dez. 2022.

INSTITUTO BRASILEIRO DE GEOGRAFIA E ESTATÍSTICA – IBGE. Regiões Rurais. Rio de Janeiro, 2015. Disponível em: https://www.ibge.gov.br/geociencias/cartas-e-mapas/redes-geograficas/15780-regioes-rurais.html. Acesso em: 15 jul. 2023.

LIBÂNIO, Paulo Augusto Cunha. CHERNICHARO, Carlos Augusto de Lemos. NASCIMENTO, Nilo de Oliveira. A dimensão da qualidade de água: avaliação da relação entre indicadores sociais, de disponibilidade hídrica, de saneamento e de saúde pública. *Revista Engenharia Sanitária e Ambiental*, v. 10, n. 3, p. 219-228, 2005. Disponível em: https://doi.org/10.1590/S1413-41522005000300006. Acesso em: 19 dez. 2022.

MALTA, Jean Michel Santos; COSTA, Thiago de Abreu; ALMEIDA, Sidmar Roberto Vieira. Análise de Companhias Estatais de Saneamento Básico: Correlação entre Índices Operacionais e Índices Econômico-Financeiros. *Revista Pensar Contábil*, Rio de Janeiro, v. 1, n. 76, p. 2-9, nov. 2019. Disponível em: http://www.atena.org.br/revista/ojs-2.2.306/index.php/pensarcontabil/article/view/3536. Acesso em: 19 dez. 2022.

MANTILLA, William Carrasco. *Políticas públicas para la prestación de los servicios de agua potable y saneamiento en las áreas rurales*. Santiago: Comisión Económica para América Latina y el Caribe (CEPAL), 2011. Disponível em: https://repositorio.cepal.org/handle/11362/3842. Acesso em: 15 jul. 2023.

NUNES, S. C. *Dos fundos especiais*. In: CONTI, J. M. (Coord.). 3. ed. São Paulo: Revista dos Tribunais, 2014.

SILVA, Everaldo Resende; DE SENZI ZANCUL, Juliana. Análise da dinâmica demográfica rural brasileira como estratégia na formulação da política federal de saneamento rural. *Anais XVIII Encontro Nacional de Estudos Populacionais*, ABEP, realizado em Águas de Lindóia/SP – Brasil, de 19 a 23 de novembro de 2012, p. 1-22, 2016. Acesso em: 19 dez. 2022.

TUROLLA, Frederico Araújo. *Provisão e operação de infraestrutura no Brasil*: o setor de saneamento. Dissertação (Mestrado em Economia de Empresas) – Escola de Administração e Economia da Fundação Getúlio Vargas. São Paulo, 1999.

OS DESAFIOS DA REGIONALIZAÇÃO NO SETOR DE SANEAMENTO: UM ESTUDO DE CASO SOB A PERSPECTIVA DO IAD *FRAMEWORK*

Natália Resende Andrade Ávila

Mestra e Doutoranda em Tecnologia Ambiental e Recursos Hídricos e Mestranda em Direito Afiliação institucional: Universidade de Brasília – UnB – (Brasília, DF, Brasil). Lattes iD: http://lattes.cnpq.br/9619139680168740. Email: natalia.resende.pgf@gmail.com.

Egon Bockmann Moreira

Doutor em Direito Afiliação institucional: Universidade Federal do Paraná – UFPR – (Curitiba, PR, Brasil). Lattes iD: http://lattes.cnpq.br/5859990024741610. Email: egon@xvbm.com.br.

Oscar de Moraes Cordeiro Netto

Doutor em Ciências e Técnicas Ambientais Afiliação institucional: Universidade de Brasília – UnB – (Brasília, DF, Brasil). Lattes iD: http://lattes.cnpq.br/6062647392392102. Email: oscar_netto@uol.com.br

Sumário: Introdução – 1. Referencial teórico – 2. Estudo de caso – URAE 1; 2.1 Bloco 1 – Situação de ação e seus elementos internos; 2.2 Bloco 2 – Fatores exógenos; 2.3 Bloco 3 – Elementos adicionais – Conclusões – Referências.

INTRODUÇÃO

O cenário do setor de saneamento no Brasil é desafiador. Mais de 32 milhões de brasileiros ainda não têm acesso à água tratada (15% da população do país), e mais de 90 milhões estão sem coleta e tratamento de esgoto (44%), o que levaria, haja vista a evolução dos indicadores de atendimento no Brasil entre 2018 e 2022, ao alcance da universalização apenas em 2070.[1]

De acordo com estimativas feitas pelo Instituto Trata Brasil,[2] os investimentos necessários para a universalização dos serviços de saneamento superam R$ 500 bilhões a preços de junho de 2022, o que representa investimentos anuais de R$ 46,3 bilhões, mais do que o dobro ao longo da próxima década se comparado ao cenário atual. Apesar

---

1. Utilizando dados do SNIS referentes ao ano de 2022. Fonte: Instituto Trata Brasil. *Estudo sobre os avanços do novo marco legal do saneamento básico no brasil de 2024*. São Paulo: GO Associados, 2024, p. 1 e 33. Disponível em: https://tratabrasil.org.br/wp-content/uploads/2024/07/Estudo-da-GO-Associados-Novo-Marco-2024-Versao-Limpa.pdf. Acesso em: 27 set. 2024.
2. Idem, p. 64-65.

de improvável, se investido tal montante, a economia brasileira poderia se beneficiar com um crescimento do PIB de aproximadamente R$ 58,1 bilhões anualmente, além das inúmeras externalidades positivas que o saneamento gera para a população (saúde, qualidade de vida, produtividade, despoluição de mananciais etc.).

Ainda, o desafio se encontra não apenas no investimento, mas também na necessidade de se adotar boas práticas de governança regulatória. O setor de saneamento no Brasil é composto por diversos atores, de esferas e naturezas jurídicas distintas, sendo, ainda, regido por normas variadas, a depender do prestador, regulador e fiscalizador dos serviços.

A Lei 14.026, de 15 de julho de 2020, mais conhecida como novo marco legal do saneamento básico, além de trazer diversas inovações, como as novas atribuições à ora Agência Nacional de Águas e Saneamento Básico (ANA) e a vedação à prestação dos serviços de saneamento por contrato de programa, deu lume à histórica discussão sobre titularidade e à questão dos arranjos institucionais possíveis no âmbito do setor, tendo como um dos pilares a regionalização enquanto viabilizador ou elemento de ganho de escala para a universalização e efetiva prestação dos serviços aos usuários.

Considerando o brevíssimo panorama supracitado, o presente capítulo visa explorar um dos pontos nefrálgicos para a melhoria da governança regulatória do setor de saneamento, qual seja, a efetivação da regionalização na prestação dos serviços e, por conseguinte e sobretudo, a consecução dos objetivos do marco legal de saneamento. Para isso, pretende-se abordar, primeiramente, a título de referencial teórico (item 2), o novo marco legal de saneamento, com algumas reflexões sobre os arranjos nele propostos, bem como os conceitos principais do *Institutional Analysis and Development Framework (IAD Framework)*, que suportará, posteriormente, o estudo de caso desenvolvido sobre a Unidade Regional de Serviços de Abastecimento de Água Potável e Esgotamento Sanitário 1 – URAE 1 – Sudeste do Estado de São Paulo (item 3).

1. REFERENCIAL TEÓRICO

A discussão sobre a titularidade dos serviços públicos de saneamento básico não é recente e instiga intensos debates há anos. Como se sabe, a controvérsia já foi objeto de análise pelo Supremo Tribunal Federal (STF), que se posicionou de forma definitiva, em 2013, após 15 anos de discussão, sobre a disputa envolvendo regiões metropolitanas.

O novo marco legal pretendeu resolver a celeuma histórica sobre o tema e, ainda, endereçar algumas lacunas deixadas pelas decisões judiciais. Firmou-se, nesse contexto, que o exercício da titularidade dos serviços públicos de saneamento básico é dos municípios e do Distrito Federal, quando se tratar de interesse local, e do estado, em conjunto com os municípios que compartilham efetivamente instalações operacionais integrantes de regiões metropolitanas, aglomerações urbanas e microrregiões, instituídas por lei complementar estadual, quando se verificar interesse comum.

A teoria é complexa, apesar dos avanços conceituais. A prática se mostra ainda mais, sobretudo quando se pretende efetivar a colaboração entre os diferentes atores que compõem o setor, imprescindível não apenas para o serviço em si de saneamento, mas também, e talvez aqui esteja o ponto principal que toca a cada vez mais importante resiliência hídrica e climática, para se ter um projeto com o olhar na segurança hídrica da população. Afinal, não custa relembrar que um dos princípios do marco legal é a integração das infraestruturas e dos serviços com a gestão eficiente dos recursos hídricos (art. 2º, inciso XII).

E por falar em princípios, é certo que, além da universalização do acesso, a efetiva prestação dos serviços públicos de saneamento básico é medida que se faz premente em um setor, como dito, tão complexo e importante. Universalizar sem a adequada prestação dos serviços, apenas no intuito de alcançar índices, não seria razoável ou desejável à população. Não é por acaso que, no novo marco, ambos foram colocados lado a lado no art. 2º, inciso I.

Nesse quadrante, para atingir seus objetivos, uma das principais premissas adotadas na Lei 14.026/2020 foi o fim dos contratos de programa. E, a fim de conjugar a necessidade de aumento de investimentos e a viabilização do atendimento também para os municípios deficitários, foram estabelecidos mecanismos que inauguram uma nova forma de regionalização.[3]

A prestação regionalizada, conceito já existente, ganhou novos contornos, sendo agora definida como a modalidade de prestação integrada de um ou mais componentes dos serviços públicos de saneamento básico em determinada região cujo território abranja mais de um município. A aludida prestação pode ser estruturada em (i) região metropolitana, aglomeração urbana ou microrregião; (ii) unidade regional de saneamento básico; ou (iii) bloco de referência.

A também conhecida gestão associada parece ter ficado em segundo plano ou com um foco menor quanto às formas de integração. Até mesmo pela leitura do novo marco legal, as supracitadas possibilidades de prestação regionalizada se encontram já no art. 3º, inciso VI, sendo a gestão associada trazida como "também" possibilidade no parágrafo 1º do atual art. 8º.[4]

De toda sorte, em comparação ao regime previamente adotado, com base nos contratos de programa, as estatais acabavam por desempenhar um papel de representante do governo do estado, agregando os municípios gradualmente, por meio de processos sem licitação. Mediante essa composição, o serviço era e continua, até a conclusão do contrato de programa, sendo prestado pela própria estatal ou por meio de concessão

---

3. Para Cohen, Marcato e Resende, houve um *trade off* entre a perenização da política de manutenção dos contratos de programa (que se concretizam sem licitação) e a política de estímulo à concorrência como forma de tornar os serviços de saneamento mais eficazes e efetivos. A aposta do novo marco legal de saneamento é nessa segunda. Fonte: COHEN, Isadora; MARCATO, Fernando; RESENDE, Natalia. Gestão Associada da Prestação dos Serviços – o que muda com o Novo Marco Legal do Saneamento? In: DAL POZZO, Augusto. (Org.). *O Novo Marco Regulatório do Saneamento Básico*. São Paulo: Thomson Reuters Brasil. 2020. p. 187-200.
4. "§ 1º O exercício da titularidade dos serviços de saneamento poderá ser realizado *também* por gestão associada, mediante consórcio público ou convênio de cooperação, nos termos do art. 241 da Constituição Federal, observadas as seguintes disposições" (grifou-se).

administrativa feita pela entidade em relação a uma parte do serviço, notadamente quanto ao esgoto.[5]

Nesse contexto, um dos maiores desafios inaugurados pelo novo marco legal do saneamento está em saber se os mecanismos de governança da prestação regionalizada serão efetivos para induzir municípios a colaborar e garantir subsídio cruzado entre aqueles que são deficitários e os que são autossustentáveis (do ponto de vista comercial). A impossibilidade de acessar recursos federais, no caso de não adesão a uma estrutura regionalizada, pode ser considerada como um incentivo. Mas vale lembrar que a lei não detalha, por exemplo, se um conjunto de Municípios poderá ficar sem acesso a recursos federais caso, ainda que integre uma das estruturas de governança de prestação regionalizada, não chegue a um consenso sobre como operar os serviços de maneira conjunta.

Assim, no intuito de subsidiar análises sobre governança regulatória[6] no setor e auxiliar para aprimoramentos das políticas públicas de recursos hídricos e de saneamento, pretende-se abordar, adiante, o *Institutional Analysis and Development Framework* (IAD *Framework*), e, no próximo tópico, aplicá-lo a um caso concreto de regionalização consoante o novo marco legal.

No âmbito da avaliação de políticas públicas, sobretudo sob a perspectiva do *public policy analisys*, pode-se observar, como explanam Capelari, Araújo e Calmon,[7] "quatro principais modelos que ajudam a compreender e analisar conjunturas e processos políticos: múltiplos fluxos, equilíbrio pontuado/pontilhado, coalizações de advocacia e, por fim, e mais recente, o *Institutional Analysis and Development Framework*, também denominado IAD *Framework*", cujos expoentes são o casal Vincent e Elinor Ostrom.

Para se compreender o IAD *Framework*, é importante observar dois pilares que fundamentaram as discussões desse modelo, quais sejam, a "governança" e os "recursos de propriedade comum".

---

5. Este último caso – estatais realizando concessões administrativas – ainda se verifica no cenário pós Lei n. 14.026/2020, apesar de não parecer atacar com a eficiência requerida o problema diagnosticado, uma vez que acrescenta ainda mais complexidade no arranjo do setor, tendo como concedente uma concessionária, além de "dividir" a cadeia de água e esgoto, o que para resiliência hídrica e climática pode não ser a melhor medida, em questões de escala e do necessário olhar para os recursos hídricos.
6. Para este estudo, utilizar-se-á o conceito de governança regulatória conforme abordado em Resende, Moreira e Cordeiro Netto: "a forma (framework) de regular determinada atividade relevante à sociedade, a partir da composição de normas, atores, condições biofísicas e cultura da comunidade, a fim de se alcançar a eficiente alocação de recursos (financeiros e humanos) e padrões sociais adequados". Fonte: ÁVILA, Natália Resende Andrade; MOREIRA, Egon Bockmann; CORDEIRO NETTO, Oscar de Moraes. Governança regulatória: uma proposta à luz do setor de saneamento básico brasileiro. *Revista da Faculdade de Direito UFPR*, Curitiba, v. 68, n. 2, p. 107-135, maio/ago. 2023. ISSN 2236-7284. Disponível em: https://revistas.ufpr.br/direito/article/view/87743. Acesso em: 31 ago. 2024 DOI: http://dx.doi.org/10.5380/rfdufpr.v68i2.87743.
7. CAPELARI, Mauro Guilherme; ARAÚJO, Suely Mara; CALMON, Paulo. Vincent e Elinor Ostrom: duas confluentes trajetórias para a governança de recursos de propriedade comum. *Ambiente e Sociedade*, São Paulo, v. 20, n. 1, p. 207-226, 2017.

No tocante ao primeiro pilar, "governança", de acordo com McGinnis,[8] os pontos principais orbitam a capacidade que grupos comunitários, por meio de contornos institucionais, possuem de se organizar a fim de gerir os correlatos recursos, de forma a torná-los mais eficientes, efetivos e estáveis. Objetiva-se, dessa forma, que tais recursos não entrem em colapso. Nos estudos do IAD *Framework*, portanto, a governança é entendida sob uma perspectiva local ou focada na comunidade, contudo, como ressaltam McGinnis e Ostrom,[9] o papel de atores em outros níveis de atuação também é considerado, sobretudo, quando de uma proposta de governança em múltiplos níveis.[10]

Quanto ao segundo pilar, "recursos de propriedade comum", para Ostrom, Gardner e Walker,[11] são aqueles em que a exclusão é complexa e o uso conjunto envolve altas taxas de subtração, tendo como exemplos clássicos, de acordo com Capelari, Araújo e Calmon,[12] "recursos hídricos, campo de pastagem, floresta agroextrativista, cardumes de peixes, sistemas de irrigação, assim como materiais genéticos, conhecimento e bens culturais".

De acordo com Capelari, Araújo e Calmon,[13] "a intenção de Ostrom foi, a partir da centralidade em governança de recursos comuns, construir um framework institucional que pudesse ser aplicado em diversos casos na perspectiva de compilar variáveis que tornassem os recursos comuns mais próximos da cooperação e, assim, superassem os dilemas coletivos".

Nesse contexto, para Ostrom,[14] o primeiro passo na análise de um problema é identificar uma unidade conceitual – denominada de arena de ação – que pode ser utilizada para descrever, analisar, prever e explicar o comportamento dentro dos arranjos institucionais. Posteriormente, a análise segue em direção à previsão do comportamento dos indivíduos no âmbito da estrutura motivacional e cognitiva dos atores envolvidos. A compreensão do IAD *Framework*, assim, passa por três blocos conceituais, a saber:

---

8. McGINNIS, Michael. An Introduction to IAD and the Language of the Ostrom Workshop: a simple guide to a complex framework. *Policy Studies Journal*, v. 39, n. 1, p. 169-183, 2011.
9. McGINNIS, Michael; Ostrom, Elinor. Reflection on Vincent Ostrom, Public Administration and Polycentricity. *Public Administration Review*, v. 72, n. 1, 2011.
10. De acordo com Ostrom, Tiebout e Warren, são várias as razões que fazem com que as autoridades locais tenham de se articular com outros centros tomadores de decisão, a saber, o sombreamento de funções e legislações, os conflitos de interesse, os custos envolvidos, especialmente, quando não há coincidência entre onde se toma a decisão e onde se encontram os problemas. Isso se faz necessário para assegurar políticas coordenadas, e, por conseguinte, mais eficientes e eficazes. Fonte: Ostrom, Vincent; Tiebout, Charles; Warren Robert. The Organization of Government in Metropolitan Areas: a theoretical inquiry. *American Political Science Review*, v. 55, issue 4, 1961, p. 831-842.
11. OSTROM, E.; GARDNER, R.; WALKER, J. *Rules, Games, and Common-Pool Resources*. Ann Arbor: University of Michigan Press, 1994.
12. Idem, p. 207-226.
13. Idem, p. 207-226.
14. OSTROM, Elinor. Background on the Institutional Analysis and Development Framework. *Policy Studies Journal*, Oxford, v. 39, n. 1, 2011.

Tabela 1: Três blocos conceituais do IAD *Framework* (com base em Capelari, Araújo e Calmon[15]).

Blocos	Pontos centrais	Conceitos
1	Situação de ação e seus elementos internos	Situação de ação é o *locus* onde dois ou mais indivíduos, em conjunto, são confrontados com ações que possuem potencial para produzir algum tipo de resultado. Os componentes internos da situação de ação são: 1.1. definição dos atores; 1.2. posições de cada ator; 1.3. conjunto de ações permitidas e a função que mapeia as ações responsáveis por cada resultado; 1.4. resultados potenciais; 1.5. controle que o ator possui em relação às ações e aos resultados que elas geram; 1.6. informações disponíveis aos atores em relação às ações e aos correlatos resultados; e 1.7. custos e os benefícios atribuídos às ações e aos resultados.
2	Fatores exógenos	Os fatores exógenos que influenciam diretamente uma situação de ação são: 2.1. regras em uso; 2.2. condições biofísicas; e 2.3. atributos da comunidade.
3	Elementos adicionais	Os elementos adicionais são: 3.1. interações: compreendidas como relações entre atores, nas quais a ação de um ator provoca reações em um ou mais atores concernentes àquela situação de ação. Os padrões de interação são materializados nos denominados resultados; 3.2. resultados: é o produto final da tomada de decisão dos atores que se encontram em interação dentro da situação de ação; 3.3. retroalimentação: entendida como *feedback*, esse processo relaciona-se com a capacidade dos atores de observar e processar as informações presentes nos resultados, com o objetivo de gerar aprendizagem e se buscar saídas colaborativas para a superação dos dilemas coletivos; 3.4. critérios de avaliação: critérios como eficiência econômica; equidade por meio da equivalência; *accountability*; conformidade com os valores locais; sustentabilidade.

Dessa forma, considerando os conceitos e características desse modelo e, ainda, por se entender necessário ter uma visão sistêmica que certamente perpassa e abarca os recursos hídricos, seja no início seja no fim da cadeia, entende-se que o referido *framework* pode ser utilizado para apoiar o presente estudo, mesmo se tratando aqui da prestação de um serviço e não propriamente apenas de um recurso comum.

2. ESTUDO DE CASO – URAE 1

O estudo de caso em questão trata da nova forma de regionalização trazida pela Lei 14.026/2020, a saber, a unidade regional de saneamento básico, e tem como objeto de análise concreto o modelo de governança regulatória observado na Unidade Regional de Serviços de Abastecimento de Água Potável e Esgotamento Sanitário 1 – URAE 1 – Sudeste do Estado de São Paulo, adiante denominada apenas URAE 1, instituída por meio da Lei estadual 17.383/2021, com fundamento nos artigos 2º, inciso XIV, e 3º, inciso VI, alínea "b", da Lei federal 11.445/2007.

Observa-se, na referida lei estadual, a criação de 4 URAEs. Focar-se-á, no presente estudo, na URAE 1, por se entender que ela representa bem o conceito trazido pelo novo

---

15. Idem, p. 207-226.

marco – é constituída por municípios não limítrofes, para atender adequadamente às exigências de higiene e saúde pública e conferir viabilidade econômica e técnica aos municípios menos favorecidos –, e também por ter sido a primeira de fato efetivada, em 20 de maio de 2024, com a instalação do seu Conselho Deliberativo, bem como a aprovação dos documentos necessários ao seu funcionamento.[16]

Importante ressaltar que não se pretende esgotar todos os atores, regras, ações ou resultados possíveis, mas sim traçar os principais elementos observados, a fim de verificar a aplicação do modelo proposto ao estudo de caso em questão e para potenciais melhorias no setor de forma geral. Para melhor organização, serão abordados, adiante, os blocos conforme citados na Tabela 1.

2.1 Bloco 1 – Situação de ação e seus elementos internos

No âmbito da situação de ação, serão explorados, em linha ao exposto anteriormente, a definição dos atores; as posições de cada ator; o conjunto de ações permitidas e a função que mapeia as ações responsáveis por cada resultado; os resultados potenciais; o controle que o ator possui em relação às ações e aos resultados que elas geram; as informações disponíveis aos atores em relação às ações e aos correlatos resultados; e os custos e os benefícios atribuídos às ações e aos resultados.

Também serão consideradas nas análises as regras que especificam os valores dos componentes de trabalho supracitados, sendo elas: as "position rules", referentes a um conjunto de posições, cada uma com uma combinação única de recursos, oportunidades, preferências e responsabilidades; "boundary rules", que definem como os participantes entram ou saem dessas posições; "authority rules", relativas a qual conjunto de ações é atribuído a qual posição; "aggregation rules", concernentes à função de transformação de ações para resultados intermediários ou finais; "scope rules", que especificam um conjunto de resultados; "information rules", que tratam das informações disponíveis para cada posição; e "payoff rules", que cuidam como os benefícios e custos são exigidos, permitidos ou proibidos aos jogadores.

A seguir, serão definidos os *atores* principais observados e suas correlatas *posições*.

---

16. Na primeira reunião da URAE 1, verificaram-se as seguintes deliberações: 1) aprovação do regimento interno; 2) aprovação do plano regional de saneamento; 3) aprovação da Arsesp como entidade reguladora dos serviços de saneamento no âmbito da URAE 1; 4) aprovação do contrato de concessão; e 5) eleição do coordenador e suplente da URAE 1. Constata-se que tais documentos foram submetidos a consulta pública, no período de 15 de fevereiro de 2024 a 15 de março de 2024, e a 8 audiências públicas (nas 7 cidades-sede dos agrupamentos tratados no plano regional de saneamento, concernentes também aos comitês técnicos a que se refere o art. 37 do regimento interno, e uma última virtual). O relatório do referido processo de participação e controle social, bem como os documentos supracitados, encontram-se disponíveis no sítio eletrônico https://semil.sp.gov.br/desestatizacaosabesp. Acesso em: 27 set. 2024.

Tabela 2: Atores principais e respectivas posições.

Ator	Elementos principais	Posições de cada ator
URAE 1	Membros do Conselho Deliberativo da URAE 1 (representantes do Estado de São Paulo, dos Municípios e da Sociedade Civil, titulares e suplentes, conforme estabelecido pela Lei 17.383/2021, regulamentada pelo Decreto 66.289/2021, com redação dada pelo Decreto 67.880/2023); coordenador do Conselho Deliberativo da URAE 1 (eleito com fundamento no artigo 7º, §§ 1º, 2º e 6º, do Decreto 66.289/2021, com redação dada pelo Decreto 67.880/2023); secretário executivo do Conselho Deliberativo da URAE 1, indicado pelo Estado, conforme 8º, § 1º, do Regimento Interno aprovado pelo Conselho Deliberativo da URAE 1; representantes nos comitês técnicos do Conselho Deliberativo, nos termos do art. 38 do Regimento Interno; representantes na instância executiva, conforme art. 3º do Decreto 66.289/2021; gestor designado para o contrato de concessão, nos termos do § 1º da Cláusula 6 do referido contrato.	Representante dos poderes concedentes (conforme Cláusula 1, alínea iii, do contrato de concessão, a URAE 1, na forma de seu Regimento Interno, é a representante do conjunto de entes federativos qualificados como poder concedente, sendo este, de acordo com a alínea xx da mesma Cláusula, o Estado e os Municípios integrantes da URAE-1, no exercício conjunto da titularidade dos serviços objeto do contrato, conforme dispõe o art. 8º da Lei Federal 11.445/2007); Coordenador do Conselho Deliberativo da URAE 1 representa a URAE 1, conforme disposto no art. 9º do Regimento Interno, e para as atribuições nele descritas; Secretário Executivo do Conselho Deliberativo da URAE 1 auxilia o Coordenador no desempenho de suas atribuições e os comitês técnicos no suporte administrativo, conforme disposto nos arts. 11 e 38, § 3º, do Regimento Interno, além das demais funções nele descritas; representantes nos comitês técnicos do Conselho Deliberativo acompanham e monitoram a prestação dos serviços nos correlatos agrupamentos, além das demais atribuições constantes do art. 38 do Regimento Interno; representantes na instância executiva implementam as ações necessárias à universalização, conforme deliberação do Conselho Deliberativo, observado o disposto no art. 4º do Decreto 66.289/2021, com redação dada pelo Decreto 67.880/2023; gestor designado para o contrato de concessão acompanha e supervisiona a execução do contrato de concessão, no âmbito das competências da URAE 1.
Estado de São Paulo	Representante do Estado no Conselho Deliberativo da URAE 1 (atualmente a Secretária de Meio Ambiente, Infraestrutura e Logística, como titular, e a Subsecretária de Recursos Hídricos e Saneamento Básico, como suplente); representantes do Estado nos comitês técnicos do Conselho Deliberativo; representantes do Estado no comitê executivo da instância executiva; membros do Conselho de Orientação do FAUSP (Secretário de Meio Ambiente, Infraestrutura e Logística, que exercerá a presidência, Secretário de Parcerias em Investimentos, Secretário da Fazenda e Planejamento, 2 membros de livre escolha do Governador, conforme art. 6º da Lei 17.853/2023); responsáveis do Estado pelas indicações dos membros do Conselho de Administração da Sabesp e pela execução do Acordo de Investimento, Lock-up e outras avenças, firmado com o acionista de referência da Sabesp.	Poder concedente, no exercício conjunto da titularidade dos serviços, conforme dispõem a alínea xx da Cláusula 1 do contrato de concessão e o art. 8º da Lei Federal 11.445/2007 (representante do Estado no Conselho Deliberativo da URAE 1 atua de forma a garantir que os direitos e deveres relativos ao Estado na URAE 1 e no contrato de concessão sejam observados e cumpridos); representantes do Estado nos comitês técnicos do Conselho Deliberativo acompanham e monitoram a prestação dos serviços nos correlatos agrupamentos, de forma conjunta aos representantes dos municípios; representantes do Estado no comitê executivo da instância executiva implementam as ações necessárias à universalização, conforme deliberação do Conselho Deliberativo, de forma conjunta aos representantes dos municípios; membros do Conselho de Orientação do FAUSP atuam de forma a garantir a destinação dos recursos do FAUSP para a modicidade das tarifas relativas ao contrato de concessão e a fim de cumprir o disposto no parágrafo único do art. 2º da Lei 17.853/2023; responsáveis do Estado pelas indicações dos membros do Conselho de Administração da Sabesp e pela execução do Acordo de Investimento, Lock-up e outras avenças, firmado com o acionista de referência da Sabesp, atuam para cumprimento do referido acordo, sobretudo quanto aos critérios de indicação dos membros da administração, conforme Cláusula V, e em relação às matérias sujeitas a consenso e a veto, nos termos da Cláusula VI.

Municípios	Representante de cada um dos 371 Munícipios, titular e suplente, no Conselho Deliberativo da URAE 1; representantes dos Municípios nos comitês técnicos do Conselho Deliberativo; representantes dos Municípios no comitê executivo da instância executiva; responsáveis pelos fundos municipais de saneamento.	Poder concedente, no exercício conjunto da titularidade dos serviços, conforme dispõem a alínea xx da Cláusula 1 do contrato de concessão e o art. 8º da Lei Federal 11.445/2007 (representante de cada município no Conselho Deliberativo da URAE 1 atua de forma a garantir que seus direitos e deveres na URAE 1 e no contrato de concessão, especialmente o que consta do seu respectivo Anexo no Anexo II, sejam observados e cumpridos); representantes de cada Município nos comitês técnicos do Conselho Deliberativo acompanha e monitora a prestação dos serviços no correlato agrupamento, de forma conjunta aos representantes dos demais municípios e do Estado; representantes de cada Município no comitê executivo da instância executiva implementa as ações necessárias à universalização, conforme deliberação do Conselho Deliberativo, de forma conjunta aos representantes dos demais municípios e do Estado; responsáveis pelos fundos municipais de saneamento acompanham e supervisionam o repasse trimestral de recursos da Sabesp ao correlato município e garantem a aplicação desses nas atividades permitidas pela Arsesp.
Sabesp	Membros da diretoria, membros do conselho de administração, membros do conselho fiscal, membros dos demais comitês (estatutários ou não), assembleia geral, funcionários, fornecedores e outros contratados.	Membros da diretoria (órgão executivo da empresa); membros do conselho de administração (órgão de deliberação colegiada responsável pela orientação superior da empresa); membros do conselho fiscal (órgão fiscalizador, por qualquer de seus membros, dos atos dos administradores e do cumprimento dos seus deveres legais e estatutários); membros dos demais comitês (estatutários ou não), com as competências definidas no Estatuto da empresa (caso do comitê de auditoria, de elegibilidade e remuneração, de sustentabilidade e responsabilidade corporativa, e de transação com partes relacionadas) ou no ato da sua constituição; funcionários, que executarão, de forma direta ou indireta, as atribuições dispostas no contrato de concessão em relação à prestação dos serviços e das demais atividades necessárias ao funcionamento da companhia.
Usuário	Todas as pessoas físicas e jurídicas situadas na área atendível, que sejam ou venham a ser atendidos pelos serviços prestados pela Sabesp, conforme Cláusula 1, alínea www, do contrato de concessão.	Possuem o direito de receber serviço adequado e o dever de pagar pontualmente as tarifas pela prestação dos serviços, além das demais disposições constantes do contrato de concessão, com destaque para a Cláusula 4.
Entidades/órgãos reguladores dos serviços de saneamento	Membros da diretoria e todo o corpo técnico da Arsesp, definida pelo Conselho Deliberativo da URAE 1 como entidade responsável pela regulação e pela fiscalização dos serviços objeto do contrato de concessão.	Membros da diretoria e todo o corpo técnico da Arsesp, cada qual no âmbito das respectivas competências internas definidas nas correlatas normas, fazem a regulação econômica dos serviços prestados, o que inclui a definição das tarifas, fiscalizam o cumprimento do contrato e a execução dos serviços, além do que dispõe o contrato de concessão, com destaque para a Cláusula 5, e os regulamentos emitidos pela agência no exercício de suas atribuições regulatórias.
Entidades/órgãos relacionados aos recursos hídricos	Membros da diretoria e todo o corpo técnico da Agência de Águas de SP – SP Águas (entidade gestora dos recursos hídricos do Estado); dirigentes e corpo técnico da Secretaria Estadual de Meio Ambiente, Infraestrutura e Logística, sobretudo da Subsecretaria de Recursos Hídricos e Saneamento Básico; dirigentes e corpo técnico das secretarias municipais que tratam do tema; representantes do Conselho Estadual de Recursos Hídricos – CRH; representantes dos Comitês de Bacias.	Membros da diretoria e todo o corpo técnico da SP Águas, cada qual no âmbito das respectivas competências internas definidas nas correlatas normas, fazem a gestão dos recursos hídricos, cuidando, por exemplo, da outorga do uso de recursos hídricos; dirigentes e corpo técnico da Secretaria Estadual de Meio Ambiente, Infraestrutura e Logística, sobretudo da Subsecretaria de Recursos Hídricos e Saneamento Básico, responsáveis pela política pública de recursos hídricos e saneamento básico, conforme dispõe o art. 4º do Decreto 64.132/2019; dirigentes e corpo técnico das secretarias municipais que tratam do tema, responsáveis, no âmbito das suas respectivas competências, pela política pública de recursos hídricos; representantes do Conselho Estadual de Recursos Hídricos – CRH, responsáveis

		por exercer funções normativas e deliberativas relativas à formulação, implantação e acompanhamento da Política Estadual de Recursos Hídricos, além de outras atribuições estabelecidas no art. 25 da Lei 7.663/91; representantes dos Comitês de Bacias, responsáveis por aprovar a proposta da bacia hidrográfica, para integrar o Plano Estadual de Recursos Hídricos e suas atualizações, além de outras atribuições estabelecidas no art. 26 da Lei 7.663/91.
Entidades/órgãos relacionados ao meio ambiente	Membros da diretoria, membros do conselho de administração, membros do conselho fiscal, e todo o corpo técnico da Companhia Ambiental do Estado – Cetesb; dirigentes e corpo técnico da Secretaria Estadual de Meio Ambiente, Infraestrutura e Logística, sobretudo da Subsecretaria de Meio Ambiente; dirigentes e corpo técnico das secretarias municipais que tratam do tema; representantes do Conselho Estadual de Meio Ambiente – Consema; representantes dos Conselhos Municipais de Meio Ambiente.	Membros da diretoria, membros do conselho de administração, membros do conselho fiscal, e todo o corpo técnico da Cetesb, responsáveis, de forma exemplificativa, pelo licenciamento das atividades pertinentes, de acordo com as regras aplicáveis; dirigentes e corpo técnico da Secretaria Estadual de Meio Ambiente, Infraestrutura e Logística, sobretudo da Subsecretaria de Meio Ambiente, que atuam como órgão seccional do Sistema Nacional do Meio Ambiente – SISNAMA, e como órgão central do Sistema Estadual de Administração da Qualidade Ambiental, Proteção, Controle e Desenvolvimento do Meio Ambiente e Uso Adequado dos Recursos Naturais – SEAQUA, desempenhando as competências previstas no art. 5º do Decreto 64.132/2019; dirigentes e corpo técnico das secretarias municipais que tratam do tema, responsáveis, no âmbito das suas respectivas competências, pelas políticas públicas concernentes ao meio ambiente; representantes do Conselho Estadual de Meio Ambiente – Consema, órgão consultivo, normativo e recursal, integrante do SEAQUA, responsável por estabelecer normas relativas à avaliação, ao controle, à manutenção, à recuperação e à melhoria da qualidade ambiental, além das atribuições elencadas no art. 2º da Lei 13.507/2009; representantes dos Conselhos Municipais de Meio Ambiente, responsáveis por propor normas e diretrizes relativas à gestão ambiental municipal, além de outras atribuições que constam de suas respectivas legislações específicas.
Sociedade civil	Representantes da sociedade civil no Conselho Deliberativo da URAE (pelas entidades de defesa do consumidor, OAB/SP; pelas organizações não governamentais ligadas ao desenvolvimento urbano e saneamento básico, ONDAS; pelas organizações não governamentais ligadas à saúde pública ou meio ambiente, AESABESP e ECOMANTIQUEIRA); representantes da sociedade civil no CRH e no CONSEMA; e a sociedade, de forma geral, sobretudo quando das participações nos processos de participação e controle social.	Representantes da sociedade civil no Conselho Deliberativo da URAE, no CRH e no CONSEMA atuam em prol dos interesses dos respectivos segmentos no âmbito dos colegiados.
Órgãos de controle externo	Membros dos Tribunais de Contas e dos Ministérios Públicos.	Membros dos Tribunais de Contas, a quem cabe fiscalizar a aplicação dos recursos públicos, conforme as respectivas competências constitucionais, como, por exemplo, o caso do TCE/SP em relação aos recursos do FAUSP; membros dos Ministérios Públicos, a quem cabe a defesa dos interesses sociais e individuais indisponíveis, conforme as respectivas competências constitucionais.

É possível também identificar, enquanto atores importantes para a consecução dos objetivos de universalização e melhoria na prestação dos serviços, as figuras do verificador independente e da empresa avaliadora, que auxiliam os técnicos da Arsesp na atividade fiscalizatória do cumprimento contratual. Segundo consta nas alíneas cc e xxx da Cláusula 1 do contrato de concessão, respectivamente, empresa avaliadora é a pessoa jurídica que atuará na certificação de investimentos, nos termos da regulação, em especial a Deliberação Arsesp 1.488, de 12 de janeiro de 2024, bem como consoante definido no Anexo V e no Anexo VI, e verificador independente é a empresa especializada que verificará o cumprimento dos indicadores e metas de cobertura e perdas previstos no Anexo II e no Anexo VII, nos termos definidos no Anexo VI.

Cabem, ainda, algumas considerações sobre determinados atores.

Em relação ao ator "URAE 1", importante ressaltar que sua criação se dá, em primeiro lugar, em virtude do marco legal de saneamento, como uma possibilidade de prestação regionalizada dos serviços, sendo "constituída pelo agrupamento de municípios não necessariamente limítrofes, para atender adequadamente às exigências de higiene e saúde pública, ou para dar viabilidade econômica e técnica aos Municípios menos favorecidos". Em um segundo momento, o Estado de São Paulo, como já mencionado, institui, mediante lei estadual, quatro unidades regionais e regulamenta, por meio do Decreto estadual 66.290/2021, a adesão dos municípios às referidas URAEs, bem como a estrutura de governança interfederativa.

Quanto à aludida governança, de acordo com o § 3º do art. 8º da Lei 11.445/2007, com a redação dada pelo novo marco legal de saneamento, a estrutura para as unidades regionais deve seguir o disposto no Estatuto da Metrópole (Lei 13.089/2015). Nesse sentido, a lei estadual de criação das URAEs delineou no seu art. 5º que a governança interfederativa compreende a seguinte estrutura básica: (i) instância executiva composta pelos representantes do Poder Executivo dos entes federativos integrantes da respectiva URAE; (ii) instância colegiada deliberativa com representação da sociedade civil; (iii) organização pública com funções técnico-consultivas; (iv) sistema integrado de alocação de recursos e de prestação de contas.

Para conferir efetividade à estrutura de governança interfederativa em questão, e, por conseguinte, à regionalização apregoada pelo marco legal de saneamento, até então não implementado no Estado de São Paulo, o Decreto supracitado foi alterado pelo Decreto estadual 67.880/2023, que, conforme se observa na correlata exposição de motivos, visou a propiciar o efetivo exercício da referida governança no âmbito das URAEs, estipulando novos prazos para a eleição do Conselho, bem como alterações em sua forma de funcionamento, com o estímulo a novas adesões e respeito àquelas já realizadas.

Ainda, cabe ressaltar que, em relação à participação da sociedade civil no Conselho Deliberativo das URAEs, além dos representantes já indicados no § 3º do art. 6º do Decreto estadual 66.290/2021, foi incluída a possibilidade de participação de entidades representativas de populações rurais, originárias e tradicionais, indo ao encontro do parágrafo 13 do art. 7º do Decreto federal 11.599/2023 e da busca pela universalização de fato, o que necessariamente tem de considerar tais populações.

Dessa forma, como estabelecido no art. 6º do regimento interno do Conselho Deliberativo, em observância ao disposto no art. 6º do Decreto estadual 66.290/2021, com a redação dada pelo Decreto estadual 67.880/2023, o colegiado em questão é composto por 1 representante do Estado, 1 representante de cada município aderente à URAE 1, e até 7 representantes da sociedade civil. Ademais, de acordo com o art. 7º, § 1º, do Decreto estadual 66.290/2021, o Conselho terá 1 Coordenador, 1 Suplente de Coordenador e 1 Secretário Executivo, cujas funções e atribuições serão definidas em seu regimento interno.

Em adição, os comitês técnicos, instituídos consoante o art. 37 do regimento interno, parecem fazer as vezes da organização pública com funções técnico-consultivas, referenciada no inciso III do art. 5º da Lei estadual 17.383/2021, também em alusão ao Estatuto da Metrópole.

No tocante aos atores que se observam no âmbito da Sabesp, impende salientar que se trata de uma empresa de capital aberto, com diversos acionistas, sendo o Estado de São Paulo o maior, com 18% das ações, seguido pelo Grupo Equatorial, com 15%. As demais ações (67%) são pulverizadas. Verifica-se, ainda, um acordo de investimento, lock up e outras avenças firmado entre o Governo do Estado de São Paulo e o Grupo Equatorial, que dispõe na Cláusula V sobre a administração da companhia.

Nesse contexto, por exemplo, de acordo com o item 5.2.1 do acordo, ambos os acionistas deverão exercer seus direitos de voto de modo a eleger os membros do Conselho de Administração, em chapa composta por (i) 3 membros indicados pelo Grupo Equatorial, (ii) 3 conselheiros independentes, conforme critérios do Regulamento do Novo Mercado da B3; e (iii) 3 membros indicados pelo Estado de São Paulo. Por óbvio, tais conselheiros têm de ser eleitos pela assembleia geral, nos termos do art. 122 da Lei 6.404/1976, e existe também a hipótese de requerimento de adoção do processo de voto múltiplo, consoante o art. 141 da mesma lei, caso também tratado no referido acordo (item 5.5).

Importa também ressaltar que, de acordo com o parágrafo primeiro do art. 12 do estatuto social da empresa, a indicação e a eleição de membros ao Conselho de Administração pelo Estado de São Paulo são limitadas a no máximo 3 membros, desconsiderando-se as indicações de membros independentes.

O estatuto social da empresa também dispõe sobre os demais atores observados, sejam acionistas ou membros dos conselhos e comitês estatutários.

Cabem aqui também algumas ponderações em relação a determinadas posições observadas.

No âmbito da URAE 1, o Conselho Deliberativo das URAEs é considerado o "locus" institucional adequado para que os titulares dos serviços públicos de saneamento básico compartilhem responsabilidades e ações em termos de organização, planejamento e execução dos serviços de água e esgoto, conforme determina o Estatuto da Metrópole (inciso IV do artigo 2º da Lei 13.089/2015).

De acordo com o art. 6º do regimento interno, todos os membros do Conselho têm direito a voto, ponderados para fins de deliberação do colegiado conforme os pesos estabelecidos pelo Decreto estadual 66.289/2021, com as alterações introduzidas pelo

Decreto estadual 67.880/2023, que será atualizado pela Secretaria Executiva sempre que a composição da URAE sofrer qualquer alteração.

Como mencionado, o Decreto estadual 67.880/2023 pretendeu assegurar uma maior participação da sociedade civil e dos próprios entes no Conselho Deliberativo das URAEs, com o desafio de implementar critérios que trouxessem a efetividade buscada e também fossem objetivos o suficiente para não gerar desequilíbrio ou favorecimento a qualquer das partes que compunham o colegiado.

Seguiu-se, nessa linha, o critério de relação com a população residente em cada município, reconhecido pelo STF no âmbito da ADI 1842/RJ como objetivo, justo e eficiente, aliado ao conceito de titularidade há muito debatido e trazido pelo novo marco na nova redação do art. 8º da Lei 11.445/2007, a fim de também conferir fundamento jurídico para sua definição.

Considerando, portanto, (i) os municípios pertencentes às regiões metropolitanas, aglomerações urbanas e microrregiões, que compartilham o exercício da titularidade com o estado membro, nos termos estabelecidos no artigo 8º, inciso II, da Lei Federal 11.445/2007 (interesse comum), e (ii) os demais municípios titulares dos serviços de água e esgoto (interesse local – não inseridos em regiões metropolitanas, aglomerações urbanas e microrregiões), conforme previsto no artigo 8º, inciso I, da Lei Federal 11.445/2007, foi proposta a seguinte ponderação:[17]

- Metade (50%) do total da população de municípios inseridos em regiões metropolitanas, aglomerações urbanas e microrregiões contabilizada para o segmento Estado: 18.939.005 habitantes (i);
- Metade (50%) do total da população de municípios inseridos em regiões metropolitanas, aglomerações urbanas e microrregiões contabilizada para o segmento municípios: 18.939.005 habitantes (ii);
- Total (100%) da população de municípios não inseridos em regiões metropolitanas, aglomerações urbanas e microrregiões contabilizada para o segmento municípios: 8.771.122 (iii).

Chega-se, com base nos números acima elencados, à seguinte proporcionalidade entre Estado e Municípios: Estado 40,6% (I = 18.939.005 habitantes); Municípios: 59,4% (II + III = 27.710.127 habitantes).

Haja vista, também, a participação da sociedade civil, tem-se que:
- Representantes da sociedade civil, com a inclusão das populações rurais, originárias e tradicionais – peso de 6% do total do colegiado (6% de 100%);
- Estado de São Paulo – peso de 38% do total do Colegiado (40,6% de 94%); e
- Municípios – peso de 56% do total do Colegiado (59,4% de 94%).

---

17. Com base na projeção do IBGE (2021), tem-se 46.649.132 habitantes no Estado de São Paulo (100%), sendo 37.878.010 (81,2%) em Regiões Metropolitanas, Aglomerações Urbanas e Microrregiões e 8.771.122 (18,8%) fora delas.

O peso de 6% do segmento sociedade civil é distribuído igualmente, considerando todos os seus representantes, em conformidade com o disposto no artigo 6º, § 3º, do Decreto estadual 66.289/2021, e o peso de 56% dos municípios é distribuído proporcionalmente, levando-se em conta a sua população em relação ao total contabilizado de sua URAE, reforçando que municípios inseridos em regiões metropolitanas, aglomerações urbanas e microrregiões deverão considerar 50% da sua população, conforme explanado anteriormente.

Observa-se que a metodologia adotada pretende (i) afastar a concentração decisória em determinado ente e (ii) guardar relação com a população residente em cada município, critério esse também adotado em ao menos 17 dos 26 estados brasileiros para a definição da ponderação dos votos nas deliberações colegiadas em unidades regionais.

Conforme se verifica no âmbito da ADPF 863/AL, não pode haver preponderância decisória de um ente em detrimento de outros, contudo, não há obrigatoriedade de paridade ou mesmo um modelo único que deva ser observado para a materialização da atuação conjunta dos entes.

Ainda, como destacado pela Procuradoria-Geral do Estado de São Paulo – PGE na ADI 7.470/SP, a metodologia adotada acresce "mecanismo de equalização para afastar iniquidades que ocorreriam caso desconsiderado o fato de que os municípios integrantes de região metropolitana, microrregiões e aglomerações não detêm a titularidade exclusiva do serviço, distribuindo-se o peso igualmente entre os cotitulares".

Em sede cautelar, o Min. André Mendonça, relator da ADI supracitada, entendeu que o pleito de eventual inconstitucionalidade quanto à aludida proporcionalidade não merecia acolhida, ressaltando que as alegações sobre violação à autonomia municipal não prosperam, haja vista, sobretudo, que as autoridades locais competentes possuem plena liberdade e prerrogativa de deliberar "(i) tanto pela adesão ou não do ente às denominadas URAES (ii) como também sobre sua permanência e eventual retirada", restando a cada ente municipal "a possibilidade de constante reanálise da questão a partir da consideração dos prós e contras de uma ou outra opção".

Nessa linha, importante ressaltar as chamadas "boundary rules", observadas no caso em tela e que reforçam a autonomia dos entes membros da URAE 1.

Em primeiro lugar, destaca-se a previsão constante do art. 8º-A da Lei federal 11.445/2007, com a redação dada pela Lei federal 14.026/2020, a saber: "[é] facultativa a adesão dos titulares dos serviços públicos de saneamento de interesse local às estruturas das formas de prestação regionalizada". Ou seja, para "entrar" na URAE 1 o ente deve manifestar concordância expressa com o ato. Nesse sentido, é o termo de adesão padrão constante do Decreto estadual 66.289/2021, que deve ser assinado, de forma voluntária, a fim de que a adesão à URAE seja concretizada.

Dessa forma, 371 dos 375 listados no anexo único da Lei estadual 17.383/2021 formalizaram sua adesão à URAE 1. Conforme informação constante do sítio eletrônico da Secretaria de Meio Ambiente, Infraestrutura e Logística do Estado de São Paulo, no dia em que realizada a primeira reunião do Conselho Deliberativo (20.05.2024), foram comunicadas a não adesão do Município de Miguelópolis e a adesão do Município de Campo Limpo Paulista. Os outros três municípios não aderentes foram: Quintana, Nova Guataporanga e Igarapava.

Verificam-se, também, regras para a saída dos municípios da URAE 1 após a celebração do contrato regionalizado de concessão, aprovadas pelo colegiado no âmbito da primeira reunião do Conselho Deliberativo. Nesse quadrante, de acordo com o art. 45 do regimento interno, a decisão de qualquer município por retirar-se da URAE 1, após a celebração do contrato regionalizado de concessão ou outros instrumentos congêneres para a prestação regionalizada dos serviços, estará condicionada ao prévio pagamento das indenizações devidas à concessionária, sem prejuízo dela permanecer operando a prestação dos serviços até que ocorra o pagamento integral do valor devido.

A previsão caminha em linha ao disposto no art. 42, § 5º, da Lei federal 11.445/2007, com redação dada pelo novo marco legal de saneamento, uma vez que é importante dar previsibilidade e estabilidade aos instrumentos jurídicos firmados, respeitando os direitos da concessionária quanto à devida indenização pelos investimentos realizados nos bens reversíveis, que são de titularidade pública, ainda não amortizados ou depreciados, sob pena de enriquecimento ilícito da administração pública.

Constata-se, ainda, previsão de que municípios integrantes de região metropolitana, aglomeração urbana ou microrregião, que efetivamente compartilhem instalações operacionais, devem submeter sua decisão de saída aos cotitulares dos serviços de saneamento que sejam integrantes da URAE 1, em observância ao artigo 8º da Lei federal 11.445/2007. Entende-se pertinente a disposição, em primeiro lugar, haja vista previsão explícita no novo marco legal de saneamento quanto à cotitularidade nessas regiões, e, ainda, pela própria questão operacional de prestação dos serviços, em que os usuários dependem do compartilhamento de tais infraestruturas para receber os correlatos serviços de água e esgoto.

Como apontam Souza et al.,[18] "[r]espeitar autonomias segue importante, mas não haverá cooperação federativa efetiva no saneamento se não forem institucionalizados polos coordenadores dos esforços de cooperação, investidos de competências claras e operacionais, inclusive para que se sobreponham à manifestação isolada de um Município caso necessário à realização de objetivos comuns".

Impende, por fim, ressaltar que não se observa ainda a instituição formal de todos os comitês técnicos do Conselho Deliberativo e dos comitês executivos da instância executiva, razão pela qual se recomendaria atenção em suas regulamentações a fim de

---

18. SOUZA, Rodrigo Pagani de; TOJAL, Sebastião Botto de Barros; MONTEIRO, Vera Cristina Caspari; CORRÊA, Hector Augusto Berti; COELHO, Juliana Santos Pinto; ALVES, Karen Amaral; BALOG, Lucas Gabriel Campos. A nova regionalização do saneamento básico no Brasil: os Estados despontam como coordenadores da cooperação interfederativa. *Revista de Direito Público da Economia – RDPE*. Belo Horizonte, ano 21, n. 83, p. 191-253, jul./set. 2023.

não gerar sombreamento de funções entre si e com a Arsesp, responsável pela regulação e fiscalização dos serviços.

Quanto às *ações permitidas, bem como a função que mapeia as ações responsáveis por cada resultado*, tais elementos podem ser observados no âmbito dos documentos aprovados na primeira reunião do Conselho Deliberativo da URAE 1, especialmente no regimento interno e no contrato de concessão.

Especificamente em relação à função que mapeia as ações, existe a previsão contratual em todos os 371 anexos do Anexo II de que a Sabesp deverá construir um Painel de Acompanhamento de Indicadores e Desempenho, Planejamento de Obras e Investimentos auditável. Os dados do referido Painel devem ser acessíveis pela Arsesp por meio eletrônico, em tempo real ou com a periodicidade máxima definida pela agência, de acordo com a disponibilidade técnica das informações, bem como divulgados, com a devida atualização, no sítio eletrônico da empresa e em outros ambientes indicados pela Arsesp, além de ser acessível pelos demais *stakeholders* (população, municípios e Estado incluídos).

Ainda, de acordo com a Cláusula 9, alínea dd, é obrigação da Sabesp disponibilizar para acesso da Arsesp, em até 3 (três) meses contados da data de eficácia, operada em 23.07.2024, todos os dados relativos aos bens vinculados, aos investimentos, e às características operacionais dos serviços, em formato eletrônico que permita a inserção dos dados em plataforma de livre acesso pelo poder concedente, incluindo informações quanto à geolocalização da infraestrutura, aos indicadores e metas de cobertura e perdas, e às condições de operação em tempo real, além de acesso, em tempo real, aos dados atualizados de previsão de restabelecimento de serviços interrompidos ou suspensos, sem prejuízo de outros dados que vierem a ser exigidos na regulação.

Em relação à URAE 1, cabe destacar que, segundo o art. 7º, inciso VIII, do Decreto estadual 66.289/2021, com a redação dada pelo Decreto estadual 67.880/2023, e o art. 3º, inciso VIII, do regimento interno, compete ao Conselho deliberar acerca da celebração de contratos, convênios, parcerias e outros instrumentos congêneres para a gestão associada dos serviços públicos de abastecimento de água potável e esgotamento sanitário, inclusive alterações de prazo, de objeto ou de demais cláusulas dos contratos e instrumentos atualmente vigentes, e do seu agrupamento em novo(s) contrato(s) de concessão, no âmbito dos municípios mencionados no anexo único da Lei n. 17.383/2021, nos termos do artigo 14 da Lei federal 14.026/2020.

Conforme ressaltado pelo Min. relator André Mendonça na ADI 7.470/SP, a partir do momento em que os entes optam por integrar a URAE, "nada mais lógico e natural que as deliberações sobre os contratos inseridos na gestão associada passem pela definição colegiada de todos os seus integrantes reunidos nos correspondentes Conselhos Deliberativos". Ainda, de acordo com o Ministro, "uma vez optando por integrar uma espécie de 'condomínio' (URAE), devem as decisões sobre os contratos, assuntos e serviços prestados ao 'condomínio' ser definidas em 'assembleia' (no caso, via Conselho Deliberativo da URAE)". O referido dispositivo regulamentar, portanto, explicita regra própria e intrínseca à gestão compartilhada entre os entes federativos, nas palavras do Ministro relator.

Em adição, importante salientar que a URAE 1, o Estado e os municípios têm de promover a articulação entre a Sabesp e os órgãos reguladores, especialmente os de recursos hídricos e proteção ao meio ambiente, saúde pública e ordenamento urbano, além de atuar em conjunto com a autoridade ambiental competente e comitês de bacia para que sejam observados os parâmetros do contrato visando a qualidade dos efluentes de unidades de tratamento de esgotos sanitários e dos lodos gerados nos processos de tratamento de água, com o objetivo de manter a qualidade dos corpos hídricos, levando em consideração a capacidade de pagamento dos usuários, bem como os indicadores e metas de cobertura e perdas.

No âmbito dos *resultados potenciais*, de forma geral, na perspectiva de todos os principais atores analisados, conforme exposto na Cláusula 2, § 2º, do contrato de concessão, objetiva-se garantir a universalização dos serviços até 31 de dezembro de 2029 na área atendível. Ademais, como ressaltado na Cláusula 13 do aludido contrato, os planos e projetos de investimentos a serem considerados pela Sabesp ao longo da execução do contrato deverão refletir o quanto disposto no Anexo II, com vistas à: (a) assegurar a universalização dos serviços até 31 de dezembro de 2029 na área atendível; (b) melhoria gradual e progressiva do atendimento e da cobertura dos serviços, de modo a atender aos indicadores e metas de cobertura e perdas, inclusive nos casos de revisão do plano regional de saneamento; e (c) melhoria contínua da qualidade dos serviços prestados, bem como da salubridade ambiental.

Destacar-se-ão, a seguir, algumas particularidades referentes a determinados atores.

Do ponto de vista dos municípios, cabe ressaltar que cada um dos 371 municípios aderentes à URAE 1 possui um anexo específico, dentro do Anexo II, com os diagnósticos, metas e indicadores próprios. Além disso, há uma lista de investimentos também particular a cada municipalidade, com o cronograma físico e financeiro relacionado, ano a ano de 2024 a 2029 e de cinco em cinco anos de 2030 a 2060.

Da perspectiva da Sabesp, além do atingimento dos objetivos já citados, cabe ainda destacar a política de dividendos existente na empresa, alterada recentemente (vigência em 22.07.2024) para acrescer critérios de distribuição de acordo com o cumprimento do contrato de concessão e a alavancagem financeira da empresa.

O objetivo da referida política, segundo descrito no item 4.1, é definir as práticas a serem adotadas pela companhia quanto à remuneração dos acionistas, de modo a dar transparência ao mercado e aos investidores, proporcionando-lhes previsibilidade nos rendimentos e buscando atender aos melhores padrões de governança corporativa, sem prejuízo à universalização dos serviços de saneamento básico na área operada pela companhia no Estado de São Paulo e execução de seu plano de investimentos.

Deve-se considerar, em relação à distribuição de dividendos, conforme o exposto no item 5.6: (i) a necessidade de investimentos para consecução das metas de universalização dos serviços de saneamento básico, conforme previstas no contrato de concessão; (ii) a consecução do objeto social da companhia definido em seu Estatuto Social; (iii) a geração e a necessidade de caixa; e (iv) a sustentabilidade econômico-financeira da companhia.

Nesse contexto, de acordo com o item 5.3.1, para os exercícios sociais a encerrarem-se em 31 de dezembro de 2024 e 31 de dezembro de 2025, as ações ordinárias farão jus ao dividendo mínimo obrigatório, nos termos do artigo 202, § 1º da Lei Federal 6.404/1976 e do artigo 49 do Estatuto Social. Nos anos seguintes, consoante o item 5.4, as ações ordinárias poderão fazer jus aos seguintes dividendos totais: (i) de até 50% do lucro líquido ajustado dos exercícios sociais a encerrarem-se em 31 de dezembro de 2026 e 31 de dezembro de 2027; (ii) de até 75% do lucro líquido ajustado dos exercícios sociais encerrados em 31 de dezembro de 2028 e em 31 de dezembro de 2029; e (iii) de até 100% do lucro líquido ajustado dos exercícios sociais encerrados a partir de 31 de dezembro de 2030.

Para que a distribuição siga o escalonamento supracitado, no limite dos referidos percentuais, o Fator U deve ser igual a 0. Se o Fator U for superior a 0 mas inferior ou igual a 1%, o limite de distribuição de dividendos será 80% dos limites acima mencionados; se for superior a 1% mas inferior ou igual a 2% (dois por cento), será 60%; se for superior 2%, a distribuição dos dividendos estará limitada ao pagamento do dividendo mínimo obrigatório.

O chamado Fator de Universalização ou Fator U foi criado no âmbito do contrato de concessão como mecanismo regulatório para que o contrato seja devidamente cumprido. Conforme definição exposta na Cláusula 2 do Anexo VII do contrato, é o índice aplicado anualmente nos processos de reajuste ou revisão tarifária em caso de descumprimento das metas de universalização, nos termos constantes nos Anexos II e V.

É uma estratégia de regulação cuja lógica já existe em outros setores de infraestrutura, como em concessões de infraestrutura rodoviária, a nível federal e também no Estado de São Paulo (denominado Fator D), mas que se verifica inovadora no setor de saneamento. Ainda, faz parte da agenda de *better regulation*, com foco no alinhamento de incentivos entre as partes contratantes (regulação por incentivos), em adição à tradicional regulação por comando e controle (no caso em tela observada sobretudo no Anexo III), além de favorecer o usuário dos serviços uma vez que o descumprimento se reflete em desconto tarifário.

Ao vincular a distribuição de dividendos dos acionistas ao Fator U, observa-se um alinhamento de incentivos desejável da perspectiva pública e adicional ao posto no contrato, haja vista que o descumprimento, além da perda de receita, também poderá acarretar uma menor distribuição de dividendos.

Outro critério definido para que o aludido escalonamento possa ser realizado é de que o índice de alavancagem financeira da companhia para 31 de dezembro do respectivo exercício social seja igual ou inferior a 3,25 (item 5.5, ii).[19] Considera-se uma

---

19. Índice obtido pela divisão da Dívida Líquida pelo EBITDA Ajustado da companhia em 31 dezembro do respectivo exercício social.

medida importante, também no sentido de alinhamento de incentivos e do ponto de vista de interesse público, a fim de que a empresa não priorize a emissão de dividendos em detrimento da prestação de serviços aos usuários.

Cabe salientar que, para alterar a política de dividendos em questão, com as mencionadas salvaguardas, os acionistas e os conselheiros vinculados ao acordo de investimento, lock up e outras avenças, firmado entre o Governo de São Paulo e o acionista de referência, somente poderão votar afirmativamente nas assembleias gerais e reuniões do Conselho de Administração caso ambos os acionistas concordem. Ou seja, o Governo de São Paulo deve se manifestar positivamente, com base no que atenda de melhor forma o interesse público.

Importa ressaltar, por fim, que, uma vez cumpridos os critérios estabelecidos, a distribuição de dividendos na forma proposta é favorável aos acionistas privados, pelo aumento gradual, e ao Governo de São Paulo, este com 18% das ações, bem como aos usuários, visto que 100% dos dividendos do Estado devem ser aplicados, via FAUSP, em modicidade tarifária.

No tocante ao *controle que o ator possui em relação às ações e aos resultados que elas geram*, como mencionado anteriormente, a Sabesp deverá construir um Painel de Acompanhamento de Indicadores e Desempenho, Planejamento de Obras e Investimentos auditável, cujos dados serão acessíveis pela Arsesp, municípios, Estado, população, além de divulgados no sítio eletrônico da empresa e em outros ambientes indicados pela agência.

Isso permitirá um melhor controle por parte de todos os atores, cada qual no âmbito de suas atuações, grande parte já delineada no contrato de concessão, no regimento interno ou nas normas pertinentes, com informações uniformes, o que se mostra imprescindível para uma boa regulação e fiscalização, especialmente em monopólios naturais, como é o caso, em que a assimetria de informações é um desafio a ser constantemente superado.

Nesse contexto, para fins de verificação do cumprimento das metas, a Arsesp deverá realizar fiscalizações, a qualquer tempo, orientadas pelos dados enviados pela Sabesp ou mesmo por averiguações em campo. Nos termos do item 5.2 de cada um dos 371 anexos do Anexo II, a Sabesp deve encaminhar à Arsesp as medições dos índices e as informações necessárias às fiscalizações, por meio de relatórios na forma da regulação vigente no período.

Como dispõe a Cláusula 42 do contrato de concessão, a Arsesp exercerá ampla, completa e irrestrita fiscalização do cumprimento, pela Sabesp, de suas obrigações, tendo garantido livre acesso, em qualquer época, às áreas, instalações e locais afetos à concessão, aos bens vinculados, aos livros e documentos relativos à Sabesp e à concessão, a registros e documentos relacionados aos serviços, aos dados relativos à administração, à contabilidade e aos recursos técnicos, econômicos e financeiros da empresa, podendo solicitar esclarecimentos ou modificações, caso entenda haver desconformidades com as obrigações previstas no contrato, em especial em relação ao cumprimento dos indicadores e metas de cobertura e perdas e dos parâmetros de qualidade estabelecidos contratualmente.

O cumprimento das metas de universalização dos serviços, conforme definido no Anexo II, será avaliado observando os seguintes indicadores e escalonamento: (i) para os anos de 2025 e 2026, serão observadas as metas de incremento de economias por recorte territorial da URAE 1 (urbano formal e informal conjuntamente com o rural); (ii) para o ano de 2027 serão observadas as metas de cobertura de cada município sem recorte territorial, conforme definido no Anexo II – essas metas de cobertura serão avaliadas por meio do Indicador de Cobertura de Serviço de Abastecimento de Água – ICA e do Indicador de Cobertura do Serviço de Coleta ou Afastamento de Esgoto – ICE; e (iii) a partir de 2028 serão observadas as metas de cobertura de cada município por recorte territorial (urbano formal, informal e rural) – essas metas de 3 cobertura serão avaliadas por meio dos indicadores ICA e ICE, em suas variantes urbano, informal e rural. A partir de 2027, o cumprimento das metas de cobertura do serviço de tratamento de esgoto coletado será avaliado pelo Indicador de Cobertura do Serviço de Tratamento do Esgoto – IEC, sem recorte, conforme definido no Anexo II.

Em caso de inadimplemento total ou parcial do contrato no que se refere às metas de universalização, a Sabesp estará sujeita, cumulativamente, à: (i) aplicação do já explanado Fator de Universalização (Fator U); (ii) obrigação de elaborar e executar um plano de adequação, nos termos a serem definidos pela Arsesp após a constatação do descumprimento de alguma das metas de universalização sobre as quais incide o Fator U; (iii) decretação de caducidade do contrato, nos seus termos e nos termos da Lei Federal 11.445/2007 (Art. 11-B § 7º), em caso de reincidência do não cumprimento das metas de cobertura anuais, da forma como descrita na Cláusula 3.5 do Anexo VII, precedida pelo devido processo legal, de acordo com a legislação aplicável e a regulação.

Na mesma linha de regulação por incentivos que o exposto anteriormente quanto ao Fator U, está o chamado Fator de Incentivo à Qualidade (Fator Q), que, segundo Cláusula 2 do Anexo VII do contrato de concessão, é definido como o índice aplicado anualmente nos processos de reajuste ou revisão tarifária com o potencial de reduzir ou incrementar o índice de reajuste tarifário, nos termos estabelecidos no Anexo V, com o objetivo de incentivar melhorias na prestação dos serviços por meio da concessão de aumentos tarifários (i.e. Fator Q > 0) quando o desempenho for superior ao estipulado no contrato ou reduções tarifárias (i.e. Fator Q < 0) quando o desempenho geral ficar aquém do estipulado.

Ademais, após concluídos, cada um dos investimentos obrigatórios descritos na seção 6.3 de cada um dos 371 anexos do Anexo II, deverá ser objeto de laudo de avaliação de ativos validado pela Arsesp para sua valoração e verificação quanto à inclusão na base de ativos regulatória, calculada no processo de certificação anual dos investimentos.

Em adição, cabe salientar que, de acordo com a Cláusula 41 do contrato de concessão, caberá à URAE 1 estabelecer os mecanismos de controle social dos serviços, sem prejuízo daqueles previstos em regulamentação da Arsesp. Nesse sentido, já foi disposto no regimento interno aprovado um capítulo específico para a participação popular (capítulo IV, arts. 27-36), em linha também ao constante no art. 8º do Decreto 66.289/2021.

Quanto às *informações disponíveis*, entende-se que se encontram nos documentos já citados, sobretudo, no regimento interno, contrato de concessão e plano regional de saneamento, além da mencionada plataforma a ser construída. De forma exemplificativa, no Capítulo 10 do plano regional de saneamento, é descrito o processo de construção do plano de investimentos referencial, que levou em consideração um conjunto numeroso de aspectos técnicos, administrativo-financeiros, jurídicos e institucionais, com a referência às principais fontes de informação.

Ainda no aludido Capítulo 10, no tocante aos *custos e os benefícios* atribuídos às ações e aos resultados, consta de forma detalhada os critérios e parâmetros técnicos e de custos referentes ao contrato de concessão. A título de benefícios, observam-se nos documentos já mencionados:

- antecipação da universalização para 2029;
- inclusão de domicílios informais consolidados ou passíveis de regularização e áreas rurais, antes fora da área atendível da Sabesp;
- no tocante ao saneamento em áreas rurais, previsão de soluções individuais ou coletivas de abastecimento de água e esgotamento sanitário, integrando as metas de universalização de cada município da URAE 1;
- uniformização contratual, com respeito às especificidades de cada município, e equalização dos prazos contratuais em 2060, possibilitando a incorporação de melhorias regulatórias e de gestão, além de assegurar o subsídio cruzado tarifário e mais investimentos com sustentabilidade no longo prazo;
- alteração do modelo regulatório *forward looking* para *backward looking*, possibilitando que os investimentos sejam incorporados ao valor tarifário após serem realizados, o que gera mais alinhamento de incentivos para consecução dos investimentos e justiça tarifária aos usuários (o modelo anterior, do *forward looking*, considera os investimentos na tarifa antes de serem feitos);
- inclusão de fatores de desconto tarifário no caso de descumprimento de metas, como o Fator U, e de indicadores que podem auxiliar na despoluição de cursos d'água, como a qualidade do esgoto;
- previsão de construção de Painel de Acompanhamento de Indicadores e Desempenho, Planejamento de Obras e Investimentos, para melhoria da regulação e fiscalização, sobretudo com o controle mais assertivo e diminuição da assimetria de informação entre os atores;
- melhoria da previsibilidade e gradação das penalidades, o que proporciona mais efetividade na aplicação da regulação por comando e controle (Anexo III do contrato);

- aumento de investimentos para melhoria dos serviços e da qualidade da água e do esgoto, com tratamento avançado de esgoto, renovação de infraestrutura, modernização de ETEs e ETAs, e preparação de sistemas mais resilientes e inovadores de produção de água;
- criação do Fundo de Apoio à Universalização do Saneamento no Estado de São Paulo (FAUSP), por meio da Lei 17.853/2023, proporcionando redução tarifária de imediato, com a obrigação de sempre estar com o valor abaixo do que seria a tarifa da Sabesp estatal, nos termos da referida Lei e do Anexo V do contrato;
- repasse de cerca de R$ 71 bilhões no período de 2025 a 2060 aos fundos municipais de saneamento ambiental e infraestrutura (FMSAI) dos municípios aderentes à URAE 1, para aplicação em projetos ambientais e de infraestrutura, consoante regulamentação da Arsesp;
- elaboração de plano de segurança hídrica e resiliência climática, com a identificação e proposição de ações de aumento da segurança hídrica para as regiões com possíveis déficits ou riscos de abastecimento;
- elaboração de plano de ação para emergências e contingências, para eventual falta de água e falhas no tratamento de esgoto, incluindo avaliação de potenciais ocorrências e cenários;
- melhoria de governança e gestão da companhia, com a criação de comitês estatutários de elegibilidade e remuneração, de sustentabilidade e responsabilidade corporativa, e de transação com partes relacionadas, nova política de dividendos alinhada ao cumprimento do contrato de concessão, e mais sustentabilidade econômico-financeira pela extensão dos contratos até 2060.

2.2 Bloco 2 – Fatores exógenos

Em relação às *regras em uso*, além das citadas na Cláusula 1, alínea nn, que exemplifica bem as observadas no presente caso,[20] cabem algumas considerações, haja vista o estudo de caso em tela, sobre o art. 14 da Lei 14.026/2020.

De acordo com o referido dispositivo legal, em caso de alienação de controle acionário de empresa pública ou sociedade de economia mista prestadora de serviços públicos de saneamento básico, os contratos de programa ou de concessão em execução poderão ser substituídos por novos contratos de concessão, observando-se, quando aplicável, o Programa Estadual de Desestatização.

---

20. Constituição Federal; Constituição do Estado de São Paulo; Decreto-Lei 4.657, de 04 de setembro de 1942; Lei Federal 6.385, de 07 de dezembro de 1976; Lei Federal 6.404, de 15 de dezembro de 1976; Lei Federal 8.987, de 13 de fevereiro de 1995; Lei Federal 9.074, de 07 de julho de 1995; Lei Federal n. 11.445, de 5 de janeiro de 2007; Lei Federal n. 13.089, de 12 de janeiro de 2015; Lei Federal 13.460 de 26 de junho de 2017; Lei Federal 13.709, de 14 de agosto de 2018; Lei Federal 14.026/2020; Lei Federal 14.133, de 1º de abril de 2021; Lei Estadual 7.835, de 8 de maio de 1992; Lei Estadual 10.177, de 30 de dezembro de 1998; Lei Complementar Estadual 1.025, de 07 de dezembro de 2007; Lei Estadual 17.383, de 05 de julho de 2021; Decreto Estadual 41.446, de 16 de dezembro de 1996 e suas alterações; Decreto Estadual n. 52.455, de 7 de dezembro de 2007; Decreto Estadual 66.289, de 02 de dezembro de 2021; e Decreto Estadual 67.880, de 15 de agosto de 2023.

Este artigo é uma clara exceção à vedação quanto à prorrogação dos contratos de programa e à celebração de novos. A razão para tal, contudo, é a mesma. O novo marco legal de saneamento teve como premissa fomentar desestatizações a fim de, dado o diagnóstico verificado em relação aos serviços de água e esgoto no Brasil, acelerar a realização de investimentos, melhorar a prestação dos serviços e cumprir as metas de universalização por ele estabelecidas. Trata-se, importante ressaltar, de estímulo às desestatizações *lato sensu*, que, consoante o art. 4º da Lei 9.491/97, podem ser executadas mediante as seguintes modalidades operacionais: (i) alienação de participação societária, inclusive de controle acionário; (ii) abertura de capital; (iii) aumento de capital, com renúncia ou cessão, total ou parcial, de direitos de subscrição; (iv) alienação, arrendamento, locação, comodato ou cessão de bens e instalações; (v) dissolução de sociedades ou desativação parcial de seus empreendimentos, com a consequente alienação de seus ativos; (vi) concessão, permissão ou autorização de serviços públicos; (vii) aforamento, remição de foro, permuta, cessão, concessão de direito real de uso resolúvel e alienação mediante venda de bens imóveis de domínio da União.

No caso das alienações de controle acionário, para garantir o fundamento de atração da iniciativa privada no intuito de assegurar mais investimentos no setor, fazia-se mister colocar no novo marco a lógica trazida pelo art. 14. Isto porque o maior ativo das empresas cujas ações se pretenderia alinear é justamente os contratos, de onde provém as receitas, sem os quais a venda não faria qualquer sentido, tornando vazia a previsão do dispositivo legal e sem efeito a premissa legal estabelecida, na hipótese desta forma de desestatização.

Ademais, a possibilidade de alteração de prazo, de objeto ou de demais cláusulas do contrato, conforme dispõem os parágrafos do referido art. 14, tem o condão de gerar, pelas mesmas razões, mais valor à empresa a ser desestatizada e mais atratividade ao projeto. Descabida, portanto, na hipótese da modalidade operacional "alienação de controle acionário", a realização de licitação para substituição dos contratos, como se exige para as desestatizações por "concessão comum" ou "concessão patrocinada", pois destruiria o valor da companhia e frustraria por completo a *mens legis* perseguida no âmbito do novo marco legal de saneamento.

No presente estudo de caso, o processo de desestatização da Sabesp, modelo operacional "alienação de controle acionário", possibilitou, em virtude do disposto no art. 14, a unificação dos 371 contratos em um só contrato de concessão, com a equalização dos prazos em 2060 (último prazo dos contratos antigos) e a harmonização dos termos gerais, respeitadas as especificidades de cada município nos 371 anexos que se encontram no Anexo II, além da incorporação das melhorias regulatórias citadas.

Sobre a evolução de gestão contratual *vis a vis* as novas regras em uso, de acordo com Souza et al.,[21] o novo marco legal de saneamento "preconiza uma unificação dos serviços públicos de saneamento em novas formas de prestação regionalizada", o que,

---
21. Idem, p. 191-253.

segundo os autores, "significa, muitas vezes, que os contratos isolados precisam ser extintos e seus objetos integrados, no limite, ao de um só grande contrato regional (ou punhado de contratos regionais)".

Impende mencionar que, na hipótese de não realização da alienação de controle acionário e, por conseguinte, da substituição contratual a que se procedeu, a empresa poderia perder sua base operada ao longo dos anos, uma vez que, ao final dos contratos antes existentes, o município teria, aí sim, que licitar a prestação dos serviços de saneamento e a Sabesp poderia não ganhar o certame.[22]

Seguindo a trajetória de resultados das licitações no setor desde 2019, a Sabesp teria o potencial de, por exemplo, perder 50% dos contratos nos próximos 15 anos (até 2038). Esse cenário geraria uma série de complexidades, a saber:

- para os municípios "menores" ou, nos termos da Lei 14.026/2020, menos favorecidos, como a grande maioria é deficitária, resta a dúvida quanto à participação de algum *player* na licitação e, ainda, como ficaria o valor da tarifa e a realização dos investimentos necessários, hoje subsidiados por poucos municípios superavitários da URAE 1. Além disso, não é simples a tarefa de realizar uma concessão para prestação de serviços de água e esgoto. Outra alternativa seria a criação de uma empresa, autarquia ou órgão municipal para prestação dos serviços, contudo, não são desprezíveis os custos para implantação, além dos necessários para a realização de investimentos e operação de saneamento, o que poderia, como nas demais alternativas, precarizar o serviço;
- para os municípios "maiores" ou mais favorecidos, como a grande maioria possui infraestrutura compartilhada, a licitação por parte do município ou mesmo a criação de alguma entidade ou órgão para prestar os serviços enfrentaria a dificuldade de que o ente não é independente quanto à produção de água ou ao tratamento de esgoto. Ainda, há de se considerar que, em regiões metropolitanas, aglomerações urbanas e microrregiões, exercem a titularidade dos serviços públicos de saneamento básico o Estado em conjunto com os municípios que compartilham efetivamente instalações operacionais;
- para a própria empresa, que poderia perder sua sustentabilidade econômico-financeira ao longo dos anos, passando de uma companhia superavitária para deficitária, especialmente no caso de perda da base operada relativa a municípios superavitários, cujas licitações possivelmente atrairiam *players* mais alavancados que a Sabesp estatal.

Em relação aos fatores exógenos "condições biofísicas" e "atributos da comunidade", observa-se que o plano regional de saneamento trouxe elementos que podem ser explorados nesse sentido, sobretudo quanto ao primeiro fator.

---

22. Como ocorreu, por exemplo, no município de Igarapava, que inclusive está listado na lei para fazer parte da URAE 1, em que a Sabesp participou da licitação, mas ficou em segundo lugar.

No tocante, por exemplo, ao fator exógeno *condições biofísicas*, para a definição dos agrupamentos constituídos dentro da URAE 1, partiu-se das regiões hidrográficas e das unidades de gerenciamento de recursos hídricos. Isso certamente auxilia na estratégia de realização dos investimentos necessários, considerando também aspectos de segurança e resiliência hídrica, essenciais em qualquer cenário, especialmente quando se considera as emergências climáticas ora observadas. Ainda, como os comitês instituídos via regimento interno do conselho deliberativo da URAE 1 para supervisão e acompanhamento contratual referem-se a cada um dos agrupamentos, acredita-se que a governança no âmbito do colegiado também seja aprimorada e com a premissa correta, a partir do bem comum que possibilita a prestação dos serviços de saneamento.

Outro ponto relevante de menção se refere às áreas de favelas e demais agrupamentos de ocupação informal, que foram incorporados no novo contrato, inclusive em observância ao novo marco legal de saneamento. Como ressaltado no plano regional, tais áreas demandam ações de urbanização, com implantação de infraestrutura que extrapola o âmbito do saneamento. Ademais, em casos de situações de risco, ou onde há impedimentos ambientais à ocupação, são necessárias soluções de realocação dos moradores para moradias adequadas. As ações de urbanização e realocação têm historicamente sido implantadas em intensidade insuficiente no Brasil, e, por outro lado, a população que habita essas áreas continua a crescer. Enquanto essa condição permanece, é necessário prover soluções de esgotamento sanitário para as habitações em áreas de ocupação informal, ainda que provisórias. A solução definitiva do problema, com a urbanização total das favelas ou sua remoção de áreas de risco, é uma questão urbana e social bastante complexa, que envolve o setor de saneamento, mas também diversos outros atores, e em várias esferas de competência, como é o caso dos municípios para a questão habitacional e de microdrenagem.[23]

Nessa esteira, importante notar que foi previsto no contrato de concessão que todos os 371 municípios passam a receber em seus fundos de saneamento, de forma trimestral, 4%[24] da receita da Sabesp na respectiva municipalidade,[25] para investimentos em infraestrutura e meio ambiente, o que envolve, por exemplo, habitação e drenagem. Considerado o contexto citado, essa previsão possui grande relevância para alcançar a

---

23. Plano regional de saneamento, p. 348.
24. Com exceção dos municípios de São Paulo e São José dos Campos, que continuam com os valores de 7,5% e 5%, respectivamente, conforme contratos anteriores. Ainda, observa-se que, nos municípios considerados superavitários, com exceção de São José dos Campos, houve antecipação de parcela do fundo referente ao período de 2025/2029 (ano considerado no projeto como meta de universalização), o que tem o condão de ser positivo, uma vez que, como mencionado, para a universalização da prestação dos serviços de água e esgoto, é imprescindível que o município invista em ações que são de sua competência e estão no âmbito de possibilidades do fundo, como é o caso de habitação. Em tais municípios (v.g. São Paulo, Guarulhos, São Bernardo do Campo, Diadema, Osasco), dada a quantidade de residências e a complexidade das correlatas realidades, as mencionadas ações são essenciais para o cumprimento do próprio contrato.
25. Receita líquida do trimestre, composta pela receita bruta obtida no município, menos Cofins/Pasep, TRCF e eventuais encargos que vierem a incidir sobre a receita (todos os anexos do Anexo II).

universalização de fato, sobretudo em áreas que necessitam de investimento municipal, dada a sua competência constitucional, e muitas vezes não possuem recursos para tal.

Outras áreas também incorporadas ao novo contrato e que merecem atenção especial são as rurais, seja pelo desafio de planejamento, escolha de soluções e governança/gestão dos ativos, que devem ser adequadas à realidade e às respectivas particularidades, seja pelas informações disponíveis em relação a essas áreas.

Como destacado no plano regional de saneamento, além da incompletude ou da presença de inconsistências na maioria dos sistemas de informação e bancos de dados sobre saneamento básico disponíveis, concebidos com diferentes lógicas ou anos de referência, o que acaba por dificultar uma análise integrada, grande parte não possui dados de todos os municípios ou não abrange as áreas rurais dos municípios. As fontes oficiais apresentam, muitas vezes, informações e indicadores de forma generalizada, referindo-se, em sua grande maioria, somente ao espaço urbano e, ainda, de forma homogênea, como uma unidade geográfica suficiente para a tomada de decisões em nível central.[26]

No tocante especificamente às áreas rurais, o referido plano ressalta que o desafio é ainda mais acentuado, pois é importante conhecer melhor as informações cadastrais das áreas rurais. Quanto aos Censos, por exemplo, os *shapefiles* e os dados dos setores censitários rurais somente estão disponíveis para o Censo 2010, não havendo data para a publicação dos dados do Censo de 2022.

O referido plano regional de saneamento, dessa forma, salienta que foi necessária a elaboração de uma metodologia completa e detalhada, apesar das limitações e necessidades futuras de aprofundamento, para dar conta das questões rurais e preencher algumas das lacunas de informação previamente identificadas. A metodologia considera experiências nacionais em planos, programas e ações aplicadas (ou aplicáveis) ao saneamento rural, com destaque para o Plano Nacional de Saneamento Básico (PLANSAB) e Programa Saneamento Brasil Rural (PSBR), incluindo também publicações referenciadas e bancos de dados oficiais, como o SNIS e os Censos do IBGE.

Considerando os agrupamentos de setor censitário, foram levantados, por exemplo, fatores condicionantes para a definição das soluções coletivas de abastecimento de água e as individuais de esgotamento sanitário.

Observa-se, portanto, como as condições biofísicas envolvidas impactam na melhor definição das soluções e, por conseguinte, no atingimento dos objetivos perseguidos. No caso, tanto para o abastecimento de água quanto para o esgotamento sanitário, para além dos setores censitários, é necessário verificar a localização da área rural em relação aos cursos d'água existentes, se há disponibilidade hídrica, o tipo de disponibilidade (superficial ou subterrânea), e a aptidão do solo para infiltração, entre outros fatores mencionados no plano.

---

26. Plano regional de saneamento, p. 388.

Quanto aos *atributos da comunidade*, importante destacar o entendimento dos gestores públicos paulistas em relação à coletividade. Para realizar muitos investimentos em saneamento e ter uma tarifa módica, sobretudo em configurações como é o estudo de caso em tela, com diversos municípios – grande parte deficitários e alguns poucos superavitários –, infraestruturas compartilhadas, cursos d'água que ultrapassam municipalidades, é imprescindível a compreensão de que a regionalização é essencial para se ter eficiência na utilização de recursos, especialmente sob a ótica dos recursos hídricos e do subsidio cruzado tarifário e de investimentos.

Nessa esteira, observa-se, no Estado de São Paulo, estruturas coletivas, em diversos âmbitos, que funcionam e são atuantes já há tempos. Pode-se citar, por exemplo, o Conselho Estadual de Meio Ambiente, os Comitês de Bacias e os consórcios públicos de municípios. Esse contexto e histórico auxiliam sobremaneira para a compreensão da necessidade de agrupamento e de visão regional para atingir os interesses individuais e coletivos envolvidos. No caso de saneamento, como já dito, isso se torna bastante relevante, e ainda mais considerando a substituição de 371 contratos individuais por 1 contrato de concessão regionalizado.

Cabe relembrar que a adesão dos municípios é voluntária, ou seja, reforça a importância e o desafio do entendimento de interesse do projeto não apenas em uma perspectiva local (municipal), mas sobretudo considerando que um único contrato regional é mais sustentável a longo prazo. Ainda, há a necessidade da compreensão de que obras como as de saneamento, em sua maioria, são complexas e demandam tempo para conclusão. Ou seja, não são entregas imediatas e podem perpassar governos.

Isso, no caso em tela, deve ser analisado em conjunto ao fato de que não houve outorga *upfront* (grosso modo, pagamento "à vista") distribuída aos municípios, como ocorreu em outros projetos (privatização da Corsan, por exemplo, no Rio Grande do Sul). No caso da Sabesp, conforme anteriormente ressaltado, todos os municípios passam a receber de forma trimestral em seus fundos de saneamento uma porcentagem da receita da Sabesp na respectiva municipalidade. Essa previsão, sob a perspectiva do setor, é mais recomendável, pois vincula os repasses a ações em saneamento de competência dos municípios, que muitas vezes são gargalo para a consecução das obras relativas à água e esgoto, mas pode não ser tão vantajosa, no aspecto político, se comparada à outorga *upfront*. Mais uma razão para a importância do convencimento técnico e necessidade de sentimento de coletividade e sustentabilidade *vis a vis* anúncios políticos ou aplicações de curto prazo.

2.3 Bloco 3 – Elementos adicionais

Os elementos adicionais dizem respeito às interações, resultados e retroalimentação. Consoante já mencionado, o contrato de concessão, o regimento interno e o plano regional de saneamento estabelecem uma série de regras que disciplinam os referidos elementos, os quais podem ser assim representados, de acordo com o IAD *Framework*:

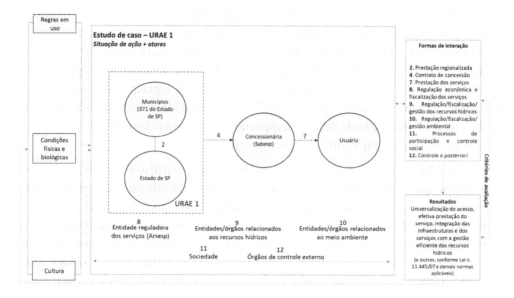

Figura 1: Representação do estudo de caso conforme o IAD *Framework*.

Além de tais interações, de acordo com o art. 12 do regimento interno, o Conselho Deliberativo da URAE 1 deverá se reunir ordinariamente a cada 6 meses e, extraordinariamente, quando convocado por seu Coordenador ou por solicitação da maioria simples de seus membros. As regras para as aludidas reuniões estão dispostas na Seção II do Capítulo III do regimento.

Ainda, nos termos do art. 27 do regimento interno, como já mencionado anteriormente, é assegurada a participação popular nas matérias de competência do Conselho Deliberativo mediante: (i) divulgação de planos, programas, projetos e propostas com antecedência mínima de 30 dias; (ii) acesso aos estudos de viabilidade técnica, econômica, financeira e ambiental; (iii) possibilidade de representação por discordância e de comparecimento à reunião do Conselho Deliberativo para sustentação e; (iv) possibilidade de solicitação de audiência pública para esclarecimentos.

Quanto aos resultados e retroalimentação, conforme já destacado, objetiva-se a universalização do acesso, a efetiva prestação dos serviços de água e esgoto e a integração das infraestruturas e dos serviços com a gestão eficiente dos recursos hídricos, além do atendimento aos demais princípios constantes na Lei 11.445/07 e nas normas aplicáveis, bem como o atingimento das disposições elencadas no contrato de concessão.

CONCLUSÕES

As questões regulatórias, suas definições e contornos, devem ser foco de grande preocupação para os formuladores de políticas públicas, reguladores, prestadores de serviços, academia, usuários e a sociedade na sua forma mais ampla, sobretudo, quanto a sua estrutura (governança e seus efeitos) e estratégias.

O tema "governança regulatória" hoje é parte das atividades de Estado e também objeto com crescente proeminência nas agendas acadêmicas. As discussões que circundam a regulação, governança e governança regulatória atingiram notório grau de maturidade, tanto intelectual, com a formação de corpos acadêmicos de estudo, quanto prático, a partir de comunidades nacionais e internacionais que trocam linguagens, conceitos e inquietações.

Para o saneamento, esse debate faz-se essencial e precisa ser o norte, especialmente dadas as competências postas e as necessidades de investimentos verificadas no setor, sob pena de não se alcançar a universalização e a prestação adequada dos serviços, ou pior, gerar incentivos perversos, com contratos que não priorizem a realização de investimentos em áreas vulneráveis ou considerem se dividir ou não o *upstream* do *downstream* pode afetar a resiliência hídrica da região.

Nesse contexto, o presente Capítulo objetivou analisar um dos pilares e, ao mesmo tempo, um dos grandes desafios do setor de saneamento, qual seja, a prestação regionalizada dos serviços, em tese e também a partir do estudo de caso realizado sob a ótica de um modelo procedimental que busca explicitar os atores, suas funções, responsabilidades e as interações entre eles, bem como os fatores exógenos e como eles influenciam as situações de ação.

Observa-se, assim, que o IAD *Framework* tem o condão de auxiliar na compreensão de estruturas de governança, cenários potenciais, bem como seus principais componentes, o que também se faz verdadeiro para o setor de saneamento, possibilitando melhorias de governança regulatória em uma situação específica e, ainda, com a perspectiva do setor como um todo, por conferir uma visão ampla em condições macro e micro.

No tocante ao estudo de caso, entende-se que a Unidade Regional de Serviços de Abastecimento de Água Potável e Esgotamento Sanitário 1 – URAE 1 – Sudeste do Estado de São Paulo pode ser considerada referência para uma governança regulatória que segue as premissas do marco legal de saneamento, com agrupamentos que consideram as bacias hidrográficas, resiliências hídrica e climática região a região, bem como um contrato que inclui áreas vulneráveis, com preocupação de modicidade tarifária, e mecanismos regulatórios cujos incentivos fomentam a universalização no curto prazo (até 2029) e uma sustentabilidade econômico-financeira no médio e longo prazo (até 2060). Há de perseguir, adiante, que a estrutura de governança já estabelecida seja observada e efetivada por todos os atores, desde governos até a própria sociedade.

Ainda, inclusive à título de recomendações para futuros estudos, entende-se que melhorias de políticas públicas e da governança regulatória na prestação de serviços de água e esgoto perpassam por: (i) identificar claramente a política pública a ser implementada, com atores e situações de ação bem definidos; (ii) compreender as formas de interação entre os atores, com foco na redução dos custos de transação e coordenação efetiva; (iii) desenvolver, sempre que necessário, políticas de subsídios, observando arranjos institucionais que permitam subsídios cruzados entre projetos superavitários e deficitários; (iv) promover uma integração maior entre os serviços de saneamento, a utilização racional dos recursos hídricos e a preservação do meio ambiente, como forma de desenvolvimento sustentável concreto e observado na prática; (v) analisar, como estudo de caso, municípios cuja operação não está regionalizada, sobretudo quanto ao valor tarifário, à realização de investimentos e à resiliência hídrica, especialmente aqueles que estão em regiões metropolitanas, aglomerações urbanas ou microrregiões e compartilham infraestruturas; (vi) analisar a pertinência de agências municipais reguladoras da prestação de serviços de saneamento, sobretudo em estruturas regionalizadas; (vii) verificar a efetividade de concessões administrativas realizadas por estatais; (viii) analisar a pertinência de concessões de esgotamento sanitário apartadas de abastecimento de água, especialmente sob a perspectiva de resiliência hídrica e climática; (ix) explorar outros atributos da comunidade, como, por exemplo, tendo em vista o caso em tela, os desafios de uma *full corporation* no Brasil e a importância de um acionista de referência em companhias com capital aberto, especialmente naquelas que cuidam de *utilities* e necessitam realizar muitos investimentos em prazos curtos.

REFERÊNCIAS

ÁVILA, Natália Resende Andrade; MOREIRA, Egon Bockmann; CORDEIRO NETTO, Oscar de Moraes. Governança regulatória: uma proposta à luz do setor de saneamento básico brasileiro. *Revista da Faculdade de Direito UFPR*, Curitiba, v. 68, n. 2, p. 107-135, maio/ago. 2023. ISSN 2236-7284. Disponível em: https://revistas.ufpr.br/direito/article/view/87743. Acesso em: 31 ago. 2023. DOI: http://dx.doi.org/10.5380/rfdufpr.v68i2.87743.

BRASIL. Constituição (1988). Constituição da República Federativa do Brasil. Disponível em: http://www.planalto.gov.br/ccivil_03/Constituicao/Constituicao.htm. Acesso em: 27 set. 2024.

BRASIL. Lei 11.445, de 5 de janeiro de 2007. Estabelece diretrizes nacionais para o saneamento básico; altera as Leis nos 6.766, de 19 de dezembro de 1979, 8.036, de 11 de maio de 1990, 8.666, de 21 de junho de 1993, 8.987, de 13 de fevereiro de 1995; revoga a Lei 6.528, de 11 de maio de 1978; e dá outras providências. Diário Oficial da União, Brasília, Seção 1, CXLIV, n. 5, 8 jan. 2007, p. 3-7. 2020. Disponível em: https://www.planalto.gov.br/ccivil_03/_ato2007-2010/2007/lei/l11445.htm. Acesso em: 27 set. 2024.

BRASIL. Lei 14.026, de 15 de julho de 2020. Atualiza o marco legal do saneamento básico e altera a Lei 9.984, de 17 de julho de 2000, para atribuir à Agência Nacional de Águas e Saneamento Básico (ANA) competência para editar normas de referência sobre o serviço de saneamento, a Lei 10.768, de 19 de novembro de 2003, para alterar o nome e as atribuições do cargo de Especialista em Recursos Hídricos, a Lei 11.107, de 6 de abril de 2005, para vedar a prestação por contrato de programa dos serviços públicos de que trata o art. 175 da Constituição Federal, a Lei 11.445, de 5 de janeiro de 2007, para aprimorar as condições estruturais do saneamento básico no País, a Lei 12.305, de 2 de agosto de 2010, para tratar dos prazos para a disposição final ambientalmente adequada dos rejeitos, a Lei 13.089, de 12 de janeiro de 2015 (Estatuto da Metrópole), para estender seu âmbito de aplicação às microrregiões, e a Lei 13.529, de 4 de dezembro de 2017, para autorizar a União a participar de fundo com a finalidade exclusiva de financiar serviços técnicos especializados. *Diário Oficial da União*, Brasília, Seção 1, CLVIII, n. 135, 16 jul. 2020, p. 1-8. 2020. Disponível em: https://www.planalto.gov.br/ccivil_03/_ato2019-2022/2020/lei/l14026.htm. Acesso em: 27 set. 2024.

CAPELARI, Mauro Guilherme; ARAÚJO, Suely Mara; CALMON, Paulo. Vincent e Elinor Ostrom: duas confluentes trajetórias para a governança de recursos de propriedade comum. *Ambiente e Sociedade*, São Paulo, v. 20, n. 1, p. 207-226, 2017.

COHEN, Isadora; MARCATO, Fernando; RESENDE, Natalia. Gestão Associada da Prestação dos Serviços – o que muda com o Novo Marco Legal do Saneamento? In: DAL POZZO, Augusto. (Org.). *O Novo Marco Regulatório do Saneamento Básico*. São Paulo: Thomson Reuters Brasil. 2020.

ESTADO DE SÃO PAULO. Lei 17.383, de 5 de julho de 2021. Dispõe sobre a criação de unidades regionais de saneamento básico, com fundamento nos artigos 2º, inciso XIV, e 3º, inciso VI, alínea "b", da Lei Federal 11.445, de 5 de janeiro de 2007, e dá providências correlatas. Diário Oficial do Estado de São Paulo, São Paulo, Seção 1, n. 129, 6 jul. 2021, p. 1-2. 2021. Disponível em: https://dobuscadireta.imprensaoficial.com.br/default.aspx?DataPublicacao=20210706&Caderno=DOE-I&NumeroPagina=1. Acesso em: 27 set. 2024.

ESTADO DE SÃO PAULO. Decreto 66.289, de 2 de dezembro de 2021. Regulamenta a Lei 17.383, de 5 de julho de 2021, para dispor sobre a adesão dos Municípios às respectivas Unidades Regionais de Serviços de Abastecimento de Água Potável e Esgotamento Sanitário - URAEs e sobre a estrutura de governança interfederativa de que trata o artigo 5º da referida lei. Diário Oficial do Estado de São Paulo, São Paulo, Seção 1, n. 131, 3 dez. 2021, p. 1-2. 2021. Disponível em:https://dobuscadireta.imprensaoficial.com.br/default.aspx?DataPublicacao=20211203&Caderno=DOE-I&NumeroPagina=1. Acesso em: 27 set. 2024.

ESTADO DE SÃO PAULO. Decreto n. 67.880, de 15 de agosto de 2023. Altera o Decreto 66.289, de 2 de dezembro de 2021, que regulamenta a Lei 17.383, de 5 de junho de 2021, para dispor sobre a adesão dos Municípios às respectivas Unidades Regionais de Serviços de Abastecimento de Água Potável e Esgotamento Sanitário – URAEs e sobre a estrutura de governança interfederativa de que trata o artigo 5º da referida lei e dá providências correlatas. Diário Oficial do Estado de São Paulo, São Paulo, Caderno Executivo, Seção Atos Normativos, 16 ago. 2023. Disponível em: https://www.doe.sp.gov.br/executivo/decretos/decreto-n-67880-de-15-de-agosto-de-2023-8229561. Acesso em: 27 set. 2024.

INSTITUTO TRATA BRASIL. *Estudo sobre os avanços do novo marco legal do saneamento básico no brasil de 2024*. São Paulo: GO Associados, 2024. Disponível em: https://tratabrasil.org.br/wp-content/uploads/2024/07/Estudo-da-GO-Associados-Novo-Marco-2024-Versao-Limpa.pdf. Acesso em: 27 set. 2024.

McGINNIS, Michael. An Introduction to IAD and the Language of the Ostrom Workshop: a simple guide to a complex framework. *Policy Studies Journal*, Oxford, v. 39, n. 1, p. 169-183, 2011.

McGINNIS, Michael; Ostrom, Elinor. Reflection on Vincent Ostrom, Public Administration and Polycentricity. *Public Administration Review*, v. 72, n. 1, 2011.

OSTROM, Elinor. Background on the Institutional Analysis and Development Framework. *Policy Studies Journal*, Oxford, v. 39, n. 1, 2011.

OSTROM, E.; Gardner, R.; Walker, J. *Rules, Games, and Common-Pool Resources*. Ann Arbor: University of Michigan Press, 1994.

OSTROM, Vincent; Tiebout, Charles; Warren Robert. The Organization of Government in Metropolitan Areas: a theoretical inquiry. *American Political Science Review*, v. 55, p. 831-842, issue 4, 1961.

SOUZA, Rodrigo Pagani de; TOJAL, Sebastião Botto de Barros; MONTEIRO, Vera Cristina Caspari; CORRÊA, Hector Augusto Berti; COELHO, Juliana Santos Pinto; ALVES, Karen Amaral; BALOG, Lucas Gabriel Campos. A nova regionalização do saneamento básico no Brasil: os Estados despontam como coordenadores da cooperação interfederativa. *Revista de Direito Público da Economia – RDPE*. Belo Horizonte, ano 21, n. 83, p. 191-253, jul./set. 2023.

O PROCESSO DE NORMATIZAÇÃO DO SANEAMENTO BÁSICO NO BRASIL E OS FIÉIS DA BALANÇA: A (DES)NECESSIDADE DE CAUTELA PELO *OVERRRULING* DO CASO CHEVRON

Estevan Pietro

Mestre em Direito Administrativo pela Universidade de Coimbra (FDUC/Portugal). Especialista em Direito Tributário pelo Instituto Brasileiro de Estudos Tributários (IBET/SP). Especializando em Regulação Pública e Concorrência pelo Centro de Estudos de Direito Público e Regulação (CEDIPRE/Portugal). Assessor Chefe de Gabinete da Superintendência do Serviço Municipal de Água e Esgoto de São José do Rio Preto (SeMAE Rio Preto). Advogado.

Sumário: Introdução – 1. O processo histórico de normatização do setor (1960-atual) – 2. Regulação a partir da Lei 11.445/2007: Os fiéis da balança no saneamento – 3. O futuro das agências reguladoras brasileiras no *overrulling de chevron* – Conclusão – Referências.

INTRODUÇÃO

O presente artigo busca analisar a complexa construção histórica da normatização que circunda a prestação do serviço público de saneamento básico no Brasil, demonstrando que a vontade do legislador foi mudando com o decorrer do tempo e os arranjos e rearranjos normativos foram necessários para que um sistema relativamente previsível fosse criado, seja para os usuários, para os prestadores de serviço ou para toda a sociedade, na busca de alguma previsibilidade na regulação do setor. Neste trajeto, percebe-se o crescimento da presença técnica na normatização, mas a inquestionável recepção e influência de fatores econômicos e políticos, domésticos ou até mesmo externos, traçando considerações finais sobre eventual impacto da superação ou mitigação do caso norte-americano *Chrevron,* advindo da recente decisão proferida pela Suprema Corte dos Estados Unidos no caso *Loper Bright Enterprises vs. Raimondo,* na atuação das agências reguladoras do setor de saneamento.

1. O PROCESSO HISTÓRICO DE NORMATIZAÇÃO DO SETOR (1960-ATUAL)

O saneamento básico constitui parte significativa da engrenagem da infraestrutura de um país e, paralelamente, é catalisador de políticas públicas. Por tal razão, a normatização do saneamento básico no Brasil reflete sobremaneira os momentos políticos vividos na democracia recente e a visão dos agentes políticos sobre a forma de idealização e concretização de resultados sociais.

Antes da Nova República, excetuando a Superintendência do Desenvolvimento do Nordeste – SUDENE, o saneamento básico passou a ter atenção de investimento somente ao final da década de 60 do século passado e, aparentemente, mais por força externa e consequência da Guerra Fria do que por preocupação governamental doméstica.

Próximo ou no início daquela década, ocorreram a criação do Banco Interamericano de Desenvolvimento – BID (1959); aprovação pelo governo norte-americano do *Foreign Assistance Act* e criação da *United States Agency for International Development* (1961); e a celebração, no Uruguai, da Aliança para o Progresso (1961). Embora tais criações e acordos tenham, no seu âmago, a presença preponderante de elementos políticos, concebidos como meio de minimizar avanços políticos ideologicamente contrários ao governo norte-americano, o fato é que o impulsionamento econômico externo possibilitou a necessária atenção à infraestrutura do país, em especial ao setor do saneamento,[1] que foi amplamente financiado com auxílio de recursos externos provenientes do BID.

A atenção era obrigatoriamente necessária porque, naquele determinado período, menos da metade da população urbana detinha acesso ao abastecimento de água, e tal fato era motivo de vergonha externa por levar o país à última colocação dos indicadores de saneamento na América Latina.[2] Diante deste cenário alarmante, criou-se o chamado "Programa de Ação Econômica do Governo Revolucionário", com vigência entre julho de 1964 a março de 1967, estabelecendo objetivos econômicos, mas, igualmente, a presença de metas para os setores.

Neste período, o incremento econômico foi substancioso e, consequentemente, o investimento em infraestrutura também foi sendo compreendido como meio de aceleração econômica e condutor de concretização de políticas públicas. Para o setor do saneamento, a proposta era de "efetivação de um programa nacional de abastecimento de água potável, para atender, no fim do decênio, 70% da população urbana do País". Ainda, a intenção era de aumento "(...) de 20% da capacidade de redes de esgoto das áreas urbanas".[3]

Em 1967, no final da Presidência de Castello Branco, o governo apresentou o denominado "Plano Decenal de Desenvolvimento Econômico e Social" e, ao tratar do Programa Nacional de Saneamento, traçou recomendações para estruturação de uma Política Nacional, estabelecendo, entre outros: *i)* a liderança de coordenação e de financiamentos designada ao governo federal; *ii)* escalonamento da ordem de concessão de

---

1. Exemplifica-se a afirmação de impulsionamento com a criação do Departamento Nacional de Obras de Saneamento (DNOS) e do Fundo Nacional de Obra de Saneamento com intuito de melhoria de ampliação de serviços de abastecimento de água e esgotos municipais. Brasil. Lei 4.089, de 13 de julho de 1962. Disponível em: https://www.planalto.gov.br/ccivil_03/leis/1950-1969/L4089.htm#:~:text=LEI%20No%204.089%2C%20DE%2013%20DE%20JULHO%20DE%201962.&text=Transforma%20o%20Departamento%20Nacional%20de,Autarquia%2C%20e%20d%C3%A1%20outras%20providencias. Acesso em: 11 ago. 2024.
2. RIBEIRO, Guilherme Bento. A influência da teoria desenvolvimentista para a criação das empresas estaduais de saneamento básico de 1960-1970. *Revista de Direito Setorial e Regulatório*, v. 10, n. 1, p. 1-14, maio 2023.
3. BRASIL. BNDES. O Banco Nacional do Desenvolvimento. Programa de Ação Econômica do Governo. *revista do BNDE*, Rio de Janeiro, v. 1, n. 3, set. 1964. p. 209-214. Disponível em: https://web.bndes.gov.br/bib/jspui/handle/1408/12837. Acesso em: 10 ago. 2024.

investimento conforme prioridade das obras; *iii)* colaboração financeira dos governos estaduais e municipais; *iv)* utilização de tarifas realistas como meio de sustentabilidade do setor e implementação de compreensão de que os recursos federais destinados deveriam ser compreendidos como empréstimos e não fundo perdido; e, ainda, *v)* entrega dos serviços apenas para os municípios que criassem "entidades desvinculadas da administração local", como garantia de técnica e cobrança realista de tarifa.[4]

No mesmo ano, mas no governo Costa e Silva, ocorreu uma reestruturação administrativa em âmbito federal, por meio do Decreto-lei 200, passando ao Ministério do Interior a competência para tratar sobre saneamento básico. Logo em seguida, o governo federal instituiu a Política Nacional de Saneamento Básico, criando, no âmbito do referido Ministério, "o Conselho Nacional de Saneamento (CONSANE), órgão colegiado, com a finalidade de exercer as atividades de planejamento, coordenação e contrôle da Política Nacional de Saneamento." (Art. 3º).[5]

Ainda neste período, deu-se a criação do Fundo de Financiamento para Saneamento (FISANE) – herdando os recursos do Fundo Nacional de Obras de Saneamento (FNOS) e do Fundo Rotativo de Águas e Esgotos (FRAE) –, "destinado a prover recursos para o financiamento de estudos, projetos e obras de saneamento e irrigação" (art. 1º).[6] A administração deste fundo ficou a cargo do Banco Nacional de Habitação – BHN,[7] igualmente gestor do Fundo de Garantia do Tempo de Serviço – FGTS (1966)[8] e, a partir deste, criou-se, em 1968, o Sistema Financeiro do Saneamento (SFS). Com efeito, percebe-se que, basicamente, o BNH era o fiador de todo sistema de saneamento básico brasileiro.

A partir de toda esta construção histórica político-normativa, com ideia de estruturar, de fato, o setor de saneamento, acreditou-se então que minimização ou ausência de incentivo para prestação do serviço pelos municípios poderia criar uma maior racionalidade e facilidade no gerenciamento do setor. Igualmente, não havia interesse direto em abertura da prestação do serviço para *players* internacionais. Com isso, a ideia seria concentrar, no âmbito federal, o gerenciamento com decisões macro do setor – afinal, o financiamento já ficava a cargo da União por meio do BNH. Para isso, o plano estruturante deveria partir do governo federal, mas a incidência seria nacional.

---

4. BRASIL. Ministério do Planejamento e Coordenação Econômica. Plano Decenal de Desenvolvimento Econômico e Social 1967-1976. t. VI. Desenvolvimento Social, v. 3 e 4 (Saúde e Saneamento Previdência Social), marc. 1967. p. 51 e ss. Disponível em: https://bibliotecadigital.pre.economia.gov.br/handle/123456789/1069. Acesso em: 15 ago. 2024.
5. Decreto-Lei 248, de 28 de fevereiro de 1967, posteriormente pela Lei 5.318, de 26 de setembro de 1967. Brasil. Disponível em: https://www.planalto.gov.br/ccivil_03/LEIS/1950-1969/L5318.HTM#art13. Acesso em: 12 jul. 2024.
6. BRASIL. Câmara dos Deputados. Decreto 61.160, de 16 de agosto de 1967. Disponível em: https://www2.camara.leg.br/legin/fed/decret/1960-1969/decreto-61160-16-agosto-1967-402472-publicacaooriginal-1-pe.html. Acesso em: 13 jul. 2024.
7. BRASIL. Lei 4.380, de 21 de agosto de 1964. Disponível em: https://www.planalto.gov.br/ccivil_03/leis/l4380.htm. Acesso em: 12 jul. 2024.
8. BRASIL. Lei 5.107, de 13 de setembro de 1966. Disponível em: https://www.planalto.gov.br/ccivil_03/leis/l5107.htm. Acesso em: 12 jul. 2024.

Daí a criação do Plano Nacional de Saneamento Básico – Planasa (com algum déjà-vu provocado pelas recomendações do plano decenal de 1967).

Para implementação e sucesso do primeiro grande projeto de saneamento no país, foram necessárias a garantia da gestão ao governo federal; sustentabilidade financeira feita pelo BHN, por meio de financiamentos para os Fundos de Água e Esgoto estaduais (FAEs); e o desenvolvimento das Companhias Estaduais de Saneamento Básico – CESBs.[9] Como decorrência, a adesão às CESBs (contratos com duração de 20 a 25 anos) por parte dos municípios era condicionante para o acesso ao financiamento concedido pelo governo federal.

Caso a prestação de serviço de saneamento fosse realizada pelo próprio município, inexistia, na prática, a possibilidade de utilização de financiamento do BNH. Os municípios deveriam aderir ao PLANASA, ou seja, os projetos de saneamento eram capitaneados pelas CESBs que, por sua vez, apresentavam seus projetos junto ao governo federal para utilização de financiamento (BNH).

Inicialmente, os municípios com boa desenvoltura na prestação do serviço mostraram resistência a sua aderência em razão da boa atuação dos Serviços Autônomos de Abastecimento (SAAEs). Contudo, havia necessidade de que os municípios com sucesso aderissem à nova sistemática para manutenção e preservação deste rearranjo, para que fosse possível alcançar a sustentabilidade financeira do sistema criado.

Eis aqui, no início da década de setenta do século passado, o ponto de transformação na idealização do saneamento básico brasileiro. Com o Planasa, o município passa a ser coadjuvante na idealização e prestação do serviço público, mas, ao mesmo tempo, referência para higidez financeira de todo o sistema, sendo, como já dito, imprescindível a vinculação dos municípios ao Plano Nacional, especialmente aqueles superavitários na prestação do serviço de saneamento.[10]

A intenção seria pelo agrupamento dos municípios nas CESBs e essas ao governo federal para utilização dos financiamentos. Nesta teia dependente, acreditou-se, em alguma medida, que a normatização e estruturação do sistema seria mais viável, especialmente quanto à tentativa de planificação e centralização do saneamento no Brasil.

---

9. "Assim, o Estado delegava às CESB, em regime de concessão, a prestação dos serviços públicos de saneamento. Inaugura-se, dessa forma, uma nova etapa: depois das empresas estrangeiras, do Estado funcionando diretamente como poder concessionário e da municipalização, temos agora as empresas estatais, organizadas em cada estado da Federação, como concessionárias dos referidos serviços." BIER, Amaury G.; PAULANI, Leda Maria; MESSENBERG, Roberto P. A crise do saneamento no Brasil: reforma tributária, uma falsa resposta. *Revista Pesquisa e Planejamento Econômico* – PPE, Rio de Janeiro, v. 18, n. 1, abr. 1988. p. 169.

10. "Um dos principais objetivos do Planasa era promover a autossustentação financeira do sistema e a eliminação do déficit no setor de saneamento básico. Tinha como meta alcançar até o ano de 1980 no mínimo 80% da população urbana com água potável e 50% desta população com os serviços de coleta e tratamento de esgoto. Foram criadas neste contexto, as 27 companhias estaduais de saneamento básico (CESBs), que passaram a operar os serviços de abastecimento de água da maioria dos municípios através de contratos de concessão, firmados por prazos de 20 a 25 anos de validade". Brasil. Ministério das Cidades. Secretária de Saneamento Ambiental. *Subsídios para o Projeto Estratégico de Elaboração do PLANSAB*. Brasília, set. 2008. p. 7.

Por quase duas décadas, o Planasa realizou o seu ciclo de vida, encontrando derrocada no final da década de oitenta (século XX)[11] especialmente por conta de dois fatores importantes: crise econômica e redemocratização. A crise econômica adveio de fatores externos (choque do petróleo e aumento dos juros) e internos. De 1986 a 1990, foram quatro planos fracassados de estabilização econômica, cujos resultados em nada inibiram a inflação, tendo a taxa apresentado índice de 110,2% em 1980 e, em 1989, alcançado a surpreendente porcentagem de 1.782,9%.[12]

O setor de saneamento não saiu ileso às crises econômicas e, em razão do desempenho do setor, em 1986, o BNH foi extinto por meio de sua incorporação à Caixa Econômica Federal – CEF (Art. 1º, Decreto-Lei 2291/1986). Diante disso, fez-se imprescindível repensar o setor, igualmente catalisado por outro fator de realinhamento que não poderia ser desconsiderado: a Constituição Federal de 1988 – CFRB/88.

O maior e melhor exemplo normativo da redemocratização do país foi (e continua sendo) a CFRB/88. No reencontro com a democracia, o descortinamento das reuniões e a participação popular precisavam acontecer e, neste ambiente, a forma usual de controle e direção das CESBs não tinham espaço. Neste ponto, convém o esclarecimento de que ocorreram sucessivas tentativas na mudança de gestão nas CESBs, mas, em sua grande maioria, não foram amplamente eficazes.

Desde 1979, por meio da Resolução 29 do BNH, houve tentativa de implementar a formação e aperfeiçoamento técnico e empresarial nas CESBs, criando-se o chamado Subprograma de Desenvolvimento Institucional das Companhias Estaduais de Saneamento – PRODISAN. Em 1981, editou-se o Programa Estadual de Controle de Perdas – PECOP e, em 1984, o Programa de Desenvolvimento Operacional – PEDOP.[13] A despeito da movimentação e dos objetivos salutares dos programas, em regra, as CESBs não desempenharam bem o seu papel.

Com o advento da CFRB/88, o texto constitucional trouxe a previsão do poder constituinte estadual (art. 11, ADCT c/c art. 25, CRFB/88)[14] e, deixando de ser exceção,

---

11. Planasa foi extinto por meio do Decreto 99.240/1990.
12. VARGAS, Juliano; FELIPE, Ednilson Silva. Década de 1980: as crises da economia e do Estado brasileiro, suas ambiguidades institucionais e os movimentos de desconfiguração do mundo do trabalho no país. *Revista de Economia*, v. 41, n. 3 (ano 39), dez. 2015, p. 127-148. Disponível em: https://revistas.ufpr.br/economia/issue/view/2143. Acesso em: 27 ago. 2024.
13. BRASIL. Ministério das Cidades. Secretária Nacional de saneamento Ambiental. *Ações de Assistência Técnica em Redução e Controle de Perdas de Água e Uso Eficiente de Energia Elétrica*, 2018. p. 6. Disponível em: https://antigo.mdr.gov.br/images/stories/ArquivosSNSA/interaguas/commaisagua/at5-planejamento_e_gestao.pdf. Acesso em: 29 ago. 2024.
14. "Depois de mais de vinte anos de centralismo absoluto, de concentração total do poder nas mãos do executivo Federal, depois de consolidado um hábito de subserviência a todas as vontades do governo central, é até chocante falar-se em independência dos poderes e, principalmente, em autonomia dos Estados para decidir, com liberdade, sobre os assuntos de seu interesse. Mas esta é a nova realidade que emerge do novo Texto Constitucional". DALLARI, Adilson Abreu. Poder constituinte estadual. *Revista de Informação Legislativa*, v. 26, n. 102 (abr./jun. 1989), p. 201-206. p. 203. Disponível em: http://www2.senado.leg.br/bdsf/handle/id/181923. Acesso em: 27 ago. 2024.

a organização dos municípios passou a acontecer por meio de suas próprias Leis Orgânicas (parágrafo único, art. 11, ADCT c/c art. 29, CRFB/88).

Neste novo capítulo constitucional, cumulado com os descréditos econômicos, no âmbito da estruturação da máquina pública federal, ocorreu a criação da Secretária de Saneamento (vinculada ao Ministério da Ação Social) e da Fundação Nacional da Saúde – FUNASA. Nos anos seguintes, a atribuição da política de saneamento migrou para o Ministério do Planejamento e, por fim, à Presidência da República (Secretaria do Desenvolvimento Urbano – SEDU).

Em paralelo, ocorreu movimento na Câmara dos Deputados, com a apresentação do PL 53, de 1991, em que se buscava reestruturar o setor de saneamento básico por meio da Política Nacional de Saneamento.

O PL dispunha que a execução do serviço era do município, exceto nas regiões metropolitanas, aglomerações urbanas e microrregiões – que ficariam a cargo dos Estados, Distrito Federal e Territórios – e, sendo antes da Lei de Concessões (Lei 8987/1995), o PL já trazia a possibilidade de contratos de concessão ou permissão para exploração dos serviços, desde que ocorresse a prévia licitação – talvez como contraponto aos famigerados contratos de programa estabelecidos entre os municípios e as CESBs.

No Senado, o PL foi rebatizado como PLC 199, de 1993 e, mesmo após a sua aprovação no Congresso Nacional, ocorreu o veto pelo Presidente Fernando Henrique Cardoso (Mensagem CN 107, de 1995).

Em paralelo, a década de noventa contou com a reorganização estatal, liderada por Bresser Pereira no Ministério da Administração Federal e Reforma do Estado – MARE, em que se registrou a necessidade da privatização de serviços públicos para superação da crise fiscal, maior eficiência do serviço e a redução de interferência política. Contudo, o próprio economista advertia que no caso dos "monopólios naturais", a privatização poderia ocorrer, mas com a implementação e fiscalização promovida pelas *agências reguladoras autônomas*.[15]

O setor do saneamento, mesmo que sem uma regulamentação contundente, foi alvo de estudos e incentivos externos. O BID[16] e o Banco Mundial fomentaram a criação de programas nacionais importantes. Diante de trabalhos significativos sobre o tema, torna-se possível a sistematização de dois grupos de programas de saneamento iniciados na década de 90 do século XX.[17]

---

15. PEREIRA, Luiz Carlos Bresser. A Reforma do Estado dos anos 90: Lógica e Mecanismos de Controle. *Cadernos MARE da Reforma do Estado*. Ministério da Administração Federal e Reforma do Estado. Caderno 1. Brasília, 1997. p. 25.
16. Segundo o próprio, entre o período de 1960 a 2002, investiu no Brasil aproximadamente US$ 2,27 bilhões para desenvolvimento do saneamento no país. Banco Interamericano de Desenvolvimento. BID aprova US$ 47,6 milhões para água e saneamento em Goiânia. Disponível em: https://www.iadb.org/pt-br/noticias/bid-aprova-us476-milhoes-para-agua-e-saneamento-em-goiania. Acesso em: 29 ago. 2024.
17. TUROLLA, Frederico A. Política de saneamento básico: avanços recentes e opções futuras de políticas públicas. Texto para discussão n. 922. *Repositório do conhecimento do IPEA*. Brasília, 2002.

O primeiro grupo seria composto pelos programas que preconizavam a "redução das desigualdades socioeconômicas" e privilegiavam "sistemas sem viabilidade econômico-financeira". Este grupo seria composto dos seguintes programas: Programa de Saneamento para Núcleos Urbanos – PRONURB (integrante da tríade, ao lado do PROGESE e PROSANEAR, herdeira direta do PLANASA); Pró-Saneamento (visando ao alcance ou melhoramento do setor, com foco em famílias com rendas limitadas); Programa de Ação Social em Saneamento – PASS (enfoque nos municípios com alta concentração de pobreza); Programa Social de Emergência e Geração de Empregos em Obras de Saneamento – PROSEGE (destinado à "construção de obras de saneamento, distribuídas nas regiões metropolitanas, cidades médias e aglomerações urbanas"[18]); e, FUNASA – Saneamento (voltada para o "desenvolvimento de ações de saneamento a partir de critérios epidemiológicos e de indicadores sociais".[19]).

O segundo grupo estaria voltado para a modernização e desenvolvimento do setor e seria composto pelo *i)* Programa de Modernização do Setor de Saneamento – PMSS (voltado para estados e municípios, especialmente para CESBS de algumas localidades); *ii)* o Programa Nacional de Combate ao Desperdício de Água – PNCDA (implementado para uso racional de água e eficiência do setor), *iii)* o Programa de Financiamento a Concessionários Privados de Serviços de Saneamento – FCP-SAN (viabiliza financiamento aos concessionários privados para que possam ampliar a cobertura do setor), *iv)* o Programa de Assistência Técnica à Parceria Público-Privada em Saneamento – PROPAR (viabilizar contratação, por parte dos estados e municípios, consultoria para implantação de PPPs no setor de saneamento) e *v)* o Programa de Pesquisa em Saneamento Básico – PROSAB (focado em pesquisas).

Recorda-se a reorganização estatal da época para fazer o registro de que, em razão da necessidade de privatização de serviços públicos como meio de superação da crise fiscal e, pela disposição constitucional expressa no art. 175, o governo foi apto a realizar a Lei de Concessões (Lei 8.987/1995), que não foi ignorada pelo setor de saneamento. Na verdade, quatro meses após a sua publicação, ocorreu o primeiro contrato de concessão do setor no município de Limeira (Águas de Limeira), com duração de 30 anos.[20]

Diante desta plêiade de financiamentos e fomentos, ainda que alguns autores afirmem que na década de noventa tenha ocorrido espécie de vácuo normativo no setor, não se pode dizer isso das ações governamentais e nem tampouco desconsiderar que o efeito de algumas leis – *v.g.* Lei de Concessões – propagaram-se em toda infraestrutura brasileira. Com tudo, a ausência de uma normatização direta para o setor impediu ou minimizou sua expansão.

---
18. Art. 3º, Decreto 481/1992.
19. TUROLLA, idem. p. 16.
20. VARGAS, Marcelo Coutinho; GOUVELLO, Bernard de. Trajetória e perspectivas da gestão privada do saneamento na América Latina: contrastes e aproximações entre Brasil e Argentina. *Revista Desenvolvimento e Meio Ambiente*. Paraná, n. 24. p. 57-70, Editora UFPR, jul./dez. 2011.

Apesar da ausência de uma regulamentação densa e específica, inúmeros projetos tramitavam no Congresso Nacional e, por tal razão, os Presidentes do Senado Federal e da Câmara dos Deputados editaram o Ato Conjunto 2 de 2006 para criação de comissão mista, formada por cinco Senadores e cinco Deputados Federais, com intuito de sistematizar, em único texto, os projetos sobre saneamento que tramitavam nas duas Casas Legislativas.

A grande sistematização ocorreu por necessidade imperiosa. Na Câmara dos Deputados, por exemplo, havia o PL 1.144/20003, que contava com anos de tramitação, 5 Projetos de Lei apensados e a apresentação de 862 emendas ao seu texto. Daí a apresentação, pelo Poder Executivo, do PL 5296/2005, como tentativa de superar os impasses.

Como reação ao Projeto de Lei do Poder Executivo, ocorreu, no mesmo ano (2005), a apresentação, no Senado Federal, do PLS 155/2005, sendo "(...) de inspiração dos secretários de estado, de saneamento, vários setores envolvidos com a área de Saneamento (...)".[21] Logo, a construção de um texto final adveio da possibilidade de acomodação das ideias e intenções advindas deste PLS e do PL 5296/2005.

Como resultado, em 07 de junho de 2006, a Comissão apresentou um único projeto, fruto da consolidação de 24 emendas, das quais 10 foram parcialmente aprovadas e as demais rejeitadas. Diante deste trabalho em conjunto, adveio a apresentação do PLS 219/2006, aprovado em ambas as Casas Legislativas e enviado para sanção no final de dezembro do ano de 2006. Após mais de dezena de vetos, surgiu o Marco Regulatório do Saneamento Básico brasileiro, por meio da Lei 11.445, de 5 de janeiro de 2007.

A Lei 11.445/2007 foi de fato um marco nacional. A norma enfrentou a válida preocupação do setor em razão do desprestígio pela falta de uma lei própria (vácuo normativo) e implementou uma normatização central. Até a vigência da Lei 11.445/2007, o que se tinha era a utilização de um mosaico normativo para tratar, em especial, sobre a prestação do serviço de saneamento, valendo-se da Lei de Licitações da época (Lei 8.666/93), Lei de Concessões (Lei 8987/95) e a Lei das PPPs (Lei 11.079/04). Neste ponto, por exemplo, a norma deixa clara a possibilidade de delegação ("contratos de concessão ou de programa"), com especial preocupação quanto à regulação e fiscalização da prestação do serviço (art. 11, inc. III c/c § 2º, Lei 11.445/2007).[22]

Frente ao passado, o marco nacional do saneamento apresentou inúmeros pontos positivos, dentre eles: *i)* apresentação de diretrizes e conceitos do tema; *ii)* clareza

---

21. BRASIL. Senado Federal. Diário do Senado Federal 118 de 2006. Ata da 2ª Reunião da Comissão Parlamentar Mista Especial.
22. "Diante disso, os investimentos não podem ser vislumbrados como uma decisão empresarial, e sim como metas de universalização, com vistas a garantir o acesso aos serviços, até mesmo daqueles que, por possuírem baixa renda, não podem pagar. Contudo, a Lei 11.445/2007 não estabelece a estatização ou a privatização do setor, apenas gera um ambiente legal a que precisam se subordinar todos os prestadores de serviços, sejam eles entes públicos estaduais, municipais e intermunicipais ou, ainda, entidades privadas e de economia mista". MENEGUIN, Fernando; PRADO, Ivan Pereira. *Os Serviços de Saneamento Básico, sua Regulação e o Federalismo Brasileiro*, Brasília: Núcleo de Estudos e Pesquisas/CONLEG/Senado, Maio/2018 (Texto para Discussão 248). p. 10. Disponível em: www.senado.leg.br/estudo. Acesso em: 30 jul. 2024.

quanto à possibilidade de delegação da prestação do serviço, organização, regulação e fiscalização; *iii)* diretrizes para a política federal (nacional) do saneamento básico; e, *iv)* a criação do Sistema Nacional de Informações em Saneamento Básico – SINISA.

Outros pontos interessantes e bem recebidos foram a indicação clara da necessidade de regulação do setor e, sob o comando da União, com coordenação do Ministério das Cidades, a criação de um Plano Nacional de Saneamento Básico – PNSB. Tal plano seria condição de validade de eventuais contratos de prestação de serviço de saneamento.

Percebe-se que tal ideia amolda-se ao art. 21, inc. XX, da CF/88, em que a União apresenta diretriz, um desenho geral e nacional – ratificado, posteriormente, no Estatuto da Cidade (art. 3º, inc. IV, Lei 10.257/2001), sem desonerar que os titulares, até mesmo no caso da prestação regionalizada, realizem os respectivos planos de saneamento.

Quanto à ideia de regionalização do saneamento, este poderia ocorrer mediante movimento voluntário, materializado por gestação associada (consórcio público ou convênio de cooperação) ou até mesmo involuntário, por meio de instituição de regiões metropolitanas ou aglomerações urbanas (art. 3º, *caput*, Lei 13.089/2015). A despeito disso, a competência municipal permanece imutável.

Apesar de, nos moldes constitucionais, não ocorrer a menção direta da titularidade do Município, a Lei 11445/2007 reforça tal ideia. Afinal, todos os serviços que compõem o saneamento básico (abastecimento, água potável, esgotamento sanitário, limpeza urbana e manejo de resíduos sólidos, drenagem e manejo de águas pluviais urbanas) são predominantemente locais (art. 30 c/c art. 25, § 1º, CF/88). Daí porque, até mesmo nas regiões metropolitanas, ainda que a gerência do saneamento recaia ao colegiado, este deverá ter mecanismos, desnecessariamente paritários, mas que assegurem a participação dos municípios contidos e o respectivo Estado-membro, sem que ocorra qualquer monopolização do poder decisório.[23]

---

23. "Ação direta de inconstitucionalidade. Instituição de região metropolitana e competência para saneamento básico. Ação direta de inconstitucionalidade contra Lei Complementar 87/1997, Lei 2.869/1997 e Decreto 24.631/1998, todos do Estado do Rio de Janeiro, que instituem a Região Metropolitana do Rio de Janeiro e a Microrregião dos Lagos e transferem a titularidade do poder concedente para prestação de serviços públicos de interesse metropolitano ao Estado do Rio de Janeiro. (...) 5. Inconstitucionalidade da transferência ao estado-membro do poder concedente de funções e serviços públicos de interesse comum. O estabelecimento de região metropolitana não significa simples transferência de competências para o estado. O interesse comum é muito mais que a soma de cada interesse local envolvido, pois a má condução da função de saneamento básico por apenas um município pode colocar em risco todo o esforço do conjunto, além das consequências para a saúde pública de toda a região. O parâmetro para aferição da constitucionalidade reside no respeito à divisão de responsabilidades entre municípios e estado. É necessário evitar que o poder decisório e o poder concedente se concentrem nas mãos de um único ente para preservação do autogoverno e da autoadministração dos municípios. Reconhecimento do poder concedente e da titularidade do serviço ao colegiado formado pelos municípios e pelo estado federado. A participação dos entes nesse colegiado não necessita de ser paritária, desde que apta a prevenir a concentração do poder decisório no âmbito de um único ente. A participação de cada Município e do Estado deve ser estipulada em cada região metropolitana de acordo com suas particularidades, sem que se permita que um ente tenha predomínio absoluto. Ação julgada parcialmente procedente para declarar a inconstitucionalidade da expressão "a ser submetido à Assembleia Legislativa" constante do art. 5º, I; e do § 2º do art. 4º; do parágrafo único do art. 5º; dos incisos I, II, IV e V do art. 6º; do art. 7º; do art. 10; e do § 2º do art.

Acerca da obrigatoriedade da construção dos planos de saneamento, como dito anteriormente, o PNSB não exonerava os demais quanto à realização de tais planos e, por tal razão, a Resolução Recomendada 33, de 1º de março de 2007, do Conselho das Cidades, supriu a ausência legal e estipulou os seguintes prazos para construção dos planos de saneamento: *i)* Plano Nacional – até 31 de dezembro de 2008; *ii)* Planos Estaduais e Regionais – até 31 de dezembro de 2009, e *iii)* Planos Municipais - até 31 de dezembro de 2010.

Entre a data prevista (2008) e a data efetiva de criação do plano, ocorreram movimentos em prol do setor,[24] não havendo inércia em sua elaboração, mas, ao que tudo indica, o atraso ocorreu em razão da confluência de interesses e visões, havendo rica participação de consulta pública (com quase 650 participações). Assim, apenas em 2013, com o Decreto 8.141 e a Portaria Interministerial 571, ocorreu o surgimento do PNSB, denominado de PLANSAB.

O robusto plano contou com treze cadernos temáticos – de territorialização a capacitação técnica – e buscou realizar uma visão estratégica do setor e de seu futuro, por meio da busca por implementação de planejamento mediante monitoramento e avaliação contínua a partir de cinco dimensões, nomeadamente: *i)* cenário (elocubração de três cenários distintos, um de referência e os demais como balizadores, visando ao atingimento total de suas expectativas em vinte anos); *ii)* metas (a partir de 23 indicadores advindos da integração SINISA e IBGE); *iii)* indicadores auxiliares (criados a partir da sinergia do SNIS, SNIRH, SINIMA, SNIC, SNIR e outros); *iv)* macrodiretrizes e estratégias (apresentação de relatórios com eixos temáticos que apontem cumprimento da política nacional de saneamento ou necessidade de ajustes para tal ocorrência); e, por fim, *v)* programas (acompanhamento para coordenação e execução).[25]

Tais expectativas seriam avaliadas e calibradas anualmente mediante os "Relatórios de Avaliação Anual do Plano Nacional" realizados pelo Grupo de Trabalho Interinstitucional de Acompanhamento da Implementação do Plano Nacional de Saneamento Básico – GTI-PLANSAB, e as revisões ocorriam a cada quatro anos, buscando alinhamento com os planos plurianuais (art. 52, Lei 11.445/2007).

Ao tratar da reformulação do Estado, Bresser Pereira advertia que, havendo privatizações nos setores de monopólios naturais, a criação de agências reguladoras independentes seria obrigatória para perpetuação de investimentos privados e fomento

---

11 da Lei Complementar 87/1997 do Estado do Rio de Janeiro, bem como dos arts. 11 a 21 da Lei 2.869/1997 do Estado do Rio de Janeiro. (...)" STF, ADI 1842, Pleno, rel. Min. Luiz Fux, J. 06.03.2013.

24. Exemplificando, o PAC 1 (2007-2010) previu investimento inicial no setor de R$ 40 bilhões de reais (90% gerido pelo Ministério das Cidades e 10% pela FUNASA); em 2008, o Ministério das Cidades edita as "Diretrizes para o Projeto Estratégico de Elaboração do Pano Nacional de Saneamento Básico – PLANSAB"; no mesmo ano, a formulação do *Pacto pelo Saneamento Básico: masi saúde, qualidade de vida e cidadania*; em 2009 e 2010, a elaboração do *Panorama do Saneamento Básico no Brasil*; e, em 2010, a regulamentação da Lei 11.445/2007 por meio do Decreto 7.217.

25. BRASIL. Ministério das Cidades. Secretaria Nacional de Saneamento Ambiental. *Plansab – Plano Nacional de Saneamento Básico. Mais Saúde com Qualidade de Vida e Cidadania*. Capítulo 10, Monitoramento, avaliação sistemática e revisão do plano. Brasília, 2014. p. 207-215.

de governança para o setor por meio de garantida autonomia, afinal "(...) não existem para realizar políticas do governo, mas para executar uma função mais permanente que é essa de substituir-se aos mercados competitivos".[26]

As concretizações legislativas sobre o tema sobrevieram por meio das Emendas Constitucionais 6 e 7, ambas de 1995 e, posteriormente, a Emenda 36/2002, fomentando os incentivos aos capitais estrangeiros; Emendas 5, 8 e 9, todas de 1995, que criaram relativizações aos monopólios estatais e, por fim, em âmbito infraconstitucional, fomento à privatização através das Leis 8.031/1990 e 9.491/1997.[27]

Com efeito, o final da década de noventa do século passado apresentou um cenário que necessitava da presença de agências reguladoras para atuação na nova ordem econômica brasileira emergente. Tanto que a primeira agência reguladora efetivamente constituída foi ANEEL e, ainda no final daquela década, ANP, ANATEL e ANVISA. No ano 2000, ao lado da ANS (Lei 9.961, de 28 de janeiro), a Agência Nacional de Águas – ANA, foi criada por meio da Lei 9.984, de 17 de julho.

Nesta temática, percebe-se que o setor de saneamento não possui facilidade quanto a sua regulação. Diante da competência municipal e da possibilidade de prestação estatal – para além das concessões e PPPs – a regulação do setor tornou-se dificultosa, mas em razão do marco do saneamento, foi igualmente imprescindível.

2. REGULAÇÃO A PARTIR DA LEI 11.445/2007: OS FIÉIS DA BALANÇA NO SANEAMENTO

Ante o desenho da titularidade do serviço de saneamento, as agências reguladoras do setor poderiam ser milhares – uma para cada município. No entanto, percebe-se que nem a Lei 11.445/2007, tampouco o Decreto 7.217/2010, estimularam a concretização deste cenário. As normas se limitaram em estabelecer que a necessidade de regulação seria apenas obrigatória perante a existência de prestação por particular ou pelas CESBs (mediante contrato de programa), atuando nestes casos como condição de validade dos contratos (art. 11, inc. III c/c § 2º, Lei 11.445/2007).

Para os municípios cuja prestação do serviço ocorria pela Administração Pública, seja da forma direta ou indireta, por SAAEs, DAAEs ou SEMAEs, não havia tal obrigação legal ou estímulo direto, embora alguns municípios tenham firmado Termo de Cooperação com agências reguladoras intermunicipais, criadas a partir de consórcios, em que se objetivava a delegação das competências municipais de regulação e fiscalização.

Ainda assim, diversas agências reguladoras passaram por recorrentes problemas advindos precipuamente de assimetria de informações e, consequentemente, sofreram capturas de diversas espécies: regulatória (pelo setor regulado); eleitoral (pelos interes-

---
26. PEREIRA, Luiz Carlos Bresser. *A Reforma do Estado...* p. 43.
27. BARROSO, Luís Roberto. Agências Reguladoras. Constituição e transformações do Estado e Legitimidade Democrática. *Revista De Direito Administrativo*, n. 229, Rio de Janeiro, 2002. p. 285-312.

ses políticos aflorados nos períodos eleitorais); e, por algumas vezes, até mesmo pelo Ministério Público local (com atitudes nem sempre tecnicamente construídas).

Malgrado de forma comedida, a proliferação de agências reguladoras e as diversas formas de atuação e de suas vulnerabilidades poderiam levar à ideia falaciosa de que estes foram os fatos geradores para os problemas na concretização dos resultados pretendidos pelos planos de saneamento básico. Mas o cenário parece ser outro.

Ao que tudo indica, a ausência de imperatividade de submissão às agências reguladoras, excetuando nos casos de atuação privada ou na presença de contrato programa com CESBs, fez com que a adesão fosse baixa no decorrer dos anos, especialmente no caso da prestação pela Administração Pública, mediante forma direta ou indireta. À época, aproximadamente 40% dos municípios do Estado de São Paulo não possuíam vinculação a nenhuma entidade reguladora.[28]

A despeito de qualquer fator, importante fixar a premissa de que o saneamento básico possui alta complexidade regulatória, passando pelas disputas de competência, a interconexão com o regime de utilização de recursos hídricos, com o manejo de resíduos sólidos e, por consequência, ligado ao meio ambiente (direito fundamental de terceira dimensão).[29] E, justamente por esta interconexão, a ausência satisfatória de saneamento básico implica ofensa à dignidade da pessoa humana.[30]

Portanto, a regulação do setor já se torna de difícil concretização, quiçá em grande parte dos casos em que a submissão às agências reguladoras ocorria de forma facultativa. Parece ser este um dos pontos fulcrais de atualização da Lei 11.445/2007: sem qualquer diferença com o passado, a nova atualização do marco regulatório sofreu percalços por falta de consenso, inicialmente tentado sua modernização por meio de duas medidas provisórias.

A primeira, a Medida Provisória 844, de 06 de julho de 2018, entre o período de 10 a 17 de julho, sofreu 525 emendas e, apesar da prorrogação de sua vigência, tornou-se sem eficácia pela ausência de sua conversão em lei. Na sequência, ocorreu a Medida Provisória 868, de 27 de dezembro do mesmo ano que, apesar de afirmar que havia in-

---

28. OLIVEIRA. Carlos Roberto de. A regulação infranacional e o novo marco regulatório. In: OLIVEIRA, Carlos Roberto de; GRANZIERA, Maria Luiza Machado. *Novo Marco do Saneamento Básico no Brasil*. Indaiatuba, São Paulo: Foco, 2021. p. 73-87.
29. Em 2013, o PLANSAB já delimitava o saneamento básico em quatro componentes, quais sejam: *i)* abastecimento de água; *ii)* esgotamento de água; *iii)* manejo de resíduos sólidos. *iv) drenagens de águas pluviais urbanas*.
30. "Com base no tratamento constitucional conferido tanto ao direito à saúde (art. 196) quanto à proteção ambiental (art. 225) e a partir da teoria dos direitos fundamentais, identifica-se uma dimensão socioambiental a conformar (juntamente com as dimensões social, histórico-cultural etc.) o conteúdo normativo do princípio da dignidade da pessoa humana, bem como da correlata garantia do que passou a se designar de um mínimo existencial socioambiental. (...) A proteção ambiental, portanto, está diretamente relacionada à garantia dos direitos sociais, já que o gozo desses últimos é dependente de condições ambientais favoráveis, como, por exemplo, o acesso à água potável (através de saneamento básico, que também é direito fundamental social integrante do conteúdo do mínimo existencial), (...)". SARLET, Ingo Wolfgang; FENSTERSEIFER, Tiago. Direito à saúde e proteção do meio ambiente na perspectiva de uma tutela jurídico-constitucional integrada dos direitos fundamentais socioambientais (DESCA). *Boletim do Instituto da Saúde* – BIS, v. 12, n. 3, São Paulo, 2010. p. 248-253. Disponível em: https://periodicos.saude.sp.gov.br/bis/article/view/33760. Acesso em: 25 set. 2024.

corporado "modificações introduzidas durante a tramitação da MPV 844 (...)",[31] sofreu outras 501 emendas e, ao final, o mesmo destino em razão da falta de sua conversão em lei no tempo constitucionalmente estipulado (art. 62, §§ 2º e 3º, CFRB/88).

Já sob outro governo, ocorre na Câmara dos Deputados a apresentação do Projeto de Lei, advindo do Poder Executivo e, a partir disso, finalmente, a atualização do marco do saneamento básico decorrente da Lei 14.026/2020. Os pontos de destaque são bastante significativos, merecendo menção a previsão de cláusulas mínimas nos contratos de concessão de prestação de serviços de saneamento; possibilidade expressa de adoção nos contratos de meios alternativos de resolução de conflito; subdelegação; metas de universalização; fim dos contratos programas (com possibilidade de aguardar sua finalização e não se confundido com o contrato de programas disciplinado na Lei de Consórcios necessário para formalização da gestão associada contida no art. 241, da Constituição Federal[32]); ênfase na prestação regionalizada; necessidade de submissão fiscalizatória perante determinada agência reguladora para acesso aos recursos federais com observância obrigatória as diretrizes traçadas por agência reguladora nacional. Estes dois últimos pontos convergem com o tema aqui tratado.

O governo federal já identificava a necessidade de uma normatização para unificação de ações das agências reguladoras. Aliás, desde o início das tentativas de atualização do setor pelas medidas provisórias acima mencionadas, já dispunha sobre a competência da Agência Nacional de Águas – ANA (agora denominada de Agência Nacional de Águas e Saneamento Básico) para a edição normas de referências nacionais para o setor de saneamento.[33] Ou seja, desde o começo das alterações do setor, a ideia foi de conferir a uma autarquia (especial) federal poderes nacionais que pudessem trazer alguma homogeneização normativa, previsível e positiva, sob aspecto regulatório.

Por outro lado, como advertido, não era crível a possibilidade da constituição de agências reguladoras para qualquer município da federação. Especialmente pela disparidade significativa, como por exemplo, no estado de São Paulo, segundo dados do IBGE, há o município de Borá com 907 habitantes e a cidade de São Paulo com aproximadamente 11.451.999 habitantes. No mesmo sentido, em estudo publicado em meados 2008, de acordo com a base constituída por dados de 2.523 municípios espalhados pelo país, constatou-se que a regulação local não era possível em 97% dos casos.[34]

---

31. BRASIL. Congresso Nacional. Sumário Executivo de Medida Provisória. Disponível em: https://www.congressonacional.leg.br/materias/medidas-provisorias/-/mpv/135061. Acesso em 25 set. 2024.
32. HONMANN, Ana Carolina. *Novo Marco Legal do Saneamento: o fim do Contrato de Programa?*. Coluna Saneamento: Novo Marco Legal. Disponível em: https://editoraforum.com.br/noticias/destaque/novo-marco-legal-do-saneamento-o-fim-do-contrato-de-programa/. Acesso em: 29 set. 2024.
33. Especificamente no setor de saneamento, a Casa Civil, em 2003, já detinha como recomendação a promoção "no âmbito de Grupo de Trabalho Interministerial específico, estudos com vistas à definição do marco regulatório do setor de saneamento, e eventual ampliação de competências reguladoras da Agência Nacional de Águas – ANA.". Brasil. Casa Civil. Câmara de Infraestrutura – Câmara de Política Econômica. *Análise e avaliação do papel das agências reguladoras no atual arranjo institucional brasileiro*. Relatório do Grupo de Trabalho Interministerial. Brasília, 2003. p. 37.
34. GALVÃO JUNIOR, Alceu de Castro; TUROLLA, Frederico Araújo; PAGANINI, Wanderley da Silva. Viabilidade da regulação subnacional dos serviços de abastecimento de água e esgotamento sanitário sob a Lei 11.445/2007.

Ao que tudo indica, ciente disso, o legislador fomenta a criação de consórcios intermunicipais de saneamento (art. 8º, § 1º, incs. I e II, da nova redação) e a possibilidade de os municípios e demais titulares utilizarem as estruturas das formas de prestação regionalizada (art. 8º-A). Ainda, a regulação da prestação poderá ser delegada para qualquer agência reguladora existente, até mesmo de outro estado-membro do município ou municípios, devendo, no entanto, observar série de condições para tal movimento, pelo fato de que o regulador deve estar atinente às particularidades do regulado e de seu ambiente.

E, como ocorreu no Planasa, a Lei 14.026/2020 tentou realizar indução a determinado comportamento do setor. Para isso, volta a mesma prática de apresentar condição obrigatória para acesso das verbas federais: a submissão regulatória perante uma agência regulatória e que esteja aplicando as diretrizes realizadas pela ANA, a qual, por sua vez, terá a tarefa de traçar as normas de referência em consonância com os Planos Nacionais de Saneamento Básico (PLANSAB), de Resíduos Sólidos (PNRS) e de Recursos Hídricos (PNRH).

Hipoteticamente, poderá ocorrer situação excêntrica em que determinado prestador do serviço de saneamento não terá acesso às verbas federais em razão de a agência reguladora que foi escolhida não possuir alinhamento com as normas diretrizes da ANA. Tal pensamento parece ser válido, visto que a própria norma afirma que a vinculação perante agência reguladora ocorrerá durante a vigência do contrato de prestação de serviço celebrado, e umas das exceções à deferência da vigência do contrato seria no caso de a agência reguladora deixar de adotar as normas de referência da ANA (art. 23, § 1º-B).

O sistema descentralizador de regulação do saneamento básico permanece vigente no Brasil, no entanto, tais normas de referência a serem apresentadas pela ANA sinalizam ao setor a atenção da Administração Pública ao seu papel de criadora e fomentadora de políticas públicas. Ao mesmo tempo, evidencia a percepção de que o setor necessita de maior previsibilidade para que decisões destoantes – inclusive perante o mesmo prestador do serviço público, mas atuante em regiões ou municípios distintos – não causem insegurança a esse recorte imprescindível à sociedade brasileira.

Com efeito, percebe-se que ideia do legislador foi fomentar a adesão às prestações regionalizadas e às vinculações às agências reguladoras, sendo estas uniformizadas pelas diretrizes traçadas pela ANA,[35] como meio de acesso aos recursos federais. As condições impostas parecem ao mesmo tempo indicar a obrigatória busca pelo atendimento às metas de universalização normatizadas (até 31.12.2023, 99% da população brasileira deverá contar com água potável e 90% com coleta e tratamento de esgoto).

Assim, por toda construção, percebe-se que as agências reguladoras são as fiéis da balança das alterações mais significativas para o setor de saneamento, assim como

---

Revista Engenharia Sanitária e Ambiental. Associação Brasileira de Engenharia Sanitária e Ambiental, v. 13, n. 2, 2008. Disponível em: https://www.scielo.br/j/esa/i/2008.v13n2/. Acesso em: 30 ago. 2024.

35. Vide os Decretos regulamentadores da Lei 11.445/2007 com as alterações promovidas pela Lei 14.026/2020: Decretos 10.588/2020, 11.467/2023 e 11.599/2023.

a esperança para o atendimento das metas – muito embora pareça ser previsível que o legislador poderá promover alterações e adotar novas datas para cumprimento das metas de universalização, assim como, por exemplo, recentemente adotou tal postura em razão da implementação obrigatória das normas apresentadas pela nova Lei de Licitações e a sua necessária regulamentação local (art. 3º, Lei Complementar 198/2023).

3. O FUTURO DAS AGÊNCIAS REGULADORAS BRASILEIRAS NO *OVERRULING DE CHEVRON*

Apesar da existência das agências reguladoras norte-americanas desde o século XIX e de sua intensificação a partir das *Independent Regulatory Commissions (IRC)*, criadas na década de 30 do século passado, foi especialmente a partir dos governos Tatcher e Reagan que se intensificou, no Brasil, a atuação indireta da Administração Pública na economia.

Todavia, a atenção brasileira à teoria das agências reguladoras não ocorreu apenas por aquilo que se passava nos Estados Unidos e na Inglaterra, mas por um conjunto político-econômico provocado por movimentos externos que foram além daqueles países (globalização, queda do Comunismo europeu e de sua atuação econômica) e, igualmente, pelas reivindicações internas.

A criação das agências reguladoras no Brasil, dentro da concepção contemporânea, surgiu a partir de meados da década noventa do século passado, com a transição do Estado intervencionista para neoliberal, pautada por uma atuação transversal e pelo reconhecimento de sua incapacidade de prestação direta, buscando atrair parceiros em troca de um setor regrado por uma atmosfera menos política e mais técnica.[36]

As disposições constitucionais (arts. 173 a 175), o Programa Nacional de Desestatização (Lei 8.031/1990) e, especialmente, as alterações anteriormente mencionadas, provenientes do conjunto de emendas realizadas em 1995, passaram a admitir, em âmbito constitucional, a possibilidade de particulares prestarem serviços públicos até então indisponíveis, abrindo espaço para a substituição de paradigmas: do *burocrático* pelo *empresarial*.[37]

As inovações supracitadas ocorreram no fomento da participação de particulares (por meio concessões) nos setores de gás canalizado (art. 25, § 2º, CFRB/88), mineração (art. 176, § 1º), radiodifusão e telecomunicações (art. 21, XI e XII, "a") e petróleo e gás

---

36. "Na lógica do Plano Diretor de Reforma do Estado (PDRE), de 1995, as agências independentes seriam instrumentos essenciais para dissolver os *anéis burocráticos* dos Ministérios e subtrair a regulação de setores estratégicos da economia do âmbito das escolhas políticas do Presidente da República. Sob um ponto de vista pragmático, essa pretensa *despolitização* tinha por objetivo criar um ambiente regulatório não diretamente *responsivo* à lógica político-eleitoral, mas pautado por uma gestão profissional, técnica e imparcial". BINENBOJM, Gustavo. Agências reguladoras independentes, separação de poderes e processo democrático. *Revista de Direito da Procuradoria Geral do Estado do Rio de Janeiro*, v. 60. p. 59. Rio de Janeiro, 2006.
37. CANOTILHO, José Joaquim Gomes. O Direito Constitucional passa: O Direito Administrativo passa também in Estudos em Homenagem ao Prof. Doutor Rogério Soares. *Boletim da Faculdade de Direito*, Stvdia Ivridica 61, Ad Honorem – 1, Editora Coimbra, Coimbra, 2001. p. 708.

natural (art. 177, § 1º); e, igualmente, na preocupação de regulamentação de setores como o de transportes aéreo, terrestre e aquático (art. 178, CFRB/88).

Recorda-se que tudo isso ocorreu no ensejo da reorganização estatal e da necessidade de fomento aos particulares atuarem na prestação de serviços públicos para superação da crise fiscal. Para isto, seriam imperiosas a minimização de interferência política e a busca por eficiência através da tecnicidade, não bastando a atuação das agências executivas.

Na proposta de *reforma do aparelho estatal*, as agências reguladoras seriam essenciais. Não por coincidência, após a atualização do texto constitucional, ocorreram a leis que ensejaram a criação das primeiras agências reguladoras do país: a Agência Nacional de Energia Elétrica – ANEEL (Lei 9.427, de 26.12.1997); Agência Nacional de Telecomunicações – ANATEL (Lei 9.472, de 5.11.1997) e Agência Nacional de Petróleo – ANP (Lei 9.478, de 6.8.1997).

Outro ponto importante é que o aceite de mercado não necessariamente corresponde a aceite do Poder Executivo. Governos ideologicamente mais intervencionistas possuem atritos com as formulações das agências reguladoras – muito embora o denominado Estado Regulador em nada abdique da socialidade, sendo "(...) ainda hoje, uma dimensão intrínseca da estatalidade".[38]

Conquanto, na prática, a sistemática cause alguns incômodos, entre eles a ausência de alinhamento de mandatos entre as diretorias das agências e os Chefes do Poder Executivo democraticamente eleitos, isso, por si só, não corrobora a existência de *déficit democrático* na constituição das agências reguladoras.[39]

No Brasil, em 2003 e em razão de algum atrito, a Presidência da República criou grupo de trabalho interministerial para atender às preocupações do governo federal e analisar o "(...) adequado controle social das agências e ao papel dessas entidades na atual estrutura do Estado brasileiro, em uma economia de mercado com preponderância de empresas privadas em importantes áreas de infraestrutura".[40] Ao final do trabalho, as agências reguladoras não foram refutadas, merecendo seu reconhecimento na estabilidade de mercado, especialmente perante setores naturalmente passíveis de monopólio.

---

38. Idem, p. 710.
39. "A consagração de órgãos independentes de regulação pode prestar-se a ampliar a legitimidade da organização política brasileira. Tal ocorrerá na medida em que produzir a ampliação do sistema de freios e contrapesos e propiciar efeitos mais consistentes de limitação do poder por meio do próprio poder. Mais ainda, isso dependerá da limitação das competências regulatórias atribuídas às agências independentes e de sua estruturação e funcionamento segundo os princípios da mais ampla e profunda transparência e democracia. O que não se pode admitir é a utilização meramente retórica do argumento do déficit democrático da regulação independente para atingir dois resultados, ambos totalmente indefensáveis. (...)". JUSTEN FILHO, Marçal. Agências reguladoras e democracia: existe um déficit democrático na "regulação independente"? *Revista de Direito Público da Economia*, Belo Horizonte, v. 1, n. 2, p. 273-301, abr. 2003.
40. BRASIL, Casa Civil. Câmara de Infraestrutura – Câmara de Política Econômica. Análise e avaliação do papel das agências reguladoras no atual arranjo institucional brasileiro. *Relatório do Grupo de Trabalho Interministerial*. Brasília, 2003. p. 4.

Mesmo sugerindo alguma reformulação, o trabalho enalteceu que a permanência do instituto das agências reguladoras no país "para o exercício da função reguladora, principalmente quando a regulação envolve a fiscalização de serviços públicos concedidos e monopólios naturais, é o modelo institucional que permite os melhores resultados em termos da promoção do bem-estar social".[41]

Anos depois, naquele mesmo governo, ratificando a conclusão, foi criada a Agência Nacional de Aviação Civil – ANAC (Lei 11.182, de 27.9.2005). Atualmente, acredita-se que os testes de fogos foram superados, havendo, inclusive, programas promovidos pelos governos federais para melhoria do ambiente regulatório no país (v.g., Programa de Aprimoramento da Qualidade da Regulação Brasileira – QualiREG) e, partindo apenas do recorte federal ou nacional, constata-se a presença de 11 agências reguladoras no Brasil (Art. 2º, Lei 13.848/2019).

No setor de saneamento, as agências reguladoras subnacionais e a participação dos particulares ocorreram pela ineficiência, em grande parte, das CESBs, ou seja, quando da prestação de serviço público direto pelo Estado. A atuação direta não foi bem-sucedida em razão de diversas falhas aqui tratadas, indicando que o setor fazia eco às alterações legislativas necessárias para fomento da participação dos particulares e de conceder maiores garantias aos investidores – especialmente os estrangeiros.

Diante desse desgaste e dentro dos ares reformadores de 1990-2000, partindo da edição da Lei 8.987/1995 (Lei de Concessões), ocorre a primeira concessão de saneamento realizada no país: a do município paulista de Limeira. Recentemente, com dados coletados até 2023, segundo a Associação e Sindicato Nacional das Concessionárias Privadas de Serviços Públicos de Água e Esgoto – ABCON SINDCON, vigem 876 municípios com operação privada de saneamento básico no país.[42]

O processo de desestatização (sentido amplo) impõe a participação direta do particular na prestação dos serviços, e o Estado, por sua vez, incrementa sua atuação indireta, no papel de fiscalizador e regulador da prestação do serviço público, assegurando a competitividade, com atuação isonômica entre os prestadores (operadores estatais ou particulares).

De forma interessante, percebe-se que, com a nova disposição dada à ANA, dois movimentos ocorrem, merecendo atualização de seu conceito e destaque na sua atuação.

Quanto à atuação, ao que tudo indica, a função regulatória da ANA (emissora das diretrizes gerais) será precípua. No entanto, as demais funções, mesmo que presentes, serão promovidas de forma indireta, compreendendo que as agências reguladoras subnacionais do setor do saneamento básico serão sua *longa manus* quanto ao controle e à fiscalização.

---

41. Idem, p. 27.
42. Sobre o setor. Contexto atual. ABCON SINDCON. Sobre o Setor. Contexto Atual. Disponível em: https://abconsindcon.com.br/saneamento/. Acesso em 1º out. 2024.

Tal interpretação parece ser acertada por acomodar a já existente regulação espraiada do setor e absorver, em igual medida, as particularidades regionais, em especial atenção à estabilidade dos contratos realizados com os particulares e à obrigatória deferência ao sistema regulatório perante os prestadores diretos.

A teoria de regulação brasileira possui similaridade, mas não espelhamento completo com o que se opera em outros regramentos com suas características próprias. No entanto, as teorias estrangeiras – especialmente a norte-americana – acabam influenciando, mas não definindo a atuação regulamentar e seu controle.

Nesse contexto, convém a análise da superação ou relativização de temática tão importante para regulação do direito norte-americano, especialmente em razão do recente julgado que superou (*overruling*) talvez a decisão mais famosa da *Supreme Court* – tendo, ao menos em citações, mais recorrência do que o emblemático caso *Marbury v. Madison* de 1803.

Como se sabe, o precedente norte-americano, do *Chevron U.S.A. v. Natural Res. Def. Council*, julgado pela sua Suprema Corte em 1984, apresentou grande influência no mundo, inclusive no direito brasileiro, sendo amplamente referenciado pela doutrina e até mesmo citado pelo Supremo Tribunal Federal.[43]

O desenho das agências reguladoras evidencia que sua estrutura é integrante do Estado, não da transitoriedade democrática de um governo. E em razão de sua tecnicidade, a decisão merecia respeito e barreiras para sua análise ou revogação. Daí a construção daquilo que ficou conhecido como Estado Administrativo, ou seja, outros Poderes necessitariam de certa deferência à decisão administrativa, sendo a revisitação exceção à prática usual do sistema. Tudo dependerá da clareza legislativa posta ao ordenamento.

Nos EUA, dentro desta deferência e, na perspectiva das decisões emanadas pelas agências reguladoras, alguns afirmaram que estas se consolidavam como espécie de quarto poder do estado ("(...) as a "headless fourth branch" of government"[44]) E, a partir da década de 80 do século XX, a doutrina *Chevron* foi o grande fomentador para construção da teoria de deferência.

Portanto, as premissas da discussão são a existência de um Estado Administrativo – ou algo mais próximo disso – e dos critérios que deverão ser observados para determinar a incidência e a intensidade da intervenção judicial no caso concreto. No caso *Chevron U.S.A., Inc. v. NRDC*, a Suprema Corte dos EUA estabeleceu que apreciação quanto à deferência ou não à decisão administrativa deveria partir da presença ou não de ambiguidade na norma.

---

43. Como exemplo, ADI 4874, Pleno, rel. Min. Rosa Weber, J. 1º.02.2018.
44. STRAUSS, Peter L. The Place of Agencies in Government: Separation of Powers and the Fourth Branch. *Columbia Law Review*, v. 84, n. 3, 1984. Disponível em: https://scholarship.law.columbia.edu/faculty_scholarship?utm_source=scholarship.law.columbia.edu%2Ffaculty_scholarship%2F208&utm_medium=PDF&utm_campaign=PDFCoverPages. Acesso em: 1º out. 2024.

De acordo com *Chevron*, sendo clara a norma, a decisão poderia ser revogada caso não estivesse em conformidade o ornamento positivado. Todavia, caso a legislação fosse ambígua, caberia ao Poder Judiciário apenas a averiguação de sua razoabilidade. Portanto, *Chevron* parte de um maniqueísmo para adentar ao controle judicial da decisão administrativa: a legislação é ambígua ou não? Se sim, ainda que não seja a melhor decisão, ela é razoável?

A construção de balizas ou critérios para controle judicial apresenta desafios na sua estruturação: formulando-se uma teoria simples, a complexidade do mundo não se amolda; já na conjectura rebuscada, o enredamento inviabiliza ou não estimula o aplicador na sua adoção. Estas tentativas já foram diagnosticadas em Itália, Canadá e Estados Unidos.[45]

A construção sobre os requisitos de acesso e de intensidade do controle jurisdicional à decisão administrativa passa pelo seguinte processo de (re)calibração: critérios simplistas tendem a apresentar exceções com o tempo e passam por uma atualização para maior rebuscamento; teorias mais complexas, cuja aplicação é naturalmente mais desestimulante, necessitam de alguma suavização para que a sua incidência seja mais difundida.

E, com isso, importante registrar que, em razão do recente caso *Department of Commerce and Loper Bright Enterprises v. Raimondo*, decidido em 28 de junho de 2024, não ocorreu, necessariamente, a derrocada do Estado Administrativo americano, mas a constatação de que *Chevron* não mais atendida os problemas postos.[46] Com isto, o debate nos EUA será efervescente em busca de novos critérios para se deferir à discricionariedade administrativa.

A possível superação ou mitigação da denominada doutrina *Chevron*, em razão do caso *Raimondo*, poderia gerar alguma insegurança quanto ao futuro do setor regulado do Brasil, especialmente do saneamento básico. Afinal, entre as vigas mestras de estabilização do setor estão as agências reguladoras e as suas decisões (em conjunto com a regionalização da prestação do serviço público).

Pois bem. Parece que a preocupação maior não deveria ser apenas com a interferência judicial, mas também com a executiva, da própria Administração.

Não se pode esquecer que, em 2006, a Advocacia-Geral da União emitiu o parecer AC – 051 (Parecer AGU/MS 04/2006), em que vinculava toda Administração Pública

---

45. "Eis o dilema que informa a escolha do procedimento de determinação da intensidade do controle judicial: um incontornável conflito entre precisão e operacionalidade. Quanto maior for a precisão de um procedimento (quanto mais ele seja poroso à complexidade do caso concreto), maior será também a sua complexidade. Em alguns casos, a ambição de precisão pode acarretar procedimento impraticável. Em outros, poderá ter-se um procedimento totalmente operacional (simples, facilmente compreensível e aplicável), mas bastante impreciso, abrindo pouco espaço para as potencialidades da ponderação envolvida na determinação da intensidade do controle". JORDÃO, Eduardo. Entre o prêt-à-porter e a alta costura: procedimentos de determinação da intensidade do controle judicial no direito comparado. *Revista Brasileira de Direito Público* – RBDP, ano 14, n. 52, Editora Fórum, Belo Horizonte, 2016. p. 9-43.
46. JORDÃO, Eduardo. *A sobrevida da deferência pós-Chevron (Prof. Eduardo Jordão, FGV/RJ)*. Plataforma *Youtube*. Canal Direito. 1h25m11s, publicado em 20.9.2024. Disponível em: https://acesse.one/ub6Fj. Acesso em: 28 set. 2024.

federal quanto ao entendimento de que "a agência *(que)* viola ou formula políticas públicas, estaria agindo fora de suas competências, sendo cabível, portanto, a atuação ministerial revogando ou anulando atos seus", seja de ofício pelo Ministério ou por meio de recurso hierárquico impróprio.[47]

Desde então, a temática parece ter entrado em torpor no âmbito federal, e tal posicionamento não prosperou ao menos no estado de São Paulo, que traçou, mediante legislação própria, a vedação expressa quanto a tal interposição.[48]

Ainda, não parece existir no Brasil um Estado Administrativo, nem tampouco algo próximo à regulação norte-americana.[49] Com efeito, o *overruling* de *Chevron* não se mostra um desafio para as agências reguladoras brasileiras, mas sim a construção conjunta com a participação de *players*, academia e órgãos de controle – imprescindível o assento dos Tribunais de Contas à mesa – para construção de algo mais nacional e factível, devendo ter como mantra a proteção da *autonomia reforçada* das agências e a sua quádrupla independência.[50]

CONCLUSÃO

Percebe-se que há um microcosmo do direito do saneamento no Brasil, com órbita mais distante composta pelas normas dispostas nas Leis de Concessões, PPPs, Consórcios Públicos, Agências Reguladoras e o Estatuto da Metrópole; e outras normas mais centrais, as quais constituem um núcleo duro, como a Lei 11.445/2007, com sua nova redação (e os Decreto Regulamentadores), e o Estatuto da Cidade, que estabeleceu saneamento básico como direito à cidade sustentável – saneamento ambiental (art. 2º, inc. I).

---

47. ARAGÃO, Alexandre dos Santos de. Supervisão Ministerial das Agências Reguladoras: limites, possibilidade e o Parecer AGU AC-051. *Revista de Direito Administrativo*, Editora FGV, Rio de janeiro, v. 245, 2007. p. 237-262.
48. Artigo 4º, LC Paulista 1.413, 23.9.2024. *"A ausência de subordinação hierárquica e a autonomia decisória das agências reguladoras são caracterizadas pela impossibilidade de revisão das decisões tomadas pelo seu Conselho Diretor no âmbito do Poder Executivo*, observado o disposto no artigo 24 desta lei complementar". (n/n)

    Artigo 24. "Não caberá recurso administrativo contra as decisões do Conselho Diretor das agências reguladoras, admitindo-se a apresentação de pedido de reconsideração perante o próprio colegiado, na forma prevista no respectivo regimento interno.

    Parágrafo único. *As decisões tomadas pelo Conselho Diretor, em grau de recurso, em processos administrativos sancionatórios e em procedimentos administrativos disciplinares, serão consideradas definitivas em âmbito administrativo, não estando sujeitas a recurso ou a pedido de reconsideração*". (n/n)
49. "Em suma, a burocracia brasileira, mesmo com o advento das agências reguladoras (autarquias especiais), é diferente do sistema burocrático estadunidense e não pode ser caracterizado como sendo um Estado Administrativo. (...) trata-se de uma reprodução do Estado Administrativo estadunidense, apenas parcial, em que o modelo nacional – federativo e presidencialista – passou a adotar o sistema de regulação descentralizada, com algum grau de autonomia e independência do governo central, em delegações de serviços públicos e algumas atividades privadas de interesse público próximo ao modelo das public utilities". GUERRA, Sérgio. Separação de Poderes, Executivo Unitário e Estado Administrativo no Brasil. Um dossiê sobre Estado Administrativo. *Revista de Estudos Institucionais*, v. 3, n. 1, 2017. p. 123-152. Disponível em: https://www.estudosinstitucionais.com/REI/about/contact. Acesso em: 1º out. 2024.
50. As independências seriam: *i)* dos dirigentes; *ii)* das decisões; *iii)* das normas e *iv)* financeira-econômica (orçamento e receitas). Neste sentido: BINENBOJM, Gustavo. *Agências reguladoras...* p. 67.

Em todo este desenho, o sustentáculo de higidez e do futuro do setor dependerá da busca por influência política mitigada e da adoção cada vez maior dos posicionamentos técnicos e independentes que se esperam da ANA e de suas coligadas (agências reguladoras subnacionais).

Considerando que as agências reguladoras são autarquias especiais com alta especificidade técnica e baixa influência política,[51] criadas justamente para gerar segurança aos setores regulados – auxiliando, inclusive, na expansão dos resultados vislumbrados na *regulação por contrato*,[52] a decisão do legislador de estabelecê-las como fiéis da balança para higidez do setor parece ser a mais acertada possível. Quanto ao *overruling* de *Chevron*, seus efeitos diretos no Brasil, de forma imediata, parecem ser inócuos. Todavia, se espera que na possibilidade de compreender tal superação como gatilho para aprofundamento ou refinamento dos critérios de controle para as decisões das agências reguladoras e os órgãos de controle.

REFERÊNCIAS

ABCON SINDCON. Sobre o Setor. Contexto Atual. Disponível em: https://abconsindcon.com.br/saneamento/. Acesso em 1º out. 2024.

ARAGÃO, Alexandre dos Santos de. Supervisão Ministerial das Agências Reguladoras: limites, possibilidade e o Parecer AGU AC-051. *Revista de Direito Administrativo*, Editora FGV, Rio de janeiro, v. 245. p. 237-262, 2007.

BANCO INTERAMERICANO DE DESENVOLVIMENTO. *BID aprova US$ 47,6 milhões para água e saneamento em Goiânia*. Disponível em: https://www.iadb.org/pt-br/noticias/bid-aprova-us476-milhoes-para-agua-e-saneamento-em-goiania. Acesso em: 29 ago. 2024.

BARROSO, Luís Roberto. Agências Reguladoras. Constituição e transformações do Estado e Legitimidade Democrática. *Revista De Direito Administrativo*, n. 229. p. 285-312. Rio de Janeiro, 2002.

BIER, Amaury G.; PAULANI, Leda Maria; MESSENBERG, Roberto P. A crise do saneamento no Brasil: reforma tributária, uma falsa resposta. *Revista Pesquisa e Planejamento Econômico* – PPE, Rio de Janeiro, v. 18, n. 1, p. 169, abr. 1988.

BINENBOJM, Gustavo. *Agências reguladoras independentes, separação de poderes e processo democrático*. Revista de Direito da Procuradoria Geral do Estado do Rio de Janeiro, v. 60. p. 59. Rio de Janeiro, 2006.

BRASIL, Casa Civil. Câmara de Infraestrutura – Câmara de Política Econômica. Análise e avaliação do papel das agências reguladoras no atual arranjo institucional brasileiro. Relatório do Grupo de Trabalho Interministerial. Brasília, 2003.

---

51. "(...) 2. São inconstitucionais as disposições que amarram a destituição dos dirigentes da agência reguladora estadual somente à decisão da Assembleia Legislativa. (...) 3. Ressalte-se, ademais, que conquanto seja necessária a participação do chefe do Executivo, a exoneração dos conselheiros das agências reguladoras também não pode ficar a critério discricionário desse Poder. Tal fato poderia subverter a própria natureza da autarquia especial, destinada à regulação e à fiscalização dos serviços públicos prestados no âmbito do ente político, tendo a lei lhe conferido certo grau de autonomia. 4. A natureza da investidura a termo no cargo de dirigente de agência reguladora, bem como a incompatibilidade da demissão ad nutum com esse regime, haja vista que o art. 7º da legislação gaúcha prevê o mandato de quatro anos para o conselheiro da agência, exigem a fixação de balizas precisas quanto às hipóteses de demissibilidade dos dirigentes dessas entidades. (...)". STF, ADI 1949, Pleno, rel. Min. Dias Toffoli, J. 17.9.2014. No mesmo sentido: *STF*, ADI 6276, Pleno, rel. Min. Edson Fachin, J. 20.9.2021.

52. É dever intrínseco das agências reguladoras garantir o equilíbrio econômico-financeiro dos contratos celebrados com particulares (concessões e PPPs) e a modicidade tarifária.

BRASIL. BNDES. O Banco Nacional do Desenvolvimento. Programa de Ação Econômica do Governo. Revista do BNDE, Rio de Janeiro, v. 1, n. 3, set. 1964. p. 209-214. Disponível em: https://web.bndes.gov.br/bib/jspui/handle/1408/12837. Acesso em: 10 ago. 2024.

BRASIL. Câmara dos Deputados. Decreto 61.160, de 16 de agosto de 1967. Disponível em: https://www2.camara.leg.br/legin/fed/decret/1960-1969/decreto-61160-16-agosto-1967-402472-publicacaooriginal-1-pe.html. Acesso em: 13 jul. 2024.

BRASIL. Casa Civil. Câmara de Infraestrutura – Câmara de Política Econômica. Análise e avaliação do papel das agências reguladoras no atual arranjo institucional brasileiro. Relatório do Grupo de Trabalho Interministerial. Brasília, 2003.

BRASIL. Congresso Nacional. Sumário Executivo de Medida Provisória. Disponível em: https://www.congressonacional.leg.br/materias/medidas-provisorias/-/mpv/135061. Acesso em 25 set. 2024.

BRASIL. Decreto-Lei 248, de 28 de fevereiro de 1967, posteriormente pela Lei 5.318, de 26 de setembro de 1967. Brasil. Disponível em: https://www.planalto.gov.br/ccivil_03/LEIS/1950-1969/L5318.HTM#art13. Acesso em: 12 jul. 2024.

BRASIL. Lei 4.089, de 13 de julho de 1962. Disponível em: https://www.planalto.gov.br/ccivil_03/leis/1950-1969/L4089.htm#:~:text=LEI%20No%204.089%2C%20DE%2013%20DE%20JULHO%20DE%201962.&text=Transforma%20o%20Departamento%20Nacional%20de,Autarquia%2C%20e%20dá%20outras%20providencias. Acesso em: 11 ago. 2024.

BRASIL. Lei 4.380, de 21 de agosto de 1964. Disponível em: https://www.planalto.gov.br/ccivil_03/leis/l4380.htm. Acesso em: 12 jul. 2024.

BRASIL. Lei 5.107, de 13 de setembro de 1966. Disponível em: https://www.planalto.gov.br/ccivil_03/leis/l5107.htm. Acesso em: 12 jul. 2024.

BRASIL. Ministério das Cidades. Secretária de Saneamento Ambiental. Subsídios para o Projeto Estratégico de Elaboração do PLANSAB. Brasília, set. 2008.

BRASIL. Ministério das Cidades. Secretaria Nacional de Saneamento Ambiental. Plansab – Plano Nacional de Saneamento Básico. Mais Saúde com Qualidade de Vida e Cidadania. Capítulo 10, Monitoramento, avaliação sistemática e revisão do plano. Brasília, 2014.

BRASIL. Ministério das Cidades. Secretaria Nacional de Saneamento Ambiental. Ações de Assistência Técnica em Redução e Controle de Perdas de Água e Uso Eficiente de Energia Elétrica, 2018. Disponível em: https://antigo.mdr.gov.br/images/stories/ArquivosSNSA/interaguas/commaisagua/at5-planejamento_e_gestao.pdf. Acesso em: 29 ago. 2024.

BRASIL. Ministério do Planejamento e Coordenação Econômica. Plano Decenal de Desenvolvimento Econômico e Social 1967-1976. t. VI. Desenvolvimento Social, v. 3 e 4 (Saúde e Saneamento Previdência Social), marc. 1967. Disponível em: https://bibliotecadigital.pre.economia.gov.br/handle/123456789/1069. Acesso em: 15 ago. 2024.

BRASIL. Senado Federal. Diário do Senado Federal 118 de 2006. Ata da 2ª Reunião da Comissão Parlamentar Mista Especial.

BRASIL. Supremo Tribunal Federal, ADI 1842, Pleno, rel. Min. Luiz Fux, J. 06.03.2013.

BRASIL. Supremo Tribunal Federal, ADI 1949, Pleno, rel. Min. Dias Toffoli, J. 17.9.2014.

BRASIL. Supremo Tribunal Federal, ADI 6276, Pleno, rel. Min. Edson Fachin, J. 20.9.2021.

CANOTILHO, José Joaquim Gomes. O Direito Constitucional passa: O Direito Administrativo passa também. Estudos em Homenagem ao Prof. Doutor Rogério Soares. *Boletim da Faculdade de Direito*, Stvdia Ivridica 61, Ad Honorem – 1, Editora Coimbra, Coimbra, 2001.

DALLARI, Adilson Abreu. Poder constituinte estadual. *Revista de Informação Legislativa*, v. 26, n. 102 (abr./jun. 1989), p. 201-206. Disponível em: http://www2.senado.leg.br/bdsf/handle/id/181923. Acesso em: 27 ago. 2024.

FENSTERSEIFER, Tiago. Direito à saúde e proteção do meio ambiente na perspectiva de uma tutela jurídico-constitucional integrada dos direitos fundamentais socioambientais (DESCA). *Boletim do Instituto da Saúde* – BIS, v. 12, n. 3, São Paulo, 2010. p. 248-253. Disponível em: https://periodicos.saude.sp.gov.br/bis/article/view/33760. Acesso em: 25 set. 2024.

GALVÃO JUNIOR, Alceu de Castro; TUROLLA, Frederico Araújo; PAGANINI, Wanderley da Silva. Viabilidade da regulação subnacional dos serviços de abastecimento de água e esgotamento sanitário sob a Lei 11.445/2007. *Revista Engenharia Sanitária e Ambiental*. Associação Brasileira de Engenharia Sanitária e Ambiental, v. 13, n. 2, 2008. Disponível em: https://www.scielo.br/j/esa/i/2008.v13n2/. Acesso em: 30 ago. 2024.

GUERRA, Sérgio. Separação de Poderes, Executivo Unitário e Estado Administrativo no Brasil. Um dossiê sobre Estado Administrativo. *Revista de Estudos Institucionais*, v. 3, n. 1, 2017. p. 123-152. Disponível em: https://www.estudosinstitucionais.com/REI/about/contact. Acesso em: 1º out. 2024.

HONMANN, Ana Carolina. Novo Marco Legal do Saneamento: o fim do Contrato de Programa? *Coluna Saneamento*: Novo Marco Legal. Disponível em: https://editoraforum.com.br/noticias/destaque/novo-marco-legal-do-saneamento-o-fim-do-contrato-de-programa/. Acesso em: 29 set. 2024.

JORDÃO, Eduardo. A sobrevida da deferência pós-Chevron (Prof. Eduardo Jordão, FGV/RJ). *Plataforma Youtube*. Canal Direito. 1h25m11s, publicado em 20.9.2024. Disponível em: https://acesse.one/ub6Fj. Acesso em: 28 set. 2024.

JORDÃO, Eduardo. Entre o prêt-à-porter e a alta costura: procedimentos de determinação da intensidade do controle judicial no direito comparado. *Revista Brasileira de Direito Público* – RBDP, ano 14, n. 52. p. 9-43, Editora Fórum, Belo Horizonte, 2016.

JUSTEN FILHO, Marçal. Agências reguladoras e democracia: existe um déficit democrático na "regulação independente"? *Revista de Direito Público da Economia*, Belo Horizonte, v. 1, n. 2, p. 273-301, abr. 2003.

MENEGUIN, Fernando; PRADO, Ivan Pereira. *Os Serviços de Saneamento Básico, sua Regulação e o Federalismo Brasileiro*, Brasília: Núcleo de Estudos e Pesquisas/CONLEG/Senado, Maio/2018 (Texto para Discussão 248). p. 10. Disponível em: www.senado.leg.br/estudo. Acesso em: 30 jul. 2024.

OLIVEIRA. Carlos Roberto de. A regulação infranacional e o novo marco regulatório. In: OLIVEIRA, Carlos Roberto de; GRANZIERA, Maria Luiza Machado. *Novo Marco do Saneamento Básico no Brasil*. Indaiatuba, São Paulo: Foco, 2021.

PEREIRA, Luiz Carlos Bresser. A Reforma do Estado dos anos 90: Lógica e Mecanismos de Controle. *Cadernos MARE da Reforma do Estado*. Ministério da Administração Federal e Reforma do Estado. Caderno 1. Brasília, 1997.

RIBEIRO, Guilherme Bento. A influência da teoria desenvolvimentista para a criação das empresas estaduais de saneamento básico de 1960-1970. *Revista de Direito Setorial e Regulatório*, v. 10, n. 1, p. 1-14, maio 2023.

STRAUSS, Peter L. *The Place of Agencies in Government: Separation of Powers and the Fourth Branch*. Columbia Law Review, v. 84, n. 3, 1984. Disponível em: https://scholarship.law.columbia.edu/faculty_scholarship?utm_source=scholarship.law.columbia.edu%2Ffaculty_scholarship%2F208&utm_medium=PDF&utm_campaign=PDFCoverPages. Acesso em: 1º out. 2024.

TUROLLA, Frederico A. *Política de saneamento básico*: avanços recentes e opções futuras de políticas públicas. Texto para discussão n. 922. Repositório do conhecimento do IPEA. Brasília, 2002.

VARGAS, Juliano; FELIPE, Ednilson Silva. Década de 1980: as crises da economia e do Estado brasileiro, suas ambiguidades institucionais e os movimentos de desconfiguração do mundo do trabalho no país. *Revista de Economia*, v. 41, n. 3 (ano 39), dez. 2015, p. 127-148. Disponível em: https://revistas.ufpr.br/economia/issue/view/2143. Acesso em: 27 ago. 2024.

VARGAS, Marcelo Coutinho; GOUVELLO, Bernard de. Trajetória e perspectivas da gestão privada do saneamento na América Latina: contrastes e aproximações entre Brasil e Argentina. *Revista Desenvolvimento e Meio Ambiente*. Paraná, n. 24. p. 57-70, Editora UFPR, jul./dez. 2011.

SITUAÇÕES JURÍDICAS DE FATO SUBSISTENTES AO NOVO MARCO LEGAL DO SANEAMENTO

Alexandre Santos de Aragão

Doutor em Direito do Estado pela Universidade de São Paulo – USP. Mestre em Direito Público pela UERJ. Professor Titular de Direito Administrativo da Universidade do Estado do Rio de Janeiro – UERJ. Professor do Mestrado em Regulação e Concorrência da Universidade Candido Mendes. Procurador do Estado do Rio de Janeiro. Árbitro. Advogado.

Sumário: Introdução – 1. Alguns modelos de prestação dos serviços de saneamento anteriores ao novo marco – 2. Direitos dos operadores em decorrência das prestações, inclusive na ausência de cobertura contratual vigente; 2.1 Indenização pelos bens reversíveis como derradeiro reequilíbrio; 2.2 Manutenção da prestação pendente a amortização dos bens reversíveis – Arts. 42, § 5º, Lei 11.445/2007 – 3. Formalização dos serviços mediante "termo de ajuste e acerto de contas" – 4. Operacionalização dos serviços via prestação direta à luz do novo marco; 4.1 Prescindibilidade de vínculo contratual comutativo; 4.2 Integrante da administração pública titular do serviço – 5. Parâmetros para a prestação direta em caso de regionalização; 5.1 Concessões privadas não são uma solução automática, nem a única, para a universalização – 6. Prestação direta mediante parcerias societárias. – Conclusões – Referências.

INTRODUÇÃO

A Lei 14.026/2020 inaugurou a atual disciplina regulatória do saneamento básico, introduzindo inovações relevantes com foco especial no cumprimento das metas de universalização e na prestação regionalizada dos serviços, diretamente ou por concessionário, mediante variados desenhos. Não se pode desconsiderar, contudo, subsistirem em âmbito nacional inúmeras situações de prestação de fato dos serviços a municípios por empresas estatais estaduais, inclusive com investimentos destas, em cenários nos quais as relações preexistentes não chegaram a ser propriamente substituídas, e cujas prestações sequer poderiam ser interrompidas, até como impõe o princípio da continuidade dos serviços públicos. Em muitos casos trata-se justamente do quadro de municípios menos desenvolvidos – inclusive em termos de organização administrativa – e, por conseguinte, com frequência menos atrativos para fins de eventual licitação.[1]

---

1. Élen Dânia dos Santos e Débora Francado afirmam ser muito comum com relação a municípios de pequeno porte no que se refere ao saneamento básico "a ausência de desenvolvimento institucional, a incapacidade operacional e a ausência de sustentabilidade financeira" (SANTOS, Élen Dânia Silva; FRANCATO, Débora Faria Fonseca. Prestação regionalizada dos serviços de resíduos sólidos. In: OLIVEIRA, Carlos Roberto de. GRANZIERA, Maria Luiza Machado (Org.). *Novo Marco do Saneamento Básico no Brasil*. 2. ed., Indaiatuba: Foco, p. 175-186, 2022, p. 183). Narrando o panorama do setor e a utilidade da atual diretriz de regionalização com foco no desenvolvimento de municípios menos avançados em matéria de saneamento, Almeida, Nascimento e Schmitt explicam que, com a regionalização, "é possível a agregação de municípios de pequeno porte entre si ou a outros de maior porte, de modo que se possa viabilizar a oferta dos serviços, o que não seria possível, na grande maioria dos casos, por exemplo, se a provisão for municipal, única, isolada, considerando que, frequentemente a demanda por serviços com altos padrões de qualidade e a necessidade de substituição de infraestrutura obsoleta ultrapassam a capacidade financeira e gerencial dos pequenos" (ALMEIDA, Eduarda Fernandes de;

Como ao Direito, naturalmente, não é dado ignorar a realidade, convém perquirir não só as potencialidades da Lei 14.026/2020 para modelar as vindouras operações, como também investigar as soluções por ela admitidas para reconhecer as situações de fato subsistentes, inclusive considerando os eventuais direitos das atuais operadoras, em sua grande maioria estatais estaduais. É este o objeto do presente artigo.

Para o mister, inauguraremos o nosso percurso apresentando ilustrativamente alguns modelos de prestação dos serviços de saneamento básico por estatais estaduais que perduram e que poderiam agora ser eventualmente considerados destoantes,[2] em especial no que se refere às hipóteses de (i) convênios, contratos de concessão ou outros instrumentos firmados diretamente (sem licitação), por vezes até antes da Constituição Federal de 1988, com prazo original ou prorrogado vigente; (ii) prestação de fato sem cobertura contratual formal, por exemplo, em razão de já ter sido alcançado o termo *ad quem* da avença. Consideraremos, ainda, operações baseadas em ordens judiciais, em razão do ajuizamento de ação pelo titular a fim de assegurar a continuidade da prestação dos serviços por estatal estadual, mesmo após o término do prazo do instrumento contratual inicialmente previsto.

Na sequência examinaremos os supostos direitos das estatais estaduais decorrentes das prestações mencionadas no parágrafo anterior, especificamente quanto (i) à indenização pelos bens reversíveis não amortizados como pressuposto para o derradeiro reequilíbrio econômico-financeiro da avença; (ii) à manutenção da prestação enquanto pendente a amortização dos bens reversíveis ou respectivo ressarcimento pelo titular. Adiante abordaremos o reconhecimento dos serviços e investimentos realizados, a ser formalizado exemplificativamente por ajuste de acerto de contas até o conclusivo reequilíbrio da relação jurídica inacabada.

É nesse cenário que ainda iremos apreciar, sem pretensões exaurientes, algumas oportunidades da Lei 14.026/2020 para a operacionalização futura dos serviços, caso pretendam os entes titulares prestá-los diretamente. Aprofundaremos, em Tópicos específicos, dois possíveis caminhos para a operacionalização da prestação direta: (i) a prestação direta de forma regionalizada e os parâmetros para que ela seja possível; e, (ii) para o caso de execução isolada (distinta, portanto, da hipótese de regionalização), a prestação direta mediante parcerias societárias, inclusive com estatal estadual de saneamento, até se for o caso, em ambas as possibilidades, considerando eventuais passivos pendentes das narradas relações preexistentes.

Apesar de o Direito, como ciência social, não ter o caráter de objetividade e relativa ausência de subjetivismos que as ciências exatas possuem, *os intérpretes devem pelo*

NASCIMENTO, Ingrid Graziele Reis do; SCHMITT, Vanessa Fernanda. Regionalização do saneamento básico como estratégia para alcançar a universalização dos serviços: um benchmarking dos Estados brasileiros. In: OLIVEIRA, Carlos Roberto de; VILARINHO, Cíntia Maria Ribeiro (Coord.). *A Regulação de Infraestruturas no Brasil*. São Paulo: Associação Brasileira de Agências de Regulação, p. 322-356, 2021, p. 327.

2. Nos termos do art. 11-B, § 8º, da Lei 11.445/2007, incluído pela Lei 14.026/2020: "§ 8º Os contratos provisórios não formalizados e os vigentes prorrogados em desconformidade com os regramentos estabelecidos nesta Lei serão considerados irregulares e precários".

menos buscar a maior abstração possível de suas convicções pessoais. Assim é que buscaremos manter-nos equidistantes de pré-julgamentos sobre a maior ou menor eficiência das empresas públicas ou privadas, até porque há muitos exemplos positivos e negativos, tanto de umas quanto de outras.[3]

Partimos também do pressuposto hermenêutico de que, preferencialmente, o ordenamento jurídico deve deixar espaço para a decisão político-ideológica infralegal e infraconstitucional,[4] ainda mais em se tratando da gestão administrativa de serviços públicos de titularidade estatal.

1. ALGUNS MODELOS DE PRESTAÇÃO DOS SERVIÇOS DE SANEAMENTO ANTERIORES AO NOVO MARCO

Ao longo das últimas décadas e à luz da regulação anterior à Lei 14.026/2020, é notória a coexistência de uma pluralidade de arranjos para a instrumentalização da prestação dos serviços de saneamento básico, muitas vezes casuisticamente customizados entre municípios titulares e estatais estaduais. Trata-se de expressão da política pública setorial estabelecida desde o Plano Nacional de Saneamento (Planasa), dos anos 70, que promoveu o protagonismo das empresas estaduais para a prestação dos serviços aos entes municipais que definiam em cada caso a forma de estruturação dos ajustes, segundo as diretrizes da União.[5]

A referida dinâmica originou situações diversas que em muitos casos conservam-se até hoje, como por exemplo: (i) convênios, contratos de concessão ou outros instrumentos firmados diretamente antes da CF/88, com prazo vigente original ou prorrogado; (ii) prestação de fato sem cobertura contratual formal, por exemplo por já ter sido alcançado o termo *ad quem* da avença; e (iii) operações baseadas em decisões judiciais proferidas em medidas propostas por municípios para a continuidade dos serviços por estatal estadual mesmo após o fim do prazo inicialmente considerado do instrumento contratual, muitas vezes por não terem a expertise e os recursos necessários para estruturar a operação por outros meios.

Com a edição da Lei 8.987/95 (Lei Geral de Concessões de Serviços Públicos) foi fixado um regime de transição para os instrumentos de delegação considerados "irregu-

---

3. Cf. STIGLITZ, Joseph E. *The economic role of the state*. Oxford, Cambridge: Basil Blackwell, 1989, p. 20.
4. Cf. ZAGREBELSKY, Gustavo. *Le Droit en Douceur* – Il Diritto Mite. Trad. Michel Leroy. Paris: Económica, 2000, p. 11.
5. Na sistematização de Karla Bertocco Trindade e Rafael Hamze Issa, "(i) à União competia a centralização das iniciativas de financiamento, bem como a definição das diretrizes e das políticas tarifárias das iniciativas de aprimoramento e expansão dos serviços de saneamento básico; (ii) aos Municípios que aderiram ao programa coube a tarefa de delegar às companhias estaduais de saneamento (CESBs) a prestação de tais serviços; (iii) às empresas estaduais cabia a ampliação e aprimoramento das ações de saneamento básico, de acordo com o financiamento e as diretrizes e políticas tarifárias definidas pela União" (TRINDADE, Karla Bertocco; ISSA, Rafael Hamze. Primeiras impressões a respeito dos impactos da Lei 14.026/20 nas atividades das empresas estaduais de saneamento: a questão da concorrência com as empresas privadas. In: GUIMARÃES, Bernardo Strobel; VASCONCELOS, Andréa Costa de; HOHMANN, Ana Carolina (Coord.). *Novo marco legal do saneamento*. Belo Horizonte: Fórum, p. 25-36, 2021, p. 27).

lares", como por exemplo os celebrados sem licitação antes da CF/88, regime este que foi alterado e detalhado pela Lei 11.445/2007 (Lei Nacional do Saneamento Básico), o que denota pertinência da matéria para o setor. Como abaixo detalharemos, os instrumentos em questão ficariam vigentes por certo período, para fins de transição para os modelos de concessão precedida de licitação, ou de contrato de programa firmado diretamente com estatal estadual, por dispensa de licitação (art. 24, XXVI, Lei 8.666/1993).

Nos termos do art. 42 da Lei 8.987/95, em sua redação original, as "concessões de serviço público outorgadas anteriormente à entrada em vigor desta Lei consideram-se válidas pelo prazo fixado no contrato ou no ato de outorga, observado o disposto no art. 43 desta Lei".[6]

O § 2º do art. 42 ressalva, porém, que as "concessões em caráter precário, as que estiverem com prazo vencido e as que estiverem em vigor por prazo indeterminado, inclusive por força de legislação anterior, permanecerão válidas pelo prazo necessário à realização dos levantamentos e avaliações indispensáveis à organização das licitações que precederão a outorga das concessões que as substituirão, prazo esse que não será inferior a 24 (vinte e quatro) meses".

O § 3º do dispositivo – note-se que incluído pela Lei 11.445/ 2007 –, a seu turno, limita a validade máxima das concessões referidas no § 2º, inclusive expressamente as que não possuam instrumento que as formalize ou que possuam cláusula que preveja prorrogação, *in verbis*: "§ 3º As concessões a que se refere o § 2º deste artigo, *inclusive as que não possuam instrumento que as formalize ou que possuam cláusula que preveja prorrogação*, terão validade máxima até o dia 31 de dezembro de 2010, desde que, até o dia 30 de junho de 2009, tenham sido cumpridas, cumulativamente, as seguintes condições: (...)" (grifamos).

Apesar da impropriedade do termo, as "concessões em caráter precário"[7] citadas no art. 42, § 2º, segundo o entendimento do Superior Tribunal de Justiça – STJ,[8] seriam as celebradas sem licitação, inclusive antes do advento da Lei 8.987/95.[9]

---

6. Comentando o dispositivo, Marçal Justen Filho afirma que o "art. 42, em seu *caput*, reiterou o princípio da temporalidade das leis, ao submeter as concessões outorgadas em data anterior à vigência da Lei 8.987 ao regime então vigente. É que a outorga da concessão constitui ato jurídico perfeito, cujos efeitos se prolongam no tempo, mesmo que uma nova lei venha a ser adotada. Logo, as concessões outorgadas antes da vigência da Lei 8.987 continuarão a vigorar, até sua extinção, segundo o regime jurídico próprio, ainda que diverso daquele consagrado na lei superveniente" (JUSTEN FILHO, Marçal. *Concessões de serviços públicos*. São Paulo: Dialética, 1997, p. 368).
7. Nas palavras de Marçal Justen Filho, "o § 2º [do art. 42] alude a concessões precárias, onde consistiria numa contradição em termos. Ausência de precariedade é da essência da concessão – já o era, antes mesmo da vigência da Lei atual" (JUSTEN FILHO, Marçal. *Concessões de Serviços Públicos*. São Paulo: Dialética, 1997, p. 368-374).
8. "O disposto no art. 42, § 2º, da Lei 8.987/95, ao disciplinar as concessões precárias, entendendo-se como tais as anteriores à lei, outorgadas sem licitação, não autoriza a continuação em caráter de exclusividade" (REsp 655.207/RJ, relatora Ministra Eliana Calmon, DJ de 11.04.2005).
9. Trata-se a *contrario sensu* dos contratos firmados sem licitação antes da CF/88, uma vez que, segundo o art. 43 da Lei 8.987/1995, as concessões outorgadas sem licitação na vigência da atual Carta Magna deveriam ser extintas: "Art. 43. Ficam extintas todas as concessões de serviços públicos outorgadas sem licitação na vigência da Constituição de 1988".

Embora tenha o Supremo Tribunal Federal – STF[10] reconhecido que a eficácia do § 3º do citado art. 42 já foi exaurida pelo advento da data nele prevista (31.12.2010), em alguma medida a prorrogação e a subsistência de delegações para além do prazo fixado poderia ser considerada afronta ao dispositivo, por responsabilidade do Poder Concedente, que teria deixado de tempestivamente efetuar as regularizações eventualmente devidas.

Independentemente de eventuais responsabilidades de gestores municipais por descumprimento do comando legal,[11] ocorre que, após o prazo do art. 42, § 3º, Lei 8.987/95 (31.12.2010), no setor de saneamento há em todo o Brasil instrumentos celebrados diretamente que se encontram em execução pelo prazo original ou prorrogado. Há ainda arranjos que já alcançaram o seu termo final sem que tenha sido formalizada nova avença, embora mantidas as prestações. Em qualquer das hipóteses, fato é que as avenças continuaram a ser executadas, os serviços foram preservados – em certos casos até por imposição de ordem judicial – e investimentos em bens reversíveis foram de boa-fé realizados, boa-fé esta que sempre se presume, salvo prova em contrário, conforme o princípio universal do direito. Essa lógica incide *a fortiori* em matéria de saneamento básico, em que o princípio da continuidade dos serviços públicos até impediria a interrupção das operações pelos prestadores, sendo esse, inclusive, o próprio fundamento de algumas decisões judiciais para obrigar as prestadoras a seguir operando mesmo após o advento do termo inicialmente fixado no instrumento contratual, a pedido de municípios.[12]

É nesse contexto que, no Tópico adiante, nos debruçaremos sobre os direitos das empresas estatais estaduais com relação aos serviços de saneamento básico por elas operados sem cobertura contratual formal, por vezes por força de decisões judiciais, ou mediante contratos de concessão firmados diretamente, inclusive por exemplo os anteriores à CF/88, prorrogados ou não.

---

10. ADI 4058, Relator(a): Alexandre de Moraes, tribunal pleno, julgado em 19/12/2018, acórdão eletrônico dje-030 divulg 13.02.2019 public 14.02.2019.
11. A responsabilidade, porém, poderia ser atenuada "quando, apresentadas as justificativas e documentos comprobatórios" que indiquem não haver irregularidades na assunção de obrigações sem cobertura contratual, nos termos da Portaria 4.097/2019 da Controladoria-Geral da União. Conforme a Nota Técnica CGU 972/2019, "o administrador que agiu visando manter o serviço que é do público funcionando regularmente, dando cumprimento a diversos princípios, tais como o da continuidade dos serviços públicos não pode, com a devida vênia, ficar à mercê de responder a PAD quando não causou e bem atuou na remediação do infortúnio" (Nota Técnica 972/2019/CGUNE/CRG).
12. Veja-se, exemplificativamente, o teor da decisão liminar que obrigou a Companhia Espírito Santense de Saneamento (Cesan) a continuar operando no Município de Laranjal, no Estado do Espírito Santo: "No presente caso, verifico estarem presentes os requisitos necessários ao deferimento da medida. Isso porque, a atividade de tratamento e abastecimento de água é considerada como essencial e, por força do art. 6º, § 1º da Lei 8.987/95, deve ser prestada de forma contínua. Com efeito, o serviço público essencial deve ser ofertado de maneira contínua, eficiente e segura, somente se admitindo a sua interrupção nas hipóteses de emergência ou força maior e desde que motivada por questões de caráter técnico ou para a segurança das instalações, o que não é o caso dos autos" (JFES, 5000299-29.2022.8.08.0063, vara única de Laranja da Terra, juiz federal Izaqueu Lourenço Da Silva Júnior, julg. 11.01.2023).

2. DIREITOS DOS OPERADORES EM DECORRÊNCIA DAS PRESTAÇÕES, INCLUSIVE NA AUSÊNCIA DE COBERTURA CONTRATUAL VIGENTE.

No presente Tópico apreciaremos os direitos advindos das situações jurídicas de fato de serviços de saneamento executadas por estatais estaduais com base em instrumentos celebrados diretamente, inclusive os anteriores à CF/88, vencidos ou em vigor, pelo prazo original ou prorrogado, também quando a operação é mantida com base em decisão judicial.

Adiante, nesse cenário, apreciaremos sucessiva e especificamente os direitos dos prestadores: (i) à indenização pelos bens reversíveis não amortizados como pressuposto para o derradeiro reequilíbrio econômico-financeiros da avença; (ii) à manutenção da prestação enquanto pendente a amortização dos bens reversíveis ou respectivo ressarcimento pelo titular. Em seguida trataremos do reconhecimento dos serviços prestados e investimentos realizados por meio de formalização de ajuste para fins de acerto de contas até o conclusivo reequilíbrio da relação jurídica pendente de finalização.

2.1 Indenização pelos bens reversíveis como derradeiro reequilíbrio

Demonstraremos no presente Subtópico em que medida o direito de indenização do prestador do serviço público de saneamento no caso de investimentos não amortizados, como forma final de reequilíbrio, também aproveita àquele cujas prestações de fato não tenham cobertura contratual formal ou se fundem em arranjos celebrados diretamente, por vezes até anteriores à CF/88, prorrogados ou não.

Como já afirmamos em outra oportunidade,[13] "com o advento do termo contratual, o serviço público delegado, juntamente com os bens a ele vinculados, reverte ao Poder Concedente. Mas os bens da empresa não relacionados à prestação do serviço não são objeto da reversão, constituindo patrimônio privado" do delegatário. "Tecnicamente, a reversão é do serviço público, mas a reversão dos bens a ele afetados é consequência natural. Para onde for o serviço, irão os bens usados na sua prestação. Se, por exemplo, no fim do prazo" de uma delegação, "o serviço for delegado a um outro prestador, os bens seguirão diretamente para o novo" delegatário,[14] desde que, até para impedir o enriquecimento sem causa do Poder Concedente, aqueles não amortizados já tenham sido indenizados.

Em regra, a reversão dos bens é gratuita, pois se presume que, ao longo do contrato, com a remuneração pactuada, o delegatário obtém o retorno do capital investido e uma certa margem de lucro. Porém, os bens reversíveis que, porventura, não tiverem sido

---

13. ARAGÃO, Alexandre Santos de. *Direito dos Serviços Públicos*. 4. ed., Belo Horizonte: Fórum, 2017, p. 494.
14. Dependendo de como se considere os bens reversíveis – de propriedade do poder concedente ou da concessionária –, também a natureza jurídica da reversão se modificará, constituindo, respectivamente, uma mera transferência da posse direta ao Estado ou uma verdadeira transferência da propriedade. Apenas na primeira hipótese teríamos reversão – no sentido de devolução – propriamente dita. Na segunda haveria mesmo a transferência da propriedade do bem do concessionário para o Estado (cf. GONÇALVES, Pedro. *A concessão de serviços públicos*. Coimbra: Almedina, 1999. p. 330-338, 356).

amortizados, deverão ser indenizados. É o que impõe a Teoria Geral das Delegações de Serviço Públicos, positivada inclusive nos arts. 35, § 4º, c/c 36 da Lei de Concessões (Lei 8.987/1995).

Trata-se de princípio basilar das contratações administrativas – oriundo inclusive do preceito de equilíbrio entre as obrigações da Teoria Geral dos Contratos – e das delegações de serviços públicos em geral. Encontra guarida não só na Lei 8.987/1995 como também no direito ao equilíbrio econômico-financeiro[15] previsto na CF/1998 (art. 37, XXI) e nas que a antecederam,[16] aproveitando inclusive aos instrumentos anteriores à atual Carta Magna.

Havendo investimentos não amortizados ao fim do prazo contratual, a indenização é medida que se impõe como corolário da própria proteção do equilíbrio econômico-financeiro, da propriedade privada e da vedação ao enriquecimento sem causa,[17] preceitos de esteio constitucional, inclusive desde muito antes da CF/88, também presentes no direito comparado.

Na América Latina, o clássico Allan R. Brewer-Carías explica que "com relação aos bens reversíveis, ou seja, aqueles destinados à realização das atividades objeto da concessão, e que o concessionário deve adquirir ou construir, considera-se que, tendo em vista o prazo estabelecido no contrato, no momento da extinção e da reversão, o concessionário já deve ter recuperado totalmente o investimento que teve que fazer. *Caso contrário, em virtude do princípio do equilíbrio econômico dos contratos adminis-*

---

15. Nesse sentido, ACHEN-LEFÈVRE, Marie-Hélène; e BODA, Jean-Sébastien. *Les biens de retour et l'intérêt du service public.* Juridique Analyse, La Gazette, 2015, p. 43-44, grifamos. Partindo dessas mesmas premissas, no Brasil, já afirmou o Superior Tribunal de Justiça – STJ que "o conceito de reversão envolve transferência de bens do domínio privado para o público, assim da concessionária para o poder concedente, o que ocorre, em geral, a título gratuito, mas, em casos excepcionais, mediante compensação, para preservação do próprio equilíbrio patrimonial, quando, por exemplo, não for possível a amortização do investimento aplicado pelo curto prazo de concessão ou baixo custo das tarifas praticadas" (STJ, AgInt nos EDcl na TutPrv no REsp 1648886, Rel. Min. Francisco Falcão, julg. 16.10.2019).
16. Conforme descreve historicamente Arnoldo Wald, "a Constituição Federal de 1967, sob a redação da Emenda nº 1/69, assegurava, nos contratos de concessão de serviços públicos, a *manutenção do equilíbrio econômico e financeiro* do pacto, por meio da fixação de tarifas reais, suficientes, inclusive, para a justa remuneração do capital e a expansão dos serviços (art. 167, II). O mesmo princípio, com maior abrangência, encontra se esculpido no artigo 37, XXI, da nova Carta Política" (WALD, Arnoldo. O equilíbrio econômico e financeiro no Direito brasileiro. Revista Justiça e Cidadania, edição 161, 2014, meio digital, grifamos). De acordo com Caio Tácito, sob a égide da Constituição Federal de 1946: "A doutrina ou a jurisprudência nacionais não foram, ainda, mobilizadas para a exegese construtiva do preceito constitucional. Os comentadores à lei fundamental não vão além das apreciações gerais, na compreensível expectativa de que a lei ordinária especifique critérios e medidas sobre o regime dos serviços públicos concedidos. *Decorre, no entanto, diretamente, da norma constitucional, a consagração inequívoca do princípio do equilíbrio financeiro da concessão de serviço público*" (TÁCITO, Caio. O equilíbrio financeiro na concessão de serviço público. Revista de Direito Administrativo, [S. l.], v. 65, p. 1-25, 1961, p. 16-17, grifamos).
17. Esse princípio universal de direito, que nos legou o direito romano, "deve ser admitido de maneira geral, como sanção da regra de equidade de que não é permitido a ninguém, inclusive à Administração Pública, enriquecer injustamente à custa de outrem: *jure naturae aequum est, neminem cum alterius detrimento et injuria locupletatiorem fieri*" (CARVALHO SANTOS, J. M. Código Civil Brasileiro Interpretado. 7. ed. Rio de Janeiro: Freitas Bastos, 1977, v. XII, p. 383).

trativos ou contratos do Estado, o concessionário poderia exigir indenização pela parte não amortizada dos bens em questão".[18]

Em qualquer hipótese, portanto, antes do fim da delegação impõe-se realizar os levantamentos para fins de avaliação do desequilíbrio existente em desfavor do delegatário, que deve ser recomposto, em regra, mediante indenização, inclusive na forma do art. 35, § 4º, Lei 8.987/1995.

Positivando a *ratio* geral da proteção do equilíbrio econômico-financeiro e da propriedade privada proveniente da Teoria Geral das Delegações de Serviços Públicos, a Lei 8.987/1995, ilustrativamente, estipula em seu art. 36 que, ante o advento do termo contratual, a reversão de bens será feita com a indenização das parcelas de investimentos não amortizados ou depreciados.[19]

Ao estabelecer que a extinção contratual e a conseguinte reversão "far-se-á *com a indenização*", o legislador deixou claro que aquela somente poderá ocorrer se realizada esta. Isto é, "com a indenização" significa que o pagamento pelos bens não amortizados deve ser prévio ou ao menos concomitante à reversão e ao correspondente fim da relação jurídica (com = concomitante).

Conforme a doutrina, "o fundamento jurídico da aquisição formal do domínio pelo Estado sobre o patrimônio integrante da concessão *não é a extinção do contrato, mas a transferência ao particular de um montante econômico* equivalente ao valor dos bens e suficiente para produzir a amortização dos investimentos realizados".[20] Ainda de acordo com o autor, "o decurso do prazo produz o encerramento automático da concessão e a assunção pelo Estado da posse dos bens reversíveis, *desde que o valor deles já tenha sido amortizado ou, em caso negativo, após o pagamento da indenização apropriada. O poder concedente não poderá invocar o término do prazo da concessão para apropriar-se de bens particulares, não amortizados, se não promover o pagamento prévio da indenização*".[21]

O direito de indenização também incide quanto aos instrumentos firmados diretamente, por exemplo os anteriores à CF/88, inclusive os que já tenham o prazo vencido, cuja execução de fato seja até hoje mantida pelas estatais estaduais de boa-fé, o que sempre se presume, sobretudo quanto a serviços públicos sujeitos ao princípio da continuidade, que veda a sua interrupção. O fato de a operação ser eventualmente baseada em ordem judicial confirma não só a sua legitimidade – tanto que referendada pelo Poder Judiciário – como também a exigibilidade dos direitos oriundos da prestação, inclusive quanto à eventual recomposição por investimentos não amortizados.

---

18. BREWER-CARÍAS, Allan R. El régimen de la reversión en las concesiones administrativas en venezuela, con especial referencia a las concesiones mineras. In: GALUSSO, Alicia Rodriguez. *Estudios de derecho público en homenaje al Prof. Horacio Cassinelli Muñoz*. Montevideo [Uruguay]: Universidad Católica del Uruguay, 2016, p. 11. Tradução livre, grifos nossos.
19. "Art. 36. A reversão no advento do termo contratual *far-se-á com a indenização* das parcelas dos investimentos vinculados a bens reversíveis, ainda não amortizados ou depreciados, que tenham sido realizados com o objetivo de garantir a continuidade e atualidade do serviço concedido".
20. JUSTEN FILHO, Marçal. *Teoria geral das concessões de serviço público*. São Paulo: Dialética, 2003. p. 577, grifamos.
21. Ibidem, p. 569-579.

Ilustrativamente, de acordo com o art. 59, parágrafo único, da Lei 8.666/1993,[22] por exemplo, salvo comprovada má-fé do contratado, até mesmo em caso de eventual nulidade deve a Administração Pública indenizar o contratado pelo que houver executado até a data em que aquela for declarada.[23]

Sobre o tema, Diogo De Figueireto Moreira Neto explica que, mesmo na ausência dos devidos instrumentos formais – por exemplo de um contrato de programa –, a execução de fato de serviços ou a realização de investimentos impõe a correspondente indenização ao contratado, sob pena de enriquecimento sem causa do Estado, salvo comprovada má-fé, uma vez que a boa-fé se presume:

> As prescrições formais, que devem ser cumpridas por serem necessárias à legalidade dos contratos, são, por vezes, desatendidas, embora a prestação do administrado – seja ela a entrega de um bem ou a realização de obra ou serviço – já tenha sido executada, total ou parcialmente. Quando isso ocorre, tem-se a hipótese da *execução de fato*, sendo relevante perquirir, desde logo, sobre a boa-fé por parte do administrado, para constatar se esta presunção se mantém nas circunstâncias. Todavia, em razão mesmo da presunção de boa-fé, salvo prova em contrário, não poderá ser alegado ter havido malícia no procedimento do administrado pelo simples fato *de manter o fornecimento de bens ou a prestação de serviços à Administração*, devendo ser, portanto, *indenizado, pois é inadmissível o enriquecimento sem causa.*[24]

Transpondo essa idêntica *ratio* para as delegações de serviços públicos de saneamento, a presença de investimentos não amortizados, executados de fato pelo delegatário, ainda que sem cobertura contratual formal, impõe o respectivo ressarcimento, para evitar o enriquecimento sem causa do Poder Público.

Marçal Justen Filho aborda especificamente a temática à luz do art. 42 e respectivos parágrafos da Lei 8.987/95, alterado pela Lei 11.445/2007, que prevê o regime de transição dos instrumentos de delegação não licitados, inclusive os anteriores à CF/88, abrangendo os não formalizados, vencidos ou prorrogados, como detalhamos no Tópico 2. Destaca o autor que a finalidade do dispositivo foi justamente garantir o respeito ao direito de indenização do delegatário mesmo em caso de avenças firmadas sem licitação ou não regularmente formalizadas, inclusive em prol da vedação ao enriquecimento sem causa. Assevera o autor, ainda, que não se admite a pura e simples extinção do ajuste sem que o

---

22. Lei. 8.666/1993: "Art. 59. A declaração de nulidade do contrato administrativo opera retroativamente impedindo os efeitos jurídicos que ele, ordinariamente, deveria produzir, além de desconstituir os já produzidos. Parágrafo único. A nulidade não exonera a Administração do dever de indenizar o contratado pelo que este houver executado até a data em que ela for declarada e por outros prejuízos regularmente comprovados, contanto que não lhe seja imputável, promovendo-se a responsabilidade de quem lhe deu causa".
23. Para Hely Lopes Meireles: "Mas mesmo no caso de contrato nulo, pode tornar-se devido o pagamento dos trabalhos realizados ou dos fornecimentos feitos à Administração, uma vez que tal pagamento não se funda em obrigação contratual, e sim no dever moral de indenizar toda a obra, serviço ou material recebido e auferido pelo Poder Público, ainda que sem contrato ou com contrato nulo, porque o Estado não pode tirar proveito da atividade do particular sem a correspondente indenização" (MEIRELLES, Hely Lopes. *Licitação e Contrato Administrativo*. São Paulo: RT, 1991, p. 232).
24. MOREIRA NETO, Diogo de Figueiredo. *Curso de direito administrativo*. 16. ed. rev. e atual. Rio de Janeiro: Forense, 2014, p. 291, grifos nossos.

devido ressarcimento seja procedido, regra que se aplica a todos os entes da federação, em lições tão precisas que pedimos vênia para transcrever:

> O art. 58 da Lei 11.445/2007 deu nova redação aos parágrafos do art. 42 da Lei 8.987/1995. *Tratou-se de assegurar o direito à indenização a todos os sujeitos que se encontrassem prestando serviços públicos delegados sem contrato, com contratos com prazo vencido ou com contratos com prazo indeterminado*. Essas normas visam a fornecer uma solução para o grave problema de serviços públicos que se encontram sendo prestados em situação fática por sujeitos privados. Esses delegatários, ainda que em situação irregular, asseguram a continuidade da satisfação de necessidades coletivas essenciais à população. Usualmente, tais delegatários cumprem as determinações oriundas do Poder Público, realizando inversões econômicas relevantes para assegurar a prestação de serviços públicos adequados. (...) No entanto, a *ausência de formalização adequada da delegação de serviço público não autoriza que o Poder Público promova a pura e simples extinção das referidas outorgas*. Assim se passa porque, antes e acima da exigência da licitação para delegação de serviço público, encontra-se o princípio da continuidade do mesmo serviço público. Se os serviços públicos estão sendo prestados – mesmo que sem o cumprimento dos requisitos legais –, *não se admite a sua pura e simples cessação*. Não se admite que o Estado elimine o instrumento de satisfação dos direitos fundamentais, nem mesmo mediante a invocação do defeito na formalização da relação jurídica de delegação do serviço público. (...) A ausência de licitação e de outras formalidades não atribui ao Estado a faculdade de expropriar ou confiscar bens dos particulares. (...) As referidas normas devem ser reputadas como vinculantes não apenas para a União, como também para os demais entes federados. (...) Portanto, negar ao particular o direito à indenização por eventuais investimentos e desembolsos não amortizados infringe a vedação ao confisco de bens privados pelo Estado, afeta o princípio da repartição isonômica entre os membros da comunidade por encargos de interesse comum e colide com a vedação ao enriquecimento sem causa. Justamente por isso, houve a explícita alteração da redação do art. 42 da Lei 8.987/1995, passando a vigorar regras destinadas a assegurar a adequada indenização em favor daqueles que, à época da promulgação da Constituição de 1988, encontrassem-se prestando serviço público sem respaldo num contrato antecedido de licitação e com prazo determinado.[25]

Assim, como corolário da proibição ao enriquecimento sem causa e do princípio da continuidade do serviço público, é vedado ao Poder Concedente extinguir a delegação sem o correspondente pagamento de eventual indenização por bens reversíveis não amortizados, inclusive na ausência de cobertura contratual formal ou quanto a instrumentos firmados diretamente que estejam dentro do prazo contratual original ou prorrogado.

Para elevar a segurança jurídica especificamente no setor de saneamento, a Lei 14.026/2020 incluiu o § 5º no art. 42 da Lei 11.445/2007,[26] expressamente condicionando mesmo, "em qualquer hipótese", a transferência do serviço de um prestador a outro à indenização daquele pelos investimentos não amortizados. A interpretação histórica e

---

25. JUSTEN FILHO, Marçal. *Curso de direito administrativo*. 8. ed. Belo Horizonte: Fórum, 2018, Capítulo 13, grifos nossos.
26. Art. 42, § 5º A transferência de serviços de um prestador para outro será condicionada, *em qualquer hipótese*, à indenização dos investimentos vinculados a bens reversíveis ainda não amortizados ou depreciados, nos termos da Lei 8.987, de 13 de fevereiro de 1995, facultado ao titular atribuir ao prestador que assumirá o serviço a responsabilidade por seu pagamento.

teleológica[27] do dispositivo revela que a sua *ratio* é mesmo trazer segurança jurídica[28] e regularizar a prestação de serviços de saneamento no Brasil, inclusive quando instrumentalizada por contratos firmados antes da CF/88. Procura-se "zerar" as pendências no setor e promover a quitação dos saldos existentes, sobretudo quanto às indenizações devidas aos atuais delegatários, antes de eventual transferência dos serviços a novo prestador.

Note-se que a dicção do dispositivo é totalmente abrangente ("em qualquer hipótese"), englobando inclusive situações sem cobertura contratual formal, tampouco fazendo distinção entre os instrumentos de delegação, abarcando tanto os contratos de programa quanto convênios, contratos de concessão e outros arranjos, inclusive os anteriores à CF/88, em vigor pelo prazo original ou prorrogado, ou até os vencidos que continuaram a ser executados de fato plenamente. O fim da relação estará, portanto, sempre condicionados ao pagamento da devida indenização ao delegatário, como abaixo exposto.

2.2 MANUTENÇÃO DA PRESTAÇÃO PENDENTE A AMORTIZAÇÃO DOS BENS REVERSÍVEIS – ARTS. 42, § 5º, LEI 11.445/2007

É direito de qualquer delegatário, inclusive o que de boa-fé[29] executa de fato contrato vencido, ser legitimamente remunerado pelo serviço público prestado, efetuando os investimentos necessários, a serem amortizados e/ou ressarcidos até o fim da relação jurídica. A indenização por ativos não amortizados, acima examinada, corrobora a sistemática do pacto concessório justamente por promover, como visto, verdadeiro ajuste final de contas, equilibrando os interesses do delegatário e do Poder Público, que passará a dispor de toda a estrutura necessária ao serviço.

Não efetivada a indenização, todavia, toda essa lógica é rompida. O não pagamento das parcelas restitutórias referentes aos ativos não amortizados ou depreciados até o fim do prazo contratualmente estabelecido, faz surgir em favor do delegatário uma espécie de "direito de retenção" dos bens reversíveis inerentes ao serviço e, por conseguinte, da própria delegação, até que a equação do contrato seja, com a indenização, derradeiramente recomposta.

---

27. Nas palavras de Carlos Maximiliano, "considera-se o Direito como uma ciência primariamente normativa ou finalística; por isso mesmo a sua interpretação há de ser, na essência, teleológica. O hermeneuta sempre terá em vista o fim da lei, o resultado que a mesma precisa atingir em sua atuação prática. A norma enfeixa um conjunto de providências, protetoras, julgadas necessárias para satisfazer a certas exigências econômicas e sociais; será interpretada de modo que melhor corresponda àquela finalidade e assegure plenamente a tutela de interesse para a qual foi regida" (MAXIMILIANO, Carlos. *Hermenêutica e aplicação do direito*. 21. ed. Rio de Janeiro: Forense. 2017. p. 139).
28. Conforme a Exposição de Motivos do Projeto de Lei que deu origem ao novo marco, um dos seus objetivos é justamente aumentar a segurança jurídica no setor: "Além de modernizar o marco legal do saneamento, apresente proposta de Projeto de Lei em questão *prioriza a segurança jurídica* e regulação adequada como condições essenciais para o desenvolvimento do setor de saneamento" (Brasil. Presidência da República. Ministério do Desenvolvimento Regional e Ministério da Economia. Secretaria-Executiva. EMI 000184/2019 ME MDR. Brasília, 2019).
29. Boa-fé, repise-se, que só pode ser aferida caso a caso concreto, ao passo que o presente artigo versa matérias de forma exclusivamente em tese.

Aludido direito é expressão de preceito basilar da Teoria Geral dos Contratos e da Teoria Geral das Delegações de Serviços Públicos. Encontra guarida, portanto, mais do que no direito civil ou administrativo, na Teoria Geral das Obrigações, e em razão de princípios básicos de justiça como a equidade e a boa-fé objetiva.

Tal prerrogativa, nas palavras de Aroldo Medeiros da Fonseca, traduz-se, de maneira ampla, na "faculdade, concedida pela lei ao credor, de conservar em seu poder a coisa alheia, que já detenha legitimamente, além do momento em que deva restituir se o seu crédito não existisse, e normalmente até a extinção deste".[30] Nas clássicas lições de Pontes de Miranda, é "o direito de conservar a coisa [que era ou passaria a ser] de outrem, que já possuíamos por título legítimo, até que este satisfaça alguma obrigação, que nos deve, relativa à mesma coisa".[31]

Tal situação jurídica encontra respaldo no direito comparado. Como explica Henri de Page, trata-se de faculdade com fundamento semelhante à exceção do contrato não cumprido, ainda que não se confundam. Explica o autor que o direito de retenção se fundamenta na constatação de que a pessoa a qual pertence a coisa também figura como devedora com relação à própria coisa devida. Até por isso, inclusive, o direito de retenção limita-se "ao caso em que existe uma ligação direta entre a dívida e a posse da coisa: *debitum cum re junctum, ou ex bet causa*".[32] O instituto também encontra respaldo nas legislações italiana (art. 1.152, Codice Civile Italiano)[33] e argentina (art. 3.939, Codigo Civil de la Nación Argentina).[34]

Trata-se de expressão de tradicionais princípios gerais do direito (equidade e boa-fé), prescindindo inclusive de eventuais regras específicas, que revela-se aplicável à hipótese em análise por algumas razões, quais sejam: (i) o delegatário de boa-fé detém a coisa, isto é, os bens reversíveis que integram a própria delegação de serviço de saneamento básico executada de fato; (ii) há um crédito em favor do delegatário em razão da não amortização de investimentos; e (iii) há acréscimo feito pelo delegatário à coisa, justamente os investimentos nos bens afetados ao serviço público.

Na ausência de pagamento dos valores da respectiva amortização, exsurge o direito de manutenção da posse dos bens afetados ao serviço público e, consequentemente, da

---

30. FONSECA, Aroldo Medeiros da. *Direito de retenção*. Rio de Janeiro: Forense, 1944, p. 112.
31. PONTES DE MIRANDA, Francisco Cavalcanti. *Tratado de Direito Privado*. Parte Especial. Atual. Ruy Rosado de Aguiar Júnior; Nelson Nery Jr. São Paulo: RT, 2012, t. XXVI, Direito das Obrigações § 3.125.B.
32. "Sans doute, ce droit a-ti-il, dans la mesure oú existe, le même fondement d'équite que l'exception d'inexecútion. Mais cela ne signifle pas, pour cela, qu'it obéis aux mémesrègles techniques. Il part d'un point de vue différent: la détention d'une chose appartenant à une personne qui est en méme temps débiteur à l'ocassion de cette chose. Aussi, per ne pas l'étendre au-delà de toute mesure raisonnable, l'a-t-on limité au cas oú il y a un lien direct entre la dette et la détention de la chose: debitum cum re junctum, ou ex pari causa" (PAGE, Henri de. *Traite elementaire de Droit Civil Belge*. Livre III – Les obligations. Bruxelas: Emile Bruylant, s/d, p. 832).
33. Art. 1152. Ritenzione a favore del possessore di buona fede.
    Il possessore di buona fede può ritenere la cosa finché non gli siano corrisposte le indennità dovute, purché queste siano state domandate nel corso del giudizio di rivendicazione e sia stata fornita una prova generica della sussistenza delle riparazioni e dei miglioramenti.
34. Art. 3.939. El derecho de retención es la facultad que corresponde al tenedor de una cosa ajena, para conservar la posesión de ella hasta el pago de lo que le es debido por razón de esa misma cosa.

sua própria delegação, mesmo após o fim do prazo contratualmente definido, como imposição da obrigação de equilíbrio econômico-financeiro e dos princípios da equidade, da boa-fé objetiva e da continuidade dos serviços públicos. É realmente também corolário do princípio da continuidade dos serviços públicos, cuja prestação adequada pressupõe a utilização de tais bens. Se, por um lado, os bens reversíveis isoladamente pouca ou nenhuma utilidade teriam para o contratado; por outro, a delegação pressupõe a operação dos ativos a ela afetados. Pela natural indissociabilidade entre os dois, o direito de retenção é do serviço delegado como um todo, e não apenas dos bens reversíveis.

Sobre a matéria, Carlos Ari Sundfeld assevera que, "restando investimento não amortizado ao término da concessão, a correspondente indenização deveria ser paga previamente. Isso significa que, *enquanto não for indenizada a concessionária, a reversão dos bens e a extinção da concessão não serão efetivadas*".[35] Conforme afirma Bernardo Strobel Guimarães, "como o correto *pagamento do particular é condição prévia à extinção do vínculo, tem-se que é inviável para a Administração celebrar outro contrato com o mesmo objeto até que o contrato anterior tenha sido corretamente extinto*".[36]

Isso porque, nas delegações de serviços públicos, para além de eventuais bens previamente incorporados pelo Poder Concedente, que ficam sob a posse do delegatário, detém ele ainda a propriedade daqueles que tenham sido por ele adquiridos ou construídos durante a execução do contrato, ainda que seja essa propriedade de caráter temporário e resolúvel. Assim, na ausência de indenização ao fim do contrato, o direito de retenção, além de evitar o enriquecimento sem causa do Poder Concedente pelos investimentos feitos, impede a expropriação do patrimônio do contratado.

No mesmo sentido, Eros Roberto Grau chega inclusive a se referir expressamente a direito de retenção dos bens reversíveis e consequentemente da própria delegação, em caso de inadimplemento do Poder Concedente quanto às indenizações por investimentos não amortizados, ao fim do contrato, afirmando: "*a retenção dos bens nos quais o concessionário tenha feito investimentos com o objetivo de garantir a continuidade e atualidade do serviço concedido previne o enriquecimento sem causa, enriquecimento a que o encerramento do contrato daria lugar*".[37]

Note-se que o direito de manutenção dos bens do serviço público não amortizados com o delegatário, além de decorrer da aplicação da Teoria Geral das Delegações e dos princípios da equidade, boa-fé objetiva e continuidade dos serviços públicos, também decorre da vedação do enriquecimento sem causa e do direito de propriedade do delegatário.

---

35. SUNDFELD, Carlos Ari. Direito à indenização prévia na extinção da concessão pelo término do prazo contratual. In: *Direito administrativo contratual*. São Paulo: RT, 2013, p. 291-304 (Coleção pareceres; v. 2), grifos nossos.
36. GUIMARÃES, Bernardo Strobel. Fundamentos constitucionais para indenização dos lucros cessantes em caso de extinção de contratos administrativos por interesse da Administração Pública. *R. de Contratos Públicos – RCP*, Belo Horizonte, ano 3, n. 4, p. 9-29, set. 2013/fev. 2014.
37. GRAU, Eros Roberto. Contrato de concessão: propriedade de bens públicos, encerramento do contrato e o artigo 884 do Código Civil. *Revista de direito administrativo*, v. 261, 2012, p. 43, grifos nossos.

Destaca-se que tal "direito de retenção" aproveita aos operadores que de boa-fé mantenham a prestação de fato dos serviços e que façam jus à indenização por investimentos não amortizados, inclusive sem cobertura contratual formal, com base em ordem judicial e/ou em instrumentos celebrados diretamente, abrangendo também os anteriores à CF/88, vincendos ou vencidos. É o que impõe os direitos de propriedade e ao equilíbrio econômico-financeiro do delegatário, assim como a vedação ao enriquecimento sem causa. Essa regra inclusive se extrai da legislação específica do setor de saneamento básico, como exposto no tópico anterior, que no art. 42, § 5º, Lei 11.445/2007, incluído pela Lei 14.026/2020, até superando no setor de saneamento a posição do STJ em certas oportunidades,[38] condiciona "em qualquer hipótese" a extinção das avenças em execução à indenização do prestador pelos bens reversíveis não amortizados.

Com base nas premissas até aqui fixadas examinaremos adiante de que forma poderia ser formalizado o reconhecimento das situações de fato existentes, com ou sem cobertura contratual vigente, inclusive para fins de encontros de contas e quitação de eventuais pendências relativas a investimentos não amortizados.

3. FORMALIZAÇÃO DOS SERVIÇOS MEDIANTE "TERMO DE AJUSTE E ACERTO DE CONTAS"

Do mencionado direito de indenização por investimentos não amortizados, que inclusive autoriza a manutenção do serviço enquanto persistente o desequilíbrio, decorre uma consequência relevante para o prestador que, de boa-fé e por imposição do princípio da continuidade, seguiu executando o serviço em um dos modelos examinados no Tópico 1, mesmo sem cobertura contratual formal: o direito de ter reconhecida e protegida a sua relação delegatória enquanto persistir a prestação do serviço e o cenário de desequilíbrio econômico-financeiro em desfavor do prestador. Isso porque, mantida a operação e não havendo o derradeiro reequilíbrio, não se pode considerar devidamente extinta a delegação, ainda que o seu prazo de vigência ordinário seja superado pelo tempo ou que destoem de normas posteriores (*e.g.* art. 11-B, § 9º da Lei 11.445/2007).

Com efeito, a pendência de adimplemento do Poder Concedente quanto à compensação pelos investimentos do delegatário em bens reversíveis não amortizados obsta reflexamente o próprio encerramento do vínculo jurídico. Dessa forma, a ausência de cobertura contratual ("regular" ou não) nesses casos é apenas aparente, pois, *enquanto houver obrigações pendentes das partes, os efeitos da relação jurídica se protrairão.*

De acordo com as lições de Orlando Gomes, "nascem as obrigações para serem cumpridas e, no exato momento em que se cumprem, extinguem-se. O adimplemento é, com efeito, o modo natural de extinção de toda relação obrigacional. (...) Com o pa-

---

38. Em alguns julgados sobre o fim de delegação de serviço público por termo, o STJ já decidiu que a entrega dos bens e do serviço, com a conseguinte extinção daquela, poderia ser operada antes da amortização/indenização dos bens reversíveis (Ex.: AgInt no AREsp 644.026/MG, Segunda Turma, Rel. Ministro Og Fernandes, julg.: 19.06.2018). Contudo, consideramos, como acima exposto, que tal entendimento, ao menos no setor de saneamento, restou superado com a nova redação do art. 42, § 5º, da Lei 11.445/2007, incluído pela Lei 14.026/2020.

gamento, o devedor exonera-se da obrigação. Paga para liberar-se. Paga para desatar o vínculo".[39] Nas palavras de Pontes de Miranda, "o adimplemento, a *solutio*, a execução, realiza o fim da obrigação: satisfaz e libera; donde cessar a relação jurídica entre o devedor e o credor".[40]

Trata-se, com efeito, de preceito basilar da Teoria Geral das Obrigações e Contratos: a liberação do contratante devedor de suas obrigações se dá, de forma natural, por meio do adimplemento e da sua correspondente quitação. Acerca desta, é clara a doutrina civilista ao dizer que "prova-se o pagamento pela quitação, que libera o devedor do vínculo obrigacional, que o prendia ao credor".[41] Pendente o cumprimento da obrigação, portanto, pendem igualmente os efeitos liberatórios e extintivos das relações jurídicas, ainda que, por exemplo, os prazos contratuais previamente pactuados tenham se esgotado na ausência de prorrogação formal.

Conforme visto no Tópico 1, a Administração delegante é legalmente obrigada a, antes do fim da delegação, inclusive quanto aos instrumentos anteriores à CF/88, realizar os levantamentos e promover todos os procedimentos necessários para apurar indenização porventura devida ao delegatário. Não havendo o derradeiro reequilíbrio econômico-financeiro consubstanciado na recomposição dos valores não amortizados investidos em bens reversíveis, subsiste a relação jurídica, não sendo possível à Administração proceder à retomada do serviço ou mesmo à nova delegação. É o que precisamente aduz também a doutrina publicista.

Carlos Ari Sundfeld, em texto específico com o eloquente título "Direito à indenização prévia na extinção da concessão pelo término do prazo contratual" colaciona que "enquanto não for indenizada a concessionária, a reversão dos bens e a extinção da concessão não serão efetivadas. Em tal hipótese, *a concessão será estendida até o pagamento da indenização ou a amortização completa do investido.* (...) Expirado o prazo da concessão, sem a reversão dos bens, a prestação do serviço pela concessionária prossegue normalmente. A falta de reversão fará com que a concessão permaneça em vigor para além do seu prazo inicial, *produzindo efeitos até que a indenização seja paga ou o investimento amortizado*".[42]

---

39. GOMES, Orlando. *Obrigações*. 16. ed. Rio de Janeiro: Forense, 2008, p. 105 e 133.
40. PONTES DE MIRANDA, Francisco Cavalcanti. *Tratado de Direito Privado*. São Paulo: RT, 2012, t. XXIV, Direito das Obrigações. p. 144.
41. AZEVEDO, Álvaro Villaça. *Curso de direito civil*: teoria geral das obrigações e responsabilidade civil. 13. ed. São Paulo: Saraiva Educação, 2019, Capítulo 25: Prova de pagamento.
42. SUNDFELD, Carlos Ari. Direito à indenização prévia na extinção da concessão pelo término do prazo contratual. *Pareceres – Carlos Ari Sundfeld*, v. 2, 2013, p. 291-304. Grifou-se. O mesmo entendimento é perfilhado pelo Min. Eros Roberto Grau, em texto específico sobre a continuidade da delegação de serviço público na ausência de indenização por bens reversíveis, mesmo diante do advento do termo *ad quem*. Um dos principais fundamentos trazidos pelo autor é a já mencionada vedação ao enriquecimento sem causa. O autor distingue o atingimento do termo do contrato do seu encerramento propriamente dito, que apenas ocorre com o pagamento da devida indenização: "*até o momento em que essa indenização for consumada, o contrato, embora extinta a concessão, estará a produzir efeitos, não cabendo cogitar-se, até então, do seu encerramento.* (...) *Até que isso venha a ocorrer, a relação contratual perdurará, não se operando seu encerramento ainda que a concessão seja extinta*" (GRAU,

À luz de todo o exposto, existindo obrigação restitutória pendente de adimplemento por parte do Poder Concedente e mantido o serviço de boa-fé pelo prestador, restará preservada a delegação, ainda que por exemplo o seu prazo ordinário já tenha sido atingido. Nessas hipóteses, haverá apenas uma situação meramente fática de aparente ausência de cobertura contratual, quando na realidade o instrumento permanece surtindo efeitos, inclusive conforme reconhecido pela doutrina acima citada.[43] Independentemente de eventuais responsabilidades dos agentes municipais que deixaram de formalizar adequadamente os serviços, subsiste relação entre as partes, mesmo sem a prorrogação formal ou a substituição dos instrumentos firmados diretamente, por exemplo por contratos de programa.

Nesse contexto, em prestígio inclusive ao princípio da segurança jurídica, atualmente também positivado na Lei de Introdução às Normas de Direito Brasileiro – LINDB (art. 30),[44] é recomendável que a situação de fato seja formalizada por meio de um instrumento específico no qual poderiam ser detalhados os direitos e deveres do prestador e do Poder Concedente, inclusive quanto à amortização de bens reversíveis. Um possível instrumento para tanto é o Termo de Ajuste de Contas, já reconhecido pelo TCU como instrumento hábil para a solução de pendências pecuniárias desprovidas de um enquadramento classificatório muito claro entre a Administração e particulares, de modo a reconhecer os serviços prestados sem cobertura contratual formal adequada, viabilizando o respectivo pagamento indenizatório.[45]

No Acórdão 5.313/2018, por exemplo, o TCU erigiu o Termo de Ajuste de Contas como instrumento apto, ainda que em caráter excepcional, a indenizar o particular por serviços efetivamente executados sem cobertura contratual regular. Na hipótese, apreciava a aplicação, por gestores públicos estaduais e privados, de recursos federais repassados para utilização na melhoria das condições de gestão da vigilância sanitária. Na oportunidade, a Corte acatou as seguintes justificativas apresentadas quanto ao pagamento, com recursos federais, por serviços executados sem cobertura contratual, mediante Termo de Ajuste de Contas: "um particular prestou um serviço solicitado pela Administração, sem cobertura contratual, e sem receber sua respectiva remuneração por isso; e que se trata de Ajuste de Contas, tendo caráter indenizatório o fundamento do

---

Eros Roberto. Contrato de concessão: propriedade de bens públicos, encerramento do contrato e o artigo 884 do Código Civil. *Revista de direito administrativo*, v. 261. p. 39-42. Grifou-se).

43. É o que também se extrai, especificamente no setor de saneamento, do atual § 5º do art. 42 da Lei 11.445/2007, que condiciona a transferência do serviço a novo prestador ao pagamento da indenização devida ao anterior, como detalhado no Tópico 2.1.

44. LINDB: "Art. 30. As autoridades públicas devem atuar para aumentar a segurança jurídica na aplicação das normas, inclusive por meio de regulamentos, súmulas administrativas e respostas a consultas. Parágrafo único. Os instrumentos previstos no caput deste artigo terão caráter vinculante em relação ao órgão ou entidade a que se destinam, até ulterior revisão (Incluído pela Lei 13.655, de 2018)".

45. Conforme já expusemos no primeiro artigo acadêmico por nós publicado, "o termo de ajuste de contas, instrumento adequado para a solução extrajudicial de pendências pecuniárias entre a Administração Pública e administrados, é o meio hábil para se efetuar o ressarcimento" (ARAGÃO, Alexandre Santos de. Prestação de serviços à Administração Pública após fim do prazo contratual. *Revista de Direito Administrativo*, v. 214, p. 167-176, 1998, p. 173).

pagamento, para evitar o enriquecimento sem causa do Estado". No acórdão referido, o TCU concordou com as conclusões da área técnica, segundo as quais "em que se pesem as falhas formais, não fica configurado dano ao erário".[46]

No Acórdão 12492/2016,[47] por sua vez, o TCU reconheceu a regularidade da celebração de Termo de Ajuste de Contas para permitir o pagamento por obras efetivamente realizadas sem cobertura contratual formal.[48] No mesmo sentido, mas valendo-se apenas de outra nomenclatura,[49] a Corte de Contas, no Acórdão 4.616/2009, reconheceu a regularidade de instrumento denominado "Termo de Reconhecimento de Dívida" como instrumento hábil a regularizar os débitos da Administração em virtude de "serviços de manutenção e suporte já prestados por empresa, no período de setembro de 1988 a junho de 1999",[50] sem cobertura contratual formal.

Apesar de os casos examinados pelo TCU cuidarem de situações fáticas menos complexas que a prestação de serviços público sem cobertura contratual formal, a essência do raciocínio que levou à indicação do Termo de Ajuste de Contas como o mecanismo adequado de formalização dessas relações de fato é idêntica à que ora se examina: a necessidade de a Administração Pública reconhecer e compensar o particular pelos serviços efetivamente prestados e pelos investimentos de fato realizados, ainda que sem cobertura contratual formal.

Não por acaso, exemplificativamente, a Prefeitura Municipal de Porto Seguro celebrou Termo de Ajuste de Contas para regularizar as pendências do Poder Concedente junto à antiga concessionária do serviço público de coleta de lixo. Na ocasião, destacava-se que, em razão da Covid-19 e da impossibilidade de realizar nova licitação antes do fim do prazo contratual, "não restou à administração municipal outra alternativa a não ser a continuidade do serviço pela empresa, mesmo sem cobertura de saldo contratual, tendo em vista se tratar de serviço público essencial". Foi assim considerado o citado termo o

---

46. TCU, Acórdão 5.313/2018 – Segunda Câmara, Relator Min Aroldo Cedraz, 03.07.2018.
47. TCU, Acórdão 12492/2016. Segunda Câmara. Relator Raimundo Carreiro. Processo 012.880/2013-2. Data de Sessão 16.11.2016.
48. TCU, Acórdão 12492/2016. Segunda Câmara. Relator Raimundo Carreiro. Processo 012.880/2013-2. Data de Sessão 16/11/2016. Note-se, portanto, o detalhe que, no caso julgado, há o detalhe diverso do presente no sentido de que, naquele, as notas fiscais e consequente pagamento seriam emitidas após a celebração do termo de ajuste de contas.
49. Não custa lembrar que, em Direito, o nome é, via de regra, o que o menos importa, e sim o conteúdo do instrumento, voltado ao reconhecimento da execução efetiva de serviços sem cobertura contratual formal, propiciando o pagamento ou correspondente amortização pela continuidade da prestação do serviço. *As nomenclaturas são, sob essa perspectiva, tendencialmente fungíveis.*
50. De acordo com a TCU, fazendo referência ao Acórdão 2716/2009, que apreciou o mesmo processo: "Em face do exposto e considerando a complexidade do caso concreto, excepcionalmente, conclui-se justificado o caráter informal consistente na celebração do Termo de Reconhecimento de Dívida RG 31.217, devendo, portanto, ser acolhidas as alegações de defesa da Prolan Soluções Integradas S/A, do Sr. Nauro Luiz Scheufler e do Sr. Celso Luiz Barreto dos Santos, em relação ao caráter informal desta contratação. Em razão disso, entendo que não subsistem quaisquer irregularidades com respeito ao contrato RG 31.217, motivo pelo qual devem ser acolhidas as razões de justificativa relacionadas a essa avença" (TCU, Acórdão 4.616/2009, Relator Min. Benjamin Zymler, 1º.09.2009).

instrumento adequado para garantir os direitos e delimitar as obrigações da delegatária até o efetivo fim da delegação.[51]

Da doutrina também se extrai tendência no sentido de ser o Termo de Ajuste de Contas um meio apto a permitir o reconhecimento de serviços executados à mingua das devidas prescrições formais. Conforme afirma Rafael de Oliveira com relação a ajustes insuficientemente formalizados pela Administração, "o reconhecimento da execução do objeto contratual e o respectivo pagamento (...) são formalizados por meio do Termo de Ajuste de Contas".[52]

No mesmo sentido, Marcos Juruena explica que "como é vedado o contrato verbal, tais pactos de efeitos retroativos são formalizados por 'Termo de Ajustes de Contas', no qual se identifica e quantifica o objeto, bem como é reconhecida a sua prestação à Administração, que, em contrapartida, oferece uma reparação (...). Afinal, não é dado a Administração o direito de enriquecer sem justa causa, em detrimento do sacrifício de terceiros que com ela colaboram. A própria lei esclarece que mesmo a declaração de nulidade não exonera a Administração do dever de indenizar o contratado pelo que este houver executado até a data de tal declaração, desde que esta não lhe seja imputável".[53]

É o que prevê o acima citado art. 42, § 3º, II da Lei de Concessões, incluído pela Lei 11.445/2007 (cf. Tópico 1).[54] Incorporando a lógica geral acima exposta, possibilitou que o Poder Concedente firmasse "acordo" com os prestadores de serviços públicos instrumentalizados por contratações diretas anteriores à CF/88, consideradas "irregulares", para operacionalizar a forma de reequilíbrio por investimentos não amortizados, transitoriamente até o efetivo fim da delegação. Independentemente de eventuais responsabilidades dos agentes públicos municipais no descumprimento do prazo legalmente previsto para a adoção da solução referida acima (31.12.2010), o prestador de boa-fé tem

---

51. Termo de Ajuste de Contas – TAC Relativo ao Contrato Administrativo PE036/2018. Disponível em Diário Oficial da Prefeitura de Porto Seguro, Edição 6.669 | Ano 5, 10 de janeiro de 2023, p. 3.
52. OLIVEIRA, Rafael Carvalho Rezende de. *Curso de Direito Administrativo*. 5. ed. rev., atual. e ampl. Rio de Janeiro: Forense; São Paulo: Método, 2017, p. 533.
53. VILLELA SOUTO, Marcos Juruena. *Direito administrativo contratual*. Rio de Janeiro: Lumen Juris, 2004. p. 391.
54. Lei 8.987/95: "Art. 42 (...) § 2º As concessões em caráter precário, as que estiverem com prazo vencido e as que estiverem em vigor por prazo indeterminado, inclusive por força de legislação anterior, permanecerão válidas pelo prazo necessário à realização dos levantamentos e avaliações indispensáveis à organização das licitações que precederão a outorga das concessões que as substituirão, prazo esse que não será inferior a 24 (vinte e quatro) meses. § 3º As concessões a que se refere o § 2º deste artigo, inclusive as que não possuam instrumento que as formalize ou que possuam cláusula que preveja prorrogação, terão validade máxima até o dia 31 de dezembro de 2010, desde que, até o dia 30 de junho de 2009, tenham sido cumpridas, cumulativamente, as seguintes condições: I – levantamento mais amplo e retroativo possível dos elementos físicos constituintes da infraestrutura de bens reversíveis e dos dados financeiros, contábeis e comerciais relativos à prestação dos serviços, em dimensão necessária e suficiente para a realização do cálculo de eventual indenização relativa aos investimentos ainda não amortizados pelas receitas emergentes da concessão, observadas as disposições legais e contratuais que regulavam a prestação do serviço ou a ela aplicáveis nos 20 (vinte) anos anteriores ao da publicação desta Lei; II – *celebração de acordo entre o poder concedente e o concessionário sobre os critérios e a forma de indenização de eventuais créditos remanescentes de investimentos ainda não amortizados ou depreciados*, apurados a partir dos levantamentos referidos no inciso I deste parágrafo e auditados por instituição especializada escolhida de comum acordo pelas partes".

o direito de ter sua situação de fato reconhecida por meio de acordo, que lhe garanta a correspondente indenização ou a continuidade da prestação pelo período necessário para a amortização de seus investimentos.

Seguindo idêntico raciocínio, prevê o Decreto 11.599/2023, regulamentador do novo marco legal do saneamento, que mesmo na hipótese de prestação considerada destoante deve o titular adotar as providências condicionantes da extinção da avença, "inclusive o cálculo de indenizações, quando cabíveis" (art. 9º, § 3º). Ressalva, porém, que eventual "irregularidade do contrato não implica a interrupção automática do serviço, o titular do serviço público de saneamento básico poderá manter a prestação por meio do atual prestador pelo período necessário para o efetivo encerramento do contrato e para a transferência do serviço para novo prestador" (art. 9º, § 6º). O tempo necessário "ao efetivo encerramento do contrato", assim, significa o suficiente à indenização do prestador ou à amortização pelos bens reversíveis, na forma a ser acordada no "termo" ora em comento.

Por meio de acordo ou "Termo de Ajuste e Acerto de Contas", seria possível, por exemplo, reconhecer os investimentos efetivamente realizados (e não amortizados) pelo prestador, o *quantum* devido a título de reequilíbrio e o período remanescente pelo qual o contrato formalmente vencido continuaria a produzir seus regulares efeitos, ao menos transitoriamente até a indenização ou amortização dos bens reversíveis.

Com escopo aproximado no setor de Portos, exemplificativamente, foi prevista pela Agência Nacional de Transportes Aquaviários – ANTAQ a possibilidade de celebração de acordo específico para formalizar a exploração transitória de instalações portuárias até então sem cobertura contratual formal, objeto de arrendamento com prazo vencido.[55-56] Trata-se dos chamados "contratos de transição",[57] que já tiveram sua validade reconhe-

---

55. Nos termos da Resolução ANTAQ 2240/2011, "no *período compreendido entre a rescisão ou anulação do contrato de arrendamento e a celebração de novo contrato*, poderá a Administração do Porto adotar a solução que melhor atender ao interesse público do Porto Organizado, operando diretamente a instalação portuária *ou celebrando contrato visando a continuidade da prestação dos serviços*" (art. 35, § 1º, grifou-se). Referida norma foi revogada pela Resolução Normativa 7/2016, que, de toda sorte, continuou prevendo a possibilidade de a administração portuária "pactuar a exploração de uma área ou instalação portuária com o objetivo de promover a sua regularização temporária enquanto são ultimados os respectivos procedimentos licitatórios" (art. 46).
56. Segundo Clóvis Airton de Quadros, Leandro Bastos Antunes e Marcus Vinicius Freitas dos Santos, a ausência de cobertura "pode ocorrer por dois motivos principais: a) exaurimento do prazo de vigência do contrato de arrendamento pelo decurso do tempo, sem que tenha ocorrido, por qualquer motivo, nova licitação e novo arrendamento; b) rescisão do contrato em virtude de descumprimento de obrigações pelo arrendatário" (QUADROS, Clóvis Airton de; ANTUNES, Leandro Bastos; SANTOS, Marcus Vinicius Freitas dos. Análise estrutural do contrato de transição em áreas operacionais dos portos brasileiros. In: RAMOS, Edith Maria Barbosa; SANTIN, Janaína Rigo; CRISTÓVAM, José Sérgio da Silva. *Direito administrativo e gestão pública I*. Florianópolis: CONPEDI, 2020).
57. Como "transição", a Resolução Normativa ANTAQ 7/2016 norma define o "interregno contratual da exploração de área ou instalação portuária que esteja relacionada pelo poder concedente como passível de arrendamento, por motivo de rescisão, anulação, exaurimento do prazo contratual ou qualquer outra forma de encerramento de instrumento jurídico, ou risco à continuidade da prestação de serviço portuário de interesse público, até a conclusão dos procedimentos licitatórios das respectivas áreas ou instalações" (art. 2º, XXV).

cida pelo TCU[58] e que se aproximam do citado "Termo de Ajuste e Acerto de Constas" na medida em que se voltam a reconhecer as pendências e formalizar a prestação de fato de serviços executados sem cobertura contratual adequada.

O citado "Termo" encontraria fundamento inclusive no novo art. 26 da LINDB, que prevê a possibilidade ampla[59] de serem celebrados compromissos (conceito genérico que pode englobar termos, acordos, ajustes etc.) entre a Administração Pública e o particular "para eliminar irregularidade, incerteza jurídica ou situação contenciosa na aplicação do direito público".[60] Nesse sentido a respeito de contratos de delegação de serviços públicos, Horcardes Sena Júnior afirma que "a natureza do termo de compromisso o torna plenamente adequado para solucionar a irregularidade e incerteza jurídica decorrente da ausência de cobertura contratual diante da necessidade de se continuar com a prestação do serviço. Por ter caráter bilateral, esse instrumento se amolda ao ideal de uma administração consensual, já que deve ser pactuado pelas partes".[61]

O Termo, dessa forma, consubstanciaria instrumento adequado ao levantamento das pendências pretéritas, pavimentando o caminho para a futura operacionalização

---

58. Avaliando hipótese semelhante à que se ora se discute, o Min. Walton Alencar Rodrigues destacou em seu voto, no Acórdão 1063/2021, que "o contrato de transição é o instrumento adequado, previsto em norma da agência reguladora, para os casos de contrato de arrendamento, cuja vigência já expirou." (TCU, Plenário, Acórdão 1063/2021, Rel. Min. Vital do Rego, julg. 05.05.2021). Os demais ministros também destacaram a importância do contrato de transição para formalização das atividades portuárias prestadas sem a cobertura de um contrato de arrendamento, mas entenderam que "o contrato de transição não seria a única opção para resolver a questão", adotando, naquele caso concreto, a prorrogação do contrato de arrendamento medida apta à continuidade da operação.

59. Destacando a amplitude do âmbito de aplicação do art. 26, Sérgio Guerra e Juliana Palma aduzem que "qualquer prerrogativa pública pode ser objeto de pactuação, como a prerrogativa sancionatória, fiscalizatória, adjudicatória etc. Não há objeto interditado no compromisso. A LINDB condiciona a celebração do compromisso ao seu endereçamento a uma das situações jurídicas concretas na aplicação do Direito Público que lista (i) irregularidade, (ii) incerteza jurídica ou (iii) situação contenciosa. Assim, a LINDB poderá envolver qualquer assunto público, desde que se destine a endereçar um dos problemas de legitimação do pacto". (GUERRA, Sérgio; PALMA, Juliana Bonacorsi de. Art. 26 da LINDB - Novo regime jurídico de negociação com a Administração Pública. *Revista de Direito Administrativo*, Edição Especial, Direito Público na Lei de Introdução às Normas de Direito Brasileiro – LINDB (Lei 13.655/2018), p. 135-169, 2018, p. 150). "É interessante ressaltar que o tom de generalidade que caracteriza o art. 26 da LINDB possibilita não só que qualquer ente da Administração Pública possa realizar acordos, mas também sobre (em princípio) qualquer objeto e a qualquer momento" (FARIA, Luzardo. O art. 26 da LINDB e a legalidade dos acordos firmados pela Administração Pública: uma análise a partir doo princípio da indisponibilidade do interesse público. In: VALIATI, Thiago Priess; HUNGARO, Luis Alberto; CASTELLA, Gabriel Morenttini. *A Lei de Introdução e o Direito Administrativo brasileiro*. São Paulo: Lumen Juris, 2019, p. 160).

60. O TCU, por exemplo, em recentíssimo julgado, valeu-se expressamente do art. 26 da LINDB para fundamentar a possibilidade de celebração de acordos para instrumentalizar a prestação de serviços públicos. Ao tratar da possibilidade de concessionários que pediram a relicitação de seus contratos desistirem do pleito e se manterem no exercício da atividade, o Tribunal asseverou a possibilidade de celebração de um "eventual *acordo de readaptação do contrato de concessão vigente* em vez de prosseguir com o processo de relicitação, *tendo em vista o disposto no art. 26 da Lei 13.655, de 2018* (Lei de Introdução às Normas do Direito Brasileiro – LINDB)" (TCU, Acórdão 1593/2023, Plenário, Rel. Min. Vital do Rêgo, julg. 02.08.2023).

61. Trata-se de recente pronunciamento em coluna jurídica online, especificamente sobre o tema ora tratado: SENA JR., Horcades Hugues Uchôa. Ausência de cobertura contratual e celebração do termo de compromisso. Disponível em: https://www.conjur.com.br/2022-nov-10/horcades-hugues-ausencia-cobertura-contratual-termo-compromisso. Acesso em: 26 set. 2023.

dos serviços de saneamento básico, venha ele a ser prestado de forma indireta, através de concessão, ou direta, por entidade da Administração titular do serviço, tema que será objeto do Tópico a seguir.

4. OPERACIONALIZAÇÃO DOS SERVIÇOS VIA PRESTAÇÃO DIRETA À LUZ DO NOVO MARCO

Efetuado o encontro de contas com relação ao passado nos termos acima propostos, os serviços podem vir a ser prestados em âmbito municipal mediante concessão ou prestação direta, de forma individual ou regionalizada, inclusive eventualmente em parceria com empresa estatal estadual de saneamento, até equacionando passivos pendentes das narradas relações jurídicas preexistentes. Especialmente à hipótese de prestação direta dedicaremos este Tópico.

O art. 10 da Lei 11.445/2007, com redação dada pela Lei 14.026/2020,[62] impõe que a prestação dos serviços de saneamento por entidade que não integre a Administração do titular seja precedida de licitação, nos termos do art. 175 da Constituição Federal.[63] Assim, *a contrario sensu*, reconhece o dispositivo ser despicienda a licitação caso sejam os serviços prestados por entidade integrante da Administração do seu titular. Trata-se de mero reflexo da dinâmica tradicional da Teoria Geral dos Serviços Públicos, inclusive com lastro constitucional, segundo a qual não é cogitável o procedimento licitatório para a prestação de serviços institucionalmente descentralizada por ente que faz parte do próprio Poder Público titular dos serviços.[64] Afinal, nessa hipótese, a Administração responsável pelos serviços os presta por seus próprios meios, não sendo o caso de delegação.

É o que se extrai também da nova redação do art. 9º, II, da Lei 11.445/2007, ao estipular que deve o titular dos serviços "*prestar diretamente os serviços, ou conceder a prestação deles*, e definir, em ambos os casos, a entidade responsável pela regulação e fiscalização da prestação dos serviços públicos de saneamento básico" (grifamos). Em

---

62. Art. 10. A prestação dos serviços públicos de saneamento básico *por entidade que não integre a administração do titular* depende da celebração de contrato de concessão, mediante prévia licitação, *nos termos do art. 175 da Constituição Federal*, vedada a sua disciplina mediante contrato de programa, convênio, termo de parceria ou outros instrumentos de natureza precária (grifamos).
63. O art. 175, CF estipula que incumbe ao "Poder Público, na forma da lei, *diretamente ou sob regime de concessão ou permissão*, sempre através de licitação, a prestação de serviços públicos" (grifamos). No mesmo sentido com relação aos municípios, o art. 30, CF: Art. 30. Compete aos Municípios: (...) V – organizar e prestar, *diretamente ou sob regime de concessão ou permissão*, os serviços públicos de interesse local, incluído o de transporte coletivo, que tem caráter essencial" (grifamos).
64. Conforme já afirmamos em outra oportunidade, "a lei prevê agora três formas de titularidade dos serviços públicos de saneamento: (i) dos municípios e Distrito Federal em caso de interesse local; (ii) das regiões metropolitanas, aglomerações urbanas e microrregiões, instituídas por lei complementar estadual, no caso de interesse comum; e, finalmente, (iii) por gestão associada entre entes federativos, mediante consórcio público ou convênio de cooperação" (ARAGÃO, Alexandre Santos de; D'OLIVEIRA, Rafael Daudt. Considerações iniciais sobre a Lei 14.026/2020 – Novo marco regulatório do saneamento básico. *In*: GUIMARÃES, Fernando Vernalha (Coord.). *O Novo Direito do Saneamento Básico*: Estudos sobre o Novo Marco Legal do Saneamento Básico no Brasil (de Acordo Com a Lei 14.026/2020 e respectiva Regulamentação). Belo Horizonte: Fórum, 2021, p. 39).

síntese, na prestação direta, a execução do serviço será realizada pela Administração titular de forma centralizada (Administração Direta) ou descentralizada (Administração Indireta), sem que ocorra a transferência do desempenho contratual da atividade a terceiros. Já na prestação indireta, será objeto de delegação de serviço público, por meio de contrato concessão, precedido de licitação.

Como já discorremos em obra específica sobre as empresas estatais, para efeitos do art. 175 da CF, "no conceito de prestação direta pelo Estado está incluída a prestação por entidades da Administração Indireta (descentralização institucional) cujo título habilitante para a prestação não tem natureza contratual".[65] Afinal, "o art. 175 não pode ser interpretado como admitindo apenas um exercício direto pela Administração Direta ou um exercício indireto, por ele identificado com o contrato de concessão. Ficaria proscrita a atribuição legal de serviços públicos a entidades da Administração Indireta. Essa interpretação contrariaria a praxe institucional brasileira e a própria previsão constitucional genérica da existência das entidades da Administração Indireta, que são entidades instrumentais do Estado (verbi gratia, art. 37, XIX, CF). Além disso, se o Estado pode o mais (delegar contratualmente a atividade pública a particulares), pode o menos (outorgá-la a entidades da sua própria estrutura administrativa), sendo incongruente que apenas pela própria Administração Direta pudesse explorar diretamente atividades econômicas como os serviços públicos, e não diretamente por outorga a empresas da sua Administração Indireta, que sempre teriam que atuar como meras concessionárias privadas".[66]

A escolha entre a prestação dos serviços de saneamento nas modalidades direta ou indireta, como expressão de sua autonomia federativa constitucional, fica a cargo privativo do ente público titular, que deverá eleger a forma que melhor se amolda às especificidades e interesses de cada Município ou região nos respectivos casos concretos, no exercício do poder-dever atribuído pelo art. 175 e art. 30, V, CF, c/c art. 9º, II e art. 10, Lei 11.445/2007. Afinal, "a Constituição dá os fins dos serviços públicos, mas deixa grande maleabilidade na eleição dos meios (maior ou menor prestação direta, mais ou menos concorrência etc.)".[67-68]

Nesse contexto, examinaremos adiante alguns dos principais elementos caracterizadores da prestação direta de serviços públicos, quais sejam: (i) a ausência de vínculo de natureza estritamente contratual entre o ente público titular do serviço e o seu prestador; e (ii) qualificação deste como entidade integrante da Administração Público daquele.

---

65. ARAGÃO, Alexandre Santos de. *Empresas Estatais*: o regime jurídico das Empresas Públicas e Sociedades de Economia Mista. 2. ed. Rio de Janeiro, Forense, 2018, p. 124.
66. ARAGÃO, Alexandre Santos de. *Empresas estatais*: o regime jurídico das empresas públicas e sociedades de economia mista. Rio de Janeiro: Forense, 2017, p. 123.
67. ARAGÃO, Alexandre Santos de. *Direito dos Serviços Públicos*. 4. ed. Belo Horizonte: Fórum, 2017, p. 250.
68. No mesmo sentido entende Marçal Justen Filho: "cabe ao Estado determinar o modelo econômico-jurídico de prestação do serviço público. Isso significa não apenas lhe incumbir a competência para escolher entre prestação direta e delegação à iniciativa privada como também lhe cabe selecionar a alternativa entre regime de competição ou exclusividade. Não há uma solução jurídica obrigatória, que conduza à possibilidade de impor-se, em termos gerais e abstratos, a imposição de uma dessas opções" (JUSTEN FILHO, Marçal. *Teoria Geral das Concessões de Serviço Público*. São Paulo: Dialética, 2003, p. 178).

4.1 Prescindibilidade de vínculo contratual comutativo

Muitos são os diplomas que, além da CF/1988 e da Lei 11.445/207, diferenciam as formas de execução direta e indireta de atividades da Administração Pública, tendo como marco o fato de, na segunda hipótese, haver uma relação contratual entre o Estado e um terceiro, via de regra, alheio à Administração contratante, selecionado para a prática de determinada tarefa.

Assim, por exemplo, desde antes da promulgação da CF/1988 já previa o Decreto-Lei 200/1967, ao dispor sobre a organização da Administração Federal, que a execução indireta de atividades pelo Poder Público era aquela realizada "mediante contrato" a ser celebrado com a iniciativa privada.[69] No mesmo sentido, também ilustrativamente, as expressões "execução direta" e *execução indireta* são replicadas na Lei de Licitações e Contratos Administrativos (Lei 8.666/1993).[70] Enquanto a primeira "é feita pelos órgãos e entidades da Administração, pelos próprios meios";[71] na execução indireta "o órgão ou entidade *contrata* com terceiros" o desempenho de atividades em prol do Poder Público. Na hipótese de transferência de execução do serviço público, há uma interposta pessoa entre a entidade política constitucionalmente competente para o serviço e o usuário. A transferência pode se dar por lei, por contrato ou (para alguns) por ato administrativo.[72]

Há tecnicamente a chamada outorga quando a transferência se dá por lei a entidade criada por determinado ente federativo e integrante da sua Administração Indireta, seja ela autarquia, fundação pública, empresa pública ou sociedade de economia mista.[73] Trata-se, assim, de prestação direta dos serviços por meio de entidade integrante da Administração titular do serviço.

Já pela delegação, o Poder Público transfere, em regra por contrato (concessão) – ou para alguns autores por ato administrativo (permissão ou autorização)[74] – a execução de serviço a particular sob as condições regulamentares e controle do Estado. A delegação é gênero do qual a concessão, a permissão e a autorização de serviços públicos constituem espécies.

Na lição de Floriano de Azevedo Marques Neto, "é intrínseca à ideia de concessão uma relação entre dois agentes, por meio da qual um deles confere a outro uma condição

---

69. Decreto-Lei 200/1967: "Art. 10. (...) § 7º Para melhor desincumbir-se das tarefas de planejamento, coordenação, supervisão e controle e com o objetivo de impedir o crescimento desmesurado da máquina administrativa, a Administração procurará desobrigar-se da realização material de tarefas executivas, recorrendo, sempre que possível, à *execução indireta, mediante contrato*, desde que exista, na área, *iniciativa privada* suficientemente desenvolvida e capacitada a desempenhar os encargos de execução" (grifamos).
70. Em vias de revogação pela Lei 14.133/2021.
71. Sobre o tema, vide: FURTADO, Lucas Rocha. *Curso de licitações e contratos administrativos*. 5. ed. rev. atual. e ampl. Belo Horizonte: Fórum, 2013, p. 877.
72. ARAGÃO, Alexandre Santos de. *Direito dos Serviços Públicos*. 4. ed. Belo Horizonte: Fórum, 2017, p. 422.
73. Ibidem, p. 423.
74. Ressalvamos nossa opinião no sentido de que as permissões adquiriram natureza contratual após a CF/1988 e que as autorizações não constituem instrumento de delegação de serviços públicos, mas sim de regulação de atividades econômicas privadas. Sobre o tema, vide, respectivamente, os Capítulos 14.2 e 5 de: ARAGÃO, Alexandre Santos de. *Direito dos Serviços Públicos*. 4. ed. Belo Horizonte: Fórum, 2017.

jurídica habilitante para exercer um plexo de direitos, ao qual corresponderá também um conjunto de obrigações".[75]

Assim, uma vez que a execução indireta de serviços públicos em princípio pressupõe a existência de uma relação de caráter estritamente contratual entre o ente titular e um terceiro, na hipótese de prestação direta não há necessariamente vínculo dessa natureza. O responsável pela execução dos serviços, no caso da prestação direta, é um integrante da própria Administração Pública do titular da atividade, como abaixo examinaremos. É, em última análise, o próprio titular do serviço que o prestará *sponte propria*.

4.2 Integrante da administração pública titular do serviço

Em contraste à execução indireta de serviços públicos delegados a terceiros via contrato, a prestação direta independe de relação contratual e é operacionalizada por órgão ou entidade da própria Administração Pública titular dos serviços, de forma institucionalmente centralizada ou descentralizada.

Na prestação direta de forma *centralizada*, "os entes da federação prestam os serviços públicos por seus próprios órgãos, ou seja, por sua Administração Direta, cumulando as posições de titular e de prestador do serviço. Será o próprio ente da federação titular da atividade que o prestará".[76] Nesta hipótese, a Administração Direta também poderá prestar o serviço desconcentradamente,[77] caso em que continuará sendo a prestadora do serviço público, fazendo-o, contudo, através de um (mero) órgão interno seu especializado e destacado para a função.

Na forma *descentralizada*[78] de prestação *direta* de serviços públicos, por sua vez, o Poder Público transfere a sua titularidade, ou simplesmente a sua execução, por outorga consubstanciada diretamente em lei (não em contrato), a entidade da Administração Indireta. Haverá transferência da titularidade e da execução do serviço se a entidade para a qual for transferido tiver personalidade jurídica de direito público (autarquias e fundações públicas de direito público). Se for pessoa jurídica de direito privado, integrante da Administração Indireta (fundações públicas de direito privado, empresas públicas e sociedades de economia mista), a transferência será apenas da execução do serviço.

---

75. MARQUES NETO, Floriano de Azevedo. *Concessões*. Belo Horizonte: Fórum, 2015, p. 116.
76. ARAGÃO, Alexandre Santos de. *Direito dos Serviços Públicos*. 4. ed. Belo Horizonte: Fórum, 2017, p. 422.
77. Nas lições de Hely Lopes Meirelles, o serviço público prestado desconcentradamente "é todo aquele que a Administração executa centralizadamente, mas o distribui entre vários órgãos da mesma entidade, para facilitar sua realização e obtenção pelos usuários. A desconcentração é uma técnica administrativa de simplificação e aceleração do serviço dentro da mesma entidade, diversamente da descentralização, que é uma técnica de especialização, consistente na retirada do serviço dentro de uma entidade e transferência a outra para que o execute com mais perfeição e autonomia" (MEIRELLES, Hely Lopes. *Direito administrativo brasileiro*. 42. ed. São Paulo: Malheiros, 2016, p. 438-439).
78. Segundo Marçal Justen Filho, "a descentralização caracteriza-se pela criação de novo sujeito, dotado de personalidade jurídica autônoma e patrimônio próprio" (JUSTEN FILHO, Marçal. *Teoria Geral das Concessões de Serviço Público*. São Paulo: Dialética, 2003, p. 119).

Não se confundem, assim, a execução de serviços públicos pela Administração Indireta com a prestação indireta da atividade. Afinal, "tanto a Administração direta pode prestar seus serviços indiretamente, como a Administração indireta pode prestá-los diretamente, bastando que o façam, respectivamente, por terceiros (prestação indireta) ou por seus próprios meios (prestação direta)".[79]

Na modalidade de prestação direta descentralizada, portanto, não ocorre a delegação contratual da exploração do serviço a terceiros alheios ao ente público responsável pela atividade, mas sim a sua execução, mediante outorga legal, por entidade que faz parte da própria Administração Pública titular do serviço público. No momento da outorga, ocorre uma atribuição direta e unilateral da atividade a determinada entidade estatal, e a atividade continua sendo prestada (diretamente) pelo próprio Estado, ainda que através de uma entidade da sua Administração Pública Indireta.[80]

É nesse sentido que Marçal Justen Filho afirma que "a descentralização não configura concessão do serviço, já que os recursos aplicados continuam a ter origem pública, o regime jurídico não se altera e não se transfere a prestação do serviço para órbita estranha à da Administração Pública". Ao avaliar a doutrina mais clássica sobre a descentralização e a sua diferenciação com relação à figura da delegação por meio de concessão de serviços públicos, o autor observa também que "Geraldo Ataliba manifestara-se precursoramente sobre o tema. Afirma ainda que 'parece forçado considerá-las como concessionárias, quando forem formadas exclusivamente por recursos oriundos da mesma esfera governamental que as criou com o fito de secundá-la na prestação de serviço público de sua própria alçada'".[81]

No caso dos serviços de saneamento básico, à luz do Novo Marco setorial, não há de se confundir, portanto, a prestação indireta para a qual, conforme a nova redação legal, é imprescindível a realização de procedimento licitatório; com a prestação direta por entidade que componha a Administração Indireta do titular dos serviços. O que restou vedado com a nova legislação foi a delegação dos serviços sem prévio procedimento licitatório, não sendo este, contudo, necessário se o titular dos serviços optar por prestá-los ele mesmo, seja centralizada ou descentralizadamente (mas sempre diretamente).

---

79. MEIRELLES, Hely Lopes. *Direito Municipal Brasileiro*. São Paulo: Malheiros, 1997, p. 267, grifos nossos. No mesmo sentido discorrem outros autores: "a descentralização caracteriza-se pela criação de novo sujeito, dotado de personalidade jurídica autônoma e patrimônio próprio. Esse sujeito integrará, porém, a Administração Pública, assujeitado ao titular do serviço. Na hipótese da descentralização, não se efetiva a atribuição do serviço a setores privados ou a terceiros, para desempenho por conta e risco alheios. *O titular da competência mantém os serviços em sua órbita jurídica, mas sob modelo descentralizado. Cria pessoa 'administrativa', com personalidade de direito própria, a quem incumbe o desempenho do serviço público*" (JUSTEN FILHO, Marçal. *Teoria Geral das Concessões de Serviço Público*. São Paulo: Dialética, 2003, p. 119, grifos nossos) ""não tem qualquer sentido falar-se em concessão de serviço público quando o Poder Público cria, ele mesmo, um seu prolongamento personalizado, uma entidade de sua administração indireta, para executar serviço de sua alçada" (DALLARI, Adilson Abreu. Empresa estatal prestadora de serviços públicos – Natureza jurídica – Repercussões tributárias. *Boletim de Direito Administrativo*, São Paulo, v. 10, n. 8, p. 453-468, ago. 1994).
80. ARAGÃO, Alexandre Santos de. *Empresas Estatais*: O Regime Jurídico das Empresas Públicas e Sociedades de Economia Mista. 2. ed. Rio de Janeiro, Forense, 2018, p. 123.
81. JUSTEN FILHO, Marçal. *Teoria Geral das Concessões de Serviço Público*. São Paulo: Dialética, 2003, p. 119.

Como bem sintetizam Adriano Stringhini e Tales José Bronzato, "com base nos artigos 1º, 25, § 3º, 173 e 175, *caput*, bem como, artigo 241 da Constituição Federal, conjugado com o artigo 8º, incisos I e II e seu § 1º; artigo 9º, inciso II; e artigo 10 da Lei Federal 11.445/2007, além do artigo 2º, inciso II, da Lei Federal 13.089/2015 (Estatuto da Metrópole), *os titulares poderão continuar prestando serviços de saneamento de forma direta por meio de sua administração centralizada ou descentralizada, essa última podendo ser autarquias, empresas públicas ou sociedades de economia mista*".[82]

No setor de saneamento, portanto, sendo em geral um Município o ente público titular dos serviços, a sua prestação direta de forma descentralizada poderia ser realizada por meio de uma entidade da sua Administração Indireta. Já no caso da titularidade exercida de maneira regionalizada, o ente descentralizado poderá ser integrante de qualquer uma das pessoas políticas que, conjuntamente, se enquadram como titulares dos serviços. É o que passaremos a analisar no Tópico seguinte.

5. PARÂMETROS PARA A PRESTAÇÃO DIRETA EM CASO DE REGIONALIZAÇÃO

Na atual dinâmica da regulação do saneamento básico, é priorizada a prestação regionalizada dos serviços, que em alguns casos pode vir a ser compulsória para os municípios integrantes de certa região, como detalharemos. Nesses casos, salvo na hipótese de anuência do órgão que exerça a titularidade dos serviços ou em certos casos juridicamente previstos (conforme aprofundaremos adiante), não poderão ter arranjos individuais, devendo seguir a forma de organização dos serviços eleita para a região, seja em prestação direta ou concessão.

Por essa razão, antes de examinarmos no próximo Tópico modelos de prestação direta isolada por ente municipal, apreciaremos a situação em que ela ocorra de modo regionalizado, inclusive possivelmente por meio de estatal estadual que já execute de fato os serviços por modelos anteriores ao novo marco.

A temática da prestação regionalizada, ainda que já se encontrasse presente não só no setor de saneamento, mas no âmbito dos serviços públicos como um todo, foi especialmente desenvolvida e aprofundada com o novo marco legal daquele. A Lei 14.026/2020 reforçou a regionalização como possível importante diretriz a ser observada na prestação dos serviços.

De acordo com Ana Carolina Hohmann, a prestação regionalizada dos serviços de saneamento "constitui realidade que quase que se impõe pela própria natureza e características típicas daquele serviço público, o qual desconhece as fronteiras geográficas

---

82. STRINGHNI, Adriano Candido; BRONZATO, Tales José Bertozzo. Camisa 10: o Novo Marco Legal do Saneamento; um olhar para o futuro e as oportunidades de sinergia; exercício da titularidade; interesse local e interesse comum. Uma visão integrativa e modelos contratuais e societários. In: DAL POZZO, Augusto Neves (Coord.). *O Novo Marco Regulatório do Saneamento Básico*. São Paulo: RT, 2022, p. 259, grifos nossos.

entre municípios e Estados criadas pelo ser humano – realidade esta que acaba por ser apreendida pelos textos normativos".[83]

Conforme já tivemos a oportunidade de destacar,[84] a prestação regionalizada do saneamento básico é importantíssima para a universalização dos serviços, na medida em que confere viabilidade técnica e econômico-financeira para atender a diversos municípios ao mesmo tempo. Nos termos do art. 6º, *caput*, do Decreto 11.599/2023, é o modelo "de prestação integrada de um ou mais componentes dos serviços públicos de saneamento básico em determinada região cujo território abranja mais de um Município, com uniformização da regulação e da fiscalização e com compatibilidade de planejamento entre os titulares".

Os ganhos de escala tornam economicamente viável atender tanto a municípios com mais recursos quanto aos mais carentes. Dificilmente, os municípios com menos infraestrutura, separados ou até conjuntamente, terão condição de despertar suficiente interesse de empresas privadas ou estatais numa licitação para os serviços de saneamento. Daí a conveniência de mesclar os municípios, a fim de viabilizar técnica e economicamente a universalização dos serviços, inclusive, eventualmente, mediante cooperação das administrações municipais entre si e com outros entes federativos.[85]

Buscando operacionalizar essa prestação regionalizada, o novo marco[86] aproveitou figuras de associação interfederativa já presentes no ordenamento jurídico brasileiro, como a região metropolitana, a aglomeração urbana e a microrregião, a serem com-

---

83. HOHMANN, Ana Carolina. A prestação regionalizada do serviço público de saneamento básico no âmbito do novo marco legal do saneamento básico: gestão associada e governança interfederativa. In.: GUIMARÃES, Bernardo Strobel. VASCONCELOS; Andrea Costa de; HOHMANN, Ana Carolina. (Coord.) *Novo marco legal do saneamento básico*. Belo Horizonte: Fórum, p. 209-231, 2021, p. 209.
84. ARAGÃO, Alexandre Santos de; D'OLIVEIRA, Rafael Daudt. Considerações iniciais sobre a Lei 14.026/2020 – Novo marco regulatório do saneamento básico. In: GUIMARÃES, Fernando Vernalha (Coord.). *O Novo Direito do Saneamento Básico*: Estudos Sobre O Novo Marco Legal do Saneamento Básico no Brasil (de acordo com a Lei 14.026/2020 e respectiva regulamentação). Belo Horizonte: Fórum, 2021, p. 39-41.
85. Nesse contexto, Thiago Marrara lista resumidamente quatro principais vantagens a serem trazidas pela regionalização: (i) "coordenação e a articulação interfederativa", visando sobretudo uma gestão compartilhada mais eficiente de recursos comuns, como os recursos hídricos; (ii) "investimentos e redução de custos", especialmente por meio do compartilhamento de infraestruturas essenciais à prestação dos serviços; (iii) "economias de escala", considerando a população reduzida de muitos municípios, de modo que o somatório dos contingentes demográficos tende a possibilitar um maior ganho pelo aumento dos usuários a serem atendidos; e (iv) "atratividade de investimentos", de modo que o maior número de usuários atendidos também torna eventual empreendimento mais atrativo do ponto de vista econômico (MARRARA, Thiago. Regionalização do Saneamento no Brasil. In: OLIVEIRA, Carlos Roberto de. GRANZIERA, Maria Luiza Machado (Org.). *Novo Marco do Saneamento Básico no Brasil*. 2. ed., Indaiatuba: Foco, p. 175-186, 2022, p. 179-180).
86. A Lei 11445/2007, com redação dada pela Lei 14.026/2020, assim define a prestação regionalizada, assim como os seus modelos de operacionalização: "art. 3º (...) VI – *prestação regionalizada*: modalidade de prestação integrada de um ou mais componentes dos serviços públicos de saneamento básico em determinada região cujo território abranja mais de um Município, podendo ser estruturada em: a) *região metropolitana, aglomeração urbana ou microrregião*: unidade instituída pelos Estados mediante lei complementar, de acordo com o § 3º do art. 25 da Constituição Federal, composta de agrupamento de Municípios limítrofes e instituída nos termos da Lei 13.089, de 12 de janeiro de 2015 (Estatuto da Metrópole); b) *unidade regional de saneamento básico*: unidade instituída pelos Estados mediante lei ordinária, constituída pelo agrupamento de Municípios não necessariamente limítrofes, para atender adequadamente às exigências de higiene e saúde pública, ou para dar viabilidade econômica e técnica aos Municípios menos favorecidos; c) *bloco de referência*: agrupamento de

pulsoriamente instituídas por lei complementar estadual, na forma do art. 25, § 3º, CF. Também prevê as formas de gestão associada voluntárias de iniciativa dos Municípios, como os consórcios públicos e os convênios de cooperação.[87] Foram criadas ainda novas figuras, como as unidades regionais de saneamento básico e os blocos de referência.[88]

Por exemplo, na hipótese de regionalização nos acima citados modelos do art. 25, § 3º, CF, a titularidade dos serviços é exercida, conforme o art. 8º, II, do novo marco legal, pelo "Estado, em conjunto com os Municípios que compartilham efetivamente instalações operacionais integrantes de regiões metropolitanas, aglomerações urbanas e microrregiões, instituídas por lei complementar estadual, no caso de interesse comum". Nesse cenário, seria viável a delegação dos serviços a terceiros, via contrato de concessão, ou a prestação direta pelo grupamento federativo mediante descentralização administrativa, que, como exposto no Tópico 4, prescinde de vínculo contratual comutativo, sendo incogitável a licitação nesse caso.

A prestação direta pressupõe, por outro lado, que o operador dos serviços integre a Administração Pública do seu titular. No caso de regionalização ilustrativamente em comento, se a titularidade dos serviços é desempenhada de forma compartilhada entre o Estado e os Municípios que compõem o arranjo, para configurar prestação direta basta que o prestador faça parte da Administração Direta ou Indireta de um dos entes que partilhem a titularidade, como seria o caso de uma empresa estatal estadual, por exemplo.[89]

Municípios não necessariamente limítrofes, estabelecido pela União nos termos do § 3º do art. 52 desta Lei e formalmente criado por meio de gestão associada voluntária dos titulares" (grifamos).

87. Art. 3º, II, Lei 11.445/2007, com redação dada pela Lei 14.026/2020: "II – gestão associada: associação voluntária entre entes federativos, por meio de consórcio público ou convênio de cooperação, conforme disposto no art. 241 da Constituição Federal; (Redação pela Lei 14.026, de 2020)".

88. Conforme apontam Élen Dânia Silva dos Santos e Débora Faria Fonseca Francato, "a prestação regionalizada dos serviços públicos de saneamento básico consubstancia-se mediante instrumentos previstos na Constituição Federal, tanto os instituídos compulsoriamente pelos Estados (regiões metropolitanas, aglomerações urbanas e microrregiões), como voluntários (consórcios públicos e convênios de cooperação entre entes federados). A estes instrumentos, somam-se dois novos conceitos estabelecidos pela Lei Federal 14.026/2020: a unidade regional de saneamento instituída pelos Estados e o bloco de referência estabelecido pela União" (SANTOS, Élen Dânia Silva dos; FRANCATO, Débora Faria Fonseca. Prestação regionalizada dos serviços de resíduos sólidos no Novo Marco Legal do Saneamento Básico. In: OLIVEIRA, Carlos Roberto de. GRANZIERA, Maria Luiza Machado (Org.). *Novo Marco do Saneamento Básico no Brasil*. 2. ed. Indaiatuba: Foco, p. 159-173, 2022, p. 160).

89. A hipótese de estatal estadual prestar os serviços em arranjo regional do qual o Estado faça parte era expressa no Decreto 11.467/2023, em seu art. 6º, § 16, revogado pelo atual Decreto 11.599/2023, que não possui dispositivo correspondente. Entendemos, contudo, que não é necessário que lei ou regulamento prevejam expressamente tal possibilidade para que seja ela legítima. A juridicidade de entidade estadual prestar diretamente os serviços em arranjo regional que o Estado integre é depreendida da própria autonomia federativa constitucional sobre a gestão dos serviços que os entes titulares possuem. É o que também prevê, no setor de saneamento, a atual redação da Lei 11.445/2007, em especial os citados art. 8º, II c/c art. 9º, II, que dispõem competir aos titulares decidir sobre o modelo de prestação direta ou indireta dos serviços, e que, no caso de regiões metropolitanas, aglomerações urbanas e microrregiões, a titularidade é exercida conjuntamente entre Estado e Municípios. Diante dessa análise sistemática, tampouco entendemos que a ausência de previsão da referida prestação direta por estatal estadual no atual Decreto 11.599/2023, a despeito de o haver no anterior Decreto 11.467/2023, configure uma vedação à hipótese (até porque se essa fosse a intenção da nova norma, ela teria disposto de maneira expressa quanto à proibição, mas restou silente). A discussão se aproxima da ocorrida sobre a Emenda Constitucional 6 de 1995, que revogou a previsão constitucional do art. 171, § 2º, que impunha preferência a

Esse também é o entendimento de André Luiz Freire, que indaga se, uma vez instituída a estrutura regional, "seria possível que esta descentralizasse tecnicamente para uma empresa estadual de saneamento básico? Não existe um impedimento para que isso ocorra, desde que ela fique restrita à descentralização da prestação. (...) Note que, neste caso, não estamos falando em contratação direta, nem mesmo via contrato de programa. Estamos falando da descentralização técnica, isto é, da descentralização realizada por meio de lei a uma entidade da Administração indireta do ente titular do serviço. No caso, do ente titular do Estado instituidor da região metropolitana".[90]

Em sentido próximo, destaca Thiago Marrara: "para executar a funções de saneamento básico no âmbito regional, os entes políticos que formam a unidade têm discricionariedade para adotar inúmeras soluções", dentre elas, os envolvidos podem utilizar soluções "para que um Município ou o Estado assuma o serviço por órgãos ou entes de sua Administração Direta ou Indireta".[91]

Importa aqui salientar que a possibilidade ora em análise independe da discussão acerca de o ente regional vir a possuir ou não personalidade jurídica própria.[92] A Lei 11.445/2007, com redação dada pelo novo marco, prevê expressamente que a titularidade dos serviços, nas hipóteses de interesse comum, deve ser exercida de maneira compartilhada entre os entes, independentemente de, para isso, ser instituída nova pessoa jurídica ou não, até porque a Constituição Federal e o Estatuto da Metrópole são silentes quanto a isso. Mesmo que se entenda que o arranjo regional deve possuir personalidade jurídica, como seria o caso de uma autarquia interfederativa, de tal fato

---

empresas brasileiras de capital nacional na aquisição de bens públicos, o que, segundo parte da doutrina, teria proibido previsão legal nesse sentido, como no caso do então disposto no art. 3º, § 2º, inc. I da Lei 8.666/93. Como nos manifestamos em outra ocasião, contudo, "não entendíamos que assim tivesse ocorrido: o fato de a CF não mais impor ou incentivar ela própria esse tratamento mais benéfico para as empresas brasileiras não quer dizer que tenha vedado ao Legislador que, diante das ponderações dos valores envolvidos em cada questão, o instituísse. A Emenda Constitucional apenas revogou a regra constitucional, não dispôs em sentido contrário ao que dela constava, encontrando eventuais preferências nacionais esteio em uma série de dispositivos constitucionais que continuam vigentes (ARAGÃO, Alexandre Santos de. *Curso de Direito Administrativo*. 2. ed., Rio de Janeiro: Forense, 2013, cap. XII.5). Entendemos que a mesma lógica se aplica, no setor de saneamento, à legitimidade da prestação direta descentralizada por estatal integrante da Administração Pública do Estado, que compartilha a titularidade dos serviços em caso de regionalização.

90. FREIRE, André Luiz. Saneamento básico: titularidade, regulação e descentralização. In: GUIMARÃES, Fernando Vernalha (Coord.). *O novo direito do saneamento básico*: estudos sobre o novo marco legal do saneamento básico no Brasil (de acordo com a Lei 14.026/2020 e respectiva regulamentação). Belo Horizonte: Fórum, p. 81-119, 2022. p. 100.
91. MARRARA, Thiago. Regionalização do Saneamento no Brasil. In: OLIVEIRA, Carlos Roberto de. GRANZIERA, Maria Luiza Machado (Org.). *Novo Marco do Saneamento Básico no Brasil*. 2. ed. Indaiatuba: Foco, p. 175-186, 2022, p. 183.
92. Na posição de André Luiz Freire: "uma dúvida que pode surgir é a seguinte: a entidade regional possui personalidade jurídica? Tanto a Constituição como o Estatuto da Metrópole são silentes a esse respeito. Como haverá o exercício de funções de planejamento e regulação das funções comuns de interesse comum, o juridicamente mais adequado é que elas estejam alocadas a uma pessoa jurídica de direito público. Isso significa que a estrutura básica da governança interfederativa do ente regional poderia estar integrada no próprio ente político estadual (seriam órgãos da Administração direta), ou poderá ser criada uma autarquia estadual" (FREIRE, André Luiz. Saneamento básico: titularidade, regulação e descentralização. In: GUIMARÃES, Fernando Vernalha (Coord.). *O novo direito do saneamento básico*: estudos sobre o novo marco legal do saneamento básico no Brasil (de acordo com a Lei 14.026/2020 e respectiva regulamentação). Belo Horizonte: Fórum, p. 81-119, 2022. p. 97).

não decorreria necessariamente que todas as atividades relativas às funções públicas de interesse comum sejam operacionalizadas apenas por aquela pessoa jurídica interfederativa, sem qualquer contribuição de entidades da Administração Indireta dos entes componentes do arranjo.[93]

Há exemplos concretos de microrregiões de saneamento básico instituídas por lei complementar estadual que, revestindo ou não nova personalidade jurídica, expressamente estipulam a prestação direta por estatal estadual em suas normas de criação. Isso porque a prestação direta pelo detentor da titularidade dos serviços, seja ela individual ou compartilhada, é uma faculdade expressa no art. 8º, I e II c/c art. 9º, II, Lei 11.445/2007, como acima exposto.

A Lei Complementar estadual que instituiu as microrregiões de saneamento de Goiás (LC 182/2023), por exemplo, mesmo optando por não instituir nova personalidade jurídica,[94] estabeleceu como finalidade das estruturas regionais "definir a prestação conjunta ou separada dos serviços de saneamento básico (...), podendo delegá-los ou prestá-los diretamente, *considerando-se prestação direta a realizada por entidade, de direito público ou de direito privado, que componha a administração indireta do Estado, em razão de aquela integrar a administração indireta de um dos entes da MSB* [Microrregião de Saneamento Básico]" (art. 4º, V). Impõe, ainda, ser atribuição do Colegiado Regional deliberar sobre o modelo de prestação nesse sentido. Disposição semelhante também foi positivada pelo Estado do Maranhão, quando da criação de suas microrregiões de saneamento, pela Lei Complementar Estadual 239/2021,[95] que optou por constitui-las como autarquias microrregionais.[96]

---

93. Tome-se, como exemplo, os diversos casos concretos de arranjos regionais em que a regulação dos serviços de saneamento básico vem sendo descentralizada a agências reguladoras estaduais. Um exemplo é o caso das concessões para a prestação regionalizada dos serviços de saneamento no Estado do Rio de Janeiro, em que, nos termos dos contratos de concessão dos quatro blocos concedidos, à Agência Reguladora de Energia e Saneamento Básico do Estado do Rio de Janeiro (Agenersa) "compete (...) a regulação e fiscalização da concessão", ou a "outro órgão ou entidade reguladora estadual que venha a substituí-la nas atribuições de regulação dos serviços públicos de saneamento básico". Outro caso é o da Microrregião de Águas e Esgoto no Estado do Espírito Santo, abarcando a totalidade dos Municípios do Estado e em que a regulação dos serviços de saneamento foi descentralizada para a Agência de Regulação de Serviços Públicos do Espírito Santo (ARSP), nos termos do art. 13, § 1º, da Lei Complementar Estadual 968/2021: "A regulação da prestação dos serviços de saneamento básico prestados nas Microrregiões de Saneamento Básico será feita, preferencialmente, pela Agência de Regulação de Serviços Públicos do Espírito Santo – ARSP".
94. "Art. 2º (...) § 1º A MSB, instituída com pleno direito por esta Lei Complementar, constitui estrutura de governança sui generis e, por meio dessa instância colegiada exclusiva, o Estado e os municípios exercerão a titularidade dos serviços públicos de saneamento básico de interesse comum. (...) Art. 24. A MSB, como dispõe o § 1º do art. 2º desta Lei Complementar, é entidade sui generis, portanto sua instituição não implica a criação de unidades administrativas estaduais ou municipais, sem prejuízo do desempenho imediato por seus colegiados das atribuições listadas no art. 9º da Lei federal 11.445, de 2007".
95. Lei Complementar do Maranhão 239/2021: "Art. 5º As Autarquias Microrregionais de Saneamento Básico têm por finalidade exercer as competências relativas à integração, planejamento, gestão e execução das funções públicas de interesse comum dispostas no art. 4º, dentre elas: (...) *XI – autorizar a prestação direta dos serviços públicos de abastecimento de água e esgotamento sanitário pela Companhia de Saneamento Ambiental do Maranhão – CAEMA, em razão desta integrar a administração indireta de um dos entes da entidade microrregional*".
96. "Art. 2º Para fins desta Lei Complementar, considera-se: (...) II – autarquia microrregional: autarquia intergovernamental de regime especial, com caráter deliberativo e normativo, e personalidade jurídica de direito

Convém salientar que, além de ser compulsória a adesão dos municípios aos arranjos regionais do art. 25, § 3º, CF (região metropolitana, aglomeração urbana e microrregião), como já reconheceu o STF,[97] também é em regra obrigatório[98] o modelo de organização dos serviços conjuntamente eleito pela estrutura de governança regional, seja ele concessão ou prestação direta, inclusive se for o caso de execução por estatal estadual. O arranjo é escolhido pela estrutura de governança, através de seu órgão colegiado – do qual em princípio participam ao menos representantes do Estado e dos municípios[99] –, definindo qual será a forma de prestação dos serviços no território regional, vinculando os seus integrantes. A prestação autônoma por município de forma isolada dentro dos

---

público, na qual os entes compartilham responsabilidades e ações em termos de organização, planejamento e execução das funções públicas de interesse comum por meio de um sistema integrado e articulado de planejamento, projetos, estruturação financeira, implementação, operação e coordenação".

97. Relembre-se, aqui, que já decidiu o STF, na ADI 1.842 / RJ, que a compulsoriedade da adesão dos municípios à região metropolitana, aglomeração urbana e microrregiões, e o consequente compartilhamento de funções públicas de interesse comum com outros entes, não fere a autonomia municipal. Em especial com relação aos serviços de saneamento, entendeu o STF: "A função pública do saneamento básico frequentemente extrapola o interesse local e passa a ter natureza de interesse comum no caso de instituição de regiões metropolitanas, aglomerações urbanas e microrregiões, nos termos do art. 25, § 3º, da Constituição Federal. (...) A instituição de regiões metropolitanas, aglomerações urbanas ou microrregiões pode vincular a participação de municípios limítrofes, com o objetivo de executar e planejar a função pública do saneamento básico, seja para atender adequadamente às exigências de higiene e saúde pública, seja para dar viabilidade econômica e técnica aos municípios menos favorecidos. Repita-se que este *caráter compulsório da integração metropolitana não esvazia a autonomia municipal*" (STF. ADI 1.842 / RJ. Rel. Min. Luiz Fux. Redação do acórdão: Min. Gilmar Mendes, julg.: 06.03.2013, grifamos).

98. "A titularidade dos serviços de saneamento lançados para a unidade regional não se transfere ao Estado ou a qualquer outro Município vizinho, mas é partilhada pelo titular com todos os outros entes políticos envolvidos na unidade. Desse modo, nenhum titular pode decidir isoladamente sobre os rumos do serviço público. São obrigados, ao contrário, a debater e deliberar em conjunto dentro de órgãos colegiados que formam a estrutura de governança da unidade regional". (MARRARA, Thiago. Regionalização do Saneamento no Brasil. In: OLIVEIRA, Carlos Roberto de. GRANZIERA, Maria Luiza Machado (Org.). *Novo Marco do Saneamento Básico no Brasil*. 2. ed. Indaiatuba: Foco, p. 175-186, 2022, p. 183).

99. Registrem-se, no tocante ao direito de efetiva participação de todos os integrantes do arranjo regional, as considerações do Min. Gilmar Mendes, redator do acórdão da ADI 1.842 / RJ, em seu voto: "Nada obstante a discussão doutrinária quanto à possibilidade de a região metropolitana, a microrregião e o aglomerado urbano deterem personalidade jurídica própria (...), o importante é a existência de estrutura (convênio, agência reguladora, conselho deliberativo etc.) com alguma forma de participação de todos os entes envolvidos, capaz de concentrar em um órgão uniformizador e técnico, responsável pela regulação e controle do serviço de saneamento básico. Assim, cabe a este órgão colegiado regular e fiscalizar a execução de suas decisões, definindo inclusive as formas de concessão do serviço de saneamento básico, política tarifária, instalação de subsídios cruzados etc." (STF. ADI 1.842 / RJ. Rel. Min. Luiz Fux. Redação do acórdão: Min. Gilmar Mendes, julg.: 06.03.2013). André Luiz Freire, comentado o julgado à luz do posterior Estatuto da Metrópole, ressalta que: "Nos termos da decisão do STF, a instituição de uma entidade regional não pode implicar esvaziamento da autonomia municipal com uma mera transferência das competências municipais ao Estado. Por isso, o Estatuto da Metrópole estabeleceu que a lei complementar estadual deverá estabelecer a *estrutura de governança interfederativa* (art. 5º, III), que devem observar os princípios constantes no art. 6º do referido Estatuto. Essa estrutura terá, necessariamente: (a) uma instância executiva composta pelos representantes do Poder Executivo dos entes federativos integrantes da entidade regional; (b) instância colegiada deliberativa com representação da sociedade civil; (c) organização pública com funções técnico-consultivas; e (d) sistema integrado de alocação de recursos e prestação de contas (art. 8º)" (FREIRE, André Luiz. Saneamento básico: titularidade, regulação e descentralização. In: GUIMARÃES, Fernando Vernalha (Coord.). *O novo direito do saneamento básico: estudos sobre o novo marco legal do saneamento básico no Brasil (de acordo com a Lei 14.026/2020 e respectiva regulamentação)*. Belo Horizonte: Fórum, p. 81-119p 2022. p. 96, grifamos).

citados arranjos regionais segue sendo possível, mas somente, via de regra, com a anuência da estrutura de governança[100] ou, à luz do art. 6º, § 15, do Decreto 11.599/2023, no caso de prévio atingimento das metas de universalização dos serviços no Município em questão.[101] Na mesma lógica, o planejamento setorial do saneamento passa a poder ocorrer de maneira regionalizada, sendo dispensável, no caso, a elaboração de planos municipais de saneamento, conforme nova redação do art. 17 da Lei 11.445/2007.[102-103]

Em síntese, a decisão colegiada vincula todos os membros do arranjo regional, o que não necessariamente significará que a prestação ocorrerá de maneira uniformizada em todos os municípios componentes. A prestação em município integrante do arranjo regional poderá ser estruturada isoladamente,[104] desde que haja anuência do órgão colegiado, ou nas hipóteses previstas na regulamentação (inclusive no Decreto 11.599/2023).[105] Não sendo nenhum dos casos, o integrante do arranjo deverá seguir a forma de prestação regionalizada, nos termos da decisão colegiada.[106]

Por fim, vale mencionar que a escolha pelo modelo de prestação dos serviços – inclusive no caso de eventual prestação direta por companhia estadual – é formalizada

---

100. Nas leis complementares citadas exemplificativamente, que instituíram as microrregiões de saneamento do Estado de Goiás e do Estado do Maranhão, é previsto que compete ao Colegiado Microrregional autorizar municípios componentes das Microrregiões a prestação isolada dos serviços (art. 10, IX, Lei Complementar de Goiás 182/2023; art. 8º, VII, Lei Complementar do Maranhão 239/2021).

101. Art. 6º (...) § 15. Nos casos em que o Município integrante da estrutura de prestação regionalizada já tenha atingido as metas de universalização, ou as metas intermediárias correspondentes, nos termos do disposto no respectivo plano de saneamento, devidamente atestadas pela entidade reguladora competente, a eventual concessão da prestação do serviço neste Município estará sempre condicionada à anuência do Município.

102. Art. 17. O serviço regionalizado de saneamento básico poderá obedecer a plano regional de saneamento básico elaborado para o conjunto de Municípios atendidos § 1º O plano regional de saneamento básico poderá contemplar um ou mais componentes do saneamento básico, com vistas à otimização do planejamento e da prestação dos serviços § 2º As disposições constantes do plano regional de saneamento básico prevalecerão sobre aquelas constantes dos planos municipais, quando existirem § 3º O plano regional de saneamento básico dispensará a necessidade de elaboração e publicação de planos municipais de saneamento básico. § 4º O plano regional de saneamento básico poderá ser elaborado com suporte de órgãos e entidades das administrações públicas federal, estaduais e municipais, além de prestadores de serviço.

103. Na lição de Patrícia Sampaio, a dispensa legal para a elaboração dos planos municipais de saneamento em caso de regionalização "trata-se de solução meritória, na medida em que, uma vez realizada a opção pela regionalização, não há razão para se exigir planejamento independente por parte de cada um dos municípios incluídos em um projeto de regionalização" (SAMPAIO, Patrícia Regina Pinheiro. Reforma do marco legal do saneamento básico e o incentivo à prestação regionalizada dos serviços. In.: OLIVEIRA, Carlos Roberto de. GRANZIERA, Maria Luiza Machado (Org.). *Novo Marco do Saneamento Básico no Brasil*. 2. ed., Indaiatuba: Foco, p. 227-240, 2022, p. 238).

104. Com isso, queremos dizer que o Município integrante do arranjo regional tomará isoladamente a decisão de como prestar os serviços, sem que lhe seja imposta a estruturação eventualmente definida pelo colegiado regional. Não necessariamente a estruturação autônoma significará que ele prestará os serviços exclusivamente por si só, ainda lhe sendo possível também em gestão associada, compondo um consórcio público ou um convênio de cooperação junto a outros municípios, nos termos do art. 8º, § 1º, da Lei 11.445/2007.

105. Para além da hipótese já apontada do art. 6º, § 15, Decreto 11.599/2023, em que a prestação pode ocorrer autonomamente no caso de municípios que já tenham atingido as metas de universalização, também é possível que as regulamentações locais, como a própria Lei Complementar que vir a instituir o arranjo, prevejam outras hipóteses de prestação autônoma independente de anuência do órgão colegiado da estrutura regional.

106. O colegiado regional poderá definir a prestação regionalizada, naturalmente, tanto por meio da prestação direta regionalizada quanto por uma concessão regional.

por meio de ato colegiado da estrutura de governança regional, da qual participam representantes do Estado, dos municípios e da sociedade civil.[107]

Como leciona Vera Monteiro, a titularidade dos serviços de saneamento no caso de interesse comum "se submete à regra organizacional prevista no Estatuto da Metrópole", de modo que "em região metropolitana e afim [a titularidade é exercida] por meio de órgão deliberativo e da estrutura básica de organização referida no art. 8º do Estatuto. Caberá à lei complementar da região metropolitana criar e detalhar referida estrutura. É por meio dela que estado e municípios compartilham suas responsabilidades e tomam decisões em prol dos serviços que são de seu interesse comum".[108] O ato administrativo emitido pela estrutura de governança regional, por sua própria natureza de caráter unilateral,[109] ainda que colegiado,[110] será a fonte dos termos da prestação direta dos serviços.

Em sentido semelhante, Vladimir Antônio Ribeiro, na ocasião da edição dos Decretos 11.598/2023 e 11.599/2023, comentou que "cada titular, ou entidade que exerça a titularidade (caso, por exemplo, das regiões metropolitanas, aglomerações urbanas e microrregiões), terá a liberdade de regulamentar essas formas de prestação de serviço [incluindo a prestação regionalizada direta] e, ainda, como, nessas situações, será observada a legislação federal, em especial o princípio da universalização. (...) Porém, não significa que os titulares ou as estruturas de prestação regionalizada podem utilizar livremente, e sem observar qualquer condicionante, os institutos do contrato provisório ou da prestação direta. A disciplina local que venha a ser adotada, apesar de não mais vinculada a um modelo federal, deve esclarecer como o disposto na legislação federal, especialmente quanto à universalização, vai ser atendido em cada um desses casos".[111]

Como exposto no Subtópico 4.1, a prestação direta prescinde de vínculo de natureza estritamente contratual, mas isso não significa que seja impertinente a formalização detalhada dos termos da prestação. Ilustrativamente, no exemplo da prestação direta nas

---

107. Conforme dispõe o Estatuto da Metrópole no tocante à instância colegiada deliberativa das estruturas de governança regionais: "Art. 8º A governança interfederativa das regiões metropolitanas e das aglomerações urbanas compreenderá em sua estrutura básica: (...) II – instância colegiada deliberativa com representação da sociedade civil".
108. MONTEIRO, Vera. Nas regiões metropolitanas e afins a titularidade do serviço de saneamento básico é do estado. In: GUIMARÃES, Fernando Vernalha (Coord.). *O novo direito do saneamento básico*: estudos sobre o novo marco legal do saneamento básico no Brasil (de acordo com a Lei 14.026/2020 e respectiva regulamentação). Belo Horizonte: Fórum, p. 65-80, 2022, p. 76.
109. Como já lecionamos: "Deve ser firmado que a vontade manifestada no ato administrativo é unilateral, ou seja, o efeito produzido na esfera jurídica do administrado deve decorrer tão somente da vontade da Administração Pública, independentemente da anuência do particular. (...) Caso a vontade manifestada seja bilateral, ou seja, decorra da conjunção de vontades da Administração Pública e do particular, tratar-se-á de contrato administrativo ou outra modalidade de ato bilateral (ex.: convênio administrativo), mas não de ato administrativo" (ARAGÃO, Alexandre Santos de. *Curso de Direito Administrativo*. 2. ed. Rio de Janeiro: Forense, 2013, cap. VI.2).
110. Na nossa lição, "o ato administrativo simples é aquele que resulta da manifestação da vontade de um único órgão, *seja ele unipessoal ou colegiado*. Assim, decisões tomadas por um Conselho, ou o decreto de promoção de servidor. O que importa é a vontade unitária (não de agente público, mas de órgão) que lhe dá origem" (ARAGÃO, Alexandre Santos de. *Curso de Direito Administrativo*. 2. ed. Rio de Janeiro: Forense, 2013, cap. VI.6.2, grifamos).
111. RIBEIRO, Vladimir Antonio. *Mais uma vez os decretos do saneamento*. Agência Infra. Disponível em: https://www.agenciainfra.com/blog/infradebate-mais-uma-vez-os-decretos-do-saneamento/. Acesso em: 19 out. 2023.

microrregiões do Estado da Paraíba pela Cagepa, as Microrregiões de Saneamento, após a aprovação nos respectivos colegiados regionais, criaram um "Regulamento de prestação de serviços", subscrito pelo Estado e pelos municípios envolvidos, assim como pela estatal estadual, detalhando as condições em que seriam os serviços por ela prestados.[112]

Caminho semelhante está sendo, ilustrativamente, seguido pelas já citadas Microrregiões de Saneamento Básico do Estado de Goiás, que aprovou, nos recentíssimos regimentos internos de suas microrregiões,[113] que "a prestação direta regionalizada será formalizada por resolução" (art. 41, § 2º).[114] No caso, o projeto de resolução em questão deverá ser elaborado pelo Comitê Técnico do arranjo (art. 45, *caput*, I; e § 1º, I)[115] e submetido ao seu Colegiado Microrregional (art. 46, *caput*),[116] que editará, se aprovado o projeto, a resolução regulamentadora da prestação direta regionalizada, que deverá prever necessariamente o objeto, a área de abrangência, as metas de universalização e de qualidade dos serviços, bem como a descrição do modo, da forma e das condições necessárias relativas à prestação adequada (art. 46, § 1º).[117] Disposições idênticas se fizeram presentes nas resoluções que disciplinaram o procedimento para a definição das formas de prestação dos serviços de saneamento pelas Microrregiões de Água e Esgotamento Sanitário do Estado do Paraná.[118]

É possível aventar alguns pontos importantes de estarem abrangidos pelo ato regulamentar que disciplinar a prestação direta, que constariam no contrato de concessão

---

112. Disponível em https://paraiba.pb.gov.br/diretas/secretaria-de-infraestrutura-e-dos-recursos-hidricos/arquivos/regulamento-sobre-a-prestacao-de-servicos-de-agua-e-esgoto-da-microrregiao-do-litoral.pdf. Acesso em: 25 set. 2023.
113. Regimento Interno da Microrregião de Saneamento Básico do Estado de Goiás – MSB do Leste (MSB-Leste), Regimento Interno da Microrregião de Saneamento Básico do Estado de Goiás – MSB do Centro (MSB-Centro), e Regimento Interno da Microrregião de Saneamento Básico do Estado de Goiás – MSB do Oeste (MSB-Oeste), todos publicados no Diário Oficial do Estado de Goiás em 13 de novembro de 2023.
114. Art. 41 (...) § 2º A prestação direta regionalizada será formalizada por resolução.
115. Art. 45. Proferido o parecer previsto no § 6º do art. 44, ou decorrido o prazo para ele previsto, o Comtec proferirá, nos cinco dias úteis seguintes, parecer favorável ou desfavorável: I – à formalização de prestação direta regionalizada (...) § 1º No caso de parecer favorável: I – na hipótese do inciso I do *caput*, o Comtec encaminhará projeto de resolução para o Colegiado Microrregional
116. Art. 46. O projeto de resolução para instituição de prestação direta regionalizada será apreciado pelo Colegiado Microrregional em assembleia ordinária ou extraordinária, exigido para a aprovação mais da metade dos votos de seus membros.
117. Art. 46. (...) § 1º O Colegiado Microrregional, deliberando pela prestação direta regionalizada, editará resolução, o qual deverá prever: I – o objeto, a área de abrangência e as metas de universalização e de qualidade; e II – a descrição do modo, da forma e das condições necessárias à prestação adequada do serviço.
118. Ilustrativamente, prevê a Resolução 001/2023 da Microrregião de Água e Esgotamento Sanitário do Centro-Litoral do Estado do Paraná: "art. 2º, § 2º A prestação direta regionalizada será formalizada por resolução. (...) Art. 8º Proferido o parecer previsto no art. 7º, ou decorrido o prazo para ele previsto, o Comitec proferirá, nos cinco dias úteis seguintes, parecer favorável ou desfavorável: I – à formalização de prestação direta regionalizada; (...) § 1º No caso de parecer favorável: I – na hipótese do inciso I do *caput*, o Comitec encaminhará projeto de resolução para o Colegiado Microrregional; (...) Art. 9º O projeto de resolução para instituição de prestação direta regionalizada será apreciado pelo Colegiado Microrregional em assembleia ordinária ou extraordinária, exigido para a aprovação mais da metade dos votos de seus membros. § 1º O Colegiado Microrregional, deliberando pela prestação direta regionalizada, editará resolução, o qual deverá prever: I – o objeto, a área de abrangência e as metas de universalização e de qualidade; e II – a descrição do modo, da forma e das condições necessárias à prestação adequada do serviço".

na distinta hipótese de delegação. Cite-se dentre elas, ainda que não exaustivamente, as definições quanto às tarifas a serem cobradas, os investimentos a serem realizados pela prestadora, a definição da entidade responsável pela regulação e pela fiscalização dos serviços, e a indicação dos bens vinculados à atividade de saneamento. Relembre-se, inclusive, que o novo marco dedicou especial importância, em qualquer cenário de prestação dos serviços, a dois desses: (i) o cumprimento das metas de universalização dos serviços legalmente definidas,[119] e (ii) a indicação da entidade autárquica independente que ficará responsável pela regulação e fiscalização dos serviços.[120]

Como se trata de prestação direta de serviços em arranjo interfederativo, é natural que haja um instrumento que regulamente a atuação do prestador. Tanto o ato colegiado que autorizar a prestação direta, quanto o eventual regulamento dos seus termos seriam emanados unilateralmente pela estrutura de governança regional, não tendo a natureza de negócio jurídico, sem que, por isso, fique configurada delegação ou que a modelagem se confunda com contrato de programa. A prorrogação dos contratos de programa é hipótese totalmente distinta da ora em análise, ainda que também juridicamente possível, seja para fins de convergência com a data de término de outros contratos de programa ou de início de futuros contratos de concessão, à luz do art. 13, § 1º, da Lei 14.026/2020;[121] seja para fins de reequilíbrio econômico-financeiro, inclusive visando o cumprimento das metas de universalização impostas pelo novo marco.[122]

Por fim, não ignoramos que, no processo de aprovação do novo marco do saneamento, uma das razões políticas que se fizeram presentes no debate público relativo à norma foi o desejo de esvaziamento das companhias estatais de saneamento em prol da concessão à iniciativa privada.[123] Contudo, como já exaustivamente exposto, nos termos

---

119. Lei 11.445/2007: Art. 11-B. Os contratos de prestação dos serviços públicos de saneamento básico deverão definir metas de universalização que garantam o atendimento de 99% (noventa e nove por cento) da população com água potável e de 90% (noventa por cento) da população com coleta e tratamento de esgotos até 31 de dezembro de 2033, assim como metas quantitativas de não intermitência do abastecimento, de redução de perdas e de melhoria dos processos de tratamento.
120. Lei 11.445/2007: Art. 8º (...) § 5º O titular dos serviços públicos de saneamento básico deverá definir a entidade responsável pela regulação e fiscalização desses serviços, independentemente da modalidade de sua prestação. (...) Art. 21. A função de regulação, desempenhada por entidade de natureza autárquica dotada de independência decisória e autonomia administrativa, orçamentária e financeira, atenderá aos princípios de transparência, tecnicidade, celeridade e objetividade das decisões.
121. Art. 13 (...) § 1º Caso a transição referida no inciso V do *caput* deste artigo exija a substituição de contratos com prazos distintos, estes poderão ser reduzidos ou prorrogados, de maneira a convergir a data de término com o início do contrato de concessão definitivo, observando-se que: I – na hipótese de redução do prazo, o prestador será indenizado na forma do art. 37 da Lei 8.987, de 13 de fevereiro de 1995 ; e II – na hipótese de prorrogação do prazo, proceder-se-á, caso necessário, à revisão extraordinária, na forma do inciso II do caput do art. 38 da Lei 11.445, de 5 de janeiro de 2007.
122. Quanto à possibilidade de extensão dos contratos de programa para fins de reequilíbrio, cf. ARAGÃO, Alexandre Santos de. A extensão dos contratos de programa de saneamento para reequilíbrio à luz da Lei 14.026/2020 e do Decreto 10.710/2021. *Revista de Direito Administrativo*, v. 281, n. 3, p. 79-115, set./dez., 2022.
123. É o que se extrai da própria exposição de motivos do PL 4.162/2019, que deu origem à Lei 14.026/2020: "E numa conjuntura de grave crise fiscal com restrição de investimentos públicos, ao Governo Federal só resta constituir sólidas parcerias com a iniciativa privada, com apoio imprescindível dos Estados e Municípios e como interesse único de levar conforto, qualidade de vida e saúde aos brasileiros desassistidos. Trata-se de um setor altamente monopolizado, onde as empresas estaduais possuem forte predomínio e a iniciativa privada está presente em

da nova sistemática normativa, os Estados são cotitulares dos serviços de saneamento nas hipóteses de interesse comum, sendo eles que, em regra, criam os respectivos arranjos regionais instrumentalizadores. Por tudo isso, não se depreende do novo marco uma vedação de que os Estados possam também atuar regionalizadamente, por meio de suas estatais, que muitas vezes já possuem a expertise e as estruturas jurídicas e institucionais para a prestação nas suas respectivas localidades.

São diversos os meios trazidos pelo novo marco para a garantia da universalização dos serviços: como o estabelecimento de metas de universalização e a necessidade de comprovação da capacidade econômico-financeira dos prestadores. Tais mecanismos visam garantir o planejamento, a regulação e a fiscalização dos serviços com qualidade, diretrizes estas que, se não forem cumpridas, os serviços de saneamento básico não serão universalizados, seja o prestador um agente público ou um agente privado.

Com isso, as concessões no setor de saneamento à iniciativa privada não podem ser entendidas como uma panaceia absoluta no sentido da universalização dos serviços, conforme detalharemos na sequência.

5.1 Concessões privadas não são uma solução automática, nem a única, para a universalização

Há no Brasil, por décadas, concessões de saneamento em que atuam empresas privadas e que, por uma razão ou outra (não necessariamente por responsabilidade das concessionárias), estão muito longe de poderem ser consideradas casos de sucesso de universalização.

O exemplo mais notório é o caso do Município de Manaus, em que a concessão dos serviços à iniciativa privada ocorreu no ano 2000 e a cidade segue sendo considerada um dos piores cenários no setor de saneamento do país, com apenas 25,45% da população atendida por esgotamento sanitário, segundo dados do Relatório de 2023 do Instituto Trata Brasil (tomando como base os dados do Sistema Nacional de Informações sobre Saneamento de 2021).[124]

Um dos grandes problemas relativos à universalização, que devem ser considerados de maneira destacada especialmente nos planos de saneamento das grandes áreas urbanas, diz respeito ao atendimento dos serviços nas áreas irregulares, como as favelas e áreas ocupadas sem planejamento urbano. Muitas vezes estas localidades acabam

---

apenas 6% dos municípios, apesar de representar mais de 20% dos investimentos realizados no setor" (Disponível em: https://www.camara.leg.br/proposicoesWeb/prop_mostrarintegra?codteor=1787462&filename=PL%20 4162/2019. Acesso em: 27 dez. 2023).

124. Disponível em: https://tratabrasil.org.br/wp-content/uploads/2023/03/Versao-Final-do-Relatorio_Ranking-do-Saneamento-de-2023-2023.03.10.pdf. Acesso em: 03 jan. 2024. Há vários exemplos divulgados na imprensa que indicam problemas semelhantes em outros municípios também operados por concessionárias privadas, como, exemplificativamente, Cabo Frio e Búzios. Disponíveis em: https://g1.globo.com/rj/regiao-serrana/noticia/2014/04/moradores-convivem-com-esgoto-ceu-aberto-em-nova-friburgo-no-rj.html e https://cliquediario.com.br/cidades/prolagos-nao-supre-necessidades-de-buzios-e-esgoto-continua-sendo-jogado-em-praia-de-manguinhos/amp. Acesso em: 03 jan. 2024.

sendo desconsideradas nos planos de investimentos ou nas metas de universalização contratuais, bem como nos próprios estudos de diagnóstico do setor.[125]

Estas áreas devem possuir tratamento específico nos planos de saneamento e nos instrumentos jurídicos regulamentadores da prestação, tanto nos casos de concessão à iniciativa privada quanto nas hipóteses de prestação direta. Trata-se de uma questão cara à prestação regionalizada dos serviços, visto que a precariedade nos serviços nas áreas irregulares tende a trazer impactos que extrapolam os limites dos municípios nos quais elas se localizam.[126]

A complexidade do tema remete a questões inerentemente de competência estatal, como a segurança pública, o planejamento urbano e a proteção ao meio-ambiente, de modo que a atuação do estado de forma direta no setor é perfeitamente justificável (ainda que, por óbvio, não seja imprescindível, já que a atuação indireta, por meio da regulação, também pode suprir tais questões, a depender do caso).

Não se pode, portanto, tomar o caminho da desestatização do saneamento como panaceia absoluta para a universalização dos serviços. O cenário brasileiro do setor possui especificidades que devem ser endereçadas de maneira precisa, devendo inevitavelmente o poder público cumprir um papel nesse sentido, de modo que a mera concessão à iniciativa privada não será uma solução automática, e nem representa a única, para os problemas (e nem, tampouco, a atuação das estatais por si só).

Como afirma o já citado Joseph Stiglitz, no tocante à ideia comumente propagada de que "empresas públicas são menos eficientes do que as companhias privadas", aponta que "algumas evidências demonstram não ser esse necessariamente o caso", citando exemplos nos Estados Unidos e em outros países em que isso não se verifica em diversos segmentos, como o de energia elétrica, ferrovias, serviços postais, dentre outros.[127] Na sua ponderação: "comparar a eficiência das empresas públicas e privadas é normalmente difícil, porque elas muitas vezes atuam em diferentes partes da economia e enfrentam diferentes problemas (...). Quando atuam em um mesmo segmento (...), é difícil mensurar comparativamente tanto os custos quanto os resultados".[128] No cenário do setor de saneamento no Brasil, considerando todas as complexidades citadas, buscar fazer uma

---

125. Ilustrativamente, os índices de saneamento do Município de Niterói, exemplo comumente usado no sentido do suposto sucesso da atuação da iniciativa privada no setor, já foram publicamente questionados pela Assembleia Legislativa do Estado do Rio de Janeiro, por aparentemente desconsiderarem várias áreas densamente ocupadas da cidade, especialmente suas favelas. Disponível em: https://oglobo.globo.com/rio/bairros/comissao-da-alerj-contesta-dados-sobre-saneamento-em-niteroi-23761002. Acesso em: 03 jan. 2024.
126. Ainda no exemplo do Município de Niterói, é ilustrativo o fato de que a maioria das suas praias se encontram banhadas pela Baía de Guanabara, de modo que, ainda que o serviço de esgotamento sanitário venha a ser universalizado em Niterói, suas praias seguirão sendo impactados pelos problemas de saneamento presentes nos demais municípios que rondam a Baía.
127. STIGLITZ, Joseph; ROSENGARD, Jay. K. *Economics of the public sector*. 4. ed. Londres: W. W. Norton Company, 2015, p. 215.
128. STIGLITZ. Joseph; ROSENGARD, Jay. K. *Economics of the public sector*. 4. ed. Londres: W. W. Norton Company, 2015, p. 214.

comparação precisa nesse sentido e, ainda mais, concluir no sentido da maior eficiência da iniciativa privada, é ainda mais difícil.

Há inúmeros fatores a serem considerados na avaliação de uma operação de serviços de saneamento, envolvendo aspectos de justiça ambiental, desigualdade social, modicidade tarifária, subsídios cruzados, planejamento urbano, dentre outras. Ilustrativamente, há cenários em que as operações exigem uma maior prioridade de investimentos preventivos de desastres ambientais (e.g.: os rompimentos de adutoras de água, tão comuns em alguns contextos metropolitanos)[129] do que na expansão da rede de distribuição de água, ainda que esta última tenda a trazer maiores ganhos pelo aumento do número de clientes.

Reitera-se, portanto, que não existe solução automática e única que vá garantir a universalização dos serviços de saneamento à luz das metas estabelecidas pelo novo marco. A inovação legislativa trouxe diversos instrumentos para esse fim, no sentido de qualificar o planejamento, a regulação e a fiscalização dos serviços, sendo a prestação regionalizada um destes instrumentos. O cumprimento destas diretrizes, sobretudo considerando as especificidades e complexidades de cada caso, é o caminho para se buscar ao máximo a universalização dos serviços de saneamento básico, sejam eles prestados diretamente ou por concessão, podendo a prestação direta regionalizada, enquanto um arranjo juridicamente legítimo, se mostrar um caminho plausível.

No mais, para além da prestação direta em caso de regionalização, também na hipótese de prestação autônoma e isolada por parte de ente municipal (de modo não regionalizado) a prestação direta também é uma opção do titular. É o que passamos a tratar no Tópico seguinte.

6. PRESTAÇÃO DIRETA MEDIANTE PARCERIAS SOCIETÁRIAS.

Por fim, abordaremos a hipótese de prestação direta dos serviços em âmbito municipal isoladamente (sem estrutura regionalizada), inclusive, se for do interesse do titular, em parceria societária com estatal estadual (o que não há de se confundir com a prestação direta regionalizada),[130] considerando até mesmo eventuais pendências oriundas de

---

129. A título de exemplo, a região metropolitana do Rio de Janeiro passou nos últimos anos por repetidos episódios de adutoras de água tratada se rompendo, alguns casos sendo até reincidências de rompimentos da mesma adutora. Estas ocorrências, além de afetar o abastecimento da região, muitas vezes deixa feridos, desabrigados e causa prejuízos à população. Apenas para citar alguns exemplos noticiados de 2022 para cá: https://g1.globo.com/rj/rio-de-janeiro/noticia/2023/11/28/adutora-de-agua-se-rompe-em-nova-iguacu.ghtml; https://odia.ig.com.br/rio-de-janeiro/2023/12/6751084-moradores-revelam-prejuizos-apos-adutora-romper-em-campo-grande-perdi-mais-de-rs700-de-compra-nao-ficou-nada.html; https://odia.ig.com.br/rio-de-janeiro/2023/05/6642654-rompimento-de-adutora-deixa-casas-alagadas-em-nova-iguacu.html; https://g1.globo.com/rj/rio-de-janeiro/noticia/2022/03/28/moradores-do-bairro-km-32-em-nova-iguacu-contam-os-prejuizos-causados-por-rompimento-de-tubulacao-da-cedae.ghtml; https://g1.globo.com/rj/rio-de-janeiro/noticia/2023/03/27/dois-dias-depois-do-rompimento-de-uma-adutora-em-santissimo-28-familias-seguem-desalojadas.ghtml. Acesso em: 10 jan. 2024.
130. Como a hipótese das parcerias se daria a partir da prestação direta estruturada autonomamente, sem se tratar de regionalização, naturalmente não há de se confundir com a prestação direta regionalizada que abordamos no Tópico anterior, ainda que os dois arranjos contem com a presença de companhia estatal estadual.

situações jurídicas de fato mediante modelos anteriores à Lei 14.026/2020 (cf. Tópico 1). Dentro da já mencionada liberdade de escolha do titular do serviço público quanto à forma de prestação daquela atividade (Tópico 3), alguns são os desenhos possíveis de serem adotados pelos municípios com vistas a operacionalizar referidas parcerias.

É possível cogitar, por exemplo, uma parceria societária envolvendo a Administração direta municipal e empresa estadual de saneamento básico, no âmbito da qual seria constituída uma empresa pública ou uma sociedade de economia mista municipal para a exploração dos serviços de saneamento, na forma do art. 173, CF e da Lei 13.303/2016. Esta sociedade poderia ter, em seu quadro de sócios, a empresa estadual parceira, mas, por ser uma empresa estatal municipal, prestaria, *de forma direta*, o serviço público de saneamento, como autorizado pelo art. 9º, II,[131] c/c art. 10, *caput*,[132] da Lei 11.445/2007, com redação dada pela Lei 14.026/2020.

A participação minoritária da empresa estadual no capital de empresa pública municipal não descaracteriza a sua qualidade de entidade integrante da Administração municipal e, tampouco, a prestação direta pelo próprio Poder Público titular do serviço.[133] Da mesma forma, não desconfiguraria a prestação direta do serviço de saneamento básico quando a atividade fosse exercida por sociedade de economia mista controlada pelo Município titular do serviço, da qual minoritariamente participariam a parceira estatal estadual e agente(s) particular(es), desde que a maioria do capital votante pertença ao Município.

Já a segunda hipótese cogitável envolveria um cenário em que a estatal municipal que prestaria os serviços de saneamento não seria controlada diretamente pelo Município, mas sim por empresa pública ou sociedade de economia mista municipal, com participação minoritária de estatal estadual, configurando assim uma empresa estatal municipal. A parceria societária seria, portanto, entre as estatais estadual e municipal de saneamento e seria instrumentalizada por uma terceira empresa estatal, subsidiária da estatal municipal,[134] podendo ser inclusive constituída sob a forma de uma Sociedade de Propósito Específico (SPE).

---

131. Lei 11.445/2007: "Art. 9º O titular dos serviços formulará a respectiva política pública de saneamento básico, devendo, para tanto: (...) II – *prestar diretamente os serviços, ou conceder a prestação deles*, e definir, em ambos os casos, a entidade responsável pela regulação e fiscalização da prestação dos serviços públicos de saneamento básico; (Redação pela Lei 14.026, de 2020)" (grifamos).
132. Lei 11.445/2007: "Art. 10. A prestação dos serviços públicos de saneamento básico *por entidade que não integre a administração do titular* depende da celebração de contrato de concessão, mediante prévia licitação, nos termos do art. 175 da Constituição Federal, vedada a sua disciplina mediante contrato de programa, convênio, termo de parceria ou outros instrumentos de natureza precária" (grifamos).
133. O parágrafo único do art. 3º da Lei 13.303/2016 ressalva de forma expressa que entidades da Administração Indireta de outros entes podem ter participação minoritária em empresa pública: "desde que a maioria do capital votante permaneça em propriedade da União, do Estado, do Distrito Federal *ou do Município*, será admitida, no capital da empresa pública, a participação de outras pessoas jurídicas de direito público interno, *bem como de entidades da administração indireta da União, dos Estados, do Distrito Federal e dos Municípios*" (grifamos).
134. O Decreto 8.945/2016 conceitua a subsidiária como a "empresa estatal cuja maioria das ações com direito a voto pertençe direta ou indiretamente a empresa pública ou a sociedade de economia mista" (art. 2º, IV). De acordo com o parágrafo único do art. 2º do Decreto, no referido conceito incluem-se "as subsidiárias integrais e as demais sociedades em que a empresa estatal detenha o controle acionário majoritário, inclusive as sociedades de propósito específico".

Justamente por ser uma empresa estatal municipal subsidiária, integrante, pois, da Administração titular do serviço de saneamento, a prestação de serviços por essa terceira empresa estatal municipal também configuraria modalidade de prestação direta decentralizada, que independe da celebração de contrato de concessão, conforme admitido pelos arts. 175 e 30, V, CF, assim como pelo já mencionado art. 9º, II, c/c art. 10 Lei 11.445/2007 (cf. Tópico 3).

Assentadas essas duas hipóteses, destaca-se que, à luz do critério formal adotado pela Lei 13.303/2016 para definir uma sociedade como empresa estatal,[135] o requisito de o Poder Público municipal possuir, direta ou indiretamente (o próprio Município ou estatal municipal), a maioria das ações votantes, é o fator essencial para identificar a companhia como uma empresa estatal, integrante da sua Administração Indireta, de modo a viabilizar a prestação direta por meio da parceria societária.

Embora, contudo, não configurem hipóteses de delegação de serviço público, referidas possibilidades de parcerias societárias, formadas diretamente pelo ente municipal ou por estatal da sua Administração, estariam de toda sorte sujeitas à observância de certos requisitos. Em primeiro lugar, a criação, tanto de estatal nova, quanto de uma subsidiária por empresa estatal municipal já existente, depende de prévia autorização legislativa, ainda que de forma genérica na lei de instituição da entidade controladora, conforme o art. 37, XX, da Constituição Federal[136] e o art. 2º, § 2º, da Lei 13.303/2016.[137]

Para além da autorização legislativa – ainda que genérica –, a seleção do virtual parceiro também deve observar alguns requisitos, embora não deva ser necessariamente precedida de licitação. Isso porque, conforme já expusemos em outra oportunidade,[138] a seleção de um parceiro para a constituição de uma parceria societária constitui muitas vezes uma escolha sensível do Estado, que busca um "sócio estratégico", dotado de *ex-*

---

135. A Lei 13.303/2016, na esteira do que já dispunha o Decreto-lei 200/1967, adotou um conceito de controle nominal e formal para que uma empresa seja considerada empresa pública ou sociedade de economia mista. No caso da empresa pública, o "capital social é integralmente detido" pela União, pelos Estados, pelo Distrito Federal ou pelos Municípios, podendo haver a participação de diferentes pessoas jurídicas de direito público interno, desde que a "maioria do capital votante" pertença a um ente público específico (art. 3º, parágrafo único). Para a sociedade de economia mista, impõe-se que as "ações com direito a voto pertençam em sua maioria" a um ente federativo ou a entidade da Administração Indireta (art. 4º, *caput*), como uma sociedade de economia mista municipal. A partir desse critério da Lei 13.303/2016, para que seja empresa estatal é preciso que 50% mais uma das ações com direito a voto sejam do Poder Público instituidor.
136. CF: "Art. 37. (...) XX – depende de autorização legislativa, em cada caso, a criação de subsidiárias das entidades mencionadas no inciso anterior, assim como a participação de qualquer delas em empresa privada".
137. Lei 13.303/2016: "Art. 2º (...) § 2º Depende de autorização legislativa a criação de subsidiárias de empresa pública e de sociedade de economia mista, assim como a participação de qualquer delas em empresa privada, cujo objeto social deve estar relacionado ao da investidora, nos termos do inciso XX do art. 37 da Constituição Federal". Esse é o entendimento do Supremo Tribunal Federal – STF, que já assentou ser "dispensável a autorização legislativa para a criação de empresas subsidiárias, desde que haja previsão para esse fim na própria lei que instituiu a empresa de economia mista matriz, tendo em vista que a lei criadora é a própria medida autorizadora" (STF. ADI 1.649 / DF. Rel. Min. Maurício Corrêa. Julgado em 24.03.2004). Mais recentemente, o STF reiterou este entendimento no julgamento da ADI 5.324.
138. ARAGÃO, Alexandre de. *Empresas estatais*: o regime jurídico das empresas públicas e sociedades de economia mista. 2. ed. rev., atual. e ampl. Rio de Janeiro: Forense, 2018, p. 464-468.

pertise e de recursos econômicos para ajudar na estruturação e gestão daquela sociedade decorrente da parceria para a execução de dada operação.

Exatamente em razão de sua natureza, a formação de parcerias societárias pela Administração direta ou indireta distingue-se do processo tradicional de contratação estatal. Com efeito, o normalmente longo, flexível e complexo processo de negociação que envolve os potenciais interessados em formar uma sociedade é geralmente incompatível com modelos estanques e procedimentalizados de competição, de modo que a impossibilidade de se definir critérios objetivos de seleção acarreta inclusive o afastamento das próprias normas que impõem a realização de procedimento licitatório.[139]

Tratando das parcerias envolvendo a Administração Pública em geral, Marcos Juruena Vilella Souto, já em 2004, observava que "a confiança legítima, a identidade de objetivos e de propósitos, não são licitáveis".[140] No mesmo sentido, Luís Roberto Barroso eloquentemente já colacionava que "à vista dos dispositivos constitucionais e legais aplicáveis, e pela própria natureza das coisas, não é exigível e, normalmente, não é possível a realização de licitação para seleção de parceiro em um consórcio ou associação. (...) A afinidade que se pretende com a associação é que vai definir a melhor parceria, e não a licitação, que, frise-se, não é o único meio de se atingir a moralidade e a eficiência na contratação. No caso, ocorreria uma espécie de inexigibilidade de licitação, já que há inviabilidade de se aferir, com os critérios objetivos inerentes à licitação, a proposta que melhor se adequará, ou terá maior afinidade com o que se pretende em face das diretrizes traçadas. Afinal, só existe viabilidade no certame se a competição envolve homogeneidade de bens e parâmetros objetivos de aferição".[141]

De fato, superando a classificação bipartite tradicional de contratação direta e consagrando o entendimento historicamente defendido pela doutrina para a Administração Pública em geral, o art. 28, § 3º, da Lei 13.303/2016 previu expressamente uma nova hipótese de afastamento da licitação para empresas estatais – que não se configura como dispensa e tampouco como inexigibilidade de licitação. Nas situações do § 3º, as estatais são isentas da própria observância como um todo do capítulo de licitações da Lei 13.303/2016.

Nos casos de parcerias celebradas tanto pela Administração Pública direta quanto, *a fortiori* em razão da previsão expressa acima referida, pelas empresas estatais, a ausência de licitação ocorrerá por força de uma verdadeira *não incidência das regras*

---

139. De acordo com Marçal Justen Filho, quando "existem diferentes alternativas, mas a natureza personalíssima da atuação do particular impede o julgamento objetivo. É impossível definir com precisão uma relação custo-benefício. Ainda que seja possível determinar o custo, os benefícios que serão usufruídos pela Administração são relativamente imponderáveis. Essa incerteza deriva basicamente da natureza subjetiva da avaliação, eis que a natureza da prestação envolve fatores intelectuais, artísticos, criativos e assim por diante. Não há critério de julgamento para escolher o melhor. Quando não houver critério objetivo de julgamento, a competição perde o sentido" (JUSTEN FILHO, Marçal. *Comentários à Lei de Licitações e Contratos Administrativos*. 11. ed. São Paulo: Dialética, 2005. p. 273).
140. SOUTO, Marcos Juruena Vilella. *Direito Administrativo em debate*. Rio de Janeiro: Lumen Juris, 2004. p. 156.
141. BARROSO, Luís. Roberto. *Temas de Direito Constitucional*. Rio de Janeiro: Renovar, 2002. p. 412-413 e 417).

licitatórias, algo semelhante com o que o acontece no direito tributário em relação às suas regras impositivas.[142]

Mesmo diante dessa inexistência de critérios objetivos capazes de justificar a licitação, contudo, a escolha do parceiro deve ser fundamentada à luz de parâmetros societários e mercadológicos suficientes.

Em outras palavras, tanto para a opção pela parceria, como para fundamentar a escolha do parceiro, hão de ser demonstrados fatores como a necessidade de cooperação continuada, a conjunção empresarial de esforços, a integração logística, o aprendizado de *know-how*, a transferência de tecnologia etc. que impliquem, ainda que revestida de elevado grau de discricionariedade administrativo-negocial, a razoabilidade da decisão de se fazer uma parceria societária e não a celebração de um vínculo meramente contratual.

Nesse sentido, previu o art. 28, § 3º, II, da Lei 13.303/2016[143] – em linha com o entendimento geral extensível à toda Administração Pública – que a parceria societária estatal pode ter lugar sempre que verificada, em cada caso concreto, uma oportunidade de negócio em razão das características particulares do virtual parceiro, com a inviabilidade de procedimento competitivo.

Dessa maneira, a fim de se fundamentar a inaplicabilidade das normas licitatórias e, em última análise, justificar a própria celebração da parceria societária e a prestação direta do serviço de saneamento, em detrimento de outras modelagens possíveis (inclusive contratuais), deverá, portanto, a Administração municipal justificar a parceria societária à luz: (i) de suas características particulares;[144] e (ii) da efetiva oportunidade de negócio no caso concreto,[145] avaliando a sua vantajosidade face a outras possíveis

---

142. "Não incidência é a situação em que a regra jurídica de tributação não incide porque não se realiza a sua hipótese de incidência, ou, em outras palavras, não se configura o seu suporte fático" (MACHADO, Hugo de Brito. *Curso de direito tributário*. 31. ed. rev. atual. e ampl., São Paulo: Malheiros, 2010, p. 243).
143. Lei 13.303/2016: "Art. 28 (...) § 3º. São as empresas públicas e as sociedades de economia mista dispensadas da observância dos dispositivos deste Capítulo nas seguintes situações: (...) II – nos casos em que a escolha do parceiro esteja associada a suas *características particulares*, vinculada a *oportunidades de negócio* definidas e específicas, *justificada a inviabilidade de procedimento competitivo*".
144. Maristela Basso, ao tratar da formação de *joint ventures* em geral, exemplifica critérios subjetivos que podem ser considerados para aferição de compatibilidade e complementaridade entre os parceiros, por exemplo: a) o sucesso em acordos de cooperação ou joint ventures presentes ou passadas; b) compatibilidade no relacionamento; c) similaridade nas estruturas administrativa e operacional; d) tipo de organização das empresas, utilizando-se critérios geográficos, funcionais etc. (BASSO, Maristela. *Joint ventures*: manual prático das associações empresariais. Porto Alegre: Livraria do Advogado, 1998, p. 152). Normalmente, são considerados, ainda, atributos de certa forma subjetivos do potencial parceiro, a exemplo da identidade de projetos estratégicos e comunhão de filosofias empresariais, circunstâncias essas fundamentais à escolha de parceiro, haja vista o caráter permanente e contínuo do relacionamento que se prolonga por anos entre as partes, em atuação que deve ser conjunta e organizada.
145. Oportunidade de negócio é o negócio qualificado pela sua não ordinariedade diante das circunstâncias fáticas e comerciais que o envolvem. No que tange à fundamentação da oportunidade de negócio, eventual parceria com uma estatal estadual de saneamento poderia trazer a reboque décadas de tratativas e aprimoramentos operacionais, quando o eventual parceiro já possuísse prévia experiência na execução de serviços dessa natureza na área da parceria. Não somente, as suas características particulares também podem ser examinadas para a caracterização da oportunidade de negócio para a celebração da parceria, como por exemplo o *know-how* adquirido no período de atuação do parceiro. Além disso, em municípios nos quais tenha a estatal estadual

modelagens, inclusive como já entendeu o Tribunal de Contas da União – TCU (Acórdão 2.488/2018);[146] e (iii) justificando, assim, a inaplicabilidade de procedimento competitivo.

Embora tais requisitos tenham sido expressamente previstos pela Lei 13.303/2016, cujo âmbito de incidência naturalmente restringe-se às empresas estatais, devem ser eles também observados nas parcerias celebradas pela própria Administração Direta. Afinal, se até as estatais, na qualidade de pessoas jurídicas de direito privado, cuja atuação é naturalmente dotada de maior flexibilidade, devem fundamentar as parcerias com base naqueles critérios republicanos, *a fortiori* impõe-se ao menos a sua observância caso a parceria envolva pessoas federativas.

CONCLUSÕES

Nos Tópicos acima buscamos endereçar a relevante questão das situações jurídicas de fato envolvendo a operação de serviços de saneamento básico em municípios, sobretudo por parte de estatais estaduais, mediante avenças anteriores à Lei 14.026/2020 que poderiam agora ser eventualmente considerados destoantes. Trata-se de cenários nos quais as relações jurídicas preexistentes não chegaram a ser propriamente substituídas, e cujas prestações sequer poderiam ser interrompidas, até como impõe o princípio da continuidade dos serviços públicos, como exemplificativamente nas hipóteses de (i) convênios, contratos de concessão ou outros instrumentos firmados diretamente (sem licitação), por vezes até antes da CF/88, com prazo original ou prorrogado vigente; (ii) prestação de fato sem cobertura contratual formal, por exemplo em razão de já ter sido alcançado o termo *ad quem* da avença. Vimos também que em certos casos as operações podem até ser baseadas em ordens judiciais, em razão do ajuizamento de ação por estatal estadual para a continuidade da operação.

Nesse contexto foram abordados alguns direitos assegurados aos prestadores em decorrência de situações jurídicas de fato como por exemplo as acima mencionadas, especificamente quanto (1) à indenização pelos bens reversíveis não amortizados como pressuposto para o derradeiro reequilíbrio econômico-financeiro da avença; (2) à manutenção da prestação enquanto pendente a amortização dos bens reversíveis ou correspondente ressarcimento pelo Poder Concedente; e (3) ao reconhecimento dos

---

prestado serviços e nos quais restem investimentos em bens reversíveis não amortizados ao fim da relação contratual, a parceria poderia consubstanciar uma oportunidade de negócio para manter a prestação dos serviços e viabilizar um acerto de contas entre a estatal estadual e o respectivo Município, sem que fosse necessário o pagamento de vultuosa indenização.

146. Na ocasião, o TCU apreciou a parceria firmada pela Telebras para exploração de rede satelital e afirmou que "a contratação direta da empresa parceira depende: a) da configuração de uma oportunidade de negócio, o qual pode ser estabelecido por meio dos mais variados modelos associativos, societários ou contratuais, nos moldes do estabelecido no § 4º do art. 28 da Lei das Estatais; b) da demonstração da vantagem comercial que se espera advir para a empresa estatal; e c) da comprovação pelo administrador público de que o parceiro escolhido apresenta condições peculiares que demonstram sua superioridade em relação às demais empresas que atuam naquele mercado; e d) da demonstração da inviabilidade de procedimento competitivo" (TCU, Acórdão 2.488/2018, Plenário, Rel. Min. Benjamin Zymler, julg. 31.10.2018). Tais requisitos foram reiterados no Acórdão 1.579, Plenário, Rel. Min. Antonio Anastasia, julg. 06.07.2022.

serviços e investimentos realizados, a ser formalizado exemplificativamente por ajuste de acerto de contas até o conclusivo reequilíbrio da relação não finalizada.

A partir do cenário acima descrito foram apreciadas, sem pretensões exaurientes, algumas soluções cogitáveis a partir do atual marco do saneamento básico para a operacionalização futura dos serviços caso pretendam os entes titulares prestá-los diretamente, de forma regionalizada ou não, inclusive em parceria com estatal estadual de saneamento (o que não se confunde com a prestação direta regionalizada por meio da companhia estadual), considerando se for o caso também passivos pendentes das narradas relações preexistentes.

REFERÊNCIAS

ACHEN-LEFÈVRE, Marie-Hélène; e BODA, Jean-Sébastien. Les biens de retour et l'intérêt du service public. Juridique Analyse, La Gazette, 2015.

ALMEIDA, Eduarda Fernandes de; NASCIMENTO, Ingrid Graziele Reis do; SCHMITT, Vanessa Fernanda. Regionalização do saneamento básico como estratégia para alcançar a universalização dos serviços: um benchmarking dos Estados brasileiros. In: OLIVEIRA, Carlos Roberto de; VILARINHO, Cíntia Maria Ribeiro (Coord.). A Regulação de Infraestruturas no Brasil. São Paulo: Associação Brasileira de Agências de Regulação, 2021.

ARAGÃO, Alexandre Santos de. Prestação de serviços à Administração Pública após fim do prazo contratual. *Revista de Direito Administrativo*, v. 214, p. 167-176, 1998.

ARAGÃO, Alexandre Santos de. *Curso de direito administrativo*. 2. ed. Rio de Janeiro: Forense, 2013.

ARAGÃO, Alexandre Santos de. *Direito dos Serviços Públicos*. 4. ed. Belo Horizonte: Fórum, 2017.

ARAGÃO, Alexandre Santos de. *Empresas Estatais*: o regime jurídico das Empresas Públicas e Sociedades de Economia Mista. 2. ed. Rio de Janeiro, Forense, 2018.

ARAGÃO, Alexandre Santos de. A extensão dos contratos de programa de saneamento para reequilíbrio à luz da Lei 14.026/2020 e do Decreto 10.710/2021. *Revista de Direito Administrativo*, v. 281, n. 3, p. 79-115, set./dez. 2022.

ARAGÃO, Alexandre Santos de; D'OLIVEIRA, Rafael Daudt. Considerações iniciais sobre a Lei 14.026/2020 – Novo marco regulatório do saneamento básico. In: GUIMARÃES, Fernando Vernalha (Coord.). O Novo Direito do Saneamento Básico: Estudos sobre o Novo Marco Legal do Saneamento Básico no Brasil (de Acordo Com a Lei 14.026/2020 e respectiva Regulamentação). Belo Horizonte: Fórum, 2021.

AZEVEDO, Álvaro Villaça. *Curso de direito civil*: teoria geral das obrigações e responsabilidade civil. 13. ed. São Paulo : Saraiva Educação, 2019.

BARROSO, Luís. Roberto. *Temas de Direito Constitucional*. Rio de Janeiro: Renovar, 2002.

BASSO, Maristela. *Joint ventures*: manual prático das associações empresariais. Porto Alegre: Livraria do Advogado, 1998.

BERTOCCELLI, Rodrigo de Pinho. Saneamento básico: a evolução jurídica do setor. In.: DAL POZO, Augusto Neves. *O novo marco regulatório do saneamento básico*. São Paulo: Thomson Reuters, 2020.

BRASIL. Presidência da República. Ministério do Desenvolvimento Regional e Ministério da Economia. Secretaria-Executiva. EMI 000184/2019 ME MDR. Brasília, 2019.

BREWER-CARÍAS, Allan R. El régimen de la reversión en las concesiones administrativas en venezuela, con especial referencia a las concesiones mineras. In: GALUSSO, Alicia Rodriguez. *Estudios de derecho público en homenaje al Prof. Horacio Cassinelli Muñoz*. Montevideo [Uruguay]: Universidad Católica del Uruguay, 2016.

CARVALHO SANTOS, J. M. *Código Civil Brasileiro Interpretado*. 7. ed. Rio de Janeiro: Freitas Bastos, 1977. v. XII.

DALLARI, Adilson Abreu. Empresa estatal prestadora de serviços públicos – Natureza jurídica – Repercussões tributárias. *Boletim de Direito Administrativo*, São Paulo, v. 10, n. 8, p. 453-468, ago. 1994.

FARIA, Luzardo. O art. 26 da LINDB e a legalidade dos acordos firmados pela Administração Pública: uma análise a partir doo princípio da indisponibilidade do interesse público. In: VALIATI, Thiago Priess; HUNGARO, Luis Alberto; CASTELLA, Gabriel Morenttini. *A Lei de Introdução e o Direito Administrativo brasileiro*. São Paulo: Lumen Juris, 2019.

FONSECA, Aroldo Medeiros da. *Direito de retenção*. Rio de Janeiro: Forense, 1944.

FREIRE, André Luiz. Saneamento básico: titularidade, regulação e descentralização. In: GUIMARÃES, Fernando Vernalha (Coord.). *O novo direito do saneamento básico*: estudos sobre o novo marco legal do saneamento básico no Brasil (de acordo com a Lei 14.026/2020 e respectiva regulamentação). Belo Horizonte: Fórum, 2022.

FURTADO, Lucas Rocha. *Curso de licitações e contratos administrativos*. 5. ed. rev. atual. e ampl. Belo Horizonte: Fórum, 2013

GOMES, Orlando. *Obrigações*. 16. ed. Rio de Janeiro: Forense, 2008.

GONÇALVES, Pedro. *A concessão de serviços públicos*. Coimbra: Almedina, 1999.

GRAU, Eros Roberto. Contrato de concessão: propriedade de bens públicos, encerramento do contrato e o artigo 884 do Código Civil. *Revista de direito administrativo*, v. 261, 2012.

GUERRA, Sérgio; PALMA, Juliana. de. Art. 26 da LINDB – Novo regime jurídico de negociação com a Administração Pública. *Revista de Direito Administrativo, Direito Público na Lei de Introdução às Normas de Direito Brasileiro – LINDB (Lei 13.655/2018)*, p. 135-169, 2018.

GUIMARÃES, Bernardo Strobel. Fundamentos constitucionais para indenização dos lucros cessantes em caso de extinção de contratos administrativos por interesse da Administração Pública. *R. de Contratos Públicos – RCP*, Belo Horizonte, ano 3, n. 4, p. 9-29, set. 2013/fev. 2014.

HOHMANN, Ana Carolina. A prestação regionalizada do serviço público de saneamento básico no âmbito do novo marco legal do saneamento básico: gestão associada e governança interfederativa. In.: GUIMARÃES, Bernardo Strobel. VASCONCELOS; Andrea Costa de; HOHMANN, Ana Carolina. (Coord.). *Novo marco legal do saneamento básico*. Belo Horizonte: Fórum, 2021.

JUSTEN FILHO, Marçal. *Concessões de serviços públicos*. São Paulo: Dialética, 1997.

JUSTEN FILHO, Marçal. *Teoria geral das concessões de serviço público*. São Paulo: Dialética, 2003.

JUSTEN FILHO, Marçal. *Comentários à Lei de Licitações e Contratos Administrativos*. 11. ed. São Paulo: Dialética, 2005.

JUSTEN FILHO, Marçal. *Curso de direito administrativo*. 8. ed. Belo Horizonte: Fórum, 2018.

MACHADO, Hugo de Brito. *Curso de direito tributário*. 31. ed. rev. atual. e ampl., São Paulo: Malheiros, 2010.

MARQUES NETO, Floriano de Azevedo. *Concessões*. Belo Horizonte: Fórum, 2015.

MARRARA, Thiago. Regionalização do Saneamento no Brasil. In: OLIVEIRA, Carlos Roberto de. GRANZIERA, Maria Luiza Machado (Org.). *Novo Marco do Saneamento Básico no Brasil*. 2. ed. Indaiatuba: Foco, 2022.

MAXIMILIANO, Carlos. *Hermenêutica e aplicação do direito*. 21. ed. Rio de Janeiro: Forense. 2017.

MEIRELLES, Hely Lopes. *Licitação e contrato administrativo*. 10. ed. São Paulo: Ed. RT, 1991.

MEIRELLES, Hely Lopes. *Direito municipal brasileiro*. São Paulo: Malheiros, 1997.

MEIRELLES, Hely Lopes. *Direito administrativo brasileiro*. 42. ed. São Paulo: Malheiros, 2016.

MONTEIRO, Vera. Nas regiões metropolitanas e afins a titularidade do serviço de saneamento básico é do estado. In: GUIMARÃES, Fernando Vernalha (Coord.). *O novo direito do saneamento básico*: estudos sobre o novo marco legal do saneamento básico no Brasil (de acordo com a Lei 14.026/2020 e respectiva regulamentação). Belo Horizonte: Fórum, 2022.

MOREIRA NETO, Diogo de Figueiredo. *Curso de direito administrativo*. 16. ed. rev. e atual. Rio de Janeiro: Forense, 2014.

OLIVEIRA, Rafael Carvalho Rezende de. *Curso de Direito Administrativo*. 5. ed. rev., atual. e ampl. Rio de Janeiro: Forense; São Paulo: Método, 2017.

PAGE, Henri de. *Traite elementaire de Droit Civil Belge*. Livre III – Les obligations. Bruxelas: Emile Bruylant, s/d.

PONTES DE MIRANDA, Francisco Cavalcanti. *Tratado de Direito Privado*. Parte Especial. Atual. Ruy Rosado de Aguiar Júnior; Nelson Nery Jr. São Paulo: RT, 2012. t. XXVI, Direito das Obrigações.

PONTES DE MIRANDA, Francisco Cavalcanti. *Tratado de Direito Privado*. São Paulo: RT, 2012. t. XXIV, Direito das Obrigações.

QUADROS, Clóvis Airton de; ANTUNES, Leandro Bastos; SANTOS, Marcus Vinicius Freitas dos. Análise estrutural do contrato de transição em áreas operacionais dos portos brasileiros. In: RAMOS, Edith Maria Barbosa; SANTIN, Janaína Rigo; CRISTÓVAM, José Sérgio da Silva. *Direito administrativo e gestão pública I*. Florianópolis: CONPEDI, 2020.

RIBEIRO, Vladimir Antonio. *Mais uma vez os decretos do saneamento*. Agência Infra. Disponível em: https://www.agenciainfra.com/blog/infradebate-mais-uma-vez-os-decretos-do-saneamento/. Acesso em: 19 out. 2023.

SAMPAIO, Patrícia Regina Pinheiro. Reforma do marco legal do saneamento básico e o incentivo à prestação regionalizada dos serviços. In.: OLIVEIRA, Carlos Roberto de. GRANZIERA, Maria Luiza Machado (Org.). *Novo Marco do Saneamento Básico no Brasil*. 2. ed. Indaiatuba: Foco, 2022.

SANTOS, Élen Dânia Silva dos; FRANCATO, Débora Faria Fonseca. Prestação regionalizada dos serviços de resíduos sólidos no Novo Marco Legal do Saneamento Básico. In: OLIVEIRA, Carlos Roberto de. GRANZIERA, Maria Luiza Machado (Org.). Novo Marco do Saneamento Básico no Brasil. 2. ed. Indaiatuba: Foco, 2022.

SENA JR., Horcades Hugues Uchôa. *Ausência de cobertura contratual e celebração do termo de compromisso*. Disponível em: https://www.conjur.com.br/2022-nov-10/horcades-hugues-ausencia-cobertura-contratual-termo-compromisso. Acesso em: 26 set. 2023.

SOUTO, Marcos Juruena Villela. *Direito administrativo contratual*. Rio de Janeiro: Lumen Juris, 2004.

SOUTO, Marcos Juruena Vilella. *Direito Administrativo em debate*. Rio de Janeiro: Lumen Juris, 2004.

STIGLITZ, Joseph E. *The economic role of the state*. Oxford, Cambridge: Basil Blackwell, 1989.

STIGLITZ, Joseph; ROSENGARD, Jay. K. *Economics of the public sector*. 4. ed. Londres: W. W. Norton Company, 2015.

STRINGHNI, Adriano Candido; BRONZATO, Tales José Bertozzo. Camisa 10: o Novo Marco Legal do Saneamento; um olhar para o futuro e as oportunidades de sinergia; exercício da titularidade; interesse local e interesse comum. Uma visão integrativa e modelos contratuais e societários. In: DAL POZZO, Augusto Neves (Coord.). *O Novo Marco Regulatório do Saneamento Básico*. São Paulo: RT, 2022.

SUNDFELD, Carlos Ari. Direito à indenização prévia na extinção da concessão pelo término do prazo contratual. *Direito administrativo contratual*. São Paulo: RT, 2013.

TÁCITO, Caio. O equilíbrio financeiro na concessão de serviço público. *Revista de Direito Administrativo*, [S. l.], v. 65, p. 1-25, 1961.

TRINDADE, Karla Bertocco; ISSA, Rafael Hamze. Primeiras impressões a respeito dos impactos da Lei 14.026/20 nas atividades das empresas estaduais de saneamento: a questão da concorrência com as empresas privadas. In: GUIMARÃES, Bernardo Strobel; VASCONCELOS, Andréa Costa de; HOHMANN, Ana Carolina (Coord.). *Novo marco legal do saneamento*. Belo Horizonte: Fórum, 2021.

VILLELA SOUTO, Marcos Juruena. *Direito administrativo contratual*. Rio de Janeiro: Lumen Juris, 2004.

WALD, Arnoldo. O equilíbrio econômico e financeiro no Direito brasileiro. *Revista Justiça e Cidadania*, edição 161, 2014.

ZAGREBELSKY, Gustavo. *Le Droit en Douceur* – Il Diritto Mite. Trad. Michel Leroy. Paris: Económica, 2000.

LICITAÇÃO UNIFICADA DE CONCESSÕES AUTÔNOMAS DE SANEAMENTO MUNICIPAL

Carlos Ari Sundfeld
Doutor e mestre em direito administrativo pela PUC/SP. Professor titular da FGV Direito SP. Presidente da Sociedade Brasileira de Direito Público – SBDP.

André Rosilho
Doutor pela USP e mestre pela FGV Direito SP. Professor da FGV Direito SP. Coordenador do Observatório do TCU da FGV Direito SP.

João Domingos Liandro
Especialista em direito administrativo pela PUC/SP. Membro do Grupo Público da FGV Direito SP – SBDP.

Sumário: Introdução – 1. Diversidade de soluções associativas em saneamento – 2. Gestão associada e licitação unificada de concessões – 3. Concessões primárias e secundárias – Conclusão – Referências.

INTRODUÇÃO

Em 2020, a Lei Federal 14.026 modificou a Lei 11.445, de 2007, dando origem ao Novo Marco Legal do Saneamento Básico. Visando a universalização dos serviços de saneamento básico – entre os quais se insere o manejo de resíduos sólidos (art. 3º, I, c) – ela criou uma série de estímulos para entidades políticas se associarem de modo a aumentar a viabilidade técnica e econômico-financeira dos serviços e gerar ganho de escala.

A discussão do presente estudo é se, no contexto dessa lei, há viabilidade jurídica de Municípios não consorciados se associarem voluntariamente para realizar licitação unificada de concessões autônomas de seus serviços de tratamento e destinação final de resíduos sólidos. A questão é tratada em três tópicos.

O *tópico 1* relaciona o debate sobre essa unificação com a tendência normativa brasileira em favor da diversidade de soluções associativas.

O *tópico 2* explora os instrumentos associativos para a concertação de entidades políticas previstos no Novo Marco Legal do Saneamento Básico e constata que, no caso, os Municípios podem viabilizar licitação unificada de contratos de concessão a partir da formalização da gestão associada do serviço de destinação final de resíduos sólidos, nos termos do art. 8º, §§ 1º e 4º da Lei 11.445, de 2007, c/c o art. 241 da Constituição Federal e o art. 7º, VIII e X, da Lei 12.305, de 2010.

O *tópico 3* expõe as linhas gerais da licitação unificada de contratos de concessão e demonstra que, apesar de a técnica de contratação não ser habitual quanto a esse objeto, ela não é juridicamente estranha ou inusitada. Isso envolve a adaptação parcial, para o universo das concessões, da lógica da licitação de ata de registro de preços – técnica difundida, e amplamente aceita e estimulada por controles estatais, para situações em que a contratação unificada possa gerar ganhos de escala para o poder público.

A conclusão faz um levantamento de pontos de alerta a considerar nas licitações unificadas de contratos de concessão, mitigando riscos e conferindo segurança jurídica às contratações.

1. DIVERSIDADE DE SOLUÇÕES ASSOCIATIVAS EM SANEAMENTO

O objetivo primordial da Lei 11.445, de 2007, com as alterações promovidas pela Lei 14.026, de 2020, é universalizar o acesso e a efetiva prestação do serviço de saneamento básico (art. 2º, I). Para tanto, elegeu duas estratégias principais e complementares.

A primeira, estimular que entidades políticas se associem, por meio de instrumentos diversos, para que possam exercer a titularidade de serviços de saneamento básico de modo compartilhado e coordenado, total ou parcialmente. A diretriz, segundo o art. 49, XIV, da Lei 11.445, de 2007, tem em mira a superação de conhecidas travas ao desenvolvimento do setor – de um lado, a visão de que serviços de saneamento básico necessariamente seriam de interesse local (e, portanto, nos termos do art. 30, VI, da Constituição, de competência exclusiva de Municípios), e, do outro, o fato de que tais serviços exigem escala para que sejam técnica e economicamente viáveis (condição que a grande maioria dos Municípios brasileiros não preenche individualmente).[1]

A segunda, atrair investimentos privados para a construção e operação das complexas infraestruturas necessárias à prestação de serviços de saneamento básico. É o que se infere do art. 10 da Lei 11.445, de 2007, que elegeu arranjos contratuais de longo prazo (concessões comuns, patrocinadas e administrativas) como veículos para a prestação de serviços de saneamento básico por entidade que não integre a administração do titular. A diretriz está calcada no diagnóstico de que o modelo de desenvolvimento do setor baseado em investimentos majoritariamente estatais, predominantes até então, teria mostrado sinais de esgotamento.

Olhar panorâmico para a Lei 11.445, de 2007, com as alterações de 2020, revela, portanto, que, para o legislador, a chave para a universalização dos serviços de saneamento básico seria sua delegação à iniciativa privada via contratos de concessão, que tenderiam a se viabilizar a partir da aglutinação de entidades políticas para o exercício total ou parcialmente coordenado da titularidade desses serviços.

---

1. Para uma análise dos desafios históricos do setor, ver CARVALHO, Vinicius Marques de. Cooperação e planejamento na gestão dos serviços de saneamento básico. In: MOTA, Carolina (Coord.). *Saneamento Básico no Brasil*: aspectos jurídicos da Lei Federal 11.445/2007. São Paulo: Quartier Latin, 2010, p. 53-88; e CAMPOS, Rodrigo Pinto de. Regulação e federalismo no serviço público de saneamento básico. In: MOTA, Carolina (Coord.), op. cit., p. 91-110.

Mas como os instrumentos e arranjos propostos pelo Novo Marco Legal do Saneamento Básico podem concretamente ser aproveitados, Brasil afora, para a prestação de cada um dos serviços de saneamento básico (abastecimento de água, esgotamento sanitário, limpeza urbana, manejo de resíduos sólidos etc.)?[2] Quais medidas efetivamente podem ser tomadas por Municípios para aprimorá-los? Quais riscos devem ser considerados quando da associação de entidades políticas para a delegação da prestação de serviços de saneamento básico? E como mitigá-los?

As respostas a essas e outras indagações correlatas não estão prontas. Afinal, cada município é um microcosmo particular, com características singulares e histórico específico na prestação de serviços de saneamento básico. Em face da multiplicidade de realidades, os caminhos abertos pelo Novo Marco Legal do Saneamento Básico têm de ser considerados a partir de cada contexto, como o próprio diploma esclarece (art. 2º, V). Desse modo, eles variarão de local para local, de serviço para serviço.[3]

Em tese, a eventual celebração de contratos coordenados de longo prazo poderia propiciar segurança, previsibilidade e vantajosidade econômica aos Municípios na manutenção desses serviços essenciais. A contratação regionalizada, além de ser estimulada pelo Novo Marco Legal de Saneamento Básico, pode contribuir para alavancar ações conectadas à agenda *ESG* (reciclagem, aproveitamento energético, fomento a cooperativas de recicladores etc.). Pelo ângulo do prestador de serviço, tais ajustes traríam mais segurança e previsibilidade quanto à demanda, abrindo espaço para mais investimentos na prestação de serviços e nas instalações necessárias ao empreendimento respectivo.

O Novo Marco Legal do Saneamento Básico, ao estimular que entidades políticas se coordenem para a celebração de contratos de longo prazo, abre janela de oportunidade para o aprimoramento da prestação desses serviços, incluído o de destinação final e manejo de resíduos sólidos. O ponto-chave é avaliar se, e em que medida, seria viável que Municípios se associem fora da estrutura burocrática dos consórcios públicos para, agindo de modo total ou parcialmente coordenado, delegar à iniciativa privada, por meio de contratos de concessão, a prestação dos respectivos serviços de tratamento e destinação final de resíduos sólidos.

Discute-se a hipótese de os Municípios, independentemente de autorização legal, se associarem para, por meio de licitação única, celebrarem com o vencedor múltiplos contratos de concessão autônomos de seus serviços de tratamento e destinação final de resíduos sólidos. Uma licitação para vários vínculos contratuais – um para cada município associado. No próximo tópico, analisa-se se isso encontra guarida no Novo Marco Legal do Saneamento Básico – que ampliou o espaço para a concertação de entidades

---

2. O presente artigo foca nos serviços de tratamento e destinação final de resíduos sólidos para analisar a viabilidade da licitação unificada de concessões autônomas por conta da possível economia de escala em eventual agrupamento de Municípios. As soluções, em tese – e com eventuais adaptações – podem se aplicar a outros serviços, se presente a economia de escala.
3. Para um panorama sobre a experiência recente com contratos de concessão celebrados a partir do Novo Marco Legal do Saneamento Básico, ver BERTOCCELLI, Rodrigo de Pinho. *Prestação Regionalizada de Saneamento Básico no Brasil*. São Paulo: Lumen Juris, 2023.

políticas, facilitando a prestação de serviços de saneamento de modo coordenado – na Lei 12.305, de 2010 (Lei da Política Nacional de Resíduos Sólidos) e na legislação de contratações públicas.

2. GESTÃO ASSOCIADA E LICITAÇÃO UNIFICADA DE CONCESSÕES

As externalidades positivas do incremento da coordenação de entidades políticas no provimento de utilidades públicas em geral têm sido amplamente destacadas pela literatura jurídica recente.[4] O reconhecimento de vantagens na ação estatal concertada, contudo, não vem de agora.[5]

A importância da cooperação de entidades políticas, em suas múltiplas formas, em prol do desenvolvimento mútuo e da adequada prestação de serviços públicos não só tem sido debatida pela literatura jurídica especializada, como foi transformada pelo ordenamento jurídico em vetor da ação estatal – vetor esse que tem sido sistematicamente reforçado pela edição de normas infraconstitucionais voltadas a ampliar e robustecer mecanismos de coordenação intra e interfederativos.

A Constituição, no art. 23, parágrafo único, ao tratar das competências comuns da União, dos Estados, dos Municípios e Distrito Federal, previu de modo expresso a necessidade de haver cooperação interfederativa em prol do desenvolvimento e bem-estar em âmbito nacional.

No art. 241, ela dispôs que a União, os Estados, o Distrito Federal e os Municípios disciplinariam, por meio de lei, "os consórcios públicos e os convênios de cooperação entre os entes federados, autorizando a gestão associada de serviços públicos, bem como a transferência total ou parcial de encargos, serviços, pessoal e bens essenciais à continuidade dos serviços transferidos". O dispositivo, como destacou o relator Fux no julgamento da ação direta de inconstitucionalidade 3.499 pelo Supremo Tribunal Federal (plenário, maioria, j. 30.08.2019), é externalização do modelo de federalismo cooperativo adotado pela Constituição que, "em diversos dispositivos, exorta a atuação conjunta e/ou coordenada da Administração Pública de diferentes níveis" (fls. 9). Respeitadas as competências constitucionais, a existência de entes federativos diferentes não impede a obtenção de ganhos de escala em contratações públicas, por meio de cooperação.

Cabe às administrações públicas, no espírito de cooperação interfederativa preconizado pela Constituição, tomar ordinariamente providências práticas de concertação estatal com vistas ao interesse público. Diplomas legais podem tratar do assunto por

---

4. MOREIRA NETO, Diogo de Figueiredo. Coordenação gerencial na administração pública. *Revista de Direito Administrativo*, Rio de Janeiro, v. 214, 1998, p. 49; HOHMANN, Ana Carolina. A prestação regionalizada do serviço público de saneamento básico no âmbito do novo marco legal de saneamento: gestão associada e governança interfederativa. In: GUIMARÃES, Bernardo Strobel; VASCONCELOS, Andréa Costa de; e HOHMANN, Ana Carolina (Coord.). *Novo Marco Legal do Saneamento*. Belo Horizonte: Fórum, 2021, p. 211; ARAGÃO, Alexandre; e D'OLIVEIRA, Rafael Daudit. Considerações iniciais sobre a Lei 14.026/2020 – Novo Marco Regulatório do Saneamento Básico. In: GUIMARÃES, Fernando Vernalha (Coord.). *O Novo Direito do Saneamento Básico*. Belo Horizonte: Fórum, 2022, p. 39.
5. MEIRELLES, Hely Lopes. *Direito Administrativo Brasileiro*. 8. ed. São Paulo: RT, 1981, p. 375-376.

meio de normas de caráter geral e abstrato, criando meios e instrumentos para moldar o modo de, em cada caso, as próprias administrações públicas implementarem a diretriz constitucional. Mas não cabem leis para *autorizar* caso a caso a administração pública a cooperar, pois a gestão ordinária dos negócios administrativos é de competência exclusiva da administração pública, e não do Legislativo. E quem prevê, autoriza e estimula a cooperação interfederativa já é o próprio Texto Constitucional.

O STF, quando do julgamento da referida ação direta de inconstitucionalidade, esclareceu que é incorreto ler na Constituição (no art. 23, parágrafo único, e no art. 241) reserva de lei para o tratamento jurídico da cooperação interfederativa. Para o Supremo: 1) o texto constitucional não vedou "que União, Estados, Municípios e Distrito Federal recorram à utilização de instrumentos negociais para a salutar racionalização e coordenação das suas atividades, em conformidade com a perspectiva consensual e pragmática da Administração Pública em sua vertente gerencial"; e 2) a "competência para instituir normas uniformizadoras da cooperação interfederativa não se cofund[iria] com a competência para que os entes federados celebrem acordos entre si, exercendo sua prerrogativa de autoadministração, dentro dos limites constitucionalmente delineados" (ementa).[6]

A decisão do STF se conecta a outra, mais antiga, na ação direta de inconstitucionalidade 342 (plenário, relator Sydney Sanches, unanimidade, j. 6.2.2003), por meio da qual definiu que fere a Constituição "regra que subordina a celebração de acordos ou convênios firmados por órgãos do Poder Executivo à autorização prévia ou ratificação da Assembleia Legislativa".[7]

O objetivo de promover a cooperação interfederativa também está na base do art. 25, § 3º, da Constituição, que, visando a organização, o planejamento e a execução de funções públicas de interesse comum, atribui a Estados a competência para instituir regiões metropolitanas, aglomerações urbanas e microrregiões. O tema veio a ser disciplinado pelo legislador infraconstitucional por meio da Lei 13.089, de 2015 (Estatuto da Metrópole) e pela Lei 10.257, de 2001 (Estatuto da Cidade).

No plano legal, também se destacam a Lei 11.107, de 2005 (Lei dos Consórcios Públicos), que buscou criar balizas para a prestação de serviços públicos mediante

---

6. A ação direta de inconstitucionalidade 3.199 contestou a constitucionalidade do art. 280 da Constituição do Estado do Espírito Santo, segundo o qual o Estado "executar[ia] obra pública de sua competência relacionada com os setores da educação, saúde e transporte, *mediante convênios com as Prefeituras municipais*" (grifos acrescentados). O autor da ação argumentou que o dispositivo: 1) teria invadido competência reservada à lei complementar nacional para disciplinar o art. 23, parágrafo único, da Constituição Federal; 2) teria violado a autonomia do Estado-membro e o princípio federativo; e 3) seria irrazoável. O STF, nos termos do voto do relator, declarou a inconstitucionalidade do dispositivo impugnado. No entanto, afastou a alegada violação ao art. 23, parágrafo único, da Constituição Federal.
7. A ação direta de inconstitucionalidade 342 contestou a constitucionalidade do inciso XXI do art. 54 da Constituição do Estado do Paraná, segundo o qual competiria à Assembleia Legislativa "*autorizar convênios a serem celebrados pelo Governo do Estado*, com entidades de direito público e privado (...)". O autor da ação argumentou que o dispositivo violaria a separação de poderes garantida pelo art. 2º da Constituição Federal. O STF, nos termos do voto do relator, declarou a inconstitucionalidade do dispositivo impugnado.

gestão associada de entes federativos diversos, bem como a Lei da Política Nacional de Resíduos Sólidos, que reconheceu a necessidade de "cooperação entre as diferentes esferas do poder público, o setor empresarial e demais segmentos da sociedade" e de "articulação entre as diferentes esferas do poder público, e destas com o setor empresarial, com vistas à cooperação técnica e financeira para a gestão integrada de resíduos sólidos" (art. 6º, VI, e art. 7º, VIII).

O Novo Marco Legal do Saneamento Básico está inserido nesse conjunto de diplomas que pretenderam azeitar as relações entre entidades políticas, fomentando a cooperação intra e interfederativa em prol do desenvolvimento nacional e do incremento da qualidade da prestação de serviços públicos para a coletividade. O desafio do legislador, nesse caso em específico, consistiu, como visto, em estimular a concertação entre entidades políticas para o exercício coordenado da titularidade de serviços de saneamento. Para tanto, definiu duas estratégias.

De um lado, previu a *prestação regionalizada*, caracterizada pelo diploma como "modalidade de prestação integrada de um ou mais componentes dos serviços públicos de saneamento básico em determinada região cujo território abranja mais de um Município" (art. 3º, VI).

Segundo o Novo Marco Legal do Saneamento Básico, a prestação regionalizada em sentido estrito pode ser estruturada em *região metropolitana, aglomeração urbana ou microrregião* – "unidade instituída pelos Estados mediante lei complementar (...), composta de agrupamento de Municípios limítrofes e instituída nos termos do (...) Estatuto da Metrópole"; pode também ser atribuída a *unidade regional de saneamento básico* – "unidade instituída pelos Estados mediante lei ordinária, constituída pelo agrupamento de Municípios não necessariamente limítrofes, para atender adequadamente às exigências de higiene e saúde pública, ou para dar visibilidade econômica e técnica aos Municípios menos favorecidos"; e pode ainda envolver *bloco de referência* – "agrupamento de Municípios não necessariamente limítrofes, estabelecido pela União (...) e formalmente criado por meio de gestão associada voluntária dos titulares" (art. 3º, VI, *a, b, e c*).

Nos dois primeiros casos de prestação regionalizada em sentido estrito (por região metropolitana, aglomeração urbana ou microrregião e unidade regional de saneamento básico), Estados federados, mediante a edição de lei estadual (lei complementar, em se tratando de região metropolitana, aglomeração urbana ou microrregião, e lei ordinária, em se tratando de unidade regional de saneamento básico), tomam para si a função de coordenar Municípios, amalgamando-os em torno de objetivos comuns. No último caso, relativo ao bloco de referência, o papel de coordenação é exercido pela União. Aqui, não há necessidade de prévia edição de lei e a adesão de Municípios é voluntária.

De outro lado, o Novo Marco Legal do Saneamento Básico também procurou estimular a concertação de entidades políticas para o exercício coordenado da titularidade de serviços de saneamento *fora* de estruturas de prestação regionalizada em sentido estrito, por meio de gestão associada simples – isto é, via "associação voluntária entre entes federativos, por meio de consórcio público ou convênio de cooperação, conforme disposto no art. 241 da Constituição Federal" (art. 3º, II).

A despeito de a lei não ter arrolado a gestão associada como uma espécie de prestação regionalizada em sentido estrito, ela se assemelha a essa quanto ao objetivo de promover a cooperação interfederativa por meio do exercício coordenado da titularidade de serviços de saneamento.[8] Trata-se, portanto, de algo como uma prestação regionalizada em sentido *lato*. Tanto que o diploma, ao condicionar o apoio financeiro da União a projetos de saneamento que contemplem prestação regionalizada, aludiu a três estruturas de governança: unidade regional de saneamento básico, blocos de referência e *gestão associada*. Tal leitura é reforçada, ainda, pelo Decreto Federal 11.599, de 2023, editado para regulamentar a prestação regionalizada dos serviços de saneamento básico, segundo o qual convênios de cooperação e consórcios intermunicipais de saneamento básico poderiam, em certo contexto, ser "considerados estruturas de prestação regionalizada" (art. 6º, § 6º).

Antes do Novo Marco Legal do Saneamento Básico, a gestão associada de serviços públicos a que alude o art. 241 da Constituição já era disciplinada pela Lei 11.445, de 2007, e pela Lei 11.107, de 2005. A Lei 14.026, de 2020, contudo, conferiu-lhe novo perfil.

No regime jurídico anterior, o convênio de cooperação, um dos instrumentos jurídicos de gestão associada, estava muito direcionado à transferência de competências e serviços entre entes federativos não consorciados, de modo a viabilizar que um ente (normalmente um Município) delegasse serviços de sua titularidade a empresa estatal de outro ente, sem licitação (art. 24, XXVI, da Lei 8.666, de 1993, com a redação dada ao dispositivo pelo art. 17 da Lei 11.107, de 2005).

A ideia era que, por meio de convênio de cooperação, Estado (ou outro Município), pudesse assumir algumas competências locais relativamente à organização e prestação do serviço de saneamento (competências de planejamento, fiscalização e regulação) e, por meio de contrato de programa, a empresa estadual (ou municipal controlada por outro Município) pudesse assumir a prestação do serviço propriamente dita.[9] Esse papel do convênio de cooperação ficava bem explícito no decreto federal 7.217, de 2010, editado para regulamentar a Lei 11.145, de 2007 (ex. arts. 31, II; 38, II, b; e 42, I).

Com a edição da Lei 14.026, de 2020, o uso do convênio de cooperação como veículo para permitir a delegação de serviço de Município a empresa estatal de outra entidade política passou a ser expressamente vedado (cf. art. 10 da Lei 11.445, de 2007, c/c art. 13, § 8º, da Lei 11.107, de 2005). Eis, portanto, a primeira mudança fundamental promovida pelo Novo Marco Legal de Saneamento Básico relacionada à gestão associada.

---
8. ARAGÃO, Alexandre; e D´OLIVEIRA, Rafael Daudit. *Considerações iniciais sobre a Lei 14.026/2020* – Novo Marco Regulatório do Saneamento Básico, op. cit., p. 41.
9. MONTEIRO, Vera. Prestação do serviço de saneamento básico por meio de gestão associada entre entes federativos. In: MOTA, Carolina (Coord.). *Saneamento Básico no Brasil*: aspectos jurídicos da Lei Federal 11.445/2007. São Paulo: Quartier Latin, 2010, p. 151.

A redação atual da Lei 11.445, de 2007, tirou do convênio de cooperação o foco na transferência de competências e de serviços entre entes federativos não consorciados, passando a enfatizar seu papel na viabilização do exercício *conjunto e coordenado da titularidade dos serviços de saneamento básico* elencados nas alíneas a a d do inciso I do art. 3º. É o que se depreende de seu art. 8º, § 1º.

A segunda mudança fundamental do Novo Marco Legal de Saneamento Básico em relação à gestão associada consistiu em esclarecer, e reforçar, que a celebração de convênio de cooperação *não depende de lei autorizativa especial*. É o que diz de modo expresso o § 4º do art. 8º.[10]

No regime jurídico anterior, havia certo entendimento, provavelmente por conta da transferência de competências e de serviços, de que, para a celebração de convênio de cooperação, era "imprescindível haver lei de ambos os entes que se associam para definir os contornos da cooperação e autorizar os entes envolvidos".[11] Essa também parece ter sido a leitura do decreto federal 6.017, de 2007, editado para regulamentar a Lei 11.107, de 2005, que, em seu art. 2º, VIII, definia convênio de cooperação entre entes federados como "pacto firmado exclusivamente por entes da Federação, com o objetivo de autorizar a gestão associada de serviços públicos, desde que ratificado ou previamente disciplinado por lei editada por cada um deles".

Apesar de essa interpretação, baseada no art. 241 da Constituição, parecer exagerada e destoante do sentido geral da jurisprudência do STF, é preciso levar em conta que ela surgiu no contexto em que o convênio de cooperação em serviços de saneamento era predominantemente utilizado como veículo para delegar serviço de Município a empresa estatal de outra entidade política. Como o instrumento estava voltado à transferência de competências e serviços entre entes federativos, havia algum espaço para sustentar que a lei autorizativa era necessária e tinha um efetivo papel a cumprir. No atual contexto, o debate foi superado – seja por conta da redação expressa do § 4º do art. 8º da Lei 11.445, de 2007, seja pelas características atribuídas pelo diploma ao convênio de cooperação.

A via que em princípio se mostra mais adequada para viabilizar licitação unificada das concessões do serviço de destinação final dos respectivos serviços de resíduos sólidos é a do *convênio de cooperação*. Alguns fatores embasam essa conclusão.

De um lado, há o fato de que a adesão a essa específica forma de prestação regionalizada em sentido lato de serviço de saneamento básico seria naturalmente *facultativa*, o que significa que os Municípios poderiam decidir participar do projeto da licitação unificada ou, então, seguir licitando o serviço de destinação final de resíduos sólidos de modo autônomo (art. 3º, II, e art. 8º-A, todos da Lei 11.445, de 2007).

---

10. REQUI, Érica Miranda dos Santos. A prestação regionalizada e a gestão associada de serviços públicos de saneamento. In: GUIMARÃES, Bernardo Strobel; VASCONCELOS, Andréa Costa de; e HOHMANN, Ana Carolina (Coord.). *Novo Marco Legal do Saneamento*. Belo Horizonte: Fórum, 2021, p. 260.
11. MONTEIRO, Vera. Prestação do serviço de saneamento básico por meio de gestão associada entre entes federativos". In: MOTA, Carolina (Coord.). *Saneamento Básico no Brasil*: aspectos jurídicos da Lei Federal 11.445/2007. op. cit., p. 151.

Pelo ângulo estritamente jurídico, a licitação unificada de distintos contratos de concessão poderia ser viabilizada a partir da celebração de convênio de cooperação entre dois Municípios apenas. Sua realização não dependeria de um acordo global entre todos os Municípios geograficamente próximos. Ademais, a assinatura de convênio de cooperação não criaria, para os Municípios associados, um dever de aderir à eventual futura licitação unificada. O instrumento teria efeito autorizativo da eventual adesão à licitação conjunta, funcionando também como carta de intenções de possíveis comportamentos futuros.

De outro lado, há o fato de a celebração do instrumento, como visto, não depender de prévia edição de lei autorizativa especial por quaisquer dos entes que pretendam se associar (art. 8º, § 4º, da Lei 11.445, de 2007).

Por fim, há o fato de que, apesar de o convênio de cooperação ser método relativamente pouco burocrático e oneroso de regionalização em sentido lato da prestação de serviços de saneamento básico, ele confere, aos contratos que o tomem por base, se for o caso, a segurança de que, na hipótese de extinção do convênio, não serão prejudicadas "as obrigações já constituídas, inclusive os contratos, cuja extinção dependerá do pagamento das indenizações eventualmente devidas" (art. 11, § 2º, da Lei 11.107, de 2005, na redação conferida ao dispositivo pela Lei 14.026, de 2020). Na redação original do dispositivo, tal garantia existia apenas em relação a consórcios públicos.

Para conferir segurança e exequibilidade ao projeto, o convênio de cooperação teria que prever a intenção dos Municípios associados de realizar licitação unificada de suas concessões dos respectivos serviços de tratamento e destinação final de resíduos sólidos. A medida seria imprescindível para que os Municípios tivessem clareza acerca do propósito da associação, reforçando a legitimidade da decisão de se vincularem a um mesmo edital de licitação.

A Lei 11.445, de 2007, e as leis de contratações públicas (Lei 8.987, de 1995 e Lei 11.079, de 2004), criam uma série de condições para a celebração de contratos de concessão no setor de saneamento básico. Tais condições precisariam estar preenchidas quando da publicação do edital de licitação unificada. Isso não quer dizer que todas as medidas e decisões que a legislação exige que sejam tomadas previamente à celebração de contratos de concessão no setor de saneamento básico deveriam estar refletidas e equalizadas *já no próprio convênio de cooperação*. A antecipação de algumas dessas medidas e decisões para o momento do convênio de cooperação é possível, mas não imprescindível.

Os Municípios que tiverem intenção de se associar para realizar licitação unificada de suas concessões de tratamento e destinação final de resíduos sólidos poderão também, claro, optar por só celebrar o convênio de cooperação quando todas as condições para contratar estiverem devidamente mapeadas, definidas e preenchidas. Nesse cenário, o instrumento associativo seria celebrado com maior densidade jurídica, estabelecendo, ele próprio, toda a estrutura necessária da eventual e futura licitação unificada.

Mas o convênio de cooperação poderá, validamente, ter menor densidade jurídica, limitando-se a autorizar a futura associação em uma licitação única e, portanto, a indicar a intenção de fazê-lo, com grau de detalhamento suficiente para que os Municípios que pretendem se associar possam ter clareza acerca do propósito da associação (realizar licitação unificada para a celebração de contratos de concessão). Nesse cenário, o instrumento associativo não estabeleceria toda a modelagem contatual e a estrutura da futura licitação unificada, mas apenas definiria um norte para a posterior elaboração do edital e da minuta de contrato de concessão.

Como haveria um hiato entre a celebração do convênio de cooperação e a abertura da licitação, as medidas necessárias para viabilizá-la poderiam ser providenciadas após a celebração do instrumento associativo, e antes da abertura do certame.

Os Municípios que decidissem celebrar acordo de cooperação com menor densidade jurídica – limitando-se a fixar sua intenção de realizar licitação unificada para conceder seus serviços – não estariam a assinar uma espécie de "cheque em branco" para que um Município, ou um conjunto de Municípios, estruturasse e conduzisse a seu critério a eventual e futura licitação unificada. Em nenhuma hipótese a assinatura de convênio de cooperação importaria em delegação pura e simples da estruturação e realização do certame a outro ente, tampouco em vinculação de cada Município a ela.

Em qualquer cenário (celebração de convênio de cooperação com maior ou menor densidade jurídica) seria natural que cada Município, para no momento certo aderir à licitação unificada, reservasse para si o poder de, no mínimo, dar seu "de acordo" quanto à versão final do edital e da minuta de contratos de concessão a serem publicados.

No processo de elaboração do edital da licitação unificada, seria legítimo que cada Município associado solicitasse o atendimento de certas exigências e ressalvas específicas, conectadas às suas realidades e às suas necessidades. Por exemplo, nada impediria que um, ou todos, Municípios associados exigissem que servidores seus fizessem parte da comissão responsável por conduzir o procedimento licitatório unificado.

Em suma, a formalização de convênio de cooperação criaria base juridicamente adequada para que municípios pudessem cooperar com vistas à realização de licitação unificada das concessões dos respectivos serviços de tratamento e destinação final de resíduos sólidos.

3. CONCESSÕES PRIMÁRIAS E SECUNDÁRIAS

Após a celebração do convênio de cooperação por Municípios, o projeto da licitação unificada do serviço de tratamento e destinação de resíduos sólidos poderia seguir basicamente de duas maneiras.

No primeiro cenário, apenas um Município associado ficaria responsável por organizar e conduzir a licitação unificada (Município gerenciador). No segundo cenário, dois ou mais Municípios associados ficariam responsáveis, em conjunto, por organizar e conduzir a licitação unificada (Municípios gerenciadores).

O fato de apenas um ou alguns dos Municípios associados assumirem a condição de gerenciadores da licitação, organizando-a e conduzindo-a, não excluiria a possibilidade de os demais Municípios associados (não gerenciadores) contribuírem com o certame, seja na sua modelagem, seja na sua condução. No Novo Marco Legal do Saneamento Básico, o convênio de cooperação está prioritariamente voltado ao exercício conjunto e coordenado da titularidade do serviço, e não à sua delegação pura e simples.

A licitação unificada, uma vez concluída com a adjudicação do objeto e homologação do certame, permitiria, de imediato, que cada Município associado gerenciador celebrasse seu contrato de concessão com o licitante vencedor da disputa. Esses seriam *contratos de concessão primários*, celebrados imediatamente após o término do certame pelos Municípios associados que assumiram a posição de gerenciadores e se comprometeram a fazer a concessão de seus serviços desde logo.

Contudo, o resultado da licitação unificada, desde que assim previsto no edital, também seria aproveitado por Municípios associados que a ele tivessem aderido na condição de *não* gerenciadores, concordando livremente com os termos da modelagem e da licitação. Desse modo, após a conclusão do certame, cada Município associado aderente à licitação unificada teria a possibilidade de, a seu tempo e exclusivo critério, decidir celebrar contrato de concessão específico com o vencedor do certame, nos termos do edital. Seriam *contratos de concessão secundários*.

Uma única licitação (licitação unificada) para múltiplos vínculos contratuais (contratos de concessão primários, celebrados imediatamente após a adjudicação do objeto e homologação do certame por Municípios associados gerenciadores, e contratos de concessão secundários, celebrados mediatamente após a adjudicação do objeto e homologação do certame por Municípios associados que aderiram à licitação unificada e concordaram com a modelagem, mas não na condição de gerenciadores).

Três providências seriam imprescindíveis para que o resultado da licitação unificada pudesse ser aproveitado por Municípios associados não gerenciadores.

A primeira: tais Municípios teriam que aderir à licitação unificada de modo expresso e formal – isto é, precisariam manifestar sua concordância final com os termos do edital e da minuta de contratos estruturada por Municípios associados gerenciadores (com o eventual apoio de Municípios associados não gerenciadores). O Município associado que deseja integrar uma licitação unificada tem de a ela aderir formalmente, expressando o seu "de acordo" em relação à versão final do edital e da minuta de contratos (instrumentos da licitação unificada).

O fato de Municípios se associarem para realizar licitação unificada por meio da celebração de convênio de cooperação *não pressupõe adesão à licitação unificada*; supõe, isso sim, autorização para fazê-lo. Já o ato de aderir à licitação formatada, mas ainda não realizada, significa concordância expressa com a versão final do edital e da minuta de contratos que tenham sido estruturados pelos Municípios associados gerenciadores.

A segunda providência: o edital da licitação unificada teria que estipular expressamente que o resultado do certame poderia ser aproveitado por Municípios associados *não* gerenciadores, os quais, a seu tempo e exclusivo critério, respeitados a modelagem e os termos do instrumento convocatório com o qual concordaram, poderiam decidir celebrar com o vencedor da disputa um contrato de concessão secundário.

Essa providência faria com que o vencedor da disputa soubesse de antemão que, a exclusivo critério dos Municípios associados não gerenciadores, poderia ser convocado, a qualquer momento durante o intervalo estabelecido no edital, a com eles celebrar contratos de concessão secundários, nos mesmos termos da modelagem realizada e, portanto, do instrumento convocatório.

Terceira providência: o edital da licitação unificada teria que, com base na experiência precedente – aferida, por exemplo, por meio do histórico de contratações dos serviços de tratamento e destinação final de resíduos sólidos por Municípios associados – definir e indicar a demanda estimada de cada Município associado aderente do certame. O instrumento convocatório precisaria ser capaz de antecipar o espectro total dos serviços a serem prestados pelo contratado, na soma dos vários contratos de concessão, ainda que apenas em potencial, de modo a conferir aos licitantes elementos indispensáveis à formulação de propostas ajustadas ao objeto global da licitação.

A medida faria com que o espectro total do serviço a ser prestado – composto pela demanda potencial de todos os Municípios associados aderentes à licitação unificada – compusesse o objeto do certame. Ficaria afastado, assim, o risco de a eventual celebração de contratos de concessão secundários ser feita sem previsão específica no instrumento convocatório e, por conseguinte, acabar violando o art. 175, *caput*, da Constituição, por ausência de licitação que os tivesse incluído.

Este modelo de contratação é uma adaptação possível, para o universo das concessões, de lógica compatível com o sistema de registro de preços, previsto e disciplinado tanto pela antiga como pela nova Lei de Licitações (art. 15 da Lei 8.666, de 1993, e art. 82 e ss. da Lei 14.133, de 2021). O sistema de registro de preços é um procedimento especial de licitação que tem como finalidade registrar o preço de determinado bem ou serviço que o poder público pretende contratar (art. 82 da Lei 14.133, de 2021). O interessado em celebrar contrato com o estado faz um registro do seu produto ou serviço em ata, com preço e especificações técnicas. Os dados do produto registrado ficam armazenados por um período (art. 84 da Lei 14.133, de 2021). A administração, ao licitar uma ata de registro de preços, não fica obrigada a contratar. O licitante, contudo, fica obrigado a aceitar contratações e, portanto, fornecer o produto pelo preço registrado, dentro dos quantitativos máximos previstos na ata e do seu prazo de vigência (arts. 83 da Lei 14.133, de 2021).

Com o sistema de registro de preços, a administração contrata se quiser, quando quiser e na quantidade que quiser, respeitados os limites e demais termos do edital. Por meio desse instrumento, ela evita ter de realizar sucessivas licitações para contratar bens ou serviços que, sendo semelhantes, podem ser obtidos com o mesmo fornecedor, com ganhos burocráticos pela simplificação de procedimento, além de ganhos financeiros decorrentes da economia de escala.

A legislação admite a possibilidade de a mesma ata de registro de preços ser usada por diferentes órgãos e entes, inclusive de esferas federativas distintas (art. 86, § 3º, da Lei 14.133, de 2021). O órgão ou ente que adere à ata de registro de preços elaborada por outrem é popularmente conhecido pela figura do "carona". A adesão à ata de registro de preços visa à eficiência e a ganhos de escala, permitindo que o resultado de um só procedimento licitatório seja aproveitado por outros órgãos e entes com necessidades similares. Para viabilizar a adesão à ata de registro de preços, a Lei 14.133, de 2021, previu procedimento especial. De acordo com o art. 86, o órgão ou entidade gerenciadora – isto é, o órgão ou ente que organiza e conduz a licitação da ata de registro de preços – "deverá, na fase preparatória do processo licitatório, para fins de registro de preços, realizar procedimento público de intenção de registro de preços para, nos termos de regulamento, possibilitar, pelo prazo mínimo de 8 (oito) dias úteis, a participação de outros órgãos ou entidades na respectiva ata e determinar a estimativa total de quantidades da contratação". O dispositivo visa a impedir que ata de registro de preços dimensionada para atender a certa demanda seja utilizada para fornecimento ilimitado, muito superior aos quantitativos objeto da licitação. Esse problema de fato chegou a ocorrer na experiência com o sistema de registro de preços da Lei 8.666, de 1993.

Por meio do procedimento público de intenção de registro de preços, o órgão ou entidade gerenciadora é capaz de mapear órgãos e entes interessados em utilizar a ata a ser licitada, os quais poderão a ela aderir já no momento da licitação. A medida permite dimensionar o espectro de fornecimento de bens e serviços, estimulando, consequentemente, que os licitantes façam propostas mais ajustadas à dimensão do objeto do certame.

O sistema de registro de preços, visando à centralização de processos de aquisição e contratação de bens e serviços – um objetivo geral a ser perseguido pela administração segundo a Lei 14.133, de 2021 (art. 19, II) – procura estimular a coordenação inter e intrafederativa para promover eficiência e ganho de escala em contratações públicas, sem descurar da preservação da autonomia de órgãos e entes estatais, tampouco de valores jurídicos fundamentais ao campo das licitações e contratos (como a vinculação ao edital, a manutenção das condições da propostas etc.).

Lógica aparentada à do sistema de registro de preços – com as necessárias adaptações, e alguns limites – é plenamente possível de ser aproveitada para o universo das concessões, em especial das celebradas no setor de saneamento básico, à luz da Lei 11.445, de 2007. Além de não haver óbice legal a essa inspiração, ela é aderente ao Novo Marco Legal do Saneamento Básico, o qual, visando eficiência e ganho de escala, procurou, em linha com tendência internacional, estimular justamente a aglutinação de entidades políticas, por diversas formas, para viabilizar a delegação de serviços de saneamento básico à iniciativa privada via contratos de concessão.

Autorizada genericamente pelo princípio constitucional da eficiência (art. 37, *caput*), a agregação de contratos em uma só licitação é lícita para os diversos tipos de objeto passíveis de contratação pelas administrações públicas, inclusive a prestação de serviços públicos em geral. O que importa é que de fato exista licitação, e que ela seja capaz de permitir disputa adequada. Nenhum princípio jurídico, tampouco qualquer regra constitucional ou legal, expressa ou implícita, impede licitações conjuntas, antes o contrário. A atomização das licitações não é princípio jurídico. Por isso mesmo, a eficiência administrativa pela via da agregação de licitações tem sido buscada extensamente na prática, e não só no Brasil.[12]

O decreto federal 11.599, de 2023, que regulamentou a prestação regionalizada, inclusive dispõe que, nos casos de concessão do serviço de saneamento básico, Municípios podem aderir ao mesmo procedimento licitatório, desde que o façam antes de homologada a licitação (art. 6º, § 16º). É o reconhecimento, por este ato regulamentar da mais elevada estatura, da licitude do tipo de arranjo associativo de Municípios por meio de convênio para a realização de licitação unificada.

Há uma série de precedentes, sobretudo de tribunais de contas, que explicitamente reconhecem, para uma extensa gama de situações, a viabilidade jurídica de entidades políticas distintas se unirem para a realização de licitações unificadas.

O Tribunal de Contas do Estado de Santa Catarina, por exemplo, deliberou, já há vários anos, por meio do prejulgado 2.159,[13] que os Poderes Executivos e Legislativos municipais poderiam licitar em conjunto desde que, em face da autonomia municipal garantida pela Constituição Federal, convênio ou ajuste similar estabelecesse procedimentos a serem observados, ou, então, que houvesse lei local específica sobre o tema.[14]

O Tribunal de Contas dos Municípios da Bahia (TCM-BA) exarou duas manifestações importantes sobre o assunto.

---

12. A criação de estímulos para contratar de modo coordenado – isto é, para que entidades políticas com necessidades semelhantes, visando a eficiência, se unam para celebrar contratos voltados a atendê-las – não está circunscrita ao setor do saneamento, tampouco ao ambiente nacional. Trata-se de tendência forte, no Brasil e no exterior, ver FRANCO NETO, Eduardo Grossi. *Centralização de Compras Públicas no Brasil*: análise comparativa dos modelos norte-americano e comunitário europeu de Acordos-Quadro com os procedimentos auxiliares da licitação da Nova Lei de Licitações 14.133/2021. Londrina: Thoth, 2023, p. 31.
13. *Prejulgados* são decisões do pleno do TCE/SC sobre processos de consulta, aprovadas por no mínimo cinco conselheiros. Referem-se a interpretações de lei ou questões formuladas em tese por administradores públicos.
14. Confira-se trecho do voto do conselheiro relator, que expressa as razões de decidir do Tribunal:
"Destarte, entende-se que a *realização de licitação única não importa em prejuízo à realização de contratos distintos entre a empresa selecionada e os Poderes Executivos e Legislativos no âmbito municipal*. Autonomia administrativa e a independência assegurada pela Constituição Federal, Estadual e Leis Orgânicas aos poderes não podem servir de impedimento para que, se assim desejarem, os Chefes de Poderes decidam unir esforços para buscarem a melhor proposta para o atendimento do interesse público mediante a celebração de convênio onde restem definidos os critérios e responsabilidades de cada Poder no desenvolvimento do processo licitatório.
Ainda que não seja uma praxe na administração pública brasileira, *é possível a existência de uma licitação conglobando contratos firmados por autoridades diversas, e com a vinculação a recursos orçamentários distintos*, uma vez que o fato de a Lei Orgânica Municipal ter estabelecido autoridades distintas para autorizarem a despesa não exclui, por si só, a possibilidade de o Poder Executivo realizar licitação que possa beneficiar o Poder Legislativo, desde que assim acordem as autoridades competentes previamente, principalmente quando se constatar a viabilidade técnica e a necessidade de padronização nos serviços de locação de software para fins de contabilização das receitas e despesas públicas" – grifos acrescentados (decisão 4715/2014. Processo 1400299079. Consulente Câmara Municipal de Lajeado Grande, relator Herneus de Nadal, j. 17.09.2014).

A primeira corresponde ao parecer 02441-19, de 13 de dezembro de 2019, processo 20795e19, fruto de consulta formulada por Município, no qual o TCM-BA se mostrou favorável a convênio celebrado por dois Municípios vizinhos para promover a recuperação de aterro sanitário. No caso, o Município em que se encontrava o aterro ficou responsável pela licitação, e o Município vizinho se comprometeu a fazer repasses financeiros periódicos para custear a contratação.[15]

A segunda manifestação corresponde ao parecer 02324-21, de 22 de dezembro de 2021, exarado no âmbito da consulta 21127e21 formulada pela União dos Municípios da Bahia (UPB) e pelo Conselho Estadual dos Secretários Municipais da Bahia (COSEMS/BA).

O caso versava sobre projeto denominado Registro de Preço Compartilhado, desenvolvido por meio de parceria entre o Governo do Estado da Bahia, pela Secretaria da Saúde do Estado da Bahia, e alguns Municípios, representados pelo Conselho Estadual dos Secretários Municipais da Bahia, com o propósito de otimizar recursos públicos e ampliar a oferta por meio da compra interfederativa de medicamentos e insumos para o programa Atenção Básica da Assistência Farmacêutica.

O projeto foi aprovado em 2020 pela Comissão Intergestores Bipartite da Bahia (resolução da CIB 153/2020) e tem sido o principal meio de aquisição de medicamentos pelos Municípios que dele fazem parte. As licitações são realizadas pela Secretaria mediante adesão prévia dos Municípios (habilitados como participantes), que ficam autorizados a aderir às atas de registro de preços derivadas dos procedimentos licitatórios.

Para o TCM-BA, a licitação unificada não só seria possível como, pelo fato de conjugar a necessidade de múltiplos Municípios, consubstanciaria "ferramenta de excelência na gestão pública".[16]

---

15. Abaixo, trecho do voto do conselheiro relator, que contém as razões de decidir do Tribunal:
"Em tese, *admite-se a formação de um convênio entre dois Municípios, com a conjugação de recursos das partes, a fim de se alcançar o atingimento dos resultados de interesse comum*, como, por exemplo, a reforma de um aterro municipal que beneficiará a população de ambos os Entes Federativos envolvidos. Para tanto, e em atenção ao quanto disciplinado no art. 116, da Lei 8.666/93, é essencial que seja desenvolvido um plano de trabalho em que deverá conter, no mínimo, os requisitos dispostos no referido diploma normativo. É fundamental também que fique estabelecido no plano a previsão da data inicial e final da execução, bem como, da conclusão das etapas ou fases programadas.
(...) Considerando que o convênio não constitui personalidade jurídica própria, como já destacado neste opinativo, não se vislumbra, a princípio, no ordenamento jurídico pátrio dispositivo que proíba o fato de o Município no qual o bem esteja localizado realizar o procedimento licitatório para contratação de empresa especializada em reforma.
As especificidades da transação financeira devem estar detalhadas no plano de trabalho, com a indicação da conta bancária específica a ser aberta para essa finalidade, como bem pontuado no art. 17, do Decreto Estadual 9.266/2004, preferencialmente em instituição financeira oficial (federal ou estadual), o montante a ser transferido, a periodicidade em que se dará a liberação dos recursos, dentre outros requisitos essenciais à avença" (grifos acrescentados).
16. Segue-se trecho do voto do conselheiro relator, que condensa as razões de decidir do Tribunal:
"Atendo-se à última hipótese citada acima, tem-se que havendo necessidade de contratações para fornecimento de objetos (bens ou serviços) dotados de características similares, *é cabível entidades diversas utilizarem-se de um mesmo Sistema de Registro de Preços*. Então, haverá uma única licitação, cujos resultados poderão ser aproveitados

O Tribunal de Contas do Estado de São Paulo (TCE-SP), por sua vez, inicialmente chegou a se manifestar contrariamente à figura do "carona" no contexto do sistema de registro de preços, especialmente quanto à adesão a atas de órgãos ou entes de outras esferas federativas, ao argumento de que a atração da jurisdição de diferentes tribunais de contas impediria um controle de contas efetivo (TC-002701/026/09, 1ª câmara, de 6.11.2012).[17] No entanto, em 2017, o pleno do TCE-SP reformou tal decisão sustentando exatamente o oposto: o fato de diferentes tribunais de contas fiscalizarem certame promovido por entes federativos distintos não seria impeditivo para a realização de licitação unificada (TC-002701/026/09. Pleno, relator Valdenir Antonio Polizeli, j. 23.08.2017).

No âmbito judicial, o Tribunal de Justiça de Minas Gerais (TJ-MG) analisou caso de licitação conjunta entre pessoas jurídicas distintas integrantes do mesmo Município (a Prefeitura e a autarquia municipal de abastecimento de água potável e esgotamento sanitário) para contratação de concurso público para provimento de cargos. A conclusão foi que a licitação unificada não importaria em delegação indevida de competência.[18]

Destaca-se, ainda, parecer da auditoria interna do Ministério Público da União (parecer 132/2021. PGEA 0.02.000.000006/2021-45, de 26.03.2021). O caso tem interesse porque, embora não envolvesse entes federativos distintos, estava em pauta licitação unificada em modelo diverso da licitação de registro de preços. Tratava-se de licitação conjunta de serviços por Procuradorias da República de dois Estados diferentes, tendo

---

por órgãos diversos" (...) *a conjugação da necessidade de múltiplos órgãos (Municípios) em uma única disputa licitatória é apresentada como ferramenta de excelência na gestão pública*, em razão dos inúmeros benefícios: economia nas conduções dos processos administrativos, ganho de escala por acréscimo de quantitativo, eficiência, entre outros benefícios, razão pela qual sugere-se o acolhimento, na íntegra, pelos seus próprios fundamentos, da manifestação técnica subscrita pelo TCM/BA, por intermédio da Superintendência de Controle Externo, sem qualquer reparo ou censura" (grifos acrescentados).

17. Confira-se trecho do voto do conselheiro relator:
"A situação se agrava por se tratar de adesão a Atas de Registros de Preços editadas por Órgãos que não se encontram sujeitos à jurisdição desta E. Casa, impedindo uma verificação plena dos procedimentos que deram origem às mesmas." (TCE-SP. TC-002701/026/09. 1ª câmara, rel. Dimas Ramalho, j. 06.11.2012).
Manifestação da Secretaria-Diretoria Geral do TCE-SP ajuda a compreender a preocupação do conselheiro relator, à época:
"Vale destacar, no entanto, que a orientação predominante neste Tribunal é no sentido de que a participação deva se restringir a órgãos e entidades da mesma esfera de governo". (...) "Imagine-se, por exemplo, uma licitação conjunta entre as Prefeituras Municipais de São Paulo – sob a jurisdição de Tribunal de Contas próprio (TCMSP) – e de São Bernardo do Campo – este jurisdicionado ao TCE-SP – visando ao registro de preços de um bem ou serviço. Nesse caso, qual das Cortes seria a responsável pelo julgamento da licitação, da ata e de eventuais contratos subsequentes? Supondo-se que ambas exercessem sua jurisdição de forma concomitante, haveria o risco de serem exaradas decisões divergentes, o que conduziria a um indesejável estado de insegurança jurídica" (Disponível em: https://www4.tce.sp.gov.br/sites/default/files/par-cclb-_2013-03-18_tca-008073-026-09-artigo_sitio-eletronicoodecreto07892-23-01-2013_regulamenta_sistema_registro_de_precos_da_lei_8666.pdf).

18. Destaca-se trecho do voto do relator, seguido, na essência, por seus pares:
"O art. 112 da Lei Federal 8.666/93 prevê a possibilidade de realização de licitação conjunta quando o objeto do contrato interessar a mais de uma entidade pública, o que independe de ato formal de delegação de competência da entidade que se beneficiará da contratação para a entidade contratante, por inexistir descentralização administrativa na hipótese" (apelação 0008428-42.2016.8.13.0011-Aimorés. 1ª câmara cível, relator Edgard Penna Amorim, j. 12.11.2019).

uma delas realizado estudos técnicos preliminares e a outra organizado e conduzido o certame. O modelo foi considerado viável a partir da orientação de que contratações conjuntas ou compartilhadas trazem benefícios para a administração, entre os quais, "economia de esforços mediante redução de processos repetitivos; redução de custos, pois a compra ou contratação de serviços de forma concentrada poderá resultar em ganho de escala e diminuição de custos dos processos administrativos".

Portanto, a licitação unificada de contratos de concessão do serviço de tratamento e destinação final de resíduos sólidos está escorada nas normas em vigor, procura implementar diretrizes fundamentais do Novo Marco Legal de Saneamento Básico – que, por sua vez, estão conectadas a tendências internacionais – e se coaduna com orientações gerais emitidas por controles estatais.[19]

CONCLUSÃO

Prazo dos contratos de concessão secundários celebrados por Municípios associados que tiverem aderido à licitação unificada

Contratos de concessão secundários – celebrados mediatamente após o término da licitação unificada, por Municípios associados que a ela já tivessem aderido como não gerenciadores – teriam que ser celebrados por prazo igual ou menor ao prazo remanescente dos contratos de concessão primários – isto é, dos contratos de concessão originários que tivessem sido celebrados imediatamente após o término da licitação unificada, por Municípios associados gerenciadores do procedimento.

Supondo, por exemplo, que contrato de concessão primário fosse celebrado pelo prazo de 35 anos e que, no 5º ano de sua vigência, um dos Municípios associados aderentes da licitação unificada convocasse a vencedora do certame para celebrar contrato

---

19. Há um projeto de lei em trâmite no Congresso Nacional que prevê a figura da concessão por adesão e disciplina seu regime jurídico. É o projeto de Lei 7.063, de 2017, com redação atual na forma de substitutivo apresentado por Comissão Especial. Se aprovado, passará a ser o novo marco normativo das concessões no Brasil e a concessão por adesão estará à disposição de gestores públicos para celebração de parcerias (MONTEIRO, Vera; ROSILHO, André; e GABRIEL, Yasser. Concessão por adesão. In: TAFUR, Diego Jacome Valois; JURKSAITIS, Guilherme Jardim; e ISSA, Rafael Hamze (Org.). *Experiências Práticas em Concessões e PPP*: estudos em homenagem aos 25 anos da Lei de Concessões. São Paulo: Quartier Latin, 2021, p. 271-284). A concessão por adesão do projeto de lei tem estrutura jurídica em parte similar à aqui discutida. Mas há uma diferença: o projeto de lei se propõe autorizar algo que, hoje, sem lei expressa sobre o tema, de fato seria juridicamente inviável.

Apesar de o projeto de lei dizer que a adesão à concessão pode ocorrer no momento da estruturação do projeto (art. 85, *caput*), o regime jurídico disciplinado no substitutivo é aquele em que um ente público celebra contrato de concessão (contrato original) e, posteriormente, outros entes públicos poderão dela se aproveitar, independentemente de sua demanda ter constado do instrumento convocatório. Diz o projeto que, "ao estruturar a concessão com possibilidade de adesão à contratação, o ente de referência ***poderá*** considerar a demanda de potenciais interessados na adesão" (art. 83).

A existência desse projeto de lei não é prova de que dependeria de nova lei geral autorizativa a implementação das diretrizes gerais que este estudo está considerando para a estruturação de licitação unificada para as concessões. Por um lado, porque, no modelo aqui exposto, a licitação unificada já é viável hoje. De outro, porque o projeto de lei não foi proposto para viabilizar esse modelo, mas outro, hoje realmente inviável: da concessão por adesão tardia mesmo de novo concedente cujo objeto não tenha sido especificamente incluído na licitação.

de concessão secundário, este necessariamente deveria ser celebrado com prazo de vigência menor ou igual a 30 anos.

É juridicamente inviável, por duas razões, considerar que cada contrato de concessão secundário possa ser celebrado pelo prazo total da concessão indicado no edital, a despeito do estágio em que se encontrar a execução do contrato de concessão primário, original.

A primeira é que isso importaria em optar pelo inevitável descasamento das datas de término das concessões dos vários Municípios, desde logo dificultando ou até inviabilizando futuras associações para prestação conjunta dos serviços, ou ao menos para uma licitação unificada. Seria uma contradição com o objetivo da associação inicial, que é conduzir à integração entre Municípios, ainda que parcial.

A segunda é que a licitação unificada inicial, levando em conta todos os Municípios associados aderentes a ela, acabaria estendendo seus efeitos por tempo indeterminado, viabilizando novas contratações muitos anos depois, mas baseadas em condições envelhecidas e muito provavelmente desconectadas da realidade econômica e da situação de mercado da época de sua celebração.

Preço da prestação do serviço na licitação unificada

A licitação unificada de concessão supõe que o preço do serviço seja escalonado, isto é, varie a depender da quantidade de Municípios associados que vierem a celebrar contratos de concessão com a empresa vencedora do certame e do momento em que tais avenças forem celebradas.

Teoricamente, quanto mais Municípios associados celebrarem contratos de concessão (aumentando o volume de demandas da concessionária), e quanto antes esses contratos forem celebrados (aumentando o período em que a concessionária será demandada), menores serão os custos para prestação do conjunto de serviços, por conta da economia de escala. Eventual redução do valor da prestação do serviço dependerá das circunstâncias concretas, da demanda agregada e dos custos de operação. Logo, a economia de custos do concessionário terá de se refletir também em redução de preços em favor das entidades estatais contratantes, pois do contrário não haveria vantagem, ao menos econômica, na associação e na licitação unificada.

Edital e contrato deverão estipular fórmula de remuneração da concessionária que leve em conta a variação, em virtude da participação de mais ou menos Municípios, da demanda global ao longo do prazo de vigência do conjunto de concessões, beneficiando todas as entidades contratantes.

Assim, na medida em que forem sendo celebrados contratos de concessão secundários pelo prazo remanescente da concessão, e novos volumes de serviços forem sendo agregados, o preço dos serviços precisará ser ajustado de modo automático, conforme fórmula previamente definida em edital e contrato. O ajuste do preço precisará ser implementado em todos os contratos de concessão vigentes (primários e secundários).

Condições para celebrar contratos de concessão no contexto de prestação regionalizada de serviço de saneamento básico

A Lei 11.445, de 2007, com a redação que lhe deu a Lei 14.026, de 2020, estabeleceu uma série de requisitos para a celebração de contratos de concessão no setor de saneamento básico, para além daquelas previstas pela legislação geral de contratações públicas – por exemplo, arts. 9º, 10-A e 11. O preenchimento das condições para celebrar os contratos de concessão dos serviços de tratamento e destinação final de resíduos sólidos deverá ocorrer quando da publicação do edital da licitação unificada – podendo até ser antecipado para o momento da celebração do convênio de cooperação.

A Lei 11.445, de 2007, exige dos titulares dos serviços a elaboração de planos de saneamento básico, contendo metas e indicadores de desempenho e mecanismos de aferição de resultados (art. 9º, I). Mas o "serviço regionalizado de saneamento básico poderá obedecer a plano regional de saneamento básico elaborado para o conjunto de Municípios atendidos" (art. 17), dispensando, nesse caso, "a necessidade de elaboração e publicação de planos municipais de saneamento básico (art. 17, § 3º).

Assim, é viável que, em função do convênio, os Municípios optem por um plano regional, o que, inclusive, no caso dos serviços de tratamento e disposição final de resíduos, é tendente a gerar benefícios ambientais. Esse plano regional, se existente, naturalmente atenderá, para as concessões dos distintos Municípios, o requisito imposto pela lei como condição prévia da outorga dos serviços.

Aspectos da licitação ligados à Lei 14.133, de 2021

De acordo com a Lei 14.133, de 2021, a licitação deve ser "conduzida por agente de contratação, pessoa designada pela autoridade competente, entre servidores efetivos ou empregados públicos dos quadros permanentes da Administração Pública, para tomar decisões, acompanhar o trâmite da licitação, dar impulso ao procedimento licitatório e executar quaisquer outras atividades necessárias ao bom andamento do certame até a homologação" (art. 8º, *caput*). No entanto, em licitação que envolva "bens ou serviços especiais" – eventual licitação unificada para a concessão do serviço de tratamento e destinação final de resíduos sólidos provavelmente se enquadraria nessa categoria – a lei dispõe que "o agente de contratação poderá ser substituído por comissão de contratação formada por, no mínimo, 3 (três) membros, que responderão solidariamente por todos os atos praticados pela comissão, ressalvado o membro que expressar posição individual divergente fundamentada e registrada em ata lavrada na reunião em que houver sido tomada a decisão" (art. 8º, § 2º).

Em se tratando de licitação unificada, seria legítimo, e mesmo útil, que a comissão de contratação fosse composta por agentes públicos indicados por diferentes Municípios associados, em caráter especial, com a função de receber, examinar e julgar documentos relativos às licitações e aos procedimentos auxiliares.

Ainda que não haja na comissão servidores de todos os Municípios, mesmo assim a exigência legal estaria bem atendida com a escolha de servidores de qualquer um dos Municípios, desde que eles tivessem o *status* de efetivos ou de empregados públicos dos quadros permanentes. Isso porque a referida exigência legal não é quanto ao órgão ou entidade de vinculação do servidor, mas exclusivamente quanto a seu *status* funcional.

Ainda em relação à Lei 14.133, de 2021, é preciso considerar que, conforme dispõe o art. 71, II e §§ 2º e 3º, existe a possibilidade de a administração licitante (no caso, os Municípios associados por meio de convênio de cooperação) revogar o certame por motivo de conveniência e oportunidade, em função de fato superveniente devidamente comprovado.

Essa faculdade somente poderia ser exercida antes de adjudicado o objeto e homologado o certame – isto é, até antes da celebração de contratos de concessão primários. Após a celebração de contratos de concessão primários, seria juridicamente impossível revogar o certame.

REFERÊNCIAS

ARAGÃO, Alexandre; e D'OLIVEIRA, Rafael Daudit. Considerações iniciais sobre a Lei 14.026/2020 – Novo Marco Regulatório do Saneamento Básico. In: GUIMARÃES, Fernando Vernalha (Coord.). *O Novo Direito do Saneamento Básico*. Belo Horizonte: Fórum, 2022.

BERTOCCELLI, Rodrigo de Pinho. *Prestação Regionalizada de Saneamento Básico no Brasil*. São Paulo: Lumen Juris, 2023.

CAMPOS, Rodrigo Pinto de. Regulação e federalismo no serviço público de saneamento básico. In: MOTA, Carolina (Coord.). *Saneamento Básico no Brasil*: aspectos jurídicos da Lei Federal 11.445/2007. São Paulo: Quartier Latin, 2010.

CARVALHO, Vinicius Marques de. Cooperação e planejamento na gestão dos serviços de saneamento básico. In: MOTA, Carolina (Coord.). *Saneamento Básico no Brasil*: aspectos jurídicos da Lei Federal 11.445/2007. São Paulo: Quartier Latin, 2010.

FRANCO NETO, Eduardo Grossi. *Centralização de Compras Públicas no Brasil*: análise comparativa dos modelos norte-americano e comunitário europeu de Acordos-Quadro com os procedimentos auxiliares da licitação da Nova Lei de Licitações 14.133/2021. Londrina: Thoth, 2023.

HOHMANN, Ana Carolina. A prestação regionalizada do serviço público de saneamento básico no âmbito do novo marco legal de saneamento: gestão associada e governança interfederativa. In: GUIMARÃES, Bernardo Strobel; VASCONCELOS, Andréa Costa de; e HOHMANN, Ana Carolina (Coord.). *Novo Marco Legal do Saneamento*. Belo Horizonte: Fórum, 2021.

MEIRELLES, Hely Lopes. *Direito Administrativo Brasileiro*. 8. ed. São Paulo: RT, 1981.

MONTEIRO, Vera. Prestação do serviço de saneamento básico por meio de gestão associada entre entes federativos. In: MOTA, Carolina (Coord.). *Saneamento Básico no Brasil*: aspectos jurídicos da Lei Federal 11.445/2007. São Paulo: Quartier Latin, 2010.

MONTEIRO, Vera; ROSILHO, André; e GABRIEL, Yasser. Concessão por adesão. In: TAFUR, Diego Jacome Valois; JURKSAITIS, Guilherme Jardim; e ISSA, Rafael Hamze (Org.). *Experiências Práticas em Concessões e PPP*: estudos em homenagem aos 25 anos da Lei de Concessões. São Paulo: Quartier Latin, 2021.

MOREIRA NETO, Diogo de Figueiredo. Coordenação gerencial na administração pública. *Revista de Direito Administrativo*, Rio de Janeiro, v. 214, p. 35-53, 1998.

REQUI, Érica Miranda dos Santos. A prestação regionalizada e a gestão associada de serviços públicos de saneamento. In: GUIMARÃES, Bernardo Strobel; VASCONCELOS, Andréa Costa de; e HOHMANN, Ana Carolina (Coord.). *Novo Marco Legal do Saneamento*. Belo Horizonte: Fórum, 2021.

INFRAESTRUTURA DE ENERGIA E TRANSPORTE

INFRAESTRUTURA
DE ENERGIA E TRANSPORTE

ASPECTOS CONSTITUCIONAIS E LEGAIS PARA PRORROGAÇÃO ANTECIPADA DE CONCESSÕES DE DISTRIBUIÇÃO DE ENERGIA ELÉTRICA: ANALISE DO DECRETO 12.068, DE 20 DE JULHO 2024 À LUZ DA JURISPRUDÊNCIA DO SUPREMO TRIBUNAL FEDERAL E DA LEI 9.074, DE 7 DE JULHO DE 1995

Enrico Cesari Costa

Bacharel em Direito pela Faculdade de Direito da Universidade de São Paulo. Advogado especializado em Direito da Energia Elétrica. E-mail: enricoccosta@gmail.com.

Sumário: Introdução – 1. Enquadramento jurídico da prorrogação de concessões de serviço público; 1.1 Espécies de prorrogação de concessões de serviço público; 1.2 Enquadramento normativo da prorrogação por interesse público – 2. Requisitos para constitucionalidade da prorrogação antecipada; 2.1 Contrato vigente e submetido à licitação prévia; 2.2 Previsão contratual e editalícia; 2.3 Decisão discricionária do poder concedente; 2.4 Justificação da vantajosidade da prorrogação – 3. Compatibilidade do decreto 12.068/2024 com a Lei 9.074/1995 – Conclusões – Referências.

INTRODUÇÃO

A partir de julho de 2025, o setor elétrico vivenciará o advento do termo final de diversas concessões de distribuição de energia elétrica. Tratam-se das concessões de distribuição outorgadas sob a égide da Lei 9.074, de 7 de julho de 1995 ("Lei 9.074/1995"), relacionada às privatizações das distribuidoras estatais ocorridas nos anos 90. Elas são operadas por 20 distribuidoras de energia elétrica atuantes em 14 estados da federação e representam 62% do mercado de energia elétrica, dados que por si só ilustram a importância desse processo para o setor elétrico e o país.

Frente a esse cenário, foi publicado o Decreto 12.068, de 20 de julho 2024 ("Decreto 12.068/2024") que regulamentou a Lei 9.074/1995 para dispor sobre o processo de licitação e prorrogação de tais concessões de distribuição de energia elétrica. O decreto trouxe diretrizes para as prorrogações, indicando, por exemplo, o conteúdo dos novos contratos de concessão para o segmento de distribuição e a indicação dos requisitos mínimos que deverão ser observados pelo Poder Concedente para autorizar a prorrogação dos contratos.

Dentre seus dispositivos, o decreto permitiu que as concessionárias de distribuição, mesmo que não tivessem atingido o termo final de suas concessões, pudessem apresentar à Agência Nacional de Energia Elétrica ("ANEEL") requerimento para "antecipar os efeitos da prorrogação".

O objetivo desse artigo será investigar se a antecipação dos efeitos da prorrogação proposta pelo Decreto 12.068/2024 atende os parâmetros legais e constitucionais para que a norma seja tida como compatível com o ordenamento. Para isso, o artigo será dividido em três partes.

Em primeiro lugar, será analisado se a antecipação de efeitos da prorrogação prevista no Decreto 12.068/2024 se aproxima do que a doutrina administrativista usualmente classifica como prorrogação antecipada de contratos de concessão.

Caso a resposta para o item anterior seja positiva, os dispositivos do Decreto 12.068/2024 serão analisados à luz da jurisprudência do STF que consolidou entendimento sobre os requisitos constitucionais que normas que promovam prorrogações antecipadas de contratos de concessão devem obedecer.

Uma vez analisada a constitucionalidade do Decreto 12.068/2024, passar-se-á a analisar a sua legalidade. O decreto será analisado à luz da Lei 9.074/1995, com o objetivo de verificar se a antecipação das prorrogações das concessões de distribuição é compatível com a legislação que rege esse tema.

1. ENQUADRAMENTO JURÍDICO DA PRORROGAÇÃO DE CONCESSÕES DE SERVIÇO PÚBLICO

Nessa seção serão apresentadas as espécies de prorrogação de concessão de serviço público tal qual são indicadas na legislação e na doutrina, e será avaliado qual o enquadramento que deve ser dado ao Decreto 12.068/2024.

1.1 Espécies de prorrogação de concessões de serviço público

O verbo prorrogar, em sua acepção jurídica, tem o sentido de "tornar um prazo estabelecido mais longo".[1] Ao se transportar o termo para a seara contratual, ganha o sentido de extensão do prazo final de um instrumento contratual para prazo além do inicialmente pactuado.

Quando analisamos as formas de extensão de prazo de contratos de concessões de serviço público, a doutrina administrativista utiliza o termo "prorrogação contratual" como gênero que pode comportar três espécies: *(i)* prorrogação por emergência, *(ii)* prorrogação por reequilíbrio econômico-financeiro; e *(iii)* prorrogação por interesse público.[2]

A prorrogação por emergência trata de prorrogação precária, que ocorre em situações graves e excepcionais para garantir a continuidade do serviço. Essa hipótese é frequente em situações na qual o Poder Concedente, diante da extinção de um contrato

---

1. DINIZ, Maria Helena. *Dicionário Jurídico Universitário*. 4. ed. (ebook). São Paulo: Saraiva, 2022. s/p.
2. Sobre a divisão das espécies de prorrogação de contratos de concessão de serviço público: GUIMARÃES, Felipe Montenegro Viviani. *Prorrogação por interesse público das concessões de serviço público*. São Paulo: Quarter Latin, 2018.

de concessão de serviço público, não consegue encontrar um novo prestador ou prestar o serviço diretamente, de forma que não resta solução imediata para garantir a continuidade do serviço público.

Isso pode ocorrer por diversos motivos, como falta de tempo hábil para organizar um processo licitatório, a ocorrência de imprevistos, como o adiamento da licitação por decisões judiciais, ou mesmo a necessidade de instituir um prazo de transição até que um novo prestador possa assumir o serviço.

Nessas situações, a doutrina entende que estará caracterizado o estado de necessidade, o que permite a prorrogação da concessão de forma precária.[3] Essa prorrogação está fundada no dever de continuidade do serviço público, que obriga o Poder Concedente a adotar as medidas administrativas necessárias para não interromper a prestação de serviços essenciais à coletividade.

A prorrogação para garantia do equilíbrio econômico-financeiro, por sua vez, ocorre quando o Poder Concedente, quando diante de um fato superveniente que atente contra o equilíbrio da concessão, estende o contrato de concessão para restaurar a relação original de encargos e vantagens do contrato.

Em geral, o Poder Concedente utiliza outras formas para reestabelecer o equilíbrio econômico-financeiro, como o aumento de tarifas, a diminuição dos encargos do concessionário ou o pagamento de indenização. Porém, a doutrina entende que é plenamente possível que a extensão do prazo contratual também seja utilizada como forma de reestabelecer o reequilíbrio, já que, em alguns casos, esta pode ser a medida que melhor atende o interesse público e causa menor impacto social dentre as alternativas possíveis.[4]

O fundamento dessa espécie de prorrogação está no dever de o Poder Concedente de manter o equilíbrio econômico-financeiro das concessões e na sua competência para gerir os contratos administrativos.[5]

A prorrogação por interesse público, por sua vez, ocorre quando o Poder Concedente, por meio de um juízo de conveniência e oportunidade, e visando o melhor

---

3. "Se, não obstante todas as providências, se atingir o termo final do contrato sem solução que permita a solução por outra via, o concessionário estará legitimado a manter a prestação do serviço essencial, ainda que em situação irregular. Estará caracterizada uma situação de estado de necessidade, sendo impossível imputar ao ex-concessionário algum tipo de má-fé. Surgirá situação precária, em que o antigo concessionário poderá (deverá) ser afastado no mais curto espaço de tempo, mediante a devida e necessária indenização" (JUSTEN FILHO, Marçal. *Teoria Geral das Concessões de Serviço Público*. São Paulo: Dialética, 2003. p. 575).
4. "(...) a prorrogação-ampliação do prazo dos contratos de concessão de serviço público, além de ser a alternativa mais vantajosa em certos casos, pode ser a única que não cause sacrifícios insuportáveis às finanças públicas, ao Poder Concedente e aos usuários. Quando assim se passar, a prorrogação-ampliação do prazo contratual pode configurar-se como a única solução jurídica valida adotável pelo Poder Concedente, porque somente por meio dela será cabível assegurar a realização de todos os direitos protegidos juridicamente" (JUSTEN FILHO, Marçal. A ampliação do prazo contratual em concessões de serviço público. *Revista de Direito Administrativo Contemporâneo*. São Paulo, v. 4, n. 23, p. 109-135, mar./abr. 2016).
5. "[O] poder concedente tem o dever jurídico de manter o equilíbrio econômico-financeiro dos contratos de concessão. É de sua competência definir a forma mais adequada de reequilíbrio. Não há necessidade de nenhuma alteração legislativa prévia apenas para que o poder concedente tome as providências necessárias à manutenção do equilíbrio contratual". Idem, ibidem.

atendimento do serviço público, opta por prorrogar um contrato de concessão ao invés de extingui-lo com o objetivo de prestar o serviço diretamente ou escolher um novo prestador de serviço.

A prorrogação das concessões de distribuição de energia elétrica proposta no Decreto 12.068/2024 se enquadra na hipótese de prorrogação por interesse público, pois ocorre em cenário em que o Poder Concedente avalia a melhor alternativa para as concessões de distribuição de energia elétrica.

Evidência disso é a manifestação do Ministério de Minas e Energia ("MME") na Nota Técnica 14/2023/SAER/SE, apresentada no âmbito da Consulta Pública 152/2023, instaurada pelo ministério para obter subsídios da sociedade para a elaboração das diretrizes para o tratamento das concessões de distribuição próximas de seu termo final:

> 4.1.3.6. Assim, deve-se avaliar a alternativa mais conveniente e oportuna para o Poder Concedente – prorrogação ou licitação – para o grupo de concessões em destaque, observando-se os critérios de continuidade, de eficiência na prestação do serviço e de racionalidade operacional e econômica, com reversão de benefícios aos consumidores de energia.

Ao contrário das prorrogações por emergência e por equilíbrio econômico-financeiro, que estão fundamentadas nos deveres constitucionais atribuídos ao Poder Público de continuidade dos serviços públicos e de garantia econômico-financeira dos contratos, a prorrogação por interesse público tem enquadramento expresso na constituição e em leis ordinárias que regem as concessões de serviço público. Essa forma de prorrogação será abordada no tópico a seguir.

1.2 Enquadramento normativo da prorrogação por interesse público

O artigo 175, parágrafo único, inciso I, da Constituição dispõe que a legislação ordinária deve dispor sobre as hipóteses de prorrogação de contratos de concessão de serviço público.[6]

Para regulamentar esse dispositivo, o artigo 23, *caput* e inciso XII da Lei 8.987 de 13 de fevereiro 1995 ("Lei 8.987/1995") determina que as disposições sobre prorrogação são cláusulas essenciais dos contratos de concessão de serviço público.[7] Com isso, determinou-se que é um dever do Poder Concedente, no momento de elaboração do contrato de concessão, regulamentar as condições e procedimentos para prorrogação contratual.

---

6. "Art. 175. Incumbe ao Poder Público, na forma da lei, diretamente ou sob regime de concessão ou permissão, sempre através de licitação, a prestação de serviços públicos.
Parágrafo Único. A lei disporá sobre:
I – o regime das empresas concessionárias e permissionárias de serviços públicos, o caráter especial de seu contrato e de sua prorrogação, bem como as condições de caducidade, fiscalização e rescisão da concessão ou permissão.
(...)"
7. "Art. 23. São cláusulas essenciais do contrato de concessão as relativas:
(...)
XII – às condições para prorrogação do contrato."

Para além da regra geral prevista na Lei 8.987/1995, a legislação especial de diversos setores de infraestrutura apresenta dispositivos específicos sobre a prorrogação de concessões. Dentre as normas que compõem esse grupo, pode ser mencionada a Lei 9.074/1995 que, em seu artigo 4º, § 3º, dispõe que os contratos de concessão de distribuição de energia elétrica podem ter prazo de até 30 anos, o qual pode ser prorrogado no máximo por igual período.[8]

Ou seja, por força de mandamento constitucional, a prorrogação das concessões de serviço público deverá ter previsão na legislação ordinária. Essa previsão poderá ser a legislação específica que regulamenta o setor econômico de que trata a concessão, ou, na ausência dela, será a norma geral contida na Lei 8.987/1995, que determina que a prorrogação da concessão deve estar prevista no contrato de concessão.[9]

A prorrogação prevista nesses dispositivos legais é classificada como prorrogação de "interesse público" pois trata de uma faculdade do Poder Concedente, que poderá prorrogar o contrato com base em um juízo discricionário visando alternativa que melhor atenda o interesse público. Assim, deverá o Poder Concedente, avaliando o caso concreto, analisar a pertinência da prorrogação do contrato de concessão de serviço público e, caso mostrar-se alternativa adequada, operacionalizá-la de forma a melhor atender ao interesse público.

A doutrina relativa às prorrogações por interesse público a classifica em duas subespécies: *(i)* a comum, na qual a prorrogação ocorre ao final do contrato de concessão de serviço público; e *(ii)* a antecipada, na qual o contrato é prorrogado antes mesmo do alcance do termo final da concessão.

A prorrogação comum não motiva questionamentos de interesse desse artigo pois se opera como uma prorrogação típica e usualmente observada em contratos públicos e privados: ao fim do termo inicialmente previsto, as partes optam por estender a relação contratual.

O caso da prorrogação antecipada, por outro lado, ocorre quando o Poder Concedente busca prorrogar um contrato antes de seu vencimento estendendo o prazo contratual inicialmente pactuado e trazendo novos termos para contratação. Uma medida pouco usual na prática contratual pública e privada.

Apesar de incomum, esse instituto já foi utilizado em diversos setores de infraestrutura, como no âmbito da: *(i)* Lei 12.815, de 5 de junho de 2013, que determinou que os contratos de arrendamento portuário celebrados sob a vigência da Lei 8.630, de 25

---

8. "Art. 4º
   (...)
   § 3º As concessões de transmissão e de distribuição de energia elétrica, contratadas a partir desta Lei, terão o prazo necessário à amortização dos investimentos, limitado a trinta anos, contado da data de assinatura do imprescindível contrato, podendo ser prorrogado no máximo por igual período, a critério do poder concedente, nas condições estabelecidas no contrato."
9. Esse entendimento baseia-se na aplicação do princípio da *lex specialis* (art. 2º, § 1º, da Lei de Introdução às Normas do Direito Brasileiro) que determina que uma lei específica deverá se sobrepor a uma lei geral.

de fevereiro de 1993 que "possuam previsão expressa de prorrogação ainda não realizada" poderiam ter sua prorrogação antecipada pelo Poder Público;[10] *(ii)* Lei 12.783, de 11 de janeiro de 2013, que estabeleceu que o MME poderia antecipar os efeitos das prorrogações das concessões de geração, distribuição e transmissão de energia elétrica concedidas anteriormente à Lei de Concessões;[11] e *(iii)* Lei 13.448, de 5 de junho de 2017 ("Lei 13.448/2017"), que determinou que a prorrogação dos serviços públicos rodoviários e ferroviários "poderão ocorrer por provocação de qualquer uma das partes do contrato de parceria e estarão sujeitas à discricionariedade do órgão ou da entidade competente", sendo que a prorrogação antecipada somente seria possível se acrescentados investimentos no contrato de concessão.[12]

O Decreto 12.068/2024 foi pensado em relação à prorrogação dos contratos de concessão vincendos que atinjam os seus termos finais, já que ele determina que as concessionárias de distribuição devem apresentar interesse na prorrogação dos contratos em até 36 meses antes do término do prazo para que seja avaliada a opção de prorrogação. Entretanto, ele também prevê a faculdade de que concessionárias de distribuição apresentem pleito para *"antecipação dos efeitos da prorrogação"* no prazo de 30 dias após a publicação de minuta de termo aditivo aos contratos de concessão de distribuição pela ANEEL.[13]

Como o Decreto 12.068/2024 permite a "antecipação dos efeitos da prorrogação", está caracterizada a possibilidade de prorrogação de concessão por interesse público na subespécie antecipada. É essa modalidade de prorrogação que configura o objeto deste artigo.

---

10. "Art. 57. Os contratos de arrendamento em vigor firmados sob a Lei 8.630, de 25 de fevereiro de 1993, que possuam previsão expressa de prorrogação ainda não realizada, poderão ter sua prorrogação antecipada, a critério do poder concedente."
11. "Art. 12. O poder concedente poderá antecipar os efeitos da prorrogação em até 60 (sessenta) meses do advento do termo contratual ou do ato de outorga.
    § 1º A partir da decisão do poder concedente pela prorrogação, o concessionário deverá assinar o contrato de concessão ou o termo aditivo, que contemplará as condições previstas nesta Lei, no prazo de até 30 (trinta) dias contados da convocação."
12. "Art. 5º A prorrogação contratual e a prorrogação antecipada do contrato de parceria nos setores rodoviário e ferroviário observarão as disposições dos respectivos instrumentos contratuais, balizando-se, adicionalmente, pelo disposto nesta Lei.
    § 1º As prorrogações previstas no caput deste artigo poderão ocorrer por provocação de qualquer uma das partes do contrato de parceria e estarão sujeitas à discricionariedade do órgão ou da entidade competente."
13. "Art. 10. As concessionárias de distribuição poderão apresentar à Aneel o requerimento de que trata o art. 7º, para fins de antecipação dos efeitos da prorrogação, no prazo de trinta dias, contado da publicação da minuta do termo aditivo ao contrato de concessão.
    § 1º A minuta do termo aditivo ao contrato de concessão de que trata o *caput* deverá ser aprovada e divulgada pela Aneel no prazo de cento e vinte dias, contado da publicação deste Decreto.
    § 2º A Aneel deverá encaminhar recomendação ao Ministério de Minas e Energia quanto à prorrogação das concessões de que trata o *caput*, com avaliação do atendimento dos critérios de que trata o art. 2º, no prazo de sessenta dias, contado da apresentação do requerimento.
    § 3º A decisão do Ministério de Minas e Energia quanto à prorrogação deverá ser informada à concessionária no prazo de trinta dias, contado da recomendação da Aneel."

Recentemente, o STF desenvolveu jurisprudência que reconheceu a validade da prorrogação antecipada, mas indicou que as normas que a autorizam esse tipo de prorrogação devem atender a determinados requisitos para serem reputadas constitucionais. Diante disso, passa-se a analisar a adequação do Decreto 12.068/2024 à jurisprudência do STF sobre prorrogação antecipada.

2. REQUISITOS PARA CONSTITUCIONALIDADE DA PRORROGAÇÃO ANTECIPADA

O STF, em sede de controle de constitucionalidade, foi instado a se manifestar sobre a constitucionalidade da prorrogação antecipada de contratos de concessão em três ocasiões distintas: *(i)* na Ação Direta de Inconstitucionalidade 5.991/DF "), que analisou a Medida Provisória 752/2016, posteriormente convertida na Lei 13.448/2017, que autorizou a prorrogação antecipada dos contratos de concessão do setor rodoviário, ferroviário e aeroportuário;[14] *(ii)* na Ação de Descumprimento de Preceito Fundamental 971/SP ("ADPF 971/SP"), que julgou a constitucionalidade da Lei 17.731/2022 do Município de São Paulo, a qual estabeleceu diretrizes gerais para prorrogação e relicitação de contratos de parceria celebrados pelo município;[15] e *(iii)* na Ação Direta de Inconstitucionalidade no 7.048/SP ("ADI 7.048/SP"), que analisou a constitucionalidade dos Decretos 65.574/2021 e 65.575/2021 do Estado de São Paulo, que autorizaram a prorrogação antecipada do serviço de transporte coletivo intermunicipal do São Matheus-Jabaquar.[16]

Nas três oportunidades, o Ministro Gilmar Mendes apresentou posição similar, indicando os requisitos que deveriam ser observados por normas que visassem a prorrogar de forma antecipada contratos de concessão. Suas considerações foram acolhidas pelo Plenário no julgamento da ADPF 971/SP e da ADI 7.048/SP por unanimidade. Por esse motivo, os votos do ministro nessas ações serão utilizados como parâmetro para a análise da posição do STF sobre o tema.

Segundo os votos do Ministro, as normas que permitem prorrogações antecipadas de concessão de serviços públicos devem observar quatro requisitos para serem reputadas como constitucionais: *(i)* os contratos de concessão devem estar vigentes e terem sido previamente licitados; *(ii)* deve haver previsão para prorrogação no edital de licitação e no contrato de concessão original; *(iii)* dever ser garantida uma margem de apreciação para que a Administração Pública decida pela prorrogação ou não da concessão; e *(iv)* deve se justificar a vantajosidade da prorrogação em face da realização de um novo procedimento licitatório.

Nos tópicos a seguir serão analisados os requisitos elencados para verificar se a proposta apresentada pelo Decreto 12.068/2024 pode ser reputada constitucional.

---

14. ADI 5.991/DF, Rel. Min. Cármen Lúcia. Tribunal Pleno, julgado em 07.12.2020.
15. ADPF 971/SP, Rel. Min. Gilmar Mendes. Tribunal Pleno, julgado em 29.05.2023.
16. ADI 7.048/SP, Rel. Min. Cármen Lúcia, Rel. do Acórdão. Min. Gilmar Mendes. Tribunal Pleno, julgado em 22.08.2023.

2.1 Contrato vigente e submetido à licitação prévia

O primeiro requisito apontado pelo Ministro é a necessidade de que os contratos de concessão estejam vigentes e tenham sido originalmente licitados.

O ministro não apresentou justificativas para exigir que os contratos estejam vigentes. Entretanto, parece lógico que um contrato deva estar produzindo efeitos para ser prorrogado. Como a prorrogação tem como objetivo ampliar o termo de um contrato para estender o período durante o qual ele produz efeitos, é condição *sine qua non* que ele esteja, de fato, produzindo efeitos. Disso decorre que ele deverá estar vigente.[17]

A exigência de que os contratos prorrogados tenham sido submetidos à licitação, por sua vez, decorre da jurisprudência do STF, em especial, do acórdão proferido na Ação Direta de Inconstitucionalidade 3.521/PR ("ADI 3.521/PR").[18]

A ADI 3.521/PR avaliou a constitucionalidade das Leis Complementares 94 e 95 do Estado do Paraná, que permitiram a manutenção de outorgas de serviço público de transporte de passageiros vencidas, com prazo indeterminado ou de forma precária, mesmo que não tivessem sido licitadas de forma adequada. Nela foi decidido que, como a Constituição determina que a concessão de serviços públicos deve ser precedida de licitação, não há respaldo constitucional em medidas que pretendem prorrogar contratos que não tenham sido licitados.[19]

---

17. Necessário indicar que no setor elétrico já foram promovidas prorrogações de contratos vencidos. Isso porque o Decreto 8.641/2015, que regulamentou a Lei 12.783/2013, foi publicado em muito próximo do fim dos contratos de concessão, impedindo que o TCU e a ANEEL elaborassem um novo contrato de concessão antes do fim dos contratos originais e fazendo com que a prorrogação de alguns contratos de concessão fosse assinada aproximadamente 4 meses após o vencimento dos contratos originais. Entretanto, trata-se de situação bastante pontual, motivada pela morosidade da Administração, e que não parece inviabilizar o argumento do ministro.
18. "Em primeiro lugar, resta claro que qualquer modalidade de prorrogação só pode ocorrer no âmbito de contratos administrativos de prestação de serviço público que estejam vigentes e que tenham sido originariamente licitados. Desse limite decorre a inconstitucionalidade de leis que autorizem a prorrogação antecipada dos contratos de concessão não licitados, ainda que esses contratos tenham sido celebrados antes da vigência da Constituição Federal de 1988. Tal entendimento, além de decorrer da própria exegese constitucional, foi firmado na jurisprudência do STF a partir do julgamento da ADI 3.521/PR. Neste caso, o Tribunal declarou a inconstitucionalidade de lei do estado do Paraná que permitia a prorrogação de concessões e permissões de serviços públicos de transporte coletivo de passageiros que haviam sido firmadas sem licitação e que, à época da edição da norma estavam vencidas ou vigoravam por prazo indeterminado. (ADI 3.521, Rel. Min. Eros Grau, Tribunal Pleno, DJ 16.03.2007)" (ADI 7.048/SP, Rel. Min. Cármen Lúcia, Rel. do Acórdão. Min. Gilmar Mendes. Tribunal Pleno, julgado em 22.08.2023).
19. "2. O artigo 43, acrescentado à LC 94 pela LC 95, autoriza a manutenção, até 2.008, de "outorgas vencidas, com caráter precário" ou que estiverem em vigor com prazo indeterminado. Permite, ainda que essa prestação se dê em condições irregulares, a manutenção do vínculo estabelecido entre as empresas que atualmente a ela prestam serviços públicos e a Administração estadual. Aponta como fundamento das prorrogações o § 2º do artigo 42 da Lei Federal 8.987, de 13 de fevereiro de 1995. Sucede que a reprodução do texto da lei federal, mesmo que fiel, não afasta a afronta à Constituição do Brasil.
3. O texto do artigo 43 da LC 94 colide com o preceito veiculado pelo artigo 175, *caput*, da CB/88 – "[i]ncumbe ao poder público, na forma da lei, diretamente ou sob regime de concessão ou permissão, sempre através de licitação, a prestação de serviços públicos".
4. Não há respaldo constitucional que justifique a prorrogação desses atos administrativos além do prazo razoável para a realização dos devidos procedimentos licitatórios. Segurança jurídica não pode ser confundida com conservação do ilícito" (ADI 3.521, Rel. Min. Eros Grau, Tribunal Pleno, julgado em 28.09.2006).

Como todos os contratos de concessão vincendos com a possibilidade de prorrogação nos termos do Decreto 12.068/2024[20] foram licitados entre 1995 e 2001 com fundamento na Lei 9.074/1995 e encontram-se atualmente vigentes, não parece haver óbices para sua prorrogação antecipada em relação a esse requisito.

2.2 Previsão contratual e editalícia

O segundo requisito apontado pelo ministro é a existência de previsão de prorrogação no contrato original e no edital que licitou o contrato de concessão.[21]

O Ministro justificou seu entendimento com base na doutrina de Felipe Montenegro Viviani Guimarães, indicando que uma lei não poderia prorrogar contratos de concessão que não tenham previsão contratual e editalícia para prorrogação sob pena violar o princípio da isonomia e ao instituto da licitação pública.[22]

No caso dos contratos de concessão vincendos sob análise, todos foram licitados sob a égide da Lei 9.074/1995 que, conforme já visto, prevê expressamente a possibilidade de prorrogação das concessões de distribuição de energia elétrica em seu artigo 4º, § 3º. Como a legislação setorial compõe os editais de licitação,[23] deve-se reconhecer que havia, desde o princípio, previsão editalícia para sua prorrogação.

---

20. No caso, tratam-se dos contratos de concessão celebrados pelas seguintes distribuidoras: EDP Espírito Santo Distribuição de Energia S.A., Light Serviços de Eletricidade, Enel Distribuição Rio, Companhia de Eletricidade do Estado da Bahia – COELBA, Companhia Paulista de Força e Luz – CPFL Distribuição, RGE Sul Distribuidora de Energia S.A. – RGE, Energisa Mato Grosso do Sul – Distribuidora de Energia S.A., Energisa Mato Grosso – Distribuidora de Energia S.A., Energisa Sergipe – Distribuidora de Energia S.A., Companhia Energética do Rio Grande do Norte – COSERN, Enel Distribuição Ceará, Enel Distribuição São Paulo, Equatorial Pará Distribuidora de Energia, Elektro Redes S.A., Companhia Piratininga de Força e Luz – CPFL Piratininga, EDP São Paulo Distribuição de Energia S.A., Energisa Borborema – Distribuidora de Energia S.A., Companhia Energética de Pernambuco – CELPE, Equatorial Maranhão Distribuidora de Energia S.A., Energisa Paraíba – Distribuidora de Energia S.A.
21. "Em segundo lugar, só é admissível a prorrogação de contratos de concessão se o pacto original já contiver previsão nesse sentido, exigência esta que também se estende ao edital de licitação correlato. Isso porque, como a prorrogação antecipada tem o condão de apenas antecipar os efeitos de um prolongamento contratual comum, ela naturalmente pressupõe uma possibilidade preestabelecida de prorrogação comum prevista no contrato e no respectivo edital." (ADI 3.521, Rel. Min. Eros Grau, Tribunal Pleno, DJ 16.03.2007)." (ADI 7.048/SP, Rel. Min. Cármen Lúcia, Rel. do Acórdão. Min. Gilmar Mendes. Tribunal Pleno, julgado em 22.08.2023).
22. "Em segundo lugar, só é admissível a prorrogação de contratos de concessão se o pacto original já contiver previsão nesse sentido, exigência esta que também se estende ao edital de licitação correlato. Isso porque, como a prorrogação antecipada tem o condão de apenas antecipar os efeitos de um prolongamento contratual comum, ela naturalmente pressupõe uma possibilidade preestabelecida de prorrogação comum prevista no contrato e no respectivo edital. Como bem destaca Felipe Montenegro Guimarães em estudo específico sobre o tema 'se o edital de licitação e/ou a minuta de contrato que o acompanha não previam, originalmente, a possibilidade de prorrogação por interesse público (comum ou antecipada), tal espécie de prorrogação não pode ser realizada com base em posterior autorização legal, sob pena de burla ao princípio da isonomia e ao instituto jurídico da licitação pública' (GUIMARÃES, Felipe Montenegro Viviani. Prorrogação por interesse público das concessões de serviço público. São Paulo: Quartier Latin, 2018, p. 191)" (ADI 7.048/SP, Rel. Min. Cármen Lúcia, Rel. do Acórdão. Min. Gilmar Mendes. Tribunal Pleno, julgado em 22.08.2023).
23. "O edital constitui-se no documento fundamental da licitação. Habitualmente se afirma, em observação feliz, que é a sua "lei interna". Com efeito, abaixo da legislação pertinente à matéria, é o edital que estabelece as regras específicas de cada licitação. A Administração fica estritamente vinculada às normas e condições nele estabelecidas, das quais não pode se afastar. Embora não seja exaustivo, pois normas anteriores e superiores o complementam, ainda que não reproduzidas em seu texto, como bem diz Hely Lopes Meirelles, o edital é "a

Além da previsão em edital, os atuais contratos de concessão também preveem a possibilidade de prorrogação, conforme indicado no esquema abaixo. Dessa forma, não parece haver óbices para sua prorrogação em relação a esse requisito.

Contrato de Concessão da EDP Espírito Santo	Contrato de Concessão da Light SESA e Enel Distribuição Rio	Contrato de Concessão da Companhia de Eletricidade do Estado da Bahia – COELBA (modelo utilizado pelas demais distribuidoras de energia com contratos vincendos)
Cláusula segunda – Prazos (...) Subcláusula Única. A Concedente poderá, a seu exclusivo critério, visando garantir a qualidade do atendimento a custos adequados, prorrogar o prazo das concessões de que trata este Contrato, desde que requerido pela Concessionária no prazo de até 36 (trinta e seis) meses do advento do termo contratual, devendo a Concedente manifestar-se sobre a solicitação no prazo de até 18 (dezoito) meses que antecederem o término da concessão.	Cláusula terceira – Prazo das concessões e dos contratos (...) Primeira Subcláusula – A critério exclusivo do Poder Concedente, e para assegurar a continuidade e qualidade do serviço público, o prazo das concessões poderá ser prorrogado, mediante requerimento da Distribuidora. requerimento da Distribuidora.	Cláusula terceira – Prazo das concessões e do contrato (...) Primeira Subcláusula – A critério exclusivo do Poder Concedente, e para assegurar a continuidade e qualidade do serviço público, e com base nos relatórios técnicos sobre regularidade e qualidade dos serviços prestados pela Concessionária, preparados pelo órgão técnico de fiscalização, nos termos da Cláusula Oitava, o prazo das concessões poderá ser prorrogado, mediante requerimento da Concessionária. requerimento da Distribuidora.

2.3 Decisão discricionária do Poder Concedente

O terceiro requisito apontado pelo Ministro é que a norma que autorize a prorrogação antecipada de contratos de concessão deverá garantir que a Administração Pública decida pela prorrogação da concessão ou não.

Esse entendimento foi justificado com base na posição doutrinária da Ministra Cármen Lúcia Antunes Rocha e na jurisprudência recente do STF, que indicam que os particulares não têm direito adquirido à prorrogação de contratos de concessão. Segundo essas fontes, a lei pode apenas autorizar a Administração Pública a promover prorrogações e detalhar o modo pelo qual devem ser conduzidas, entretanto, a lei não é capaz de gerar direitos aos concessionários, já que se trata de um ato discricionário da Administração Pública.[24]

O Decreto 12.068/2024 atende plenamente esse requisito, já que seu artigo 8º e 9º evidenciam que o MME terá a decisão final em relação à prorrogação dos contratos de

---

matriz da licitação e do contrato" (BANDEIRA DE MELLO, Celso Antônio. *Curso de Direito Administrativo*. 27 ed. São Paulo: Malheiros, 2010. p. 583-584).

24. "Em terceiro lugar, a lei que prevê a prorrogação antecipada deve sempre submeter a possibilidade dessa prorrogação a uma decisão discricionária e motivada da Administração Pública, na figura do Poder Concedente. A lei superveniente, assim, não pode diretamente garantir o direito de prorrogação ao particular, sob pena de violação dos princípios constitucionais da eficiência, isonomia e publicidade. Como bem destacado nas lições da Eminente Ministra Carmen Lúcia Antunes Rocha: 'Não se pode cogitar, por certo, de ter sido deixado arbítrio ao administrador concedente para prorrogar, ou não, a concessão, conforme os seus caprichos, humores ou qualquer outra condição inteiramente subjetiva, por ser isso absolutamente incompatível com os princípios que regem a Administração Pública'. (ROCHA, Cármen Lúcia Antunes. *Estudo sobre concessão e permissão de serviço público*. São Paulo: Saraiva, 1996, p. 61-62) Essa limitação decorre da própria jurisprudência desta Corte, no sentido de que o contratado não possui direito subjetivo à renovação do prazo da concessão, sendo certo que a lei autorizadora é apenas um fundamento apto a ensejar uma decisão da Administração Pública de prorrogá-lo ou não. (ADI 7.048/SP, Rel. Min. Cármen Lúcia, Rel. do Acórdão. Min. Gilmar Mendes. Tribunal Pleno, julgado em 22.08.2023).

concessão.[25] O Decreto 12.068/2024, em nenhum momento, indica que as distribuidoras têm direito à prorrogação de seus contratos, explicitando que a decisão é discricionária do Poder Concedente. Dessa forma, não parece haver óbices para sua prorrogação em relação a esse requisito.

2.4 Justificação da vantajosidade da prorrogação

O quarto requisito apontado pelo Ministro é que a prorrogação depende do cotejamento das relações de custo-benefício entre a prorrogação contratual e a realização de um novo procedimento licitatório.[26]

Segundo o Ministro, essa exigência decorre do princípio da eficiência e a Administração Pública poderia justificar a vantajosidade da prorrogação de diversas formas, como, por exemplo, elaborando Análise de Impacto Regulatório que projetem os possíveis cenários alternativos para atração de investimentos considerando os melhores resultados para modicidade tarifária, eficiência, modernização de infraestrutura, qualidade do serviço e universalização.

Sobre esse tema, a edição do Decreto 12.068/2024 foi precedida pela Consulta Pública 152/2023, promovida pelo MME, que buscou obter subsídios da sociedade para as diretrizes que seriam observadas no vencimento das concessões de distribuição. Nessa oportunidade o MME apresentou a Nota Técnica SAER/SE 14/2023 em que apresentou justificativas técnicas e operacionais que justificariam sua opção pela prorrogação:

> 4.6. Com efeito, do ponto de vista técnico, é recomendável facultar a prorrogação das concessões. Isso porque as concessões de distribuição *afetam grandes áreas geográficas contíguas*. Assim, a inadequação na prestação de serviço por um novo concessionário, a ser escolhido mediante

---

25. "Art. 8º A Aneel deverá encaminhar recomendação ao Ministério de Minas e Energia quanto à prorrogação da concessão, com avaliação do atendimento dos critérios de que trata o art. 2º, com antecedência mínima de vinte e um meses do advento do termo contratual.
Art. 9º A decisão do Ministério de Minas e Energia quanto à prorrogação ou à licitação deverá ser publicada até dezoito meses antes do advento do termo contratual, nos termos do disposto no art. 4º, § 4º, da Lei 9.074, de 7 de julho de 1995."
26. "Por fim, sendo a prorrogação antecipada uma subespécie daquilo que a doutrina cunhou de 'prorrogação por interesse público', o princípio da eficiência demanda que o Poder Concedente coteje as relações de custo-benefício entre a realização do alongamento contratual ou a realização de um novo procedimento licitatório. Desse modo, além de discricionária, a decisão da Administração Pública de realizar a prorrogação antecipada dos contratos deve sempre refletir o critério da vantajosidade. Esse requisito decorre diretamente do texto constitucional, ainda que a lei específica setorial não o preveja expressamente. No caso específico da prorrogação antecipada, mesmo diante da autorização legislativa reputada como válida, o Poder Concedente terá sempre que examinar, em cada concessão in concreto, qual a conveniência e oportunidade da Administração Pública em realizar a prorrogação vis a vis a promoção de um novo procedimento licitatório. A esse respeito, são clarividentes as considerações do professor Egon Bockmann Moreira para quem 'a decisão é privativa da Administração Pública, que não está obrigada a rescindir, nem a fazer novas licitações, nem a prorrogar os contratos', de modo que 'a Administração Pública deve examinar e comparar as três possibilidades e adotar a mais eficiente, em vista das alternativas que o cenário econômico lhe autorizar'. (MOREIRA, Egon Bockmann. Vários motivos para se pensar na prorrogação dos contratos de concessão. *Revista Zênite* – Informativo de Licitações e Contratos (ILC), Curitiba, n. 260, p. 917-919)." (ADI 7.048/SP, Rel. Min. Cármen Lúcia, Rel. do Acórdão. Min. Gilmar Mendes. Tribunal Pleno, julgado em 22.08.2023).

licitação, ou durante a transição entre concessionários, pode ter um impacto adverso concentrado sobre uma Unidade da Federação (ou sub-região dessa Unidade), inclusive com reflexos adversos para o Pacto Federativo.

4.4.7. Nos demais segmentos da cadeia de energia elétrica, de geração e de transmissão, os impactos de uma eventual inadequação na prestação do serviço de energia elétrica podem ser mitigados, haja vista a integração elétrica promovida pela Rede Básica do Sistema Interligado Nacional (SIN). Ademais, nos casos de licitação de concessão vincenda de geração ou transmissão, é possível separar os ativos em lotes distintos, de forma a dar maior atratividade e reduzir riscos de insucesso de uma nova licitação ou da inadequação do serviço a ser prestado por novo concessionário. Essa mesma tática não pode ser aplicada às concessões de distribuição, haja vista sua delimitação se dar pela prestação do serviço em uma área geográfica, em regime de monopólio, e não por um conjunto de ativos.

4.4.8. Pontua-se, ainda, o fato de o segmento de distribuição requerer a realização de investimentos em sua área de concessão de maneira recorrente, além de ser mais intensiva em mão de obra em relação aos outros segmentos. Esse fato acarreta maior dificuldade em processos de designação de operadores provisórios em casos de término do contrato sem a prévia realização de licitação.

As justificativas apresentadas pelo MME foram menos robustas do que aquelas esperadas pelo Ministro Gilmar Mendes, já que não foram apresentadas avaliações e projeções concretas sobre a qualidade do serviço nos cenários de prorrogação e licitação.

De todo modo, as justificativas do MME parecem razoáveis, já que trazem preocupações de nível operacional e técnico relacionadas, por exemplo, à continuidade dos serviços de distribuição durante o período de transição de concessionária e à dificuldade de indicar um prestador temporário dos serviços após o término do contrato de concessão. Assim, ao menos de maneira formal, o Decreto 12.068/2024 atende a esse requisito constitucional, já que demonstrou de forma coerente as vantagens que justificariam a prorrogação em detrimento de uma nova licitação.

De todo o exposto, conclui-se que o Decreto 12.068/2024 atende aos quatro requisitos elencados pelo Ministro Gilmar Mendes e observados pelo Plenário do STF para que seja reputado como válido e constitucional, pois: *(i)* os contratos de concessão vincendos encontram-se vigentes e foram previamente licitados; *(ii)* há previsão contratual e editalícia permitindo a prorrogação; *(iii)* há garantia para que o Poder Concedente exerça um juízo discricionário para prorrogação; e *(iv)* foram apresentadas justificativas em relação à vantajosidade da prorrogação em detrimento da relicitação.

Considerando que o Decreto 12.068/2024 é constitucional, passar-se-á a analisar aspectos legais do decreto, especialmente com relação à Lei 9.074/1995 que é por ele regulamentada.

3. COMPATIBILIDADE DO DECRETO 12.068/2024 COM A LEI 9.074/1995

Mesmo antes da publicação do Decreto 12.068/2024, diversos agentes atuantes no setor elétrico, seja âmbito da Consulta Pública 152/2023, seja em simpósios e eventos especializados, apresentavam críticas e considerações acerca da legalidade da norma que iria regulamentar as prorrogações das concessões de distribuição.

Dentre elas, as críticas de maior relevância buscaram questionar: *(i)* a possibilidade da promoção de prorrogações antecipadas sem a existência de lei em sentido formal que autorize expressamente essa modalidade de prorrogação; e *(ii)* se a antecipação das prorrogações do setor de distribuição conflitaria com o prazo máximo para concessões de distribuição de energia elétrica estabelecido na Lei 9.074/1995.

Diante disso, a análise acerca da legalidade do Decreto 12.068/2024 será feita de forma a responder às duas perguntas acima, como objetivo de verificar a aderência do decreto às normas da Lei 9.074/1995.

Em primeiro lugar, passa-se a analisar se as prorrogações antecipadas dependem de lei em sentido formal para que sejam operadas. Trata-se de questionamento nada trivial, uma vez que o Poder Concedente já demonstrou dúvidas sobre a sua legitimidade de conduzir processos de prorrogação antecipada sem a existência de lei anterior. Nesse sentido, veja a exposição de motivos EMI 00306/2016 MP MTPA, que acompanhou a edição da Medida Provisória 752/2016, posteriormente convertida na já mencionada Lei 13.448/2017:

> *É essencial a existência de uma lei específica* para dar segurança jurídica para incluir novos investimentos em concessões existentes quando for justificadamente necessário. Hoje o Poder Concedente tem se deparado com alguns questionamentos dúvidas quanto aos mecanismos de reequilíbrios possíveis de serem adotados e os agentes públicos e concessionárias *estão inseguros quanto à legitimidade ativa na condução desses processos.* (grifou-se)

Essa pergunta também não encontra resposta na jurisprudência do STF abordada no tópico anterior, já que nela não se especificou o tipo de norma que pode operacionalizar as prorrogações antecipadas. Além disso, todos os atos analisados pelo STF estavam, de alguma forma, amparados em lei formal que expressamente autorizava a prorrogação antecipada.

No âmbito da ADI 5.991/DF e da ADPF 971/SP, por exemplo, foram analisadas duas leis com previsão expressa para prorrogação antecipada.[27] No âmbito da ADI 7.048/SP, por sua vez, o STF analisou a constitucionalidade de decretos do Estado de São Paulo que, a despeito de serem normas secundárias, estavam amparados em lei estadual que expressamente autorizava a prorrogação antecipada dos contratos de parceria no Estado de São Paulo.[28]

---

27. Lei 13.448/2017, objeto da ADI 5.991/DF: "Art. 5º A prorrogação contratual e a prorrogação antecipada do contrato de parceria nos setores rodoviário e ferroviário observarão as disposições dos respectivos instrumentos contratuais, balizando-se, adicionalmente, pelo disposto nesta Lei."
    Lei do Município de São Paulo 17.731/2022, objeto da ADPF/SP: "Art. 5º A prorrogação contratual, a prorrogação antecipada e a extensão contratual ocorrerão por meio de termo aditivo, condicionadas à inclusão de investimentos não previstos no instrumento contratual vigente, com vistas à viabilização da exploração conjunta de serviços, ganhos de escala e escopo derivados do compartilhamento de infraestruturas públicas e aproveitamento de sinergias operacionais, observado o disposto nos arts. 2º e 3º desta Lei."
28. Lei Estadual 16.933/2019. "Artigo 5º. A prorrogação contratual ou a prorrogação antecipada ocorrerão por meio de termo aditivo, condicionadas à inclusão de investimentos não previstos no instrumento contratual vigente, observado o disposto no artigo 2º desta lei".

No caso do Decreto 12.068/2024, o fundamento para prorrogação está no artigo 4º, § 3º da Lei 9.074/1995, que embora não apresente disposição expressa sobre a possibilidade de prorrogação antecipada, indica permissão genérica para que o Poder Concedente promova a prorrogação de concessões de distribuição de energia elétrica pelo mesmo prazo que o contrato original. Ou seja, situação diversa daquela que já foi confrontada pelo STF até o momento.

De todo modo, não parece haver restrições para que normas infralegais promovam prorrogações antecipadas baseadas em leis que não tenham previsão expressa para prorrogação antecipada.

Inicialmente, cabe apontar que o artigo 175, parágrafo único, inciso I da Constituição apenas exige que a lei ordinária discipline a prorrogação dos contratos de concessão de serviço público. O dispositivo não qualifica o conteúdo dessa lei ou o tipo de prorrogação que ela deve regulamentar, sendo plenamente adequada uma lei que autorize genericamente a prorrogação de concessões de serviço público.

Além disso, como já abordado anteriormente, a prorrogação é um ato discricionário do Poder Concedente. O ordenamento, quando garante discricionariedade à Administração Pública para exercer um ato, o faz com o entendimento de que é impossível prever as medidas que melhor atendam o interesse público no momento da elaboração da lei. Por isso, é garantida à Administração Pública uma margem de atuação para que avalie os elementos do caso concreto e tome a melhor decisão considerando o interesse público.[29]

A discricionariedade pode ser exercida de diferentes formas. Por exemplo, a Administração Pública pode optar por adotar uma ação, escolher a forma pela qual adotará essa ação, e, ainda, escolher o momento quando adotará uma ação. Nesse sentido, dispõe Bandeira de Mello:

> Nestes casos, diz-se que há discricionariedade, porque cabe interferência de um juízo subjetivo do administrador no que atina, isolada ou cumulativamente:
>
> a) à determinação ou reconhecimento – dentre de certos limites mais além referidos – da situação fática ou
>
> b) no que concerne a não agir ou agir ou
>
> c) *no que atina à escolha da ocasião asada para fazê-lo ou*
>
> d) no que diz com a forma jurídica através da qual veiculará o ato ou

---

29. Di Pietro, por exemplo, indica as justificativas práticas para a discricionariedade: "Sob o ponto de vista prático, a discricionariedade justifica-se, quer para evitar o automatismo que ocorreria fatalmente se os agentes administrativos não tivessem senão que aplicar rigorosamente as normas preestabelecidas, quer para suprir a impossibilidade em que se encontra o legislador de prever todas as situações que o administrador terá que enfrentar. Isso sem falar que a discricionariedade é indispensável para permitir o poder de iniciativa da Administração, necessário para atender às infinitas, complexas e sempre crescentes necessidades coletivas. A dinâmica do interesse público exige flexibilidade de atuação com a qual pode revelar-se incompatível o moroso procedimento de elaboração das leis" (DI PIETRO, Maria Sylvia Zanella. *Discricionariedade Administrativa na Constituição de 1988*. 2 ed. São Paulo, Atlas, 2012).

e) no que respeita à eleição da medida considerada idônea perante aquela situação fática, para satisfazer a finalidade legal. (grifou-se)[30]

Como há uma autorização geral para que o Poder Concedente prorrogue as concessões de distribuição, e sendo a prorrogação um ato discricionário, de forma que pode a Administração Pública escolher o melhor momento para adotá-lo, parece válido que uma norma infralegal permita à Administração escolher o momento de realizar a prorrogação de um contrato, mesmo que de forma antecipada, pautada em uma autorização legal genérica.

O segundo questionamento da prorrogação antecipada trata de verificar se a "*antecipação dos efeitos da prorrogação*" proposta pelo Decreto 12.068/2024 pode conflitar com o prazo máximo das concessões de distribuição.

O artigo 4º, § 3º, da Lei 9.074/1995 indica que o prazo máximo das concessões de energia elétrica é de 30 anos. Como o Decreto 12.068/2024 prevê a prorrogação dos contratos por 30 anos,[31] caso haja uma prorrogação dos contratos atuais, a soma entre o período em que eles já estiveram vigentes somado ao tempo da prorrogação levaria a um prazo superior a 30 anos.

Para responder essa pergunta, é necessário entender como será operacionalizada a "antecipação dos efeitos da prorrogação" proposta pelo Decreto 12.068/2024. Seria essa antecipação um vencimento do contrato de prorrogação atual com a posterior assinatura de um novo contrato ou seria ela uma extensão do prazo do atual contrato de concessão? Em ambos os casos, o contrato prorrogado terá qual prazo de vigência?

Segundo a exposição de motivos do Decreto 12.068/2024 exposta no EM 00025/2024 MME, o MME indicou que um de seus objetivos foi garantir "a possibilidade de antecipação da prorrogação das concessões, com todos os efeitos associados, a critério das concessionárias". Dando a entender que, na antecipação, os contratos de concessão atual serão estendidos de forma imediata, com a aplicação de todos os efeitos jurídicos relacionados a essa extensão e a cumulação do prazo de vigência atual com o do contrato prorrogado.

A redação do Decreto 12.068/2024, por sua vez, traz ideia um pouco distinta da exposta na exposição de motivos. O decreto dispõe que as distribuidoras poderão apresentar um requerimento à ANEEL para antecipar os efeitos da prorrogação após a publicação da minuta de termo aditivo ao contrato de concessão pelo MME. A ANEEL analisará a concessão e encaminhará sua opinião ao MME, que decidirá pela prorrogação antecipada da distribuidora.

---

30. BANDEIRA DE MELLO, Celso Antônio. *Discricionariedade e Controle Jurisdicional*. 2. ed. São Paulo: Malheiros, 2017. p. 17.
31. "Art. 1º As concessões de distribuição de energia elétrica de que trata o art. 4º, § 3º, da Lei 9.074, de 7 de julho de 1995, que não tenham sido objeto de prorrogação, poderão ser prorrogadas ou licitadas, por trinta anos, conforme as disposições deste Decreto."

Com o aceite do MME, a distribuidora deverá assinar o termo aditivo que deverá contemplar uma cláusula que autorizará a prorrogação do contrato de concessão uma vez alcançado o termo final e caso sejam atendidos determinados critérios de qualidade no serviço e na gestão econômico-financeira da relação contratual.[32] Ou seja, nos termos do decreto, o Poder Concedente não prorrogará, de fato, as concessões de maneira antecipada, mas sim assume uma promessa futura de prorrogação caso determinadas condições sejam cumpridas.

Sendo esse o caso, não se identifica qualquer violação à Lei 9.074/1995, já que o termo de 30 anos não será ultrapassado. O contrato original atingirá o seu termo final e, apenas em seguida, será prorrogado.

Entretanto, como as disposições do decreto conflitam como a exposição dos motivos do MME, e tendo em vista que ainda não foi disponibilizada a minuta do termo aditivo que regulamentará a prorrogação contratual, não há elementos concretos para apresentar opinião definitiva em relação a esse aspecto legal. Será necessário reavaliar o tema à luz das novas informações para que seja apurada uma conclusão definitiva.

CONCLUSÕES

Diante de todo exposto, foi possível concluir que o Decreto 12.068/2024 pode ser enquadrado como uma prorrogação antecipada na modalidade antecipada.

Tratando-se de uma modalidade de prorrogação antecipada, o decreto atende a todos os requisitos constitucionais constantes da jurisprudência do STF para essa modalidade de prorrogação, já que: *(i)* os contratos de concessão vincendos encontram-se vigentes e foram previamente licitados; *(ii)* há previsão contratual e editalícia permitindo a prorrogação; *(iii)* há garantia para que o Poder Concedente exerça um juízo discricionário para prorrogação; e *(iv)* foram apresentadas justificativas em relação à vantajosidade da prorrogação em detrimento da relicitação.

Após reconhecer a constitucionalidade do Decreto 12.068/2024, foi possível analisar alguns questionamentos apresentados por agentes atuantes no setor em relação a sua legalidade e aderência à Lei 9.074/1995. Nesse sentido, reconheceu-se que a autorização genérica para prorrogação constante no artigo 4º, § 3º Lei 9.074/1995 é suficiente para promoção da prorrogação antecipada dos contratos vincendos e que, em princípio, a prorrogação antecipada dos contratos não violará o prazo máximo de 30 anos para as concessões de distribuição de energia elétrica nos termos do artigo 4º, § 3º Lei 9.074/1995. Para esse último ponto, entretanto, é necessário aguardar a publicação de novas informações pelo MME para que seja apresentada uma conclusão definitiva.

---

32. Art. 11.
   (....)
   § 2º A Aneel definirá a minuta do termo aditivo ao contrato de concessão que contemplará as condições indicadas no art. 4º, que deverá conter cláusula com a previsão da possibilidade de prorrogação, no advento do termo contratual vigente, vinculada ao atendimento dos critérios de eficiência com relação à gestão econômico-financeira e de continuidade do fornecimento e das demais condições de que trata este artigo.

REFERÊNCIAS

BANDEIRA DE MELLO, Celso Antônio. *Curso de Direito Administrativo*. 27. ed. São Paulo: Malheiros, 2010.

BANDEIRA DE MELLO, Celso Antônio. *Discricionariedade e Controle Jurisdicional*. 2. ed. São Paulo: Malheiros, 2017.

CARVALHO FILHO, José dos Santos. *Manual de Direito Administrativo*. 33. ed. São Paulo: Atlas, 2019.

DINIZ, Maria Helena. *Dicionário Jurídico Universitário*. 4. ed. (ebook). São Paulo: Saraiva, 2022.

GUIMARÃES, Felipe Montenegro Viviani. *Prorrogação por interesse público das concessões de serviço público*. São Paulo: Quarter Latin, 2018.

JUSTEN FILHO, Marçal. *Curso de Direito Administrativo*. 14. ed. (e-book). São Paulo: Grupo GEN, 2023.

JUSTEN FILHO, Marçal. *Teoria Geral das Concessões de Serviço Público*. São Paulo: Dialética, 2003.

EÓLICAS *OFFSHORE*: NOVA TECNOLOGIA DE ENERGIA

Maria Beatriz Picarelli Gonçalves Johonsom di Salvo

Mestranda em Direito do Estado pela Universidade de São Paulo e assistente jurídico do Tribunal de Justiça do Estado de São Paulo. E-mail: mariabsalvo@gmail.com.

Sumário: Introdução – 1. A energia eólica *offshore* no Brasil – 2. A experiência das centrais geradoras eólicas marítimas Asa Branca I, Caucaia e Votu Winds – 3. A regulamentação superveniente para a exploração de centrais geradoras eólicas marítimas e o seu futuro – Conclusão – Referências.

INTRODUÇÃO

O Brasil dispõe de uma matriz elétrica de origem predominantemente renovável, com destaque histórico para a fonte hídrica que, conforme o "Balanço Energético Nacional" (BEN), de 2023,[1] produzido pela Empresa de Pesquisa Energética (EPE), representa 61,9% da oferta interna.

O documento também informa que as fontes renováveis representam 88% da "oferta interna de eletricidade no Brasil, que é a resultante da soma dos montantes referentes à produção nacional mais as importações, que são essencialmente de origem renovável".[2]

Os dados apresentados pela EPE anunciam a preferência nacional pela produção de energia elétrica a partir de fonte renovável, incluindo-se nesta matriz, a energia eólica, que atualmente representa 12,6% da capacidade instalada do país, tratando-se da terceira maior fonte de produção de energia, atrás da fonte hídrica, que equivale a 58%, e da fonte não renovável, representando 15,7%.

O engenheiro e autor Milton de Oliveira Pinto[3] conta que a relação do Brasil com o desenvolvimento da energia por meio de fonte eólica tem origem na crise do petróleo de 1973, momento em que, a partir da busca por novos meios de geração de energia, o Instituto de Aeronáutica e Espaço/Centro de Tecnologia Aeroespacial (IEA/CTA) construiu e realizou o ensaio de quinze protótipos de turbinas eólicas, na cidade de São José dos Campos, no estado de São Paulo, entre os anos de 1973 e 1983. O autor narra que o marco inicial da energia eólica no Brasil ocorreu em 1981 com o chamado Projeto Debra (sigla para as iniciais Deutschland e Brasil), estabelecido entre o governo

---

1. Disponível em: https://www.epe.gov.br/sites-pt/publicacoes-dados-abertos/publicacoes/PublicacoesArquivos/publicacao-748/topico-687/BEN2023.pdf. Acesso em: 31 jul. 24.
2. Brasil. Empresa de Pesquisa Energética. *Balanço energético nacional*, p. 13. Disponível em: https://www.epe.gov.br/sites-pt/publicacoes-dados-abertos/publicacoes/PublicacoesArquivos/publicacao-748/topico-687/BEN2023.pdf. Acesso em: 31 jul. 24.
3. PINTO, Milton de Oliveira. *Fundamentos de energia eólica*. Rio de Janeiro: LTC, 2013.

alemão por meio do Centro Aeroespacial da Alemanha - DFVL (*Deutsche Forschungs und Versuchsansta.lt für Lufí*) e o CTA.

Por sua vez, em 1992, foi instalada a primeira turbina eólica no país, no arquipélago de Fernando de Noronha, respondendo aquele gerador por até 10% da energia gerada no arquipélago.

Desde então, o desenvolvimento da tecnologia[4] e dos investimentos na produção de energia eólica no Brasil apresentaram vertiginoso crescimento.

É importante destacar que, como se depreende do texto constitucional, em seu artigo 218, cumpre ao Estado a missão de promover e incentivar o desenvolvimento científico, a pesquisa, a capacitação científica e tecnológica e a inovação, o que, para o autor Augusto Neves Dal Pozzo, sugere que o princípio da inovação tecnológica

> [..] deva interpenetrar a atividade de infraestrutura, que o Estado tem o dever de propagar, especialmente, se considerarmos que ela representa terreno absolutamente fértil para o avanço tecnológico, permitindo, não apenas vislumbrar uma posição de vanguarda no desenvolvimento econômico, mas, especialmente, oferecer, aos particulares, indistintamente, as modernidades que qualificam o pleno desenvolvimento social, melhorando a qualidade de vida dos concidadãos.[5]

Observando-se a necessidade de constante inovação tecnológica, a fim de garantir, dentro outros elementos, o desenvolvimento social, bem como o incremento da energia eólica na matriz energética do país, abriu-se espaço para o desenvolvimento da infraestrutura e tecnologia das centrais geradoras eólicas no mar, as também denominadas eólicas *offshore*.

Em 2020, pela primeira vez, a energia eólica *offshore* foi considerada fonte de expansão no "Plano Decenal de Expansão de Energia 2029", elaborado pela EPE sob as diretrizes e o apoio da equipe da Secretaria de Planejamento e Desenvolvimento Energético (SPE/MME) e da Secretaria de Petróleo, Gás Natural e Biocombustíveis (SPG/MME).[6]

---

4. Sobre o tema, Milton de Oliveira Pinto destaca que: "Durante os últimos 30 anos, a indústria de turbinas eólicas se transformou em uma indústria de alta tecnologia. Os principais fabricantes das grandes turbinas eólicas estão localizados na Dinamarca, Alemanha, EUA, índia, Holanda e Espanha. Vários fabricantes de turbinas da Dinamarca estabeleceram sua produção na Alemanha e Espanha. Indústrias locais atuam de várias formas, e normalmente os primeiros projetos de um país são caracterizados pela importação de energia eólica, incluindo a torre.
Geralmente as empresas locais são contratadas para construir as fundações e para estabelecer a conexão com a rede elétrica, mas o restante do trabalho é baseado no exterior. Se um projeto for superior a um dado volume, as estruturas simples, como as torres, por exemplo, também podem ser adquiridas localmente.
Além das pás, dos geradores e dos sistemas de transmissão, uma forte indústria também tem se desenvolvido na fabricação de rolamentos, freios, controladores de medição, sistemas de sensores e de telecomunicações. Várias empresas de fabricação de metal se especializaram, por exemplo, na fabricação de torres, cubos e eixos de transmissão. Com o grande avanço da energia eólica nos últimos anos, outros serviços especializados também surgiram. Na Dinamarca e Alemanha, por exemplo, alguns bancos e companhias de seguros desenvolveram competências específicas para seguros e serviços financeiros voltados para os desenvolvedores e proprietários da área eólica. Empresas de transporte têm se especializado no transporte de naceles, torres e pás, incluindo a instalação. (PINTO, Milton de Oliveira. *Fundamentos de energia eólica*. Rio de Janeiro: LTC, 2013, p. 37).
5. DAL POZZO, Augusto Neves. *O Direito Administrativo da Infraestrutura*. São Paulo: Contracorrente, 2020, p. 193.
6. Disponível em: https://www.epe.gov.br/sites-pt/publicacoes-dados-abertos/publicacoes/Documents/PDE%20 2029.pdf. Acesso em: 31 jul. 2024.

De acordo com o "Plano Decenal de Expansão de Energia 2030" (PDE 2030),[7] elaborado também pela EPE, as fontes eólica e solar têm se mostrado economicamente mais competitivas quando comparadas às demais tecnologias candidatas à expansão energética no país. Tanto assim que, conforme informações trazidas no BEN, em 2012, a geração de energia eólica alcançou 5.050 GWh, ao passo que, em 2021, a produção atingiu 72.286 GWh, o que representou um aumento de 26,7% se comparado com o ano anterior.

Ademais, com o estudo denominado "Roadmap Eólica *Offshore* Brasil",[8] a EPE, a partir de interações com diversos órgãos governamentais, como o Ministério de Minas e Energia (MME), Agência Nacional de Energia Elétrica (ANEEL), Instituto Brasileiro do Meio Ambiente e dos Recursos Naturais Renováveis (Ibama), Secretária de Coordenação e Governança do Patrimônio da União (SPU) e outros, buscou estabelecer discussões sobre a fonte eólica *offshore*, como uma oportunidade para o mercado brasileiro e modernização do setor elétrico.

Assim, tendo em vista a crescente importância e expectativa do desenvolvimento da fonte eólica *offshore* no atual cenário, o presente artigo pretende, sem qualquer pretensão exaustiva, abordar os primeiros passos da presença da energia eólica do mar no quadro normativo brasileiro, sendo observada a sua característica de sustentabilidade.

1. A ENERGIA EÓLICA *OFFSHORE* NO BRASIL

Na visão dos autores Thiago Marrara e Gustavo Gil Fasioal, para que uma tecnologia seja disruptiva, ela deve causar efeitos relevantes em determinado contexto social, de forma a impactar a concorrência, verificando-se a juridicidade da atuação administrativa ou a proteção de direitos fundamentais.[9]

A presença da energia eólica *offshore* no ambiente da infraestrutura brasileira possui nítido caráter disruptivo.

Na visão de Thiago Cavalcante Nascimento, Andréa Torres Barros Batinga de Mendonça e Sieglinde Kindl da Cunha,

> [..] com o *status* de fonte de energia renovável de maior potencial econômico, as usinas de energia eólica desempenham um papel importante que não se relaciona apenas à segurança energética das nações, reduzindo sua dependência de combustíveis fósseis, mas também implica desenvolvimento econômico, redução da pobreza, controle da poluição atmosférica e redução de emissão de gases, contribuindo diretamente, para um desenvolvimento mais sustentável, visto que pode reduzir as emissões de dióxido de carbono com finalidades energéticas em uma relação de 600 toneladas para cada GWh de energia gerada (Junfeng, Pengfei e Hu, 2010).[10]

---

7. Disponível em: https://www.epe.gov.br/sites-pt/publicacoes-dados-abertos/publicacoes/PublicacoesArquivos/publicacao-490/PDE%202030_RevisaoPosCP_rv2.pdf. Acesso em 31 jul. 2024.
8. Disponível em: https://www.epe.gov.br/sites-pt/publicacoes-dados-abertos/publicacoes/PublicacoesArquivos/publicacao-456/Roadmap_Eolica_Offshore_EPE_versao_R2.pdf. Acesso em: 31 jul. 2024.
9. MARRARA, Thiago; GASIOLA, Gustavo Gil. Regulação de novas tecnologias e novas tecnologias na regulação. *Journal of Digital Law*, v. 1, n. 2, 2020, p. 124.
10. NASCIMENTO, T. C., Mendonça, A. T. B. B., & Cunha, S. K. (2012). Inovação e sustentabilidade na produção de energia: o caso do sistema setorial de energia eólica no Brasil. *Cad. EBAPE.BR*, v. 10, n. 3, artigo 9, Rio de Janeiro, set. 2012, p. 637-651.

Ainda na visão dos autores Thiago Marrara e Gustavo Gil Fasioal, as "novas tecnologias de energia"

> [...] são essenciais para viabilizar um mundo cada vez mais conectado e fortemente movimentado por máquinas e computadores. As demandas por energia cresceram, mas muitas fontes não mais se mostram suficientes para atende-las ou, ainda que possam fazê-lo, apresentam muitos inconvenientes socioambientais. A esse desafio o ser humano responde com a busca de novas fontes de energia, como a eólica, a solar e a onda motriz, valorizando principalmente aquelas que revelem menos inconvenientes à qualidade de vida humana, dadas as crescentes preocupações com a sustentabilidade. Além disso, as baterias tradicionalmente disponíveis para muitos objetos não são mais capazes de lhes proporcionar funcionamento minimamente duradouro, dada a multiplicação de recursos que oferecem e o gasto energético que ocasionam. Para contornar esse problema, investe-se cada vez mais em baterias de longa duração, novas formas de recarregamento ou de distribuição energética eficiente (as tecnologias *smart grids*). Em outras palavras, portanto, as tecnologias energéticas são um pressuposto para o avanço de outras modalidades tecnológicas, daí estarem na base do processo de desenvolvimento de qualquer nação.[11]

Assim, em 2020, o Governo Federal considerou pela primeira vez a tecnologia eólica *offshore* como fonte candidata à expansão de energia, a partir de 2027. Na oportunidade, destacou-se que os estudos atuais apresentam custos de investimento ainda elevados para essa tecnologia, no entanto, não obstante os custos elevados de investimento. Com o "Roadmap Eólica *Offshore* Brasil", também de 2020, a EPE identificou a existência de potencial técnico de cerca de 700 GW em locais com profundidade de até cinquenta metros, o que garante bom abastecimento para o mercado energético, ainda mais sendo proveniente de uma fonte renovável de energia.[12]

A EPE salienta que, ainda que os estudos de potencial indiquem determinadas restrições nas áreas exploráveis como áreas de proteção ambiental, rotas comerciais, rotas migratórias de aves, áreas de exploração de petróleo ou outras áreas com usos conflitantes, o potencial energético é suficiente para que as centrais geradoras eólicas no mar se apresentem como opções futuras de abastecimento energético no país.

No tocante aos aspectos legais e regulatórios dessa "nova" fonte de energia, a EPE apontou o item como ponto de atenção, dado que o vigente quadro normativo para a exploração de fontes eólicas não contemplava os aspectos específicos do modelo *offshore*:

> Traçado, ainda que de forma sucinta, o panorama regulatório nacional sobre a exploração do potencial eólico onshore e o regulatório internacional respeitante à instalação de parques eólicos offshore, é possível extrair algumas observações.
>
> A primeira delas é a de que a experiência internacional tem caminhado rumo à construção de um processo competitivo para regulamentar o acesso do particular ao local onde ocorrerá a instalação dos empreendimentos offshore.

---

11. MARRARA, Thiago; GASIOLA, Gustavo Gil. Regulação de novas tecnologias e novas tecnologias na regulação. *Journal of Digital Law*, v. 1, n. 2, 2020, p. 123.
12. BRASIL. Empresa de Pesquisa Energética. *Roadmap Eólica Offshore Brasil*, p. 123. Disponível em: https://WWW.epe.gov.br/sites-pt/publicacoes-dados-abertos/publicacoes/PublicacoesArquivos/publicacao-456/Roadmap_Eolica_Offshore_EPE_versao_R2.pdf. Acesso em: 31 jul. 2024.

Como segundo ponto, observa-se não haver pleno consenso quanto ao fato de a regulação brasileira atual ser, ou não, suficiente para atender com segurança jurídica às necessidades e exigências específicas para a instalação, no país, de usinas eólicas offshore; principalmente se considerado o fato da regulação, na época de sua discussão e desenvolvimento, não ter sido derivada de uma estratégia destinada a contemplar esses empreendimentos. O mesmo pode ser dito com relação a qualquer outra norma que diga respeito à fiscalização da atividade de geração eólica.

Nesse contexto, entende-se importante destacar algumas matérias que merecerão especial tratamento do legislador e dos reguladores, com o objetivo de proporcionar os aperfeiçoamentos necessários ao atual arcabouço jurídico-regulatório:

· Especificação do regime de uso do espaço marítimo destinado à exploração dos potenciais offshore por meio do qual sejam estabelecidas diretrizes e regras objetivas para seleção de interessados;

· Previsão de cláusulas específicas, no instrumento de outorga do uso do espaço marítimo, acerca do objeto, prazo, possibilidades de prorrogação, consequências do inadimplemento, descomissionamento, cessão de posição contratual, dentre outros; e

· Adoção de critérios para o cálculo do lance para o uso do espaço marítimo, na hipótese de presença de pluralidade de interessados em regime de competitividade.[13]

Logo, ainda que o território brasileiro apresente grande potencial para a exploração da energia eólica *offshore*, fato é que o quadro normativo aplicável aos parques eólicos *onshore* não é suficiente – ou até mesmo adequado – para ser aplicado a essa nova tecnologia, especialmente por envolver o regime de uso do espaço marítimo.

Desse modo, em 25 de janeiro de 2022, o Presidente da República editou o Decreto Federal 10.946/2022, responsável por dispor sobre a cessão de uso de espaços físicos e o aproveitamento dos recursos naturais em águas interiores de domínio da União, no mar territorial, na zona econômica exclusiva e na plataforma continental para a geração de energia elétrica a partir de empreendimento *offshore*.

A medida foi bem recebida pelo mercado como marco inicial para a introdução da fonte de energia, contudo, a especificidade da infraestrutura no mar demanda maior entrosamento entre os mais diversos níveis da Administração Público, para garantir a sua sustentabilidade e segurança, como resta evidenciado pela análise de casos concretos no setor regulatório.

2. A EXPERIÊNCIA DAS CENTRAIS GERADORAS EÓLICAS MARÍTIMAS ASA BRANCA I, CAUCAIA E VOTU WINDS

Antes mesmo da formação do quadro normativo desenhado especificamente para as centrais geradoras eólicas marítimas, a ANEEL foi provocada por agentes interessados na exploração de complexos eólicos no mar, os quais se valeram das normas já editadas pela Agência para a exploração de empreendimentos de fonte não hídrica.

---

13. BRASIL. Empresa de Pesquisa Energética. *Roadmap Eólica Offshore Brasil*, p. 124-125. Disponível em: https://www.epe.gov.br/sites-pt/publicacoes-dados-abertos/publicacoes/PublicacoesArquivos/publicacao-456/Roadmap_Eolica_Offshore_EPE_versao_R2.pdf. Acesso em: 31 jul. 2024.

Desde 2019, a ANEEL tem se debruçado sobre os pedidos de emissão de Despacho de Registro de Requerimento de Outorga (DRO) para empreendimentos eólicos *offshore* com fundamento nas disposições da anterior Resolução Normativa 390, de 15 de dezembro de 2009, posteriormente revogada pela Resolução Normativa 876, de 10 de março de 2020, a qual foi modificada pela Resolução Normativa 1.071, de 29 de agosto de 2023.

Em abril de 2022, a Diretoria da ANEEL declarou extintos o processo de renovação do DRO apresentado pela empresa Eólica Brasil Ltda. e os processos de emissão do DRO solicitados pelas empresas BI Energia Ltda. e Votu Winds Energia Eólica Ltda., respectivamente formulados nos processos administrativos 48500.005195/2015-64, 48500.003528/2019-44 e 48500.003384/2021-41.

Na oportunidade, a Diretoria da ANEEL concluiu pela ocorrência de fato superveniente em conformidade com o artigo 14 da Norma de Organização ANEEL 001.

O voto de relatoria do Diretor Hélvio Neves Guerra contou com a avaliação da incompatibilidade do regime de DRO com o regramento específico a ser destinado às eólicas *offshore*, observada a normatização superveniente do tema.

No voto que acompanhou os despachos 896/2022, 922/2022 e 923/2022, destacou-se que no modelo setorial, os empreendimentos de fonte não hídrica com potência instalada superior a 5.000 kW podem solicitar a emissão do DRO à ANEEL com o objetivo de facilitar a obtenção de eventuais pedidos de informação de acesso pela concessionária de transmissão de energia elétrica ou pelo Operador Nacional do Sistema Elétrico (ONS), bem como facilitar a obtenção de licenças e/ou autorizações dos órgãos responsáveis pelo licenciamento ambiental ou de outros órgãos públicos federais, estaduais, municipais ou do Distrito Federal.

Conforme a Resolução Normativa 876/2020, vigente à época, no tocante à posse ou propriedade das áreas necessárias à implantação do empreendimento, bastaria a apresentação da Ficha Técnica do empreendimento, com a declaração da referida posse ou propriedade. Além do mais, a norma estabelecia que o DRO não gera o direito de preferência, exclusividade ou garantia de obtenção da outorga de autorização para exploração do respectivo empreendimento.[14-15]

No caso específico do empreendimento perseguido pela empresa Eólica Brasil, localizado na região nordeste do país, a requerente apresentou declaração de posse da área para implantação do complexo eólico marítimo, emitida pela Secretária de Coordenação e Governança do Patrimônio da União (SPU).

---

14. Art. 6º Os requerimentos de outorga para exploração de EOL, UFV, UTE e outras fontes alternativas com potência superior a 5.000 kW apresentados à ANEEL serão objeto de publicação de Despacho de Registro do Requerimento de Outorga (DRO). (...)
    § 2º O DRO não gera o direito de preferência, exclusividade ou garantia de obtenção da outorga de autorização para exploração do respectivo empreendimento.
15. A determinação foi mantida pela Resolução Normativa n. 1.071/2023, no § 2º do artigo 5º.

A Superintendência de Concessões e Autorizações de Geração (SCG) da ANEEL, atuando no processo administrativo, entendeu pela necessidade de aprofundar a análise referente ao direito de propriedade ou posse das áreas das potenciais eólicas *offshore*, contatando a SPU para discutir o alcance da Declaração de Disponibilidade da Área. Assim, a SPU esclareceu que a Declaração de Disponibilidade por ela emitida não garante a cessão da área e não é exclusiva, visto poder ser concedida a todos os interessados em uma mesma área.

A SCG, então, buscou recomendações do Ministério de Minas e Energia (MME) e da Procuradoria Federal junto à ANEEL a respeito do tema da posse/propriedade das áreas a serem exploradas por complexos eólicos no mar, a fim de subsidiar a sua recomendação à Diretoria da Agência Reguladora.

O MME se manifestou no sentido de que a definição de limites para a emissão de DRO está atrelada à discussão de (i) modelo de seleção e (ii) desenho de mercado. Assim reproduz-se o excerto transcrito no voto do Diretor-Relator:

> Entende-se que a eventual definição de limites para emissão de DRO, passa pela discussão de: (i) modelo de seleção; e, (ii) desenho de mercado.
>
> No primeiro caso, em se optando por um papel governamental mais ativo, com definição de "prismas", por exemplo, haveria uma natural limitação imposta pelo potencial a ser explorado em cada espaço marítimo delimitado.
>
> Já em um modelo do tipo "open door", o sucesso de cada projeto dependeria do cumprimento de todos os trâmites e autorizações e de sua competitividade, não sendo necessária, a princípio, a definição de limites para emissão de DRO. Por outro lado, a eventual sobreposição de projetos, já verificada, pode se mostrar um limitador para emissão de DROs, uma vez que esta etapa prescinde da "declaração de propriedade ou posse das áreas necessárias à implantação do empreendimento", como apontado pela ANEEL no Ofício 524/2020– SCG/SRG/ANEEL. Portanto, esse modelo depende de uma definição clara, por parte da Secretaria de Patrimônio da União - SPU, do processo de cessão do espaço marítimo.
>
> No que diz respeito ao desenho de mercado de energia elétrica, os países com maior experiência em projetos offshore, quase sempre tiveram uma política de inserção dessa fonte, por vezes com metas pré-definidas, como discutido anteriormente. No Brasil, a introdução de novas fontes ou tecnologias algumas vezes se deu por meio de programas de incentivo (como o Proinfa) ou por leilões/produtos dedicados, assegurando a contratação dos primeiros empreendimentos a comporem a matriz, cujo preço será definido por um processo competitivo sempre limitado a um determinado preço-teto de energia. Porém, no âmbito da Modernização do Setor Elétrico, discute-se o conceito de neutralidade tecnológica, ou seja, a imparcialidade frente a quaisquer fontes ou tecnologias, sem direcionamentos ou subsídios.
>
> Adicionalmente, o desafio da competitividade da eólica offshore no país, num contexto de participação cada vez maior de outras fontes renováveis, com custos decrescentes, reforça o argumento da neutralidade.
>
> A experiência internacional mostra que leilões específicos e o estabelecimento de metas se deu por motivações particulares de cada país e passou por uma discussão intersetorial.
>
> Logo, numa visão meramente setorial, entendemos que não deve haver restrições à emissão de DROs para parques eólicos marítimos e tampouco devem ser realizadas contratações específicas dessa fonte.
>
> Por outro lado, tal entendimento não elimina o papel do planejador, do regulador e do poder concedente em estabelecer critérios para participação da eólica offshore no mercado de energia elétrica

e o papel de outras instituições governamentais e estabelecer critérios para a cessão dos espaços marítimos, do licenciamento ambiental, etc. (...)

Entendemos que o papel de uma DRO dependerá da definição do modelo de seleção de projetos. Caso caiba a um ente governamental o estudo e a definição das áreas a serem exploradas, entendemos que a DRO poderia ser emitida em etapas posteriores, ou mesmo possa ser dispensada. Este modelo traz semelhanças com a licitação de empreendimentos hidrelétricos, na qual os participantes competem para a construção e exploração de uma usina com local e características pré-definidas, aplicando-se o modelo de concessão.[16]

Por sua vez, a Procuradoria Federal opinou pela impossibilidade de emissão do DRO até a definição das diretrizes para exploração da atividade. Esclareceu que

Sem as diretrizes, é impossível estabelecer o processo de outorga adequado para as EOLs offshore e é improvável que seja dada aos interessados a legitimidade para o uso da área marítima. Neste momento, a possibilidade de aplicação da REN 876/2020 está prejudicada, pois não há como saber se o seu regramento convém ou não às outorgas das EOLs offshore, e nenhum dos atuais interessados apresentou título jurídico que lhe legitime o uso da área marítima.[17]

O Diretor-Relator prosseguiu a análise dos pedidos de prorrogação e emissão dos DROs contando com as disposições do Decreto Federal 10.946/2022, posterior à Resolução Normativa 876/2020, entendendo pela impossibilidade de emissão do referido despacho para as usinas eólicas *offshore*, considerando que o novo regramento estabeleceu um rito administrativo distinto dos casos de eólicas *onshore*.

O voto indicou que, com o Decreto Federal 10.946/2022, o pedido de cessão de uso independente das áreas para a exploração das usinas eólicas no mar deve ser dirigido ao MME e não à ANEEL, e em virtude de diversos pontos carecem de regulamentação pelo MME, o DRO não seria instrumento adequado para o andamento do processo de outorga de eólicas *offshore*.

Por fim analisou o Diretor-Relator:

32. Para disciplinar o tema, em 25 de janeiro de 2022 foi publicado o Decreto nº 10.946. Assim, destaco a seguir os pontos deste Decreto que corroboram o entendimento de impossibilidade de emissão de DRO para as usinas eólicas Offshore.

A cessão de uso de espaços físicos e o aproveitamento dos recursos naturais em águas interiores de domínio da União, no mar territorial, na zona econômica exclusiva e na plataforma continental para a geração de energia elétrica offshore competirá ao Ministério de Minas e Energia

A cessão de uso se dará mediante cessão planejada ou cessão independente.

É requisito para a cessão de uso de que trata este Decreto a emissão de Declaração de Interferência Prévia – DIP pelos seguintes órgãos e entidades: Comando da Marinha; Comando da Aeronáutica; Ibama; Instituto Chico Mendes; ANP; Ministério da Infraestrutura; Ministério da Agricultura, Pecuária e Abastecimento; Ministério do Turismo; e Anatel.

As disposições deste Decreto aplicam-se aos processos de cessão de uso em tramitação na data de sua entrada em vigor, que deverão ser adaptados para cumprir as referidas disposições.

---

16. Disponível em: https://www2.aneel.gov.br/cedoc/adsp2022922_1.pdfDs. Acesso em: 31 jul. 2024.
17. Disponível em: https://www2.aneel.gov.br/cedoc/adsp2022922_1.pdfDs. Acesso em: 31 jul. 2024.

O Ministério de Minas e Energia editará normas complementares ao disposto neste Decreto no prazo de cento e oitenta dias, contado da data de sua entrada em vigor.

33. Em síntese, os agentes interessados na cessão de uso independente de áreas para exploração de centrais geradoras eólicas offshore deverão fazer tal solicitação ao MME e não à ANEEL.

Assim, o MME avaliará se há sobreposição entre a área solicitada e prismas que já tenham sido cedidos ou que estejam em processo de cessão. Apenas nos casos em que o MME não identifique a sobreposição de áreas, os agentes poderão solicitar uma DIP.

34. Após a obtenção da DIP pelos diversos agentes envolvidos, a cessão de uso de espaços físicos e o aproveitamento dos recursos naturais em águas interiores de domínio da União, no mar territorial, na zona econômica exclusiva e na plataforma continental para a geração de energia elétrica offshore será emitida pelo MME. Por fim, após a obtenção da cessão de uso o agente poderá solicitar a outorga à ANEEL.

35. Conforme este Decreto, a cessão de uso será onerosa quando tiver por finalidade a exploração de central geradora de energia elétrica offshore, sendo necessário celebrar o Contrato de cessão de uso. Este contrato não gera o direito à exploração do serviço de geração de energia elétrica pelo cessionário, que dependerá de autorização pela ANEEL, nos termos do disposto na Lei 9.074, de 7 de julho de 1995.[18]

A decisão pela extinção do processo de renovação do DRO pleiteado pela empresa Eólica Brasil foi judicializada por meio do mandado de segurança 1030696-50.2022.4.01.3400, impetrado perante o juízo da 1ª Vara Federal Cível da Subseção Judiciário do Distrito Federal.

A empresa requereu a concessão da segurança para afastar o Despacho 922/2022 e determinar à ANEEL que reconheça a vigência do DRO outorgado e a sua renovação. Na sentença proferida em agosto de 2022, o juízo de primeiro grau reconheceu a violação ao princípio da segurança jurídica no caso, pois, a partir do momento em que a ANEEL considerou válida a declaração emitida pela SPU para fins de emissão de DRO, a Agência não poderia ter alterado seu entendimento, dado que não existiu mudança formal quanto à interpretação a ser dada a tal documento.

Destacou-se, ademais, que as disposições do Decreto Federal 10.946/2022 aplicam-se aos processos de cessão de uso em tramitação na data de sua entrada em vigor, de forma que não há incompatibilidade entre a emissão de DRO e o novo rito estipulado.

O magistrado apontou que

Cabe à ANEEL e aos demais órgãos envolvidos, como a SPU, portanto, adaptar aos seus termos os processos já em tramitação voltados à cessão de uso de recursos da União para a geração de energia elétrica a partir de empreendimento offshore.

E a adaptação dos processos, imposta pela lei, não pode acarretar na extinção, repentina, de instrumento que vinha sendo legitimamente utilizado pela interessada, e com o aval da ANEEL, conforme já exposto linhas acima.[19]

---

18. Disponível em: https://www2.aneel.gov.br/cedoc/adsp2022922_1.pdfDs. Acesso em: 31 jul. 2024.
19. Disponível em: https://pje1g.trf1.jus.br/consultapublica/ConsultaPublica/DetalheProcessoConsultaPublica/documentoSemLoginHTML.seam?ca=c990a93b31ecc1f7f5e724cd1640b380910936342af3391dabd2753c0d7fd74c917d950136a2b5d6d25ba799aae137146a330a390e0f0efd&idProcessoDoc=1278028768. Acesso em: 31 jul. 2024.

Assim, o DRO da empresa Eólica Brasil foi renovado, *sub judice*, nos termos do Despacho 2.3756/2022. A ANEEL apelou dos termos da sentença, mas seu mérito ainda não foi julgado pelo Tribunal Regional Federal da 1ª Região.

O exemplo das outorgas das centrais geradoras eólicas marítimas Asa Branca I, Caucaia e Votu Winds demonstra que, no transcurso do tempo, a ANEEL encontrou dificuldades em aplicar o rito da resolução normativa dos projetos de fontes não hídricas, que prevê a emissão do DRO, à realidade da exploração das usinas eólicas no mar, o que indica a necessidade de normas próprias para essa nova tecnologia, como apontado nos estudos da EPE, devendo ser observada a segurança e sustentabilidade da exploração da energia eólica no mar.

3. A REGULAMENTAÇÃO SUPERVENIENTE PARA A EXPLORAÇÃO DE CENTRAIS GERADORAS EÓLICAS MARÍTIMAS E O SEU FUTURO

A necessidade de adaptação da regulamentação do setor elétrico à realidade imposta pelos empreendimentos eólicos *offshore* tem demandado do MME agilidade na edição de normas para o setor.

Para Carlos Augusto Tortoro Júnior e Lúcia Helena Polleti Bettini, a regulamentação setorial, em tese, promove dinamicidade nas regras que orientam determinado setor, pois bastaria ao agente regulador seguir as políticas públicas estabelecidas e editar as normas para sua aplicação e efetividade. E assim,

> [...] O processo de elaboração e vigência das normas de caráter regulatório, ou seja, a escolha regulatória, teoricamente, demandaria menos tempo que o processo legislativo com edição de leis pelo legislador ordinário, uma vez que são de origem técnica e temporalmente adequadas, e tal adequação somente é alcançada pela discricionariedade, que se concretiza por meio de análise e avaliação técnica especializada do mercado e setor, partes interessadas e o todo, com a oportunidade, conveniência e razoabilidade, inerentes ao mérito administrativo.[20]

A respeito da regulação setorial de energia elétrica, os autores defendem que esta permite conciliar a evolução tecnológica e negocial exigidas em um ambiente estratégico e que conta com vultuosos investimentos privados. Destacam que a lei que institui a ANEEL, Lei 9.427/1996, confere gestão democrática à autarquia, uma vez que o agente regulador tem se utilizado de audiências e consultas públicas. Afirmam, desse modo, que os mecanismos participativos possibilitam uma atuação plural dos agentes econômicos e da sociedade civil, valorizando a atividade discricionária da Administração Pública no ato:

> Tais mecanismos participativos possibilitam uma atuação plural de agentes econômicos e da sociedade civil, na composição de contribuições que embasam as escolhas e decisões regulatórias na elaboração de regras e tomadas de decisões. As audiências públicas realizadas pelo agente regulador

---

20. TORTORO JÚNIOR, Carlos Augusto; BETTINI, Lúcia Helena Polleti. Regulação setorial e a discricionariedade técnica no setor de energia elétrica brasileiro. *Revista de Direito Constitucional e Internacional*. v. 131. ano 30. p. 157-169. São Paulo: Ed. RT, maio/jun.2022. Disponível em: http://revistadostribunais.com.br/maf/app/document?stid=st-rql&marg=DTR-2022-9464. Acesso em: 31 jul. 2024.

se caracterizam como via de legitimação da discricionariedade técnica administrativa no setor de energia elétrica, na medida em que os agentes envolvidos conseguem aportar opiniões e contribuições de carácter técnico, o que reforça a competência da agência reguladora.

Além dessa legitimação direta, a apuração de legalidade dos atos administrativos decorrentes de discricionariedade técnica também pode ser submetida à apreciação administrativa e judicial. Ou seja, a atuação do agente regulador é passível de controle de legalidade pelo judiciário, de modo que os contornos da atividade reguladora estejam limitados ao arcabouço legislativo correspondente, o que significa dizer que o ato administrativo, ainda que realizado sob a égide da discricionariedade administrativa deve estar circunscrito e limitado à fronteira legal estabelecida pelo legislador. Assim, cabe ao judiciário não tecer juízo de valor sobre a questão técnica e consequente atividade discricionária retratada no ato administrativo, uma vez que informa o mérito administrativo, todavia, aferir a estrita observância do regime legal pelo regulador para atingir o resultado de especialidade técnica setorial.[21]

Assim, especificamente com relação às eólicas *offshore*, a partir dos resultados das discussões estabelecidas por meio das Consultas Públicas 134/2022 e 135/2022, o MME publicou, em outubro de 2022, portarias que definem os regramentos e diretrizes complementares para cessão de uso de áreas fora da costa e as diretrizes para criação de Portal Único de Gestão do Uso das Áreas *Offshore*.

A Portaria Normativa 52/GM/MME, de 19 de outubro de 2022 cuidou de complementar o regramento referente ao contrato de cessão de uso para exploração da central geradora de energia elétrica *offshore*, na forma do artigo 5º, inciso I do Decreto Federal 10.946/2022.

Em referida portaria, o MME delegou à ANEEL as competências para firmar o contrato de cessão de uso e realizar os atos necessários à formalização do contrato de cessão de uso.

Tratando, aqui, especificamente das competências conferidas à ANEEL, observa-se que foi outorgada à Agência Reguladora a competência para celebrar o contrato de cessão de uso onerosa com o agente interessado, por meio de procedimento licitatório, permitindo-se ao agente, após a formalização do contrato, solicitar licenças e autorizações de Órgãos Públicos Federais, Estaduais e Municipais necessárias à implantação do empreendimento; a celebração do contrato de cessão de uso será condição necessária para prosseguimento do pedido de licenciamento ambiental federal do empreendimento eólico no mar.

Ademais, competirá à ANEEL cuidar do procedimento de cessão independente, definido pela Portaria Normativa 52/2022 como a oferta de prismas requeridos por iniciativa dos interessados em explorá-los, observado processo licitatório previsto no artigo 25 de referida Portaria.

Os requerimentos de cessão de uso independente deverão ser apresentados pelos agentes interessados à ANEEL, por meio do Portal Único para Gestão do Uso de Áreas

---

21. TORTORO JÚNIOR, Carlos Augusto; BETTINI, Lúcia Helena Polleti. Regulação setorial e a discricionariedade técnica no setor de energia elétrica brasileiro. *Revista de Direito Constitucional e Internacional*. v. 131. ano 30. p. 157-169. São Paulo: Ed. RT, maio/jun.2022. Disponível em: http://revistadostribunais.com.br/maf/app/document?stid=st-rql&marg=DTR-2022-9464. Acesso em: 31 jul. 2024.

Offshore para Geração de Energia (PUG-*offshore*), criado pela Portaria Interministerial MME/MMA 3, de 19 de outubro de 2022, quando estiver disponível.

Com a apresentação do requerimento de cessão de uso via Portal Único, será verificada a sobreposição entre prismas,[22] ou seja, será analisada a existência de sobreposição entre a área solicitada e prismas que já tenham sido cedidos ou que estejam em processo de cessão.

Com a manifestação positiva da disponibilidade do prisma pela ANEEL, o agente interessado deverá solicitar a Declaração de Interferência Prévia (DIP), como dispõe o Decreto Federal 10.946/2022.

Com prazo de quarenta e cinco dias para a sua emissão, as DIPs devem ser emitidas pelos Órgãos indicados no artigo 10[23] do Decreto Federal 10.946/2022 e quando aprovadas não serão permitidas alterações dos limites e coordenadas georreferenciadas do prisma pretendido por interesse unilateral do interessado.

Em que pese a intensificação da produção normativa no segundo semestre de 2022, a agenda regulatória aprovada pela ANEEL dá conta de que a regulação das eólicas *offshore* terá continuidade no primeiro semestre de 2024, integrando a Agenda

---

22. Conforme o Decreto Federal 10.946/2022, entende-se como prisma "a área vertical de profundidade coincidente com o leito submarino, com superfície poligonal definida pelas coordenadas geográficas de seus vértices, onde poderão ser desenvolvidas atividades de geração de energia elétrica" (artigo 2º, inciso II).
23. Art. 10. É requisito para a cessão de uso de que trata este Decreto a emissão de DIP pelos seguintes órgãos e entidades:
I – Comando da Marinha, que deverá avaliar a observância das normas da autoridade marítima sobre a salvaguarda da vida humana, a segurança da navegação e a prevenção da poluição hídrica, nos termos do disposto na Lei 9.537, de 11 de dezembro de 1997, e a ausência de prejuízo ao ordenamento do tráfego aquaviário e à defesa nacional;
II – Comando da Aeronáutica, que deverá avaliar eventual interferência no cone de aproximação de aeródromo e a ausência de prejuízo à segurança ou à regularidade das operações aéreas;
III – Instituto Brasileiro do Meio Ambiente e dos Recursos Naturais Renováveis - Ibama, que deverá informar a existência de outros processos de licenciamento ambiental em curso para a exploração da área;
IV – Instituto Chico Mendes de Conservação da Biodiversidade – Instituto Chico Mendes, que deverá informar se a área estiver localizada em unidade de conservação ou se houver unidade de conservação próxima e quanto aos possíveis usos futuros da área;
V – Agência Nacional do Petróleo, Gás Natural e Biocombustíveis – ANP, que deverá avaliar a possibilidade de interferência da implantação do projeto sobre áreas de operação de exploração de gás natural e petróleo e quanto aos possíveis usos futuros da área;
VI – Ministério da Infraestrutura, que deverá avaliar a compatibilidade com o planejamento setorial portuário e de transportes aquaviários e possíveis interferências com investimentos previstos e contratos vigentes de outorgas portuárias;
VII – Ministério da Agricultura, Pecuária e Abastecimento, que deverá avaliar a possibilidade de interferência em áreas cedidas para a prática de aquicultura ou em rotas de pesca na região do prisma e quanto a possíveis usos futuros da área;
VIII – Ministério do Turismo, que deverá avaliar a possibilidade de conflitos com áreas turísticas ou o impacto paisagístico com região turística contemplativa que demande maior distanciamento da costa e quanto a possíveis usos futuros da área; e
IX – Agência Nacional de Telecomunicações – Anatel, que deverá avaliar potenciais conflitos com áreas de redes e sistemas de comunicações.

Regulatória da ANEEL para o biênio 2023-2024, conforme a Portaria ANEEL 6.793, de 6 de dezembro de 2022.

Em 2024, o MME recebeu documento[24] elaborado pelo Grupo Banco Mundial, em parceria com a EPE, contendo estudo para o desenvolvimento de eólicas *offshore* no país. O documento apresenta recomendações no sentido de transformar a indústria eólica *offshore* em uma indústria bem-sucedida. Apontam que para os anos de 2023 a 2026 é necessário estabelecer políticas públicas no sentido de definir estratégias e metas para o setor, modelar o sistema energético a longo prazo e definir mecanismos de financiamento. Entre 2024 a 2031, para fins de execução da tecnologia, será necessária a avaliação e atualização na rede elétrica, avaliação e modernização dos portos e desenvolvimento da cadeia de suprimentos, o que inclui a capacitação de mão de obra. Por fim, os primeiros projetos comerciais são previstos para o ano de 2032.

Por sua vez, no âmbito do Poder Legislativo, em agosto de 2022, o Projeto de Lei 576/2021[25] foi aprovado pelo Senado Federal, seguindo, assim, para a Câmara dos Deputados. Referido Projeto de Lei regulamenta a geração de energia gerada a partir de empreendimento *offshore*, tendo o seu texto sido adaptado para permanecer em consonância com o Decreto Federal 10.946/2022.

Destaca-se que o texto do Projeto de Lei 576/2021, em seu artigo 4º, apresenta como princípios e fundamentos da geração de energia a partir do aproveitamento de potencial *offshore*, o estudo e o desenvolvimento de novas tecnologias de energia renovável a partir do aproveitamento do espaço offshore e o desenvolvimento local e regional, preferencialmente com o investimento em infraestrutura, bem como com ações que reduzam a desigualdade e promovam a inclusão social, a diversidade, a evolução tecnológica, o melhor aproveitamento das matrizes energéticas e sua exploração.[26]

Tais disposições sinalizam o reconhecimento da tecnologia da energia eólica *offshore* como espécie de nova tecnologia de energia, observando-se o movimento de produção legislativa e normativa do tema, desde 2020, para conferir segurança jurídica ao desenvolvimento desta nova infraestrutura.

Logo, constata-se que o novo quadro normativo confere à ANEEL as competências para cuidar do processo de outorga dos empreendimentos eólicos no mar, mas não

---

24. Disponível em https://www.gov.br/mme/pt-br/assuntos/noticias/mme-recebe-estudo-para-o-desenvolvimento-de-eolicas-offshore-no-brasil/ResumoExecutivoCenariosparaoDesenvolvimentodeEolicaOffshore.pdf. Acesso em: 31 jul. 2024.
25. Disponível em: https://legis.senado.leg.br/sdleg-getter/documento?dm=9195031&ts=1662992586899&disposition=inline. Acesso em: 31 jul. 2024.
26. Art. 4º São princípios e fundamentos da geração de energia a partir do aproveitamento de potencial offshore:
    IV – o estudo e o desenvolvimento de novas tecnologias de energia renovável a partir do aproveitamento do espaço offshore, incluindo seu uso de modo a viabilizar a redução de emissões de carbono durante a produção de energia, como na extração de hidrogênio resultante da utilização do produto final desta Lei;
    V – o desenvolvimento local e regional, preferencialmente com o investimento em infraestrutura, bem como com ações que reduzam a desigualdade e promovam a inclusão social, a diversidade, a evolução tecnológica, o melhor aproveitamento das matrizes energéticas e sua exploração.

afasta a interrelação entre a Agência Reguladora e demais órgãos, notadamente aqueles arrolados no artigo 10 do Decreto Federal 10.496/2022 para a emissão do DIP.

O desenho setorial demonstra a complexidade dos empreendimentos no mar e a necessidade de uma regulação estatal sustentável, definida por Thiago Marrara como a soma das soluções cooperativas, das soluções comunicativas e das soluções institucionais:

> As soluções cooperativas consistem em normas jurídicas que tornem obrigatório o trabalho conjunto entre entes reguladores tanto no nível de um mesmo ente político (cooperação horizontal), quanto entre agentes reguladores de diferentes níveis (cooperação vertical). Do ponto de vista normativo, até existe base para essa ação cooperativa em algumas políticas públicas, sobretudo aquelas incluídas no âmbito das competências comuns. No entanto, em realidade, essa cooperação esbarrará muitas vezes na ausência de instrumentos cooperativos. Mesmo quando existentes, a cooperação ainda será dificultada pela indefinição acerca dos laços jurídicos de vinculação entre os entes que deveriam trabalhar em conjunto na atividade regulatória, abrindo-se grande espaço para omissões e desajustes.
>
> As soluções comunicativas consistem basicamente no intercâmbio de informações estratégicas e na criação de bancos de dados sobre políticas públicas específicas e suas infraestruturas, disponibilizando-os a todos os agentes reguladores que atuem no mesmo setor. Na verdade, a comunicação intra e interestatal é fundamental para que os agentes reguladores sejam capazes de tomar conhecimento da execução de políticas públicas por outras entidades públicas e, com isso, trabalhar medidas de coordenação regulatória no sentido de evitar conflitos de vontades estatais e, mais importante, de impedir conflitos infraestruturais que possam obstar a concretização de direitos fundamentais, inviabilizar políticas públicas ou, ainda, dar margem ao desperdício de dinheiro público.
>
> As soluções institucionais, por sua vez, relacionam-se com a formatação das entidades reguladoras. Para compatibilizar a setorialização com a sustentabilidade, é fundamental que se exija, entre outras coisas, uma composição plural dos conselhos diretores dos entes reguladores, bem como uma estrutura organizacional que envolva especialistas de múltiplos setores, impedindo que o Estado se guie, na prática, por decisões indesejavelmente setorializadas e ignorantes da inter-relação necessária entre políticas públicas estatais, sobretudo no campo das infraestruturas. Em síntese, esses três tipos de solução representam formas de estímulo à "regulação estatal sustentável". Afinal, como dito, sustentabilidade exige conjunção de perspectivas. (...)[27]

Ainda que em se tratando de tema recente, é possível concluir que o tema das eólicas *offshore* será um exemplo de regulação estatal sustentável, que trabalhará com o diálogo entre diferentes instituições para o máximo aproveitamento da fonte de energia.[28]

---

27. MARRARA, Thiago. Regulação sustentável de infraestruturas. *Revista Brasileira de Infraestrutura*, n. 1, 2012. Disponível em: https://www.academia.edu/35797150/Regula%C3%A7%C3%A3o_sustent%C3%A1vel_de_infraestruturas. Acesso em: 31 jul. 2024.
28. Como alerta Thiago Marrara, a regulação setorial não deve ser desenvolvida sem a observância de elementos contextuais, sob o comando de um único ente federativo:
"A regulação setorial por agências reguladoras extremamente especializadas corre o sério risco de se desenvolver sem a devida observância de elementos contextuais. Nesse sentido, a regulação de infraestrutura quando pensada apenas no tocante a um setor específico e sob o olhar de um único ente federativo provavelmente olvidará de muitas outras facetas que a multiplicação e instalação de infraestruturas no Brasil atual apresentam." (MARRARA, Thiago. Regulação sustentável de infraestruturas. *Revista Brasileira de Infraestrutura*, n. 1, 2012. Disponível em: https://www.academia.edu/35797150/Regula%C3%A7%C3%A3o_sustent%C3%A1vel_de_infraestruturas. Acesso em: 31 jul. 2024).

CONCLUSÃO

A exploração da energia eólica *onshore* e sua tecnologia no Brasil são eventos bem consolidados, com investimentos estabilizados e regulamentação sólida.

Os estudos abordados neste artigo evidenciam o forte potencial da fonte eólica marítima para expansão do desenvolvimento energético, além do mercado interno e externo, já contando o setor com empresas interessadas no desenvolvimento dessa nova tecnologia.

No entanto, a introdução de uma nova tecnologia de energia e sua infraestrutura requer uma abordagem regulatória sustentável para garantir os demais princípios que norteiam as atividades do Estado, como a preservação do meio ambiente, e o diálogo entre diversas instituições e partes interessadas, tudo o que também deverá respeitar a participação da sociedade na formulação da regulamentação.

Para tanto, a formação de um sólido e atualizado quadro normativo é imprescindível. Atualmente, são realizados diversos estudos otimistas quanto ao retorno do investimento nessa nova tecnologia, porém, a regulamentação existente se apresenta desatualizada para o seu propósito, o que resulta, por exemplo, na judicialização de conflito entre o agente interessado e a Agência Reguladora responsável em virtude da sua interpretação regulatória.

Resta, assim, aguardar o desenvolvimento regulatório do tema e observar a consonância das normas regulatórias a serem produzidas com a legislação superveniente, para garantir uma regulação estatal sustentável sob o ponto de vista econômico, ambiental e setorial.

REFERÊNCIAS

BRASIL. Agência Nacional de Energia Elétrica. Portaria ANEEL 6.793, de 6 de dezembro de 2022. Brasília, 2022.

BRASIL. Câmara dos Deputados. Projeto de Lei 576, de 2021. Disciplina a outorga de autorizações para aproveitamento de potencial energético offshore. Brasília: Câmara dos Deputados, 2021. Disponível em: https://www25.senado.leg.br/web/atividade/materias/-/materia/146793.

BRASIL. Decreto 10.946, de 25 de janeiro de 2022. Dispõe sobre a cessão de uso de espaços físicos e o aproveitamento dos recursos naturais em águas interiores de domínio da União, no mar territorial, na zona econômica exclusiva e na plataforma continental para a geração de energia elétrica a partir de empreendimento offshore. Diário Oficial da União. Brasília, DF, Edição 17-B. 25 jan. 2022. Seção 1 – extra B.

BRASIL. Empresa de Pesquisa Energética Roadmap Eólica Offshore Brasil. Disponível em: https://www.epe.gov.br/sites-pt/publicacoes-dados-abertos/publicacoes/PublicacoesArquivos/publicacao-456/Roadmap_Eolica_Offshore_EPE_versao_R2.pdf. Acesso em: 31 jul. 2024.

BRASIL. Empresa de Pesquisa Energética. Balanço energético nacional. Disponível em: https://www.epe.gov.br/sites-pt/publicacoes-dados-abertos/publicacoes/PublicacoesArquivos/publicacao-748/topico-687/BEN2023.pdf. Acesso em: 31 jul. 2024.

BRASIL. Empresa de Pesquisa Energética. Plano Decenal de Expansão de Energia 2030. Disponível em: https://www.epe.gov.br/sites-pt/publicacoes-dados-abertos/publicacoes/PublicacoesArquivos/publicacao-490/PDE%202030_RevisaoPosCP_rv2.pdf. Acesso em: 31 jul. 2024.

BRASIL. Empresa de Pesquisa Energética. Plano Decenal de Expansão de Energia 2029. Disponível em: https://www.epe.gov.br/sites-pt/publicacoes-dados-abertos/publicacoes/Documents/PDE%202029.pdf. Acesso em: 31 jul. 2024.

BRASIL. Ministério de Minas e Energia. Portaria Interministerial MME/MMA 3, de 19 de outubro de 2022. Brasília, 2022.

BRASIL. Ministério de Minas e Energia. Portaria Normativa 52/GM/MME, de 19 de outubro de 2022. Brasília, 2022.

DAL POZZO, Augusto Neves. *O Direito Administrativo da Infraestrutura*. São Paulo: Contracorrente, 2020.

MARRARA, Thiago. Regulação sustentável de infraestruturas. *Revista Brasileira de Infraestrutura*, n. 1, 2012.

MARRARA, Thiago; GASIOLA, Gustavo Gil. Regulação de novas tecnologias e novas tecnologias na regulação. *Journal of Digital Law*, v. 1, n. 2, 2020.

NASCIMENTO, Thiago Cavalcante; MENDONÇA, Andréa Torres Barros Batinga de; CUNHA, Sieglinde Kindl. Inovação e sustentabilidade na produção de energia: o caso do sistema setorial de energia eólica no Brasil. *Cad. EBAPE.BR*, v. 10, n. 3, artigo 9, Rio de Janeiro, set. 2012, p. 637-651.

PINTO, Milton de Oliveira. *Fundamentos de energia eólica*. Rio de Janeiro: LTC, 2013.

TORTORO JÚNIOR, Carlos Augusto; BETTINI, Lúcia Helena Polleti. Regulação setorial e a discricionariedade técnica no setor de energia elétrica brasileiro. *Revista de Direito Constitucional e Internacional*. v. 131. ano 30. p. 157-169. São Paulo: Ed. RT, maio/jun. 2022. Disponível em: http://revistadostribunais.com.br/maf/app/document?stid=st-rql&marg=DTR-2022-9464. Acesso em: 31 jul. 2024.

O MERCADO SECUNDÁRIO DE *SLOTS*: A ANAC ENTRE A IATA E A UNIÃO EUROPEIA

Hector Augusto Berti Corrêa

Bacharel em direito pela FDUSP, com intercâmbio acadêmico na Universidade de Lisboa. Mestrando em direito administrativo pela FDUSP. E-mail: hector.correa@usp.br.

Sumário: Introdução – 1. Noções gerais sobre a infraestrutura aeroportuária; 1.1 Aeroportos como infraestrutura; 1.2 Aeroportos como serviços públicos; 1.3 A escassez da infraestrutura aeroportuária e os *slots*; 1.4 A coordenação de aeroportos no Brasil; 1.5 Regime jurídico dos *slots* no Brasil – 2. O mercado secundário de *slots*; 2.1 Modelos antecedentes; 2.2 O processo administrativo normativo da resolução 682/2022; 2.3 Modelos da ANAC, IATA e da UE; 2.3.1 Natureza jurídica – 2.3.2 Formas de transferência; 2.3.3 Responsabilidade pela análise da cessão e da troca; 2.3.4 Parâmetros de controle da cessão; 2.3.5 Parâmetros de controle das trocas; 2.4 Quadro resumo – Conclusão – Referências.

INTRODUÇÃO

Conforme dados de setembro de 2023 da Agência Nacional de Aviação Civil ("ANAC" ou "Agência"), o Brasil conta com 493 aeródromos públicos.[1] A região Sudeste possui 155 aeroportos, seguida pela Sul, com 101, Nordeste, com 198, Centro-Oeste, com 72 e Norte, com 67. Tal universo compõe parte massiva da infraestrutura aeroportuária brasileira, infraestrutura essa que promove a integração e o desenvolvimento econômico regional e nacional.

Em que pese a grande quantidade de aeroportos existentes no país, em certas situações um aeródromo público pode se tornar congestionado, hipótese que leva ao aumento de disputas entre companhias aéreas concorrentes que buscam se utilizar dessa infraestrutura, em prejuízo ao interesse público e dos usuários desses serviços. Para resolver este imbróglio, a experiência estrangeira criou a figura do *slot* – também denominado *faixa horária* –, que consiste, sucintamente, no direito de pouso e decolagem em uma hora e data específicas conferido a uma companhia aérea determinada.

No Brasil, essa figura foi reconhecida pela ANAC pela primeira vez em 2006 na Resolução 02, de julho de 2006 ("Resolução 02/2006"), tendo sido substituída posteriormente pela Resolução 338, de 22 de julho de 2014 ("Resolução 338/2014"). Em ambos os casos, a comercialização de *slots* era vedada entre companhias aéreas, ao passo que, mais recentemente, a ANAC alterou esse paradigma, ao que parece atenta às experiências internacionais sobre o tema. Tendo publicado a Resolução 682, de 07 de junho de 2022

---

1. ANAC. Aeródromos – Lista de Aeródromos Públicos V2 – Formato CSV/JSON. Acesso disponível em: https://www.anac.gov.br/acesso-a-informacao/dados-abertos/areas-de-atuacao/aerodromos/lista-de-aerodromos-publicos-v2. Acesso em: 28 out. 2023.

("Resolução 682/2022"), a Agência autorizou a cessão e a troca de slots, criando o assim denominado *"mercado secundário"*.

O presente artigo tem como objetivo esclarecer se a *Worldwide Airport Slot Guidelines*[2] ("WASG"), da *International Air Transport Association* ("IATA"), e o Regulamento CEE 95/1993, da União Europeia ("EU"), influenciaram, e em que grau, a produção da Resolução 682/2022 da ANAC, bem como em que medida tais modelos regulatórios se aproximam ou se distanciam do brasileiro. Além disso, busca-se esclarecer se o modelo nacional é mais ou menos restritivo, em relação à IATA e à EU, no que tange a cessão e troca de *slots*.

Para tanto, na primeira seção o estudo tratará do contexto fático-normativo no qual os *slots* estão inseridos, qual seja, o da infraestrutura dos serviços públicos aeroportuários, a fim de buscar a melhor interpretação jurídica sobre o assunto. No mesmo quadro, tratará da questão da escassez da infraestrutura aeroportuária, da coordenação dos aeroportos, bem como da natureza jurídica e da questão da propriedade das faixas horárias.

Concluídos esses movimentos propedêuticos, na segunda seção este trabalho passará a analisar a regulação do mercado secundário de faixas horárias, lançando mão do método comparativo das normas da IATA, da União Europeia e da ANAC. Também nessa parte, será avaliado de forma cirúrgica o processo administrativo normativo que deu origem à Resolução 682/2022, com a finalidade de buscar evidências sobre a possível influência daquelas organizações estrangeiras na atuação normativa da Agência.

Ao fim e ao cabo, serão apresentados os achados deste trabalho.

1. NOÇÕES GERAIS SOBRE A INFRAESTRUTURA AEROPORTUÁRIA

1.1 Aeroportos como infraestrutura

Em estudo sobre os sentidos do vocábulo "infraestrutura", Bercovici[3] ressalta que o conceito se liga, no geral, à ideia de "fundamento da atividade econômica ('Underbau der Wirtsfchaft'), o que implica dizer que os empreendimentos de infraestrutura são pré-condição para que as demais atividades possam se desenvolver".

Já Dal Pozzo,[4] em busca de um conceito jurídico de infraestrutura, notadamente em sua relação com o direito administrativo, assim o define:

---

2. Vale esclarecer que quando a ANAC iniciou a revisão da Resolução 338/2014, tinha-se publicada a versão de junho de 2020 da WASG. Todavia, em julho de 2022 foi publicada pela IATA a segunda edição da WASG, modificando algumas regras naquela norma. Independentemente disso, para efeitos deste trabalho as normas relativas ao mercado secundário não foram alteradas, de tal sorte que a comparação aqui empreendida serve tanto para a WASG de 2020 quanto para a de 2022. O mesmo ocorreu com a publicação da terceira edição da WASG em abril de 2024.
3. BERCOVICI, Gilberto. Infraestrutura e Desenvolvimento. In: BERCOVICI, Gilberto; VALIM, Rafael (Coord.). *Elementos de Direito da Infraestrutura*. São Paulo: Editora Contracorrente, 2015. p. 18.
4. DAL POZZO, Augusto Neves. *O Direito Administrativo da Infraestrutura*. São Paulo: Editora Contracorrente, p. 69, 2020.

(...) atividade administrativa que o Estado ou quem lhe faça as vezes, tem o dever de realizar, consistente em prover, manter e operar ativos públicos de modo a oferecer um benefício à coletividade, tendo em vista a finalidade de promover concretamente o desenvolvimento econômico e social, sob um regime jurídico-administrativo.

Por fim, Massoneto[5] salienta que uma infraestrutura se consubstancia em um "capital social fixo, normalmente de natureza pública, que integra o capital global das economias nacionais". Neste quadro, é um componente essencial para o aumento da acumulação privada e para a elevação das taxas de retorno do capital.

É nesse contexto que se inserem as infraestruturas aeroportuárias: são equipamentos públicos que servem de base para o desenvolvimento de outras atividades econômicas, promovendo não somente a logística nacional e internacional, como, também, a circulação de capital físico e humano. Em um mundo globalizado onde o tempo torna-se cada vez mais escasso, a viabilização deste tipo de serviço torna-se vital, sobretudo para tornar o Estado brasileiro mais competitivo no cenário internacional.

Isso bem fixado, e antes de seguirmos adiante, pertinente delimitar terminologicamente a forma pela qual a legislação designa essa infraestrutura. De acordo com a Lei 7.565/86, que instituí o Código Brasileiro de Aeronáutica,[6] aeródromo é toda área destinada a pouso, decolagem e movimentação de aeronaves, dividindo-se em civis e militares, sendo os civis classificados em públicos e privados. Aeródromos públicos, por sua vez, recebem a denominação de aeroportos, com destaque para o fato de eles serem dotados de instalações e facilidades para apoio de operações de aeronaves e de embarque e desembarque de pessoas e cargas. É sobre este tipo de infraestrutura – o aeródromo público ou aeroporto – que trataremos ao longo do trabalho e na qual os *slots* se assentam.

1.2 Aeroportos como serviços públicos

A Constituição Federal de 1988 ("CF88") dispõe que compete à União explorar, direta ou indiretamente, mediante concessão, permissão ou autorização, a navegação aérea, aeroespacial e a infraestrutura aeroportuária.[7] A última atividade guarda estreita relação com o objeto de estudo deste trabalho, os *slots*, notadamente por compor uma fração daquela infraestrutura em um tempo bem delimitado. Compete, então, analisarmos juridicamente a gestão dos aeroportos, assumindo desde já a opinião de que essa infraestrutura se consubstancia em um serviço público.

Com efeito, Marques Neto[8] entende que serviços públicos são atividades com conteúdo econômico, revestidas de notável relevância social, "cuja exploração a Constituição

---

5. MASSONETO, Luís Fernando. Aspectos Macrojurídicos do Financiamento em Infraestrutura. In: BERCOVICI, Gilberto; VALIM, Rafael (Coord.). *Elementos de Direito da Infraestrutura*. São Paulo: Editora Contracorrente, 2015. p. 35-36.
6. Vide artigos 27, 28, *caput*, 29 e 31, I do Código Brasileiro de Aeronáutica.
7. Art. 21, XII, alínea "c" da CF88.
8. MARQUES NETO, Floriano de Azevedo. A nova regulação dos serviços públicos. *Revista de Direito Administrativo*, Rio de Janeiro, p. 18, abr./jun. 2002.

ou a Lei cometem à titularidade de uma das esferas da federação como forma de assegurar o seu acesso a toda gente, permanentemente". Em sentido semelhante, Schirato[9] (2005, p. 1-2) concebe que serviços públicos são atividades econômicas em sentido amplo que buscam satisfazer um interesse coletivo, sob regime total ou parcial de direito público, sendo uma escolha política de determinada época e em dadas circunstâncias. Por fim, e em um sentido mais sociológico, Grau[10] pontua que os serviços públicos são atividades indispensáveis à coesão social, sendo um conceito dotado de historicidade.

Conforme visto, a CF88 atribui a titularidade das infraestruturas aeroportuárias à União – titularidade essa que se consubstancia em um dever –, sendo claramente um serviço dotado de teor econômico, visto que implica em geração de valor, seja direta ou indiretamente. Também se trata de uma atividade permeada de especial relevância social, dado que promove não somente o direito de ir e vir dos cidadãos, como também o desenvolvimento nacional, fomentando a coesão social.[11] Finalmente, essa infraestrutura pode ser explorada tanto no regime de direito público, quando por meio de concessão ou de permissão, quanto privado, quando por meio de autorização.

Não bastasse tal clareza, importa trazer a visão de Aurélio[12] (2017, p. 117-126) sobre o tema, tendo em vista trabalho no qual o autor indagou se a infraestrutura aeroportuária seria "serviço público ou mera gestão cumulada com disponibilização de bens públicos para fruição dos interessados?" Com efeito, o autor argumenta que a exploração de aeroportos seria um serviço público, pois satisfaria os aspectos: (i) subjetivo, vez que a União é titular do serviço; (ii) material, vez que se consubstancia no oferecimento de "utilidades ou de comodidades materiais aos administrados"; e (iii) formal, já que o regime jurídico dos aeroportos implica não somente a exploração de seus pátios, pistas e terminais, mas também na realização de atos materiais essenciais para o atendimento adequado daquele que pretende utilizar das instalações, inclusive para a prática da aviação civil.

Registre-se, todavia, opinião diversa, encampada por Da Costa.[13] Adotando uma visão dita material, o autor argumenta que a definição do que é um serviço público depende do momento histórico, da essencialidade e da natureza do serviço. Por conseguinte, o autor afirma que não subsistem mais as justificativas para a exploração da infraestrutura aeroportuária como serviço público já que, em 1988, a escolha constitucional se baseou no (i) intervencionismo do regime militar, (ii) no protagonismo da União em prover os serviços de correio postal e (iii) no fato de este ente ser proprietário desse tipo de

---

9. SCHIRATO, Vitor. A Regulação dos serviços públicos como instrumento para o desenvolvimento. *Revista Interesse Público*, Belo Horizonte, ano 7, n. 30, p. 1-2, mar./abr. 2005.
10. GRAU, Eros Roberto. *A Ordem Econômica na Constituição de 1988.* 19. ed. São Paulo: Malheiros, 2018. p. 104-124.
11. Art. 3º, II e art. 5º, XV da CF88.
12. AURÉLIO, Bruno. *A exploração da Infraestrutura Aeroportuária no Brasil:* a Infraero e as concessionárias de serviço público. São Paulo: Editora Contracorrente, 2017, p. 117-126.
13. DA COSTA, João Marcelo Sant'Anna. *Transformações no modelo de exploração da infraestrutura aeroportuária brasileira.* Tese de Mestrado em Direito. Centro de Ciências Sociais, Rio de Janeiro, Universidade do Estado do Rio de Janeiro, 2017. p. 38-51.

infraestrutura. Porém, com a evolução das telecomunicações e a ampla concorrência no setor aeroportuário, inclusive entre setores logísticos distintos, ter-se-ia superada essa realidade histórica, possibilitando a desclassificação dos serviços de aeroportos como públicos. Como resultado, Da Costa propõe a revisão do texto constitucional com o fito de satisfazer uma visão dita funcional de serviços públicos, e não apenas a material, para ele já satisfeita.

1.3   A escassez da infraestrutura aeroportuária e os *slots*

Em que pese os inúmeros benefícios proporcionados, aeroportos podem produzir uma série de externalidades negativas, tais como poluição do ar e sonora e, principalmente no caso de aeroportos congestionados, atrasos nos voos, em prejuízo de sua eficiência.[14] A chance de atrasos ocorrerem ou até mesmo cancelamentos, aumenta na medida em que a infraestrutura de um aeroporto é comprometida pelo seu uso demasiado. Quando isso ocorre, diz-se que um aeródromo se tornou congestionado. Neste sentido, e de acordo com Da Silva,[15] o congestionamento pode ocorrer em razão da insuficiência no desenvolvimento das infraestruturas ou, ainda, em decorrência de alguma decisão governamental que restringiu a capacidade de um dado aeroporto.

Já Tostes,[16] observando especificamente o mercado aéreo brasileiro, salienta que sua abertura, com a redução de barreiras de entrada e o incremento da competição na aviação civil, corroborou para a elevação do fenômeno do congestionamento. Deste modo, tendo como finalidade lidar com as externalidades dos atrasos e cancelamentos, o autor explica que os *slots* têm sido uma ferramenta largamente utilizada ao redor do mundo, consubstanciando-se como uma permissão para que uma aeronave utilize as infraestruturas necessárias (pista, pátio, terminal etc.) para operar uma rota em data e hora específicos.

Dada a escassez das infraestruturas aeroportuárias e o aparecimento dos *slots* como forma de racionalização deste espaço, pertinente realizar uma breve remissão histórica sobre o aparecimento e desenvolvimento dessa figura.

Em 1968 foram estabelecidos os primeiros "comitês de horários" nos Estados Unidos, tendo por finalidade alocar faixas horárias em aeroportos então reconhecidos

---

14. SCOTTI, Davide; DRESNER, Martin; MARTINI, Gianmaria; YU, Chunyan. Incorporating negative externalities into productivity assessments of US airports. *Transportation Research Part A*: Policy and Practice, v. 62, p. 39-53 2014. Além disso, os autores afirmam que um aeroporto tecnicamente eficiente é visto geralmente como aquele que consegue maximizar o volume de passageiros, cargas e movimentações de aeronaves dada a infraestrutura. Todavia, propõem a ampliação do conceito de eficiência aeroportuária por meio da consideração das externalidades negativas mencionadas e de como elas são geridas.
15. DA SILVA, Adriana Filipa Santos. *Mercado secundário de slots aeroportuários*: uma análise baseada num modelo de oligopólio. Tese de Mestrado em Economia. Faculdade de Economia da Universidade do Porto, 2017, p. 5.
16. TOSTES, Leonardo Monteiro de Souza. *Regulação do Mercado Aeroportuário*: avaliação empírica para distinguir efeitos da escassez e do poder de mercado sobre preços das passagens aéreas. Tese de Mestrado em Economia. Escola de Políticas Públicas e Governo da Fundação Getúlio Vargas, Brasília, 2022, p. 13-14.

como congestionados.[17] Por conseguinte, os aeroportos de LaGuardia, Kennedy, O'Hare e Washington National passaram a ter seus *slots* distribuídos de seis em seis meses. Nesta esteira, Da Silva[18] observa que a famigerada regra da precedência histórica (*grandfather rights*)[19] foi estabelecida apenas em 1985, ao passo que o mercado secundário só foi autorizado naquele país também a partir daquele ano pela *Federal Aviation Authority*. Já na Europa, explica Condorelli[20] que a regulamentação do tema somente se deu a partir de 1993, tendo em vista o processo de desregulação e liberalização do mercado aéreo. Naquele momento, explica o autor, também foi adotada a precedência histórica, porém mitigada pelo princípio *use-it-or-lose-it*.[21]

Notadamente, o uso dos *slots* só se faz necessário uma vez que em aeroportos congestionados a infraestrutura existente torna-se rival e excludente para as companhias aéreas. Sobre isso, Frischtak[22] elucida que serão rivais os bens quando seu consumo reduzir a oferta disponível, ao passo que serão excludentes quando seu provedor puder excluir ou impedir seu consumo.[23] Pondo em outras palavras, um aeródromo público congestionado será rival porque o uso da infraestrutura por uma companhia excluirá a possibilidade de outra utilizá-la, ao mesmo tempo que será excludente na medida em que o acesso concedido pelo coordenador do aeroporto aos equipamentos públicos em data e hora específicos excluirá outras. Por conta disso, bem como pelo fato de *slots* darem a chance de as companhias aéreas maximizarem seus lucros, que existe uma grande tensão entre as transportadoras sobre as regras de alocação inicial das faixas horárias.

Em assim sendo, a partir dessa dinâmica e das seções precedentes deste trabalho, podemos extrair duas conclusões parciais: (i) *slots* existem como forma de racionalizar a ocupação de aeroportos congestionados ante o fenômeno da escassez, constituindo-se

---

17. RIKER, William H.; SENED, Itai. A political theory of the origin of property rights: airport slots. *American Journal of Political Science*, v. 35, n. 4, p. 956, nov. 1991.
18. DA SILVA, Adriana Filipa Santos. *Mercado secundário de slots aeroportuários*: uma análise baseada num modelo de oligopólio. Tese de Mestrado em Economia. Faculdade de Economia da Universidade do Porto, 2017, p. 3.
19. Sieg define os *grandfather rights* do seguinte modo: "an air carrier that has used a slot in the last summer/winter period can use it in the current summer/winter period". SIEG, Gernot. Grandfather rights in the market for airport slots. *Braunschweig*: Economics Department Working Paper Series, n. 4, Technische Universität Braunschweig, Institut für Volkswirtschaftslehre, 2009, p. 1.
20. CONDORELLI, Daniele. Efficient and equitable airport slot allocation. *Rivista di Politica Economica*, p. 82, jan./fev. 2007.
21. Nesta esteira, Condorelli explica que a combinação dos *grandfather rights* com a regra *use-it-or-lose-it* permite na Europa que "an airline that in a given season has effectively operated for at least the 80% of a series of slots has the right, upon request, to obtain the same series in the subsequent season". CONDORELLI, Daniele. Efficient and equitable airport slot allocation. *Rivista di Politica Economica*, p. 82, jan./fev. 2007.
22. FRISCHTAK, Cláudio. Infraestrutura e Desenvolvimento no Brasil. In: VELOSO, Fernando; FERREIRA, Pedro Cavalcanti; GIAMBIAGI, Fabio; PESSÔA, Samuel (Coord.). *Desenvolvimento Econômico*: uma perspectiva brasileira. Elsevier, Rio de Janeiro, 2013, p. 327-328.
23. Ressalva-se que, para Frischtak, instalações aeroportuárias seriam mais próximas de serem excludentes e não rivais. Todavia, é razoável entender que o autor, ao sustentar essa posição, não estava refletindo sobre a situação em que um aeroporto é congestionado, como é o caso tratado por este trabalho, mas sim de um aeroporto onde a infraestrutura existente não se encontra saturada.

como uma *técnica jurídica* que não busca apenas lidar com ineficiências econômicas,[24] mas, também, realizar a prestação de um serviço público de forma contínua;[25] e (ii) dado que em aeroportos congestionados os *slots* são bens rivais e excludentes, bem como que eles representam uma chance das companhias aéreas maximizarem seus lucros, temos que tais direitos são elemento de constante tensão e disputa.

1.4 A coordenação de aeroportos no Brasil

No Brasil, a alocação dos *slots* é regulada pela ANAC na Resolução 682/2022, sendo que, atualmente, a norma divide os aeródromos públicos entre: (i) não declarados (nível um); (ii) facilitados (nível dois); e (iii) coordenados (nível 3).

A definição do nível de um aeroporto varia na medida do comprometimento de seus componentes críticos, quais sejam pista, pátio e terminal, de tal sorte que o aeroporto coordenado é aquele em que, no mais das vezes, a ocupação desses componentes é considerada elevada em determinadas horas do dia, ou dias da semana, ou períodos do ano.[26] Quando constatada tal situação, cabe à Diretoria da ANAC declarar o aeroporto como coordenado,[27] ao passo que é atribuição do operador do aeroporto emitir uma declaração de capacidade aeroportuária, contendo os parâmetros de coordenação relativos aos componentes críticos.[28]

Por conseguinte, os aeroportos de nível um – não declarados – são aqueles cuja capacidade aeroportuária é geralmente adequada para atender às demandas de operações aéreas,[29] enquanto os de nível dois – facilitados – são aqueles cujo nível de ocupação possui potencial de congestionamento que pode ser resolvido por meio de ajustes de programação mutuamente acordados entre o operador do aeroporto e as companhias aéreas.[30] Notadamente, será aeroporto de nível dois aquele cuja ocupação, ainda que

---

24. Tanto é assim que o art. 4º, *caput* da Resolução 682/2022 estabelece que a atividade de coordenação de aeroportos tem como objetivo "minimizar os efeitos da escassez de infraestrutura aeroportuária, visando à promoção do uso eficiente da capacidade aeroportuária declarada".
25. Notadamente, é um princípio do serviço público a continuidade de sua prestação, de tal sorte "as atividades realizadas pela Administração devem ser ininterruptas, para que o atendimento do interesse da coletividade não seja prejudicado" MEDAUAR, Odete. *Direito Administrativo Moderno*. 21. ed. Belo Horizonte: Fórum, 2018, p. 129. O referido princípio se aplica à prestação dos serviços aeroportuários, pois, conforme anteriormente demonstrado, estes se consubstanciam como serviços públicos.
26. De acordo com o art. 29, I a V da Resolução 682/2022 um aeroporto poderá ser considerado como coordenado: (i) quando as limitações de capacidade aeroportuária sejam graves ao ponto de restringir o acesso ou causar atrasos significativos no aeroporto devido ao nível elevado de ocupação, sem a possibilidade de solução do problema no curto prazo; (ii) quando for identificado comportamento por parte de empresas de transporte aéreo, operadores aéreos ou operador do aeroporto, ou ainda aplicada medida por parte do responsável pelo controle do espaço aéreo, que esteja restringindo o acesso ao aeroporto ou comprometendo a utilização eficiente da capacidade aeroportuária declarada; (iii) diante de situação emergencial; (iv) diante de caso fortuito ou força maior; ou (v) por interesse público.
27. Art. 3º, III e XI, art. 4º, §1, art. 28 e art. 29, § 2º.
28. Art. 3º, VIII, art. 6º, *caput* e art. 7º.
29. Art. 3º, I.
30. Art. 3º, II.

bastante utilizada, não justifique sua declaração como coordenado.[31] Os aeroportos facilitados também reclamam declaração pela ANAC, no caso feita pela Superintendência competente, sendo que o operador do aeroporto deve igualmente emitir a declaração de capacidade.[32]

Em termos concretos, atualmente a ANAC classifica como facilitados os aeroportos de Brasília, Confins, Florianópolis, Fortaleza, Galeão, Porto Alegre, Salvador e Viracopos.[33] Já como coordenados, a Agência informa que o são os aeródromos públicos de Congonhas, Guarulhos, Pampulha, Recife e Santos Dumont.[34]

Isso posto, e considerando que os *slots* são elemento de constante disputa entre as companhias aéreas, a atividade de coordenação vem justamente para apaziguar essas tensões por meio da organização da infraestrutura aeroportuária. Por conseguinte, a alocação deve ser feita por uma autoridade imparcial e mediante critérios que busquem promover os serviços públicos de infraestrutura aeroportuária e de navegação aérea de forma eficiente, sob pena de prejudicar o interesse dos usuários.[35]

Por fim, importante ressaltar que essa classificação de aeroportos em três níveis segue o disposto tanto pela IATA como pela UE, ao passo que a Resolução 338/2014 da ANAC, revogada pela Resolução 682/2022, não trazia esse escalonamento. Assim sendo, esta já é uma primeira evidência da influência dessas organizações estrangeiras na atividade normativa da ANAC, o que indica, também, uma convergência regulatória ao nível internacional.

1.5 Regime jurídico dos *slots* no Brasil

Tendo em vista todo o discutido, necessário versar sobre a natureza jurídica dos *slots*, bem como sobre quem detém sua propriedade, ou seja, seu regime jurídico. Tal exercício é relevante vez que corroborará na correta compreensão do mercado secundário, sobretudo porque tais ativos passaram, a partir de 2022, a poder ser objeto de cessão no Brasil.

A Resolução 682/2022 define o *slot* como uma infraestrutura aeroportuária alocada pelo coordenador a uma companhia aérea tendo por objetivo a realização de uma operação de pouso ou decolagem em um aeroporto coordenado em data e horário

---

31. Além dessa hipótese, prevista no art. 23, I da Resolução 682/2022, há ainda as seguintes nos incisos II a IV para a declaração de um aeroporto de nível dois: (i) falhas no planejamento na alocação da infraestrutura aeroportuária disponível; (ii) conectividade com outros aeroportos da rede; ou (iii) interesse público.
32. Art. 3º, XII, art. 6º, *caput*, art. 7º, art. 22 e art. 23, § 2º.
33. ANAC. Coordenação de Slot. Acesso disponível em: https://www.gov.br/anac/pt-br/assuntos/regulados/empresas-aereas/slot. Acesso em: 02 nov. 2023.
34. ANAC. Declarações de Capacidade. Acesso disponível em: https://www.gov.br/anac/pt-br/assuntos/regulados/empresas-aereas/slot/declaracoes-de-capacidade. Acesso em: 02 nov. 2023.
35. A Resolução 682/2022 elenca como diretriz da coordenação, em seu art. 4º, I, "proporcionar o acesso à infraestrutura aeroportuária de modo imparcial, transparente e não discriminatório". Com efeito, tal postura concretiza o princípio da isonomia, a fim de reduzir os conflitos inerentes da alocação dos *slots*.

específicos.[36] Dispõe que a faixa horária não integra o patrimônio da empresa aérea, representando o uso temporário da infraestrutura, cuja manutenção dos históricos[37] depende do cumprimento dos critérios fixados pela norma.[38] Neste sentido, a Resolução define que os *slots* têm natureza jurídica precária, inclusive quando recebidos por meio de cessão.[39] Dispõe também que as faixas horárias serão alocadas conforme ordem de prioridade predefinida[40] e, no que tange às novas solicitações, conforme os parâmetros técnicos específicos previstos na normativa.[41] Por fim, dispõe que as alocações iniciais serão feitas pela ANAC em aeroportos coordenados, sendo ela a entidade coordenadora.[42] A partir dessas disposições normativas é possível extrair algumas conclusões de relevo.

Em primeiro lugar, é razoável afirmar que a precariedade do *slot* é relativa, em que pese o disposto na Resolução 682/2022. Conforme a própria norma estabelece, não pode a ANAC retirar esse título da companhia aérea livremente, cabendo à Agência, em regra, não reconhecer o histórico de *slots* para a próxima temporada equivalente apenas se as condições de uso da faixa horária forem descumpridas.[43] Claro que em um cenário onde uma empresa sistematicamente deixe de cumprir com essas condições haveria fundamento para a revogação do direito. Todavia, se tais descumprimentos forem ocasionais e, sobretudo, sem a presença de má-fé da companhia aérea, a revogação do direito seria inadvertida.

Em segundo lugar, temos que o *slot* não é passível de caracterização perfeita quanto seu conteúdo, ficando entre uma autorização, permissão e licença. Utilizando-se da nomenclatura de Di Pietro,[44] a autorização e a permissão seriam institutos muito pró-

---

36. Art. 3º, XXII da Resolução 682/2022.
37. A Resolução 682/2022 define histórico de slots, em seu art. 3º, XVII, como "série de slots de uma empresa de transporte aéreo alocada na base de referência (BDR) da temporada equivalente anterior que terá prioridade na alocação inicial quando atendidos aos requisitos estabelecidos nesta Resolução". Em outras palavras, trata-se do *grandfather rights* ou, ainda, de precedência histórica.
38. Art. 12, *caput* da Resolução 682/2022.
39. Art. 12, § 1º da Resolução 682/2022.
40. De acordo com o art. 33, I a III da Resolução 682/2022, a alocação inicial para cada temporada observará a seguinte ordem: (i) histórico de slots (*grandfather rights*); (ii) alteração de histórico de slots; e (iii) novas solicitações de slots (banco de slots).
41. Artigos 34 e 35 da Resolução 682/2022.
42. Art. 32 da Resolução 682/2022.
43. O art. 3º, XVIII da Resolução 682/2022 define como mau uso de slot a "utilização inadequada da infraestrutura aeroportuária de um aeroporto coordenado por realizar operação aérea sem a prévia alocação do slot, por realizar operação aérea em desacordo com as características do slot alocado, ou ainda, por manter slot alocado que não pretenda operar". Além disso, o art. 41, II prevê que, caso verificado o mau uso, a companhia aérea não obterá o histórico de *slots* para a próxima temporada equivalente, prejudicando, assim, seu direito de prioridade da alocação inicial. Por fim, cumpre trazer à baila, *mutatis mutandis*, a visão de Carvalho Filho sobre a precariedade no contexto da permissão de uso: "sendo o ato discricionário e precário, pode a Administração revogá-lo posteriormente se para tanto houver razões de interesse público. No entanto, os Tribunais, a nosso ver com razão, têm exigido que *o ato revogador tenha motivo bem definido e claro*, para não mascarar possível desvio de finalidade em prejuízo do permissionário" (grifo nosso). CARVALHO FILHO, José dos Santos. *Manual de Direito Administrativo*. 31. ed. São Paulo: Atlas, p. 673, 2017.
44. DI PIETRO, Maria Sylvia Zanella. *Direito administrativo*. 31. ed. Rio de Janeiro: Forense, p. 308-310, 2018.

ximas, qualificando-se como atos unilaterais, discricionários e precários,[45] ao passo que a licença se consubstanciaria em um ato unilateral e vinculado. Quanto a estabilidade da licença, Carvalho Filho[46] complementa afirmando que ou ela terá prazo de eficácia definido em lei ou será indeterminado.

Isso posto, é possível caracterizar o *slot* como um ato *unilateral, relativamente precário* e *vinculado*. É unilateral porque independe da aquiescência do particular, embora este tenha interesse em sua concessão. É relativamente precário porque, como visto, o descumprimento regulatório terá como efeito o não reconhecimento do histórico dos *slots* e, por conseguinte, a perda da preferência da alocação futura. E é vinculado porque a atividade de coordenação e consequente alocação das faixas horárias deve ser feita pela ANAC uma vez que os critérios técnicos previamente estabelecidos pela regulação sejam obedecidos pelas companhias aéreas.

Assim, em que pese a dificuldade de classificar o *slot* em uma daquelas categorias clássicas do direito administrativo, fato é que a forma como o instituto foi desenhado pela Resolução 682/2022 não impede, de maneira alguma, a caracterização de seu regime jurídico. Com efeito, a ANAC não ter buscado caracterizar a faixa horária quanto seu conteúdo parece revelar a dificuldade taxonômica apontada acima.

Por fim, temos que a propriedade dos *slots* recai não ao detentor do título, as companhias aéreas, mas sim a União Federal, já que titular da infraestrutura aeroportuária, conforme visto anteriormente.[47] Tanto é assim que, no entendimento conjunto das áreas técnicas da ANAC,[48] afirma-se que a "propriedade do slot não é transferida ao privado pois pertence à sociedade brasileira", o que é também ressaltado em voto do Diretor Tiago Sousa Pereira da Agência.[49] Essa constatação não é simplória, pois é ela que legitima, em certa medida, a ANAC de regular o tema, bem como é ela que garante a reversibilidade e precariedade relativa do título. Isso é corroborado pelo fato de a Resolução 682/2022 explicitamente dispor que o *slot* não integra o patrimônio da empresa de transporte aéreo. Não obstante, relevante pontuar que essa situação em nada se incompatibiliza

---

45. A diferença dos atos recairia, para a autora, no fato de que a autorização facultaria a um particular o uso de um bem público, prestação de um serviço público, o desempenho de atividade material ou prática de ato que sem o consentimento seria proibido, enquanto a permissão na utilização privativa de um bem público por particular ou na execução de um serviço público, podendo ora ser ato unilateral ora contrato.
46. CARVALHO FILHO, José dos Santos. *Manual de Direito Administrativo*. 31. ed. São Paulo: Atlas, p. 120, 2017.
47. De acordo com Prol, Miola e Coutinho, há intensa disputa jurisprudencial sobre o regime jurídico dos *slots* no que tange a quem detém sua propriedade, de tal sorte que "debate-se se slots são de propriedade das companhias aéreas ou se resultam da alocação de direito de uso pela regulação, ainda que no Brasil a concepção de alocação de direito sempre tenha prevalecido na regulação". PROL, Flávio M.; MIOLA, Iagê Z.; COUTINHO, Diogo R. A Propriedade como Elemento e Instrumento de Regulação: O Caso da Aviação Comercial no Brasil. *Propriedades em Transformação 2*: Expandindo a agenda de pesquisa. Blucher, São Paulo, p. 330, 2021.
48. ANAC. Nota Técnica 12/2020/GTRC/GEAM/SAS: Análise de Impacto Regulatório (AIR) de Revisão da Resolução 338/2014. Processo Administrativo SEI 00058.047435/2020-12. Brasília, p. 4, 2020.
49. Neste sentido, vale salientar o seguinte trecho do voto "(...) o slot não integra o patrimônio da empresa de transporte aéreo ou do operador aéreo e representa o uso temporário da infraestrutura aeroportuária, cuja manutenção dos históricos de slots depende do cumprimento dos critérios estabelecidos nos respectivos normativos". ANAC. Voto do Diretor Tiago Sousa Pereira. Processo Administrativo SEI 00058.047435/2020-12, Brasília, p. 3, 2022.

com o estabelecimento do mercado secundário de *slots*: o que se transaciona é o título relativamente precário, não a titularidade do uso da infraestrutura aeroportuária.

2. O MERCADO SECUNDÁRIO DE *SLOTS*

2.1 Modelos antecedentes

A Resolução 02/2006 da ANAC, que primeiro regulou o tema dos *slots* no Brasil, vedava, por qualquer forma, a comercialização das faixas aéreas, sob pena de revogação da alocação do direito.[50] Em sentido contrário, a norma admitia que as companhias aéreas, a qualquer tempo e desde que previamente autorizadas pela ANAC, trocassem entre si os *slots* que lhes tivessem sido atribuídas, a fim de otimizarem suas operações e obterem um melhor rendimento econômico ou técnico do serviço.[51] Essa troca só poderia ocorrer em uma base individual, ou seja, somente poderia ser feita de um *slot* para um.

Já a Resolução 338/2014, que revogou a anterior, também vedava o mercado secundário, porém fazendo-o de modo um pouco mais detalhado. Proibia a comercialização ou cessão das faixas horárias, gratuita ou onerosamente, tendo inclusive disposto pela primeira vez que os *slots* não integravam o patrimônio companhia aérea.[52] Entretanto, a norma excepcionava a cessão gratuita das faixas horárias entre companhias aéreas desde que pertencentes a um mesmo grupo econômico e respeitada a capacidade do aeroporto.[53] Caso ficasse comprovada que a cessão foi feita entre empresas não pertencentes a um mesmo grupo, dava-se causa para a invalidação da transferência, devendo as faixas horárias retornarem ao banco de *slots*.[54]

Não obstante, a Resolução 338/2014 também chegou a admitir a troca de *slots* entre companhias aéreas, de diferentes grupos econômicos, desde que efetuada em número equivalente e mediante convalidação da ANAC, que avaliaria, por seu turno, as características de cada operação e a capacidade do aeroporto.[55] Neste sentido, a troca entre distintas companhias poderia ser anulada caso uma delas deixasse de operar o *slot* depois de efetuada a troca, excetuando-se a troca realizada entre empresas pertencentes ao mesmo grupo econômico.[56] Por fim, a Resolução vedava a troca de *slots* que tinham sido alocados para empresa aérea entrante, exceto se:[57] (i) a operação da série de slots tivesse obtido histórico de slots por duas temporadas equivalentes; (II) ambas as empresas de transporte aéreo fossem consideradas empresas aéreas entrantes na alocação da

---
50. Art. 38, parágrafo único da Resolução 02/2006.
51. Art. 38, *caput* da Resolução 02/2006.
52. Art. 31, *caput* da Resolução 338/2014.
53. Art. 31, § 1º da Resolução 338/2014. Ademais, a norma considerava que compunha grupo econômico a empresa de transporte aéreo, suas controladoras, controladas ou coligadas, bem como as controladas e coligadas das controladoras e das controladas das empresas de transporte aéreo (art. 2º, XIV).
54. Art. 31, § 2º da Resolução 338/2014.
55. Art. 32, *caput* da Resolução 338/2014.
56. Art. 32, § 1º da Resolução 338/2014.
57. Art. 32, § 2º, I a III da Resolução 338/2014.

série de *slots*; ou (iii) se a alteração beneficiasse a infraestrutura aeroportuária, a critério, devidamente fundamentado, da equipe designada como responsável pelas atividades de coordenação e alocação de *slots*.

Isso posto, relevante tecer algumas breves considerações sobre os quadros normativos antecedentes descritos.

Em primeiro lugar, vê-se uma clara continuidade entre as Resoluções, visto que ambas vedavam o mercado secundário e admitiam a troca de *slots*. Todavia, divergiam na medida em que a Resolução 338/2014 permitia explicitamente a cessão gratuita das faixas horárias desde que entre companhias aéreas de um mesmo grupo econômico e observada a capacidade aeroportuária. Em segundo lugar, é notável que a Resolução 338/2014 abordava de forma mais detalhada o assunto das trocas, definindo as circunstâncias em que eram proibidas, as exceções a essa regra e quando sua nulidade poderia ser declarada. Em terceiro lugar, é importante notar que todos esses temas não eram tratados em capítulos ou seções dedicados nessas Resoluções, mas sim dispersamente ou nas "disposições finais e transitórias" ou nas "normas gerais". Isso denota como a questão da cessão ou da troca de *slots* não era tratada com tanta relevância pela ANAC, pelo menos do ponto de vista da técnica regulatória. Com efeito, na Resolução 682/2022, ora vigente, a Seção V do Capítulo I trata especificamente da "natureza, troca e cessão de *slots*". Por fim, a Resolução 338/2014 estabelecia que os *slots* não faziam parte do patrimônio das companhias aéreas. Isso é relevante, pois a Resolução 682/2022 segue essa mesma abordagem, fato que demonstra certa continuidade entre as duas normas, bem como uma preocupação em deixar mais claro, a partir da regulação, o regime jurídico e de propriedade das faixas horárias.[58]

2.2 O processo administrativo normativo da Resolução 682/2022

Antes de tratar dos modelos regulatórios do mercado secundário de *slots*, faz-se útil tecer algumas breves considerações sobre o processo administrativo normativo que gerou a Resolução 682/2022.

Considerando apenas as notas técnicas emitidas ao longo do processo administrativo normativo, é possível verificar que a ANAC dialogou mais intensamente com as normas da WASG e de forma bem inferior com as regras do Regulamento CEE 95/93. O quadro abaixo busca demonstrar o nível do diálogo entre as áreas técnicas da ANAC por meio do número de menções à IATA e à União Europeia.[59]

---

58. Novamente recorrendo à Prol, Miola e Coutinho, temos que "a propriedade é em boa medida criada pela regulação – isto é, não é algo a ela preexistente ou transcendente. Assim, se de um lado a regulação parte de um pano de fundo institucional no qual certos direitos de propriedade são necessariamente tomados como referência, de outro ela própria, como um processo dinâmico, define e redefine as relações de propriedade à medida que constitui os mercados e os disciplina, em interação constante, nem sempre harmônica, com agentes e interesses privados". PROL, Flávio M.; MIOLA, Iagê Z.; COUTINHO, Diogo R. A Propriedade como Elemento e Instrumento de Regulação: O Caso da Aviação Comercial no Brasil. *Propriedades em Transformação 2*: Expandindo a agenda de pesquisa. Blucher, São Paulo, p. 347, 2021.
59. Frisa-se que essas menções não se limitam à questão do mercado secundário, mas abrangem toda a revisão regulatória da Resolução 338/2014 que culminou na Resolução 682/2022.

Número de menções pelas áreas técnicas da ANAC à IATA e União Europeia		
Documento	IATA ou WASG	União Europeia ou Regulamento CEE 95/93
Nota Técnica 12/2020/GTRC/GEAM/SAS[60]	55 menções	3 menções
Nota Técnica 09/2021/ GTRC/GEAM/SAS[61]	24 menções	0 menções
Nota Técnica 04/2022/GTRC/GEAM/SAS[62]	21 menções	0 menções

Embora seja insuficiente para evidenciar do ponto de vista qualitativo a influência dessas organizações estrangeiras, quantitativamente esse levantamento sugere que houve um diálogo efetivo da ANAC com a IATA e, em menor extensão, com a UE.

Já em termos qualitativos, a análise dos documentos selecionados não demonstrou um intercâmbio de visões claro da Agência com a IATA e a UE no que tange especificamente a regulação do mercado secundário. Efetivamente, as áreas técnicas não verbalizaram, de forma explícita, sobre essas experiências internacionais na proposição do novo modelo regulatório. Todavia, isso não significa que elas foram desconsideradas. Como será visto adiante, inúmeras regras regulatórias da WASG e do Regulamento CEE 95/1993 foram replicadas, ainda que por vezes ligeiramente modificadas, na Resolução 682/2022.

Assim, em que pese a ausência dessas evidências diretas, cumpre mencionar que tanto na Nota Técnica 12/2020/GTRC/GEAM/SAS quanto na Nota Técnica 04/2022/GTRC/GEAM/SAS preocuparam-se em afirmar que, caso o mercado secundário de *slots* fosse adotado, aquele que recebesse as faixas horárias não poderia ter "plenas liberdades de comercialização". Conforme será visto adiante, a restrição da liberdade de comercialização é estipulada também pela IATA e UE. Já em relação a Nota Técnica 09/2021/GTRC/GEAM/SAS, relevante pontuar que as áreas técnicas da ANAC[63] (2021, p. 1) explicitamente afirmaram que a proposta normativa trazia "modificações que atualizam a norma às mudanças nas práticas internacionais ocorridas nos últimos anos e concretizadas na edição 1 da WASG", passagem que demonstra uma clara influência da IATA na produção normativa da ANAC.

2.3 Modelos da ANAC, IATA e da UE

A permissão do mercado secundário pode trazer vantagens e desvantagens em relação à alocação dos *slots,* cumprindo trazer à baila o entendimento das áreas técnicas da ANAC[64] sobre o tema quando da análise de impacto regulatório.

---

60. Nota Técnica referente à Análise de Impacto Regulatório de Revisão da Resolução 338/2014.
61. Nota Técnica referente à proposta de norma de *slots* antes de Consulta Pública.
62. Nota Técnica referente à proposta de norma de *slots* depois de Consulta Pública.
63. ANAC. Nota Técnica 09/2021/GTRC/GEAM/SAS: Proposta de Norma de Slots – Revisão da Resolução ANAC 338/2014. Processo Administrativo SEI 00058.047435/2020-12, Brasília, p. 1, 2021.
64. ANAC. Nota Técnica 12/2020/GTRC/GEAM/SAS: Análise de Impacto Regulatório (AIR) de Revisão da Resolução 338/2014. *Processo Administrativo SEI 00058.047435/2020-12*, Brasília, p. 9-10, 2020.

Como possíveis vantagens, destacam o aumento da eficiência da alocação, já que haverá empresas que valorizam mais uma determinada faixa horária do que outras, bem como a tendência de que as companhias adquirentes operem "maiores aeronaves para a diluição dos custos incorridos", o que leva ao aumento do número médio de passageiros por *slot*. Ainda, as áreas técnicas da Agência destacam que a comercialização das faixas horárias pode servir como um meio de as aéreas com problemas financeiros se manterem no mercado e continuarem operando.

Por outro lado, como externalidades negativas do mercado secundário, as áreas técnicas destacam uma possível concentração do mercado, gerando efeitos deletérios em termos concorrenciais como, por exemplo, o aumento do preço médio da tarifa. Além disso, destacam que a possibilidade das transferências pode desencorajar as companhias aéreas de cumprirem os critérios mínimos de uso eficiente dos *slots*, diminuindo a efetividade da alocação.

Isso posto, as áreas técnicas da ANAC sumarizaram as vantagens e desvantagens da instituição de um mercado secundário por meio do quadro resumo reproduzido a seguir:

Quadro resumo de vantagens e desvantagens do mercado secundário de *slots*	
Vantagens e Oportunidades	Desvantagens e Ameaças
Possibilidade de redistribuição para uma empresa que valorize mais o *slot*, tornando o processo mais eficiente; Cria custo de oportunidade para as empresas manterem *slots*; Inibe a operação com aeronaves pequenas, considerando que o valor para essas empresas será menor do que a avaliação de empresas interessadas em voar com aeronaves maiores; Cria mecanismo que pode facilitar a entrada no mercado de novas empresas; Permitir ajuste das malhas (flexibilidade); Cria mecanismo de saída; Reduz custo gerado pelas compras de *slot* disfarçada de venda da empresa (simplifica para o mercado).	Possível aumento do custo e consequentemente tarifa para o passageiro; Redução da distribuição de *slots* no aeroporto por devolução; Possível aumento da concentração; Passa a reconhecer o *slot* como direito de uso comercializável, mesmo que indiretamente; Dificuldade em voltar e não permitir o mercado secundário; Pode prejudicar outras medidas que pretendam retirar slots utilizados de forma ineficiente para compor o banco.

Vistas as vantagens e desvantagens do mercado secundário, bem como apresentados os antecedentes deste mercado no Brasil (ou melhor, da ausência do mercado), passa-se efetivamente à comparação das regulações da IATA, da União Europeia e da ANAC. Para tanto, segmenta-se a problemática em subtemas, a fim de melhor ilustrar.

2.3.1 Natureza Jurídica

Conforme visto na subseção 1.5 deste trabalho, no Brasil os *slots* são atos relativamente precários, concedidos unilateralmente e de forma não discricionária, não sendo passíveis de classificação perfeita quanto seu conteúdo frente à doutrina administrativista brasileira. A precariedade liga-se à reversibilidade do direito e ao fato de a propriedade da infraestrutura permanecer sendo da União, sendo essa uma forma da ANAC controlar o cumprimento das condições de seu uso das faixas horárias.

Isso posto, a União Europeia e a IATA tratam os *slots* de forma muito próxima. Com efeito, a UE o classifica como uma autorização,[65] enquanto a IATA como uma permissão,[66] sendo que, em ambos os casos, a alocação é realizada também pelo coordenador do aeroporto. Em nenhuma dessas regulações as faixas horárias são consideradas como títulos precários – pelo menos não explicitamente –, ao passo que também não fica estabelecido se o *slot* faz ou não faz parte do patrimônio da companhia aérea. Notadamente no caso da IATA, é possível dizer que os Estados terão margem para a qualificação do regime jurídico desses títulos em atenção às suas peculiaridades.

Essas diferenças são significativas em comparação à regulação brasileira sobre o tema, já que evidenciam um esforço da ANAC em adaptar conceitos estrangeiros à nossa realidade normativa.

2.3.2   Formas de Transferência

Tanto a ANAC, IATA e UE admitem a cessão e a troca de *slots,* em que pese algumas diferenças quanto a extensão e o modo dessas transferências.

Com efeito, a ANAC caracteriza a cessão de *slots* como uma transferência, mesmo que decorrente de fusão, aquisição de empresa ou qualquer outra modalidade de consolidação empresarial.[67] Ou seja, uma faixa horária poderá ser transferida diretamente mediante uma compra e venda ou, indiretamente, como resultado de uma operação societária entre duas ou mais companhias aéreas, o que permite um maior controle sobre o mercado secundário, evitando-se fraudes. Além disso, a ANAC continua a admitir a transferência entre companhias de um mesmo grupo econômico,[68] bem como a troca de *slots* entre companhias aéreas, desde que em número equivalente.[69]

Em relação à União Europeia, temos que a organização admite a transferência:[70] (i) entre uma transportadora aérea de uma rota ou tipo de serviço para outra rota ou tipo de serviço exploradas pela mesma transportadora; (ii) entre sociedade-mãe e suas filiais e vice-versa; (iii) como parte de aquisição de controle do capital de uma transportadora aérea; (iv) na aquisição total ou parcial quando os *slots* estão diretamente relacionados com a transportadora aérea adquirida; e (v) por meio da troca entre transportadoras aéreas distintas e em uma base individual. Salienta-se que a UE não permite a cessão entre companhias aéreas distintas, a não ser que isso seja feito mediante uma aquisição societária

Por fim, embora a IATA também admita a cessão e a troca de *slots,* a organização não prevê a transferência desses ativos por meio de operações societárias. Todavia, isso não deve ser lido como uma proibição absoluta, sobretudo considerando que a orga-

---

65. Art. 2º, a) do Regulamento CEE 95/1993.
66. Art. 1.6.1 da WASG 2022.
67. Art. 15, §7 da Resolução 682/2022.
68. Art. 15, §2 da Resolução 682/2022.
69. Art. 14, caput da Resolução 682/2022.
70. Art. 8.A.1 do Regulamento CEE 95/1993.

nização dá certa abertura para a regulação local. Efetivamente, a WASG dispõe que as transferências só poderão ocorrer onde não forem proibidas pelas leis dos respectivos países,[71] disposição que dá margem para o direito local prever diferentes formas de transferência. Ademais, vale comentar que a IATA admite o compartilhamento de operações, ou seja, a utilização de *slots* de uma companhia aérea por outra sem a alteração de sua titularidade,[72] o que não é previsto pela ANAC.

Desta forma, é possível concluir que a ANAC se aproxima da UE no que tange a possibilidade de transferir, intragrupo econômico, os *slots*, mas se afasta na medida em que os europeus não preveem a cessão de faixas horárias entre companhias aéreas de grupos econômicos distintos. Não obstante, a ANAC e a UE relativamente se afastam da IATA, visto que esta organização não prevê a transferência dentro de um mesmo grupo econômico, ao passo que ANAC e IATA se aproximam ao permitirem a cessão entre companhias aéreas distintas.

2.3.3 Responsabilidade pela análise da cessão e da troca

Conforme visto, a ANAC é o coordenador de aeroportos nível três, sendo também responsável por analisar e convalidar a cessão e troca de *slots* no Brasil.[73] Na IATA e na UE isso também é feito pelo coordenador,[74] embora este agente não seja uma Agência Reguladora, responsável por regular os serviços localmente. Essa é uma diferença relevante, pois denota uma notável sobreposição entre o controle mercado secundário no Brasil e a regulação deste pela ANAC, ao passo que na IATA e na UE esse controle é feito dispersamente pelas autoridades aeroportuárias locais.

2.3.4 Parâmetros de controle da cessão

Os parâmetros de controle da cessão de *slots* da ANAC demonstram uma grande ingerência da Agência no mercado secundário tendo por finalidade não somente impedir a burla do procedimento da alocação inicial, como também evitar a concentração de mercado das infraestruturas aéreas e viabilizar a prestação dos serviços públicos de infraestrutura aeroportuária e navegação aérea de forma eficiente.

Tanto é assim que a cessão de *slots* entre companhias aéreas que operem ou planejam operar em um determinado aeroporto estará sujeita à convalidação da ANAC, oportunidade na qual a Agência avaliará as características da operação e a capacidade aeroportuária declarada para o aeródromo público.[75] Com efeito, essa apreciação se caracteriza como um juízo de anuência prévia, visto que a Agência somente procederá com a cessão de *slots* após solicitação da parte cedente.[76] Outra evidência dessa ingerên-

---

71. Art. 8.12.1 da WASG.
72. Art. 8.12.1 da WASG.
73. Art. 14, *caput* e art. 15, *caput* da Resolução 682/2022.
74. Art. 8.11.3 e art. 8.12.3 da WASG e art. 8.4.2 do Regulamento CEE 95/1993.
75. Art. 15, *caput* da Resolução 682/2022.
76. Art. 15, § 4º da Resolução 682/2022.

cia é a de que a cessão poderá ser revogada pela ANAC a qualquer tempo caso algum requisito da Resolução 682/22 seja descumprido.[77] Neste quadro, caso na declaração do aeródromo tenha sido fixado limite de participação percentual de *slots*, a empresa cessionária não poderá ultrapassá-lo,[78] sob pena de não convalidação da operação. Neste sentido, em operações societárias onde haja cessão de *slots* e em que se ultrapasse o limite eventualmente previsto, a quantidade de *slots* excedentes deverá ser cedida para outras companhias aéreas de grupo econômico distinto ou devolvidos para o banco de *slots*, reservando-se à ANAC o direito de proceder com a retomada da quantidade de séries de faixas horárias excedentes em caso de descumprimento.[79] Além disso, a cessão poderá ocorrer somente se os *slots* tiverem histórico reconhecido por três temporadas equivalentes consecutivas,[80] inclusive entre companhias aéreas de um mesmo grupo econômico.[81] Por fim, como consequência de uma operação de cessão, a companhia aérea que transferir o *slot* para empresas de diferentes grupos econômicos não receberá do banco de *slots* faixas horárias por três temporadas equivalentes, salvo nos casos em que não houver outra empresa interessada.[82]

Do apresentado fica claro que tais regras mostram-se como verdadeiros freios à negociação dos *slots*, de tal sorte que é seguro afirmar que o mercado secundário é uma forma excepcional de obtenção de faixas horárias no Brasil, prevalecendo ainda o mercado primário. Com efeito, talvez esse tratamento regulatório seja explicado pelo fato de que a transferência de *slots* é uma novidade na regulação brasileira, o que pode ter levado a ANAC a adotar uma postura conservadora no que diz respeito ao controle da cessão de *slots*. Assim, diante de tantos desestímulos – justificados pelos motivos acima mencionados e até mesmo pela concepção de que a atividade aeroportuária é um serviço público –, tem-se que uma companhia aérea só buscará transferir um *slot* se o retorno dessa operação compensar o não recebimento das faixas horárias do banco de *slots* por três anos seguidos.

Já para a IATA as regras para a cessão de *slots* são mais simples. Como parâmetro para a transferência tem-se a proibição da cessão até que as faixas horárias recém-alocadas tenham sido operadas por, no mínimo, duas temporadas equivalentes.[83] Neste sentido, a WASG esclarece que essa regra visa evitar que as aéreas se aproveitem de suas condições de prioridade, como quando se é nova entrante, para obter *slots* apenas para transferi-los

---

77. Art. 15, § 8º da Resolução 682/2022.
78. Art. 15, § 3º da Resolução 682/2022.
79. Art. 15, §§ 9º e 10 da Resolução 682/2022. Observa-se ainda que a norma reconhece que a autoridade responsável pela defesa da concorrência poderá atuar nessa hipótese, prescrição que reconhece a atuação do Conselho Administrativo de Defesa Econômica ("CADE"), em linha com o que dispõe o Capítulo III da Lei 13.848/2019 ("Lei das Agências") sobre a interação das agências reguladoras e os órgãos de defesa da concorrência.
80. Nos termos do art. 3º, XXIV, alínea "b" da Resolução 682/2022, temporadas equivalentes se referem a duas temporadas de verão consecutivas ou duas temporadas de inverno, também consecutivas. Já uma temporada se consubstancia em períodos de coordenação, alocação e uso da infraestrutura aeroportuária, definidos em duas por ano, verão e inverno.
81. Art. 15, § 2º da Resolução 682/2022.
82. Art. 15, §1 da Resolução 682/2022.
83. Art. 8.12.2 da WASG.

à outra companhia. Isso posto, após notificação da companhia aérea sobre a cessão ao coordenador do aeroporto, deve este confirmar a viabilidade da transferência e, então, atualizar seu banco de dados.[84] Dada a natureza dessa análise, entende-se que se tem também um juízo de anuência prévia. Por fim, caso a cessão envolva contraprestações ou indenizações e haja solicitação, alguns detalhes deverão ser disponibilizados aos *stakeholders* relevantes no site do coordenador para fins de transparência.[85]

Já em relação à União Europeia, tem-se que as cessões de *slots* serão notificadas ao coordenador do aeroporto e não produzirão efeitos antes de sua confirmação expressa, o que implica em um juízo de anuência prévia,[86] nisso igualando-se tanto à ANAC quanto à IATA. Além disso, o coordenador não confirmará as transferências se não estiverem em conformidade com os requisitos do Regulamento, bem como se não houver confirmação, entre outros aspectos, de que as operações aeroportuárias não serão prejudicadas, tendo em vista os condicionantes de ordem técnica, operacional e ambiental.[87] Ademais, em regra os *slots* atribuídos a um novo entrante não poderão ser transferidos por duas temporadas equivalentes,[88] salvo algumas exceções específicas.[89]

2.3.5 Parâmetros de controle das trocas

Assim como no caso da cessão, a ANAC convalidará a troca de *slots* mediante a avaliação das características de cada operação e a capacidade aeroportuária declarada para o aeroporto.[90] A troca poderá ser revogada caso uma das companhias aéreas cambiantes deixe de utilizar o *slot* após a operação, hipótese que poderá ser caracterizada, para todos os efeitos, como cessão.[91] Ademais, é vedada a troca de faixas horárias que tenham sido alocados à empresa aérea entrante, salvo se:[92] (i) a operação da série de *slots* tiver obtido histórico de slots por três temporadas equivalentes; (ii) ambas as empresas de transporte aéreo forem entrantes na alocação da série de slots; ou (iii) a troca de slots beneficiar a infraestrutura aeroportuária, conforme avaliação da ANAC.

No caso da União Europeia, os parâmetros de controle são praticamente os mesmos que os da cessão, com destaque para o fato de que as trocas dependem de confirmação expressa do coordenador do aeroporto para produzirem efeitos, bem como que elas

---

84. Art. 8.12.3 da WASG.
85. São os detalhes: (i) nomes das companhias aéreas envolvidas; (ii) slots transferidos; e (iii) período da transferência (i.e., período de operação, temporadas, permanente/temporário etc.).
86. Art. 8.A.2 do Regulamento CEE 95/1993.
87. Art. 8.A.2.a.
88. Art. 8.A.3.a.
89. Suscintamente, são os casos: (i) aquisição legalmente autorizada das atividades de uma empresa em situação de falência, no contexto da cessão de *slots* dentro de um mesmo grupo econômico ou da alteração do controle societário de uma companhia aérea; e (ii) a menos que o novo entrante tenha sido tratado com a mesma prioridade na nova rota que na rota inicial no contexto da cessão de *slots* de uma companhia aérea de uma rota ou tipo de serviço para outra rota ou tipo de serviço explorados pela mesma companhia.
90. Art. 14, *caput* da Resolução 682/2022.
91. Art. 14, § 1º da Resolução 682/2022.
92. Art. 14, § 2º, I a III da Resolução 682/2022.

devem estar aderentes aos requisitos da norma e não devem prejudicar as operações aeroportuárias quanto aos condicionalismos de ordem técnica, operacional e ambiental.[93] Além disso, os *slots* atribuídos a um entrante, assim como com a cessão, não poderão ser trocados durante duas temporadas equivalentes, salvo se para melhorar os horários dos *slots* em relação aos horários inicialmente solicitados.[94]

Em relação à IATA, a organização dispõe que a troca de *slots* deve ser encorajada, sendo que elas poderão ser realizadas de um para um e por qualquer número de companhias aéreas.[95] Porém, no caso de *slots* recém alocados, o coordenador pode recusar a troca se não se convencer de que a operação melhorará a posição operacional da companhia aérea, sendo essencial o diálogo entre o coordenador e a aérea de acordo com a IATA[96]. Além disso, assim como na cessão, na troca as companhias aéreas devem notificar o coordenador para cada permuta, de modo que este verificará a viabilidade da operação e alterará sua base de dados.[97] Por conseguinte, se a troca envolver contraprestações ou indenizações e houver solicitação, assim como na cessão alguns detalhes deverão ser disponibilizados aos *stakeholders* relevantes no site do coordenador para fins de transparência.[98] Por fim, a WASG dispõe que trocas que envolvam contraprestações ou indenizações só poderão ser efetuadas se não forem vedadas na legislação do país em causa.[99]

2.4 Quadro resumo

Tendo como finalidade melhor ilustrar as semelhanças e diferenças dos modelos regulatórios descritos anteriormente, foi possível a elaboração do seguinte Quadro Resumo apresentado abaixo:

Quadro Resumo: Regulações da ANAC, IATA e União Europeia			
Tema	ANAC	IATA	União Europeia
Natureza jurídica e propriedade dos *slots*	Título relativamente precário e não integrante do patrimônio da companhia aérea	Permissão, silente quanto o aspecto patrimonial e da precariedade	Permissão, silente quanto o aspecto patrimonial e da precariedade
Cessão de *slots* entre companhias distintas	Admite	Admite	Não admite
Cessão de *slots* intragrupo econômico	Admite	Silente, mas aberto a isso	Admite
Troca de *slots* entre companhias distintas	Admite	Admite, inclusive encoraja	Admite

---

93. Art. 8.A.2 do Regulamento CEE 95/1993.
94. Art. 8.A.3.c do Regulamento CEE 95/1993.
95. Art. 8.11.1 da WASG.
96. Art. 8.11.2 da WASG.
97. Art. 8.11.3 da WASG.
98. Como na cessão, são os detalhes: (i) nome das companhias áreas envolvidas; (ii) *slots* trocados; (iii) período da troca (i.e., período da operação, temporadas, se permanente ou temporário etc.).
99. Art. 8.11.5 da WASG.

Responsável pela análise da cessão e troca	A ANAC, como coordenador do aeroporto e regulador do setor	Coordenador do aeroporto, que não é o regulador do setor	Coordenador do aeroporto, que não é o regulador do setor
Tipo de análise da cessão e da troca	Notificação / Anuência Prévia	Convalidação / Anuência Prévia	Anuência prévia
Período mínimo de histórico para cessão	Três temporadas equivalentes	Duas temporadas equivalentes	Duas temporadas equivalentes
Período mínimo de histórico para troca	Três temporadas equivalentes	Duas temporadas equivalentes	Duas temporadas equivalentes
Período de vedação ao recebimento de *slots* em razão da cessão	Três temporadas equivalentes	Não há	Não há

Em que pese o Quadro Resumo não capturar as especificidades dos modelos regulatórios descritos na subseção anterior, ele é suficiente para ilustrar no que eles se aproximam e no que eles afastam. Desta forma, a seguir conclui-se o presente trabalho respondendo às perguntas de pesquisa feitas inicialmente.

CONCLUSÃO

O presente artigo buscou responder às seguintes perguntas de pesquisa: (i) em que grau a IATA e a União Europeia influenciaram a produção da Resolução 682/2022 da ANAC acerca do mercado secundário de *slots* e em que medida tais modelos regulatórios se aproximam ou se distanciam; e (ii) se o mercado secundário brasileiro é mais ou menos restritivo em relação aos modelos da IATA e da UE.

A partir do exposto nas seções anteriores foi possível perceber que, aparentemente, a ANAC se lastreou mais na experiência da IATA do que da União Europeia para a elaboração da norma hoje vigente. Com efeito, a partir da análise das notas técnicas contidas no curso do processo administrativo normativo que deu origem à Resolução 682/2022, foi possível observar uma maior disposição da ANAC em dialogar com a IATA do que com a UE, ainda que, no que tange especificamente ao mercado secundário de *slots*, a Agência, por meio de suas áreas técnicas, não tenha feito menções diretas à WASG. Além disso, vale frisar que a comparação feita entre a WASG e a Resolução 682/2022 revelou que apenas a IATA e a ANAC admitem a cessão entre diferentes companhias aéreas, hipótese não autorizada pela UE.

Não obstante, tanto a ANAC quanto a IATA e a UE admitem a troca de *slots*, bem como todas essas entidades realizam um juízo de anuência prévia sobre as transferências das faixas horárias e estipulam como pré-requisito da troca e da cessão (neste caso, menos a UE) um período mínimo de histórico. Vale lembrar, todavia, que apenas UE e ANAC previram explicitamente a transferência de faixas horárias por meio de operações societárias, ainda que a IATA não vede isso.

Já em relação à questão sobre se o modelo regulatório brasileiro é mais ou menos restritivo no que diz respeito às transferências das faixas horárias, a partir do exposto é possível concluir que há elementos suficientes que denotam maior rigidez por parte da ANAC do que o disciplinado pela IATA e UE. Com efeito, a Agência previu que para a realização da troca ou cessão é necessário que o *slot* tenha um histórico mínimo de três temporadas equivalentes, ao passo que tanto a IATA quanto a UE (no caso apenas da troca) fixaram um histórico mínimo de duas temporadas. Além disso, somente a ANAC previu que, uma vez conduzida a cessão, a companhia aérea ficará impedida de receber faixas horárias por três temporadas equivalentes do banco de *slots*. Não obstante, relevante pontuar que a UE se apresenta relativamente mais rígida que a IATA e ANAC na medida em que veda a cessão entre diferentes companhias aéreas pelos europeus.

Em assim sendo, conclui-se que as regras em comento tornam o mercado secundário brasileiro relativamente mais engessado que os modelos da IATA e UE visto que impõem um período maior para a realização das cessões e trocas, situação que provoca uma análise de custo-benefício por parte das companhias aéreas entre o retorno econômico decorrente da transferência e o quanto poderiam obter com as operações aéreas se essas companhias mantivessem os *slots*.[100]

REFERÊNCIAS

AERÓDROMOS – Lista de Aeródromos Públicos V2 – Formato CSV/JSON. Disponível em: https://www.anac.gov.br/acesso-a-informacao/dados-abertos/areas-de-atuacao/aerodromos/lista-de-aerodromos-publicos-v2. Acesso em: 28 nov. 2023.

AGÊNCIA NACIONAL DE AVIAÇÃO CIVIL. Coordenação de Slot. Disponível em: https://www.gov.br/anac/pt-br/assuntos/regulados/empresas-aereas/slot. Acesso em: 02 nov. 2023.

AURÉLIO, Bruno. *A exploração da Infraestrutura Aeroportuária no Brasil*: a Infraero e as concessionárias de serviço público. São Paulo: Editora Contracorrente, 2017.

BERCOVICI, Gilberto. Infraestrutura e Desenvolvimento. In: BERCOVICI, Gilberto; VALIM, Rafael (Coord.). *Elementos de Direito da Infraestrutura*. São Paulo: Editora Contracorrente, 2015.

CARVALHO FILHO, José dos Santos. *Manual de Direito Administrativo*. 31. ed. São Paulo: Atlas, 2017.

CONDORELLI, Daniele. Efficient and equitable airport slot allocation. *Rivista di Politica Economica*, p. 81-104, jan./fev. 2007.

DA COSTA, João Marcelo Sant'Anna. *Transformações no modelo de exploração da infraestrutura aeroportuária brasileira*. Tese de Mestrado em Direito. Centro de Ciências Sociais, Rio de Janeiro, Universidade do Estado do Rio de Janeiro, 2017.

DA SILVA, Adriana Filipa Santos. *Mercado secundário de slots aeroportuários*: uma análise baseada num modelo de oligopólio. Tese de Mestrado em Economia. Faculdade de Economia da Universidade do Porto, 2017.

DAL POZZO, Augusto Neves. *O Direito Administrativo da Infraestrutura*. São Paulo: Editora Contracorrente, 2020.

DECLARAÇÕES DE CAPACIDADE. Disponível em: https://www.gov.br/anac/pt-br/assuntos/regulados/empresas-aereas/slot/declaracoes-de-capacidade. Acesso em: 02 nov. 2023.

---

100. É também o entendimento das áreas técnicas da ANAC, para as quais ao "permitir que as empresas possam comercializar os slots, isso cria um custo de oportunidade para as empresas aéreas detentoras de slots, que passam a analisar se seria mais viável manter e operar o slot ou comercializar o slot e operar em outro aeroporto" ANAC. Nota Técnica 12/2020/GTRC/GEAM/SAS. Processo Administrativo SEI 00058.047435/2020-12. Brasília, p. 9, 2020.

DI PIETRO, Maria Sylvia Zanella. *Direito administrativo*. 31. ed. Rio de Janeiro: Forense, 2018.

FRISCHTAK, Cláudio. Infraestrutura e Desenvolvimento no Brasil. In: VELOSO, Fernando; FERREIRA, Pedro Cavalcanti; GIAMBIAGI, Fabio; PESSÔA, Samuel (Coord.). *Desenvolvimento Econômico*: uma perspectiva brasileira. Rio de Janeiro: Elsevier, 2013.

GRAU, Eros Roberto. *A Ordem Econômica na Constituição de 1988*. 19. ed. São Paulo: Malheiros, 2018.

MARQUES NETO, Floriano de Azevedo. A nova regulação dos serviços públicos. *Revista de Direito Administrativo*. Rio de Janeiro, p. 13-30, abr./jun. 2002.

MASSONETO, Luís Fernando. Aspectos Macrojurídicos do Financiamento em Infraestrutura. In: BERCOVICI, Gilberto; VALIM, Rafael (Coord.). *Elementos de Direito da Infraestrutura*. São Paulo: Editora Contracorrente, 2015.

MEDAUAR, Odete. *Direito Administrativo Moderno*. 21. ed. Belo Horizonte: Fórum, 2018.

NOTA TÉCNICA 04/2022/GRTC/GEAM/SAS: Proposta de Norma de Slots – Revisão da Resolução ANAC 338/2014 – Pós-Consulta Pública. Processo Administrativo SEI 00058.047435/2020-12, Brasília, 2022.

NOTA TÉCNICA 09/2021/GTRC/GEAM/SAS: Proposta de Norma de Slots – Revisão da Resolução ANAC 338/2014. Processo Administrativo SEI 00058.047435/2020-12, Brasília, 2021.

NOTA TÉCNICA 12/2020/GTRC/GEAM/SAS: Análise de Impacto Regulatório (AIR) de Revisão da Resolução 338/2014. Processo Administrativo SEI 00058.047435/2020-12, Brasília, 2020.

PROL, Flávio M.; MIOLA, Iagê Z.; COUTINHO, Diogo R. A Propriedade como Elemento e Instrumento de Regulação: O Caso da Aviação Comercial no Brasil. *Propriedades em Transformação 2*: Expandindo a agenda de pesquisa. São Paulo: Blucher, 2021.

RIKER, William H.; SENED, Itai. A political theory of the origin of property rights: airport slots. *American Journal of Political Science*, v. 35, n. 4, p. 951-969, nov. 1991.

SCHIRATO, Vitor. A Regulação dos serviços públicos como instrumento para o desenvolvimento. *Revista Interesse Público*. Belo Horizonte, ano 7, n. 30, p. 1-17, mar./abr. 2005.

SCOTTI, Davide; DRESNER, Martin; MARTINI, Gianmaria; YU, Chunyan. Incorporating negative externalities into productivity assessments of US airports. *Transportation Research Part A*: Policy and Practice, v. 62, p. 39-53. 2014.

SIEG, Gernot. Grandfather rights in the market for airport slots. Braunschweig: Economics *Department Working Paper Series*, n. 4, p. 1-17. Technische Universität Braunschweig, Institut für Volkswirtschaftslehre, 2009.

TOSTES, Leonardo Monteiro de Souza. *Regulação do Mercado Aeroportuário*: avaliação empírica para distinguir efeitos da escassez e do poder de mercado sobre preços das passagens aéreas. Tese de Mestrado em Economia. Escola de Políticas Públicas e Governo da Fundação Getúlio Vargas, Brasília, 2022.

VOTO DO DIRETOR TIAGO SOUSA PEREIRA. Processo Administrativo SEI 00058.047435/2020-12, Brasília, 2022.

ASSIMETRIA ENTRE OS REGIMES JURÍDICOS PARA EXPLORAÇÃO INDIRETA DE INFRAESTRUTURA FERROVIÁRIA

Isabella Rossito

Mestre e Doutoranda em Direito do Estado (USP). Advogada associada de Justen, Pereira, Oliveira e Talamini. E-mail: isabella.rossito@justen.com.br.

Sumário: Introdução – 1. A exploração da infraestrutura ferroviária no Brasil; 1.1 Características do mercado; 1.2 Contexto de aprovação do novo marco legal; 1.3 Regimes de exploração – 2. A "nova" acepção de autorização – 3. As distinções entre os regimes de exploração; 3.1 Formas de acesso ao mercado; 3.2 Prazo e prorrogação; 3.3 Regime de preços; 3.3.1 Serviços de transporte e acesso à malha ferroviária; 3.3.2 Serviços acessórios; 3.4 Compartilhamento de infraestrutura; 3.5 Equilíbrio econômico-financeiro; 3.6 Indenização e reversão de bens – 4. A assimetria regulatória; 4.1 Limites à assimetria regulatória; 4.2 Impactos sobre as concessões em andamento; 4.3 Adaptação dos contratos de concessão – Conclusões – Referências.

INTRODUÇÃO

Objetivando o desenvolvimento e modernização do setor ferroviário, uma das inovações apresentadas pela Lei 14.273/2021, que institui o novo marco legal das ferrovias, foi a previsão da exploração da infraestrutura ferroviária por meio de autorização, a fim de viabilizar a imediata realização de novos investimentos. Com isso, passam a conviver no setor modelos de exploração indireta em regime de direito público, por meio de concessão, e em regime de direito privado, por meio de autorização.

Diante desta dualidade de regimes, a pesquisa proposta analisará as principais distinções entre os regimes de exploração indireta da infraestrutura ferroviária, investigando a existência de assimetria regulatória e as consequências de eventual competição entre ferrovias concedidas e ferrovias autorizadas.

1. A EXPLORAÇÃO DA INFRAESTRUTURA FERROVIÁRIA NO BRASIL

1.1 Características do mercado

O sistema de transporte ferroviário é uma típica estrutura em rede utilizada para o transporte terrestre de bens ou pessoas por meio de veículos próprios entre um ponto de origem e outro de destino, geograficamente separado, sobre vias férreas.[1] Apresenta

---

1. GUERRA NETO, Paulo Pessoa. Evolução dos contratos das concessões de ferrovias. *Coletânea de Pós-Graduação* – Governança e controle da regulação em infraestrutura, v. 4, n. 18. Brasília: 2019. p. 11.

elevados custos fixos e a fundo perdido (*sunk costs*), com grandes economias de escala e escopo, além da necessidade de elevada escala mínima de eficiência para viabilização da atividade. Essas altas exigências de investimento se constituem em relevantes barreiras à entrada.[2]

De acordo com Richard A. Posner, se toda a demanda de um mercado relevante puder ser satisfeita ao menor custo por uma firma ao invés de duas, o mercado é um monopólio natural, independentemente do real número de empresas que nele atuem.[3] A existência de elevadas barreiras à entrada no setor ferroviário é fator que acarreta grande dificuldade ou até mesmo inviabilidade econômica de duplicação da infraestrutura, de modo que o mercado de transporte ferroviário constitui um monopólio natural.

Esta característica, aliada à relevância do transporte ferroviário para a sociedade, justifica a opção política refletida no art. 21, inc. XII, alínea "d", da Constituição Federal, que atribui a titularidade da infraestrutura ferroviária interestadual e internacional à União. Contudo, em que pese a infraestrutura se constitua como monopólio, a doutrina tem verificado que, a depender do modelo regulatório adotado, é possível operar algumas atividades do setor em regime de competição.[4]

No Brasil, a exploração da infraestrutura ferroviária se deu historicamente de forma verticalizada, com a mesma firma se responsabilizando pela gestão da infraestrutura e pela prestação dos serviços associados. No entanto, com o objetivo de incrementar a competição no setor, passou a ser possível a exploração de serviços de transporte desvinculado da exploração da infraestrutura, inicialmente por meio de autorização para Operador Ferroviário Independente e, a partir do novo marco legal, por meio de inscrição no Registro Nacional do Agente Transportador Ferroviário, regulamentado pela Resolução ANTT 5.990/2022.

Em tese, a concorrência no transporte de cargas pode se dar de duas formas: intermodal e intramodal. A intermodal diz respeito à competição entre distintos meios de transporte (ferroviário, rodoviário e marítimo, por exemplo). Segundo apontam Mariam Dauchoum e Patrícia Pinheiro, a competição entre os modais ferroviário e rodoviário teve início no Brasil na década de 1940, quando aumentou o número de estradas em construção, muitas delas com traçados paralelos aos ferroviários. Naquele momento, houve uma opção pela competição entre os modos de transporte em detrimento da integração intermodal.[5]

Já a concorrência intramodal ocorre dentro do mesmo setor de logística. Visando a fomentar a concorrência intramodal, a Lei 14.273/2021 prevê, em seu art. 8º, § 4º, que

---

2. DAUCHOUM, Mariam Tchepurnaya; SAMPAIO, Patrícia Regina Pinheiro. *Regulação e concorrência no setor ferroviário*. Rio de Janeiro: Lumen Juris, 2017. p. 49-58.
3. POSNER, Richard A. Natural monopoly and its regulation. *Stanford Law Review*, v. 21, n. 3, feb. 1969, p. 548-643. p.548.
4. DAUCHOUM, Mariam Tchepurnaya; SAMPAIO, Patrícia Regina Pinheiro. *Regulação e concorrência no setor ferroviário*. Rio de Janeiro: Lumen Juris, 2017. p. 60-61.
5. Idem, p. 24-51.

a outorga de determinada ferrovia não implica a preclusão da possibilidade de outorga de outras ferrovias, ainda que compartilhem os mesmos pares de origem e destino ou a mesma região geográfica.

1.2 Contexto de aprovação do novo marco legal

Uma das grandes vantagens do modal ferroviário é a grande economia de densidade de tráfego que proporciona, o que significa que muitos veículos podem ocupar uma unidade de comprimento da via do tráfego.[6] No entanto, apesar da significativa vantagem em relação ao modal rodoviário, este tem sido predominante na matriz de transporte de cargas do país. Estudos da Empresa Brasileira de Logística (EPL), realizados no contexto da elaboração Plano Nacional de Logística (PNL) 2035, constataram que, em 2017, 66,21% das cargas do país foram transportadas por meio do modal rodoviário e apenas 17,69% por meio do modal ferroviário:[7]

Modo de transporte	Porcentagem
Rodoviário	66,21%
Ferroviário	17,69%
Cabotagem costeira	9,21%
Navegação em vias interiores	5,58%
Dutoviário	1,26%
Aeroviário	1,33%

Fonte: PLN 2035, elaboração própria.

Estes números indicam que o Brasil, entre os países de dimensões semelhantes, é o que menos utiliza o sistema ferroviário para o transporte de cargas, com percentuais de utilização inferiores à Rússia, Canadá, Austrália, Estados Unidos e China. Na Rússia, 81% das cargas são transportadas em linhas férreas, muito à frente do índice canadense, de 46%. Na sequência aparecem Austrália e EUA (43%), e China (37%). As rodovias só representam o principal meio de transporte no Brasil e na China.[8]

De acordo com a exposição de motivos da Medida Provisória 1.065/2021, editada durante o processo de tramitação do novo marco legal, o setor ferroviário é responsável por uma proporção muito inferior do transporte de cargas do que o observado em países com dimensões continentais semelhantes, em razão do baixo incentivo à concorrência, escassez de oferta de novas infraestruturas, além da priorização de corredores logísticos

---

6. GUERRA NETO, Paulo Pessoa. Evolução dos contratos das concessões de ferrovias. *Coletânea de Pós-Graduação* – Governança e controle da regulação em infraestrutura, v. 4, n. 18. Brasília: 2019. p. 11.
7. PNL 2035. Disponível em: https://portal.tcu.gov.br/biblioteca-digital/evolucao-dos-contratos-das-concessoes-de-ferrovias.htm. Acesso em: 31 jul. 2024. p. 125.
8. Empresa Nacional de Planejamento e Logística S.A. *Boletim de Logística*: a retomada dos investimentos ferroviários para aumentar a eficiência da matriz de transportes. Disponível em: https://www.passeidireto.com/arquivo/115385269/setor-ferroviario-brasileiro. Acesso em: 31 jul. 2024.

em detrimento de trechos menos rentáveis, que foram gradativamente tornados ociosos, ou mesmo abandonados. Como consequência, aproximadamente 30% da malha ferroviária encontrava-se subutilizada ou sem utilização comercial no momento da edição da medida provisória.[9]

1.3 Regimes de exploração

Objetivando o desenvolvimento e modernização do setor, uma das inovações apresentadas pelo novo marco legal, incorporada inicialmente ao ordenamento jurídico por meio da Medida Provisória 1.065/2021, foi a instituição da exploração da infraestrutura ferroviária por meio de autorização. Apesar de a medida provisória ter perdido sua vigência, a disciplina já constava do Projeto de Lei do Senado 261/2018, que deu origem ao novo marco legal do setor. Com isso, atualmente a exploração indireta da infraestrutura ferroviária no Brasil pode se dar em regime de direito público, por meio de concessão, ou em regime de direito privado, por meio de autorização. Cabe ao Poder Público decidir entre um regime ou outro.[10] Há discricionariedade na eleição do modelo de execução, ainda que essa opção deva ser legitimada tecnicamente.[11]

2. A "NOVA" ACEPÇÃO DE AUTORIZAÇÃO

De acordo com Marçal Justen Filho, em sua concepção tradicional a autorização é compreendida como ato administrativo editado no exercício da competência discricionária, tendo por objeto o desempenho de uma atividade privada, o exercício de um direito ou a constituição de uma situação de fato, caracterizada pela precariedade e revogabilidade a qualquer tempo. No entanto, o autor ressalta que o vocábulo *autorização* também é empregado em situações incompatíveis com essas características, de modo que é necessário identificar o seu sentido jurídico no caso concreto.[12] É o que ocorre com a autorização para exploração de infraestrutura ferroviária prevista pela Lei 14.273/2021, que estabeleceu diretrizes incompatíveis com os atributos da discricionariedade e precariedade classicamente atribuídos à autorização.

Em primeiro lugar, a autorização para exploração ferroviária configura ato administrativo vinculado. Ao tratar do requerimento da autorização, o art. 25, § 6º, da Lei 14.273/2021 estabeleceu o seguinte:

---

9. EMI 00043/2021 MINFRA/ME. Disponível em: http://www.planalto.gov.br/ccivil_03/_Ato2019-2022/2021/Exm/Exm-MP-1065-21.pdf. Acesso em: 31 jul. 2024.
10. SANTOS, Victor Augusto Machado. O regime jurídico do contrato de adesão para exploração da infraestrutura ferroviária da Lei 14.273/2021. *Revista de Direito Público da Economia* – RDPE, Belo Horizonte, ano 20, n. 77, p. 107-125, jan./mar. 2022. p. 123.
11. HEINEN, Juliano. Os desafios do modelo de transporte ferroviário a partir da edição do novo Marco Legal – Lei 14.273/2021. *Revista de Direito Administrativo, Infraestrutura, Regulação e Compliance*, São Paulo, v. 27, p. 25-48, out./dez. 2023. p. 7.
12. JUSTEN FILHO, Marçal. *Curso de direito administrativo*. São Paulo: Thomson Reuters Brasil, 2018. p. 337-338.

(...) § 6º Cumpridas as exigências legais, nenhuma autorização deve ser negada, exceto por incompatibilidade com a política nacional de transporte ferroviário ou por motivo técnico-operacional relevante, devidamente justificado.

Existe, aqui, expressa limitação da competência da ANTT para negar autorizações. A Agência não detém margem para exercer juízo de conveniência e oportunidade na análise dos pedidos, que podem ser negados somente em três hipóteses específicas: (a) não atendimento das exigências legais; (b) incompatibilidade com a política nacional de transporte; ou (c) motivo técnico-operacional relevante. Em qualquer caso, a negativa da agência deve ser fundamentada.

Em segundo lugar, a autorização para exploração ferroviária não é precária. O art. 30 da Lei 14.273/2021 enumera as hipóteses em que a autorização pode ser extinta: advento do termo contratual, cassação, caducidade, decaimento, renúncia, anulação e falência. A cassação se dá pela perda das condições indispensáveis à continuidade da autorização. A caducidade pela prática de infrações graves, transferência irregular da autorização ou descumprimento das condições contratuais e legais da exploração. O decaimento é cabível quando lei superveniente vier a vedar a atividade objeto da autorização, ou suprimir a possibilidade de sua exploração em regime privado, mas somente caso a preservação da autorização for "efetivamente incompatível com o interesse público".

Ou seja: a lei não deixa margem para que as autorizações sejam revogadas mediante mero juízo de conveniência e oportunidade da Administração. No decaimento, única hipótese em que há margem para extinção por motivo relacionado ao interesse público, a operadora ferroviária terá o direito de manter suas atividades por prazo mínimo suficiente para a amortização dos investimentos ou de receber indenização equivalente aos ativos não amortizados.

3. AS DISTINÇÕES ENTRE OS REGIMES DE EXPLORAÇÃO

3.1 Formas de acesso ao mercado

O art. 175 da Constituição Federal prevê que a prestação de serviços públicos sob regime de concessão depende, sempre, de prévia licitação. No setor ferroviário, a disputa pelos contratos de concessão se dá por meio de leilão, com critério de julgamento pelo maior valor de outorga fixa, nos termos do art. 15, inciso II, da Lei 8.987/1995.

Já as autorizações podem ser formalizadas a partir de requerimento do interessado ou da realização de chamamento público pela Administração.

O interessado em obter autorização para exploração de novas ferrovias, pátios e demais instalações acessórias pode requerê-la diretamente à ANTT, na forma da Resolução 5.987/2022, que disciplina o processo administrativo para o deferimento de autorizações relativas a ferrovias que "liguem portos brasileiros e fronteiras nacionais, que transponham os limites de Estado ou Território, que componham o Subsistema Ferroviário Federal – SFF ou cujos projetos contemplem conexão com outras ferrovias sob jurisdição da União". Cabe aos Estados, Distrito Federal e Municípios definir, em legislação própria, os elementos físicos da infraestrutura viária que comporão seus respectivos sistemas de viação.

Além disso, a qualquer tempo, o Poder Executivo pode abrir processo de chamamento público para identificar a existência de interessados na obtenção de autorização para a exploração de (a) ferrovias não implantadas; (b) ociosas, em malhas com contrato de outorga em vigor; ou (c) em processo de devolução ou desativação. Nos termos da Lei 14.273/2021, a ociosidade é caracterizada pela existência, em ferrovias outorgadas sob regime público, de bens reversíveis não explorados, inexistência de tráfego comercial por mais de dois anos, ou pelo descumprimento das metas de desempenho definidas em contrato também por mais de dois anos.

3.2 Prazo e prorrogação

O contrato de adesão deve ser firmado por prazo determinado, a ser estipulado pelo regulador entre 25 e 99 anos, com possibilidade de prorrogação por períodos sucessivos, desde que a operadora manifeste prévio e expresso interesse e que esteja operando a ferrovia em padrões mínimos de segurança operacional, produção de transporte e qualidade, na forma do regulamento a ser editado pela ANTT.

O contrato de concessão também deve ter prazo determinado, que deve ser dimensionado de modo a viabilizar a amortização dos investimentos realizados pela concessionária, nos termos do art. 2º, inc. II, da Lei 8.987/1995. A prorrogação contratual e a prorrogação antecipada são possíveis, desde que previstas no edital ou no contrato de concessão, conforme disciplina da Lei 13.448/2017.

3.3 Regime de preços

3.3.1 Serviços de transporte e acesso à malha ferroviária

A prestação dos serviços de transporte e acesso à malha ferroviária por terceiros, quando feita em ferrovias exploradas em regime de direito público, submete-se ao teto tarifário estabelecido pela ANTT, conforme previsão do art. 10, inciso I, da Lei 14.273/2021.

Por outro lado, as autorizações não são submetidas a teto tarifário. A minuta padrão de contrato de adesão disponibilizada pela ANTT contém cláusula determinando que a autorização "será exercida em regime de liberdade de preços, cumprindo à ANTT reprimir eventual prática prejudicial à livre competição, bem como abuso de poder econômico".

3.3.2 Serviços acessórios

Nas ferrovias exploradas por meio de contrato de concessão, existe relativa liberdade de preços somente com relação aos serviços acessórios, cujos preços podem ser definidos mediante livre negociação, vedada a prática de preços abusivos, nos termos da regulamentação. Na impossibilidade de acordo entre usuário e operadora ferroviária quanto ao valor desses serviços, a ANTT pode ser acionada para arbitrar as questões não resolvidas pelas partes ou pela autorregulação, nos termos do art. 25, inc. V, da Lei 10.233/2001.

A ANTT regulamentou o tema por meio da Resolução 6.031, de 7 de dezembro de 2023, que "Estabelece regras para a contratação e a execução de operações acessórias ao serviço de transporte ferroviário de cargas". A Resolução prevê a criação de um indicador para verificar abuso das concessionárias na cobrança dos serviços acessórios, denominado Indicador de Participação das Receitas Acessórias na Receita de Transporte (IPOA).

De acordo com a Análise de Impacto Regulatório que precedeu a proposta de regulamentação, apresentada no âmbito da Audiência Pública 05/2021 da ANTT, constatou-se um ambiente de baixa transparência nos preços praticados pelas concessionárias, resultando em distorções na negociação entre usuários e provedores de operações acessórias que tornam o ambiente pouco eficiente, conduzindo a vantagens para apenas uma das partes.

A disciplina da Resolução é aplicável somente aos contratos de concessão, não atingindo as autorizações, e objetiva vedar a prática de preços abusivos. Os serviços acessórios prestados em ferrovias exploradas mediante autorização seguem o regime de liberdade de preços.

3.4 Compartilhamento de infraestrutura

A teoria das instalações essenciais "permite que todos os operadores interessados possam ter acesso àquelas infraestruturas e redes [essenciais], desde que obedecidos os aspectos técnicos e de segurança e desde que o seu detentor seja adequadamente remunerado".[13]

Para Alexandre Santos de Aragão, existem cinco requisitos para aplicação da teoria das instalações essenciais: (1) controle da instalação essencial; (2) essencialidade da instalação; (3) restrição da concorrência; (4) viabilidade de acesso; (5) preço razoável.[14]

Como a infraestrutura ferroviária constitui monopólio natural, o poder concedente prevê formas de compartilhamento por meio do tráfego mútuo ou pelo direito de passagem. Como aponta Pedro Pessoa Guerra Neto, o tráfego mútuo é a operação em que uma concessionária compartilha com outra, mediante pagamento, a via permanente e os recursos operacionais para prosseguir ou encerrar a prestação do serviço público de transporte ferroviário de cargas. Já o direito de passagem se dá quando uma concessionária, para realizar o transporte de carga além de sua fronteira, paga pela utilização da via

---

13. NESTER, Alexandre Wagner. *Regulação e concorrência* – compartilhamento de infraestruturas e redes. São Paulo: Dialética, 2006. p. 247.
14. ARAGÃO, Alexandre Santos de. Serviços públicos e concorrência. *Revista de Direito Administrativo*. Rio de Janeiro, n. 233, jul./set. 2003, p. 311-371.

permanente e do sistema de licenciamento de trens da ferrovia visitada. O autor aponta que, em razão do grau de inferência na malha, as concessionárias visitadas tendem a preferir o tráfego mútuo em função da menor intervenção sobre suas vias, enquanto as concessionárias visitantes tendem a optar pelo direito de passagem por ser mais eficiente em termos de custo e de tempo.[15]

O compartilhamento da infraestrutura ferroviária foi tratado pela Lei 14.273/2021 no capítulo dedicado às regras comuns aos regimes público e privado, determinando que o compartilhamento deve obedecer às garantias de capacidade de transporte definidas no instrumento de outorga, no caso das concessões, e ao acordo comercial entre interessados, no caso das autorizações.

O acordo de acesso à infraestrutura ferroviária e aos respectivos recursos operacionais deve ser formalizado por contrato, cuja cópia deve ser encaminhada ao regulador ferroviário. A lei assegura a remuneração da ferrovia visitada pela capacidade contratada, e determina a possibilidade de arbitragem privada e denúncia à ANTT para a solução de conflitos.

Caso a infraestrutura seja operada em regime privado, o valor cobrado pelo compartilhamento e pelas operações dele decorrentes deve ser objeto de livre negociação entre as partes. Por outro lado, caso a infraestrutura seja operada em regime público, o valor cobrado deve respeitar os tetos tarifários fixados pelo regulador ferroviário.

As ferrovias operadas em regime de direito público que sejam outorgadas, renovadas ou repactuadas após a promulgação do novo marco legal são obrigadas a permitir o acesso à sua malha ferroviária. No entanto, a mesma obrigatoriedade não foi prevista para as ferrovias operadas em regime de direito privado. Nos termos da Resolução ANTT 5.987/2022, no momento do requerimento da autorização o interessado poderá, a seu exclusivo critério, consignar no contrato de adesão o compromisso de compartilhar a infraestrutura e os recursos operacionais com terceiros.

3.5 Equilíbrio econômico-financeiro

O direito à intangibilidade do equilíbrio econômico-financeiro do contrato deriva de diversos postulados constitucionais, como os princípios da eficiência, isonomia, razoabilidade, continuidade do contrato administrativo e da proteção à propriedade privada. Além disso, a manutenção da equação econômico-financeira dos contratos administrativos é assegurada por previsão específica do art. 37, inc. XXI, da Constituição Federal:

> Art. 37. A administração pública direta e indireta de qualquer dos Poderes da União, dos Estados, do Distrito Federal e dos Municípios obedecerá aos princípios de legalidade, impessoalidade, moralidade, publicidade e eficiência e, também, ao seguinte:
> [...]

---

15. GUERRA NETO, Paulo Pessoa. Evolução dos contratos das concessões de ferrovias. *Coletânea de Pós-Graduação – Governança e controle da regulação em infraestrutura*, v. 4, n. 18. Brasília: 2019. p. 11.

XXI – ressalvados os casos especificados na legislação, as obras, serviços, compras e alienações serão contratados mediante processo de licitação pública que assegure igualdade de condições a todos os concorrentes, com cláusulas que estabeleçam obrigações de pagamento, mantidas as condições efetivas da proposta, nos termos da lei, o qual somente permitirá as exigências de qualificação técnica e econômica indispensáveis à garantia do cumprimento das obrigações.

No plano infraconstitucional, o art. 10 da Lei 8.987/1995 prevê que, "sempre que forem atendidas as condições do contrato, considera-se mantido seu equilíbrio econômico-financeiro". A Lei 14.133/2021 estabelece que os contratos por ela regidos (inclusive, subsidiariamente, os contratos de concessão) deverão ser alterados para reestabelecer o equilíbrio econômico-financeiro (art. 124, inc. II, "d"). O dispositivo legal tutela a manutenção do equilíbrio econômico-financeiro do contrato:

(...) em caso de força maior, caso fortuito ou fato do príncipe ou em decorrência de fatos imprevisíveis ou previsíveis de consequências incalculáveis, que inviabilizem a execução do contrato tal como pactuado, respeitada, em qualquer caso, a repartição objetiva de risco estabelecida no contrato.

Tudo isso significa que as condições da proposta devem ser mantidas ao longo da execução do contrato. Havendo alteração nessas condições, é devido o reequilíbrio econômico-financeiro. De acordo com Carlos Ari Sundfeld:

Pode-se afirmar, então, que o regime jurídico dos contratos da Administração, no Brasil, compreende a regra da manutenção da equação econômico-financeira originalmente estabelecida, cabendo ao contratado o direito a uma remuneração sempre compatível com aquela equação, e à Administração o dever de rever o preço quando, em decorrência de ato estatal (produzido ou não à vista da relação contratual), de fatos imprevisíveis ou da oscilação dos preços da economia, ele não mais permita a retribuição da prestação assumida pelo particular, de acordo com a equivalência estipulada pelas partes no contrato.[16]

No entanto, garantia semelhante não é assegurada na exploração mediante autorização. Nos termos do art. 29, § 1º, da Lei 14.273/2021, a autorizatária é responsável pelos investimentos necessários para criação, expansão e modernização das instalações ferroviárias, por sua conta e risco. Complementando a disciplina, o § 2º do mesmo artigo determina que a autorizatária "arcará com os custos e riscos da fase executória do procedimento de desapropriação". Refletindo a condição, a minuta padrão de contrato de adesão elaborada pela ANTT prevê que a autorizatária não tem direito adquirido à permanência das condições vigentes na data da autorização, devendo observar as novas condições impostas por lei e pela regulamentação. Prevê, ainda, que é dever da autorizatária "assumir o risco integral do empreendimento, sem direito a reequilíbrio econômico-financeiro".

A única exceção consta do art. 24, § 2º, da Lei 14.273/2021, que determina que a autorizatária deve ser ressarcida por eventuais gratuidades e descontos concedidos em lei, no prazo de até 90 dias de sua realização. Caso o prazo não seja respeitado, a autori-

---

16. SUNDFELD, Carlos Ari. *Licitação e contrato administrativo*. 2. ed. São Paulo: Malheiros, 1995. p. 239.

zatária pode suspender os benefícios até que seja realizada a integral regularização dos ressarcimentos devidos.

3.6 Indenização e reversão de bens

O art. 36 da Lei 8.987/1995 determina que, no advento do termo contratual das concessões, a reversão dos bens se dará mediante a indenização das parcelas dos investimentos vinculados a bens reversíveis ainda não amortizados ou depreciados. São reversíveis os bens necessários a garantir a continuidade e atualidade do serviço concedido.

De acordo com Floriano de Azevedo Marques Neto, existem três espécies de bens reversíveis ao final da delegação de um serviço público: (a) bens originalmente públicos ou aplicados ao serviço por instrumentos de direito público; (b) bens reversíveis, que são assumidos ou que venham a ser adquiridos pela concessionária para ampliação ou melhoria do serviço, ou ainda para substituir bens transferidos pelo poder concedente que cheguem ao fim de sua vida útil; (c) por fim, direitos reais e pessoais sobre bens de terceiros, públicos ou privados. Ou seja: as espécies de bens afetados ao serviço delegado referem-se aos bens de propriedade do poder concedente, de propriedade do delegatário e de propriedade de terceiros, empregados ao serviço por algum vínculo jurídico real ou pessoal.[17]

Na autorização, via de regra, devem ser empregados bens e recursos da autorizatária para a constituição da infraestrutura e prestação dos serviços correlatos. Desse modo, não há que se falar em reversão de bens ou indenização ao término da vigência do contrato de adesão.

Existem duas exceções. A primeira ocorre na hipótese em que o poder público tenha cedido ou arrendado bens de sua propriedade para constituição da infraestrutura ferroviária. Nesse caso, nos termos do art. 22, deverá haver reversão dos bens ao Poder Público, sem direito a indenização à autorizatária, ainda que esta tenha realizado investimentos em melhorias no bem. Além disso, a minuta padrão de contrato de adesão prevê que, caso tenha havido desapropriação de imóveis sem a efetiva execução do empreendimento, estes imóveis reverterão ao patrimônio da União.

4. A ASSIMETRIA REGULATÓRIA

Como aponta Vitor Rhein Schirato, "as atividades constituídas pelo ordenamento jurídico como serviço público poderão, em regra, ser também exploradas pelos particulares em regime de direito privado, fazendo clara concorrência aos serviços públicos".[18]

A Lei 14.273/2021 prevê expressamente que a outorga de determinada ferrovia não implica a preclusão da possibilidade de outorga de outras ferrovias, ainda que compar-

---

17. MARQUES NETO, Floriano de Azevedo. *Bens públicos, função social e exploração econômica*: o regime das utilidades públicas. Belo Horizonte: Fórum, 2009, p. 172.
18. SCHIRATO, Vitor Rhein. *Livre iniciativa nos serviços públicos*. Belo Horizonte: Fórum, 2012. p. 290.

tilhem os mesmos pares de origem e destino ou a mesma região geográfica. Com isso, passa a ser possível que haja efetiva concorrência entre atores que operam em regimes jurídicos distintos. Essa concorrência potencial depende da existência de interesse privado na implantação de nova ferrovia em região já atendida.

4.1 Limites à assimetria regulatória

De acordo com Alexandre Santos de Aragão, quando se abre a possibilidade de prestação de serviços públicos em regime de autorização, estes deixarão de ser serviços públicos propriamente ditos, passando a ser atividades privadas de interesse público ou serviços públicos impróprios ou virtuais. Nessa situação, há forte assimetria regulatória no conjunto das atividades integrantes de um mesmo setor: algumas sob a reserva estatal e outras prestadas em regime de direito privado. Tem-se, assim, alguns setores da economia submetidos a um marco regulatório de natureza complexa, com algumas atividades caracterizadas como serviços públicos e outras como atividades privadas de interesse público.[19]

Floriano de Azevedo Marques Neto e Marina Fontão Zago definem a assimetria regulatória como a previsão de "regras diferenciadas para atores de um mesmo setor ou de uma mesma cadeia setorial", com o objetivo de neutralizar a situação de um operador dominante, promovendo a competição a partir de modulações na regulação com vistas à correção de falhas de mercado.[20]

Para Juliano Heinen, a assimetria regulatória "ocorre quando os agentes regulados estão participando do mesmo subsistema regulado, mas submetidos a uma regulação que ordena os mesmos sujeitos de modo diferente".[21]

Por sua vez, Stanley Ribeiro define assimetria regulatória como um modelo de prestação de atividade econômica, de relevante interesse público, no qual é permitida a inserção da iniciativa privada na titularidade da exploração, paralelamente à atuação estatal direta ou indireta, contrariando a dinâmica tradicionalmente associada aos serviços públicos em que somente o ente estatal ou seus mandatários poderiam atuar.[22]

É o que passa a ocorrer no setor ferroviário com a promulgação do novo marco regulatório, na esteira do que já foi observado em outros setores de infraestrutura de transportes, como o portuário e o aeroportuário.

---

19. ARAGÃO, Alexandre Santos de. Serviços públicos e concorrência. *A&C Revista de Direito Administrativo e Constitucional*, Belo Horizonte, ano 4, n. 17, p. 171-234, jul./set. 2004. p. 194.
20. MARQUES NETO, Floriano de Azevedo; ZAGO, Marina Fontão. Limites das assimetrias regulatórias e contratuais: o caso dos aeroportos. *Revista de Direito Administrativo do Rio de Janeiro*, v. 277, n. 1, p. 175/201, jan./abr. 2018. p. 176-183.
21. HEINEN, Juliano. Os desafios do modelo de transporte ferroviário a partir da edição do novo Marco Legal – Lei 14.273/2021. *Revista de Direito Administrativo, Infraestrutura, Regulação e Compliance*, São Paulo, v. 27, p. 25-48, out./dez. 2023. p. 4.
22. RIBEIRO, Stanley Silva. O novo marco legal das ferrovias e a introdução de short lines no modelo ferroviário nacional. *Publicações da Escola da AGU*, v. 13, n. 01, pt. 2, p. 167-198, dez. 2021/fev. 2022. p. 186.

A assimetria regulatória pode acabar gerando distorções concorrenciais relevantes. Para Floriano de Azevedo Marques Neto e Marina Fontão Zago, embora uma regulação técnica implique captar e compreender as especificidades e cada setor, essa modulação regulatória não autoriza distinções ilimitadas entre atores e atividades equivalentes, sob pena de se afrontar a isonomia e distorcer a concorrência, com impactos na qualidade do serviço a ser prestado para o consumidor. Os autores defendem que as assimetrias regulatórias devem ser previstas se e na medida necessária para efetivar a pauta da política pública setorial, propondo balizas abstratas para aferir a legitimidade de eventuais distinções:[23]

> (a) Devem ser necessárias para viabilizar o alcance de algum dos fins estabelecidos pela política pública setorial;
>
> (b) Colocadas na estrita medida do necessário para que o fim pretendido seja alcançado; e
>
> (c) Expressamente decididas e externalizadas pelo regulador, mediante ampla e transparente fundamentação que justifique a necessidade e adequação da medida.

Por sua vez, Alexandre Santos de Aragão propõe que a legitimidade das assimetrias seja aferida por meio do princípio da igualdade:

> Para aferirmos a legitimidade da atribuição de distintos regimes jurídicos aos serviços públicos de um mesmo setor deve ser verificada a consonância da diferenciação com o Princípio da Igualdade, admitindo-se apenas os critérios distintivos que se justificarem em virtude das peculiaridades de cada atividade, funcionalizadas em relação ao atendimento dos interesses dos usuários.[24]

Em estudo recente que analisa especificamente a concorrência nos setores portuário e aeroportuário, elaborado pela OCDE em parceria com o CADE, indicou-se que "idealmente, todos os players que operam no mercado devem estar sujeitos às mesmas normas para manter condições equitativas".[25]

4.2 Impactos sobre as concessões em andamento

A autorização da implantação de nova ferrovia em região já previamente atendida em regime de concessão pode acarretar impactos substanciais nas condições de execução do contrato de concessão, podendo ocasionar desequilíbrio econômico-financeiro em desfavor das concessionárias.

No setor aeroportuário, por exemplo, os contratos de concessão preveem que é das concessionárias o risco pela não efetivação da demanda projetada ou sua redução

---

23. MARQUES NETO, Floriano de Azevedo; ZAGO, Marina Fontão. Limites das assimetrias regulatórias e contratuais: o caso dos aeroportos. *Revista de Direito Administrativo do Rio de Janeiro*, v. 277, n. 1, pp. 175/201, jan./abr. 2018. p. 192.
24. ARAGÃO, Alexandre Santos de. Serviços públicos e concorrência. *A&C Revista de Direito Administrativo e Constitucional*, Belo Horizonte, ano 4, n. 17, p. 171-234, jul./set. 2004. p. 194.
25. Relatórios de Avaliação Concorrencial da OCDE: Brasil. Disponível em: https://www.oecd-ilibrary.org/sites/283dc7c1-pt/1/3/2/index.html?itemId=/content/publication/283dc7c1-pt&_csp_=d7a9bff9d004188b80a7959c47ad4d9a&itemIGO=oecd&itemContentType=book#section-d1e9066. Acesso em: 31 jul. 2024.

por qualquer motivo, "inclusive se decorrer da implantação de novas infraestruturas aeroportuárias dentro ou fora da área de influência do Aeroporto".

Os contratos de concessão ou subconcessão de infraestrutura ferroviária celebrados de 1988 até 2008 são totalmente omissos em relação à repartição de riscos. O primeiro contrato a fazer alguma previsão neste sentido, celebrado em 2014 com a Transnordestina Logística S.A., imputa à concessionária a integralidade dos riscos da concessão, fazendo ressalva somente à álea administrativa. Os contratos da Ferrovia Norte Sul Tramo Central e da Ferrovia de Integração Oeste-Leste FIOL – Trecho I, celebrados respectivamente em 2019 e 2020, contêm previsões mais detalhadas sobre a repartição de riscos. Ambos os contratos alocam expressamente às subconcessionárias o risco pela

> (...) implantação de novas rotas ou caminhos alternativos para o transporte de carga, e que impactem os volumes de transporte da Subconcessionária, desde que componham o Sistema Nacional de Viação na data de assinatura deste Contrato.

Da análise da Ata de Esclarecimentos do Edital de Concorrência Internacional 02/2018, que deu origem à subconcessão da Ferrovia Norte-Sul Tramo Central, é possível depreender que a previsão se relaciona à implantação da Ferrovia de Integração Centro-Oeste, que se encontrava prevista no Subsistema Ferroviário Federal, integrante do Sistema Nacional de Viação, mas ainda não havia sido implantada no momento do leilão. Cogitava-se que a implantação da nova ferrovia fosse causar impactos positivos sobre a subconcessão em questão, uma vez que geraria demanda significativa via direito de passagem. Ou seja: a previsão não se destinava a regrar a situação de competição com novas ferrovias autorizadas.

O próprio texto da cláusula indica sua não aplicação à situação ora analisada, uma vez que é inviável que as ferrovias que vierem a ser implantadas por meio de autorização já fossem integrantes do Sistema Nacional de Viação no momento da subconcessão da Ferrovia Norte-Sul Tramo Central e da Ferrovia de Integração Oeste-Leste FIOL.

Na ausência de disposição contratual específica, a questão deve ser examinada à luz da teoria das áleas e da teoria da imprevisão. A implantação de nova ferrovia competindo com a infraestrutura concedida configura álea extraordinária, uma vez que não poderia ter sido prevista no momento da elaboração das propostas, considerando que todos os contratos de concessão celebrados até o momento foram elaborados antes da inserção do regime de exploração por meio de autorização no ordenamento jurídico nacional. Além disso, configura fato do príncipe, entendido por Maria Sylvia Zanella Di Pietro como "as medidas de ordem geral, não relacionadas diretamente com o contrato, mas que nele repercutem, provocando desequilíbrio econômico-financeiro em detrimento do contratado".[26] É nesse sentido o entendimento de Juliano Heinen:

> Claro que as múltiplas outorgas na mesma região geográfica deverão ser tecnicamente fundamentadas, na medida em que os contratos firmados possuem uma base econômica e expectativas. Imagine

---

26. DI PIETRO, Maria Sylvia Zanella. *Direito administrativo*. Rio de Janeiro: Forense, 2019, p. 600.

situação em que se outorgue uma ferrovia em determinado trecho, impondo-se ao operador investimentos milionários. Obviamente, a taxa de atratividade e de retorno tomará por base um cenário sem concorrência, avaliando-se então o fluxo financeiro projetado. Caso o mesmo Poder Público outorgue outra ferrovia que impacte no trecho contratado outrora, inexoravelmente existirá um reflexo na dita base econômica do contrato – consideramos existir aqui verdadeiro fato do príncipe, criando-se pretensão compensatória em favor do originário operador.[27]

O art. 124, inc. II, alínea "d", da Lei 14.133/2021 aloca expressamente ao poder concedente o risco pela caracterização de fatos do príncipe, o que deve ensejar o reequilíbrio econômico-financeiro do contrato:

> Na sua essência (mantida no Brasil, a Teoria do Fato do Príncipe consagra o direito de indenização ao particular em vista da prática de ato lícito e regular imputável ao Estado. O ponto nuclear da Teoria do Fato do Príncipe reside em que a lesão patrimonial derivada de um ato estatal válido, lícito e perfeito é objeto de indenização. Essa solução decorre de uma valoração produzida pela ordem jurídica, no sentido de que seria injusto e desaconselhável impor ao particular que contrata com o Estado arcar com os efeitos onerosos de uma alteração superveniente da disciplina estatal sobre o exercício da atividade necessária à execução da prestação.[28]

No entanto, não basta que se constate a implantação de nova infraestrutura ferroviária competindo com a infraestrutura anteriormente concedida para que se configure o direito ao reequilíbrio. Para tanto, é imprescindível que se demonstre que efetivamente houve impacto sobre as condições de execução do contrato de concessão, o que deve ser analisado em cada caso concreto.

4.3 Adaptação dos contratos de concessão

O novo marco legal previu a possibilidade de que as concessionárias solicitem a adaptação do contrato de concessão para autorização, mantidas as obrigações financeiras perante a União, que podem ser convertidas em investimentos em malhas de interesse da Administração. Trata-se de interessante medida para solucionar situações de assimetria entre ferrovias autorizadas e concedidas.

A adaptação pode ocorrer quando uma nova ferrovia construída a partir de autorização ferroviária federal entrar em operação, caso a autorização tenha sido outorgada à pessoa jurídica (a) concorrente, de forma a caracterizar a operação ferroviária em mercado logístico competitivo; ou (b) integrante do mesmo grupo econômico da concessionária, de forma a expandir a extensão ou a capacidade ferroviária, no mesmo mercado relevante, em percentual não inferior a 50% (cinquenta por cento).

Na hipótese de a autorização ser outorgada a pessoa jurídica concorrente, a possibilidade de adaptação fica restrita aos trechos em que haja efetiva contestabilidade, a ser aferida por meio de análise de mercado relevante, ouvido o CADE.

---

27. HEINEN, Juliano. Os desafios do modelo de transporte ferroviário a partir da edição do novo Marco Legal – Lei 14.273/2021. *Revista de Direito Administrativo, Infraestrutura, Regulação e Compliance*, São Paulo, v. 27, p. 25-48, out./dez. 2023. p. 8.
28. JUSTEN FILHO, Marçal. *Curso de Direito Administrativo*. São Paulo: Thomson Reuters Brasil, 2018, p.459.

O art. 64 da Lei 14.273/2021 deixa margem de discricionariedade para que o poder concedente decida o pedido de adaptação. São condições para o deferimento do pedido que (a) inexistam multas ou encargos setoriais não pagos à União; (b) sejam mantidas, no contrato de autorização, as obrigações financeiras perante a União e das obrigações de eventuais investimentos estabelecidos em contrato de concessão, inclusive os compromissos de investimento em malha de interesse da administração pública, além das obrigações de transporte já celebradas com os demais usuários do sistema; (c) a prestação do serviço se dê de forma adequada; e (d) seja mantida a previsão de transporte de passageiros, caso o serviço já fosse operado pela concessionária.

O texto aprovado do Projeto de Lei do Senado 261/2018 previa expressamente que, não ocorrendo a adaptação do contrato de concessão para autorização, as concessionárias teriam direito à recomposição do equilíbrio econômico-financeiro quando provado desequilíbrio decorrente da outorga de autorizações dentro da sua área de influência. No entanto, o dispositivo foi vetado, sob a justificativa de que a previsão contrariaria o interesse público, extrapolando os direitos contratuais das concessionárias e ensejando o entendimento de que seria obrigatório o requerimento de adaptação e que, somente se este não fosse deferido, é que caberia reequilíbrio econômico-financeiro. Além disso, poderia gerar prejuízo ao erário, a depender das cláusulas pactuadas em cada contrato de concessão.[29] O veto, no entanto, não prejudica o direito das concessionárias ao reequilíbrio, conforme fundamentos expostos no tópico anterior.

CONCLUSÕES

A partir da introdução da possibilidade de exploração da infraestrutura ferroviária por meio de autorização no ordenamento jurídico brasileiro, tem-se notícia da apresentação de dezenas de pedidos de autorização à ANTT. Todavia, o curto período decorrido desde a introdução da novidade não permite avaliar com precisão quais serão os impactos da implantação dos novos empreendimentos sobre os contratos de concessão em andamento. A depender de cada caso concreto, é possível que surja o direito ao reequilíbrio econômico-financeiro para as concessionárias afetadas, especialmente considerando que as autorizatárias são submetidas a regime jurídico mais flexível, notadamente no que diz respeito à liberdade de preços.

REFERÊNCIAS

ARAGÃO, Alexandre Santos de. Serviços públicos e concorrência. *A & C R. de Dir. Administrativo e Constitucional*, Belo Horizonte, ano 4, n. 17, p. 171-234, jul./set. 2004.

DAUCHOUM, Mariam Tchepurnaya; SAMPAIO, Patrícia Regina Pinheiro. *Regulação e concorrência no setor ferroviário*. Rio de Janeiro: Lumen Juris, 2017.

DI PIETRO, Maria Sylvia Zanella. *Direito administrativo*. Rio de Janeiro: Forense, 2019.

---

29. Mensagem de Veto 726/2021. Disponível em: http://www.planalto.gov.br/ccivil_03/_ato2019-2022/2021/Msg/VEP/VEP-726.htm. Acesso em: 31 jul. 2024.

FELIX, Marcos Kleber Ribeiro. *Exploração da infraestrutura ferroviária*: lições de extremos para o Brasil. 2018. 162 f. Dissertação (Mestrado) – Faculdade de Tecnologia, Universidade de Brasília, Brasília, 2018.

GUERRA NETO, Paulo Pessoa. Evolução dos contratos das concessões de ferrovias. *Coletânea de Pós-Graduação* – Governança e controle da regulação em infraestrutura, v. 4, n. 18. Brasília: 2019.

HEINEN, Juliano. Os desafios do modelo de transporte ferroviário a partir da edição do novo Marco Legal – Lei 14.273/2021. *Revista de Direito Administrativo, Infraestrutura, Regulação e Compliance*, São Paulo, v. 27, p. 25-48, out./dez. 2023.

JUSTEN FILHO, Marçal. *Curso de Direito Administrativo*. São Paulo: Thomson Reuters Brasil, 2018.

MARQUES NETO, Floriano de Azevedo. *Bens públicos, função social e exploração econômica*: o regime das utilidades públicas. Belo Horizonte: Fórum, 2009.

MARQUES NETO, Floriano de Azevedo; ZAGO, Marina Fontão. Limites das assimetrias regulatórias e contratuais: o caso dos aeroportos. *Revista de Direito Administrativo do Rio de Janeiro*, v. 277, n. 1, p. 175-201, jan./abr. 2018.

MARQUES, Sérgio de Azevedo. Privatização do sistema ferroviário brasileiro. *IPEA: Textos para discussão*, n. 434, ago. 1996.

NESTER, Alexandre Wagner. *Regulação e concorrência* – compartilhamento de infraestruturas e redes. São Paulo: Dialética, 2006.

POSNER, Richard A. Natural monopoly and its regulation. *Stanford Law Review*, v. 21, n. 3, fev. 1969, pp. 548/643.

RIBEIRO, Stanley Silva. O novo marco legal das ferrovias e a introdução de short lines no modelo ferroviário nacional. *Publicações da Escola da AGU*, v. 13, n. 01, pt. 2, p. 167-198, dez.2021/fev.2022.

SANTOS, Victor Augusto Machado. O regime jurídico do contrato de adesão para exploração da infraestrutura ferroviária da Lei 14.273/2021. *Revista de Direito Público da Economia – RDPE*, Belo Horizonte, ano 20, n. 77, p. 107-125, jan./mar. 2022.

SCHIRATO, Vitor Rhein. *Livre iniciativa nos serviços públicos*. Belo Horizonte: Fórum, 2012.

SUNDFELD, Carlos Ari. *Licitação e contrato administrativo*. 2. ed. São Paulo: Malheiros, 1995.

INFRAESTRUTURA VERDE E SOCIAL

O DESENVOLVIMENTO DA INFRAESTRUTURA VERDE NO JAPÃO COM FOCO NA POLÍTICA PÚBLICA DE BACIAS HIDROGRÁFICAS RESILIENTES

Noriko Okubo
Professora de Direito Administrativo e Direito Ambiental da Universidade de Osaka.

Tiago Trentinella (Tradutor)
Doutor em Direito pela Universidade de Osaka.

Sumário: 1. O que é infraestrutura verde? – 2. Desenvolvimento da política de infraestrutura verde; 2.1 Legislação de uso do solo no Japão; 2.2 Genealogia da política de infraestrutura verde; 2.3 Estratégia de promoção da infraestrutura verde 2023; 3. Desenvolvimento da legislação da política pública de bacias hidrográficas resilientes; 3.1 O que é a política pública de bacias hidrográficas resilientes? Histórico e conceito; 3.2 As leis relacionadas à política pública de bacias hidrográficas resilientes; 3.3 Lei da política pública de bacias hidrográficas resilientes; 3.3.1 Fortalecimento e planejamento da política pública de bacias hidrográficas resilientes; 3.3.2 Prevenção de inundações tanto quanto possível; 3.3.3 Medidas para redução de danos; 3.3.4 Medidas para mitigação de danos, recuperação e reconstrução precoces – 4. Esforços regionais para a política pública de bacias hidrográficas resilientes: o caso da Bacia do Rio Yodo; 4.1 Proteção ambiental do Lago Biwa e regulamentos provinciais; 4.2 Revisão do plano de desenvolvimento sistema do Rio Yodo e a política pública de bacias hidrográficas resilientes; 4.3 Exemplos de iniciativas específicas; 4.3.1 Lagos de Retenção de Ueno; 4.3.2 Conservação da paisagem na área de Tonojima – 5. Perspectivas futuras – Referências.

1. O QUE É INFRAESTRUTURA VERDE?

O termo "Infraestrutura Verde" tem sido usado desde o final da década de 1990, principalmente na Europa e nos EUA. Ainda assim, sua definição ainda tem variações.[1] O MLIT – Ministério do Território, Infraestrutura, Transporte e Turismo (国土交通省), na Estratégia de Promoção da Infraestrutura Verde (グリーンインフラ推進戦略) de 2019, definiu o termo como "iniciativa para o desenvolvimento de território, cidades e regiões sustentáveis e atrativas, aproveitando as diversas funções que o meio ambiente natural possui, no contexto do desenvolvimento do capital social e do uso do solo, tanto em termos de intervenções físicas quanto de aspectos socioculturais".

---

1. Sobre as diferenças nas concepções japonesas e ocidentais de Infraestrutura Verde, consulte: OKUBO, Noriko. Prevenção e mitigação de desastres e as perspectivas para a Infraestrutura Verde (防災減災とグリーンインフラの展望). *Research on Environmental Disruption*, v. 49, n. 4, 2020, p. 37 e ss.

Este documento esclarece o conceito da política de Infraestrutura Verde do Japão, discute sua importância e seus desafios. Concentra-se, principalmente, na Política Pública de Bacias Hidrográficas Resilientes (流域治水) e na adoção de reformas institucionais.

De acordo com a Estratégia, a Infraestrutura Verde é caracterizada por (i) uma ênfase nas diversas funções da natureza, incluindo a própria resiliência, (ii) não apenas a infraestrutura física em si, mas também aspectos sociais e culturais para apoiar as atividades locais, e (iii) projetos públicos e privados.

O "verde" de Infraestrutura Verde se refere à "natureza" em seu aspecto amplo. Inclui, portanto, além da flora, o solo, a água, o vento e a topografia. Os leitos de algas marinhas, as planícies de maré nas áreas costeiras, as estruturas portuárias biossimbióticas, em conjunto chamadas, por vezes, de "infraestrutura azul", também são consideradas infraestrutura verde em sentido amplo.

Ainda nos termos da Estratégia, a principal característica da Infraestrutura Verde é sua multifuncionalidade. Isso envolve habitats biológicos, prevenção e mitigação de desastres, purificação de água e recarga de suas fontes, controle do aumento da temperatura, formação de paisagem, produção agrícola, educação ambiental e funções recreativas.

Ademais, reconhece que a participação de diversos atores, como moradores locais, organizações da sociedade civil e empresas privadas, possibilita a formação de novas comunidades e capital social. Na sequência, aduz que a Infraestrutura Verde "cresce" ou "desenvolve-se" ao longo do tempo, requerendo uma gestão adaptativa que leve em conta a incerteza do ambiente natural, enquanto forma um consenso entre as diversas partes interessadas.

Finalmente, a Estratégia considera a Infraestrutura Verde como algo que integra, de forma abrangente, as qualidades dos bens de capital social (bens artificiais) e dos bens de capital natural, que tradicionalmente tendiam a ser vistos como opostos. Outro conceito intimamente a ela relacionado é o da Redução do Risco de Desastres com Base em Ecossistemas (Eco-DRR – Ecosystem-Based Disaster Risk Reduction). Trata-se de encarar os ecossistemas como um meio de prevenção e mitigação de desastres, concentrado tais funções na Infraestrutura Verde.[2]

O conceito Eco-DRR também está refletido nos seguintes documentos da Conferência Mundial das Nações Unidas sobre Redução de Desastres: *Hyogo Framework for Action 2005-2015* (2005) e no Sendai Framework for Disaster Risk Reduction 2015-2030 (2015) (parágrafo 28 (d)). Em um contexto mais geral, a Eco-DRR faz parte das Soluções Baseadas na Natureza ("NbS").

---

2. Ministério do Meio Ambiente, Departamento de Conservação da Natureza (環境省自然環境局). *Prevenção de desastres e sua mitigação por meio do uso de ecossistemas* (生態系を活用した防災減災に関する考え方), 2016; Idem, Natureza e pessoas respondendo juntas aos desastres (自然と人がよりそって災害に対応するという考え方). WASHITANI, Izumi. *Como lidar com a natureza depois de um terremoto* (震災後の自然とどうつきあうか). Iwanami Shoten, 2012, p. 103-135. ICHINOSE, Tomohiro. Prevenção e mitigação de desastres por meio de infraestrutura verde rural em uma era de população em declínio (人口減少時代の農村グリーンインフラストラクチャーによる防災減災). *Journal of Rural Planning Association*, v. 34, n. 3, 2015, p. 353-356.

A Infraestrutura Verde pode ser vista como uma solução não apenas para a prevenção e a mitigação de desastres, mas também para a conservação da biodiversidade, medida contra as mudanças climáticas e muitos outros problemas enfrentados pela sociedade moderna.

Em 2014, o Conselho Científico do Japão (日本学術会議) propôs o uso de "infraestrutura ecológica",[3] que exclui, i.e., espaços verdes artificiais, corpos d'água, da Infraestrutura Verde em sentido amplo e contrasta-se, assim, com a infraestrutura cinza.

A infraestrutura cinza se refere a "estruturas artificiais" (i.e., represas), projetadas para desempenhar uma função definida, de forma confiável, em condições específicas. As vantagens daquela são o desempenho mais confiável de uma única função e, no curto prazo, a geração de empregos e benefícios econômicos. Por outro lado, não lida bem, de forma adaptativa, com incertezas, nem evita impactos ao meio ambiente.

A infraestrutura ecológica, por sua vez, é superior em termos de multifuncionalidade e, no longo prazo, na geração de empregos e benefícios econômicos. Ademais, os custos de implantação e de manutenção são geralmente menores que os da infraestrutura cinza, além de contribuir para um bom meio ambiente natural. Sua implementação, portanto, é uma medida vantajosa para todos os envolvidos.

Reconhece-se a importância do conceito de "infraestrutura ecológica". No entanto, neste artigo, o termo Infraestrutura Verde será usado de forma ampla, abrangendo espaços artificiais, sejam em áreas verdes ou aquáticas.

2. DESENVOLVIMENTO DA POLÍTICA DE INFRAESTRUTURA VERDE

2.1 Legislação de uso do solo no Japão

No Japão, a Lei Básica de Terras (土地基本法)[4] define os princípios básicos do uso do solo no país. Ela se assenta sobre dois pilares legais: a Lei de Ordenamento Territorial (国土形成計画法)[5] e a Lei de Planejamento do Uso do Território Nacional (国土利用計画法).[6]

O Plano de Ordenamento Territorial é um plano básico para o desenvolvimento de infraestrutura para o uso, a manutenção e a preservação do território nacional. Inclui um plano nacional e planos regionais. Além disso, a fim de promover o desenvolvimento da infraestrutura de forma pontual, eficaz e eficiente, os planos prioritários para o desenvolvimento da infraestrutura social são formulados com base na Lei de Planejamento

---

3. Conselho Científico do Japão, Comitê de Biologia Integrativa e Comitê de Estudos Ambientais, Subcomitê Conjunto de Conservação e Restauração do Ambiente Natural (日本学術会議統合生物学委員会環境学委員会合同自然環境保全再生分科会). *Recomendações para o uso da infraestrutura ecológica na reconstrução e na resiliência do solo*, 2014. p. 9-11.
4. Versão oficial em inglês, "Basic Land Act", disponível em: https://www.japaneselawtranslation.go.jp/ja/laws/view/4452.
5. "National Spatial Planning Act": https://www.japaneselawtranslation.go.jp/ja/laws/view/3836.
6. "National Land Use Planning Act": https://www.japaneselawtranslation.go.jp/ja/laws/view/3595.

Prioritário para o Desenvolvimento da Infraestrutura Social (社会資本整備重点計画法). Além disso, há leis específicas para o desenvolvimento da infraestrutura, como a Lei dos Rios (河川法), a Lei dos Portos (港湾法)[7] e a Lei das Estradas (道路法).

O Plano do Uso do Território Nacional visa ao uso adequado do território, orientando as atividades do setor privado. Inclui planos nacional e provinciais. O território é dividido e classificado em áreas urbanas, agrícolas, florestais, áreas de parques naturais e áreas de conservação da natureza. Para cada qual há uma lei específica, i.e., Lei de Planejamento Urbano (都市計画法),[8] a Lei Florestal (森林法) e a Lei de Parques Naturais (自然公園法).[9]

Esses planos de uso do solo estão intimamente relacionados aos planos ambientais. Portanto, por exemplo, o Plano de Ordenamento Territorial deve ser harmonizado com o Plano Ambiental Básico. Consequentemente, a fim de garantir mútua coordenação, os ministros do MLIT e o do meio ambiente são obrigados a se consultarem quando da elaboração dos planos sob sua competência (art. 6, parágrafos 3 e 5, Lei de Ordenamento Territorial).

2.2 Genealogia da política de Infraestrutura Verde

No Japão, a menção à Infraestrutura Verde foi registrada, pela primeira vez, no Plano de Ordenamento Territorial, em agosto de 2015. Posteriormente, o conceito passou a ser utilizado em outros documentos de planejamento, tais como o 4º Plano Prioritário para o Desenvolvimento da Infraestrutura Social de 2015 (第4次社会資本整備重点計画), o 5º Plano Ambiental Básico de 2018 (第5次環境基本計画), o Plano de Adaptação às Mudanças Climáticas de 2019 (気候変動適応計画) e o Plano Anual para a Resiliência Nacional 2019 (国土強靱化年次計画2019).

Além disso, na década de 2010, a necessidade de Infraestrutura Verde foi reconhecida e integrada a diversas políticas públicas relacionadas. Exemplo disso são a Estratégia de Investimento Futuro (未来投資戦略) e da Política Básica para o Desenvolvimento de Cidades, Pessoas e Emprego (まちひとしごと創生基本方針), ambas de 2019.

A crescente atenção dada à Infraestrutura Verde tem como pano de fundo o aumento significativo dos desastres naturais, problemas ambientais tais como crises climática e da biodiversidade, o crescente interesse em um desenvolvimento urbano saudável, além das expectativas de outros meios de desenvolvimento regional, i.e., turismo.

Em 2019, foi desenvolvida a Estratégia de Promoção da Infraestrutura Verde. Esse documento, no entanto, não determinou a substituição da infraestrutura cinza pela Infraestrutura Verde. Reconheceu a importância de uma combinação adequada de ambas. Com base nisso, foram definidos três pilares para a Infraestrutura Verde: (i) melhoria ambiental, (ii) medidas de apoio e (iii) desenvolvimento de métodos de avaliação.

---

7. "Port and Harbour Act": https://www.japaneselawtranslation.go.jp/ja/laws/view/3589.
8. "City Planning Act": https://www.japaneselawtranslation.go.jp/ja/laws/view/3841.
9. "Natural Parks Act": https://www.japaneselawtranslation.go.jp/ja/laws/view/3060.

Com relação melhoria ambiental para a integração da Infraestrutura Verde, um destaque foi a criação Plataforma de Parceria Público-Privada de Infraestrutura Verde (グリーンインフラ官民連携プラットフォーム) em março de 2020.

Em relação ao apoio, como, à época, muitos governos locais desconheciam o tema, as seguintes medidas foram adotadas: (i) inserção da Infraestrutura Verde no planejamento local (i.e., planos regionais de adaptação às mudanças climáticas, planos ambientais básicos); (ii) revisão das diretrizes operacionais para o planejamento urbano; e (iii) inclusão de conceitos de engenharia verde nas especificações de projetos de construção civil.

Em relação ao desenvolvimento de métodos de avaliação dos efeitos da Infraestrutura Verde, decidiu-se examinar, i.e., os efeitos da redução de riscos de desastres, o uso de tecnologias tradicionais (diques Kasumi, terras florestadas) e avançadas (internet das coisas, inteligência artificial).

2.3 Estratégia de Promoção da Infraestrutura Verde 2023

Em 2023, a Estratégia de Promoção da Infraestrutura Verde de 2019 foi totalmente revisada, dando lugar uma nova versão do documento, a qual se baseou na premissa de que a Infraestrutura Verde passou para a fase de implementação, aliada a tendências globais, i.e., *nature-positive* e a neutralidade de carbono. Em outras palavras, a Infraestrutura Verde visa a uma "sociedade em harmonia com a natureza". Isso significa (i) contribuição para questões ambientais por meio de, i.e., *nature-positive* e a neutralidade de carbono; (ii) a melhoria da qualidade e o aprimoramento funcional da infraestrutura social e do desenvolvimento urbano; e (iii) a contribuição para os ODS e o para o desenvolvimento regional.

Nature Positive refere-se à "interrupção da perda de biodiversidade, e sua reversão, para colocar a natureza em um caminho de recuperação". Essa concepção foi adotada em 2022, no Marco Global de Biodiversidade de Kunming-Montreal, estabelecido na 15ª Conferência das Partes (COP 15) da Convenção da ONU sobre Diversidade Biológica. No Japão, a Estratégia Nacional de Biodiversidade 2023-2030 (生物多様性国家戦略 2023-2030), de 2023, definiu *nature-positive* como missão para 2030.

Com relação às mudanças climáticas, o objetivo internacional é alcançar a neutralidade de carbono até 2050. Em 2020, o Japão também estabeleceu a mesma meta. Para isso, o objetivo é reduzir, até 2030, as emissões de gases de efeito estufa em 46% em relação aos níveis de 2013, com um desafio adicional para uma redução de 50%.

Uma característica fundamental da nova estratégia é que a Infraestrutura Verde é entendida como um instrumento importante para promover o *nature-positive* e a neutralidade de carbono de forma integrada. Além disso, são apresentadas sete perspectivas para a inserção completa da infraestrutura verde em todas as situações e setores: (1) Integração, (2) Comunidade, (3) Tecnologia, (4) Avaliação, (5) Financiamento, (6) Global e (7) Digital. Abaixo, os detalhes.

(1) Integração. Consiste em uma pluralidade de vínculos, i.e., intersetoriais, público-privados, intergeracionais, urbano-rurais, para os quais a criação de mecanismos e o papel das organizações intermediárias de apoio são importantes.

(2) Comunidade. Não se trata apenas de comunidades locais, mas também das comunidades comerciais e tecnológicas. Depreende-se que a promoção da Infraestrutura Verde ajudará a fomentar as comunidades.

(3) Tecnologia. Ela é necessária para a implementar a Infraestrutura Verde na sociedade, introduzindo a natureza e suas funções de forma prática e eficiente. O baixo custo de ambos desenvolvimento e manutenção da Infraestrutura Verde é um fator decisivo para sua difusão.

(4) Avaliação. É importante entender e visualizar os efeitos quantitativos e qualitativos da Infraestrutura Verde. Dessa forma, a compreensão das pessoas se aprofundará e seu valor será refletido, i.e., em investimentos ESG e nas avaliações imobiliárias.

(5) Financiamento. É importante arrecadar recursos de cidadãos e de empresas, seja por meio de, i.e., crowdfunding ou créditos de carbono, uma vez que a infraestrutura verde traz uma ampla gama de benefícios para a sociedade.

(6) Global. À medida que o *nature-posite* se torna uma grande tendência global, também é importante ter uma perspectiva "global" para comunicar os esforços do Japão ao resto do mundo.

(7) Digital. A promoção da digitalização, incluindo o gerenciamento de dados, o desenvolvimento de infraestruturas de informação e os dados abertos, é essencial. Por meio dela, poder-se-á avaliar e verificar, quantitativamente, por meio do monitoramento, a eficácia da Infraestrutura Verde, analisar seu potencial regional e promover sua disseminação.

Com base nas perspectivas acima, a Estratégia de 2023 enfatiza que o desenvolvimento da Infraestrutura Verde demanda que (i) o verde não seja isolado (zoneamento), mas incorporado (estratificação); e (ii) sua promoção estratégica, em sintonia com o capital social existente, não implique apenas a expansão quantitativa do capital natural, mas também sua melhoria qualitativa.

As iniciativas concretas para se alcançar uma "sociedade em harmonia com a natureza" se enquadram nas cinco categorias a seguir.

(1) "Sociedade em que, apoiada pela natureza, seja possível viver em segurança". Isso demanda, especificamente, políticas para a criação de sumidouros de gases de efeito estufa (i.e., ecologização urbana, uso de madeira), e medidas para evitar desastres, tais como a Política Pública de Bacias Hidrográficas Resilientes.

(2) "Sociedade em que, em meio à natureza, seja possível viver de maneira saudável, confortável, criativa e feliz". Isso implica criar espaços urbanos

confortáveis e para convivência (i.e., preservação de características históricas que contribuam para a biodiversidade, desenvolvimento urbano observando o caminho do vento). Além disso, medidas para abertura de espaços onde as pessoas possam viver de forma saudável, criativa e feliz (i.e., sistemas de apoio para a criação de cidades aconchegantes e agradáveis para caminhar); e iniciativas para construir ambientes aquáticos (i.e., desenvolvimento fluvial natural integrado).

(3) "Sociedade em que, por meio da natureza, a paz e os vínculos sejam criados, e as crianças crescem saudáveis". Isso demanda a conservação e a restauração da natureza e dos ecossistemas (i.e., Projeto Nacional de Restauração do Mar), a promoção de comunidades de Infraestrutura Verde (i.e., o apoio a iniciativas de revitalização regional usando Infraestrutura Verde) e a utilização de ecossistemas como um local para atividades infantis.

(4) "Sociedade próspera e vibrante pela revitalização regional fazendo uso da natureza". Isso inclui iniciativas ligadas a negócios (i.e., uso de créditos de carbono, concepção de modelos orientadores para a introdução de finanças verdes) e iniciativas para o desenvolvimento de recursos humanos e mudanças comportamentais (i.e., incentivos e educação ambiental).

(5) "Infraestrutura Verde integrada". Trata-se de iniciativas transversais básicas que promovam esforços conjuntos de diversas entidades (i.e., formulação de diretrizes de infraestruturas verdes, criação e publicação de guias práticos). Além disso, envolve métodos práticos de avaliação visando a atrair investidores e instituições financeiras (i.e., TNFD) e desenvolvimento tecnológico e seu uso (i.e., desenvolvimento, agregação e utilização de informações de infraestrutura digital sobre capital natural: solo, hidrologia e qualidade da água, bem como a revisão de diretrizes técnicas diversas).

Conforme acima, o conteúdo diversificado da Estratégia de Promoção da Infraestrutura Verde 2023 enfatiza a integração de medidas relacionadas. Dentre elas, a seguir, será enfatizada a Política Pública de Bacias Hidrográficas Resilientes, a fim de esclarecer quais as reformas institucionais, especificamente, estão em curso.

3. DESENVOLVIMENTO DA LEGISLAÇÃO DA POLÍTICA PÚBLICA DE BACIAS HIDROGRÁFICAS RESILIENTES

3.1 O que é a Política Pública de Bacias Hidrográficas Resilientes? Histórico e conceito

O Japão é propenso a vários tipos de desastres, tais como inundações, deslizamentos de terra, tempestades e vendavais. Isso se deve às condições meteorológicas (tufões), geográficas (declividade de rios e montanhas) e de assentamentos humanos (concentração da população em cidades nas planícies fluviais).

Cerca de metade da população japonesa está concentrada em áreas propensas a inundações, o que representa cerca de 10% do território nacional. Além disso, as mudanças climáticas levaram a um aumento acentuado de eventos concentrados de chuvas torrenciais com precipitação horária de 50 mm ou mais, recentemente ultrapassando os 100 mm em alguns casos.

As medidas clássicas de controle de inundações no Japão envolviam, principalmente, intervenções físicas (infraestrutura cinza), como a construção de barragens e margens de contenção fluvial. Nos últimos anos, vem aumentando a importância de medidas socioculturais, como a melhoria da preparação da população e a cooperação entre as partes interessadas para prevenir desastres.

Há alguns motivos para essa mudança de política pública. A destruição da natureza causada pelo desenvolvimento da infraestrutura, como a construção de barragens, tornou-se mais acentuada. Isso acarretou conflitos entre agências governamentais e ONGs ambientais.[10] Muitos agora reconhecem que o desenvolvimento sustentável exige tanto a redução do risco de desastres quanto a conservação da biodiversidade.

Ademais, a recente onda de desastres naturais extremos demonstra as limitações das políticas baseadas apenas em medidas de intervenção física. Embora, no longo prazo, os danos causados por inundações tenham sido drasticamente reduzidos devido aos anos de conservação do solo e projetos de controle de inundações, recentemente, todo o ano tem se registrado chuvas torrenciais que, excedendo as previsões meteorológicas, causam danos de grandes proporções. As tempestades de outubro de 2019, no leste do Japão, e a de julho de 2020, são exemplos desse novo normal.

O MLIT criou o Comitê Técnicos de Planejamento de Controle de Inundações no contexto das Mudanças Climáticas (気候変動を踏まえた治水計画に係る技術検討会). Composto por especialistas, seu objetivo é investigar em que proporção eventos extremos, como chuvas torrenciais, aumentarão no futuro.[11] O Comitê estima que, sendo a temperatura média global 2°C mais alta que a de tempos pré-industriais, o nível de precipitação em todo país será de, aproximadamente, 1,1 vez maior em 2040, considerando os números do final do século XX. Ademais, as inundações ocorrerão com, aproximadamente, o dobro da frequência verificada atualmente.

O MLIT consultou o Conselho de Desenvolvimento de Infraestrutura Social sobre a orientação para futuras medidas de controle de inundações. Em resposta, em julho de 2020, o Conselho emitiu o relatório "Medidas contra inundações no contexto das mudanças climáticas – rumo a uma Política Pública de Bacias Hidrográficas Resilientes sustentável implementada por todos" (気候変動を踏まえた水災害対策のあり方について—あらゆる関係者が流域全体で行う持続可能な流域治水への転換).

---

10. O caso mais famoso é o da Represa do Rio Nagara (Decisão do Tribunal Superior de Nagoya de 17 de dezembro de 1998, *Hanrei Jihou*, n. 1667, p. 3).
11. MLIT, Comitê Técnicos de Planejamento de Controle de Inundações no Contexto das Mudanças Climáticas. *Recomendações sobre a abordagem dos planos de controle de inundações no contexto das mudanças climáticas*, outubro de 2020.

A Política Pública de Bacias Hidrográficas Resilientes é mais abrangente que a implementação de medidas convencionais circunscritas a um determinado rio (i.e., estruturas de contenção e barragens). Ela envolve todas as partes interessadas na circunscrição de uma bacia hidrográfica, desde as áreas de captação (onde a água da chuva flui para o rio) até as zonas de inundação (onde se espera inundação devido ao transbordamento fluvial), cooperando para implementar medidas que evitem desastres relacionados às águas (i.e., inundações).

Em especial, os planos de controle de inundações devem ser revisados para levar em conta o aumento das chuvas devido às mudanças climáticas. Isso inclui incentivos que levem a população a viver em áreas de menor risco. Some-se a isso que as medidas devem ser adotadas em vários níveis, integrando intervenções físicas e medidas socioculturais, para (i) prevenir e reduzir, ao máximo, as inundações, (ii) reduzir o número de vítimas, e (3) reduzir os danos e acelerar a recuperação.

O MLIT tem sido responsável pela administração do controle de inundações, principalmente por meio de medidas na área de abrangência dos rios. No entanto, o conceito de controle de inundação não pode ser alcançado apenas por esse Ministério, pois requer a implementação de diversas medidas integradas com uso do solo.

A Política Pública de Bacias Hidrográficas Resilientes forçou uma grande mudança na política pública convencional sobre o tema. Todos os atores, não apenas os órgãos públicos nacionais relacionados, como o Ministério da Agricultura, Florestas e Pesca (農水省) e o Ministério do Meio Ambiente (環境省), mas também os governos locais, setor empresarial, comunidades, ONGs e indivíduos, devem trabalhar juntos para promover medidas integradas e multicamadas ao longo da bacia, usando todos os meios à sua disposição.

3.2 As leis relacionadas à Política Pública de Bacias Hidrográficas Resilientes

No Japão, a principal lei que rege o desenvolvimento da infraestrutura fluvial é a Lei dos Rios. A Lei dos Rios regulamenta o controle de inundações, o uso de recursos hídricos e o meio ambiente fluvial. A qualidade da água é regulamentada pela Lei de Prevenção da Poluição das Águas (水質汚濁防止法).[12] Outras leis relacionadas a rios incluem a Lei de Promoção do Desenvolvimento de Recursos Hídricos (水資源開発促進法), a Lei de Prevenção de Inundações (水防法) e a Lei de Medidas contra Danos por Inundações de Rios Urbanos Específicos (特定都市河川浸水被害対策法). Os rios são classificados como Rios Classe 1, Rios Classe 2 e Rios Comuns. Basicamente, os de Classe 1 são administrados pelo MLIT, os de Classe 2, pelos governos provinciais, e Rios Comuns, pelas prefeituras municipais (Lei dos Rios, artigos 9 e 10).

---

12. Versão oficial em inglês, "Water Pollution Prevention Act", disponível em: https://www.japaneselawtranslation.go.jp/ja/laws/view/2815.

Em resposta ao relatório de 2020 do Conselho de Desenvolvimento de Infraestrutura Social, em março de 2021, o MLIT elaborou o Projeto da Política Pública de Bacias Hidrográficas Resilientes (流域治水プロジェクト) para todos os Rios de Classe 1 do país.

Em linhas gerais, as medidas concretas nele relacionadas são divididas em três grupos. (i) Prevenção e redução, ao máximo, das inundações (i.e., barragens, canais fluviais, reservatórios, fortalecimento de diques); (ii) redução de danos (i.e., regulamentos de uso do solo, promoção de realocação); e (iii) mitigação de danos e recuperação ou reconstrução precoces (i.e., aprimoramento das informações sobre riscos de inundações, desenvolvimento técnico para previsão de longo prazo, medidas para fortalecer os portões de drenagem).

O Governo Japonês promoveu uma série de emendas legislativas visando à implementação da Política Pública de Bacias Hidrográficas Resilientes. Essas emendas foram concentradas na Lei 31, de 28 de abril de 2021, que altera, parcialmente, dentre outras, a Lei de Medidas contra Danos por Inundações de Rios Urbanos Específicos (特定都市河川浸水被害対策法等の一部を改正する法律).[13] Promulgada em 10 de maio do mesmo ano, será doravante denominada "Lei da Política Pública de Bacias Hidrográficas Resilientes".

3.3 Lei da Política Pública de Bacias Hidrográficas Resilientes

Refletindo o fato de que a Política Pública de Bacias Hidrográficas Resilientes exige uma ampla variedade de medidas, a respectiva Lei de sua instituição alterou nove leis de uma só vez. São elas: (i) a Lei de Medidas contra Danos por Inundações de Rios Urbanos Específicos, (ii) a Lei de Prevenção de Inundações, (iii) a Lei de Prevenção de Deslizamentos em Áreas de Risco (土砂災害警戒区域等における土砂災害防止対策の推進に関する法律), (iv) a Lei dos Rios, (v) a Lei de Esgotos (下水道法),[14] (vi) a Lei de Planejamento Urbano, (vii) a Lei de Medidas Financeiras Especiais para Projetos de Realocação Coletiva para Prevenção de Desastres (防災のための集団移転促進事業に係る国の財政上の特別措置等に関する法律), (viii) a Lei de Espaços Verdes Urbanos (都市緑地法) e (ix) a Lei de Padrões de Construção (建築基準法).[15]

As emendas se assentam sobre quatro pilares: (i) fortalecimento e planejamento da Política Pública de Bacias Hidrográficas Resilientes, (ii) prevenção de inundações tanto quanto possível (resposta aos perigos), (iii) redução de danos (resposta à exposição) e (iv) redução de danos, recuperação e reconstrução precoces (resposta à vulnerabilidade).

---

13. Sobre a Lei da Política Pública de Bacias Hidrográficas Resilientes, consulte, por exemplo: UGA, Katsuya. Lei da Política Pública de Bacias Hidrográficas Resilientes. *Gyoseiho-kenkyu*, n. 49, 2023, p. 5 e ss.
14. Versão oficial em inglês, "Sewerage Act", antes de sua alteração, disponível em: .
15. Versão oficial em inglês, "Building Standards Law". Disponível em: https://www.japaneselawtranslation.go.jp/ja/laws/view/4024.

3.3.1 Fortalecimento e Planejamento da Política Pública de Bacias Hidrográficas Resilientes

No Japão, o alargamento da calha dos rios, dentre outras medidas de intervenção física, vem sendo implementadas sistematicamente. Entretanto, em muitas cidades, é praticamente impossível implementar tais medidas devido às construções ao longo dos cursos d'água resultante da urbanização.

Ademais, há limites para a drenagem natural das águas pluviais em decorrência da impermeabilização do solo por edificações e asfalto. Assim, o alagamento, provocado pela chuva, mais que a inundação ou a ruptura de diques, passa a ser um problema. Em resposta, em 2003, foi promulgada a Lei de Medidas contra Danos por Inundações de Rios Urbanos Específicos. Ela exige que os administradores de rios, administradores de sistemas de esgoto e municípios preparem, conjuntamente, planos de prevenção de danos causados pela inundação de certos rios. Obriga, ainda, as construtoras a, i.e., instalar estruturas para coleta de águas pluviais e sua drenagem.

A Lei da Política Pública de Bacias Hidrográficas Resilientes amplia o número de rios urbanos objeto da norma, além de estabelecer um Conselho de Medidas contra de Desastres Hídricos em Bacias Hidrográficas (流域水害対策協議会) para cada corpo d'água em questão. Nele, governos nacional, provinciais e municiais, especialistas, podem discutir o fortalecimento de medidas, i.e., de armazenamento de águas pluviais e sua drenagem, uso do solo, a fim de inseri-las no plano.

3.3.2 Prevenção de inundações tanto quanto possível

Foi estabelecido um sistema pelo qual os, i.e., governadores provinciais, com o consentimento dos proprietários de terras, designam imóveis com a função de armazenar, temporariamente, águas de inundações e das chuvas (i.e., planícies aluviais). São designadas de Área de Preservação da Função de Armazenamento (貯留機能保全区域) (Lei sobre Medidas contra Danos por Inundações de Rios Urbanos Específicos, artigo 53). No caso de obstrução do fluxo de água (i.e., contenções e muros) nessas áreas, o i.e., governador deve ser notificado para que sejam dadas as orientações ou recomendações necessárias em resposta a essa situação.

Para promover a utilização de barragens de água já existentes, como a dos reservatórios das hidrelétricas, para o controle de inundações, foi estabelecido o Conselho de Controle de Inundações por Meio de Barragens (ダム洪水調節機能協議会). Dele, participam, dentre outros, as empresas de energia (artigo 51-2 seguintes da Lei dos Rios).

No passado, foram celebrados acordos de controle de inundações (治水協定) entre as empresas de energia e o Governo Japonês. Seu objetivo era o de escoar, antecipadamente, a água armazenada nos reservatórios em razão das previsões de chuvas torrenciais, para armazenar água excedente, controlando, assim, as inundações durante esses eventos meteorológicos. Entretanto, tendo havido casos de falta de cooperação dos usuários de recursos hídricos, decidiu-se estabelecer um conselho por lei.

Como medida para os sistemas de esgoto, foram estabelecidas metas para a prevenção de danos causados por inundações nos planos de desenvolvimento dos sistemas de esgoto (Lei de Esgotos, artigo 5, parágrafos 2 e 3). As instalações de drenagem e as estações de tratamento deveriam ser desenvolvidas seguindo esse planejamento (artigo 6). No Japão, especialmente em áreas urbanas, as galerias de águas pluviais desempenham um papel importante na prevenção de danos causados por inundações. Essa medida visa a promover a função preventiva de desastres das estruturas de saneamento, além das usuais de tratamento de esgoto.

A fim de estimular a cooperação público-privada no desenvolvimento de instalações de armazenamento de águas pluviais e sua drenagem, um sistema de certificação para planos de dessas estruturas foi desenvolvido pelo setor privado.

Conforme mencionado acima, para rios urbanos específicos, existem medidas regulatórias que exigem que determinadas construtoras desenvolvam instalações de armazenamento de águas das chuvas, bem como sua drenagem. Em contrapartida, o sistema de certificação é um mecanismo pelo qual os governos nacional e local subsidiam parte do custo do desenvolvimento de instalações certificadas. Ao oferecer incentivos financeiros, espera-se que as construtoras sejam mais proativas na instalação dessas estruturas (artigo 11 e seguintes da Lei sobre Medidas contra Danos por Inundações de Rios Urbanos Específicos).

3.3.3 Medidas para redução de danos

Foi estabelecido um Zoneamento para Prevenção de Danos por Inundação (浸水被害防止区域制度) para áreas de riscos significativamente alto. Assim, certas construções, como moradias e instalações para pessoas com necessidades especiais, estão sujeitas a uma autorização administrativa (artigo 56 da Lei sobre Medidas contra Danos por Inundações de Rios Urbanos Específicos).

O Japão é uma sociedade superenvelhecida. Em caso de inundação, existe o risco de os i.e., idosos que vivem sozinhos, ou usuários de instalações para pessoas com deficiência (PCD), não conseguirem escapar. O sistema de zoneamento foi introduzido para garantir que os governadores das províncias possam verificar, antecipadamente, a segurança contra enchentes de residências e estabelecimentos. Assim, busca-se evitar o sofrimento humano devido a inundações em áreas de alto risco e evitar que os PCD vivam locais perigosos ou os frequentem.

Para promoção de um desenvolvimento urbano resistente a desastres, elaborado de acordo com as condições e necessidades de cada região, recorreu-se aos planos distritais. O planejamento distrital define as questões necessárias para o desenvolvimento e a conservação de um bom ambiente urbano conforme as características de cada distrito (Lei de Planejamento Urbano, artigo 12, parágrafo 5). De acordo com as necessidades regionais, o plano distrital estipula altura mínima do nível térreo das construções, além determinar a altura mínima dos espaços de convivências das habitações (artigo 12, parágrafo 7, item 2).

A área de cobertura da operação de realocação coletiva (集団移転促進事業) para prevenir desastres foi ampliada. No Japão, há muito tempo, existe há um mecanismo pelo qual o Governo Japonês subsidia projetos de municípios que visem ao desenvolvimento de conjuntos habitacionais fora de áreas de risco, a realocação de moradias e a compra de imóveis para realocação (i.e., Lei de Medidas Financeiras Especiais para Projetos de Realocação Coletiva para Prevenção de Desastres).

O objetivo é promover a realocação, fornecendo apoio para evitar que as comunidades se desintegrem, uma vez que nelas se apoiam a vida e a cultura das pessoas. O Governo Nacional arca com, aproximadamente, 94% dos custos de realocação. Assim, o ônus sobre os residentes será extremamente pequeno.

Nesse sentido, para promover o desenvolvimento de abrigos para situações de desastres, instalações de base de segurança urbana (i.e., locais para encontro, compras, médicas) foram designadas como equipamentos urbanos (Lei de Planeamento Urbano, artigo 11, parágrafo 1, Item 10).

Os equipamentos urbanos são os diversos equipamentos públicos (i.e., estradas, ferrovias, sistemas de água e esgoto) necessários à formação de uma cidade. Uma vez determinada a localização dos equipamentos urbanos no plano da cidade, são baixados regulamentos de construção nessas áreas para garantir que os projetos futuros possam ser executados sem problemas.

3.3.4 Medidas para mitigação de danos, recuperação e reconstrução precoces

É necessário informar, com antecedência, os residentes sobre, i.e., o risco de inundação das áreas onde moram, a localização dos centros de evacuação. Tradicionalmente, a Lei de Prevenção de Inundações define as áreas sujeitas a inundações em função da precipitação máxima esperada.

O plano municipal de prevenção de desastres (市町村地域防災計画), fundamentado na Lei Básica de Medidas contra Desastres (災害対策基本法),[16] deve incluir o método de comunicação de previsões de inundações, locais e rotas de evacuação, questões relativas à implementação de exercícios de evacuação, localização de equipamentos urbanos para pessoas que requerem cuidados especiais (Lei de Prevenção de Inundações, artigo 15). Além disso, o prefeito deve preparar e distribuir mapas de risco das zonas de inundação e publicá-los na Internet (artigo 14 e seguintes).

A Lei da Política Pública de Bacias Hidrográficas Resilientes passou a estender a obrigação de produzir esse mapa de risco não apenas para os rios de grande porte, mas também para os de pequeno e médio. Essa emenda eliminou as áreas em branco dos mapas de risco. Assim, espera-se que o número rios cobertos por zonas de inundação aumente de cerca de 2.100 para cerca de 17.000.

---

16. Basic Act on Disaster Management: https://www.japaneselawtranslation.go.jp/ja/laws/view/4171.

Além disso, ao realizar uma operação imobiliária, é obrigatório esclarecer ao comprador se a propriedade se encontra em zona de inundação. Trata-se da obrigação de explicar assuntos importantes, conforme o Regulamento da Lei de Transações Imobiliárias (宅地建物取引業法施行規則), artigo 16-4-3, item 3-2. Espera-se que isso reduza as transações imobiliárias em áreas com alto risco de desastres, além de promover uso adequado do solo.

Mesmo que os moradores estejam cientes, por meio de mapas de perigo, dos riscos de desastres, é possível que eles não cheguem a um abrigo caso não tenham compreendido os procedimentos específicos de evacuação.

No Japão, tradicionalmente, a ênfase tem sido colocada no planejamento e exercícios de evacuação. Por exemplo, os proprietários de instalações para pessoas que demandem cuidados especiais, conforme estipulado nos planos municipais de prevenção de desastres regionais, há muito tempo são obrigados a preparar um plano de evacuação e informá-lo ao prefeito do município (Lei de Prevenção de Inundações, artigo 15-3, parágrafos 1 e 2).

A Lei de Prevenção de Inundações reforçou o mecanismo para instalações usadas por pessoas que necessitam de cuidados especiais. Afinal, elas estão, particularmente, sob alto risco de danos. O prefeito que recebe um relatório sobre o plano pode orientar ou dar as recomendações necessárias aos proprietários dessas instalações para garantir uma evacuação rápida e tranquila (Lei de Prevenção de Inundações, artigo 15-3, parágrafo 6.

4. ESFORÇOS REGIONAIS PARA A POLÍTICA PÚBLICA DE BACIAS HIDROGRÁFICAS RESILIENTES: O CASO DA BACIA DO RIO YODO

A seção 3 cuidou das medidas da Política Pública de Bacias Hidrográficas Resilientes adotadas nacionalmente. Nesta seção, serão demonstradas algumas das medidas regionais.

4.1 Proteção ambiental do Lago Biwa e regulamentos provinciais

O Rio Yodo é classificado como Classe 1. Tem 75 km de cumprimento e uma área de bacia de 8.240 m². Ele nasce no Lago Biwa, no qual desembocam vários rios das montanhas da Província de Shiga. Passa pelas cidades de Quioto, Osaka, dentre outras, antes de desaguar na Baía de Osaka. O Lago Biwa é o maior do Japão e um dos mais antigos do mundo, formado há cerca de 4 milhões de anos.

Há muito tempo, os cidadãos da Bacia Lago Biwa atuam em prol da conservação ambiental. No final da década de 1970, em resposta a um surto de maré vermelha, foi iniciada a Campanha do Sabão (石けん運動). Liderada por mulheres, visava a impedir o uso de detergentes sintéticos e promover o uso de sabão em pó. Em 1989, foi criada a Cooperativa Ambiental da Província de Shiga (滋賀県環境生活協同組合).

A Província de Shiga, onde se localiza o Lago Biwa, aproveitou a oportunidade da Campanha do Sabão para promulgar, em 1979, o Regulamento Provincial de Prevenção da Eutrofização do Lago Biwa (滋賀県琵琶湖の富栄養化の防止に関する条例). Desde então, a Província tem trabalhado diligentemente com os cidadãos para criar, plantar e limpar colônias de junco, de acordo com o Regulamento Provincial sobre a Conservação de Colônias de Junco no Lago Biwa (滋賀県琵琶湖のヨシ群落の保全に関する条例), promulgada em 1992.[17] O objetivo é um só: conservar o Lago Biwa, o Lago-Mãe.

Portanto, havia uma forte opinião entre os cidadãos de que, no que diz respeito ao controle de inundações, a sabedoria tradicional (i.e., Diques Kasumi[18]) e a natureza deveriam ser utilizadas. Corolário desse pensamento, a construção de barragens, que tem um impacto significativo no meio ambiente, deveria ser restringida o máximo possível. Em 2014, a Província de Shiga promulgou o Regulamento Provincial de Bacias Hidrográficas Resilientes (滋賀県流域治水の推進に関する条例). Essa norma esclareceu o conceito de Bacia Hidrográfica Resiliente antes do resto do país, promovendo medidas que integram autoassistência, assistência mútua e assistência pública.

Estão em marcha as seguintes medidas para implementação da política pública regional de Bacias Hidrográficas Resilientes: (i) melhorias das calhas dos rios para escoar, de forma segura, as águas das inundações (i.e., escavação do leito do rio); (ii) armazenamento de águas pluviais durante chuvas torrenciais por meio de equipamentos públicos superficiais ou subterrâneos (i.e., parques como instalações temporárias de armazenamento, manutenção das florestas); (iii) redução de riscos por meio da regulamentação da construção civil a ser aplicadas em áreas de elevado risco de inundações (i.e., elevação do solo para construções novas e reconstruções de edificações); e (iv) preparação da comunidade para inundações (i.e., exercícios de prevenção de desastres em associações de bairro e escolas primárias).

Algumas dessas medidas foram nacionalizadas, tais como a exigência de explicações sobre riscos de desastres (obrigação de explicar assuntos importantes) nas transações imobiliárias.

4.2 Revisão do Plano de Desenvolvimento Sistema do Rio Yodo e a Política Pública de Bacias Hidrográficas Resilientes

Como o Rio Yodo é de Classe 1, o MLIT é seu administrador nos termos da Lei dos Rios. Ainda de acordo com essa Lei, o administrador do rio deve estabelecer para o curso d'água tanto uma Política Básica para o Desenvolvimento Fluvial (河川整備基本方針) (artigo 16), como um Plano de Desenvolvimento fluvial (河川整備計画) (artigo 16-2) para implementação dessa Política.

---

17. As colônias de junco têm diversas funções. Servem como habitat para peixes e pássaros, previnem a erosão das margens, conservam a qualidade da água, além de desempenhar um papel importante na proteção ambiental do Lago Biwa.
18. O Dique Kasumi é uma contenção marginal fluvial descontínua com uma abertura em determinada seção que estende a contenção no sentido jusante-montante, como se fosse um canal. Durante as inundações, a água flui de volta pela abertura e inunda a área estendida, reduzindo a correnteza a jusante. Quando a inundação termina, a água contida é rapidamente drenada para o rio. Essa medida tem sido usada para controle de inundações em rios caudalosos há mais de 300 anos.

Para a Política, o Conselho de Desenvolvimento de Infraestrutura Social deve ser consultado. Já para o Plano, devem ser consultados o governador, o prefeito e, se necessário, especialistas. Ademais, devem ser adotadas as medidas necessárias para refletir as opiniões das partes interessadas (i.e., audiências públicas).

Para o Rio Yodo, há o Comitê da Bacia do Sistema do Rio Yodo (淀川水系流域委員会), que emite pareceres sobre a formulação do plano de desenvolvimento do rio e seu progresso. O Departamento de Desenvolvimento Regional de Kinki (近畿地方整備局) atua como secretaria do comitê. O comitê é composto por um grupo de especialistas e um grupo regional, do qual participam guardas fluviais, ONGs, associações de pescadores e outros.

Tendo em vista os efeitos das mudanças climáticas, o Plano de Desenvolvimento do Sistema Fluvial do Rio Yodo foi revisado em agosto de 2021. O conceito de Política Pública de Bacias Hidrográficas Resilientes foi claramente posicionado no plano, com base no mesmo conceito do plano nacional. Antes disso, em março de 2021, o Projeto de Política Pública de Bacias Hidrográficas Resilientes da Bacia do Sistema do Rio Yodo foi compilado e será atualizado em etapas.

4.3   Exemplos de iniciativas específicas

Como mencionado acima, foi somente após o relatório do Conselho para o Desenvolvimento da Infraestrutura Social de 2020 que o Governo do Japão fez uma mudança clara visando ao controle de inundações. No entanto, no sistema do Rio Yodo, o uso de, i.e., lagos de retenção já vem ocorrendo desde antes dessa época.

4.3.1   *Lagos de Retenção de Ueno*

O Rio Kizu, que corre pela Bacia de Ueno, na Província de Mie, desemboca no Rio Yodo. A Bacia de Ueno tem um estreitamento de 5 km, região que, há muito tempo, sofre com danos causados por inundações. Na década de 1970, propôs-se usar campos de cultivo lindeiros como lagos de retenção temporários quando houvesse grandes inundações. Proprietários dos campos e as autoridades locais iniciaram negociações. Como resultado, foi acordado que lagos de retenção seriam instalados com base em um sistema de servidão. Por meio da servidão, os proprietários de imóveis na planície aluvial de Ueno continuam a usar a terra como de costume. Ao mesmo tempo, o administrador do rio, estabelecida a necessária compensação, exerce o direito de usar o imóvel para reter as águas de inundações.

Após acordo entre as partes interessadas, o conceito de lagos de retenção foi introduzido tanto na Política Básica para o Desenvolvimento Fluvial como no Plano de Desenvolvimento Fluvial. Nesse contexto, os Lagos de Retenção de Ueno passaram a operar em 2015.

Os Lagos de Retenção de Ueno consistem em quatro zonas com uma área total de cerca de 250 ha. Sua capacidade de armazenamento gira em torno de 9 milhões de metros cúbicos. Em condições normais, a terra é usada como campo de cultivo. A água da inundação é escoada pela abertura dos portões de drenagem. Para garantir a segurança dos trabalhadores e uma resposta rápida, as comportas são operadas remotamente a partir de um centro de controle afastado.

Durante o Tufão 21, em 2019, os Lagos de Retenção de Ueno armazenaram 6 milhões de metros cúbicos de água. Isso evitou danos em cerca de 160 ha e 760 casas. Demonstrada, assim, a eficácia desse sistema.

4.3.2 Conservação da paisagem na área de Tonojima

A região de Tonojima ("Ilha da Torre"), na cidade de Uji, Província de Quioto, é um famoso destino turístico adjacente a um Patrimônio Mundial. O Rio Uji e o "Rio da Torre" (塔の川), que correm na região e confluem para o Rio Yodo, não tinham a capacidade de fluxo prevista no Plano de Desenvolvimento Fluvial. Assim, o risco de inundações permanecia. Restava o desafio de implementar o Plano e, ao mesmo tempo, melhorar a paisagem e o meio ambiente locais.

Para tanto, foram criados o Conselho de Conservação da Paisagem nas Proximidades da Ponte Uji (宇治橋付近景観保全対策協議会), composto por especialistas e autoridades locais; o Comitê Técnico de Desenvolvimento Fluvial de Tonojima (塔の島地区河川整備に関する検討委員会) e o Comitê Técnico de Desenvolvimento da Paisagem de Tonojima (塔の島地区景観構造検討会). As discussões transcorreram por muitos anos e resultaram em projetos como os de revestimento das margens e escavação do leito do rio concluídos em 2019.

Tais ações são caracterizadas pela adoção, com base na história, tradição e cultura locais, de margens de pedra com uma suave declividade. Ademais, foi instalada uma estrutura de correção do leito para garantir um fluxo estável, mesmo durante níveis de água elevados. Assim, a pesca com cormorão e a navegação recreativa podem ser praticadas durante todo o ano. Essa estrutura foi construída com grandes pedras, cuja disposição cuidadosa permitiu sua integração ao meio ambiente natural ao redor. O Projeto de Desenvolvimento Fluvial de Tonojima pode ser entendida como uma Infraestrutura Verde com uma função de conservação da paisagem.

5. PERSPECTIVAS FUTURAS

Conforme descrito acima, a Infraestrutura Verde está chamando cada vez mais atenção no Japão como uma solução integrada para vários problemas, como desastres naturais, questões ambientais e o declínio populacional. O Governo Japonês tem realizado as reformas necessárias, i.e., formulação e a revisão da Estratégia de Promoção da Infraestrutura Verde, implementação de plataformas, reformas legais e institucionais.

A Infraestrutura Verde não esteve ausente no passado. No entanto, é importante observar que há uma crescente conscientização da necessidade de iniciativas integradas que transcendam a natureza fragmentada dos ministérios e estejam alinhadas aos ODSs, assumindo uma visão abrangente das várias medidas convencionais sob o conceito de Infraestrutura Verde.

Embora as iniciativas, até o momento, tenham estabelecido uma mudança de paradigma para utilizar ativamente as diversas funções da natureza, a ênfase ainda está na expansão das boas práticas convencionais começando por "onde pode ser feito". Em outras palavras, o desenvolvimento da Infraestrutura Verde "onde ela é necessária", em vez de "onde ela é possível", não foi suficientemente estabelecido.

Para formar uma rede de Infraestrutura Verde forte e abrangente, é necessário estabelecer um mecanismo de vários estágios que obrigue a considerar a Infraestrutura Verde como uma alternativa à infraestrutura cinza, ou uma combinação apropriada das duas, ao implementar obras de infraestrutura. Especificamente, seria uma decisão eficaz a adoção da Avaliação de Sustentabilidade e da Avaliação Ambiental Estratégica. Deve-se, ainda, considerar o potencial da Infraestrutura Verde em cada estágio de formulação de políticas e planejamento, como o Plano de Desenvolvimento de Infraestrutura Social Prioritária e o Plano de Desenvolvimento Fluvial.

Adicionalmente, as avaliações atuais de obras públicas consideram as medidas de proteção ambiental apenas como um custo adicional. Não levam em conta as várias funções da Infraestrutura Verde. Portanto, é necessário um mecanismo de avaliação de projetos que possa considerar os benefícios da Infraestrutura Verde e os custos da degradação ambiental causada pelo desenvolvimento da infraestrutura cinza.

Também vale a pena considerar a possibilidade de exigir, durante o licenciamento, que os empreendimentos do setor privado desenvolvam um determinado nível de Infraestrutura Verde. Entretanto, até o momento, nenhuma reforma desse tipo foi aceita pelo Governo Japonês.

Mesmo que esse mecanismo seja implementado, é essencial vinculá-lo à política de transformação digital para que as informações necessárias possam ser coletadas, integradas, acessadas e amplamente utilizadas, i.e., identificando onde a Infraestrutura Verde pode funcionar eficazmente.

Por fim, e mais importante, a questão de como criar um consenso local sobre a introdução da Infraestrutura Verde. A infraestrutura verde é está em crescimento e requer gerenciamento adaptativo com base nas incertezas do ambiente natural. Para isso, a colaboração das diversas populações locais é importante. Portanto, o fortalecimento dos mecanismos de participação é essencial.

Espera-se que a utilização eficaz da Infraestrutura Verde seja promovida não apenas por meio de iniciativas em setores pontuais, como a Política Pública de Bacias Hidrográficas Resilientes, mas também por meio do desenvolvimento simultâneo de mecanismos intersetoriais.

REFERÊNCIAS

BASIC ACT ON DISASTER MANAGEMENT. Disponível em: https://www.japaneselawtranslation.go.jp/ja/laws/view/4171.

BUILDING STANDARDS LAW. Disponível em: https://www.japaneselawtranslation.go.jp/ja/laws/view/4024.

CONSELHO CIENTÍFICO DO JAPÃO. Comitê de Biologia Integrativa e Comitê de Estudos Ambientais, Subcomitê Conjunto de Conservação e Restauração do Ambiente Natural (日本学術会議統合生物学委員会環境学委員会合同自然環境保全再生分科会). *Recomendações para o uso da infraestrutura ecológica na reconstrução e na resiliência do solo*, 2014.

ICHINOSE, Tomohiro. Prevenção e mitigação de desastres por meio de infraestrutura verde rural em uma era de população em declínio (人口減少時代の農村グリーンインフラストラクチャーによる防災減災). *Journal of Rural Planning Association*, v. 34, n. 3, p. 353-356, 2015.

MINISTÉRIO DO MEIO AMBIENTE. Departamento de Conservação da Natureza (環境省自然環境局). *Prevenção de desastres e sua mitigação por meio do uso de ecossistemas* (生態系を活用した防災減災に関する考え方), 2016.

MINISTÉRIO DO MEIO AMBIENTE. Natureza e pessoas respondendo juntas aos desastres (自然と人がよりそって災害に対応するという考え方).

MLIT, Comitê Técnicos de Planejamento de Controle de Inundações no Contexto das Mudanças Climáticas. *Recomendações sobre a abordagem dos planos de controle de inundações no contexto das mudanças climáticas*, outubro de 2020.

OKUBO, Noriko. Prevenção e mitigação de desastres e as perspectivas para a Infraestrutura Verde (防災減災とグリーンインフラの展望). *Research on Environmental Disruption*, v. 49, n. 4, p. 37 e ss. 2020.

SEWERAGE ACT. Disponível em: https://www.japaneselawtranslation.go.jp/ja/laws/view/2810

UGA, Katsuya. Lei da Política Pública de Bacias Hidrográficas Resilientes. *Gyoseiho-kenkyu*, n. 49, p. 5 e ss. 2023.

WASHITANI, Izumi. *Como lidar com a natureza depois de um terremoto* (震災後の自然とどうつきあうか). Iwanami Shoten, 2012.

WATER POLLUTION PREVENTION ACT. Disponível em: https://www.japaneselawtranslation.go.jp/ja/laws/view/2815.

APROXIMAÇÕES ENTRE INFRAESTRUTURA VERDE, SOLUÇÕES BASEADAS NA NATUREZA E DIREITO DA INFRAESTRUTURA

Cinthia Rhemann Dias Ferreira

Mestranda na Faculdade de Direito de Ribeirão Preto da Universidade de São Paulo.
E-mail: cinthiarhemann@usp.br.

Sumário: Introdução – 1. Circunstâncias, desenvolvimento e o meio ambiente enquanto infraestrutura – 2. Interseções conceituais: IV, SBN e direito da infraestrutura – 3. Setorialização, IV(SBN) e panorama normativo nacional – 4. IV(SBN) e direito da infraestrutura: desafios e enfrentamentos; 4.1 Desafios próprios das IV(SBN); 4.2 Enfrentamentos: o direito da infraestrutura nas IV(SBN) – Conclusões – Referências.

INTRODUÇÃO

As preocupações em torno das infraestruturas verdes (IV) são recentes e há baixa produção científica da temática nas mais diversas áreas do conhecimento, sobretudo no contexto da América Latina e Caribe. Mas tais infraestruturas têm ganhado destaque, inclusive quando tratadas por meio da tendência global das Soluções Baseadas na Natureza (SbN).

No campo jurídico brasileiro, os estudos em IV têm avançado, contudo, essencialmente ao diferenciá-las das infraestruturas convencionais/"cinzas" ou ao tratá-las junto do Direito dos Desastres.[1] Já no campo do Direito da Infraestrutura, percebe-se um cenário de enfoque nas infraestruturas tidas como "tradicionais" e de questionamentos à própria caracterização dos recursos ambientais enquanto infraestrutura.[2] Por outro lado, delineiam-se correntes doutrinárias, na teoria da infraestrutura, com visão ampliada, em consideração a tais recursos;[3] restando, no entanto, avançar em olhar específico às IV.

A partir desses entendimentos, caminham as pretensões investigativas deste artigo, em lacunas basilares e introdutórias que a pesquisa, grifa-se, pretende ponderar, para que detalhamentos futuros e outras problemáticas sejam enfrentadas. Entende-se pela necessidade de progredir na temática, relacionando-a com a tendência das SbN, em aproximações ao Direito da Infraestrutura, elegendo-se como recorte o aspecto jurídi-

---

1. SANTOS, Maria Fernanda Nóbrega dos; ENOKIBARA, Marta. *Infraestrutura verde*: conceitos, tipologias e terminologia no Brasil. *Paisagem e Ambiente*, 32(47), e174804. 2021. Disponível em https://doi.org/10.11606/issn.2359-5361.paam.2021.174804. Acesso em: 21 set. 2023.
2. CARVALHO, André Castro. *Infraestrutura sob uma perspectiva pública*: instrumentos para o seu desenvolvimento. 2013. Tese (Doutorado em Direito Econômico e Financeiro) – Faculdade de Direito, Universidade de São Paulo, São Paulo, 2013. Disponível em: doi:10.11606/T.2.2013.tde-27112013-152626. Acesso em: 17 ago. 2023.
3. FRISCHMANN, Brett, M. Environmental Infrastructure. *Ecology Law Quarterly*, v. 35, n. 2, 2008, p. 151-78. JSTOR. Disponível em: http://www.jstor.org/stable/24114641. Acesso em: 13 out. 2023.

co administrativo. Molda-se, assim, o seguinte problema: por que e como o Direito da Infraestrutura, no Estado brasileiro, deve se preocupar com a Infraestrutura Verde (IV) e as Soluções Baseadas na Natureza (SbN)?

Dessa forma, as investigações se estruturam no objetivo de identificar e analisar as razões e caminhos de aproximação do Direito da Infraestrutura, em perspectiva administrativa, com a IV e SbN. Inicialmente, pretende-se verificar as aproximações circunstanciais que fundamentam tal preocupação, então, espera-se esboçar definições às IV, SbN e Direito da Infraestrutura para, em seguida, ponderar a IV enquanto um setor de infraestrutura e, finalmente, verificar os desafios característicos a tais projetos, em diretrizes a partir de elementos jurídicos e administrativos das infraestruturas.

Adota-se, para a investigação, o tipo jurídico-descritivo, com raciocínio (abordagem) dedutivo, relacionando-se preceitos multidisciplinares de diversos outros campos do conhecimento, como da arquitetura paisagística e urbanismo, das ciências ambientais e, considerando a própria teoria da infraestrutura, da economia. Os dados consistem nos de natureza secundária, em estudos de revisão, teóricos e empíricos, por meio de uma revisão narrativa de literatura, além dos de natureza primária, em fontes legislativas.

1. CIRCUNSTÂNCIAS, DESENVOLVIMENTO E O MEIO AMBIENTE ENQUANTO INFRAESTRUTURA

Para traçar aproximações do *porquê* o Direito da Infraestrutura deve se preocupar com IV/SbN, recorre-se à basilar percepção das circunstâncias, que molda as reflexões das ciências sociais (e normativa).[4] Assim, bases teóricas e investigativas não incidem em erro ou acerto, mas em uma apropriação maior ou menor das conjunturas e estruturas, em um constante processo de adequação de como a realidade se apresenta e deve se apresentar. Nessa perspectiva, cabe destaque à permanente busca pelo desenvolvimento nas sociedades – umbilicalmente conectada às infraestruturas –, a qual assume e pode assumir diferentes sentidos nos processos históricos e materiais.

No contexto brasileiro, destaca-se a previsão, pela Constituição Federal de 1988, dentre os objetivos da República Federativa do Brasil, da garantia do desenvolvimento nacional (Art. 3º, inciso II). A partir disso, discute-se a questão de qual seria o sentido desse ideário de desenvolvimento. Em esforço de depreender o postulado do significado técnico do desenvolvimento, Dal Pozzo[5] se vale de preceitos econômicos, entendendo, portanto, que seria o resultado de um viés tanto *econômico* quanto *social*. E esse sentido, conforme também conclui o autor, seria o adotado pela CF/88.

---

4. Conforme Barroso: "O Direito não é uma ciência da natureza, mas uma ciência social. Mais que isso, é uma ciência normativa. Isso significa que tem a pretensão de atuar sobre a realidade, conformando-a em função de certos valores e objetivos. O Direito visa a criar sistemas ideais: não se limita a descrever como um determinado objeto é, mas prescreve como ele deve ser. Suas leis são uma criação humana, e não a revelação de algo preexistente", em: BARROSO, Luís Roberto. *Curso de Direito Constitucional*. São Paulo: Saraiva, 2010, p. 190.
5. DAL POZZO, Augusto Neves. *O Direito Administrativo da Infraestrutura*. São Paulo: Ed. Contracorrente, 2020, p. 94-107.

O Brasil, nessa máxima, está bem posicionado entre as principais economias do mundo, quando se verificam os cálculos do PIB e PIB *per capita* do país; contudo, é considerado um país subdesenvolvido. E isso se dá em razão da alta desigualdade social, quando se observa a frequente baixa posição do país no cenário global, em termos de IDH.

Como complemento a tais percepções de sentido ao desenvolvimento, em busca da compreensão das circunstâncias sociais, pode-se citar registro de mais de oito mil casos de danos às infraestruturas no Brasil de 1995 a 2014 devido a fatores climáticos, totalizando um prejuízo de R$ 26,9 bilhões.[6] E tais riscos atingem, imperativamente, níveis sociais/humanos. Nesse sentido, apresenta-se indicador em fase inicial de implementação, conforme o mais recente dos relatórios do PNUD – Programa das Nações Unidas para o Desenvolvimento –,[7] o qual inclui a variável "pressões planetárias" ao IDH, resultando no IDHP – Índice de Desenvolvimento Humano Ajustado às Pressões Planetárias.

E essas circunstâncias têm promovido constatações de necessidades em compromissos e agendas globais, as quais, em essência, se inauguram a partir de discussões da própria ideia de desenvolvimento. Relaciona-se, aqui, no âmbito da Organização das Nações Unidas, na Conferência de Estocolmo de 1972, a integração de preocupações ambientais e desenvolvimento. Em seguida, formalmente, o Relatório Nosso Futuro Comum (de *Brundtland*) de 1987, sintetiza o conceito de desenvolvimento *sustentável*, que, conforme a Comissão Mundial sobre Meio Ambiente e Desenvolvimento – CMMAD,[8] seria:

> (...) um processo de transformação no qual a exploração dos recursos, a direção dos investimentos, a orientação do desenvolvimento tecnológico e a mudança institucional se harmonizam e reforçam o potencial presente e futuro, a fim de atender às necessidades e aspirações humanas.

Hoje se destaca a Agenda 2030, com os 17 Objetivos de Desenvolvimento Sustentável. Ainda, pode-se depreender que o desenvolvimento sustentável representa o ideário brasileiro, conforme o estabelecido na própria CF/88, em seu artigo 225.

O Direito, desse modo, deve se atentar a tais circunstâncias ao se moldar e perseguir esse desenvolvimento, econômico, social e sustentável.[9] Trata-se de dever do Estado Democrático de Direito brasileiro, enquanto objetivo e meio para efetivação de direitos fundamentais, e pode se dar através de diversas atividades estatais. Contudo, conforme

---

6. CEPED UFSC; World Bank. *Relatório de danos materiais e prejuízos decorrentes de desastres naturais no Brasil: 1995 – 2014.* [s.d.] Universidade Federal de Santa Catarina. Centro Universitário de Estudos e Pesquisas sobre Desastres (CEPED UFSC); Banco Mundial, 2016. Disponível em: http://www.ceped.ufsc.br/wp-content/uploads/2017/01/111703-WP-CEPEDRelatoriosdeDanoslayout-PUBLIC-PORTUGUESE-ABSTRACT-SENT.pdf. Acesso em: 05 out. 2023.
7. Programa das Nações Unidas para o Desenvolvimento. *Relatório de desenvolvimento humano 2021-2022.* PNUD: 2023. Disponível em: https://www.undp.org/pt/brazil/desenvolvimento-humano/publications/relatorio-de-desenvolvimento-humano-2021-22. Acesso em: 07 out. 2023.
8. Comissão Mundial sobre Meio Ambiente e Desenvolvimento. (CMMAD). *Nosso futuro comum.* Rio de Janeiro: Fundação Getúlio Vargas, 1988, p. 49.
9. Sentido que também se fundamenta no próprio tripé da sustentabilidade, econômico, social e ambiental.

Dal Pozzo,[10] a atividade de infraestrutura, enquanto condição da existência do Estado Moderno, seria a própria essência do desenvolvimento.

Nesse cenário, a infraestrutura e o Direito da Infraestrutura têm sido (e devem ser) cada vez mais convidados a incorporarem proteções ecológicas. As infraestruturas, afinal, provocam profundos impactos no meio ambiente, por exemplo, quando a abertura de novas estradas resulta na fragmentação de paisagens e *habitat*. Em razão disso, muitas vezes ambos são vistos como antagônicos.

Mas, para além da disputa de um e outro ou até mesmo das *práticas* sustentáveis nos setores de infraestrutura, pode-se firmar o meio ambiente *como* uma infraestrutura.[11] Poderia ocorrer, no sentido do exemplo acima, da fragmentação das novas estradas, a implementação de infraestruturas em redes de corredores ecológicos; prática que se relaciona às Infraestruturas Verdes (IV), enfoque deste trabalho.

Ocorre que parte da doutrina em teoria da infraestrutura não considera os recursos ambientais dessa forma,[12] havendo diferentes concepções, em visões mais amplas ou restritas. Nesse sentido, funda-se a concepção deste trabalho do meio ambiente como uma infraestrutura, em síntese às aproximações de Frischmann (2008), da aplicação da teoria da infraestrutura ao contexto ambiental. Para tanto, o autor delineia a infraestrutura ambiental em parcialmente (não)rival, ou seja, os recursos têm capacidade finita e são potencialmente renováveis e compartilháveis. O grau de rivalidade, assim, pode ser pensado a partir da escassez (pela poluição, por exemplo), dos custos conjuntos e dos usos ao longo do tempo (gerações).

Ainda segundo o autor, a infraestrutura ambiental gera valor à sociedade por meio de variados usos de mercado, enquanto fonte e destino para usuários comerciais, bem como para atividades não comerciais (usos diretos não mercantis), como as atividades recreativas. Também, elencam-se os usos indiretos não mercantis, com os serviços ecossistêmicos.

Feitas tais aplicações, estabelece-se enfoque nas IV para constatação de que, apesar das necessidades circunstanciais, ainda se apresentam diversas lacunas em investigações, aparato normativo e políticas públicas no Brasil. Na ciência jurídica, tem-se fomentado produções, mas essencialmente para diferenciá-la das infraestruturas convencionais ou "cinzas" ou tratá-la junto ao Direito dos Desastres.[13] Partindo desse ponto, percebe-se a

---

10. DAL POZZO, Augusto Neves. Op. cit., p. 58 e 107.
11. ARAGÃO, Maria Alexandra A natureza também é uma infraestrutura (a infraestrutura verde). In: MILARÉ, Édis; MORAIS, Roberta Jardim de; ARTIGAS, Priscila Santos; ALMEIDA, André Luís Coentro de (Coord.). *Infraestrutura e direito do ambiente*. São Paulo: Thomson Reuters, Ed. Revista dos Tribunais, 2016, p. 271-272.
12. Referencia-se, aqui, Carvalho, ao estabelecer *artificialidade* como aspecto fundamental na configuração em *redes* das infraestruturas, a qual se faz ausente nos recursos ambientais, não podendo estes, portanto, serem considerados infraestruturas, em: CARVALHO, André Castro. *Infraestrutura sob uma perspectiva pública*: instrumentos para o seu desenvolvimento. 2013. Tese (Doutorado em Direito Econômico e Financeiro) – Faculdade de Direito, Universidade de São Paulo, São Paulo, 2013. Disponível em: doi:10.11606/T.2.2013.tde-27112013-152626 . Acesso em: 17 ago. 2023, p. 112-113.
13. SANTOS, Maria Fernanda Nóbrega dos; Enokibara, Marta. Infraestrutura verde: conceitos, tipologias e terminologia no Brasil. *Paisagem e Ambiente*, 32(47), e174804. 2021. Disponível em: https://doi.org/10.11606/

necessidade em se progredir na temática, relacionando-a com a tendência das Soluções Baseadas na Natureza (SbN) e com olhar no Direito da Infraestrutura.

Em relação às SbN, o Brasil aparece em segundo lugar, entre os países tropicais, quanto a uma boa relação custo-eficácia das *Nature Climate Solutions*,[14] o que indica um grande potencial brasileiro de investimentos em SbN em prol da corrida tecnológica global. E isso demonstra, ainda, perspectiva em prover o cumprimento de vários compromissos globais, em especial a Convenção sobre Diversidade Biológica, Convenção-Quadro das Nações Unidas sobre Mudanças Climáticas, Acordo de Paris e os Objetivos do Desenvolvimento Sustentável.[15]

Podem-se estabelecer, portanto, soluções capazes de reunir a inovação tecnológica e a sustentabilidade no campo das infraestruturas, com potenciais e desafios que devem ser ponderados aos elementos do Direito da Infraestrutura. E essas são, em essência, as razões das aproximações deste artigo, de forma a refletir sobre e denotar caminhos para futuros aprofundamentos, tendo em vista o próprio estágio inicial de discussões na temática.

2. INTERSEÇÕES CONCEITUAIS: IV, SBN E DIREITO DA INFRAESTRUTURA

Para as aproximações de como o Direito da Infraestrutura deve se preocupar com as IV/SbN, faz-se necessário, inicialmente, compreender *o que* identifica, diferencia e inter-relaciona tais facetas, por meio de um viés multidisciplinar.

A partir de estudo de revisão bibliométrica dos conceitos, terminologias e tipologias de IV no Brasil, Santos e Enokibara (2021)[16] percebem um acentuado crescimento no interesse pela temática, contudo, gravado em divergência terminológica. Diante dessa divergência, adota-se, para este trabalho, definição seminal nos estudos sobre IV no Brasil, a partir de Benedict e McMahon.

Os autores[17] definem essa infraestrutura como uma rede de espaços interconectados na escala do planejamento urbano e regional, composta de áreas naturais e outros tipos de espaços abertos que conservam os valores dos ecossistemas naturais e suas funções. Além disso, essa rede conecta ecossistemas e paisagens em um sistema de *hubs* (pontos centrais, como as áreas protegidas), *sites* (menores que os hubs, como as áreas verdes) e *links* (promove conexão entre sites e hubs).

---

issn.2359-5361.paam.2021.174804. Acesso em: 21 set. 2023.
14. GRISCOM, Bronson et. al. National mitigation potential from natural climate solutions in the tropics. *Phil. Trans. R. Soc. B*, 375, 20190126. 2020. Disponível em: http://dx.doi.org/10.1098/rstb.2019.0126. Acesso em: 21 set. 2023, p. 8.
15. FRAGA, Raiza Gomes. *Soluções baseadas na Natureza*: elementos para a tradução do conceito às políticas públicas brasileiras. Tese (Doutorado em Desenvolvimento Sustentável), Centro de Desenvolvimento Sustentável da Universidade de Brasília. Brasília: 2020. Disponível em http://repositorio2.unb.br/jspui/handle/10482/40877. Acesso em: 11 jul. 2023.
16. SANTOS, Maria Fernanda Nóbrega dos; Enokibara, Marta. Op. cit.
17. BENEDICT, Mark; McMahon, Edward. *Green infrastructure*: linking landscapes and communities. Island Press. Washington: 2006.

Ainda, na definição de IV se enquadram diversas tipologias, a depender do autor.[18] Cita-se aqui algumas delas, distribuídas em quatro cenários geofísicos: marinho, com o exemplo dos *recifes de coral*; costeiro, com os *manguezais*; terrestre, com *florestas e áreas úmidas construídas* e urbano, com os *parques (lineares, urbanos e naturais), tetos verdes e arborização urbana*.

Ponto deveras relevante é a caracterização das IV pelos diversos serviços ecossistêmicos que podem promover. Para melhor ilustrar, estudo lançado pelo Banco Interamericano de Desenvolvimento traz o exemplo dos potenciais serviços das IV urbanas, a partir da Avaliação de Ecossistemas do Milênio de 2005, a qual agrupa os serviços ecossistêmicos em quatro categorias.[19]

Há, desse modo, os: serviços de *provisão* (produtos obtidos dos ecossistemas), como materiais decorativos; serviços de *regulação* (benefícios obtidos com a regulação de processos ecossistêmicos), como regulação de inundações e clima; serviços *culturais* (benefícios imateriais obtidos dos ecossistemas), como recreação, e serviços de *apoio* (serviços necessários para a produção de todos os demais serviços ecossistêmicos), como fornecimento de *habitat*.[20]

Agora, emana-se conceito que tem ganhado destaque, o das Soluções Baseadas na Natureza (SbN). Esse termo atua como um "guarda-chuva", abrangendo diversos enfoques ecossistêmicos já existentes e aplicados globalmente, dentre eles, as próprias IV. Nesse sentido, no âmbito das organizações internacionais, pode-se estabelecer como marco publicação de 2008 do Banco Mundial intitulada "Biodiversidade, Mudança Climática e Adaptação: Soluções Baseadas na Natureza", e diversas outras menções a partir de então.[21]

Dentre as primeiras e mais difundidas definições de SbN, têm-se, em 2015, a da Comissão Europeia e, em 2016, a da União Internacional para Conservação da Natureza (IUCN). Destaca-se de ambas tratativas a simultaneidade na promoção de benefícios para o bem-estar humano e da biodiversidade, além dos benefícios serem múltiplos. Ainda, cabe salientar a possibilidade de tais soluções serem associadas a outras tecnologias cinzas e mais convencionais.[22]

---

18. SANTOS, Maria Fernanda Nóbrega dos; ENOKIBARA, Marta. Infraestrutura verde: conceitos, tipologias e terminologia no Brasil. Paisagem e Ambiente, 32(47), e174804. 2021. Disponível em: https://doi.org/10.11606/issn.2359-5361.paam.2021.174804. Acesso em: 21 set. 2023.
19. BLACKMAN, Allen et. al. De volta à natureza: alternativas ao concreto e ao aço. In: CAVALLO, Eduardo et. al. (Ed.). *De estruturas a serviços*: o caminho para uma melhor infraestrutura na América Latina e no Caribe. Desenvolvimento nas Américas (DIA), Banco Interamericano de Desenvolvimento (BID): 2020. Disponível em: https://flagships.iadb.org/pt/DIA2020/de-estruturas-a-servicos. Acesso em: 21 set. 2023, p. 193-195.
20. Idem, p. 195.
21. MARQUES, Taícia Helena Negrini; RIZZI, Daniela; FERRAZ, Victor; HERZOG, Cecilia Polacow. Soluções baseadas na natureza: conceituação, aplicabilidade e complexidade no contexto latino-americano, casos do Brasil e Peru. *Revista LABVERDE*, 11(1), 12-49. 2021. Disponível em: https://doi.org/10.11606/issn.2179-2275.labverde.2021.189419. Acesso em: 11 jul. 2023.
22. Idem.

Nesse sentido, em síntese ao conceito adotado pela IUCN, Cohen-Schaham, Walters, Janzes e Maginnis[23] definem as SbN como "[a]ctions to protect, sustainably manage and restore natural or modified ecosystems that address societal challenges effectively and adaptively, *simultaneously providing human well-being and biodiversity benefits*" (grifo nosso). Já a European Commission[24] assim as abordam:

> Nature-based solutions aim *to help societies address a variety of environmental, social and economic challenges in sustainable ways. They are actions inspired by, supported by or copied from nature*; both using and enhancing existing solutions to challenges, as well as exploring more novel solutions, for example, mimicking how non-human organisms and communities cope with environmental extremes. Nature-based solutions use the features and complex system processes of nature, such as its ability to store carbon and regulate water flows, in order to achieve desired outcomes, such as reduced disaster risk and an environment that improves human well-being and socially inclusive green growth. This implies that maintaining and enhancing natural capital is of crucial importance, as it forms the basis for solutions. These nature-based solutions ideally are resilient to change, as well as energy and resource efficient, but in order to achieve these criteria, they must be adapted to local conditions. (…) (grifo nosso).

Ainda, em 2020, a UICN lançou, após uma larga consulta a mais de oitocentos peritos no tema, o Padrão Global de SbN, com oito princípios e vinte e oito indicadores. Em síntese desse padrão, a Fundação Grupo Boticário[25] estabelece da seguinte forma a caracterização de uma solução enquanto SbN: 1) abordagem efetiva dos desafios da sociedade; 2) projeto pautado por escala, considerando interfaces e partes interessadas; 3) benefícios para a biodiversidade e integridade do ecossistema; 4) viabilidade econômica; 5) processos de governança inclusivos, transparentes e empoderadores; 6) capacidade de entregar vários benefícios simultaneamente; 7) gerenciamento de forma ajustável, com base em evidências; 8) sustentabilidade em longo prazo e integração em um contexto jurídico apropriado.

Depreende-se, assim, que visar as proposições das SbN nas IV leva a um viés mais multifacetado destas, inclusive com contribuições a outras infraestruturas. Ainda, garante-se uma abordagem formalmente constituída e sistematizada, com ampla dimensão não só ao englobar benefícios ecossistêmicos e à biodiversidade, mas aspectos sociais, de governança, econômicos e jurídicos.

---

23. COHEN-SHACHAM, Emmanuelle; WALTERS, Gretchen; JANZES, Christine; MAGINNIS, Stewart. Nature-based Solutions to address global societal challenges. *Gland*, Switzerland: IUCN. 2016. Disponível em: https://portals.iucn.org/library/node/46191. Acesso em: 07 out. 2023.
24. European Commission, Directorate-General for Research and Innovation. Towards an EU research and innovation policy agenda for nature-based solutions & re-naturing cities – Final report of the Horizon 2020 expert group on 'Nature-based solutions and re-naturing cities', *Publications Office*, 2015, Disponível em: https://data.europa.eu/doi/10.2777/763305. Acesso em: 07 out. 2023, p. 5 e 24.
25. Fundação Grupo Boticário. Cidades baseadas na natureza: infraestrutura natural para resiliência urbana (s.d.). Disponível em: https://www.fundacaogrupoboticario.org.br/pt/Biblioteca/8907A%20AF%20Paper%20Cidades%20Baseadas%20na%20Natureza.pdf. Acesso em: 07 out. 2023.

Sintetiza-se que as IV/SbN indicam como instrumentalizar as noções de desenvolvimento sustentável.[26] Contudo, essa multiplicidade e ampla gama de aspectos a serem considerados, resultam em complexidades que devem ser enfrentadas pelo Direito. E, no Direito da Infraestrutura, os desafios se fazem presentes em um cenário de enfoque às infraestruturas tradicionais e de questionamentos à própria caracterização de recursos ambientais enquanto infraestrutura, conforme já tratado anteriormente.

Para tais enfrentamentos, cabe, agora, traçar as definições jurídicas da infraestrutura no contexto brasileiro. Destaca-se, inicialmente, a complexidade, a fluidez e as divergências envolvidas, além de não haver definição pela legislação pátria. Ponto relevante, ainda, é que a significação da infraestrutura é atinente ao foco de análise. Desse modo, para além das discussões da autonomia do Direito da Infraestrutura (disciplina que pode ser considerada em construção), pontua-se que a infraestrutura, enquanto segmento econômico, é suscetível de ser estudada por praticamente qualquer ciência jurídica (e não jurídica, considerando a forte multidisciplinaridade).[27]

Nesse sentido, Carvalho pontua que a preocupação do Direito não é com o que é infraestrutura – objeto –, mas em qual área do conhecimento jurídico ela é estudada.[28] Frisa-se, então, que as pretensões de proximidade do Direito da Infraestrutura com as IV/SbN, neste artigo, se moldam, essencialmente, em construções jurídicas das infraestruturas no Estado brasileiro, não se findando em preceitos de uma disciplina plenamente constituída.

Para tanto, parte-se da teorização de Dal Pozzo,[29] em análise a partir do Direito Administrativo, na qual estabelece os contornos jurídicos da infraestrutura em quatro elementos: subjetivo, objetivo, teleológico e formal. O autor funda interessante preceito da infraestrutura enquanto uma das *atividades administrativas* em que o Estado, ou quem lhe faça as vezes, tem o dever de realizar, sob um regime jurídico-administrativo, portanto.

Estabelece em sua conceituação, ainda, que medidas administrativas relativas a essa atividade devem se dar na provisão, manutenção e operação de *ativos públicos*, diferenciando-se a atividade de infraestrutura dos institutos de bens e serviços públicos. E o autor enfatiza o importante elemento teleológico, já explorado anteriormente, das infraestruturas na promoção do desenvolvimento econômico e social. Dessa forma,

---

26. RODRIGUES, Paula Nogueira et al. Aprendendo com a natureza: uma revisão sobre Nature-Based Solutions (NBS). *Revista Gestão e Sustentabilidade Ambiental*, Florianópolis, v. 10, n. 1, p. 417-436, maio 2021. Disponível em: https://doi.org/10.19177/rgsa.v10e12021417-436. Acesso em: 21 set. 2023.
27. FERRO, Murilo Ruiz; Carvalho, André Castro. "Escovando" conceitos jurídicos complexos: linha metodológica aplicada para a construção do conceito de infraestrutura pública *Gestão pública, infraestrutura e desenvolvimento*: 20 anos do Programa de Pós-Graduação em Direito Político e Econômico da Universidade Presbiteriana Mackenzie. São Paulo: Thomson Reuters Brasil, 2021, v. 1.
28. CARVALHO, André Castro. *Infraestrutura sob uma perspectiva pública*: instrumentos para o seu desenvolvimento. 2013. Tese (Doutorado em Direito Econômico e Financeiro) – Faculdade de Direito, Universidade de São Paulo, São Paulo, 2013. Disponível em: doi:10.11606/T.2.2013.tde-27112013-152626. Acesso em: 17 ago. 2023, p. 95.
29. DAL POZZO, Augusto Neves. *O Direito Administrativo da Infraestrutura*. São Paulo: Ed. Contracorrente, 2020, cap. IV.

eleitos os preceitos teóricos das presentes investigações, caminha-se na aproximação de *como* o Direito da Infraestrutura deve se preocupar com as IV/SbN.

3. SETORIALIZAÇÃO, IV(SBN) E PANORAMA NORMATIVO NACIONAL

Em revisão de diversas classificações de infraestruturas, Torrisi[30] conclui que medidas políticas devem se basear nos bens, não em setores, de forma que não se incida em sobreposição de categorias. Em uma perspectiva distinta, Carvalho[31] destaca que, para além da compreensão teórica/conceitual da infraestrutura, sua taxonomia é verdadeiramente relevante do ponto de vista orçamentário, para se identificar algo como infraestrutura ou não no tocante ao planejamento e investimento públicos, enquadrando-se ou não nas rubricas orçamentárias para infraestrutura.

Nesse sentido, também se faz relevante para fins de investimento, elencando o autor normativas com diretrizes a partir de bases taxonômicas, especificamente em setores tradicionais de infraestruturas, como o Decreto No 7.603/2011 (revogado pelo Decreto 8.874/2016), a Lei 11.478/2007 (com redação pela Lei 12.431/2011) e a Lei 11.488/2007 (regulamentação pelo Decreto 6.144/2007). Observação que merece ser feita, a qual parece indicar considerações setoriais mais amplas, é que a revogação promovida pelo Decreto 8.874/2016 acrescentou os setores, tidos por vezes enquanto *soft infrastructures*,[32] de educação, saúde, segurança pública e sistema prisional, parques urbanos e unidades de conservação, equipamentos culturais e esportivos e habitação social e requalificação urbana.

Logo, entende-se que análises jurídicas taxonômicas no contexto brasileiro orçamentário e de investimentos se fazem precisas e devem se estender às IV. Mas, por ora, diante do enfoque estabelecido neste trabalho e de pretensões introdutórias, perpassa-se por outras análises.

Assim, parte-se de Dal Pozzo,[33] que, tamanha a importância, trata a questão da setorialidade como um dos nove princípios da atividade de infraestrutura. O autor pontua que tal atividade se desenvolve em particularidades específicas, se apresentando em diferentes setores, cada qual com normas próprias, mas a serem interpretadas de maneira sistêmica, inclusive com o arcabouço do Direito Administrativo da Infraestrutura. A partir dessa visão, surge questionamento se a setorialização na infraestrutura é pertinente apenas aos setores dotados de normativas próprias, excluindo os demais.

As IV/SbN (de forma ampla) não contam com previsões normativas expressas no contexto nacional/federal, tal qual setores mais tradicionais. Mas elas se relacionam com dispositivos e preceitos do ordenamento jurídico, que podem se apresentar para uma

---

30. TORRISI, G. Public infrastructure: definition, classification and measurement issues. University of Catania, Faculty of Economics, DEMQ: Trecastagni (CT). *Munich Personal RePEc Archive – MPRA*. Paper n 12990, 25. jan. 2009. Disponível em: https://mpra.ub.uni-muenchen.de/12990/. Acesso em: 14 out. 2023.
31. CARVALHO, André Castro, op. cit., p. 138-148.
32. Idem, p. 135.
33. DAL POZZO, Augusto Neves. Op cit., p. 183-189.

cultura de práticas de aperfeiçoamento. Inclusive, em relação à temática, a Organização das Nações Unidas sustenta que não se requerem mudanças abruptas nos regimes regulatórios, pois é possível atingir muitos resultados através da otimização das estruturas legais já em vigência.[34]

Já a União Europeia, em sua Estratégia para IV (COM/2013/0249 final), promove a integração dessa infraestrutura em políticas fundamentais de ordenação e desenvolvimento do território, nos seguintes domínios estratégicos principais: políticas regional e de coesão, de alterações das mudanças do clima e meio ambiente, de gestão dos riscos de catástrofes, à saúde e aos consumidores e a política agrícola comum.

Então, passa-se a relacionar os potenciais elementos de IV no contexto normativo nacional brasileiro, a partir das revisões bibliográficas. Primeiro, cita-se a CF/88, em seu artigo 225, parágrafo 1º, inciso I, ao tratar da incumbência do Poder Público em "preservar e restaurar os *processos ecológicos* essenciais e prover o manejo ecológico das *espécies e ecossistemas*" (grifo nosso). De tal dispositivo, Délton W. Carvalho[35] interpreta que o meio ambiente ecologicamente equilibrado seria uma síntese jurídico-conceitual e simultânea da garantia de um *bem jurídico comum* e de *serviços ecossistêmicos*; um bem-serviço que atua como uma infraestrutura, preceito no qual se insere a IV.

Ocorre que, conforme já mencionado, ao estabelecer o elemento objetivo conceitual da atividade de infraestrutura, Dal Pozzo a define em *ativos públicos*.[36] Logo, esse olhar a partir do Direito Administrativo da Infraestrutura pode permitir a interpretação ampliada da IV para além de uma estratégia relacionada a um bem jurídico comum e dos serviços ecossistêmicos que fornece. A IV, assim, pode se gravar em um ativo público, em benefício de toda coletividade e em pertinência ao desenvolvimento nacional, em um dever de realização do Estado, ou quem lhe faça as vezes, passível de responsabilização por omissão ou inadequação.

Também, Dal Pozzo[37] retrata o ativo público enquanto uma espécie dos bens de uso especial, afetados à atividade de infraestrutura. Isso elenca mais uma atenção ao Direito da Infraestrutura em ampliação às particularidades da IV/SbN, a qual lida continuamente com bens de uso comum e recursos ambientais.[38] Nesse sentido, para melhor ilustração de tais complexidades, cabe menção às discussões acerca da possibilidade de concessão de *serviços* em parques no Brasil.

---

34. United Nations. The United Nations World Water Development Report 2018: Nature-Based Solutions for Water. Paris, UNESCO. 2018. Disponível em: https://unesdoc.unesco.org/ark:/48223/pf0000261424.locale=en. Acesso em: 08 out. 2023, p. 7.
35. CARVALHO, Délton Winter. Os serviços ecossistêmicos como medidas estruturais para prevenção dos desastres. *Revista de Informação Legislativa*, ano 52, n. 206 abr./jun. 2015. Disponível em: https://www12.senado.leg.br/ril/edicoes/52/206/ril_v52_n206_p53.pdf. Acesso em: 20 jul. 2023.
36. DAL POZZO, Augusto Neves. Op. cit., p. 69-94.
37. Idem, p. 71-77.
38. Tal particularidade é muito bem delineada em aplicação da teoria da infraestrutura aos recursos ambientais por Frischmann (2008), conforme já demonstrado anteriormente neste trabalho.

Aproveita-se, para tanto, para traçar outra normativa das IV, relacionada a uma de suas tipologias, o Decreto 84.017/1979 – Parques Nacionais Brasileiros. Em relação à concessão de serviços em parques, houve esclarecimento com a Lei 13.668, de 2018, que acrescentou o art. 14-C à Lei 11.516/2007, permitindo expressamente tal ocorrência para fins de visitação. Ainda, pode-se trazer classificação de Schwind,[39] a partir de Édis Milaré, das parcerias público-privadas para a gestão de parques ambientais como *instrumentos econômicos de gestão ambiental*, considerando o rol não taxativo de tais instrumentos no art. 9º, XIII, da Lei 6.938/1981.

Em sequência aos potenciais elementos de IV na legislação brasileira, Santos e Freiria[40] sistematizam o marco legal e o elemento de ocorrência correspondente a tal infraestrutura, sintetizando-os em: a) Lei 12.651/2012, artigo 3º, ao tratar da Reserva Legal, Área de Preservação Permanente e Área Verde Urbana e b) Lei 9.985 de 2000, artigo 2º, ao estabelecer a Unidade de Conservação, a Zona de Amortecimento e os Corredores Ecológicos.

Os autores também destrincham a importância de instrumentos da política urbana como indutores de IV, destacando-se o Plano Diretor (instituído pelo Estatuto da Cidade), com o zoneamento territorial e ambiental, zonas especiais e a identificação e diretrizes para a preservação e ocupação das áreas verdes municipais. Além disso, tratam da Lei 14.119/2021, com o instrumento econômico Pagamento por Serviços Ambientais como um caminho para trazer mais estímulos à implementação das IV, especialmente em situações de maior vulnerabilidade social/áreas de maior restrição.

Acrescenta-se, nesse contexto, um importante instrumento para a IV, e na própria interseção dela com outras infraestruturas, a partir da Política Nacional de Meio Ambiente e da Lei do Sistema Nacional de Unidades de Conservação – Lei 9.985/2000. Trata-se do licenciamento ambiental, com os Estudos de Impacto Ambiental (EIA/RIMA) e a compensação ambiental (regulamentada pelo Decreto 4.340/2002).

Já no sentido da importância da IV/SbN na prevenção de desastres, cabe menção ao Plano Nacional de Adaptação à Mudança do Clima – Portaria 150, de 10 de maio de 2016 –, com segundo ciclo de revisão (e reestruturação) em andamento no presente momento (PL 4129/2021). Ainda, destaca-se a Política Nacional de Proteção e Defesa Civil – Lei 12.608/2012 –, com o Plano Nacional de Proteção e Defesa Civil também em andamento (projeto oficializado em 06 de março de 2023).

---

39. SCHWIND, Rafael Wallbach. Parcerias público-privadas para a gestão de unidades de conservação: a sistemática do "Whole Park" e o Caso da PPP Rota Lund. In: MILARÉ, Édis; MORAIS, Roberta Jardim de; ARTIGAS, Priscila Santos; ALMEIDA, André Luís Coentro de (Coord.). *Infraestrutura no direito do ambiente*. São Paulo: RT, 2016, p. 105-106.
40. SANTOS, Mariana Rodrigues Ribeiro dos; FREIRIA, Rafael Costa. O estatuto da cidade e seu potencial na implementação de infraestruturas verdes. *Labore Engenho*, Campinas, SP, v. 17, 1-12, e023003, 2023. Disponível em: https://doi.org/10.20396/labore.v17i00.8671511. Acesso em: 21 set. 2023.

Além disso, cabe mencionar relevante análise de políticas públicas nacionais que tratam de SbN por Fraga.[41] A autora elenca dez instrumentos normativos com maior aderência à temática, quais sejam: Política Nacional de Biodiversidade, Política Nacional de Combate à Desertificação e Mitigação dos Efeitos da Seca, Política Nacional de Mudança do Clima, Política Nacional de Recursos Hídricos, Política Nacional de Recursos Sólidos, Política Nacional de Saneamento Básico, Política Nacional de Habitação, Política Nacional de Mobilidade Urbana, Estatuto das Cidades e Estatuto da Metrópole.

Tais normativas, sem retirar a importância e articulação com as de âmbito estadual, regional e local, podem ser melhor exploradas no contexto das IV/SbN em outros estudos. Ainda, cabe a ressalva de que a complexidade que envolve a temática exige mudanças no sistema jurídico. Então, atualmente, tem-se a Política Nacional de Arborização Urbana – PL 4.309/2021 (Câmara) e PL 3113/2023 (Senado) –, à qual foi apensado o projeto de lei de IV. Tal apensação pode ser questionada, tendo em vista que IV é um conceito mais amplo, conforme já demonstrado anteriormente.

Ocorre que, mais do que questões relacionadas à normativa na setorialização da IV, sua consideração enquanto setor de infraestrutura passa a fundar justamente a ideia apresentada previamente do princípio da setorialização, condicionando essa infraestrutura em uma rede sistêmica. Assim, ela se torna capaz de ser abordada em segurança jurídica, de se direcionar a seu objetivo em garantir o desenvolvimento social, econômico e sustentável e de se moldar em maturidade para enfrentar os desafios que lhes são próprios.

Ainda, associa-se ao entendimento dessa atividade em toda sua amplitude, com suas diferentes tipologias, em direção a uma proteção ecológica mais holística, não apenas a fragmentos de parques, por exemplo. Logo, o Direito da Infraestrutura deve se preocupar com a IV *como* um setor de infraestrutura.

4. IV(SBN) E DIREITO DA INFRAESTRUTURA: DESAFIOS E ENFRENTAMENTOS

4.1 Desafios próprios das IV(SbN)

Quanto à problemática envolta às infraestruturas ambientais, inicialmente, pauta-se em Mandel,[42] que apresenta os recursos ambientais enquanto infraestruturas em estágio já desenvolvido, com necessidade, portanto, de gerenciamento. O desafio para tais infraestruturas seria encontrar o equilíbrio ideal entre restringir o acesso para evitar externalidades negativas (tragédia dos comuns) e permitir o acesso aberto para aproveitar

---

41. FRAGA, Raiza Gomes. *Soluções baseadas na Natureza*: elementos para a tradução do conceito às políticas públicas brasileiras. Tese (Doutorado em Desenvolvimento Sustentável), Centro de Desenvolvimento Sustentável da Universidade de Brasília. Brasília: 2020. Disponível em: http://repositorio2.unb.br/jspui/handle/10482/40877. Acesso em: 11 jul. 2023, p. 90-109.
42. MANDEL, Gregory N., When to Open Infrastructure Access. *Ecology Law Quarterly*, v. 35, n. 2, 2008, p. 205-14. JSTOR. Disponível em: http://www.jstor.org/stable/24114643. Acesso em: 14 out. 2023.

as positivas (comédia dos comuns). Nesse sentido, Frischmann (2008)[43] sustenta que há uma série de *trade-offs* inevitáveis para administrar as infraestruturas ambientais, com desafios em termos de conciliar valores concorrentes, de lidar com incertezas e de formatação de um design institucional.

Mandel (2008),[44] ainda, pontua que não há uma solução única para os problemas dos comuns, pois eles são altamente contextuais, dependendo das características do recurso em questão. Desse modo, procurar-se-á reunir alguns dos desafios próprios às IV/SbN,[45] a partir da revisão bibliográfica. Logo, em desafios que se apresentam interligados como em uma teia, destaca-se questão característica, a da essencialidade dos dados e da localidade. E ela se reflete em outras questões, como o próprio direcionamento, planejamento e financiamento (em recursos humanos, financeiros e físicos) da temática.

Em outras palavras, os benefícios e custos da implantação de infraestruturas "cinzas"/convencionais são relativamente bem compreendidos, mas, no caso das IV, tais conhecimentos dependem fundamentalmente de fatores específicos do local. Desse modo, para decidir se e como investir em IV é primordial a coleta e análise dos dados sobre esses vínculos.[46] Ainda, análises locais envolvem complexas questões de escalas, como em projetos sobre um ecossistema específico, que ultrapassa fronteiras, competências e domínios.

Relaciona-se, também, o desafio de valoração dos serviços ecossistêmicos, de modo que projetos em IV sejam corretamente avaliados e tarifados, em melhorias nas informações para execuções e manutenções e na transparência de decisões. Mas há demasiada complexidade nessa valoração, por vários motivos, reunidos na dificuldade de delimitação desses serviços no *tempo*, ou seja, a dimensão dos efeitos a curto e longo prazo, e delimitação *geográfica*, a extensão em que são distribuídos. Ainda, apresentam-se expressivas falhas de mercado, tendo em vista que muitos desses serviços não têm um mercado determinado e conhecido.[47]

Ainda, conecta-se outra questão primordial, a da setorialização. A interdisciplinaridade de conhecimentos e múltiplos efeitos, inclusive para outras infraestruturas, que

---

43. FRISCHMANN, Brett, M. Environmental Infrastructure. *Ecology Law Quarterly*, v. 35, n. 2, 2008, p. 151-78. JSTOR. Disponível em: http://www.jstor.org/stable/24114641. Acesso em: 13 out. 2023.
44. MANDEL, Gregory N. Op. cit.
45. Enfatiza-se, ainda, que cada tipologia de IV guarda suas próprias complexidades, passíveis de serem analisadas em particular.
46. BLACKMAN, Allen et. al. De volta à natureza: alternativas ao concreto e ao aço. In: Cavallo, Eduardo et. al. (Ed.). *De estruturas a serviços*: o caminho para uma melhor infraestrutura na América Latina e no Caribe. Desenvolvimento nas Américas (DIA), Banco Interamericano de Desenvolvimento (BID): 2020. Disponível em: https://flagships.iadb.org/pt/DIA2020/de-estruturas-a-servicos. Acesso em: 21 set. .2023.
47. Cita-se exemplo de alguns que têm valor de mercado conhecido, como a madeira e a compensação ambiental, os quais utilizam um método monetário de valoração, cf.: SILVA, Rodrigo Kempf; CARVALHO, Délton Winter. Aportes iniciais para uma proteção jurídica dos serviços ecossistêmicos. *Veredas do Direito*, Belo Horizonte, v. 15, n. 32, p. 87-115. maio/ago. 2018. Disponível em: https://doi.org/10.18623/rvd.v15i32.1139. Acesso em: 21 set. 2023.

IV/SbN exigem e promovem, são intrínsecos a tais projetos.[48] Assim, dificuldades de escala, jurisdição e regimes regulatórios fragmentados apresentam desafios significativos à gestão e à governança de tais infraestruturas.

Em uma leitura preliminar da caracterização da IV enquanto setor de infraestrutura, o desafio de mesmo nome, da setorialização, pode parecer contraditório. Mas é justamente o olhar jurídico das características desse setor específico, que permite avançar para questões relacionadas à sua complexidade multidisciplinar. Assim, a partir desses desafios, no campo jurídico das infraestruturas se podem firmar caminhos em *como* promover o enfrentamento das questões que circundam essa atividade.

4.2 Enfrentamentos: o Direito da Infraestrutura nas IV(SbN)

Inicialmente, cabe apontar que a própria teoria da infraestrutura fornece uma ferramenta analítica para o gerenciamento de infraestruturas tidas como comuns. Deve-se ter um olhar às infraestruturas parcialmente (não)rivais em uma abordagem mista, que regula alguns usos e sustenta um comum para outros, tendo em vista os riscos de congestionamento e depleção do "comum puro". Na valoração dos recursos ambientais, Frischmann (2008)[49] aponta que abordagens marginais/incrementais dos economistas são importantes, mas não identificam o valor absoluto dos recursos ambientais, logo, aprimoramentos na captura desse valor total se fazem necessários.

Ainda, o autor apresenta um primeiro passo para esse gerenciamento que, em breve síntese, consiste na consideração das variáveis econômicas funcionais dos graus e taxas de rivalidade entre usos, da natureza da saída dos usos e da natureza do usuário/produtor da saída. Tais proposições podem ser melhor enfrentadas em outras análises, considerando-se as IV, em suas diversas tipologias.

Caminhando para enfoques jurídicos nesse gerenciamento e enfrentamento dos desafios das IV, muitas questões podem e devem ser demandadas ao aspecto financeiro do Direito da Infraestrutura; mas, neste trabalho, as considerações iniciais que estão sendo traçadas consistem em enfoque administrativo. Nesse sentido, destaca-se tendência evolutiva ideológica da administração contratual, em uma nova contratualidade administrativa na busca de mediar interesses públicos conflitivos com técnicas negociais assimiladas do setor privado e que permitem a participação do particular, por meio de contratos de parcerias (em sentido amplo).[50]

---

48. MARQUES, Taícia Helena Negrini et. al. Soluções baseadas na natureza: conceituação, aplicabilidade e complexidade no contexto latino-americano, casos do Brasil e Peru. *Revista LABVERDE*, 11(1), 12-49. 2021. Disponível em: https://doi.org/10.11606/issn.2179-2275.labverde.2021.189419. Acesso em: 11 jul. 2023.
49. FRISCHMANN, Brett, M. Environmental Infrastructure. *Ecology Law Quarterly*, v. 35, n. 2, 2008, p. 151-78. JSTOR. Disponível em: http://www.jstor.org/stable/24114641. Acesso em: 13 out. 2023.
50. FERRO, Murilo Ruiz; CARVALHO, André Castro. "Escovando" conceitos jurídicos complexos: linha metodológica aplicada para a construção do conceito de infraestrutura pública. *Gestão pública, infraestrutura e desenvolvimento*: 20 anos do Programa de Pós-Graduação em Direito Político e Econômico da Universidade Presbiteriana Mackenzie. São Paulo: Thomson Reuters Brasil, 2021, v. 1.

Relaciona-se, aqui, mais um dos princípios estabelecidos por Dal Pozzo,[51] o da *multilateralidade*. Trata-se de exigência à Administração, na atividade de infraestrutura, de que compreenda e aja de acordo com o amplo e múltiplo alcance das ações e posições jurídicas das infraestruturas. Nesse sentido, a articulação do poder público com a iniciativa privada é apontada em estudos como uma via para o sucesso das SbN[52] (e IV). E não apenas no sentido de financiamento, considerando-se o cenário de restrições fiscais do Estado, mas de fomento à própria questão do conhecimento e de transformação do entorno.

Assim, na atividade de infraestrutura, que é pertinente ao Estado ou quem lhe faça as vezes, a delegação, por meio do instituto da concessão, assume relevante papel (e compatibilidade). Logo, a complexidade de decisões administrativas em delegações de infraestruturas, a partir de profundo exame de todas as condicionantes do caso concreto, deve enfrentar preocupações das incompletudes dos contratos relacionais, com a escolha do modelo concessório mais adequado, dos melhores mecanismos de remuneração, entre outras.[53]

Mas, além disso, ao tratar de IV/SbN, deve se atentar às limitações e especificidades contratuais que tal temática demanda. O que efetivamente pode ser objeto de concessão e o que não; o envolvimento e reflexos de concessionários com comunidades locais; viabilidades e restrições (como à competitividade) na união de objetos contratuais, em prol de maior atratividade a um setor ainda emergente; consideração a diferentes tipologias, em valorações para além de usos não mercantis diretos, com atividades recreativas, e nos limites de possíveis externalidades negativas;[54] além de outras questões relacionadas ao já tratado anteriormente a tais infraestruturas em estágio já desenvolvido/parcialmente (não)rivais.

Um caso que ilustra tais indagações é o de Salto-SP, com PMI para a concessão da manutenção do Parque Natural das Lavras em conjunto com a reativação e exploração da Usina de geração de energia, unindo-se objetos complementares, sob a lógica das SbN, no intuito de aumentar a atratividade da concessão.[55] Inclusive, podem-se citar as boas avaliações da população nos crescentes projetos de concessões de parques urbanos e naturais,[56] mas se sublinhando à necessidade de ampliação de outras tipologias de IV.

---

51. DAL POZZO, Augusto Neves. *O Direito Administrativo da Infraestrutura*. São Paulo: Ed. Contracorrente, 2020, p. 174-179.
52. FRAGA, Raiza Gomes. *Soluções baseadas na Natureza*: elementos para a tradução do conceito às políticas públicas brasileiras. Tese (Doutorado em Desenvolvimento Sustentável), Centro de Desenvolvimento Sustentável da Universidade de Brasília. Brasília: 2020. Disponível em: http://repositorio2.unb.br/jspui/handle/10482/40877. Acesso em: 11 jul. 2023.
53. DAL POZZO, Augusto Neves. Op. cit., p. 110-123.
54. Conforme os três tipos de usos de infraestruturas ambientais na geração de valor à sociedade, tratados anteriormente em: FRISCHMANN, Brett, M. Environmental Infrastructure. *Ecology Law Quarterly*, v. 35, n. 2, 2008, p. 151-78. JSTOR. Disponível em: http://www.jstor.org/stable/24114641. Acesso em: 13 out. 2023.
55. PREFEITURA DA ESTÂNCIA TURÍSTICA DE SALTO. *Diário Oficial do município*. Terça-feira, 23 de abril de 2019 Ano II | Edição n. 296 | Distribuição eletrônica. Salto/SP. Disponível em: https://dosp.com.br/exibe_do.php?i=NjAyMjc. Acesso em: 29. Nov. 2023.
56. INSTITUTO SEMEIA. *Parques do Brasil*: percepções da população 2022. 2022. Disponível em: https://semeia.org.br/publicacao/parques-do-brasil-percepcoes-da-populacao-2022/. Acesso em: 13 set. 2023.

Ainda nesse sentido, tendo em vista que a atividade de infraestrutura exige que a Administração compreenda e aja de acordo com o amplo e múltiplo alcance das ações e posições jurídicas das infraestruturas, desempenha importante papel a administração participativa. Trata-se de um dever do administrador público em promover a manifestação e transparência direcionados a todos que podem ser afetados.[57] Para tanto, muitos mecanismos se delineiam no campo das infraestruturas, em seus processos concessórios.

Não se pretende adentrar aqui nas peculiaridades das vantagens e desafios próprios de tais instrumentos, de como eles têm se firmado juridicamente ou de suas definições, mas sim enumerar aparatos ao delineamento participativo de projetos com fatores socioambientais e múltipla complexidade. Assim, cita-se o *market sounding*/sondagem de mercado, o *roadshow*, o MPI (Manifestação de Interesse Privado), o PMI (Procedimento de Manifestação de Interesse), além das audiências e consultas públicas.

Aqui, exemplifica-se a concessão do Parque Nacional de Aparados da Serra (RS) e Serra Geral (SC),[58] que contou com abertura de consulta pública, realização de audiência pública e *roadshows* no intuito de fortalecer a transparência e a participação da sociedade. Ilustra-se, também, a concessão dos parques Ibirapuera, Jacintho Alberto, dos Eucaliptos, Tenente Brigadeiro Roberto Faria Lima, Lajeado e Jardim Felicidade, com destaque de que o vencedor do processo licitatório não participou dos estudos no PMI, indicando a isonomia envolvida na prática, além de caber menção à importância de tais instrumentos participativos para a viabilização da modelagem de um parque mais atrativo, em termos de rentabilidade (Ibirapuera), em conjunto a outros cinco parques periféricos.[59]

Mas, tais parcerias que envolvem as concessões não são soluções mágicas para problemas sociais que demandam atuação do Estado,[60] sobretudo uma atuação em circunstâncias ecossistêmicas e holísticas. Nesse sentido, Marrara[61] preceitua a regulação sustentável de infraestruturas, a partir de um necessário *direito administrativo e federalismo cooperativos*, alterando-se a histórica tendência centralizadora do federalismo brasileiro e as contínuas omissões legislativas na criação de mecanismos eficientes de cooperação federativa.

---

57. DAL POZZO, Augusto Neves. Op. cit., p. 178.
58. Programa de Parcerias de Investimentos (PPI). Parque Nacional de Aparados da Serra e Serra Geral. *Programa de Parcerias de Investimentos*, Brasília: 05.10.2023. Disponível em: https://www.ppi.gov.br/projetos/parque-nacional-de-aparados-da-serra/. Acesso em: 05 nov. 2023.
59. Prefeitura da Cidade de São Paulo. PMI Parques (s.d.). São Paulo-SP. Disponível em: https://www.prefeitura.sp.gov.br/cidade/secretarias/governo/projetos/desestatizacao/parques/manifestacao_de_interesse_de_parques/. Acesso em: 27 nov. 2023. Prefeitura da Cidade de São Paulo. *Urbia Parques*. 23.11.2023. São Paulo-SP. Disponível em: https://www.prefeitura.sp.gov.br/cidade/secretarias/meio_ambiente/parques/index.php?p=338176. Acesso em: 27 nov. 2023.
60. FERRO, Murilo Ruiz; CARVALHO, André Castro. "Escovando" conceitos jurídicos complexos: linha metodológica aplicada para a construção do conceito de infraestrutura pública In: *Gestão pública, infraestrutura e desenvolvimento*: 20 anos do Programa de Pós-Graduação em Direito Político e Econômico da Universidade Presbiteriana Mackenzie. São Paulo: Thomson Reuters Brasil, 2021, v. 1.
61. MARRARA, Thiago. Regulação sustentável de infraestruturas. *Revista Brasileira de Infraestrutura – RBINF*, ano 1, n. 1, p. 95-120, jan./jun. 2012.

Ainda, o autor sustenta que as infraestruturas devem perpassar por proteções do ambiente socioambiental, em análises complexas de cenários fáticos, temáticos, espaciais e temporais; além da necessidade de mecanismos procedimentais desburocratizados e eficientes. A sustentabilidade nas infraestruturas, dessa forma, envolveria capacidades intersetoriais, interespaciais e transgeracionais, bem como ações pautadas na cooperação, comunicação e coordenação.

Nas infraestruturas ambientais, Frischmann[62] enfatiza essa visão, ao firmar a importância de uma governança eficaz, participativa (aqui, para além das concessões) e bem coordenada, em altos níveis de colaboração entre uma variedade de atores, incluindo terceiro setor, academia e cidadãos. Mas, cabe estabelecer consideração de que, além do enfrentamento a tais necessidades cooperativas e intersetoriais, intrínsecas às IV, projetos dessa natureza guardam o potencial de *impelir* tais práticas e instrumentos sustentáveis.

Desse modo, pode-se citar, a partir de estudo de caso da European Commission (2019),[63] o projeto "Viva Barigui", em Curitiba-PR, na implantação de oito parques ao longo da bacia hidrográfica do Barigui. O planejamento e administração ficaram a cargo da Prefeitura, com o envolvimento de diversas secretarias (meio ambiente, habitação, obras, planejamento urbano e trânsito).[64] Ainda, o estudo trata do programa "Reconecta RMC", um termo de cooperação técnica entre vinte municípios da região metropolitana de Campinas para a criação de corredores ecológicos, principalmente em prol da segurança hídrica, em escala regional.

E, para se vislumbrar o potencial em interseção e soluções das IV/SbN a outras infraestruturas, menciona-se o Projeto "AdaptaVias", um levantamento de impactos e riscos das mudanças do clima na infraestrutura federal de transportes terrestres (rodovias e ferrovias). No produto 6[65] do projeto houve a proposição de diversas medidas de adaptação estruturais e não estruturais, incluindo soluções baseadas na natureza. Cita-se aqui, como medidas contra deslizamentos, nas rodovias, a recuperação/conservação de encostas próximas, e nas ferrovias, a realização do plantio de florestas de proteção.

---

62. FRISCHMANN, Brett, M. Environmental Infrastructure. *Ecology Law Quarterly*, v. 35, n. 2, 2008, p. 151-78. JSTOR. Disponível em: http://www.jstor.org/stable/24114641. Acesso em: 13 out. 2023.
63. European Commission, Directorate-General for Research and Innovation. Herzog, Cecília P.; Antuña Rozado, Carmen. *Diálogo Setorial UE-Brasil sobre soluções baseadas na natureza* – Contribuição para um roteiro brasileiro de soluções baseadas na natureza para cidades resilientes. FREITAS, Tiago; ENFEDAQUE, Josefina; WIEDMAN, Guilherme (Ed.). *Publications Office of the European Union*, 2019. Disponível em: https://data.europa.eu/doi/10.2777/172968. Acesso em: 21 set. 2023.
64. Ressalta-se que o estudo de caso analisado aponta como uma das razões para tal viabilidade o mesmo grupo político no poder há vinte e cinco anos.
65. MinInfra. Contratação de serviços de consultoria para o levantamento de impactos e riscos climáticos sobre a infraestrutura federal de transporte terrestres (rodoviário e ferroviário) existente e projetada. Associação GITEC/COPPE, Produto 6, Contrato 83368922, Setembro de 2022. Disponível em: https://www.gov.br/transportes/pt-br/assuntos/sustentabilidade/projeto-adaptavias. Acesso em: 07 out. 2023.

CONCLUSÕES

Pelo exposto, entende-se que o Direito da Infraestrutura, em seus diferentes aspectos, deve se preocupar com as IV, a partir de uma visão ampliada do meio ambiente enquanto infraestrutura, em razão das circunstâncias e potencialidades em matéria socioambiental, bem como da busca pelo desenvolvimento econômico, social e sustentável.

Ainda, concebe-se a definição da IV em redes de espaços naturais interconectados para uma ampla gama de benefícios à sociedade, integrando-se no guarda-chuva conceitual de soluções apoiadas/inspiradas da natureza. Proporciona-se às IV, assim, nessa lógica das SbN, uma abordagem formalmente constituída e sistematizada, em consideração a múltiplos benefícios, inclusive de ordem jurídica. Já o olhar às IV/SbN a partir do Direito da Infraestrutura, parte de uma disciplina em construção, suscetível de ser estudada por praticamente qualquer área jurídica. Assim, em seu aspecto administrativo, a infraestrutura pode ser entendida como uma atividade administrativa.

Considerando-se a relevância da setorialização nas infraestruturas, o Direito da Infraestrutura deve se preocupar com as IV como um setor de infraestrutura, em abrangência às diferentes tipologias dessa infraestrutura. Para tanto, pode-se partir de regimes regulatórios existentes relacionados à temática.

Em relação aos desafios das IV/SbN de essencialidade dos dados e da localidade, valoração dos serviços ecossistêmicos e intersetorialidade, o Direito da Infraestrutura, em seu aspecto administrativo, deve se preocupar com a atratividade e as limitações de tais infraestruturas parcialmente (não)rivais nas delegações à iniciativa privada. Ainda, deve se preocupar a partir de mecanismos fundados em uma administração participativa e sustentável (intersetorial, interespacial e transgeracional), em prol de uma governança holística, a qual tais projetos exigem.

Espera-se que as reflexões iniciais apresentadas possam enriquecer o desenvolvimento da temática no Brasil, influenciando outras produções jurídicas e de outras áreas do conhecimento. Também se almeja atingir agentes públicos e sociedade civil no vislumbre e aperfeiçoamento de uma infraestrutura com vultosas relevâncias, sobretudo no que diz respeito ao desenvolvimento econômico, social e sustentável.

Diante das limitações em produções sobre a temática, procurou-se traçar reflexões introdutórias. Ainda, teve-se como limitação o recorte eleito a partir do Direito Administrativo da Infraestrutura. Sugere-se, portanto, para futuras pesquisas, aprofundamentos em cada uma das aproximações elencadas e nas particularidades de diferentes tipologias das IV, além de outros enfoques no Direito da Infraestrutura, como em seu aspecto financeiro.

REFERÊNCIAS

ARAGÃO, Maria Alexandra A natureza também é uma infraestrutura (a infraestrutura verde). In: MILARÉ, Édis; MORAIS, Roberta Jardim de; ARTIGAS, Priscila Santos; ALMEIDA, André Luís Coentro de. (Coord.). *Infraestrutura e direito do ambiente*. São Paulo: Thomson Reuters, Ed. Revista dos Tribunais, 2016.

BARROSO, Luís Roberto. *Curso de Direito Constitucional*. São Paulo: Saraiva, 2010.

BENEDICT, Mark; Mcmahon, Edward. *Green infrastructure*: linking landscapes and communities. Island Press. Washington: 2006.

BLACKMAN, Allen; GUERRERO, Roberto; HAMAKER-TAYLOR; Robin; RYCERZ, Amanda; SCHLING, Maja; VILLALOBOS, Laura. De volta à natureza: alternativas ao concreto e ao aço. In: CAVALLO, Eduardo; POWELL, Andrew; SEREBRISKY, Tomás (Ed.). *De estruturas a serviços*: o caminho para uma melhor infraestrutura na América Latina e no Caribe. Desenvolvimento nas Américas (DIA), Banco Interamericano de Desenvolvimento (BID): 2020. Disponível em: https://flagships.iadb.org/pt/DIA2020/de-estruturas-a-servicos. Acesso em: 21 set. 2023.

CARVALHO, André Castro. *Infraestrutura sob uma perspectiva pública*: instrumentos para o seu desenvolvimento. 2013. Tese (Doutorado em Direito Econômico e Financeiro) – Faculdade de Direito, Universidade de São Paulo, São Paulo, 2013. Disponível em: doi:10.11606/T.2.2013.tde-27112013-152626. Acesso em: 17 ago. 2023.

CARVALHO, Délton Winter. Os serviços ecossistêmicos como medidas estruturais para prevenção dos desastres. *Revista de Informação Legislativa*, ano 52, n. 206 abr./jun. 2015. Disponível em: https://www12.senado.leg.br/ril/edicoes/52/206/ril_v52_n206_p53.pdf. Acesso em: 20.07.2023.

CEPED UFSC; World Bank. *Relatório de danos materiais e prejuízos decorrentes de desastres naturais no Brasil*: 1995-2014. [s.d.] Universidade Federal de Santa Catarina. Centro Universitário de Estudos e Pesquisas sobre Desastres (CEPED UFSC); Banco Mundial, 2016. Disponível em: http://www.ceped.ufsc.br/wp-content/uploads/2017/01/111703 WP-CEPEDRelatoriosdeDanoslayout-PUBLIC-PORTUGUESE-ABSTRACT-SENT.pdf. Acesso em: 05 out. 2023.

COHEN-SHACHAM, Emmanuelle; WALTERS, Gretchen; Janzes, Christine; MAGINNIS, Stewart. *Nature-based Solutions to address global societal challenges*. Gland, Switzerland: IUCN. 2016. Disponível em: https://portals.iucn.org/library/node/46191. Acesso em: 07 out. 2023.

COMISSÃO MUNDIAL SOBRE MEIO AMBIENTE E DESENVOLVIMENTO. (CMMAD). *Nosso futuro comum*. Rio de Janeiro: Fundação Getúlio Vargas, 1988.

DAL POZZO, Augusto Neves. *O Direito Administrativo da Infraestrutura*. São Paulo: Ed. Contracorrente, 2020.

EUROPEAN COMMISSION, Directorate-General for Research and Innovation. Herzog, Cecília P.; ANTUÑA Rozado, Carmen. Diálogo Setorial UE-Brasil sobre soluções baseadas na natureza – Contribuição para um roteiro brasileiro de soluções baseadas na natureza para cidades resilientes. FREITAS, Tiago; ENFEDAQUE, Josefina; Wiedman, Guilherme (Ed.). *Publications Office of the European Union*, 2019, Disponível em: https://data.europa.eu/doi/10.2777/172968. Acesso em: 21 set. 2023.

EUROPEAN COMMISSION, Directorate-General for Research and Innovation. Towards an EU research and innovation policy agenda for nature-based solutions & re-naturing cities – Final report of the Horizon 2020 expert group on 'Nature-based solutions and re-naturing cities', *Publications Office*, 2015. Disponível em: https://data.europa.eu/doi/10.2777/763305. Acesso em: 07 out. 2023.

FERRO, Murilo Ruiz; CARVALHO, André Castro. "Escovando" conceitos jurídicos complexos: linha metodológica aplicada para a construção do conceito de infraestrutura pública. *Gestão pública, infraestrutura e desenvolvimento*: 20 anos do Programa de Pós Graduação em Direito Político e Econômico da Universidade Presbiteriana Mackenzie. São Paulo: Thomson Reuters Brasil, 2021. v. 1.

FERRO, Murilo Ruiz. Administração contratual, nova contratualidade administrativa e contratos de parcerias – Breves considerações acerca de alguns conceitos que integram uma nova terminologia trazida pela doutrina administrativista contemporânea. *Revista de Contratos Públicos – RCP*, a. 4, n. 6, set. p. 135-150. 2014/fev. 2015.

FRAGA, Raiza Gomes. *Soluções baseadas na Natureza*: elementos para a tradução do conceito às políticas públicas brasileiras. Tese (Doutorado em Desenvolvimento Sustentável), Centro de Desenvolvimento Sustentável da Universidade de Brasília. Brasília: 2020. Disponível em: http://repositorio2.unb.br/jspui/handle/10482/40877. Acesso em: 11 jul. 2023.

FRISCHMANN, Brett, M. Environmental Infrastructure. *Ecology Law Quarterly*, v. 35, n. 2, 2008, p. 151-78. JSTOR. Disponível em: http://www.jstor.org/stable/24114641. Acesso em: 13 out. 2023.

FUNDAÇÃO GRUPO BOTICÁRIO. *Cidades baseadas na natureza*: infraestrutura natural para resiliência urbana (s.d.). Disponível em: https://www.fundacaogrupoboticario.org.br/pt/Biblioteca/8907A%20AF%20Paper%20Cidades%20Baseadas%20na%20Natureza.pdf. Acesso em: 07 out. 2023.

GRISCOM, Bronson; COOK-PARTTON, Susan; ELLIS, Peter; FUNK, Jason; LEAVITT, Sata; LOMAX, Guy; TURNER, Will; CHAPMAN, Melissa; ENGELMANN, JeNS; GURWICK, Noel; LANDIS, Emily; LAWRENCE, Deborah; MALHI, Yadvinder; MURRAY, Lisa Schindler; NAVARRETE, Stephanie Roe; SCHULL, Sabrina; SMITH PETE; Streck, Charlotte; Walker Wayne; WORTHINGTON Thomas. National mitigation potential from natural climate solutions in the tropics. *Phil. Trans. R. Soc. B*, 375, 20190126. 2020. Disponível em: http://dx.doi.org/10.1098/rstb.2019.0126. Acesso em: 21 set. 2023.

INSTITUTO SEMEIA. *Parques do Brasil*: percepções da população 2022. 2022. Disponível em: https://semeia.org.br/publicacao/parques-do-brasil-percepcoes-da-populacao-2022/. Acesso em: 13 set. 2023.

MANDEL, Gregory N., When to Open Infrastructure Access. *Ecology Law Quarterly*, v. 35, n. 2, 2008, p. 205–14. JSTOR. Disponível em: http://www.jstor.org/stable/24114643. Acesso em: 14 out. 2023.

MARRARA, Thiago. Regulação sustentável de infraestruturas. *Revista Brasileira de Infraestrutura – RBINF*, ano 1, n. 1, p. 95-120, jan./ jun. 2012.

MARQUES, Taícia Helena Negrini; RIZZI, Daniela; FERRAZ, Victor; HERZOG, Cecilia Polacow. Soluções baseadas na natureza: conceituação, aplicabilidade e complexidade no contexto latino-americano, casos do Brasil e Peru. *Revista LABVERDE*, 11(1), 12-49. 2021. Disponível em: https://doi.org/10.11606/issn.2179-2275.labverde.2021.189419. Acesso em: 11 jul. 2023.

MININFRA. *Contratação de serviços de consultoria para o levantamento de impactos e riscos climáticos sobre a infraestrutura federal de transporte terrestres (rodoviário e ferroviário) existente e projetada*. Associação GITEC/COPPE, Produto 6, Contrato 83368922, Setembro de 2022. Disponível em: https://www.gov.br/transportes/pt-br/assuntos/sustentabilidade/projeto-adaptavias. Acesso em: 07 out. 2023.

PREFEITURA DA CIDADE DE SÃO PAULO. *PMI Parques* (s.d.). São Paulo-SP. Disponível em: https://www.prefeitura.sp.gov.br/cidade/secretarias/governo/projetos/desestatizacao/parques/manifestacao_de_interesse_de_parques/. Acesso em: 27 nov. 2023.

PREFEITURA DA CIDADE DE SÃO PAULO. *Urbia Parques*. 23.11.2023. São Paulo-SP. Disponível em: https://www.prefeitura.sp.gov.br/cidade/secretarias/meio_ambiente/parques/index.php?p=338176. Acesso em: 27 nov. 2023.

PREFEITURA DA ESTÂNCIA TURÍSTICA DE SALTO. *Diário Oficial do município*. Terça-feira, 23 de abril de 2019. ano II | Edição n. 296 | Distribuição eletrônica. Salto/SP. Disponível em: https://dosp.com.br/exibe_do.php?i=NjAyMjc. Acesso em: 29 nov. 2023.

PROGRAMA DAS NAÇÕES UNIDAS PARA O DESENVOLVIMENTO. *Relatório de desenvolvimento humano 2021-2022*. PNUD: 2023. Disponível em: https://www.undp.org/pt/brazil/desenvolvimento-humano/publications/relatorio-de-desenvolvimento-humano-2021-22. Acesso em: 07 out. 2023.

PROGRAMA DE PARCEIRAS DE INVESTIMENTOS (PPI). Parque Nacional de Aparados da Serra e Serra Geral. *Programa de Parcerias de Investimentos*, Brasília: 05.10.2023. Disponível em: https://www.ppi.gov.br/projetos/parque-nacional-de-aparados-da-serra/. Acesso em: 05 nov. 2023.

RODRIGUES, Paula Nogueira; ALCÂNTARA, Valderí de Castro; YAMAMOTO, Érica Aline Ferreira Silva; CAMPOS, Alyce Cardos; BACELAR, Ananda Silveira. Aprendendo com a natureza: uma revisão sobre Nature-Based Solutions (NBS). *Revista Gestão e Sustentabilidade Ambiental*, Florianópolis, v. 10, n. 1, p. 417-436, maio 2021. Disponível em: https://doi.org/10.19177/rgsa.v10e12021417-436. Acesso em: 21 set. 2023.

SANTOS, Maria Fernanda Nóbrega dos; Enokibara, Marta. Infraestrutura verde: conceitos, tipologias e terminologia no Brasil. *Paisagem e Ambiente*, 32(47), e174804. 2021. Disponível em: https://doi.org/10.11606/issn.2359-5361.paam.2021.174804. Acesso em: 21 set. 2023.

SANTOS, Mariana Rodrigues Ribeiro dos; FREIRIA, Rafael Costa. O estatuto da cidade e seu potencial na implementação de infraestruturas verdes. *Labor e Engenho*, Campinas, SP, v. 17, 1-12, e023003, 2023. Disponível em: https://doi.org/10.20396/labore.v17i00.8671511. Acesso em: 21 set. 2023.

SCHWIND, Rafael Wallbach. Parcerias público-privadas para a gestão de unidades de conservação: a sistemática do "Whole Park" e o Caso da PPP Rota Lund. In: MILARÉ, Édis; MORAIS, Roberta Jardim de; ARTIGAS, Priscila Santos; ALMEIDA, André Luís Coentro de (Coord.). *Infraestrutura no direito do ambiente*. São Paulo: RT, 2016.

SILVA, Rodrigo Kempf; Carvalho, Délton Winter. Aportes iniciais para uma proteção jurídica dos serviços ecossistêmicos. *Veredas do Direito*, Belo Horizonte, v. 15, n. 32, p. 87-115. maio/ago. 2018. Disponível em: https://doi.org/10.18623/rvd.v15i32.1139. Acesso em: 21 set. 2023.

TORRISI, G. Public infrastructure: definition, classification and measurement issues. University of Catania, Faculty of Economics, DEMQ: Trecastagni (CT). *Munich Personal RePEc Archive – MPRA*. Paper n. 12990, 25. jan. 2009. Disponível em: https://mpra.ub.uni-muenchen.de/12990/. Acesso em: 14 out. 2023.

UNITED NATIONS. *The United Nations World Water Development Report 2018*: Nature-Based Solutions for Water. Paris, UNESCO. 2018. Disponível em: https://unesdoc.unesco.org/ark:/48223/pf0000261424.locale=en. Acesso em: 08 out. 2023.

IMPLANTAÇÃO, MANUTENÇÃO E VIABILIZAÇÃO DE INFRAESTRUTURA DE EQUIPAMENTOS CULTURAIS NO DISTRITO FEDERAL

João Roberto de Oliveira Moro

Possui Mestrado Profissional em Gestão e Políticas Públicas pela FGV (2023), e Mestrado em Políticas Públicas na América Latina pela Universidade de Oxford (2013). É graduado em Direito pela Faculdade de Direito do Largo de São Francisco da Universidade de São Paulo em 2009. Formou-se em Relações Internacionais na PUC-SP. Gerente jurídico da Agência Brasileira de Desenvolvimento Industrial e doutorando em Direito Administrativo no Largo São Francisco. Foi Subsecretário de Fomento e Incentivo Cultural na Secretaria de Cultura e Economia Criativa do Distrito Federal e vice-presidente do Conselho de Cultura do Distrito Federal.

Sumário: Introdução ao tema – 1. O estado da arte da legislação – 2. A relevância da cultura, como direito fundamental, e a necessidade de implantação de infraestrutura adequada – 3. Discussão dos modelos nos quais é possível delegar o tema à iniciativa privada – Considerações finais – Referências.

INTRODUÇÃO AO TEMA

O presente trabalho trata da implantação, manutenção e viabilização de infraestrutura de equipamentos culturais no Distrito Federal. O estudo busca compreender de que maneira os entes federados – utilizando-se como exemplo o Distrito Federal – podem conseguir implantar equipamentos culturais, num cenário de escassez de recursos. As obras públicas ditas preferenciais são evidentemente aquelas que tratam inclusive de recursos destinados especificamente a isso, como hospitais e postos de saúde. Sob o viés da infraestrutura, natural pensar em rodovias, portos, aeroportos, estruturas para saneamento básico, escolas, entre outros inúmeros equipamentos que, em tese, precisam vir antes de equipamentos culturais.

Nao obstante, é preciso lembrar que constitucionalmente existem direitos fundamentais destinados ao exercício dos direitos culturais. Para que esses direitos sejam efetivamente garantidos, é imperioso que a infraestrutura cultural esteja dentro de planejamento governamental, e de ações e políticas públicas. Não é demais recordar que entre os artigos 215, 216 e 216-A, diversos são os dispositivos constitucionais que versam sobre a necessidade de infraestrutura cultural para o pleno exercício desses direitos, senão vejamos:

> Art. 215. O Estado garantirá a todos o pleno exercício dos direitos culturais e acesso às fontes da cultura nacional, e apoiará e incentivará a valorização e a difusão das manifestações culturais.
> (...)
> IV – democratização do acesso aos bens de cultura;

Art. 216. *Constituem patrimônio cultural brasileiro* os bens de natureza material e imaterial, tomados individualmente ou em conjunto, portadores de referência à identidade, à ação, à memória dos diferentes grupos formadores da sociedade brasileira, nos quais se incluem:

(...)

IV – as obras, objetos, documentos, edificações e demais espaços destinados às manifestações artístico--culturais;

Art. 216-A. O Sistema Nacional de Cultura, organizado em regime de colaboração, de forma descentralizada e participativa, institui um processo de gestão e promoção conjunta de políticas públicas de cultura, democráticas e permanentes, pactuadas entre os entes da Federação e a sociedade, tendo por objetivo promover o desenvolvimento humano, social e econômico com pleno exercício dos direitos culturais. (Incluído pela Emenda Constitucional 71, de 2012)

§ 1º O Sistema Nacional de Cultura fundamenta-se na política nacional de cultura e nas suas diretrizes, estabelecidas no Plano Nacional de Cultura, e rege-se pelos seguintes princípios: (Incluído pela Emenda Constitucional 71, de 2012)

(...)

II – universalização do acesso aos bens e serviços culturais; (Incluído pela Emenda Constitucional 71, de 2012)

(...)

VIII – autonomia dos entes federados e das instituições da sociedade civil; (Incluído pela Emenda Constitucional 71, de 2012)

Contudo, como é sabido, os recursos humanos e financeiros do Estado são finitos, razão pela qual os equipamentos culturais são deixados de lado pelos gestores públicos. Observa-se que mesmo o Constituinte preferiu se atentar mais ao fomento cultural, e menos à infraestrutura cultural, como se observa no parágrafo sexto do artigo 216:

§ 6º É facultado aos Estados e ao Distrito Federal vincular a fundo estadual de fomento à cultura até cinco décimos por cento de sua receita tributária líquida, para o financiamento de programas e projetos culturais, vedada a aplicação desses recursos no pagamento de: (Incluído pela Emenda Constitucional 42, de 19.12.2003)

I – despesas com pessoal e encargos sociais; (Incluído pela Emenda Constitucional 42, de 19.12.2003)

II – serviço da dívida; (Incluído pela Emenda Constitucional 42, de 19.12.2003)

III – qualquer outra despesa corrente não vinculada diretamente aos investimentos ou ações apoiados. (Incluído pela Emenda Constitucional 42, de 19.12.2003)

Desse modo, a infraestrutura e os equipamentos culturais muitas vezes são deixados de lado, tanto pelo Governo Federal, como pelos governos subnacionais, que apesar de gozar de autonomia federativa (Art. 216-A, § 1º, VII da CF-1988), acabam partindo para uma priorização de fomento a projetos culturais em detrimento dos equipamentos. Um exemplo a se citar é a Lei Complementar 934/2017 do Distrito Federal, que veda a utilização do Fundo de Apoio à Cultura a qualquer tipo de investimento em equipamentos públicos de cultura:

Art. 65. O FAC é fundo de natureza contábil gerido pela Secretaria de Cultura, conforme regulamento.

(...)

§ 2º É vedado às entidades governamentais o acesso aos recursos do FAC.

§ 3º Os recursos do FAC não podem ser utilizados nas despesas de manutenção administrativa da Secretaria Estado de Cultura, excetuado o disposto no art. 67.

Nesta seara, os governos subnacionais brasileiros têm empreendido esforços no sentido de deslocar ao menos a gestão de espaços culturais para entes privados, lançando mão especialmente do instituto das Organizações da Sociedade Civil, pautando-se primordialmente pela Lei 13.019/2014, também conhecida por Marco Regulatório das Organizações da Sociedade Civil – MROSC. A grande diferença dessa dinâmica em relação a outros tipos de parceria ou concessão já se verifica na própria ementa do dispositivo legal:

> Estabelece o regime jurídico das parcerias entre a administração pública e as organizações da sociedade civil, em regime de mútua cooperação, para a consecução de finalidades de interesse público e recíproco, mediante a execução de atividades ou de projetos previamente estabelecidos em planos de trabalho inseridos em termos de colaboração, em termos de fomento ou em acordos de cooperação; define diretrizes para a política de fomento, de colaboração e de cooperação com organizações da sociedade civil; e altera as Leis 8.429, de 2 de junho de 1992, e 9.790, de 23 de março de 1999. (Redação dada pela Lei 13.204, de 2015)

A grande questão é que parcerias público-privadas normalmente são indicadas para a concessão de serviços ou obras públicas, e na maior parte das vezes, as infraestruturas culturais, bem como serviços prestados dentro da área cultural são retirados deste arcabouço, seja por não ser uma opção financeiramente viável aos parceiros privados, seja por não ser de interesse da administração.

Assim, o presente artigo pretende enfrentar o tema de infraestrutura cultural no país, estudando casos concretos de entes subnacionais, o Sistema Nacional de Cultura, e de que maneira se vislumbra a possibilidade de se melhorar a infraestrutura cultural nas cidades brasileiras. Entre os modelos a serem estudados, buscar-se-á compreender qual formato pode funcionar, em se tratando de delegação para a iniciativa privada. Sua divisão dar-se-á com uma seção inicial discutindo o estado da arte da legislação vigente. Posteriormente, o trabalho vai apontar a necessidade e a relevância dos direitos culturais como direitos fundamentais. A próxima seção debaterá as possibilidades de modelos jurídicos relacionando público e privado, que sejam passíveis de melhoria nas infraestruturas culturais.

1. O ESTADO DA ARTE DA LEGISLAÇÃO

Atualmente a legislação federal em relação a equipamentos culturais é bastante modesta, sobretudo no tocante à sua implantação. Em relação à manutenção e viabilização de infraestrutura de equipamentos culturais, por outro lado, existem dispositivos legais que buscam garantir tais ações. Conforme descrito no trecho introdutório deste trabalho, a infraestrutura cultural é parte integrante de toda responsabilidade do estado em relação à cultura, como dispõe a própria Constituição Federal. Neste diapasão, o artigo 8º, que trata do Plano Nacional de Cultura, é claro ao determinar que o Ministério da Cultura deverá avaliar a implantação sustentável de equipamentos culturais:

Art. 8º Compete ao Ministério da Cultura monitorar e avaliar periodicamente o alcance das diretrizes e eficácia das metas do Plano Nacional de Cultura com base em indicadores nacionais, regionais e locais que quantifiquem a oferta e a demanda por bens, serviços e conteúdos, os níveis de trabalho, renda e acesso da cultura, de institucionalização e gestão cultural, de desenvolvimento econômico-cultural e de implantação sustentável de equipamentos culturais.[1]

Ademais, entre as diretrizes do Plano, uma delas é evidente, no sentido de obrigar, de tornar parte necessária e fundamental da política pública federal de cultura, ampliar o acesso à infraestrutura e aos equipamentos culturais. O Anexo Único do plano tem diversas menções a atividades que podem ser realizadas com o condão de se ampliar e permitir acesso.

• Ampliar e permitir o acesso compreendendo a cultura a partir da ótica dos direitos e liberdades do cidadão, sendo o Estado um instrumento para efetivação desses direitos e garantia de igualdade de condições, promovendo a universalização do acesso aos meios de produção e fruição cultural, fazendo equilibrar a oferta e a demanda cultural, apoiando a implantação dos equipamentos culturais e financiando a programação regular destes.[2]

Nota-se que há ampla referência à infraestrutura cultural pelo país, mas é possível observar que a maior parte das diretrizes tem um viés mais etéreo, de ideia, até de política pública a ser implantada, mas sem de fato se demonstrar como será realizada. Isso se observa especialmente em função do fato de a infraestrutura cultural de cada cidade ou estado na maior parte das vezes corresponder a bens do próprio ente subnacional, restando à União apenas um financiamento, um estabelecimento de diretrizes, e não a implantação direta.

A Política Nacional Aldir Blanc (PNAB), decorrente da Lei 14.399, de 8 de julho de 2022, em consonância com a Lei Paulo Gustavo – Lei Complementar 195/2022, por sua vez, pôde trazer um maior espaço para o fomento de infraestruturas culturais por parte do Governo Federal.

A inclusão de obras de infraestrutura cultural no novo PAC, por meio da Lei 14.719, de 1º de novembro de 2023, utilizando recursos da Lei Aldir Blanc 2 foi emblemático nesse sentido, demonstrando uma intenção do Governo Federal em trazer recursos para a infraestrutura cultural. A Lei permite que *a construção, a ampliação, a reforma e a modernização de espaços culturais, inclusive daqueles criados pela administração pública de qualquer esfera ou vinculados a ela*,[3] seja financiada por recursos da PNAB e inseridas dentro do PAC.

Resta evidente que o Governo Federal conseguiu criar condições distintas de atuação, especialmente no tocante ao financiamento, posto que a gestão Bolsonaro, mesmo diante da conjuntura de mobilização e articulação para o aumento do processo de institucionalização da cultura no país, não chegou a avançar no debate sobre a racionalização

---

1. Lei 12.343 de 02 de dezembro de 2010.
2. Anexo único da Lei 12.343 de 02 de dezembro de 2010.
3. Art 18, I, da Lei 14.719 de 1º de novembro de 2023.

das condições para a efetivação e consolidação do Sistema Nacional de Cultura citado anteriormente. Ziviani e da Silva (2020, p. 60) assim definem:

> São elas [as condições] a criação dos elementos jurídicos e instrumentos que delineiam explicitamente o federalismo cultural, com o desenho das atribuições de cada ente dos três níveis de governo, bem como o estabelecimento das estratégias de financiamento, vinculação e transferências de recursos da União para estados e municípios para a construção de suas instâncias organizativas, seu plano de ampliação da infraestrutura e desenvolvimento da produção cultural.[4]

Com as dificuldades decorrentes da falta de orientação de diretrizes de políticas públicas por parte do Governo Federal, os governos subnacionais passaram a lançar mão de instrumentos próprios para a implantação, manutenção e viabilização de infraestrutura cultural. O estado de São Paulo, por exemplo, desenvolveu ampla legislação em relação às Organizações da Sociedade Civil que permite que essas OSCs realizem um grande trabalho na gestão, manutenção, viabilização e em alguns casos até mesmo na implantação de equipamentos culturais.

Todos os dispositivos legais foram e vêm sendo atualizados após o MROSC, conforme as necessidades e mudanças da sociedade, mas hoje o sistema das parcerias de OSCs com a Secretaria de Cultura e Economia Criativa do Estado de São Paulo é um dos melhores do país, e permite que se criem, aperfeiçoem e se realizem iniciativas como a Pinacoteca do Estado de São Paulo.

Para a gestão da Pinacoteca, o Estado de São Paulo, conta com a parceria com a Associação Pinacoteca Arte e Cultura – APAC, criada em 1992, e qualificada em 2005 como Organização Social da Cultura (antes mesmo do MROSC). Hoje, ela gere a Pina Luz, a Pina Estação e o Memorial da Resistência. O atual Contrato de Gestão da APAC com o governo de São Paulo vai até 2018 e tem um valor total em 7 anos de mais de 160 milhões de reais. A ideia é simples, é transferir ao privado, com base no contrato de gestão em questão.

O governo de São Paulo utiliza a metodologia MROSC em diversas situações, pois ela, em tese, traz flexibilidade ao privado, podendo facilitar alguns procedimentos, sempre em prol da eficiência do serviço público. Assim, entre outros contratos, o governo do estado firmou o Termo de Fomento 17/2021, no valor de R$ 15.000.000,00 cujo objeto era a conclusão das atividades voltadas à restauração, requalificação e ampliação do "Novo Museu do Ipiranga". Além disso, firmou o Termo de Colaboração 001/2018, cujo valor inicial era de R$ 3.350.000,00 para realizar atividades voltadas para a revitalização e restauração do prédio da estação da Luz para a reabertura do projeto cultural "Museu da Língua Portuguesa".

---

4. DA SILVA, Frederico Barbosa; ZIVIANI, Paula. O incrementalismo pós-constitucional e o enigma da desconstrução: uma análise das políticas culturais. *Texto para discussão* / Instituto de Pesquisa Econômica Aplicada. Brasília/Rio de Janeiro: Ipea, 2020 – Disponível online em: https://repositorio.ipea.gov.br/handle/11058/9802.

Nota-se que o governo de São Paulo trouxe para sua realidade a utilização do privado como grande parceiro nas diversas etapas para manutenção, viabilização e até implantação de infraestrutura cultural. Os paulistas inovaram, utilizando-se de todas as possibilidades decorrentes do MROSC, mas permanecem restritos a esses pontos, sem utilizar tanto outras ideias, como uma parceria público-privada stricto sensu, ou uma lei de incentivo fiscal.

O estado do Rio de Janeiro, por sua vez, lançou mão de uma ação patrocinada pela empresa suíça Omega, que reformou toda a Casa de Cultura Laura Alvim, e obteve como contrapartida seu uso durante os Jogos Olímpicos do Rio. Isso, por si só, seria uma forma de viabilizar o equipamento cultural, considerando que a casa precisava de uma reforma há tempos. Contudo, era necessária uma manutenção posterior, então o governo do Rio de Janeiro lançou mão de seu programa de incentivo fiscal para garantir a manutenção do espaço.

Inaugurado em maio de 1986, o espaço multicultural fica localizado em Ipanema, na zona sul do Rio. O espaço começou a funcionar com um teatro, um cinema, um auditório para palestras, uma galeria de arte para exposições, lançamentos de livros e discos, e três salas de aula. O imóvel onde a Casa foi montada foi doado ao governo do Rio de Janeiro em 1983, pela Funarj (Fundação Anita Mantuano de Artes do Estado do Rio de Janeiro) e fica à beira do mar.

Nota-se que São Paulo e Rio de Janeiro utilizaram de abordagens distintas para um mesmo problema. Hoje, o Distrito Federal dispõe das duas soluções, como será detalhado mais adiante, mas ainda assim não tem conseguido realizar a implantação, manutenção ou viabilização de infraestrutura de equipamentos culturais a contento.

Atualmente, no Distrito Federal, todos os equipamentos culturais se encontram sob o controle da Secretaria de Cultura e Economia Criativa, com gerentes específicos para cada espaço. O orçamento é da própria secretaria, para pequenas manutenções ou ações necessárias. Com isso, considerando que normalmente o setor cultural sofre diversos contingenciamentos,[5] torna-se complicado administrar os espaços, até mesmo em relação a contas de água, luz e manutenções esporádicas, que dirá para implantar e viabilizar novas estruturas. Com o advento da PNAB, é provável que o orçamento fique mais robusto, mas isso não resolverá o problema da manutenção, que em boa medida precisa lançar mão mais do que de recursos financeiros, de recursos humanos.

2. A RELEVÂNCIA DA CULTURA, COMO DIREITO FUNDAMENTAL, E A NECESSIDADE DE IMPLANTAÇÃO DE INFRAESTRUTURA ADEQUADA

É notório que a cultura, não apenas por ter respaldo constitucional, é um direito fundamental. Diversos são os autores que trazem o tema, mas atualmente é necessário ressaltar que nesse sentido, de ser um direito fundamental para consumidores e fazedores de cultura, é muito mais que uma atividade econômica. É verdade, como aduz

---

5. Durante a pandemia de covid19, esse cenário ficou ainda mais evidente.

Anita Simis (2007, p. 134) que para além de ser uma atividade econômica e um direito, a economia da cultura tem hoje um papel importante na geração de empregos.[6]

Conforme assevera a dileta pesquisadora unespiana (2007, p. 134):

> (...) os direitos sociais são aqueles que dizem respeito a um mínimo de bem-estar econômico, de participação, de ser e viver na plenitude a civilização, direitos cuja conquista se deu a partir do século XX e que se preocupam mais com a igualdade do que com a liberdade. Mas, para concretizá-los é preciso admitir um grau maior de intervenção do Estado na vida dos cidadãos por meio dos mais variados mecanismos e instituições que assegurem sua implantação e observância.

Ao trazer essas questões para o debate, Simis (2007, p. 134) lembra que a educação, a saúde e a moradia já alcançaram um status inegociável de direitos universais e fundamentais, sendo de fato, direito de todo cidadão e dever do Estado que deve promover acesso a todos de maneira gratuita.

Ora, se a cultura é um direito inerente ao cidadão, ele só poderá ser efetivamente alcançado mediante uma infraestrutura adequada, ou se pensa em pleno acesso à educação sem escolas e bibliotecas? É possível cogitar o acesso universal à saúde sem que existam hospitais, postos de saúde e outras estruturas fundamentais ao tratamento dos cidadãos? Da mesma maneira que não se ensina ninguém sem uma escola e não se trata ninguém sem um hospital, não se pode ter acesso à cultura sem equipamentos culturais de qualidade, sejam museus, teatros, salas de cinema, galerias de arte, bibliotecas e tantas outras possibilidades.

Como muito bem destacado pelo professor Dal Pozzo (2020, p. 129), há atividades estatais que concorrem para a promoção do desenvolvimento. Segundo ele, não há dúvida, mas a atividade de infraestrutura é a própria essência do desenvolvimento, as demais são apenas ancilares. Ela é o pressuposto do desenvolvimento, ela é condição de existência do Estado.[7] Com isso, não há que se afastar a infraestrutura da cultura, posto que a cultura, em si, é um direito fundamental inafastável.

Desse modo, é imprescindível discutir o papel do Estado, em especial da Administração Pública em relação à implantação da infraestrutura. Cabe à Administração definir o que se entenderá por interesse público, e para tanto caberá a ela justificar seus atos com base nos mais diversos princípios, como a juridicidade, a supremacia do interesse público, entre outros. Nesta seara, Marrara discute o papel da Administração Pública em relação à infraestrutura necessária para a realização de qualquer serviço público e outras atividades estatais monopolizadas. Em síntese, o professor aduz que o papel da Administração não se esgota no controle dessas infraestruturas.[8]

---

6. SIMIS, Anita. A política cultural como política pública. In: RUBIM, Anonio Albino Canelas (Org.). *Políticas culturais no Brasil*. Salvador : EDUFBA, 2007.
7. DAL POZZO, Augusto Neves. *O Direito Administrativo da Infraestrutura*. São Paulo: Contracorrente, 2020.
8. MARRARA. Regulação sustentável de infraestruturas. *Revista Brasileira de Infraestrutura* – RBINF Belo Horizonte, ano 1, n. 1, jan./jun. 2012.

Prossegue Marrara, constatando que todas as infraestruturas vão assumir importantes papeis sociais, uma vez que, por seus efeitos diretos ou indiretos, condiciona o exercício de direitos fundamentais básicos pelos cidadãos, como resta evidente no setor cultural. Ele adiciona, em mais uma perfeita conexão com o direito à cultura, que são diversos os momentos nos quais o aparato infra estrutural, na prática, é imprescindível para a concretização de direitos individuais e sociais fundamentalíssimos.[9]-[10]

A verdade é que tradicionalmente, no entanto, o setor cultural costuma não abrir os olhos para a infraestrutura cultural e focar tão somente na produção cultural, deixando de lado as possibilidades de parcerias com o setor privado, e restringindo-as a contratos de gestão com base no MROSC. O estado de São Paulo utiliza-se desse expediente em quase todos os seus equipamentos culturais e possui ampla legislação sobre o tema, com exemplar modelo de gestão, inclusive com comissão avaliadora de metas e resultados.

3. DISCUSSÃO DOS MODELOS NOS QUAIS É POSSÍVEL DELEGAR O TEMA À INICIATIVA PRIVADA

Demonstrada a relevância da infraestrutura cultural, e da responsabilidade da Administração Pública em promover a sua implantação, viabilização, e, por consequência sua manutenção, passar-se-á à discussão dos modelos possíveis para o Distrito Federal, usando-se como base modelos já utilizados em outros governos subnacionais, bem como modelos utilizados em outros tipos de infraestrutura: (i) a gestão direta do estado, como vem sendo utilizado no Distrito Federal; (ii) o modelo de utilização de contratos baseados no MROSC; (iii) modelo de utilização de contratos fundados em leis de incentivo; e (iv) parcerias, concessões e outros tipos de contratos baseados em legislação atualmente mais voltada para outros tipos de infraestrutura, como saneamento, rodovias e aeroportos.

De partida, no Distrito Federal, é necessário excluir a ideia do Programa de Incentivo Fiscal, por seu baixo valor. Ao contrário dos valores praticados pela Lei de Incentivo Fiscal Federal (Lei Rouanet), a Fazenda brasiliense limita projetos incentivados a 5%

---

9. Muito importante a colocação de Marrara (2012) a esse respeito: "Os direitos à saúde, à educação, à locomoção, à reunião, à comunicação, ao consumo de serviços essenciais como telefonia, energia e saneamento básico jamais seriam faticamente viáveis caso o Estado não garantisse ou estimulasse a distribuição equânime de infraestrutura à sua população em quantidade e qualidade compatível com suas necessidades humanas e sociais. De nada adiantaria, portanto, reconhecer juridicamente direitos fundamentais sem que, em realidade, a respectiva infraestrutura não fosse ofertada ao público, tornando possível a concretização desses direitos. Daí a razão de se insistir fortemente na universalização de infraestruturas públicas e no controle de distribuição espacial de infraestruturas privadas de interesse público".
Perfeitamente plausível incluir o acesso à cultura entre as infraestruturas citadas, considerando sua relevância e importância como direito fundamental constitucionalmente garantido.
10. MARRARA. Regulação sustentável de infraestruturas. *Revista Brasileira de Infraestrutura* – RBINF Belo Horizonte, ano 1, n. 1, jan./jun. 2012.

do valor total do programa, que para 2024 será de aproximadamente R$ 20 milhões (Distrito Federal, 2024).[11]

Assim, o modelo atualmente mais utilizado no país como um todo é a gestão direta por parte dos governos subnacionais, demonstrando clara ineficiência. Seja por questões técnico-administrativas, de dificuldades de gestão, seja por dificuldades financeiras, a ideia de que a própria administração será responsável por gerir espaços culturais, reformá-los, adequá-los a novas necessidades, e até mesmo construí-los quando necessário, se mostra absolutamente ineficaz.

Tome-se como exemplo o Distrito Federal. O Teatro Nacional Claudio Santoro foi fechado em 2014 em função de proibição do Corpo de Bombeiros, considerando as parcas estruturas de acessibilidade e proteção de incêndio. Com isso, era necessária a realização de um novo projeto, para adequação da estrutura como um todo, observando-se todas as questões decorrentes do tombamento do edifício. Evidente que a Secretaria de Cultura do Distrito Federal não dispõe de pessoal gabaritado para a realização de um amplo projeto de arquitetura, razão pela qual licitou um projeto a ser realizado.

Ocorre que da mesma maneira que a Secretaria de Cultura do Distrito Federal não tem pessoal para realizar o projeto, tampouco o teria para avaliar o material entregue, razão pela qual o objeto demorou anos para ser aceito. Nessa toada, não havia recursos para uma obra de tamanha magnitude, e o projeto restou engavetado. Apenas sete anos depois do fechamento, conseguiu-se um montante para uma das etapas da reforma, a da Sala Martins Pena; e só então se procedeu à licitação da empresa, não sem antes uma exaustiva etapa de ajuste do projeto, que só foi possível com o pessoal técnico de outras áreas do Governo do Distrito Federal.

Nesse sentido, a reforma do Teatro Nacional Cláudio Santoro já se vislumbrava desde sempre como uma grande possibilidade para a criação de uma parceria público-privada que tratasse posteriormente da exploração do teatro. Ora, se uma PPP é, conforme aduz a professora Maria Sylvia di Pietro (2022, p. 561) o contrato administrativo de concessão que tem por objeto (a) a execução de serviço público, precedida ou não de obra pública, remunerada mediante tarifa paga pelo usuário e contraprestação pecuniária do parceiro público, ou (b) a prestação de serviço de que a Administração Pública seja a usuária direta ou indireta, com ou sem execução de obra e fornecimento e instalação de bens, mediante contraprestação do parceiro público,[12] então a ideia de se reformar o Teatro Nacional, com posterior cessão ao particular para seu uso seria perfeitamente possível.

Contudo, há que se ressaltar que atualmente há pouquíssimas possibilidades de contratação que tragam ao ente privado segurança jurídica e/ou viabilidade econômico-financeira. Isso se dá por uma razão bastante simples, não há atualmente estudos que

---

11. Portaria SEF 71/2022. Disponível em: https://www.sinj.df.gov.br/sinj/Norma/00f0dcc8832c4de6af4d8ead763c0f7b/Portaria_71_16_12_2022.html.
12. DI PIETRO, Maria Sylvia. *Parceiras na Administração Pública*. Rio de Janeiro: Forense, 2022.

consigam mensurar impactos de uma infraestrutura cultural relevante. A cultura é um setor da economia, em que pese ser um direito constitucionalmente fundamental, que enfrenta inúmeras dificuldades de estudos e medições. Com isso, é quase impossível construir um modelo econômico que faça sentido tanto para o ente público, como para o privado.

Isso faz com que a Administração prefira jogar simples, e lançar editais baseados no MROSC, nos quais apenas precisarão avaliar a parceria. Natasha Salinas (2019, p. 396) escreve sobre as relações entre Estado e as Organizações da Sociedade Civil, demonstrando que esses contratos, celebrados entre entes governamentais e OSCs, buscam viabilizar a prestação de serviços de interesse público e social em áreas tão variadas como educação, saúde, meio ambiente e assistência social,[13] além da cultura.

A grande questão aqui é o enorme arcabouço de instrumentos jurídicos que são utilizados com esse condão. Salinas (2019, p. 396) adiciona que esse espaço regulatório das parcerias entre Estado e OSCs hoje permite oito instrumentos contratuais principais, deixando uma gama bastante significativa para que a Administração se preocupe tão somente em passar recurso: São eles: (i) convênios; (ii) contratos de gestão; (iii) termos de parceria; (iv) contratos de repasse; (v) termos de colaboração; (vi) termos de fomento; (vii) acordos de cooperação; e (viii) termos de compromisso cultural.[14]

Fundamental destacar que cada um desses instrumentos contratuais possui um regime jurídico distinto e varia conforme (a) a natureza do objeto contratual e/ou (b) os tipos de OSC envolvidas,[15] conforme se observa dos instrumentos utilizados pelo Estado de São Paulo na condução da infraestrutura cultural.

O Governo do Distrito Federal, em poucas oportunidades, utiliza-se de alguns mecanismos do MROSC, como se pode depreender da atual gestão. Atualmente, o Espaço Cultural Renato Russo, na 508 Sul, e o Cine Brasília, possuem gestão compartilhada baseada no MROSC. Inegáveis são os avanços, que permitem, por exemplo, que o Cine Brasília consiga cobrar seus ingressos com uma máquina de cartão de crédito ou débito em detrimento do modelo antigo, no qual apenas dinheiro era aceito, por ser difícil licitar uma operadora para as máquinas.

Importante ressaltar aqui, que não se trata de crítica ao modelo do MROSC. Conforme se verifica pelo posicionamento da Egrégia Corte de Contas do Estado de São Paulo, as contas vêm sendo paulatinamente julgadas regulares, conforme se verifica, por exemplo nos julgamentos das prestações de contas da Associação Museu de Arte Sacra de São Paulo e da Associação Pró-Dança – gestão da São Paulo Escola de Dança "Ismael Ivo" – Centro de Formação em Artes Coreográficas do Estado de São Paulo:

---

13. SALINAS, Natasha. Parcerias entre Estado e Organizações da Sociedade Civil: Análise do seu espaço regulatório. *Revista da Faculdade de Direito da UFMG*, n. 75, dez. 2019, p. 395-418. DOI.org (Crossref). Disponível em: https://doi.org/10.12818/P.0304-2340.2019v75p395.
14. SALINAS, Natasha. Parcerias entre Estado e Organizações da Sociedade Civil: Análise do seu espaço regulatório. *Revista da Faculdade de Direito da UFMG*, n. 75, dez. 2019, p. 395-418. DOI.org (Crossref). Disponível em: https://doi.org/10.12818/P.0304-2340.2019v75p395.
15. Idem.

TC – 011373.989.20-1 – Secretaria de Estado da Cultura e Economia Criativa – Associação Museu de Arte Sacra de São Paulo – SAMAS. Em Julgamento: Prestação de contas. Exercício: 2020. Valor: R$8.300.811,05. E. Câmara decidiu julgar regular quitando-se os responsáveis.

TC-009924.989.22-1 – Secretaria de Estado da Cultura e Economia Criativa – Unidade de Formação Cultural. Associação Pró-Dança – gestão da São Paulo Escola de Dança "Ismael Ivo" – Centro de Formação em Artes Coreográficas do Estado de São Paulo. Em Julgamento: Convocação Pública. Contrato de Gestão de 30.12.21. Valor – R$60.092.891,00. E. Câmara decidiu julgar regulares a Dispensa de Licitação e o Contrato de Gestão 05/2021.

Ou seja, o modelo está consolidado, ao menos no Estado de São Paulo. Mas tem sido suficiente para a expansão e implantação de novas infraestruturas culturais? A resposta para o Distrito Federal ainda é *não*. Seja por contingenciamento de gastos, seja por falta de recursos para a implantação de novas estruturas (o que deve ser mitigado com os recursos decorrentes da PNAB), ou para alguns equipamentos específicos,[16] o modelo MROSC não se coloca à altura das dificuldades e da importância do tema.

Ainda que exista uma Secretaria Especial de Parcerias no âmbito do Governo do Distrito Federal, não há nenhum projeto voltado para o setor cultural. Tampouco há interesse atualmente do mercado, com poucas consultorias interessando-se sobre o tema, ainda que a economia da cultura seja reconhecidamente uma das mais prósperas no país,[17] correspondendo a uma porcentagem relevante da produção de riqueza brasileira. Ocorre que para que apresentações de teatro, música, dança e afins aconteçam, é necessário que exista uma infraestrutura cultural. A título de exemplo, o Desfile das Escolas de Samba do Rio de Janeiro é considerado "o maior show da Terra"[18] entre outras coisas porque tem uma infraestrutura monumental para se apresentar, o Sambódromo da Marquês de Sapucaí, projetado por ninguém menos do que Oscar Niemeyer.

CONSIDERAÇÕES FINAIS

O atual modelo baseado no MROSC tem sido suficiente para a viabilização relativa de infraestrutura cultural no Estado de São Paulo. No Distrito Federal, há dificuldade para essa utilização, especialmente em decorrência de contingenciamento de verbas, pouca variedade de Organizações da Sociedade Civil, necessidade de implantação de novas infraestruturas com valores superiores àqueles que as OSCs conseguem gerir, e projetos por demais grandiosos para que alguma organização brasiliense consiga dominar, como o caso do Teatro Nacional.

Faz-se mister urgente, de se extrapolar esse modelo, com dois métodos específicos. O primeiro é ampliar o limite para utilização do programa de incentivo fiscal, considerando

---

16. A reforma de apenas uma das salas do Teatro Nacional Cláudio Santoro custará mais de R$ 55 milhões, um valor muito alto para um termo de colaboração, razão pela qual a obra foi licitada. Mas será que não havia a possibilidade de uma PPP? Disponível em: https://veja.abril.com.br/coluna/radar/o-inicio-da-reforma-do-teatro-nacional-de-brasilia-fechado-ha-nove-anos/.
17. Estudo realizado em 2022 pela FGV demonstra que para cada real investido pela Lei Aldir Blanc no estado de São Paulo, houve retorno de mais de R$ 3,00.
18. Letra eternizada no samba "É Hoje!" da União da Ilha do Governador, em 1982.

que o Distrito Federal possui ampla gama de tributos a serem incentivados – visto que a estrutura local é composta de um ente estadual e outro municipal. Assim, todas as empresas que recolhem ICMS e ISS no DF poderiam criar projetos incentivados dessa natureza.

É bem verdade que o financiamento por parte da PNAB e do novo PAC podem trazer recursos que antes não existiam dentro do Distrito Federal, facultando ao governo local um maior investimento. A mudança no programa de incentivo fiscal, no entanto, não tem apenas o condão de aumentar recursos, mas também de criar identidades do setor privado com os equipamentos públicos de modo a se buscar uma atuação conjunta da sociedade visando a melhoria na infraestrutura cultural. O sentimento de identidade é crucial neste contexto, posto que a sociedade só conseguirá atingir resultados nessa seara, se atuar em conjunto.

Outra urgência a criação de uma divisão na Secretaria de Parcerias, ou, quem sabe na própria Secretaria de Cultura e Economia Criativa, que consiga desenvolver modelos de alianças público-privadas, utilizando-se qualquer dos tipos existentes e desenvolvidos pelo PPI, como muito bem destacado por Accioly e Baptista (2018, p. 404-405) – concessão comum, arrendamento, desestatização, empreendimento estratégico, subconcessão, ou parceria público-privada[19] – considerando a enorme diversidade possível de contratos visando a implantação, manutenção ou viabilização de infraestrutura e equipamentos culturais.

Em suma, considerando que hoje, das 33 Regiões Administrativas do Distrito Federal, apenas 7 têm equipamentos culturais públicos, com uma absurda concentração na Região Administrativa I – Plano Piloto (mais de 10 equipamentos públicos de cultura), para que se promova uma efetiva implantação e viabilização de infraestrutura de equipamentos culturais que atenda verdadeiramente a população, e se garanta o acesso à cultura – repise-se, direito constitucionalmente garantido – é imperioso que se busquem alternativas ao modelo MROSC.

Nem tudo, no entanto, são trevas. É preciso rememorar que soluções junto aos entes privados, como PPPs, concessões, ou outros modelos de parceria, que não busquem as entidades da sociedade civil, mas parceiros efetivamente privados, aliadas ao maior investimento por parte do Fundo Nacional de Cultura, com base na PNAB e no novo PAC parecem promissoras.

REFERÊNCIAS

BAPTISTA, Patrícia; ACCIOLY, João Pedro. As PPPs e o PPI: o diálogo entre as Leis 11.079 e 13.334: interações normativas, objetivos administrativos e aplicações interfederativas. In: MARRARA, Thiago (Org.); SADDY, André (Coord.). *Tratado das parcerias público-privadas*. Rio de Janeiro: CEEJ. t. III: estudo prévio para a implementação das PPPs, 2018.

---

19. BAPTISTA, Patrícia; ACCIOLY, João Pedro. As PPPs e o PPI: o diálogo entre as leis 11.079 e 13.334: interações normativas, objetivos administrativos e aplicações interfederativas. In: MARRARA, Thiago (Org.); SADDY, André (Coord.). *Tratado das parcerias público-privadas*. Rio de Janeiro: CEEJ. t. III: estudo prévio para a implementação das PPPs

CARVALHO, André Castro. *Direito da Infraestrutura*. Perspectiva pública. São Paulo: Quartier Latin, 2014.

DA SILVA, Frederico Barbosa; ZIVIANI, Paula. O incrementalismo pós-constitucional e o enigma da desconstrução: uma análise das políticas culturais. *Texto para discussão* / Instituto de Pesquisa Econômica Aplicada. Brasília/Rio de Janeiro: Ipea, 2020. Disponível online em: https://repositorio.ipea.gov.br/handle/11058/9802.

DAL POZZO, Augusto Neves. *O Direito Administrativo da Infraestrutura*. São Paulo: Contracorrente, 2020

DI PIETRO, Maria Sylvia. *Parceiras na Administração Pública*. Rio de Janeiro: Forense, 2022.

HERNANDES, Leonardo Silveira. Como nascem os editais: a interação dos campos do poder e do teatro na formulação dos instrumentos de fomento do Fundo de Apoio à Cultura do Distrito Federal no período de 2011 a 2018. 2020. 128 f., il. Dissertação (Mestrado em Desenvolvimento, Sociedade e Cooperação Internacional) – Universidade de Brasília, Brasília, 2020.

LOSINSKAS, P. V. B.; CARVALHO, A. C. O princípio da legalidade e a regulação econômica. *Revista dos Tribunais Nordeste*, v. 4, 2014.

MENDONÇA, P.; FALCÃO, D. S. Novo Marco Regulatório para a realização de parcerias entre Estado e Organização da Sociedade Civil (OSC). Inovação ou peso do passado? *Cadernos Gestão Pública e Cidadania*, São Paulo, v. 21, n. 68, 2016. DOI: 10.12660/cgpc.v21n68.56484. Disponível em: https://bibliotecadigital.fgv.br/ojs/index.php/cgpc/article/view/56484. Acesso em: 22 dez. 2022.

MARRARA, Thiago. Regulação sustentável de infraestruturas. *Revista Brasileira de Infraestrutura* – RBINF Belo Horizonte, ano 1, n. 1, jan./jun. 2012.

MARRARA, Thiago. *Estatuto da metrópole*: Lei 13.089/2015 comentada. São Paulo: USP (FDRP). Comentários aos art. 1º (MARRARA), art. 2º (MARRARA/ROSIM) e art. 24 (LEVIN). Disponível online em: https://www.direitorp.usp.br/wp-content/uploads/2022/01/Estatuto-da-metropole-comentado.pdf.

SALINAS, Natasha. Parcerias entre estado e organizações da sociedade civil: análise do seu espaço regulatório. *Revista da Faculdade de Direito da UFMG*, n. 75, dez. 2019, p. 395-418. DOI.org (Crossref). Disponível em: https://doi.org/10.12818/P.0304-2340.2019v75p395.

SIMIS, Anita. A política cultural como política pública. In: RUBIM, Antonio Albino Canelas (Org.). *Políticas culturais no Brasil*. Salvador: EDUFBA, 2007.

CONCESSÕES DE PARQUES URBANOS E NATURAIS: DESAFIOS E OPORTUNIDADES

Allan Fuezi de Moura Barbosa

Doutorando em Direito Comercial pela Universidade de São Paulo (USP). Mestre em Direito pela Universidade de Lisboa. Secretário-Geral da Associação Norte-Nordeste de Direito Econômico (ANNDE). Advogado. E-mail: allanfuezi@usp.br.

Ednaldo Silva Ferreira Júnior

Doutorando em Direito Público pela Faculdade de Direito do Recife – UFPE. Mestre em Direito Administrativo pela Faculdade de Direito de Lisboa. Gerente do Comitê de Contratos de Parcerias da Associação Norte e Nordeste de Direito Econômico (ANNDE). Advogado. E-mail: ednaldosfjunior@gmail.com.

Sumário: Introdução – 1. Das experiências nacionais e internacionais na implementação de concessões de parques urbanos e naturais; 1.1 Da experiência internacional; 1.2. A experiência brasileira; 1.2.1 Dos parques naturais; 1.2.2 Dos parques urbanos – 2. Dos benefícios do uso de concessões na gestão de parques urbanos e naturais – 3. As peculiaridades e desafios do uso de concessões para a gestão dos parques urbanos e naturais – Considerações – Referências.

INTRODUÇÃO

Os parques, sejam eles urbanos ou naturais,[1] possuem papel central no desenho de políticas para um uso sustentável dos espaços, dada a sua inegável relevância para a persecução de diversos dos objetivos de desenvolvimento sustentável fixados pela Organização das Nações Unidas.[2] Os parques urbanos, diretamente, colaboram com objetivos, como os de proporcionar o acesso a espaços públicos verdes, reduzir o impacto ambiental negativo da urbanização, entre outros. Os parques naturais, por sua vez, são imprescindíveis para estratégias relacionadas aos diversos objetivos de conservação, recuperação e uso sustentável de ecossistemas, bem como redução da sua degradação. De maneira indireta, tais espaços também contribuem na persecução de vários outros objetivos relacionados à saúde e bem-estar, decorrentes da capacidade dos parques de

---

1. Para uma introdução às diferentes nuances envolvidas na classificação dos parques como urbanos ou naturais, ver: SAMPAIO, Patrícia Regina Pinheiro et al. Questões jurídicas relevantes na gestão de parques urbanos no Brasil: panorama geral e estudo de caso do Parque do Flamengo, *Revista De Direito Administrativo*, 2016, p. 339-379, p. 341-344.
2. Para conhecimento dos objetivos da ONU, ver: UNIDAS, Organização das Nações. *Sobre o nosso trabalho para alcançar os Objetivos de Desenvolvimento Sustentável no Brasil*. Disponível em: https://brasil.un.org/pt-br/sdgs. Acesso em: 30 jul. 2024.

funcionar como espaços indutores de hábitos saudáveis na população,[3] ao trabalho decente ou ao crescimento econômico. Sobre esse último ponto, diversas experiências ao redor do mundo têm revelado o potencial dos parques para colaborar com o desenvolvimento do turismo, inclusive propiciando trabalhos dignos e sustentáveis para comunidades próximas.[4]

Logo, os parques naturais e urbanos representam ativo de extrema relevância para o desenvolvimento sustentável das cidades, cuja importância tende a ser potencializada ao longo dos próximos anos, diante da crescente atenção à preservação dos espaços naturais e dos processos de urbanização dos países, sempre levando-se em consideração a centralidade do elemento da sustentabilidade no debate público.

Por conta do contexto mencionado, torna-se fundamental o debate acerca da melhor forma para a gestão desses ativos: se de maneira direta, pelo próprio Estado, ou através de colaboradores privados. Isso, considerando-se a disputa dos recursos públicos escassos por outras demandas mais urgentes, imprescindíveis ou, no caso do Brasil, constitucionalmente impositivas, como saúde[5] e educação.[6]

Nessa linha, o presente texto busca tratar sobre o uso de concessões, sejam elas concessões comuns ou parcerias público-privadas (a seguir, PPPs), na gestão dos parques urbanos e naturais, estratégia que vem sendo adotada tanto nacional,[7] quanto internacionalmente.[8]

Assim, o artigo parte de uma análise do contexto atual, fazendo uma breve introdução ao cenário nacional e internacional de gestão de parques urbanos e naturais mediante concessões, com vistas a compreender a difusão de tal formato de gestão desses ativos. E, depois, busca-se examinar as principais lições que podem ser aprendidas com tais experiências, focando nos benefícios decorrentes da gestão através de contratos de concessão, assim como os principais desafios associados ao uso de tais contratos. O objetivo é permitir uma compreensão ampla do uso das concessões, sem o exaurimento de todas as particularidades relacionadas ao uso dessa figura.

Dessa maneira, o presente trabalho busca demonstrar que tal estratégia de gestão revela tanto oportunidades quanto desafios, os quais precisam ser igualmente ponderadas antes de qualquer decisão pela adoção desses modelos de gestão dos parques urbanos e naturais.

---

3. ANNERSTEDT, Matilda et al. *Benefits of urban parks a systematic review*. Copenhagen: IFPRA, 2013, p. 8-14. Disponível em: https://core.ac.uk/download/pdf/269225922.pdf. Acesso em: 20 jul. 2024
4. VARGHESE, Giju. Public–private partnerships in South African national parks: the rationale, benefits and lessons learned. In: SPENCELEY, Anna (Coord). *Responsible Tourism*: critical issues for conservation and development. London: Routledge, 2012, p. 75.
5. § 2º, art. 198, da Constituição Federal.
6. Art. 212, da Constituição Federal.
7. No caso de parques naturais, vide o Parque Nacional do Iguaçu, e, no caso de parques urbanos, vide o Parque Ibirapuera.
8. Mais uma vez, apenas a título de exemplo, cite-se o Park-PFI, sistema japonês de licitação de parques urbanos, e o SANParks, sistema análogo, mas de parques aturais, da África do Sul.

1. DAS EXPERIÊNCIAS NACIONAIS E INTERNACIONAIS NA IMPLEMENTAÇÃO DE CONCESSÕES DE PARQUES URBANOS E NATURAIS

Para a melhor compreensão dos desafios e das oportunidades da concessão de parques urbanos e naturais, torna-se fundamental partir da experiência internacional de adoção desse modelo de gestão, para observar os exemplos nacionais de sucesso, como forma de indicar os pontos positivos e negativos da concessão de parques.

1.1 Da experiência internacional

Internacionalmente, é possível perceber diversas experiências exitosas de participação de entidades privadas na gestão de parques públicos, o que atesta a viabilidade de tal formato de administração desses ativos. Naturalmente, são inevitáveis as diferenças entre os regramentos jurídicos dos diferentes países, inclusive porque algumas experiências compreendem países cujo sistema jurídico está alinhado à *Commom Law*, de modo que não se pode afirmar uma equivalência total ao modelo brasileiro. Contudo, a replicação desse formato de gestão em diferentes contextos, com resultados positivos, sinaliza, ao menos preliminarmente, a possibilidade de concessões e parcerias público-privadas para os parques.

Nos EUA, estudo realizado por Amanda Wilson[9] analisou como se deu a estruturação e operação de PPPs na gestão de parques, destacando as oportunidades e implicações dessas parcerias para as cidades, os cidadãos e as organizações de um modo geral. Destaca-se o exemplo do Discovery Green, em Houston, no estado do Texas, que tem sido considerado um excelente exemplo de uma PPP bem-sucedida, apresentando programação, eventos e comodidades diversas, financiadas por meio de doações e patrocínios privados. Outro exemplo pode ser visto no Market Square, em Pittsburgh, no estado da Pensilvânia, sob um modelo de PPP que inclui colaboração com empresas e organizações locais, que se tornou um espaço de encontro central na cidade.

Além disso, a experiência internacional revela casos de exploração dos parques por organizações não governamentais nos EUA, ou seja, entidades privadas, mas sem fins lucrativos: a Central Park Conservancy e a Bryant Park Restoration Corporation, que atuam na cidade de Nova Iorque. A Central Park Conservancy é responsável pela administração e manutenção do Central Park, talvez um dos parques mais conhecidos do mundo, enquanto a Bryant Park Restoration Corporation foi responsável pela revitalização e operação do parque Bryant. Ambas as organizações gerem e obtêm o financiamento para os respectivos parques, sendo mais eficazes e responsáveis do que os gestores governamentais, diante da elevação dos benefícios para o público.[10]

---

9. WILSON, Amanda. *Public private partnerships in urban parks*: a case study of five U.S. parks. Dissertação de mestrado. Cornell University, Ithaca, 2011.
10. MURRAY, Michael. Private management of public spaces: nonprofit organizations and urban parks, *Harvard Environmental Law Review*, v. 34, 2010, p. 179 ss.

Da mesma forma, em países em desenvolvimento também é possível encontrar experiências exitosas.Irkutsk, foi desenvolvido a partir de uma concessão, para abrigar uma área recreativa com infraestrutura para cafés, restaurantes e eventos, com mais de cinco mil visitantes por dia. O projeto já recebeu mais de 100 milhões de rublos em investimentos.[11]

Já na África do Sul, o foco primordial se deu na viabilização de parcerias público-privadas com os parques nacionais e não urbanos. A estruturação desses programas no país ocorreu a partir da criação da agência governamental Parques Nacionais da África do Sul (SANParks), no ano 2000. Assim, foram concedidos a operadores privados as instalações turísticas dentro de parques nacionais, como o Parque Nacional Kruger e o Parque Nacional Addo Elephant. Os agentes privados, assim, são responsáveis por construir e atualizar acomodações e infraestrutura, aprimorando as experiências dos visitantes, enquanto geram receita para o SANParks. A iniciativa levou ao aumento da infraestrutura dos parques, tendo incrementado o turismo e criado inúmeros postos de empregos, beneficiando tanto os esforços de conservação quanto as comunidades locais.[12]

Desse modo, após a abordagem de modelos exitosos ao redor do mundo, deve-se analisar como tem sido o processo de concessão de parques no Brasil.

1.2. A experiência brasileira

No Brasil, o tema da concessão de parques ainda tem um grande percurso a trilhar. O monitoramento de concessões de parques urbanos e naturais ativos no país, realizado pelo Banco Nacional de Desenvolvimento Econômico e Social (BNDES) ainda demonstra um número bastante reduzido de concessões desses ativos.[13]

Hoje, de acordo com o BNDES, verifica-se a existência de 28 concessões ativas no país, sendo oito da esfera federal, nove da estadual e onze da municipal. No total, há 12 operadores privados no país, tendo a Urbia como a maior operadora privada em número de parques, com nove ativos no país. De todas as concessões, nota-se que 17 são parques situados no sudeste e 8 no sul, o que atesta a maior concentração nas duas regiões, em detrimento do centro-oeste (apenas 1), nordeste (apenas 2) e norte (nenhuma).

Em todo caso, deve-se observar o cenário diferenciado dos parques naturais e urbanos no país, por conta das diferenças de abordagem pelo ordenamento jurídico brasileiro.

---

11. FEOKTISTOVA, Oksana et. al. Use of the concession agreements for the attraction of investments into the urban improvement, *E3S Web Conf.*, v. 244, 2021. Use-of-the-concession-agreements-for-the-attraction-of-investments-into-.
12. VARGHESE, Giju. Public-private partnerships in South African national parks: the rationale, benefits and lessons learned. In: SPENCELEY, Anna (Coord). *Responsible Tourism*: critical issues for conservation and development. London: Routledge, 2012.
13. Brasil. Banco Nacional de Desenvolvimento Econômico e Social. *Hub de projetos*: parques. Disponível em: https://hubdeprojetos.bndes.gov.br/pt/setores/Parques. Acesso em: 20 jul. 2024. Disponível em: https://hubdeprojetos.bndes.gov.br/pt/setores/Parques#0.

1.2.1 Dos parques naturais

No Brasil, a regulação de parques naturais está ligada ao Direito Ambiental, uma vez que tem natureza de unidade de conservação, que pode ser definida por qualquer ente federativo, na conformidade do art. 225, § 1º, inc. III, combinado com o art. 23, inc. VI, da Constituição Federal. Por sua vez, de acordo com o art. 11 da Lei 9.985/2000, que institui o Sistema Nacional de Unidades de Conservação da Natureza – SNUC, o parque natural "tem como objetivo básico a preservação de ecossistemas naturais de grande relevância ecológica e beleza cênica, possibilitando a realização de pesquisas científicas e o desenvolvimento de atividades de educação e interpretação ambiental, de recreação em contato com a natureza e de turismo ecológico".

Segundo o Cadastro Nacional de Unidades de Conservação (CNUC), em consulta realizada em 04 de agosto de 2024, na Plataforma oficial de dados do Sistema Nacional de Unidades de Conservação da Natureza,[14] a partir da pesquisa pelo termo "parque", no filtro de "ativos", obteve-se uma planilha com 668 unidades atreladas à busca. No entanto, após uma análise dos dados consolidados, notou-se que existem, na realidade, 598 unidades de conservação da categoria parque natural no país. Desse número, 228 parques são municipais, 235 são estaduais e 75 são federais. Ou seja, no país, a despeito de um crescente número de concessões e PPPs em parques, nota-se um potencial ainda muito relevante de procedimentos atrelados aos parques naturais. Isso, sem contar com a possibilidade de inúmeros entes subnacionais reconhecerem como parques naturais regiões ainda não indicadas, o que pode elevar consideravelmente o número de quase seiscentas unidades de conservação classificadas como parques naturais.

Quanto à concessão de parques naturais, destaca-se no Brasil a do Parque Nacional do Iguaçu, de criação nacional, atualmente vinculado ao Instituto Chico Mendes de Conservação da Biodiversidade. Esse parque já tinha sido concedido para a iniciativa privada em 1995 e, recentemente, passou por uma nova licitação para a sua concessão. O procedimento foi realizado em março de 2022 e a proposta vencedora ofertou uma outorga de R$ 375 milhões (US$ 72,8 milhões), o que representou um ágio de 349,45%, sobre a referência estabelecida inicialmente para o certame, com investimento total no parque da ordem de quatro bilhões de reais.[15]

No entanto, para além do aspecto econômico, o procedimento fixou cinco indicadores de desempenho, bastante atrelados ao objeto da licitação, quais sejam: a) indicador de satisfação do usuário; b) indicador de limpeza e conservação das áreas verdes; c) indicador gestão de resíduos; d) Indicador de manutenção e conservação de ativos; e)

---

14. Brasil. Ministério do Meio Ambiente. *Cadastro Nacional de Unidades de Conservação*: plataforma oficial de dados do Sistema Nacional de Unidades de Conservação da Natureza. Disponível em: https://cnuc.mma.gov.br/. Acesso em: 04 ago. 2024.
15. Brasil. Instituto Chicvo Mendes de Conservação da Biodiversidade. Edital de Concorrência 03/2021: Parna do Iguaçu. Disponível em: https://www.gov.br/icmbio/pt-br/acesso-a-informacao/licitacoes-e-contratos/licitacoes/concorrencia/2021/edital-de-concorrencia-no-03-2021-parna-do-iguacu-errata-1-2021-versao-atualizada-30-12-2021. Acesso em: 04 ago. 2024.

indicador de número balizador de visitação.[16] Assim, para o sucesso do procedimento atinente aos parques naturais, não bastam apenas os valores econômicos envolvidos na operação, mas o controle de parâmetros adequados ao desenvolvimento sustentável do ativo, que já atraiu mais de um milhão e oitocentos mil visitantes no ano de 2023.[17]

Portanto, o sucesso da experiência do Parque Nacional do Iguaçu pode inspirar outras unidades de conservação dessa natureza, quando houver interesse da Administração Pública e dos agentes privados na exploração sustentável desses ativos ambientais.

1.2.2 Dos parques urbanos

Os parques urbanos estão intimamente atrelados ao direito urbanístico e não se confundem com os parques naturais municipais, uma vez que esses últimos são considerados unidades de conservação municipais, com maior restrição de uso.[18] Assim, a criação, a garantia de acesso e fruição, como também a gestão eficiente da infraestrutura de parques urbanos são parte da efetivação do direito à cidade.[19] Por sua vez, a sua criação se diferencia dos parques naturais, porquanto pode ocorrer através de previsão na Lei Orgânica municipal, da legislação de ocupação e uso do solo, do plano diretor municipal, de outras leis do município, ou até mesmo de atos do poder executivo.[20]

Ocorre que, a despeito da sua previsão em normatização municipal, os parques urbanos podem se submeter a outras legislações, tais como estaduais (a exemplo das atinentes à segurança pública) ou federais (como no caso das normais gerais ambientais).[21] Essa amplitude de competência legislativa e igualmente administrativa dos parques urbanos enseja a obediência a diversos órgãos com competências diferentes e eventualmente conflitantes, de modo que pode gerar elevados custos de transação para a gestão e o monitoramento da área, seja para a administração municipal, para eventuais parceiros privados e mesmo para a sociedade civil organizada.[22] O estudo de caso do

---

16. Brasil. Ministério do Meio Ambiente. *Anexo C*: Sistema de mensuração de desempenho. Disponível em: https://www.gov.br/icmbio/pt-br/acesso-a-informacao/editais-diversos/editais-diversos-2021/arquivos/Sistema_Mensuracao_Desempenho.pdf. Acesso em: 12 jul. 2024.
17. G1 PR. Parque das Cataratas do Iguaçu recebeu mais de 1,8 milhão de visitantes em 2023, *G1*, Ponta Grossa, 31 de dez. 2023. Disponível em: https://g1.globo.com/pr/oeste-sudoeste/noticia/2023/12/31/parque-das-cataratas-do-iguacu-recebeu-mais-de-18-milhao-de-visitantes-em-2023.ghtml. Acesso em: 21 jul. 2024.
18. "São unidades de conservação criadas para proteger os ecossistemas. Seu uso é mais restrito que o das praças, mas a população pode visitá-los para fins recreativos e educacionais. Além disso, podem ser usados para o desenvolvimento de pesquisas científicas" (MARRARA, Thiago (Org.). *Parcerias sustentáveis e inclusivas para a gestão dos espaços verdes urbanos*. Ribeirão Preto: FDRP-USP, 2021, p. 15).
19. SAMPAIO, Patrícia Regina Pinheiro et al. Questões jurídicas relevantes na gestão de parques urbanos no Brasil: panorama geral e estudo de caso do Parque do Flamengo, *Revista De Direito Administrativo*, 2016, p. 339-379, p. 344.
20. SAMPAIO, Patrícia Regina Pinheiro et al. Questões jurídicas relevantes na gestão de parques urbanos no Brasil: panorama geral e estudo de caso do Parque do Flamengo, *Revista De Direito Administrativo*, 2016, p. 339-379, p. 344.
21. A competência legislativa ambiental é concorrente, a teor do art. 24, da Constituição Federal.
22. SAMPAIO, Patrícia Regina Pinheiro et al. Questões jurídicas relevantes na gestão de parques urbanos no Brasil: panorama geral e estudo de caso do Parque do Flamengo, *Revista De Direito Administrativo*, 2016, p. 339-379, p. 356.

Parque do Flamengo, por exemplo, revela desafios federativos e regulatórios, enfatizando a necessidade de uma abordagem integrada para sua administração eficaz.[23]

Outra questão relevante à estruturação de concessões e PPPs no âmbito de parques urbanos é que não se pode perder de vista a finalidade primordial desses parques, que é ser bem de uso comum do povo e, dessa forma, a exploração por particulares deve privilegiar atividades que contribuam ou não prejudiquem o seu uso primário.[24] Assim, considerando a natureza de bem público municipal, a Administração Pública municipal, lastreada em sua legitimidade democrática e da participação popular, deve delimitar os usos que deverão e poderão ser dados aos parques pelo concessionário, de forma a alinhar a sua exploração à finalidade pública principal de servir como bem público municipal.[25]

O maior exemplo de ente federal subnacional que tem desenvolvido um largo programa de parcerias e concessões de parques urbanos é o município de São Paulo. O "Programa 100 Parques" da Secretaria do Verde e do Meio Ambiente do mencionado município, por exemplo, teve como objetivo a criação de novos parques, com vistas à melhoria da qualidade de vida dos cidadãos, a partir da elevação do número de parques da cidade de trinta e três em 2005 para mais de 100 parques a partir de 2012.[26] Para além da ampliação do número de parques urbanos, o município passou a focar mais na necessidade de conceder ao poder privado a exploração de alguns parques, de modo que há hoje duas concessões na área estruturadas pela cidade de São Paulo.

Inicialmente, em 2019, partindo-se dos planos diretores dos parques Ibirapuera, Parque Jacintho Alberto, Parque dos Eucaliptos, Parque Tenente Brigadeiro Roberto Faria Lima, Parque Lajeado e Parque Jardim Felicidade, celebrou-se o contrato de concessão da prestação de serviços de gestão, operação e manutenção e execução de obras e serviços de engenharia dos mencionados parques. Para tanto, fixou-se o pagamento de uma outorga fixa e uma variável decorrente da receita bruta da concessionária.[27] A empresa Urbia assumiu a concessão com o lance de cerca de 70,5 milhões de reais e o compromisso de realização de investimentos da ordem de 167 milhões para melhorias nos espaços administrados.

Já em 2022, o município de São Paulo firmou contrato de concessão para gestão, operação e manutenção dos parques municipais Prefeito Mário Covas e Tenente Siqueira

---

23. SAMPAIO, Patrícia Regina Pinheiro et al. Questões jurídicas relevantes na gestão de parques urbanos no Brasil: panorama geral e estudo de caso do Parque do Flamengo, *Revista De Direito Administrativo*, 2016, p. 339-379.
24. SAMPAIO, Patrícia Regina Pinheiro et al. Questões jurídicas relevantes na gestão de parques urbanos no Brasil: panorama geral e estudo de caso do Parque do Flamengo, *Revista De Direito Administrativo*, 2016, p. 339-379. Rio de Janeiro, v. 272, p. 339-379, maio/ago. 2016, p. 351.
25. "Diante dessa multiplicidade de formas de uso incidentes sobre um bem público, cabe à autoridade administrativa que exerce a respectiva gestão optar por aquelas que maiores utilidades proporcionem à população, imprimindo-lhes maior estabilidade na medida em que se revelem mais compatíveis com o uso comum do povo" (DI PIETRO, Maria Sylvia Zanella. *Uso privativo de bem público por particular*. 2. ed. São Paulo: Atlas, 2010. p. 27).
26. Brasil. Município de São Paulo. Guia dos Parques. Disponível em: https://www.prefeitura.sp.gov.br/cidade/secretarias/upload/meio_ambiente/arquivos/publicacoes/guia_dos_parques_3.pdf. Acesso em: 27 jul. 2024.
27. Brasil. Município de São Paulo. Urbia Parques. Disponível em: https://www.prefeitura.sp.gov.br/cidade/secretarias/meio_ambiente/parques/index.php?p=338176. Acesso em: 22 jul. 2024.

Campos (Trianon), sua área adjacente, bem como da Praça Alexandre de Gusmão, de acordo com os seus planos diretores, com o Consórcio Borboletas, para um período de vinte e cinco anos de gestão.[28] Objetivou-se a revitalização desses espaços públicos e beneficiamento das infraestruturas. Igualmente, estabeleceu-se o pagamento de uma outorga fixa e outra variável, a depender da receita bruta anual do consórcio.[29] O referido consórcio foi vencedor do procedimento mediante pagamento de 3,3 milhões de reais ao município.

O programa da capital paulista, contudo, a despeito do aparente sucesso das concessões, ainda tem uma baixa aprovação popular. Em pesquisa realizada em agosto de 2023, pelo instituto Datafolha, apenas 28% dos moradores da cidade de São Paulo reconhecem as melhorias dos parques concedidos à iniciativa privada, enquanto 18% entendem haver piora e 35% não identificaram mudança nos serviços oferecidos.[30] De todo modo, como são concessões relativamente recentes, os incrementos nas infraestruturas ainda não foram completamente realizados, de modo que essa avaliação pode aumentar ao longo do tempo.

No Nordeste, outro caso concreto que merece observação é a recente concessão promovida pelo Município do Recife de alguns parques urbanos. Em 29 de julho de 2024, foi homologado o resultado final da concorrência 002/2004,[31] através da qual foram licitados dois lotes, um deles composto por três parques urbanos, os parques da Jaqueira, Apipucos e Santana, localizados na zona norte da cidade, e o segundo lote envolvendo apenas o Parque Dona Lindu, localizado na zona sul do município. Em ambos os lotes, o vencedor foi o consórcio Aqui é Brasil Parques, cuja soma das outorgas fixas totalizou R$338.906,66. A concessão terá duração de 30 anos, período no qual o concessionário assumirá custos e investimentos obrigatórios que totalizam R$ 413.504.761,26.

O projeto destaca-se por diversas particularidades bastante interessantes. A primeira delas é o fato de que o Parque Dona Lindu incluir na área concedida um teatro e uma galeria de arte, ativos com peculiaridades de gestão próprias, que adicionam complexidade à concessão, ao mesmo passo em que fornecem fontes de receita que normalmente não estão à disposição de parques urbanos. Nessa linha, será interessante observar o impacto que tais ativos possuirão sobre a receita dos concessionários, seja diretamente, ao permitir a realização de espetáculos e exposições com cobrança de

---

28. Brasil. Município de São Paulo. Minuta de contrato da Concorrência n. 20/SGM/2020. Anexo IV: Mecanismo de pagamento da outorga. Disponível em: https://drive.google.com/file/d/1A9KqAtjDpDwAR6g61C7BByhXgleUo41W/view. Acesso em: 27 jul. 2024.
29. Brasil. Município de São Paulo. Consórcio borboletas. Disponível em: https://www.prefeitura.sp.gov.br/cidade/secretarias/meio_ambiente/parques/index.php?p=338182jul. 2024.
30. ZVARICK, Leonardo. Quase um terço dos paulistanos aprova concessão de parques municipais. *Folha de São Paulo*, São Paulo, 3 de setembro de 2023. Disponível em: https://www1.folha.uol.com.br/cotidiano/2023/09/quase-um-terco-dos-paulistanos-aprova-concessao-de-parques-municipais.shtml#:~:text=Concess%C3%B5es%20de%20parques%20municipais%20de%20S%C3%A3o%20Paulo&text=A%20empresa%20vencedora%20da%20licita%C3%A7%C3%A3o,milh%C3%B5es%20em%20melhorias%20no%20local. Acesso em: 20 jul. 2024.
31. Brasil. Município do Recife. Edital de Licitação – Concorrência 002/2024. 2024. Disponível em: https://parcerias.recife.pe.gov.br/projetos/concessao-de-parques-urbanos. Acesso em: 20 jul. 2024.

ingressos, ou indiretamente, ao atrair para o parque pessoas que poderão se valer dos serviços mais comuns à generalidade dos parques urbanos, como restaurantes, lanchonetes e atividades de entretenimento de menor porte.

Ainda acerca do teatro e galeria de arte, é importante mencionar que ambos são projetos de Oscar Niemeyer, tido como um dos maiores nomes da história da arquitetura nacional. Ou seja, para além da complexidade natural à gestão desses ativos de entretenimento, adiciona-se o fato de tratar-se de patrimônio cultural, de forma que será bastante útil observar o impacto financeiro que esses dois empreendimentos representarão para a gestão dos parques.

Além disso, em relação ao lote composto pelos parques localizados na zona norte de Recife, será relevante observar como se dará a integração desses. Isto porque os parques possuem vocações bastante distintas: enquanto o Parque da Jaqueira possui vocação mais familiar, com diversos parques infantis, o Parque de Apipucos foi pensado para ser um polo gastronômico, enquanto o Parque Santana possui vasto complexo esportivo, além de ser popularmente utilizado para eventos, como feiras e shows de menor porte. Assim, a integração de ativos tão diversos pode se dar através da complementaridade desses, com grande possibilidade de potencialização mútua, dada a proximidade geográfica dos parques. Isso, ao mesmo tempo em que também se adiciona complexidade à gestão, visto tratar-se de ativos que exigem expertises bastante diferentes.

Portanto, no contexto nacional, já se percebe a difusão dessa modalidade de gestão para além da centralidade econômica de São Paulo, de modo que as figuras da concessão e das PPPs de parques podem ser um modelo de possível adoção em diversos parques ao redor do Brasil, desde que se tenha em consideração, na sua modelagem, não apenas os benefícios, mas os desafios que estão atrelados a esse tipo de gestão. Esses aspectos serão abordados nos tópicos seguintes.

2. DOS BENEFÍCIOS DO USO DE CONCESSÕES NA GESTÃO DE PARQUES URBANOS E NATURAIS

É comumente atribuída às concessões de ativos públicos uma série de benefícios, tais como melhoria da qualidade dos serviços, maior expertise na gestão dos bens, melhora dos níveis de eficiência econômica, entre outros. E isso não é diferente no caso dos parques, nos quais as experiências nacional e internacional têm demonstrado diversos resultados positivos na implementação de concessões e PPPs.

Um primeiro benefício bastante mencionado é a diminuição da dependência de recursos públicos. Quando geridos diretamente pelo Estado, os parques acabam por disputar recursos com outras atividades estatais, inclusive atividades mais prioritárias e/ou emergenciais, como investimentos em infraestrutura, ou outros serviços públicos, tais como educação e saúde. Esse é um problema que afeta principalmente países em desenvolvimento – como o Brasil –, onde os recursos acabam por ser ainda mais escassos, ocasionando um escalonamento mais rigoroso de prioridades. Nesse contexto, os parques, muitas vezes, acabam não apenas ficando sem recursos para realizar novos investimentos, mas sequer recebem os recursos necessários ao custeio da integralidade das suas despesas.[32] Dessa forma, a gestão através de um concessionário pode diminuir ou mesmo acabar a dependência de recursos públicos, a depender da modelagem financeira realizada, visto que tal agente privado ficará responsável pelo custeio das despesas naturais de manutenção, assim como pela realização de novos investimentos.

No caso dos parques naturais, inclusive, a concessão pode configurar um remédio não apenas útil, mas mesmo imprescindível à preservação das unidades de conservação. Considerando que uma das principais barreiras à preservação ambiental é o baixo orçamento de que dispõem os órgãos de fiscalização ambiental, a inclusão do parceiro privado nesse processo de fiscalização pode promover justamente a injeção de recursos financeiros necessária à melhoria dos índices de preservação. Afinal, no caso da concessão de parques naturais, o particular possuirá interesse direto na preservação ambiental, uma vez que a atratividade comercial dos parques naturais está diretamente relacionada à eficácia da sua preservação ambiental. Isso pode ser objetivamente verificado, por exemplo, no caso dos parques naturais da África do Sul, onde houve um aumento de índices de preservação nos parques naturais após eles passarem a ser geridos por agentes privados.[33]

Outro benefício mencionado é a otimização da gestão.[34] O que se observa nas diferentes experiências nacionais e internacionais é que o agente privado costuma ter um desempenho superior ao desempenho dos entes públicos na gestão dos parques. Como se sabe, a Administração Pública não dispõe da mesma liberdade gerencial da iniciativa privada, estando sujeita a uma série de procedimentos adicionais que podem burocratizar e dificultar a gestão. Não à toa, no caso dos parques geridos diretamente pelo Estado, os próprios gestores costumam mencionar uma série de dificuldades operacionais que enfrentam, em virtude das peculiaridades relacionadas à gestão pública, as quais influenciam a qualidade dos serviços, como, por exemplo, as regras de licitação, as quais ampliam os custos de aquisições.

Além disso, a gestão privada, em razão da sua maior expertise, muitas vezes tem capacidade de enxergar potenciais comerciais adormecidos, que geram recursos capazes de melhorar a gestão dos ativos. Exemplo disso é o fato de ser comum, após a celebração de concessões e PPPs, se verificar uma maior autossuficiência financeira dos parques.[35]

---

32. CARVALHO, Daniel Mostacada Pinho; GORINI, Ana Paula Fontenelle; MENDES, Eduardo da Fonseca. Concessão de serviços e atrativos turísticos em áreas naturais protegidas: o caso do Parque Nacional do Iguaçu. *BNDES Setorial*, Rio de Janeiro, n. 24, p. 181, 2006.
33. SAPORITI, Nico. Managing national parks – How public-private partnerships can aid conservation. *World Bank Publications – Reports*, n. 309, p. 1-4, 2006.
34. RODRIGUES, Camila Gonçalves de Oliveira; ABRUCIO, Fernando Luiz. Parcerias e concessões para o desenvolvimento do turismo nos parques brasileiros: possibilidades e limitações de um novo modelo de governança. *Revista Brasileira de Pesquisa em Turismo*, São Paulo, v. 13, n. 3, p. 111-112, 2019.
35. GILROY, Leonard; KENNY, Harris; MORRIS, Julian. *Parks 2.0*: Operating state parks through public-private partnerships. Washington DC: Conservation Leadership Council and Reason Foundation & Buckeye Institute, 2013, p. 8-10. Disponível em: https://www.buckeyeinstitute.org/library/doclib/Parks-2.0-Operating-State-Parks-Through-Public-Private-Partnerships.pdf. Acesso em: 20 jul. 2024.

Além disso, aspectos como manutenção dos equipamentos, disponibilidade dos serviços e satisfação dos usuários costumam ter melhor desempenho após o envolvimento do agente privado na exploração dos parques. É de certa forma natural que isso ocorra, afinal o agente privado possui interesse direto na melhoria das condições de uso dos equipamentos, visto que isso influenciará diretamente no desempenho econômico da concessão, diante da maior atração do público. Por isso, mesmo aspectos simples, mas importantes sob uma perspectiva de experiência do usuário, como níveis de limpeza dos banheiros ou manutenção dos equipamentos, costumam ter índices melhores no caso de parques concessionados do que naqueles parques que permanecem sob gestão direta da Administração Pública.[36]

É preciso ressaltar, contudo, que não se pretende aqui argumentar que a gestão de parques mediante concessões e PPPs é sempre ou apenas marcada por benefícios. Afirmar um êxito incondicional da estratégia seria, inclusive, irresponsável. Os benefícios aqui mencionados são potenciais e, de fato, depõem a favor do uso do instituto das concessões aos parques. Não à toa é possível vislumbrar diferentes experiências exitosas por todo o globo. No entanto, como acontece com toda e qualquer concessão, a concretização dos benefícios potenciais depende da verificação de vários outros elementos, como a realização de uma boa modelagem, o desenho jurídico de um bom contrato, uma fiscalização eficiente e eficaz dos indicadores de desempenho, entre outros fatores. Assim, embora os benefícios aqui mencionados sejam concretos e verificáveis, inclusive pelos casos mencionados, é importante atentar para a sua correlação com outros elementos desafiadores, mas necessários ao desenho de uma boa concessão.

3. AS PECULIARIDADES E DESAFIOS DO USO DE CONCESSÕES PARA A GESTÃO DOS PARQUES URBANOS E NATURAIS

Certo é, contudo, que o uso de concessões para gestão de parques urbanos e naturais, para além dos benefícios potenciais, possui também desafios. Para além dos desafios comuns a toda concessão[37] – como a modelagem econômica do contrato, elaboração da matriz de risco, desenho do leilão mais adequado às finalidades pretendidas, entre outros aspectos –, existem peculiaridades dos parques urbanos e naturais que levantam desafios adicionais, que precisam ser ponderados e enfrentados quando da eventual escolha por tal formato de gestão.

Um primeiro deles é comum aos parques urbanos e naturais: a necessidade de adaptar os processos de avaliação da execução contratual à realidade dos ativos. Os parques representam ativos que possuem uma lógica bastante própria, compreendendo espaços pensados para o uso coletivo, destinados a propiciar à população, independente da classe ou grupo social em que os indivíduos estejam inseridos, oportunidades de lazer e integração com os espaços urbanos e ecossistemas naturais em que estão inseridos,

---
36. Idem, p. 16-18.
37. RIBEIRO, Maurício Portugal. *Concessões e PPPs*: melhores práticas e licitações e contratos. São Paulo: Atlas, 2011.

inclusive sob uma ótica de conscientização.[38] No caso dos parques naturais, há ainda a adicional finalidade de preservação daquele ecossistema. Assim, em que pese a necessidade de exploração comercial dos ativos, é preciso balancear isso com as finalidades próprias dos parques.

Nessa linha, agentes envolvidos diretamente na gestão de parques, inclusive parques concessionados, ressaltam a necessidade de adaptar os processos relacionados à avaliação da execução contratual, como os indicadores de desempenho e metas de execução. Tais agentes questionam que, por vezes, os processos de execução são pensados sob uma perspectiva de potencializar a exploração comercial, o que, embora seja comum à maior parte das concessões, no caso dos parques, pode gerar uma certa incompatibilidade com as finalidades pouco comerciais, mas igualmente relevantes dos ativos.[39]

Por exemplo, quando se pensa nos parques naturais, ampliar o número de visitantes e/ou de empreendimentos turísticos integrados, como restaurantes e hospedarias, a partir de um certo nível, pode significar um risco à preservação daquele ecossistema. Dessa forma, é importante estar atento para que as metas fixadas e os indicadores de desempenho não obriguem ou incentivem o parceiro privado a executar o contrato de forma incompatível com os propósitos primários – menos comerciais – dos parques.

Outro aspecto que precisa ser objeto de reflexão, igualmente comum aos parques naturais e urbanos, é a necessidade de disciplinar pormenorizadamente a gestão dos bens envolvidos na concessão. As diversas experiências de concessão de parques se subdividem em dois modelos principais: concessão da operação de todo o parque ou concessão de ativos integrados aos parques, como restaurantes, hospedagens, entre outros.[40] Quando a concessão compreende os ativos integrados aos parques, por consequência, resta bastante delimitado o bem público que permanecerá sob gestão do particular e, por consequência, o dever de conservação deste, visto que o objeto da concessão é o próprio bem.

No entanto, quando há a concessão de toda a operação do parque, o objeto passa a ser a execução dos serviços inerentes à exploração do ativo como um todo. Nesse caso, não há, portanto, delimitação dos bens envolvidos, tampouco regras que disciplinem a necessidade de conservação, surgindo a necessidade de o contrato fazê-lo. Um parque urbano, por exemplo, será composto pelos mais diferentes ativos, como brinquedos infantis, quadras poliesportivas, entre outros. Nessa linha, o concessionário que detenha a operação do parque como um todo poderá entender pela reestruturação dos ativos, com vistas a uma melhor exploração do potencial econômico, como a substituição de uma determinada quadra por um restaurante, ou um brinquedo infantil por um espaço

---

38. ANNERSTEDT, Matilda et al. *Benefits of urban parks a systematic review*. Copenhague: IFPRA, 2013, p. 8-14. Disponível em: https://core.ac.uk/download/pdf/269225922.pdf. Acesso em: 20 jul. 2024.
39. RODRIGUES, Camila Gonçalves de Oliveira; ABRUCIO, Fernando Luiz. Parcerias e concessões para o desenvolvimento do turismo nos parques brasileiros: possibilidades e limitações de um novo modelo de governança. *Revista Brasileira de Pesquisa em Turismo*, São Paulo, v. 13, n. 3, p. 115, 2019.
40. SAPORITI, Nico. Managing national parks – How public-private partnerships can aid conservation. *World Bank Publications – Reports*, n. 309, p. 1-2, 2006.

privativo de yoga. Caberá, então, ao poder concedente disciplinar se aquela quadra ou aquele brinquedo infantil representa um ativo que pode ou não ser suprimido, diante dos propósitos pensados para o parque.

Assim, quando concedida toda a operação do parque, torna-se imprescindível que, durante a modelagem, seja feito um levantamento completo dos imóveis, infraestruturas, espaços e demais elementos que compõem o parque, disciplinando o que poderá ser suprimido, o que deverá permanecer inalterado, o que poderá realocado, e em que condições. Contudo, o poder concedente deverá evitar regramentos excessivamente restritivos: a escolha pela gestão do parque mediante concessão passa, também, pelo reconhecimento de que, como mencionado acima, o setor privado possui expertise maior para gestão dos bens, de forma que seria contraproducente limitá-lo em excesso a partir de perspectiva da Administração Pública, que, a princípio, possui menor expertise. Tal reconhecimento é mais notável se o exemplo tratar de concessões de prazo mais longo, dada a imprevisibilidade acerca de aspectos futuros, como perfil demográfico e potencialidades comerciais, que podem tornar necessária a reformulação completa da infraestrutura do parque.

Por outro lado, no caso dos parques naturais, normalmente, há a cobrança de ingressos para uso desses,[41] o que configura já uma receita útil à modelagem das concessões. Contudo, no caso dos parques urbanos, tradicionalmente, não há cobrança de ingresso para uso das infraestruturas. Inclusive, a cobrança de ingresso tende a ser contrária ao propósito natural dos parques urbanos de funcionarem como meio de lazer acessível e espaço coletivo de integração, tendendo a qualificar-se como bem de uso comum gratuito, de forma que, enquanto regra geral, não se recomenda a cobrança de ingressos.[42]

A gratuidade dos parques urbanos está muito atrelada a diferença de público em relação aos parques naturais:[43] os parques urbanos são mais visitados por grupos sociais de menor poder aquisitivo, constituindo opção de lazer importante para tais grupos justamente pelo seu baixo custo. Já os parques naturais costumam estar localizados em áreas mais remotas, elevando-se os custos de visitação e sendo menos acessíveis aos cidadãos de mais baixa renda, de forma que o seu público é formado majoritariamente por pessoas de maior poder aquisitivo. Assim, pretender traspor aos parques urbanos política de cobrança de ingressos tal qual a dos parques naturais seria negligenciar a

---

41. MARANHÃO, Tatiana Calandrino et al. Sustentabilidade das concessões em unidades de conservação: contribuições a partir da experiência do Parque Nacional da Serra dos Órgãos. *Revista da JOPIC*, Rio de Janeiro, v. 1, n. 3, p. 99, 2018.
42. SAMPAIO, Patrícia Regina Pinheiro et al. Questões jurídicas relevantes na gestão de parques urbanos no Brasil: panorama geral e estudo de caso do Parque do Flamengo, *Revista De Direito Administrativo*, 2016, p. 339-379, p. 350-35;1MAGALHÃES, Laura; SAMPAIO, Patrícia Regina Pinheiro; SAMPAIO, Rômulo Silveira da Rocha. Questões jurídicas relevantes na gestão de parques urbanos no Brasil: panorama geral e estudo de caso do Parque do Flamengo. *Revista de Direito Administrativo*, Rio de Janeiro, v. 272, p. 350-351, 2016.
43. FEINERMAN, Eli; FLEISCHER, Aliza; SIMHON, Avi. Distributional Welfare Impacts of Public Spending: The Case of Urban versus National Parks. *Journal of Agricultural and Resource Economics*, v. 29, n. 2, p. 370-386, 2004.

realidade do seu próprio público-alvo, que também deve ter assegurado o seu direito ao lazer.

Dessa maneira, no que diz respeito aos parques urbanos, é relevante destacar a necessidade de contrabalancear a gratuidade de acesso com a imprescindibilidade de receitas âncoras, capazes de viabilizar o financiamento da operação. Logo, deve-se identificar as fontes de receita que possuam preço e volume suficientes para viabilizar.[44],[45],[46] Levanta-se, então, um desafio adicional à modelagem econômica das concessões de parques urbanos. Assim sendo, um primeiro ponto que deve ser observado pelo poder concedente é que as fontes de receita com maior potencial para os parques urbanos são publicidade e eventos. Dessa forma, é importante que as restrições a tais fontes de receita sejam as menores possíveis, respeitados os limites do próprio ativo concedido.

No que se refere ao desenvolvimento de publicidade, em que pese devam ser evitadas estruturas de publicidade demasiado agressivas, que provoquem poluição visual, como também devem ser vedados determinados conteúdos publicitários que se entendam como ofensivos, é importante que seja assegurado ao concessionário o acesso às mais variadas fontes de receita publicitária. Logo, deve garantir-lhe a exploração de mídias físicas alocadas nos parques, mas também o direito à comercialização de *naming rights* e uso de redes e outras mídias sociais já existentes, com público já engajado, por exemplo.

Quanto aos eventos, é importante que o poder concedente regule a possibilidade de realização de celebrações fechadas, com cobrança de ingressos, seja fora do horário de funcionamento do parque, ou com garantias do acesso aos equipamentos públicos. Outra alternativa seria a opção por licitações de parques com menor vocação para eventos de forma associada aos parques com maior vocação para tanto, de modo que o maior potencial econômico de um ativo compensaria o menor potencial do outro.

Por fim, aspecto relevante para os parques naturais é a dinâmica própria do licenciamento e fiscalização ambientais. Como sabido, embora o licenciamento e autorização ambiental devam ser promovidos por um único ente federativo, conforme art. 13, da Lei Complementar 140/2011, por vezes, o processo demanda a participação de mais de um ente federativo,[47] o que pode alongar demasiadamente o licenciamento ou a autorização. Portanto, nos parques naturais, o mais comum é que qualquer intervenção que precise ser efetivada demande o prévio licenciamento ou autorização.

Diante disso, há o risco de que o licenciamento ambiental possa comprometer o dinamismo necessário à boa gestão do contrato de concessão, a partir do retardamento para a realização de novos investimentos e o desenvolvimento de infraestruturas ne-

---

44. YESCOMBE, E.R. *Princípios do Project Finance*. São Paulo: Editora Contracorrente, 2022, p. 352-353.
45. FEINERMAN, Eli; FLEISCHER, Aliza; SIMHON, Avi. Distributional Welfare Impacts of Public Spending: The Case of Urban versus National Parks. *Journal of Agricultural and Resource Economics*, v. 29, n. 2, p. 370-386.
46. Alguma referência contém essas ideias?
47. MARANHÃO, Tatiana Calandrino et al. Sustentabilidade das concessões em unidades de conservação: contribuições a partir da experiência do Parque Nacional da Serra dos Órgãos. *Revista da JOPIC*, Rio de Janeiro, v. 1, n. 3, p. 99, 2018.

cessárias à própria viabilidade da concessão. Um remédio possível, mas que de fato foge por completo da esfera de atuação do poder concedente e concessionário, seria o uso dos instrumentos de cooperação previstos pela própria Lei Complementar 140/2011,[48] com vistas à racionalização e eficiência dos procedimentos necessários à gestão de parques naturais.

O art. 4º, do referido diploma legislativo, disciplina uma série de instrumentos de cooperação destinados a garantir uma atuação concertada entre os diferentes níveis da federação no âmbito dos processos de licenciamento e autorização ambiental. Através desses instrumentos, os entes envolvidos podem acordar procedimentos próprios para hipóteses específicas, delimitando, por exemplo, quais matérias serão objeto de cada ente, competências a serem delegadas, os prazos de manifestação, entre outras questões.

De acordo com essa compreensão, poderiam ser celebrados instrumentos voltados a racionalizar processos de licenciamento e autorização ambiental em matéria de parques, com vistas ao alinhamento do seu trâmite com o dinamismo necessário à gestão de concessões. Contudo, como mencionado, essa é uma solução que transcende a esfera dos agentes envolvidos na concessão. Isso, diante da dependência do reconhecimento, pelos entes federativos, da relevância dos parques naturais sob uma perspectiva de desenvolvimento nacional sustentável, a partir da edição de instrumentos de cooperação necessários à melhor exploração de tais relevantes ativos.

CONSIDERAÇÕES

A concessão de parques urbanos e naturais no Brasil pode ser um mecanismo bastante relevante para o desenvolvimento e preservação de espaços urbanos e naturais, a partir de uma modelagem que leve em consideração os objetivos primordiais da própria existência desses parques.

Para tanto, conforme mencionado ao longo do texto, há diversas experiências internacionais e nacionais que atestam para o sucesso da utilização de instrumentos de concessão e PPPs no âmbito dos parques urbanos e naturais. Particularmente no Brasil, nota-se diferenças claras de abordagens entre os parques naturais, com maior regulamentação sempre atrelada ao direito ambiental, dos parques urbanos, cuja previsão pode constar de diversos instrumentos normativos disponibilizados pelo direito urbanístico, mas com diálogo profundo com outros ramos, como da segurança pública, o que torna a sua gestão ainda mais complexa.

Assim, quando se trata da figura de concessão e PPPs de parques, deve-se ter em mente primeiramente os seus benefícios, os quais podem ser sintetizados na melhoria da qualidade dos serviços, maior expertise na gestão dos bens, melhoria dos níveis de eficiência econômica, bem como a diminuição da dependência de recursos públicos. Isso,

---

48. MAGALHÃES, Laura; SAMPAIO, Patrícia Regina Pinheiro; SAMPAIO, Rômulo Silveira da Rocha. Questões jurídicas relevantes na gestão de parques urbanos no Brasil: panorama geral e estudo de caso do Parque do Flamengo. *Revista de Direito Administrativo*, Rio de Janeiro, v. 272, p. 350-351, 2016.

por sua vez, tende a gerar maiores benefícios sociais genericamente considerados, tendo em vista o incremento e/ou a preservação dos bens comuns, o que viabiliza a elevação da qualidade de vida das populações, seja através da manutenção do meio ambiente, ou da disponibilização do lazer ao público em geral.

Em diálogo com os benefícios, deve-se observar os desafios atrelados à figura, que devem ser levados em conta para a escolha da Administração Pública para a utilização desses instrumentos. Primeiramente, deve-se adaptar os processos de avaliação da execução contratual à realidade dos ativos, uma vez que o foco não pode se restringir à exploração comercial dos parques. Além disso, deve-se disciplinar pormenorizadamente a gestão dos bens envolvidos, inclusive de modo a indicar quais intervenções podem ser realizadas pelo agente econômico.

Além disso, há desafios próprios, seja dos parques urbanos ou dos naturais. Os primeiros, que costumam não cobrar ingressos do público geral, necessitam bem estruturar as receitas âncoras de publicidade e de realização de eventos, para que gere recursos necessários para a exploração eficiente pelo particular. Já os parques naturais possuem um grande desafio atrelado ao licenciamento e à fiscalização ambientais, que são fundamentais para a própria preservação desses ativos, mas que podem comprometer o dinamismo próprio da gestão privada.

Portanto, para o desenvolvimento de projetos de concessão e PPPs de parques, deve-se notar elementos próprios desses projetos, os quais são fundamentais para o êxito das concessões, que vão muito além da obtenção de recursos para o erário, ou da economia de seus recursos. O desenvolvimento sustentável e a realização dos direitos dos cidadãos são fundamentos do sucesso dessa escolha política de concessão desses ativos para o agente privado. E essa escolha deve ser muito bem desenhada para o alcance de todos os objetivos a ela atrelados.

REFERÊNCIAS

ANNERSTEDT, Matilda et al. *Benefits of urban parks a systematic review*. Copenhague: IFPRA, 2013, p. 8-14. Disponível em: https://core.ac.uk/download/pdf/269225922.pdf. Acesso em: 20 jul. 2024.

BRASIL. Banco Nacional de Desenvolvimento Econômico e Social. Hub de projetos: parques. Disponível em: https://hubdeprojetos.bndes.gov.br/pt/setores/Parques. Acesso em 20 de julho de 2024.

BRASIL. Constituição da República Federativa do Brasil de 1988. Disponível em: https://www.planalto.gov.br/ccivil_03/constituicao/constituicao.htm. Acesso em: 12 jul. 2024.

BRASIL. Instituto Chico Mendes de Conservação da Biodiversidade. Edital de Concorrência 03/2021: Parna do Iguaçu. Disponível em: https://www.gov.br/icmbio/pt-br/acesso-a-informacao/licitacoes-e-contratos/licitacoes/concorrencia/2021/edital-de-concorrencia-no-03-2021-parna-do-iguacu-errata-1-2021-versao-atualizada-30-12-2021. Acesso em: 04 ago. 2024.

BRASIL. Ministério do Meio Ambiente. Anexo C: Sistema de mensuração de desempenho. Disponível em: https://www.gov.br/icmbio/pt-br/acesso-a-informacao/editais-diversos/editais-diversos-2021/arquivos/Sistema_Mensuracao_Desempenho.pdf. Acesso em: 12 jul. 2024.

BRASIL. Ministério do Meio Ambiente. Cadastro Nacional de Unidades de Conservação: plataforma oficial de dados do Sistema Nacional de Unidades de Conservação da Natureza. Disponível em: https://cnuc.mma.gov.br/. Acesso em: 04 ago. 2024.

BRASIL. Município de São Paulo. Anexo VI do Contrato da Concorrência 020/SGM/2020. Disponível em: https://www.prefeitura.sp.gov.br/cidade/secretarias/upload/chamadas/plano_diretor_trianon_1632225658.pdf. Acesso em: 22 jul. 2024.

BRASIL. Município de São Paulo. Consórcio borboletas. Disponível em: https://www.prefeitura.sp.gov.br/cidade/secretarias/meio_ambiente/parques/index.php?p=338182. Acesso em: 22 jul. 2024.

BRASIL. Município de São Paulo. Guia dos Parques. Disponível em: https://www.prefeitura.sp.gov.br/cidade/secretarias/upload/meio_ambiente/arquivos/publicacoes/guia_dos_parques_3.pdf. Acesso em: 27 jul. 2024.

BRASIL. Município de São Paulo. Minuta de contrato da Concorrência 20/SGM/2020. Anexo IV: Mecanismo de pagamento da outorga. Disponível em: https://drive.google.com/file/d/1A9KqAtjDpDwAR6g61C7BByhXgleUo41W/view. Acesso em: 27 jul. 2024.

BRASIL. Município de São Paulo. Plano Diretor do Parque Prefeito Mário Covas: Anexo VI do Contrato da Concorrência n. 020/SGM/2020. Disponível em: https://www.prefeitura.sp.gov.br/cidade/secretarias/upload/chamadas/plano_diretor_mario_covas_1632225708.pdf. Acesso em: 22 jul. 2024.

BRASIL. Município de São Paulo. Plano Diretor do Parque Trianon (Tenente Siqueira Campos) e Praça Alexandre De Gusmão: Anexo VI do Contrato da Concorrência 020/SGM/2020. Disponível em: https://www.prefeitura.sp.gov.br/cidade/secretarias/upload/chamadas/plano_diretor_trianon_1632225658.pdf. Acesso em: 22 jul. 2024.

BRASIL. Município de São Paulo. Urbia Parques. Disponível em: https://www.prefeitura.sp.gov.br/cidade/secretarias/meio_ambiente/parques/index.php?p=338176. Acesso em: 22 jul. 2024.

BRASIL. Município de São Paulo. Anexo IV do Contrato da Concorrência internacional n. 001/SVMA/2018: Mecanismo de pagamento da outorga. Disponível em: https://drive.google.com/file/d/1slw5DU8gpczZHRYlHqr29-hkCJNxWbgV/view. Acesso em: 22 jul. 2024.

BRASIL. Município do Recife. Edital de Licitação – Concorrência 002/2024. 2024. Disponível em: https://parcerias.recife.pe.gov.br/projetos/concessao-de-parques-urbanos. Acesso em: 20 jul. 2024.

CARVALHO, Daniel Mostacada Pinho; GORINI, Ana Paula Fontenelle; MENDES, Eduardo da Fonseca. Concessão de serviços e atrativos turísticos em áreas naturais protegidas: o caso do Parque Nacional do Iguaçu, BNDES Setorial, Rio de Janeiro, n. 24, 2006.

DI PIETRO, Maria Sylvia Zanella. *Uso privativo de bem público por particular*. 2. ed. São Paulo: Atlas, 2010.

FARIAS, Talden. Licenciamento Ambiental: aspectos teóricos e práticos. Salvador: JusPodivm, 2024.

FEINERMAN, Eli; FLEISCHER, Aliza; SIMHON, Avi. Distributional Welfare Impacts of Public Spending: The Case of Urban versus National Parks. *Journal of Agricultural and Resource Economics*, v. 29, n. 2, p. 370-386, 2004.

FEOKTISTOVA, Oksana et. al. Use of the concession agreements for the attraction of investments into the urban improvement, *E3S Web Conf.*, v. 244, 2021.

G1 PR. Parque das Cataratas do Iguaçu recebeu mais de 1,8 milhão de visitantes em 2023, G1, Ponta Grossa, 31 de dez. 2023. Disponível em: https://g1.globo.com/pr/oeste-sudoeste/noticia/2023/12/31/parque-das-cataratas-do-iguacu-recebeu-mais-de-18-milhao-de-visitantes-em-2023.ghtml. Acesso em: 21 jul. 2024.

GILROY, Leonard; KENNY, Harris; MORRIS, Julian. *Parks 2.0*: Operating state parks through public-private partnerships. Washington DC: Conservation Leadership Council and Reason Foundation & Buckeye Institute, 2013, p. 8-10. Disponível em: https://www.buckeyeinstitute.org/library/doclib/Parks-2.0-Operating-State-Parks-Through-Public-Private-Partnerships.pdf. Acesso em: 20 jul. 2024.

KONIJNENDIJK, Cecil C. et al. Benefits of Urban Parks: A systematic review. Copenhagen & Alnarp: IFPRA, 2013. Disponível em: https://worldurbanparks.org/images/Newsletters/IfpraBenefitsOfUrbanParks.pdf. Acesso em: 10 jul. 2024.

MARANHÃO, Tatiana Calandrino; et al. Sustentabilidade das concessões em unidades de conservação: contribuições a partir da experiência do Parque Nacional da Serra dos Órgãos. *Revista da JOPIC, Rio de Janeiro*, v. 1, n. 3, p. 99, 2018.

MARRARA, Thiago (Org.). *Parcerias sustentáveis e inclusivas para a gestão dos espaços verdes urbanos*. Ribeirão Preto: FDRP-USP, 2021.

MURRAY, Michael. Private management of public spaces: nonprofit organizations and urban parks, *Harvard Environmental Law Review*, v. 34, p. 179-255, 2010.

RIBEIRO, Maurício Portugal. *Concessões e PPPs*: melhores práticas e licitações e contratos. São Paulo: Atlas, 2011.

RODRIGUES, Camila Gonçalves de Oliveira; ABRUCIO, Fernando Luiz. Parcerias e concessões para o desenvolvimento do turismo nos parques brasileiros: possibilidades e limitações de um novo modelo de governança. *Revista Brasileira de Pesquisa em Turismo*, São Paulo, v. 13, n. 3, 2019.

SAMPAIO, Patrícia Regina Pinheiro et al. Questões jurídicas relevantes na gestão de parques urbanos no Brasil: panorama geral e estudo de caso do Parque do Flamengo, *Revista De Direito Administrativo*, p. 339-379, 2016.

SAPORITI, Nico. Managing national parks – How public-private partnerships can aid conservation. *World Bank Publications Reports*, n. 309, p. 1-4, 2006.

UNIDAS, Organização das Nações. Sobre o nosso trabalho para alcançar os Objetivos de Desenvolvimento Sustentável no Brasil. Disponível em: https://brasil.un.org/pt-br/sdgs. Acesso em: 30 jul. 2024.

WILSON, Amanda. Public private partnerships in urban parks: a case study of five U.S. parks. Dissertação de mestrado. Cornell University, Ithaca, 2011.

VARGHESE, Giju. Public-private partnerships in South African national parks: the rationale, benefits and lessons learned. In: SPENCELEY, Anna (Coord). *Responsible Tourism*: critical issues for conservation and development. London: Routledge, 2012.

YESCOMBE, E.R. *Princípios do Project Finance*. São Paulo: Editora Contracorrente, 2022.

ZVARICK, Leonardo. Quase um terço dos paulistanos aprova concessão de parques municipais. *Folha de São Paulo*, São Paulo, 3 de setembro de 2023. Disponível em: https://www1.folha.uol.com.br/cotidiano/2023/09/quase-um-terco-dos-paulistanos-aprova-concessao-de-parques-municipais.shtml#:~:text=Concess%C3%B5es%20de%20parques%20municipais%20de%20S%C3%A3o%20Paulo&text=A%20empresa%20vencedora%20da%20licita%C3%A7%C3%A3o,milh%C3%B5es%20em%20melhorias%20no%20local. Acesso em: 20 jul. 2024.

ANOTAÇÕES